Reisetipps A–Z
Costa de Valencia

Land und Leute
Costa Blanca

Staat und Gesellschaft
Costa Calida

Costa Brava
Costa de Almería

Costa del Maresme
Costa Tropical

Barcelona
Costa del Sol

Costa Dorada
Anhang

Costa del Azahar

Impressum

Hans-Jürgen Fründt
Spaniens Mittelmeerküste
(Die Texte für die Costa Brava, Costa Dorada, Costa Blanca
und Costa del Sol sind den gleichnamigen bei REISE KNOW-
How erschienenen Urlaubshandbüchern entnommen.)

erschienen im
REISE KNOW-HOW Verlag Peter Rump GmbH
Osnabrücker Str. 79
33649 Bielefeld

© Peter Rump
1. Auflage 2003
Alle Rechte vorbehalten.

Gestaltung
Umschlag: M. Schömann, P. Rump (Layout);
    Günter Pawlak (Realisierung)
Inhalt: Günter Pawlak (Layout);
    Angelika Schneidewind (Realisierung)
Fotos: Hans-Jürgen Fründt (jf), Susanne Muxfeldt (sm),
Anja Fröhlich (af), Hans-Joachim Hesse (hh),
Waterworld (S. 265)
Titelfoto: Hans-Jürgen Fründt
Karten: der Verlag, Catherine Raisin, Thomas Buri
Bildbearbeitung: Thomas Becker

Druck und Bindung
    Fuldaer Verlagsagentur

ISBN 3-8317-1147-X
Printed in Germany

Dieses Buch ist erhältlich in jeder Buchhandlung der BRD,
der Schweiz, Österreichs, Belgiens und der Niederlande.
Bitte informieren Sie Ihren Buchhändler
über folgende Bezugsadressen:
BRD
    Prolit GmbH, Postfach 9, 35461 Fernwald (Annerod)
    sowie alle Barsortimente
Schweiz
    AVA-buch 2000
    Postfach, CH-8910 Affoltern
Österreich
    Mohr Morawa Buchvertrieb GmbH
    Sulzengasse 2, A-1230 Wien
Niederlande, Belgien
    Willems Adventure
    Postbus 403, NL- 3140 AK Maassluis

Wer im Buchhandel trotzdem kein Glück hat,
bekommt unsere Bücher auch direkt bei:
Rump Direktversand Heidekampstraße 18,
D-49809 Lingen (Ems) oder über
unseren **Büchershop im Internet:**
www.reise-know-how.de

049smk Foto: jf

Hans-Jürgen Fründt

Spaniens Mittelmeerküste

El mar alrededor de España,
verde Cantábrico,
azul Mediterráneo.

Das Spanien umgebende Meer,
grün das Kantabrische,
blau das Mittelmeer.

Blas de Otero

REISE KNOW-HOW im Internet

Aktuelle Reisetipps und Neuigkeiten
Ergänzungen nach Redaktionsschluss
Büchershop und Sonderangebote
Weiterführende Links zu über 100 Ländern

www.reise-know-how.de
info@reise-know-how.de

Wir freuen uns über Anregung und Kritik.

Vorwort

„Ich fahre in den Ferien nach Spanien." Kein allzu selten gehörter Satz, nicht wahr? *España* mit seinen feinsandigen Stränden, den urigen Fischerdörfern, der hervorragenden touristischen Infrastruktur und einer (Beinahe-) Schönwettergarantie ist seit Jahrzehnten ein Touristen-Magnet. Millionen von Urlaubern zieht es zu Sangría, Flamenco, Paella und Stierkampf alle Jahre wieder nach Spanien, und hier zumeist an die Küsten. Aber wohin genau soll man bloß fahren? Immerhin misst allein die spanische Festlandküste entlang des Mittelmeeres runde 1300 Kilometer, die Balearischen Inseln noch nicht einmal eingerechnet.

Bei überschlägig geschätzten 140 Küstenorten fällt die Auswahl wahrlich nicht leicht. Soll es ein quirliger Ort mit tobendem Nachtleben sein wie Benidorm? Oder mehr ein familiäres Ferienzentrum mit schönem Strand wie Peñíscola? Oder gar ein kleines, kaum bekanntes Dörflein ohne „Man spricht Deutsch"-Schild wie Tamariu?

Verlag und Autor wollen mit dem vorliegenden Band eine Entscheidungshilfe anbieten. Egal, ob es per Wohnmobil die Küste hinunter gehen soll oder doch lieber 14 Tage in ein Hotel: Dieses Buch liefert die notwendigen Informationen. Sowohl der mobile als auch der „immobile" Reisende findet alle reisepraktischen Tipps für einen gelungenen Urlaub. Die einzelnen Küstenorte entlang der gesamten spanischen Mittelmeerküste werden, von Nord nach Süd wandernd, vorge-stellt. Als besonderen Service durchleuchten wir außerdem jeweils alle umliegenden Strände auf „Ferientauglichkeit". So informieren wir über Bodenbeschaffenheit (feiner Sandstrand, grober Kiesel oder gar Steine?), Ausmaße, Serviceeinrichtungen (Kiosk vorhanden, Dusche, Parkplatz, Liegestuhlverleih?) – alles wird detailliert beschrieben. Genaue Strandkarten ergänzen diese Darstellung. Des Weiteren bieten zwei Dutzend Exkurse vertiefende Einblicke in die Lebenswelt der Spanier, mal schmunzelnd, mal staunend, mal informativ. Der Leser erfährt so, warum Stiere nicht mehr am Schwanz gezogen werden, wieso Weihnachten in Spanien schon am 22. Dezember beginnt und wo sich das Wohnzimmer des Spaniers befindet.

Als weiteren Service stellen wir die Großstädte entlang der Mittelmeerküste vor und geben alle notwendigen Tipps für einen gelungenen Tagesausflug.

Sie wollen also nach Spanien? Bitte sehr, hier können Sie schon mal vorausreisen.

Buen viaje!   Hans-Jürgen Fründt

Inhalt

Vorwort 5
Kartenverzeichnis 10
Hinweise zur Benutzung 12

Praktische Reisetipps A–Z

Auto fahren 16
Diplomatische Vertretungen 25
Essen und Trinken 26
Feste und Feiertage 38
Formalitäten 44
Geldfragen 44
Gesundheit 45
Hin- und Rückreise 46
Infostellen 52
Mit Kindern unterwegs 53
Öffentliche Verkehrsmittel 58
Öffnungszeiten 58
Post 59
Radfahren 59
Reisezeit 61
Sicherheit 62
Sport und Erholung 63
Sprache 64
Telefonieren 72
Unterkunft 74
Versicherungen 78
Zollbestimmungen 79

Land und Leute

Geografie 82
Klima 87
Die Menschen 88

Staat und Gesellschaft

Administrative Gliederung 96
Geschichte 97
Tourismus in Spanien 114

Die Costa Brava

Die nördliche Costa Brava

Überblick 120
La Jonquera 121
Portbou 121
Colera 125
Llança 128
El Port de la Selva 131
Sant Pere de Rodes 134
Cadaqués 137
Portlligat 142
Roses 143
Empúriabrava 151
Parc Natural
Aiguamolls de l'Empordà 156
Sant Pere Pescador 157
Ruïnes d'Empúries 160
Sant Martí d'Empúries 162
L'Escala 164
Figueres 168

Die zentrale Costa Brava

Überblick 174
L'Estartit 175
Ullastret 184
Peratallada 186
Pals 187
Sa Riera 191
Aiguafreda 194
Sa Tuna 194
Platja de Fornells 195
Platja Aiguablava 195
Palafrugell 196
Tamariu 197

Llafranc 200
Calella de Palafrugell 202
Girona 206
Púbol 215

Die südliche Costa Brava
Überblick 216
Palamós 217
Sant Antoní de Calonge 223
Platja d'Aro 227
S'Agaró 233
Sant Feliu de Guíxols 234
Küstenstraße von
 Sant Feliu nach Tossa 241
Tossa de Mar 245
Santa Maria de Llorell 252
Canyelles 254
Lloret de Mar 254
Platges de Santa Cristina 266
Blanes 268

Die Costa del Maresme

Überblick 280
Malgrat de Mar 280
Santa Susanna 283
Pineda de Mar 285
Calella 286
Canet de Mar 289

Barcelona

Überblick 294
Geschichte 294
Fortbewegung 298
Sehenswertes 300
Praktische Tipps 332

Dorada oder Daurada??

In diesem Buch finden Sie zwei Schreibweisen für das hier vorgestellte Gebiet. Auf Spanisch heißt die Zone „Costa Dorada", auf Katalanisch „Costa Daurada". Hierzulande gebräuchlich ist die spanische Variante; vor Ort dagegen werden Sie überwiegend (wenngleich auch nicht ausschließlich) mit der katalanischen Schreibweise konfrontiert werden. Deshalb wird in diesem Buch auch überwiegend diese Form genutzt.

Die Costa Daurada

Die nördliche Costa Daurada
Übersicht 328
Castelldefels 329
Sitges 335
Vilanova i la Geltrú 343
Sant Sadurní d'Anoia 348
Vilafranca del Penedès 350
Calafell 351
El Vendrell 356
Roda de Barà 361
Creixell 364
Torredembarra 365
Altafulla 370
Tarragona 374

Die südliche Costa Daurada
Übersicht 390
Salou 392
Cambrils 399
Miami Platja 409
L'Hospitalet de l'Infant 412
L'Ametlla de Mar 415
L'Ampolla 418
Ebro-Delta 424
Tortosa 432

Sant Carles de la Ràpita 439
Les Cases d'Alcanar 443

Die Costa del Azahar

Überblick 449
Vinaròs 449
Benicarló 454
Peñíscola 457
Alcossebre 464
Orpesa 468
Benicàssim 472
Castelló de la Plana 477

Die Costa de Valencia

Überblick 484
Sagunt 484
Valencia 494
L'Albufera 507
Cullera 511
Gandía 516
Oliva 520

Die Costa Blanca

Überblick 524
Denía 528
Jávea 538
Teulada-Moraira 544
Calpe 548
Altea 554
Benidorm 560
Villajoyosa 571
Alicante 576
Elche 589
Santa Pola 595
Guardamar del Segura 601
Torrevieja 608

Die Costa Calida

Überblick 618
Mar Menor 620
San Pedro del Pinatar 620
La Manga del Mar Menor 627
Cartagena 631
Puerto de Mazarrón 639
Águilas 643

Die Costa de Almería

Überblick 652
Mojácar 653
Carboneras 658
Agua Amarga 658
Las Negras 661
La Isleta 661
Los Escullos 662
San José 663
Region Cabo de Gata 670
El Cabo de Gata 670
La Almadraba de Monteleva 672
Almería 674
Aguadulce 682
Roquetas de Mar 683
Almerimar 687

Die Costa Tropical

Überblick 692
Castillo de Baños 693
Castell de Ferro 695
Calahonda 697
Motril 700
Salobreña 704
Almuñécar 708
Granada 713
Abstecher in die Sierra Nevada 729

Die Costa del Sol

Die östliche Costa del Sol
Überblick 732
Nerja 733
Frigiliana 741
Torre del Mar 742
Vélez-Málaga 746
Málaga 748

Die westliche Costa del Sol
Überblick 762
Torremolinos 765
Benalmádena 770
Fuengirola 776
Mijas 780

Zwischen Fuengirola
   und Marbella 784
Marbella 791
San Pedro de Alcántara 801
Ronda 804
Estepona 814
Sabinillas 821
Puerto de la Duquesa 823
Gibraltar 824

Anhang

Literaturhinweise 834
Register 836
Der Autor 840

Exkurse

Die N-340 – Spaniens
   Süd-Nord-Arterie 18
Die Bar – das Wohnzimmer
   des Spaniers.....................................29
Geliebt und verpönt –
   der Stierkampf.................................65
En català, si us plau............................70
Hoffen auf „den Dicken" 89
Bendite sea la madre que te parió..91
Andalusien im Zentrum
   spanischer Geschichte....................98
Kolonialmacht Spanien 108
Katalonien – eine
   selbstbewusste Region.................112
Salvador Dalí 172

Habaneras 205
Antoni Gaudí 306
F.C. Barcelona –
   mehr als ein Club 309
El Cava 349
Pau Casals 359
Papa Luna, der Gegenpapst.........462
Las Fallas – das Frühlingsfest 492
Die spanische Kunst
   des Flanierens 535
Cerrado por vacaciones 569
Leben auf der Plaza 586
Jobben beim saudischen König....798
Warum man Stiere nicht mehr
   am Schwanz zieht – die
   Stierkampfschule von Ronda 809
Über die Meerenge ins „gelobte
   Land" – espaldas mojadas 823

Kartenverzeichnis

Übersichtskarten

Almoraviden und
    Almohaden bis 1212 107
Costa Blanca Nord 526
Costa Blanca Süd 616
Costa Brava Nord 122
Costa Brava Zentral 176
Costa Brava Süd 218
Costa Calida 616
Costa Daurada 330
Costa de Almería 654
Costa de Valencia 485
Costa del Azahar 448
Costa del Maresme 281
Costa del Sol Ost 732
Costa del Sol West 763
Costa Tropical 692
Emirat und Kalifat 756-1031 104
Gibraltar 825
Nasridenreich 1232-1492 107
Provinzen und
autonome Regionen 97
Schmalspurbahn
    Denía-Alicante 525
Taifas 1031-1086 104

Stadtpläne

Alicante 584
Almería .678
Almuñécar 710
Barcelona 302
Barcelona, Übersicht 296
Benidorm 564
Blanes 274
Cadaqués 138
Cambrils 400

Cartagena 632
Denía 532
Elche 592
Estartit .180
Estepona 816
Gibraltar 830
Girona 208
Granada, Lageplan Alhambra . . .718
Granada Stadt 724
Granada, Übersicht 714
Lloret de Mar 262
Málaga .756
Marbella 794
Nerja 736
Ronda 806
Roses 144
Sant Feliu de Guíxols 238
Sitges 338
Tarragona 378
Torremolinos 768
Tortosa .434
Tossa de Mar 250
Valencia 500

Küstenkarten

Águilas .644
Alcossebre 465
Alicante 577
Almería .676
Almerimar 688
Almuñécar 709
Altea 555
Barcelona Süd 325
Begur 193
Benalmádena 772
Benidorm 563
Blanes 271
Cabo de Gata 671
Cadaques 136

Calafell	352	Marbella	792
Calahonda	698	Mar Menor	622
Callela de Palafrugell	202	Miami Platja	408
Calpe	549	Mojacár	657
Cambrills	391	Moraira	545
Canet de Mar	290	Motril	701
Canyelles	255	Nerja	734
Carboneras	659	Orpesa	469
Castell de Ferro	696	Palamós	220
Castelldefels	332	Pals	188
Castelló de la Plana	478	Peñiscola	458
Castillo de Baños	694	Platja d'Aro	230
Colera	127	Portbou	124
Cullera	512	Puerto de la Duquesa	822
Denía	530	Puerto de Mazarron	641
Denía, Nord	529	Roquetas de Mar	685
Ebro-Delta	422	Roses	147
El Chaparral	785	Sagunt	488
El Port de la Selva	133	Salobreña	706
Empúriabrava	153	Salou	391
Empúries	161	San José	666
Estepona	816	San Pedro de Alcántara	803
Fuengirola	777	Sant Antoní de Calonge	226
Gandía	517	Sant Feliu de Guíxols	237
Garraf	334	Sant Pere Pescador	158
Guardamar	602	Santa Cristina	267
Javéa	540	Santa Pola	596
Las Cañas	787	Sitges	334
Las Chapas	788	Tamariu	198
Las Negras	662	Tarragona	376
L'Albufera	509	Torre del Mar	744
L'Ametlla de Mar	416	Torredembarra	366
L'Ampolla	419	Torremolinos	764
L'Escala	166	Torrevieja	610
L'Estartit	178	Tossa de Mar	246
Llafranc	202	Valencia	496
Llançà	129	Vilanove de la Geltru	344
Lloret de Mar	258	Villajoyosa	573
Málaga	750	Vinarós	451
Malgrat	282	Sant Feliu – Tossa, Küstenstraße	242

Hinweise zur Benutzung

Dieses Buch beschreibt die spanische Mittelmeerküste, also eine Strecke von gut 1300 Kilometern. Ein einheitlicher **geografischer Begriff** existiert für dieses Gebiet nicht. Es gibt aber zwei Möglichkeiten, diese lange Küste zu unterteilen. Entweder wählt man historische geografische Grenzen, oder man orientiert sich an Begriffen, die in den letzten Jahrzehnten von der Tourismusindustrie erfunden wurden. In diesem Buch finden sich beide Varianten. Zumeist in den Vorbemerkungen wird die geografische Grenzziehung bevorzugt, das heißt von Katalonien, Valencia, Murcia oder Andalusien gesprochen. Diese so genannten *comunidades autónomas* (autonomen Gemeinschaften) liegen entlang der Mittelmeerküste; an deren jeweiligen Grenzen orientieren sich auch die o.a. „erfundenen" Begriffe wie Costa Brava oder Costa Blanca. Da diese zumeist so bekannt und eingängig sind, haben wir sie im beschreibenden Teil gewählt.

Das **Kapitel „Reisetipps A–Z"** liefert die wichtigsten reisepraktische Hinweise für eine Tour entlang der spanischen Mittelmeerküste. Im Kapitel **„Land und Leute"** folgt ein Überblick zur Geografie und zum Klima sowie eine erste Annäherung an die Bewohner der Küste. Der Abschnitt **„Staat und Gesellschaft"** wird die geschichtliche Entwicklung der Küstenregion kurz angerissen und ein Überblick über die heutigen politischen, wirtschaftlichen und sozialen Lebensumstände gegeben.

Danach folgt eine **Beschreibung der Küste von Nord nach Süd.** Jeder touristisch relevante Ort wird individuell vorgestellt mit Tipps zu Unterkunft, Restaurants, Aktivitäten und mit einem breitem Adressenteil.

Der besondere Clou ist eine ausführliche Beschreibung der jeweiligen Strände. Unter **„Strandprofil"** werden alle Buchten und Strände in der Umgebung eines Ortes vorgestellt. Nicht nur werden Lage und Ausdehnung beschrieben, auch die Art des Strandes (feinsandig, grobkieselig oder steinig) findet Erwähnung. Piktogramme führen obendrein die jeweils vorhandenen Serviceeinrichtungen auf. Detaillierte Strandkarten ergänzen diese Darstellung.

Die Ortsbeschreibungen der größeren **Städte** (Barcelona, Tarragona, Valencia, Alicante, Almería, Málaga, Gibraltar, Ronda und Granada) enthalten fundierte und konkrete Ratschläge für einen Tagesausflug. Wer diese tollen Städte auf eigene Faust besuchen möchte, findet hier alle nötigen Hinweise – von der Anreise über Parkplatzsuche bis zu einer sinnvollen Stadtbesichtigung.

Begriffe und Abkürzungen

Bei Ortsangaben, Adressen oder auch im beschreibenden Text wird der Leser wiederholt auf bestimmte Begriffe oder Abkürzungen stoßen, die nicht ohne weiteres immer übersetzt werden können. Hierzu eine Übersicht. Wenn zwei Begriffe angegeben werden, handelt es sich beim ersten um die spanische Variante, das zweite Wort ist die katalanische Form, die man auch häufig findet.

- **Av.:** Abkürzung für Avenida und Avinguda
- **Avenida, Avinguda:** Allee; allgemeiner eine wichtige, breite Straße
- **Barrio, Barri:** (Stadt-) Viertel
- **c/:** Abkürzung für Calle/Carrer (Straße)
- **Cala:** kleine Bucht
- **Cabo, Cap:** Landspitze
- **Calle, Carrer:** Straße
- **Carretera:** Landstraße, Fernstraße
- **Casa:** Haus
- **Castillo, Castell:** Burg
- **Centro, Centre:** Zentrum
- **Ciudad, Ciutat:** Stadt
- **Iglesia, Església:** Kirche
- **Mercado, Mercat:** Markt
- **Mirador:** Aussichtspunkt
- **Museo, Museu:** Museum
- **Paseo, Passeig:** Breite, wichtige Straße (oft am Meer entlangführend)
- **Playa, Platja:** Strand
- **Pueblo, Poble:** Dorf
- **Punta:** Landspitze
- **Puig:** Berg
- **s/n:** Abkürzung für *sin número* (ohne Hausnummer)
- **Torre:** Turm
- **Urbanización:** Neubaugebiet, meist aus Ferienwohnungen bestehend
- **Vila:** Stadt

Praktische Reisetipps A–Z

005cl Foto: jf

001cl Foto: jf

Die Spitze eines castellers

Lecker: Churros con chocolate

Hoch zu Ross

Autofahren

Entlang der gesamten Küste verlaufen zwei Fernstraßen: die Nationalstraße N-340 und die gebührenpflichtige Autobahn A 7.

Die A 7

Diese Autobahn trägt auch die internationale Bezeichnung **E 15;** sie beginnt an der Grenze als Fortsetzung der französischen Autobahn A 9. Die Grenze ist zwar noch also solche zu erkennen, aber dem Schengener Abkommen sei Dank wird hier nicht mehr kontrolliert. Die A 7 eilt schnurstracks Richtung Barcelona und passiert auf ihrem Weg eine ganze Reihe illustrer Orte der Costa Brava. Im Großraum **Barcelona** dann kommt spätestens nach dem Passieren der letzten Zahlstelle deutlich mehr Verkehr auf. Die katalanische Metropole selbst ist von der Autobahn aus als Silhouette zu erkennen.

Wer weiter Richtung Süden reisen möchte, folgt der Beschilderung nach Tarragona und Valencia. In Richtung **Tarragona** rollen in diesem Abschnitt noch ziemlich viele Lastwagen, da dort große Industriekomplexe stehen. An der Stadt selbst rauscht man schnell vorbei. Dann geht es weiter entlang der A 7 Richtung Valencia. Ungefähr ab Höhe Ebro-Delta (etwa ab Ausfahrt Nr. 40 bei Tortosa) wird die Landschaft deutlich trockener und karger.

Valencia liegt schon gute 500 Kilometer von der Grenze entfernt. Die Autobahn beschreibt einen großzügigen Bogen um Spaniens drittgrößte Stadt; wer weiter nach Süden will, folgt nun der Ausschilderung „Alicante". Auch hier steigt das Verkehrsaufkommen nach der letzten Zahlstelle deutlich an. Das bleibt so auf den nächsten 60 Kilometern und ändert sich erst nach der ersten Mautstelle südlich von Valencia.

Die folgende Strecke ist nach meinen Erfahrungen mäßig frequentiert. Man passiert nun die illustren Orte der **Costa Blanca,** so etwa Benidorm. Die Skyline dieses größten Ferienortes an der spanischen Mittelmeerküste kann man auch von der Autobahn aus genießen, denn die Apartmentblocks schießen förmlich in den Himmel. Mittlerweile steht hier sogar Europas höchstes Hotel, das Gran Hotel Bali mit stolzen 210 Metern!

Kurz vor Alicante beginnt wieder das bekannte Spiel, denn unmittelbar hinter der letzten Zahlstelle setzt der Verkehr stärker ein. Die Autos werden hier näher an der Stadt vorbeigeführt. Von **Alicante** folgt der Fahrer nun der Ausschilderung nach Murcia. Kurz nach Alicante endet die Autobahn; die A 7 geht nahtlos in die zweispurige **Nationalstraße 340** (N-340) über und verläuft weiterhin auch als E-15 in Richtung Murcia, Almería.

Wer bis zur **Costa del Sol** fahren möchte, muss nun „Kilometer fressen". Runde 200 Kilometer sind es von Murcia bis Almería auf zumeist mäßig stark befahrener Strecke. Optisch gibt sie nicht viel her, die Landschaft zeigt sich karg, felsig und staubtrocken. Von der hoch gelegenen N-340 aus hat man dann einen guten Ausblick auf Almería.

Von Adra bis Motril verläuft die N-340 überwiegend einspurig und ziemlich kurvig. Die Straße führt unmittelbar an der felsigen Küste entlang, was tolle Ausblicke beschert, aber auch erhöhte Konzentration erfordert. Obendrein geht es durch einige Tunnel, die aber mittlerweile überwiegend vernünftig beleuchtet sind.

Der **Autobahnbau** schreitet in diesem Abschnitt voran. Zurzeit kann man bei Nerja die kurvige N-340 verlassen und auf die nun wieder so benannte A 7 wechseln. Das ist auch ratsam, durchquert die Nationalstraße doch viele kleine Küstenorte der Costa del Sol und quält sich mitten durch die Großstadt Málaga. Die Autobahn verläuft außen herum, aber doch stadtnah. Die Folge ist ein starkes Verkehrsaufkommen. Bis Torremolinos fährt man gebührenfrei, dann muss bezahlt werden, und schlagartig wird es wieder ruhiger. Die Autobahn führt nun weit durchs Hinterland, an dramatisch steilen Berghängen vorbei. Die schillernden Costa del Sol-Orte wie beispielsweise Marbella kann man bestenfalls fern am Horizont erahnen. Das Ende der Autobahn soll einmal kurz vor Gibraltar liegen; momentan endet sie kurz vor San Roque Torre Guadiaro.

Die Nationalstraße 340

Die N-340 beschreibt grundsätzlich den gleichen Weg. Sie verläuft von Cádiz entlang der ganzen Mittelmeerküste bis hinauf nach Barcelona und passiert dabei unzählige Orte; meist führt sie mitten hindurch. Von Barcelona gibt es dann eine gebührenfreie Verlängerung entlang der Küste bis zur Küste, es handelt sich dabei um die Nationalstraße II (N-II), die, von Madrid kommend, erst am Schlagbaum endet. Wer also möchte, kann die gesamte Mittelmeerküste auch **ohne Mautgebühren** befahren.

Gebühren

Wer die Autobahn benutzt, muss zahlen. Auf manchen Passagen wird bei der Auffahrt ein **Ticket** gezogen und bei Ausfahrt dann bezahlt. Manchmal wird aber auch für einen kurzen Abschnitt ein **fester Betrag** angezeigt, dann gibt's kein Ticket. Begleichen kann man die Summe sowohl bar als auch per Kreditkarte. Wer den Betrag passend hat, fährt an die Kasse mit dem Schild „automático" und wirft dort die Münzen in einen Trichter. Wechselgeld gibt's hier nicht. Wer nicht genügend Kleingeld hat, reiht sich in die Schlange beim Schild „manual" ein. Und wer mit Kreditkarte zahlen will, nutzt die Spur mit dem großen „T", das für *tarjeta* („Karte") steht.

Reisetipps A–Z

001smk Foto: jf

Die N-340 – Spaniens Süd-Nord-Arterie

Zum Beispiel L'Aldea. 3575 Einwohner, ein Hotel, eine Handvoll Bars, ein Restaurant, zwei Ampeln und eine Durchgangsstraße. Aber nicht irgendeine, sondern die Nationalstraße 340, kurz N-340. Hunderte, wenn nicht gar Tausende von LKWs donnern täglich und nächtens auf der N-340 durch L'Aldea. Gestoppt wird höchstens einmal vor einer roten Ampel, oder wenn der Hunger kommt. Dann rollen die Trucker ihre Lastzüge rechts ran und fallen im Restaurant Can Quimet ein. Dort weiß man, was die Jungs brauchen: randvolle Teller und bescheidene Rechnungen. Es gibt viele Orte wie diesen an der N-340; die Trucker kennen immer die besten Plätze. Hier isst man gut, dort schläft man noch besser, und an jener Tankstelle kann man duschen.

Die Wege sind lang. Die N-340 beginnt im südspanischen Cádiz und verläuft entlang der **gesamten spanischen Mittelmeerküste,** passiert dabei etliche Industrie-zentren und endet nach gut 1300 Kilometern hoch im Norden mitten in Barcelona beim Hafen. Die Straße verbindet die größte Hafenstadt am Atlantik (Cádiz) mit der noch größeren Hafenstadt am Mittelmeer (Barcelona), lässt Warenströme hauptsächlich von Süd nach Nord fließen.

Eine ähnliche Straße gab es schon zur Zeit der Römer. Vor 2000 Jahren verband die **Vía Augusta Gades** (das heutige Cádiz) mit Tarraco (Tarragona) und führte haarscharf an Barcino (Barcelona) vorbei gen Frankreich und schließlich nach Rom. Nur verlief sie etwas anders, führte von Cádiz über Sevilla durchs Hinterland, bevor sie bei Valencia die Küste erreichte.

Von Cádiz geht es zunächst noch recht beschaulich nach Südosten Richtung Algeciras. Sowohl in Cádiz als auch bei Algeciras gibt es große Industriegebiete und Häfen; dort wartet transportfähiges Gut. Gleich um die Ecke dann Gibraltar, mittlerweile mehr eine Touristenattraktion und Finanzplatz, eher uninteressant für Trucker. Ähnlich die sich dann anschließende Costa del Sol mit ihren illustren Ferienzentren Torremolinos und Marbella und jeder Menge zubetonierter Küste. Hier herrscht König Urlauber und will versorgt werden. Das übernehmen größtenteils die lokalen Transporteure; die Fernfahrer finden erst wieder bei **Almería** Frachtgut. Dort in einer der trockensten und heißesten Ecken ganz Spaniens reift in riesigen Gewächshäusern all das Gemüse, das Mittel- und Nordeuropäer außerhalb der Saison verzehren wollen. Viele Quadratkilometer Land sind unter Plastikplanen verschwunden; diese Art der Bewirtschaftung verhalf armen Bauern mit dem schlechtesten Boden überhaupt plötzlich zu nie erwartetem Einkommen. All das Gemüse muss schnell nach Norden gebracht werden, deshalb sieht man so oft Kühlwagen über die Straßen donnern.

Die N-340 verabschiedet sich nun für 200 Kilometer von der Küste und verläuft durch staubtrockenes Land bis nach Murcia. Von dieser Industriestadt geht's zurück an die Küste, nach **Alicante.** Auch dort gibt es viel zu verladen: Eine regionale Schuh- und Möbelindustrie hat sich hier entwickelt. In Alicante beginnt auch die Autobahn, aber da sie gebührenpflichtig ist, rollen die allermeisten LKWs denn doch lieber weiter auf der N-340. Die schlängelt sich ein paar Kilometer als schmales Sträßchen durchs Hinterland. Bei Játiva erreicht sie wieder ihre alte Breite.

Nächstes Ziel: **Valencia.** In einer der wohlhabendsten Städte Spaniens gibt's viel zu holen, neben Industriegütern vor allem Orangen. Die Küstenzone hier heißt ja nicht umsonst „Orangenblütenküste". Es geht weiter nach Norden, von nun an oft in Sichtnähe zur Autobahn. Diese schlägt großzügige Bögen um die Touristenorte, die N-340 dagegen führt meist mitten hindurch. Was erhebliche Staus und Zeitverluste für die Trucker bedeutet. Trotzdem wechseln die wenigsten auf die Autobahn.

Schließlich erreicht man beim Ebro-Delta die Region **Katalonien;** dort liegt auch L'Aldea. Das Delta liefert Reis, der transportiert werden soll, und bei Tarragona wartet die chemopetrische Industrie auf die Fernfahrer. Diese schleichen mit ihren Lastzügen durch ein Dutzend Ferienorte an der sich nun anschließenden Costa Daurada, stehen kollektiv im Stau. Dann wird zum Endspurt angesetzt, die N-340 knickt gnädigerweise kurz vor Barcelona ins Hinterland ab. Aber nicht zufällig, geht es doch durch das Weinanbaugebiet Penedès. Auch hier wartet viel Ladung.

Und dann der Schlussakkord: Mit Schmackes nach **Barcelona,** wo die N-340 relativ unprätentiös an einem großen Kreisverkehr ihren Sonderstatus verliert. Zwar verläuft sie noch unter ihrem alten Namen ein paar Kilometer schnurgerade weiter, aber ohne viel Trara heißt sie irgendwann mal nur noch Avinguda Parallel und endet am Hafen bei der Kolumbussäule. Was irgendwie passend ist. Brach doch der Entdecker doch einst von Cádiz aus zu dreien seiner vier Reisen gen Amerika auf.

Straßenkarten

2001 veränderte die zuständige Behörde in Katalonien die Nummerierung eines Teils der Fernstraßen. In älteren Karten fehlen diese neuen Bezeichnungen natürlich. Die wahrscheinlich wichtigste Änderung betrifft die Autobahn, die von Barcelona nach Norden entlang der Küste bis kurz vor Blanes verläuft (nicht die oben beschriebene A 7). Die alte Bezeichnung lautete A 19, die neue C-32.

●**Costa Brava, world mapping project,** Maßstab 1:150.000. Übersichtliche Straßenkarte für die ganze Costa Brava.
●**Costa Brava, Costa Dorada, ADAC,** Maßstab 1:250.000. Von der Grenze bis zum Ebro-Delta wird die Küste sehr genau dargestellt, außerdem gibt's einen Stadtplan von Barcelona.
●**Costa del Azahar und Costa de Valencia, ADAC,** Maßstab1:250.000, Detaillierte Karte mit einem Stadtplan von Valencia.
●**Generalkarte Costa Blanca, Mairs Geographischer Verlag,** Maßstab 1:200.000. Genaue Karte, die nicht nur die Costa Blanca abbildet, sondern auch das gesamte Gebiet von Castellón (Costa del Azahar) bis zur Costa de Almería.
●**Costa del Sol, world mapping project,** Maßstab 1:150.000. Neben exakten Höhenlinien und Höhenschichten-Relief ermöglichen das klassifizierte Straßennetz sowie Gradnetz und Ortsindex die bestmögliche Orientierung. Außerdem ist die Karte durch UTM-Raster am Blattrand für GPS geeignet.
●**Generalkarte Andalusien, Mairs Geographischer Verlag,** Maßstab 1:200.000. Eine detaillierte, genaue Karte, sie deckt den gesamten Bereich der Costa del Sol und Costa Tropical ab.
●**Andalusien, world mapping project,** Maßstab 1:650.000. Übersichtliche Straßenkarte für ganz Andalusien.
●**Literaturtipp:** In der Praxis-Reihe des Reise Know-How Verlags ist ein nützlicher Ratge-

ber erschienen: „Richtig Kartenlesen" von Wolfram Schwieder. In ihm wird auf anschauliche Weise vermittelt, wie man sich im Liniendschungel von Straßen- und Wanderkarten zurechtfindet; des Weiteren enthält der Band Tipps zum Kartenkauf und ein Adressverzeichnis der Landkartenspezialisten in Deutschland, Österreich und der Schweiz.

Verkehrsregeln

● Es gilt ein **Überholverbot** 100 Meter vor Kuppen und auf Straßen, die nicht mindestens 200 Meter zu überblicken sind.

● Auf beleuchteten Straßen, außer Autobahnen und Kraftfahrstraßen, darf man nur mit **Standlicht** fahren.

● Das **Abschleppen** durch Privatfahrzeuge ist verboten.

● Kontrolliert wird immer stärker, wer als **Temposünder** erwischt wird, muss sofort zahlen. Bis zu 600 Euro sind dann fällig.

● Fremd dürfte für die meisten auch der häufig anzutreffende **Kreisverkehr** sein. An größeren Kreuzungen hat man auf Ampeln verzichtet und stattdessen einen geräumigen Kreisverkehr angelegt. Wie es scheint, funktioniert das hervorragend, lange Schlangen bilden sich hier nie. Jeder passt ein wenig auf, fädelt sich ein, dreht eine halbe Runde und

fährt wieder raus, fertig! Vorfahrt hat dabei, wer drauf ist, wer reinfahren will, muss warten. Und wenn man nun „seine" Ausfahrt verpasst hat? Kein Problem: einfach noch eine „Ehrenrunde" drehen.

● In etlichen kleineren Orten sind **flexible Ampeln** zu finden. Diese hängen unübersehbar gelb blinkend hoch über der Zufahrtsstraße. Rauscht nun ein Pkw mit überhöhter Geschwindigkeit heran, springt sie um auf Rot. Simples Prinzip, nicht wahr? „50 km/h, a más velocidad semáforo cerrado" (50 km/h, bei schnellerer Geschwindigkeit rote Ampel), so belehren kleine Schilder dazu.

● In Spanien gilt die **0,5‰-Grenze**. Wer mit mehr Alkohol im Blut am Steuer erwischt wird, muss bis zu 600 Euro Strafe zahlen.

● Ebensoviel soll derjenige löhnen, der fahrend mit einem Handy am Ohr erwischt wird. Erlaubt ist das **Telefonieren** am Steuer nur über eine Freisprechanlage.

● **„Bandas sonoras"** bedeutet, dass zwei quer über die Straße gelegte Schwellen folgen. Wer hier nicht vom Gas geht, kracht richtig schön darüber, so dass es wirklich „wohlklingt", wie das Schild verspricht.

● **„Cambio de sentido"** besagt, dass man hier die Richtung wechseln kann (auf Neudeutsch nennt man das einen „U-Turn"). Es steht aber auch für „Abfahrt", mit anschließender Möglichkeit, die Fahrtrichtung zu wechseln.

Höchstgeschwindigkeiten

	in Orten	Land-straßen[1]	Land-straßen[2]	Auto-bahnen
● **Pkw und Motorräder**	50	90	100	120
● **Busse**	50	80	90	100
● **Pkw mit Anhänger, LKW**	50	70	80	80 90[3]
● **Wohnmobile bis 3,5 t**	50	90	90	120
● **Wohnmobile über 3,5 t**	50	80	80	100

[1]zwei Fahrspuren   [2]drei Fahrspuren   [3]Lkw ohne Anhänger

● Ungewohnt ist auch dies: Speziell auf Überlandstraßen muss der **Linksabbieger** oftmals **zuerst nach rechts** auf eine besondere Spur schwenken, die einen Halbkreis beschreibt, und dann die eben verlassene Straße kreuzen. Staus sollen so vermieden werden. Ähnlich verhält es sich an Stellen, an denen man sich in den Verkehr einfädeln will. Biegt man beispielsweise an einer Kreuzung nach links ab, landet man zuerst auf einer Art Einfädelungsspur, die links neben der eigentlichen Straße verläuft. Ungewohnt, aber durchaus sinnvoll.

● **„Ceda el paso"** steht für „Vorfahrt gewähren", zumeist findet sich neben diesem Hinweis aber auch das international übliche dreieckige Schild mit rotem Rand.

● **Parkverbot:** Ein Parkverbotsschild mit dem Zusatz einer römischen I oder II signalisiert ein Parkverbot nur an ungeraden bzw. geraden Tagen. Ähnlich funktioniert der Zusatz 1-15 oder 16-31. Hier gilt das Parkverbot für die erste bzw. zweite Monatshälfte.

Verkehrsschilder

In den Regionen Barcelona und Valencia bis hinunter nach Alicante weisen oft Verkehrsschilder auf Katalanisch den Weg; hier ein paar der wichtigsten:

● *aparcament* = Parkmöglichkeit
● *P gratuit* = hier parkt man kostenfrei
● *prohibit estacionar* = Parken verboten
● *prohibit estacionar caravanes; autocaravanes* = Parken für Wohnmobile und Caravans verboten
● *temps màxim autoritzat 1:30* = Höchstparkdauer 1 Std. 30 Min.
● *zona blava* = („blaue Zone") Parken nur mit Parkschein
● *totes direccions* = alle Richtungen (an einer Kreuzung)
● *altres direccions* = andere Richtungen (meist folgt ein weiteres Schild, das zu einem bestimmten Ort verweist)
● *centre vila* oder *centre urbà* = ins Zentrum
● *platja* (pl. *platges*) = Strand
● *centre urbà* = Zentrum

● *itinerari amb prioritat* = Vorfahrtsstraße („Weg mit Priorität")
● *cediu el pas* = Vorfahrt gewähren
● *circulació prohibida, zona peatonal* = Durchfahrt verboten, Fußgängerbereich
● *solo turismes* = nur für Pkws, (nein, es bedeutet nicht, dass hier nur Touristen fahren dürfen ...)

Erst zahlen, dann parken!

Parken

In den Städten einen Parkplatz zu finden, ist nicht immer ganz einfach. Dem Unkundigen kann man nur dringend empfehlen, hier den **Parkleitschildern** zu folgen, auch wenn auf den dort ausgewiesenen Plätzen immer eine Gebühr zahlen muss. Wer auf eigene Faust einen Platz irgendwo an einer Straßenecke sucht, kann sich schnell heillos verfahren.

Mit **blauen Linien** gekennzeichnete Parkplätze sind **gebührenpflichtig.** Also nicht einfach forsch hinein in eine Lücke und verschwinden, sondern erstmal den Parkscheinautomaten suchen. Gebühren und Höchstparkdauer sind sehr unterschiedlich; man sollte also wissen, wie lange man hier parken möchte. In einigen Orten beträgt die Höchstgrenze zwei Stunden, in anderen vier. Wer seine Zeit überzieht und ganz viel Pech hat, dessen Wagen wird von der GRÚA, dem städtischen Abschleppdienst, abtransportiert. Bei **gelben Bordsteinmarkierungen** heißt es aufpassen, hier herrscht absolutes Parkverbot!

Auf eine ärgerliche Unsitte muss noch hingewiesen werden. Die Spanier **parken** gnadenlos **in der zweiten Reihe,** und dies nicht nur ausnahmsweise. Zumeist verschwinden die Fahrer dann nur kurz mal in der nächsten Bar, aber wer weiß? Und ruck-zuck parkt der Nächste ebenso, dann folgt der Dritte, und so weiter, bis eine komplette zweite Reihe steht. Was tun? Da gibt es nur zwei Möglichkeiten: Zunächst versuchen, den Zuparker wegzuschieben. Immerhin sind viele so rücksichtsvoll, keinen Gang einzulegen und die Handbremse nicht anzuziehen. Falls das nicht möglich ist, hilft nur noch eins: so lange gnadenlos auf die Hupe drücken, bis der Tunichtgut aus irgendeiner Bar angelaufen kommt und unter vielen *perdón!* seinen Wagen wegfährt. Geht gar nichts, muss die GRÚA anrücken.

Autounfall

Ich hoffe es natürlich nicht, aber es kann ja doch mal passieren, dass es kracht. Was dann? Mir ist klar, dass die folgenden Ratschläge in der Stresssituation (Schock, Sprachbarriere, große Hitze) nicht einfach zu befolgen sind. Dennoch: Hat es gekracht, möglichst die Polizei rufen, zuständig ist die **Policía Urbana de Tráfico** (Verkehrspolizei), die in Spanien unter der **Telefonnummer 092** zu erreichen ist. Diese wird aber nur bei größeren Schäden oder bei Unfällen mit Verletzten ein **Protokoll** aufnehmen. Deshalb sollte man so genau wie möglich selbst dokumentieren. Hierbei hilft der Internationale Unfallbericht, den jede Versicherung ausgibt. Die Unfallstelle genau fotografieren, dabei die exakte Lage der Fahrzeuge, Bremsspuren und Verkehrszeichen nicht vergessen. Auch den nächsten Kilometerstein notieren. Anschrift, Kennzeichen und Versicherungsnummer des Unfallgegners festhalten, auch die Anschrift möglicher Zeugen notieren. Den Unfallbericht vom Unfallgegner unterschreiben lassen. Ohne diese Angaben wird es ziemlich schwierig, später seine Rechte durchzusetzen.

Wenn der Unfall selbst verschuldet wurde, verständigt man den spanischen Vertreter seiner Versicherung:

- **HUK** über Real Asistencia, c/Valencia, Barcelona, Tel. 934 510 840.
- **Gerling** über AGF Union-Fenix, Passeig de Gràcia 21, Barcelona, Tel. 934 882 676.
- fast alle anderen über **AFICRESA,** c/Bailèn 141, Barcelona, Tel. 932 074 551.
- Infos zur nächstgelegenen Vertretung einer deutschen Kfz-Haftpflichtversicherung erteilt **OFESAUTO,** c/Sagasta 18, 24004 Madrid, Tel. 914 460 300.

Um das eigene Recht durchzusetzen, kann man einen spanischen Anwalt einschalten. Wer keinen Rechtsschutz hat, kann sich eine Anwaltsliste vom Generalkonsulat Sevilla besorgen.

Nun das Prozedere, um seinen **Schaden geltend zu machen.** Da die spanische Polizei bei geringfügigen Schäden erst gar kein Protokoll aufnimmt, muss man sich selbst darum kümmern. Das und die nicht ganz einfache Abwicklung haben schon so manchen zur resignierten „Vergiss-es-Lösung" gelangen lassen.

Die spanische Versicherung hat **Höchstgrenzen,** die 100.000 € bei Sachschäden und 350.000 € bei Personenschäden betragen. Bei deutlich geringeren Schäden kann der Geschädigte seine Ansprüche direkt bei der Versicherung des Verursachers geltend machen. Dazu unbedingt ein Schreiben in spanischer Sprache per Einschreiben an die Versicherung schicken; Adressen von Übersetzungsbüros kann man beim Konsulat in Bar-

celona erfragen. Sollte die Versicherung nicht zahlen wollen, bleibt nur der Klageweg. Spätestens da taucht die Frage auf, ob sich der ganze Aufwand lohnt.

In jedem Fall muss spätestens 60 Tage nach dem Unfall **Anzeige erstattet** werden. Dazu braucht man unbedingt einen spanischen Anwalt, der auch als Zustellungsbevollmächtigter genannt werden sollte. Dieser erfährt dann von einer Ladung zum Prozess über eine Mitteilung im Amtsblatt, eine Benachrichtigung ins Ausland erfolgt nämlich in der Regel nicht. Kommt es zum Prozess, müssen **Beweismittel** erbracht werden. Zitat aus einem Merkblatt des deutschen Konsulats: „Es ist aussichtslos, einen Zivilprozess ohne Beweismittel zu führen." Der ADAC informierte unlängst, dass ab 2003 eine Schadensregulierung einfacher werden solle. Eine spezielle Auskunftsstelle soll einem Geschädigten alle notwendigen Daten geben; in Deutschland ist dies der Zentralruf der Autoversicherer. Wichtig: Ausländische Versicherer müssen auch in Deutschland einen Schadensregulierer benennen, bei dem Forderungen geltend gemacht werden können. Sollte es trotzdem zu Schwierigkeiten kommen, kann auch zur Regulierung die Deutsche Verkehrsopferhilfe Hamburg angesprochen werden.

Jeder Autofahrer, der ins Ausland reist, ist also gut beraten, einen **Internationalen Unfallbericht** und den **Schutzbrief** eines Automobilclubs bzw. eine **Verkehrsrechtsschutzversicherung** zu haben.

Panne

Es muss nicht immer gleich der ADAC gerufen werden: In mehreren Orten entlang der Küste befinden sich autorisierte Werkstätten der namhaften Autohersteller. Vor allem in den großen Tourismusorten sind viele Marken mit großen Werkstätten vertreten. Ich selbst musste dreimal meinen Golf in eine SEAT-Werkstatt bringen, die Reparaturen wurden binnen 24 Stunden einwandfrei ausgeführt, und dies, am Rande bemerkt, zum halben germanischen Stundensatz.

Sprachprobleme? Fragen Sie einfach mal den Kellner Ihres Restaurants oder den Hotelportier. Gegen ein gutes Trinkgeld wird er bestimmt helfen.

●**Pannendienste** landesweit unter Tel. (091) 441 2222. Unfall- und Pannenhilfe auch innerorts durch die Policía Municipal, Tel. 092.
●Der **ADAC** in Barcelona ist über folgende Notrufnummer erreichbar: Tel. 934 787 878.

Autobahnpiraten

Kaum hat er die spanische Grenze bei La Jonquera passiert und am ersten Rasthaus, keine zwei Kilometer hinter dem Schlagbaum, verschnauft, bekommt der Urlauber womöglich schon den ersten Schrecken. Vom dortigen Touristenbüro werden kleine Warnzettel verteilt, die vor Autobahnpiraten warnen. Diese versuchen, Autofahrer zum **unplanmäßigen Anhalten** zu bringen ("Feuer!" oder "Öl läuft aus!"). Steigt dann der verunsicherte Fahrer aus, um den vermeintlichen Schaden zu begutachten, wird blitz-

schnell irgendetwas geklaut. Zwar gibt es derartige Vorfälle, doch sollte man deswegen nicht in Panik verfallen und nur noch ängstlich fahren. Falls man doch in eine solche Situation gerät, vergewissert man sich per Blick in die Spiegel, dass der Wagen nicht tatsächlich in Flammen steht, fährt dann am besten stur bis zum nächsten Rastplatz weiter und steigt erst dort aus, wo sich viele Menschen aufhalten.

Mietwagen

In jedem Ort, in dem sich viele ausländische Touristen aufhalten, werden Mietwagen angeboten. Werbende Handzettel liegen überall aus, an der Hotelrezeption genauso wie in Läden. Rent-a-car oder spanisch *alquiler de coches*, manchmal auch *de motos* (Motorradverleih) heißt es dann. Als Voraussetzung gelten ein **Mindestalter** von 21 Jahren und eine **Kreditkarte,** der Vermieter zieht sich einen Blankoabschnitt. Wer keine Karte hat, muss einen hohen Barbetrag hinterlegen, wenn ihm denn überhaupt ein Wagen vermietet wird.

Der Kunde muss klären, ob der Wagen mit einer begrenzten Laufleistung gemietet wird oder ob er soviel fahren kann, wie er möchte. Das Limit liegt zumeist bei 100 Kilometern pro Tag, und die sind schnell erreicht. Wer darüber liegt, zahlt pro Kilometer eine Gebühr.

Die Angebote sind meist so gehalten, dass der **Preis** für einen Tag, für drei und sieben Tage genannt wird, selten jedoch der Endpreis. Addiert

Reisetipps A–Z

werden dann Steuern, Versicherung und eventuell die mehr gefahrenen Kilometer. Der Wagen muss mit der gleichen Menge Benzin, die sich bei Abholung im Tank befand, zurückgegeben werden. Die Menge wird im Vertrag festgehalten

Wer für einen **längeren Zeitraum** einen Wagen mieten will, sollte dies eventuell schon zu Hause tun. Reiseveranstalter bieten nämlich mitunter ganz erstaunliche Tarife an, die dann zumeist in Kombination mit einer Flugreise gelten. Außerdem kommt im Streitfall dann auch deutsches Recht zum Tragen, was im Falle eines Falles nicht unwichtig sein kann.

Neben dem unbedingt empfohlenen Abschluss einer **Vollkaskoversicherung** kann für Mietwagenfahrer auch eine so genannte **Traveller-Police** von Nutzen sein. In Spanien liegen die Deckungssummen der Haftpflichtversicherungen deutlich niedriger als hierzulande. Wenn Sie nun einen Unfall verursachen, kommen höhere Schadensforderungen auf Sie zu. Die Traveller-Police deckt Personen-, Sach-Vermögensschäden bis zu 500.000 € ab, wenn die örtliche Haftpflichtdeckungssumme erschöpft ist. Genauere Informationen gibt es u.a. über den ADAC.

Diplomatische Vertretungen

Vertretungen in Spanien

Wie überall auf der Welt, sitzt die Botschaft in der Hauptstadt des Landes, in Spanien also in Madrid. Konsularische Betreuung wird auch entlang der gesamten spanischen Mittelmeerküste angeboten.

Deutsche Vertretungen

●**Generalkonsulat der Bundesrepublik Deutschland,**
Passeig de Gràcia 111, 08008 Barcelona,
Tel. 932 921 000, Fax 932 921 002,
E-Mail: consalem_bcn@inicia.es

●**Generalkonsulat der Bundesrepublik Deutschland,**
Calle Mauricio Moro Pareto 2-5,
Edificio (Gebäude) Eurocom,
Bloque Sur, 29006 Málaga,
Tel. 952 363 591, Fax 952 320 033,
E-Mail: consugerma.mala@terra.es

●**Honorarkonsulat der Bundesrepublik Deutschland,**
Plaza Calvo Sotelo 1-2, 5. Stock,
03001 Alicante,
Tel. 965 217 060, Fax 965 215 234,
E-Mail: dfahnebrock@teleline.es

●**Honorarkonsulat der Bundesrepublik Deutschland,**
Ctr. Comercial Neptuno, Av. Carlos III. 401,
04720 Aguadulce (Almería),
Tel. 950 340 555, Fax 950 341 813

●**Honorarkonsulat der Bundesrepublik Deutschland,**
Avda. President Lluis Company 14,
1. Stock, Nr. 3 rechts, 43005 Tarragona,
Tel. 977 252 385, Fax 977 250 659,
E-Mail: Hktarragona@eurocontal.com

●**Honorarkonsulat der Bundesrepublik Deutschland,**
Av. Marqués de Sotelo 3, 6. Stock, 13 C,
46002 Valencia, Tel. 963 106 253,
Fax 963 942 388, E-Mail: Jlcervera@dirac.es

Österreichische Vertretungen

- **Österreichisches Honorargeneralkonsulat,**
Calle Mallorca 214, Barcelona,
Tel. 934 537 294, Fax 934 534 980
- **Österreichisches Honorarkonsulat,**
Alameda de Colón 26, 2. Stock, Málaga,
Tel. 952 600 267, Fax 952 229 089
- **Österreichisches Honorarkonsulat,**
Calle Convento Santa Clara 10-2-3,
Valencia, Tel. 963 522 212, Fax 963 511 220

Vertretungen der Schweiz

- **Generalkonsulat der Schweiz,**
Edificio Trade, Gran Vía de Carlos III. 94,
7. Stock, Barcelona, Tel. 934 090 650,
Fax 934 906 598
- **Konsularagentur der Schweiz,**
Calle Delfín 20, Algeciras (bei Gibraltar),
Tel. 956 571 513
- **Konsularagentur der Schweiz,**
Calle Cronista Carreres 9, 7. Stock links,
Valencia, Tel. 963 518 816, Fax 963 518 816

Spanische Vertretungen

In Deutschland

- **Botschaft des Königreichs Spanien,**
Schöneberger Ufer 89, 6. Stock,
10785 Berlin, Tel. (030) 254 007-0,
Fax (030) 25 799 557,
E-Mail: botschaft.spanien@t-online.de,
Internet: www.spanischebotschaft.de
oder www.info-spanischebotschaft.de,
Sprechzeiten: Mo-Do 9-17 Uhr, Fr 9-14 Uhr
- **Spanisches Generalkonsulat,**
Homberger Straße 16, 40474 Düsseldorf,
Tel. (0211) 439 080, Fax (0211) 453 768,
Sprechzeiten: Mo-Fr 8-13 Uhr
- **Spanisches Generalkonsulat,**
Nibelungenplatz 3, 60318 Frankfurt/Main,
Tel. (069) 9591 660, Fax (069) 5964 742,
Sprechzeiten: Mo-Fr 8-13 Uhr, Sa 8-12 Uhr
- **Spanisches Generalkonsulat,**
Mittelweg 37, 20148 Hamburg,
Tel. (040) 443 620 oder 452 416,
Fax (040) 417 449,
Sprechzeiten: Mo-Fr 9-13 Uhr

- **Spanisches Generalkonsulat,**
Bödekerstraße 22, 30161 Hannover,
Tel. (0511) 311 0-85 oder -86,
Fax (0511) 316-230, Sprechzeiten:
Mo-Fr 8.30-13.30 Uhr, Sa 8.30-12.30 Uhr.
- **Spanisches Generalkonsulat,**
Oberföhringer Straße 45, 81925 München,
Tel. (089) 998 4790, Fax (089) 981 0206,
Sprechzeiten: Mo-Fr 8-13, Sa. 9.30-12 Uhr
- **Spanisches Generalkonsulat,**
Lenzhalde 61, 70192 Stuttgart,
Tel. (0711) 226 20-01 oder -02,
Fax (0711) 226 5927, Sprechzeiten:
Mo, Di, Do, Fr 8.30-13 Uhr, Mi 8.30-12.30
und 14-17 Uhr

In Österreich (für Visum-Angelegenheiten)

- **Spanische Botschaft,**
Argentinierstraße 34, 1040 Wien,
Tel. (01) 505 5780 oder 505 5788,
Fax (01) 51 042 076, Sprechzeiten:
Mo-Fr 9-11 Uhr, telefonische Auskünfte Mo-
Fr 9-12 und 13-17 Uhr
- Außerdem **Honorarkonsulate** in Linz,
Rankweil und Salzburg, jedoch ohne Visa-Be-
fugnis

In der Schweiz

- **Spanisches Generalkonsulat,**
Marienstraße 12, 3005 Bern,
Tel. (031) 352 41-42 oder -43,
Fax (031) 351 0829,
Sprechzeiten: Mo-Fr 8-12 Uhr
- **Spanisches Generalkonsulat,**
7, rue Pestalozzi, 1202 Genève,
Tel. (022) 734 4606, Fax (022) 734 3869,
Sprechzeiten: Di-Fr 11-13 Uhr
- **Spanisches Generalkonsulat,**
Riedtlistraße 17, 8006 Zürich,
Tel. (01) 363 06- 44 bis -49, Fax (01) 361 4137,
Sprechzeiten: Mo-Fr 8-13 Uhr

Essen und Trinken

Frühstück

Spanier halten sich nicht lange mit dem Frühstück auf. Ein Kaffee, begleitet von einem **Croissant oder Toast,** das war's im Wesentlichen. Nicht wenige gehen morgens so gegen 8 Uhr zum *desayuno* gleich in eine Bar, frühstücken nicht einmal zu Hause. Ähnlich karg fällt das Frühstück übrigens auch in manchen kleinen, typisch spanischen Hotels aus. In den großen internationalen Hotels dagegen wird ein üppiges Frühstücksbüffet serviert.

Wer einen **Kaffee** bestellen will, hat drei Varianten zur Auswahl. Ein *café sólo* ist tiefschwarz und winzig, er wird gerne nach dem Essen bestellt. *Cortado* („Abgeschnittener") nennt man eine kleine Tasse Kaffee mit etwas Milch; ein *café con leche* (Milchkaffee) besteht aus einer normal großen Tasse Kaffee mit viel Milch.

Das bisschen Mageninhalt sättigt natürlich nicht bis zum Mittag, also wird die Bar gleich noch einmal so zwischen 11 und 12 Uhr für eine Art **zweites Frühstück** aufgesucht. Es bleiben bescheidene Mengen, die verzehrt werden, Gebäck vielleicht, möglich auch eine Eierspeise, ein Stückchen Tortilla. Um diese Zeit gibt's meist noch Kaffee, nur wenige versuchen sich schon am *vino*. Der folgt zwei Stunden später, wenn es zur Vor-Mittagspause in die Bar geht, so um 12 Uhr. Gern wird jetzt ein *bocadillo* gegessen, eine Art belegtes Baguette.

Mittagessen

Das Mittagessen schließlich wird niemals vor 14 Uhr eingenommen, meist erst um 15 Uhr. Dann versammelt sich die gesamte Familie am Tisch, die Arbeitskollegen gehen gemeinsam ins Restaurant, wo mittags meist günstige Menüs serviert werden. Ein **menú del día** besteht zumeist aus zwei Gängen nebst Nachtisch und einer halben oder gar ganzen Flasche Hauswein. Der Preis liegt irgendwo zwischen 5 und 10 €. Eine andere Variante sind „Mittagsteller", **plato del día** genannt. Hierbei wird ein gut gefüllter Teller mit dem jeweiligen Tagesgericht serviert, mehr aber nicht.

Das Mittagessen zieht sich hin; vor 16 Uhr steht niemand auf, die Ausdauerndsten bleiben gar bis 17 Uhr sitzen. Dann wird entweder eine Siesta gehalten, oder es geht zurück an die Arbeit.

Abendessen

Abends wird entsprechend spät gegessen, vor 21 Uhr öffnen nicht einmal die Restaurants. Eine **cena,** ein Abendessen, um 22 oder gar 23 Uhr ist nichts Ungewöhnliches. Kein Wunder also, dass Spanier morgens keinen Hunger verspüren. In den Touristikorten regiert natürlich ein anderer Rhythmus, dort werden in den großen Hotels und auch in vielen Restaurants Mahlzeiten zu nordeuropäischen Zeiten serviert.

Bar, Cafetería

In jedem noch so kleinen Dorf findet man wenigstens eine **Bar.** Hierunter darf man sich aber keinen Nachtclub oder Ähnliches vorstellen, sondern mehr eine Mischung aus Eckkneipe und Café. Die Einrichtung ist meist schlicht, die Gäste drängeln sich am Tresen, um ein Gläschen zu trinken und eine Kleinigkeit zu essen. Die meisten Gäste bleiben nicht lang, so dass die wenigen Sitzplätze selten in Anspruch genommen werden.

Unter einer **Cafetería** darf man sich wiederum kein stilvolles Kaffeehaus vorstellen, in dem Kellner Tabletts mit Kaffee und Cognac durch die rauchgeschwängerte Luft balancieren. Eine Cafetería ist ein schlichtes Lokal, das sich meist nur in den Öffnungszeiten von einer Bar unterscheidet. Auch hier gibt es den langen Tresen, das grelle Neonlicht und den meist ununterbrochen laufenden Fernseher. Der Unterschied: In der Cafetería kann man meist ein kleines Mittagessen einnehmen, während dies nicht in jeder Bar möglich ist.

Das Auge isst mit

Die Bar – das Wohnzimmer des Spaniers

Es gibt sie in jeder Stadt, in jedem Dorf. Keine Gemeinde ist zu klein. Eine Bar gibt es immer. Immer! Sie ist unverzichtbar, ist Sozialstation, Wärmehalle, Aufenthaltsraum, Versackstation und Wohnzimmer zugleich. Das Zentrum jeder Bar ist der Tresen, oft aus Metall und stets blank geputzt. Darauf sind unter Glas kleine Leckereien arrangiert, die im Laufe des Tages wechseln. Vor dem Tresen stehen ein paar Barhocker, die aber kaum jemand benutzt. Ein echter Bargast sitzt nicht!

006cb Foto: jf

Eine Bar öffnet früh, so gegen 8, 9 Uhr. Der verschlafene Kellner errichtet eine Pyramide aus Dutzenden von Tellerchen auf dem Tresen. Platziert auf jedem einzelnen Zuckertütchen und Löffel. So ist man gewappnet für den ersten Ansturm, die Frühstücksgäste. Kein Spanier hält sich lange mit dem *desayuno* auf. Einen Kaffee, dazu etwas Gebäck, vielleicht einen Toast, eventuell Churros, das war's zumeist. So um 10 Uhr sind die Frühstücker durch, dann kommen so ab 11 Uhr die Vor-Mittags-Gäste, diejenigen, die zwischen Frühstück und Mittag noch einen Happen brauchen. Und das sind beinahe alle. Jetzt wird ein Bocadillo gegessen, ein Stückchen Tortilla oder eine Empanada. Ein erstes Bierchen darf auch schon sein, alternativ ein Vino. Selbst wer einen Brandy ordert, wird nicht stirnrunzelnd taxiert.

Gegen 12, 13 Uhr tauchen die ersten Hausfrauen auf und mischen sich unter die Rentner, die bei einem Glas Wasser schon seit Stunden ihrer Lieblingsbeschäftigung nachgehen: Leute angucken und meckern. Die Einkaufstaschen stellt frau unten am Tresen ab und verschnauft erst mal bei einem Kaffee, Wein oder Wasser. Das war früher undenkbar, aber mittlerweile ist der Tresen längst keine Bastion der Männer mehr. Auch darüber dürften die Rentner meckern...

Gegen 14 Uhr verlagert sich das Geschehen in den *comedor*, den Speiseraum. Wenn die Bar keinen hat, wird's erst mal ruhiger. Aber irgendwer kommt immer auf ein Gläschen, ein Schwätzchen oder auf einen Teller des Tagesgerichtes, das einige Bars anbieten.

Bis gegen 16, 17 Uhr bleibt es einigermaßen ruhig, dann schwillt der Besucherstrom wieder an. Es ist die Stunde des *aperitivos*, die Zeit nach der Siesta. Man genießt ein Glas Wein, garniert mit ein paar Oliven, oder auch ein Bierchen, zusammen mit in Essig eingelegten Sardinen vielleicht. Schmeckt köstlich und macht munter! Gegen 18, 19 Uhr trudeln die Söhne ein, um sich ein bisschen voreinander aufzuspielen; die Mütter, eine Tochter immer im Schlepptau, sind auf dem Rückweg von der zweiten Einkaufstour. Gegen 20 Uhr stürzen Krawattenträger ihren Feierabend-Brandy, Auslieferungsfahrer stärken sich für die letzte Tour, und die Söhne kloppen sich um die Spielautomaten. Dann bleibt es eine Stunde ruhig, Zeit für's Abendessen, so gegen 21 Uhr. Aber ab 22 Uhr kommen dann alle noch mal auf eine *copa*, trinken ein, zwei Gläschen und ziehen weiter. So gegen 24 Uhr fängt einer der Kellner an, die Herdplatte zu schrubben, ein anderer beginnt wieder, aus Tellerchen Pyramiden zu bauen, der Moment des vorletzten Glases naht. Denn eins ist klar: Zur *última copa* kommt es nie. Niemals!

Tapas...

... oder die Kunst, im Stehen zu essen. In spanischen Bars wird eine breite Auswahl kalter (seltener warmer) **Häppchen** serviert, die, auf kleinen Tellerchen serviert, den Wein oder das Bier begleiten. Manchmal sind sie eine kostenlose Beigabe des Wirtes und werden dem Gast, der am Tresen steht, mit dem bestellten Getränk serviert.

Über die **Ursprünge** dieser Tapas kursieren verschiedene Legenden. Die verbreitetste behauptet, dass irgendwann im 18. Jh. Gästen in Wirtshäusern das Glas Wein bedeckt mit einem Tellerchen gereicht wurde. So sollte vermieden werden, dass Fliegen ins Glas gerieten. Auf diese Tellerchen wurde dann immer häufiger eine kleine Beigabe gelegt, eine Olive, ein halbes Ei, ein Stück Schinken – die Tapa war geboren. Der Begriff leitet sich nämlich vom spanischen Wort *tapar* ab, was „zudecken" bedeutet.

Die sympathische Sitte der **kostenlose Dreingabe** einer kleinen Leckerei wird noch in vielen dörflichen Bars gepflegt, in den Touristikhochburgen natürlich kaum noch.

Es gibt eine unglaubliche **Vielfalt** an Tapas. Einfache Varianten, die kostenlos serviert werden, sind etwa Oliven, eine Sardine oder ein halbes Ei, garniert mit Paprikastreifen. Oder einfach ein Schälchen Erdnüsse, frittierte Kartoffeln oder ein Klecks Kartoffelsalat, manchmal eine Scheibe Schinken.

Andere Tapas müssen bezahlt werden, und entsprechend aufwändiger fallen die Kreationen aus: ganze Teller mit Schinken-, Salami- und Käsescheiben oder die unterschiedlichsten Meeresfrüchte, mit Zahnstochern auf kleine Brotscheiben gespießt, oder auch *patatas bravas,* frittierte Kartoffeln in scharfer Sauce. *Montado* nennt sich die Kombination verschiedener Tapas, auf einem Teller „montiert".

Standard-Tapas sind *albóndigas,* kleine Hackbällchen in scharfer Sauce, *ensaladilla rusa,* eine Art Kartoffelsalat, und *boquerones,* sauer eingelegte Sardinen. Dazu ein Bier – köstlich! Manche Tapas sind richtig teuer, beispielsweise der *jamón de bellota,* ein Schinken, der unglaublich zart auf der Zunge zergeht. Wenn der Hunger etwas größer ausfällt, kann man gleich eine *ración* (Portion) bestellen. Dann erhält man einen gut gefüllten Teller.

Eine **Tapa-Tour** durch mehrere Bars ist ein echtes Urlaubs-Highlight! *Irse de tapas* oder *tapeo* nennt sich dieser kulinarische Streifzug. Familien, Freunde, Kollegen, Nachbarn treffen sich in einer Bar, stehen am Tresen, bestellen eine Runde Bier oder *vino* und die jeweilige Tapa-Spezialität der Bar. Beim Essen und Trinken wird vor allem geplaudert, dann zahlt einer die Runde, und auf geht's zur nächsten Bar. Mittlerweile gibt es ganze Bücher, die nichts weiter als die besten Tapa-Bars auflisten.

Bocadillos

Bocadillos sind kleine Baguettes oder etwas größere Brötchen, die ohne Butter unterschiedlich belegt werden, mit

Schinken, Käse, Tortilla, Fleisch oder Salat. Die idealen Hungerstiller für zwischendurch gibt es in jeder Bar.

Regionale Spezialitäten

Ein Sprichwort über die spanische Küche besagt: „Im Süden wird frittiert, in der Mitte gegrillt und im Norden gekocht." Ein klitzekleines Körnchen Wahrheit findet sich schon in dieser Verallgemeinerung. An dieser Stelle ein paar regionale Besonderheiten.

Katalonien

Katalonien ist durch starke klimatische Gegensätze geprägt. Im Norden das raue Hochgebirge der Pyrenäen, entlang der Küste das milde mediterrane Klima und im Ebro-Delta fast subtropisches Wetter. Diese Komponenten tragen zur Vielfalt der katalanischen Küche bei, in der sich sowohl exzellente **Fisch-** als auch **Fleischgerichte** finden. Ergänzt werden die Gerichte um den Reis, der im Ebrodelta im südlichen Katalonien angepflanzt wird. Aus den Bergen stammen die deftigeren Kompositionen und die Wildgerichte, von der Küste natürlich alle Fischspeisen. Regionale Spezialitäten sind z.B. Gerichte mit *angulas* (Glasaalen) aus dem Ebro-Delta oder *langustas* aus Cambrils. Eine Art Fisch-

Eine gute Paella wird auf offenem Feuer zubereitet

eintopf ist der *suquet de pescados.* Zu überregionaler Berühmtheit hat es eine sehr leckere **Nachspeise** gebracht, die *crema catalana,* ein Cremepudding mit Karamellüberzug.

Valencia

Die Region Valencia ist das Hauptanbaugebiet für **Reis;** vor allem im Ebro-Delta wird schon seit Jahrhunderten im großen Stil Reis geerntet.

Gegrillte Sardinen – ein leckerer Imbiss, den man fast überall bekommt

Natürlich stammt die **Paella** aus dieser Gegend. Aber es gibt nicht nur die eine Paella, sondern mehrere, jeweils mit verschiedenen Beilagen. Auch schwarzer Reis, *arros negre,* der durch Beigabe von Tintenfisch gefärbt wird, ist sehr beliebt. Eine Art Paella auf Nudelbasis ist die *fideuá,* die ebenfalls mit verschiedenen Beilagen serviert wird. Daneben werden sehr viele **Fischgerichte** angeboten. Sehr geschätzt werden die *langustinos* von Vinaròs. In Valencia wachsen unübersehbar viele **Orangen,** was einem ganzen Küstenstrich den Beinamen „Orangenblütenküste" (Costa del Azahar) bescherte. Entsprechend groß ist das Angebot an frisch gepresstem Saft und Orangensorbet als Nachtisch.

Andalusien

An den andalusischen Stränden werden im Sommer in jeder Bar **frittierte Sardinen** angeboten. Auf Holzspießen stecken die kleinen Fische, und bestellt man beispielsweise ein Dutzend, ergibt das eine sättigende Zwischenmahlzeit. Die Hitze und die Nähe zum Meer prägen die Essgewohnheiten; randvolle Teller mit Riesenbergen von Fleisch sind eher selten. Sehr beliebt dagegen **gazpacho,** eine erfrischende kalte Suppe aus pürierten Tomaten, Knoblauch, Paprika und Brotkrumen. Weit verbreitet sind auch **Eierspeisen,** vor allem *tortilla de patatas* (Eier-Kartoffel-Omelette). Eine Tortilla kann aber auch mit anderen Zusätzen serviert werden, der Fantasie sind da keine Grenzen gesetzt. Eine andere Leckerei ist der luftgetrocknete **Schinken,** *jamón serrano.* Das Beste vom Besten ist der *jamón de bellota,* eine Köstlichkeit, die nur so auf der Zunge zergeht, aber auch ihren Preis hat. Sie stammen von frei laufenden Schweinen, die überwiegend mit Eicheln gemästet wurden.

Getränke

Bier

Auch Kurzzeiturlauber lernen recht schnell wenigstens eine spanische Vokabel: **cerveza,** Bier. Tatsächlich hat der Bierkonsum an Spaniens Küsten schon lange den Weinverbrauch in den Schatten gestellt. Auf ein kleines Gläschen mal eben in die nächste Bar gehen, und sei es morgens um 11 Uhr, das gehört heute selbstverständlich zum Alltag. Alkohol wird jedoch maßvoll konsumiert, und selten sieht man einen Spanier sturzbetrunken.

Ein kleines Glas Bier bestellt man mit *„una caña",* ein etwas größeres mit *„un tubo",* beides wird dann blitzschnell gezapft. Die 7-Minuten-Regel gibt's in Spanien nicht. Wer einen Krug möchte, bestellt *una jarra.* Eine Flasche ist *una botella,* ein winziges Fläschchen heißt *un botellín.* Alkoholfreies Bier *(cerveza sin alcohol)* findet auch in Spanien immer mehr Freunde; *una clara,* eine Mischung aus Bier und Limo, schmeckt auch sehr erfrischend.

Er hat sich sein Trinkgeld redlich verdient!

003smk Foto: jf

LA GITANA

LA GITANA

VINICOLA HIDALGO Y CIA S.A.
2º CENTENARIO 1792 - 1992

Wein

Wein gibt es, wie überall, in unterschiedlichen Preis- und Qualitätsstufen. Der Hauswein ist immer preiswert, aber leider nicht immer gut. Bestellt wird er am Tresen mit *„un blanco"* (ein Weißer) oder *„un tinto"* (ein Roter). Am Tisch im Restaurant klappt

Schönes Sherry-Werbeschild

es im Prinzip ähnlich, da sollte nur der Zusatz *vino de la casa* (Hauswein) nicht fehlen. Eine erfrischende Variante nennt sich „Sommerwein" (*vino del verano*), gespritzter Rotwein mit Eis.

Wein aus Spanien ist längst nicht so bekannt wie französischer oder italienischer. Zu Unrecht, denn spanische Winzer achten schon seit den 1920er Jahren auf hohe Qualität. In jener Zeit entstand ein System der **Herkunftsbezeichnung,** das strengen Kriterien unterliegt. Eine so genannte *denominación de origen* gilt für bestimmte Weinanbaugebiete, in denen jeweils regionale Vorschriften eingehalten werden müssen. So versucht man, eine gleich bleibende Qualität zu erzeugen. Momentan existieren 40 *denominaciones* in ganz Spanien.

Festgelegt wird etwa, welche Rebsorten verwendet werden dürfen, in welchem Gebiet angepflanzt wird, und gegebenenfalls wird sogar eine Höchstmenge festgesetzt. Weiterhin wird die Lagerzeit der Weine bestimmt. Auf dem Etikett der Weinflasche muss neben dem Herkunftssiegel und der fortlaufenden Nummer die Traubenbezeichnung erscheinen.

Die Einhaltung all dieser Vorgaben überwacht ein unabhängiges Gremium, das dafür ein Gütesiegel vergibt. Jedes Gebiet der 40 *denominaciones* hat sein eigenes Gütesiegel.

Sekt

Katalonien ist berühmt für seinen Sekt, den **Cava.** Angebaut wird er im Hinterland der Costa Daurada in der Gegend von Sant Sadurní. Es gibt sehr verschiedene Marken und Qualitäten, es ist also durchaus nicht gleichgültig, welche Flasche man trinkt, wenn auch unter dem Sternenhimmel so manches verschwimmt.

Ein Blick auf das **Flaschenetikett** verrät eine ganze Menge. Anhand dreier Merkmale kann man die Qualität ganz gut einschätzen. Auf dem Etikett darf zunächst einmal der Begriff „Cava" nur dann erscheinen, wenn die traditionelle Methode der Lagerung und des Anbaus eingehalten wurde, nämlich die Flaschenfermentierung. Die Lagerung und somit der Reifeprozess muss mindestens neun Monate dauern. Steht „Reserva" auf dem Etikett, hat der Cava eine Reife von 30 bis 48 Monaten; Reifeprozesse bis zu fünf Jahren rechtfertigen die Auszeichnung „Gran Reserva".

Folgende Begriffe geben Aufschluss über den Zuckergehalt pro Liter:

- *dulce* („süß"): mehr als 50 Gramm;
- *semi-seco* („halbtrocken"): 33-50 Gramm;
- *seco* („trocken"): 12-20 Gramm;
- *brut* (etwa: „rein"): maximal 15 Gramm;
- *extra brut:* maximal 6 Gramm;
- *brut nature* bezeichnet einen Cava, dem kein Zucker zugeführt wurde. Der Zuckergehalt (maximal 3 Gramm) stammt nur aus den Trauben.

Sherry

In Andalusien, vor allem in und um den Ort Jerez de la Frontera (der in diesem Buch nicht vorgestellt wird) stehen etliche Kathedralen. Groß, luftig und durchzogen von einem steten Alkoholdunst ...!? Kein Gotteshaus ist hier gemeint, sondern eine **Bodega.** Diese werden nämlich gerne „Cate-

dral" genannt; schließlich geht es auch hier „spirituell" zu. In einer Bodega wird Sherry produziert. Er reift in riesigen Fässern von etwa 530 Litern Fassungsvermögen. Die Fässer sind aus amerikanischer Eiche gefertigt und stehen in langen Reihen, drei oder vier übereinander. Das Herstellungsprinzip ist im Grunde ganz einfach: Der junge Wein wird ins obere Fass gegeben, wo er ein halbes Jahr ruht. Die Fässer werden nie ganz gefüllt, nur etwa bis 500 Liter. Somit bleibt ein wenig Luft im Fass; dazu gleich mehr. Nach etwa einem halben Jahr wird ein Teil des Weins aus dem oberen Fass in das direkt darunter liegende umgefüllt, aus diesem wurde zuvor ebenfalls ein Teil weiter nach unten umgefüllt. Ganz unten steht die *solera,* das untere Fass. Die Bezeichnung leitet sich ab vom

Da lang geht's zur Bodega

Wort für Boden, *suelo.* In der *solera* lagert immer der älteste Wein. Durch das mehrfache Umfüllen versucht man, eine gleich bleibende Qualität zu erzielen.

Es gibt grundsätzlich nur zwei verschiedene Sherry-Typen, **Fino** und **Oloroso.** Fino hat einen Alkoholgehalt von 15 %. Da kein Fass ganz gefüllt wird, bleibt oben eine Luftschicht. Bei einem Fino bildet sich dort eine Hefeschicht, die *flor* („Blume") genannt wird. Diese Blume zerfällt nach einem

halben Jahr und gibt ihren Geschmack an den Wein ab; alsdann bildet sich eine neue *flor.* Finos sind trockene Weine von hellgelber Farbe, sie schmecken leicht gekühlt am besten.

Der höhere Alkoholgehalt des Oloroso (17 %) verhindert eine *flor*-Bildung. Somit hat der Wein unmittelbaren Kontakt zum Sauerstoff im Fass und oxidiert stärker. Er bildet eine dunkle Farbe und einen weichen Geschmack aus. Manche Bodega süßt sie gezielt für den Export nach. So entsteht auch der Cream, ein besonders stark gesüßter Oloroso.

Auch **Amontillado** ist ein Wein mit 17 % Alkoholgehalt. Durch die fehlende *flor* kommt auch er stärker mit Luft

Traum aller Mitteleuropäer: Ein Mittagessen im Sonnenschein

in Kontakt; dadurch nimmt er eine dunkle Mahagonifarbe an. Grundsätzlich ist Amontillado ein trockener Wein, so manche Bodega hilft aber noch mit etwas Zucker nach.

Manzanilla ist ein trockener Wein mit 15 % Alkohol, der in Sanlúcar produziert wird. Bei seinem Reifeprozess bildet sich zwar eine Blume, diese zersetzt sich aber nicht. Die Folge: Der Wein schmeckt milder und hat eine noch hellere Farbe als der Fino.

Restaurant-Knigge

In einem typischen Restaurant geht es oft laut her; auch, wenn niemand zuschaut, läuft der **Fernseher** mit voller Lautstärke. Man sollte sich jedoch davon nicht abschrecken lassen, denn dies sagt nichts über die Qualität der Gerichte aus, die hier serviert werden.

Abendessen wird in einem spanischen Restaurant selten vor 21 Uhr angeboten, Ausnahmen bilden natürlich die Lokale in den Touristenorten, in denen man ab ungefähr 17 Uhr warme Gerichte bestellen kann.

Platzsuche

Wer ein Restaurant betritt, setzt sich niemals direkt an einen freien Tisch. Ein Kellner wird unverzüglich kommen, nach der Personenzahl fragen und dann Tischvorschläge unterbreiten. Sollten alle Tische besetzt sein, wird man gebeten, einen Moment an der Bar zu warten. Man geht nicht einfach selbst zu einem Tisch und fragt: „Ist hier noch frei?", auch dann nicht,

wenn nur eine Person einen Riesentisch okkupiert!

In spanischen Bars stellt man sich an den **Tresen.** Der Kellner nimmt den Neuankömmling garantiert wahr, fragt nach den Wünschen und findet ein freies Plätzchen am Tresen. Dieser wird erst mal geputzt, ein neuer Aschenbecher platziert, und dann kommen auch schon Speis' und Trank. Wer an einem Tisch Platz nimmt, wartet zwar auch nicht länger, zahlt aber mehr. Und noch ein wenig teurer wird es für den, der draußen auf der Terrasse sitzt.

Bezahlen

Eine **Preisliste** muss in allen Gastronomiebetrieben aushängen. Zwar findet man die Liste in vielen Lokalen erst nach intensivster Suche, aber es gibt sie immer. Bars und Cafés, auch manche Restaurants, unterscheiden grundsätzlich zwei Preise, die in der Preisliste als **barra** und **mesa** gekennzeichnet sind. Am Tresen *(barra)* zu bestellen, kommt immer billiger als am Tisch *(mesa),* da der Laufweg des Kellners wegfällt. Einige Lokale haben noch einen dritten Preis, *terraza.* Dieser ist immer der höchste; schließlich muss der Kellner auch den weitesten Weg zurücklegen.

Wer in einem Restaurant speist, zahlt in der Regel inklusive Bedienung. **Trinkgeld** *(propina)* wird zwar immer gegeben, aber nicht viel. Ein detailliertes Auseinanderdröseln der Rechnung ist übrigens völlig unüblich; entweder zahlt einer für alle, oder man sammelt vorher.

Feste und Feiertage

Jeder Ort feiert seine eigenen Feste; neben dem des jeweiligen Ortpatrons zahlreiche weitere, die meist uralten Traditionen entspringen. Unter den jeweiligen Ortsbeschreibungen sind die wichtigsten lokalen Festivitäten und ihre Termine aufgeführt. Hier ein paar Informationen zu den wichtigsten Festen, mit den jeweiligen regionalen Schwerpunkten.

Katalonien (z.T. auch Valencia)

Els Castellers

Die **„Menschentürme"** *(castellers)* symbolisieren den Gemeinschaftssinn der Katalanen. Um einen Menschenturm zu errichten, braucht es Kraft, Gleichgewicht, Mut und eben Gemeinschaftssinn, alles, was man den Katalanen als Charaktereigenschaften nachsagt.

Ausgehend von einer starken Basis, bestehend aus Dutzenden von Männern, wird die untere Ebene des Turms gebildet. Sie wird *pinya* (Ananas) genannt. Von den vielen Händen der Basis gestützt, steigen die ersten auf, bilden einen Stamm von vier oder manchmal auch nur zwei Männern. Auf deren Schultern klettern weitere Mutige, und so fort. Je höher der Turm wächst, desto kleiner werden die Kletterer. Zum Schluss krabbeln nur noch Kinder oder junge Mädchen katzengewandt hoch.

Alle müssen zum Gelingen beitragen, müssen sich gegenseitig stützen.

Patzt einer, bricht der ganze Turm zusammen, und alle stürzen zu Boden.

Castellers sind ungemein beliebt. Speziell in **Tarragona** wird diese Tradition gepflegt, angeblich stammen von dort auch heute noch die besten „Baumeister". Gute Gruppierungen schaffen es, *castellers* von neun Etagen zu errichten, aber auch sechs Ebenen gelten schon als hervorragende Leistung.

Ein besonders diffiziler Turm ist der **torre de cinc,** dessen fünf Etagen aus nur jeweils einer Person bestehen. Normal wären mehrere Etagen mit je vier Personen, *quatre de vuit* genannt, wobei die *pinya* als erste Ebene zählt. Dann folgen vier Ebenen, auf denen jeweils vier Personen stehen. Die sechste wird von zwei Personen gebildet *(les dosos),* die schließlich den *aixecador* (siebente Ebene) tragen; dieser legt sich oben quer hin. Die Krönung ist der kleine *anxaneta,* der auf den Liegenden klettert und sich aufrichtet, in einer Höhe von gut zehn Metern.

Als höchste Kunstform gilt ein **castell dos de nou amb folre i manilles.** Dabei trägt die *pinya* eine zweite *pinya* aus weniger Personen, die *folre* genannt wird; eine dritte *pinya* hieße dann *manilles.* Erst darauf, ab der vierten Etage, stehen dann einzelne Personen als Stamm, in diesem Fall aber nur jeweils zwei. Die Krönung sind auch hier wieder die Kinder an der Spitze.

Hier kommt es auf gute Zusammenarbeit an

Als perfekt gelungen gilt die Figur, wenn die Beteiligten nach Vollendung wieder hinunterklettern können.

Correfoc

Bei manchen Feierlichkeiten wird ein *correfoc* veranstaltet (wörtlich „Lauffeuer"); gemeint ist eine Art **Feuerwerk auf Rädern.** Feuer speiende Drachen oder Teufel ziehen durch die Straßen, werfen Knallkörper, lassen

Größenvergleich zwischen Mensch und Gegants

bengalische Feuer sprühen und veranstalten vor allem einen Heidenkrach. Dann erscheint *Sant Jordi,* der Drachentöter, und macht den Krawallbrüdern den Garaus.

Gegants

Die Darstellung von **Riesen** (*gegants*) ist weit verbreitet, kaum eine Ortschaft, in der man sie nicht zu bestimmten Festen durch die Straßen tanzen lässt. Es handelt sich um erstaunlich lebendig wirkende Figuren von bis zu vier Metern Höhe, die wichtigen Persönlichkeiten der Ortschaft nachempfunden sind. Oftmals werden nur die Köpfe überdimensional groß gestaltet; es schaut besonders irreal aus, wenn diese körperlosen Köpfe durch die Straßen schweben. Die Figuren der Gegants werden auch tänzerisch bewegt, was äußerst mühsam ist. Immerhin müssen die Träger, die nur durch eine kleine Öffnung in „Bauchhöhe" spähen können, die Figur im Gleichgewicht halten und dabei auch noch halbwegs anmutige tänzerische Bewegungen vollziehen. Wahrlich keine leichte Aufgabe.

Sardana

Die Sardana ist weit mehr als ein Volkstanz, sie ist, ebenso wie die *castellers,* ein Symbol für den katalanischen Gemeinschaftssinn. Sie ist ein **Gruppentanz,** bei dem sich die Tänzer im Kreis aufstellen, an den Händen fassen und eine bestimmte Schrittfolge tanzen. Die Hände werden zumeist in Kopfhöhe gehalten, wandern aber auch im Takt mit nach unten. Man be-

009senk Foto: jf

wegt sich dabei ganz langsam im Kreis. Die Füße tippen in einer genau festgelegten Abfolge auf den Boden, werden übereinander gesetzt, einen Schritt weiter platziert, immer im Rhythmus der Musik. Eine Kapelle *(copla)*, in der Bläser dominieren, gehört auch dazu. Der Tanz sieht spielerisch leicht aus, wird aber absolut ernsthaft betrieben. Diktator *Franco* war die *sardana* einst so suspekt, dass er sie verbieten ließ, wie alles, was ihm katalanisch vorkam. Aber natürlich wurde die Tradition trotzdem bewahrt. Heute finden Sardana-Tänze auf beinahe jedem Dorffest Kataloniens statt und sogar in der Weltstadt Barcelona, nämlich jeden Sonntag um 12 Uhr vor der Kathedrale.

Valencia (z.T. auch Andalusien)

Las Fallas

Die Fallas werden in der Provinz Valencia in jedem Dorf gefeiert, im Bereich der Costa Blanca eher nur in den nördlichen Gemeinden. An markanten Plätzen werden große **Figuren** oder gar Figurengruppen aus Holz, Pappmaché und ähnlichen Materialien er-

Sardana: Ausdruck des katalanischen Selbstbewusstseins

Gesetzliche Feiertage

- 1. Januar: **Año Nuevo,** Neujahr
- 6. Januar: **Día de Reyes,** Heilige Drei Könige
- Gründonnerstag: **Jueves Santo** (nicht in Katalonien)
- Karfreitag: **Viernes Santo**
- Ostermontag: **Lunes Santo;** Feiertag nur in Katalonien, in der Region Valencia, in Navarra und im Baskenland
- 1. Mai: **Día del Trabajo,** Tag der Arbeit
- 25. Juli: **Santiago Apóstol,** Sankt Jakobus
- 15. August: **Fiesta de la Asunción,** Mariä Himmelfahrt
- 12. Oktober: **Día de la Hispanidad,** auch: **Día de la Raza,** Jahrestag der Entdeckung Amerikas
- 1. November: **Todos los Santos,** Allerheiligen
- 6. Dezember: **Día de la Constitución,** Tag der Verfassung
- 8. Dezember: **Purísima Concepción,** Tag der Unbefleckten Empfängnis
- 25. Dezember: **Navidad,** Weihnachten

Regionale Feiertage der autonomen Gemeinschaften

- **Katalonien:** 11. September, 24. Juni, 26. Dezember
- **Valencia:** 9. Oktober
- **Murcia:** 9. Juni
- **Andalusien:** 28. Februar

richtet. Es sind äußerst kunstvolle, detailreiche Gebilde, die ein bestimmtes Thema veranschaulichen oder eine Geschichte erzählen. In der Nacht zum 19. März werden all diese Figuren verbrannt; hiermit wird symbolisch der Winter verabschiedet.

Moros y Cristianos

Dieses Fest wird in beinahe jedem Ort gefeiert, wenn auch zu unterschiedlichen Terminen. Es erinnert an die Zeit, in der Spanien unter **maurischer Herrschaft** (daher: *moros*) stand, die schließlich von den Christen (*cristianos*) zerschlagen wurde. Der Ablauf der Festivitäten orientiert sich an der jeweiligen Lokalhistorie, folgt aber überall auch einem generellen Schema. Zunächst marschieren die Truppen der *moros* und der *cristianos* feierlich in den Ort ein. Alle Teilnehmer tragen den historischen Uniformen und Gewändern des jeweiligen Lagers nachempfundene Kleidung. Musik, Reden und feierliches Auftreten gehören stets dazu. In den Küstenorten wird meist auch die Anlandung in Booten nachgespielt. Schließlich kommt es zur alles entscheidenden Schlacht, die recht realistisch nachgestellt wird: mit Kanonendonner, Pulverdampf und Schwertkampf Mann gegen Mann. Und am Ende, wen wundert's, siegen immer die Christen; sie vertreiben die Moros bzw. diese konvertieren zum christlichen Glauben.

Landesweit

Ferias

Eine *feria* wird in den Sommermonaten in vielen Orten gefeiert; ihren Schwerpunkt hat sie in Andalusien. Ursprünglich nur ein Viehmarkt, hat sich das Fest heutzutage zu einer Mischung aus **Jahrmarkt, Sommerfest und Dauerfete** gewandelt. Als die wohl bekannteste *feria* ganz Spaniens gilt die einwöchige Party in Sevilla (die in diesem Band nicht behandelt wird), aber auch nicht zu verachten ist die *fe-*

Reisetipps A–Z

ria von Málaga, die jedes Jahr etwa Mitte August stattfindet. In jener Woche spazieren feierfreudige Malagueños tagsüber in traditioneller Tracht durch die Straßen, Männer als stolze Herren, Frauen in rüschenbesetzten Tanzkleidern. Aus den Kneipen dröhnt Flamenco, jede Bar versucht die nächste zu übertönen, und geschlossen wird höchstens mal zum Durchfegen. Es wird getrunken, getanzt, gescherzt, und nachts geht's erst richtig los.

Semana Santa

Die **Osterwoche** wird weihevoll-feierlich begannen, aber von vielen auch als mehrtägiger Kurzurlaub genutzt. Das Fest beginnt mit der **Prozession** am Palmsonntag, also am Sonntag vor

Karfreitag. Auch an den folgenden Tagen finden Messen und prunkvolle Umzüge statt. Im Mittelpunkt steht immer die Leidensgeschichte Jesu. Gewaltige Figuren werden von stolzen Trägern gemessenen Schrittes durch die Straßen getragen, die Bevölkerung folgt würdevoll.

Fiestas

Jeder noch so kleine Ort feiert einmal im Jahr das **Fest zu Ehren des Ortpatrons.** Im Grundprinzip verlaufen diese *fiestas* immer ähnlich. Nach einer Messe wird das Bildnis des Ort-

Prozessionen werden zu vielen Feierlichkeiten veranstaltet

patrons bzw. der Ortpatronin in einer Prozession durch die Straßen getragen, die Bewohner laufen hinterher. Je nach Ausrichtung werden diese Umzüge mal feierlich, mal feucht-fröhlich begangen. Aber immer findet abends eine richtige Sause statt, die die ganze Nacht dauert. Und das ist wörtlich zu nehmen. Ich selbst durfte einmal in einem kleinen andalusischen Dorf mitmachen – als ich um 3 Uhr morgens die Segel strich, galt ich als *debilucho*, als Schwächling ...

Romerías

Ähnlich verläuft eine *romería*, im ursprünglichen Wortsinn eine **Wallfahrt** zu Ehren eines bestimmten Heiligen. Am berühmtesten ist wohl die Romería von Sevilla nach El Rocío. Zu diesem kleinen andalusischen Dorf im Südwesten Spaniens pilgern über Pfingsten Hunderttausende von Gläubigen; andere Quellen sprechen von bis zu einer Million Menschen! Besonders spektakulär fallen die *romerías* zu Ehren der **Virgen del Carmen** aus, bei der Prozessionen in offenen Booten über das Meer fahren.

Formalitäten

Spanien hat das Schengener Abkommen unterschrieben, wonach das Territorium zahlreicher europäischer Länder als so genanntes grenzloses Gebiet gilt; dazu zählen u.a. Deutschland, Österreich, Frankreich, Luxemburg, Portugal und eben Spanien. Das bedeutet, dass Bürger dieser Länder sich ohne Grenzkontrollen in diesem Gebiet bewegen dürfen. Staatsangehörige der **Schweiz** dürfen ohne Visum für drei Monate einreisen.

Das bedeutet aber nicht, dass man auf den **Personalausweis** oder **Reisepass** verzichten kann; im Gegenteil, die meisten Hotels und alle Campingplätze verlangen ein Personaldokument. Die meisten Betreiber eines Campingplatzes nehmen den Ausweis sogar als Pfand in Verwahrung und geben ihn erst nach Begleichen der Rechnung wieder zurück. Kinder müssen ihren **Kinderausweis** mitführen.

Wer mit einem Pkw einreist, benötigt nur den **nationalen Führerschein** (und das Nationalitätenkennzeichen am Fahrzeug). Die **grüne Versicherungskarte** ist zwar für die Grenzkontrolle nicht mehr notwendig, aber bei einem Unfall wird danach gefragt. Weiterhin bestehen immer noch etliche Fluggesellschaften auf der Vorlage eines Ausweispapiers, um zu überprüfen, ob der Name des Reisenden tatsächlich mit dem im Ticket genannten übereinstimmt.

Geldfragen

Auch in Spanien hat man sich mittlerweile an den **Euro** gewöhnt. Etwas schleppend lief der Umgang mit dem neuen Geld an. Das kannten die Spanier schon lange nicht mehr, dass die Zahlen hinter dem Komma überhaupt der Rede wert waren. Der Euro wird übrigens „Juro" ausgesprochen, während Cent als „Centavos" oder „Centimos" durchgehen. Das kennen die Spanier noch aus der Vergangenheit. Die Rückseiten der spanischen Euro-Münzen zeigen den spanischen König, außerdem den Autor des „Don Quichote", *Miguel de Cervantes,* und die Kathedrale von Santiago de Compostela.

Reisekosten

Ein Billig-Reiseland ist Spanien schon lange nicht mehr. Sicher, immer noch werden manche Produkte billiger als bei uns angeboten, aber bei der Kalkulation des Urlaubsbudgets sollte man dennoch ruhig von heimatlichen Preisen ausgehen.

Geldautomat

In jeder Stadt finden sich heute Geldautomaten, an denen man mit seiner Euroscheckkarte oder Kreditkarte Bargeld ziehen kann. Die Geheimnummer eintippen und dann die gewünschte Sprache wählen, in der dann alle weiteren Anweisungen erfolgen.

Seit 2002 gibt es eine EU-Verordnung, nach der die Banken beim Geldabheben im Ausland keine Extragebühren mehr berechnen dürfen. Ähnliches gilt für den Einsatz von Kreditkarten. In beiden Fällen sollen nur die üblichen Inlandsgebühren anfallen.

Kreditkarte

Für größere Ausgaben empfiehlt sich die Benutzung einer Kreditkarte. In Hotels und auf vielen Campingplätzen

wird sie als Zahlungsmittel akzeptiert, auch die meisten Geschäfte, die touristische Artikel im Sortiment führen, und Tankstellen bieten diesen Service.

Bei **Verlust** der Geldkarte muss diese sofort gesperrt werden:

● **Eurocard:** Tel. 0049/69/79 331 910
● **Visa:** Tel. 001 410 581 3836 (das Telefonat als R-Gespräch anmelden)
● **American Express:** 0049/69/97 97 1000
● **EC-Karte:** 0049/1805/021 021

Gesundheit

Ein Hindernis beim Arztbesuch im Ausland ist sicherlich das Sprachproblem. Über das deutsche Konsulat in Málaga kann man Adressen von deutschsprachigen Ärzten erfragen.

Gesetzliche Krankenversicherung

Krankwerden im Urlaub ist immer eine unangenehme Sache. Wen es erwischt, dem steht auch in Spanien ärztliche Behandlung als Krankenversicherter zu. Theoretisch jedenfalls; in der Praxis wird das dann nicht ganz so einfach gehandhabt. Mitglieder einer gesetzlichen Krankenkasse sollten sich vor der Reise einen **Auslandskrankenschein (E 111)** von ihrer Krankenkasse besorgen. Dieser Vordruck, so die amtliche Vorgehensweise, soll in Spanien dann gegen einen Berechtigungsschein eingetauscht werden, mit dem dann jeder Arzt die Behandlung abrechnen kann.

Im Krankheitsfall muss der Vordruck E 111 bei den Gesundheitszentren des *Instituto Nacional de Seguridad Social* vorgelegt werden. Diese Zentren sind in allen Bezirken ansässig. Die Behandlung durch einen Arzt des medizinischen Zentrums erfolgt kostenfrei. Ein **Facharzt** kann nur mit einer Überweisung aufgesucht werden.

Ärzte außerhalb der Zentren und Privatkliniken werden diesen Schein meist nicht akzeptieren und sofortige **Barzahlung** verlangen. Deshalb sollte man sich vor einer Behandlung informieren, ob der E 111 akzeptiert wird. Beträge, die man bar bezahlt, werden i.d.R. von der heimischen Krankenkasse nicht zurückerstattet.

Auslandskrankenversicherung

Dem kann man nur durch den Abschluss einer privaten Auslandkrankenversicherung entgehen. Dieser Versicherungsschutz greift **nach der Reise;** dass heißt, dass die Arztkosten in jedem Fall an Ort und Stelle bezahlt werden müssen. Die detaillierte Rechnung wird aber später bei der privaten Auslandskrankenversicherung eingereicht und der verauslagte Betrag erstattet. Nach meinen eigenen Erfahrungen funktioniert dieses System tadellos. Angeboten wird dieser Auslandskrankenschutz mittlerweile von mehreren Dutzend Versicherungen, die **Tarife** sind moderat, liegen zwischen 10 und 30 Euro pro Jahr.

Bei Versicherungsabschluss sollte auf **Vollschutz ohne Summenbegrenzung** geachtet werden. Außerdem ist zu überprüfen, ob ein **Rücktransport** im Falle einer schweren Erkrankung oder eines Unfalls übernommen wird, bzw. an welche Bedingungen (z. B. Krankenhausaufenthalt) dieser geknüpft ist. **Automatische Verlängerung** der Versicherung im Krankheitsfall ist ein weiterer wichtiger Punkt. Die Leistungspflicht sollte bei verhinderter Rückreise weiter gelten, andernfalls gehen die enormen Behandlungskosten sofort nach Ablauf zu Lasten des Patienten.

Bei Eintreten eines Notfalles sollte die Versicherungsgesellschaft telefonisch verständigt werden. Ausführliche **Quittungen** (mit Datum, Namen, Bericht über Art und Umfang der Behandlung, Betrag) sind Voraussetzung, damit die Auslagen von der Versicherungsgesellschaft erstattet werden.

Hin- und Rückreise

Mit dem Auto

Wer nur zwei oder drei Wochen Urlaub hat, wird um eine Fahrt über die gebührenpflichtigen **französischen Autobahnen** nicht herumkommen. Ich habe vor Jahren einmal versucht, über die Landstraßen durch Frankreich zu rollen, aber es dauert wenigstens einen Tag länger.

im Wesentlichen führen, je nach Ausgangspunkt, drei Wege in Richtung Spanien; alle drei laufen spätestens ab Lyon zusammen.

Norddeutsche reisen vorzugsweise **über Freiburg,** zunächst über die A7, später über die A 5. Die Grenze überschreitet man bei Mulhouse, und es geht weiter über die französische Autobahn A 36 Richtung Dijon. Dort stößt die A 36 auf die nach Süden führende Autobahn, die über Lyon, Montpellier und Narbonne zur spanischen Grenze führt.

Alternativ kann ein Reisender aus Norddeutschland auch den Weg wählen, den die meisten Westdeutschen wohl fahren werden, nämlich **über Luxemburg.** Die Route führt von Trier über Luxemburg nach Frankreich, verläuft dann über die A 31 nach Metz und Nancy und erreicht schließlich auch Dijon, wobei das Stück bis Nancy gebührenfrei bleibt. Ab Dijon verdichtet sich der Verkehr, denn dort vereinen sich drei Autobahnen, die aus Paris, die aus Freiburg und die aus Luxemburg.

Wer aus dem Raum Süddeutschland startet, kann sowohl die Variante über Freiburg wählen als auch **durch die Schweiz** fahren. Diese Route führt über Zürich, Bern, Lausanne und Genf und stößt schließlich bei Lyon auch auf die zur spanischen Grenze führende Autobahn.

Luxemburg – Dijon

Luxemburg hat man schnell hinter sich gelassen, die gebührenfreie Autobahn ist hervorragend ausgeschildert. Man verlässt das kleine Herzogtum in Richtung A 31; der ganze Weg über Thionville bis **Metz** bleibt gebührenfrei, immerhin fast 60 Kilometer. Die Autobahn verläuft großzügig an Metz vorbei und führt schnurstracks nach Süden. Erst bei dem Ort **Toul,** unweit von Nancy, erreicht man erstmals eine Zahlstelle, da sind aber schon 130 Kilometer zurückgelegt.

Die A 31 verläuft ab Toul stetig nach Süden; nächster neuralgischer Punkt ist das Autobahndreieck bei Langres, da sich dort die Autobahn mit der A 15 aus Paris vereint. Nach etwa 320 Kilometern (von Luxemburg) erreicht man schließlich **Dijon.** Nun fehlen nicht mehr allzu viele Kilometer bis **Beaune,** wo sich das Verkehrsaufkommen spürbar erhöht. Von Deutschland kommt die A 36 (Grenzübergang Freiburg-Muhlhouse), von Paris die A 6. Alle drei Autobahnen vereinen sich und verlaufen ab sofort als A 6 nach Süden, als **Autoroute du Soleil.**

Freiburg – Dijon

Die Grenze zwischen Deutschland und Frankreich nimmt man kaum wahr. Eben noch in Freiburg gewesen und deutschen Schildern gefolgt, huscht man rüber auf französisches Gebiet, ohne es richtig zu realisieren, und schon erreicht man **Mulhouse.** Die Autobahn A 36 verläuft über gut 240 Kilometer und erreicht bei Beaune die nach Süden führende A 31. Eine geruhsame Strecke, ohne allzu viel Verkehr, beinahe schon langweilig zu nennen.

Dijon – Spanische Grenze

Der Rastplatz Beaune-Tailly am Kilometer 307 hat nicht nur ein gutes Motel, mehrere Restaurants, sondern auch eine Sehenswürdigkeit zu bieten, das **Archéodrome Bourgogne.** Bestens geeignet, um den lieben Kleinen während der Rast mal etwas Abwechslung zu bieten, denn dieses archäologische Museum zeigt, wie unsere Vorfahren lebten. Keine staubtrockenen Exponate werden hier präsentiert, sondern durch Puppen nachgestellte Szenen des Alltags bis hin zu Schwerter schwingenden Kämpfern. Eine weitere Überraschung bietet der Rastplatz am Kilometer 364, der ganz „im Zeichen des Pilzes" gehalten ist, mit originellem Kinderspielplatz und Trimmpfad.

Wieder auf der Autobahn, erreicht man **Lyon,** immer noch das einzige Nadelöhr auf dem Weg nach Süden. Zwei Wege werden angeboten; auf einem wird der Fahrer weiträumig an der Stadt vorbeigelotst, der andere führt mitten durch sie hindurch. Ich bin beide

Strecken gefahren, und mir schien der Weg durch die Stadt angenehmer. Bis auf einen ganz kurzen Abschnitt verläuft nämlich eine zweispurige, autobahnähnliche Straße mitten durch Lyon (auf der Rückreise kann man hier übrigens stur der Beschilderung „Paris" folgen). Die Umgehungsstrecke erfordert etwas mehr Konzentration, da hier etliche Gabelungen richtig zu nehmen sind. Die Umleitung beginnt bereits in Villefranche-Sur-Saône, dort wird der Fahrer aufgefordert, die E-15 (das ist gleichzeitig die A 6) zu verlassen. In weitem Bogen führt die Umgehungsautobahn A 46 östlich an Lyon vorbei in Richtung Grenoble. Im weiteren Verlauf geht die A 46 über in die N-346, die aber wie eine Autobahn ausgebaut ist. Schließlich folgt der Abzweiger Marseille, bei dem es dann wieder Richtung Süden geht, zurück auf E-15.

Die Autobahn heißt nun A 7 und führt stetig nach Süden. Man passiert zunächst **Valence,** später **Montélimar,** und nun folgt auch schon bald der erste Hinweis auf „**Barcelone".** Die Autobahn verläuft parallel zur Rhône, ab und an erhascht man einen Blick auf diesen Strom. Nach etwa 700 Kilometern (von Luxemburg) erreicht man Orange; hier gabelt sich die Autobahn erneut. Die A 7 biegt ab in Richtung Marseille, während die weitere Strecke A 9 heißt und zur Costa Brava über Avignon, Nîmes, Montpellier und Narbonne immer dem **Küstenverlauf des Mittelmeeres** folgt. Bei Montpellier kommt zum ersten Mal das Meer in Sicht. Bei Narbonne, wo übrigens der Autoreisezug seine Endstation hat, folgt ein weiteres Autobahndreieck, die A 61 von Toulouse stößt hier auf unsere „Route des Südens". Nach gut 1000 Kilometern (von Luxemburg) erreicht man Perpignan. Die Raststätte „Village Catalan" vermittelt einen ersten Eindruck der kulturellen Umgebung, in der man sich nun bewegt. Ein katalanisches Dorf wurde hier nachgebaut. Kurze Zeit später erreicht man dann endlich die Grenze, heutzutage brausen wir nur noch durch, dem Schengen-Abkommen sei Dank.

Autobahngebühren PKW

● **über Luxemburg** (gebührenfrei) bis zur spanischen Grenze: 52,50 €;

● **über Freiburg** bis zur spanischen Grenze: 52 €;

● **über die Schweiz** zur spanischen Grenze: 41 € plus schweizer Vignette von 27 €. Die schweizer Vignette muss jeder deutsche Autofahrer haben, der auf schweizer Autobahnen oder autobahnähnlichen Strecken fährt. Wer ohne sie erwischt wird, zahlt eine saftige Strafe und muss sie obendrein nachkaufen. Automobilclubs verkaufen die Vignette, ansonsten kann man sie auch an der Grenze erwerben.

● Wer ein **Wohnmobil** steuert, muss etwa 60 bis 90 % mehr bezahlen, je nach Größe des Fahrzeugs. Ein Gepäckanhänger unter 500 kg bleibt kostenfrei, während dagegen ein Caravan noch einmal etwa 50 % vom Pkw-Preis zusätzlich kostet.

● Unter **www.autoroutes.fr** kann man im Internet die aktuellen Gebühren erfragen.

Staugefahr

Im Juli und August ist die Strecke zwischen Lyon und der Grenze eine der am stärksten befahrenen Autobahnen Europas! Man sollte genügend Zeit einplanen und Staus genau wie Übernachtungspausen einkalkulieren.

Übernachten in Frankreich

Etwa alle 80 Kilometer findet sich auf einem der großen Rastplätze ein **Motel;** diese sind immer rechtzeitig ausgeschildert. Die Preise liegen bei etwa 60-90 € pro Zimmer. Ein Frühstück wird extra berechnet, der Wagen parkt direkt vor dem Zimmer. Trotz der unmittelbaren Nähe zur Autobahn schläft es sich recht ruhig.

Die **Raststätten** fallen grundsätzlich recht großzügig aus; ein Restaurant fehlt auch nie, ebenso wie ein kleiner

Autobahnzahlstelle

Einkaufsladen; ein Bistro, eventuell noch eine Snackbar runden das Angebot ab. Aber auch die Raststätten ohne Tankstelle und Verpflegung können sich in der Regel sehen lassen, ein WC gibt es immer, meist auch eine Freiluft(!)-Dusche.

Motels von Nord nach Süd:
- **A6:** km 307 – Aire de Beaunue-Tailly
- **A6:** km 375 – Aire de Mâcon-St. Albain
- **A7:** km 28 – Aire de St. Rambert (bei Annonay, kurz hinter Lyon)
- **A7:** km 120 – Aire de Monté Limar
- **A9:** km 18 – Aire de Travel-Nord
- **A9:** km 110 – Montpellier Fabrèques
- **A9:** km 182 – Narbonne-Vinassan
- **A9:** km 264 – Village Catalan (bei Perpignan)
- Wer **von Freiburg** kommt, findet an der **A 36** beim km 112, Besançon Marchaux, ein Motel.

Höchstgeschwindigkeiten in Frankreich (km/h)

	in Orten	Land-straßen	Auto-bahnen
● **Pkw**	50	90	130/110[1]
● **Pkw mit Anhänger**	50	80	80

[1] bei Regen

Mit dem AutoZug

Im Hochsommer quält sich halb Europa über die französischen Autobahnen Richtung Spanien und steht kollektiv im Stau. Bequemer und vor allem entspannter geht es mit dem AutoZug, wenn auch zunächst der Preis manchen Reisenden zögern lässt.

Die DB AutoZug GmbH bietet von verschiedenen Terminals (Berlin, Düsseldorf, Frankfurt, Hamburg, Hildesheim, Köln, München, Stuttgart) eine Verbindung bis zum südfranzösischen Narbonne an. Von dort fährt man dann nur noch 140 Kilometer bis zur spanischen Grenze. Die Fahrt dauert zwischen 14 (ab Stuttgart) und 22 Stunden (ab Berlin), der ausgeschlafene Urlauber erreicht Narbonne jeweils gegen 10 Uhr. Gewählt werden kann zwischen Schlafwagenabteilen (für maximal drei Personen), Einzelplätzen im Liegewagen und einem ganzen Liegewagenabteil, das für maximal fünf Personen konzipiert ist.

Der **Preis** richtet sich nach Saisonzeiten. Für die 1660 Kilometer lange Strecke von Hamburg nach Narbonne zahlen zwei Erwachsene im Liegewagen inklusive Autotransport ab knapp 400 €, bei Buchung einer Rückfahrkarte gibt es eine Ermäßigung. Gefahren wird von Mai bis Oktober ein- bis dreimal wöchentlich, aber auch von November bis April kann man mindestens einmal pro Woche nach Narbonne reisen, und das an allen Staus vorbei. Damit ist die Reise im AutoZug ihren Preis allemal wert.

● **Infos:** DB AutoZug, Versandservice, Postfach 1111, 04112 Leipzig, Servicetelefon: (0180) 524 1224, täglich 8-22 Uhr, Internet: www.dbautozug.de.

Mit der Bahn

Diese Art der Anreise ist umständlich und nur echten Eisenbahnfreaks zu empfehlen. Allein die Fahrt nach **Barcelona** dauert 20 bis 24 Stunden und erfordert mehrmaliges Umsteigen. Ein Preisbeispiel: Die Fahrt von Hamburg nach Barcelona kostet ca. 280 € einfach, bei Buchung einer Rückfahrkarte gibt es eine Ermäßigung.

Für Bahnfans hier ein Tipp: Von Zürich fährt ein Zug durchgehend bis Barcelona, wobei der sonst obligatorische Zugwechsel an der Grenze auf Grund der größeren spanischen Spurbreite entfällt. Dieser Zug nennt sich *tren hotel* (Hotelzug), startet abends gegen 20 Uhr und erreicht Barcelona am nächsten Tag gegen 9 Uhr. Liege- und Schlafwagen können gebucht werden.

Der zentrale Bahnhof in Kataloniens Hauptstadt heißt Barcelona Sants, von dort gibt es reichlich Anschlüsse. So gelangt man von hier entlang der Küste bis Valencia und sogar bis nach Alicante. Ebenso existieren Verbindungen bis nach Almería und Málaga.

Unter **www.renfe.es** kann man sich die gewünschten Verbindungen schon zu Hause im Internet heraussuchen.

Mit dem Bus

Keine schlechte Idee für Preisbewusste. Die Deutsche Touring GmbH bietet einen **Linienbusservice** von 23 deutschen Städten nach Spanien an. Angesteuert werden nicht nur Großstädte, sondern auch touristisch relevante Orte entlang der gesamten Küste bis hinunter nach Málaga. Das klingt nach einer ziemlichen Strapaze, aber wer sich einmal auf seinem Sitzplatz eingerichtet hat, übersteht die

Tour dösend, lesend, schlafend irgendwie auch. Der Autor hat sie dreimal mitgemacht, und das bei 186 cm Körpergröße – na also.

●**Deutsche Touring GmbH,** Am Römerhof 17, 60486 Frankfurt, Tel. (069) 790350, E-Mail: service@deutsche-touring.com, Internet: www.deutsche-touring.com.

Mit dem Flugzeug

Je nachdem, in welcher Region man seinen Urlaub verbringen möchte, hat man die Wahl zwischen folgenden Zielflughäfen:

●**Costa Brava:** Girona
●**Costa del Maresme,**
nördliche Costa Dorada: Barcelona
●**Costa del Azahar:** Tarragona
●**Costa Blanca:** Alicante
●**Costa de Almería:** Almería
●**Costa del Sol:** Málaga

Transport ab Flughafen

Wer eine Pauschalreise bucht, wird gleich per Bus zum Hotel gebracht. Wer auf eigene Faust anreist, muss aber auch nicht immer auf ein Taxi zurückgreifen. Hier einige Tipps, wie es von den einzelnen Flugplätzen in die jeweilige Stadt geht.

●**Girona:** Vom Flugplatz in Girona fahren nur in der Sommersaison vereinzelt **Busse,** deren Fahrplan sich nach der Ankunft der Flugzeuge richtet.
●**Barcelona:** Der *aeroport* liegt relativ citynah. Zur Auswahl stehen eine Bus- und eine Bahnverbindung. Die **Buslinie** „A1 Aerobus" fährt etwa alle 15 Minuten bis zur zentral gelegenen Plaça Catalunya. Die **Nahverkehrsbahn** Cercanias, erkennbar an dem leicht verdrehten Buchstaben C, sowie der Bahnhof sind über eine überdachte Brücke mit Lauf-

band erreichbar. Die Bahn verkehrt etwa alle 30 Minuten bis zum Hauptbahnhof Barcelona-Sants. Einige Züge fahren sogar weiter über die Plaça Catalunya an der Costa del Maresme vorbei bis hoch zur Costa Brava. Allerdings knickt diese Bahnlinie bei Blanes ab ins Hinterland.

Wer in Barcelona landet und weiter an die **Costa Dorada** möchte, braucht ebenfalls nur der Ausschilderung zum Bahnhof folgen. Die Nahverkehrslinie Cercanias führt vom Flugplatz bis in die Metropole. Wer zu einem der nördlichen Orte an der Costa Daurada reisen möchte, muss im Bahnhof Prat de Llobregat umsteigen. Von dort erreicht man problemlos alle Orte bis El Vendrell. Wer ein weiter südlich gelegenes Ziel hat, sollte bis zum zentralen Bahnhof Barcelona-Sants fahren, und von dort mit einem Fernzug weiter.
●**Tarragona:** Wer in **Reus** (bei Tarragona) landet und nicht abgeholt wird, hat deutlich schlechtere Karten; es gibt **keine Busverbindung.** Wie das Touristenbüro auf meine Anfrage riet: „Wer jung ist und wenig Gepäck hat – *¡adelante!* – der kann bis zur Straße nach Tarragona laufen. Das dauert mehr oder weniger – eher ‚mehr' als ‚weniger' – 30 Minuten. Alle anderen sollten ein Taxi nehmen."
●**Valencia:** Etwa alle 10 Minuten (Sa alle 20 Minuten, So alle 25 Minuten) fährt ein gelber **Bus** mit der Aufschrift „Manises aeropuerto" vom Flugplatz zum Busterminal in Valencia.
●**Alicante:** Vom kleinen Flugplatz fährt ein **Bus** der Linie C 6 halbstündlich zum Busterminal an der zentralen Puerta del Mar.
●**Almería:** Vom überschaubaren Flugplatz fährt ein **Bus** der Linie 20 alle 30 Minuten, am Wochenende alle 40 Minuten bis ins Zentrum zum Busterminal.
●**Málaga:** Die **Vorortbahn** Cercanias hat eine eigene Station am Flugplatz. Reisende können mit dieser Bahn sowohl nach Málaga als auch nach Torremolinos, Benalmádena und Fuengirola gelangen. Alternativ fährt noch ein Bus der Linie 19 alle 20 Minuten zum zentralen Busterminal in Málaga.

Infostellen

Ortsbüros

Die meisten der hier vorgestellten Orte haben ein eigenes Touristenbüro; die Adresse wird jeweils in einem kleinen Infokasten vor der Ortsbeschreibung angegeben. Wer **allgemeine Infos** zu diesem Ort benötigt, vielleicht noch eine **Liste der Unterkünfte,** der wird hier gut bedient. Die Büros antworten auch auf Anfragen aus dem Ausland. Der Prospektversand klappt ausgezeichnet, individuelle Fragen jedoch fallen häufig durch.

Fremdenverkehrsämter

Wer ganz **allgemeine Auskünfte** einholen möchte, kann sich auch an eines der spanischen Fremdenverkehrsämter wenden. Auch hier klappt der Prospektversand tadellos, Infos über spezielle, kleinere Orte können aber doch nicht immer gegeben werden.

- **Spanisches Fremdenverkehrsamt,** Myliusstr. 14, 60323 Frankfurt/M., Postf. 170547, 60079 Frankfurt/M., Tel. (069) 725 033 und 725 038, Fax 725 313, E-Mail: frankfurt@tourspain.es
- **Spanisches Fremdenverkehrsamt,** Schubertstr. 10, 80336 München, Tel. (089) 530 7460, Fax 53 074 620, E-Mail: munich@tourspain.es
- **Spanisches Fremdenverkehrsamt,** Grafenberger Allee 100 (Kutscherhaus), 40237 Düsseldorf, Tel. (0211) 680 3980, Fax 680 3985 u. 680 3986, E-Mail: dusseldorf@tourspain.es
- **Spanisches Fremdenverkehrsamt,** Kurfürstendamm 63, 10707 Berlin, Tel. (030) 882 6543, Fax 882 6661, E-Mail: berlin@tourspain.es
- **Spanisches Fremdenverkehrsamt,** Walfischgasse 8, Tür 14 Mezzanin, 1010 Wien-1, Tel. (01) 512 9580, Fax 512 9581, E-Mail: viena@tourspain.es
- **Spanisches Fremdenverkehrsamt,** Seefeldstr. 19, 8008 Zürich, Tel. (01) 252 7930, Fax 252 6204, E-Mail: zurich@tourspain.es
- **Office National Espagnol du Tourisme,** 15, Rue Ami-Lévrier, 1201 Genève, Tel. (022) 731 1133, E-Mail: ginebra@tourspain.es

Informationen aus dem Internet

- **www.reise-know-how.de**
Aktuellste Infos und Tipps zur Ergänzung dieser Auflage sowie weiterführende Links finden sich auf der Verlags-Homepage unter den Stichwörtern „Latest news" und „Travellinks". Diesen Service bietet der Verlag zu allen Reiseführern von REISE KNOW-HOW.
- **www.costadaurada.org**
Allgemeine Tipps zur Küste, aber auch zur Hotelsuche, Kulturprogramm, Adressen von Touristenbüros etc.
- **www.tourspain.es**
Ausführliche Seite mit vielen Infos zu ganz Spanien, u.a. großes Unterkunftsverzeichnis.
- **www.cbrava.es**
Bietet allgemeine Hinweise und touristische Tipps zur Costa Brava.
- **www.andalucia.com**
Auf Englisch, viele (auch touristische) Infos zu Andalusien, aber eher allgemein gehalten.
- **www.andalucia.org**
Die offizielle Homepage des andalusischen Touristenbüros.
- **www.barcelona.tourisme.com**
Die katalanische Metropole stellt sich vor.
- **www.costablanca.org**
Breites Informationsangebot zu allen Orten und Kreisen an der Küste.
- **www.comunitat-valenciana.com**
Die autonome Region Valencia präsentiert sich hier.
- **www.costablancanachrichten.com**
Die Homepage der deutschsprachigen Zeitung der Costa Blanca, bringt ihre aktuellen Artikel auch online.

● www.costablanca-online.de
Kurze Infos zu einzelnen Orten, praktische Tipps zu Gastronomie, Unterkunft u.Ä.
● www.fernweh.com/spain.htm
Eine umfangreiche Link-Sammlung zu ganz Spanien.

Mit Kindern unterwegs

Immer nur im Sand buddeln, morgens zum Strand laufen, abends zurück und zwischendurch vielleicht mal ein Eis – das wird selbst den genügsamsten Kindern irgendwann zu langweilig. Hier ein paar Tipps, die Abwechslung bringen, geordnet nach den einzelnen Küstenzonen.

Costa Brava

Vergnügungsparks

In **Roses** und in **Platja d'Aro** liegen zwei Vergnügungsparks, die auf die Wünsche der kleinen Menschen eingerichtet sind. Keine riesigen Freizeitparks mit spektakulären Angeboten, aber gleichwohl mit einem bunten Programm.

Badelandschaften

Immer nur im Mittelmeer planschen kann ganz schön langweilig sein; da hilft ein Besuch in einer Freizeit-Badelandschaft, wo die lieben Kleinen mit Juchee die verschlungenen Rutschen hinuntersausen können – und die Eltern gleich hinterher. In folgenden Orten zu finden: **Roses, Platja d'Aro, Lloret, Blanes.**

Gokart-Bahn

Etwas größere Kinder könnten auch eine Gokart-Bahn besuchen und ein paar Runden drehen, das wird bestimmt auch den Papi locken. Bahnen gibt es in **Roses, Platja d'Aro, Lloret und Blanes.**

Bootstour

Eine Bootstour entlang der wilden Küste von **L'Estartit** oder von **Tossa** finden sicherlich auch die Kleinen spektakulär, besonders wenn die Tour auf einem **Glasbodenboot** stattfindet und man so schön Fische angucken kann. Aber die Tour lieber nicht zu lang ausdehnen, einige dauern immerhin vier Stunden.

Spaß macht es auch, als Freizeitkapitän auf einem **Elektroboot** durch die vielen Kanäle von **Empúriabrava** zu schippern.

Spielzeugmuseum

In **Figueres** liegt dieses Museum; während die Großen sich *Dalís* versponnene Welt gönnen, können die Kleinen ihre Fantasien im Museu dels Joguets wiederfinden.

Costa Dorada

Ebro-Delta

Das brettflache Delta ist durchzogen von vielen schmalen und zumeist kerzengeraden Wegen, auf denen man endlich einmal ungestört radeln kann. Außerdem lockt zum Abschluss der Radtour der schöne Strand von **Riumar** mit einem erfrischenden Bad im Ebro-Delta.

Ecomuseu

Museen sind sicher häufig anstrengend für Kinder; hier aber kann man in einem speziell eingerichteten Häuschen Wasservögel hautnah beobachten. Das Museum liegt in **Deltebre.**

Port Aventura

Europas zweitgrößter Freizeitpark bietet ein sattes Programm, zu finden ist er bei **Salou.**

Bootsausflüge

Von **Salou** schippern Ausflugsboote nach Tarragona bzw. Richtung Süden entlang der Küste bis Cambrils und selbstverständlich auch in umgekehrter Richtung. Schiffstouren können auch auf dem Ebro, Spaniens zweitlängstem Fluss, unternommen werden. Die kürzeren (45 Min. bis 1,5 Std.) starten in **Deltebre,** einem kleinen Ort mitten im Delta, die längeren (4 bis 5 Std.) in **Amposta.** Auch von **Sant Carles de la Ràpita** aus werden Touren ins Ebro-Delta angeboten.

Bummelbahn

In **Sant Carles de la Ràpita** kann man Exkursionen mit einem *tren turístico,* einem Bummelbähnchen, unternehmen.

Museum für Dampflokomotiven

Dieses Museum lässt sowohl die Herzen der Kleinen als auch die der Papis höher schlagen; zu finden ist es in **Vilanova i la Geltrú.**

Costa del Azahar

Wasserpark

Der Wasserpark Aquarama in **Benicàssim** bietet von Juni bis September Plansch- und Kreischvergnügen, ebenso der Badepark in **Cullera.**

Costa de Valencia

Museum der Wissenschaft

Vielleicht ein langweiliger Name, aber hier langweilt sich garantiert niemand! Im *Museu de las Ciencias* in **Valencia** werden vor allem jüngere Besucher angesprochen und ausdrücklich zum Ausprobieren und Experimentieren aufgefordert. Anfassen ist also unbedingt erwünscht! Besonders reizvoll für viele Kids dürfte die Sport-Ecke sein, wo sie sich so richtig austoben können, und gleichzeitig auch noch was lernen.

Costa Blanca

Schmalspurbahn

Der etwas andere Ausflug: Mit der Schmalspurbahn ab **Dénia** die Küste entlangschaukeln und aussteigen, wo's beliebt.

Bootstrip

Vom Hafen in **Dénia** werden Fahrten entlang der Küste bis nach Jávea oder Calpe angeboten; so kann man den Strand einmal „von der anderen Seite" begucken.

Bootstouren nach Benidorm oder Dénia bzw. Jávea werden in **Calpe** angeboten.

Cueva de Benidoleig

Eine kühle und leicht finstere **Tropfsteinhöhle,** in der man mit etwas Fantasie die tollsten Figuren in den Stalaktiten und Stalagmiten erkennen kann. Die Höhle liegt etwa 15 Kilometer von **Dénia** entfernt im Hinterland.

Terra Mítica

Der zweitgrößte Themenpark Spaniens stellt verschiedene Kulturen des Mittelmeerraumes vor und bietet allerlei Abwechslung wie Achterbahnen und weitere Fahrattraktionen. Der Park liegt unweit von **Benidorm.**

Aqualandia

Ein Badepark mit diversen Rutschen und Spaßbädern in **Benidorm.**

Festilandia

Ein weiterer Vergnügungspark für Kinder in **Benidorm.**

Schokoladenmuseum

Mal ganz was anderes, ein eigenes Museum für diese braune Leckerei, in **Villajoyosa** zu finden.

Aquarium

In **Santa Pola** zeigt das **Acuario Municipal** in neun großen Becken die Artenvielfalt des Mittelmeeres.

Hundertprozentige Kreischgarantie im Badepark

Ottici Foto: jf

Costa de Almería

Mini Hollywood

Einmal Django spielen? Oder wenigstens einer „echten" Saalschlacht in einem Saloon beiwohnen? All das ist möglich in der Westernstadt Mini Hollywood bei **Tabernas,** im Hinterland von Almería.

Auf der Feria

Bootstour

Entlang der pittoresken Küste von **San José** bietet Ocioymar Ausflüge per Boot an.

Costa del Sol

Tropfsteinhöhlen

Einmal durch eine gespenstische Höhle schleichen, Jahrmillionen alte Stalaktiten und Stalagmiten bewundern und sich zum x-ten Mal den Kopf zerbrechen, welche noch mal nach oben und welche nach unten wachsen: In den Tropfsteinhöhlen von **Nerja** ist's möglich. (Übrigens: Stalagmiten wachsen von unten nach oben ...)

Sea Life Center

Den Meeresbewohnern in ihrer ureigenen Umgebung einmal über die Schwanzflosse gucken, staunend durch einen Glastunnel stolpern, während der Hai einen angrinst: im Sea Life Center in **Benalmádena Costa.**

Eseltaxi

Das *burro taxi* in **Nerja** macht Kindern meist viel Spaß. In dieser Stadt kann man nämlich auf einem Esel einen kleinen Stadtrundritt machen.

Schiffstour

Allzu viele Angebote gibt es nicht. Eine kleine Verbindung führt von **Marbella** (Strandpromenade) zum benachbarten Hafen von Puerto Banús, eine andere von **Benalmádena** zum Hafen von Málaga.

Affenfelsen

Warum, wieso, weshalb Gibraltar britisch und nicht spanisch ist, dürfte den lieben Kleinen piepegal sein. Die niedlichen Affen dagegen wohl kaum, mit denen spielen alle Kinder gerne.

Badeparks

Mit Juchee kurvige Rutschen runtersausen, stundenlang im warmen Becken planschen und zwischendurch Pommes verdrücken: möglich in **Mijas** Costa, Torremolinos, Vélez-Málaga, Benalmádena, Almuñécar und Estepona.

Vergnügungspark Tivoli

Kein Vergnügungspark mit spektakulären Angeboten, trotzdem mit einem runden Programm. Kleiner Schönheitsfehler: Der Park öffnet im Hochsommer erst gegen 18 Uhr. Zu finden in **Arroyo de la Miel** bei Benalmádena.

Mit den vier Buchstaben auf dem „Grautier mit vier Buchstaben"

Öffentliche Verkehrsmittel

Bahn

Die Netz der Bahnverbindungen an der spanischen Mittelmeerküste ist von Region zu Region unterschiedlich dicht. Nördlich von Barcelona z.B. führt eine Bahnlinie direkt entlang der Küste bis zum Ort Blanes. Hier knickt die Strecke ab ins Hinterland und verläuft über Girona und Figueres hoch zur Grenze, weit entfernt von den Küstenorten.

Richtung Süden sieht es viel besser aus. Zwischen Barcelona und Tarragona pendeln Züge beinahe im Stundentakt und stoppen an zahlreichen Küstenorten. Fernzüge preschen durch bis Valencia, einige sogar bis Alicante.

Zwischen Denía, dem ersten Ort der Costa Blanca, und Alicante schnauft eine lokale Bahn entlang der Küste und hält an jeder sprichwörtlichen Milchkanne. Insgesamt sind es über 40 Stopps.

Südlich von Alicante wird die Bahnverbindung dann deutlich schlechter, entlang der Küste verläuft nur noch eine Nahverkehrslinie von Málaga über Torremolinos nach Fuengirola. In diesem Gebiet sollte der Reisende auf Busse umsteigen.

Bus

Lokale Busgesellschaften gibt es überall. Sie bedienen regelmäßig ein Teilgebiet der Küste und fahren meist den nächsten größeren Ort an. Dort gibt es immer einen zentralen Busterminal, von wo sowohl andere Nahverkehrsbusse als auch Linienbusse im Fernverkehr starten. So kann man beispielsweise die gut 1000 Kilometer lange Strecke von Málaga nach Barcelona per Bus zurücklegen.

Dieses System der **Fernbusse** ist in Spanien noch sehr verbreitet und wird auch stark genutzt. Auf manchen Strecken gibt es überhaupt keine vernünftige Alternative zum Bus. Wer etwa von Málaga nach Almería per Bahn reisen will, muss sich auf eine wahre Odyssee begeben. Ein Bus legt diesen Weg über die Küstenstraße schneller und vor allem direkter zurück.

Öffnungszeiten

Generell sind die Geschäfte von 9 bis 14 und 17 bis 20 Uhr geöffnet. Dies wird aber nicht als Dogma verstanden; besonders nach hinten bleibt oft Spielraum, manche Läden schließen erst um 22 Uhr. Größere Geschäfte und Supermärkte bleiben auch über Mittag geöffnet.

Aufgrund der sommerlichen Hitze wird die **Siesta** besonders genau eingehalten. Um 13.30 Uhr, spätestens 14 Uhr schließen die Geschäfte, lassen die Metallrollos runter, sperren die Sonne aus. Dann leeren sich die Straßen spürbar, bestenfalls ein paar unbelehrbare, rotgesichtige Touristen stolpern schwitzend herum. Vor 17 Uhr läuft zumeist gar nichts. Dann rattern die Rollläden wieder quietschend nach oben, öffnen sich die Türen, schleppen sich siesta-müde Verkäufer wieder hinter die Tresen. Im August kann es sogar passieren, dass kleinere Läden am Nachmittag gar nicht mehr aufsperren.

Wohlgemerkt: In den Orten, wo der Tourist dominiert, gilt das eben Gesagte nicht. Dort machen viele Ladenbesitzer erst am Abend mit den flanierenden Urlaubern ihr Hauptgeschäft.

Andere Einrichtungen

- Die **Post** hat ähnliche Öffnungszeiten wie die Geschäfte
- **Telefónica:** meist 10-14 und 16.30-22 Uhr
- **Banken:** von 8.30 oder 9 bis 14 Uhr
- **Touristenbüros:** wie Geschäfte, einige haben im Juli, August durchgehend geöffnet
- **Museen:** mit wenigen Ausnahmen montags geschlossen

Post

Früher gab es eine Art Monopol: **Briefmarken** verkauften die Post und der Tabakladen *(estanco),* sonst niemand. Das ist vorbei, die meisten Kioske verkaufen die Marken heute gleich mit den Postkarten.

Diese wird man in den öffentlichen **Briefkästen** los, große, unscheinbare gelbe Kästen mit dem verschnörkelten Wappen der spanischen Post *(correo).* Manchmal finden sich unterschiedliche Einwurfschlitze, beispielsweise *provincia* („Provinz") und *extranjero* („Ausland"); in letzteren wandern Karten und Briefe in die Heimat. Etwa nach fünf bis acht Tagen sollte der Gruß die Daheimgebliebenen erreicht

haben. Das Porto beträgt sowohl für einen Standardbrief als auch für eine Postkarte 50 Cant.

Und noch ein Hinweis: Ein beliebter Fehler der Abteilung *falsos amigos* („falsche Freunde") ist es, nach einer **carta** zu fragen und eine Postkarte zu meinen. Das spanische Wort *la carta* bedeutet nämlich „der Brief", während Postkarte **tarjeta postal** heißt.

Radfahren

Grundsätzlich ist Spanien ein radsportbegeistertes Land. Spanier fahren gerne am Wochenende auf einem flotten Rennrad und mit schicker Montur in Kleingruppen durch die Gegend. Das Tourenradeln dagegen ist nichts für die Einheimischen; nur Ausländer nehmen es auf sich, schwer bepackt von Ort zu Ort ziehen.

Wer ernsthaft mit dem Gedanken spielt, die spanischen Mittelmeerküste hinunter zu radeln, hat meinen Respekt. Nicht nur die **Hitze** wird dem Radler zu schaffen machen, mehr noch der **Verkehr** auf den wenigen Straßen. Entlang der Küste verläuft nämlich neben der Autobahn nur noch eine stark befahrene Nationalstraße (N-340), und in vielen Regionen gibt es kaum eine Alternative dazu. Im **Süden der Costa del Sol** (Andalusien) etwa steigt unmittelbar neben dieser Nationalstraße ein Gebirgszug steil auf, weitere schwach befahrene Straßen, auf die man ausweichen könnte, existieren ganz einfach nicht.

081cb Foto: jf

Etwas besser sieht es **zwischen Almería und Alicante** aus, aber dort muss der Radler durch staubtrockene Landschaften, wo die Orte schon recht weit auseinander liegen. **Nördlich von Alicante** gibt's dann mehr Möglichkeiten, und ab Valencia lassen sich zumeist auch ruhigere Wege finden.

Ich selbst bin einmal von Tarragona zum Ebro-Delta auf der Nationalstraße gerollt, was kein Vergnügen war. Hunderte von LKWs preschen haarscharf am Lenker vorbei – einen Radweg gibt es nicht –, und der Sog haut einen regelmäßig fast aus dem Sattel.

Einen echten Vorteil genießt ein Radler aber doch, sofern er ein Zelt dabei hat und nicht im Juli oder August fährt: Entlang der Küste lassen sich überall **Campingplätze** finden, an manchen Stellen sogar gleich mehrere Plätze in unmittelbarer Nachbarschaft.

Vor einigen Jahren verabschiedete das spanische Parlament übrigens **neue Gesetze,** die die Radler kräftig benachteiligten. Nach heftigsten Protesten wurde nachgebessert, aber dennoch bleiben unschöne Einschränkungen. So besteht außerhalb von Ortschaften jetzt die Pflicht, einen **Helm** und **reflektierende Kleidung** zu tragen. Verboten sind **Kinderwagenanhänger.**

Radeln in flirrender Hitze

Reisezeit

Spanien ist eines der **beliebtesten Reiseziele** weltweit; die Zahlen der ausländischen Besucher liegen seit ein paar Jahren bei etwa 60 Millionen. Etwa zwei Drittel von ihnen gelten statistisch als Touristen, da sie wenigstens eine Nacht bleiben. Auf jeden spanischen Einwohner kommt also statistisch ein Tourist.

Etwa ein Drittel dieser Besucher kommt im **Sommer** an die Küsten und trifft dort auf etwa die gleiche Anzahl an spanischen Urlaubern, die traditionell im Juli, am häufigsten aber im August Ferien machen. Da wird's dann schon eng ums Handtuch, oder etwas anders ausgedrückt: Im Juli ist es voll, im August knüppelvoll!

Außerhalb dieser im doppelten Wortsinne heißen Monate kann man von einem deutlichen **Nord-Süd-Gefälle** sprechen. Die wärmeren **Temperaturen** halten sich in Andalusien länger als in Katalonien, und damit ergibt sich eine viel längere Saison. So bleiben z.B. die Campingplätze an der andalusischen Küste überwiegend ganzjährig offen, während sie in den nördlicheren Orten irgendwann schließen. An der Costa Brava, ganz im Norden gelegen, haben die Plätze Öffnungszeiten von etwa Anfang Mai bis Ende September. Ähnlich sieht es bei den Hotels aus, nicht wenige schließen im Norden Ende Oktober und öffnen erst wieder um Ostern. Dann schließen auch Geschäfte, Lokale, Kneipen, die gesamte **touristische Infrastruktur** verabschiedet sich einfach in den Winterschlaf. Im November oder Februar kann es dann ganz schön trist sein in manch einem sonst so quirligen Costa Brava-Ort. Oder eben ursprünglich, ganz wie man will.

Die Zeitspanne um **Ostern** wird mittlerweile auch massenhaft als Kurzurlaub genutzt. Millionen Spanier sind dann übers lange Wochenende auf Achse, die Autobahnen rund um Barcelona etwa kollabieren dann regelmäßig.

Vom Einsiedlerkrebs im Frühjahr...

...zur Sardine im Hochsommer

Ein Überblick über die Jahreszeiten: Das **Frühjahr** ist eine schöne Reisezeit, aber bis etwa April kann es noch kühl und vor allem regnerisch sein. Im **Sommer** ist es überall heiß und überfüllt, im Juni hat man dagegen meist noch viel Platz bei schon angenehmer Wärme. Ähnlich sieht es im **September** aus. Die Hitze bleibt noch, die Massen haben sich verabschiedet. Auch der **Oktober** kann als Reisezeit zumindest für die mittlere und südlichere Küste empfohlen werden, im nördlichen Bereich muss man schon mit kühleren Temperaturen rechnen. Von **November bis Februar** unterscheidet sich die klimatische Situation in Katalonien dann doch spürbar von der in Andalusien.

nau das wissen eben auch Gauner. Während die Urlauber sofort auffallen, verhält es sich umgekehrt leider nicht so. Wer von kann schon einen potenziellen Dieb im Gewühl erkennen? Zumal es beileibe nicht nur Spanier sind, die nach Opfern suchen.

Was also tun? Nicht leichtsinnig sein. Das ist schnell gesagt, aber schwer getan in Urlaubsstimmung unter spanischer Sonne. Trotzdem: Man sollte sich an die alte Weisheit halten, dass man seine Wertsachen nicht offen herzeigen soll. Gegen eine geringe Gebühr vermieten die meisten Hotels und Campingplätze kleine **Safes,** in denen Wertsachen gut aufgehoben sind.

Sicherheit

Ist Spanien ein gefährliches Pflaster? Klare Antwort: Nein! Aber auch ein klares „Aber". In 20 Jahren journalistischer Beschäftigung mit Spanien wurde der Autor insgesamt fünf Mal beklaut. Mal dreist, mal unglaublich geschickt. Mal nachts auf der Hauptflanierstraße in Barcelona, mal auf einem halbleeren Campingplatz. Eine Lehre daraus? Die große Zahl von Touristen, viele davon **offensichtlich wohlhabend,** weckt anscheinend Begehrlichkeiten. Der größte Teil der Touristen reist an die Küsten und bleibt dort. Ge-

Blumenverschenkerinnen

Speziell vor bekannteren Sehenswürdigkeiten warten manchmal die „Blumenverschenkerinnen". Vor denen warnt selbst das Touristenbüro, und dies leider zu Recht. Die Frauen haben

„Eine Blume? Nein danke!"

nichts zu verschenken, sie beschwatzen einen und wollen natürlich eine kleine Münze als Gegenleistung. Gewährt man die, wissen sie, wo die Börse steckt. Also nicht auf ein Gespräch einlassen, sondern mit Bestimmtheit ablehnen und weitergehen.

In Málaga passierte mir etwas Ähnliches. Während der *feria* zog ich fotografierend durchs Gewimmel. Auftritt Blumenverschenkerin: Nelke vors Gesicht, ablenken, beschwatzen, derweil ein schneller Griff zur Kamera. Erfolglos, denn diese war mehrfach mit dem Trageriemen ums Handgelenk geschlungen.

Auto abstellen

Mit seinem Pkw entlang der Küste zu gondeln, kleine Fischerdörfer besuchen oder einfach ins Hinterland fahren: Dagegen kann nicht viel eingewendet werden. Gewarnt werden muss aber vor dem unbeaufsichtigten Abstellen des Wagens. Suchen Sie unbedingt eine Tiefgarage oder einen **bewachten Parkplatz** auf. In praktisch allen touristisch stark frequentierten Orten besteht die Gefahr, dass das Auto geknackt wird. Die Täter gucken sich viel versprechende Wagen aus, und das sind nun mal Pkw mit ausländischen Kennzeichen. Deshalb **nichts im Auto liegen lassen,** was einen Dieb zur Tat reizen könnte. Am besten lässt man das (leere) **Handschuhfach** demonstrativ offen stehen, als klares Signal: Hier ist nichts zu holen!

Zum Thema „Autobahnpiraten" siehe im Kapitel „Autofahren".

Sport und Erholung

Radfahren

Räder kann man in sehr vielen Orten ausleihen, aber nicht überall gibt es gute Wege. Gut radeln lässt es sich im flachen Hinterland der **Costa Brava,** wo es viele Nebenstraßen gibt. An der **Costa Dorada** geht es teilweise auch ganz gut, ideal zum Radeln ist aber vor allem das brettflache und von vielen schmalen Straßen durchzogene **Ebro-Delta.** Auch rund um **Valencia** finden sich genügend Nebenwege, teilweise mitten durch die Orangenfelder. Auch im Bereich der südlichen **Costa Blanca** bei Torrevieja kann man ganz gute Touren unternehmen, beispielsweise entlang zweier großer Lagunen.

Golf

Die Costa del Sol gilt als **Golferparadies,** Dutzende von Plätzen liegen in der Nähe der großen touristischen Orte, speziell rund um Marbella.

Skaten

In **Sitges** (Costa Dorada) treffen sich die Skater früh am Morgen und spät am Abend, um auf der vier Kilometer langen Strandpromenade auf und ab zu sausen.

Surfen

Auf dem **Mar Menor** (Costa Cálida) weht meist ein für Surfer günstiger

Wind. Da es sich um einen Binnensee handelt, ist das Wasser dabei sehr ruhig und nicht tief.

Surfer schätzen auch den Strand von **Sant Pere Pescador** (Costa Brava). Regelmäßig am Nachmittag frischt dort der Wind auf, außerdem liegen dort mehrere gute Campingplätze direkt am Strand.

Eine echte Herausforderung für Könner sind die starken Winde von **Tarifa** (der Ort wird nicht in diesem Buch vorgestellt, er liegt unweit von Gibraltar an der Costa de la Luz). Aber Achtung: Dies ist wirklich kein Gebiet für Einsteiger!

Tauchen

In vielen Orten werden Schnupperkurse angeboten; interessante Tauchreviere liegen aber vor allem an der „wilden Küste", der **Costa Brava;** so beispielsweise die Inselchen vor L'Estartit oder die Küste bei Roses, Sant Feliu, Palamós oder auch Llafranc.

● Literaturtipp: Nützliche Informationen rund ums Tauchen bietet der Ratgeber „Tauchen in warmen Gewässern" von Klaus Becker aus der Praxis-Reihe des REISE KNOW-HOW Verlags.

Wandern

Senderísmo, also Wandern, ist in Spanien durchaus beliebt; es gibt sehr viele ausgeschilderte Wanderwege entlang der Mittelmeerküste. Ein reizvoller Weg führt an der Costa Brava von Platja d'Aro nach Palamós immer entlang der Küste. Auch von El Port de la Selva führt eine rustikale Strecke zum Cap Gros. Eine echte Herausforderung ist auch der Gebirgszug Sierra del Montgó bei Dénia an der Costa Blanca, dessen höchster Punkt immerhin 753 Meter über dem Meeresspiegel liegt. Mehrere Wanderwege in die Gebirgszüge bietet auch das Hinterland des Ebro-Deltas bei Tortosa oder das Gebiet der Sierra Nevada und Alpujaras, weit im Hinterland der Costa del Sol. Und wer ganz mutig ist, kann auch auf einem Fernwanderweg von den Pyrenäen bis hinunter nach Gibraltar laufen, der groben Küstenlinie des Mittelmeeres folgend, allerdings immer in gehörigem Abstand zum Wasser.

Sprache

Es kommt nicht oft vor, dass man ein Land bereist, in dem gleich zwei Sprachen gesprochen werden. Im nördlichen Bereich der Mittelmeerküste dominiert **Katalanisch,** im südlichen Spanisch, oder **Castellano,** um ganz genau zu sein. Wer sogar noch den in diesem Buch nicht beschriebenen Bereich des Baskenlandes und Galicien besucht, erlebt dann noch zwei weitere Sprachen: das Euskara (Baskisch) und Gallego (Galicisch).

Amts- und Staatssprache in ganz Spanien ist Castellano, also Spanisch. Für die drei übrigen Sprachen gilt der jeweilige Autonomiestatus der Region, was besagt, dass beispielsweise *català* in Katalonien als gleichberechtigte Amtssprache gilt. Die katalanische

Reisetipps A–Z

Geliebt und verpönt – der Stierkampf

Auch in Spanien wird um die *corrida de toros* heftigst gestritten. Fanatische Befürworter zanken sich mit ebensolchen Gegnern. Tatsache ist, dass der Stierkampf nach wie vor seinen festen Platz im **Alltagsleben** hat. Die wichtigsten *corridas* werden live im Fernsehen übertragen. Damit nicht genug: Die angesehenste spanische Zeitung, „El País", schreibt am Montag mit dem gleichen Ernst über die Stierkämpfe aus Madrid und Sevilla wie ein paar Seiten weiter über Fußball und Basketball.

Der Stierkampf entwickelte sich aus einer **früheren Jugendtradition,** bei der der Stier mit Lanzen bekämpft wurde. Erst im 16. Jh. wurde daraus ein Sport für junge Adlige. Nachdem ihnen verboten wurde, auf diese Weise ihr Leben aufs Spiel zu setzen, wurde daraus dann eine Mutprobe für das „niedere Volk" (die *muleta,* das heute benutzte rote Tuch, entwickelte sich übrigens aus dem großen Mantel, mit dem die Mutigen dem Stier entgegentraten). Den offiziellen Charakter erhielt die *corrida* aber erst durch *Pedro Romero.* Sein Heimatort Ronda in Andalusien gilt als die Wiege des Stierkampfes. Hier wurde 1775 die erste Arena Spaniens gebaut.

Früher bestand die *corrida de toros* nicht nur aus würdigen Ritualen, die vom Torero in ebenso würdiger Haltung aufgeführt wurden, sie war vielmehr eine Art Gaudi für jedermann. Die (männlichen) Zuschauer nahmen nicht selten aktiv am Geschehen teil, stürmten in die Arena, um den Stier zu ärgern oder dem Torero beizustehen. Ebenso begnügten sich die Toreros nicht damit, den Kampf nach den allgemein gültigen Regeln abzuhalten, sondern man sprang schon mal über den angreifenden Stier hinweg oder „bekämpfte" ihn mit einem Stuhl. Im Laufe der Zeit bildete sich die heutige Form des Kampfes heraus, wozu im besonderen Maße ein Buch des legenären *Pepe Illó* über den modernen Stierkampf beitrug.

Ob Gegner oder Fan, dem Spektakel können und wollen sich nur wenige entziehen. Viele Urlauber schauen sich wenigstens einmal eine *corrida* an. In vielen Städten finden sonntags in den Sommermonaten Stierkämpfe statt, meist um **17 Uhr.** Dies ist übrigens schon sprichwörtlich geworden: Eine Verabredung *a la hora de los toros* („zur Uhrzeit der Stiere") gilt für 17 Uhr. In allen touristischen Orten werden Sonderfahrten angeboten, die unübersehbaren Plakate hängen überall aus.

Wer sich das Spektakel einmal gönnen möchte, sollte wenigstens die **Grundre-**

geln kennen. Ein unbedarfter Zuschauer erkennt im Stierkampf meist nur eine unaufhörliche Folge von Versuchen, dem Stier irgendwelche Speere, Degen oder Messer in den Nacken zu rammen. Zwischendurch wird noch ein wenig mit dem roten Tuch gewedelt, das scheint dann alles zu sein. Tatsächlich ist es jedoch wesentlich komplizierter. Der Ablauf ist genau festgelegt, und jede Handlung, jede Körperdrehung hat ihren Namen.

Die *corrida de toros,* die stets unter der Leitung eines Präsidenten *(el presidente)* steht, beginnt immer mit dem Umzug aller Teilnehmer, dem **paseo,** bei dem die Musikkapelle den berühmten Paso Doble spielt. Angeführt wird der Zug von Männern in der Tracht des *siglo de oro* („Goldenes Jahrhundert" = 16./ 17. Jh.). Dann folgen die drei Matadore, die je zwei Kämpfe bestreite; rechts geht der Älteste, links der Zweitälteste, in der Mitte der Jüngste. Ihnen folgen die *picadores* zu Pferd und die *banderilleros.* Den Schluss bilden die Helfer in roten Hemden und blauen Hosen, die nach dem Kampf den getöteten Stier von Maultieren aus der Arena schleifen lassen. Der Präsident wirft einen Schlüssel in die Arena, mit dem das Tor aufgeschlossen wird, hinter dem die Stiere warten.

Wenn der Stier in die Arena stürmt, beginnt die erste der drei Phasen, **tercio de varas** („Drittel der Lanzen"). Im Nacken des Tieres steckt ein kleines Fähnchen mit den Farben seiner Zucht. Der Matador und seine Helfer vollbringen zum Kennenlernen des Stieres einige Manöver mit der *capa,* einem gelb-weinroten Tuch. Dieser Teil wird **suerte de capa** („Mantelparade") genannt. Der Matador überprüft auch, ob der Stier gesund ist, die Sehkraft ungetrübt usw. Falls er nicht makellos ist, wird der Stier auf Zeichen des Präsidenten wieder aus der Arena gelockt.

Im zweiten Abschnitt des ersten Drittels, **suerte de varas** („Phase der Lanzen"), findet der Auftritt des Picadors statt. Dies ist gewöhnlich ein schwerer Mann, der auf einem muskulösen Pferd reitet, dessen Augen verbunden sind. Die Aufgabe des Picadors besteht darin, den Stier mit der *pica,* einer 2,60 Meter langen Lanze, zwischen den Schulterblättern zu treffen und ihn somit zu schwächen. Er muss dafür sorgen, dass der Stier nur von rechts angreift, da nur diese Seite besonders gut gepanzert ist. Er nutzt den Schwung des angreifenden Stieres aus, um die Lanze zwischen die Schulterblätter zu stoßen, da ihm dies aus eigener Kraft niemals gelingen würde. Dabei darf er den Stier nur zwischen der Holzwand und maximal dem inneren Kreidekreis bekämpfen, besser jedoch zwischen Wand und äußerem Kreis. Über die Anzahl der *picas* entscheidet der Präsident. Dieser Akt wirkt recht brutal, verglichen mit den eleganten Bewegungen der Kämpfer in den beiden folgenden Dritteln. Da der Pi-

cador oft mit dem ängstlichen Pferd genug beschäftigt ist, kann der Stier auch schon mal Ross und Reiter zu Fall bringen und verletzen.

Im zweiten Drittel, **tercio de banderillas** („Drittel des Spießes"), treten die **Banderilleros** auf. Ihre Aufgabe ist es, dem anstürmenden Stier zwei oder drei *banderillas*, kleine Holzstäbe mit einer Stahlspitze, in den Nacken zu stoßen. Stier und Mensch stürmen aufeinander zu, der Banderillero sticht mit Schwung in den Nacken und gleitet mit einem eleganten Seitenschwung vorbei. Bleiben die Stäbe stecken, ist ihm der Applaus gewiss.

Der dritte Teil, **tercio de la muerte,** ist dann der eigentliche Auftritt des **Matadors.** Er beginnt mit einigen Manövern mit der *muleta,* dem roten Tuch, und versucht sie möglichst mutig, geschickt und genau durchzuführen. Ob der Stier links vom Matador steht oder rechts, mit gesenktem Kopf oder erhobenem, jede Bewegung hat ihren Namen und ist genau festgelegt. Diese *faena de la muleta* („Arbeit des roten Tuches") soll nicht zu lange andauern, um den Stier nicht übermäßig zu quälen.

Aufgabe des Matadors ist es, den Stier schließlich in die richtige Stellung für den tödlichen Degenstoß zu manövrieren. Der Kopf des Stieres muss weit gesenkt sein (Ablenkung durch die *muleta),* und der Degen muss an der Wirbelsäule vorbei genau zwischen die Schulterblätter gestoßen

werden. Dieser Stoß, **toque de la verdad,** also „Augenblick der Wahrheit" genannt, tötet den Stier augenblicklich, wenn er korrekt ausgeführt wird. Leider gelingt dies nur erfahrenen Matadoren auf Anhieb, so dass der Stoß häufig mehrmals wiederholt werden muss.

Wenn es geklappt hat, gibt es tosenden Applaus, die ganze Equipe schreitet stolz eine **Ehrenrunde,** und Maulesel schleifen den toten Stier aus der Arena. Zum Schluss gibt es für den erfolgreichen Kämpfer Geschenke und Blumen. Als Anerkennung erhält er das Ohr des Stieres, bei einem besonders gelungenen Auftritt beide Ohren und den Schwanz.

Da gerade die *suerte de varas* und der *tercio de la muerte* in kleinen Arenen von Anfängern oder sogar von Stümpern ausgeführt werden und damit tatsächlich zum blutigen Spektakel eskalieren können, lohnt es in jedem Fall, etwas mehr Geld für eine gute *corrida* in einer großen Stadt auszugeben. Eine *corrida de novillos* ist übrigens ein Kampf, bei dem Anwärter auf die *alternativa,* die Matadorenweihe, gegen Jungstiere antreten.

Zu den **Eintrittspreisen:** Grundsätzlich unterteilt man die Plätze in billige, *sol* (Sonnenplätze), und teure, *sombra* (Schattenplätze); manchmal gibt's auch noch die Zwischenstufe *sol y sombra.* Das sind Plätze, die zunächst in der Sonne, später dann im Schatten liegen.

Sprache wird schätzungsweise von 11 Mio. Menschen gesprochen, wenn man die unterschiedlichen Varianten auf den Balearen und in der autonomen Region Valencia dazuzählt.

Im südlichen Bereich der Mittelmeerküste (Costa del Sol, Costa de Almería) wird ein stark ausgeprägter Dialekt des Castellano gesprochen, *el andalú,* das Andalusische.

Català

Diktator *Franco* (1892-1975) hatte die **katalanische Sprache aus dem Alltag verbannt** – keine Bücher, keine Zeitungen und kein Unterricht auf *català.* In der Schule mussten die Kinder Lesen und Schreiben auf Spanisch lernen, aber natürlich wurde zu Hause weiterhin Katalanisch gesprochen. Das war fatal: Nicht wenige Katalanen haben auch heute Schwierigkeiten, korrekt Katalanisch zu schreiben.

Nach *Francos* Tod erwachte das katalanische Selbstbewusstsein allmählich wieder. Zunächst wurden die frankistischen **Straßenschilder** abmontiert, die Straßen und Plätze wieder umbenannt: her mit den alten katalanischen Namen, die aber noch auf Spanisch geschrieben wurden. Allmählich setzte sich aber auch in der Schriftsprache das Katalanische durch, immer mehr Straßen wurden erneut umbenannt: aus einer *Avenida José Plat* wurde *Avinguda Josep Pla* (vorher war es die unvermeidliche *Avenida Primo de Rivera).*

Zum Diskussionsgegenstand wurde das Katalanische erneut 1992, anlässlich der **Olympischen Spiele in Barcelona.** In welcher Sprache sollten Schilder nun formuliert werden? Nach langer Diskussion einigte man sich auf zweisprachige: katalanisch/spanisch. Das half aber den Besuchern, die nur des Englischen mächtig waren, nicht weiter; lediglich in den direkt mit den Olympioniken verbundenen Hinweisen hatte man sich erbarmt und auch englische Begriffe aufgenommen.

Das alles ist Geschichte, **heute dominiert** in Katalonien nur eine Sprache: **Katalanisch.** Sämtliche Hinweise, Straßenschilder und Öffnungszeiten sind heute auf *català,* selten genug findet man noch eine ergänzende spanische Übersetzung, englische, französische oder deutsche dagegen nie.

Valencià

In den Provinzen Castellón, Valencia und Alicante, also dem mittleren Bereich der Mittelmeerküste, spricht man neben Castellano auch **Valencianisch** *(valencià).* Es gehört ebenfalls zur katalanischen Sprachgruppe, doch wird es von der Bevölkerung nicht so verabsolutiert wie das *català.* Die Beschilderung ist zumeist zweisprachig in Spanisch und Valencianisch gehalten. Untereinander sprechen die Menschen sehr häufig Valencianisch, man hört aber auch häufig genug spanische Unterhaltungen.

Andalú

Die spanische Sprache kennt nur wenige Dialekte. Allgemein wird zwi-

schen dem Spanischen, das im Norden und im Zentrum gesprochen, und dem des Südens unterschieden. Zum südlichen Sprachgebiet zählt neben Andalusien (mit der Costa del Sol und der Costa de Almería) noch die Extremadura, Murcia sowie das südliche Kastilien. In dieser Zone fallen folgende sprachliche Besonderheiten auf: Zunächst wird nicht zwischen den Konsonanten „c", „z" und „s" unterschieden; sie werden stets als als stimmloses „s" gesprochen. Diese Form der Aussprache nennt man *seseo*. Ungeübten Hörern fällt es da nicht leicht, beispielsweise zwischen *coser* (nähen) und *cocer* (kochen) beispielsweise zu unterscheiden.

Weiterhin wird der Auslaut „s" entweder ganz verschluckt oder bestenfalls gehaucht. So kann man auf einem Markt vielleicht hören: „Dame do' kilo' de patata'" statt „Dame dos kilos de patatas" (Gib mir zwei Kilo Kartof-

Morgendliche Zeitungslektüre

007smk Foto:sm

En català, si us plau!

Manchmal sind Winzigkeiten entscheidend, da können kleinste Dinge hochbrisante Debatten auslösen. Beispielsweise die Frage, wie Spaniens zweitbester Fußballverein korrekt heißt: **C.F. oder F.C. Barcelona?** Egal? Eine Petitesse? Von wegen! Ein Glaubenskrieg hat sich an dieser Frage schon entzündet, ausgelöst von eingefleischten Katalanen. Gehen wir den Dingen auf den Grund. Was steckt zunächst hinter den Kürzeln? „C.F." bedeutet *club de fútbol* und „F.C." *fútbol club*. Das sei doch quasi dasselbe, sagen Sie? Abermals: von wegen! Der Grund: Die erste Variante ist Spanisch, die zweite Katalanisch. Ah sooo – ja und?

Natürlich heißt der Club seit seiner Gründung **1899** stolz katalanisch F.C. Barcelona. Aber dann kam 1936 **Franco** an die Macht, der die katalanische Sprache schlichtweg aus dem Alltag verbannte. Es wurden alle Straßennamen geändert, die katalanischen durch frankistische ersetzt (so gab es allerorten die unvermeidliche „Avenida del Generalísimo"). Diese Maßnahme machte auch vor Fußballvereinen nicht Halt, und so wurde aus „F.C." eben „C.F." Franco hielt sich 40 Jahre an der Macht, und im allgemeinen Sprachgebrauch überdauerte diese Umbenennung den Diktator. Natürlich nicht in Katalonien, dort tauschte man das „C.F." ruckzuck wieder aus. Aber in Rest-Spanien dauerte es schon ein Weilchen, und im Ausland wird gelegentlich auch noch die alte Form gebraucht. Sicherlich aus Unwissenheit, aber immerhin.

Das mögen die Katalanen natürlich überhaupt nicht. Systematisch haben sie über die Jahre erst alles Frankistische aus dem öffentlichen Leben getilgt, dann sogar alles Spanische. Heute dominiert nur eine Sprache: *català*. 1976 kam die erste **Zeitung** (*Aviu*) auf den Markt, viele weitere sollten folgen. Es gibt sogar eine, die erscheint jeden Tag in einer identischen Doppelausgabe. Eine auf *español*, die andere auf *català*. Damit das auch optisch auffällt, trägt die spanische ein rotes Schmuckband, die katalanische Ausgabe ein blaues.

1997 setzte man dieser Entwicklung dann die Krone auf, ein **Sprachengesetz** wurde verabschiedet, mit dem nichts Geringeres als die **Dominanz der katalanischen Sprache** festgelegt wurde. Das regionale Fernsehen und die privaten Radiosender müssen nun 50 % ihrer Programme auf Katalanisch senden, ebenso 25 % aller Musiktitel, ähnliche Vorgaben gelten für Kinos. Angestellter bei einer Behörde kann man nur noch mit Katalanisch-Kenntnissen werden, denn jeder Bürger hat nun das Recht, auf *català* sein Anliegen vorzutragen. Das gilt sogar vor Gericht: Ein Verbrecher muss auf Wunsch auf Katalanisch verurteilt werden.

Das alles scheint aus der Sicht der Rest-Spanier weit übers Ziel hinauszuschießen. Immerhin leben viele Hunderttausend Emigranten aus anderen spanischen Zonen in Katalonien. Sie sind nun gezwungen, eine neue Sprache zu lernen. Da grummeln nicht wenige, dass es ja nun wie unter *Franco* sei, nur umgekehrt. Was natürlich Unsinn ist. Aber, so bestätigen auch ausländische Anwohner, ohne katalanische Sprachkenntnisse nimmt man heute nur begrenzt am öffentlichen und beruflichen Leben teil. Was ja auch eine Form von Ausgrenzung darstellt.

feln). Weiterhin wird ein zwischen zwei Vokalen stehendes „d" gerne verschluckt. Fast schon klassische Beispiele dafür, die mittlerweile auch in der Umgangssprache Fuß fassen konnten, sind *tablao* (statt *tablado*, die Bühne) oder *pescaito* (statt *pescadito*, Fischchen).

Das sind aber nun schon Feinheiten. Wer weniger oder gar kein Spanisch spricht, kommt in den großen Urlaubsorten trotzdem zurecht, denn die meisten Hoteliers, Kellner oder Taxifahrer beherrschen die Sprachen ihrer Kunden in Grundzügen. Aber es macht doch viel mehr Spaß, mal ein paar tapsige Schritte in der Sprache des Gastlandes zu wagen, oder nicht? Eine gute Hilfe hierbei bieten, neben dem kleinen Sprachführer im Anhang, folgende Bücher des REISE KNOW-HOW Verlags:

● **Spanisch Wort für Wort,** Band 16 der Reihe Kauderwelsch, ermöglicht schnell und unkompliziert das Kommunizieren im Reisealltag. Ein praxisnaher Einstieg in die spanische Sprache, übersichtlich gestaltet. Zu dem Band ist eine Begleitcassette erhältlich.
● **Spanisch Slang,** Band 57 der Reihe Kauderwelsch, vom Autor dieses Buches, eher für Fortgeschrittene. Etwa 1000 Beispiele aus der Alltags- und Umgangssprache werden anschaulich dargestellt und erklärt.
● **Katalanisch Wort für Wort,** Band 72 der Reihe Kauderwelsch. Für Sprachanfänger konzipiertes Büchlein, das einen spielerischen, aber gleichwohl fundierten Einstieg in diese Sprache vermittelt.
● **ReiseWortschatz Spanisch,** das Wörterbuch zum Kauderwelsch, mit den wichtigsten Vokabeln für jede Situation auf Reisen.

Telefonieren

Telefónica

Wer ein Ferngespräch führen oder ins Ausland telefonieren möchte, sollte eine *telefónica* aufsuchen. Das sind kleine **Telefonzentralen,** die in allen touristisch wichtigen Orten zu finden sind, zumeist an zentralen Punkten wie Strandpromenade oder Hauptplatz. Dort weist einem eine Aufsicht eine Kabine zu, in der man ohne Münzen und Karten telefoniert. Bezahlt wird hinterher. Die *telefónicas* sind in der Regel bis 22 Uhr geöffnet, mittags schließen sie von 14 bis 17 Uhr. Man kann von dort auch Faxe verschicken.

Telefonkarten

Günstig telefoniert man mit einer Telefonkarte *(tarjeta telefónica).* Verkauft werden sie in vielen Kiosken und an Tankstellen, die preiswertesten kosten 10 €. Jede Karte trägt eine Geheimnummer, die man freirubbeln muss. Dann wählt man eine bestimmte Nummer, die auf der Karte steht, danach die Geheimnummer und anschließend die Anschlussnummer.

Die hellblauen Telefonzellen stehen überall, öffentliche Fernsprecher gibt es auch in Bars und Restaurants. Dort sind die Geräte leuchtend rot.

nun sind alle Telefonnummern einheitlich neunstellig. Für **Gespräche nach Spanien** wählt man also die Landesvorwahl **0034** und die neunstelligen Anschlussnummer.

Für **Telefonate von Spanien ins Ausland** funktioniert der Wahlvorgang wie folgt: Man wählt die Landesvorwahl, danach die Städtevorwahl ohne die 0, dann die Anschlussnummer. Die Landesvorwahl für Deutschland lautet 0049, die für Österreich 0043, für die Schweiz wählt man 0041.

Vorwahlen

Vor einigen Jahren wurde die ehemalige Vorwahl in die Nummer integriert,

Preiswerter als Telefonzellen sind „Telefónicas"

Handy

Per Handy (*móviles*) kann man auch von Spanien aus nach Hause telefonieren. Je nach Gesellschaft fallen **Gebühren** von ca. 1 € bis 1,50 € pro Minute an, sie werden bei der heimatlichen Gesellschaft abgerechnet. Wer Anrufe aus Deutschland entgegennimmt, zahlt ebenfalls, nämlich für die ausländische Strecke. Der Anrufer zahlt nur den innerdeutschen Gebührenanteil bis zur Grenze. Die Verfügbarkeit der einzelnen Netze beurteilt der ADAC wie folgt: „Die D-Netze sind flächendeckend, die E-Netze nur in Ballungszentren. Wer allerdings ein Dual-Band-Handy nutzt, sollte ebenfalls überall erreichbar sein".

Notruf

Auch, wer völlig abgebrannt ist, kann einen „Notruf" nach Hause schicken, auf Kosten der Angerufenen. Dieser Service, den die Telekom anbietet, nennt sich „Deutschland direkt". Es handelt sich dabei um eine Wiederbelebung des guten alten **R-Gesprächs.** Man ruft über eine spezielle Nummer die Zentrale in Deutschland an; der Operator dort versucht, den gewünschten Teilnehmer zu erreichen. Wenn dieser sich einverstanden erklärt, die Gebühren zu übernehmen, wird das Gespräch vermittelt.

●Die Telefonnummer der Zentrale in Deutschland lautet: 900 99 00 49; der Minutenpreis liegt bei 51 Cent, die Vermittlung kostet einmalig 2,50 €. Infos auch im Internet unter www.detecardservice.de.

Notfall-Telefonnummern

- ●**Notfall allgemein:** 112
- ●**Notdienste, schwere Fälle:** 061
- ●**Ärztliche Hilfe:** 144 000
- ●**Rotes Kreuz:** 915 222 222
- ●**Feuerwehr:** 080
- ●**Polizei:** Policía Municipal (städtische Polizei) **092,** Guardia Civil **091**
- ●**Pannendienste:** 091 441 2222
- ●**GRUA** (Infos über abgeschleppte Wagen): 092
- ●**ADAC:** Barcelona 935 082 828, Madrid 915 930 041, Pannen-Service Madrid 915 930 041, München, 24-h-Hilfe: (0049) 89 222 222
- ●**Telefonauskunft:** Inland 1003, Europa 1005, Außereuropäische Länder 025

Diplomatische Vertretungen:
- ●Deutsches Generalkonsulat Barcelona 932 921 000
- ●Deutsches Honorarkonsulat Tarragona 977 252 385
- ●Deutsches Honorarkonsulat Valencia 963 106 253
- ●Deutsches Honorarkonsulat Alicante 965 217 060
- ●Deutsches Honorarkonsulat Aguadulce (Almería) 950 340 555
- ●Deutsches Konsulat Málaga 952 363 591
- ●Konsulat von Österreich in Barcelona 934 537 294
- ●Honorarkonsulat von Österreich in Valencia 963 522 212
- ●Honorarkonsulat von Österreich in Málaga 952 600 267
- ●Generalkonsulat der Schweiz in Barcelona 934 090 650
- ●Konsularagentur der Schweiz in Valencia 963 518 816
- ●Konsulat der Schweiz in Málaga 952 217 266
- ●Konsularagentur der Schweiz in Algeciras (bei Gibraltar) 956 571 513
- ●**Geldkarten-Sperrung:**
EC-Karte (0049) 1805 021 021
Eurocard (0049) 697 933 1910
American Express (0049) 699 797 1000
VISA (R-Gespräch) 001 410 581 3836

Reisetipps A–Z

Unterkunft

Ferienwohnung

Es gibt Orte an der spanischen Küste, die ausschließlich aus Ferienwohnungen bestehen. Diese Siedlungen werden *urbanización* genannt (und dann folgt irgendein Fantasiename). Eine **Urbanización** ist eine künstlich geschaffene Siedlung aus Apartments oder Reihenhäusern, die zeitweilig oder dauerhaft bewohnt werden, z.B. von Rentnern, die seit Jahr und Tag hier leben und sich irgendwann eine Wohnung gekauft haben, oder von anderen Ausländern, denen ein Hausteil gehört und die zwei-, dreimal pro Jahr anreisen. Möglich auch, dass jemand sein Apartment über eine Agentur vermietet und nur selten selbst hinfährt. Nicht nur Ausländer zieht es in die Wärme, auch viele Spanier haben eine Zweitwohnung an der Küste und vermieten diese privat, so dass sie in keinem Verzeichnis auftaucht.

Beim Anmieten einer Ferienwohnung erfolgt die Anreise individuell, den Schlüssel erhält man von der **örtlichen Agentur,** die auch für die Betreuung und Abrechnung der Nebenkosten zuständig ist.

Preisangaben zu machen ist praktisch unmöglich. Der Mietpreis richtet sich nach Größe, Lage, Anbieter und Saison. Zusätzlich können die Preise in den Sommerferien leicht doppelt so hoch liegen wie in der Nebensaison.

Ohne Mattendach wäre Camping im Sommer unerträglich

Anbieter

● **Interhome,** Hoeschplatz 5, 52349 Düren, Tel. (02421) 1220, Fax (02421) 12 254, Internet: www.interhome.com, bietet einen über 200 Seiten umfassenden Spanienkatalog

● **Interchalet,** Postfach 5420, 79021 Freiburg, Tel. (0761) 210 077, Fax (0761) 210 0154, Internet: www.interchalet.com, bietet einen dicken Katalog mit breitem Spanien-Angebot

● **Terraviva,** Scheffelstr. 4 A, 76275 Ettlingen, Tel. (07243) 306 50, Fax (07243) 537 676, Internet: www.terraviva.com

Camping

Campingurlaub spielt eine wichtige Rolle an der spanischen Mittelmeerküste; entlang der gesamten Küste liegen zahlreiche Plätze, wobei die Anzahl der Plätze von Nord nach Süd abnimmt. Rein quantitativ überwiegen die Plätze an der Costa Brava und an der Costa Dorada. Auch entlang der Costa del Azahar lassen sich noch viele Plätze finden, dann nimmt die Zahl aber doch ab. Auch hinsichtlich der **Qualität** gibt es ein „Nord-Süd-Gefälle", im Norden liegen deutlich mehr Plätze der ersten Kategorie. Sowohl an der Costa Brava als auch an der Costa Dorada warten etliche vorzüglich ausgestattete Campingplätze auf Gäste.

In Spanien werden die Plätze in **vier Kategorien** eingeteilt, wobei die dritte Kategorie die einfachste Qualität darstellt. Absolute Spitzenplätze tragen das Etikett *lujo,* das ist die Luxus-Kategorie. Die Einteilung erfolgt nach klaren Kriterien. So muss ein Platz der Luxus-Klasse Parzellen von immerhin 90 m² anbieten, Plätze der 1. bzw. 2. Kategorie bringen es auf 70 bzw.

Reisetipps A–Z

55 m². Weiterhin muss ein Platz der *lu-jo*-Kategorie Duschen für je 10 Parzellen mit einer Größe von 1,50 m² einrichten. Obendrein wird permanentes heißes Wasser erwartet. Und so gibt es noch eine ganze Reihe von weiteren Gradmessern, nach denen die Bewertung erfolgt.

Entlang der gesamten spanischen Mittelmeerküste konnte der Autor nur **drei Plätze der Luxus-Kategorie** entdecken, auch sie liegen im Norden: Cambrils Park in Cambrils an der Costa Dorada, Cypsela in Pals an der Costa Brava und Mas Sant Josep in Santa Cristina d'Aro, ebenfalls an der Costa Brava.

Beim **Preis** muss man mit etwa **5 bis 25 €** rechnen, je nach Platz und Berechnungsmodalität (also zzgl. oder inkl. Auto, Strom, Steuern etc.). Berechnet werden zumeist die Parzelle und die Anzahl der Personen. Für Familien, die mehrere Zelte aufbauen, wird es so günstiger. Richtig billig ist ein Campingurlaub aber auch nicht.

Auf etlichen Plätzen haben spanische Stadtmenschen einen **Dauerplatz** gemietet, sie kommen jedes Wochenende. Unter der Woche bleiben diese Plätze recht leer, zumindest außerhalb der Sommermonate. Im Juli und August sieht es völlig anders aus. Zahllose Erholung Suchende reisen dann aus Madrid oder anderen Städten an und richten sich im wahrsten Wortsinne häuslich ein – ein Zelt mit Fernseher und ein eigenes Kochzelt mit Kühlschrank zählen zum Standard.

Ruhe und Beschaulichkeit darf niemand erwarten, auch **keine Zimmerlautstärke.** Die nächsten Nachbarn können immer verfolgen, welches Radio- oder Fernsehprogramm gerade läuft. Wenn am Wochenende dann noch das Jungvolk einfällt, die letzten freien Parzellen belegt und das Autoradio plärren lässt, ergibt das eine schöne Kakophonie. Das muss man aushalten oder auf Camping verzichten. Um Mitternacht werden die Geräte dann aber doch ausgeschaltet.

012r Foto: jf

Hotels

Jedes Touristenbüro hat eine **Hotelliste** für die jeweilige Provinz. Diese Hefte sind zwar niemals vollständig, bieten aber eine gute Übersicht; obendrein werden auch Campingplätze und Apartments genannt.

Der deutsche Reiseveranstalter Olimar Reisen Ibero Tours bietet einen eigenen Spanien-Katalog an, in dem ausschließlich **besondere Hotels** gebucht werden können (Adresse siehe unter „Parador".

Zimmer mit Meerblick in Torremolinos

Hotels werden in **fünf Kategorien** eingeteilt. Ein Stern bedeutet einfaches Hotel, während die fünfte Kategorie für ein 5-Sterne-Luxushotel steht. Ausschlaggebend für die Beurteilung sind in erster Linie die Lage und Einrichtung, weshalb manch kritischer Reiseveranstalter in seinen Prospekten weniger Sterne vergibt.

Parador

Paradores sind **staatlich geführte Hotels,** die in einer landschaftlich reizvollen Umgebung oder in historischen Gemäuern zu finden sind. Das erste Haus wurde 1928 in der Sierra de Gredos eröffnet, heute existieren in ganz Spanien 85. Sie liegen maximal 150 Kilometer auseinander. Viele Häuser wurden in alten Schlössern oder Burgen untergebracht, so in Carmona oder Cardona, oder in malerischen alten Städtchen, wie in Santillana del Mar. Sogar im nationalen Kunstschatz, der Alhambra in Granada, wurde ein Parador eingerichtet. Der vielleicht ungewöhnlichste Ort befindet sich auf Teneriffa in 3000 Meter Höhe, unweit der Seilbahnstation, die zum höchsten Berg Spaniens führt.

Im Bereich der Mittelmeerküste liegt eine ganze Reihe von Häusern:

- **Costa Brava:** In Aiguablava steht ein Haus sehr urig über einer felsigen Küste.
- **Costa Dorada:** In Tortosa wurde ein Parador in einer schönen alten Burg eingerichtet, hoch oberhalb der Stadt.
- **Costa del Azahar:** Direkt am Strand von Benicarló wartet ein frisch renoviertes Haus. In El Saler steht ein großes, schönes Haus mit Golfplatz vor einem kilometerlangen einsamen Strand.

●**Costa Blanca:** In Jávea gibt es ein modernes Haus mit hübschem Garten am Strand.

●**Costa de Almería:** Ein optisch und gestalterisch sehr gelungenes weißes Haus steht in dem weißen Dorf Mójacar.

●**Costa del Sol:** Málaga hat zwei Häuser: Eines liegt etwas außerhalb bei einem großen Golfplatz, das andere hoch oberhalb der Stadt beim Gibralfaro, einer alten Festung. Einen weiteren, nicht ganz so prunkvollen Parador gibt es in Nerja. Zwei weitere Häuser befinden sich etwas weiter im Hinterland in Orten, die auch in diesem Buch beschrieben sind. Ein sehr schöner Parador liegt in Granada mitten in der Alhambra, und auch der Parador in Ronda hat eine attraktive Lage, direkt vor einer mindestens hundert Meter tiefen Schlucht.

●Informationen erteilt **Paradores,** Reservation Center, c/ Requena 3, E-28013 Madrid, Tel. 915 166 666, Fax 915 166 657 oder -58, Internet: www.parador.es.

●Ein zweisprachiges Verzeichnis gibt es bei **Ibero International,** Immermannstr. 23, 40212 Düsseldorf, Tel. (0211) 864 1520, E-Mail: iberotours@ibero.com, Internet: www.iberotours.de.

Hostal

Die kleinere Version eines Hotels, zumeist etwas **familiärer** gehalten. Eine Einteilung von einem bis drei Sterne wird vorgenommen.

Hotel Residencia

Hotel Residencia, an einem Schild mit dem Kürzel HR auf hellblauem Untergrund erkennbar, es sind Unterkünfte **ohne Restaurant,** also reine Garni-Betriebe, die nur Frühstück bieten.

Pension

Eine **Fonda** ist eine sehr kleine, familiäre Bleibe, gekennzeichnet durch ein weißes „F" auf hellblauem Grund. Oft handelt es sich um eine **einfache Pen-**

Das Geheimnis der Adressen

Häufige Abkürzungen in Adressangaben:
●**Pl.** = *Plaza* bzw. katalanisch *Plaça* (Platz)
●**c**/ = *Calle,* katalanisch *Carrer* (Straße)
●**P°** = *paseo, passeig* (Promenade)
●**Av., Avda.** = *Avenida* (Allee, Chaussee), katalanische Variante: **Avgda** = *Avinguda*
●**Ctra.** = *Carretera* (Fernstraße)
●**s/n** = *sin número* (ohne Hausnummer), wird dann gewählt, wenn es sich um ein markantes Gebäude handelt.

Bei Wohnungen gibt es so gut wie nie Namensschildchen, stattdessen wird auf das Stockwerk und die Lage im Flur (links, rechts, zentral) hingewiesen.
●**i** oder **iz.** bzw. **izqu.** = *izquierda* (links)
●**c** = *centro* (Mitte)
●**d** oder **derr** = *derrecha* (rechts)

Als ich noch in Madrid wohnte, lautete meine Adresse: C/ Ave María 50, 1° i; das bedeutet Calle Ave María, Hausnummer 50, erster Stock links. Alles klar?

sion mit Gemeinschaftsbad, manchmal vermietet auch eine Witwe ein oder zwei Zimmer ihrer Wohnung. Tendenziell findet sich in den Städten leider ein schlechterer Standard als auf dem Land.

Ähnlich verhält es sich mit einer **Casa de Huespedes** (ein „CH" auf hellem Untergrund) Bei diesem „Gästehaus" darf man nicht viel mehr als einen günstigen Preis erwarten. Die Begriffe „Fonda" und „Casa de Huespedes" werden seit etlichen Jahren von der internationalen Bezeichnung „Pension" abgelöst.

Weitere Unterkunftskategorien

●**HA** = *Hotel Apartamentos:* ein Aparthotel, also ein Haus, das Apartments vermietet, auch für längere Zeiträume, aber nicht für die Ewigkeit.

- **RA** = *Residencia Apartamentos:* Aparthotel ohne Restaurant
- **M** = *Motel:* wie international üblich

Preise

Die Preise müssen qua Gesetzesvorschrift an der Rezeption aushängen, ebenso in den Zimmern an der Tür oder am Schrank. Sie gelten grundsätzlich für ein Doppelzimmer. Einzelzimmer sind selten und kosten meist 60 bis 70 % des Doppelzimmerpreises. Natürlich schwanken die Preise je nach Saison, und bei der Festlegung der Saisonzeiten entwickeln die Hoteliers ein gehöriges Maß an Kreativität. Der eine bietet einen einzigen Preis vom 1.1. bis 31.12., der nächste führt alle möglichen Gründe ins Feld, die Tarife schwanken zu lassen, als da wären: N *(Navidad)* also Weihnachten, aber wann beginnt Weihnachten? SS *(Semana Santa)*, also Ostern, und – ganz besonders schick – FL *(diversos,* von „*fiestas locales*", örtliche Festivitäten).

Die **Preisangaben in diesem Buch** sind in Kategorien für ein Doppelzimmer angegeben und durch Euro-Zeichen (€€€) gekennzeichnet. Sie sagen nichts über die Qualität der Unterkunft aus, sondern geben nur den Preisrahmen an.

€	=	bis 25 €
€€	=	25-40 €
€€€	=	40-70 €
€€€€	=	über 70 €

Nur bei absoluten „Ausreißern" wurde der tatsächliche Preis angegeben, damit niemand eine Überraschung erlebt. In den Sommermonaten liegen die Hotelpreise am oberen Limit, sie können aber auch sehr schnell fallen, so schon im Juni bzw. September (die Betonung liegt hier auf „können").

Aufpassen bei der Frage nach einem **Doppelzimmer:** Wer ein Zimmer mit *cama matrimonial* bestellt, erhält ein Ehebett, zumeist ein etwas kleineres französisches. Ansonsten stehen zwei Betten hübsch getrennt im Raum.

Beschwerdeblätter

Hojas de reclamación (Beschwerdeblätter) müssen überall vorrätig liegen. Wer einen Mangel anzeigen will, füllt das Formular aus. Die rosa Kopie erhält der Wirt, das weiße Original geht nach Madrid an die Touristikbehörde (Adresse steht drauf), und der grüne Teil verbleibt beim Gast.

Versicherungen

Die wichtigste Versicherung dürfte eine **Auslandskrankenversicherung** sein; Näheres hierzu unter dem Stichwort „Gesundheit". Autofahrer benötigen immer noch die **Grüne Versicherungskarte,** auch wenn dies heute niemand mehr an der Grenze kontrolliert. Sollte es aber zu einem Unfall kommen, wird die Polizei sicherlich danach fragen.

Eine **Reisegepäckversicherung** abzuschließen, ist eine Frage des persönlichen Sicherheitsbedürfnisses. Immerhin gilt es, etliche Klauseln zu beachten, so dass man doch die Frage nach dem Sinn stellen darf. Oft heißt es im

Schadensfall nämlich: das Auto war nicht sorgfältig geparkt, das Apartment nicht richtig verschlossen usw.). Die teure Foto- oder Videoausrüstung erfordert sowieso eine gesonderte, auch recht teure Versicherung. Bei Verlust oder Beschädigung von versichertem Gepäck müssen, abgesehen von einer Bestätigung des entsprechenden Beförderungs- oder Beherbergungsunternehmens, eine genaue Auflistung der fehlenden/beschädigten Gegenstände sowie schlimmstenfalls Kaufquittungen vorgelegt werden.

Bei Pauschalreisen lohnt es sich oft, gleich mit der Reisebuchung eines der von den Reiseveranstaltern angebotenen **Versicherungspakete** abzuschließen. Ein solches umfasst Kranken-, Unfall-, Gepäck- und Haftpflicht-Versicherungen. Für Leute, die viel reisen, lohnen sich **Jahresversicherungen.** Notieren sollte man sich die auf den Versicherungsscheinen oder -karten angegebenen Notfall-Rufnummern.

Zollbestimmungen

In einem Europa ohne Grenzen haben sich auch die Zollgrenzen verschoben, jedenfalls für EU-Mitgliedsstaaten. Das bedeutet, dass für Zigaretten und Alkoholika die Mengenbegrenzungen aufgehoben sind. Trotzdem kann der Zoll an der Grenze kontrollieren, ob die mitgebrachten Produkte zum persönlichen Gebrauch bestimmt sind und nicht zum Verkauf. Folgende Mengen gelten für EU-Bürger noch als Privatkonsum:

- 800 Zigaretten
- 400 Zigarillos
- 200 Zigarren
- 1 kg Tabak
- 10 l Alkohol
- 20 l Aperitif
- 90 l Wein, davon 60 l Schaumwein
- 110 l Bier

Für Bürger der Schweiz über 17 Jahre gelten folgende Mengen:

- 200 Zigaretten oder
- 50 Zigarren oder
- 250 g Pfeifentabak
- 1 l Spirituosen über 15 % Vol. oder
- 2 l Spirituosen bis 15 % Vol.
- Andere Waren bis zu einem Gesamtwert von **200 SFr** (100 SFr für Personen unter 17 Jahren).

Selbst wenn größere Mengen transportiert werden, sieht der Zoll davon ab, Steuern zu verlangen, wenn bewiesen werden kann, dass man die Menge für eine Feier benötigt. Reisenden unter 17 Jahren wird hierfür keine Steuerbefreiung gewährt.

Wer eine Ware in Spanien erwirbt, zahlt dort die **Mehrwertsteuer** und kann dann das Produkt, ohne weitere Steuern zu bezahlen, mit nach Hause nehmen, sofern es nur zum privaten Gebrauch bestimmt ist. Die einzige Ausnahme hiervon bilden Autos. Für ein Auto, das weniger als 6000 Kilometer gefahren ist oder in einem Zeitraum von weniger als sechs Monaten nach seiner ersten Zulassung ausgeführt wird, zahlt der Käufer die Mehrwertsteuer im Heimatland. Das bedeutet, dass ein in Spanien gekaufter Pkw ohne die dortige Mehrwertsteuer von 16 % erworben wird.

Land
und Leute

031c Foto: jf

008smk Foto: jf

„Schau an, ein Tourist"

Auf der Fiesta

Sardanas-Musiker

Geografie

Die Mittelmeerküste ist geprägt von sehr vielen Stränden, von ihren kleinen Fischerdörfern, den mittelgroßen Ferienzentren und dem halben Dutzend Großstädten; des Weiteren von einem Gebirgszug, der beinahe entlang der gesamten Küstenlinie verläuft, mal nah am Meer, mal weit im Hinterland. Hier ein Blick aufs Detail:

Costa Brava

Die Costa Brava, übersetzt: „wilde Küste", nimmt nur einen relativ kleinen Teil der spanischen Region Katalonien ein. Diese Region, mit 31.932 km² immerhin so groß wie Belgien, erstreckt sich von den Pyrenäen in Form eines Dreiecks bis etwa zur Ebro-Mündung. Der gesamte **Küstenverlauf** misst 580 Kilometer, von denen jedoch nur 158 auf die Costa Brava fallen. Katalonien ist landschaftlich geprägt durch die Pyrenäen ganz im Norden, einen weiteren, wesentlich kleineren Höhenzug an den Küsten und eine flache Zone im Hinterland. Die Ausläufer der **Pyrenäen** prägen einen Teil der Costa Brava, herrliche zerklüftete Buchten sind somit im äußersten Nordosten zu finden. Das **Cabo Creus** bildet den östlichsten spanischen Festlandspunkt und den letzten Ausläufer der Pyrenäen. Südlich vom Cabo Creus (ab Roses) finden sich dann die ersten längeren Sandstrände. Die Landschaft im Hintergrund ist fruchtbar; kein Wunder, regnen sich die Wolken doch an den Bergausläufern gerne ab.

Der **südliche Teil** der Costa Brava wird von einem Höhenzug begrenzt, der allerdings deutlich unter 1000 Metern bleibt; auch hier zeigt sich die Küste wild zerklüftet. Dazwischen erstrecken sich immer wieder lange, **flache Zonen** mit kilometerlangen Sandstränden, an denen im Laufe der Zeit riesige touristische Zentren entstanden sind.

Der südlichste Abschnitt der „wilden Küste" trägt seinen Namen zu Recht: Eine äußerst kurvige Küstenstraße führt hier entlang. Sie schlängelt sich von San Feliu durch eine traumhaft schöne Felslandschaft, teilweise gute 100 Meter über dem Meer. Schroff abfallende Felsen, winzige Buchten, die nur vom Wasser aus zu erreichen sind, zirpende Grillen unter den Pinien und Akazien, ein leichter Wind: So zeigt sich im Sommer dieser Küstenabschnitt, der **Inbegriff** der Costa Brava.

Die großen drei Ortschaften **Tossa**, **Lloret** und **Blanes** liegen bereits wieder in flacheren Zonen, und nur noch wenige Kilometer fehlen bis zu den ersten Industrieansiedlungen des Großraums Barcelona.

Costa Dorada

Der **nördliche Teil** der Costa Dorada, katalanisch: Costa Daurada, zeigt sich relativ flach und dicht besiedelt. Rund um Tarragona hat sich viel Industrie angesiedelt, es entstand ein dichtes Verkehrsnetz. Anders sieht es **südlich von Tarragona** aus. Zwischen der Hauptstadt der Costa Daurada und dem Ebro-Delta nähern sich einige

Gebirgszüge der Küste, ohne diese jedoch ganz zu erreichen. Dadurch wird die Besiedlung im Hinterland dünner, und auch die Zahl der Ortschaften an der Küste nimmt ab. So steigt im Hinterland von L'Hospitalet die Serra de Esteve auf 737 Meter an. Noch weiter südlich, in der Nähe von Tortosa, hat die Serra del Boix Erhebungen von 938 Metern. Und noch weiter südwestlich erreicht der höchste Punkt im Gebirgszug Ports de Beseit immerhin 1447 Meter (Mont Caro). Der **Küstenbereich** ist aber auch hier flach. Es gibt schöne, lang gestreckte Sandstrände, von denen aus man die Erhebungen in der Ferne mehr ahnt als sieht.

Im **Ebro-Delta** ergießt sich der zweitlängste Fluss Spaniens nach einer knapp 900 Kilometer langen Reise durchs Land majestätisch ins Meer. Weitere große Flüsse sind der Río Francoli, der in Tarragona ins Meer mündet und der Río Gaià, der bei Altafulla das Mittelmeer erreicht.

Costa del Azahar

Diese Küste wird durch die Grenzen der **Provinz Castellón** definiert, welche die nördlichste Provinz innerhalb der autonomen Gemeinschaft Valencia ist. Entlang der 112 Kilometer langen *costa* finden sich sehr schöne

Bucht an der Costa Brava

Strände, einige davon kilometerlang und klassisch fein- und hellsandig. Diese Attraktivität blieb auch den Tourismusmanagern nicht verborgen. Die Folge: Zahllose Fischerdörfer wandelten sich zu spektakulären Großgemeinden mit Tausenden von Ferienwohnungen, ähnlich wie an der Costa Blanca und Costa del Sol.

Gebirgszüge, die teilweise über 1000 Meter Höhe erreichen, verlaufen relativ weit von der Küste entfernt im Hinterland.

An der Costa Blanca gibt
es schöne Strände

Costa del Valencia

Die drittgrößte Stadt Spaniens, **Valencia,** bildet das Zentrum dieser Küste, eine geschäftige Metropole mit einem bemerkenswerten historischen Kern. Der nördliche Bereich Valencias ist von **Industriebetrieben** und vielen mittelgroßen (Vor-) Orten geprägt, während sich südlich von Valencia bis hinunter zur benachbarten Costa Blanca hervorragende **Strände** erstrecken. Natürlich fand der Tourismus auch seinen Weg hierher; vor allem in Cullera und Gandía hinterließ er deutliche Spuren. Doch gibt es an der Costa de Valencia auch einzigartige Refugien, so etwa einen der größten **Binnenseen** Spaniens, die L'Albufera.

Costa Blanca

Im Allgemeinen bezeichnet der Begriff „Costa Blanca" die Küstenlinie der **Provinz Alicante.** Die „Weiße Küste" verläuft innerhalb dieser Provinz über 212 Kilometer von Dénia bis San Pedro del Pinatar. Alicante bildet zusammen mit den Provinzen Castellón und Valencia die autonome Region Comunitat Valenciana.

Die alicantinische Küste zeichnet sich durch zumeist sehr **schöne hellsandige Strände** aus sowie durch eine Reihe von Ortschaften, die sich im Laufe der Zeit von kleinen Fischerdörfern zu großen, touristisch geprägten Städten gewandelt haben. Nur wenige Kilometer von der Küste entfernt zeigt sich das Hinterland äußerst gebirgig, aber nur selten reichen deren Ausläufer bis direkt an die Küste heran. Fast ein Drittel des gesamten Territoriums der Comunitat Valenciana ist von **Gebirge** durchzogen. 15 Gipfel übersteigen allein in der Provinz Alicante 1200 Meter, vier sogar die Marke von 1300 Metern. Die höchste Erhebung befindet sich mit 1558 Metern (Pico Aitana) in der Sierra de Aitana, zu finden keine 20 Kilometer Luftlinie von Benidorm entfernt.

Das hat Konsequenzen: Die größeren Orte liegen alle an der Küste, nur einige wenige im Hinterland. Nur zwei Straßen folgen dem Küstenverlauf, die gebührenpflichtige Autobahn **A 7** und die Nationalstraße **N-332.** Letztere verbindet die Küstenorte miteinander; vielfach quält sich der Verkehr mitten durch den Ortskern. Nur vereinzelte Straßen führen von der Küste durchs Gebirge ins Hinterland.

Costa Cálida

Die Costa Cálida bezeichnet den Küstenabschnitt innerhalb der Grenzen der Autonomen Region **Murcia.** Im nördlichen Bereich liegt das hochgradig touristisch genutzte **Mar Menor,** Spaniens größter Binnensee mit seinen ansehnlichen Stränden und dem flachem Hinterland. Nur wenige Kilometer weiter westlich erstreckt eine äußerst **felsige Küstenszenerie.** Kaum hat man Cartagena passiert, windet sich die einzige Straße weit ins Hinterland, sie verläuft über ungefähr 70 Kilometer weit von der Küste entfernt. Nur beim ehemaligen Fischerort Mazarrón nähert sie sich noch einmal kurz der Küste, um danach sofort wieder ins Gebirge zu entschwinden. Die Küste ist hier derart zerklüftet, felsig und steil abfallend, dass man bis auf vereinzelte Ausnahmen keine nennenswerten Strände findet.

Costa de Almería

Dieser Küstenabschnitt liegt, wie der Name schon andeutet, in den Grenzen der östlichsten Provinz Andalusiens, Almería. Es ist eine staubtrockene Landschaft mit dem Charakter einer **Halbwüste.** Weit im Hinterland verlaufen hohe **Gebirgszüge,** die Sierra de Alhamilla, Sierra de Gádor; direkt dahinter erhebt sich die noch höhere Sierra Nevada. An diesen Gebirgen kommen die Atlantikwolken nicht vor-

Land und Leute

Durchschnittliche Lufttemperaturen (in °C)

	Costa Brava	Costa Dorada	Costa del Azahar	Costa Blanca	Costa del Sol
Januar	9,0	9,0	11,0	13,0	16,0
Februar	9,5	9,9	11,3	15,0	7,0
März	11,8	11,8	12,7	18,0	18,0
April	13,9	13,8	15,9	21,0	21,0
Mai	16,8	17,1	18,5	23,0	23,0
Juni	20,6	21,0	22,3	28,0	27,0
Juli	23,3	24,3	24,9	31,0	29,0
August	23,1	24,3	25,0	32,0	29,0
September	20,7	22,1	22,5	29,0	27,0
Oktober	16,7	18,0	19,0	23,0	23,0
November	12,4	13,2	15,0	20,0	19,0
Dezember	9,7	10,1	11,5	15,0	17,0

bei, sie regnen sich regelmäßig in den Sierras ab. Deswegen zählt die Costa de Almería auch zu den **niederschlagsärmsten Zonen Spaniens.**

Man findet hier einige sehr schöne Strände, aber kaum Touristen. Das liegt auch daran, dass ein Teil dieser Zone unter **Naturschutz** steht. Größtes Manko bleiben aber die *invernaderos,* das sind **Treibhäuser,** die aus nicht viel mehr als riesigen Plastikplanen auf mannshohen Gestellen bestehen. Hier wächst das Gemüse, das in Nord- und Mitteleuropa außerhalb der Saison verzehrt wird. Tausende dieser *invernaderos* verschandeln die eigentlich herb-reizvolle Landschaft; immerhin liegen sie, dies zur Ehrenrettung, außerhalb der Naturschutz-Zonen.

Costa Tropical

Diesen attraktiven Namen haben findige Touristiker für die Küstenregion der Provinz Granada ersonnen. Obgleich oft noch als Abschnitt der Costa del Sol gehandelt, wird die Costa Tropical in diesem Band gesondert beschrieben. Der relativ schmale Küstenstreifen beginnt im Osten bei der Provinzgrenze zwischen Granada und Almería, ein paar Kilometer vor dem Ort Adra. Im Westen reicht er etwa bis Almuñécar. Die Strände an diesem etwa 80 Kilometer langen Abschnitt bestehen zumeist aus aus feinen, manchmal auch groben Kieseln.

Leider beeinträchtigen an der Costa Tropical die allgegenwärtigen **Treibhäuser** das landschaftliche Bild ganz erheblich.

Costa del Sol

Die eigentliche Costa del Sol erstreckt sich über die gesamte **Küstenlinie der Provinz Málaga;** die Costa Tropical schließt sich östlich an. Den Abschluss der Costa del Sol im äußersten Westen bildet die Grenze zwischen den

Provinzen Málaga und Cádiz, etwa beim Ort Sotogrande, auf halbem Weg zwischen Gibraltar und Estepona gelegen. Beinahe durchgängig verläuft parallel zur Küste ein Gebirgszug, der sich an manchen Stellen bis auf einen sehr schmalen Streifen der Küste nähert. Im äußersten Osten recken sich die Ausläufer der **Alpujarras** sogar teilweise bis ans Meer. Da bleibt dann neben der Nationalstraße, die sich entlang der Küste schlängelt, kaum noch Platz für die kleinen Dörfer, die gedrängt am Strandsaum liegen, nur wenige Meter unterhalb der steil aufragenden Felswand. Weiter westlich, im Gebiet zwischen Vélez-Málaga und Motril, verläuft der der Gebirgszug der **Sierra de Almijara.** Dort liegen hübsche weiße Dörfer, wie beispielsweise Frigiliana, in einer traumhaft urwüchsigen Landschaft.

Rings um Málaga erheben sich die **Montes de Málaga** mit einer recht moderaten Höhe von 500 bis 700 Metern. Noch weiter westlich folgen die **Sierra de Mijas,** die von der **Sierra Blanca** abgelöst wird, und schließlich die **Sierra Bermeja** bei Estepona. All diese Gebirge ragen bis zu 1000 Meter und mehr in die Höhe, gewähren dem Küstenvorland aber eine recht weite Zone, da sie sich erst mehrere Kilometer weit im Hinterland erheben.

Typisch für die Costa del Sol sind die durchweg **grauen Strände,** oft grob-

oder feinkieselig. Entlang der Küste der Provinz Málaga gibt es aber auch einige attraktive Sandstrände.

Klima

Grundsätzlich gibt es entlang der Mittelmeerküste ein „klimatisches Nord-Süd-Gefälle". Im Süden bleibt es länger bzw. wird es früher warm als im Norden, wen wundert's? Im Sommer ist es überall in Spanien heiß, aber schon der April bringt teilweise krasse Unterschiede. Während in Andalusien zumindest die ausländischen Besucher schon anfangen zu schwitzen, plagen sich die Bewohner von Katalonien und Valencia noch mit Regenschauern.

Wie man sieht, wird es sehr heiß

Die Menschen

Entlang der in diesem Band beschriebenen Küste leben vier autonome Gemeinschaften, in der mehrere Bevölkerungsgruppen leben. Bei aller Gefahr, in Klischees abzurutschen, kann man aber doch wagen, ihnen bestimmte Charakteristika zuzusprechen. Ganz im Norden leben die **Katalanen,** denen man nachsagt, sie seien sehr stolz auf ihre Herkunft und ihre Sprache. Ihre südlichen Nachbarn, die **Valencianer** unterscheiden sich kaum von den Katalanen. Wenn also im weiteren Verlauf von den „Katalanen" gesprochen wird, so gilt diese Charakterisierung grundsätzlich auch für die Valencianer. Die in der Provinz **Alicante** lebenden Menschen zählen auch noch zu den Valencianos. Sie aber sind nicht nur räumlich von den Katalanen weit entfernt, auch die Lebensart nähert sich schon den Andalusiern an.

Die Menschen in der relativ kleinen Provinz **Murcia** und die **Andalusier** leben im spanischen Sonnengürtel. Das Klima, ein uraltes Feudalsystem, möglicherweise das maurische Erbe, all das prägte Generationen von Menschen und prägt sie noch heute.

Hier also ein vorsichtiger Versuch, die einzelnen Bevölkerungsgruppen zu charakterisieren.

Die Katalanen

Katalanen sind stolze Menschen – und eigensinnig. Blicken sie doch auf eine tausendjährige **Geschichte** zurück, die älter ist als die spanische, wie mancher nicht ohne stolzen Unterton bemerkt. Im Laufe der Geschichte versuchten die Katalanen dreimal, sich von Madrid zu lösen, und dreimal unterlagen sie. Unter *Franco* litten sie besonders, denn Unterricht, Zeitungen und Bücher auf *català* waren verboten.

Vorbei und vergessen, heute zeigt sich der Stolz der Katalanen überall. Selbst bei der **Polizei** existieren drei Gruppierungen: die staatliche *Policía nacional,* die Lokalpolizei und die katalanischen *Mossos d'esquadra.*

Den Katalanen wird ein starker **Gemeinschaftssinn** nachgesagt, der wahrscheinlich in der wechselvollen Historie der Region begründet ist. Dies drückt sich auch in kulturellen Bräuchen aus, so etwa in der Sardana (einem Gruppentanz) und vor allem den Menschentürmen, den *castellers.* Das Individuum ist von Bedeutung für das Gesamte, wenn alle mitmachen, funktioniert der Tanz, bleibt der Turm stehen.

Die Katalanen gelten obendrein als sehr **geschäftstüchtig.** Schon im 19. Jahrhundert bauten sie erste Fabriken, seit Mitte des 20. Jahrhunderts profitieren sie vom Tourismus. Seit Jahrzehnten nehmen sie stoisch hin, dass sich halb Europa im Sommer an ihren Stränden aalt. Schlau wie sie sind, ziehen sie ihren Vorteil, ohne die Urlauber abzuschrecken. Abkassieren, aber nicht abzocken, der Kunde soll ja wiederkommen. Undenkbar, dass beispielsweise eine Kurtaxe eingeführt werden könnte.

Katalanen **grenzen sich gerne von Madrid ab,** dies drückt sich schon im

Hoffen auf „den Dicken"

Weihnachten beginnt in Spanien am 22. Dezember. Egal, was Katalanen, Andalusier, Basken oder Madrileños sonst auch trennen mag, an diesem Tag ist die Bevölkerung vereint, und zwar in der Hoffnung auf „den Dicken", auf Spanisch **el gordo.**

El gordo ist der **Hauptgewinn der Weihnachtslotterie.** Millionen sind im Jackpot, Euro wohlgemerkt. Zwar finden Lotterielose in Spanien stets reißenden Absatz, aber zu Weihnachten wird alles noch viel schlimmer. Buchstäblich jeder Spanier kauft ein Los. Angeboten werden sie überall: in Geschäften, Bars, in den offiziellen Verkaufsbüros. Dort hängen die Schildchen schon ab Ende Oktober aus: „Lotería de Navidad" steht darauf, zusammen mit einer meist fünfstelligen Nummer. Wem diese zusagt, kauft sich einen Anteil. Lotterienummern werden nämlich nicht im ganzen Stück verkauft, sondern anteilig. Wer will, kann natürlich mehrere Anteile kaufen, aber die meisten Spanier streuen ihren Einsatz um, die Gewinnchancen zu erhöhen. Je näher das magische Datum rückt, desto aufgeregter sind die Menschen, desto länger werden die Schlangen vor den Verkaufsstellen. Noch schnell ein Los kaufen, kostet ja nur einen oder zwei Euros.

Und dann ist es soweit. Am **22. Dezember, Schlag 9 Uhr,** ist das Land paralysiert. Die gesamte Bevölkerung hängt vor dem Fernseher. Die Bars sind brechend voll, selbst die beflissensten Kellner schenken dem Gast heute wenig Beachtung. Busfahrer drehen ihre Runden mit einem Kofferradio am Ohr, und in den Büros tut sich gar nichts mehr. Der Grund: Die Waisenkinder des Colegio de San Ildefonso (ein Waisenhaus bei Madrid) **singen die Gewinnnummern,** und das stundenlang. Dabei stehen sie auf einer Bühne, während im Hintergrund die Nummern gezogen werden. Diese Singsang-Verkündung klang in Pesetas-Zeiten so: *„Doscienienientos mil peseeeetaaas, el número xxx".* Stundenlang erklang das lang gezogene *„peseeetaaas".* Das ist ja nun vorbei, aber mit *„euuurooo"* geht's ja auch.

Immer, wenn die Kinder ihre Stimme merklich heben, steht ein hohes Sümmchen an. Millionengewinne werden dann verkündet. Und irgendwann ist es schließlich so weit: **Der Dicke** ist an der Reihe. Das ganze Land hält den Atem an. Keiner will die Nummer verpassen. Und dann: Jubelschreie irgendwo in einem Dorf, in einer Bar, in einem Geschäftchen. Gewonnen! GEWONNEN!! Richtig groß gewonnen! Am nächsten Tag steht alles in der Zeitung. Sämtliche Gewinnnummern, seitenlang aufgezählt, nebst Fotos der glücklichen, Sekt verspritzenden Hauptgewinner. Anonymität gibt es hier nicht. Heraus mit der Freude! Auf dass nächstes Jahr wieder alle Spanier ein Los kaufen und auf „den Dicken" hoffen.

Sprachgebrauch aus. Sprechen nicht wenige Katalanen doch tatsächlich von *Espanya,* wenn sie die Madrider Regierung meinen. Madrid ist fern, und das Treiben dort wird misstrauisch beäugt; lieber bleiben die Katalanen unter sich. Schon durch die Sprache grenzen sie sich ab, und das wird auch offensiv demonstriert. Jedes Straßenschild drückt es aus: Du bist in *Catalunya,* nicht mehr in *España.* Das wird in vielen Details sichtbar. So wird etwa in ganz Spanien, ja in der ganzen spanischsprachigen Welt der 12. Oktober als einer der wichtigsten Feiertage begangen (Entdeckung Amerikas durch *Kolumbus),* nur in Katalonien gibt es einen wichtigeren Tag, *La Diada,* den katalanischen Nationalfeiertag am 11. September.

Land und Leute

Oliecd Foto: sm

Die Alicantiner

Die Provinz Alicante liegt am Rande und doch im Schnittpunkt, liegt zwischen dem Meer und den trockenen Weiten Kastiliens, zwischen den Orangenfeldern Valencias und der kargen Wüstenregion von Almería, also **zwischen den Extremen.** Dort die Kargheit und Armut, hier Industrie, Ackerbau und Tourismus.

Mit den nördlichen Nachbarn, den Katalanen, teilt man sich die Sprache, mit den westlichen, den Kastiliern, den Stolz, und mit den südlichen, den Andalusiern, die Leichtigkeit des Seins. Die drückt sich besonders im Gebrauch der Sprache aus. Valencianisch, das zur katalanischen Sprachenfamilie zählt, wird zwar in der gesamten Provinz gesprochen, aber nicht mit der fast schon verbissenen Ausschließlichkeit der Katalanen. Alle Straßenschilder sind selbstverständlich zweisprachig gehalten, ohne die harsche Forderung an alle Fremden – inklusive Spanier anderer Landesteile – unbedingt Katalanisch zu lernen. Alicantiner gehen eben mit einer gewissen **Lässigkeit** durchs Leben, versuchen es zu genießen. Dennoch gelten sie als **fleißig,** was kein Widerspruch sein muss. Katalanischer Fleiß und andalusische Lebensweise, bei 3000 Sonnenstunden im Jahr geht das gut zusammen. Ackerbau und Fischfang haben in dieser Region eine lange Tradition, aber die Industrie floriert. Vor allem Textilien, Leder, Schuhe werden in großem Stil produziert.

Die Alicantiner wissen genau, was sie haben, zeigen es, aber durchaus nicht aufdringlich. Man arbeitet hart und weiß doch zu leben. Man grenzt sich auch nicht so krass ab von der Zentralregierung in Madrid, wie es die Katalanen gern tun. Als Alicantiner lebt man ja auch viel dichter am kastilischen Kernland. Im Zweifel arrangiert man sich, zumal die Menschen hier lange Erfahrungen mit fremden Zungen und Herrschern haben.

Die Andalusier

„Die hervorstechenden Eigenschaften des andalusischen Charakters sind sorgloser Leichtsinn, übermütige Fröhlichkeit, Redseligkeit ... Zu diesen teilweise nicht sehr empfehlenswerten Eigenschaften gesellt sich jedoch ein

Land und Leute

Bendita sea la madre que te parió!

„Gesegnet sei die Mutter, die dich gebar!" Das ist nicht nur ein Satz, das ist ein *piropo*, ein Kompliment, eine Schmeichelei, mal so eben im Vorbeigehen einer schönen Frau zugerufen. Ein Piropo kommt spontan über die Lippen, aus vollem Herzen, wie ein Vulkanausbruch, eine spontane Liebeserklärung. Kommt ein Mann zufällig auf der Straße an einer schönen Frau vorbei, drängt es ihn förmlich, ihr ein Kompliment zu machen, oder bei weniger lyrisch veranlagten Geistern, eine ordinäre Zote abzulassen.

Piropos gelten als eine typische Sitte (oder Unsitte) der Andalusier, entstanden durch die streng katholisch-spanischen Erziehung und gesellschaftliche Zwänge, die in der Vergangenheit kaum Kontakt zwischen den Geschlechtern zuließen. So war ein *piropo* eben schon das höchste der Gefühle oder der Kontaktaufnahme. Wobei so gut wie nie eine weibliche Erwiderung kam, das schickte sich einfach nicht. Sicherlich spielte und spielt dabei auch ein traditionelles männliches Überlegenheitsgefühl eine Rolle, à la: „Seht her, was bin ich doch für ein toller Hecht!"

Heute werden *piropos* nicht mehr ganz so häufig gebracht, aber trotzdem kann es passieren, dass einer Frau im schönsten spanischen Slang hinterhergerufen wird: „Ay, mi arma, qué cachas má' güays!", was übersetzt in Hochspanisch heißen soll: „Ay, mi alma, qué piernas más bonitas", und auf Deutsch etwa: „Boah ey, meine Fresse, was für geile Stelzen!"

gutmütiges, leicht versöhnliches Wesen, höfliche Zuvorkommenheit ... und eine überschwengliche orientalische Phantasie." So steht es in einem hundert Jahre alten Spanien-Lexikon. Sicherlich ein Klischee, aber wieviel Wahrheit lässt sich darin finden?

Eine gewisse **Fröhlichkeit,** eine gehörige Portion Leichtigkeit im Leben fallen wohl tatsächlich auf. Gerade im alltäglichen Umgang untereinander bleibt für gedankenschwere Problembewältigung wenig Raum. Dabei geht es den Andalusiern alles andere als blendend, zumindest wirtschaftlich betrachtet. Schon immer zählte die Region nicht nur in Spanien zu den rückständigsten und **ärmsten Gegenden.** Die Arbeitslosigkeit erreichte ständig erschreckende Spitzenwerte, zeitweise war jeder Dritte arbeitslos. An-

dalusien war schon immer das Land der **Tagelöhner.** Auch wenn sich diese Situation mittlerweile ein wenig entschärft hat: Auch heute noch finden zahlreiche Menschen bestenfalls phasenweise Arbeit auf den großen Gütern, den Latifundien. Die meisten dieser Großbetriebe liegen in der Provinz Extremadura und in Andalusien.

Das System ist uralt. Nach Abschluss der Reconquista, der Vertreibung der Araber im Jahr 1492, erhielten Adel, Ritter und Kirche das Grundeigentum der verjagten Mauren gewissermaßen als Dankeschön für die geleistete militärische Hilfe. Die neuen Herren dachten aber überhaupt nicht daran, jetzt als Bauer aktiv diese Güter zu bewirtschaften. Sie holten sich Verwalter, die im Bedarfsfall Arbeiter aus dem nächsten Dorf beschäftigten, gerade so lange, wie es nötig war. So entstand ein System, das sich trotz aller Reformversuche bis heute nicht entscheidend geändert hat. Die Besitzer ließen es sich in Madrid gut gehen, die andalusischen Tagelöhner verblieben in Armut. Erst mit Aufkommen der Industrialisierung verbesserten sich die Bedingungen etwas, viele Andalusier **emigrierten** nach Nordspanien, nach Bilbao oder nach Barcelona. Im Zeitraum von 1940 bis 1970 sollen mindestens 1,6 Millionen Menschen nach Nordspanien gezogen sein. So leben beispielsweise in Katalonien mehr Zuwanderer aus Almería als in der Stadt selbst. Gern gesehen waren sie aber auch im Norden nicht, mussten so manche überhebliche katalanische Äußerung ertragen, bis hin zu rassistischen Tönen. In der Provinz Barcelona leben gut eine Mio. Andalusier, allein schon sprachlich getrennt, denn die Katalanen pflegen seit Jahren immer stärker ihre katalanische Sprache.

Dieser sozio-ökonomische Hintergrund prägte ganze Generationen von Andalusiern. Ihre Welt bestand aus fest umrissenen sozialen Strukturen, die zumindest in den Dörfern unumstößlich waren. Heute hat sich die Situation sicherlich etwas entspannt. Doch obwohl den Menschen heute mehr Möglichkeiten offen stehen als noch vor zwei, drei Generationen, ist die Arbeitslosigkeit nach wie vor hoch, besonders unter Jugendlichen.

Da kommt der **Familie** ein hoher Stellenwert zu, als finanzielle Unterstützung ebenso wie als sozialer Halt. Wer als junger Mensch keinen Job hat, muss fast zwangsläufig zu Hause wohnen. Aber auch schon Beschäftigte bleiben heute lange im „Hotel Mama", und nicht immer ist es nur eine Frage des niedrigen Einkommens. Die Familie gibt Halt und wird gepflegt.

Soweit die äußeren Bedingungen, die meist schulterzuckend hingenommen, manchmal auch verdrängt werden. „Man kann ja doch nichts machen." Warum sich also groß Gedanken machen? Die ökonomischen Verhältnisse sind nicht rosig, sie dominieren aber auch nicht das Bewusstsein. Wenn ein Andalusier in einer Bar großzügig eine Runde spendiert, obwohl es sein letztes Geld war – ist das nun der eingangs zitierte sorglose Leichtsinn oder eine Lebenshaltung, von der wir uns ruhig eine Scheibe abschneiden könnten?

Staat und Gesellschaft

026c Foto: jf

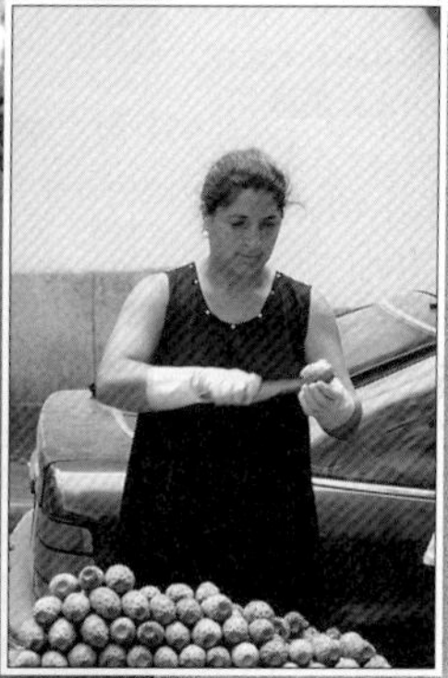

076cb Foto: jf

Traditioneller und moderner
Kopfschmuck

Fruchtverkäuferin am Straßenstand

Die Flagge Kataloniens

Administrative Gliederung

Spanien ist unterteilt in 17 so genannte *comunidades autónomas,* autonome Gemeinschaften, in etwa den deutschen Bundesländern vergleichbar. Jede dieser Gemeinschaften verfügt über **eigene politische Institutionen** (Parlament, Präsident, Exekutivorgane) und somit über ein gewisses Maß an Unabhängigkeit gegenüber der Landesregierung. Insgesamt vier autonome Gemeinschaften liegen entlang der Mittelmeerküste: Katalonien, Valencia, Murcia, Andalusien (von Nord nach Süd).

Katalonien

Katalonien wird verwaltungstechnisch in die vier **Provinzen** Barcelona, Girona, Tarragona und Lleida (spanisch: Lérida) unterteilt. Die Gesamtfläche Kataloniens beträgt 31.895 km², das entspricht etwa 6,3 % des spanischen Territoriums. Insgesamt 6,3 Mio. Menschen leben hier und erwirtschaften fast 20 % des spanischen Bruttosozialproduktes. Damit gilt Katalonien als die **wohlhabendste** unter den 17 autonomen Gemeinschaften.

Valencia

Die *Comunitat Valenciana* zählt etwa vier Mio. Einwohner und hat eine Fläche von 23.305 km². Die Gemeinschaft gliedert sich in die **Provinzen** Castellón, Valencia und Alicante, die alle am Mittelmeer liegen. Die Hauptstadt ist Valencia. Auch dieser autonomen Gemeinschaft geht es wirtschaftlich gut. Etwa 10 % des spanischen Bruttoinlandsproduktes wird hier in über 300.000 (vor allem kleinen und mittleren) Betrieben erwirtschaftet.

Murcia

Die Provinz Murcia zählt mit 11.371 km² zu den kleineren Gebieten. Etwas mehr als eine Million Menschen leben hier, hauptsächlich in der Hauptstadt Murcia oder im Küstenort Cartagena. Das Gebiet ist geprägt von felsiger, fast wüstenähnlicher Landschaft, was eine landwirtschaftliche Nutzung stark erschwert. Nur **wenige Touristen** verbringen hier ihren Urlaub, und Industrieansiedlungen bleiben ebenfalls auf wenige Orte beschränkt. Deswegen lag Murcia beim letzten innerspanischen Vergleich von **Familieneinkommen** auch auf dem vorletzten Platz.

Andalusien

Andalusien ist die zweitgrößte autonome Gemeinschaft nach Castilla y León, doch liegt die Bevölkerungsdichte mit etwa 7,2 Mio. Einwohnern hier deutlich höher. Andalusien hat eine Fläche von 87.268 km² und wird unterteilt in die **Provinzen** Almería, Cádiz, Córdoba, Granada, Huelva, Jaén, Málaga und Sevilla. Almería, Granada und Málaga liegen am Mittelmeer. Das Gros der Bevölkerung lebt in den wenigen Großstädten und in den schillernden Touristenorten an der Küste.

Provinzen und autonome Regionen

FRANKREICH
PORTUGAL
Cáceres · Ávila · Segovia · Soria · Huesca
Madrid · Guadalajara · Zaragoza
ANDORRA
Badajoz · Toledo · ARAGONIEN · Lérida
KATALONIEN
Cuenca · Teruel · Girona
KASTILIEN- · Tarragona · Barcelona
Ciudad Real
Huelva · LA MANCHA · VALENCIA · Castellón
Sevilla · Córdoba · Albacete · Valencia
ANDALUSIEN · Jaén
Cádiz · MURCIA · MALLORCA
Málaga · Granada · Alicante · IBIZA · Palma
Tanger · Gibraltar · Murcia · MENORCA
Almeria · FORMENTERA · BALEAREN
MAROKKO
MITTELMEER

ANDALUSIEN autonome Region
Granada Provinz (Hauptstadt)

200 km

Staat und Gesellschaft

Das Leben auf dem Land vermag oft die Existenz nicht mehr zu sichern. Noch immer beeinflussen uralte Gesellschaftsstrukturen diese landwirtschaftlich geprägte Gemeinschaft. Wenige Großgrundbesitzer verfügen über das Land, ein recht großer Teil der Bevölkerung schlägt sich als Tagelöhner durch. Und obwohl in den letzten Jahren schon zahlreiche Arbeitsplätze in Industrie und Touristikwirtschaft geschaffen wurden, verzeichnet Andalusien nach wie vor die höchste Arbeitslosenquote überhaupt. Sie pendelt um 30 %.

Geschichte

Spanische Geschichte im Zeitraffer

2000 v. Chr. (Vermutlich) erste Besiedlung durch Iberer.

1100 v. Chr. Phönizier gründen Cádiz.

800 v. Chr. Kelten siedeln sich in Nordspanien an.

600 v. Chr. Die Kelten erreichen Zentralspanien.

480 v. Chr. Die iberische Skulptur „Dama de Elche" wird erschaffen; sie ist Ausdruck einer noch existierenden iberischen Epoche.

300 v. Chr. Gründung der keltiberischen Stadt Numancia.

237 v. Chr. *Amilcar Bara* besetzt mit Truppen aus Karthago den Süden des Landes.

226 v. Chr. Nichtangriffs-Vertrag zwischen Römern und Karthagern. Der Fluss Ebro wird als Trennlinie festgelegt.

225 v. Chr. Carthago Nova (Cartagena) wird gegründet.

Andalusien im Zentrum spanischer Geschichte

Spanische Geschichte, das war jahrhundertelang **andalusische Geschichte.** Hier spielte das Konzert der Macht, wurden Schlachten geschlagen, Gebiete erobert und rückerobert, von hier wurde die Iberische Halbinsel beherrscht. Einen einheitlichen Staat „Spanien" gab es bis zum Ende des 15. Jahrhunderts überhaupt noch nicht. Madrid war damals nichts weiter als ein winziges Dörflein, *„una población manchega"*, wie einst Nobelpreisträger *Camilo José Cela* scherzte, ein rückständiges Dörfchen aus der Mancha, der Gegend, wo Don Quichote gegen Windmühlen kämpfte. Jahrhundertelang prägten die **Araber** von Andalusien aus das Geschehen auf der ganzen Iberischen Halbinsel; erst nach deren Vertreibung 1492 erlangte Madrid seine Bedeutung als Hauptstadt des spanischen Königreichs. Von da an spielte Andalusien, historisch betrachtet, in Spanien nur noch die zweite Geige, von gelegentlichen Ausnahmen einmal abgesehen.

Erste Besiedlung

Man nimmt an, dass die ersten Siedler auf der Halbinsel um 2000 v. Chr. die **Iberer** waren. Historische Zeugnisse verraten, dass um 1100 v. Chr. die **Phönizier** auf der Iberischen Halbinsel eine erste Siedlung gründeten, Gadir, das heutige Cádiz in Südspanien. Um 800 v. Chr. verschlug es **Kelten** nach Nordspanien. Keltische Stämme gelangten dann um 600 v. Chr. bis ins Zentrum des Landes, wo sie auf die Iberer trafen und sich mit ihnen zu den **Keltiberern** vermischten. Um 300 v. Chr. wurde die keltiberische Stadt Numancia gegründet. Sie lag am Río Duero in der Provinz Soria, etwa zwischen Valladolid und Zaragoza.

Die Römer

Um 250 v. Chr. betraten von Afrika aus die **Karthager** spanischen Boden. **Hannibal,** ihr Anführer, begnügte sich aber nicht mit der Inbesitznahme dieses Landstriches, er wollte weiterziehen und das mächtige Rom angreifen. Die Geschichte ist bekannt: Mit einem riesigen Heer zog er über die Alpen, inklusive 37 Elefanten. Rom einzunehmen, gelang ihm trotz einiger Siege im Vorfeld nicht. Die Römer waren aber so verärgert über ihn, dass sie selbst auf der Iberischen Halbinsel einrückten. Man einigte sich zunächst auf eine Art Nichtangriffspakt, indem man den Río Ebro als Trennlinie festlegte, die von keiner Partei überschritten werden durfte. 219 v. Chr. brach *Hannibal* den Pakt, indem er die Stadt Sagunt, jenseits des Flusses, eroberte. Dies war der Auslöser für den **Zweiten Punischen Krieg,** der von 218 bis 201 v. Chr. dauerte. 203 v. Chr. musste *Hannibal* zurück nach Afrika. 197 v. Chr. wurde Cádiz eingenommen, die letzte Bastion der Karthager. Die Iberische Halbinsel war unter römischer Kontrolle, jedenfalls fast.

Die Römer, einmal schon dabei, wollten natürlich das ganze Land beherrschen. Eine kleine Siedlung namens Numancia leistete aber anhaltend Widerstand. Der römische Feldherr ließ einen Wallring um die Stadt ziehen und belagerte sie neun Monate lang, bis die Bevölkerung sich im Jahr 133 v. Chr. ausgehungert ergab. Die Römer machten Numancia dem Erdboden gleich und beherrschten nun endlich die gesamte Halbinsel. Noch heute sind viele Bauwerke aus der römischen Epoche in Spanien erhalten. So wurde beispielsweise 25 v. Chr. die römische Kolonie Emérita Augusta gegründet, das heutige Mérida.

Dann kam die Zeitenwende; das römische Reich welkte so langsam dahin. 258 n. Chr. kamen erstmals Stämme aus Gallien und Germanien nach Hispania, die Sweben, Alanen und Vandalen. Noch hielten die Römer Stand, aber als nach vielen Kämpfen – jeder gegen jeden – 411 n. Chr.

auch noch die **Westgoten** einfielen, war's aus. Die Römer verschwanden, die Goten blieben. Das ging dann drei Jahrhunderte so weiter. Die ursprünglich besiegten **Vandalen** nisteten sich 425 kurzfristig in Nordafrika ein.

Arabische Herrschaft

Dann folgte die **700-jährige Phase** der arabischen Herrschaft.

Die Eroberung (711-756)

711 sah die Situation so aus, dass ein gotischer Herrscher namens *Roderich* mit dem Clan der Witzia um die Macht kämpfte. Letztere, in Nordafrika schon fest verwurzelt, fragten bei einem **Berberstamm** um Unterstützung an. Diese kam prompt. Im Maghreb residierte *Musa Ibn Nusayr*, ein Repräsentant des Kalifen von Damaskus. Er trug sich schon lange mit der Idee, den Islam über die Meerenge zu tragen, und just da erreichte ihn der Hilferuf. Sein Heerführer *Tarik Ibn Ziyab* wurde mit 7000 Männern losgeschickt. Sie setzten an einer schmalen Stelle über und landeten an einem steil aufragenden Felsen. Den nannten sie zu Ehren des Anführers „Berg von Tarik" *(Yabal Tariq)*, woraus später **Gibraltar** werden sollte.

Im andalusischen Barbate fand der erste Kampf mit den Goten statt, die schnell besiegt wurden. Dies war das **Ende des gotischen Reiches** auf der Iberischen Halbinsel. Die Sieger marschierten gleich weiter nach Norden. Zuerst wurde Toledo eingenommen, der Hauptsitz der Goten. Da das alles glatt ging, kam 712 *Musa Ibn Nusayr* selbst nach Hispania und brachte gleich 18.000 Mann Verstärkung mit. Damit ging es dann Schlag auf Schlag, bis 716 eroberten sie Zaragoza, Pamplona, Barcelona, Girona und Narbonne, 719 sogar Toulouse. Innerhalb von sieben Jahren war fast die gesamte Iberische Halbinsel erobert, mit Ausnahme des gebirgigen Galiciens und Asturiens. Der Vormarsch der Berber endete 732 vor Portier, dort gab's die erste Niederlage. 722 hatten sie bereits eine Schlacht in den asturischen Bergen bei Covadonga verloren, die in den spanischen Geschichtsbüchern bis heute als Beginn der *reconquista*, der Rückeroberung, gefeiert wird. Der lokale Häuptling *Pelayo,* dem in einer asturischen Höhle ein Denkmal gesetzt wurde, gilt seitdem als Held.

Das Emirat von Córdoba (756-929)

Nicht nur die Berber, die das Land eroberten, sondern auch eine arabische Kultur- und Oberschicht aus weiter östliche gelegenen Ländern ließ sich auf der Iberischen Halbinsel nieder. Während der Anfangszeit der maurischen Herrschaft wurden Münzen mit dem Aufdruck **Al-Andalus** in Umlauf gebracht. Dieser Begriff stand dann für die Gebiete unter maurischer Hoheit, die zunächst von Córdoba aus regiert wurden. Aus *Al-Andalus* wurde später der Name Andalusien. Die Grenzen von Al-Andalus veränderten sich ständig, immer wieder kam es zu Kriegen. Aber alles in allem waren die Bewohner den neuen Herren gar nicht so abgeneigt. So manche gotische Stadt soll freiwillig die Pforten geöffnet haben. Die Mauren übten keinen Zwang auf die Bevölkerung aus; niemand musste konvertieren, Christen und Juden konnten ihre Religion frei ausüben.

Währenddessen kam es im islamischen Mutterland zu folgenschweren Ereignissen. In Damaskus wurde 750 der Kalif auf blutige Art und Weise abgesetzt. Eine schiitisch ausgerichtete Dynastie betrat die politische Bühne und brachte die Herrscherfamilie kurzerhand um. Nur ein junger Prinz konnte entkommen, *Abderraman Ibn Mu'awiya.* 755 erreichte er spanischen Boden in Almuñécar. Er erhielt dort von allen Getreuen sofort Unterstützung und ernannte sich ein Jahr später zum Emir von Al-Andalus mit Namen *Abderramán I.* Als Symbol seiner Herrschaft wurde die **Moschee von Córdoba** gebaut.

Staat und Gesellschaft

Das Kalifat von Córdoba (929-1031)

Die Sippe festigte ihre Position in den nächsten Jahrzehnten. Zwei Generationen später regierte *Abderramán III*, der 912 an die Macht kam und sich 929 zum von Bagdad unabhängigen Kalifen ernannte. Er war somit geistiger Führer der hispanischen Araber. Unter seiner Herrschaft blühte beispielsweise Córdoba als **geistig-kulturelles Zentrum des Islams** auf. Das hielt noch einige Zeit an; so ließ etwa *Abderramáns* Nachfolger *Hakam II.* eine gewaltige Bibliothek in Córdoba anlegen.

Reino de Taifas (1031-1086)

Mit *Hakams* Tod begann allerdings der schleichende Niedergang. *Hakams* Sohn *Hisam III.* war zu schwach, den Intrigen und internen Streitigkeiten standzuhalten; obendrein gab es ständige Kriege im Norden gegen die attackierenden christlichen Heere. So nach und nach bildeten sich eine Menge lokaler Herrschaftsgebiete heraus, die so genannten *Reinos de Taifas* (etwa: Herrschaft der Kleingruppen). Diese innere Zerstrittenheit half indirekt den **Christen.** 1085 erobert *Alfonso VI.* die Stadt Toledo, was ein schwerer Schlag für die Mauren war. In ihrer Not wandten sich die lokalen Fürsten an einen neuen starken Mann in Nordafrika, den Sultan der Sippe der Almoraviden, *Yusuf I.*

Die Almoraviden (1086-1148)

Er kam, und sein Einstand war nicht von schlechten Eltern. Bei Badajoz wurden die Christen vernichtend geschlagen. Da *Yusuf I.* nun schon einmal da war, entschied er sich, auch gleich zu bleiben. Die lokalen Größen der Reinos de Taifa waren ihm unterlegen, und schon bald wurde aus dem Retter in der Not der neue starke Mann in Al-Andalus. Die Sippe der Almoraviden regierte bis 1148, dann kamen die Almohaden.

Die Almohaden (1148-1232)

Dieser Berberstamm besetzte 1143 große Teile von Nordafrika, sogar Marrakesch, den Hauptsitz der Almoraviden. 1149/50 waren dann Sevilla, Córdoba und Badajoz an der Reihe, und 1195 besiegten die Almohaden unter Führung von *al-Mansur* sogar *Alfonso VIII.*, immerhin König von Kastilien. Das war aber nur von kurzer Dauer. *Alfonso* verbündete sich mit *Pedro II. von Aragón* und *Sancho von Navarra*. Gemeinsam schlugen sie 1212 zurück, diesmal derart massiv, dass die Herrschaft der Almohaden ins Wanken geriet. *Fernando III.*, neuer König von Kastilien, schlug dann richtig zu; er eroberte 1236 Córdoba und 1248 sogar Sevilla. Zur gleichen Zeit eroberte *Jaime I.* Mallorca (1229) und Valencia (1238).

Die Nasriden (1232-1492)

Nach diesen Verlusten blieb von *Al-Andalus* nur noch das **Königreich Granada** übrig, wo die Sippe der Nasriden regierte. Noch beherrschten sie einen Landstrich, der Málaga, Jaén und Almería einschloss, aber die christlichen Heere drängten nach. Dann kam der entscheidende Schlag. 1469 heirateten *Isabel de Castilla* und *Fernando de Aragón*; zwei mächtige Herrschaftshäuser mit großen Heeren vereinigten sich. Später sollte man dies auch die **Geburtsstunde Spaniens** nennen. **Los Reyes Católicos** (die katholischen Könige), wie sie sich nannten, sahen es als ihre heilige Pflicht an, die letzten maurischen Bastionen zu erobern. Sie trugen das Banner des einzig rechten – katholischen – Glaubens mit Bibel und Schwert vor sich her. **Granada** musste fallen! 1492 war es soweit; zerstört und isoliert verblieb nur noch die Stadt selbst. In der dortigen Burg, der **Alhambra**, herrschte *Boabdil*, der es weise vorzog, aufzugeben, bevor der Prachtbau zerstört würde. Trauernd zog er sich zurück nach Nordafrika, der Legende nach heftigst beschimpft von seiner Mutter. An der Straße, die von Granada an die Küste führt, liegt ein Ort namens Suspiro del Moro („Seufzer des Mauren"); dort soll er einen letzten Blick auf Granada geworfen haben.

Im März desselben Jahres wurde den **Juden** befohlen, das Land zu verlassen, wenn sie nicht zum Christentum konvertieren wollten. An die 100.000 gingen daraufhin. 1502 wurde die Anordnung auch auf die verbliebenen Araber ausgedehnt, von denen noch etwa 200.000 im Großraum Granada lebten. 1609 der Schlusspunkt: *König Felipe III.* verjagte sogar 300.000 **Morisken** (so wurden getaufte Moslems genannt), die noch ihren kulturellen Bräuchen nachgingen.

Übergabe der Alhambra

Am 2. Januar 1492 übergab *Boabdil* die Alhambra gegen das Versprechen, Religion, Gesetze und Steuern der verbliebenen Mauren zu achten. Das hielt nicht lange vor. 1512 kam es ob der ständig gebrochenen Versprechen sogar zu einer Rebellion, die jedoch blutig niedergeschlagen wurde. Gegenüber „Heiden" müsse man keine Versprechen einhalten, so die damalige Devise. Die **Reconquista** war damit 1492 abgeschlossen wurden, genau 770 Jahre nach dem ersten erfolgreichen christlichen Aufstand gegen die maurischen Herrscher.

Spanien als Weltmacht

Kolumbus entdeckt Amerika (1492)

Glückliche Umstände bescherten den *Reyes Católicos* ein neues Feld. Am 12.10.1492, im gleichen Jahr also, als Granada fiel, entdeckte *Kolumbus* Amerika. *Cristóbal Colón,* wie er auf Spanisch heißt, konnte *Königin Isabel* nach einigem Hin und Her von seiner Mission überzeugen. Damit füllte sich auch die Lücke, die sich mit dem Ende der Kämpfe gegen die Mauren auftat. Spanien war befreit, das schon, aber weiter vordringen, nach Afrika gar, das traute man sich dann doch nicht. So blie-ben nur die fern im Atlantik liegenden **Kanarischen Inseln,** aber das war ja nur ein Häppchen, verglichen mit *Kolumbus'* Neuentdeckungen.

Es dauerte noch ein paar Jahre, bis man überhaupt begriff, welche Reichtümer sich auf der anderen Seite des Atlantiks auftaten. 1519 eroberte der spanische Abenteurer *Hernán Cortés* das legendäre **Aztekenreich** in Mexiko; schier unglaubliche Goldschätze fielen ihm in die Hände. 1535 unterwarf ein anderer Spanier, *Pizarro,* das Inkareich in **Peru;** Silberschätze in gigantischen Mengen sind die Beute. Beide Ereignisse führten dazu, dass Spaniens Politik mit einem Mal eine ganz neue Richtung erfuhr. Immer neue, immer reichere Länder wollte man jenseits des Atlantiks erobern, auch, wenn dabei einige Kulturen auf der Strecke blieben. Die Gier nach Gold zog Abenteurer und „arbeitslose" Ritter auf den neuen Kontinent.

Andalusien im Zentrum der Macht

In **Sevilla** wurde 1503 eine Art Monopolbehörde installiert, die *Casa de Contratación.* Über sie musste der gesamte Überseehandel laufen. Sevilla profitierte davon, dass alle Schiffe hier oder im benachbarten Cádiz ihre Schätze abliefern mussten.

Immer größer wurde die Anzahl derer, die ihr Glück in den neuen Ländern, „en las Indias", wie es hieß, versuchen wollten. Die *Reyes Católicos* legten so den Grundstein für Spaniens Weltreich. 1504 starb *Königin Isabel,* 1516 ihr Gatte *Fernando.* Kurze Zeit hatte *Isabels* Tochter *Juana* den Königsthron ine, schließlich regiert ab 1516 *Carlos I.* Er war durch Geburt sowohl spanischer Herrscher, dort genannt *Carlos V.,* als auch **Habsburger.** 1519 wurde er dann als *Karl V.* auch gleichzeitig zum deutschen König gekrönt. *Carlos V.* regierte damit eines der größten europäischen Reiche inklusive der spanischen Überseekolonien in Amerika

022d Foto: jf

und auf den Philippinen. Das war ein Imperium, in dem die Sonne wahrlich nicht unterging. In seine Regentschaft fielen auch die Eroberungen von *Pizarro* und *Cortés*, schier **unglaubliche Reichtümer** flossen in die spanische Schatztruhe. Und bald wieder heraus. Die Historie berichtet, dass zahlreiche Kaufleute, unter ihnen der schwerreiche Augsburger *Jakob Fugger*, *Carlos V.* seinerzeit mit großen Geldsummen unterstützten; diese Schulden musste der König nun begleichen, wie *Eduardo Galeano* in seinem Buch „Die offenen Adern Lateinamerikas" anschaulich schildert. Galeano schreibt, dass 1543 insgesamt 65 % der königlichen Einnahmen zur Schuldenbegleichung genutzt wurden. Noch eine Zahl aus diesem Buch: Zwischen 1503 und 1660 gelangten 185.000 Kilogramm Gold und 16 Millionen Kilogramm Silber in den Hafen von San Lúcar de Barrameda, ein echter Wahnsinn. Die Gelder wurden verpulvert in Kriegen, in Eroberungszügen durch Amerika und in der Inquisition, der Verfolgung Andersgläubiger. Und nicht zuletzt musste ein Heer von Müßiggängern

unterhalten werden – spanische Edelmänner, *Caballeros*, arbeiteten schließlich nicht. Wenig fiel dabei für Andalusien ab.

Carlos V. schuf sich eine Reihe von Denkmälern. Er ließ in die **Moschee von Córdoba** eine **Kathedrale** bauen und direkt neben den maurischen Palästen in der **Alhambra** einen eigenen **Palast.** *Carlos* trat 1556 zurück und verbrachte seine letzten Lebensjahre in einem Kloster. In Spanien regierte nun sein Sohn *Felipe II.* Dieser setzte sich ebenfalls selbst ein Bau-Denkmal, nämlich das riesige Kloster El Escorial bei Madrid. *Felipe* zog es auch vor, von Madrid aus zu regieren. Sein Vater hatte nicht einmal die Hälfte seiner Regentschaft in Spanien verbracht.

Andalusiens Zeit als Machtzentrum ging langsam zu Ende. Sieben Jahrhunderte lang wurde spanische Politik von andalusischem Boden aus betrieben; mit *Felipe II.* endete diese Epoche schließlich.

Nachbauten der Karavellen
von Kolumbus

219 v. Chr. *Hannibal* bricht den Ebro-Vertrag; er erobert Sagunto und löst damit den Zweiten Punischen Krieg aus (218-201).

197 v. Chr. Cádiz wird von den Römern erobert, das Ende der Karthager.

136 v. Chr. Die Römer gründen *Valentia Edetanorum* (Valencia).

133 v. Chr. Die Römer bauen ihr hispanisches Reich aus, besetzen den Ebro und erobern Numancia.

45 v. Chr. *Cäsar* regiert.

29 v. Chr. Die Römer besiegen asturische und kantabrische Stämme, festigen so ihre hispanischen Siedlungen.

25 v. Chr. Emérita Augustas (Mérida) wird als römische Kolonie gegründet.

74 Roms Herrscher *Vespasian* erteilt Bürgerrechte an hispanische Bewohner.

166 Die Pest wütet, das römische Reich wird langsam instabil.

258 Gallier und Germanen fallen ein, verschwinden aber nach knapp 10 Jahren wieder.

306 Konzil von Elvira, erste Synode der hispanischen Kirche.

409 Alanen und Sueben gelangen auf die Iberische Halbinsel.

411 Die Westgoten überwinden die Pyrenäen.

425 Die Vandalen überqueren die Meerenge von Gibraltar.

441 Suebenkönig *Rekhila* erobert Sevilla.

456 Die Westgoten unter *Teodorico II.* bekämpfen die Sueben.

475 Unter Führung von *Eurico* besetzen die Westgoten das Land.

507 Schwere Niederlage der Westgoten in Vouillé.

542 Die Pest wütet.

585 Der Gotenhäuptling *Leovigildo* erobert Galicien und vertreibt die Sueben.

589 Im III. Konzil von Toledo wird beschlossen, dass die gotische Bevölkerung zum Katholizismus konvertieren soll.

615 *Sisebuto*, ein westgotischer Fürst, verlangt, dass die Juden zum christlichen Glauben konvertieren sollen, eine erste antijüdische Handlung auf iberischem Boden.

711 Gotische Stämme bekriegen sich untereinander. *Tariq* vom Stamm der in Nordafrika residierenden Witzia betritt bei Gibraltar spanischen Boden. Binnen kürzester Zeit ist die Halbinsel unter arabischer Herrschaft.

714 Valencia wird von den Mauren eingenommen.

718 Unter der Führung des asturischen Fürsten *Pelayo* setzt der Widerstand gegen die Mauren in Asturien ein.

722 Erster Sieg von *Pelayo* über die Mauren bei Covadonga. Dieses Ereignis gilt in spanischen Geschichtsbüchern als der Beginn der Rückeroberung (*reconquista*).

750 Berberstämme ziehen sich nach Afrika zurück, ein asturischer Fürst weitet daraufhin sein Herrschaftsgebiet nach Galicien aus.

756 *Abd Al-Rahman I.* wird Emir in der großen Moschee *(mezquita)* von Córdoba.

807 Erste Spuren vom Grab des Apostels *Jacobus* werden in Compostela entdeckt.

834 *Abd Al-Rahman II.* regiert Córdoba. Er lässt die Moschee erweitern.

844 Die Normannen überfallen Gijón und Cádiz.

929 *Abd Al-Rahman III.* wird Kalif von Córdoba.

939 *Abd Al-Rahman III.* verliert die Schlacht von Simancas gegen ein christliches Heer.

985 Barcelona wird von den Almanzor geplündert.

1000 *Sancho III.* wird König von Navarra und dominiert die verbliebenen christlichen Landesteile.

1009 Die Herrschaft der Almanzor endet durch Tod des letzten Vertreters *Sanchuelo*.

1031 Das Kalifat von Córdoba wird nach einer Rebellion aufgelöst.

1085 Toledo wird durch *Alfonso VI.*, Herrscher von Kastilien, erobert.

1118 Zaragoza kapituliert vor dem Heer von *Alfonso I. von Aragón.*

1135 *Alfonso VII.* wird zum König von Kastilien gekrönt.

Staat und Gesellschaft

Emirat und Kalifat 756-1031

Herrschaft der Taifas 1031-1086

Begriffe aus Al-Andalus

Während der **maurischen Epoche** wurden einige Begriffe prägend, die auch heute noch in der spanischen Sprache zu finden sind:

- **Alcázar:** In den Städten von Al-Andalus war dies der Sitz des Sultans, ein Palast oder eine Festung; in den Provinzen lebte dort auch der lokale Herrscher.
- **Almohades** (Almohaden): Ein Berberstamm aus dem Süden des heutigen Marokko. Sie besiegten den Stamm der Almoraviden, übernahmen etwa zur Mitte des 12. Jh. die Macht in Al-Andalus.
- **Almorávides** (Almoraviden): Eine muselmanische Sekte, die den Islam in Nordafrika verbreitete. Ende des 11. Jh. dehnten sie ihr Machtgebiet nach Al-Andalus aus, bis sie von den Almohaden besiegt wurden.
- **Cadí:** Ein Zivilrichter, der bei Streitigkeiten Entscheidungen fällte, aber auch in zivilen Angelegenheiten (Heirat, Erbschaften, Scheidung) Recht sprach.
- **Mezquita:** Die Moschee, zumeist aus einem geschlossenem Raum bestehend, ohne Schmuck und Abbildungen. Dort versammeln sich die Gläubigen, um Richtung Mekka zu beten.
- **Moriscos:** (Morisken) Araber, die nach der christlichen Rückeroberung (Reconquista) in Spanien blieben. Sie behielten trotz Taufe ihre Sitten und Gebräche bei und wurden 1614 schließlich aus dem Land gejagt.
- **Mozárabe** (Mozaraber): Gewissermaßen „arabisierte" Christen, also Christen, die in Al-Andalus lebten und ihrem Glauben nachgingen.
- **Nasríes** (Nasriden): Die Nasriden regierten Al-Andalus, oder was noch übrig geblieben war, zwischen 1231 und 1492 von Granada aus. *Boabdil*, der letzte Herrscher von Granada, gehörte zu dieser Dynastie.
- **Omeyas** (Omaijaden): Eine arabische Dynastie, die im 7. Jh. die islamische Welt von Damaskus aus regierte. Sie wurde im 8. Jh. gestürzt, die Herrscherfamilie getötet. Nur ein Prinz, *Abderramán I.*, konnte nach Al-Andalus fliehen.
- **Taifas, Reino de:** „Herrschaft kleiner Gruppen" wird die Zeitspanne ab 1031 genannt, als kein starker Allein-Herrscher Al-Andalus regierte. Die Sippe der Nasríes überlebte in Granada am längsten.

1171 *Kalif Yusuf I.* kommt nach Sevilla und veranlasst den Bau der Giralda (Domturm).

1195 *Alfonso VIII.* verliert eine Schlacht gegen die Almohaden in Alarcos.

1230 *Fernando III.* vereint die Königreiche Kastilien und León.

1236 Córdoba kapituliert vor den christlichen Heeren.

1238 Valencia wird von den Mauren „befreit".

1264 Vergeblicher Aufstand arabischer Stämme in Andalusien.

1300 Bilbao wird gegründet.

1304 Alicante wird Teil des Königreichs Valencia.

1306 Die Kathedrale von Palma de Mallorca wird gebaut.

1328 *Alfonso IV. von Aragón* verkündet die Untrennbarkeit aller vereinten Königreiche.

1343 *Juan Ruiz* (auch bekannt als Arcipreste de Hita, also Erzbischof von Hita) veröffentlicht das „Libro del buen amor", das heute als eines der ältesten literarischen Werke Spaniens gilt.

1377 In Granada wird mit dem Bau des Löwenhofs in der Alhambra begonnen.

1381 Die Pest wütet auf der Iberischen Halbinsel.

1391 Antijüdische Ausschreitungen in Kastilien und Aragón.

1415 Die Portugiesen erobern Ceuta, eine Stadt auf marrokanischem Territorium, die noch heute unter spanischer Hoheit steht.

1475 Beginn des Erbfolgekrieges in Kastilien zwischen den Anhängern von *Isabel I.* und der Prinzessin *Juana*. Die wird später als *Juana la Loca* (Juana die Verrückte) „weggeschlossen".

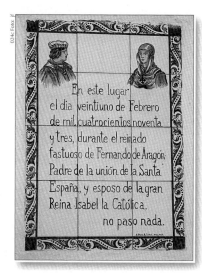

En este lugar
el dia veintiuno de Febrero
de mil cuatrocientos noventa
y tres, durante el reinado
fastuoso de Fernando de Aragón,
Padre de la unión de la Santa
España, y esposo de la gran
Reina Isabel la Católica,
no paso nada.

1478 Durch päpstliche Bulle wird die Inquisition in Kastilien eingeführt.

1482 Beginn der Kämpfe um Granada.

1490 Alicante erhält die Stadtrechte.

1492 Am 1. Januar wird Granada den Katholischen Königen *Fernando* und *Isabel* übergeben, die Mauren ziehen ab. Dieser Sieg beschließt nach spanischer Lesart die 700-jährige „Rückeroberung", die 722 mit *Pelayo* begann. Im gleichen Jahr entdeckt am 12. Oktober *Kolumbus* Amerika.

1494 *Isabel* und *Fernando* erhalten offiziell den Beinamen *Katholische Könige*. Im gleichen Jahr teilen Portugal und Spanien unter sich die Welt auf. Im Vertrag von Tordessillas wird festgelegt, dass alle neu entdeckten Länder westlich einer Linie, die 370 Meilen westlich der Azoren verläuft, zu Spanien gehören sollen und alle östlichen an Portugal gehen.

1497 Der Dukado wird als Zahlungsmittel eingeführt.

1501 Das berühmte und noch heute auf spanischen Bühnen viel gespielte Theaterstück um die Kupplerin *La Celestina* wird in Sevilla aufgeführt.

1503 In Sevilla wird die Monopolbehörde „Casa de Contratación" gegründet, sie kontrolliert den kompletten Überseehandel.

1511 Padre *Montesinos* beklagt öffentlich in Santo Domingo (Dominikanische Republik) die miserable Behandlung der heimischen Bevölkerung durch die Spanier.

1516 *Carlos I.* wird König von Kastilien und Aragón.

1518 Die Könige erlauben die „Einfuhr" von schwarzen Sklaven in die Kolonien.

1522 *Juan Sebastián Elcano* kehrt nach dreijähriger unfreiwilliger Weltumsegelung mit seinem Schiff nach Spanien zurück.

1530 *Carlos V.* lässt in der Alhambra einen Palast bauen.

1532 *Pizarro* erobert das Inkareich in Perú.

1549 Die Universität von Alcalá de Henares (bei Madrid) wird gegründet.

1556 *Felipe II.* wird König.

1559 Die ersten Ketzergerichte in Valladolid und Sevilla, die Inquisition setzt ein.

1561 *Felipe II.* verlegt seinen Thron nach Madrid.

1568 Aufstand der Morisken in Granada.

1581 In Andalusien herrscht die Pest.

1588 Die „unsinkbare" Armada geht vor Schottland unter.

1598 *Felipe III.* wird König.

1605 Der erste Teil vom „Don Quichote" erscheint.

1609 Ausweisungsbeschluss der Morisken.

1621 *Felipe IV.* wird König.

1640 Vergeblicher Aufstand der Katalanen gegen die kastilische Herrschaft.

Historie auf Kacheln verewigt – dieser scherzhafte Text besagt etwa Folgendes: „Am 21. Februar 1493, während der prunkvollen Herrschaft von Fernando von Aragón, Vater der Vereinigung des Heiligen Spaniens, und seiner Gattin, der großen Isabel der Katholischen, geschah in diesem Ort … überhaupt nichts".

Almoraviden u. Almohaden bis 1212

Nasridenreich 1232-1492

Kolonialmacht Spanien

Es war einmal ein Weltreich namens Spanien, das so groß war, dass sein Herrscher gleich zwei Namen trug: **Karl I.** und **Carlos V.** In erster Linie sorgte er sich als römisch-deutscher Kaiser um die Belange Germaniens; Spanien regierte er eher so „nebenbei". Er war selten im Lande, weniger als die Hälfte seiner Regierungszeit. Und doch brachte es das Land während seiner Regentschaft zu so großer Macht und zu so immensem Wohlstand, dass der Doppel-Herrscher selbstbewusst behaupten konnte, Spanien sei ein Reich, in dem die Sonne nicht mehr unterginge.

Dabei blieben die ersten spanischen **Expansionszüge** noch recht bescheiden. Man wagte sich nicht so richtig vom Festland weg, weite Wege übers Meer erschienen zu riskant. Auch das Hinterland Afrikas erschien vorerst uneinnehmbar. Zunächst ging es immer entlang der afrikanischen Küste. Dabei eroberten die Spanier zuerst die Kanarischen Inseln, wobei „erobern" vielleicht etwas übertrieben ist; schließlich konnten die dort lebenden Guanchen nur sehr bescheidenen Widerstand leisten.

dom149 Foto: jf

Die Portugiesen, nicht weniger expansionsfreudig, besetzten 1415 **Ceuta,** ein kleines Nest auf afrikanischem Boden. 1580 fiel eben jene Stadt an der marokkanischen Küste dann an Spanien, doch so recht wusste man nicht, was man damit anfangen sollte; dennoch behielt man sie natürlich. 1497 hissten die Spanier dann ihr Banner in **Melilla,** einer zweiten Stadt auf afrikanischem Boden.

Dann kam *Kolumbus.* Der traute sich erstmals über das offene Meer und erreichte den **amerikanischen Kontinent;** in der irrigen Annahme, in Asien gelandet zu sein, nannte man ihn *Nuevas Indias* („Neu-Indien"). Binnen weniger Jahre hatten die Spanier beinahe den gesamten Kontinent im Griff, bauten ein Kolonialreich auf, das von Kalifornien und Florida bis hinunter nach Feuerland reichte. Einige karibische Inseln nahm man noch so „im Vorbeigehen" mit: **Jamaica, Puerto Rico, Hispaniola, Cuba.** Auch in Asien wurden die Eroberer aktiv. Um 1571 wehte die spanische Flagge über den **Philippinen.** Keine Frage, die Spanier regierten tatsächlich ein Weltreich; ihr Hauptinteresse jedoch galt der Suche nach Gold, Silber und anderen Schätzen. Bei diesem rücksichtslosen Beutezug wurde die indianische Urbevölkerung Amerikas durch Krankheiten, Kriege und brutale Frondienste derart rasch dezimiert, dass alsbald „Ersatz" her musste: Man „importierte" Sklaven aus Afrika.

Diese „Raubbau-Herrschaft" ging nicht lange gut. Mit **Simón Bolívar** tauchte Anfang des 19. Jh. ein starker Mann auf, der die südamerikanischen Länder befreien wollte und auch die Mittel dazu hatte. Ein Land nach dem anderen erkämpfte die **Unabhängigkeit.** Zwischen 1811 und 1824 lösten sich nach und nach die südamerikanischen Überseekolonien vom spanischen Mutterland. 1821 erklärte sich Mexiko für unabhängig; damit hatte das hispano-amerikanische Reich auf dem Kontinent aufgehört zu existieren, mit Ausnahme einiger Karibikinseln. Doch auch Jamaica war bereits 1655 an die Briten übergegangen, und um Hispaniola stritt man sich mehrfach erfolglos mit den Franzosen.

Ende des 19. Jh. folgte ein verhängnisvoller **Krieg mit den USA,** da Spanien als Kolonialmacht Kubas Unabhängigkeit verhindern wollte und ausgerechnet die Amerikaner genau dies unterstützten. Das Ergebnis: Spanien verlor den Krieg, Kuba, Puerto Rico und die Philippinen fielen an die USA. Ein einschneidendes Ereignis. Noch heute gibt es das Sprichwort: „Más se perdió en Cuba" (Noch mehr verlor man in Kuba), das trösten soll, wenn jemand viel Pech hatte. Schlimm, schlimm, aber nicht so schlimm wie das, was uns mit Kuba passiert ist.

Als das Weltreich nun an allen Ecken und Kanten bröckelte, suchte man sein Heil noch einmal in einem neuen Ziel, in **Afrika.** Kurzfristig waren Teile der Sahara, Spanisch-Guinea (Äquatorial-Guinea) und Tanger unter spanischer Hoheit. Doch es half alles nichts: Ende der 1960er Jahre wurden die letzten Flaggen eingeholt, die Spanier zogen ab. Geblieben sind zwei kleine Städtchen aus den Anfängen der Eroberung, die hartnäckig verteidigt werden: **Ceuta und Melilla,** nebst einer Handvoll winziger Inselchen vor Marokkos Küste. Marokko und Spanien streiten sich schon seit Jahren darum, die Spanier sollen gehen, weigern sich aber. Ein Konflikt, der fatal an den schon lange schwelenden Streit um **Gibraltar** erinnert, wenngleich unter anderen Vorzeichen. Hier ist es Madrid, das von den Briten nachdrücklich fordert, auf seine Rechte an diesem Felsen zu verzichten: Schließlich liegt er auf spanischem Territorium ...

1665	*Carlos II.* wird König.
1700	*Carlos II.* stirbt in Madrid kinderlos, er ist der letzte Habsburger. In seinem Testament verfügt er, dass *Felipe de Anjou* ihn beerben soll, die Familie der Habsburger akzeptiert dies nicht.
1702	Der Erbfolgekrieg bricht aus.
1704	England besetzt Gibraltar.
1713	Friedensvertrag von Utrecht, *Felipe V.* wird König und bestraft die Katalanen wegen ihrer „falschen" Parteinahme.
1746	*Fernando VI.* wird König.
1759	*Carlos III.* wird König.
1765	Fünf Häfen wird der Handel mit Amerika erlaubt, ein fast dreihundertjähriges Monopol fällt.
1788	*Carlos IV.* wird König.
1805	Vor Trafalgar in Südspanien zerschlägt eine britische Flotte unter *Lord Nelson* die französisch-spanische Armada. Zur Erinnerung an diesen Sieg wird noch heute auf allen Schiffen und Landeinrichtungen der Royal Navy das so genannte Travalgar Night Dinner am 21. Oktober veranstaltet.
1808	Französische Truppen marschieren in Spanien ein, *Carlos IV.* tritt zurück, *Joseph Bonaparte* regiert. In Madrid kommt es am 2. Mai zum Aufstand, zahlreiche Straßen sind danach benannt *(Calle dos de mayo), Goya* malt einige Jahre später ein anklagendes Bild, das die Erschießung Aufständischer zeigt.
1810	Die Cortes, das Parlament, konstituiert sich erstmals in Cádiz.
1811	Venezuela und Paraguay erklären sich unabhängig.
1812	Die erste Verfassung wird formuliert.
1813	Die Cortes schaffen die Inquisition ab.
1822	Ecuador wird befreit.
1824	Peru erklärt sich unabhängig.
1833	*Fernando VII.* stirbt, der Karlistenkrieg beginnt, *Isabel II.* regiert.
1839	Ende des Karlistenkrieges, eine Militärherrschaft mit insgesamt dreißig ständig wechselnden Regierungen beginnt.
1844	Die Guardia Civil wird gegründet.
1859	Krieg mit Marokko.
1868	Provisorische Regierung unter *Francisco Serrano.*

1871 *Amadao I.* aus dem Hause Savoyen regiert.

1872 Der Zweite Karlistenkrieg beginnt.

1873 Die Erste Republik wird ausgerufen.

1874 *Alfonso XII.* wird König.

1876 Ende des Zweiten Karlistenkrieges.

1879 Die sozialistische Arbeiterpartei PSOE wird gegründet.

1885 *Alfonso XII.* stirbt.

1886 *Alfonso XIII.* wird König.

1898 Die USA erklären Spanien den Krieg und besiegen Truppen in Santiago de Cuba. Verlust der letzten Kolonien: Kuba, Puerto Rico und Philippinen.

1904 Erste Autofabrik in Spanien, „Hispano-Suiza".

1910 Frauen wird erlaubt, eine Universität zu besuchen.

1914 Im Ersten Weltkrieg bleibt Spanien neutral.

1923 Staatsstreich von General *Primo de Rivera*, die Militärs regieren bis 1925.

1931 Die Zweite Republik wird ausgerufen.

1933 Rechte Parteien gewinnen die Wahlen, Frauen dürfen erstmals wählen.

1936 Wahlsieg der linken Volksfront, das Militär erhebt sich in Melilla, der Bürgerkrieg bricht aus.

1939 Ende des Bürgerkrieges, Beginn von *Francos* fast 40-jähriger diktatorischer Regierungszeit.

nach 1945 Spanien steht jahrelang sehr isoliert da, verbündete Diktatoren (*Hitler, Mussolini*) leben nicht mehr, nach 1940 brechen „Hungerjahre" aus.

1953 Militärabkommen mit den USA, vorsichtige Öffnung des Landes.

1959 Die baskische Untergrundorganisation ETA erobert die Bildfläche. *Franco* lässt sich mit dem Valle de los Caídos („Tal der Gefallenen") ein gigantisches Ehrenmal bauen, errichtet vor allem durch Zwangsarbeiter.

1968 Erste Attentatsopfer der ETA.

1973 Der von *Franco* als Ministerpräsident eingesetzte *Carrero Blanco* wird durch die ETA ermordet.

1975 Hinrichtung von fünf Antifrankisten, im selben Jahr stirbt *Franco* friedlich. *Juan Carlos I.* wird zum König ernannt, er regiert noch heute.

1977 Die ersten freien Wahlen gewinnt die UCD (*Unión de Centro Democrático*), eine Zentrumsunion.

1978 Die Verfassung wird verabschiedet.

1979 Bei den zweiten Wahlen gewinnt die UCD erneut.

1981 Ministerpräsident *Adolfo Suárez* tritt zurück, *Calvo-Sotelo* wird neuer Regierungschef. Am 23. Februar versucht die Guardia Civil das Rad der Geschichte zurückzudrehen, besetzt das Parlament und will, dass Panzer rollen. Der Putschversuch scheitert aber am festen Eintreten König *Juan Carlos I.* für die verfassungsmäßige Ordnung, was die Spanier ihm nie vergessen werden. Frankisten haben keine Chance mehr in Spanien. Im gleichen Jahr wird das Scheidungsrecht eingeführt.

1982 Spanien tritt der NATO bei, die sozialistische Partei PSOE gewinnt die Wahlen, *Felipe González* wird neuer Ministerpräsident.

1983 Die UCD wird aufgelöst.

1986 Spanien wird Mitglied der EU, die Mehrwertsteuer wird eingeführt.

1988 Generalstreik gegen die Politik der Regierung. Das Privatfernsehen wird eingeführt.

1989 Dritter Wahlerfolg für die PSOE, *Camilo José Cela* erhält den Nobelpreis für Literatur. Frauen dürfen in die Armee eintreten.

1991 Vizepräsident *Alfonso Guerra* tritt zurück.

1992 Olympische Spiele in Barcelona, Madrid ist Kulturhauptstadt Europas, Weltausstellung in Sevilla, 500-Jahr-Feier der Entdeckung Amerikas.

1993 Vorgezogene Wahlen, die Sozialisten gewinnen noch einmal.

1994 Generalstreik, nachdem die Regierung soziale Einschnitte verkündet.

1995 *Solana* wird NATO-Generalsekretär, erste Skandale erschüttern das Land. *Roldán*, Ex-Chef der Guardia Civil, wird wegen Unterschlagung verhaftet. Geheimdienst CESID hat Politiker und sogar den König abgehört.

1996 Neuer Skandal: Die GAL, eine Antiterroreinheit, hat ETA-Leute umgebracht.

Staat und Gesellschaft

Einige Polizisten wandern hinter Gitter. Das Land fragt sich: Wie groß ist die Mitwisserschaft? Bei vorgezogenen Neuwahlen gewinnt der konservative *José María Aznar* von der PP *(Partido Popular)*, der „Volkspartei", die zum konservativen Spektrum zählt.

1998 Der ehemalige Innenminister *Barrionuevo* wird verurteilt und geht tatsächlich ins Gefängnis – wenn auch nur kurz. Die ETA verkündet einen einseitigen Waffenstillstand.

1999 ETA beendet ihren eigenen Waffenstillstand, der Terror geht weiter. *Aznar* sitzt fest im Sattel, seinem Motto „*España va bien*" („Spanien geht es gut") wird nicht widersprochen.

2000 Die PP gewinnt die absolute Mehrheit bei den Parlamentswahlen. *Aznar* bleibt Regierungschef.

2001 Die ETA meldet sich mit verstärktem Terror, Bomben gehen auch an der viel besuchten Mittelmeerküste hoch.

2002 Abermals lässt die ETA Bomben an der Mittelmeerküste hochgehen, diesmal an der Costa Blanca. Die Partei Batasuna, die als politischer Arm der ETA gilt, wird verboten. Arbeitspolitisch schaffen die harten Maßnahmen *Aznars* europaweit die meisten neuen Jobs, sie führen aber im Sommer auch zu einem landesweiten Generalstreik.

Die Alhambra wurde glücklicherweise einst kampflos übergeben

Katalonien – eine selbstbewusste Region

Katalonien versuchte sich im Laufe seiner Geschichte mehrmals von der Zentralregierung in Madrid zu emanzipieren, was nicht immer von Erfolg gekrönt war. Mit der Heirat *Königin Isabellas* und *König Fernandos* 1469 war Katalonien, das bis dahin zum Herrschaftsgebiet Aragón gehört hatte, unter die Zentralregierung gefallen. Auch die Nachfolger der Katholischen Könige setzten die Politik der **Dominanz Madrids** gegenüber Katalonien fort. Zeitweise wurde sogar ein Vizekönig nach Katalonien geschickt, um dort die Interessen der spanischen Krone durchzusetzen – eine Maßnahme, die sonst nur in den amerikanischen Überseeprovinzen üblich war.

Unter den spanischen Königen *Felipe III.* (1598-1621) und *Felipe IV* (1621-1665) verschärfte sich die Situation, es kam zum Streit um Steuerfragen. Spanien war darüber hinaus unter *Felipe IV.* in den Dreißigjährigen Krieg verwickelt und verbündete sich mit Österreich gegen Frankreich. Auch die Katalanen sollten mitkämpfen, weigerten sich aber. Es kam schließlich 1640 zum **Aufstand der Katalanen gegen die Kastilier;** dieser scheiterte jedoch.

1648 wurde der Dreißigjährige Krieg mit einem Friedensvertrag beendet, aber in Spanien dauerten die Scharmützel weiter an. Erst 1659 wurde auch hier der Frieden wiederhergestellt, geregelt in einem komplizierten Vertragswerk. Katalonien verlor bei diesem separaten **Friedensvertrag** einen Teil seiner Gebiete an das heutige Frankreich.

Der auf Felipe IV. folgende Carlos II. (1665-1700) stirbt ohne Nachfolger. Der Kampf um den spanischen Thron führt zu politischen Intrigen, Scharmützeln und Bündnissen quer durch Europa. Im Jahr 1702 bricht der **Erbfolgekrieg** aus. Die Katalanen haben das Ziel, die Inthronisierung von Felipe V., in dem sie einen absolutisti-

schen Herrscher sehen, zu verhindern und kämpfen deshalb gegen ihn. Im Verlauf des Krieges belagern Truppen von Felipe V. 1706 auch Barcelona. Zunächst noch erfolglos, aber 1713 wendet sich das Blatt und Barcelona wird erneut belagert. Nach 18 Monaten geben sich die Katalanen am 11. September 1714 geschlagen.

Felipe rächt sich grausam. Katalonien muss Gebiete abtreten, z. B. Menorca an England, Neapel und die Cerdanya (eine Pyrenäen-Landschaft) an Österreich, Sizilien an die Herrscher von Savoyen und Valencia an die Kastilier. Das katalanische Gebiet wird bis auf das Kernland zerschlagen, nichts soll mehr an die alte Macht erinnern. Außerdem werden die Corts und das Militär aufgelöst, Universitäten und Verwaltung werden geschlossen. Carlos III. (1759-1788), Felipes Nachfolger, geht noch einen Schritt weiter und **verbietet Schulbildung auf Katalanisch.**

Einziger Lichtblick: 1778, fast dreihundert Jahre nach *Kolumbus,* erhält Katalonien endlich die Erlaubnis zum **Überseehandel** mit Amerika.

Dann folgt die französische Invasion unter *Napoleon. Carlos IV.* (1788-1808) erweist sich als zu schwach, die Franzosen haben leichtes Spiel und besetzen ganz Spanien. Es dauert bis zum Jahr 1813, als mit Fernando VII. wieder ein Spanier den Thron in Madrid besteigt.

Das 19. Jahrhundert ist in Katalonien geprägt von heftigen lokalen Auseinandersetzungen, aber auch von einem bedeutenden **wirtschaftlichen Aufschwung.** Katalonien fördert wie keine andere Region Spaniens die Industrie, Dampfmaschinen werden eingeführt und ein Eisenbahnnetz entwickelt sich. Als Konsequenz findet in Barcelona 1888 eine der ersten Weltausstellungen statt.

Mit dem wirtschaftlichen Erfolg kommt auch das Selbstbewusstsein zurück, die katalanischen Institutionen werden mit Macht wiederbelebt. Ein erster Schritt ist die Gründung der **Unió Catalanista** 1892, in der

Forderungen nach Souveränität, Selbstverwaltung und Gebrauch der katalanischen Sprache laut werden. Diese Bewegung verstärkt sich in den folgenden Jahren, 1906 wird die Solidaritat Catalana konstituiert, die sich für weitgehende Autonomie einsetzt.

1914 versucht Katalonien, mit der Einsetzung einer **eigenen Regierung,** der Mancomunitat Catalana, einen Weg in Richtung Unabhängigkeit zu beschreiten. Nachdem 1923 General *Primo de Rivera* in Madrid an die Macht gekommen ist, verbietet er 1925 die Mancomunitat Catalana. 1931 finden Gemeindewahlen statt, in Katalonien gewinnt *Francesc Macià*. Er ruft am 14. April 1931 die **República Catalana** innerhalb einer Föderation iberischer Völker aus. Nur Stunden später wird in Madrid die Zweite Spanische Republik ausgerufen. Drei Tage später einigt man sich mit Madrid, auf die Republik zu verzichten und eine katalanische Regierung zu gründen, die **Generalitat de Catalunya.**

1932 wird ein **Autonomiestatus** verabschiedet und mit *Lluís Companys* (1882-1940) der erste Präsident des katalanischen Parlaments und nach dem Tode von Macià auch Präsident der Generalitat gewählt.

1936-1939 folgen die düsteren Jahre des Spanischen Bürgerkrieges, Katalonien wird erbittert gegen *Francos* Truppen verteidigt. Vergebens, 1939 erobert General **Franco** Barcelona. Rigoros **verbietet er die katalanische Sprache und Kultur** und siedelt gezielt Südspanier in Katalonien an. Lange Jahrzehnte der Unterdrückung folgen, viele Katalanen müssen ins Exil gehen. So auch Präsident *Companys,* der aber im von Deutschland besetzten Frankreich gefasst und an Spanien ausgeliefert wird. Dort wird *Companys* später zum Tod verurteilt.

Viele Katalanen leben im Exil, dort lassen sie die Generalitat weiter bestehen. Nach dem Tode von Companys wird *Josep Ira* 1876-1958) zum Exil-Präsidenten gewählt, er behält dieses „Amt" bis 1954, vier Jahre, bevor er im französischen Exil stirbt. Am 7. August 1954 wird in der spanischen Botschaft in Mexiko (Mexiko hatte *Franco* nie anerkannt) ein neuer Exil-Präsident gewählt: *Josep Tarradellas* (1899-1988).

1975 stirbt *Franco.* 1977 wird *König Juan Carlos* inthronisiert, im gleichen Jahr findet am 11. September eine der größten friedlichen **Demonstrationen** Kataloniens statt. Eine Million Menschen gehen auf die Straße und fordern ihre alten Rechte zurück. *König Juan Carlos* erkennt die Forderungen an, Katalanisch wird als Amtssprache akzeptiert. Im gleichen Jahr wird *Tarradellas* in Madrid sowohl vom damaligen spanischen Regierungschef *Adolfo Suárez* als auch vom König empfangen. Mit einem königlichen Dekret wird am 29. September die Generalitat de Catalunya wieder eingerichtet und *Josep Taradellas* als Präsident eingesetzt. Er kehrt damit nach 40 Jahren Exil endlich zurück.

Am 18. Dezember 1979 erhält Katalonien seinen Autonomiestatus. *Tarradellas* bleibt bis 1980 im Amt, im gleichen Jahr finden erste freie Wahlen statt, *Jordi Pujol* wird erstmals Präsident. Er regiert noch heute in seiner mittlerweile sechsten Legislaturperiode.

Katalonien kehrt zur alten wirtschaftlichen Stärke zurück. Nach der Vergabe der Olympischen Spiele für das Jahr 1992 an Barcelona beginnt eine rege Bautätigkeit, neue Straßen und Wohnungen entstehen, der Hochgeschwindigkeitszug nach Madrid nach Sevilla wird gebaut. Es werden aber auch Teile des alten Fischerviertels Barceloneta zerstört. Die **Olympischen Spiele** in Barcelona gehen als die „fröhlichen Spiele" in die Geschichte ein. Tausende von Sportlern kämpfen um Medaillen und vergnügen sich nach den Wettkämpfen im lebendigen Nachtleben von Barcelona.

Heute gehört Katalonien zu den vier wirtschaftlich am stärksten prosperierenden Regionen Europas. Das katalanische Selbstbewusstsein zeigt sich zum Beispiel in der **Dominanz der katalanischen Sprache** in der Öffentlichkeit. Sämtliche spanischen Straßenschilder sind verschwunden. Die Katalanen wissen, wer sie sind!

Staat und Gesellschaft

Und jetzt alle: „Vamos a la playa"

Tourismus in Spanien

Spanien steht auf **Platz 2** der weltweit bevorzugten Reiseziele. 2002 kamen 76 Mio. Gäste, von denen 51,7 Mio. als Touristen gelten, da sie mindestens einmal im Land übernachten. Das bedeutet allein für den Zeitraum von 1995 bis 2002 einen Zuwachs von sechs Prozent. Aus **Deutschland** kamen knapp 20 Prozent der Touristen, nach den Briten die zweitgrößte Besuchergruppe.

Seit 2002 ist die Besucherzahl leicht rückläufig. Die Gründe? Die „Euro-Teuro"-Debatte wird eben auch in España geführt; auch die auf Mallorca eingeführte **Öko-Steuer** stieß nicht eben auf Toleranz.

Dennoch kommt auf jeden Spanier statistisch gesehen ein Tourist. Als **Wirtschaftsfaktor** ist der Tourismus aus dem Land nicht mehr wegzudenken; rund 10 % des Bruttoinlandsproduktes erwirtschaftet die Branche, 2001 waren das 36,6 Milliarden Euro! Beinahe jeder zehnte Beschäftigte in Spanien verdient sich seine Paella obendrein in diesem Gewerbe. Landwirtschaft wird heute nur noch in wenigen Gebieten entlang der Mittelmeerküste betrieben.

Entwicklung

Die Anfänge waren deutlich bescheidener. Im Jahr 1950 bereisten gerade mal 750.000 Ausländer España. Das entspricht knapp einem Viertel der Besucher, die heute allein im Februar, dem schlechtesten Reisemonat, alljährlich ins Land strömen. Zehn Jahre später allerdings war die Touristenzahl schon auf 6,1 Millionen angestiegen, und ab 1970 gab es dann kein Halten mehr, da waren es gar 24 Millionen Besucher. Richtige Einbrüche in der Touristikbranche erlebte Spanien nur zweimal (bei der Ölkrise Anfang der 1970er Jahre und während des Golfkriegs Anfang der 1990er Jahre).

In den „Kindertagen" des Spanien-Tourismus war eine entsprechende **Infrastruktur** kaum vorhanden. Natürlich gab es Hotels und Pensionen in den größeren Städten, aber die Urlauber zog es doch stärker an die Küsten, und dort in möglichst ruhige Fischerdörfer, wo es natürlich kaum Unterkünfte gab. Doch die geschäftstüchtigen Einheimischen sorgten schnell für das passende Angebot zur großen Nachfrage. Ruckzuck entstanden die ersten Hotels und Apartmentanlagen, möglichst nah am Meer und nicht immer von ausgesuchter Qualität. Straßen mussten gebaut werden, ebenso Flughäfen, und auch geschultes Personal fehlte. Zunächst behalf man sich mit Angestellten aus den fernen Städten, die gegen höhere Bezüge in die abgelegenen Fischerdörfer gelockt wurden. Dann heuerte man Menschen aus der Umgebung an, die man im Schnellverfahren zum Kellner, Fremdenführer etc. umschulte. Als auch das nicht mehr genügte, entstanden vielerorts **Touristik-Fachschulen.** Dort wurden (und werden) junge Menschen gezielt ausgebildet, mit zumeist exzellenten Berufsaussichten.

Die Touristen jedenfalls kamen immer zahlreicher, noch mehr **Unterkünfte** entstanden. Wer sollte aber all diese Häuser bauen? Handwerker aus dem ganzen Land kamen, zogen all die gewünschten Unterkünfte hoch. Aber auch sie benötigten Unterkünfte, genau wie die ganzen Heerscharen von Kellnern und Zimmermädchen. Deshalb entstand auch für sie Wohnraum, allerdings oftmals in einfachster Qualität und abseits der Touristenorte.

Zu Beginn des Tourismusbooms gab es in ganz Spanien etwa 1300 Hotels, überwiegend in den Großstädten. Zehn Jahre später hatte sich die Zahl verdoppelt, und 1970 zählte die Statistik exakt 8244 Häuser. Heute dürften es weit über **10.000 Hotels** sein. Die meisten der damals in einem regelrechten Baufieber hochgezogenen Blocks mit bis zu 30 Etagen, wie sie etwa in Benidorm zum Stadtbild gehören, sind wahrhaftig keine ästhetischen Meisterleistungen, mal ganz abgesehen von ihrer Wohnqualität.

An der nördlichen Costa Brava sollen über zwei Drittel aller Touristenunterkünfte älter als 20 Jahre sein. Das wäre kein Wunder, vollzog sich die touristische Erschließung doch **von Nord nach Süd** entlang der spanischen Mittelmeerküste. Zuerst kamen Neugierige gerade mal über die Py-

renäen und machten Halt im ersten besten Ort, in diesem Falle an der Costa Brava. In den Anfangsjahren reisten die meisten Urlauber noch **per Auto** an, was mit einigen Schwierigkeiten verbunden war; die anvisierten Fischerdörfer waren nur auf schmalen Wegen zu erreichen, die allenfalls für landwirtschaftlichen Verkehr ausgelegt waren. Zufahrtsstraßen wurden gebaut, und natürlich eine **Autobahn,**

Sie ham 'n knallbuntes Gummiboot

die zunächst bis Valencia reichte, später dann bis Alicante; heute fehlen nur noch wenige Kilometer bis Gibraltar, dem südlichsten Zipfel des Landes.

Doch auch, wenn das Straßennetz immer dichter wurde: Für Mittel- und Nordeuropäer war die Anfahrt immer noch sehr lang und anstrengend. Also mussten **Flughäfen** gebaut werden. Es gab zwar schon einige am Mittelmeer (Barcelona, Valencia, Málaga), aber auch von hier aus mussten die Gäste nach einem dreistündigen Flug u.U. noch fünf Stunden Busfahrt zum Hotel ertragen. Nach und nach entstanden also entlang der Mittelmeerküste Flugplätze in vielen mittelgroßen Städten. Heute hat jede Provinz an der Mittelmeerküste einen eigenen *aeropuerto,* mit Ausnahme von Castellón. Aber auch der wird bald eröffnet.

Touristen steuerten also ein Gebiet an, das bislang im **politischen und wirtschaftlichen Abseits** lag und bestenfalls landwirtschaftlich genutzt wurde. Die Infrastruktur (Strom, Wasser, Straßen) hinkte der ungeheuren Nachfrage zunächst arg hinterher. Aber man erkannte schnell das Potenzial und schritt zur Tat. Aus der staubigen Dorfstraße wurde eine zweispurige Zufahrt, aus dem trockenen Acker teures Bauland und aus dem jungen Fischer vielleicht ein Kellner.

Ein zweites Phänomen setzte irgendwann in den 1960er Jahren ein: **Dauergäste.** Betuchte Ausländer kauften sich eine Wohnung oder ein Haus und reisten mehrmals im Jahr an oder ließen sich gar dauerhaft nieder. So entstanden vor allem im sonnenverwöhnten Süden des Landes unzählige **Feriensiedlungen.** Die ersten lagen noch direkt an der Küste; heute wird überall gebaut, wo sich noch Land auftreiben lässt: kilometerweit im Hinterland, in Flughäfennähe und sogar direkt an der Autobahn. Meist liegen diese Siedlungen abseits der natürlich gewachsenen spanischen Orte und zeigen sich außerhalb der Saison als wahre Geisterstädte.

Zu den ausländischen Feriengästen gesellen sich im Hochsommer Millionen **spanischer Urlauber.** Traditionell machen Spanier im Juli und August Ferien, und genauso traditionell fahren die meisten ans Mittelmeer. Da wird es dann überall richtig schön eng ums Handtuch!

Ein Fazit: Die Tourimuswirtschaft floriert seit gut 50 Jahren; kurzfristige Einbrüche der Besucherzahlen haben für keine generelle Trendwende gesorgt. Der Tourismus ist als Wirtschaftsfaktor von größter Bedeutung für das gesamte Land. Trotzdem setzt ganz langsam ein **Umdenken** ein. Der zügellose Bauboom der frühen Jahre hat einige, pardon, wirklich potthässliche Siedlungen entstehen lassen. Der sommerliche Ansturm sorgt obendrein für erhebliche ökologische Belastungen. Die Insel Mallorca versucht seit einiger Zeit, die „Ballermann-Auswüchse" zu stoppen, beispielsweise mit der Einführung einer **Öko-Steuer.** Die „Quittung": Die Zahl deutscher Besucher ging deutlich zurück. Was als Kurtaxe an deutschen Küsten toleriert wird, ist anscheinend im Ausland unzumutbar.

Es gibt Bestrebungen, die Urlaubsströme wenigstens ein wenig neu zu lenken. Beispielsweise ins durchaus sehenswerte Hinterland, zu den kulturellen Highlights oder zu den zahlreichen neu entstandenen Golfplätzen. Parador-Rundreisen sollen verstärkt beworben werden (siehe Kapitel „Unterkunft"), und auch der Neubau von Hotels soll strengeren Qualitätsrichtlinien unterliegen. Dies sind sicherlich Schritte in die richtige Richtung; doch das „Schmiermittel", das die gigantische Ferienmaschine weiterhin am Laufen hält, wird wohl auch weiterhin „Sonne, Sand und Mittelmeer" heißen.

Staat und Gesellschaft

Costa Brava

082cb Foto: jf

088cb Foto: jf

„Wilde Küste?" Hier nicht...

Geschäftiges Stadtleben in Katalonien

In Lloret treffen sich die Teenies

Die nördliche Costa Brava

Überblick

Dieses so vom Autor benannte Gebiet deckt sich mit den Grenzen der Comarca (etwa: Landkreis) **Alt Empordà.** Gemeint ist ein Gebiet, das sich von der Grenze bis zum südlichen Ende der weitgeschwungenen Bucht von Roses erstreckt. Ein großes Gebiet, das schon symptomatisch für die gesamte Costa Brava steht. Die Landschaft zeigt sich erstaunlich abwechslungsreich, die Orte geschichtsträchtig und das Klima variabel.

Zunächst dominieren noch die **Pyrenäen.** Sie ziehen sich mit ihren Ausläufern bis zu einem markanten Punkt in der Nähe von Roses. Dort beim Cap de Creus endet dieses gewaltige Gebirge. In seinen Randgebieten versteckten sich in früheren Jahren etliche Dörfer, die heute noch ihren idyllischen Charme in einmaliger Lage versprühen. Der Tourismus hat hier kaum Fuß fassen können, dafür fehlt es wohl auch an genügend Traumstränden. Gleichwohl, Orte wie Cadaqués, El Port de la Selva oder auch Colera fallen getrost unter das Etikett „malerischer Küstenort". Hier dominieren die Berge, die meistens steil ab ins Meer fallen, so dass der Name Costa Brava, der ja übersetzt „wilde Küste" bedeutet, hier zu allen Ehren kommt.

Südlich der schon erwähnten Ortschaft Roses ändert sich das Bild. Die Berge sind verschwunden, das Land wird flach und fruchtbar, eine **kilometerweite Bucht** öffnet sich. Schon vor 2500 Jahren erkannten die Griechen, dass diese Lage von hohem militärischen und landwirtschaftlichen Nutzen sei, die expansionsfreudigen Römer folgten 500 Jahre später an gleicher Stelle (Empúries). Heute dominiert hier der Tourist. Roses, Sant Pere Pescador, Empúries und in kleinerem Maßstab L'Escala haben das, was den Touristen anzieht und was den Küstenorten in den Pyrenäen fehlt: kilometerlange Strände. Hier entstanden alle nötigen Infrastrukturen, mit Ausnahme von Roses hält sich aber alles noch im Rahmen. Aber selbst dort wurde hauptsächlich in einem etwas außerhalb gelegenen Stadtteil eine wahre Hotelsiedlung errichtet.

Fazit: Der nördliche Teil der Costa Brava eignet sich hervorragend, die Pyrenäen und ihre hübschen Dörfer ein wenig kennenzulernen, Einblicke in die Historie zu nehmen und sich gleichzeitig an einem kilometerlangen Strand zu erholen.

La Jonquera

Diese Ortschaft wird von den wenigsten Reisenden wahrgenommen. Kein Wunder, fahren doch die allermeisten bei La Jonquera über die **Grenze** und beachten das Städtchen überhaupt nicht. Wer über die Autobahn nach Spanien einreist, wird vielleicht einen flüchtigen Blick auf die wildromantische Bergwelt der Pyrenäen werfen, „toll" murmeln und weiterfahren. Eine erste Sehenswürdigkeit ist ihm dann aber schon entgangen.

Um diese wahrzunehmen, muss man die Autobahn vor dem Grenz-

übergang verlassen und auf die Nationalstraße N-II wechseln. Diese verläuft beinahe in Sichtweite zur Autobahn ebenfalls über die Grenze. Der Grenzort heißt **Le Perthus,** und die Hauptstraße gehört zur Hälfte nach Frankreich, zur anderen Hälfte liegt sie auf spanischem Territorium. Von Frankreich her kommend, liegen die Häuser auf der linken Seite auf spanischem Gebiet, und die auf der rechten Seite sind französisch. Deshalb wird Le Perthus auch auf spanisch *Los Límites* (die Grenzen) genannt, oder auf katalanisch: *Els Límits.* Der spanische Teil gehört zur Gemeinde La Jonquera.

Portbou

- ●**Einwohner:** 1900
- ●**PLZ:** 17497
- ●**Entfernung nach Barcelona:** 170 km
- ●**Touristeninformation:**
Passeig Lluís Companys,
Tel. 972 125 161, Fax 972 125 123

Ein **Grenzort,** malerisch in den Pyrenäen „eingeklemmt", der seine Existenz im Wesentlichen der Eröffnung der grenzüberschreitenden Eisenbahnlinie im Jahre 1872 verdankt. Der **Bahnhof,** 1929 erbaut, dominiert noch heute, besonders schön von der Straße nach Colera zu sehen, da sich diese in engen Serpentinen vom Ort in die Bergwelt windet.

Wer mit der Bahn von Frankreich nach Spanien reisen will (und umge-

Costa Brava

kehrt natürlich auch), muss **in Portbou umsteigen,** es geht nicht anders. Der Grund: Die Spanier haben ein Schienennetz, dessen Spurbreite größer ist als die der restlichen europäischen Strecken. Nur einige ganz wenige Luxuszüge ersparen den Fahrgästen diesen Umzug, sie haben Achsen, die sich strecken lassen, der Fahrgast kann im Abteil sitzen bleiben. Oder muss es sogar; als ich das letzte Mal diese Variante wählte, wurden alle Türen von außen verschlossen; niemand konnte sich die Beine auf dem Bahnsteig vertreten und neugierig zugucken. Die Prozedur dauerte immerhin gute zwei Stunden. Dann doch lieber den Zug wechseln, was regelmäßig zu einem liebenswerten Chaos führt.

Portbou ist ein kleines Städtchen mit ruhiger, angenehmer Atmosphäre und einem kleinen Strand. Grund genug für manchen InterRailer, hier einen ersten Stopp einzulegen.

Strandprofil

Insgesamt drei kleine Strandbuchten sind im Ortsbereich zu finden und eine urige, etwas abseitige, gut vier Kilometer außerhalb.

Platja de Portbou

Dies ist der Hauptstrand; er liegt direkt im Ort, vor der kleinen Promenade und der winzigen Plaça. Der Strand ist kieselig, misst 270 Meter und wird von einer steil aufsteigenden Felswand begrenzt. Dieser Strand wird bequem in zehn Minuten zu Fuß vom Bahnhof erreicht, kein so übler Platz zum Aus-

FRANKREICH

1263 ▲   ▲ 1173

S e r r a   d e   l ' A l b e r a

Perpignan 25 km

534 ▲

Espolla

La Jonquera

A7
E15
NII

Agullana

Darnius

Vilarnadal

Panta de Boadella

Pont de Molins

Cabanes

Terrades

Llers

Figuere

484 ▲

Cistella

Avinyonet

Borrassà

Llado

Navata

N260

Bà

IAWM

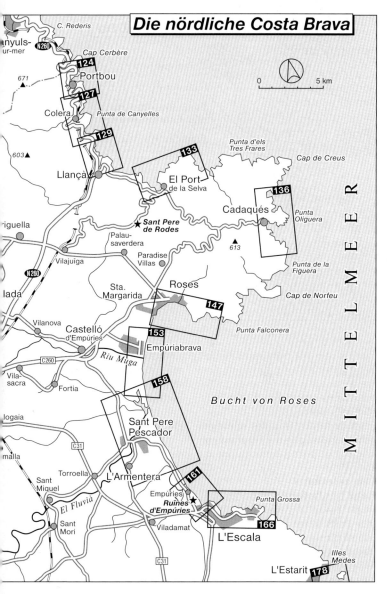

Die nördliche Costa Brava

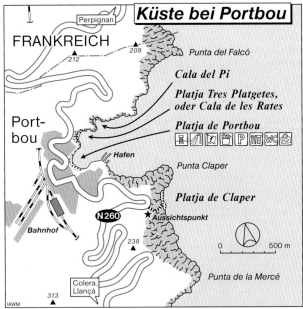

Küste bei Portbou

FRANKREICH

Perpignan

Punta del Falcó

Cala del Pi

Platja Tres Platgetes,
oder Cala de les Rates

Platja de Portbou

Port-
bou

Hafen

Punta Claper

Platja de Claper

N260

Aussichtspunkt

Bahnhof

238

Punta de la Mercé

Colera,
Llançà

313

0   500 m

IAWM

spannen also. Vor dem Strand verläuft eine Straße, dahinter wiederum sind drei Restaurants mit Terrassen zu finden. Wer hier speist, genießt also einen Blick aufs Meer.

Am Ende des Strandes schlängelt sich ein Fußweg an der Felswand entlang zu zwei benachbarten Buchten:

Cala de les Rates/
Platja Tres Platgetes

Eine etwa 100 Meter lange Bucht mit grobkörnigem, teils steinigem Strand. Hier ist es etwas ruhiger als am Hauptstrand, da die Straße schon 150 Meter entfernt verläuft, aber der Wellengang ist höher.

Platja Tres Platgetes liegt noch einmal 100 Meter weiter in einer 85 Meter langen Bucht. Der Strand ist steinig, auch hier starker Wellengang.

Platja de Claper

Der Strand befindet sich außerhalb des Ortes. An der Straße nach Colera und Figueres erreicht man nach vier Kilometern eine kleine Parkbucht in wirklich exponierter Lage, nämlich genau 72 Meter über dem Meer. Unten liegt die Platja de Claper, in die man über eine verwinkelte Treppe hinunterklettern kann. Der Strand ist keine 100 Meter lang und dunkel, aber diese Lage wohl einmalig.

Sehenswertes

Nicht viel, ein geruhsamer Spaziergang durch die **Straßen** macht vor allem eins deutlich, dass die Stadt vom Preisgefälle der Alkoholika zwischen Spanien und Frankreich lebt. Aber auch Souvenirs, Tonwaren und Paellapfannen werden in den Straßen Carrer Colom und Carrer del Pou angeboten. Beide sind leicht zu finden, eine Parallelstraße hinter der Strandbucht.

Die örtliche Sehenswürdigkeit hat einen traurigen Hintergrund, es handelt sich um das **Grab von Walter Benjamin.** Dieser deutsche Philosoph aus jüdischer Familie flüchtete vor den Nazis mit anderen Emigranten nach Spanien. Im Grenzort Portbou verweigerte man ihm die Einreise, worauf er aus lauter Verzweiflung seinem Leben mit einer Überdosis Morphium ein Ende setzte. Die Grabstätte liegt hoch über der Stadt auf dem örtlichen Friedhof, keine zehn Minuten Fußweg vom Hafen. Man folgt dem Hinweisschild und geht die steile Pujada del Mirador hoch. Dort kommt man an einer Kachelwand in der Größe von zwei mal einem Meter vorbei, die *Picassos* Antikriegsbild „Guernica" darstellt.

Praktische Tipps

Unterkunft

●**Hotel La Masia** €€, Tel. 972 390 372, Fax 972 125 066, Pg. Sardana 1, ein kleines, nettes Haus in zentraler Lage.

Essen & Trinken

●**España** und **L'Àncora:** zwei Restaurants mit Terrassen am Passeig Sardana, der Straße, die sich vor dem Strand und dem kleinen Hafen entlangschlängelt.

Adressen

●**Parkplätze:** wenige am Hafen, ansonsten beim Bahnhof *(estació ferrocarril)*, der ausgeschildert ist.

Feste

●**25. Juli:** Festa Major, das wichtigste Stadtfest zu Ehren von *Sant Jaume* mit Sardanas, Menschentürmen, Konzerten.
●**Zweiter Sonntag im August:** Sardana-Aufführung.
●**Dritter Samstag im August:** Habaneras.

Markt

●**Termin:** Dienstag.

Colera

●**Einwohner:** 441
●**PLZ:** 17469
●**Entfernung nach Barcelona:** 162 km
●**Touristeninformation:** Kein spezielles Büro, Auskünfte über das *ajuntament* (Rathaus) c/ Labrun 34, Tel. 972 389 050, Fax 972 389 283, E-Mail: colera@ddgi.es

Dieser winzige Ort, der mit vollem Namen Sant Miquel de Colera heißt, liegt in einem kleinen Tal am Fuße des **Gebirgszuges** Muntanya dels Canons, dessen Name sich aus den Zeiten des Unabhängigkeitskampfes herleitet, liegen doch noch Reste zweier Kanonen aus dem Jahr 1773 oben am Kamm. Die **Eisenbahnlinie** Portbou – Barcelona führt mitten durch den Ort, allerdings auf einer hochgelegenen Brücke. Wer von der außen herumführenden Straße N-260 abbiegt, be-

Costa Brava

fährt eine ca. 500 Meter lange Zu-fahrtsstraße und landet schließlich am Hafen. Auf einer Parallelstraße geht es dann wieder hinaus.

Colera als **ruhigen Ort** zu beschreiben, wäre beinahe eine Untertreibung, hier muss der Feriengast wirklich etwas mit sich anzufangen wissen, Abwechslung ist rar. Vielleicht eine Wanderung in die umliegende Bergwelt. Die aufsteigenden steilen Berghänge schließen sich unmittelbar an den Ort an.

Strandprofil

Platja Colera

Diese Strandbucht am Ende der Zufahrtsstraße misst 150 m und zeigt sich nicht sonderlich attraktiv. Relativ grauer, steiniger Strand dominiert, etliche Fischerboote dümpeln im Wasser oder liegen am Strand. Direkt vor dem Strand bleibt genügend Raum für Parkplätze, zwei Restaurants sind ebenfalls zu finden.

Platja de l´Engoixa

Ein schmaler Fußweg schlängelt sich in die Nachbarbucht **Platja de l'En-goixa,** die etwa 250 m lang ist. Leider zeigt sich der Strand auch hier steinig. Allerdings liegt er etwas idyllischer, erhebt sich doch eine hohe Felswand, so dass diese Bucht etwas abgeschiedener wirkt. Wer es noch einsamer haben möchte, muss ein Stück weiter vor der Felswand über einen rustikalen Weg laufen bis zur kleinen, nur 40 m langen Bucht **Cala Rovellada.** Diese

Bucht ist auch von der Straße erreichbar und lädt mehr zum Sonnenbad ein; der Strand ist kieselig und das Wasser sehr unruhig und nur schlecht zum Baden geeignet.

Platja Garbet

Der Strand liegt nur wenige Kilometer außerhalb von Colera, der Hauptstraße N-260 folgend. Diese senkt sich in Höhe Garbet auf Meeresniveau und passiert die kleine Bucht. Sie misst etwa 400 Meter, zeigt sich relativ schmal und von grauem, teils kieseligem Sand. Am Strand befinden sich ein Restaurant und ein kleiner Campingplatz, der auch wenige Zimmer vermietet. Anscheinend will man verhindern, dass hier Wohnmobile einfach so über Nacht bleiben; wer auf den Parkplatz möchte, muss durch eine Art Fußballtor fahren, und das schaffen nur Pkw.

Praktische Tipps

Unterkunft

●**Hotel la Gambina** €€€, Passeig Marítim 5, Telefon 972 389 172; direkt am Meer gelegenes, mittelgroßes Haus, sozusagen am zentralen Platz vor dem Strand.
●**Hotel Mont-Mercè** €€-€€€, Carrer del Mar 107, Telefon 972 389 126, zwölf Zimmer, liegt gleich nebenan.

Camping

●**Camping Sant Miquel,** 2. Kat., geöffnet 1.4.-30.9., Tel./Fax 972 389 018, ist vor dem Ort ausgeschildert, dem Weg rechts über den Fluss folgen. Platz liegt unter einem netten Baumbestand, ein Pool entschädigt für die weiten Wege zum Strand und zum Ort, ruhige Lage und Grasböden, 250 Parzellen.

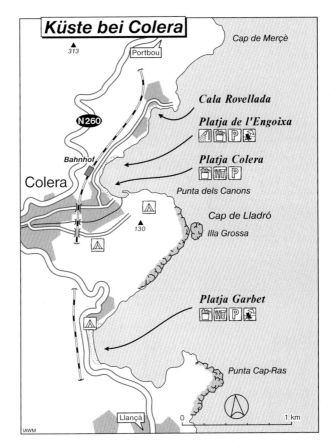

Küste bei Colera

Cap de Mercè
313
Portbou
Cala Rovellada
Platja de l'Engoixa
N260
Bahnhof
Platja Colera
Colera
Punta dels Canons
Cap de Lladró
130
Illa Grossa
Platja Garbet
Punta Cap-Ras
Llançà   0   1 km
IAWM

Costa Brava

●**Camping Garbet,** 3. Kat., geöffnet 1.4.-31.10., Tel. 972 389 001, Fax 972 128 059. Ein einfacher Platz auf streckenweise hartem Boden, die Straße N-260 führt direkt vorbei, ist aber nur mäßig befahren. Nur wenige Schritte bis zum Strand.

Essen & Trinken

●Gute Restaurants sind jeweils im **Hotel la Gambina** und im **Mont-Mercè** zu finden; dann gibt es noch das **El Jovent,** c/Francese Ribera 16, und in **Garbet** das schon erwähnte kleine Lokal direkt am Strand.

Feste

●**8. Mai:** Fiesta zu Ehren von *Sant Miquel,* wird hauptsächlich in der Ermita gefeiert.
●**27.-29. September:** Das Hauptfest zu Ehren des Stadtpatrons *Sant Miquel;* Sardanas, Tanz und Ehrenmahl für die älteren Mitbewohner.

Markt

●**Termin:** Montag.

113cb Foto: jf

Llançà

- **Einwohner:** 3500
- **PLZ:** 17490
- **Entfernung nach Barcelona:** 157 km
- **Touristeninformation:**
Avinguda Europa 37, Tel. 972 380 855,
Fax 972 121 931, E-Mail: turisme@llanca.net
- **Internet:** www.llanca.net

Llançà zeigt sich groß, weitläufig und im strengen Sinne dreigeteilt. Etwas außerhalb, gewissermaßen am äußeren Rand die **Urbanización Canyelles** mit diversen Neubauten, wo die meisten Ferienapartments liegen. Dann folgt der eigentliche Ort, **Llançà Vila,** den es bereits im 10. Jahrhundert gab unter dem damaligen Namen *Villa Lancio,* seinerzeit zugehörig zum Kloster Sant Pere de Rodes. Schließlich der **Ortsteil Port** (Hafen) mit dem weitgeschwungenen Strand. Der alte Ort liegt fast zwei Kilometer vom Strand entfernt; über die Avinguda Europa sind die Viertel verbunden. Beide Ortsteile sind verwoben, gehen ineinander über.

Llançà gilt als der erste Ort hinter der französischen Grenze, der einen Teil vom touristischen Kuchen abbekommen hat. Gleichwohl geht's hier noch recht verhalten zu, mehrheitlich wohnen die **Urlauber** in Apartments, die wenigen Hotels sind noch Familienbetriebe.

Küste bei Llançà

Punta Cap-Ras
Colera
Punta Canyelles
Platja Canyelles
Punta Cros
Platja Grifeu
Bahía de Grifeu
Platja el Port
Hafen   Isla Castellá
Camping l'Ombra
Hotel Grimar
Aussichtspunkt
N260
Punta d'en Poc
Bahnhof
Riera Valleta
Valleta, Figueres
Cadaqués
0   1 km
IAWM

Strandprofil

Platja el Port

Gilt als der Hauptstrand. 425 Meter misst er immerhin, wird begrenzt von einem Fluss, Riera Valleta, auf der einen und einem Hafen auf der anderen Seite. Dazwischen zeigt er sich teils feinkieselig, manchmal auch feinsandig in einer durchschnittlichen Breite von 30 Metern. Direkt davor verläuft eine nette Flanierpromenade, an der teilweise sogar Palmen gepflanzt wurden. Dann folgt eine Straße, und in der ersten Häuserzeile sind ein paar Restaurants und die ersten Hotels zu finden. Das Ganze wirkt durch die schönen, zumeist hellen Häuser durchaus harmonisch, wer sich einen imposanten Überblick verschaffen will, geht bis zur Marina und erklimmt dort den ausgeschilderten Aussichtspunkt.

Platja Grifeu

Dieser Strand liegt am nördlichen Stadtrand, man fährt auf der N-260 direkt vorbei. Er ist zwar deutlich kleiner (160 Meter), weist aber einen durchweg feineren Sand auf, selbst das Wasser wirkt hier einladender, weil blauer. Im Sommer ist er stark besucht.

Platja Canyelles

Gilt als die nahegelegenste Strandbucht für die gleichnamige Urbanización. Sie ist nur bedingt einladend, trotz ihrer 380 Meter Länge, dafür ist es hier zu kieselig und grausandig. Keine Serviceeinrichtungen.

Sehenswertes

Die **Altstadt** lohnt einen Bummel. In den verwinkelten Gassen kann man nette Häuser entdecken und landet schließlich auf dem kleinen Platz vor der **Kirche** Sant Vicenç. Diese überragt die Altstadt mit ihrem Glockenturm und eignet sich somit als Orientierungspunkt. Einige Bars liegen in der Nähe. An der Plaça Major ist auch noch der **Torre de Defensa,** ein Verteidigungsturm aus dem 11. Jahrhundert, zu finden.

●**Geöffnet:** Sa, So 11-13 u. 18-20 Uhr.

Weiterhin kann man ein kleines **Aquarellmuseum** (*Museu de l'Aquarel·la*) besuchen, es ist in der Altstadt ausgeschildert und befindet sich im zweiten Stock einer *Casa del Pensionista*, eines Heimes für Rentner.

●**Geöffnet:** Mo-Fr 7-21 Uhr, So 11-13 und 19-21 Uhr.

Praktische Tipps

Unterkunft

●**Hotel Berna** €€€, Passeig Marítim 13, Tel. 972 380 150; mittelgroßes Haus mit Strandblick, dennoch ruhig. Seit über 30 Jahren ein Tipp, aber nur vom 15.06. bis 15.09. geöffnet.

●**Pension Miramar** €€€, Passeig Marítim 7, Tel. 972 380 132, 20 Zimmer, teils Meerblick.
●**Hotel Grimar** €€€, Carretera Portbou s/n, Tel. 972 380 167, dieses Haus liegt etwas außerhalb und bietet 45 gute Zimmer.
●**Pension María Teresa** €€€-€€€€, Carrer El Colomer s/n, Tel. 972 380 004, mit 92 Zimmern das größte Haus am Platze, in der Altstadt.

Camping

●**Campingplatz L'Ombra,** 2. Kat., Carretera Portbou 13, Tel. 972 380 335, Fax 972 120 261, ganzjährig geöffnet, liegt etwas außerhalb, beim Hotel Grimar landeinwärts von der N-260 abfahren, knapp 130 Parzellen. Die Bahnlinie führt direkt vorbei.

Essen & Trinken

●**Grill Pati Blanc,** Carrer Rafael Estela 6 (Altstadt), Tel. 972 380 800. Schöner Innenhof.
●**Restaurant La Vela,** Av. Pan Casals 23, Tel. 972 380 475, breite Auswahl auch an Fisch.
●**Restaurant Miramar,** Passeig Marítim 7, Tel. 972 380 132, schöner Blick aufs Meer.
●**Marisquería El Puerto,** Carrer Castellar 7, Tel. 972 380 044, Fischgerichte.
●**Restaurant Can Quim,** C/ Verge de Carme 5, Tel. 972 380 537, ein kleines Lokal mit überzeugender Auswahl.
●**Restaurant Can Manel,** Passeig Marítim 4, Tel. 972 380 112, neben den guten Fischgerichten eine breite Weinauswahl.

Adressen

●**Fahrradverleih:** Avinguda Europa 45, unweit der Touristeninformation.
●**Telefonservice:** am Ende der Strandpromenade, unweit der Marina.

Feste

●**im Juli:** Festival de Música, Programm über das Touristenbüro anfordern.
●**16. Juli:** Fiesta zu Ehren der *Verge de Carme*
●**dritte Augustwoche:** das Sommerfest mit Tänzen, Sardana und Gemäldeausstellungen, aber auch Wettkämpfe im Mastenklettern.

Markt

●**Termin:** am Mittwoch beim Hafen.

El Port de la Selva

- **Einwohner:** 760
- **PLZ:** 17489
- **Entfernung nach Barcelona:** 164 km
- **Touristeninformation:** Carrer del Mar 1, Tel. 972 387 025, Fax 972 387 413, E-Mail: porselva@ddgi.es
- **Internet:** www.ddgi.es/porselva

Vom Urwald (*selva*) kann man nun gerade nicht mehr sprechen, aber eine hügelige und teilweise **waldreiche Landschaft** schließt sich schon an den Ort an. Wer sich dem Dorf nähert, befährt auf den letzten Kilometern eine **Straße,** die unmittelbar am Meer verläuft und direkt ins Zentrum am Hafen führt. Dort sind genügend Parkplätze zu finden, am besten hier parken und zu Fuß weiter. Die Straße schlängelt sich am Hafen vorbei, wird deutlich schmaler und verlässt El Port auf der anderen Seite wieder.

Die Ortschaft besteht aus kaum mehr als dem Hafen (Port), sie schmiegt sich an die aufstrebenden Hügel und zieht sich um eine weitgeschwungene Bucht. El Port de la Selva ist ein **bezauberndes Dorf,** das durch etliche hübsche Häuser geprägt wird. Die meisten wurden weiß gestrichen, die roten Dachziegel kontrastieren aufs angenehmste und werden durch das Grün der Bepflanzungen ergänzt. Die **Kirche** Santa Maria de les Neus überragt alle Gebäude, auch sie ist auffällig hell gestrichen. Eine **Promenade** führt entlang der Bucht an ein paar Restaurants vorbei zum kleinen Hafen. Dann muss der Spaziergänger umdrehen und seinen Weg durch die engen Gassen suchen, aber verlaufen kann man sich nicht.

Strandprofil

Wer sich dem Ort nähert, passiert auf einer breiten Promenadenstraße eine **weitgeschwungene Strandbucht.** Es sind zwei Strandabschnitte, da man kaum eine Trennlinie ausmachen kann, sollen sie hier zusammengefasst dargestellt werden. Die Namen der Strände sind **Platja de l'Erola** (der erste, noch etwas außerhalb des Ortes gelegen), dann folgt **Platja de la Ribera** (im Ort, die Straße führt direkt vorbei). Der Sand ist gelbgrau, etwas kieselig, teilweise sogar steinig. An der Promenade ist eine große Parkfläche vorhanden. Hinweis: Hier weht vereinzelt ein derart starker Wind, dass **Windsurfer** von weit her kommen und durch die Bucht sausen.

Vier Kilometer außerhalb des Ortes liegt die kleine **Platja el Port de la Vall.**

Praktische Tipps

Unterkunft

- **Hotel Porto Cristo** €€€€, Carrer Major 48, Tel. 972 387 062, Fax 972 387 529 (von Dez. bis Feb. geschlossen). Insgesamt 54 Zimmer, das erste Haus am Platze, liegt in der ersten Querstraße hinter der Promenade, also ruhig, aber doch zentral.
- **Pension Tina 1** €€€, Carrer Font 45, Tel. 972 387 418, insgesamt acht Zimmer. Derselbe Besitzer betreibt auch die
- **Pension Tina 2** €€€, Carrer Sant Baudili 16, Tel. 972 387 149, insgesamt 18 Zimmer.

Costa Brava

Camping

●**Camping Port de la Vall,** 2. Kat., Tel. 972 387 186, geöffnet 01.04.-15.09. Eine kleine Anlage vier Kilometer vor dem Ort an der Straße nach Llançà, Platz liegt an einer weitgeschwungenen Kurve mit Zugang zum Strand.

●**Camping Port de la Selva**, 3. Kat., Carretera Cadaqués km 1 , Tel. 972 387 287, geöffnet 01.06.-15.09. Der Platz liegt etwa 1000 Meter vom Ort entfernt an der Straße nach Cadaqués und damit schon ganz nett im Grünen, aber auch eben 1000 Meter vom Strand entfernt.

Essen & Trinken

●**Restaurant Típic Català,** Carrer Sant Baldiri 47, klein, urig, katalanisch, liegt unweit der Kirche.

●**Pizzería la Marina**

●**Restaurant Monterrey**

●**Restaurant Bella Vista,** drei Lokale mit Terrasse an der Promenade und Blick auf den Hafen.

Adressen

●**Busterminal:** Carrer Mar 1.

●**Telefonservice:** Av. J. v. Foix.

Feste

●**18.-20. Mai:** Fest zu Ehren des Schutzpatrons *Sant Baudilio* mit Sardanas, Umzügen, Feuerwerk, Konzerten.

●**5. August:** Sommerfest mit Tanz und heiliger Messe.

Markt

●**Termin:** freitags entlang der Promenade.

El Port de la Selva, ein bezaubernder Ort

Küste bei El Port de la Selva

St. Pere de Rodes   Llançà

GI 612

Faro de s'Arnella

Platja de la Colomera

Punta de s'Arenella

Platja el Port de la Vall

Platja de l'Erola
Platja de la Ribera

Selva de Mar

GI 612

Platja del Pas

Hafen

Platja de les Clisques

Punta de la Creu

Camping Port de la Selva, Cadaqués

El Port de la Selva

Cala Tamariua

Cala Cativa

▲ 129

Punta Fornells

Isla Lameda

Cala Fornells

▲ 196

Cala Torta

▲ 203

Puig Gros
▲ 176

Punta Blanca

0   1 km

Cap Gros

Costa del Puig Gros

Costa Brava

Sant Pere de Rodes

Sant Pere de Rodes ist ein in traumhafter Landschaft liegendes ehemaliges Kloster, das in etwa 600 m Höhe zu finden ist. Das Kloster wurde im Jahre 879 **erstmals dokumentiert,** im Jahre 934 errang es eine unabhängige Stellung. Schon damals beschrieben die ersten Chronisten es als „sehr alt".

Mit der Unabhängigkeit begann auch der **Aufstieg des Klosters.** Der Bau wurde erweitert und verschönt, wichtige Persönlichkeiten kamen daraufhin als Pilger und gaben großzügige Spenden, das Kloster konnte sich nun große Ländereien und Kostbarkeiten leisten. Diese Entwicklung übertrug sich auf die gesamte nähere Umgebung, das Kloster benötigte Bedienstete, die umliegenden Dörfer wuchsen mit. Da das Kloster mit seinen Einnahmen nicht sonderlich sparsam umging, florierte der gesamte Handel der Grafschaft.

Doch je besser es den Mönchen ging, desto nachlässiger handhaben sie ihre religiösen Pflichten. In den Dokumenten ab etwa 1300 war häufig ziemlich deutlich vom **Sittenverfall der Mönche** die Rede. Auf Grund des Sittenverfalls blieben die wohlhabenden Pilger dem Kloster fern. Auch **Überfälle** wurden immer häufiger dokumentiert, die gesammelten Reichtümer der Mönche hatten sich herumgesprochen. Viele dieser Schätze wurden schlicht geraubt, ein besonders wertvolles Beutestück befindet sich noch heute zum Ärger der Spanier in der Nationalbibliothek von Paris, eine original romanische Bibel.

Der **Verfall** des Klosters nahm seinen Lauf, und mit der Verarmung der Mönche litt auch die gesamte Grafschaft. Ganze Dörfer wurden von den erwerbslos gewordenen ehemaligen Bediensteten verlassen. 1788 wurde das Kloster endgültig aufgegeben, die restlichen Schätze lagen bereit für Plünderer.

Sehenswertes

Nach langen Jahrzehnten des Verfalls wird die eher einer Burg ähnliche Klosteranlage heute ständig restauriert. Die **traumhafte Lage,** die karge Umgebung, die Einsamkeit, die teils restaurierten, teils halb verfallenen Gebäude mischen sich zu einem eindrucksvollen Ganzen. Selbst wer sich nicht viel aus dem kulturellen Erbe macht, wird einen Ausflug zum Kloster mit Gewinn unternehmen können, der Ausblick aufs Meer ist einfach herrlich.

Wer die **Anlage** besichtigt, wird sich mit Detailbeobachtungen zufrieden geben müssen, Kostbarkeiten und Schätze sind nicht zu finden. Außerdem sind etliche Räumlichkeiten noch nicht wiederhergestellt worden, vor allzu großen Erwartungen muss deshalb also gewarnt werden. Die Anlage erstreckt sich über mehrere Niveaus, beinhaltet eine Kirche, Unterkünfte der Mönche, Kapelle, Speisesaal und Küche.

Hinter dem Portal folgt der **Innenhof,** wo links eine Treppe, die zur Kir-

Costa Brava

che führt, zu finden ist. Beim Hinabsteigen kann man ein interessantes Detail wahrnehmen. Im unteren Torbogen ist etwa in der Mitte der Kopf einer Frau erkennbar, angeblich wurde diese zu Zeiten vor den Mönchen als Göttin angebetet.

Die **Kirche** stammt aus dem 11. Jahrhundert; auffällig sind die verschnörkelten Säulen mit detailgenau herausgearbeiteten Figuren. Das Gotteshaus misst etwa 25 Meter, das Querschiff etwa 13 Meter. Im Innenhof befindet sich ein Brunnen, der eine Verbindung zur Zisterne hatte; somit war die Wasserversorgung in früheren Zeiten stets gesichert. Ein Teil der Räumlichkeiten der Mönche ist leider noch nicht wieder restauriert, sie liegen an der äuße-

ren Seite, gleich neben dem Verteidigungsturm.

● **Geöffnet:** 1.10.-31.5. Di-So 10-17.30 Uhr, 1.6.-30.9. Di-So 10-20 Uhr; Eintritt 3,60 €, ermäßigt 2,40 €.

● **Anfahrt:** Von El Port de la Selva auf sehr schöner, asphaltierter aber stark gewundener Straße, das Kloster ist ausgeschildert. Der andere Weg zweigt von der Straße Figueres – Llançà im Dorf Vilajuïga ab und klettert ebenfalls über eine schöne Serpentinenstrecke hoch zum Parkplatz vor dem Kloster. Der Parkplatz wird gegen eine geringe Gebühr bewacht.

Einsam: Kloster Sant Pere de Rodes

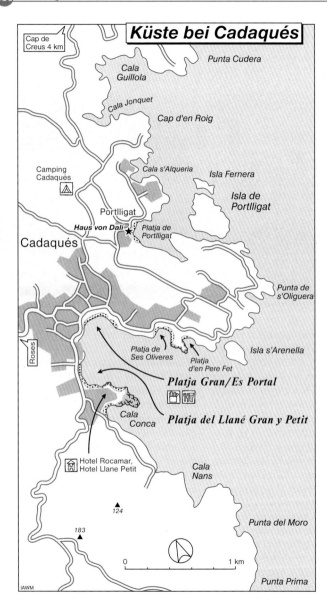

Küste bei Cadaqués

Cap de Creus 4 km

Punta Cudera

Cala Guillola

Cala Jonquet

Cap d'en Roig

Camping Cadaqués

Cala s'Alqueria

Isla Fernera

Isla de Portlligat

Portlligat

Haus von Dali

Platja de Portlligat

Cadaqués

Punta de s'Oliguera

Roses

Platja de Ses Oliveres

Platja d'en Pere Fet

Isla s'Arenella

Platja Gran/Es Portal

Cala Conca

Platja del Llané Gran y Petit

Hotel Rocamar, Hotel Llane Petit

Cala Nans

▲ 124

183 ▲

Punta del Moro

0   1 km

Punta Prima

IAWM

Costa Brava

Cadaqués

- **Einwohner:** 1950
- **PLZ:** 17488
- **Entfernung nach Barcelona:** 170 km
- **Touristeninformation:**
Carrer Cotxe 2-A, Tel. 972 258 315,
Fax 972 159 442; geöffnet Mo-Sa 10-13
und 16-20 Uhr, So 10-13 Uhr

„Die letzte echte Perle unter den vielen glitzernden Orten der Costa Brava", so beschrieb ich Cadaqués im Jahr 1989. Alles fließt, aber Cadaqués bleibt Cadaqués, womöglich schon seit *Dalís* Zeiten. Es dürfte selbst kritischen Blicken standhalten; **einer der schönsten Orte der Costa Brava** bleibt Cadaqués allemal.

Wer den mühevollen Weg durch die Berge fast geschafft hat, wird etwa vier Kilometer vor dem Ort mit einem schönen **Panoramablick** belohnt, bestens, um einen ersten Eindruck zu erhaschen. Cadaqués schmiegt sich an eine Reihe schmaler Buchten besteht durchgehend aus weiß getünchten Häusern. Verwoben mit Cadaqués ist mittlerweile Portlligat, ein winziges Dorf, kaum der Erwähnung wert, wäre dort nicht die Residenz *Salvador Dalís*.

Cadaqués, das schönste
Dorf der Costa Brava

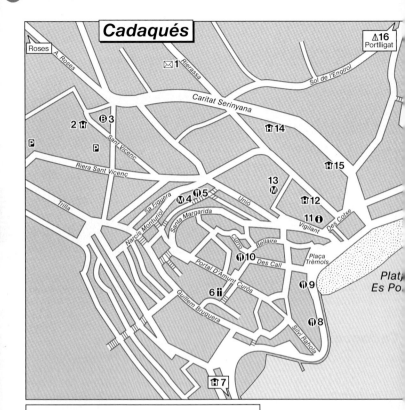

- ⊠ 1 Post
- 🏨 2 Hotel Nou Estrelles
- Ⓑ 3 Busterminal
- Ⓜ 4 Museu Municipal
- 🍴 5 Rest. La Galiota
- ⛪ 6 Kirche Santa Maria
- 🏨 7 Hotel Rocamar & Hotel Llane Petit
- 🍴 8 Rest. Sa Gambina
- 🍴 9 Rest. El Pescador
- 🍴 10 Rest. Vehi
- ❶ 11 Touristeninformation
- 🏨 12 Hostal Marina
- Ⓜ 13 Centre d'Art Perrot-Moore (zurzeit geschlossen, soll aber wieder eröffnet werden)
- 🏨 14 Hostal El Ranxo
- 🏨 15 Hotel La Residència
- ⛺ 16 Camping Cadaqués
- 🍴🏨 17 Rest. und Pensión Cala d'Or

DIA DE
DAQUÉS

0 ———————— 100 m

Strandprofil

Niemand fährt nach Cadaqués der Strände wegen, die sind nämlich keine Offenbarung. Die Strandbuchten sind alle sehr klein und meist steinig. Zum kurzen Verschnaufen eignen sie sich natürlich, aber der Spaß wird schon dadurch gestört, dass sich eine enge, aber gleichwohl stark befahrene Straße vor dem Meer durch den Ort windet.

Platja Gran

Platja Gran oder **Es Portal** ist der Stadtstrand und auch der größte; wer in den Ort kommt und zum Meer geht, stößt direkt auf ihn. Er liegt somit gewissermaßen im Ortszentrum, in Sichtweite erhebt sich die Kirche Santa María. 300 Meter misst er, und der graue Untergrund zeigt sich steinig.

Richtung Norden nach Portlligat schließen sich **weitere vier Strandbuchten** an, die aber weder sonderlich reizvoll sind, noch atmosphärisch eine Erwähnung lohnen.

Wer der Küstenstraße nach Süden folgt, passiert nach wenigen hundert Metern **drei kleine Buchten.** Diese liegen nicht ganz so exponiert im Stadtzentrum, eignen sich aber noch am ehesten zum Baden und Sonnen. Vor allem die 50 Meter breite Bucht Llane Gran y Petit unterhalb des gleichnamigen Hotels sei hervorgehoben, obwohl der Untergrund steinig ist.

Sehenswertes

In erster Linie das **Stadtbild!** Und das zeigt sich vor allem eng und verwinkelt, also lieber gleich den Wagen auf dem großen Parkplatz am Ortseingang stehen lassen. Die Wege sind kurz, und nur so kann man die Atmosphäre so richtig aufnehmen. Die Straßen und Gassen verlaufen in wilden Winkeln, schlagen Haken, steigen steil an oder enden urplötzlich. Treppen, Kopfsteinpflaster und hohe Absätze dominieren, aufpassen also, wo man hintritt! Zwei Museen wird wohl jeder Besucher aufsuchen, beide

Costa Brava

stehen im Zusammenhang mit dem Großmeister *Dalí.*

Das erste ist das **Museu Municipal de Cadaqués** an der C/ Narcisco Monturiol 15. Allzuviel darf man nun nicht erwarten; ausgestellt ist in erster Linie eine dokumentarische Übersicht durch Fotos eines französischen Fotografen über das Leben von *Dalí. Marc Lacroix* begleitete über Jahrzehnte fotografisch das Wirken des Malers und seiner Frau *Gala.* Diese Fotos dominieren, ergänzt wird die Ausstellung um einige wenige Originale des Meisters. Besonders gelungen ist die musikalische Untermalung.

● **Geöffnet:** April-Nov. Mo-Sa 11-13.30 und 16-20.30 Uhr, So nur vormittags Eintritt 5 €.

Das zweite Museum heißt **Centre d'Art Perrot-Moore** und liegt an der Plaça Federico Rahola s/n. Der Name verweist auf zwei große Künstler, deren Werke gezeigt werden, aber der Star bleibt auch hier *Dalí.* Eine Inschrift unter einer Statue im Eingangsbereich lässt daran keinen Zweifel: *„Este Museu es dedicado al talento y al genio del maestro Salvador Dalí".* „Dieses Museum ist dem Talent und Genie des Meisters *Salvador Dalí* gewidmet." Und seine Werke dominieren auch. 400 Exponate von *Dalí* und ebenfalls 400 Arbeiten von *Picasso* sind in diesem ehemaligen Theater ausgestellt. So sind u.a. zu bewundern: eine Reihe von erotischen Zeichnungen, die komplette Vorlage zur „Divina Comedia" und Stierkampfzeichnungen. Interessant auch das im Eingangsbereich liegende und von *Dalí* eingerichtete

Theater und der Originalautobus, der im Jahr 1920 noch die Reisenden nach Cadaqués brachte. Drinnen sitzen *Dalí, Gala, Miró, Lorca,* die „eine surrealistische Reise" unternehmen.

Das Museum war zwei Jahre lang geschlossen; 2002 wurde es für die Sommermonate wieder geöffnet. Wie es weitergeht, steht noch nicht fest.

Die **Kirche Santa María,** die aus dem 17. Jahrhundert stammt, hat einen barocken Altaraufsatz mit Goldbesatz aus dem 18. Jahrhundert. Er ist jüngeren Datums, da sein „Vorgänger" von Piraten geraubt wurde.

Praktische Tipps

Unterkunft

● **Hotel Nou Estrelles** €€€, C/ Sant Vicenç s/n, Tel. 972 259 100, geöffnet am 1.4.- 30.9., direkt am Ortseingang vor dem Parkplatz, funktionelles Haus mit 15 Zimmern.

● **Hotel El Ranxo** €€€, Av. Caritat Serinyana s/n, Tel. 972 258 005, kleines Haus, das an stark befahrener Straße liegt.

● **Pension Cala d'Or** €€, C/ Amargura s/n, Tel. 972 258 149, winzige Pension mitten in der Altstadt.

● **Hotel La Residència** €€€, Av. Caritat Serinyana 1, Tel. 972 258 312, Fax 972 258 013. Zentrale Lage an einer Zufahrtsstraße, aber mit künstlerischem Touch.

● **Hotel Rocamar** €€€€, C/ Verge de Carme s/n, Tel. 972 258 150, Fax 972 258 650. Das Haus besticht durch seine erstklassige Lage, leicht erhöht am Ortsrand von Cadaqués, mit traumhaftem Blick über die Bucht. Für den Meerblick muss man etwas mehr bezahlen, lohnt sich aber. Wenn schon, denn schon ...

● **Hotel Llané Petit** €€€€, Tel. 972 258 050, Fax 972 258 778, liegt ganz in der Nähe und weist ähnliche Merkmale auf.

● **Hostal Marina** €€€, Federico Rahola 2, Tel. 972 159 091. Liegt nur 50 Meter vom Strand entfernt, aber mitten im Geschehen.

Camping

●**Camping Cadaqués,** liegt mehr im Ort Portlligat, deshalb findet der Interessierte die Beschreibung dort.

Essen & Trinken

●**Rest. Sa Gambina,** Riba Nemesi Llorenç s/n, Tel. 972 258 127. Ein Klassiker mit schönem Blick von der Terrasse aufs Meer.
●**Rest. La Galiota,** Narciso Monturiol 9, Tel. 972 258 187. Äußerlich unscheinbar, aber kulinarisch hervorragend.
●**Rest. Maritim**, Passeig Maritim, traditionsreiches Lokal seit vier Jahrzehnten mit Terasse zum Meer.
●**Rest. El Pescador,** Riba Nemesi Llorenç s/n, Tel. 972 258 859. Vor dem Strand an der Promenade gelegenes kleines Fischlokal.
●**Rest. Vehi,** De la Iglesia 6, Tel. 972 258 470. Fischspezialitäten. Etliche Restaurants finden sich in der **Straße Dr. Cotxe.**

Adressen

●**Busterminal,** C/ Sant Vicenç s/n, Tel. 972 258 713, die Gesellschaft *Sarfa* bietet Verbindungen nach Figueres, Girona und Barcelona an.

Feste

●**16. Juli:** Fest zu Ehren der *Verge de Carme,* Schutzpatronin des Meeres.
●**7.-8. September:** großes Sommerfest, Sardanas, Habaneras, Umzug von Giganten.
●**17. Dezember:** Fest zu Ehren Ntr. Senyora de Esperança, u.a. Messe und Sardanas.
●**Jeden letzten Sonntag im Monat:** Antiquitätenmesse an der Promenade.

Markt

●**Termin:** Montag.

Dalís Haus

Ausflüge

Bootstouren

Es werden Bootstouren entlang der Küste **bis Cap de Creus** angeboten, aber **auch kürzere Strecken** sind im Programm. Etwa stündliche Abfahrt vom Strand Es Portal. Da diese Boote einen Glasboden haben, kann man die Unterwasserwelt bestaunen.

Portlligat

Eigentlich ist Portlligat kaum mehr als ein Anhängsel von Cadaqués, wenngleich es schon den Status eines eigenständigen Dorfes hat. Von Cadaqués wird Portlligat nach wenigen Kilometern auf einer kurvigen und im Endbereich engen Straße erreicht. Es gäbe kaum einen Grund, hierher zu fahren, läge nicht in Portlligat das **Haus von Dalí.** Hier lebte und arbeitete der Meister lange Jahre und fand seine Inspirationen. Das Haus liegt direkt am Meer, und die schon aus Figueres bekannten Eier auf dem Dach blitzen durch. Man folgt dem holprigen und engen Weg um das Hotel Port Lligat herum hinunter zum Meer. Dort kann man parken und einen kleinen Spaziergang zum Haus unternehmen. Es ist seit September 1997 zu besichtigen. So bizarr das Leben des Meisters war, so skurril zeigt sich auch sein Wohnhaus, damit beinahe so, wie man es von einem Genie erwartet. Am Eingang erwartet den Besucher beispielsweise ein Eisbär! Weitere bizarre Gegenstände liegen in einem Laby-

rinth mit einer Vielzahl von ungewöhnlichen Einrichtungsgegenständen, Selbst der Swimmingpool fällt mit seiner Phallusform aus dem Rahmen, Dalí-like eben.

● **Geöffnet:** 15.6.-15.9. 10.30-21 Uhr, sonst 10.30-18 Uhr. Voranmeldung erforderlich unter Tel. 972 251 015 oder per E-Mail: pllgrups@dali-estate.org; Eintritt: 8 €, Kinder unter 9 Jahren frei

Unterkunft

● **Hotel Port Lligat** €€€, Tel. 972 258 162, Fax 972 258 643, ein Haus, das wohl von der Nachbarschaft zu *Dalí* inspiriert wurde, bereits beim Empfang findet sich eine kleine Bilderausstellung.

Camping

● **Camping Cadaqués,** 2. Kat., Tel. 972 258 126, Fax 972 159 383, geöffnet April bis Ende September. Liegt an der schmalen Straße zwischen Cadaqués und Portlligat, kleines, durch Terrassen unterteiltes Gelände.

Ausflug zum Cap de Creus

Das Cap de Creus fahren bildet den Endpunkt der Pyrenäen und gleichzeitig den östlichsten Punkt der iberischen Halbinsel. Eine **wilde, einsame Landschaft** mit tiefen Einschnitten und steil abfallenden Felswänden. In früheren Zeiten siedelten Menschen hier, das wurde durch Dolmenfunde belegt. Heute ist es völlig einsam, einige Vögel haben deshalb dieses Gebiet als Nistplatz auserwählt. Von Cadaqués führt der Weg über neun Kilometer bis zum Parkplatz beim Leuchtturm. Dieser stammt aus dem Jahr 1847 und sendet alle 10 Sekunden ein weißes Licht aus.

Costa Brava

Roses

- **Einwohner:** 11.500
- **PLZ:** 17480
- **Entfernung nach Barcelona:** 152 km
- **Touristeninformation:** Av. de Rhode 101, Tel. 902103636, Fax 972151150, Nebenstelle:
  Av. de la Platja, Ecke Av. Nautilus, E-Mail: otroses@ddgi.es
- **Internet:** www.roses-costabrava.com

Roses ist der erste Ort nach der Grenze, der zu den touristisch ganz großen Zentren gezählt werden darf. Die **weitgeschwungene Bucht** gleichen Namens (Badia de Roses) misst insgesamt gute 15 Kilometer, am nördlichen Zip-

fel liegt der Ort Roses. Im Hinterland sind gerade noch die allerletzten Ausläufer der Pyrenäen sichtbar, weiter südlich wird das Land völlig flach. Das schafft Platz für weite Strände, und davon hat Roses genügend.

Wer sich **der Stadt nähert,** befährt zunächst eine breite Straße, passiert mehrere Hotelanlagen und Campingplätze, bevor sich die Straße in Höhe der nicht übersehbaren Festung stark verengt. Nun erreicht man die Altstadt, die Straße verläuft daran vorbei, streift den Hafen und zieht sich über die hügeligen Nachbarviertel wieder hinaus aus Roses.

Platja Santa Margarida

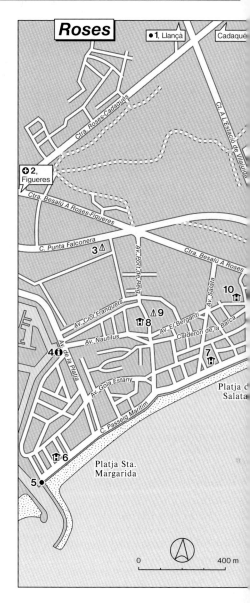

Roses

● **1**, Llançà

Cadaqué

Ctra. Roses-Cadaqués

Ct. A L'Estació de Vilajuiga

✪ **2**, Figueres

Ctra. Besalú A Roses-Figueres

C. Punta Falconera

3 △

Av. port. de Reig

Ctra. Besalú A Roses

Av. Salata

10 🏠

Av. Ciot Franquets

🏠 **8** △ **9**

Av. El-Berganti

Av. Nautilus

Calderon de la Barca

4 ℹ

Av. de la Platja

7 🏠

Platja d Salata

Av. Gola Estany

C. Passeig Marítim

🏠 **6**

Platja Sta. Margarida

5 ●

0   400 m

●	1	Aquabrava (Badelandschaft)
✚	2	Deutsches Ärztezentrum
△	3	Camping Rodas
❶	4	Touristeninformation
●	5	Bootsausflüge
🏨	6	Hotel Victoria
🏨	7	Hotel Marian Platja
🏨	8	Hotel Goya Park
△	9	Camping Salata
🏨	10	Hotel Mediterráneo
●	11	Cuc Park (Vergnügungspark)
△	12	Camping Bahia de Roses
△	13	Camping Joncar Mar
★	14	Monumento al Turista
🏨	15	Hotel Coral Platja
★	16	Ciutadella (Festungsruine)
✉	17	Post
❶	18	Touristeninformation
🏨	19	Hotel Ciudadela
Ⓑ	20	Busterminal
★	21	Altstadt
●	22	Bootsausflüge
ⓜ	23	Restaurant Flor de Lis
ⓜ	24	Restaurant Can Willy
★	25	Plaça Sant Pere
ⓜ	26	drei Strandrestaurants
♜	27	Castell de la Trinitat
★	28	Leuchtturm

Costa Brava

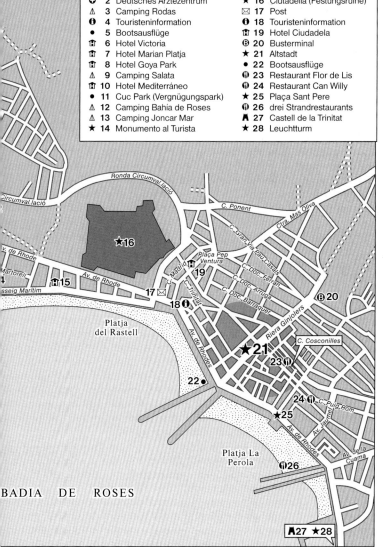

Ronda Circumval.lació

Circumval.lació

C. Ponent

Ctra. Mas Oliva

★16

Av. de Rhode

C. Gran Via Pau Casals

Martorell

Av. de Rhode

Plaça Pep
Ventura

H 19

C. Madrid

C. Doc. Ferran

🏨15

sseig Marítim

17 ✉

C. Trinitat

C. Doc. Arruga

18 ❶

C. Doc. Barraquer

Ⓑ 20

Riera Ginjolers

Platja
del Rastell

Av. de Rhodes

★ 21

C. Cosconilles

23 ⓜ

22 ●

24 ⓜ C. Puig-Rom

★25

Av. de Rhodes

Platja La
Perola

ⓜ26

Av. de Jaumel

Av. de la
Cuama

BADIA   DE   ROSES

♜27 ★28

Der ursprüngliche **Kern der Stadt** mit seinen vielen verwinkelten Gassen hat sich stark auf die touristischen Bedürfnisse eingestellt, aber nicht völlig ergeben. Es genügen ein paar Schritte, und man steht vor einer spanischen Bar. Am Abend schlendern alle, Urlauber und Einheimische, einträchtig durch die Gassen. Auffällig auch, dass clevere Wirte natürlich den Gästen schon mehrsprachige Speisekarten überreichen, aber, so scheint es jedenfalls, die überwiegende Zahl der Restaurants ist in katalanischer Hand. Somit findet man hier eben nur vereinzelt Lokalitäten, die von Ausländern geführt werden.

Die großen Hotels und Apartmentanlagen sind außerhalb der Altstadt zu finden, eine mehrere Kilometer lange Promenade verbindet beide Viertel. Dort, im **Viertel Santa Margarida**, sind dann auch mehrere Campingplätze und von Ausländern geführte Restaurants zu finden, es gibt hier ausschließlich an Urlauber gerichtete Angebote.

Strandprofil

Der **Strand im Stadtbereich von Roses** wird von zwei markanten Punkten begrenzt, rechts (Blickrichtung zum Meer) vom Zufluss des Canal de Río Grau und links vom Hafen. Zwischen diesen beiden Polen erstreckt sich über insgesamt 2,5 km ein durchgehender Sandstrand. Die durchschnittliche Breite liegt bei 45 m, und der Stand besteht aus weichem, hellem Sand. Eine nett gestaltete **Promenade** verläuft ebenfalls über die gesamte Distanz, ausgehend vom Hafen bis zum Endpunkt am Kanal, wo ein zweiter, aber wesentlich kleinerer Hafen liegt. Der Strand wird in vier Abschnitte unterteilt, ausgehend vom Kanal hier die Skizzierung:

Platja Santa Margarida

Vom Kanal über 700 Meter verläuft dieser Strand, etwa bei der breiten Av. de Port wechselt er den Namen. Im Hintergrund erheben sich etliche mehrgeschossige Bauten – Hotels und Apartmentanlagen – aber für all die Gäste bleibt genügend Platz am Strand. Durch die offene Bucht kann es zu leichtem Wellengang kommen.

Platja del Salatar

Dieser Strand schließt sich an; er verläuft ebenfalls über fast 700 Meter. Hier werden die Hochhäuser schon etwas weniger, das Stadtbild von Roses verjüngt sich nämlich etwas. Hierher kommen auch viele Tagesgäste aus den umliegenden Orten; der Sand bleibt weiterhin hell und weich. (In dieser Zone liegen auch die meisten Campingplätze.)

Platja del Rastell

Die Platja del Rastell folgt übergangslos, verläuft über 650 Meter bis zu den beiden weit ins Meer hinausragenden Molen der Riera de Ginjolers. Hier ist jetzt die Altstadt erreicht,

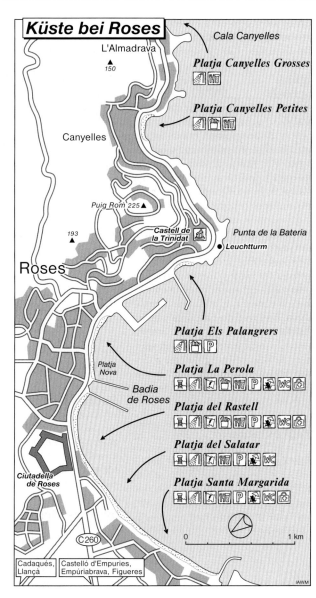

Küste bei Roses

Cala Canyelles

L'Almadrava
▲ 150

Platja Canyelles Grosses

Platja Canyelles Petites

Canyelles

Puig Rom 225 ▲

193 ▲

Castell de la Trinidat

Punta de la Bateria

● Leuchtturm

Roses

Platja Els Palangrers

Platja Nova

Platja La Perola

Badia de Roses

Platja del Rastell

Platja del Salatar

Ciutadella de Roses

Platja Santa Margarida

0   1 km

C260

Cadaqués, Llançà

Castelló d'Empuries, Empúriabrava, Figueres

IAWM

Costa Brava

einige kleinere Hotels liegen an der Promenade und etwas im Hintergrund die Zitadelle.

Platja La Perola

Dies ist die letzte Strandzone im Stadtbereich, 450 Meter lang und im Schnitt 20 Meter breit. Dieser Strand wird nicht so intensiv genutzt, da hier schon der Hafen dominiert und die meisten Urlauber in einem anderen Viertel wohnen. Kleiner Vorteil: beim Hafen, liegen ein paar urige kleine Restaurants mit Terrasse direkt zum Meer.

Es folgen noch **weitere drei Buchten** in den Randgebieten von Roses. Eine Straße führt vom Zentrum immer entlang der Küste in diesen Bereich, in dem zwei Urbanizaciones (Neubauviertel) liegen: Canyelles und L'Almadrava. Hier wird die Landschaft schon wieder hügeliger, die Häuser kleben teilweise recht malerisch an den Hängen. Da hier auch einige FeWos zu finden sind, werden die Buchten in aller Kürze beschrieben, weiter in der Reihenfolge von Roses kommend:

Platja Els Palangrers

Dieser Strand schließt sich gleich an den Hafen an; im Hintergrund stehen etliche Apartmentanlagen, die Straße schlängelt sich direkt an der Strandbucht vorbei. Weicher, heller Sand, aber nur 130 Meter lang und sechs Meter breit.

Treffend: Monumento al Turista

Canyelles Petites

Der Strand liegt ebenfalls vor den terrassenförmig angelegten Apartmentanlagen. Feiner, heller Sand auf 300 Meter Länge und 30 Meter Breite.

Canyelles Grosses

Canyelles Grosses liegt vor der Urbanización L'Almadrava, schon mehr als einen Kilometer vom Hafen von Roses entfernt. Immerhin gute 500 Meter lang und 20 Meter breit ist dieser Strand in einer hübschen Bucht.

Sehenswertes

Zunächst die **Altstadt,** trotz der Massen, die sich zeitweise hier durchschieben. Wer sich die Mühe macht, einmal in die Nebengassen auszuweichen, wird immer noch stille Ecken entdecken. Nicht ungemütlich auch die Plaça Sant Pere, unweit vom Hafen, wo nette Lokale mit Terrasse zum Gucken und Gesehenwerden einladen.

Einzige klassische Sehenswürdigkeit innerhalb der Ortschaft ist die **Ciutadella,** nicht weit vom Touristenbüro entfernt. Die Festung wurde im 16. Jh. unter *König Carlos I.* erbaut, sie fiel recht groß aus für diesen Ort, der damals noch keine überragende Bedeutung hatte. Ursprünglich befand sich einmal an dieser Stelle die griechische Siedlung Rhodes, die schon 776 v. Chr. hier gegründet wurde. Beim Bau der Ciutadella war der pentagonale, sternförmige Grundriss und die dreieckigen Ausbuchtungen neu, allerdings sind heute nur noch drei erhalten. Die ganze Anlage zeigt sich doch etwas verfallen, es wird aber kräftig restauriert. Die Festung ist noch heute von einem Graben umgeben, der konnte früher sogar im Notfall geflutet werden. Im Inneren ist bis auf ein paar Kanonen und einen muschelbesetzten Anker kaum etwas zu sehen, wie gesagt, man restauriert.
● Geöffnet: 9-20 Uhr, Eintritt frei.

Etwas außerhalb, bei der Urbanización Puig Rom, liegen der **Leuchtturm** aus dem Jahr 1864 und gleich daneben das **Castell de la Trinitat** aus dem Jahr 1544. Hier ist auch der Aussichtspunkt Mirador del Puig-Rom zu finden, der eine grandiose Aussicht verspricht.

Eine gewisse Symbolik kann man einem anderen Denkmal nicht absprechen, das **Monumento al Turista** ist an der Promenade vor der Platja Salatar zu finden und weist gewissermaßen auf die wirtschaftliche Bedeutung des Tourismus hin.

Das Gegenstück, der Hinweis auf die ehemalige, jetzt überholte Erwerbstätigkeit als Fischer, ist auch noch zu finden, das **Monumento a los Pescadores,** Av. de Rhode, direkt vor dem Touristenbüro.

Praktische Tipps

Unterkunft

● **Hotel Marian Platja** €€€, Passeig Marítim s/n, Tel. 972 256 108, Fax 972 256 312, geöffnet April bis Oktober. Ein fünfstöckiges Haus direkt am Strand, Meerblick von vielen Zimmern, Sackgassenlage.

● **Hotel Coral Platja** €€€, Av. de Rhode 28, Tel. 972 252 110, Fax 972 252 101, geöffnet April bis Oktober. Insgesamt 128 Zimmer, verteilt auf zwei Gebäude, nur eins hat Blick aufs Meer.

● **Hotel Ciudadela** €€-€€€, C/ Tarragona 7, Tel. 972 257 009, Fax 972 257 703, ganzjährig geöffnet. Ein kleines Haus, etwas abseits gelegen, nur wenige Schritte von der Ciutadella entfernt.

● **Hotel Victoria** €€€, Passeig Marítim s/n, Tel. 972 252 120, Fax 972 252 101, geöffnet von März bis Oktober. Ein Haus mit 221 Zimmern, einige mit Meerblick. Es liegt fast am Hafen im Stadtteil Santa Margarida, damit gut zwei Kilometer von der Altstadt entfernt.

● **Hotel Goya Park** €€€€, Av. Port del Reig 25, Tel. 972 252 140, Fax 972 252 101, geöffnet von April bis November. Auffälliges Haus im Ortsteil Santa Margarida mit über 200 Zimmern, nur eine Straße vom Strand entfernt.

● **Hotel Mediterráneo** €€€, C/ Quevedo s/n, Tel. 972 256 300, Fax 972 254 910, geöffnet von April bis Oktober. Ein angenehmes Haus, das direkt an der Promenade liegt.

Costa Brava

Camping

Die vier Campinglätze von Roses liegen alle ziemlich zentral, zählen aber nicht zur Spitzenkategorie. Sie sind alle recht klein, wenn's voll wird, steht man schon etwas beengt. Vorteil: Zum Strand hat es niemand weit, genauso wenig zur Altstadt. Sie sind leicht zu finden, einfach der Hauptzufahrtsstraße folgen, die Hinweisschilder sind nicht zu übersehen.

●**Camping Rodas,** 2. Kat., C/ Bernat Metge s/n, Tel. 972 257 617, geöffnet 1.6.-30.9. Ein Platz am Ortsrand, durch Pinienbewuchs abgeteilte Standplätze, so dass jeder „seinen" Platz hat. Kleine Bar, Pool und, leider, Mücken (vom nahen Kanal).

●**Camping Joncar Mar,** 2. Kat., C/ Bernat Metge s/n, Tel. 972 256 702, geöffnet 1.4.-31.10. Platz liegt links und rechts dieser winzigen Straße, die zum Strand führt, nicht groß, aber strandnah.

●**Camping Bahía de Roses,** 2. Kat., Ctra. Estació Vilajuïga 10-18, Tel. 972 256 669, Fax 972 254 048, geöffnet 1.4.-30.9. Platz liegt links der Zufahrtsstraße zum Ort. Größere Fläche mit Grasbewuchs, von einer hohen Mauer umgeben.

●**Camping Salatà,** 2. Kat., Port Reig s/n, Tel. 972256086, Fax 972150233, geöffnet 1.4.-30.11. Liegt mitten zwischen den Apartmentanlagen und nah beim Hotel Goya. Nicht zu großes Gelände, Pool und Mietbungalows.

Essen & Trinken

●**Casa Gallega,** rustikal-gemütlich. Eine der diversen Lokalitäten in der Carrer Trinitat, eine typische Flaniergasse in der Altstadt.

An der **Plaça Sant Pere** liegen ebenfalls mehrere Restaurants mit Freilufterrassen.

Ganz am Ende der Promenade beim Hafen sind in einem Gebäudekomplex **am Strand** drei urige Lokale zu finden, man sitzt direkt am Strand.

●**Can Willy,** C/ Puig Rom 22, ein Tipp für Tapas, Altstadt.

●**El Bulli,** Cala Montjoi (6 Kilometer außerhalb in Richtung Canyelles), Tel. 972 150 457, Mo und Di geschlossen, außer Juli bis Sept. Außerdem 15.10.-15.3. geschlossen. Ein Restaurant der Extraklasse, in allen Fachzeitschriften lobend erwähnt. Die Aufmachung ist edel, und so ist auch der Preis. Ein komplettes Menü besteht aus 12 Gängen und kostet ca. 90 €. Zwar gibt es auch eine Speisekarte, aber wie meinte doch der Chef: „Im Bulli à la carte essen, ist wie zum Flugplatz fahren und dann doch den Zug nehmen." Ein spanischer Gastrokritiker äußerte gar, dass der Gast im Bulli nicht mit dem Mund, sondern mit der Seele speise.

●**La Llar,** Carretera nach Figueres, 4 km, Tel. 972 255 368. Ein Restaurant mit gutem Preis-Leistungs-Verhältnis, die Koch kreiert katalanisch-französische Gaumenfreuden.

●**Flor de Lis,** C/Cosconilles 47, Tel. 972 254 316, geschl. 6.10.-21.12. Die deutsch-schweizerischen Besitzer richteten ihre Küche und das Ambiente ihres Hauses nach ihren Heimatländern aus; die Einrichtung ist einem schweizer Chalet nachempfunden.

Adressen

●**Deutsches Ärztezentrum Persalud,** im Ortsteil Santa Margarida, Av. Nord, Sector Nàutic Center, Tel./Fax 972 152 938. 24 Stunden-Notfall-Telefon: 909 790 918, Sprechzeiten: 9-13 und 16-19 Uhr, Sa/So 10-12 Uhr.

●**Bootsfahrten** u.a. nach Cap de Creus und Portlligat werden von der kleinen Marina am Kanal am Ende der Promenade, vor dem Hotel Victoria angeboten. Eine Piratenfahrt mit Snacks und viel Vino darf nicht fehlen. Verschiedene Anbieter mit identischem Programm und ähnlichen Preisen.

●**Busterminal:** Gran Vía Pau Casals, Ecke Riera Ginjolers, mit Verbindungen nach Cadaqués, Barcelona und Figueres.

●**Reisebüro Del Sol,** Pl. i Sunyer 21, Tel. 972 152 211, in der Altstadt, bietet Ausflüge u.a. nach Barcelona, Andorra oder auch zum Stierkampf in Girona an.

●**Go-Kart-Bahn:** Karting Roses ist eine Gokartbahn, zu der ein Gratisbus pendelt, liegt außerhalb an der Straße nach Llançà, Portbou. Gefahren wird auf einer 895 Meter langen Bahn.

●**Mietwagen:** Rent a car Roses, Carrer Francesc Macià 50, Tel. 972 254 586, an der Promenade neben dem Hotel Victoria.

●**Segeln:** Catamaran Visio Submarina, ein großer Katamaran mit Glasboden gleitet vor der pittoresken Küste entlang, erlaubt tolle Blicke auf den Meeresboden; Abfahrt ebenfalls von der kleinen Marina am Kanal. Am Samstag pendelt hier eine kleine Fähre rüber nach Empúriabrava zum Markt.

●**Tauchen:** Poseidon, internationales Tauchzentrum unter deutscher Leitung, bietet auch Schnuppertauchen an, beim Hotel Victoria, Tel. 972 255 772.

●**Vergnügungspark:** Cuc Parc, am Ortseingang, Fax 972 254 407 oder postalisch P.O.Box 622 in Roses. Ein kleiner Vergnügungspark für Kinder.

Feste

●**29. Juni:** Festa dels Pescadors, das Fest der Fischer.

●**15. August:** Nuestra Senyora de Assumpció, gefeiert wird allerdings vom 9. bis 18.8. u.a. mit Feuerwerk am 16.8. Sardanas, Konzerten, Habaneras, aber auch Serenaden des Sommers werden vorgetragen.

●**26. September:** Festa de la bicicleta, das „Fahrradfest".

Markt

●**Termin:** Sonntag, um den Mercat Municipal.

Ausflüge

Aquabrava

Aquabrava ist eine **Badelandschaft** mit diversen Rutschen, Flussfahrten, Wasserschanzen und einem Blackhole (Eintauchen in die Finsternis); sie liegt außerhalb an der Straße nach Llançà.

●**Geöffnet:** 10-19 Uhr, Kinder bis 1,20 m Körpergröße und Personen älter als 65 Jahre: 9 €, 7 € für einen halben Tag, Erwachsene ca. 15 € bzw. um 12 € für den halben Tag; der halbe Tag beginnt um 15 Uhr.

●Anfahrt: Kostenloser Busshuttle

Vilajuïga

In Vilajuïga ist eine **Bodega** zu finden, die hervorragenden Wein direkt aus riesigen Fässern zu günstigen Preisen verkauft. Die Cooperativa Alt Empordà ist nicht zu übersehen, sie liegt direkt an der Durchfahrtsstraße C/ Roses 3, Tel. 972 530 043.

●**Geöffnet:** Mo-Sa 9-13 und 15-19 Uhr, So nur vormittags, in den Sommermonaten bis 21 Uhr.

Empúriabrava

●**Einwohner:** 6000 dauerhafte Residenten
●**PLZ:** 17487
●**Entfernung nach Barcelona:** 143 km
●**Touristeninformation:** C/ Puigmal 1, Tel. 972 450 088, Fax 972 451 095, E-Mail: turisme@empuriabrava.com
●**Internet:** www.empuriabrava.com

„Die größte Marinaansiedlung der Welt", so feiert sich dieser Ort selbst. Die Aussage mag stimmen, gibt es hier doch 5000 Liegeplätze in einem gleichmäßigen **Netz von Kanälen.** An diesen Wasserstraßen entstand eine wahrlich riesige Urbanización.

Man biegt von der Verbindungsstraße Figueres – Roses ab und fährt zwei, drei Kilometer entlang der **Hauptstraße,** die schließlich am Strand endet.

Beim Abbiegen kommt man am **Touristenbüro** vorbei; man erreicht es über eine kleine Brücke.

Der ganze Ort wurde in Parzellen unterteilt, und dort finden sich **Hunderte von Ferienwohnungen.** Ein Großteil dieser Unterkünfte liegt an einem der vielen Kanäle, so dass man sein mitgebrachtes Boot vor der Tür

Costa Brava

144-cb Foto: jf

dümpeln lassen kann. Über das verzweigte Kanalnetz erreichen die Freizeitkapitäne auch das offene Meer. Hochhausriesen wurden nicht errichtet, nur kleine Einheiten sind zu finden, eine Art Häuschen am Wasser also.

Strandprofil

Platja d' Empúriabrava

Empúriabrava ist klar begrenzt von zwei Flüssen, dem Ríu la Muga und dem Rec els Salins, dazwischen erstreckt sich die Platja d'Empúriabrava über 1,6 Kilometer Länge. Die Breite beträgt stattliche 90 Meter, und der Sand zeigt sich hell und weich. Hier herrschen vereinzelt starke Winde und Strömungen vor.

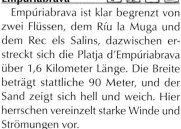

In Empúriabrava parkt das Boot vor der Tür

Platja la Rovina

Ein weiterer schöner Strand, Platja la Rovina, schließt sich nach links an (Blickrichtung Meer), beginnt aber jenseits des Kanals, ist also etwas umständlich zu erreichen. Der Strand verläuft über 1,7 Kilometer und endet an der Stadtgrenze von Roses am Canal del Ríu Grau. Das Hinterland zählt zum Naturreservat Aiguamolls de l'Empordà, bis auf ein paar Campingplätze existieren keine Ansiedlungen. Der feine Sandstrand würde wohl noch mehr Leute anlocken, wäre er nicht so umständlich zu erreichen.

Platja Can Comes ist ein vier Kilometer langer Strand mit einer mittleren Breite von 65 Metern. Der Strand liegt rechts von Empúriabrava (Blickrichtung Meer) und hat den Naturpark Aiguamolls de l'Empordà im Rücken. Dadurch ist die Zufahrt etwas erschwert, so dass dieser schöne Strand mit feinem Sand schwach besucht ist. Zwei Campingplätze (Almatà und Laguna) sind hier zu finden.

Serviceeinrichtungen: In bestimmten Zonen ist FKK möglich, sonst existieren keine nennenswerten Einrichtungen.

Sehenswertes

Ein Schmetterlingspark, an der Straße nach Castelló d'Empries gelegen. In einem großen Freigehege, das einem Tropenwald nachempfunden wurde, kann man bunten Faltern zuschauen. ●**Geöffnet:** 10-20 Uhr; Eintritt: ca. 5 €, Kinder 4-12 Jahre ca. 4 €.

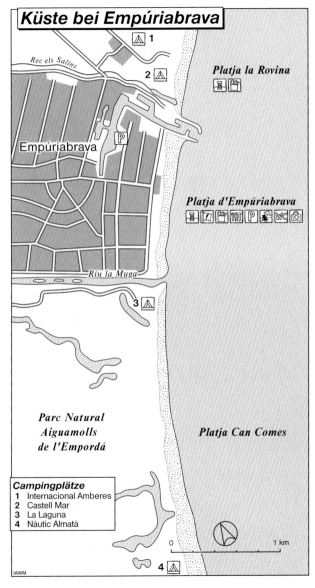

Küste bei Empúriabrava

Rec els Salins

Platja la Rovina

Empúriabrava

Platja d'Empúriabrava

Ríu la Muga

Parc Natural
Aiguamolls
de l'Empordá

Platja Can Comes

Campingplätze
1 Internacional Amberes
2 Castell Mar
3 La Laguna
4 Nàutic Almatà

0   1 km

IAWM

130smk Foto: hjb

Praktische Tipps

Unterkunft

Über das Touristenbüro erhält man eine Liste, die 48 **Anbieter von Ferienwohnungen** aufzählt, daneben gibt es aber noch eine Reihe privater Vermieter. Die Liste enthält mindestens sechs deutschsprachige Agenturen. Einige Häuser sind auch über Wolters oder Interhome buchbar.

Camping

Die folgenden Campingplätze liegen alle bei der Platja La Rovina:

●**Camping Mas Nou,** 1. Kat., Tel. 972 454 175, Fax 972 454 358, geöffnet von Ostern bis 30.09. An der Straße Figueres – Roses beim km 38, unweit vom Empúriabrava zu finden, ungefähr drei Kilometer vom Meer entfernt. Ein Wiesengelände mit lockerem Baumbestand.

●**Camping Castell Mar,** 2. Kat., Tel. 972 450 822, Fax 972 452 330, geöffnet von Anfang Mai bis Ende September. 300 Parzellen mit Baumbestand und allen nötigen Einrichtungen, sogar mit einem Pool für Kinder.

●**Camping Internacional Amberes,** 2. Kat., Tel. 972 450 507, Fax 972 671 286, geöffnet 15.5.-30.9., direkt neben Empúriabrava gelegen, nur durch einen Kanal getrennt. 600 Parzellen mit Grasboden und allen notwendigen Serviceeinrichtungen, auch einem großen Pool und Bungalowvermietung, Bar, Restaurant und Tennisplätzen.

●**Camping Nàutic Almatà,** 1. Kat., Tel. 972 454 477, Fax 972 454 686, geöffnet 15.5.-26.9.; an der Straße Castelló s'Empúries – Sant Pere Pescador, am Kilometer 11,6. Ein großer Platz mit 1100 Parzellen am Naturpark Aiguamolls. Breitgefächertes Angebot, u.a. drei Bars, Restaurant, ein Kanal, der zum Meer führt, Tennisplätze, Fußballfeld, Kinderpool, Disko, Reitmöglichkeiten, Minigolf.

Essen & Trinken

●**Mesón Don Pepe's,** Els Arcs 120-B, Tel. 972 454 523, gemütliches Lokal.

●**El Bruel,** Gebäude Bahia II, Av. Europa, Tel. 972 451 018, montags geschlossen, katalanische Küche.

Adressen

●**Boot Canal Tour,** C/ Carmansó 1, Tel./ Fax 972 452 579, bieten Touren zum Kennenlernen der „größten Marina-Residenz der Welt" an, täglich ab 9 Uhr stündlich. Dauer: etwa 1 Stunde, Abfahrt Sector Alberes 233, am rechten Ortsrand (Blickrichtung Meer).

●**Eco Boats Electric,** Poblat típic s/n, Tel. 972 454 946, Fax 972 250 646. Hier kann man mit einem kleinen Elektroboot durch die Kanäle schippern.

Feste

●**7.-10. August:** Fest zu Ehren von Sant Llorenç.

●**16. Juli:** Diada del Carme (Meeresprozession).

Markt

●**Termin:** Dienstag und Samstag.

Costa Brava

Die nördliche Costa Brava

Parc Natural Aiguamolls de l'Empordà

Überblick

Neben dem Ebro-Delta zählt dieser Naturpark zu den größten Feuchtgebieten Kataloniens. Angesiedelt ist Aiguamolls zwischen Roses und den Ruinen von Empúries. Dieses **natürliche Feuchtgebiet** drohte Ende der 1970er Jahre Gefahr zu verschwinden. Da endlich zog die katalanische Regierung nach heftigen Protesten die Notbremse und erklärte das Gebiet 1983 zum schützenswerten Naturpark. Da war zwar zwischenzeitlich schon der Grundstein gelegt worden für die Retortenstadt Empúriabrava, doch das Gesetz griff noch rechtzeitig, um das Gebiet zu erhalten.

Heute ist der 4783 ha große Park **in drei so genannte Políconos unterteilt.** Políono 1 liegt zwischen Empúriabrava, Roses und Castelló d'Empúries, Políono 2 zwischen Empúriabrava und dem Fluss Ríu Sirvent. Teil drei zieht sich entlang der Küste bis St. Martí d'Empúries.

Am einfachsten lässt sich der Park auf einem Rundgang besichtigen, der im Políono 2 liegt. Zu erreichen über die Verbindungsstraße Roses – Sant Pere Pescador, etwa fünf Kilometer vor Sant Pere geht es links ab zum **Parkeingang.** Dort muss der Wagen gegen eine geringe Gebühr geparkt werden, und im angeschlossenen Informationszentrum werden alle Fragen beantwortet.

Sehenswertes

Sehenswert ist der Park wegen seiner **einmaligen Landschaft** (Reisfelder, Wanderdünen, Salzböden), aber vor allem wegen der **Vögel,** die regelmäßig hierher zum Überwintern kommen. Die Zeit der Zugvögel liegt im Frühjahr und Herbst. Damit wird klar, dass es während der Haupturlaubsmonate im Sommer eigentlich wenig zu sehen gibt, wie die Dame im Informationszentrum mit Bedauern erklärte.

Ein etwa vierstündiger **Rundgang** in einem Teil dieses Parks zeigt alle Facetten des Feuchtgebietes. Zunächst führt er vom Besucherzentrum in Richtung Küste; von einigen kleinen Unterständen am Wegesrand aus kann man die Vögel in der Lagune beobachten. Weiter geht es durch Reisfelder bis zum Strand, dort biegt der Weg ab, bis man die letzte der fünf Lagunen erreicht. Die Laguna La Roquera ist Nistplatz u.a. für Flamingos. Der restliche Weg beschreibt einen weitläufigen Bogen und führt schließlich zum Informationszentrum zurück.

● Der Park ist täglich von 9 Uhr bis zum Sonnenuntergang geöffnet; der Eintritt ist frei, lediglich eine Gebühr für den Parkplatz wird erhoben.

Sant Pere Pescador

- **Einwohner:** 1500
- **PLZ:** 17470
- **Entfernung nach Barcelona:** 170 km
- **Touristeninformation:**
Verge de Portalet 10, Tel. 972 520 050,
Fax 972 550 323, E-Mail: santpere@ddgi.es

Nimmt man den Verkehrsfluss, der sich tagtäglich durch die engen Straßen dieses kleinen Ortes wälzt, als Maßstab, könnte der Eindruck entstehen, dass sich hier ein wichtiges touristisches Zentrum befindet. Dem ist auch so, nur ist es nicht der Ort selbst, der die Massen anzieht. Er zeigt sich ganz nett, ein Bummel durch die wenigen Straßen ist allerdings schnell gemacht. Die Kirche wird natürlich besichtigt, irgendwo ein Eis gegessen und ein wenig eingekauft.

Warum also treffen sich hier so viele Menschen? Die Antwort befindet sich ganz in der Nähe, denn nur 600 Meter entfernt liegt **einer der schönsten Strände der Costa Brava!** Dorthin zieht es an Wochenenden die Bevölkerung aus Figueres und Girona, und im Sommer kommen die Urlauber aus Nordeuropa.

Strandprofil

Wenn es so viele Einheimische an den **Strand** zieht, muss das seine Gründe haben, und die sind wirklich bestechend. Über insgesamt 6400 Meter zieht sich ein 90 Meter breiter Strand aus feinem, hellem Sand entlang. **Begrenzt** wird er von zwei Flüssen, dem Ríu Fluvià, der an Sant Pere Pescador vorbeifließt, und dem schmalen Ríu Vell, unweit der Ruinen von Empúries. Dazwischen ein breites Band von weichem Sand. Die offene See lockt **Windsurfer** an, das zeigt, wie heftig der Wind wehen kann.

Eine **Zufahrtsstraße** von Sant Pere Pescador führt hinunter bis zum Strand, an ein paar Campingplätzen vorbei. Kurz vor dem Strand (etwa 400 Meter) zweigt eine Straße nach rechts ab, die nicht in jeder Landkarte eingezeichnet ist. Diese verläuft bis St. Martí d'Empúries und führt an weiteren guten Campingplätzen und einer Urbanización von Ferienwohnungen vorbei. Das wäre auf beinahe sieben Kilometern alles; wer hier urlaubt, befindet sich inmitten der Natur, im Hinterland des Strandes verläuft sogar noch ein Gebietsstreifen des Naturparks Aiguamolls. Kein Wunder, dass es bei dieser „Einsamkeit" die Urlauber irgendwann einmal in den nächsten „größeren" Ort zieht, nach Sant Pere Pescador eben.

Unterkunft

- **Hotel el Molí** €€€, Ctra. de la Platge 36, Tel. 972 520 069. Insgesamt 26 Räume bietet dieses nette, hell-farbige, etwas außerhalb gelegene Haus, ein Pool ist auch vorhanden, aber nur vom 1.4. bis 31.10. geöffnet.

Camping

Insgesamt **sieben Campingplätze** liegen am Strand von Sant Pere, sie sind alle bereits im Ort ausgeschildert, sobald der Fluss überquert ist, (Schilder: „Platja" bzw. „L'Escala"). Den Ríu Fluvià überqueren und der Straße folgen. Die Straße führt dann bereits an den

Costa Brava

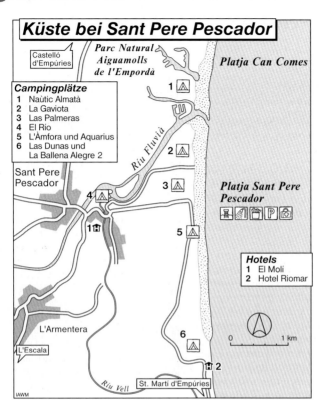

Küste bei Sant Pere Pescador

Castelló d'Empúries

Parc Natural Aiguamolls de l'Empordà

Platja Can Comes

Campingplätze
1 Naùtic Almatà
2 La Gaviota
3 Las Palmeras
4 El Río
5 L'Àmfora und Aquarius
6 Las Dunas und La Ballena Alegre 2

Sant Pere Pescador

Riu Fluvià

1 🏕

2 🏕

3 🏕

4 🏕

1 🏠

5 🏕

Platja Sant Pere Pescador

Hotels
1 El Molí
2 Hotel Riomar

L'Armentera

6 🏕

L'Escala

Riu Vell St. Marti d'Empúries

🏠 2

0   1 km

IAWM

---

ersten Plätzen vorbei und gabelt sich später. Rechts geht es auf einer nicht überall eingezeichneten Straße nach Sant Martí und dort liegen weitere sehr gute Campingplätze. Alternativ kann auch nach links abgebogen werden, wo ebenfalls noch Plätze zu finden sind.

● **Camping El Río,** 2. Kat., Tel. 972 520 216, Fax 972 549 022, geöffnet 18.6-31.8., liegt nur 200 Meter vom Ort, aber gute zwei Kilometer vom Strand entfernt. Recht kleiner Platz mit 200 Stellplätzen unter Bäumen.

Nach etwa einem Kilometer erreicht man einen Kreisverkehr; dort verzweigen sich die Straßen. Die Campingplätze L'Àmfora und Aquarius liegen an einer Zufahrtsstraße, die zum Strand führt. Beide Campingplätze liegen am Strand.

● **Camping Aquarius,** 2. Kat., Tel. 972 520 003, Fax 972 550 216, geöffnet von Ende März bis Mitte Oktober. Der Platz liegt teilweise unter Bäumen und weist einen Grasboden auf. Viele Serviceeinrichtungen, deutsches Management und etwa 400 Stellplätze.

● **Camping L'Àmfora,** 1. Kat., Tel. 972 520 540, Fax 972 520 539, geöffnet 28.3.-19.4. und 15.5.-30.9. Dieser Platz liegt sehr nahe am Strand, hat etwa 410 Stellplätze, und 64 davon besitzen sogar eigene Sanitäranlagen. Ein breites Angebot, wie Pool, diverse sportli-

Costa Brava

che Aktivitäten, Tennis, Reiten, Disko, Segeln, Angeln, aber auch Bungalow- und Mobilhomevermietung. Deutschsprachig.

Ein anderer Weg führt vom o.a. Kreisverkehr ebenfalls zum Strand, dort liegen zwei weitere Plätze.

● **Camping Las Palmeras,** 2. Kat., Tel. 972 520 506, Fax 972 550 285, geöffnet 01.04.-15.10. Ein kleiner Platz unter Pappeln, etwa 500 m vom Meer entfernt.

● **Camping La Gaviota,** 2. Kat., Tel. 972 520 569, Fax 972 550 348 geöffnet ganzjährig bis auf Dez. und Jan. Dieser kleine Platz liegt direkt am Meer und hat alle notwendigen Serviceeinrichtungen.

Wer der Straße nach St. Martí folgt, passiert nach drei bzw. fünf Kilometern zwei weitere gute Plätze.

● **Camping Las Dunas,** 1. Kat., Tel. 972 520 400, Fax 972 550 046, geöffnet 9.05.-27.09. Insgesamt stehen 1800 Parzellen zur Verfügung, die teilweise unter Bäumen liegen. Umfangreiches Serviceangebot wie Pool, ärztliche Betreuung, sportliche Aktivitäten und Disko.

● **Camping La Ballena Alegre 2,** 1. Kat., Tel. 60 040 020, Fax 972 520 332, geöffnet 15.5.-16.9. Schon von weitem wird diese riesige Anlage mit 1800 Stellplätzen angekündigt, das erste Schild sieht man nach Verlassen der Autobahn. Der Platz ist so groß, dass ein eigenes Rad keine schlechte Idee darstellt. Im weitläufigen Eingangsbereich liegen mehrere Pools, Supermarkt, Restaurant, Tischtennisplätze, Tennisanlagen, Self-Service, Kinderspielplatz. Sogar an die Hunde dachten die Betreiber vom „fröhlichen Wal", es gibt eigene Hundeduschen. Breites sportives Angebot und eine eigene schallisolierte Disko.

Essen & Trinken

● **Restaurant Cala Teresa,** Ctra. Sant Sebastià 26, Tel. 972 520 641, die Küche des Empordà wirkt gepflegt.

Adressen

● **Busterminal:** Carrer Delicies, Ecke Carrer Comtessa de Molius, vom Terminal erreicht man das Zentrum in drei Minuten, immer auf die Kirche zuhalten.

Feste

● **20. Januar:** Fiesta zu Ehren von Sant Sebastià mit Feuerwerk, Sardanas, Umzügen und nächtlichem Tanz.

● **29. Juni:** Fiesta zu Ehren von Sant Pere.

Markt

● **Termin:** Mittwoch.

Sant Pere Pescador: endloser Strand

Ruïnes d'Empúries

Überblick

Zwischen L'Escala und Sant Martí d'Empúries liegen die **Ruinen der antiken Stadt Empúries,** die zunächst von den Griechen, später von den Römern besiedelt war. Ein Besuch kann hier sehr angenehm gestaltet werden, da direkt bei den Ruinen sehr **schöne Strände** zum anschließenden Sonnenbaden einladen. Diese Ruinenanlage zählt zu den wichtigsten archäologischen Fundstätten Spaniens. Sie ist sehr weitläufig und noch nicht restlos freigelegt, man begann 1908 mit den Ausgrabungen.

Die ersten Stämme, die sich hier niederließen, waren die **Griechen,** die im 6. Jh. v. Chr. ein Dorf namens Paleapolis gründeten. Der damalige Hafen ist heute völlig versandet und nicht mehr auszumachen. Ein Jahrhundert später wurde eine andere Kolonie gegründet, Neápolis (Neustadt). Aus dieser Zeit stammen heute noch die wichtigsten Ausgrabungen und Funde. Die Stadt entwickelte sich dank des günstig gelegenen Naturhafens sehr schnell.

Im Jahre 209 v. Chr. eroberten die **Römer** den Ort und veränderten ihn nach ihren Vorstellungen. Hier entstand sehr schnell die größte römische Siedlung auf spanischem Boden mit einem entsprechend großen Flottenstützpunkt. Aus dieser Zeit stammen die meisten römischen Fundstücke.

Nach Untergang des römischen Reiches kamen im 6. Jh. die **Westgoten** und residierten hier, bis der Ort im 9. Jh. von **normannischen Piraten** ge-

plündert wurde. Die Siedlung geriet dann für fast tausend Jahre in Vergessenheit.

Sehenswertes

Für den Laien ist es nicht ganz einfach, die Ausgrabungen der römischen bzw. der griechischen Epoche zuzuordnen. Grob lässt sich sagen: Auf dem Plateau parallel zur Küste befindet sich die **griechische Ausgrabungsstätte.** Hier sind zwei griechische Tempel (gut zu erkennen an den Säulen), die Statue des Gottes Asklepios und der versandete Hafen zu finden. Weiterhin sind viele Gebäude in den Grundresten erkennbar, der Prospekt, den jeder Besucher am Eingang bekommt, listet alle Details auf.

Etwa in der Mitte der Anlage befindet sich ein kleines **Museum,** in dem noch einmal Fundstücke ausgestellt sind, z.B. herrliche Mosaike und Fundamente von Häusern, aber auch Fotos und Landkarten über Details informieren. Etwa 100 Meter entfernt lockt eine kleine Bar zum Verschnaufen.

Auf dem weiteren Feld hinter dem Museum liegt die **römische Ausgrabungsstätte.** Dort sind die Bodenmosaike einiger römischer Häuser besonders eindrucksvoll. Etwas am Rande des ganzen Feldes gelegen sind noch ein Amphitheater aus dem 1. Jh. n. Chr. zu finden, wo seinerzeit noch Gladiatoren kämpften, und ein Überbleibsel der ehemals wuchtigen Stadtmauer mit dem Haupttor.

●**Geöffnet:** Oktober-April 10-17 Uhr; Mai-Sept. 10-20 Uhr; Eintritt: 2,40 €. Die Anlage ist täglich geöffnet.

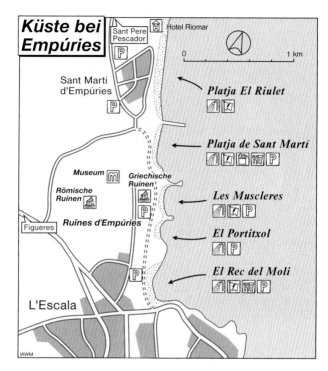

●**Anfahrt:** Die Ruinen sind nicht sehr deutlich ausgeschildert, sie liegen kurz vor Sant Martí d'Empúries. Genügend Parkraum ist vorhanden, direkt vor den Ruinen.

Strandprofil

Die alten Römer und Griechen bauten ihre Stadt direkt am Meer, wobei ihr Hauptaugenmerk wohl auf einem Hafen lag. Heute dankt der Besucher diese Weitsicht, kann er doch das Angenehme mit dem Interessanten verbinden, direkt bei den Ruinen liegen

drei sehr schöne Strände. Sie laden förmlich dazu ein, sich nach dem kulturellen Genuss erst einmal einem profanen Wunsch hinzugeben und sich in die Fluten zu stürzen.

El Rec del Moli

Dies ist eine etwa 350 Meter lange Bucht mit feinem, weichem Sand. Sehr ruhig gelegen, von lockerem Baumbestand begrenzt.

El Portitxol

El Portitxol liegt etwas näher an den Ruinen, eine 230 Meter lange Bucht

Sant Martí d'Empúries

Sant Martí d'Empúries ist ein winziges, aber sehr **attraktives Dörflein mit einer mittelalterlichen Atmosphäre,** ganze 520 Meter von den Ruinen entfernt gelegen. Eine Promenade führt von L'Escala an den Ruinen vorbei direkt bis in dieses Dorf, wer also die Ruïnes besucht und sich anschließend am Strand erholt hat, kann jetzt zum Mittagessen nach Sant Martí spazieren. Dort liegen nämlich mehrere **kleine Restaurants** mit Terrasse ganz gemütlich im Zentrum. Da der Ort sowieso nur aus einer Handvoll Gassen besteht, kann sich niemand verlaufen. Alle Häuser sind einheitlich in sandfarbenem Ton gebaut und strahlen antiken Charme aus.

Die kleine **Kirche** wurde im gotischen Stil aus Steinblöcken errichtet, in ihr finden in den Sommermonaten vereinzelt Konzerte statt. Vom etwas höher gelegenen Platz hinter der Kirche hat man einen sehr schönen Blick über die Bucht.

Entlang des Weges vor den Stränden verkehrt in unregelmäßigen Abständen eine **Bimmelbahn,** die einzige Transportmöglichkeit, um von L'Escala vorbei an den Ruinen von Empúries zu den Stränden und nach Sant Martí zu gelangen. Es sei denn, man will zu Fuß gehen, was auch möglich und gar nicht so weit ist.

mit hellem, feinem Sand. Auch dieser Strand wird von einem leichten Baumbewuchs begrenzt.

Les Muscleres

Les Muscleres liegt direkt vor den Ruinen, durch einen Nebeneingang kann man problemlos vom Besichtigungsprogramm zum Sonnenbaden übergehen. Immerhin lockt eine 350 Meter lange, fein- und hellsandige weitgeschwungene Bucht.

Strandprofil

Zwei schöne Strände sind bei Sant Martí zu finden, beide sind nur durch eine kleine Mole unterbrochen.

Göttlich: Gott Asklepios

Platja El Riulet

Direkt vor dem Ort trennt eine kleine Mole diesen Strand vom sich anschließenden, der **Platja El Riulet,** in manchen Karten auch als Platja d'Empúries verzeichnet. Eine wahre Strandperle, die sich über 700 Meter erstreckt und im Durchschnitt 60 Meter breit ist. Feiner, heller Sand, im oberen Teil sogar zu leichten Dünen aufgeschichtet. Da hier häufig eine ziemlich starke Brise weht, versammeln sich auch Windsurfer gerne an diesem Strand. Nur zwei Wege führen zu diesem Strand, ausgehend von dem Parkplatz am Rande der Ortschaft Sant Martí. Dort befinden sich auch ein kleiner Campingplatz und das Hotel Riomar. Durch die etwas schwer zugängliche Lage wird dieser Strand nicht so stark besucht.

Praktische Tipps

Platja de Sant Martí

Aus Richtung Ruïnes kommend, liegt zunächst die Platja de Sant Martí, ein etwa 300 Meter langer Strand, der sich genau zwischen den Ruinen und dem Ort Sant Martí erstreckt. Begrenzt wird er von einer Promenade, die von L'Escala kommt und bis Sant Martí verläuft. Durch die fehlende Anbindung bleibt es einigermaßen ruhig, die besten Plätze im Schatten unter den Bäumen sind aber schnell vergeben. Für diesen Strand wurden 1992 etwa 440 Millionen Pesetas investiert (gut 2,5 Mio. €) zur Verbesserung des Küstenschutzes.

Unterkunft/Camping

● **Hotel Riomar** €€€, vielleicht 500 Meter außerhalb von Sant Martí, direkt am Strand zu finden. Tel./Fax 972 770 362, geöffnet von Mai bis Oktober. Das Haus mit 33 Zimmern liegt zwar einigermaßen einsam, dafür entschädigt die Nähe zum Strand. Tennisplätze, Pool und Terrasse runden das Angebot ab.
● Nur wenige hundert Meter weiter folgt dann der **Campingplatz La Ballena Alegre 2,** beschrieben beim Ort Sant Pere Pescador.

Essen & Trinken

● Drei Restaurants liegen im Ortskern in unmittelbarer Nachbarschaft, alle haben eine nette Terrasse: **Mesón del Conde, Can Coll** und **Esculapi.**

Idyllischer Dorfkern

L'Escala

- **Einwohner:** 5200
- **PLZ:** 17130
- **Entfernung nach Barcelona:** 158 km
- **Touristeninformation:**
  Plaça de les Escoles 1,
  Tel. 972 770 603, Fax 972 773 385,
  E-Mail: lescala@lescala.org
- **Internet:** www.lescala.org

Ein **großer, langgezogener Ort,** der den südlichen Rand der weitgeschwungenen Bucht von Roses markiert. Wer vom Hafen bis zum Altstadtviertel läuft, der hat gute drei Kilometer zurückgelegt. Und eigentlich erstreckt sich der Ort noch weiter, im Süden bis zur Cala Montgó, im Norden bis fast zu den Ruinen von Empúries. Die Stadt lebte ursprünglich stark vom Fischfang. Noch heute ist der **Hafen** der drittgrößte der Region Girona, also der Costa Brava.

Heute dominieren hier, zumindest im Sommer, die **Touristen,** wenngleich sie nicht unbedingt im Ortszentrum wohnen müssen. Eine schier unübersichtliche Anzahl von FeWos liegt in den äußeren Zonen, teilweise wirklich schön im Pinienwald, teilweise in einer riesigen Urbanización. Sechs Campingplätze und einige Hotels bieten ebenfalls ihre Dienste an.

Die **Atmosphäre** der Stadt ist geschäftig, am Hafen sowieso und ebenfalls im Altstadtviertel, obwohl die Zugeständnisse an die Touristen unübersehbar sind (Promenaden, mehrsprachige Speisekarten, Parkplätze). Zwischen Altstadt und Hauptstrand liegen einige Hochhaus-Hotels, aber auch ein Campingplatz, außerdem verläuft eine Promenade entlang der Küste, die dort keinen Strand hat.

L'Escala ist übrigens berühmt für seine **Anchovis;** diese werden hier in großen Mengen verarbeitet. Die Fische werden in kleine Fässer gesteckt, eine Schicht Salz und Pfeffer drauf und mit Steinen beschwert; so gewinnen sie ihren salzigen Geschmack. Unbedingt probieren!

Strandprofil

L'Escala hat einen langgezogenen Strand und zwei kleinere Buchten vorzuweisen, die beide im Bereich der Altstadt zu finden sind.

Platja de les Barques

Platja de les Barques, oder kurz und bündig La Platja, ist nichts weiter als eine 165 Meter lange Bucht, an der eine Straße vorbeiführt und die von etlichen mehrstöckigen Häusern begrenzt wird. Keine Frage, eine akzeptable Möglichkeit zum Sonnenbaden, viel mehr wohl nicht.

Port d'en Perris

Die winzige Strandbucht Port d'en Perris schließt sich gleich an, soll hier aber auch nur als Möglichkeit zum Sonnetanken genannt werden. Der Strand ist grobsteinig, die Küstenstraße lässt den Verkehr vorbeifließen, allzu gemütliche Stunden wird man hier kaum verbringen können.

Platja de Riells

Dies ist der Hauptstrand von L'Escala. Über insgesamt 725 Meter verläuft er in leicht geöffneter U-Form, bis am südlichen Ende die Marina des drittgrößten Hafens der Costa Brava dominiert. Der Sand zeigt sich hell und fein, er wird ständig gepflegt. Das klingt ja eigentlich recht einladend, aber leider hat die Stadtverwaltung es bislang versäumt, die Promenade für Autos zu sperren. Dummerweise bieten hier eine ganze Reihe von Bars und Restaurants ihre Dienste an, haben auch kleine Terrassen am Strand angelegt, aber immer noch quälen sich Autos hier durch, teilweise wirklich keine zwei Meter von einem Restauranttisch entfernt. Vom Strand bis zur Stadt sind es nur wenige Schritte, bis zur Altstadt entlang der Promenade noch über einen Kilometer. Der Strand geht nämlich in eine leichte Steilküste über, und davor verläuft die Promenade wie eine Art Verbindungsstraße zur Altstadt.

Cala Montgó

Diese nette, kleine Strandbucht liegt etwa zwei Kilometer außerhalb vom Ort L'Escala. Die Ausläufer der Stadt ziehen sich über den Hügel mit dem etwas übertriebenen Namen Muntanya (Berg) de Montgó. Hier durchquert man weite Pinienwälder, wo so manche schicke Ferienwohnung liegt, bis sich die Straße schließlich in die Bucht von Montgó hinabsenkt. Die Strandbucht misst gerade mal 180 Meter und in der Breite 50 Meter, sie ist viel zu klein, um all die Urlauber, die hier in den Bergen wohnen, aufzunehmen. Der Sand ist fein und hell, und alle nötigen Serviceeinrichtungen liegen ganz in der Nähe. Die aufsteigenden Felsen links und rechts geben der Bucht ihren Reiz; allerdings muss vor Ostwind gewarnt werden. Wenn der „Levante" stark bläst, brechen sich hier die Wellen.

An der nördlichen Seite der Bucht erhebt sich ein Hügel, der von zwei markanten Felsvorsprüngen begrenzt wird, Punta del Xerric und Punta de Trencabraços. Hier fallen steile Wände ab, teilweise bis zu 45 Meter, vom Meer wären sie per Boot erreichbar, was aber selbst erfahrene Fischer nur ungern unternehmen. Man kann dort jedoch hinwandern und vom Punta Mongtó aus die raue Küste bestaunen. Wer möchte, kann auf einem Wanderweg, der immer entlang der Steilküste führt, schließlich bis zum Hafen von L'Escala wandern; dabei kommt man auch an einem ehemaligen Militärgelände vorbei.

Sehenswertes

Klassische Sehenswürdigkeiten kann L'Escala nicht bieten. Ein Spaziergang vom Hauptstrand entlang der Steilküste zur **Altstadt** zählt zum abendlichen Pflichtprogramm. Die Altstadt selbst strahlt nur begrenztes Flair aus, sie wirkt auch eher geschäftig denn gemütlich. Herausragend, wie immer, die örtliche **Kirche,** in diesem Fall die L'Església Sant Pere.

Costa Brava

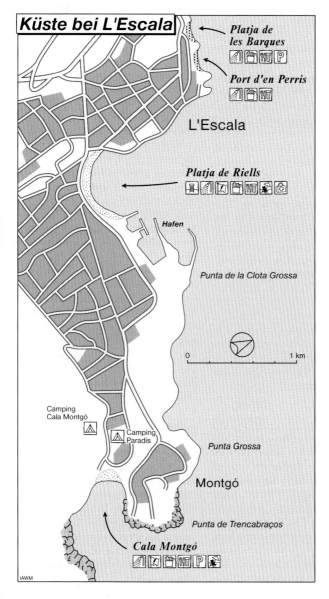

Küste bei L'Escala

Platja de les Barques

Port d'en Perris

L'Escala

Platja de Riells

Hafen

Punta de la Clota Grossa

0   1 km

Camping Cala Montgó

Camping Paradis

Punta Grossa

Montgó

Punta de Trencabraços

Cala Montgó

IAWM

Kurz bevor die Promenade, die von L'Escala zu den Ruinen von Empúries führt, den Ort verlässt, führt sie an einem neumodischen **Monument zur Erinnerung an die 25. Olympischen Spiele** vorbei.

Praktische Tipps

Unterkunft

●**Hotel Nieves Mar** €€€, Passeig Marítim 8, Telefon 972 770 300, Fax 972 773 605, ein fünfstöckiges Haus mit Pool und einem guten Restaurant, 15.03.-31.10. geöffnet.
●**Hotel Ralley** €€€, Ave María 1, Tel. 972 770 245, Fax 972 774 258. Kleines, zweistöckiges Haus, einfach, aber zentral gelegen. Kleine Balkone, mit etwas Halsverrenken Blickkontakt zum Meer. Unten liegt eine Disko.
●**Hotel Voramar** €€€, Passeig Lluís Albert 2, Tel. 972 770 108, Fax 972 770 377; mittelgroßes Haus an der Meerseite; mit Pool und kleinen Liegewiesen, im Januar und Februar geschlossen.
●**Hotel El Roser** €€, C/ Església 7, Tel. 972 770 219, Fax 972 774 529. Das dreistöckige Haus liegt direkt bei der Kirche in der Altstadt in ruhiger Lage, unten befindet sich ein gutes Restaurant, Parkplätze gibt's auch, also fast ein Geheimtipp.
●**Hotel Bonaire** €€€, Passeig Lluís Albert 3, Telefon 972 770 068, Fax 972 773 096. Direkt am Meer gelegenes Drei-Sterne-Hotel mit dem guten Restaurant La Teranyina.
●**Hotel Can Miquel** €€€, Tel./Fax 972 771 452, geöffnet 15.3.-15.10. Dieses kleine Haus mit 33 Zimmern liegt an der Cala Montgó. Tagsüber mag es ein bisschen unruhig sein durch die vielen Tagesgäste, die zum Strand kommen, aber abends, wenn sie alle wieder die Bucht verlassen haben, senkt sich die herrliche Ruhe über die Cala Montgó.

Camping

●**Camping L'Escala**, 1. Kategorie, Camí Ample 21, Tel. 972 770 084, Fax 972 550 046, geöffnet 15.4.-30.9. Ein kleiner Platz von gut 200 Stellplätzen, mitten im Ort gelegen. Der Platz ist von einer hohen Mauer umgeben und liegt relativ ruhig. Zum Meer sind es nur ein paar Schritte, zum Strand Platja Riells aber doch gut 500 Meter.
●**Camping Cala Montgó**, 1. Kat., kurz vor der Bucht Cala Montgó ab der Zufahrtsstraße gelegen, Tel. 972 770 866, Fax 972 774 340, ganzjährig geöffnet. Eine riesige Anlage, die zweigeteilt, links und rechts von der Zufahrtsstraße liegt. Insgesamt stehen fast 800 Stellplätze zur Verfügung, die meisten unter Schatten spendenden Bäumen. Kleine Bungalows werden auch vermietet. Breites Serviceangebot, wie Restaurant, Bar, ärztliche Betreuung, Animation, Kinderspielplatz, großer Pool mit Liegewiese. Abends finden vereinzelt Veranstaltungen statt, zur Strandbucht Cala Montgó sind es 300 Meter.
●**Camping Paradis**, 1. Kat., auch an der Zufahrtsstraße zur Cala Montgó gelegen, Tel. 972 770 200, Fax 972 772 031, geöffnet 1.3.-31.10. Dieser etwas kleinere Platz liegt ebenfalls unter Pinien und noch dichter zum Strand. Alle notwendigen Einrichtungen inklusive eines Pools sind vorhanden.

Essen & Trinken

●**Restaurant Marísqueria,** Passeig Marítim 7, *cuina catalana*, katalanische Küche.
●**Restaurant El Cargol,** Carrer del Port 39, Tel. 972 771 159, klein und gemütlich.
●**Bar Els Pescadors,** direkt im Hafengebiet, dort kippen die Fischer noch ihren Schnaps.
●**Restaurant El Roser 2,** Passeig Lluís Albert 1, Tel. 972 771 102, gute maritime Küche zu angemessenen Preisen.
●**Restaurant Ca la Neus,** Passeig Marítim 8, Tel. 972 770 300, ebenfalls ein Fischlokal mit Tradition, Spezialität sind Fischgerichte, März bis Oktober geöffnet.
●**La Cala** und **La Punta** sind zwei Bars, die an der felsigen Küste im innerstädtischen Bereich zu finden sind (Hausnummern 3 und 4), jeweils mit einer kleinen Terrasse über dem Meer.

Adressen

●**Busterminal:** C/Ave María 26, Verbindungen nach Girona, entlang der Küste bis Cadaqués bzw. Tossa u. nach Figueres.

Costa Brava

●**Bootsausflüge:** Mare Nostrum, C/ Maranges 3, Tel. 972 773 797. Mare Nostrum heißt das Boot, das sowohl vom Hafen als auch von der Strandbucht La Platja in See sticht. Verschiedene Fahrten werden angeboten, zu den Inseln Illes Medes vor L'Estartit, zum Markt nach Cadaqués, zum Schnorcheln oder zum Erkunden der Unterwasserwelt.

●**Tauchen:** Centre d'Activitats Subaquàtiques, C/ Llebeig 28, Tel. 972 773 313, Fax 972 770 332; Club Naútic Escala am Hafen, dort hängt in einem Schaukasten ein sehr genauer Wetterbericht aus, aber auf Katalanisch; Kim's Diving Shop, ein Tauchcenter, an der Cala Montgó gelegen.

Feste

●**16. Juli:** Verge de Carme.
●**27. August:** Umzug von Gegants.
●**2.-5. September:** Sant Pere, das wichtigste Fest von L'Escala, mit Sardanas, Feuerwerk, Umzügen und einem Programm für Kinder.

Markt

●**Termin:** am Sonntag am Passeig Marítimo und an der Plaça Victor Català.

Ausflüge

Cala Montgó

Die Cala Montgó zählt bereits zum Gebiet von Torroella, und damit dies auch klar dokumentiert ist, führt ein leidlich ausgeschilderter **Weg** (L'Estartit) über den Bergrücken La Muntanya Gran an einer weithin sichtbaren Militärstation vorbei. Dieser Weg, der nur auf den ersten Kilometern asphaltiert ist, windet sich durch einen Wald, weit und breit steht kein Haus, bis urplötzlich eine kurze, steile Abfahrt nach L'Estartit hinabführt. Wer diesen Weg fährt, spart keine Zeit, kann aber dafür eine schöne grüne Landschaft mit vereinzelt tollen Ausblicken auf die Küste genießen.

Parc Animal de Sobrestany

Ein neuer Tierpark, etwa auf halbem Weg zwischen L'Escala und Toroella gelegen (ausgeschildert). Den Schwerpunkt bilden hier heimische und schon seltener gewordene Spezies. Der Besucher kann den Park auf drei Rundwegen durchqueren. Der längste wird mit dem Auto zurückgelegt, die andern beiden zu Fuß. Einige Aussichtstürme und kleine Tümpel, zu denen die teilweise freilaufenden Tiere zum Trinken kommen, eröffnen ausgezeichnete Beobachtungsmöglichkeiten. Es handelt sich also mal nicht um einen Zoo, in dem Exoten unter katastrophalen Bedingungen gehalten werden.

●**Eintritt:** Erwachsene ca. 12 €, Kinder 4-15 Jahre ca. 9 €, bis 3 Jahre gratis. Täglich geöffnet.

Figueres

●**Einwohner:** 35.000
●**PLZ:** 17600
●**Entfernung nach Barcelona:** 127 km
●**Touristeninformation:** Plaça Sol s/n, Tel. 972 503 155, Fax 972 673 166
●**Internet:** www.figueresciutat.com

Figueres ist eine durchaus geschäftige Kleinstadt mit einer ansprechenden Altstadt und einer der größten Sehenswürdigkeiten Kataloniens, dem **Museum zu Ehren Salvador Dalís.** Ein Besuch von Figueres gilt beinahe als Pflichtübung, von jedem Ort an der Küste aus werden Exkursionen angeboten. Kein Wunder, dass die Stadtverwaltung irgendwann beschlossen hatte, ein eigenes Parkhaus ganz in der Nähe des Dalí-Museums zu errichten. Wer mit eigenem **Pkw** kommt, findet normalerweise auch einen Stellplatz. Genügend Hinweisschilder stehen an der Durchgangsstraße, es muss ja nicht immer ein Parkplatz direkt vor dem Museumseingang sein.

Figueres liegt nicht nur im Zentrum der Comarca Alt Empordà, es fungiert auch als **Hauptstadt dieses Landkreises.** Deshalb verlaufen die wichtigsten Straßen durch die Kapitale, und auch die Eisenbahn legt hier einen Stopp ein auf dem Weg von der Grenze nach Barcelona.

Die **Geschichte der Stadt** begann im Mittelalter, als die damals kleine Siedlung dem mächtigem Kloster Sant Pere de Rodes unterstand. *König Jaume I.* verlieh Figueres 1267 die Stadtrechte und sogar den Zusatz „Königsstadt". Das störte allerdings den Grafen von Empúries, der daraufhin 1274 die Stadt in Brand setzte; er wollte sich nicht so einfach eine Ortschaft „wegnehmen" lassen. Jahrhundertelang blieb Figueres im Dunkel der Geschichte, bis im 18. Jahrhundert langsam durch Mais- und Weinanbau Wohlstand und damit Bedeutung einzog. In dieser Phase wurde auch die sternförmige Festungsanlage Castell de Sant Ferran gebaut. *Salvador Dalí,* der hier geboren wurde und auch starb, verbreitete den Namen seiner Geburtsstadt schließlich weit über Spaniens Grenzen hinaus, sein Teatro Museu Dalí genießt Weltruhm.

Sehenswertes

Im ganzen Ort ist das **Teatro Museu Dalí** ausgeschildert, ein Schildchen mit einer vernetzten Weltkugel weist den Weg. Hat man das Gebäude erreicht, wird einem sofort klar, warum. Besagte Kugel thront überdimensional groß auf dem Dach. Schon der Haupteingang fällt aus dem Rahmen, zeigt sich wahrhaft Dalí-würdig. Mehrere güldene schlanke Figuren grüßen die Gäste vom Dach aus, eine verschnörkelte Figur mit einem Ei als Kopf blickt nachdenklich vom Vorplatz herab – die wartenden Besucher blicken meist ratlos zurück. Fast schon ein Erkennungsmerkmal *Dalís* sind die überdimensionalen Eier, die auf dem Museumsdach stehen; so ähnlich sieht es auch auf seinem Haus in Portlligat aus. Schon dieser erste Kontakt verdeutlicht, warum dieses Museum den Zusatz „Theater" führt. Die Kathedrale des Surrealismus, wie ein Bewunderer einst formulierte, wurde zwar tatsächlich in einem ehemaligen Theater errichtet, aber *Dalí* hätte wohl auch aus einem Ziegenstall seine Bühne geschaffen. Das macht neugierig. Kein Wunder, dass es zum meistbesuchten Museum von Katalonien zählt. 1974 wurde das Teatro Museu eröffnet, in späteren Jahren dann angebaut im Torre Forgot (Forgot-Turm), der von *Dalí* zu Torre Galatea umgetauft wurde. Unter diesem Namen ist der Bau mit den Eiern noch heute bekannt, natürlich schuf *Dalí* sich damit eine bleibende Erinnerung an seine Frau *Gala (Gala-tea).*

Costa Brava

Ausgestellt sind übrigens nicht nur die Werke des Meisters, sondern auch von so bekannten Künstlern wie *El Greco, Fuchs* oder *Urgell*. (Die größte Sammlung von Dalí-Werken befindet sich übrigens in Florida, 1400 Exponate im Wert von geschätzt 125 Mio. Dollar.) Staunend schlendert man dann durch *Dalís* surrealistische Welt, bewundert das „ertrunkene Taxi", die Hommage an *Mae West* oder die Kosmischen Athleten.

●**Geöffnet:** Juli-Sept. 9-19.45 Uhr, sonst 10.30-17.45 Uhr; zusätzliche Nachtvisiten sind möglich von 22 bis 0.15 Uhr; Eintritt: 9 €, Kinder 6,50 €, die nächtlichen Besuche 9,50 €. Das Ticket gilt auch für die Ausstellung „Dalí Joies", eine Sammlung von 39 bemerkenswerten Dalí-Werken. Direkt am Museum befindet sich ein großes Parkhaus.

Bereits 1946 wurde das **Museu de l'Empordà** gegründet, aber erst seit 1971 residiert es in den jetzigen Räumen an der Rambla 2. Die Exponate befinden sich auf drei Etagen; in der unteren ist eine umfangreiche Sammlung von *Frederic Marès* zur archäologischen Geschichte zu finden. Herausragend sind die Fundstücke von den Anfängen über die griechische und römische Epoche bis zum Mittelalter. In der zweiten Etage werden Gemälde ausgestellt, zum großen Teil Schenkungen privater Sammler. Im dritten Geschoss schließlich finden sich Werke von Künstlern aus dem Empordà.

●**Geöffnet:** Di-Sa 11-19 Uhr, So 10-14 Uhr; der Eintritt beträgt 2 €, ermäßigt 1 €.

Das **Museu dels Joguets,** das **Spielzeugmuseum,** liegt an der C/ Sant Pere 1. Eine Sammlung, die den Bogen spannt von den Anfängen des Jahrhunderts bis in die vierziger Jahre, ein offener Saal zeigt wechselnde Schwerpunkte zur Welt des Kinderspielzeugs.

●**Geöffnet:** Juni-Sept. Mo-Sa 10-13 und 16-19 Uhr, So 11-13.30 und 17-19 Uhr; Oktober-Mai Di-Sa 10-13 und 16-19, So 11-13.30 Uhr; Eintritt: 4,70 €, Kinder von 6 bis 11 J. 3,80 €.

Die **Rambla de Figueres** ist eine sehenswerte Allee mit zwei angenehmen Plätzen an den jeweiligen Endpunkten. Allzu lang ist sie nun gerade nicht, aber als Flanierstraße, von der die Gassen in die Altstadt abzweigen, zeigt sie katalanischen Stolz. Irgendwie, so scheint es, muss jeder hier irgendwann einmal am Tag vorbei. So herrscht ein ständiges Kommen und Gehen. Gut zu beobachten von einer der Cafeterias, die alle eine kleine Terrasse haben – natürlich mit Blick auf die Rambla.

Eine spezielle Sehenswürdigkeit liegt außerhalb. Das **Castell de Sant Ferran** ist eine militärische Festung aus dem Jahr 1753, die die wohl längste Festungsmauer überhaupt besitzt: fünf Kilometer! Ein Luftbild verdeutlicht erst die Größe, ein Komplex, dessen doppelte Mauern mit vielen Zacken und Ausbuchtungen gebaut wurden. Man sparte damals an nichts, angeblich konnten sich 8000 Männer und 200 Pferde zwei Jahre lang hier halten, es soll Wasserzisternen gegeben haben mit einem Fassungsvermögen von 40 Millionen Litern.

- **Geöffnet:** 1.7.-15.9. 10.30-20 Uhr, 1.11.-28.2. 10-14 Uhr, sonst 10-14 und 16-18 Uhr. Ein so genannter *tren turístico* („touristischer Zug") fährt täglich vom Dalí-Museum zur Festung, Eintritt 2 €, Kinder bis 12 Jahre frei.

In der Altstadt liegt auch das **Rathaus**, Ajuntament, mit der Plaça Ajuntament. Seit altersher enden hier vier wichtige Straßen, die aus umliegenden Ortschaften herführten und heute noch die Namen ihrer ursprünglichen Herkunft führen: La Jonquera, Girona, Perelada, Besalú.

Praktische Tipps

Unterkunft/ Jugendherberge

- **Hotel Durán** €€€, C/ Lasauca 5, Tel. 972 501 250, Fax 972 502 609, unweit vom Dalí-Museum gelegen, bietet dieses Hotel mit seinen 63 Räumen eine zentrale Lage und alten Glanz.
- **Hotel President** €€€, Ronda Firal 29-33, Tel. 972 501 700, Fax 972 501 997. Insgesamt 77 funktionelle Zimmer, das Haus liegt sehr zentral an einer Durchgangsstraße.
- **Pension España** €€, C/ La Jonquera 26, Tel. 972 500 869, insgesamt 24 Zimmer, zentral gelegen.
- **Jugendherberge**, C/ Anicet de Pagès 2, Tel. 972 501 213, keine 10 Minuten Fußweg von der Rambla entfernt.

Camping

- **Camping Pous**, 3. Kat., an der N II A am km 8,5, Tel. 972 675 496, geöffnet vom 1.4.-31.10. Platz für 210 Personen mit allen notwendigen Einrichtungen, aber ohne großen Komfort, liegt etwa drei Kilometer nördlich von Figueres.

Essen & Trinken

- **Cafetería El Burladero**, direkt neben dem Parkhaus am Dalí-Museum. Leckere Tapas.

- **Restaurant Ampurdán**, im Hotel Ampurdán, Carretera Nacional II, Tel. 972 500 562. Die traditionelle katalanische Küche dieses Hauses genießt einen ganz hervorragenden Ruf. Eins der besten Restaurants der ganzen Region.
- **Bar Dinamic**, C/ Monturiol 2, zählt zu den Treffs der Stadt.
- **Restaurant Durán**, C/ Lasanca 5 (im gleichnamigen Hotel), Tel. 972 501 250. Ein wahrhaft klassisches Ambiente, vielleicht eine Spur zu verplüscht. Die Erinnerungen an die Besuche von *Dalí* und *Josep Pla* werden hochgehalten, die Küche gilt seit Jahren als gute Adresse sowohl für Fisch- als auch Wildgerichte.

Am **Rathausmarkt** liegen mehrere kleine Cafés.

Adressen

- **OTIDENT**, C/ Girona 20, Tel. 972 503 738, spanisch-deutsche Klinik mit Zahnarzt- und HNO-Praxis.
- **Bahnhof:** Plaça Estació, nur 10 Minuten Fußweg vom Zentrum.
- **Bus:** C/ Joan Reglà, gleich nebenan.
- **Geschäfte:** Ceramiques, Rambla, Ecke C/ de la Portella, ein Geschäft mit hübschen Keramikartikeln, die sich von vielen Geschäften in den Urlaubsorten unterscheiden; Quesería Bosch: C/ Girona 13, der Name deutet auf eine Käsehandlung hin, aber in diesem Geschäft hat man eine breite Auswahl an Spezialitäten.

Feste

- **1.-5. Mai:** Festa Major de Santa Cruz, vielfältige Aktivitäten wie Theater, Umzüge, Feuerwerk, Sardanas, Habaneras, Attraktionen für Kinder und *baile al anochecer*, also abendliches Tanzvergnügen.

Markt

- **Termine:** am Donnerstag beim Parc Bosc Municipal und am Dienstag, Donnerstag und Samstag auf der Plaça del Gra.

Costa Brava

172cb Foto: jf

Salvador Dalí

Am 11.05.1904 wurde *Dalí* in Figueres ge-boren. Bereits sein Vater, ein wohlhaben-der Notar, war sehr kunstinteressiert. So war es kein Wunder, dass *Dalí* zunächst die **Kunstschule** in Figueres, später die Akade-mie der Schönen Künste in Madrid besuch-te. Schon damals, Anfang der 1920er Jah-re, kultivierte er einen überaus exzentri-schen Lebensstil; als Konsequenz musste er die Kunstakademie verlassen.

Eine bleibende Arbeit war der 1928 er-stellte Film „Ein andalusischer Hund", der von dem Regisseur *Luis Buñuel* gedreht wurde und an dem *Dalí* mitwirkte. Ende der 1920er Jahre wandte er sich in seiner Male-rei vollständig dem **Surrealismus** zu. Ne-ben klassischen Kunstwerken fertigte er Entwürfe für Möbel und Schmuck, womit er großes öffentliches Aufsehen erregte.

In dieser Zeit lernte *Dalí* seine spätere Frau kennen, **Gala,** die dann als sein Mo-dell und Muse Teil der Inszenierung wurde. *Helena Deluwiana Diakonoff,* so ihr bürger-licher russischer Name, organisierte ihm auch recht schnell die Alltagsgeschäfte. Auf vielen Bildern ist sie später Mittelpunkt, kaum jemanden malte er öfter und auf fan-tasievollere Art und Weise. „Gala erhöhte mich, sie adoptierte mich, ich war ihr Letzt-geborener, ihr Kind, ihr Sohn, ihr Liebha-ber". So skizziert *Dalí* einmal das Verhältnis zu seiner angebeteten Frau.

1929-30 reüssierte *Dalí* in **Paris** und 1934-36 arbeitete er in den **USA.** Dorthin hatte ihn Hollywood gelockt, was prompt in der Heimat die Neider auf den Plan rief. Sein Name wurde per Anagramm zu „Ave-nida. Dollars", zum Dollar-Boulevard, ver-hunzt. In der Zeit entstanden einige seiner besten Werke, wie „Zerrinnende Zeit" oder „Brennende Giraffen". Er war sich seiner Kunst so sicher, dass er den Stil schlicht Dalíismus nannte.

Der weitere Weg führte ihn dann für drei Jahre nach **Italien** und 1939 erneut in die **USA,** wo er mehrere Ausstellungen hatte und auch anlässlich der Weltausstellung in der Metropolitan Opera inszenierte. Seine Exzentrik brachte ihm image- und verkaufsfördernde Schlagzeilen in der US-Presse wie: „Das Recht des Menschen auf seine Verrücktheit".

1948 ging er nach Katalonien zurück in ein winziges Dorf namens **Portlligat;** derweil regierte *Franco.* Dieser konnte mit dem weltberühmten *Dalí* nicht viel anfangen, stellte Portlligat angeblich sogar im nationalen Interesse unter Naturschutz.

Seine Fantasie ließ aber auch aus dieser dörflichen Idylle beeindruckende Arbeiten entstehen, besonders die 1960er Jahre zeigten seine **geniale Schaffenskraft.** Er arbeitete an Plastiken, fertigte Schmuck, entwarf Hemden und beschäftigte sich mit Inneneinrichtung, und immer zielte sein Wirken auf die Anerkennung anderer. Mittlerweile war er ein Großverdiener, der immer nur ein Produkt verkaufte, sich selbst. Ausstellungen trugen seinen Ruhm um die Welt, so dass schließlich in seiner Heimatstadt Figueres 1974 ein Dalí-Museum eingeweiht wurde. 1988 kam es sogar zu einer Ausstellung in Moskau.

Am 10. Juni 1982 starb *Gala,* einen Monat später wurde Dalí vom spanischen König geadelt, aber sein Lebensmut schien mit **Galas Tod** erloschen. Er zog sich völlig zurück, entging 1984 nur knapp dem Feuertod. Die letzten Jahre waren eine bittere Zeit. *Dalí* wurde krank, währenddessen wurde um seinen Millionenbesitz und vor allem um die Rechte an Nachdrucken heftigst gestritten. Eine letzte künstlerische Arbeit waren 25 Grafiken zum Thema Europa, die er dem Madrider Bürgermeister gab, der sie wiederum an die Verantwortlichen für Spaniens EG-Beitritt überreichen sollte.

Am 23.01.1989 **starb** „der letzte Großkünstler des zwanzigsten Jahrhunderts", wie ihn die Süddeutsche Zeitung betitelte. Beerdigt wurde er in seinem eigenen Museum, dem Teatro-Museo-Dalí in Figueres.

Nach *Galas* Tod hatte er sein Testament geändert und seinen **Besitz,** der auf ca. 130 Mio. € geschätzt wurde, dem spanischen Staat vermacht. Das forderte aber sofort Streit heraus, denn der Staat, das war Madrid und keineswegs Katalonien, des Maestros Heimat. Madrids Kulturminister *Semprún* zeigte sich aber verständnisvoll und erklärte sich bereit, das Erbe zu teilen. Wenngleich er betonte, dass Madrid einige der besseren Stücke sehr wohl für sich behalten wolle. Die Rechte an den Nachdrucken und die Verwaltung seiner Häuser in Portlligat und Pubol übernahm die Gala-Dalí-Stiftung. Heute ist das Dalí-Dreieck fertiggestellt, das Museum in Figueres, sein Wohnhaus in Portlligat und das Schloss von Gala in Púbol.

Costa Brava

Die zentrale Costa Brava

Überblick

Geografie

Der Bereich der zentralen Costa Brava fällt geografisch auf einen relativ kleinen Küstenabschnitt, der aber von einer landschaftlichen Vielfalt geprägt wird. Im oberen Teil, bei L'Estartit und Pals, zeigt sich die Küste noch mit langen, ausgedehnten **Sandstränden.** Dort fand dann auch die beinahe schon zwangsläufige touristische Entwicklung statt, die vor allem in L'Estartit spürbar ist. Trotzdem, der Strand zieht sich über mehrere Kilometer hin, genug Platz für ruhige und einsame Ecken bleibt.

In seinen südlichen Ausläufern löst eine **felsige Küstenlandschaft** den flachen Sandstrand ab, und hier zeigt sich die „wilde Küste" mal wieder ihres Namens vollends würdig. Vorwitzig reckt sich eine felsige Küste ins Mittelmeer, ausgefranst und zerhackt an den Rändern zeigt sie sich, gleitet nicht sanft ins Meer. Wild und schroff stellt sie sich dar, nie gezählte Buchten öffnen sich, begrenzt von steil aufragenden Felswänden. Schmale Straßen schlängeln sich über leichte Erhebungen von 200 bis 300 Metern Höhe, fallen in engen Kurven ab in die nächste Bucht. Im Gegensatz zur nördlichen Costa Brava, wo die Küstenlinie eine Fortsetzung der Pyrenäen darstellt, setzt sie sich hier nicht allzuweit ins Hinterland fort. Die Landschaft flacht sehr schnell ab, das macht eine Annäherung leichter möglich.

Tourismus

Insgesamt dürfte die zentrale Costa Brava aus touristischer Sicht zu den ruhigen Ecken zählen, wenn auch mit **L'Estartit** einer der zentralen Orte der Ferienindustrie hier liegt. Alle anderen Orte sind dagegen weniger bekannt und haben sich teilweise ihren alten Charme erhalten können. Die **ruhigen Küstenorte im Süden** liegen in einer ungemein reizvollen Gegend, die schon immer wohlhabende Leute von außerhalb angelockt hat. Ursprünglich lebten hier nur Fischer, später kamen Städter aus Girona und Barcelona dazu, die sich Häuser an den Klippen hinstellten mit Ausblicken, die einfach unglaublich sind. Zögerlich folgten Hotels, mochten die doch nicht so recht an den Charme der Landschaft glauben, es fehlte einfach der obligatorische Sandstrand. Dabei weisen alle Buchten durchaus ihre *platja* auf, aber eben nur in der Größe von ein paar hundert Metern. Leicht verschlafen, gemütlich, mit teilweise mediterranem Charme zeigen sich diese ehemaligen Fischerdörfer. Hier ticken auch die touristischen Uhren anders. Der Gast muss erst wieder die Langsamkeit entdecken und die Ruhe, denn ein flottes Nachtleben findet hier selten satt. Die Küstenorte sind durchweg klein geblieben, hierher kommen deshalb auch zumeist nur Liebhaber von ruhigen Flecken, die auch relativ einsame Stunden ertragen können.

L'Estartit

- **Einwohner:** 915
- **PLZ:** 17258
- **Entfernung nach Barcelona:** 145
- **Touristeninformation:**
  Passeig Marítim 47-50,
  Tel. 972 751 910, Fax 972 751 749,
  E-Mail: otestar@ddgi.es

L'Estartit war **in früheren Jahrhunderten** nichts weiter als ein Anhängsel von Torroella, das damals immerhin Königssitz war. Dort spielte die Musik, dort wurde Politik gemacht, an der Küste dagegen fristeten nur ein paar Fischer ihre karge Existenz.

Das hat sich gründlich geändert, heute spielt L'Estartit die erste Geige, und für Torroella bleibt nur der Tagesbesuch, obwohl beide Gemeinden verwaltungstechnisch zusammengehören. L'Estartit profitiert von seiner **Lage am Meer** und vor allem von dem kilometerlangen Sandstrand.

Immer mehr Menschen kamen, Apartments und Hotels entstanden, die **Stadt dehnte sich aus.** Kleine, enge Gassen gibt es nur noch unterhalb des Hügels Rocamaura und am Hafen. Die neueren Bauten beanspruchen Platz, und der war nur im südlicheren Bereich vorhanden. Der kleine Parque Natural del Ter Vel, ein Feuchtgebiet, markierte lange Zeit die Baugrenze, doch dann wurden zwei weitere Urbanizaciones dahinter errichtet, Els Griells und Plantera; in beiden werden Ferienwohnungen vermietet.

Costa Brava

Der Stadt nähert man sich über eine **Zufahrtsstraße,** wo ein Supermarkt und eine Tankstelle unübersehbar liegen, außerdem werden hier die Campingplätze ausgeschildert. Schließlich folgen die ersten Apartmentblocks, und dann wird ein größerer Kreisverkehr erreicht, das Zentrum liegt direkt dahinter.

Strandprofil

Platja de L'Estartit

Dies ist einer der bemerkenswertesten Strände der Costa Brava, gute drei Kilometer lang, vom Hafen in L'Estartit bis zur Mündung des Río Ter gemessen. Und würde man diese kurze Unterbrechung ignorieren und die folgenden beiden Strandzonen noch einbeziehen, entstünde ein Strandgebiet von gut 12 Kilometern Länge! Die durchschnittliche Breite liegt bei 65 Metern, aber an einigen Stellen bei deutlich mehr. Dort wurde Parkraum geschaffen und Sand planiert. Wer sich von L'Estartit wegbewegt, erreicht alsbald die Urbanización El Griells und den dahinterliegenden Campingplatz El Molino. Danach wird es leerer, und wer sich die Mühe macht, so weit zu laufen, hat noch gute drei einsame Kilometer bis zum Río Ter. Der Strand ist durchgängig weich und hellsandig, teilweise gibt es sogar kleine Dünen. Hier wird FKK zumindest praktiziert und toleriert. Fast am Ende dieses Strandes wird das kleine Reserva Natural de la Gola passiert, ein Feuchtgebiet in der Nachbarschaft zum Río Ter.

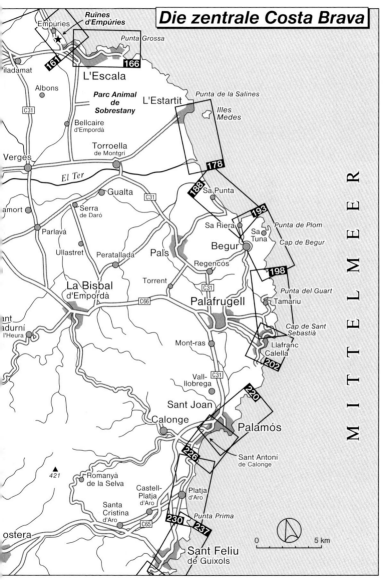

Die zentrale Costa Brava

Costa Brava

MITTELMEER

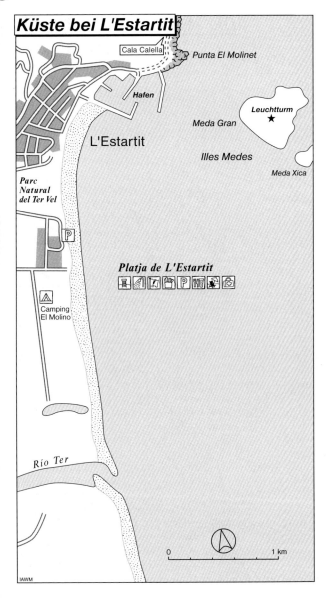

Küste bei L'Estartit

Cala Calella

Punta El Molinet

Hafen

Leuchtturm ★

Meda Gran

L'Estartit

Illes Medes

Meda Xica

Parc
Natural
del Ter Vel

P

Platja de L'Estartit

Camping
El Molino

Río Ter

0   1 km

IAWM

Dieser hat schon eine weite Reise hinter sich, fließt er doch durch Girona und entspringt im Pyrenäenvorland, unweit von Ripoll, irgendwo in 1000 Meter Höhe und gute 120 Kilometer von der Küste entfernt.

Sehenswertes

Etwas mehr als einen Kilometer von der Küste entfernt liegen die **Inseln Illes Medes,** insgesamt sieben kleine Inselchen: Meda Gran (182.530 m²), Meda Xica (25.850 m²), El Carall Bernat (2985 m²), Els Tascons Grossos (1885 m²), El Medallot (550 m²), Els Tascons Petits (510 m²) und Les Ferranelles (390 m²). 1990 wurden die Medes-Inseln zum Naturpark erklärt. Die Inseln sind heute unbewohnt, nur ein Leuchtturm aus dem Jahre 1866 steht hier auf dem Dach des Hauses, in dem einst der Inselwärter lebte. 1930 wurde ein neuer Leuchtturm gebaut, der mit Solarenergie gespeist wird.

Besucher dürfen sich den Inseln nähern, können tauchen oder die Vogelwelt aus der Distanz beobachten. Die Meda Gran darf zu bestimmten Zeiten betreten werden (während der Brutzeit von März bis Juni allerdings niemals), eine kleine Mole wurde dazu auf der Westseite angebracht. Auch auf der kleinen El Carall Bernat sind zwei kleine Wege für Besucher eingerichtet worden.

Die Vegetation ist eher spärlich, bedingt durch die salzige Luft, aber ein idealer, weil ruhiger und nahrungsreicher Platz für Vögel. Weißkopfmöwen, Kormorane und Graureiher dominieren neben diversen Zugvögeln, insgesamt 60 Vogelarten nisten hier.

Durch Strömungen und den kalkhaltigen Untergrund entstanden etliche Naturhöhlen, ein herrliches Tauchrevier! Farbenfrohe Fische, Algenmeere, deren Farben von Grün zu Schwarz changieren; Krebse, Schnecken und Muscheln sind zu beobachten.

Die Boote legen an der Westseite der Meda Gran an, während die besten Tauch- und Schnorchelgebiete auf der Ostseite liegen. Wer sich nicht selbst auf eine Unterwasserexkursion einlassen möchte, kann auch mit einem der vielen Glasboden-Boote eine Erkundungstour unternehmen.

Der **Hafen** fällt relativ groß aus, etliche Segelboote dümpeln hier und eine Reihe von Glas-Boden-Booten, die Exkursionen entlang der felsigen Küste anbieten. Selbst wer nicht tauchen oder schnorcheln möchte, kann eine derartige Tour mit Gewinn machen, sind doch die meisten Buchten über Land gar nicht zu erreichen. Außerdem erhält man erst vom Meer aus den richtigen Eindruck von der wirklich „wilden Küste" zwischen L'Estartit und L'Escala.

Ein Spaziergang entlang des Hafens führt an ein paar netten Lokalitäten vorbei und endet an einem Felsvorsprung, dem **Punta El Molinet.** Die Küste dahinter fällt schroff und steil ins Meer, das Wasser brandet mit starker Strömung an, also keine Stelle zum Baden oder Schnorcheln.

Ein Fußweg führt bis in die einsame **Cala Calella,** die etwa einen Kilometer entfernt liegt. Aber der Weg ist

Costa Brava

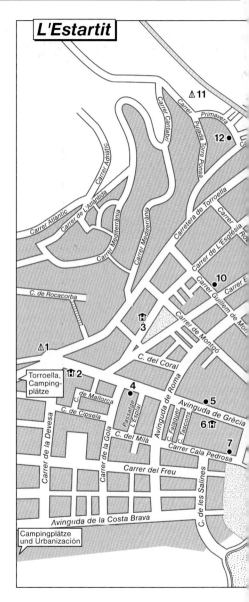

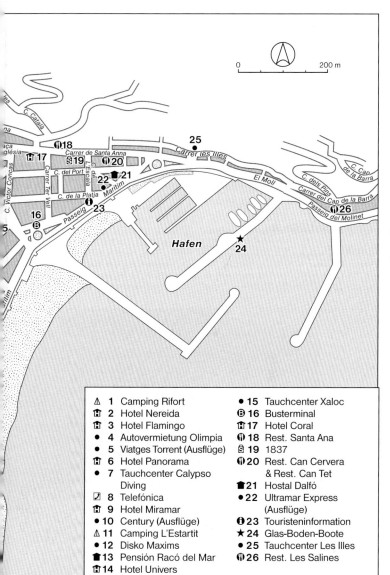

Costa Brava

⌂	1	Camping Rifort	
⌂	2	Hotel Nereida	
⌂	3	Hotel Flamingo	
●	4	Autovermietung Olimpia	
●	5	Viatges Torrent (Ausflüge)	
⌂	6	Hotel Panorama	
●	7	Tauchcenter Calypso Diving	
☑	8	Telefónica	
⌂	9	Hotel Miramar	
●	10	Century (Ausflüge)	
⌂	11	Camping L'Estartit	
●	12	Disko Maxims	
🏠	13	Pensión Racó del Mar	
⌂	14	Hotel Univers	

● 15	Tauchcenter Xaloc
Ⓑ 16	Busterminal
⌂ 17	Hotel Coral
🍴 18	Rest. Santa Ana
§ 19	1837
🍴 20	Rest. Can Cervera & Rest. Can Tet
🏠 21	Hostal Dalfó
● 22	Ultramar Express (Ausflüge)
ℹ 23	Touristeninformation
★ 24	Glas-Boden-Boote
● 25	Tauchcenter Les Illes
🍴 26	Rest. Les Salines

schwer zu finden, er beginnt bei den letzten Häusern, die etwas erhöht am Hügel kleben, man muss sich dorthin durchfragen.

Die **Fußgängerzone** stellt das pulsierende, touristische Herz von L'Estartit dar, dort spaziert und flaniert jeder einmal durch, legt einen Stopp in einer der Bars oder einem der Shops ein, und dann geht's wieder zum Strand. Die Promenade lädt zum abendlichen Bummel ein, zum Aufs-Meer-gucken, aber weniger zum Hängenbleiben, denn Lokale sind hier kaum zu finden.

Praktische Tipps

Unterkunft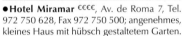

●**Hotel Miramar** €€€€, Av. de Roma 7, Tel. 972 750 628, Fax 972 750 500; angenehmes, kleines Haus mit hübsch gestaltetem Garten.

Zimmerpreise richten sich nach „Meerblick" (teures) oder „Garden view".

●**Hotel Univers** €€-€€€, C/ Victor Concas 7, Tel. 972 750 570, Fax 972 750 687, 49 Räume hat das zweistöckige Haus in zentraler Lage.

●**Hostal Dalfó** €€, Carrer del Port 10, Tel. 972 751 032, Fax 972 751 043; kleines Haus mitten im Zentrum, unweit vom Hafen.

●**Hotel Flamingo** €€€, C/ Església 112, Tel. 972 750 927, Fax 972 751 395; ein mittelgroßes Gebäude mit 100 Zimmern, etwas „über Eck" gebaut.

●**Hotel Coral** €€€, Plaça L'Església 8, Tel. 972 751 200, Fax 972 750 027; nettes zweistöckige Haus in der Fußgängerzone.

●**Hotel Nereida** €€-€€€, Av. de Grècia 61, Tel./Fax 972 750 775; zentraler Lage mit Pool, 200 Meter bis zum Strand.

●**Hotel Panorama** €€€, Av. de Grècia 5, Tel. 972 751 092, Fax 972 750 119; ein relativ großes Haus, nur 100 Meter vom Strand entfernt. Einige Zimmer mit Meerblick u. Balkon.

●**Pensión Racó del Mar** €€, C/ Església 12, Tel. 972 751 085, Fax 972 750 674; 24 Zimmer hat diese nette, preiswerte Pension.

192a cb Foto: jf

Camping

- **Camping Rifort,** 2. Kat., geöffnet 15.4.-15.9., Tel. 972 750 406, Fax 972 751 722. Platz liegt mitten im Zentrum, etwa 500 Meter vom Strand entfernt, und ist etwas verwinkelt. Direkt dahinter erhebt sich ein steiler Berg, und die Hauptverkehrsstraße führt auch vorbei.
- **Camping L'Estartit,** 2. Kat., geöffnet 1.4.-30.9., Tel. 972 751 909, Fax 972 750 991. Eine zentrale und doch ruhige Lage zeichnet diesen kleinen Platz aus, er liegt in einer Nebenstraße unter Pinien, keine 50 Meter vom Zentrum entfernt. Ein Pool ist vorhanden und eine Disko (Maxim's) nicht weit.
- **Camping El Molino,** 2. Kat., geöffnet 1.5.-30.9., Tel. 972 750 629, Fax 972 750 629, liegt etwas außerhalb von L'Estartit. Zufahrt erfolgt kurz vor dem Ortseingang, das kleine Hinweisschild ist schnell übersehen. Platz ist zweigeteilt, ein größeres Gelände befindet sich direkt am Meer, der kleinere Teil unter Laubbäumen im Hinterland bei der Windmühle, die dem Platz den Namen gab.
- **Camping Montgrí,** 1. Kat., geöffnet 1.5.-30.09., Tel. 972 751 630, Fax 972 750 906. Ein großer Platz, der aber gute zwei Kilometer vom Meer entfernt liegt. Bungalows werden auch vermietet, ein Teil der Parzellen liegt unter Baumbestand. Alle notwendigen Einrichtungen, wie Pool, Bar, Restaurant, Waschmaschinen, Pool für Kinder, Disko, Minigolf, ärztliche Betreuung, vorhanden.
- **Camping Les Medes,** 2. Kat., ganzjährig geöffnet, Tel. 972 751 805, Fax 972 750 413. Anfahrt wie El Molino, liegt ebenfalls gut einen Kilometer vom Ort entfernt, aber auch dieselbe Distanz zum Meer. Ein kleines Gelände ohne viel Schatten, aber weitestgehend ruhige Lage. Interessant: ein überdachtes, beheiztes Schwimmbad für die manchmal doch vorkommenden kühleren Tage.

Essen & Trinken

- **Restaurant Can Cervera,** Carrer de Santa Ana 50, Tel. 972 750 437, breite Auswahl an Tapas.
- **Restaurant Robert,** Pg. Marítim 59, Tel. 972 570 187 (bei der Bushaltestelle), nicht ohne Stil, netter Garten.
- **Restaurant Can Tet,** Carrer de Santa Ana 38, Tapas und Meeresfrüchte.
- **Restaurant Santa Ana,** Carrer Santa Ana 55, Tel. 972 751 326, breite Auswahl.
- **Restaurant Les Salines,** Passeig del Molinet 5, Tel. 972 751 611, die Straße ist eine Sackgasse, die am Meer entlangführt. Empfehlenswerte Küche in uriger Lage.
- **Bar El Rancho,** C/Cala Pedrosa, gemütliche Atmosphäre, gelegentlich Flamenco-Shows.

Adressen

- **Ausflüge:** Viatges Torrent, Av. de Grècia 20, Tel. 972 751 744; Century, C/ Guillem de Montgrí 38, Tel. 972 757 714; Ultramar Express, Pg. Marítim 44, Tel. 972 750 257; Panorama, Av. de Grècia 5, Tel. 972 751 479.
- **Autovermietung:** Olimpia, Av. de Grècia 29, Tel. 972 750 389; Màrius, Av. Roma 60, Tel. 972 750 508.
- **Autowerkstätten:** Garatge Europa, Ctra. Torroella 111, Tel. 972 751 639 (Fiat, Lancia, Ford); Garatge Costa, Ctra. Palafrugell 3, Torroella, Tel. 972 758 336 (Peugeot); Auto-Taller Torroella, Ctra. Palafrugell 5, Torroella, Tel. 972 757 658 (Opel); Garatge Vert, Pg. Vicenç Bou 10, Torroella, Tel. 972 758 241 (Citroen); Garatge Empordauto, Pg. Catalunya 16, Torroella, Tel. 972 758 644 (Seat, Audi, VW); Garatge Matas, Ctra. L'Estartit-Torroella, Tel. 972 758 360 (Nissan); Garatge Baix Empordà, Ctra. Sant Jordi 17, Torroella, Tel. 972 758 676 (Ford); Garatge Nou, Ctra. Sant Jordi 40, Torroella, Tel. 972 760 566 (Renault).
- **Bootstouren:** Die Anbieter sind alle am Passeig Marítim zu finden, dort stehen kleine Bürokioske, und an der Hafenmole liegen ihre Schiffe. Eine Tour entlang der bizarren Küste kostet etwa 7-8 €. Die meisten Gesellschaften bieten auch Touren entlang der spektakulären Küstenlinie an, aber nur bei ruhiger See! Die Gesellschaft La Sirena, Tel. 972 751 685, bietet zweistündige Schnorcheltrips und verleiht auch Unterwasserkameras.

 Illes Medes

●**Busterminal:** Plaça Dr. Fleming s/n, Sarfa fährt nach Barcelona, Figueres und Palafrugell, während AMPSA eine stündliche Verbindung nach Torroella unterhält.

●**Fahrradvermietung:** Bicicletes Josep, Grècia 66; Las Vegas, Av. Roma 83, Tel. 972 751 401; Medaqua, Pg. Marítim 13, Tel. 972 752 043.

●**Shopping:** 1837, Carrer Santa Ana 43, ein kleiner namenloser Laden in der Fußgängerzone, der schöne Stickereien verkauft. Die Jahreszahl steht über dem Eingang eingemeißelt.

●**Tauchen:** Anfängerkurse und Tauchgänge für Erfahrene, Preis ca. 20-30 €, pro Tauchgang. Les Illes, Hotel Les Illes, C/ de Les Illes 55, Tel. 972 751 239, Fax 972 750 944; Calypso Diving, C/ Cala Pedrosa 1, Tel. 972 751 488, Fax 972 751 488; Unisub Estartit, Ctra. de Torroella 15, Tel. 972 751 768, Fax 972 750 539; El Rei del Mar, Hotel Panorama, Av. de Grècia 5, Tel. 972 751 092, Fax 972 750 119; Xaloc, C/ Eivissa 1, Tel. 972 752 071, Fax 972 751 231; Aquàtica, Campingplatz Rifort, Ctra. Torroella 110, Tel./Fax 972 750 656.

●**Tennis:** Hotel Miramar, Av. de Roma 7, Tel. 972 750 628; Hotel la Masia, Ctra. de Torroella, Tel. 972 751 178.

Feste

●**26. Juli:** Fest zu Ehren von Santa Ana.

Markt

●**Termin:** Donnerstag.

Ullastret

Sehenswertes

Ullastret ist ein *Poblat Ibèric,* also eine Siedlung aus den Tagen der Iberer, die etwa im 6. Jh. v. Chr. hier siedelten. Ullastret gilt als **wichtigste iberische Fundstätte in Katalonien.** Die Sied-

197Cb Foto: jf

lung wurde etwa 400 bis 500 Jahre bewohnt, erst als die Römer im Jahr 218 v. Chr. in Empúries Fuß fassten, zogen die Iberer weiter.

Die Siedlung liegt auf dem Hügel Puig de Sant Andreu. Ehemals war der Hügel von einem **großen See** umgeben. Dieser wurde allerdings vor ca. einem Jahrhundert trockengelegt.

In Zeiten sehr starker Regenfälle kommt es auch haute manchmal noch vor, dass sich das Becken wieder mit Wasser füllt, so wie es im Jahr 1959 und 1977 der Fall war (Bilder im Museum belegen es). Wenn dies passiert, ragt Ullastret mit seinen 54 Metern über dem Meeresspiegel wieder wie in vergangenen Jahrhunderten als Festung aus dem Wasser empor.

Diese Lage war sowohl strategisch als auch wirtschaftlich äußerst günstig: Die Siedlung war gut geschützt, da die Anhöhe zum Wasser hin steil abfällt. Nur die Ostseite (da wo der Eingang heute liegt) hatte einen seichten Anstieg, deshalb sind an dieser Stelle auch die starken Befestigungsmauern zu finden.

Das **Wasser** war auch wirtschaftliche Grundlage, zum einen für die Bewässerung der Felder und zum anderen für die Anbindung zum Meer über den damals noch schiffbaren Fluss Río Daró.

Diese günstige Lage zog schon immer Siedler an, die frühesten **Funde** weisen auf den Beginn der Eisenzeit hin (700 v. Chr.). Die ersten Funde der Ibererzeit stammen aus dem 6. Jh. v. Chr. Als typische Zeugnisse fand man spezielle Keramiken und die rechteckig behauenen Steinquader, die zum Bau von Häusern und der Befestigungsmauer dienten.

Die **Mauer** umgibt die gesamte Anlage, aber an der Ostseite ist sie am besten erhalten. Durchsetzt war diese Mauer mit Aussichtstürmen, heute nur noch an den Ausbuchtungen zu erkennen. Die Anlage ist unterschiedlich gut erhalten. Ein Teil ist mit grob behauenen Treppen, Zisternen und Fundamenten von Häusern besonders eindrucksvoll (rechts vom Eingang).

An der Stelle der Akropolis befindet sich heute das **Museum.** Dort sind Fundstücke, vor allem Keramiken, aber auch Landkarten und Photos der Anlage zu besichtigen. Interessant ist auch die Folie mit Schriftzeichen. Bekannt ist, dass die iberische Schrift aus 28 Zeichen bestand, jedoch konnte sie bislang nicht entschlüsselt werden. Vieles ist noch rätselhaft, so auch die Herkunft der Iberer. Im 2. Jh. gaben sie die Siedlungsanlage auf, sie wurden von der immer stärker werdenden Siedlung Empúries verdrängt.

●**Geöffnet:** 1.10-31.5. Di-So 10-14 und 15-18 Uhr, 1.6.-30.9. Di-So 10-20 Uhr; Eintritt: 1,80 €, erm. 1,35 €; Parkplätze: beim Kassenhäuschen, oder direkt vor der Anlage nach dem Bezahlen.

●**Anfahrt:** an Straße GI-644 gelegen, von La Bisbal über den Ort Ullastret fahren, ca. einen Kilometer dahinter zweigt ein Weg rechts ab.

Costa Brava

Reste eines iberischen Dorfes

Peratallada

Sehenswertes

200ch Foto: jf

Peratallada ist eines der **hübschesten Dörfer der gesamten Provinz.** Ein kleines Schildchen, schön erstellt auf einer Kachel, klärt auf: *„Villa* (Dorf) *de Peratallada, Partido* (Teilgebiet) *de la Bisbal, Provincia* (Provinz) *de Gerona"*. Wahrscheinlich lässt man hier die spanische Schreibweise durchgehen, weil die Kachel einfach optisch zu gut gelungen ist, da wagen nicht einmal katalanische Nationalisten, ans Werk zu gehen und diese zu „verbessern".

Peratallada zeigt sich als **mittelalterliches Dorf,** allerdings handelt es sich nicht um ein Museumsdorf. Die Bewohner haben aus ihren eigentlich alten Häusern ein optisch gelungenes Gesamterscheinungsbild gemacht, das einfach gefällt. Die Straßen bestehen noch aus holprigem Kopfsteinpflaster, die Gassen sind eng, biegen scharf um Ecken, verlaufen verwinkelt. Torbögen verbinden zwei Häuser, abends wird die Gaslaterne entzündet. Nun, das wohl dann doch nicht, aber kein Besucher würde sich wundern, käme jetzt ein Ritter auf seinem Pferd dahergeritten, fast hört man schon das Hufgetrappel ...

Ein paar **Geschäfte,** die sich mit ihrem Angebot an Touristen richten, gibt es auch schon, sie haben sich aber alle der Umgebung angepasst; angeboten werden vor allem Kunsthandwerk und Keramiken.

Besucher sollten ihren Wagen draußen vor dem Ort **parken.** Die Straßen sind sowieso zu eng, und nur durch einen Spaziergang wird man die Atmosphäre genießen können. Zwei Parkplätze sind ausgeschildert, liegen nur ein paar Minuten Fußweg entfernt.

Unterkunft

●**Hostal La Riera** €€, Plaça Les Voltes 3, Tel. 972 634 142. Dieses kleine Haus mit nur acht Zimmern liegt am Hauptplatz.
●**Castel de Paratallada** €€, Plaça del Castell 1, Tel. 972 634 021, Fax 972 634 011. Mal was anderes: Wohnen in einer 1000 Jahre alten Burg in herrlich romantischen Zimmern. Nicht billig (DZ: 150-240 €), aber lohnend.

Essen & Trinken

●**Restaurant La Roca,** kleines Lokal im Gassengewirr, aber schnell zu finden;
●**Restaurant Can Bonay,** Plaça Les Voltes 13, Tel. 972 634 034, familiäre Atmosphäre in gemütlichem Rahmen mit gutem Preis-Leistungs-Verhältnis.
●**Rossini,** Plaça C/ Riera 4, Tel. 972 634 086, Küche in einer ehemaligen Mühle.

Pals

- **Einwohner:** 1700
- **PLZ:** 17256
- **Entfernung nach Barcelona:** 138 km
- **Touristeninformation:**
  C/ Aniceta Figueres 6,
  Tel. 972 667 857, Fax 972 667 518,
  E-Mail: pals@offcampus.net
- **Internet:** www.bemporda.ddgi.es

Pals besitzt einen der schönsten **altertümlichen Ortskerne** der ganzen Region. Diese *vila vela* ist relativ klein, die moderne Stadt liegt unterhalb dieses Kerns, dort sind auch die Parkplätze zu finden.

Die **Geschichte** des Ortes begann sehr früh, als sich die ersten Bewohner auf den aus einem Sumpfgebiet herausragenden Hügeln niederließen. *Palos* war denn auch der ursprüngliche lateinische Name für dieses „Sumpfgebiet", daraus wurde später *Pals*. Die Trockenlegung wurde Ende des 19. Jh. durchgeführt, dann konnten die Bauern endlich das fruchtbare Land bepflanzen, vor allem mit Reis.

Im Jahr 889 wurde erstmals ein Ort namens Pals urkundlich erwähnt, aber eine besondere Rolle spielte er lange Zeit nicht. 1503 erhielt Pals durch den spanischen König *Fernando el Católico* Stadtrechte und somit eine gewisse politische Bedeutung. Eine Stadtmauer wurde errichtet; auf den Fundamenten eines ursprünglich einmal vorhandenen Schlosses entstanden neue Gebäude, u.a. auch die Kirche Sant Pere.

Von den ehemaligen Gebäuden blieb nur der Rauchturm aus dem 11. Jh. erhalten, er wurde an die Kirche als Glockenturm angeschlossen. Seitdem heißt er *torre de les hores,* **Stundenturm,** und gilt als das weithin sichtbare Wahrzeichen von Pals. Eine tolle Aussicht über das flache Land genießt jeder, der bis zum höchsten Punkt hinaufkraxelt.

Die **Stadtmauer** mit sechs Türmen aus dem 13. Jh. existiert auch noch, wer von unten an der Mauer hochschaut, erhält eine Ahnung, wie gut die Siedlung einst geschützt war.

Strandprofil

Platja de Pals

Dieser Strand liegt gut vier Kilometer entfernt. Auch dieser Strand besticht durch seine Größe, er misst 4,2 Kilometer und hat eine durchschnittliche Breite von 60 Metern. An der Hauptzufahrt zeigt er sich nicht ganz so idyllisch, die Sendemasten von Radio Liberty stören doch etwas. Aber es gibt ja genügend Platz, man muss nur nach Norden ausweichen. Strandläufer können bis zum Mündungsgebiet des Río Daró im feinen, weichen Sand laufen. Nur einige wenige Hotelanlagen liegen hier, die meisten Besucher dieser Platja halten sich im Bereich der Zufahrtsstraße auf.

Costa Brava

Peratallada – ein uriges Dörflein

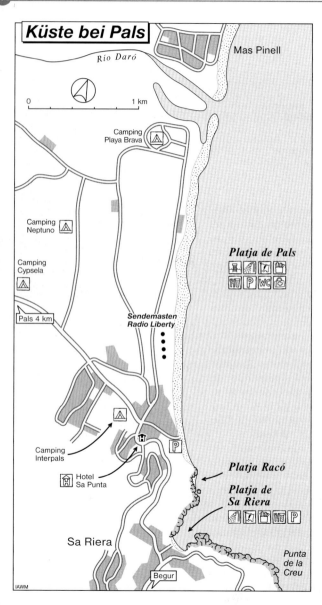

Küste bei Pals

Río Daró

0   1 km

Mas Pinell

Camping
Playa Brava

Camping
Neptuno

Camping
Cypsela

Pals 4 km

Platja de Pals

*Sendemasten
Radio Liberty*

Camping
Interpals

Hotel
Sa Punta

Platja Racó

*Platja de
Sa Riera*

Sa Riera

Begur

*Punta
de la
Creu*

IAWM

Wer einem etwas holprigen Weg vor einer 20 Meter hohen Felswand vorbei folgt, landet in einer benachbarten Bucht, der etwa 100 Meter langen und 15 Meter breiten **Platja Racó.** Dieser Weg beginnt am Ende der Platja de Pals, dort wo sich die Felswände erheben. In der Bucht Platja Racó sonnen sich weniger Menschen, und man sieht auch die Sendemasten nicht.

Sehenswertes

Müßig, hier einzelne Gebäude hervorzuheben, die **Altstadt ist ein Gesamtkunstwerk.** Einfach drauflosbummeln durch die engen, verwinkelten Gassen, durch Torbögen schreiten und über Kopfsteinpflaster wandern. Selbst

Garagentore passen sich dem rauen Stil der Häuser an, die aus wuchtigen sandsteinfarbenen, mit Holz durchsetzten Blöcken bestehen. Gaslaternen werfen ein diffuses Licht durch ihr dunkelgelbes Glas, schmiedeeiserne Balkone recken sich filigran und blumenberankt empor. Auch die Casa de Vila (Rathaus) und sogar die Guardia Civil sind in ansprechenden Häusern untergebracht.

Platja de Pals

senem erstklassigem Restaurant in ruhiger, ländlicher Umgebung, vier Kilometer von Pals entfernt gelegen. Die Räume sind in einer alten Landvilla untergebracht. Dorthin geht's über eine breite Auffahrt durch ein schmiedeeisernes Tor, an dem ein auffälliges Wappen prangt. Ein Pool liegt in dem weitläufigen Garten, eine Liegewiese verlockt zum Entspannen, und dann wird es auch schon Zeit für das hervorragende Menü.

●**Hotel la Costa** €€€-€€€€, Av. Arenales de Mar 3, Tel. 972 667 740, Fax 972 667 736, vom 4.11.-22.2. geschlossen. Diese Anlage richtet sich in erster Linie an Golfspieler, liegt doch ein sehr schöner Platz gleich in der Nähe. Ansonsten bietet das Haus eine breite Servicepalette und liegt nur 50 Meter vom Strand entfernt.

In diesem Gebiet werden sehr viele **Ferienwohnungen** angeboten, einige wurden in beinahe traumhafter Lage hoch über den Felsenklippen gebaut, andere liegen zurückgesetzt unter Pinien. Allzuweit ist es jedenfalls nie zu den Stränden.

Praktische Tipps

Unterkunft

Direkt in Pals zu wohnen mag seinen Reiz haben, die attraktiveren Unterkünfte liegen außerhalb in unmittelbarer Nähe zum Strand.

●**Hostal Barris** €€, C/ Enginyer Algarra 51, Tel. 972 636 702. Ein kleines Haus mit 15 angenehmen Zimmern, im Ort Pals gelegen.

●**Aparthotel Golf Beach** €€€€, an der Straße zum Strand gelegen, Tel. 972 636 063, Fax 972 637 013, eine großzügige Anlage, die Zimmer sind auf drei Etagen verteilt, das Haus wurde in L-Form gebaut, im Inneren locken ein Pool und eine Liegewiese, zum Strand sind es ca. 500 Meter.

●**Mas de Torrent** €€€€, Tel. 972 303 292, Fax 972 303 293. Ein Luxushotel mit angeschlos-

Ein Kleinod: die Altstadt von Pals

Camping

●**Camping Cypsela,** Luxus-Kategorie, Tel. 972 667 696, Fax 972 667 300, geöffnet 15.5.-26.9. Einer von 2 Plätzen der Luxus-Kategorie an der Costa Brava. Der Ort Pals liegt 3 Kilometer entfernt, der Strand 1,5 km, die Anlage wird straff geführt und bietet viel Platz auf knapp 1200 Parzellen. Das Serviceangebot übertrifft sogar manches Hotel, hier die wichtigsten Punkte: mehrere Restaurants, Pool, mehrere Sanitärgebäude, Wäscheservice, Animation, FeWos, Kinderwaschräume, Tischtennis, Kinderspielplatz, Supermarkt, abendliches Programm. Der Platz liegt komplett unter Pinien, zu erreichen ist er über die Zufahrtsstraße von Pals zur Platja de Pals.

●**Camping Neptuno,** 2. Kat., C/ Rodas 23, Tel. 972 636 731, Fax 972 637 309, geöffnet 15.5.-30.9. Dieser kleinere Platz liegt etwa 500 Meter hinter dem Campingplatz Cypsela in einem Waldgebiet. Er bietet den notwendigen Service sowie diverse sportive Angebote und vermietet auch kleine Holzbungalows.

●**Camping Playa Brava,** 1. Kategorie, Tel. 972 636 894, Fax 972 636 952, geöffnet

15.5.-16.9. Dieser Platz liegt direkt am Meer und in unmittelbarer Nachbarschaft zu Basses d'en Coll, einer Süßwasserlagune, die in den Mündungsbereich des Río Daró fließt. Der Campingplatz bietet 500 Stellplätze, zum Teil schattenlos, aber ein breites Serviceangebot, sogar, trotz der Nähe zum Meer, einen Pool. Pals liegt vier Kilometer entfernt, Anfahrt in Richtung Platja de Pals, dann der Ausschilderung folgen. Hunde sind nicht erwünscht.

● **Camping Interpals,** 1. Kat., Tel. 972 636 179, Fax 972 667 476, geöffnet 1.3.-30.9. Der Platz liegt nur 300 Meter vom Strand entfernt und 625 Parzellen im Angebot, die im Pinienwald liegen unter angenehmem Schatten. Alle notwendigen Serviceeinrichtungen sind vorhanden, auch an einen Pool für Kinder wurde gedacht.

Essen & Trinken

● **Restaurant Alfred,** C/ de la Font 7, Tel. 972 667 291, seit Jahren ein Klassiker, eigentlich immer überzeugend. Einige Leser waren unzufrieden – vielleicht ein Ausrutscher?
● **Restaurant San Gatonera,** C/ de la Font 30, Tel. 972 667 582, ein angenehmes Haus, das direkt hinter dem Restaurant Alfred liegt, genau vor der Altstadtmauer, katalanische und französische Küche.

Adressen

● **Busterminal,** C/ Enginyer Algarra 2.

Feste

● **Februar:** Karneval.
● **4.-6. August:** Festa Major, Tanz, Sardanas und sportive Veranstaltungen.

Markt

● **Termin:** Dienstag.

Sa Riera

Überblick

Eine sehr **ansprechende kleine Bucht** verbirgt sich hinter diesem Namen. Sa Riera könnte einer der letzten Tipps der Costa Brava sein, um das verfängliche Wort „Geheimtipp" einmal nicht zu gebrauchen (wenn's hier schon steht, ist es ja keiner mehr ...). Also, wer sich mit einem winzigen Ort mit gerade mal einer Handvoll Straßen, einer gut 300 Meter langen Bucht und noch einmal einer Handvoll Restaurants anfreunden kann, wird sich hier wohl fühlen. Auf den umliegenden Hügeln schlängeln sich etliche Straßen zu einer ganzen Reihe von Ferienhäusern, deren Besitzer kommen gern mal auf einen Schwatz runter in die paar Lokale von Sa Riera. Abends ziehen sich aber alle wieder zurück, und man hat die wenigen Straßen für sich allein. Wenig genug ist hier los, wer nichts mit sich selbst und einer gemütlichen Atmosphäre anzufangen weiß, sollte lieber nicht hierher fahren.

Platja de Sa Riera

Etwa 200 Meter lang und gute 30 Meter breit ist der helle Kiesstrand an der **Platja de Sa Riera,** an der rechts ein paar Fischerboote dümpeln. Begrenzt wird die Bucht links wie rechts durch aufsteigende Felsgruppen, dort liegen auch schon die ersten FeWos in traumhafter Lage. Am Ende des Strandes führt ein schmaler Fußweg, teilweise über Treppen bis zu den Stränden von Pals.

Costa Brava

Unterkunft

●**Pension San Cristóbal** €€€, Tel. 972 622 228, liegt etwa 30 Meter vom Strand entfernt, ein zweckmäßiges, zweistöckiges Gebäude ohne Flair, aber dafür teilweise mit Meerblick.

●**Hotel Sa Riera** €€€-€€€€, Tel. 972 623 000, Fax 972 623 460, insgesamt 23 Zimmer werden angeboten, eine nett gestaltete Anlage mit zwei Etagen, vom Balkon teilweise Meerblick. Ein kleiner Pool ist vorhanden.

Ferienwohnungen werden hier vor allem von InterChalet angeboten.

Camping

●**Camping El Maset,** 1. Kat., Tel. 972 623 023, Fax 972 623 901, geöffnet von Ostern bis Ende September. Insgesamt 109 Parzellen bietet dieser Platz, der 300 Meter vom Strand entfernt liegt, auf der rechten Seite der Zufahrtsstraße. Der Platz ist terrassenförmig angelegt, die Zufahrt allerdings für größere Gespanne nicht empfehlenswert.

Essen & Trinken

●**Restaurant Miramar,** Tel. 972 622 228, geöffnet von Ostern bis zum 31.10., wird seinem Namen voll gerecht, keine 30 Meter vom Meer entfernt gelegen.

●**Restaurant Costa Brava,** Tel. 972 622 093, geöffnet von Ostern bis zum 31.10. Beim ausgeschilderten Parkplatz, also gewissermaßen in der zweiten Reihe, deswegen aber nicht schlechter.

„Geheimtipp" Sa Riera

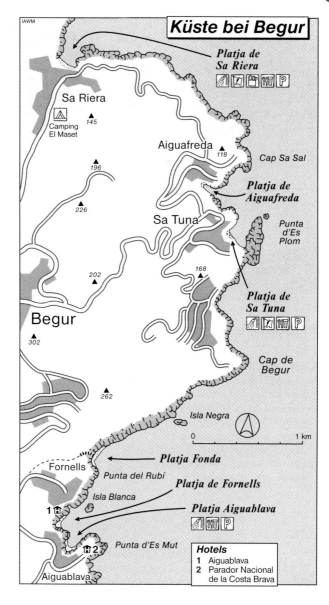

Küste bei Begur

Platja de Sa Riera

Sa Riera

△ Camping El Maset

▲ 145

Aiguafreda

▲ 118

Cap Sa Sal

Platja de Aiguafreda

▲ 196

▲ 226

Sa Tuna

Punta d'Es Plom

▲ 202

▲ 168

Platja de Sa Tuna

Begur

▲ 302

Cap de Begur

▲ 262

Isla Negra

0   1 km

Platja Fonda

Fornells

Punta del Rubí

Isla Blanca

Platja de Fornells

Platja Aiguablava

1 ⌂

Punta d'Es Mut

2 ⌂

Aiguablava

Hotels
1 Aiguablava
2 Parador Nacional de la Costa Brava

Costa Brava

Aiguafreda

Aiguafreda ist eine **tief eingeschnittene Bucht,** an deren Hängen einige Häuser kleben. Die Platja de Aiguafreda verdient kaum den Namen Strand, zeigt sie sich doch sehr klein, vielleicht 20 Meter, und äußerst steinig.

Eine kurvenreiche Straße führt zur Bucht, dort liegt das empfehlenswerte **Restaurant Sa Rascassa,** Tel. 972 622 845. Ein bewachter Parkplatz befindet sich vor dem Eingang. Die ganze Lage ist äußerst einsam, so dass man hier nach einer Mahlzeit noch etwas Siesta halten kann, zwar in Ruhe, aber auch etwas unbequem. Im Sa Rascassa werden auch Zimmer in der Preisklasse €€€ vermietet.

Sa Tuna

Eine ziemlich kurvige Straße mündet schließlich in diese **kleine Bucht** mit einigen Häusern, die sich um den kleinen Strand drängen. Hinter den Häusern wächst ein dichter **Pinienwald,** nur vereinzelt unterbrochen von einigen Häusern mit sagenhafter Aussicht.

Platja de Fornells

Platja de Sa Tuna

Die Platja de Sa Tuna ist etwa 80 Meter lang. Der Sand wirkt kieselig, das Wasser blitzt in der Abenddämmerung so dunkelblau, dass der große katalanische Dichter *Josep Pla* zu erkennen glaubte, dass es dick und schwer sei. Etwa 200 Meter vor dem Strand liegen bewachte Parkplätze.

Unterkunft

● **Hostal Sa Tuna** €€€, Tel./Fax 972 622 198, geöffnet 1.4.-30.9. Kleines, helles Haus, direkt am Strand gelegen.

Essen & Trinken

● **Restaurant Es Furió,** Tel. 972 623 765, geöffnet von Ostern bis zum 30.9., spezialisiert auf Fischgerichte.
● **Restaurant Sa Tuna,** Tel. 972 62 2198, geöffnet von Ostern bis zum 30.9., bietet ländliche Küche.

Platja de Fornells

Dieser Strand ist eigentlich keiner, jedenfalls nicht in unserem Wortsinn. Fornells soll dennoch hier aufgenommen werden, weil in dieser Bucht eines der **hervorragendsten Hotels** der Costa Brava liegt. Wie schon gesagt, ein Strand ist nicht zu finden, nur eine felsige Bucht, in der aber ein paar Liegeflächen für die Gäste des Hotels Aiguablava geschaffen wurden.

Unterkunft

● **Hotel Aiguablava** €€€, Tel. 972 622 058, Fax 972 622 112. Dieses Haus liegt direkt am Meer und ist abgestuft gebaut worden, so dass etliche Zimmer eine Terrasse mit Meerblick haben. Aber auch wer eines der 85 Zimmer in dem hinteren Gebäude bezieht,

lebt komfortabel mit Blick in den weitläufigen, 15.000 Quadratmeter großen Garten. Aber keine Frage, die „Sahnestücke"-Zimmer zeigen zum Meer, wo man den Sundowner auf der eigenen Terrasse genießen kann und über ein paar Treppen schnell das Meer erreicht. Kleiner Wermutstropfen: Das Management fordert ab drei Tagen Vollpension.
● **Hotel Bonaigua** €€€-€€€€, Tel. 972 622 050, Fax 972 622 054, liegt genau gegenüber vom Hintereingang des Aiguablava, zählt auch zur Klasse der besseren Häuser, hat 47 Zimmer auf drei Etagen in einem schön begrünten Garten.

Platja Aiguablava

Strand

Platja Aiguablava ist eine kleine Bucht mit einem 100 Meter langen **Sandstrand,** der relativ belebt ist. Direkt dahinter steigt eine Felswand gute 50 Meter hoch, und dort oben thront ein Parador Nacional, der schon zu *Francos* Zeiten erbaut wurde. Dieses staatliche Hotel glänzt nicht gerade durch Schönheit, aber die Lage und damit der Ausblick sind hervorragend.

Unterkunft

● **Parador Nacional de la Costa Brava** €€€€, Tel. 972 622 162, Fax 972 622 166. Ein relativ unschöner Kasten von außen, von innen natürlich mit allem Komfort, den die Parador-Kette verspricht und hält. Obendrein in einer traumhaften Lage, umgeben von einem dichten Pinienwald nebst Blick aufs Meer und das Hotel Aiguablava.

Costa Brava

Palafrugell

- **Einwohner:** 17.400
- **PLZ:** 17200
- **Entfernung nach Barcelona:** 119 km
- **Touristeninformation:**
Plaça de l'Església,
Tel. 972 611 820, Fax 972 611 756,
E-Mail: turisme@palafrugell.net
- **Internet:** www.palafrugell.net

Palafrugell ist eine Stadt, die kaum aus touristischer Sicht glänzt. Sie ist relativ **groß und weitläufig,** so dass man einen der ausgeschilderten Parkplätze nutzen sollte. Das Zentrum liegt rund um die Plaça Nova und die Kirche, wobei herausragende Sehenswürdigkeiten fehlen. Palafrugell ist eine geschäftige Stadt, hier wurde die **Korkgewinnung** zu einem großen Gewerbe gemacht. Außerdem lebte hier der große **katalanische Literat Josep Pla.**

Die **nächsten Strände** sind über eine autobahnähnliche Straße schnell zu erreichen und liegen nur vier Kilometer entfernt.

Sehenswertes

Eine Umgehungsstraße führt großzügig um die Stadt, wer ins Innere vordringen will, sollte aber nicht zu weit hineinfahren und lieber auf einem ausgeschilderten Parkplatz den Wagen abstellen. Zu Fuß kommt man im Straßengewirr der **Altstadt** besser voran. Auch, wenn diese nicht übermäßig groß erscheint, so lohnt doch ein Blick

auf die Details, und der gelingt höchst selten aus dem Auto heraus.

Der **Kern des alten Viertels** liegt zwischen Plaça Nova und der Kirche Sant Martí. Eigentlich kann man diese Zone nicht verfehlen, denn die Häuser werden immer älter, Straßen immer enger, und einige sind sogar zu Fußgängerzonen erklärt worden. Hier finden sich aber auch teilweise sehr gut erhaltene Jugendstilhäuser, die aus der Epoche stammen, als einige Bürger zu Wohlstand gekommen waren.

Die **Plaça Nova** fällt relativ groß aus, ein paar Cafeterias und Tapa-Bars liegen hier neben Häusern aus der Jahrhundertwende.

Nur ein paar Schritte weiter wird die **Kirche Sant Martí** erreicht, ein wuchtiger Bau mit beeindruckendem Turm. Sie ist durch ihren Anbau teils gotischen (16. Jh.), teils barocken (18. Jh.) Stils. Im Bürgerkrieg brannte das Gotteshaus, wurde aber später wieder restauriert; aus der Zeit stammen auch die Wandmalereien im Inneren.

Die **Fundación Josep Pla** liegt in der Carrer Nou 51, in einem Gebäude direkt neben seinem Geburtshaus Nr. 49. In diesem Kulturinstitut sind 5000 Bücher untergebracht, die einstige Bibliothek des Literaten, Originalmanuskripte und Erinnerungsstücke. Die Fundación betreibt mehr literaturwissenschaftliche Studien, ist also kein Museum im klassischen Sinne.

- **Geöffnet:** Mo-Fr 9-13 und 17-20 Uhr, Sa 10-12 Uhr.

In der Carrer Tarongeta 31 ist das **Korkmuseum** (Museo del Suro) angesiedelt. Es wirkt trotz seiner Größe von

außen recht unscheinbar, nur die einzelne Fahne mit dem Schriftzug des Museums gibt einen Hinweis. Thematisiert wird die gesamte Bandbreite des Produktes Kork, vom Anbau über die Ernte bis hin zur Verarbeitung. Vorgestellt werden auch die diversen Endprodukte, die Vielfalt der Korken und weiterer überraschender Alltagsdinge, wie Korkpapier. Ausgestellt sind auch diverse Maschinen zum Pressen und Verarbeiten des Rohmaterials, und etliche historische Fotos geben Einblick in die damalige Schwerstarbeit. Es handelt sich übrigens um das einzige Museum seiner Art in ganz Spanien.
●**Geöffnet:** Vom 15.06. bis 15.09. Di-Sa 10-14 und 16-21 Uhr, So 10.30-13.30 Uhr. In der restlichen Zeit Di-Sa nur 17-20 Uhr; Eintritt: ca. 1,80 €.

Praktische Tipps

Unterkunft

Eine Vielzahl von netten Häusern am Meer ist in den nahen Küstenorten zu finden, deshalb hier nur zwei Vorschläge im Stadtgebiet:
●**Fonda la Estrella** €€, C/ de Quatre Cases 13-17, Tel. 972 305 016, Fax 972 300 005. Insgesamt zehn Zimmer hat dieses kleine Haus, das in einer Seitenstraße liegt
●**Hostal Plaja** €€-€€€, C/ Sant Sebastià 34, Tel./Fax 972 300 526. Insgesamt 16 Zimmer zählt dieses Haus, das wohl die erste Wahl von Palafrugell darstellt.

Essen & Trinken

●**Restaurant El Rebost,** C/ Major 3, Tel. 972 610 695, ein kleines Lokal, keine 20 Meter von der Kirche entfernt, mit gemütlichem Ambiente.
●**Pizzería Can Moragas,** Plaça Nova 16, Tel. 972 301 044, wenn eine Pizza mal wieder sein muss.

●**Centre Fraternal,** Plaça Nova s/n, eine Art Gemeindehaus aus dem Jahr 1887, in dem hervorragende hausgemachte Tapas serviert werden.

Adressen
●**Busterminal:** C/ Torres Jonama 67-69, Verbindungen nach Barcelona, Platja d'Aro und umliegende Orte, aber auch nach Lloret, Tossa und Girona.

Feste
●**20.-21. Juli:** Santa Margarida, Co-Patronin des Ortes, mit Tanz, Theater, Konzerten, Sardanas und Attraktionen für Kinder.
●**11. November:** die so genannte Fiesta Pequeña, kleine Feierlichkeit, mit Ausstellungen, Tanz und einem Wettbewerb von Kinderzeichnungen.
●**Pfingstsonntag:** Frühlingsfest, ein karnevalistisches Fest mit Umzügen.

Markt
●**Termine:** Sonntag an der C/ Pi i Margall.

Tamariu

●**Einwohner:** 89
●**PLZ:** 17212
●**Entfernung nach Barcelona:** 123 km
●**Touristeninformation:** Carrer de la Riera s/n, Tel. 972 620 193, geöffnet Juni bis September Mo-Sa 10-13 und 17-20 Uhr, So 10-13 Uhr

„Angenehm", dieses Wort hatte ich mir zweimal unterstrichen, und das zeigt ganz gut meinen Eindruck. Tamariu glänzt nicht mit einem großen touristischen Angebot, hat keine Strandpromenade, und doch ... Ein Teil dieses Ortes hat sich dem Tourismus ge-

Costa Brava

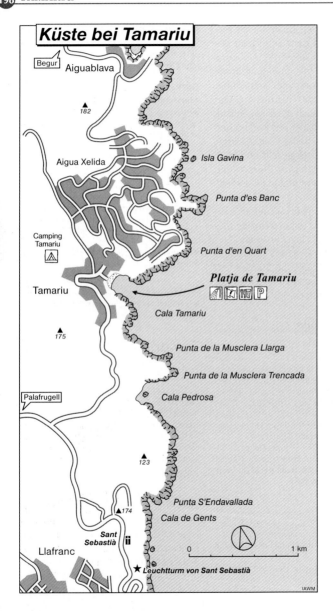

Küste bei Tamariu

Begur
Aiguablava

▲ 182

Aigua Xelida

Isla Gavina

Punta d'es Banc

Punta d'en Quart

Camping Tamariu

Platja de Tamariu

Tamariu

Cala Tamariu

▲ 175

Punta de la Musclera Llarga

Punta de la Musclera Trencada

Palafrugell

Cala Pedrosa

▲ 123

Punta S'Endavallada

Cala de Gents

▲ 174

Sant Sebastià

Llafranc

0   1 km

★ Leuchtturm von Sant Sebastià

IAWM

öffnet, hauptsächlich der Bereich beim Strand. Dort liegt alles recht kompakt, ein paar Lokalitäten, Geschäfte, einige wenige Hotels und eben die auch nicht allzugroße Strandbucht. Der Ort zieht sich vom Wasser die aufsteigenden Hügel hoch, verliert sich schließlich in den Gassen. Vereinzelt werden hier Ferienwohnungen angeboten, aber meist handelt es sich um Immobilien wohlhabender Katalanen. An Abwechslung wird man in Tamariu nicht viel finden; wer ein breites Angebot sucht, dürfte hier falsch sein.

Strandprofil

Platja de Tamariu

Dieser Strand misst 180 Meter und wird von Felswänden eingerahmt. Eine kleine Straße schließt den Strand ab, dahinter liegen auch gleich die ersten Geschäfte und Lokale. Der Strand ist von hellem und weichem Sand, bietet aber nur begrenzt Platz.

Sehenswertes

Als örtliche Pflichtstation kann der **Leuchtturm von Sant Sebastià** bezeichnet werden, der etwa 500 Meter außerhalb von Tamariu liegt. Ein Wanderweg führt dorthin, und der Weg lohnt die Mühe, denn vom Faro (so die verkürzte Ausschilderung, *faro* = Leuchtturm) genießt man einen schönen Blick auf das umliegende Panorama. Im 18. Jahrhundert wurde hier auch eine kleine Kapelle errichtet.

Praktische Tipps

Unterkunft

●**Hotel Sol d'Or** €€, C/ de la Riera 18, Tel. 972 620 172, geöffnet vom 1.6.-30.9. Ein dreistöckiges Gebäude mit nettem Pflanzenbewuchs, sogar einige Palmen stehen im Garten; etwa 200 Meter vom Strand entfernt.
●**Hotel Es Furió** €€€, C/ del Foraió 5-7, Tel. 972 620 036, Fax 972 306 667, ein kleines Haus mit einer angeschlossenen Bar, keine 30 Meter vom Strand entfernt.
●**Hotel Tamariu** €€€€, Passeig del Mar 2, Tel. 972 620 031, Fax 972 620 500, ein zweistöckiges weißes Haus, Zimmer mit Balkon und Blick in die Bucht, unten befindet sich ein Restaurant.
●**Hotel Hostalillo** €€€€, C/ de la Bellavista 22, Telefon 972 620 228, Fax 972 620 184. geöffnet 6.4.-14.10. Dieses Haus mit immerhin 70 Zimmern liegt hervorragend an der rechten Seite der Bucht (mit Blickrichtung Meer) etwas erhöht auf den Felsen, man genießt dadurch einen traumhaften Blick aufs Meer, der allerdings seinen Preis hat.
●**Camping Tamariu,** 2. Kat., C/ de Costa Rica, Tel. 972 620 422, Fax 972 302 481, geöffnet 1.5.-30.9. Der Platz befindet sich nur 500 Meter vom Strand entfernt, die etwa 170 Parzellen liegen zumeist unter Pinien. Alle notwendigen Einrichtungen sind vorhanden, deutschsprachig.

Essen & Trinken

●**Restaurant Xerinola,** C/ de la Riera 21, Tel. 972 620 217, gegenüber Hotel Sol d'Or, mit umfangreicher Fischauswahl.

Adressen

●**Busterminal:** Carrer de la Riera (Verbindungen nach Palafrugell).
●**Tauchen:** Centro de bucco Tamarin Stolli's, Passeig del Mar 26, Tel. 972 620 245.

Feste

●**15. August:** Festa Major mit Messe, Sardanas und abendlichem Tanzvergnügen.

Costa Brava

224-cb Foto: jf

Llafranc

- **Einwohner:** 300
- **PLZ:** 17211
- **Entfernung nach Barcelona:** 121 km
- **Touristeninformation:**
C/ de Roger de Llúria,
Tel. 972 305 008, Fax 972 611 261
- **Internet:** www.palafrugell.net

Eine autobahnähnliche **Straße** führt von Palafrugell an die Küste, bringt den eiligen Erholung Suchenden auf schnellstem Wege zum Meer. Da mag man einen großstädtischen Ort vermuten, wenn schon eine derartige Straße gebaut wurde, aber weit gefehlt. Llafranc zählt, genau wie Tamariu, zu den **kleineren, aber netten Orten,** die in einer malerischen Bucht liegen. Das touristische Geschehen spielt sich an der kleinen Promenade ab und in zwei Stichstraßen. Nach einem halbstündigen Spaziergang hat man den Ort erkundet. Allzuviel ist hier wirklich nicht los, möglicherweise ein Platz für einen selbstgenügsamen Genießer, der die paar Restaurants eins nach dem anderen austesten möchte. Einen Hauch von schickem Ambiente strahlt dieser Ort aus, ohne damit zuviel versprechen zu wollen.

Llafranc

Strandprofil

Platja de Llafranc

Der Strand misst offiziell 360 Meter, wirkt aber größer; das mag an der Breite und der kleinen Promenade liegen. Zur rechten Seite (Blickrichtung Meer) erhebt sich eine Felswand, an der ein paar Häuser mit unschlagbarem Ausblick liegen. An der linken Seite stehen noch ein paar alte Fischerhäuser, der Hafen begrenzt die *playa*.

Sehenswertes

Genau wie schon unter Tamariu gesagt, bleibt ein kleiner Fußmarsch zum **Cap de Sant Sebastià** der lokale Pflichtbesuch. Vom dortigen Leuchtturm hat man eine tolle Aussicht, und die dortige kleine Kirche aus dem 18. Jh. ergänzt den Rahmen.

Praktische Tipps

Unterkunft

- **Hotel Terramar** €€€€, Passeig de Cípsela 1, Telefon 972 300 200, Fax 972 300 626, geöffnet 1.3.-14.10., liegt direkt an der Promenade, und von einigen der 53 Zimmer hat der Gast einen tollen Ausblick aufs Meer.
- **Hotel Llevant** €€€€, C/ de Francesc de Blanes 5, Tel. 972 300 366, Fax 972 300 345, liegt ebenfalls direkt an der Promenade, keine fünf Meter vom Strand entfernt, bietet 24 angenehme Zimmer.
- **Hotel Llafranch** €€€, Passeig de Cípsela 16, Tel. 972 300 208, Fax 972 305 259. Ein kleines Haus mit 26 Zimmern und einem guten Restaurant. Der Blick aufs Meer kann hier genossen werden, die Restaurantgäste sitzen wie in einem Wintergarten hinter Glas.
- **Hotel Montecarlo** €€€, C/ de Cesàrea 14, Tel. 972 300 404, Fax 972 612 064, geöffnet

1.4.-30.11. Dieses dreistöckige 20-Zimmer-Haus liegt vielleicht 100 Meter vom Strand entfernt, hat kleine Balkone und wird von etlichen Clubs empfohlen.
- **Pension Celimar** €€, C/ de Carudo 12-14, Tel./Fax 972 301 374, ein kleines, dreistöckiges Haus, das etwa 100 Meter vom Meer entfernt liegt und 14 Zimmer hat.
- **Pension la Barraca** €€, C/ de Santa Rosa 9, Tel. 972 300 408, 13 Zimmer.
- **Pension Montaña** €€, C/ de Cesàrea 2, Tel. 972 300 404, Fax 972 612 064, geöffnet 1.4.-30.9. Die preiswerteste Unterkunft von Llafranc bietet 20 Zimmer in Strandnähe.

Camping

- **Kim's Camping,** 1. Kat., Camí de la font d'en Xeco 1, etwa 500 Meter außerhalb des Ortes, Tel. 972 301 156, Fax 972 610 894, geöffnet 1.4.-30.09. Die 325 Parzellen liegen unter Bäumen. Bungalows können auch gemietet werden. An Serviceeinrichtungen findet man neben dem Supermarkt eine Bar, ein Restaurant, Waschmaschinen, einen Pool für Kinder und einen Spielplatz.

Essen & Trinken

Die hier aufgezählten **Hotels an der Promenade** haben alle ein Restaurant mit bemerkenswerter Küche.
- **Chez Tomàs,** C/ Lluís Carbó 2, Tel. 972301169, einer der Treffs von Llafranc, wo so manche Party erst bei Sonnenaufgang endete, wie ein Insider berichtete.

Adressen

- **Diving Centre Tritón,** Tel. 972302426, Fax 972303020, liegt an der Plaça dels Pins, bietet Tauchgänge und Schnupperkurse an.

Feste

- **Erster Samstag im August:** Habaneras werden am Strand gesungen.
- **19.-21. August:** Festa Major de Santa Rosa, traditionelles Fest mit Habaneras, Sardanas.

Markt

- **Termin:** 1. Samstag im September, *mercado loco* („verrückter Markt"), alles Mögliche und Unmögliche wird angeboten.

Costa Brava

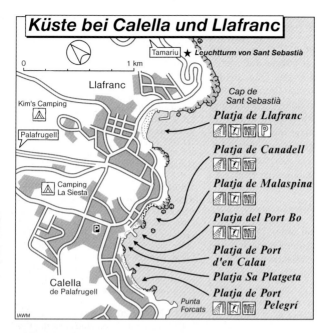

Küste bei Calella und Llafranc

0   1 km

Tamariu ★ Leuchtturm von Sant Sebastià

Llafranc

Kim's Camping

Palafrugell

Cap de Sant Sebastià

Platja de Llafranc

Platja de Canadell

Camping La Siesta

Platja de Malaspina

Platja del Port Bo

Platja de Port d'en Calau

Calella de Palafrugell

Platja Sa Platgeta

Punta Forcats

Platja de Port Pelegrí

IAWM

Calella de Palafrugell

- **Einwohner:** 420
- **PLZ:** 17210
- **Entfernung nach Barcelona:** 129 km
- **Touristeninformation:** C/ de les Voltes 6, Tel. 972614475, Fax 972611261
- **Internet:** www.palafrugell.net

Ein angenehmer Ort mit einem teils **gemütlichen,** teils **lebendigen Kern.** Calella war schon immer ein winziges Dorf, die **Häuser der Fischer** drängten sich direkt am Wasser, immer in Sichtweite zu den Booten. Spätere Nachzügler mussten in der zweiten Reihe bauen, und dort entstand dann auch die örtliche Kirche. Insgesamt **vier kleine Buchten** sind zu finden, alle mit den beschriebenen Häusern, die direkt am Wasser bzw. Strand stehen. Mag sein, dass früher hier nicht allzu großer Wohlstand geherrscht hat, denn so manchem Haus sieht man die einfache Struktur an. Dann kam der **Tourismus,** Ferienwohnungen und Hotels entstanden, und aus etlichen Häusern der ersten Reihe wurden Restaurants in mit einem Mal traumhafter

Gemütlich: Calella de Palafrugell

Lage. Calella hat seinen Charme erhalten können, später errichtete Bauten passten sich dem ursprünglichen Kern an, der Gesamteindruck ist, wie gesagt, durchaus angenehm.

Strandprofil

Vier kleine Buchten liegen im Ortsbereich, von Nord nach Süd in folgender Reihenfolge: Platja de Canadell, Platja de Malaspina, Platja del Port Bo, Port d'en Calau.

Platja de Canadell

Mit 250 Metern Länge und 25 Metern Breite ist dies die größte Bucht, die von kleinen Felsgruppen begrenzt wird. Der Strand wechselt von feinem zu etwas gröberem Sand, und leider liegen auch ein paar Felsen im Wasser. Badefreuden kommen nur begrenzt auf, aber die ganze Lage hat ihre eigene Atmosphäre. Eine kleine Betonmole ragt ins Wasser und wird als Sprungturm genutzt. Direkt hinter dem Strand schlängelt sich ein Weg entlang, dort liegt auch das urige Lokal Restaurant Tragamar.

Platja de Canadell

Nur gute 75 Meter misst die schmale Bucht mit ihrem leicht kieseligen Sand. Einige altehrwürdige Villen liegen mit Blick aufs Meer in der ersten Reihe und lassen noch den alten Glanz erahnen. Auch diese Bucht wird von kleinen Felsen begrenzt.

Costa Brava

230cb Foto: jf

Platja del Port Bo

Dieser Strand schließt sich direkt an, misst 55 Meter und unterscheidet sich kaum von der Platja de Malaspina.

Port d'en Calau, 65 m lang, bildet das Schlusslicht und zeigt keine anderen Merkmale als die beiden Vorgänger. Diese drei Strandbuchten lassen sich auch nur bei genauerem Hingucken trennen, sie gehen ineinander über. Die folgenden beiden Buchten lassen sich klarer abgrenzen, Platja Sa Platgeta und Port Pelegrí.

Die Bucht **Platja Sa Platgeta** misst gute 125 Meter und weist feinen, hellen Sand auf. Da die Straße oberhalb der Bucht vorbeiführt, muss man über eine Treppe in die Bucht hinabsteigen. Serviceeinrichtungen sind nicht vorhanden, aber wer Hunger verspürt, erreicht in fünf Minuten den touristischen Kern von Calella.

Port Pelegrí

Eine kleine Bucht von 140 Metern Länge, am Ortsrand gelegen. Sie wird von Felsen begrenzt, und der Sand zeigt sich grob-kieselig.

Sehenswertes

Wie so mancher **alter Fischerort** an der Costa Brava kann auch Calella als Gesamtkunstwerk bezeichnet werden, wobei keine übermäßigen Erwartungen geweckt werden sollen. Der Charme des alten Fischerdorfes bleibt zweifellos in Wassernähe spürbar, aber in der weiteren Umgebung entstanden genügend neuere, moderne Bauten. Die maritime Atmosphäre und das Erbe der Fischer wird in den Monaten Juli und August gefeiert, wenn das Festival der Habaneras abgehalten wird. Dann versammeln sich die besten Habanera-Gruppen zum Gesangswettstreit am Hafen.

Die örtliche **Kirche** ist von beinahe jedem Punkt des Dorfes aus erkennbar. Nähert man sich dem Gotteshaus, fällt sie dann doch gar nicht so groß aus, eher dem Ort angemessen, sowohl in der Farbe als auch in den Ausmaßen.

Der sehenswerte **botanische Garten** (Jardí Botànic de Cap Roig) entstand auf Grund einer Privatinitiative bereits im Jahr 1927. Ein russisch-englisches Paar ließ sich seinerzeit an der Costa Brava nieder und legte über Jahre diesen Garten an. Seit 1969 betreut die Bank Caixa de Girona den Park, daher auch der Zusatzname auf den Hinweisschildern.

● **Geöffnet:** im Sommer 90-20 Uhr, im Winter 9-18 Uhr, zu finden im südlichen Abschnitt von Calella, weniger als einen Kilometer außerhalb, Tel. 972 614 582.

Praktische Tipps

Unterkunft

● **Hotel Batlle** €€€€, C/ de les Voltes 4, Tel. 972 615 905, Fax 972 615 409. Aus zwei Gebäuden besteht dieses Haus mit Restaurant, etwa 20 Meter vom Meer entfernt.

● **Hotel Mediterráneo** €€€-€€€€, C/ de Francesc Estrabau 40, Tel. 972 614 500, Fax 972 614 500, geöffnet Ende April bis Ende September. Dieses Hotel ist ein dreistöckiges Gebäude mit 38 Zimmern, die einen Blick aufs Meer erlauben.

Habaneras

Auf den wichtigsten Festen Kataloniens werden sie vorgetragen, Habaneras, aber nirgends spielen sie eine so große Rolle wie in Calella. Das Wort Habaneras stammt ab von La Habana, wie die kubanische Hauptstadt auf Spanisch heißt. Lange Jahrzehnte galt Kuba neben Venezuela als Auswanderer-Paradies für Spanier. Tausende machten sich auf, um in Übersee Geld zu verdienen und im hohen Alter, nach teilweise 40 Jahren in der Fremde, zurückzukehren. *Indianos* wurden diese „Gastarbeiter" auch genannt, weil sie in *Las Indias* arbeiteten. Mit „Indien", so die Übersetzung, war natürlich nicht der asiatische Sub-Kontinent gemeint, sondern *Las Nuevas Indias* (Neu-Indien), wie *Kolumbus* die neu entdeckte Welt einst nannte.

Eine Mischung aus Heimweh, Sehnsucht, Schwermut, gepaart mit Alkohol, ließ die Ausgewanderten in ihren Kneipen von Havanna traurige Lieder anstimmen, Habaneras eben. Dies setzte sich später in Katalonien fort, nach der Rückkehr der In-

dianos. Wenn das Wetter zu schlecht war, als dass die Fischer rausfahren konnten, traf man sich in der Taverne, saß traurig herum, ein Glas in der Hand und stimmte Lieder an – Fernsehen gab's ja noch nicht.

In Calella de Palafrugell bildete sich schon frühzeitig eine sehr rührige Vereinigung, die dieses Liedgut pflegte. Ein dreistimmiger Chor (Tenor, Bariton und Bass) bildete die Grundeinheit, begleitet von Gitarren und Akkordeon.

Habaneras gehörten in die Kneipen, so die vorherrschende Meinung. Dann kam der Tourismus, und das Bild wandelte sich langsam. So wurden irgendwann Habaneras zu festen Zeiten gesungen, aber immer noch in einer Taberna. 1967 fand dann in Calella erstmals ein Gesangsabend auf einer Bühne statt. Das gefiel längst nicht allen, aber der Stein rollte und konnte nicht mehr gestoppt werden. Heute finden Auftritte von sehr professionellen Habanerasgruppen in Calella de Palafrugell statt, die viele Zuhörer anlocken; aus den ehemaligen Kneipengesängen von Auswanderern wurde eine ökonomische Größe.

Costa Brava

● **Hotel Sant Roc** €€€-€€€€, Pl. de l'Atlàntic 2, Tel. 972 614 250, Fax 972 614 068. Das Haus besticht durch seine hervorragende Lage, etwa 25 Meter auf einem Felsvorsprung über dem Meer, was einen traumhaften Blick erlaubt. Eine Treppe führt zu einem eigenen kleinen Strand hinunter.
● **Hotel Port Bo** €€€, C/ d'August Pi i Sunyer 6, Telefon 972 614 962, Fax 972 614 065. Das zweistöckige Haus, knapp drei minuten vom Wasser entfernt, bietet 47 Zimmer.
● **Hotel La Torre** €€€€, Passeig de la Torre 28, Telefon 972 614 603, Fax 972 615 171. Ein kleines Gebäude, auffällig gelb gestrichen, das an der ersten Bucht liegt und 28 Zimmer in sehr ruhiger Lage bietet.
● **Hotel Garbi** €€€, Av. de la Costa Daurada 20, Tel. 972 614 040, Fax 972 615 803, geöffnet Anfang April bis Anfang November. Insgesamt nur 30 Zimmer in familiärer Atmosphäre, etwas entfernt vom Meer gelegen und

umgeben von einem schönen Garten, sind die herausragenden Merkmale.

Camping

● **Camping Moby Dick**, 2. Kat., Tel. 972 614 307, geöffnet 1.4.-30.9. Ein relativ kleiner Platz mit 188 Stellplätzen, der an der Avinguda de la Costa Verda 16-28 und somit näher zum Ort liegt.
● **Camping La Siesta**, 1. Kat., Tel. 972 615 116, Fax 972 614 416, geöffnet 14.4.-17.10. Großzügiges Gelände an der autobahnähnlichen Zufahrt von Palafrugell. Insgesamt 650 Stellplätze verteilen sich auf einen leicht hügeligen, bewaldeten Platz. Gute Serviceeinrichtungen, einschließlich einer schalldichten Diskothek. Etwa 500 Meter sind es bis zum Strand.

Essen & Trinken

- **La Clova**,C/ de Codina 6, seit langem gilt diese Bar als der Treff von Calella.
- **Sa Jambina,** C/de Bofill i Codina 21, Tel. 972614613, bodenständige Fischgerichte.
- **Restaurant Peixtot II,** Carrer de Pirroig 14 (bei der Kirche), Tel. 972615262, Fisch total.

Adressen

- **Tauchen:** Poseidon Nemrod, Platja Port Pelegri, Tel. 972 615 345, Internet: www.tauchwelt.de, deutschsprachig.

Feste

- **29. Juni:** Sant Pere, Fest des Schutzheiligen mit Sardanas und Habanera.
- **Juli und August:** Festival de Habaneras, an bestimmten Abenden versammeln sich die besten Habanera-Gruppen zum Gesangswettstreit. Auf einer Bühne am Meer treten diese Künstler auf. Die Hauptveranstaltung findet am ersten Samstag im Juli statt.
- **Juli und August:** Festival de Jazz Costa Brava, Jazzfestival in den Gärten des Botanischen Gartens am Cap Roig

Markt

- **Termin:** Samstag.

Girona

- **Einwohner:** 75.000
- **PLZ:** 17004
- **Entfernung nach Barcelona:** 99 km
- **Touristeninformation:**
  Rambla de la Llibertat 1,
  Tel. 972 226 575, Fax 972 226 612,
  und im Bahnhofsgebäude,
  E-Mail: pb@girona-net.com
- **Internet:** www.girona-net.com

Girona, die Hauptstadt der gleichnamigen Provinz, in der die Costa Brava liegt, hat uralte **historische Wurzeln.**

Bereits zu Zeiten der griechischen Besiedlung soll es eine erste kleine Ortschaft gegeben haben, aus der späteren Zeit der Römer wurde der Name *Gerunda* überliefert. Als beinahe die gesamte iberische Halbinsel von den Arabern besetzt war, bekam Gerunda neue Herren. 713 zogen sie ein und hinterließen beachtliche architektonische Spuren. Die so genannte *Reconquista* (Rückeroberung) begann ganz oben in Nordspanien, 785 mussten die arabischen Fürsten die Stadt aufgeben. Nach einigem Hin und Her fiel Girona in die Hände des Grafen von Barcelona. Auch das war nicht von Dauer; immerhin kam es zu einer ersten wirtschaftlichen Blütezeit, als Girona mit dem Fürstenhaus von Aragón zusammenging. Auch in späteren Jahrhunderten kamen Fremde, die Franzosen versuchten beispielsweise (vergeblich) die Stadt zu erobern. Aus dieser wechselvollen Geschichte sind etliche **Bauten** übriggeblieben, die sich im Altstadtviertel zu einem imposanten Gesamtbild vereinen.

Man sollte auf einem der vielen ausgeschilderten **Parkplätze außerhalb der Altstadt** parken. Die Wege sind nicht lang, und per Auto durch die engen Gassen fahren zu wollen, sollte man gleich wieder vergessen.

Sehenswertes

Einfach eintauchen in das **Gassengewirr der Altstadt.** Unübersehbar ragt die Kathedrale heraus, dort liegen auch die meisten weiteren Sehenswürdigkeiten. Interessant ist hierbei, dass mehrere Epochen und Kulturen ihre Spuren hinterlassen haben, so gab es ein jüdisches Viertel, ein arabisches und vor allem ein christliches.

Also, eintauchen in die Welt der engen Gassen, sich treiben lassen, über steile Treppen steigen, durch verwinkelte Gassen und durch enge Portale laufen, irgendwann stößt man zwangsläufig auf die Sehenswürdigkeiten.

Die **Kathedrale** ist ein wuchtiger Bau, dessen Wirkung noch durch eine weite, ausladende Treppe, bestehend aus 90 Stufen, die zum Hauptportal führt, verstärkt wird. Menschen sollten wohl vor Gottes Macht klein wirken, so die ursprünglich beabsichtigte Wirkung. Wer die Treppe hochsteigt und das Portal erreicht, staunt erstmal über die Ausmaße, immerhin über fast fünf Meter erhebt sich das Tor. Links und rechts begrüßen zwei steinerne Figuren den Besucher, der wahrscheinlich die herrlichen Glasmalereien bewundert. Bereits im 14. Jh. wurde mit dem Bau begonnen, die Fertigstellung verzögerte sich jedoch um gut 400 Jahre. So mischten die jeweiligen Baumeister unterschiedliche Baustile zusammen, außen dominiert Renaissance, innen Gotik. Die Maße: 63 Meter lang, 23 Meter breit und 34 Meter hoch, beeindruckend nicht nur von außen. Im Inneren fallen sofort die schönen Glasmalereien auf, die Sonnenstrahlen werfen Muster und Farben auf den Boden. Etliche Skulpturen, die religiöse Szenen darstellen, sind in den Seitenkapellen zu finden. Vom Inneren der Kirche aus kann das Museum der Kathedrale betreten werden, Museu Capitular de la Catedral. Über dem Eingang steht ein schlichtes „Claustre-Tresor", und tatsächlich findet der Besucher eine reichhaltige Sammlung von sakralen Schätzen, wie alte Bibelhandschriften, Wandteppiche (der wertvollste, der Teppich mit der Schöpfungsgeschichte aus dem 12. Jh., befindet sich hinter Glas), Altaraufsätze, Urnen und im Nebengebäude beim Garten eine Sammlung von Umhängen der kirchlichen Würdenträger. Der Garten ist ganz nett mit kühlen Arkadengängen, in den Fußboden wurden verschiedene Wappen eingearbeitet.

● **Geöffnet:** Di-Sa 10-14 und 16-19 Uhr, So nur vormittags; Eintritt: 3 €.

Die **arabischen Bäder** (katalanisch: *Banys Àrabs,* spanisch: *baños árabes)* stammen aus dem 13. Jahrhundert und sind mit Elementen der alten arabischen Bäder versehen. Errichtet wurden sie weit nach der arabischen Epoche. Im Hauptraum (dem ehemaligem Umkleideraum) befindet sich ein kleines achteckiges Bassin, in das schon viele Leute eine Glücks-Pesete hineingeworfen haben. Der Bau besteht aus drei Sälen, die jeweiligen Becken hatten unterschiedliche Wassertemperaturen. Zuerst kommt das *frigidarium*, der so genannte kühle Raum. Der nächste war das *tepidarium* (Ruheraum), und dann kam das *caldarium*, der heiße Raum, unmittelbar mit einem Ofen verbunden. Die urigen Räume bildeten übrigens schon mehrfach die Kulisse für Filmaufnahmen.

● **Geöffnet:** Okt.-März 10-14 Uhr, Mo geschl, April-Sept. Mo-Sa 10-19 Uhr, So 10-14 Uhr. Eintritt: 1,50 €.

Costa Brava

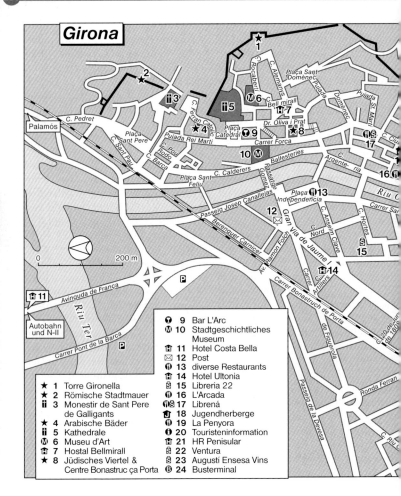

Girona

Palamós

0   200 m

★ 1   Torre Gironella
★ 2   Römische Stadtmauer
ii 3   Monestir de Sant Pere
       de Galligants
★ 4   Arabische Bäder
ii 5   Kathedrale
Ⓜ 6   Museu d'Art
🏠 7   Hostal Bellmirall
★ 8   Jüdisches Viertel &
       Centre Bonastruc ça Porta

🚻 9   Bar L'Arc
Ⓜ 10 Stadtgeschichtliches
       Museum
🏠 11 Hotel Costa Bella
✉ 12 Post
🍴 13 diverse Restaurants
🏠 14 Hotel Ultonia
§ 15 Libreria 22
🍴 16 L'Arcada
🍴§ 17 Librená
🏠 18 Jugendherberge
🍴 19 La Penyora
ℹ 20 Touristeninformation
🏠 21 HR Penisular
§ 22 Ventura
§ 23 Augusti Ensesa Vins
🅱 24 Busterminal

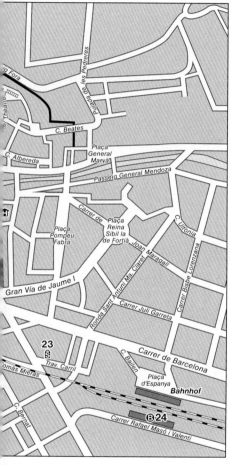

242cb Foto: jf

Von der Kathedrale die Treppe hinunter gehend, erreicht man die Carrer Força. Dieser nach links folgend, hat man schnell das **jüdische Viertel** erreicht. In diesen engen Gassen lebte eine starke jüdische Gemeinde, ihr Mittelpunkt war die Synagoge. Etwa an deren ehemaligem Standort befindet sich heute ein kulturelles Zentrum, das **Centre Bonastruc ça Porta.** Zu erreichen über die steil nach oben führende Carrer de Sant Llorenç, die sogar unter einem Haus herführt. Relativ niedrig, also mit dem Kopf aufpassen. Das hebräische Zentrum ist in einem Gebäudekomplex von mehreren Häusern aus dem 15. bis 18. Jahrhundert untergebracht, ein großer Davidsstern als Fußbodenrelief empfängt die Besucher.

●**Geöffnet:** Mai bis Okt. 10-20 Uhr, So 10-15 Uhr, Nov. bis April 10-18 Uhr, So 10-15 Uhr; Eintritt: 2 €.

Das **stadtgeschichtliche Museum** (Museu d'Història de la Ciutat) liegt in der Carrer Força 27, nur wenige Schritte vom jüdischen Viertel entfernt. Gezeigt werden unterschiedliche thematische Exponate, die alle mit der Region im Zusammenhang stehen. Im unteren Geschoss beispielsweise wird die Industriegeschichte des Buchdrucks dargestellt, daneben gibt es eine Übersicht über die archäologische Entwicklung der ganzen Provinz. In den oberen Stockwerken wird der Sozialgeschichte des Sardana-Tanzes ein breiter Raum gewidmet, mit Videovorführungen, schematischer Schrittfolge und der Nachbildung eines Orchesters.

●Geöffnet: Di-Sa 10-14 und 17-19 Uhr, So nur vormittags; Eintritt: 2 €.

Das **Monestir de Sant Pere de Galligants** ist ein ehemaliges Benediktinerkloster aus dem 12. Jh. und liegt in einem Viertel, dessen Häuser größtenteils noch aus dem vergangenen Jahrhundert stammen. Ein kleines Rotlicht-Viertel hat sich hier etabliert, speziell in den Straßen rund um die Carrer Barça, also besser nicht verlaufen. Im Inneren des Klosters befindet sich das Museu d'Arquelògic de Catalunya, hier sind archäologische Funde der Regionen Gironès, Baix Empordà und Selva zu finden. Weiterhin eine ungewöhnliche Sammlung von Grabsteinen, sowohl mittelalterliche als auch moderne nebst einigen jüdischen.

●**Geöffnet:** Di-Sa 10.30-13.30 und 16-19 Uhr (im Sommer); 10-14 und 16-18 Uhr (im Winter), So 10-14 Uhr; Eintritt: 2 €.

Das **Museu d'Art** ist in der Pujada de la Catedral 12 direkt rechts neben der Kathedrale gelegen, im ehemaligen Palacio Episcopal der Stadt (Treppe hochgehend). Dieses große Gebäude erfuhr seit seiner Gründung im Mittelalter im Laufe der Zeit diverse Erweiterungen. Zu sehen sind permanente Ausstellungen von Künstlern aus der Region und themenbezogene, wie Keramikarbeiten, Silberschmuck- oder Glaskunst. Hier befindet sich auch ein ungewöhnliches Detail, la *cárcel de los*

Costa Brava

In der Altstadt von Girona

sacerdotes, wo man originäre Wandinschriften findet, beispielsweise folgende kryptische in Altspanisch:

*„No por el quoniam estuve aquí
ahunque muger fue causa tal
si solo por han accidente fatal
si porque 91 días viví ahí"*

(Nicht deshalb war ich hier
obwohl eine Frau war jener Grund
nur durch einen fatalen Unfall
lebte ich 91 Tage dort)

La cárcel de los sacerdos bedeutet kirchliches Gefängnis. Heute wird aber nur noch der Name für diesen Teil des Palastes verwendet, genutzt werden die Räume für temporäre Ausstellungen.

●**Geöffnet:** Okt. bis Febr. 10-18 Uhr, März bis Sept. 10-19 Uhr, So 10-14 Uhr, Mo geschlossen; Eintritt: 2 €.

Die Reste der einstigen **römischen Stadtmauer** *(muralles romanas)* sind am Rande der Altstadt zu besichtigen. Direkt hinter der Kathedrale schloss diese Mauer den ursprünglichen Ort gegen Angriffe ab, die Feinde hätten erstmal mühselig die Anhöhe, auf der die Ortschaft liegt, erklimmen müssen. Von der **Torre Gironella** genießt man einen fantastischen Ausblick. Die Mauer umschloss ursprünglich mal die Stadt bis zum Fluss Ríu Onyar, den die Feinde schwerlich überqueren konnten.

Heute führen mehrere **Brücken über den Ríu Onyar.** Wer von außen kommt, also über eine der Brücken den Fluss überquert, erkennt die Reihe der farbenfrohen Häuser, die sich unmittelbar am Fluss erheben, ein belieb-

244cb Foto: f

tes Fotomotiv. Den besten Fotoblick hat man von der Passatge Gómez, der Brücke, die praktisch die Verlängerung der Gran Vía de Jaume I darstellt. Diese schmalen Brücken sind übrigens alle aus Holz gefertigt, nur eine einzige wurde aus Stein gebaut.

Direkt am Fluss entlang führt die **Rambla Llibertat,** eine geschäftige Straße mit etlichen Bars und kleinen Läden.

Herausragend: Die Kathedrale von Girona

Beliebtes Fotomotiv: Häuser
am Ríu Onya in Girona

Praktische Tipps

Unterkunft

●**Hotel Ultònia** €€€€, Gran Via de Jaume I. 22, Tel. 972 203 850, Fax 972203334. 45 Zimmer, kein optisch gelungener Bau, aber nur fünf Minuten von der Altstadt entfernt.
●**Bellmiral** €€, C/ Bellmiral 3, Tel. 972 204 009. Nicht weit von der Kathedrale entfernt, zwar nur sieben Zimmer, aber in historischem Ambiente und „katalanisch bis auf die Knochen", wie ein Kritiker aus Madrid anmerkte.
●**HR Penisular** €€€, C/ Nou 3, Tel. 972 203 800, Fax 972 210 492. Insgesamt 68 Zimmer bietet dieses Haus, das nur fünf Gehminuten von der Altstadt entfernt liegt.
●**Costa Bella** €€€€, Av. Francia 61 (Nationalstraße II), Tel. 972202524, Fax 972202203. Liegt beim Parque de la Dehesa und bietet 47 Zimmer, hoch gelobt wird das Frühstück.
●**Jugendherberge,** C/ Ferreires Velles, zwei Parallelstraßen von der Rambla Llibertat entfernt, d.h. mitten in der Altstadt.

nen Drink draußen einzunehmen. Der Park ist von der Altstadt schnell zu erreichen, ein lohnendes Ziel zum Verschnaufen, nach soviel Kunst und Kultur.

Adressen

● **Busterminal:** Carrer Rafael Masó i Valenti, von hier starten Linien zu den größeren Orten der Costa Brava, nach Barcelona, Madrid und ins Ausland.

● **Bahnhof:** liegt unmittelbar nebenan, vor der Plaça d'Espanya. Hier ist auch eine Touristeninformation untergebracht, die Montag bis Freitag von 9 bis 14 Uhr geöffnet hat.

Einkaufen

● **Shopping:** Llibrería 22, C/ Hortes 22, einer der bestsortierten Buchläden der Stadt; Ventura, C/ Nou 7, Lebensmittel aus der Region; Librená, C/ Ciutadans 15, eine Mischung aus Café, Buchladen und Bar, mitten in der Altstadt gelegen; Augustí Ensesa Vins, C/ Sta. Eugenia 7 (Pasaje Ensesa) gilt als beste Adresse der Stadt für den Einkauf von Wein. Die Betreiber haben einen Club del vino gegründet und geben sogar Kurse in Weinkunde.

Essen & Trinken

An der Plaça Independència liegt eine Reihe von Lokalen in gemütlicher Atmosphäre unter stilvollen Arkaden, unter anderem sind dort zu finden:
● **Boira,** gut und teuer;
● **Café Royal,** elegant;
● **Café Mozart,** italienische Küche;
● **Casa Marieta,** hat schon 100 Jahre auf dem Buckel, gilt als preiswerter Klassiker;
● **La Penyora,** C/ Nou del Teatre 3, kl. Laden in der Altstadt;
● **L'Arc,** Plaça Catedral 9, in Sichtweite zur Kathedrale heißt es: „Hoch die Tassen!"
● **L'Arcada,** Rambla de la Llibertat 38, geschmackvolle Tapas in netter Atmosphäre, auch Pizza im Angebot;
● **Granja Mora,** C/ Cort Reial 18, wird wegen seiner Süßspeisen viel gelobt.
In dem weitläufigen Parque de la Dehesa liegen zumindest während der Sommermonate etliche Bars mit der Möglichkeit, sei-

Feste

● **Zweite Maihälfte:** Wettbewerb im Blumenbinden.
● **Zweite Hälfte September:** Fiesta del Pedal, Radlerfest.

Markt

● **Termine:** am Dienstag und Samstag, Paseo de la Dehesa, das ist der breite Weg, der an dem riesigen Park vorbeiführt, vor dem die vielen Parkplätze liegen, also fast in Sichtweite der Altstadt.

Stelzbeinige Elefanten in Galas Schlossgarten

Púbol

In diesem winzigen Dorf mit 60 Einwohnern liegt eine von drei Dalí-Kultstätten, und zwar keine geringere als die **Casa Museu Castell Gala Dalí.** Das ist ein Schloss, welches *Salvador Dalí* seiner Frau *Gala* 1970 schenkte, oder wie er es ausdrückte, „als Opfergabe an seine verehrungswürdige Muse darbot". Kurios genug war, dass er ohne ihre Erlaubnis das Schloss nicht betreten durfte. *Dalí* soll über seine Liebe zu *Gala* gesagt haben: „*Amo a Gala más que a mi madre, más que a mi padre, más que a Picasso y más que al dinero.*" „Ich liebe Gala mehr als meine Mutter, mehr als meinen Vater, mehr als Picasso und mehr als Geld". Nach ihrem Tod wurde sie in der Krypta dieses aus dem 11. Jh. stammenden Gebäudes beerdigt.

Ein schönes, altes Haus mit einem nett gestalteten Garten, so der erste Eindruck. Im Gegensatz zu Figueres und Portlligat trägt das Schloss keine Dalí-typischen Elemente wie die überdimensionierten Eier auf dem Dach beispielsweise. Garten und Schloss bilden eine Einheit, sind mit dem Dorf verwachsen. Doch dann dringen typische Werke des Surrealisten durch, erheben im Garten drei stelzbeinige Elefanten ihren Rüssel, möglicherweise zum morgendlichen Gruß – wer weiß? Dann fallen noch die vielen Wagnerskulpturen am kleinen Springbrunnen auf. Dies sind bislang nicht allzu viele Hinweise auf ein Genie. Auch im Inneren wird der Besucher nicht viel mehr vorfinden, ausgestellt sind nämlich mehrheitlich Originalgegenstände und -möbel des Ehepaares, kaum Kunstwerke. Eigentlich wirkt die Einrichtung relativ normal, lange nicht so extravagant, wie man vielleicht von einem Genie erwartet hätte.

Die Decke des Raumes, in dem ihr Thron steht, wurde von *Dalí* persönlich bemalt, „damit sie, wenn sie mal den Kopf hebt, immer ihn in ihrem Himmel sehen solle." Als nächstes kommt der Sala de piano und die Bibliothek, dann der türkisfarbene Raum, in dem Dalí zum Schluss lebte und wo auch das Feuer ausbrach, in dem er fast starb. Gegenüber befindet sich das Gästezimmer, die Küche, das Esszimmer und eine Terrasse. Insgesamt wirkt die Einrichtung nüchtern, gar nicht so skurril wie erwartet. Im oberen Stockwerk befindet sich noch eine Ausstellung von *Galas* Kleidern, die in einem geschickt ausgeleuchteten dunklen Raum platziert sind. Einige wurden von *Dalí* entworfen, andere stammen von weltberühmten Designern.

Es muss angesichts der beachtlichen Eintrittsgelder mal deutlich gesagt werden: Wer kein großer Dalí-Fan ist, sollte sich auf das Museum in Figueres oder Cadaqués beschränken, alle anderen werden aber auch hier den Atem des Maestros wohl noch spüren.

●**Geöffnet:** 10.30-18 Uhr, Mo geschlossen (15.03.-14.06. und 16.09.-01.11.), 10.30-20 Uhr täglich (15.06.-15.09); Eintritt: 5,50 €, Kinder über 9 J. 4 €, Tel. 972 488 655.

●**Anfahrt:** Zu finden an C-255 (Girona – Palamós, etwa 7 km vor La Bisbal, aus Richtung Girona kommend).

Costa Brava

Die südliche Costa Brava

Überblick

Dieses Gebiet umfasst die Küstenregion der Comarca Selva und die südliche Comarca Baix Empordà. Die über die Kreisgrenzen hinwegsehende Zusammenfassung hat ihren guten Grund, denn abermals wandelt sich die Costa Brava spürbar. Der **Küstenverlauf** wird grundsätzlich flacher, ruhiger, ist seltener von tief eingeschnittenen Buchten unterbrochen. Sicher, vereinzelt erheben sich noch Felswände aus dem Meer, unterbrechen die Küstenlinie, aber die folgenden Orte haben alle ziemlich lange Strände.

Und diese Strände lockten schon in den 1960er Jahren die ersten Neugierigen an. Später dann, in den 1970er Jahren gab es in manchen Orten kein Halten mehr; **Hotels** wurden regelrecht aus dem Boden gestampft. Es gibt sie, das soll nicht verschwiegen werden, die zehnstöckigen Hotel-Hochhäuser mit über 400 Betten. Und es gibt günstige Angebote für zehntägige Busreisen, sowohl bei uns als auch in England, Holland und neuerdings in osteuropäischen Staaten.

Diese Offerten beziehen sich hauptsächlich auf **Orte** wie Lloret und Blanes; glücklicherweise sieht es oft nur wenige Kilometer entfernt schon wieder ganz anders aus. So galt Tossa beispielsweise über Jahrzehnte als Künstlertreff; eine gehörige Portion dieses Charmes lässt sich auch noch heute finden. Einige Orte sind denn auch eine Symbiose eingegangen zwischen Öffnung für den Tourismus und Aufrechterhaltung der örtlichen Strukturen z.B. in Sant Feliu, Tossa und Palamós. Platja d'Aro und Lloret dagegen öffneten sich total. Hier findet der Urlauber das größte touristische Angebot weit und breit, nur eins nicht, eine kleine spanische Eckbar. Wer die sucht, muss woanders hinfahren, Alternativen gibt es genug. Allen Orten gemeinsam ist, dass sie einen hervorragenden Strand haben. Nicht selten verläuft er über mehr als einen Kilometer, ist dann natürlich auch stark frequentiert, vor allem in den Sommermonaten Juli und August, wenn sich halb Europa hier trifft.

Palamós

- **Einwohner:** 14.300
- **PLZ:** 17230
- **Entfernung nach Barcelona:** 124 km
- **Touristeninformation:**
  Passeig del Mar 22, Tel. 972 600 500,
  Fax 972 600 137, E-Mail: info@palamos.org

1279 entstand hier ein kleiner Fischerhafen, dieses Jahr gilt heute als Gründungsdatum von Palamós. Nähert man sich dieser Stadt, fällt es sichtlich schwer, sich in **alte Zeiten** zurückzuversetzen. Über viele Jahrhunderte dürfte der Ort wie einer von vielen hier an der Küste den Fischern überlassen gewesen sein. Bevor der Tourismus den Strand eroberte, entwickelte sich eine bescheidene Industrie, hauptsächlich Korkverarbeitung; auch der Umschlag von Waren im Hafen

zog schließlich die ersten Auswärtigen in den Ort.

Die **Touristen** kamen sehr viel später, und es entstanden etliche Hotels in Strandnähe. Die gemütliche Altstadt hat es hingenommen, die Fischer sowieso. Die Altstadt sieht heute ein wenig wie an den Rand gedrückt aus. Die Gassen sind schmal; ein Hafen schließt sich an und bildet einen ziemlichen Kontrast zur breiten Promenade und den hochaufgeschossenen Gebäuden.

Parkplätze bleiben rar, entweder stellt man sein Fahrzeug gleich etwas außerhalb ab oder direkt am Strand, auch dort gibt es bewachte Flächen.

Strandprofil

Palamós hat drei Strände, einen großen Hauptstrand, der mitten im Ort liegt, und zwei kleinere, die etwas abseits zu finden sind.

Platja de Palamós

Dies ist ein schöner heller Sandstrand, gute 50 Meter breit und 575 Meter lang. Dahinter verläuft eine sehr breite Promenade, die wohl dreimal so breit ist wie die wiederum dahinter verlaufende Straße. Autos können direkt am Strand auf einem bewachten Abschnitt parken. Leider wird das Gesamtbild etwas getrübt durch einige dieser Wolkenkratzer von gut 20 Stockwerken, die sich in den Himmel recken. Das Ende des Strandes ist nicht genau zu bestimmen, geht er doch nahtlos in den des Nachbarortes Sant Antoní über.

Ca la Margarida

Diese Strandbucht liegt ein wenig außerhalb, sie schließt sich nördlich vom Hafen an. Es handelt sich mehr um eine kleine „Fluchtstätte", denn der Strand ist grobsteinig und nur 100 Meter lang; eine Urbanización wurde hier direkt am Strand gebaut. Es gibt keinerlei Serviceeinrichtungen, der Campingplatz Palamós liegt ganz in der Nähe.

La Fosca

Etwas über einen Kilometer vom Hafen entfernt liegt dieser schöne Sandstrand. La Fosca erstreckt sich über 500 Meter Länge und durchschnittlich 40 Meter Breite. Eine schmale Promenade verläuft direkt am Strand entlang, im Hintergrund wächst ein Pinienwald. Allzu viele Gebäude gibt es hier nicht, so dass die Atmosphäre relativ ruhig bleibt. Ein Stadtbus pendelt alle 30 Minuten nach Palamós. Mehrere Campingplätze und einige Ferienwohnungen liegen etwas abseits.

Platja El Castell

Der Strand soll hier erwähnt sein, obwohl er mehr als zwei Kilometer außerhalb von Palamós liegt. Dadurch ist es hier aber auch angenehm ruhig. Die Bucht El Castell liegt hübsch vor einem ausgedehnten Pinienwald und wird von einer Felswand begrenzt. Sie misst 375 Meter und weist feinen, hellen Sand auf. Hier bläst regelmäßig ein heftiger Wind, und es kommt zu hohem Wellengang, weshalb sich hier auch gern die Surfer versammeln.

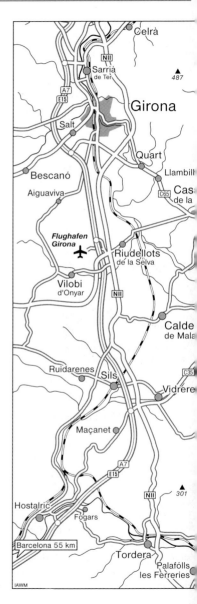

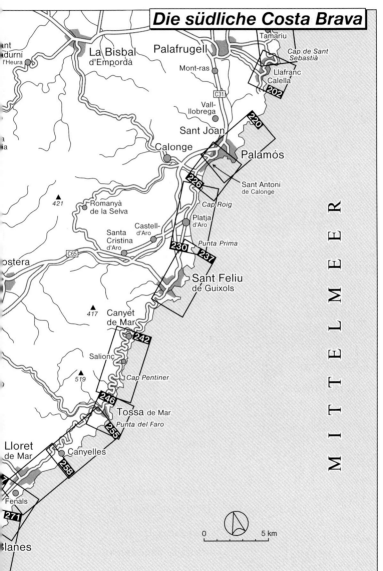

Die südliche Costa Brava

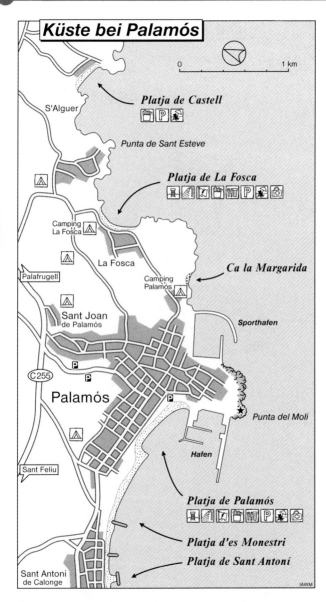

Küste bei Palamós

0 — 1 km

S'Alguer

Platja de Castell

Punta de Sant Esteve

Platja de La Fosca

Camping La Fosca

La Fosca

Camping Palamós

Ca la Margarida

Palafrugell

Sant Joan de Palamós

Sporthafen

C 255

Palamós

Punta del Moli

Sant Feliu

Hafen

Platja de Palamós

Sant Antoni de Calonge

Platja d'es Monestri

Platja de Sant Antoni

IAWM

Sehenswertes

Die **Altstadt** und der **Hafen** zählen zu den interessantesten Zonen der Stadt, wobei beachtenswerte Bauten vor allem in der Carrer Major zu finden sind. Hier flaniert alle Welt entlang, bummelt durch die Andenkenläden, probiert eines der Restaurants und verschnauft in einer der Bars. Die Atmosphäre des einstigen Fischerdorfes wird man hier schwerlich aufspüren, von einer gewissen Gemütlichkeit kann aber allemal gesprochen werden. Die Altstadt liegt etwas erhöht, wer bei seinem Bummel auf die kleine Plaça Murada stößt, genießt einen tollen Blick auf den Hafen und in der Ferne auf den weitläufigen Strand.

Die **Kirche** Santa Maria del Mar wurde ursprünglich im 14. Jh. erbaut, aber bereits im 15. Jh. renoviert. Der gotische Stil dominiert, die Innendekoration fiel bescheidener aus.

Vor einem Besuch der Anlage **Ruïnes del Castell de Vila-Romà** muss deutlich gesagt werden, dass man nicht allzuviel erwarten darf, das Castell ist tatsächlich eine ziemliche Ruine. Hier gilt, dass mehr der Weg das Ziel ist, liegt das Castell doch recht nett, etwas außerhalb von Palamós. Zunächst der Straße C-31 nach Palafrugell folgen, bis rechts ein Weg zum Sportplatz abzweigt. Dann dem Camí de Bell-lloc folgen bis zu einer Gabelung, dort steht ein Hinweisschild. Den letzten Kilometer muss man zu Fuß zurücklegen.

Die kleine Ruinenanlage **Castell de Sant Esteve del Mar** liegt beim Strand La Fosca. 1277 wurde sie von *Peter dem Großen* erworben, hier sollte später eine Siedlung entstehen. Dieser Plan wurde jedoch nie richtig verfolgt, und bereits im 14. Jh. galt dieses Castell als verlassen und zerstört. Heute sieht man kaum mehr als den ehemaligen Wehrturm und die Mauern.

Praktische Tipps

Unterkunft

●**Hotel Ancora** €€€, C/ Josep Pla s/n, Tel. 972 314 858, Fax 972 602 470. Insgesamt 46 Räume bietet dieses zweistöckige Haus, das unweit der Platja la Fosca liegt.

●**Hotel Trias** €€€€, Passeig del Mar s/n, Tel. 972 601 800, Fax 972 601 819. Das achtstöckige Haus hat 81 Zimmer und bietet einen schönen Blick aufs Meer, zur Altstadt ist es auch nicht weit.

●**Hotel Marina** €€€, C/ Onze de Setembre 48, Telefon 972 314 250, Fax 972 600 024. Das 62-Zimmer-Haus liegt zentral an einer lebhaften Straße, die zum Strand führt.

●**Hotel Nàuta** €€, C/ Onze de Setembre 44, Telefon 972 314 600, Fax 972 314 833. Das Haus liegt direkt neben dem Hotel Marina und hat 30 Zimmer.

●**Hostal Vostra Llar** €€€, (Vollpension), President Macià 12, Tel. 972 314 262, Fax 972 314 307, nur 15.5.-30.9. geöffnet. Relativ ruhige Lage mit preiswertem Restaurant. Den Blick aufs Meer versperren allerdings Hochhäuser.

Camping

●**Camping Benelux,** 2. Kategorie, Platja del Castell, Tel. 972 315575, Fax 972 601 901, geöffnet 1.4.-30.9. Ca. 250 Stellplätze hat dieser Platz mit seinen hochgewachsenen Bäumen. Ruhige Lage, zum Strand sind es etwa 500 Meter, zur Stadt zwei Kilometer.

Wer die C-31 von Palafrugell nach Palamós befährt und am ersten Hinweisschild zum Strand La Fosca abbiegt, passiert **sechs Campingplätze,** die dicht beieinander liegen. Die Entfernung zum Strand La Fosca beträgt zwischen 50 (La Fosca) und 600 Meter (La Corna), nach Palamós sind es zwei Kilometer.

●**Camping La Coma, 1.** Kategorie, 325 Parzellen, Tel. 972 314 638, Fax 972 315 470, geöffnet 15.03.-30.09.
●**Camping Vilar-romà,** 1. Kat., 180 Parzellen, Tel./Fax 972 314 375, geöffnet 1.4.-30.9.
●**Camping La Fosca,** 2. Kat., 70 Parzellen, Tel. 972 317 255, geöffnet 20.05.-30.9.
●**Camping Internacional Palamós,** 3. Kat., 453 Parzellen, Tel. 972 314 736, Fax 972 318 511, geöffnet 01.04.-30.09.
●**Camping King's,** 1. Kat., 1000 Parzellen, Tel. 972 317 511, Fax 972 316 742, geöffnet 1.4.-30.9.
●**Camping Palamós,** 1. Kategorie, 500 Parzellen, Tel. 972 314 296, Fax 972 601 100, geöffnet 1.4.-30.9.

Essen & Trinken

●**Restaurant L'Art,** Passeig del Mar 7, Tel. 972 315 532, eine Malerpalette auf dem Dach deutet die Richtung an, künstlerisch angehauchte Fischgerichte, nicht eben billig.
●**Restaurant Xivarrí,** C/ Roda 24, Tel. 972 315 616, hier gibt es ungewöhnliche Gerichte, wie Schweinsfüße mit Krebsen. Das Lokal wurde mit der *„Gamba de Palamós"* ausgezeichnet.
●**Restaurant María de Cadaqués,** C/ Tauler i Servìa 6, Tel. 972 314 009, eine Frau, wahrscheinlich *Doña María* persönlich, blickt dem Eintretenden am Eingang von einem Foto entgegen. Den Gast erwarten gute Gerichte, deshalb wurde auch dieses Lokal ausgezeichnet. Seit 60 Jahren kocht *María,* allerdings zu mittlerweile gestiegenen Preisen.
●**Restaurant Plaça Murada,** Plaça Murada 5, Telefon 972 315 376, erhielt ebenfalls die *„Gamba de Palamós",* was für die Qualität der Küche spricht. Schöner Blick vom Vorplatz auf die Bucht.
●**Restaurant La Gamba,** Pl. Sant Pere 1, Tel. 972 314 633. Traditionelle Küche mit Fisch- und Wildgerichten. Eine hochgelobte Bodega; die Preise erscheinen für manche Gerichte angemessen, für andere, wie ein spanischer Kritiker meinte, „ziemlich touristisch".
●**Hostal Vostra Llar,** C/ President Macià 12, Telefon 972 314 262, preiswertes Restaurant mit einem netten Patio.
●Am Hafen liegen etliche Lokale, durch die die Nachtschwärmer ziehen. Auffällig waren folgende: **El Pirata, La Fàbrica del Gel** und das **Castellet.**
●Wer unterwegs ein paar Tapas zur Stärkung benötigt, kann folgende Bars ansteuern: **Bell Port** (breite Tapa-Auswahl), **Terraza del Mar** (hochgelobte Tapas).

Adressen

●**Ausflüge:** über folgende Reisebüros Viatges Bordmar, Av. 11 Setembre 63, Tel. 972 314 948; Viatges Costa Brava, C/ Dídac Garrell 4, Tel. 972 314 288; Viatges Paretours, C/ 11 Setembre 77, Tel. 972 316 336.
●**Bootsausflüge:** An der Promenade werden Touren von mehreren Veranstaltern angeboten. Diese finden mehrmals täglich statt und führen entlang der Küste. Eine tolle Möglichkeit, die Costa Brava mal vom Meer aus zu betrachten. Es werden alle möglichen Ziele angesteuert, sogar Blanes, am möglicherweise bizarrsten Teil der „wilden Küste". Crucetours, Telefon 972 794 845.
●**Busterminal:** C/ López Puigcerver 7, Tel. 972 600 250, Verbindungen entlang der Küste bis Tossa, nach Girona und Barcelona.
●**Segeln:** Escola de Vela, Ctra. Club Nàutic s/n, Telefon 972 315 871.
●**Tauchen:** Nautilus, Carretera Club Nàutic s/n, Telefon 972 316 249; Skaphos Sub, Passeig del Mar 15, Telefon 972 315 836; Nàutic Casmar, C/ Salvador Albert Pey s/n, Tel. 972 316 459.

Feste

●**24.-26. Juni:** Festa Major mit einem Umzug von *gegants,* Kinderanimation, heilige Messe, Sardanas, Habaneras, Konzerte und Wettstreit der Fischer.
●**13.-14. Juli:** Festa Major im Nachbarort Calonge, mit Feuerwerk, Umzug von Gegants.
●**16 Juli:** Verge de Carme.
●**Zweite Julihälfte:** Sardana und Meeresprozession.
●**August:** Habanera-Festival.

Markt

●**Termine:** täglicher Gemüsemarkt in der Av. Catalunya, Dienstag großer Markt, Fischauktion täglich außer Sa und So am Hafen.

Sant Antoní de Calonge

- **Einwohner:** 1250
- **PLZ:** 17252
- **Entfernung nach Barcelona:** 122 km
- **Touristeninformation:**
  Av. de Catalunya s/n, Tel. 972 661 714,
  Fax 972 661 080, E-Mail: calonge@ddgi.es
- **Internet:** www.calonge-santantoni.com

Der **Strand** bestimmt hier den Rhythmus, hat er doch erst diesen Ort möglich gemacht. Der schöne Strand lockte die Touristen an, später entstand eine Promenade, dahinter dann die ersten **Hotels.** Es kamen weitere Häuser in der zweiten Reihe dazu, dann war irgendwann die Hauptstraße erreicht und Schluss. „Hinter" der Durchgangsstraße wurde nicht mehr gebaut, das bedeutet, dass kein Hotelgast länger als fünf Minuten bis zum Strand laufen muss und keine stark befahrene Straße überquert wird, was ja auch für Kinder nicht ganz unwichtig ist.

Der Strand und im Grunde die ganze Ortschaft **schließen sich nahtlos an Palamós an.** Zwar sind es schon einige hundert Meter Fußweg, aber die Altstadt und den Hafen von Palamós kann man in einem ausgedehnten Spaziergang erreichen, die Promenade verläuft direkt ins Zentrum des Nachbarortes.

Zur anderen Seite begrenzt eine **Felsenlandschaft** mit dem Torre Valentina den Strand. Aber auch hier können unternehmungslustige Leute weiterlaufen, denn ein meist gut begehbarer Wanderweg führt etwa 20 Meter über dem Wasser direkt vor dem Felsen in mehrere malerische Buchten.

Strandprofil

Der Strand zieht sich insgesamt über fast drei Kilometer, offiziell wird er in drei Abschnitte unterteilt, die sich an bestimmten Naturgegebenheiten orientieren, drei halbkreisförmige Buchten.

Platja d'es Monestri

Der Strandabschnitt beginnt an der Stadtgrenze zu Palamós, verläuft über 600 Meter und endet offiziell an der gut erkennbaren Mole. Feiner, heller Sand und eine Breite von etwa 40 Metern zeichnen ihn aus, direkt beim Strand flaniert man auf einer Promenade, und dahinter erheben sich bereits die ersten Häuser.

Platja de Sant Antoní

Die **Platja de Sant Antoní** ist der Hauptstrand, er hat eine Länge von 1500 Metern und endet offiziell an der Mündung des kleinen Flüsschens, das sich hier ins Meer ergießt. Auffälliges Merkmal dieses Strandes sind drei halbkreisförmige Strandbuchten, die an der Spitze nun mit kleinen Steinmolen geschützt werden. So ergeben sich Möglichkeiten zum völlig ruhigen Planschen; weiter draußen kann der Wind schon mal so stark blasen, dass Windsurfer hierher kommen. Die Promenade erstreckt sich auch noch auf diesen Bereich, und einige Bars und Restaurants sind zu finden.

Platja de TorreValentina

Die Platja de Torre Valentina ist eine Fortsetzung der oben beschriebenen Strände, er beginnt bei der kleinen Flussmündung, verläuft über 700 Meter und endet vor dem Gebäudekomplex Torre Valentina an der steil aufragenden Felswand.

Nach dem Torre Valentina reihen sich **noch einige Felsbuchten** auf, die teilweise ausgesprochen idyllisch liegen. Bei der Torre Valentina beginnt ein Fußweg, der sich vor den Felsen schlängelt, es geht über Treppen und Brücken, man blickt teilweise aus gut 20 Meter runter aufs Wasser. Überraschend ist aber, dass ständig schmale Treppen hinunterführen, so dass man sich unten bräunen kann, wenn auch auf Felsen. Eine versteckte und äußerst ruhige Lage. Die Straße hoch oben ist relativ stark befahren. Parkplätze sind nicht immer leicht zu finden, allerdings liegen dort auch vereinzelt Campingplätze und Hotels.

Racó de les Dones

Dies ist eine Bucht unterhalb des Torre Valentina, die aber nur nach einer äußerst abenteuerlichen Kletterpartie zu erreichen ist. Das Wasser ist sehr klar und lädt zum Schnorcheln ein, aber Achtung, der Seegang darf nicht unterschätzt werden, allzu ruhig ist das Meer nicht.

Cala de les Roques Planes

Die Cala de les Roques Planes erreicht man nach einem etwas längeren Fußmarsch, sie trägt ihre Charakteristika auch schon im Namen: flache Felsen. Über Jahrmillionen wurden hier die Felsen glatt gerieben, durch Wind und Wellen. Das hat zur Folge, dass man sich herrlich ungestört sonnen kann, entweder auf den warmen, flachen Steinen, oder dazwischen, auf schmalen Sandstreifen. Es bleibt etwas mühselig, bis hierher zu gelangen, also darf ziemliche Einsamkeit erwartet werden.

Platja de Can Cristus

Dies ist eine 160 Meter lange Bucht mit feinem Sandstrand, der etwa 40 Meter breit ist. Can Cristus wird vor allem von den Gästen des Campingplatzes Calonge besucht. Dazu überquert man zunächst über eine Brücke die Durchgangsstraße und folgt dann einem Weg gut 200 Meter nach unten. Wollen alle Camper zur selben Zeit an den Strand, wird es eng. Camping Calonge hat Platz für 1700 Personen.

Die nächste Bucht mit ähnlichen Ausmaßen, die **Cala Gogo,** ist erreichbar von der Durchgangsstraße, über einen 150 Meter langen Pfad. Zwischen Straße und Strand liegt ein Teil des Campingplatzes Cala Gogo.

Die **Platja de Cap Roig** ist eine weitere kleine Bucht von etwa 100 Meter Länge. Der Name leitet sich von den rötlich schimmernden Steinen ab. Der Strand besteht aus grobem Kiesel; er wird hauptsächlich von den Gästen des herrlich gelegenen Hotels Cap Roig aufgesucht.

Die **Platja de Comtat de Sant Jordi** wäre an sich kaum eine Erwähnung wert, misst sie doch nur 25 Meter und wird von steil aufragenden Felsen begrenzt. Hier liegt aber in stimmungsvoller Abgeschiedenheit das Hotel San Jorge mit dem hervorragenden Restaurant Sobre el Mar (über dem Meer), Nomen est omen!

Platja de Belladona

Die letzte Bucht, die noch zu Calonge gezählt werden kann, obwohl sie schon gute vier Kilometer entfernt liegt. Aber auch Belladona bleibt noch zu Fuß erreichbar, bis hierher schlängelt sich der Fußweg, der am Torre Valentina in Sant Antoní beginnt. Belladona weist auf gut 100 Metern einen leicht steinigen Strand auf, das Wasser ist etwas unruhig.

268cb Foto: jf

Costa Brava

Praktische Tipps

Unterkunft

●**Hotel Rosa dels Vents** €€€, Passeig del Mar s/n, Tel. 972 651 311, Fax 972 650 697, Mai bis August geöffnet. Ein mittelgroßes Haus, das direkt am Meer liegt, vom kleinen Balkon toller Blick in die Bucht.

●**Hotel María Teresa** €€, Passeig el Mar 3, Tel. 972 651 064, Fax 972 652 110, liegt gleich nebenan und weist ähnliche Merkmale auf, hat aber nur 29 Zimmer.

●**Hotel Príncipe Ben Hur** €€€, C/ Josep Mercader 2, Tel. 972 651 138, Fax 972 652 577. Das Haus liegt in einer ruhigen Seitenstraße, nur eine Minute zu Fuß vom Strand entfernt. Es ist einfach und zweckmäßig eingerichtet.

●**Hotel Reimar** €€€, Passeig de Torre Valentina s/n, Tel. 972 652 211, Fax 972 651 213. Das Haus bietet 49 Zimmer, die sich so verteilen, dass das Hotel trotzdem nicht zu groß wirkt. Es liegt direkt an der Promenade, macht einen angenehmen Eindruck und hat einen Pool.

●**Pension Olga** €€, Passeig el Mar 37, Tel. 972 650 764, März bis Sept. geöffnet. Ein nicht allzu großes Haus mit 56 Zimmern direkt an der Strandpromenade.

●**Hotel Rosamar** €€€€, Pg. Josep Mundet 43, Tel. 972 650 548, Fax 972 652 161. Insgesamt 51 Zimmer, ein Großteil davon mit Meerblick. Unten ist ein Restaurant angeschlossen.

●**Hotel Cap Roig** €€€€, Tel. 972 652 000, Fax 972 650 850, geöffnet 1.4.-5.9. Dieses Haus bietet eine tolle Lage, etwa auf halbem Weg zwischen Sant Antoní und Platja d'Aro, über den Klippen der winzigen Bucht Cap Roig. Platz für insgesamt 165 Zimmer und ein breites Serviceangebot, wie zwei Pools, Sauna, Whirlpool und natürlich der abendliche Blick über die Klippen aufs Meer ...

Cap Roig, Hotel mit tollem Ausblick

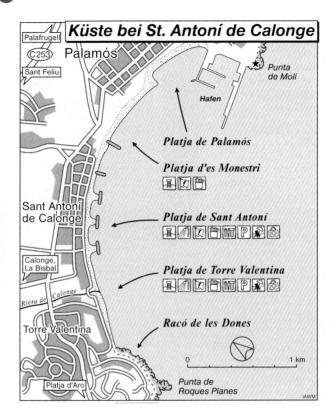

Küste bei St. Antoní de Calonge

Palafrugell
C253
Sant Feliu
Palamós
Punta de Moli
Hafen
Platja de Palamós
Platja d'es Monestri
Sant Antoni de Calonge
Platja de Sant Antoní
Calonge, La Bisbal
Riera de Calonge
Platja de Torre Valentina
Torre Valentina
Racó de les Dones
0   1 km
Platja d'Aro
Punta de Roques Planes
IAWM

●**Hotel San Jorge** €€€€, liegt ebenfalls zwischen Platja d'Aro und Sant Antoní in traumhafter Lage an der Platja de Comtat de Sant Jordi. Tel. 972 652 311, Fax 972 652 576. Das Hotel hat 85 Zimmer, einige liegen in erster Linie zum Meer, hoch über den Felsen. Aber auch der Ausblick von der Terrasse oder dem Salon sucht seinesgleichen. Wer nicht hinunter zum Meer will, planscht im hoteleigenen Pool, und abends beim Wein schaut man vom Restaurantfenster über die Küste. Nur im Sommer geöffnet.

Camping

●**Eurocamping,** 2. Kat., Av. Catalunya 15, Tel. 972 650 879, Fax 972 661 987, geöffnet 7.4.-30.9. Insgesamt 750 Parzellen bietet dieser Platz, der nur knapp 150 Meter vom Strand entfernt liegt, allerdings muss man zuvor eine stark befahrene Straße überqueren. Alle notwendigen Serviceeinrichtungen, auch ein Pool für Kinder und eine eigene, schallisolierte Diskothek.
●**Camping Costa Brava,** 2. Kategorie, Av. Unió s/n, Tel. 972 650 222, geöffnet 1.6.-

30.9. Kleiner Platz mit 250 Stellplätzen im Pinienwald, zum Strand sind es etwa 200 Meter; deutschsprachige Leitung.

●**Camping Internacional Calonge,** 1. Kat., am km 47 der Straße nach Platja d'Aro, Tel. 972 651 233, Fax 972 652 507, ganzjährig geöffnet. Die 695 Parzellen liegen verteilt auf einem terrassenartigen Gelände unter Pinien. An Serviceeinrichtungen wird alles Notwendige geboten, zum Strand sind es etwa 200 Meter, man überquert dazu die stark befahrene Straße über eine Brücke. Am Platz auch Pool für Kinder und eigene Animation.

●**Camping Cala Gogo,** 1. Kat., an der Straße nach Platja d'Aro gelegen, Tel. 972 651 564, Fax 972 650 553, geöffnet 1.4.-30.9. Dieser große Platz bietet 1100 Parzellen, die hauptsächlich unter Pinien liegen. Der ganze Platz ist terrassenförmig angelegt, hat zwei Pools, mehrere Restaurants und Animation, nicht nur für Kinder, im Programm. Außerdem möglich: Tennis, Minigolf, Wassersport und Diskobesuch, Hunde sind übrigens nicht erlaubt. Durch einen kleinen Tunnel geht es zum Strand und zu einem kleinen Teil des Platzes, der unmittelbar am Meer liegt, so dass die verkehrsreiche Hauptstraße nicht überquert werden muss.

●**Camping Treumal,** 1. Kat., ebenfalls zwischen Sant Antoní und Platja d'Aro gelegen, Tel. 972 651 095, Fax 972 651 671, geöffnet 1.4.-30.9. Insgesamt 478 Parzellen liegen auf diesem Platz unter Pinien, der mit viel Geschmack nach gärtnerischen Gesichtspunkten gestaltet wurde, so dass mancher schon mit Recht von einem Park spricht. In die nahen Felsbuchten führen steile Treppen.

Essen & Trinken

●**Pizzeria Il Padrino,** Promenade Nr. 37, Tel. 972 661 452, bietet Pizza und Pasta satt.
●**Restaurant Costa Brava,** Av. de Catalunya 28, Telefon 972 651 061, breite Auswahl in netter Atmosphäre.
●**Restaurant El Racó,** unterhalb Torre Valentina, ganz am Ende der Bucht, Tel. 972 650 640. Man sitzt gemütlich direkt am Strand auf einer netten Terrasse.
●**Restaurant Refugi dels Pescadors,** Passeig Marítim 55, Tel. 972 650 664, die Küche und auch das Ambiente sind maritim, gute Qualität zu angemessenen Preisen.

Feste

●**8.-9. Juni:** Festa Major mit öffentlichem Paella-Kochen, Fischwettbewerbe, Sardanas und Kinderanimation.
●**Juli, August:** jeden Sonntag Sardana-Tanz.
●**1. Sept.:** Sant Llop, das Haupt-Sommerfest.
●**1.-3. Nov.:** Winterfest mit Castellers, abendlichem Tanz und einem Kochwettbewerb.

Markt

●**Termin:** am Mittwoch.

Platja d'Aro

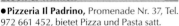

●**Einwohner:** 2600
●**PLZ:** 17250
●**Entfernung nach Barcelona:** 118 km
●**Touristeninformation:**
Mossèn Cinto Verdaguer 4,
Tel. 972 817 179, Fax 972 825 657,
in S'Agaró: Av. Sant Feliu 230,
E-17248 S'Agaró, Tel./Fax 972 820 074,
E-Mail: turisme@platjadaro.com
●**Internet:** www.platjadaro.com

Manchmal täuscht der erste Eindruck nicht, „eine kilometerlange Shoppingmeile mit Strand", so die spontane Einschätzung bei unserem letzten Besuch. Das war schon 1983 so, als ich das erste Mal hierher kam. Schwer vorstellbar, dass Anfang der 1960er Jahre noch nichts von dem späteren Ferienkomplex erkennbar war. Keine Frage, heute zeigt sich Platja d'Aro kosmopolitisch. Der schöne Strand lockt all die Besucher an, und damit sich auch niemand langweilt, entstand ein **touristisches Angebot,** das die Offerten mancher spanischen Kleinstadt übertrifft. Von der Hamburger-Kette bis zu Geschäften mit Mode, Schmuck, Fotoartikeln, Restaurants, Snackbars, Motorradvermieter, Funparks, Pubs, es ist alles zu finden.

Die grobe **Aufteilung des Ortes** sieht so aus: Strand, Promenade, Hotels in mehreren Querstraßen, Hauptdurchgangsstraße mit den eben erwähnten Geschäften, weitere Querstraßen mit vereinzelten Unterkünften, aber auch mit Shopping-Centers, Parkplätzen und weiteren Läden.

Das **Nachtleben** wird hier natürlich groß geschrieben, viele tagsüber unscheinbare Läden verwandeln sich abends in Diskos und Musikbars. Wer einen quirligen Ort mit abwechslungsreicher Unterhaltung sucht, wird sich hier wohl fühlen.

Strandprofil

Platja d'Aro

Der Hauptstrand heißt wie der Ort, er wird auch Platja Gran genannt. Über 2400 Meter zieht er sich hin, weist eine durchschnittliche Breite von 60 Metern auf und besticht durch feinen, hellen Sand. Teilweise bläst hier ein beachtlicher Wind, was dann sogar Surfer anlockt. Der Strand wird durch eine Promenade begrenzt, an der das übliche Angebot von Bars, Terrassen-Lokalen und Shops zu finden ist. Dahinter erheben sich Wohnblocks von einer Höhe bis zehn Stock-

werken und mehr, nicht alle sind Hotels. Die liegen eher in der zweiten Reihe, also zwischen Strand und Durchgangsstraße.

Platja Sa Conca

Die kleine Bucht trägt ihren Namen völlig zu Recht, hat sie doch tatsächlich die Form einer Muschel. Sa Conca liegt weit außerhalb vom quirligen Platja d'Aro, eine gute Möglichkeit also, sich einmal halbwegs ungestört zu sonnen. Allerdings dürfen die Erwartungen dann doch nicht zu hoch gesteckt werden, in der Umgebung wurden etliche Ferienwohnungen errichtet, und der Campingplatz Pinell liegt auch nur 500 Meter entfernt. Sa Conca ist wie folgt zu erreichen Auf der Straße nach Sant Feliu etwa einen Kilometer fahren, nach dem Überqueren des Flüsschens dann am ersten großen Kreisverkehr nach links abbiegen, es sind dann noch 700 Meter. Sa Conca misst 400 Meter in der Länge und etwa 40 in der Breite, feiner heller Sand lockt zum Dösen.

Sehenswertes

An klassischen Sehenswürdigkeiten gibt es nichts zu entdecken. Aber warum nicht einmal den gesamten Ort als solche betrachten, immerhin entstand hier eine **Ferienmaschine,** die keine Wünsche offen lässt und alljährlich über 100.000 Besucher anzieht. Besonders am Abend zeigt sich Platja d'Aro von seiner funkelnden und glitzernden Seite, auch eine Costa-Brava-Realität der besonderen Art.

Costa Brava

Praktische Tipps

Unterkunft

●**Hostal Mont Kiko** €€€, Avinguda Castell d'Aro 10, Tel. 972 817 156, Fax 972 818 960. Dreistöckiges Haus mit Balkon an befahrener Straße.

●**Hotel Terrassa** €€€-€€€€, Avinguda Castell d'Aro 2, Tel. 972 818 100, Fax 972 818 960. Zentral, aber nicht gerade in ruhigster Umgebung, immerhin 116 Zimmer.

●**Pension Marina** €€, C/ Major 36, Tel. 972 817 182. Dieses kleine Haus mit 37 Zimmern liegt in einer ruhigen Seitengasse vor einem Platz, zum Strand sind es gerade mal 50 Meter.

●**Pension Cabo** €€€, Passeig Marítim 46, Tel. 972 817 081, Fax 972 826 789. Auch dieses Haus liegt ruhig, von einigen Zimmern blickt der Gast sogar auf das Meer.

●**Hotel Bell Repós** €€€, C/ Vergé de Carme 18, Telefon 972 817 100, Fax 972 816 933. Das Haus mit 36 Zimmern liegt in einer Sei-

tenstraße nur fünf Minuten vom Strand entfernt. Ein kleiner Garten rundet das positive Gesamtbild ab.

●**Hotel Costa Brava** €€€€, Punta d'En Ramís 17, Tel. 972 817 308, Fax 972 826 348. Das Haus liegt sehr schön am linken Ende des Strandes (Blickrichtung zum Meer) und auch noch in einer ruhigen Sackgasse. Es wurde über den Klippen errichtet, die hier den Strand begrenzen, über ein paar Stufen ist das Meer schnell erreicht.

●**Hotel Cosmopolita** €€€€, Passeig Marítim 30, Telefon 972 817 350, Fax 972 817 450. Insgesamt 95 Zimmer auf drei Stockwerke verteilt, direkt am Strand gelegen, mit einem eigenen Restaurant.

Strandleben in Platja d'Aro

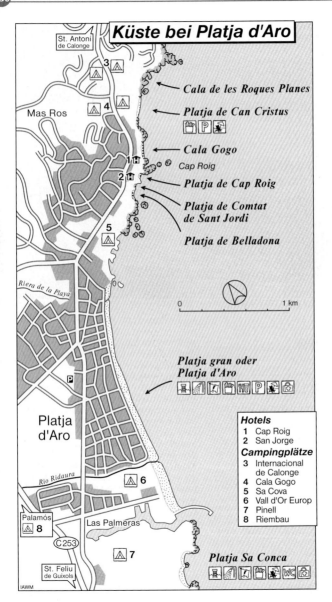

Küste bei Platja d'Aro

St. Antoni de Calonge

Mas Ros

Cala de les Roques Planes

Platja de Can Cristus

Cala Gogo

Cap Roig

Platja de Cap Roig

Platja de Comtat de Sant Jordi

Platja de Belladona

Riera de la Playa

0   1 km

Platja gran oder Platja d'Aro

Platja d'Aro

Rio Ridaura

Palamós 8

C 253

St. Feliu de Guixols

Las Palmeras

6

7

Hotels
1 Cap Roig
2 San Jorge

Campingplätze
3 Internacional de Calonge
4 Cala Gogo
5 Sa Cova
6 Vall d'Or Europ
7 Pinell
8 Riembau

Platja Sa Conca

IAWM

●**Hotel Planamar** €€€, Passeig Marítim 82, Tel. 972 817 177, Fax 972 825 662. Ein dreistöckiges, helles Gebäude mit 84 Zimmern, das auch direkt am Strand liegt, aber zwei 15-stöckige Hochhausriesen als Nachbarn hat.

Camping

Drei Campingplätze liegen in der unmittelbaren Umgebung von Platja d'Aro und vor allem in Strandnähe: Sa Cova, Vall d'Or Europa und Pinell, zwei Plätze liegen im Inland, unweit von Castell d'Aro, nämlich Vall d'Aro und Riembau.

●**Camping Sa Cova,** 2. Kat., Ctra. Cavall Bernat 150, Tel. 972 818 234, geöffnet 11.4.-30.9. Ein kleiner, einfacher Platz für maximal 216 Camper, keine schlechte Wahl für Nachtschwärmer mit schmalem Budget.

●**Camping Vall d'Or Europ,** 2. Kat., Av. Verona Terol 43, Tel. 972 817 585, Fax 972 817 585, geöffnet von Ostern bis zum 31.10. Dieser große Platz mit 684 Parzellen liegt etwa einen Kilometer von Platja d'Aro entfernt in Ri. Sant Feliu, direkt hinter dem von Hauptstrand trennenden kleinen Fluss; durchwachsener Baumbestand und ein eigener kleiner Strand.

●**Camping Pinell,** 2. Kat., C/ Punta Prima 14, Tel. 972 818 123, Fax 972 826 271, geöffnet 1.4.-30.9. 270 Parzellen; etwa 500 Meter vom Strand der Platja Sa Conca entfernt, nach Platja d'Aro sind es etwa 1,5 Kilometer. Hoher Baumbestand und Terrassen.

●**Camping Riembau,** 1. Kategorie, C/ Santiago Rusiñol s/n, Tel. 972 817 123, Fax 972 825 210, geöffnet 1.5.-30.9. Das ist ein großer Platz mit 1314 Parzellen, der etwa einen Kilometer außerhalb liegt und durch eine Straße zweigeteilt ist. Die Betreiber bieten eine Menge an, um die etwas abseitige Lage vergessen zu lassen. Auf dem Gelände durchgehender Baumbestand.

●**Camping Vall d'Aro,** 1. Kat., Av. Castell d'Aro 63, km 4,2, Tel. 972 817 515, Fax 972 816 662, geöffnet 17.3.-15.10. Ein großer Platz mit 1422 Parzellen, der auch etwa einen Kilometer von Platja d'Aro entfernt liegt. Hoher Baumbestand und ein ebenes Gelände, viele Serviceeinrichtungen wie Fußball, Volleyball, Basketball, Pool, Minigolf.

Essen & Trinken

●**Restaurant Can Japet,** Av. Cavall Bernat 50, Tel. 972 817 366, ein kleines Lokal mit Garten, liegt etwas zurückversetzt von der Hauptstraße.

●**Restaurant Chino Shang-Hai,** Av. Cavall Bernat 83, Tel. 972 817 143, guter Chinese.

●**Restaurant L'Esquinade,** Av. s'Agaró 77, Tel. 972 818 424, Lokal mit angenehmer Terrasse.

●**Restaurant Brisamar,** Passeig Marítim 100, Tel. 972 817 166, das Lokal befindet sich im gleichnamigen Hotel, hat aber eine lokale Wertschätzung über die Hotelgrenzen erfahren.

●**Restaurant Big-Rock,** Av. Fanals 5, Tel. 972 818 012, untergebracht in einem eleganten Herrenhaus in einer Seitenstraße. Die Mengen geraten ziemlich großzügig.

●**Chez Maryse Hong Thu,** Av. s'Agaró 128, im Edificio 2000, Tel. 972 816 767, vietnamesische Küche.

Nachtleben

●**Disko Joy's,** Avda. La Pau 7, im Zentrum.

●**Disko Maddox,** Sa Musclera 1 bei der Ctra. Palamós, ist seit Jahren eine der In-Diskos.

●**Disko Pachá,** Av. s'Agaró 179 bei Camí Punta Prima (ca. 1,5 Kilometer außerhalb Ri. Sant Feliu), eine große Disko mit Garten.

●**Disko Costa Azul,** Ctra. s'Agaró 120, seit 30 Jahren einer der Treffs, mittlerweile mit acht Tresen, drei Tanzflächen, Pool, Terrasse und einem „Stil à la Ibiza", was auch immer das heißen soll.

●**Disko Paladium,** Ctra. Circumval. Lació s/n, bei Ctra. Palamós, manchmal lohnt ein Blick in die Eigenwerbung, und die behauptet, dass hier die verrücktesten Nächte des Sommers von Platja d'Aro und der Costa Brava abgehen, na dann ...

Adressen

●**Ausflüge:** Bravatur, Edificio Round Store, Avda. Costa Brava 1, Tel. 972 817 860; Arotur, Av. Cavall Bernat 10, Tel. 972 816 281; Meli Tours, C/ Jacint Verdaguer 13, Tel. 972 826 272; Viatges Costa Brava, Galeries Albatros 130, Tel. 972 819 204.

Costa Brava

●**Gokart:** Karting d'Aro, Carretera Castell d'Aro, etwa drei Kilometer außerhalb, 9-24 Uhr geöffnet. Das Taxigeld wird beim Ticketkauf erstattet, wenn man eine Quittung (*recibo*) vorlegt.

●**Minigolf:** Lob, Av. Palamós 91, Tel. 972 816 401; Mini Golf Valldaro, Ctra. Santa Cristina 113, Tel. 972 817 515.

●**Motorradvermietung:** Mobi Rent, Edificio Round Store 91, Tel. 972 825 736; Rent d'Aro, Av. s'Agaró 123, Tel. 972 828 599; Dos Rodes, C/ Església 10, Tel. 972 825 174; Da Vinci, Paseo Marítim 138, Tel. 972 825 220.

●**Schiffstouren:** Es werden Touren bis nach Blanes angeboten, entlang der pittoresken „wilden" Küste. Crucetours, Passeig Marítim, Tel. 972 817 398; Lloquer de Vaixells, C/ Queralbs 22, Tel. 972 825 092, beide Veranstalter sind auch am Strand zu finden.

●**Segeln:** Escola de Vela i Windsurf, am Strand beim Hafen, Tel. 972 816 777.

●**Squash:** Squash Platja, C/ Toses 14, Tel. 972 817 006.

●**Rollschuhbahn:** im PP's und Magic Park.

●**Vergnügungsparks:** PP's, Av. s'Agaró 110; Parc d'Atraccions Magic Park, Av. s'Agaró 86.

Feste

●**15. August:** Festa Major de Platja d'Aro, mit Strandspielen, Habaneras, Sardanas, Fotowettbewerb und abendlichem Tanz.

●**8. September:** Festa Major im Nachbarort Castell d'Aro mit Sardanas, Habaneras, sportlichen Wettkämpfen und Wettbewerb im Wurstherstellen.

Markt

●**Termin:** jeden Freitag am Parkplatz Masía Bas.

Ausflüge

Aquadiver

Für alle, denen der Hotelpool und das Mittelmeer nicht genügen, bietet die **Badelandschaft Aquadiver** eine Möglichkeit zum Rumtoben, aber auch zum gemütlichen Entspannen und Picknicken unter Pinien. Etliche verschlungene Rutschen fordern die Mutigen zum Heruntersausen auf, wer es etwas ruhiger wünscht, kann auch auf „harmlosen" Treppenrutschen ins kühle Nass gleiten. Ein Heidenspaß für Groß und Klein und nur fünf Minuten von Platja d'Aro entfernt.

●**Geöffnet:** Juni bis September täglich 10-19 Uhr, Tel. 972 818 732, Fax 972 825 810. Eintrittspreise: unter 140 cm Körpergröße ca. 8,50 €, über 140 cm Körpergröße etwa 14,50 €, für einen halben Tag bezahlen die Kleinen ca. 7,80 €, die Großen um 11,50 €.

Castell d'Aro

Lange bevor der erste Tourist sich hier an die Küste verirrte, existierte bereits eine Ortschaft im Hinterland, Castell d'Aro wurde erstmals 1041 erwähnt. Wie immer, wurde zunächst eine Burg errichtet und drumherum später einige feste Häuser. Je nach Wichtigkeit verfiel das Ganze oder wurde bestens konserviert. Im Fall von Castell d'Aro blieb der **mittelalterliche Kern des Ortes** erhalten. Etliche Häuser in den engen Gassen datieren noch aus dem 15. Jh. bis 18. Jh. Die Pfarrkirche Santa María stammt aus den Anfängen des Ortes, wenngleich die heutige Kirche keine ursprünglichen Elemente mehr hat. Das gesamte Ortsbild wirkt kompakt und historisch. Die Häuser tragen eine einheitliche graubraune Farbe, vereinzelt stechen weiß gekalkte Fassaden durch. Bei einem Bummel lohnt ein aufmerksames Betrachten von Details, die zeigen, mit welchem handwerklichen Geschick so manches Haus errichtet wurde. Interessant sind beispielsweise die schmiedeeisernen Gitter vor den Fenstern oder die massiven Holztüren mit den kleinen Kontrollfenstern, vor denen auch Gitter angebracht wurden. Es mutet wie ein Bummel durch vergangene Zeiten an.

Das **Castell** erhebt sich am höchsten Punkt des Ortes, das war seinerzeit die beste Lage, musste man doch möglichst bis zur Küste schauen können, um rechtzeitig vor Piratenüberfällen gewarnt zu sein. Das heutige Castell wurde mehrfach verbessert, ursprüngliche Mauern aus dem Mittelalter sind kaum noch erhalten.

Zu festen Zeiten finden kostenlose 45-minütige Führungen durch das Castell statt, vom 16.6. bis zum 16.9. um 17.30, 18.30, 19.30 Uhr. Ausgangspunkt: Plaça Poeta Sitjà.

La Cova d'en Daina

Diese Fundstätte liegt 10 Kilometer im Inland, unweit von Romanyà de la Selva. In diesem Gebiet wurden mehrere **Dolmen** gefunden, La Cova d'en Daina ist davon am besten erhalten geblieben. Es handelt sich um eine 4000 Jahre alte Kultstätte mit Dolmen und einem megalithischen Steinkreis im Stil der nordeuropäischen Hünengräber. Die gut erhaltenen Dolmen bestehen aus senkrechten Steinplatten, die zu einem Oval angeordnet wurden, und einigen größeren Platten, die quer darüber liegen.

S'Agaró

S'Agaró ist eine **kleine Bucht,** die sich beinahe nahtlos an Platja d'Aro anschließt. Auffällig sind hier zunächst einmal die großen Parkplatzflächen, als ob hierher regelmäßig ganze Invasionen von Tagesausflüglern kommen. Dafür ist der Strand dann aber doch ein wenig zu klein.

Strandprofil

Die **Platja Sant Pol,** so der offizielle Name des Strandes, misst 870 Meter und weist eine durchschnittliche Breite von 20 Metern auf. Er besteht aus grobem Sand, teils sogar leicht steinig. Hochhausriesen fehlen hier völlig, die wenigen Unterkünfte und Restaurants direkt am Strand sind kleine Häuser. Die Bucht läuft vor einer kleinen Felswand aus, so dass die Strandstraße als Sackgasse endet.

Unterkunft

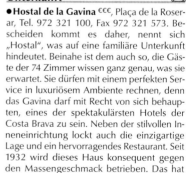

● **Hostal de la Gavina** €€€, Plaça de la Roserar, Tel. 972 321 100, Fax 972 321 573. Bescheiden kommt es daher, nennt sich „Hostal", was auf eine familiäre Unterkunft hindeutet. Beinahe schon so, die Gäste der 74 Zimmer wissen ganz genau, was sie erwartet. Sie dürfen mit einem perfekten Service in luxuriösem Ambiente rechnen, denn das Gavina darf mit Recht von sich behaupten, eines der spektakulärsten Hotels der Costa Brava zu sein. Neben der stilvollen Inneneinrichtung lockt auch die einzigartige Lage und ein hervorragendes Restaurant. Seit 1932 wird dieses Haus konsequent gegen den Massengeschmack betrieben. Das hat seinen Preis: zwischen 186 und 260 €.

● **Pensión Ancla** €€, Avinguda Sant Feliu 294, Tel./Fax 972 320 128, geöffnet 1.6.-30.9. Das genaue Gegenteil: Die 21 Zimmer sind für ca. ein Viertel des Gavina-Preises zu haben.

Costa Brava

●**Hotel S'Agaró** €€€€, Platja de Sant Pol, Tel. 972 325 200, Fax 972 324 533. Insgesamt 70 Zimmer zählt dieses mittelgroße Haus, das direkt an der Strandstraße liegt. Unten befindet sich ein Restaurant, und das hoteleigene Serviceangebot kann sich sehen lassen.

Sant Feliu de Guíxols

●**Einwohner:** 17.300
●**PLZ:** 17220
●**Entfernung nach Barcelona:** 115 km
●**Touristeninformation:**
Plaça Monestir s/n,
Tel. 972 820 051, Fax 972 820 119,
E-Mail: turisme@guixols.net
●**Internet:** www.guixols.net

Die **Ursprünge** von Sant Feliu gehen auf das 10. Jh. zurück, bereits ein Jahrhundert später entstand hier ein Benediktinerkloster, von dem noch Reste am Ortsausgang erhalten sind. Der Ort wuchs im Laufe der letzten Jahrzehnte zu einer gewissen Größe.

Da die Strandbucht von zwei Felsgruppierungen begrenzt ist, konnte nicht in die Breite gebaut werden. Die Folge: Der **Ort verläuft nach hinten** weg, nimmt beinahe die Form eines spitz zulaufenden Dreiecks ein. Die neueren Gebäude, wie FeWos, sind dann auch weiter hinten zu finden, während der alte Kern im Bereich der Strandnähe liegt.

Sant Feliu hat einen **alten Stadtkern** mit viel Atmosphäre erhalten können, der trotz eines gewissen Zulaufs nicht zu sehr von Touristen dominiert wird.

Und noch eine letzte Anmerkung: Sant Feliu wurde bis zu den 50er Jahren des 20. Jh. auch „Hauptstadt der Costa Brava" genannt, auf Grund seines großen und wirtschaftlich wichtigen **Hafens.** Heutzutage bildet eher der Nachbarort Palamós das kommerzielle Zentrum, eine Hauptstadt der Costa Brava wurde dieser damit jedoch noch lange nicht.

Platja Sant Feliu

Direkt in der Stadt liegt der 400 Meter lange und 30 Meter breite helle Sandstrand Platja Sant Feliu. Das klingt gut, aber ein wenig störend mag die Umgebung dann doch sein, links vom Strand befindet sich eine große Marina, in der etliche Boote liegen, und eine kleine Bucht weiter, nur durch einen Felsvorsprung getrennt, befindet sich der Fischereihafen. Der Strand wird von einem netten Park mit vielen Parkplätzen begrenzt, und mittendurch verläuft eine breite Straße. Es ist also eher ein Platz zum Verschnaufen und Rasten.

Sehenswertes

Der **Bereich beim Strand** mit der Promenade unter schattenspendenden Bäumen, dem anschließenden Park und einigen Restaurants mit Terrassen eignet sich perfekt als Ausgangspunkt für einen Bummel. Die Wege sind kurz, hier kann der Wagen geparkt werden, und für das leibliche Wohl sorgen diverse Lokale. Hier führt auch

Costa Brava

die **Strandpromenade** entlang, die trotz ihrer Kürze mehr Flair hat als so manche andere kilometerlange. Sie datiert aus dem Jahr 1834, und ebenfalls aus dem vorigen Jahrhundert stammen einige Gebäude, die hier unübersehbar ihre würdevolle Fassade der Sonne entgegenrecken. So beispielsweise das Casino (1889) und weitere Häuser in der Nachbarschaft. Auffällig ist auch die Lokomotive, die hier an eine längst stillgelegte Schmalspurbahn erinnert.

Nur wenige Querstraßen weiter stößt man schon auf die **Altstadt** mit engen Gassen und ein paar Fußgängerzonen. Natürlich wird auch hier an das Wohl der Touristen gedacht, aber nicht auf dominierende Weise.

An der **Plaça del Mercat** liegt auch die **Markthalle,** die eine farbenfrohe Sonnenuhr im Stil des Modernismus über dem Eingang trägt. Diese Markthalle wurde schon 1929 erbaut. Mitten auf dem Vorplatz befindet sich ein Brunnen, den ein Bürger der Stadt stiftete, als er 1859 nach „Las Américas" auswanderte.

Sant Feliu de Guíxols

Nur wenige Schritte von der Plaça del Mercat entfernt liegt die **Plaça Monestir,** wo das **ehemalige Kloster** stand. Erhalten geblieben ist von dem Benediktinerkloster nicht mehr viel, außer einem dreibogigen Tor, der Port Ferrada. Die **Kirche** stammt aus dem 14. Jh., die Beschreibung eines Prospektes sei ausnahmsweise einmal zitiert: „Ein Kreuzschiff, drei Apsiden von polygonalem Grundriss, Kreuzgewölbe und Gewölbeschlusssteine mit Reliefs von großem architektonischen und ikonographischen Wert." Noch Fragen? Die beantwortet vielleicht das **Museu Municipal,** das auch hier neben dem Kloster liegt. Archäologische Fundstücke, Exponate der Seefahrt, aber auch Kachelarbeiten werden ausgestellt, auf die Korkindustrie wird ebenfalls eingegangen.

●**Geöffnet:** Di-Sa 11-14 und 17-20 Uhr, So nur vormittags; Eintritt frei.

Das **Museum der Geschichte des Spielzeugs,** Rambla Vidal 48-50, stellt 2500 Teile aus der Zeit von 1860 bis 1960 aus.

●**Geöffnet:** 1.7.-30.9.: Mo-So 10-13 und 17-21 Uhr; 1.10.-31.5.: Di-Fr 10-13 und 16-19 Uhr. Eintritt: 3 €.

Ein kleiner Spaziergang in Richtung Meer durch leicht ansteigende Straßen führt hinauf zum „Gipfel" Puig Castellar. Hier, auf stolzen 99 Metern Höhe befand sich einst eine Burg, heute steht nur noch die **Ermita de Sant Elm,** eine Wallfahrtskapelle, dort oben. Im 13. Jh. wurde hier ein Wachturm errichtet, konnte man doch von diesem Punkt die ganze Bucht überblicken. Das Bollwerk, das im 14. Jh. schließlich

mühevoll gebaut wurde, hielt nicht lange stand, es wurde angeblich schon bei einem der ersten Angriffe zerstört. Noch immer lohnt ein Besuch wegen des außergewöhnlichen Ausblicks, als netter Abschluss eines Stadtbummels vielleicht.

Praktische Tipps

Unterkunft

●**Hotel Mont Joi Bellevue** €€€€, Av. Sant Elm 63, Telefon 972 820 904, Fax 972 320 304. Auch dieses Hotel liegt am Ortsrand leicht erhöht, bietet einen tollen Blick aufs Meer und hat 115 gut ausgestattete Zimmer unterschiedlicher Preiskategorie.

●**Hotel Panorama Park** €€€€, Trav. del Raig 1-5, Telefon 972 320 754, Fax 972 820 081. Ein etwas größeres, leicht verwinkeltes Gebäude mit 69 Zimmern.

●**Hotel Edén Roc** €€€€, Port Salvi 1, Tel. 972 320 100, Fax 972 821 705. Das Hotel mit 104 Zimmern liegt etwas außerhalb an der Bucht Port Salvi direkt am Meer auf einer Felsenklippe und ist von einem 12.000 m² großen Garten umgeben. Hier existiert eine Tauchschule und ein Zentrum für Naturheilkunde.

●**Hotel Plaça** €€€-€€€€, Plaça del Mercat 22, Telefon 972 325 155, Fax 972 821 321. Liegt im absoluten Zentrum beim Markt und doch nur 100 Meter vom Meer entfernt. Klein (19 Zimmer), aber modern und komfortabel; es wird von den Besitzern des Restaurants Bahía betrieben.

●**Hotel Les Noises** €€, Rambla Portalet 10, Telefon-Nr. 972 320 400, Fax 972 820 081. Liegt am Rande der Altstadt und dennoch keine 100 Meter vom Strand entfernt mit 45 einfachen, aber ausreichenden Zimmern.

Camping

●**Camping Balmanya,** 3. Kat., Tel./Fax 972 320 733, ganzjährig geöffnet. Der gar nicht so kleine Platz befindet sich fast einen Kilometer außerhalb an der Straße nach Girona, der C-65. Teilweise unter Schatten spenden-

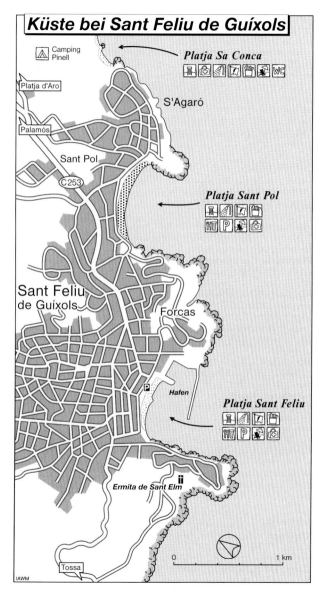

Küste bei Sant Feliu de Guíxols

Camping Pinell

Platja Sa Conca

Platja d'Aro

S'Agaró

Palamós

Sant Pol

C253

Platja Sant Pol

Sant Feliu de Guíxols

Forcas

Hafen

Platja Sant Feliu

Ermita de Sant Elm

0   1 km

Tossa

IAWM

Costa Brava

den Bäumen liegen die Parzellen, die Raum für 735 Personen bieten. Das Serviceangebot ist ausreichend, warum dem Platz nur diese schlechte Kategorie zugeteilt wurde, konnte ich jedenfalls nicht erkennen.

●**Camping Sant Pol,** 2. Kat., Tel./Fax 972 327 269, geöffnet 1.3.-30.11. Ein Platz für 390 Personen, am Stadtrand in Richtung Palamós gelegen. 200 Meter sind es bis zum Strand von Sant Pol in S'Agaró und gut 800 Meter nach Sant Feliu. Schattige Lage, etwas terrassenartig angelegt.

Essen & Trinken

●**Restaurant Bahía,** Passeig del Mar 17, Tel. 972 320 219, liegt sehr schön in kleinem Park bei der Promenade, gute Fischküche zu angemessenen Preisen.

●**Restaurant Amura,** Placeta St. Pere 7-8, Tel. 972 321 035, nettes Lokal mit Blick auf die Promenade, Fischküche.

●**Restaurant Can Segura,** C/ Sant Pere 11, Telefon 972 321 009, nette Atmosphäre und gute Küche.

●**Restaurant El Dorado Petit,** Rambla d'Antoni Vidal 23, Tel. 972 321 818. Fischgerichte, die auf jeglichen Schnörkel verzichten, aber absolut frisch und reichlich serviert werden. Diesen Ruf genießt das Lokal schon seit Jahren.

●**Restaurant La Cava,** C/ de Joan Maragall 11, Telefon 972 821 949, eine urige Taverne mit breiter Auswahl.

●**Restaurant L'Infern,** C/ Sant Ramon 41, Tel. 972 320 301, familiäres Restaurant mit katalanischer Küche.

●**Restaurant Can Toni,** C/ Nou del Garrofers 54, Tel. 972 321 026, vielleicht der Klassiker der Stadt, immerhin schon seit gut 75 Jahren werden hier hervorragende Fischgerichte serviert, im Geschmack aber ausgerichtet aufs Maritime. Die Küche bietet die jeweiligen Produkte der Saison.

Adressen

●**Ausflüge:** Viatges Bravatur, Rambla d'Antoni Vidal 10, Tel. 972 321 805; Viatges Rambla, Placeta St. Joan 23, Tel. 972 320 177; Viatges Viaro, Passeig Guíxols 19, Telefon 972 320 377.

⚠	1	Camping Blamanya
🍴	2	Rest. Can Toni
Ⓑ	3	Busse nach Barcelona und Figueres
❶	4	Touristeninformation,
★		Plaça Monestir mit ehemaligem Kloster
Ⓜ		und Museu Municipal
🍴	5	Rest. Amura
●	6	Plaça del Mercat mit Markthalle
🏨	7	Hotel Plaça
Ⓑ	8	Busse nach Girona
●	9	Reisebüro Viatges Rambla
Ⓜ	10	Spielzeugmuseum
🍴	11	Rest. El Dorado Petit
🍴	12	Rest. Can Segura
🍴	13	mehrere Restaurants, u.a. Rest. Bahía
Ⓑ	14	Busse nach S'Agaró
●	15	Reisebüro Viatges Bravatur
✉	16	Post
🍴	17	Rest. La Cava
🏨	18	Hotel Les Noises
●	19	Reisebüro Viatges Viaro
🍴	20	Rest. L'Infern
⚠	21	Camping Sant Pol
🏨	22	Hotel Panorama Park
🏨	23	Hotel Mont Joi Bellevue
★	24	Ermita de Sant Elm
🏨	25	Hotel Edén-Roc

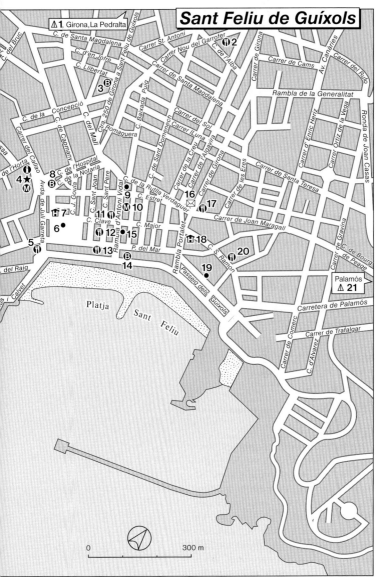

Costa Brava

- **Busse:** nach Barcelona und Figueres: C/ Llibertat 1, Tel. 972 321 187, nach Girona: ab C. de L'Hospital, nach S'Agaró: vom Passeig del Mar.
- **Minigolf, Tennis, Reiten:** Els Quatre Arbres, Ctra. de Girona, beim Camping Blamanya, Tel. 972 320 459.
- **Schiffsexkursionen:** entlang der wirklich beeindruckenden und im Wortsinn „wilden" Küste nach Tossa oder Lloret. Abfahrt direkt vom Strand.
- **Tauchen:** Edén Roc Diving Centre, C/ Port Salvi, Tel. 972 325 387, Fax 972 837 127, Internet: www.eden-roc.de. Deutschsprachig. Auch schon über die Agentur von Eden Roc in Deutschland buchbar, Adresse: Eden Roc Reisen, Hörder Str. 382, 58454 Witten, Tel. (02302) 47 902, Fax (02302) 48 824.

Feste

- **Sonntag nach dem 16. Juli:** Meeresprozession.
- **Juli und August:** Internationale Musikfestspiele der Porta Ferrada, seit 1963 kommen internationale Künstler, um Klassikkonzerte zu geben.
- **1.-4. August:** Patronatsfest mit Feuerwerk, Sardanas, Correfoc, sportlichen und kulturellen Wettkämpfen.

Markt

- **Termin:** Sonntag vormittags.

Ausflüge

La Pedralta

Ein **balancierender Felsblock,** der, beinahe unwirklich, auf einem anderen, riesigen Felsen liegt und zum Teil vorne überragt. Unvorstellbar, dass dieser Gigant von irgend jemandem mal bewegt wurde, aber so wird es gewesen sein, die Natur wird es kaum so eingerichtet haben. Bleibt die Frage, wer hier aktiv war, und, noch spannender, wie wurde es angestellt?

Immerhin hat der Steinblock folgende Ausmaße: 6 Meter Länge, 4 Meter Breite und 3,50 Meter Höhe, und das Gewicht beträgt 80 Tonnen! Himmlische Mächte ließen den Felsen im Dezember des Jahres 1996 niederstürzen, menschliche Kräfte stellten ihn wieder auf. Zu erreichen über einen etwa vier Kilometer langen Weg, der von der C-65 nach links abzweigt, wenn man von Sant Feliu in Richtung Santa Cristina – Llagostera fährt und fast die Ortsgrenze von Sant Feliu erreicht hat.

Cala Salions

Küstenstraße von Sant Feliu nach Tossa

Zwischen Sant Feliu und Tossa erhebt sich aus dem Meer eine **wilde, bizarre Felsformation,** eine wortwörtliche „Costa Brava".

Am eindrucksvollsten zeigt sich dieses Naturphänomen vom Wasser aus, darum kann man nur jedem Urlauber einmal eine **Schiffstour** empfehlen. Teilweise steuert der Kapitän kleine, enge Buchten an, die in völliger Einsamkeit liegen. Hier möchte man sofort über Bord in das kristallklare Wasser springen. Die Felswand erhebt sich über gut 50 Meter oder noch mehr, ragt steil und abweisend auf.

Neben der Bootsfahrt lohnt sich aber auch eine Tour **mit dem eigenen Fahrzeug,** denn eine etwa 20 Kilometer lange Straße schlängelt sich oben durch endlose Kurven immer am Rand der Klippen entlang. Grandiose Ausblicke sind garantiert, und um die noch zu stärken, sind an besonders markanten Punkten kleine Parkbuchten entstanden. Dort genießt man von einem Mirador, einem Aussichtspunkt, eine tadellose Sicht auf die Küste, vor allem, ohne beim Autofahren immer hektisch den Blick zwischen Lenkrad und Panorama schweifen lassen zu müssen. Ein Campingplatz (Camping Pola) ist hier auch zu finden, in einer äußerst beeindruckenden Bucht.

Hier in Kurzform die **markantesten Punkte und Buchten,** Ausgangspunkt

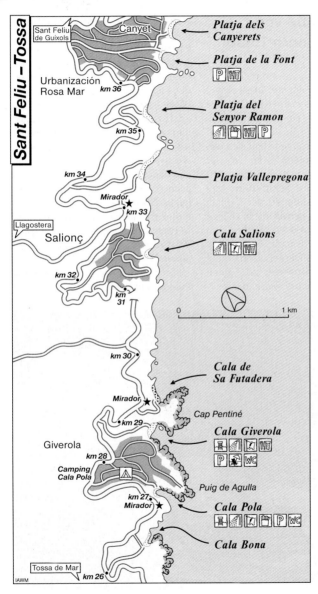

ist Sant Feliu. Dieser Bereich wird geografisch in zwei Abschnitte unterteilt, die Strände von Canyet de Mar umfassen das Gebiet bis Cala Salionç, danach spricht man von den Calas de Giverola.

Sehenswertes und Strandprofil

Km 36: Hier erreicht man die **Platja dels Canyerets,** eine 160 Meter lange und 25 Meter breite Bucht mit ganz leicht kieseligem, hellen Sand. Steil ragt der Fels auf, ein Pinienwald wächst am Hang. Die Urbanización Rosa Mar liegt hier und daneben sind ein kleines Restaurant und ein kleiner Parkplatz zu finden.

Bucht Platja de la Font

Auch die Zufahrt in diese Bucht zweigt beim Km 36 ab, zunächst geht es 700 Meter in Richtung Platja dels Canyerets, dann zweigt ein Weg nach rechts ab. Die Platja de la Font ist eine kleine, 75 Meter lange Bucht mit ziemlich rauem, kieseligem Strand. Im Wasser befindet sich ein Riff, steil ragen auch hier die begrenzenden Felsen auf. Ein paar Häuser liegen hier, teilweise in traumhafter Lage.

Platja del Senyor Ramon

Eine Straße zweigt beim Km 35 in Richtung Meer ab, nach gut einem Kilometer erreicht man ein Restaurant mit Parkmöglichkeiten. Die Bucht Platja del Senyor Ramon ist 200 Meter lang und 30 Meter breit, der Sand leicht kieselig. In dieser abgeschiedenen Lage wird FKK geduldet, eine Ausnahme an der Costa Brava.

Km 33: Hier befindet sich ein **Mirador,** und es führt ein 800 Meter langer Weg in die Bucht **Platja Vallepregona,** die immerhin 280 Meter lang ist und leicht geschwungen verläuft. Schatten gibt es dort nicht, der Baumbestand rankt sich an den Felsen hoch. Diese Lage gilt als eine der isoliertesten Buchten überhaupt, deshalb wird hier ebenfalls FKK praktiziert.

Km 31: hier befindet sich die Einfahrt zur **Urbanización Cala Salions,** dies ist eine Neubausiedlung, die sich auf den Felsen rund um die eine 80 m lange Bucht erhebt. Ursprünglich mal in herrlicher Einsamkeit gelegen, wurde sie nun von hauptsächlich dreistöckigen Wohnblöcken besetzt. Schon erstaunlich, mit wieviel Aufwand Ferienwohnungen manchmal errichtet werden und wie dann Versprechungen von „unberührter Natur nebst Einsamkeit" dies konterkarieren.

Km 29: Ein Weg führt vom Km 29 in die kleine Bucht **Cala de Sa Futadera,** mit der die Zone der Calas de Giverola beginnt. Der Strand ist knapp 100 Meter lang und grobkieselig, teilweise sogar steinig. FKK wird hier praktiziert. Serviceeinrichtungen existieren nicht. Am Km 29 findet sich auch ein **Mirador.**

Cala Giverola

Km 28: In die 240 Meter lange Bucht **Cala Giverola** führt eine breite Straße vom Km 28, und hier steht

Costa Brava

auch ein Hotel, das Clubhotel Giverola. Der Strand zeigt sich hellsandig, wenn auch ein wenig grob. Cala Giverola ist eine tief eingeschnittene Bucht, hier weht immerhin ein derart starker Wind, dass sich Windsurfer versammeln.

Cala Pola

Km 27: Hier trifft man auf die Cala Pola, eine weitere tief eingeschnittene Bucht, beinahe schon ein Barranco, ein auslaufendes Tal. In genau diesem Tal hat sich der Campingplatz Cala Pola angesiedelt. Die Lage kann durchaus als ungewöhnlich bezeichnet werden, jedoch liegt der Platz auch etwas isoliert, wenngleich es nur wenige Kilometer bis Tossa sind. Der Strand misst weniger als 100 Meter und ist hell- und feinsandig mit vereinzelten gröberen Stellen.

Km 26,5: Man erreicht man einen **Mirador,** von dem man hervorragend auf den Campingplatz schauen kann.

Km 26: Vom Km 26 geht es zur **Cala Bona,** eine letzte, äußerst winzige Bucht, die man über einen Weg, der teilweise sogar Stufen aufweist, nach 300 m erreicht. Gerade mal 20 Meter misst Cala Bona, der Strand ist teils feinsandig, teils felsig, und, erstaunlich genug, hier steht zumindest in den Sommermonaten ein Kiosk.

Km 25: Ein letzter **Mirador** wird erreicht, der einen tollen Blick auf Tossa ermöglicht.

Km 23: Tossa de Mar.

Praktische Tipps

Camping

● **Camping Cala Pola,** 1. Kat., Tel. 972 341 050, geöffnet 8.5.-12.10. Durchwachsener Baumbestand und terrassenartiges Gelände mit 631 Parzellen. Das Gelände ist einmalig in die wilde Küste eingebettet, mit direktem Zugang zum Strand. Zum nächsten Ort, nach Tossa, sind es vier Kilometer. Es gibt ein breites Animationsprogramm.

Cala Bona

Blick auf Tossa

Tossa de Mar

- **Einwohner:** 3760
- **PLZ:** 17320
- **Entfernung nach Barcelona:** 90 km
- **Touristeninformation:** Av. del Pelegrí 25, Edifici La Nau, Tel. 972 340 108, Fax 972340712, E-Mail: oftossa@ddgi.es
- **Internet:** www.tossademar.com

Tossa de Mar ist ein **kleiner Ort,** der durch den Tourismus gewachsen ist, aber glücklicherweise seinen **charmanten Charakter** bewahren konnte. Es mag Geschmacksache sein, ob Tossa schöner ist als beispielsweise Cadaqués, egal, zu den Top Five zählt Tossa allemal! Es ist der Stadtverwaltung gelungen, den wirklich netten Altstadtkern zu erhalten und gleichzeitig Touristen dort unterzubringen, wenn auch die meisten Quartiere etwas außerhalb liegen.

So wird in Tossa heute eine **Vila Vella** (Altstadt) und eine **Vila Nova** (Neustadt) unterschieden. Strenggenommen müsste man noch einen dritten Stadtteil erfinden, denn vor der Hauptstadt erstreckt sich das Gassengewirr einer nicht ganz so alten Altstadt, wo Geschäfte, Bars und ein paar Hotels zu finden sind. Die Vila Vella basiert auf einer alten römischen Siedlung; später zog sie Künstler an, die sich hier in der Altstadt niederließen. Das trug Tossa den Ruf einer **Künstlerkolonie** ein, so hat etwa *Chagall* den Ort durch seine Arbeiten berühmt gemacht.

Costa Brava

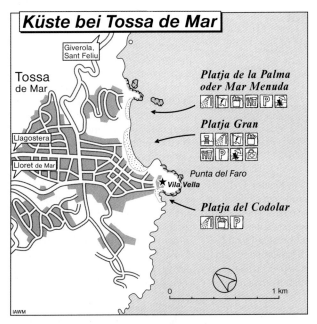

Küste bei Tossa de Mar

Giverola, Sant Feliu

Tossa de Mar

Llagostera

Lloret de Mar

Platja de la Palma oder Mar Menuda

Platja Gran

Punta del Faro
★ Vila Vella

Platja del Codolar

0   1 km

IAWM

Strandprofil

Im Ortsbereich lassen sich drei Strandabschnitte unterscheiden, alle sind spielend zu erreichen, die Reihenfolge, von Norden betrachtet, lautet: Platja de la Palma, Platja Gran und Platja del Codolar.

Platja de la Palma

Dieser Strand wird auch Platja de la Mar Menuda genannt; er liegt am äußersten Nordrand von Tossa. Begrenzt wird die 180 Meter lange Bucht durch Felsgruppen und eine Urbanización. Dort liegen auch einige FeWos und Hotels, der Sand fällt hier etwas grobkörnig aus, vereinzelt sogar kieselig.

Platja Gran

Dies ist der Hauptstrand von Tossa, er liegt direkt vor der Altstadt. Begrenzt wird er auf der rechten Seite (Blickrichtung Meer) von der ursprünglichen Vila Vella mit dem unübersehbaren Turm der ehemaligen Burg auf dem vorgelagerten Felsen. Nach links schauend, begrenzt der Club Nàutic den Strand, dahinter, und nur schwer vom Hauptstrand zu trennen, liegt die kleine Platja del Reig. Die Platja Gran misst beinahe 400 Meter und breitet sich auf beachtliche 50 Meter aus. Eine Straße verläuft zwischen Altstadt und Strand, dort liegen

auch etliche Restaurants. Der Strand ist etwas grobsandig und wirkt nur teilweise gemütlich. Das liegt daran, dass ein breiter Teil von Booten eingenommen wird, außerdem landen hier ständig kleine Ausflugsschiffe an, die teilweise mehrere hundert Passagiere entlassen. So entsteht ein ständiges Kommen und Gehen, keine allzu beschauliche Atmosphäre also.

Platja del Codolar

Die Platja del Codolar ist natürlich kein Geheimtipp mehr, aber als Fluchtpunkt vor dem Rummel des Hauptstrandes gut zu empfehlen. Die Bucht ist recht klein (90 Meter), wenn also zu viele Gäste diesem Rat folgen, wird es schnell eng. Der Strand liegt direkt unterhalb der Vila Vella, links und rechts ziehen sich steile Felswände hoch. Diese etwas abseitige Lage macht einen Fußmarsch von etwa 400 Meter notwendig, quer durch die Altstadt, dafür sonnt man sich hier auf grobkörnigem Sand deutlich ruhiger.

Sehenswertes

Am eindrucksvollsten zeigt sich die fast gänzlich von einer Stadtmauer umschlossene **Vila Vella** aus der Distanz, beispielsweise vom Mirador am Kilometer 25 an der Küstenstraße nach Sant Feliu. So offenbart sich dem Betrachter nämlich erst, warum diese **Stadtmauer** aus dem 12. Jh. ein kunsthistorisches Denkmal ist. Immerhin handelt es sich um die einzige am Meer gelegene befestigte mittelalterliche Siedlung von ganz Katalonien.

Die Mauer ist beinahe komplett erhalten geblieben, von insgesamt sieben **Wehrtürmen** schauten die Wachen früher aufs Meer. Drei Türme sind in zylindrischer Form gebaut, die vier anderen sind größer. Die zylindrischen haben oben Schießscharten, stehen also an exponierter Stelle. Die drei tragen noch heute ihre ursprünglichen Namen: Torre del Codolar (wurde auch Torre del Homenaje genannt, unweit vom ehemaligen Palast des Gouverneurs), Torre de las Horas, da hier eine öffentliche Uhr angebracht war, er steht nahe am Eingangstor, und Torre de Joanas, der auf einem Felsvorsprung am Meer steht.

Auf einem der höchstgelegenen Punkte der Vila Vella liegen die Reste der kleinen Kirche aus dem 14. Jh. Noch heute werden etwa 80 **Häuser** in der Vila Vela bewohnt, außerdem findet man bei einem zwanglosen Spaziergang durch die engen Gassen und über etliche steile Treppen so manches gemütliche Lokal.

Etwas am Rande liegt das **Museum,** der ehemalige Gouverneurspalast fungiert seit 1935 als Ausstellungsraum. Das Museu Municipal de Tossa zeigt Exponate von den archäologischen Ausgrabungen der Vila Vella, darüber hinaus Werke von Bildhauern und Malern, die Tossa thematisierten. Unter anderem sind hier Bilder von *Marc Chagall* ausgestellt.

●**Geöffnet:** Juni bis August täglich 10-22 Uhr; restliche Zeit, Di-So 10-13.30 und 16-19 Uhr. Eintritt: etwa 3 €.

Direkt hinter dem Hauptstrand, der Platja Gran, befindet sich das Gassen-

Costa Brava

gewirr der **neueren Altstadt,** um es einmal so zu formulieren und hoffentlich nicht für zuviel Verwirrung zu sorgen. Markante Punkte sind zwei Kirchen, einmal die **Capella dels Socors,** die sich in der ersten Querstraße hinter dem Strand befindet, und dann, etwas weiter „hinten" die **Església de Sant Vicenç.** Zwischen diesen beiden Gotteshäusern befindet sich die touristische Zone. Eine ganze Reihe von kleinen, schmalen Gassen sowie einigen etwas größeren Hauptstraßen verlaufen hier, teilweise wurden sie zu Fußgängerzonen erklärt. Hier findet

man das **komplette touristische Angebot,** von Bars, Restaurants mit Speisekarten in sechs Sprachen (inkl. Russisch), Souvenirshops, und dazwischen immer mal wieder einen Gemüsehändler, eine Bäckerei oder einen kleinen Lebensmittelladen. Das ist nämlich das Erstaunliche, bei aller Öffnung für den Touristen hat sich Tossa nicht völlig den fremden Gästen ergeben. Hier leben unübersehbar noch genügend Katalanen, die ihren Geschäften nachgehen, ihre Läden und Bars besuchen und den ausländischen Feriengast offensichtlich schätzen oder zumindest dulden. Im Winter sind diese sowieso verschwunden, dann gehört Tossa wieder sich selbst, bis die nächste Invasion kommt.

Tossa de Mar

Entlang einer der Zufahrtsstraßen der Av. del Peligrí, etwa zehn Min. Fußweg von der Altstadt entfernt, liegt die Ausgrabungsstätte **Vil.la Romana.** Bereits 1914 wurde die Stelle entdeckt, erst später begann man mit systematischen Ausgrabungen. Als herausragendes Fundstück gilt das Mosaik mit dem Namen des Besitzers und der Siedlung (Salvo Vitale Felix Turissa) aus dem 2.-4. Jh.

Praktische Tipps

Unterkunft

● **Hotel Sant March** €€€, Av. del Pelegrí 2, Tel. 972 340 078, Fax 972 342 534, kleines Haus mit 29 Zimmern und schönem Innenhof kurz vor der Altstadt.

● **Hotel Diana** €€€€, Pl. d'Espanya 6, Tel./Fax 972 341 886. Nur 21 Zimmer, aber eine hervorragende Lage, einerseits zum Platz, wo keine Autos fahren, andererseits zum Strand. Es ist auch schon rein äußerlich angenehm gestaltet, so dass es fast als lokale Sehenswürdigkeit durchgeht. Teile des Hauses wurden übrigens von *Gaudí* entworfen.

● **Hotel Capri** €€€, Passeig del Mar 17, Tel. 972 340 358, Fax 972 341 552. Das Haus liegt am Rande der „neueren" Altstadt, von den meisten der 22 Zimmer aus genießt man einen Blick aufs Meer. Im Erdgeschoss befindet sich auch ein Restaurant.

● **Gran Hotel Reymar** €€€€, C/ Joaquim-Esteve Llach s/n, Tel. 972 340 312, Fax 972 341 504. Dieses große Haus liegt am Stadtrand, direkt am Strand Mar Menuda. Von vielen der 166 Zimmer blickt man aufs Meer und über die Dächer der Altstadt von Tossa.

● **Pension Roqueta de Mar** €€€, C/ Roqueta 2, Telefon 972 340 082. Ein kleines Hostal mit 10 Zimmern direkt bei der Vila Vela gelegen. Nettes Ambiente, relativ ruhige Lage und ein gutes Restaurant sind die Merkmale. Das Haus und die kleine Terrasse quetschen sich ein wenig in die Ecke, als Autofahrer sollte man diese Unterkunft lieber nicht wählen.

● **Pension l'Hostalet** €€-€€€, Plaça de l'Església 3, Tel. 972 341 853, Fax 972 342 969. Ein kleineres Haus mit angeschlossenem Restaurant, bei der Kirche Sant Vicenç gelegen, in einer ruhigeren Zone.

Camping

● **Camping Can Martí**, 1. Kat., Rambla Pau Casals s/n, Tel. 972 340 851, Fax 972 342 461, geöffnet 15.5.-14.9. Der Platz liegt am Stadtrand, an der Straße nach Llagostera, etwa 800 Meter vom Strand entfernt. Teilweise schattiges Gelände durch Pinien, aber auch freie Flächen mit jeweils einem Pool für Kinder und Erwachsene, Animation und allen notwendigen Serviceeinrichtungen.

● **Camping Tossa**, 1. Kat., Ctra. a Llagostera km 3, Tel. 972 340 547, Fax 972 341 531, geöffnet 1.4.-30.9. Obwohl dieser Platz den Namen des Ortes führt, liegt er doch fast vier Kilometer außerhalb. Die 340 Parzellen liegen zumeist unter Bäumen, daneben werden noch Bungalows angeboten. Alle notwendigen Serviceeinrichtungen vorhanden, auch ein Pool, Spielplatz, Tennisplatz, und man spricht Deutsch.

● **Camping Turismar**, 1. Kat., Ctra. a Llagostera km 2, Tel. 972 340 463, Fax 972 342 544, geöffnet 01.04.-30.09. Der Platz liegt etwa drei Kilometer vom Meer entfernt und bietet 400 Parzellen, die teilweise unter Bäumen liegen. Es werden auch Bungalows und Wohnwagen vermietet. Alle wichtigen Serviceeinrichtungen nebst Pool, Kinderpool, Spielplatz, Disko; Animationsprogramm.

Essen & Trinken

● **Bar Vila Vela,** liegt mitten in der Vila Vela unter einem der Wehrtürme. Äußerst schöne Lage, toller Blick, nur wenige Tische.

● **Bar La Luna,** eine kleine, winzige Bar, ebenfalls beim Streifzug durch die Vila Vella zu entdecken (oder auch nicht).

Die Carrer Portal, unterhalb der Vila Vela, etwa beim Strand Platja del Codolar, ist eine kleine **Restaurantstraße,** wo ein halbes Dutzend Lokale in netter Umgebung liegen.

● **Restaurant Es Molí**, C/ Tarull 5, Tel. 972 341 414, das Lokal ist fast im gesamten Ort ausgeschildert, zu Recht. Gespeist wird im

Garten in angenehmer Atmosphäre unter Arkaden in fast andalusischem Stil.

●**Tahití Club,** C/ Sant Josep 28. Tagsüber leicht zu übersehen, verwandelt sich dieses Lokal nachts in einen der Treffpunkte für Nachtschwärmer.

●**Restaurant Bahía,** Passeig del Mar 19, Tel. 972 340 322. Klassische, maritime Küche ohne Schnickschnack. Wie es im Spanischen so schön heißt: *„un restaurante de toda la vida"* (ein Restaurant für das ganze Leben, soll heißen: für jede Gelegenheit).

Adressen

●**Ausflüge:** Viatges Bristol, Av. Costa Brava 25, Tel. 972 340 700; Viatges Eurotossa, Av. Ferran Agulló 12, Tel. 972 341 073; Viatges Internacional Tossa, C/ Peixateries 1, Tel. 972 340 241; Viatges Tramontana, Av. Costa Brava 23, Tel. 972 342 829.

●**Busterminal:** Av. del Pelegrí 25, Tel. 972 340 903, Verbindungen in die Nachbarorte und nach Girona und Barcelona, aber auch eine Strecke entlang der größten Orte der Costa Brava bis nach Cadaqués.

●**Fahrradverleih:** Jimbo Bikes, Rambla Pau Casals 12.

●**Schiffsexkursionen:** Vier Tickethäuschen sind direkt am Strand zu finden, sie bieten alle identische Touren an, entweder Ausflüge mit Glasboden-Booten und/oder längere Touren entlang der bizarren Küstenlinie bis nach Blanes oder Palamós. Die Glasboden-Boote beschränken sich mehr auf Trips in die zerklüfteten und versteckten Buchten. Glasbottom-Boot-Touren liegen bei 6-7 €.

●**Werkstätten:** Garatge Fernàndez, C/ Cadiretes 1, Tel. 972 342 968 (Opel, Suzuki, Honda); Garatge Tossa, Ctra. a Sant Feliu s/n, Tel. 972 341 021 (Seat, VW, Audi); Garatge i Nàutica Valls, Ctra. a Lloret, Tel. 972342318 (Ford); Garatge Soler, Ctra. a Llagostera 58, Tel. 972 340 374 (Renault).

Feste

●**1. Mai:** La Santa Creu.

●**Erster Sonntag im Juni:** Día del Pescador (Tag des Fischers), das ist ein großes Spektakel rund um den Fischfang am Strand.

Tossa de Mar

0   100 m

ES CODOLAR

VILA VELLA
(ALTSTADT)

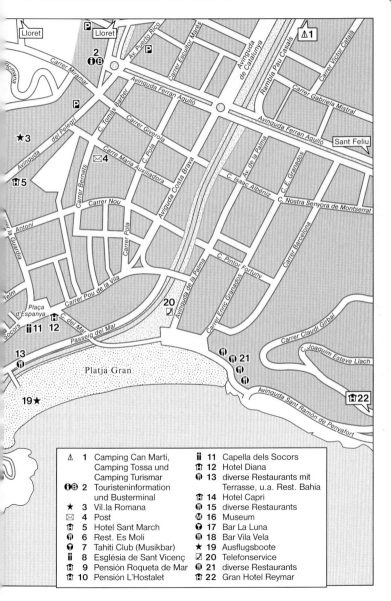

△	1	Camping Can Marti, Camping Tossa und Camping Turismar	☷	11	Capella dels Socors
			⌂	12	Hotel Diana
ℹ️Ⓑ	2	Touristeninformation und Busterminal	🍴	13	diverse Restaurants mit Terrasse, u.a. Rest. Bahía
★	3	Vil.la Romana	⌂	14	Hotel Capri
✉	4	Post	🍴	15	diverse Restaurants
⌂	5	Hotel Sant March	Ⓜ	16	Museum
🍴	6	Rest. Es Molí	❷	17	Bar La Luna
❷	7	Tahiti Club (Musikbar)	🍴	18	Bar Vila Vela
☷	8	Església de Sant Vicenç	★	19	Ausflugsboote
⌂	9	Pensión Roqueta de Mar	☑	20	Telefonservice
⌂	10	Pensión L'Hostalet	🍴	21	diverse Restaurants
			⌂	22	Gran Hotel Reymar

307cb Foto: jf

Ausflüge

Ermita de Sant Grau

Diese **Einsiedelei** liegt außerhalb von Tossa; man erreicht sie über die Küstenstraße nach Sant Feliu. Etwa beim km 31 zweigt ein Weg ab und schlängelt sich hoch in die Bergwelt bis zur Ermita. Sie liegt auf einer Höhe von 360 Meter beim Berg Les Cadiretes in einer waldreichen Umgebung. Errichtet wurde das Gotteshaus im 15. Jh., war jedoch später lange Zeit verlassen. 1882 wurde es renoviert und befindet sich heute in Privatbesitz. Auch wenn die Anfahrt etwas mühselig ist, die Aussicht entschädigt allemal.

●**29. Juni:** Sant Pere, ein großes Fest mit Sardanas, Konzerten, Feuerwerk, Attraktionen für Kinder und Kunsthandwerk.
●**Letzter Augustsonntag:** Internationaler Wettbewerb der *pintura rápida,* der schnellgemalten Bilder.
●**13. Oktober:** Sant Grau, wird mit heiliger Messe und Sardanas gefeiert.

Markt

●**Termin:** jeden Donnerstag in der Av. Joan Maragall.

Strand von Tossa

Santa Maria de Llorell

Dieser Ort ist hauptsächlich als Urbanización bekannt, also als ein relativ eng umrissenes Gebiet mit Wohnungen und kleinen Häusern, die komplett **aus dem Nichts gestampft** wurden. Die Urbanización Santa Maria de Llorell liegt an der Küstenstraße Gl-682 zwischen Lloret und Tossa, etwa drei Kilometer außerhalb vom letztgenannten Ort. Eine Urbanización zeichnet sich unter anderem auch dadurch aus, dass diese in der Regel unweit eines schönen Strandes gebaut werden, so auch hier. Insgesamt vier nette kleine Strandbuchten sind zu entdecken, an der ersten beschriebenen liegt der Campingplatz Cala Llevadó.

Strandprofil

Cala Llevadó

Dies ist die kleinste Bucht, sie misst gerade mal 65 Meter und liegt fast zwei Kilometer von der Urbanización entfernt. Die Einsamkeit, die man nun vermuten könnte, existiert doch nicht, erheben sich doch ganz in der Nähe etliche Gebäude mit herrlichem Blick aufs Meer, auch sie gehören zur Urbanización. Der kleine Strand gefällt nur bedingt, da er grobsandig, teilweise sogar steinig ist. Die Umgebung entschädigt ein wenig, denn die steil aufragenden Felsen sind durchgehend mit Bäumen bewachsen.

Cala d'en Carlos

Eine kleine, 125 Meter lange Bucht, die sich aber auf 55 Meter Breite ausdehnt. Zwei Felsblöcke ragen ins Meer, die Carlos' Bucht gewissermaßen links wie rechts begrenzen. Wer bis hierher geklettert ist, wird sich mit einiger Gewissheit ziemlich ruhig sonnen können, wenn auch auf grobkörnigem, leicht kieseligem Sand.

Cala de Llorell

Dies ist der Hauptstrand, der alle anderen überragt, sowohl an Größe als auch an Serviceeinrichtungen. Einige Gebäude wurden unweit vom Strand in das sacht ansteigende Hinterland gesetzt. Der Sand bleibt grobkörnig, die Bucht dehnt sich auf immerhin 460 Meter aus. Da sie gleichzeitig gute 50 Meter breit wird, ergibt sich eine Menge Platz für Sonnenanbeter. Mitunter recht unruhige See und et-

was stürmisch, was regelmäßig Windsurfer anlockt.

Die idyllisch gelegene Bucht **Platja de Porto Pi** liegt 200 Meter weiter als Cala de Llorell, sie dehnt sich auf immerhin 350 Meter aus; ihr Sand ist eher grobkörnig. Steil ragen die pinienbewachsenen Felsen hinter dem Strand auf, diese Bucht will zu Fuß erobert werden. Einer der Hausbesitzer hier hat sich sogar eine Telesilla (Sessellift) zum Strand runter gebaut, bequemer geht's nun wirklich nicht.

Cala Morisca ist eine winzige, abgelegene Bucht für Leute mit Entdeckersinn. Von der benachbarten Urbanización Platja Brava führt etwa beim km 16,5 eine Straße über 500 Meter Richtung Meer. Am Ende folgt noch ein 500 Meter langer Fußweg hinunter in die Bucht. Die nun eroberte Strandbucht ist 65 Meter lang, grobsandig, teilweise steinig, aber völlig einsam und von hohem Baumbewuchs, fast wie bei Robinson!

Praktische Tipps

Camping

●**Camping Cala Llevadó,** 1. Kat., Ctra. de Tossa a Lloret, km 3, Tel. 972 340 314, Fax 972 341 187, geöffnet 1.5.-30.9. Die 650 Parzellen liegen auf Terrassen, die sich zum Meer neigen, in sehr schöner Umgebung. Etwas enge und kurvige Wege, Zelte und Caravans stehen auf unterschiedlichen Ebenen. Vielfältige Angebote und eigener Zugang über Treppen zum Strand.

Costa Brava

Canyelles

Entlang der Küstenstraße GI-682 zwischen Tossa und Lloret, liegt zwischen den Kilometern 16 und 13 die Urbanización Cala Canyelles. Die Hauptstraße führt außen vorbei, während eine Ringstraße bei km 16 die GI-682 verlässt, Richtung Meer abbiegt und durch die **Siedlung** zurück zur Hauptstraße führt, diese beim km 13 wieder erreicht. Die Urbanización wurde im größeren Stil erbaut, mit eigener Marina, Campingplatz und einem der besten Restaurants der ganzen Küste.

Strand

Der Strand **Platja de Canyelles** wirkt gefällig, er ist 400 Meter lang und immerhin 40 Meter breit, im Norden wird er von einem Waldstück, im Süden von der Marina begrenzt. Einige Häuser reichen fast bis an die Strandzone hinunter, eine Andeutung von Promenade führt zur Marina.

Praktische Tipps

Unterkunft

●**Camping Canyelles,** 2. Kategorie, Tel. 972 364 504, Fax 972 368 506, geöffnet 1.4.-12.10. Nur 200 Meter vom Meer entfernt liegt dieser Platz mit 301 Parzellen, und nach Lloret sind es auch nur vier Kilometer. Apartments und Mobilhomes werden auch vermietet, ansonsten handelt es sich um ein langgezogenes Gelände, das sich über Terrassen dem Meer nähert. Einige Wege sind ziemlich eng angelegt.

Essen und Trinken

●**Restaurant El Trull,** Tel. 972 364 928. Ein Klassiker seit bald 30 Jahren, der mittlerweile drei Speiseräume und eine große Terrasse aufweist. Die Küche spezialisiert sich auf Fisch und Meerestiere, wobei die gängigen Gerichte genauso angeboten werden wie einige Spezialitäten.

Lloret de Mar

●**Einwohner:** 16.700
●**PLZ:** 17310
●**Entfernung nach Barcelona:** 70 km
●**Touristeninformation:** Plaça de la Vila 1, Tel. 972 364 735, Fax 972 367 750 und im Terminal d'Autobusos, Tel. 972 365 788; E-Mail: turisme@lloret.org
●**Internet:** www.lloret.org/turisme.htm

In Lloret leben etwa 16.000 Menschen, aber in den Sommermonaten soll sich die Anzahl verzehnfachen! Das hat seine Gründe, denn Lloret gilt seit Jahren als der **Treffpunkt für junge Leute** an der Costa Brava. Ein Spaziergang durch die Altstadt bestätigt dies, die Straßen sind voll von jungen Urlaubern. Und ein Bummel zur einbrechenden Nacht macht jedem jenseits der 30 klar, dass hier eine andere Zielgruppe gefragt ist, an den Fiesta-Meilen versuchen Dutzende von Aufreißern, für „ihre" Disko Reklame zu machen.

Die ehemals malerische Altstadt ist völlig auf Tourismus eingestellt, das heißt, man findet eine nicht enden wollende Kette von Bars, Shops, Fast-Food-Läden, Kneipen und Musik-Pubs.

Die Hotels liegen in einer Art zweiter Reihe um den Altstadtbereich, bereits die Anzahl lässt die Ausmaße ah-

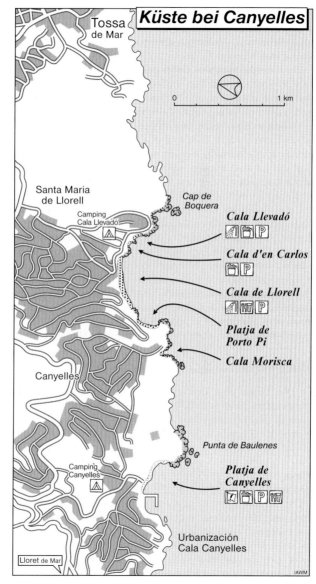

Küste bei Canyelles

Tossa de Mar

Santa Maria de Llorell

Camping Cala Llevadó

Cap de Boquera

Cala Llevadó

Cala d'en Carlos

Cala de Llorell

Platja de Porto Pi

Cala Morisca

Canyelles

Camping Canyelles

Punta de Baulenes

Platja de Canyelles

Lloret de Mar

Urbanización Cala Canyelles

0   1 km

Costa Brava

IAWM

nen: Die Liste der **Unterkünfte** umfasst 95 Hotels, 73 Pensionen, 30 Apartments und vier Campingplätze, viel los also in Lloret!

Der **Grundaufbau des Ortes** zeigt sich denkbar einfach: Zuerst wäre da der Strand, davor verläuft die Promenade, dann die Uferstraße, dahinter ein schmaler Flanierpark, und schließlich zweigen etwa 20 Stichstraßen ab, führen in die Altstadt, werden nach wenigen hundert Metern wieder gebündelt, münden in breitere Straßen. In diesem Bereich liegen die Lokalitäten und Geschäfte, die Hotels außen rings herum, die meisten Diskos wiederum in den Randbezirken.

Nur um der Beschreibung noch eine andere Note zu geben, hier noch der Hinweis, dass an der Promenade etliche **herrliche Häuser** zu finden sind, die sich Rückkehrer aus Übersee von ihrem hart erworbenen Geld in (damals) bester Lage hinsetzten.

Strandprofil

Es gibt einen alles dominierenden Hauptstrand und etliche kleinere Buchten in der Umgebung, zur am weitesten entfernten läuft man immerhin 1,3 Kilometer.

Platja de Lloret

Die Platja de Lloret ist ganz klar der Treffpunkt aller, spätestens gegen Mittag findet sich auch der letzte nächtliche Heimkehrer hier ein. Platz genug ist ja auch vorhanden, der Strand verläuft immerhin über 1,3 Kilometer und zeigt sich durchschnittlich 40 Meter breit, am oberen Ende fast 60 Meter. Schatten gibt es nicht, also brät alle Welt kollektiv, baut sich aus Handtüchern einen kleinen Sonnenschutz oder läutet die kommende Fiesta so langsam ein. Immerhin liegen hier auch gleich die ersten Strandbars, kleine Tresen mit Kiosk (oder umgekehrt?). Am Strand ist immer was los, Ruhe wird man nicht finden, aber wer will das hier schon?

Wer ruhigere Zonen wünscht, muss nach Norden ausweichen, unterhalb der Burg liegen vier kleine Buchten, die über einen Weg vom Ende der Haupt-Strandpromenade zu erreichen sind, aber über keinerlei Serviceeinrichtungen verfügen.

Die 110 Meter lange Bucht **Platja Sa Caleta** liegt direkt unter dem kleinen Castell, also etwa 100 Meter vom Hauptstrand entfernt und ist steinig. Etliche Felsbrocken ragen aus dem Wasser heraus, so dass man mit etwas Geschick über die einzelnen Steine zu tieferen Wasserstellen gelangen und dort kopfüber reinspringen kann. Manche Leute schnorcheln hier auch.

Die **Cala dels Frares** befindet sich 300 Meter außerhalb und, wie ich es in einem Prospekt so treffend gelesen habe, „... unterhalb des Castells, das keinen anderen Verdienst hat, als als Symbol der Stadt zu dienen." Die Bucht ist äußerst steinig und 130 Meter lang, die bevorzugen wohl hauptsächlich Schnorchler und Sonnenanbeter, die Ruhe suchen.

Die **Cala d'en Trons** folgt nach weiteren 300 Metern, und die 80 Meter

Costa Brava

lange Bucht ist ebenfalls sehr steinig. Interessanterweise haben sich hier einige wohlhabende Katalanen ihre Häuschen gebaut. Schade, dass man nichts mieten kann.

Die **Platja la Tortuga** erreicht man nach insgesamt 1,3 Kilometern. Eine völlig einsame, 100 Meter lange steinige Bucht, die von hohem Baumbewuchs umgeben ist. Auch hier liegen ein paar stilvolle Privathäuser mit eigenem Pool.

Platja de Fenals

Die Platja de Fenals ist ein am südlichen Ortsrand liegender, schöner Strand von exakt 775 Meter Länge und einer mittleren Breite von beacht-

lichen 45 Metern. Ein Teil des Strandes wird von einem Wäldchen begrenzt, der die Ausdehnung der Hotelbauten doch etwas eingeschränkt hat. Einige dieser fünf- bis neunstöckigen Häuser stehen unmittelbar am etwas grobkörnigen Strand.

Zwischen den beiden großen Strandzonen erhebt sich eine Felsgruppe, trennt die Sandstrände. Immerhin wurde dieser Punkt einst genutzt, um hier eine Burg hinzusetzen, vom strategisch günstigen Ort blickten verschlafene Wachen aufs Meer. Das

Der Hauptstrand von Lloret

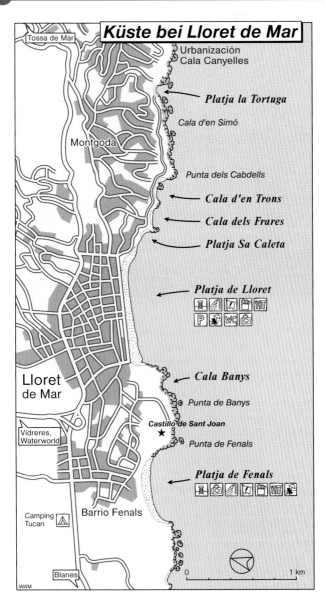

Küste bei Lloret de Mar

Tossa de Mar

Urbanización Cala Canyelles

Platja la Tortuga

Cala d'en Simó

Montgoda

Punta dels Cabdells

Cala d'en Trons

Cala dels Frares

Platja Sa Caleta

Platja de Lloret

Cala Banys

Punta de Banys

Castillo de Sant Joan

Punta de Fenals

Platja de Fenals

Lloret de Mar

Vidreres, Waterworld

Camping Tucan

Barrio Fenals

Blanes

IAWM

0   1 km

Castell lockt heute vereinzelt noch Neugierige, ein weiterer Grund könnte die völlig einsame Bucht **Cala Banys** sein. Nichts weiter als eine felsige, 50 Meter breite Bucht, eingezwängt in die rauen Felsen. Allzu viel kann man hier wahrlich nicht erwarten, eigentlich ist Cala Banys nicht viel mehr als ein ruhiger Fluchtpunkt im quirligen Lloret, das aber immerhin!

Sehenswertes

Doch, doch, auch Lloret bietet ein paar Sehenswürdigkeiten, wobei es meiner Meinung nach gerechtfertigt ist, von klassischen und modernen Sehenswürdigkeiten zu sprechen. Zu den klassischen kommen wir gleich, die modernen sollte sich aber auch niemand entgehen lassen. Damit meine ich einen **Bummel am Abend** durch die Gassen der Altstadt und über die breiten Hauptstraßen, beispielsweise die Av. Just Marlès Vilarrodona oder die Av. Vila de Blanes. Kurz bevor die Sonne untergeht, beginnt wie auf ein geheimes Kommando der Aufgalopp, Tausende von jungen Leuten ziehen los, erkennbar (noch) ziellos, wollen sich auf die Nacht einstimmen. Von überall her dröhnt Musik, aus den Bars, von den Balkonen, aus Ghettoblastern. Die ersten Diskos sperren ihre Tore auf, grelle Lichtspiele locken die Suchenden. Ein ständiges Auf und Ab, man sucht und findet oder auch nicht, verschwindet in einem Lokal, lässt sich zum Besuch einer ganz bestimmten Disko überreden, und alle Welt wird immer fröhlicher. Ist

die Sonne gänzlich untergegangen, zucken die Lichtspiele durch die Dunkelheit, und alle Nachtschwärmer finden irgendwann ihr Ziel. Das Ganze als Sehenswürdigkeit zu verkaufen, ist zugegebenermaßen etwas gewagt, aber warum nicht?

An klassischen Sehenswürdigkeiten bietet Lloret beispielsweise die **Kirche Sant Romà,** die mitten in der Altstadt liegt. Die Arbeit an dem Gotteshaus wurde 1522 fertiggestellt, und 1548

Costa Brava

Platja Sa Caleta

wurde der Altar beendet. Während des spanischen Bürgerkrieges wurde vor allem das Innere schwer beschädigt, und etliche Kunstwerke gingen verloren.

Die **ehemalige Burg** von Lloret, das Castell de Sant Joan, liegt auf einem kleinen Felsvorsprung unweit der Platja de Fenals, allerdings ist nicht mehr allzuviel zu erkennen. Bereits im 14. Jh. wurde die Burg zerstört, ernsthafte Aufbauversuche hat es danach nicht gegeben. Zum ersten Mal erwähnt wurde das Castell im Jahr 1079, das zeigt, wie lange dieser Küstenstrich bereits besiedelt ist.

Etwa einen Kilometer außerhalb vom Zentrum, unweit des Friedhofs bei der Straße nach Blanes liegt die kleine **Kapelle Ermita de Sant Quirze.** Die Legende erzählt, dass ein römischer Feldherr christlichen Glaubens namens *Quirze* hier eine siegreiche Schlacht geschlagen hatte und daraufhin ein kleines sakrales Gebäude errichtete. Als im 9. Jh. die Araber über Katalonien herrschten, wurde die Kapelle dann auch prompt zerstört. Ein Jahrhundert später baute man sie dann wieder auf. In ihrer Umgebung wurden römische Keramiken und Münzen gefunden sowie etliche Grabstätten.

Im **Museum Casa Comadran** in der Carrer de Sant Carles 16 sind archäologische Fundstücke aus der Umgebung zusammengetragen worden, außerdem gibt es eine Abteilung über

Die südliche Costa Brava

die Seefahrt. Der vollständige Name des Museums lautet übrigens: „Casa Comadran Museu d'Arqueolòlic i Història de Lloret".

● Das Museum wird längerfristig restauriert und ist deshalb **geschlossen.**

Sehenswert ist auch das **Centre Cultural Verdaguer** in der Straße Passeig Jacint Verdaguer. Dieses Kulturzentrum wurde untergebracht in dem Haus Casa Garriga, das zur Jahrhundertwende von reichen Rückkehrern aus Übersee erbaut wurde. Ausgestellt sind Exponate von Auswanderern, die in Amerika zu Wohlstand kamen, Fotos aus dem alten Lloret, Gemälde des örtlichen Künstlers *Josep Carretero Gomis,* eine Sammlung von Schiffsmodellen und Werke von *Joan Llaverias,* einem weiteren Künstler aus Lloret.

● **Geöffnet:** 10-13 und 17-20 Uhr, im Winter bis 17 Uhr; Mo geschlossen; Eintritt frei.

Am Ende der Strandpromenade, etwa dort, wo es in einer leichten Kurve zu den vier benachbarten Buchten geht, befindet sich ein kleines **Denkmal zu Ehren der Sardana** (Monumento de la Sardana) mit dem eingravierten Sinnspruch dieses Buches.

Praktische Tipps

Unterkunft

Lloret hat das **größte Angebot der ganzen Costa Brava,** 168 Hotels und Pensionen listet eine Übersicht des Touristenbüros auf, mit insgesamt ca. 13.200 Zimmern, wobei das Hotel Don Juan den Vogel mit 870 Zimmern abschießt. Zu finden in der C/ Verge de Loreto s/n.

● **Gran Hotel Monterrey** €€€€, Av. Vila de Tossa s/n (unweit vom nicht zu übersehenden Casino), Tel. 972 364 050, Fax 972 363 512. Eines der traditionsreichsten Häuser von Lloret, das in einem 50.000 m² großen Privatpark liegt.

● **Hotel Roger de Flor** €€€€, Turò de l'Estelat s/n, Telefon 972 364 800, Fax 972 371 637. Das nett gestaltete Haus liegt am Ende einer Sackgasse in bevorzugter Umgebung, und da leicht erhöht, genießt man eine Aussicht über die Dächer bis zum Meer, trotzdem nur 10 Gehminuten bis zum Strand.

● **Hotel Rigat Park** €€€€, Av. Amèrica 1, (unweit Platja de Fenals), Tel. 972 365 200, Fax 972 370 411. Ein Klassiker seit Jahrzehnten, unweit vom Strand und umgeben von einem 20.000 m² großen Park in ruhiger Zone. Die Zimmer sind mit antiquarischen Möbeln ausgestattet.

● **Hotel La Carolina** €€€, C/ Sènia del Barral 72, Telefon 972 365 058, Fax 972 368 815. Dieses Haus mit 67 Zimmern liegt weniger als 10 Minuten von der Altstadt entfernt, hat vier Stockwerke, einen Pool und auffällige Holzflügel vor den Fenstern.

● **Hotel Mercedes** €€€, Av. Mistral 32, Tel. 972 364 312, Fax 972 364 953. Ein vierstöckiges Haus mit 88 Zimmern etwas außerhalb der Altstadt, unten liegt ein Restaurant.

● **IFA-Hotel** €€€, C/ Sènia del Barral 46, Telefon 972 364 608, Fax 972 364 616. Ein großes Haus mit 175 zweckmäßig eingerichteten Zimmern, vielleicht fünf Minuten zu Fuß vom nächtlichen Geschehen entfernt.

● **Hotel Maeva** €€, C/ Sant Bartomeu 2-4, Tel. 972 364 080, Fax 972 364 080. Relativ schmales, aber sechsstöckiges Haus mit 32 Zimmern, direkt an der Uferstraße. Mit Glück hat man Meerblick.

● **Hotel Maxim** €€€€, Passeig de la Caleta 18, Tel. 972 365 326, Fax 972 370 911. Ein fünfstöckiges Haus mit 38 Zimmern am Ende der Strandpromenade. Man blickt von den kleinen Balkonen aufs Meer, die unten verlaufende Straße hat keinen Durchgangsverkehr.

Straßenszene in Lloret

Lloret de Mar

△	1	Camping Lloret Europ	Ⓑ	6	Busterminal	
●	2	Motos Catalunya Motorradvermietung	●	7	Avis Autovermietung	
●	3	Waterworld	●	8	Disco Tropics	
ⅱ	4	Kapelle Ermita de Sant Quirze	⊠	9	Post	
			Ⓜ	10	Mus. Casa Comadrán	
△	5	Camping Tucan,	⌂	11	Gran Hotel Monterrey	
△		Camping Santa Elena Ciutat	⌂	12	Hotel Mercedes	
			⌂	13	Hotel La Carolina	
			⌂	14	IFA-Hotel	

⌂	15	Hotel Roger de Flor
●	16	Don Auto Autovermietung
⌂	17	Hotel Maxim
★	18	Denkmal zu Ehren der Sardana
●	19	Schiffsausflüge
Ⓜ	20	Centre Cultural Verdaguer

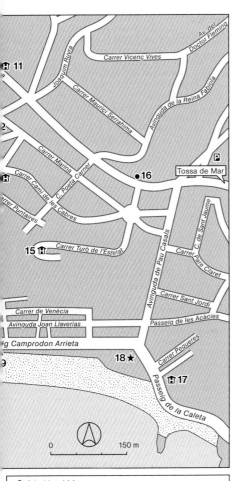

🏠	**21**	Hotel Maeva
★	**22**	Nachtlebenzone
ⅱ	**23**	Kirche Sant Roma
◯	**24**	Internet Café
❶	**25**	Touristeninformation
●	**26**	Mar Car Autovermietung
🏠	**27**	Hotel Rigat Park
⑪	**28**	Restaurant Cala Banys
★	**29**	ehem. Burg

Camping

- **Camping Santa Elena Ciutat,** 1. Kat., Ctra. de Blanes 170, Tel. 972 364 009, geöffnet 1.4.-30.9. Ein großer Platz mit 860 Parzellen, größtenteils unter Bäumen liegend und gefällig gärtnerisch gestaltet. Zum Ort und zum Strand ist es ein guter Kilometer.
- **Camping Tucan,** 2. Kategorie, Ctra. Blanes a Lloret, Tel. 972 369 965, geöffnet 1.4.-30.9. Insgesamt 200 Parzellen mit allen Serviceeinrichtungen, Pool, Animation und einer Entfernung von etwa 500 Meter zum Strand Platja de Fenals und 1000 Meter zur Altstadt.
- **Camping Lloret Europ,** 2. Kat., Carrer de l'Aigua Viva, Tel. 972 365 483, Fax 972 367 954, geöffnet 1.4.-30.9. Dieser kleine Platz mit 247 Parzellen liegt an der alten Straße nach Vidreres in landschaftlich schöner Umgebung, etwa 300 Meter vom Busterminal entfernt, damit relativ nah am nächtlichen Geschehen der Altstadt. Ausreichende Serviceeinrichtungen sind vorhanden, sogar einen Pool gibt es hier.

Essen & Trinken/Nachtleben

So, jetzt werde ich es mir wohl mit Lloret verscherzen, sei's drum! Zweimal bin ich durch beinahe alle Straßen und Gassen des nächtlichen Lloret gestreift, gesehen habe ich eine Menge, aber ein richtig gutes Restaurant leider nicht. Natürlich, es gibt Dutzende von Lokalen, in denen man satt wird und vernünftig essen kann, aber einen richtigen Tipp kann ich leider nicht weitergeben. Was sonst noch auffiel:

Die **Straße Carrer de la Vila,** das ist die erste Parallelstraße nach der Uferstraße, gilt als die Kneipenmeile von Lloret. Hier gibt es alles, u.a. einen Dr. Döner, ein russisches Restaurant und jede Menge deutsches Bier. Die **Av. Just Marlès Vilarrodona** wandelt sich abends zur Diskostraße. Nicht nur, dass hier ein paar Tanztempel liegen, alle 30 Meter preist jemand „seine" Disko an, bemüht sich, die Vorbeiflanierenden von einem Besuch durch Freikarten zu überzeugen.

Die **Plaça Espanya** wirkt selbst am Abend noch etwas ruhiger, ein halbes Dutzend Restaurants liegen dort, die meisten mit kleiner Freiluftterrasse.

Die **Straße Carrer de Sant Pere** ist ein Wechselspiel von kleinen Shops und Lokalen, ein Tresen folgt dem nächsten, unterbrochen nur von diversen Geschäften; abends flaniert alle Welt hier durch.

- **Restaurant Cala Banys,** C/ Cala Banys s/n, es liegt sehr schön auf den Felsen am Meer mit netter Terrasse.
- **Disko Hollywood,** Ctra. Tossa-Hostalric, seit langem angesagte Disko.
- **Disko Tropics,** Av. Ferrán Aguilló 34, große Disko mit fünf Tresen, drei Tanzflächen und Terrasse, bei der Platja de Fenals.

Adressen

- **Ausflüge:** Insgesamt 70 Reisebüros bieten mehr oder weniger die gleichen Touren an, nämlich hauptsächlich Tagesausflüge nach Barcelona, nach Cadaqués, nach Figueres, nach Andorra oder nach Girona. Die meisten vermitteln nur, die Veranstalter sammeln dann morgens die Interessierten ein, von daher sind kaum Preisunterschiede zu realisieren.
- **Autovermieter:** Avis, C/ Enric Granados 24, Tel. 972 373 023; Don Auto, Av. Vila de Tossa 13, Tel. 972 370 513; Europcar, C/ Valentí Almirall, Tel. 972 363 366; Mar Car, Centre Comercial Carabela, Tel. 972 371 307.
- **Busterminal:** Av. Vila de Blanes, Ecke Av. Just Marlès Vilarrodona.
- **GoKart:** Auf zwei Bahnen können sich große und kleine „Schumis" austoben, die große misst 625 Meter, die kleine, *circuito baby* genannt, 200 Meter. Die Bahn liegt etwa einen Kilometer außerhalb an der Straße nach Girona, alle 15 Minuten bringt ein Bus Interessierte kostenlos vom Busterminal hin. Gefahren wird von 9 bis 24 Uhr jeden Tag. Karting Formula 1, Tel. 972 367 504.
- **Motorradvermieter:** Motos Toni hat drei Büros: Ctra. a Tossa, im Edificio Vilatge, C/ Valentí Almirall oder C/ Potosí, Edificio Magno Lies, Tel. 972 369 253; Motos Catalunya, Av. Vila de Blanes, Tel. 972 366 429; die meisten Reisebüros vermitteln aber auch Motorräder.
- **Schiffsausflüge:** Schiffsausflüge entlang der Küste bieten mehrere Veranstalter an, alle haben ein kleines Tickethäuschen am Strand bzw. an der Promenade. Angeboten werden

Touren bis Palamós oder kürzer bzw. Fahrten mit dem Glasboden-Boot in die bizarre Welt der Costa Brava zwischen Lloret und Sant Feliu. Aquarama, Tel. 972 370 428; Crucetours, Tel. 972 372 692; Cruceros del Nordeste, Tel. 972 367 225; Excursiones Marítimas, Tel. 972 371 939; Panoramic, Tel. 972 367 225; Viajes Marítimos, Tel. 972 369 095.

●**Internet Café,** Ecke Carrer del Grau/Carrer Canonge Domènech, mitten in der Altstadt.
●**Autowerkstätten:** Garatge El Celler (Peugeot, Nissan), C/ Vidreres s/n, Tel. 972 365 397; Eurautos (Seat, Audi, VW), Ctra. Blanes 100, Tel. 972 365 470; Garatge Park (Mercedes), Av. Vidreres 3, Tel. 972 365 826; Servei Estació Lloret (Opel), Ctra. Blanes s/n, Tel. 972 365 361.

Feste

●**19. Juni:** Fest zu Ehren Sant Quirze (römischer Feldherr, der die erste Kapelle erbaute).
●**24.-26. Juli:** Sommerfest, mit Habaneras, Sardanas, Prozession und einer Prozession über das Meer von Lloret nach Santa Cristina und dem Baile de Almorratxas, einem Tanz mit arabischem Hintergrund.
●**8. Sept.:** Festa de Les Alegries, Freudenfest.
●**16.-20. Sept.:** Festa Major, mit Feuerwerk, Sardanas, heiliger Messe, Theateraufführungen.
●**18. Nov.:** Festa de Sant Romà.

Markt

●**Termin:** am Dienstag in der C/ dels Esports.

Rutschgaudi im Waterworld
Foto: Waterworld

Ausflüge

Waterworld

Das ist eine **Badelandschaft** mit einer Vielzahl von Rutschen und Wasserspielen. Bei einigen dieser Rutschen saust man, in einem kleinen Schlauchboot sitzend, durch eine Reihe von Kurven, fast wie bei einer Achterbahn auf der Kirmes. Damit auch ja nichts passieren kann, sind die Rutschflächen mit einem Fangnetz stabil umgeben. Darüber hinaus: Zickzackrutschbahnen, ein Kindersee, Spielplätze, Ruhezonen, ein „wilder Fluss" und eine 200 Meter lange River-Rafting-Bahn.

● **Geöffnet:** Mai bis 16. September von 10 bis 18 Uhr, im Juli und August bis 19.30 Uhr, Tel. 972 368 613. Eintritt: Kinder bis 1,40 m: 9,01 €, Kinder unter 1 m: freier Eintritt, Erwachsene bezahlen 15,02 €. Von Blanes und Tossa aus wird ein Busdienst angeboten, der zusätzlich 2,11 € kostet. Wer am Nachmittag ab 15 Uhr kommt, zahlt als Erwachsener 10,66 €, ermäßigt 7,06 €.

● **Anfahrt:** Waterworld liegt am km 1,2 der Ctra. Vidreres und ist an der Straße nach Blanes ausgeschildert.

Platges de Santa Cristina

Die Buchten von Santa Cristina zählen zu den s**chönsten Stränden** der Umgebung, sie liegen auf halber Strecke zwischen Blanes (2,5 Kilometer entfernt) und Lloret (1,5 Kilometer). Die Verbindungsstraße GI-682 eilt großzügig daran vorbei, so dass der Abzweiger beim Km 8 leicht übersehen wird. Einen Besuch sollte sich aber niemand entgehen lassen, kann man doch hier einmal halbwegs ungestört ein paar ruhige Stunden verbringen. Natürlich, in völliger Abgeschiedenheit liegen die drei Buchten nicht, aber bis auf die Gäste des Hotels Santa Marta kommen nur wenige Tagesausflügler.

Platja de Boadella

Die Kurzbeschreibung der Strände beginnt mit der nördlichsten Bucht.

Nach dem Abbiegen von der Hauptstraße führt nach 300 Meter ein schmaler Weg nach links über 400 Meter in die Bucht **Platja de Boadella,** der zu Fuß zurückgelegt werden muss. Ein Parkplatz ist etwa 600 Meter nach dem Abbiegen von der Hauptstraße zu finden. Die einsame 300 Meter lange Platja de Boadella liegt eingebettet vor einem Pinienwald und wird von Felsgruppen begrenzt. Der Sand zeigt sich grobkörnig, im Wasser liegen etliche Felsbrocken. Zum Schwimmen eignet sich die Bucht weniger, für stille Stunden schon eher, deshalb wird hier auch FKK geduldet.

Platja Santa Cristina

Dieser Strand gab der Gegend ihren Namen, und das zu Recht, zählt die Bucht doch zu den schönsten weit und breit. Wer sich vom Wasser nähert, erkennt, dass sich die Bucht über 365 Meter wie eine geschwungene Sichel öffnet. Am südlichen Ende

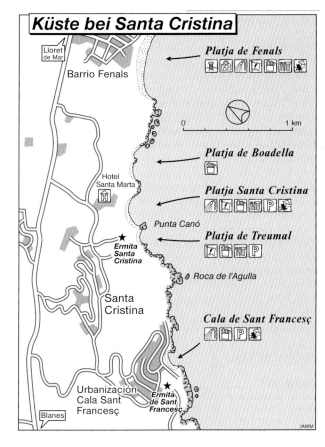

Küste bei Santa Cristina

Lloret de Mar

Barrio Fenals

Platja de Fenals

Platja de Boadella

Hotel Santa Marta

Platja Santa Cristina

★ Ermita Santa Cristina

Punta Canó

Platja de Treumal

Roca de l'Agulla

Santa Cristina

Cala de Sant Francesç

Urbanización Cala Sant Francesç

★ Ermita de Sant Francesç

Blanes

0 — 1 km

IAWM

Costa Brava

verjüngt sie sich, geht über in leichten felsigen Untergrund, am oberen Ende wächst ein Wäldchen bis an den Strand heran. Zu erreichen ist die Bucht zu Fuß über einen 300 Meter kurzen Weg vom Parkplatz. Der Sand ist hell und etwas grobkörnig, er misst etwa 30 Meter in der Breite. Ein Hotel liegt ganz in der Nähe.

Platja de Treumal

Diese Bucht erreicht man nach einem Fußweg von 300 Meter vom Parkplatz. Sie öffnet sich schön zum Meer, wird von einem lockeren Wäldchen begrenzt, und kleine Felsen erheben sich an den Endpunkten aus dem Meer. Der grobkörnige Strand dehnt sich etwa über 100 Meter aus.

Sehenswertes

Obendrein gibt es hier noch eine lokale Sehenswürdigkeit zu besichtigen, die **Ermita Santa Cristina.** Bereits im Jahre 1376 wurde sie erstmalig erwähnt, aber die heutige Kapelle stammt aus dem 17. Jh. Das kleine, helle Gebäude mit drei Kapellen liegt sehr schön in einem kleinen Wald vor der südlichsten der drei Strandbuchten, der Platja de Treumal. Herausragend im Inneren ist der Altar, der mit Marmor aus den Steinbrüchen von Carrara errichtet wurde. Bei der Ermita liegt ein kleiner botanischer Garten „Jardí Tropical Pinya de Rosa", der von den Betreibern des botanischen Gartens in Blanes betreut wird. 7000 tropische Pflanzen werden hier gehegt, und einige davon gelten als europäische Spitzenzüchtungen.
●**Geöffnet:** täglich 9-18 Uhr.

Praktische Tipps

Unterkunft

●**Hotel Santa Marta** €€€€, Telefon-Nr. 972 364 904, Fax 972 369 280. Ein erstklassiges Haus in bevorzugter Lage, schön von begrünten Hügeln umgeben. Die 78 Zimmer sind bestens eingerichtet, das angeschlossene Restaurant wird von weit gereisten Gourmets aufgesucht, und der Service gilt als perfekt (DZ 140-230 €).

Der Hafen von Blanes

Blanes

●**Einwohner:** 25.600
●**PLZ:** 17300
●**Entfernung nach Barcelona:** 65 km
●**Touristeninformation:** Plaça Catalunya 21, Tel. 972 330 348, Fax 972 334 686, E-Mail: turisme@blanes.net
●**Internet:** www.blanes.net

Blanes gilt als das **Eingangstor zur Costa Brava,** der Fluss Río Tordera, der sich südlich vom Ort ins Mittelmeer ergießt, markiert die Grenze. Hier verläuft auch die Provinzgrenze zwischen Girona und Barcelona, alle weiter südlich gelegenen Strände zählen bereits zur Costa Daurada, auch wenn mancher Reiseveranstalter da großzügig verfährt. Ein Grenzstein zeigt es deutlich: Ab hier beginnt die Costa Brava (zu finden an der Promenade am Hauptstrand vor dem leicht erhöhten Felsen Sa Palomera). Die Stadt hat einen **schönen kilometerlangen Strand** vorzuweisen, einige empfehlenswerte Fischrestaurants, und sie liegt verkehrsgünstig. Sei es drum, die Bürger Barcelonas suchen sich andere Strände, da bleibt dann umso mehr Platz für die Urlauber.

Blanes lebte ursprünglich von der Fischindustrie, der **große Hafen** zeugt noch heute davon. Keine pittoresk dümpelnden kleinen Kutter, sondern mittelgroße Flotten liegen an der riesigen Mole. Große Hallen, in denen der Fang umgeschlagen wird, belegen die Effizienz, ein paar Fischrestaurants, die

direkt am Hafen liegen, profitieren auch davon.

Dann kam der Tourismus, und **Hotels** entstanden. Die baute man aber an den Stadtrand, dort, wo der helle Strand lockte, weit ab vom örtlichen Zentrum und dem Hafen. Den Touristen war es recht, hatten die doch ihren Strand und die Bürger von Blanes ihre Stadt, gegenseitige Kontakte konnten, mussten aber nicht sein.

Und dann kam irgend jemand auf die Idee, noch **Campingplätze** zu eröffnen. Am äußersten südlichen Stadtrand war noch Platz, also wurde eine Straße verlängert und insgesamt zehn Plätze auf engstem Raum hingesetzt. Nicht schlecht, hatte man doch mit ei-

nem Schlag Platz für offiziell 3400 Urlauber geschaffen und das so schlau gelöst, dass die Camper es nur wenige Minuten bis zum Strand und etwa 15 Gehminuten zum Stadtrand hatten. Bis zum Ortskern von Blanes läuft man allerdings schon gute 45 Minuten, aber da pendelt ja auch noch ein Straßenbähnchen.

Strandprofil

Zwei kleine Buchten, die nur zur Abrundung der Gesamterscheinung erwähnt werden sollen, und dann der kilometerlange Hauptstrand, der offiziell in zwei Abschnitte unterteilt wird, sind in Blanes zu finden.

Cala de Sant Francesç

Die Cala de Sant Francesç ist eine schmale, 220 Meter lange Bucht, die unterhalb der Ermita selben Namens zu finden und prinzipiell nur zu Fuß zu erreichen ist. Grobkörniger Sand und etliche Privathäuser, die bis fast ans Ufer reichen, sind die Merkmale, durch die abseitige Lage bleibt es allerdings ziemlich ruhig.

Die **Platja dels Capellans** wird auch Punta Santa Anna genannt und liegt etwas versteckt hinter dem Hafen. Sie ist kaum mehr als ein Streifen von vielleicht 75 Meter Länge und 15 Meter Breite vor einer steil aufragenden Felswand, die Hafenmole bleibt in Sichtweite. Idyllisch ist dieses Plätzchen nicht, mir scheint, dass mehr der Weg das Ziel ist, denn obendrein zeigt sich diese Platja grobsteinig.

Platja de Blanes

Die Platja de Blanes ist nicht der Hauptstrand, trotz des Namens, er endet vor dem Sa Palomera, der sich vorwitzig ins Meer geschoben hat. Eine schmale Landzunge führt dorthin. Hier beginnt offiziell die Costa Brava. Ausgehend vom Hafen, erstreckt sich der Strand von Blanes über 540 Meter bis

Der Strand von Blanes

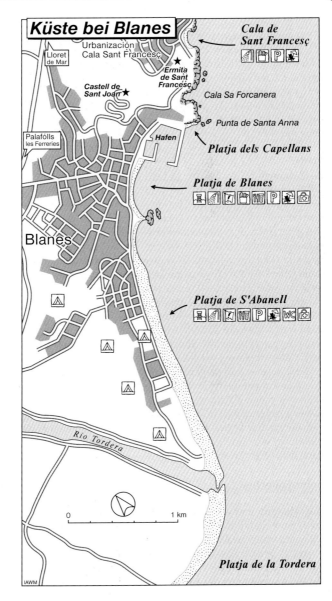

Küste bei Blanes

Lloret de Mar

Urbanización Cala Sant Francesç

Cala de Sant Francesç

Ermita de Sant Francesç

Castell de Sant Joan

Cala Sa Forcanera

Punta de Santa Anna

Palafólls les Ferreries

Hafen

Platja dels Capellans

Platja de Blanes

Blanes

Platja de S'Abanell

Río Tordera

0   1 km

Platja de la Tordera

Costa Brava

IAWM

zum Felsvorsprung. Ganz so idyllisch sonnt man sich hier nicht, der nahe Hafen dominiert doch die Szenerie, außerdem ist die Küstenstraße stark befahren. Der Strand liegt vor dem alten Viertel von Blanes, Hotels sind nur vereinzelt zu finden, das alltägliche Leben mit all seiner Unruhe spielt sich im Hintergrund ab.

Platja de S'Abanell

Obwohl die Platja de S'Abanell nicht den Namen der Stadt trägt, ist dies doch klar der Hauptstrand von Blanes. Ausgehend von dem trennenden Felsvorsprung, verläuft er über 3,1 Kilometer und ist durchschnittliche 60 Meter breit. Über beinahe die gesamte Länge kann man auf einer Promenade parallel zum Strand spazieren. Zunächst noch im städtischen Bereich, dann wird schnell die Zone der Hotels erreicht, gefolgt von der Strecke an den Campingplätzen vorbei. Diese letzte Strecke ist völlig autofrei, knickt doch die Uferstraße nach dem Erreichen des ersten Platzes weg von der Küste, jetzt bleibt man in wirklich ruhigen Zonen. Die letzten Meter bis zur Mündung des Río Tordera gehören dann dem Strandläufer ganz allein.

Sehenswertes

Die **Altstadt** und das **Hafenviertel** wird wohl jeder einmal besuchen, aber allzu idyllisch fällt weder das eine noch das andere aus. Dafür herrscht hier ein zu geschäftiges Treiben, sind die Gassen nicht von der gleichen atmosphärischen Dichte wie in anderen Städten. Blanes-City, um es einmal so zu benennen, eignet sich hervorragend zum Einkaufen (täglicher Gemüsemarkt am Passeig de Dintre), und dann zieht man sich wieder an den Strand zurück.

Die örtlichen Prospekte heben gern den sechseckigen **gotischen Brunnen** aus dem 15. Jh. in der Carrer Ample hervor, den die Gräfin *Cabrera* einst stiftete, und das **Portal der Santa María** an der kleinen Plaça de Verge María. Nun ja, wer es nicht weiß, eilt achtlos daran vorbei und hat auch nicht viel verpasst.

Die gotische **Kirche Santa Maria** stammt aus dem 9. Jh., das zeigt, auf welche uralten Wurzeln Blanes zurückreicht. Einst wurde die Kirche mit dem benachbarten Palast von Cabrera zusammen errichtet und bildete ein gemeinsames Gebäude. Aus dieser Zeit stammen nur noch die Fassaden, da der Palast im 17. Jh. schwer beschädigt wurde. Auch die Kirche erlebte starke Zerstörungen während des Spanischen Bürgerkrieges, wurde aber später wieder restauriert, sehenswert bleibt im Inneren der Barockaltar.

Der **botanische Garten** Jardí Botànic Mar i Murtra liegt etwas außerhalb und kann sowohl zu Fuß vom Hafen aus (sehr anstrengend, da steiler Weg) oder mit dem regelmäßig pendelnden Bus vom Plaça Catalunya erreicht werden. Über 4000 Pflanzen aus allen Kontinenten und vor allem aus dem Mittelmeerraum wurden hier gesammelt. Gegründet wurde dieser botanische Garten von dem Deutschen *Karl*

Costa Brava

Faust im Jahr 1921. Zunächst kaufte er nur ein relativ bescheidenes Grundstück, erweiterte es aber im Laufe der Jahre bis auf seine heutige Größe. *Karl Faust* starb 1952 in Blanes. Die botanischen Studien werden heute fortgesetzt. Neben der Pflanzenpracht lohnt ein Besuch auch wegen der fantastischen Aussicht auf die Küste.

●**Geöffnet:** April-Okt. täglich 9-18 Uhr, Nov.-März Mo-Fr 10-17 Uhr, Sa/So 10-14 Uhr; Eintritt: 3 €.

Die **Burg** Castell i Ermita de Sant Joan liegt auf einem Gipfel von 166 Meter Höhe am Rande der Stadt, der Wehrturm Torre del Homenaje ist weithin sichtbar und gilt als Wahrzeichen der Stadt. Bereits im 11. Jh. wurde das Gebäude errichtet, heute sind

nur noch der Turm, Reste der Mauern und der Kapelle übriggeblieben. Der Weg zur Burg ist zugegebenermaßen etwas anstrengend, wer gut zu Fuß ist, kann aber auf einem schönen Wanderweg weiterlaufen bis zum botanischen Garten Pinya de Rosa in der Nachbarbucht Platja de Treumal.

Markttag in Blanes

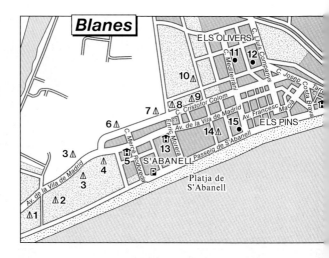

△	1	Camping El Pinar
△	2	Camping Voramar
△	3	Camping Bella Terra
△	4	Camping Blanes
🏰	5	Hotel Blaumar
△	6	Camping Roca
△	7	Camping Sol Mar
△	8	Camping Cavall de Mar
△	9	Camping La Masia
△	10	Camping Reina Maris
●	11	Disko Abyss
●	12	Disko Xenon
🏰	13	Hotel Boix Mar
△	14	Camping S'Abanell
●	15	Disko Antilla
🏰	16	Hotel Pi Mar & Hotel Horitzó
●	17	zu Bahnhof und Marineland

🏰	18	Hostal Doll
★	19	Burg
🍴	20	Rest. Can Flores 2
★	21	Botanischer Garten
🍴	22	Fischauktionshalle mit Rest. Marisquería und Rest. Mirador El Port
⊠	23	Post
★	24	Portal der Santa María
★	25	gotischer Brunnen
⛪	26	Kirche Santa Maria
🏰	27	Hotel San Antonio
❷	28	Bar Terrasans
●	29	Gemüsemarkt
Ⓑ	30	Busterminal
❶	31	Touristeninformation
🍴	32	Rest. Kiku

Praktische Tipps

Unterkunft

●**Hotel Blaumar** €€€, C/ Mercè Rodoreda 5, Tel. 972 351 301, Fax 972 351 876. Es ist das letzte Hotel vor der Zone der Campingplät-ze, sechs Stockwerke hoch, hat 174 Zimmer und liegt nur 100 Meter vom Strand entfernt.
●**Hotel Boix Mar** €€€, C/ Enric Morera 3, Tel. 972 330 276, Fax 972 351 898. Ein größeres Gebäude von 10 Stockwerken mit 156 Zim-mern und einem kleinen Pool, Tennisplatz und eigener Minigolfanlage. Zum Strand sind

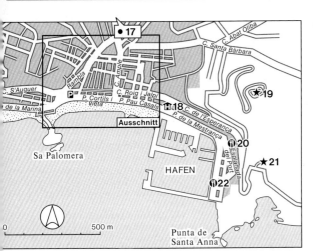

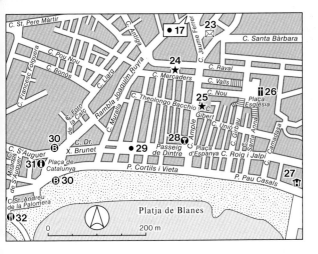

Costa Brava

es nur knapp 100 Meter, ringsherum liegen einige Lokale.

●**Hotel Horitzó** €€€-€€€€, Passeig de S'Abanell 11, Tel. 972 330 400, Fax 972 337 863. Das Haus mit 122 Zimmern liegt direkt an der Strandpromenade, somit teilweise Blick aufs Meer.

●**Hotel Pi Mar** €€€, Passeig de S'Abanell 8, Tel. 972 352 817, Fax 972 330 110. Das Hotel liegt nebenan, es hat 134 Zimmer.

●**Pension Doll** €€, Passeig Pau Casals 70-71, Tel./Fax 972 330 008, ein schmales fünfstöckiges Haus mit 33 Zimmern gegenüber vom Hafen.

●**Hotel San Antonio** €€-€€€, Passeig Pau Casals 63, Tel. 972 331 150, Fax 972 330 226. Dieses 156-Zimmer-Haus liegt ebenfalls in diesem Bereich mit Blick auf den Hafen.

Camping

Am äußersten Ortsrand liegen insgesamt **neun Campingplätze**, aufgereiht wie Perlen auf einer Schnur. Sie verteilen sich auf zwei Straßen, die parallel verlaufen. Zwar unterscheiden sie sich in der Größe und auch ein wenig im Serviceangebot, aber allen gemein ist, dass sie recht nah zum Strand liegen. Die Campingplätze El Pinar, Blanes und Bella Terra grenzen direkt an den Strand, vom Camping S'Abanell muss nur einmal die Uferstraße überquert werden. Die anderen Plätze liegen zwischen 200 Meter und 400 Meter entfernt. Alle sind in Straßen zu finden, durch die eigentlich nur der Camping-Verkehr fließt. Ausgeschildert sind in Blanes keine einzelnen Plätze, sondern nur der gemeinsame Hinweis „Camping". Da alle Plätze so dicht zusammenliegen und meiner Meinung nach keine substanziellen Unterschiede erkennbar sind, außer, was die Entfernung zum Strand betrifft, sollen hier keine einzelnen Beschreibungen folgen.

●**Camping Bella Terra,** 2. Kat., Vila de Madrid 35, Tel. 972 348 017, Fax 972 348 275, 636 Parzellen, geöffnet 17.4.-30.9.

●**Camping Blanes,** 2. Kat., Vila de Madrid 33, Telefon 972 331 591, Fax 972 337 063, 210 Parzellen, geöffnet 1.3.-31.10.

●**Camping Cavall de Mar,** 2. Kategorie, Colom 46, Tel. 972 331 349, Fax 972 334 400 Anzahl der Parzellen: 177, ganzjährig geöffnet (weit genug von der Straße entfernt)

●**Camping El Pinar,** 2. Kat., Vila del Madrid, Tel. 972 331 083, Fax 972 331 100, Anzahl der Parzellen: 495, geöffnet 1.4.-30.9.

●**Camping La Masia,** 2. Kat., Colom 44, Tel. 972 331 013, Fax 972 333 128, 654 Parzellen, ganzjährig geöffnet

●**Camping Reina Maris,** 2. Kat., C/ Olivers 14, Tel./Fax 972 331 531, 59 Stellplätze, geöffnet vom 1.5.-30.9.

●**Camping Roca,** 2. Kat., Colom 50, Tel. 972 330 540, Fax 972 650 236, Anzahl der Parzellen: 261, geöffnet 1.5.-15.9.

●**Camping S'Abanell,** 2. Kat., Vila de Madrid 7-9, Telefon 972 331 809, Fax 972 350 506, geöffnet ganzjährig, 360 Parzellen

●**Camping Sol Mar,** 2. Kat., Colom 48, Tel. 972 348 034, Fax 972 3482 83, Anzahl der Parzellen: 436, geöffnet 1.4.-15.10.

●**Camping Voramar,** 2. Kategorie, Vila de Madrid 31, Tel. 972 331 805, Fax 972 336 927, 244 Parzellen, geöffnet 1.4.-30.9.

Essen & Trinken/Nachtleben

●**Restaurant Can Flores 2,** Explanada del Port, Telefon 972 331 633, direkt am Hafen, hier gibt es leckere und frische Fischgerichte.

●**Restaurant Marisquería El Port,** Tel. 972 334 819

●**Restaurant Mirador El Port,** beide Lokale liegen über bzw. hinter der Fischauktionshalle, frischer geht's nun wirklich nicht mehr!

●**Restaurant Kiku,** Sant Andreu de la Palomera 8, Tel. 972 332 727, liegt an der Strandpromenade, direkt beim Felsvorsprung Sa Palomera. Relativ kleines Lokal, aber vorzügliche Fischgerichte.

●**Bar Terrasans,** C/ Ample 3A, eine alte, spanische Bar, mitten in der Altstadt, wo es leckere Tapas gibt. An dem bullernden Ofen habe ich mich einmal zu Neujahr aufgewärmt, die Costa Brava kann ganz schön kühl sein ...

●**Discos** findet man in der Hotelzone, beispielsweise in der C/ Mediterrani (Antilla oder Abyss), oder in der C/ Eivissa (Xenon).

Adressen

●**Ausflüge:** Insgesamt 15 Reisebüros bieten Ausflüge an, die nach Barcelona, Cadaqués, Girona, aber auch nach Andorra führen. Zu finden beispielsweise an der Plaça de Catalunya, Av. de la Vila de Madrid (bei den Campingplätzen), Carrer Ample 2 (Altstadt) an der Carrer Jaume Ferrer (Verlängerung der C/ Ample in der Altstadt).

●**Bootsausflüge:** Es gibt verschiedene Anbieter, die Tickethäuschen stehen am Strand von S'Abanell.

●**Bahnhof:** Der Bahnhof liegt einen guten Kilometer außerhalb an der Avinguda de L'Estació, viel zu schlecht erreichbar, um zu Fuß hinzugehen. Stadtbus Nr. 4 fährt alle 30 Minuten hin. Für Blanes-Urlauber eine interessante Möglichkeit, Barcelona zu besuchen, da alle 30 Minuten ein Bus hinfährt.

●**Busterminal:** Einen Busbahnhof gibt es nicht, alle Buslinien starten an der Plaça de Catalunya, sei es nach Lloret, Girona oder nach Barcelona.

●**GoKart:** Karting Blanes, diese Gokartbahn von 900 Meter Gesamtlänge liegt etwa einen Kilometer außerhalb vom Ortszentrum. Am einfachsten wird sie erreicht über die Verbindungsstraße Barcelona – Lloret. Es gibt eine verschlungene Bahn für Erwachsene, auf der maximale Geschwindigkeiten von 130 km/h erreicht werden, und eine Kinderbahn für maximal 25 km/h. Geöffnet täglich 9.30-24 Uhr, bei Taxianfahrt übernehmen die Veranstalter die Kosten für die Anfahrt. Telefonische Taxibestellung von Blanes unter Tel. 972 337 466, ansonsten pendelt ein Gratisbus alle 30 Minuten vom Ortszentrum.

Feste

●**Ende April/Anfang Mai:** An der Hafenpromenade findet ein Bootsmarkt statt, jeder kann sein gebrauchtes Schiff oder Boot zum Kauf anbieten.

●**24.-28. Juli:** Fest zu Ehren von Santa Ana, mit Tanz, Konzerten, Umzügen von Giganten und vor allem mit täglichem Feuerwerk, denn gleichzeitig findet ein internationaler Wettbewerb der Feuerwerker statt. Es gibt auch eine Meeresprozession zur Kapelle Santa Cristina und ein Wettbewerb in der Zubereitung von Muscheln.

Markt

●**Termine:** Gemüse- und Früchtemarkt, täglich in der Passeig de Dintre; Wochenmarkt: Montag, Passeig de Mar; Fischversteigerung: Montag bis Freitag in der Versteigerungshalle Llontja del Peix am Hafen von 16-19 Uhr. Stadtmarkt: Mo-Sa in der C/Mas Enlaire von 8-14 Uhr.

Ausflüge

Marineland

Dieser **Water Park** zählt zu den größten seiner Art in Spanien. Er liegt etwas außerhalb von Blanes, entlang der Verbindungsstraße nach Barcelona. Auf insgesamt 65.000 m² Fläche locken nicht nur diverse **Schwimmbecken** und Rutschen, sondern auch ein breites **Showprogramm.** So gibt es regelmäßige Delfinvorführungen, Papageien, die artfremde Handlungen vornehmen, wie Fahren mit Rädern oder Rollerskates. Weiterhin kommen Seelöwen und Raubvögel zum Einsatz. Darüber hinaus gibt es diverse Snackbars, Restaurants, ein Kinderspielplatz, Möglichkeiten zum Bootfahren, und als Clou wird virtuelles „Bull Riding" angeboten.

●**Geöffnet:** 4.4.-1.11. täglich 10-18 Uhr, Juni-September 10-20 Uhr; Eintritt: Kinder von 3 bis 12 J.: ca. 8 €, Erwachsene: ca. 14 €.

●**Anfahrt:** freier Buszubringer von Blanes, Lloret und Tossa.

 Bahn frei! Sie tuckert quer durch Blanes

Costa del Maresme

010smk Foto: sm

010smk Foto: jf

Am schönen Strand von Santa Susanna

Pensionistas

Auf dem Markt

Überblick

Dieser Abschnitt der spanischen Mittelmeerküste dürfte wohl der am wenigsten bekannte sein. Selbst mancher Reiseveranstalter subsumierte bis vor Kurzem die Orte der Costa del Maresme einfach unter dem Namen der viel bekannteren Nachbarin Costa Brava. Was erwartet den Urlauber hier? Eigentlich nur ein bescheidener Küstenstreifen. Die nördliche Grenze bildet der Fluss Río Tordera, der zugleich die Provinzen Barcelona und Girona trennt. Dann folgen etwa 50 Kilometer Küstenlinie bis zum 16 Kilometer nördlich von Barcelona gelegenen Ort Montgrat. Dieses Gebiet umfasst geografisch den **Landkreis (comarca) Maresme;** folglich ist der Name der Küste keine Schöpfung findiger Tourismusmanager, wie es bei so vielen weiter südlich gelegenen Küstenzonen der Fall ist.

Im Westen verläuft in einer Entfernung von fünf bis 15 Kilometern ein Gebirgszug parallel zur Küste, der kühle Winde und Regenwolken abfängt. Das begünstigt ein **mildes Mittelmeerklima** mit ungefähr 250 Sonnentagen. Das knappe Dutzend Orte an dieser Küste ist zumeist mit hellen **Sandstränden** gesegnet.

Dank der hervorragenden Verkehrsanbindung an die Weltstadt Barcelona entstand schon um die letzte Jahrhundertwende ein reger **Wochenendtourismus.** Lange bevor die Nordeuropäer in Scharen kamen, aalten sich die Barceloniner an den Stränden der Costa del Maresme.

Malgrat de Mar

- **Einwohner:** 13.500
- **PLZ:** 08380
- **Entfernung nach Barcelona:** 57 km
- **Touristeninformation:**
  Plaça de l'Àncona s/n, Tel. 937 653 889,
  E-Mail: correu@ajmalgrat.es
- **Internet:** www.ajmalgrat.es

Der nördlichste Ort der Costa del Maresme zeigt sich angenehm unspektakulär. Die Stadt lebte schon immer von Industrie und Landwirtschaft, der Tourismus hat zwar Fuß gefasst, dominiert aber nicht das Ortsbild. Die Strände verlaufen vor etlichen Campingplätzen bis zum Río Tordera bzw. in die andere Richtung bis zu den Hochhäusern von Santa Susanna.

Strandprofil

Ein sehr langer Strand verläuft vom Fluss Río Tordera am Ort vorbei in Richtung Nachbargemeinde, unterwegs wechselt nur einmal der Name.

Platja Malgrat Nord

Dieser Strand misst fast 2300 Meter und hat eine mittlere Breite von 50 Metern. Er ist grobsandig und wird von einer Promenade begleitet, *camí de la pomereda* auf Katalanisch, mehr ein asphaltierter Weg, der rasch den Ort verlässt, an einer Reihe von Industriebetrieben vorbeiführt und schließlich die Campingzone erreicht.

Platja Malgrat Süd

verläuft über 1900 Meter bis zum Nachbarort Santa Susanna. Auch dieser Strand ist grobsandig und hat eine mittlerer Breite von 35 Metern. In diesem Abschnitt fährt die Bahn unmittelbar am Strand entlang; genau dort, wo die Bahnlinie ins Hinterland abknickt, beginnt die Platja Malgrat Nord.

Sehenswertes

Klassische Sehenswürdigkeiten wird der Besucher hier nicht entdecken. Erwähnenswert ist aber die **Kirche Sant Nicolau de Barí** aus dem 16. Jahrhundert mit ihrer schnörkellosen Fassade und ihrem rechteckigen Glockenturm, der ein Jahrhundert später errichtet wurde. Direkt vor der Kirche wurde ein kleiner Park mit einem farbenfrohen Springbrunnen angelegt.

In der gleichen Straße, der Carrer del Carme, liegen einige **Fischge-**

schäfte aus der Zeit des 19. Jahrhunderts. Auch, wenn heute nicht mehr in jedem der Gebäude Meeresgetier verkauft wird, sind die eng stehenden Häuser einen Blick wert.

Praktische Tipps

Unterkunft

● **Hotel Sorra d'Or** €€, Passeig de Llevant 2, Tel. 937 654 312, Fax 937 654 190; geöffnet vom 1.5. bis 31.10. Ein großes Haus mit 195 auf vier Etagen verteilten Zimmern; viele bieten sogar Meeresblick. Einziges Manko: Die Bahnlinie verläuft direkt am Haus vorbei.
● **Pension Mallorca** €€€, c/ Mallorca 39, Tel. 937 610 968, Fax 937 612 921. Ganzjährig geöffnete Pension mit 27 Zimmern im innerstädtischen Bereich, keine fünf Gehminuten vom Bahnhof entfernt.
● Es gibt noch etliche **weitere Häuser,** alle recht groß; sie liegen an der direkt am Strand vorbeiführenden Straße nach Santa Susanna.

Camping

● Insgesamt zehn Campingplätze listet das örtliche Verzeichnis auf. Nur **Camping Stella Maris,** ein winziger Platz der 3. Kategorie,

Costa del Maresme

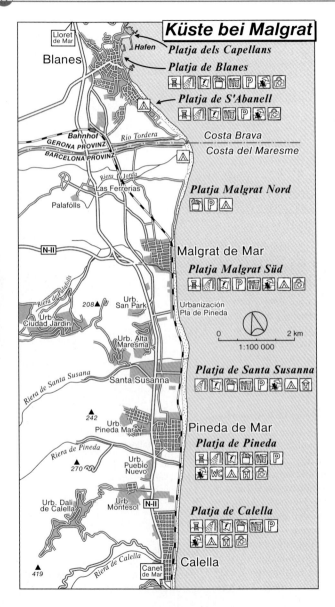

Küste bei Malgrat

Lloret de Mar

Blanes

Hafen

Platja dels Capellans

Platja de Blanes

Platja de S'Abanell

Bahnhof

GERONA PROVINZ

BARCELONA PROVINZ

Rio Tordera

Costa Brava

Costa del Maresme

Riera Jorda

Las Ferrerias

Palafólls

Platja Malgrat Nord

N-II

Malgrat de Mar

Platja Malgrat Süd

Riera de Palafolls

208 ▲

Urb. San Park

Urb. Ciudad Jardin

Urbanización Pla de Pineda

Urb. Alta Maresma

0   2 km

1:100 000

Riera de Santa Susana

Santa Susanna

Platja de Santa Susanna

242 ▲

Urb Pineda Mar

Pineda de Mar

Platja de Pineda

Riera de Pineda

270 ▲

Urb. Pueblo Nuevo

WC

Urb. Dali de Calella

Urb Montesol

N-II

Platja de Calella

419 ▲

Riera de Calella

Canet de Mar

Calella

liegt im Ortsbereich an der Straße nach Santa Susanna, alle anderen drängeln sich etwas außerhalb entlang des Strandes in Richtung Norden, also bis zum Fluss. Man erreicht sie über die Küstenstraße Camí de la Pomereda. Es handelt sich überwiegend um Standards der 3. Kategorie, nur die unten aufgeführten Plätze wurden in die 2. Kategorie eingestuft. Alle drei Plätze liegen recht nahe zusammen, etwas außerhalb von Malgrat.

●**Blaumar,** 2. Kategorie, Tel. 937 654 019, geöffnet 1.4.-24.9. Platz für 380 Personen.
●**Las Naciones Europeas,** 2. Kategorie, Tel. 937 654 153, geöffnet vom 15.6. bis 14.9. Großer Platz (1200 Personen) mit allen notwendigen Einrichtungen.
●**La Tordera,** 2. Kategorie, Tel. 937 612 778, ganzjährig geöffnet. Etwas mehr als 900 Personen finden hier Platz.

Essen & Trinken

●**Restaurante La Bota,** c/ d'en Blanch 22-24, Tel. 937 610 342. Gemütliches Lokal mit guter Weinauswahl. Der Name *(bota* = Fass) ist wörtlich zu nehmen: Ein paar Fässer hängen über dem Eingang.
●**Churrería,** c/ Ramón Turrió 6. Mal probieren: zum Frühstück Churros mit heißer Schokolade. Das Fettgebäck wird eingetunkt und gegessen. Ideal nach einer langen Nacht.

Adressen

●**Guardia Civil:** c/ de Badalona s/n.
●**Polizei:** c/ de Can Feliciano s/n.
●**Post:** c/ Joan Maragall, Ecke Avda. de la Verge de Montserrat.

Feste

●**Letzter Sonntag im Juni:** Fiesta del barrio de la Verneda, Stadtteilfest im Verneda-Viertel.
●**Erster Sonntag im Juli:** Der Stadtteil Can Mercader zieht nach.
●**Erster Sonntag im Juli:** Festa de Sant Joan i Sant Pau, u.a. mit traditionellen Tänzen.
●**15.-16. August:** Sommerfest (Sant Roc), u.a. mit Habanerasgesängen, Schnellmalwettbewerb, Freilichtkino und Radrennen.

Markt

●**Termin:** Donnerstag am Vormittag.

Santa Susanna

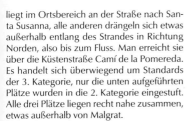

●**Einwohner:** 1000
●**PLZ:** 08398
●**Entfernung nach Barcelona:** 55 km
●**Touristeninformation:** keine

Ein winziges Dörflein ist dieses Santa Susanna, ziemlich genau auf halbem Wege zwischen Malgrat und Pineda gelegen. Aus touristischer Sicht hat der Ort nichts zu bieten, abgesehen von seinem sehr schönen **Strand.** Das genügt natürlich. So entstanden und entstehen immer noch gewaltige Hotelbauten, vorzugsweise in Meernähe. Deshalb zeigt sich Santa Susanna heute auch zweigeteilt. Das ursprüngliche Dörflein liegt ein wenig gedrängt oberhalb der Nationalstraße II, in sicherer Entfernung zu den modernen Hotelbauten am Strand. Momentan bieten 13 Hotels mit 102 bis 621 Zimmern ihre Dienste an. Außerdem kann man noch zwischen vier Campingplätzen wählen. Parallel zur *playa* verläuft noch die Eisenbahnlinie, das war's dann auch schon.

Platja de Santa Susanna

verläuft über 2400 Meter, ist ziemlich breit und zumeist feinsandig. Einige Hotels liegen direkt an der Strandpromenade, viele aber auch jenseits der Verbindungsstraße nach Pineda. Entlang dieser Straße finden die Urlauber dann das übliche Angebot an Shops, Bars und Lokalen.

Praktische Tipps

Unterkunft

● 13 Hotels buhlen um Kundschaft, alles große Häuser, in denen man während der Hauptsaison schon mal 400 bis 500 Mit-Urlauber an Büffet und Pool trifft. Alle Häuser sind gepflegt, liegen in Strandnähe und sind ca. in der Zeit von Anfang März bis Ende Oktober geöffnet.

Camping

● **Bon Repòs,** 2. Kategorie, Tel. 937 634 126 oder 937 678 475, Fax 937 678 526, E-Mail: bonrepos@entorno.es, ganzjährig geöffnet. Ein großer Platz (1500 Personen) mit vielen Schatten spendenden Pinien, am Meer gelegen, zwei Pools, Tennisplätze, deutschsprachige Leitung.

● **Oasis,** 2. Kategorie, N-II km 680, Tel. 937 678 403. Ein Platz für 760 Personen in Meeresnähe, der aber nur von Mitte Mai bis Mitte September geöffnet hat.

● **Playa Dorada,** 2. Kategorie, Paseo Marítimo, Tel. 937 678 487. Kleiner Platz, offiziell nur vom 1.7. bis zum 30.9. geöffnet; außerhalb dieser Spanne öffnet er sporadisch.

● **El Pinar,** 3. Kategorie, Paseo Marítimo, Tel. 937 678 558. Kleinster Platz am Ort (300 Personen), nur vom 1.5.-30.9. geöffnet.

Feste

● **11. August:** Patronatsfest Santa Susanna.
● **Sonntag nach 15. Mai:** San Isidro.

Markt

● **Dienstag** am Paseo Marítimo.

Der Strand von Santa Susanna

Pineda de Mar

- ●**Einwohner:** 12.000
- ●**PLZ:** 08397
- ●**Entfernung nach Barcelona:** 53 km
- ●**Touristeninformation:** c/ Sant Joan Noell, Tel. 937 623 490, Fax 937 671 212, E-Mail: ajuntament@pinedademar.org,
- ●**Internet:** www.pinedademar.org

Ein weiterer Ort, der touristisch sehr gefragt ist, wegen des schönen Strandes und der guten Verkehrsanbindung. Die Kleinstadt hat dennoch ein katalanisch geprägtes Ambiente erhalten können. Zwar bevölkern viele Touristen Straßen und Strände, doch sie dominieren das Ortsbild nicht. Es gibt quasi eine Trennung in Einwohner- und Urlauberzone.

Platja de Pineda

Der Strand ist super! Über knapp drei Kilometer zieht er sich hin, seine mittlere Breite beträgt 32 Meter. Natürlich liegen Apartments und Hotels in Strandnähe, die Bahn fährt am Meer entlang, und gibt es auch eine Promenade. Aber diese ist nicht viel mehr als ein Spazierweg, angereichert um einige Lokale. Aus der Stadt kommend, kann man auf dem Weg zum Strand einige Unterführungen nutzen.

Sehenswertes

Die Stadt bietet mit ihren zum Teil begrünten Straßenzügen ein angenehm normales Bild, was angesichts Tausender Urlauber keine Selbstverständlichkeit ist.

Im Ortskern steht die **Kirche Santa María** aus dem 16. Jahrhundert mit barocker Fassade und einem auffälligen Rautenmuster. Gegenüber befindet sich noch ein ehemaliges **Gehöft mit Befestigungsanlagen** aus dem 15. bis 16. Jahrhundert; das Gebäude trägt den Namen Can Jalpí. An der zentralen Plaça Catalunya stehen einige Bauten aus dem 18. und 19. Jahrhundert.

Unterkunft

- ●In den Randbezirken des Ortes und damit zumeist in Strandnähe gibt es zahlreiche Hotelriesen mit einer Zimmeranzahl zwischen 100 und 481; im Ortskern liegen meist kleinere Häuser.
- ●**Hotel Koppers** €€, c/ Esglèsia 76, Tel. 937 671 214, Fax 937 623 997, geöffnet vom 1.4. bis 31.10. Nun ja, klein ist das Haus mit seinen 160 funktional eingerichteten Zimmern auch nicht. Es liegt mitten im Ort, etwa 10 Minuten Fußweg vom Strand entfernt.
- ●**Pension Tres Pins** €€, Plaça d'Espanya 24, Tel. 937 623 624. Nette kleine, zentral gelegene Pension, die aber nur vom 1.5. bis zum 31.10. geöffnet ist.

Camping

- ●**Bell Sol,** 2. Kategorie, Paseo Marítimo 46, Tel. 937 671 778, geöffnet: 1.5.-30.9. Mittelgroßer Platz in Strandnähe für 850 Urlauber.
- ●**Caballo de Mar,** 2. Kategorie, Paseo Marítimo 56, Tel. 937 671 706, ganzjährig geöffnet, vom 1.1.-31.3. und 1.10.-31.12. nur am Wochenende. Großer Platz (1100 Personen) in Strandnähe mit vielen Bäumen.
- ●**El Camell,** 2. Kategorie, Avinguda dels Taragoners s/n, Tel. 937 671 520, Fax 937 670 270, E-Mail: campingcamell@teleline.es, geöffnet vom 1.5. bis 30.9. Kleiner Platz für 580 Camper, unweit des markanten Hotel Taurus.

Costa del Maresme

Genügend Schatten durch Laubbäume, Pool. Deutschsprachige Leitung.

● **Enmar,** 2. Kategorie, Avinguda de la Mercè s/n, Tel. 937 671 730, E-Mail: enmar@entorno.es, Internet: www.camping-enmar.com, geöffnet vom 1.3. bis 30.10. Kleiner Platz (500 Personen) mit Parzellen unter Bäumen, knapp 200 Meter vom Strand entfernt.

Essen & Trinken

● **Restaurant Rías Baixas,** c/ Ciutadans 25, Tel. 937 670 078. Katalanische Küche ist gut, keine Frage, aber die baskische gilt gemeinhin als Spitze. Mal probieren!
● **Restaurante Zafra,** c/ del Mar 43. Handfeste Mahlzeiten zu reellen Preisen.

Feste

● **24. Juni:** Festa de Sant Joan Petit, das „kleine" Sommerfest.
● **29. August:** Festa de Sant Joan Gros, u.a. mit einem Festumzug von Gegants.

Calella

● **Einwohner:** 12.000
● **PLZ:** 08370
● **Entfernung nach Barcelona:** 46 km
● **Touristeninformation:** c/ St Jaume 231, Tel. 937 690 559, Fax 937 695 982, E-Mail: ptcalella@publintur.es,
● **Internet:** www.publintur.es/calella.htm

Manchmal sprechen die Prospekte der örtlichen Touristeninformationen Bände. Calella, heißt es da, sei „ein im Sommer von fieberhafter Aktivität erfüllter Ort". Nett gesagt. Etwas freier ausgedrückt: Hier **tobt das touristische Leben,** hier steppt der Bär! Calella ist *der* Ort an der Maresme-Küste, wo im Sommer die sprichwörtliche

Sau rausgelassen wird. Nicht zu verwechseln ist dieser Ort übrigens mit dem weiter nördlich gelegenen Calella de Palafrugell, in dem es deutlich beschaulicher zugeht. Die Party-Hochburg heißt **Calella de la Costa.** Und die *costa* und damit der Strand ist natürlich das Lockmittel des Ganzen. Um die 70 Hotels mit 100 bis 300 Zimmern sowie unzählige Apartmentblocks warten auf geneigte Kundschaft. Diese füllt tagsüber die Strände, nachts die Kneipen. Hier wird Massentourismus in seiner kompromisslosesten Form betrieben. Wer dies akzeptiert, wird hier zweifelsohne viel Spaß haben.

Der Strand ist lang und breit, die Hauptmeile mit Kneipen, Shops etc. liegt nur eine Parallelstraße von der *playa* entfernt; die Hotels liegen meist etwas außerhalb, doch weit ist es niemals von einer Fiesta-Hochburg zur nächsten.

Platja de Calella

Der Strand verläuft über knapp 2200 Meter und fällt sehr breit aus, im Mittel stolze 65 Meter. Aber soviel Strand braucht's auch, denn im Sommer wird es knackvoll. Parallel zum Strand verläuft eine schmale begrünte Zone als nette Flaniermöglichkeit. Direkt dahinter folgen eine Bahnstrecke, eine Straße und mit ihr die ersten Häuser. Strand und Park sind recht nett hergerichtet, und wer außerhalb der Saison kommt, trifft hier sogar noch *pensionistas* (Rentner) beim Schachspiel an.

Costa del Maresme

Sehenswertes

Nicht viel ... Wer aufmerksam durch den eben erwähnten Park spaziert, wird das **Sardana-Denkmal** nicht übersehen. Dies signalisiert, dass Calella zwar fest in touristischer Hand ist, sich aber trotz allem seiner katalanischen Identität noch bewusst ist. Irgendwie beruhigend. Der Ort selbst besteht auch noch heute aus beinahe rechtwinklig angelegten Straßenzügen mit nicht mehr ganz modernen Häusern. Die Hotel-Hochhäuser liegen glücklicherweise am Ortsrand oder sogar im Hinterland. Der **Ortskern** blieb mehr oder weniger erhalten. Etliche Straßen wurden sogar zu Fußgängerzonen umfunktioniert. Hier flanieren am Abend all die Tausende von Urlaubern, denn es locken Lokale, Shops, Restaurants, Spielhallen etc. Wer sucht, der findet eben, das Angebot ist überwältigend.

Mitten im Zentrum steht die **Kirche Santa María** aus dem 17. Jahrhundert mit einem auffälligen barocken Portal, an dem die zwölf Apostel abgebildet sind.

Nur im Winter sind die Pensionistas hier noch unter sich

Einmal ums Eck, in der Carrer Escoles Pies 36, liegt das städtische Museum, das **Museu Arxiu.** Es zeigt archäologische Funde aus der Umgebung, die z.T. bis in die römische Zeit zurückdatieren, und gibt einen Überblick über die Stadtgeschichte; interessant z.B. der originalgetreue Wiederaufbau einer historischen Apotheke.

● **Geöffnet:** Di-Sa 17-20, So 12-14 Uhr, Mo geschlossen.

In der c/ Riera liegt, schräg gegenüber des Rathauses *(ajuntament)*, ein schönes altes Gebäude aus dem 16. Jahrhundert, die **Casa Galcerán.**

Praktische Tipps

Unterkunft

Die meisten Unterkünfte liegen am Rand von Calella, im Ortskern bleiben Quartiere eine Ausnahme.

● **Hotel Céntrico** €€, c/ de les Creus 28, Tel. 937 692 772, ist eine dieser Ausnahmen; es hat 47 Zimmer.

● **Hotel Mar Edén** €€, c/ Cervantes 31, Tel. 937 690 487, Fax 937 690 646, geöffnet: 1.4.-31.10. Immerhin 85 Zimmer hat das Haus, das nur einen Block von der Strandstraße entfernt und gleichzeitig etwas am Rande der nächtlichen Party-Zone liegt.

● **Hotel Express** €€, c/ Riera 32-34, Tel. 937 690 883, E-Mail: hotelexpress@abaforum.es. Nördlich des Altstadtkerns, aber doch nur drei Blocks vom Strand entfernt. Insgesamt 36 funktionale Zimmer.

Camping

● **Botànic Bona Vista,** 2. Kategorie, N-II km 665, Tel. 937 692 488, E-Mail: info@botanic-bonavista.net, Internet: www.botanic-bona-vista.net, ganzjährig geöffnet. Kleiner Platz (400 Personen), am Ortsrand Richtung Sant Pol gelegen, etwa 200 Meter vom Strand. Das Gelände ist terrassenartig angelegt; das bedeutet steile Wege, aber auch Meerblick.

● **El Far,** 2. Kategorie, N-II km 666, Tel./Fax 937 690 967, E-Mail: elfar@reset.es, geöffnet vom 1.4. bis 30.9. Kleiner Platz am Ortsrand, etwa 300 Meter vom Meer entfernt. Etwas steilere Wege, von den Stellplätzen genießt man schöne Ausblicke auf Meer und Ort.

● **Roca Grossa,** 2. Kategorie, N-II km 665, Tel. 937 691 297, E-Mail: rocagrossa@rocagrossa.com, Internet: www.rocagrossa.com, geöffnet vom 1.4. bis 30.9. Der größte der drei Plätze bietet Raum für 1000 Personen. Er liegt einen guten Kilometer außerhalb, zum Strand sind es kaum 200 Meter. Steile Zufahrt, aber auch prima Meerblick.

Essen & Trinken, Nachtleben

● Natürlich gibt es Angebote in Hülle und Fülle. Die Hauptmeile ist die langgezogene Fußgängerzone Carrer Esglèsia. Zumeist ist die Speisekarte auf **internationalen Durchschnittsgeschmack** ausgelegt, also Pizza, Pasta, Baguette usw. Damit es ja keine Missverständnisse gibt, legen die meisten Lokale eine Fotokarte aus, auf der die Speisen abgebildet sind. Ein aus dem Einerlei herausragendes Lokal konnte ich leider nicht entdecken.

● Insgesamt 14 **Diskotheken** veranstalten allabendlich ein wahres Gerangel um die Kundschaft. Junge Leute ziehen durch die Straßen und verteilen Eintrittskarten und Flyer, um feierfreudige Urlauber anzulocken.

● Ein **Kino** liegt in der c/ Esglèsia 91.

Adressen

● **Bahnhof:** c/ Anselm Clavé s/n (ist ausgeschildert).

● **Guardia Civil:** c/ Sant Jaume 494.

● **Hospital:** c/ Sant Jaume 204, Tel. 937 690 201.

● **Post:** c/ Sant Antoni 30.

● **Polizei:** Avinguda del Parc 9.

Feste

● **Juni:** An jedem Sonntagmittag finden Sardanatänze auf dem Passeig M. Puigvert statt, dem Park vor dem Strand.

● **Erster Sonntag im Juni:** Aplec de la Sardana. Seit 1927 treffen sich die besten *coples* (Musikgruppen) zusammen und spielen den ganzen Tag, während das Volk Sardana tanzt.

●**16. Juni:** Sommerfest zu Ehren von Sant Quirze und Santa Julita, den beiden Ortspatronen.

●**Juli und August:** Jeden Sonntagabend ab 19.30 Uhr Sardanas.

●**22. Juli:** Sommerfest zu Ehren von Sant Jaume auf dem Passeig M. Puigvert.

●**16.-24. September:** Festa Major de la Minerva, großes Sommerfest, u.a. mit Konzerten, Tanz, Gegants, Kochwettbewerb und einer Misswahl.

●**1.-15. Oktober:** Fiesta de la Cerveza, oder genauer: Oktoberfest. Fast so wie beim großen Münchner Vorbild heißt's „Oans, zwoa, gsuffa!" In einem riesigen Festzelt im Park am Meer.

Markt

●**Termin:** Samstag.

Canet de Mar

●**Einwohner:** 9000
●**PLZ:** 08360
●**Entfernung nach Barcelona:** 41 km
●**Touristeninformation:** Carrer Ample 11, Tel. 937 943 940, Fax 937 941 231, Internet: www.cibercanet.org

Ein Ort wie viele andere an der Costa, nur mit einem Unterschied: Der Tourismus hat sich hier noch nicht mit aller Macht durchgesetzt. Das bedeutet für einen neugierigen Reisenden, dass man hier einen kleinen Küstenort im Umfeld der Millionenmetropole Barcelona kennen lernen kann, der auch noch einen schönen Strand und einige wirklich gute Lokale zu bieten hat. Klingt doch nicht schlecht, oder?

Platja de Canet

Der Strand verläuft über 2200 Meter und ist relativ breit. Der Sand ist hell, aber etwas grob. Wie überall hier, verläuft die Bahnlinie direkt am Strand entlang, ebenso eine Promenade sowie eine Durchgangsstraße; direkt dahinter folgt die erste Häuserreihe.

Sehenswertes

Im Zentrum steht die aus dem 16. Jahrhundert stammende **Kirche Sant Pere i Sant Pau,** mitten im alten Ortskern mit seinen schmalen Gassen und historischen Gebäuden. Dem Star-Architekten **Lluís Domènech i Montaner** ist in Canet ein eigenes Museum gewidmet. *Domènech* lebte von 1849 bis 1923; sein bekanntestes Werk ist der Palau de la Música in Barcelona. Das Museum liegt in der Riera Buscarons 3 im Zentrum; es besteht aus zwei Gebäuden: Im Landhaus Rocosa aus dem 16. Jahrhundert sind die Pläne und Entwürfe des Architekten ausgestellt, während in der Casa Domènech, das 1908-1910 von ihm selbst entworfen und gebaut wurde, sein Leben dokumentiert ist.

●**Geöffnet:** Di, Do, Sa 10-13 Uhr, jeden ersten und dritten Sa werden geführte Touren angeboten. Anmeldung und Infos unter Tel. 937 954 615.

Domènech renovierte auch das **Castillo de Santa Florentina** mit seinen zwei Türmen aus dem 13. und 14. Jahrhundert. Die Burg liegt, genau wie die **Wallfahrtskirche Mare de Déu de la**

Costa del Maresme

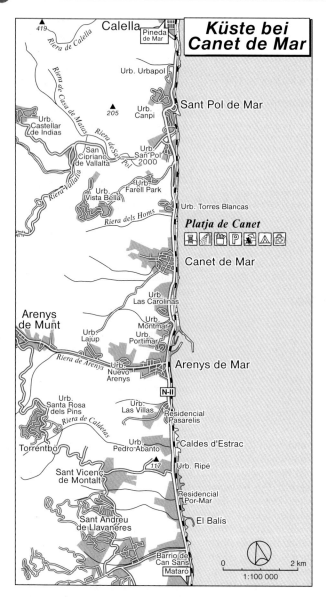

Küste bei Canet de Mar

- Calella
- Pineda de Mar
- Urb. Urbapol
- Sant Pol de Mar
- Urb. Canpi
- Urb. Castellar de Indias
- San Cipriano de Vallalta
- Urb. San Pol 2000
- Urb. Farell Park
- Urb. Vista Bella
- Urb. Torres Blancas
- *Platja de Canet*
- Canet de Mar
- Urb. Las Carolinas
- Arenys de Munt
- Urb. Montmar
- Urb. Lajup
- Urb. Portimar
- Urb. Nuevo Arenys
- Arenys de Mar
- Riera de Arenys
- N-II
- Urb. Santa Rosa dels Pins
- Urb. Las Villas
- Residencial Pasarelis
- Riera de Caldetas
- Torrentbo
- Urb. Pedro-Abanto
- Caldes d'Estrac
- Sant Vicenç de Montalt
- Urb. Ripé
- Residencial Por-Mar
- Sant Andreu de Llavaneres
- El Balis
- Barrio de Can Sans
- Mataró

Riera de Calella
Riera de Casa de Matas
Riera de San Pol
Riera Vallalta
Riera dels Homs

0   2 km
1:100 000

Misericòrdia, weit außerhalb des Ortes in einem Park, der über eine Allee (Passeig de la Misericòrdia) von Canet aus zu erreichen ist.

Praktische Tipps

Unterkunft

Große Hotelkästen existieren hier nicht, nur einige wenige familiäre Betriebe.
- **Hostal Mar Blau** €€, c/ Sant Domènec 24, Tel./Fax 937 940 499. Leider nur vom 1.6. bis 15.10. geöffnet. Im Zentrum, nur fünf Minuten vom Bahnhof und Strand gelegenes Haus mit 49 Zimmern.
- **Pension Mitus** €€-€€€, Riera de la Torre 20, Tel. 937 942 903, Fax 937 941 600. Kleines hübsches Gebäude mit einer Mini-Terrasse und gerade mal sieben Zimmern. Das Haus erhielt bereits eine Auszeichnung der Hotelería del Maresme.
- **Hotel Rocatel** €€-€€€, Passeig del Maresme, Tel. 937 940 350. Immerhin 40 Zimmer hat dieses Haus in unschlagbarer Lage am Strand und gleichzeitig haarscharf am Stadtrand.

Camping

Insgesamt fünf Campingplätze liegen bei Canet, allerdings zählen vier davon zur 3. Kategorie und sind, bis auf Camping Victoria, sehr klein.
- **El Globo Rojo,** 1. Kategorie, N-II km 660, Tel. 937 941 143, geöffnet: 1.4. bis 31.8. Mit Raum für 370 Personen ist der „rote Ballon" nicht eben groß. Er liegt weniger als einen Kilometer außerhalb von Canet und gleichzeitig unweit des Strandes. Bereits im Ort ist er ausgeschildert.

Essen & Trinken

- **Restaurante Sa Rosa,** c/ Balmes 2, Tel. 937 941 000, ganz in der Nähe des Bahnhofs, bietet guten Mittagstisch.
- **Restaurant El Sant Jordi de Canet,** Riera Sant Domènec 1, Tel. 937 954 696. Ein so genanntes besseres Lokal mit guten, fantasievoll zubereiteten Speisen in einem gepflegten Ambiente.

Adressen

- **Ärztliches Zentrum:** c/ Costa de l'Hospital.
- **Post:** Riera Gavarra, an der Ecke c/ Verge del Carme.

Feste

- **Ende Mai:** Feria de Maduixa, eine Art Erntedankfest für Erdbeeren. Das Fest findet am Paseo Marítimo statt; dort werden die *fresas* angeboten.
- **29. Juni:** Festa major de Sant Pere, das wichtigste Fest des Ortes.
- **8. September:** Festa major petita, Diada de la Mare de Déu de la Misericòrdia. Zum Gedenken an die Heilige dieser Wallfahrtskirche.

Markt

- **Termin:** Mittwoch.

Barcelona

351cb Foto: jf

346cb Foto: jf

Die Kolumbussäule an der Rambla

Eindeutig: ein Werk von Gaudí

Plaça Catalunya

- **Einwohner:** 1,7 Mio.
- **PLZ:** mehrere Postleitzahlen, je nach Stadtteil
- **Touristeninformationen:**
  In der City: Plaça Catalunya 17 (im Untergeschoss, direkt unter dem Platz), Tel. 906 301 282, Hotelinformation: 933 043 232. Infos über Barcelona und Katalonien, Möglichkeit zum Geldwechseln, Infos über die Hotels und ein Souvenirshop, geöffnet täglich 9-21 Uhr
  Im Estació de Sants (der Hauptbahnhof von Barcelona) in der Haupthalle: Infos über Barcelona, geöffnet Mo-Fr 8-20 Uhr, Sa, So 8-14 Uhr, im Sommer tgl. 8-20 Uhr;
  Im Aeroport (Flugplatz): Infos über Barcelona, Katalonien und Spanien. Internationale Ankünfte, geöffnet: Mo-Sa 9.30-20.30 Uhr, So 9.30-15 Uhr
- **Internet:** www.barcelona.turisme.com

Überblick

Sie haben also nur einen Tag Zeit, wollen Barcelona einen **Kurzbesuch** abstatten. Sie werden bestimmt so angetan sein von dieser lebendigen Stadt, dass Sie wiederkommen wollen. Und das müssen Sie, keine Frage, denn Barcelona an einem Tag, das ist wirklich viel zu kurz! Es gibt so viel zu sehen, dass man Tage, ja Wochen bleiben müsste, aber wer kann das schon? Eine erste Annäherung, ein Reinschnuppern soll es sein; haben Sie erst einmal die typische Stimmung dieser Stadt aufgenommen, werden Sie sicherlich mit dem „Barça-Virus" infiziert.

Bei mir ging es nicht von heute auf morgen, kein Wunder, lebte ich doch lange Zeit in Madrid. **Madrileños und Barceloniner,** das ist wie Bayern und Preußen, Hamburger und Münchner, man ist sich einig in heftigster Abneigung. Diese Einstellung färbte sogar auf den Ausländer ab, bis die Neugier dann doch obsiegte. Und seitdem fahre ich nach Barcelona fast noch lieber als nach Madrid. Die Nähe zum Meer hatte wohl die im Vergleich zu Madrid größere Weltoffenheit Barcelonas zur Folge.

Barcelona hat zweitausendjährige Wurzeln; bereits die Römer hinterließen hier ihre Spuren. Im Laufe der Jahrhunderte veränderte Barcelona beständig sein Gesicht, zuletzt im großen Stil anlässlich der Olympischen Spiele 1992. Dadurch entstanden verschiedene Viertel, die jedes für sich sehenswert sind. Aber das wäre nicht zu schaffen an einem Tag; konzentrieren wir uns also auf das Machbare.

Geschichte

Mit den **Römern** fing es an, sie hatten im 2. Jh. ein befestigtes Lager am Fuße eines Berges (Montjuïc) mit Zugang zum Meer errichtet, *Barcino* hieß es. Bis zum 4. Jh. wurde das Lager ausgebaut zu einer Festung mit hohen Schutzmauern von 9 Metern Höhe. Seinerzeit sollen hier schon 10.000 Menschen gelebt haben. Im Laufe der Zeit gewann Barcino auch wirtschaftlich an Bedeutung. Nach den Römern kamen die Goten, die aber auch nicht lange blieben.

Im ersten Viertel des 8. Jh. fiel Barcino in die Hände der **Araber,** ein Jahrhundert später befreite es *Ludwig der Fromme,* König von Aquitanien. Der Geschichtsverlauf wird nun etwas blass, die Araber attackierten noch mehrfach, so durch *Almanzor* im Jahr 985, letztendlich vergeblich.

Das 10. und 11. Jh. brachten eine gewisse **wirtschaftliche Erholung.** Der Handel entwickelte sich gut, der Hafen wurde zu einem der wichtigsten im Mittelmeer. Die wirtschaftliche Macht brachte auch politische Größe, bereits im 9. Jh. war Barcelona eine Grafschaft, die ab 1137 schließlich zum Königreich Aragón gehörte. Bis etwa zum 12. Jh. lebte die Bevölkerung noch innerhalb der Stadtmauern aus römischen Tagen, obwohl die Einwohnerzahl sich vervielfacht hatte.

Schließlich wurde die Stadt aber doch zu klein, eine neue Mauer wurde errichtet, und ab dem 13. Jh. **expandierte Barcelona** gewaltig. Aus jenen Tagen stammen noch einige Straßen, die auch heute noch existieren, die Santa Maria del Pi in der Altstadt beispielsweise. Auch die Kirche Santa María del Mar, die Grundzüge der Hafenanlage oder die Gründung der Universität 1451 zeugen von Expansion und Drang nach Veränderung. All diese Entwicklungen fanden trotz schlimmer Geschehnisse statt, wie das Aufkommen der Schwarzen Pest zur Mitte des 14. Jh. Auch der Bürgerkrieg ein Jahrhundert später brachte viel Leid und vor allem die Unterbrechung des Mittelmeerhandels, der Basis und Quelle von Barcelonas Reichtum.

Das 17. und 18. Jh. brachten keinen Fortschritt, **Barcelona stagnierte,** die spanischen Könige, die mittlerweile das ganze Land regierten, verlegten alle Aktivitäten in die neu entdeckten Überseekolonien. Barcelona blieb von diesen Geschäften ausgeschlossen.

1735 wurde das Viertel Barceloneta errichtet, Militärs übernahmen die **Planung der Stadt,** da man Barcelona sicherer machen wollte gegen Überfälle. Später dann wurde die Stadt verbreitert, indem man die Stadtmauern einriss, beispielsweise im Bereich der Rambla. Anfang des 19. Jh. wurde Barcelona zur Industriehauptstadt Spaniens, mit der Konsequenz einer **massiven Einwanderung** von Arbeitern aus dem armen Süden des Landes. Allein zwischen 1836 und 1847 kamen 50.000 Menschen, in kürzester Zeit musste deshalb Wohnraum geschaffen werden.

1859 wurde ein erster großer Erweiterungsplan vorgelegt, dem zahlreiche Bauten folgten. Die Stadtmauern verschwanden endgültig und die Ciutadella, die ehemalige Festung, wurde abgerissen. Heute befindet sich an dieser Stelle ein Park selben Namens. Der Boom hielt an, immer mehr Menschen kamen, die **Stadt wuchs.** Eigenständige Gemeinden wie Gràcia, Sant Andreu oder Sants wurden geschluckt und waren plötzlich nur noch ein Stadtteil. Die nächsten beiden städtebaulichen Schübe gaben die beiden Weltausstellungen 1888 und 1929, wobei vor allem die Besiedlung und Bebauung des Berges Montjuïc und der Plaça Espanya betrieben wurden.

Barcelona

●	1	Strecke der Tramvia Blau (der Straßenbahn)	●	14	Seilbahn Transbordador aeri
★	2	Park Güell	★	15	Kolumbussäule
●	3	zum Fußballstadion F.C. Barcelona	★	16	L'Aquàrium
●	4	Bahnhof Sants (Hbf)	⑪	17	Fischrestaurants entlang des Passeig Joan de Borbó
🏨		Hotel Barceló Sants			
❶		und Touristeninfo	★	18	Zoo
★	5	Plaça Espanya	Ⓑ	19	Busterminal Estació del Nord
Ⓜ	6	Poble Espanyol			
★	7	Springbrunnen mit nächtl. Illumination	ⅱ	20	Kirche Sagrada Familia
★	8	Anella Olímpica mit Olympiastadion	★	21	La Pedrera (Haus von Gaudí)
Ⓜ	9	Museu Nacional d'Art de Catalunya	🏨	22	Hotel Balmes
			🏨	23	Hotel Barcelona
★	10	Fundació Joan Miró	❼	24	Tapa-Bar Tapa-Tapa
●	11	Seilbahn Funicular de Montjuïc	❼	25	Tapa-Bars Quasi Queviures und Ba-Ba-Reeba
●	12	Seilbahn Teleféric de Montjuïc	★	26	Plaça Catalunya
★	13	Aussichtspunkt Miramar Costa Lloberec	ⅱ	27	Kathedrale
			Zentrum:		siehe S. 302

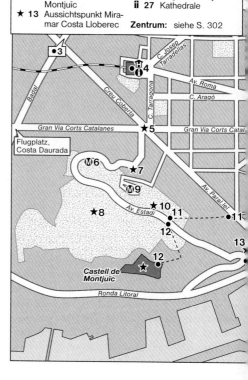

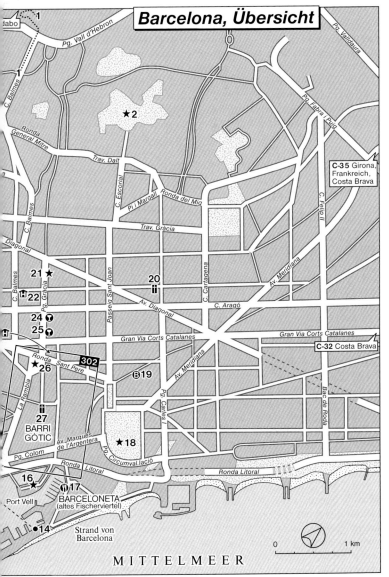

Barcelona, Übersicht

Barcelona

Mittlerweile zählte die Stadt eine halbe Million Einwohner. Im Zuge der Olympischen Spiele 1992 gab es noch einmal **starke bauliche Veränderungen,** die heute im Bereich des Hafens und des alten Viertels Barceloneta zu sehen sind. Jedes dieser großen Ereignisse (Industrielle Revolution, Weltausstellung, Olympiade) veränderte das Gesicht der Stadt nachhaltig; so wurde aus einem römischen Lager für 10.000 Menschen schließlich eine Millionenstadt.

Fortbewegung

Anreise

Einen Tagesausflug in die katalanische Metropole kann man sehr gut und relativ einfach **auf eigene Faust** unternehmen. Sicher, noch einfacher wäre eine organisierte Bustour, so wie sie von jedem Ort der spanischen Küste angeboten wird. Aber seine eigenen Wege zu gehen, macht doch viel mehr Spaß, oder? Jedoch stellt sich zunächst die grundsätzliche Frage: Wie komme ich hin? Hier bieten sich zwei bis drei Möglichkeiten, je nachdem, in welchem Ort Sie Urlaub machen.

Per Bus

Von vielen Orten fahren **Linienbusse** nach Barcelona. Diese Busse verkehren mehrmals täglich, grob kann gesagt werden, dass der letzte Bus zurück gegen 20 Uhr fährt. Aber das muss natürlich unbedingt noch einmal überprüft werden.

Der **Busterminal in Barcelona** liegt bei dem ehemaligen Bahnhof Estació del Nord, c/ Ali-Bei 80, nicht allzu weit vom Zentrum entfernt. Ganz in der Nähe befindet sich die Metrostation Arc de Triomf, wo es nur zwei Stationen Fahrt mit der „roten Linie" L 1 in Richtung Feixa Llarga bis zum Zentrum sind, bis zur Station Plaça de Catalunya.

Per Auto

Mit dem Auto in die Millionenmetropole zu fahren, möchte ich **nur Leuten mit guten Nerven** empfehlen. Der Verkehr fließt doch um einiges anders als von zu Hause gewohnt. Die Barceloniner gehen lässiger mit den Regeln um und fahren einen flotten Stil, wenngleich sie auch versuchen, Rücksicht auf Ausländer zu nehmen.

Die Anfahrt aus Richtung Norden erfolgt meist über die Autobahn A 7 oder C- 31/32, die in alten Karten noch A 19 heißt. Alternativ kann man die stark befahrene (weil gebührenfreie) Küstenstraße N-II nutzen, die auch ins Zentrum führt. Die A 7 verläuft weiträumig um Barcelona herum; wer in ins Centro will, wechselt auf die Zubringerautobahn A 17. Die Autobahnen münden in die breite Gran Vía de les Corts Catalans und passieren dann später einen großen markanten Kreisverkehr, die Plaça de les Glòries Catalans. Von diesem Punkt ist es nicht mehr weit zur zentralen Plaça Catalunya; Parkmöglichkeiten gibt es etwa an der Plaça, entlang der Gran Vía de les Corts Catalens oder auch beim Hafen *(port)*.

Unterwegs mit dem Bus Turístic

Per Bahn

Aus Richtung Norden, von Frankreich kommend, verläuft eine Bahnlinie zunächst entlang der Küste bei Portbou und Llança, bevor sie ins Hinterland über Figueres und Girona abbiegt. Erst bei Blanes führt die Strecke zurück zur Küste. Ab Blanes passiert sie alle Küstenorte der Costa Maresme und führt direkt bis zum **Hauptbahnhof Sants.** Manche Züge passieren auch die zentrale Station **Plaça Catalunya.** Wer also von der Costa Brava per Bahn nach Barcelona reisen möchte, sollte einen der Bahnhöfe Blanes, Girona oder Figueres zunächst per Auto ansteuern und von dort starten.

In Barcelona

Ist man nun glücklich angekommen, hat auch die hier schon mehrfach genannte Plaça Catalunya einmal umrundet und sich mit einem Stadtplan von der Touristeninformation (im Untergeschoss) gegenüber dem Kaufhaus El Corte Inglés versorgt, taucht die Frage auf, wie es weitergeht.

Bus Turístic

Die beste Art, die wichtigsten Sehenswürdigkeiten an einem Tag kennen zu lernen, ist der Barcelona Bus Turístic. Solange dieser Service angeboten wird, kann ich einem Tagesbesucher nichts anderes empfehlen. Man kann kaum auf eigene Faust ähnlich viel sehen. Der Bus befährt zwei spezielle Routen, die etwa zwei Stunden beanspruchen, und klappert dabei **alle wichtigen touristischen Sehenswürdigkeiten der Stadt** ab.

Die **Nordroute,** in allen Plänen rot gezeichnet, fährt u.a. von der Plaça Catalunya an einigen Gaudí-Sehenswürdigkeiten vorbei (u.a. Sagrada Familia), erreicht schließlich den königlichen Palast und das Fußballstadion des F.C. Barcelona.

Die **südliche Route** (blau) beginnt ebenfalls an der Plaça Catalunya, schlägt einen Bogen über die Einkaufsstraße Pg. de Gràcia, führt dann über die Plaça Espanya zum Olympiastadion, dem Poble Espanyol, um zum Schluss am Hafen vorbei die Ramblas hochzufahren.

Man kann **jederzeit ein- und aussteigen** und so oft mitfahren, wie man möchte. Sobald man sich die jeweilige Sehenswürdigkeit an einem Punkt angeschaut hat, steigt man einfach in den nächsten Bus ein und fährt zur nächsten spannenden Stelle. Der erste Bus startet an der Plaça Catalunya um 9 Uhr, der letzte um ca. 20 Uhr, etwa alle 15 Minuten kommt ein Bus. Als besonderer Service verkehren auch einige Doppeldeckerbusse.

●**Preise:** Ticket für einen Tag 14 €, Kinder von 4-12 Jahren 8 €, Ticket für zwei aufeinander folgende Tage 18 €. Mit dem Ticket erhält man ein *carnet de descompta,* ein Büchlein mit Ermäßigungskarten. Zu fast allen entlang der Route gelegenen Sehenswürdigkeiten erhält man damit verbilligten Eintritt (im Folgenden B.T. genannt),

ebenso sind etliche öffentliche Verkehrsmittel verbilligt.

Barcelona Tours

Mittlerweile gibt es ein **Konkurrenzunternehmen** namens Barcelona Tours, das im Prinzip die gleiche Leistung wie der Bus Turístic anbietet. Die orangefarbenen Busse starten an der Ronda Universitat 5, passieren aber auch im Zentrum die Plaça Catalunya und den Hafen in Höhe Kolumbusdenkmal, wo man jeweils zusteigen kann.

●**Preise:** 1 Tag Erw. 15 €, Kinder 9 €; 2 Tage Erw. 19 €, Kinder 12 €; Kinder bis 7 Jahre fahren gratis mit.

Spaziergänge

Danach könnte noch ein Spaziergang anstehen, zum vertiefenden Blick auf das Detail, jetzt, nachdem man das Ganze kennengelernt hat. Ein Fußmarsch **über die Rambla** zum Hafen ist Pflicht, darüber hinaus wären je nach Interessen (und Energie?) **verschiedene Routen** möglich. Ich möchte hier ein paar Vorschläge machen, genau wissend, dass nicht alles an einem Tag zu schaffen ist. Aber vielleicht ist es ja ein Anreiz für Sie, nochmals wiederzukommen.

Sehenswertes

Also, hier deshalb in der gebotenen Kürze die wichtigsten Sehenswürdigkeiten entlang der Routen des Bus Turístic (die verbilligten Eintrittspreise für Bus-Turístic-Gäste werden mit B.T.

bezeichnet). Falls doch mal jemand einen Punkt lieber mit der Metro ansteuern möchte, wird die jeweils nächstgelegene Station genannt. Ausgangspunkt ist die Plaça Catalunya.

Die Nordroute des Bus Turístic

La Pedrera

- **Adresse:** Passeig de Gràcia 92.
- **Nächste Metro:** Diagonal, liegt schräg gegenüber.
- **Geöffnet:** Mo-So 10-19.30 Uhr, Eintritt: 6 €, B.T. 4,80 €.

La Pedrera („Steinbruch") ist der volkstümliche Name dieses Hauses, das der geniale Architekt *Antoni Gaudí* 1910 baute. Der offizielle Name lautet *Casa Milà*. Es handelt sich hier um **eines der spektakulärsten Gebäude, die Gaudí errichtet hat.** Und heute ist es wohl auch eines der meistfotografierten. Obwohl genau das nicht einfach ist, denn die weit geschwungenen Formen lassen sich kaum von der gegenüberliegenden Straßenseite einfangen. Die Fassade wirkt ein wenig rau, angeblich stammen die Steine vom Berg Montserrat. Auffällig bleibt die leicht wellige Grundform des ganzen Gebäudes, einschließlich der Balkone. Oben auf der Terrasse erheben sich gewundene Schornsteine und Lüftungsrohre.

Fast schon ein **Wahrzeichen für Barcelona** dürfte diese Kirche sein, natürlich auch von *Gaudí* entworfen. Der Bau wurde bis heute nicht abgeschlossen, man arbeitet immer noch weiter, finanziert durch Eintrittsgelder und Spenden. 1882 wurden ursprünglich die Bauarbeiten begonnen, kurze Zeit später übernahm **Gaudí** die Weiterführung. Er stellte sich etwas völlig Neues vor, ein Gotteshaus mit 18 Tür-

Sagrada Familia

- **Adresse:** Plaça de la Sagrada Familia.
- **Nächste Metro:** Sagrada Familia.
- **Geöffnet:** 9-20 Uhr (im Herbst und Winter bis 18 Uhr). Eintritt: 6 €, B.T. 5 €.

Sagrada Familia

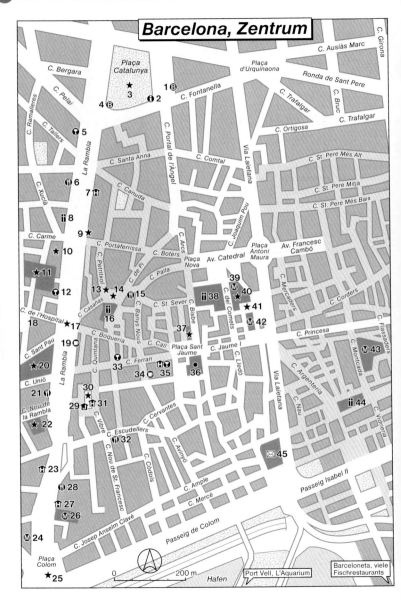

Barcelona, Zentrum

Ⓑ	1	Abfahrt Bus Turistic, Nordroute
❶	2	Touristeninformation
★	3	Springbrunnen
Ⓑ	4	Abfahrt Bus Turistic, Südroute
❷	5	Cervecería Naviera
⑪	6	Restaurant La Poma
🏨	7	Hotel Rivoli Ramblas
�ⅰ	8	Kirche Mare Deu Betlem
★	9	Palau Moja
★	10	Palau de la Virreina
★	11	Mercat Boqueria
❷	12	Bar Sukaldari
★	13	Plaça del Pi
★	14	Plaça de Sant Josep Oriol
⑪	15	Restaurant El Pi Antic
ⅰⅰ	16	Església del Pi
★	17	Pflastermosaik von Joan Miró
🏨	18	Hotel Sant Augusti
◯	19	Café del'Òpera
★	20	Opernhaus Gran Teatre del Liceu
⑪	21	Restaurant Ideal
★	22	Palau Güell
🏨	23	Hotel de l'Arc
Ⓜ	24	Museu Maritim
★	25	Kolumbussäule
Ⓜ	26	Wachsfigurenmuseum
🏨	27	Hostal Maritima
⑪	28	Restaurant Amaya
🛏	29	Jugendherberge Kabul
★	30	Plaça Reial
🏨	31	Hostal Roma Reial
⑪	32	Restaurant Los Caracoles
❷	33	Bar Schilling
◯	34	El Gran Café
🏨	35	Hotel Rialto und
❷		Bar Vilsin
●	36	Rathaus
★	37	Palau de la Generalitat de Catalunya
ⅰⅰ	38	Kathedrale
Ⓜ	39	Museu Frederic Marès
★	40	Palau Reial Major
★	41	Plaça del Rei
Ⓜ	42	Museu d'Història de la Ciutat
Ⓜ	43	Museu Picasso
ⅰⅰ	44	Kirche Santa Maria del Mar
✉	45	Post

men. Im Zentrum sollte sich ein 170 m hoher Turm erheben, weitere Türme, die 12 Apostel, die vier Evangelisten und die Jungfrau Maria symbolisierend, drumherum. Einige Türme wurden auch bislang errichtet, fertig gestellt ist die Kirche allerdings nicht. Ein Lift befördert die Besucher in die Spitze eines der Türme, von wo man eine sagenhafte **Aussicht** genießt. *Gaudís* Idee war es auch, dass alle Bauelemente Personen und Geschehnisse der Bibel darstellen sollten, viel zu viele Details, um sie an dieser Stelle auch nur annähernd abzuhandeln.

Park Güell

- **Adresse:** Carrer de Olot.
- **Nächste Metro:** Lesseps.
- **Geöffnet:** Täglich 9-21 Uhr. Eintritt frei.

Ein weiterer fantastischer **Entwurf von Antoni Gaudí,** gebaut für *Eusebi Güell,* einen Mäzen des Architekten. Ein weitläufiger Park entstand, in dem alle Gebäude, Treppen, Springbrunnen und Ruhezonen in **organischen, fließenden Formen** angelegt wurden. Städtische Elemente in Harmonie mit der Natur sollten entstehen, in Anlehnung an englische Parklandschaften, die *Güell* so sehr schätzte. Das ausgewählte Gelände lag damals etwas abseits und stark erhöht, so dass *Gaudí* die Höhenunterschiede in die Planung einbezog. So findet man gleich am Eingang die für ihn so typischen geschwungenen Treppen, später eine Art zweistöckige Ebene, deren obere Etage durch auffällig schräg gestellte Stützpfeiler getragen wird.

Barcelona

Nach dem Passieren des Haupteingangs erreicht man eine geteilte Treppe. In deren Mitte befindet sich ein Springbrunnen mit dem aufgerissenen Maul eines Drachens, alles aus schöner Keramik gefertigt. Die obere, offene Etage wird von einer sich rundum schlängelnden Bank begrenzt.

Tibidabo

● **Nächste Metro:** Per Metro ist Tibidabo nicht zu erreichen, man muss von der Plaça Catalunya mit der blauen Vorortlinie bis Av. Tibidabo fahren, von dort geht es mit der Straßenbahn weiter.

Tibidabo ist ein 512 Meter hoher **Berg** mit spektakulärer Aussicht auf die Stadt und mit einem Freizeitpark, allerdings etwas **umständlich zu erreichen.** Bei einem Besuch sollte deshalb auch die alte Weisheit „Der Weg ist das Ziel" im Vordergrund stehen. Warum? Zunächst muss man von der Haltestelle des Bus Turístic ein Stück mit der Straßenbahn Tramvía Blau fahren. Diese historische Bahn schleicht den relativ kurzen Weg von der Plaça Kennedy (Haltestelle des Bus Turístic) bis zur Plaça Funicular Tibidabo hoch. Bus-Turístic-Gäste zahlen hier statt 2,70 € nur 1,90 € für die Rückfahrkarte. An der Endstation angekommen, steigt man um in die Funicular Tibidabo, eine Zahnradbahn, die zum Berg hinaufklettert.

Oben angekommen, hat man in erster Linie den vielleicht besten **Ausblick über die ganze Stadt.** Und es gibt einen Parque de Atracciones, eine Art **Jahrmarkt** mit Karussells und Verkaufsbuden.

Museu F.C. Barcelona

● **Adresse:** Av. Aristedes Maillol s/n, Eingang Nr. 7.
● **Nächste Metro:** Collblanch oder Maria Cristina (ein etwas weiterer Weg).
● **Geöffnet:** Mo bis Sa 10-18.30, So 10-14 Uhr, Eintritt: 3,50 €, B.T. 15 % Rabatt.

Das Museu F.C. Barcelona ist für Fußballfans ein unbedingtes Muss, aber auch für weniger Kicker-Begeisterte ein lohnendes Ziel. Kaum ein Ort in der ganzen Stadt, mit Ausnahme vielleicht des Platzes vor der Kathedrale während der sonntäglichen Sardana-Tänze, atmet soviel **katalanischen Stolz.** Beinahe andächtig schreiten ganze Familien durch die Trophäensammlung eines der besten Fußballclubs der Welt, fotografieren sich gegenseitig vor den Schaukästen, in denen an die 1000 Pokale ausgestellt sind, umrahmt von Postern der großen Mannschaften, Fotos entscheidender Spielszenen und Devotionalien, wie die Fußballschuhe eines Spielers, mit denen ein siegbringendes Tor geschossen wurde.

Der Clou aber ist eine Besichtigung des **Stadions Camp Nou.** Der Besucher steigt hinab in die Katakomben, schaut in die ziemlich unspektakulären Umkleidekabinen, passiert dann auf dem Weg zum Rasen sogar eine kleine Kapelle. Jawoll, kurz vor dem Anpfiff können sich die Spieler göttlichen Beistand abholen. Zum ersten Saisonspiel versammelt sich sogar immer die komplette Mannschaft hier. Und dann steht man unten am Spielfeldrand und stellt sich vor, dass 120.000 Zuschauer einem gerade zujubeln.

Zum Abschluss wirft jeder einen Blick in den Fanshop, wo es wirklich alles in den Club-Farben *azul-grana* zu kaufen gibt.

Ende der Route

Der Bus setzt seine Fahrt dann über die breite **Avinguda Diagonal** fort, entlang diverser Shoppingcenter, biegt rechts ab in die **Carrer Balmes,** passiert die **Universität** und endet am Startpunkt, der **Plaça Catalunya.**

Die Südroute des Bus Turístic

Gestartet wird ebenfalls an der Plaça Catalunya. Der Bus passiert zunächst genau wie der Nord-Bus La Pedrera, biegt dann aber nach links auf die Av. Diagonal ab. Dort liegen etliche Shoppingcenter und exklusive Läden. Schließlich fährt der Bus über die Av. Josep Tarradelles zum Bahnhof Sants und dann zur Plaça Espanya.

Plaça Espanya

●**Adresse:** Plaça Espanya, im Schnittpunkt von Av. Parallel und Gran Via Corts Catalanes.
●**Nächste Metro:** Espanya.

Hier entstanden unterhalb des Berges Montjuïc etliche **Paläste,** die heute

Fließende Formen im Park Güell

Barcelona

Antoni Gaudí

So eigenwillig wie seine Bauwerke aussahen, so ungewöhnlich war auch sein **Tod.** *Antoni Gaudí,* der geniale Architekt, der Barcelona eine ganze Reihe von faszinierenden Bauten bescherte, starb beinahe unerkannt. Im Alter von 74 Jahren zog er täglich durch die Straßen der Weltmetropole, lief von seiner damaligen Wohnstätte an der Sagrada Familia bis zur Kirche San Felipe Neri, eine Entfernung von mehreren Kilometern. Eines Tages war er wieder einmal unterwegs – bis heute bleibt unklar, ob er verträumt nicht aufpasste oder ob es einfach fürchterliches Pech war –, als ihn eine Straßenbahn überfuhr. Da er seinerzeit keineswegs nach einem respektablen und wohlhabenden Mann aussah, lieferte man ihn zunächst ins Armenhospital ein. Der Mann, der Barcelonas Gesicht entscheidend geprägt hatte, wurde schlicht nicht erkannt. Erst einen Tag später entdeckten ihn seine Freunde, und er wurde schleunigst verlegt. Am 12. Juni 1926 erlag *Antoni Gaudí* seinen Verletzungen.

Viele Bürger der Stadt konnten seine Visionen nicht nachvollziehen. *Gaudí* verstieß mit seinen Werken gegen die herkömmlichen Gebote, er errichtete Häuser, die weiche, **gerundete, fließende Formen** aufwiesen und nicht starr eckig waren. Beeinflusst haben ihn die damals so populäre Gotik, aber auch orientalische Eindrücke. Als Ergebnis zeigen sich etliche Bauwerke noch heute als Stilgemisch, auch in der Verwendung sehr verschiedener Materialien. *Gaudí* war sehr stolz auf seine Herkunft, so tauchen immer wieder katalanische Elemente in seinen Werken auf, wie die Fahne oder das Bildnis des Drachens, abgeleitet vom Drachentöter Sant Jaume.

1852 wurde *Gaudí* in der Nähe von Tarragona geboren. Bis zum Alter von sieben Jahren konnte er wegen einer rheumatischen Erkrankung nur schlecht laufen. Seine späteren Biografen vertraten die Auffas-

sung, dass seine relative Bewegungsunfähigkeit ihn zu einem aufmerksamen **Beobachter der Natur** und ihrer Phänomene werden ließ – was seine späteren Arbeiten maßgeblich beeinflussen sollte.

Als Siebzehnjähriger ging er nach Barcelona, um Architektur zu studieren, wechselte vom ruhigen Landleben in die quirlige Metropole. Dort versuchte er schon bald, die **Phänomene der Natur** in seine Entwürfe einfließen zu lassen, besonders die Tatsache, dass es in der Natur kaum gerade Linien gibt. Das erleichterte nicht gerade die statischen Berechnungen, machte die Bauwerke aber interessanter. So findet man heute noch im Park Güell Stützpfeiler, die nicht aufrecht stehend eine zweite Ebene tragen, sondern schräg im 45-Grad-Winkel und in unregelmäßigen Ausmaßen errichtet wurden. Mit derartigen Ideen hatte er es zunächst schwer. Er zeichnete und entwarf und studierte noch nebenbei. Nachdem er schließlich sein Diplom erhielt, soll der Direktor sich gefragt haben, ob er nun ein Genie oder ein Verrückter sei.

Und tatsächlich mögen manchem *Gaudís* Visionen verrückt vorgekommen sein, nur nicht dem **Grafen Güell,** der einer der entscheidendsten Förderer wurde und etliche Aufträge vergab. *Gaudí* schuf unverwechselbare Arbeiten für *Güell,* wie den Park Güell oder die Casa Güell im Zentrum von Barcelona. Dominierend wie immer sind hier die fließenden Formen, die dem Ganzen einen fast surrealistischen Eindruck geben.

Alle Bauwerke werden von **Ornamenten** geschmückt, deren Form und Stil selbst auch Anlass zum Staunen geben, neben der ungewöhnlichen Bauweise des Ganzen. *Gaudís* Bauwerke fallen auch heute noch derart aus dem Rahmen, dass selbst architektonische Laien sofort ein Haus im Gaudí-Stil identifizieren können.

Casa Batlló, ein weiteres von Gaudí entworfenes Haus

überwiegend für Ausstellungen und Messen genutzt werden. Eine Art Eintrittstor sind die beiden hoch aufragenden Pfeiler, durch die die Av. Reina Maria Cristina verläuft. Diese breite, aber nicht allzu lange Promenade führt am Palau de Congresos vorbei, auf einen riesigen Springbrunnen zu.

Direkt dahinter erhebt sich das **Museu Nacional d'Art de Catalunya.** Es ist eines der wichtigsten Museen von Barcelona, beherbergt es doch eine Sammlung romanischer Kunst aus ganz Katalonien. Hier wurden sakrale Fundstücke aus verschiedenen katalanischen Kirchen zusammengetragen, Altäre, riesige Gemälde und die besonders beeindruckenden Wand und Deckenmalereien. Diese wurden in mühevoller Arbeit aus den einzelnen Dorfkirchen von den Wänden gelöst und in diesem Museum wieder aufgebaut, in den Dörfern blieben dann nur Kopien zurück.

●Geöffnet: Di-Sa 10-19 Uhr, So 10-14.30 Uhr; der Eintritt beträgt 4,80 €, B.T. 20 % Rabatt.

Da dieses Gebäude schon etwa 50 Meter erhöht liegt, führen großzügige Treppen, begleitet von Wasserspielen, hinauf. Der Clou aber ist die **abendliche Illumination der Wasserspiele,** ein Schauspiel, das im Sommer jeden Abend um 22 Uhr beginnt. Untermalt von klassischer Musik, werden die Springbrunnen zu Wasserspielen, die, choreografisch auf die Musik abgestimmt, farbenprächtige Bilder zaubern. Ein wirklich beeindruckendes Spektakel. Und wenn dann noch das von *Freddy Mercury* und *Montserrat*

Barcelona

Caballé gesungene „Barcelona" abgespielt wird, herrscht garantiert Gänsehaut-Feeling.

Poble Espanyol

- **Adresse:** Av. Marqués de Comillas.
- **Nächste Metro:** Espanya (also viel zu weit entfernt).
- **Geöffnet:** Mo 9-20 Uhr, Di-Do 9-2 Uhr, Fr und Sa 9-4 Uhr, So 9-24 Uhr. Eintritt: 7 €, B.T. 4,50 €.

Das „spanische Dorf" (so lautet die Übersetzung) wurde anlässlich der Weltausstellung 1929 erbaut und soll dem Besucher einen **Querschnitt durch die gesamte spanische Architektur und Kultur** zeigen. Neben typischen Gebäuden, wie etwa der Blumengasse aus Córdoba, findet man ein breites Spektrum der spanischen Küche in den Restaurants, aber auch Kunsthandwerker aus allen Landesteilen in eigenen Werkstätten.

Anella Olímpica

- **Adresse:** Auf dem Berg Montjuïc.
- **Nächste Metro:** Espanya (aber zu weit entfernt).

Das ist das **olympische Viertel** auf dem Montjuïc, das anlässlich der Spie-

Das Stadion des F.C. Barcelona, ein beliebtes Ziel

F.C. Barcelona – mehr als ein Club

Preisfrage: Was haben die Fußballvereine F.C. Schalke 04 und F.C. Barcelona gemeinsam? In beiden Clubs ist der **Papst** Ehrenmitglied. Ob diese immer wieder gern erzählte Episode stimmt, soll hier nicht interessieren, möglich ist es allemal. F.C. Barcelona ist nämlich nicht irgendein Club (Schalke ja auch nicht ...), *Barça,* so die liebevolle Abkürzung, sei *mes que un club,* „mehr als ein Club". So stand es schon in den Gründungspapieren, als der Schweizer *Hans Gaper* am 29.11.1899 einen Fußballverein im fernen Katalonien ins Leben rief.

„Barça ist nicht nur ein Club, er ist das Haus aller Katalanen, eine politische Institution", erkannte schon *Cesar Luis Menotti,* argentinischer Trainerstar, der in Barcelona auch eine Zeit lang das Zepter schwang. Und je erfolgreicher Barça spielte, um so mehr ärgerte man Madrid. Denn dort spielte nicht nur der ärgste Rivale Real Madrid, sondern dort agierte auch die spanische Zentralregierung. Und von der, das wird jedem katalanischen Kind eingeimpft, kommt nichts Gutes. Also arten Spiele zwischen den „Königlichen" (Real) und Barça regelmäßig zu Glaubensfragen aus. Es war immer schon eine **Frage der katalanischen Ehre,** Barça zu unterstützen. Das taten dann nicht nur der Papst, auch Künstler wie der exzentrische *Dalí.* Keine Frage, dies alles geht über normale Sportbegeisterung hinaus, Barça ist eine Ersatzreligion. Real steht für Zentralismus, Barça für Unabhängigkeit der Katalanen. Während der dunklen Francojahre war es die einzige Möglichkeit, lautstark gegen Madrid zu opponieren. Schmährufe gegen Spieler von Real waren Proteste gegen die Francodiktatur.

Barça ist ein Phänomen: Der Club zählt etwa 110.000 Mitglieder, die jährlich jeweils ca. 110 € Mitgliedsbeitrag zahlen. Soviel Einnahmen schaffen Möglichkeiten; die besten Spieler der Welt trugen das rotblaue Trikot, keine Gagenforderung war zu hoch. Die Clubmitglieder dürfen kostenlos ins Stadion gehen, das Platz für knapp 100.000 Zuschauer hat.

Damit nicht genug, 251 **Fanclubs** (*penyas*) soll es allein in Katalonien geben, weltweit an die Tausend. Wenn Sie also einmal nichtsahnend in einer kleinen Bar einen Kaffee trinken und riesige Poster mit Mannschaftsfotos von Barça an die Wand gepinnt sehen, dann haben Sie höchstwahrscheinlich eine *penya* gefunden. Irgendwo hängt bestimmt ein Wimpel mit dem entsprechenden Hinweis *F.C. Barcelona – Penya de Roses* oder so ähnlich.

Auch das ist wohl einmalig: In den Katakomben, auf dem Weg von den Umkleidekabinen zum Rasen, passieren die Spieler eine **Kapelle.** Wer möchte, erhält hier göttlichen Zuspruch noch kurz vor dem Anpfiff. Vor dem ersten Saisonspiel erbeten ihn sogar alle Spieler.

Barça wurde 16-mal spanischer Meister (Real dummerweise 28-mal, aber man arbeitet daran, Real zu überholen!), 24-mal Pokalsieger und gewann acht europäische **Pokale** (Sommer 2002). Im clubeigenen Museum können insgesamt 7000 Pokale bestaunt werden.

Ein Phänomen: Das **Museu F.C. Barcelona** (siehe oben) soll alljährlich von 700.000 Neugierigen besucht werden, einer Zahl, von der die meisten anderen Museumsdirektoren der Stadt nur träumen können. Ob der Papst es auch besichtigt hat, ist nicht bekannt, aber möglich wäre es schon, denn wie heißt es so schön: *„Un bon Barcelonista no s'ho pot perdre!!* Etwa: „Ein echter Barça-Fan darf es einfach nicht verpassen!"

Barcelona

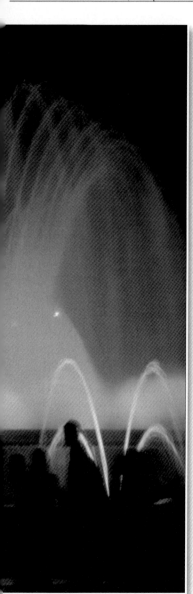

le 1992 komplett renoviert wurde. Zu besichtigen sind das Olympiastadion, das ursprünglich aus dem Jahr 1929 stammt, das Schwimmbad und der Palau Sant Jordi, in dem 170 Zuschauer Platz finden. Eine Art Symbol der 1992er Olympiade wurde der **Torre de Calatrava,** dessen auffällige Bauweise weithin sichtbar ist.

Fundació Joan Miró

● **Adresse:** Av. Miramar 71.
● **Nächste Metro:** Paral·lel, dann weiter mit der Zahnradbahn Funicular Montjuïc, von der Endstation noch wenige hundert Meter zu Fuß. Die Funicular de Montjuïc verkehrt im Sommer täglich von 10.45 bis 20 Uhr alle 15 Minuten, im Nov. und Dez. nur am Wochenende, der Preis: hin und zurück 2,50 €, B.T. 1,70 €.
● **Geöffnet:** Di-Sa 10-20 Uhr, Do 10-21.30 Uhr, So 10.30-14.30 Uhr; Eintritt: 7,20 €, B.T. 5,76 €.

Hier befindet sich eine Ausstellung zu Ehren des **Multitalents Joan Miró,** der Bildhauer, Maler und Grafiker war. Die Fundació Joan Miró zählt **zu den schönsten Gebäuden in der Museumslandschaft:** ein großzügiges, helles Gebäude, das nicht überfrachtet wirkt von Exponaten. Auf der Dachterrasse stehen einige farbenfrohe Skulpturen des Künstlers, die hier besonders gut bei Sonnenschein vor der weißgetünchten Hauswand wirken.

Barcelona

Abendliche Illumination der Wasserspiele an der Plaça Espanya

Von der Endstation der Funicular Montjuïc an der Av. Miramar kann man mit einer anderen Seilbahn, der Telefèric de Montjuïc, weiterfahren zum **Castell de Montjuïc,** einer Festung auf dem höchsten Punkt des Berges. Die Seilbahn verkehrt Mo-So 11-14.45 Uhr, 16-19.30 Uhr. Fahrkosten: hin und zurück 4,50 €, B.T. 3,20 €.

Miramar J. Costa Llobera

- **Adresse:** Av. del Castell.
- **Nächste Metro:** Mit der Metro nicht zu erreichen.

Das ist ein **Aussichtspunkt** mit Blick auf den Hafen und das Viertel Barceloneta. Wahrscheinlich kann man auch das Fährschiff der Linie Trasmediterranea erkennen, es legt gegen Mitternacht ab zur Fahrt nach Mallorca. Ebenfalls erkennbar dürfte die Kolumbusstatue sein, der Admiral steht am Ende der Rambla und blickt tatendurstig aufs Meer.

Nur ein paar Schritte entfernt liegt die Station des so genannten **Transbordador aeri,** einer Seilbahn, die vom Montjuïc quer über den Hafen schwebt bis zu den Stränden von Barceloneta. Eine tolle Möglichkeit, Barcelona einmal von oben zu sehen, schwebt die Gondel doch in 50 Meter Höhe. Weit unten fahren Miniaturautos, liegen Hochseeyachten im Hafen und guckt man Leuten auf die Dachterrasse. Der *transbordador aeri* verkehrt Di-So 12-17.45 Uhr, alle 15 Minuten, Preis: 4,80-7,20 €, je nach Strecke, da man auch nach der Hälfte des Weges am Hafen aussteigen kann.

L'Aquàrium

- **Adresse:** Port Vell.
- **Nächste Metro:** Drassanes.
- **Geöffnet:** Täglich 9.30-21 Uhr (im Hochsommer bis 23 Uhr), Eintritt: 11 €, B.T. 9,90 €, Kinder von 4-12 J. und Erwachsene über 60 J. 7 €, ermäßigt 6,30 €.

Ein breites Spektrum an Meerestieren wird hier vorgestellt, farbenfrohe Fische aus allen Teilen der Welt, aber auch aus der heimatlichen Mittelmeerregion. Die meisten werden in normal großen **Aquarien** gehalten. Stars der Ausstellung sind aber eindeutig die **Haie,** die in einem riesigen, begehbaren Becken schwimmen. Ein Tunnel führt durch das Becken, so dass über den Köpfen der Besucher die Haie und andere Fische zum Greifen nahe vorbeischwimmen.

Ende der Route

Zum Schluss fährt der Bus noch am **Olympischen Dorf** vorbei und hält vor dem Eingang des **Zoos,** der im weitläufigen Parc de la Ciutadella liegt. Abschließend biegt der Bus Turístic vor der **Kolumbussäule** auf die Rambla ein und beendet seine Tour nach gut zwei Stunden an der **Plaça Catalunya.** Wer auch nur die Hälfte der hier aufgezählten Stopps mitgenommen hat, dürfte nicht nur einen guten Überblick bekommen haben, sondern auch schon reichlich geschafft sein. Deshalb erstmal in einem Café verschnaufen!

Pflastermosaik von Joan Miró

Barcelona

Spaziergänge

Entlang der Rambla

Keine Frage, ein Spaziergang über die Rambla gehört dazu. Hier tobt das Leben, bummeln Touristen genauso gern entlang wie Bewohner der Stadt. Und diese **bunte Menschenmenge** zieht Gaukler, Pantomimen, fliegende Händler, Porträtzeichner und andere an. Die knapp einen Kilometer lange Straße hat eigentlich nicht viel an Sehenswürdigkeiten zu bieten. Es sind die Menschen, die einen Spaziergang so reizvoll machen, jeder guckt und staunt und ist selbst Teil des Spektakels.

Und dann wären da noch die **unbeweglichen Figuren.** Regungslos verharren sie, lassen sich durch nichts und niemanden erweichen, auch nur ein wenig zu zittern. Es sei denn, irgend jemand erbarmt sich und wirft ein paar Münzen in einen Hut, erst dann kommt Bewegung ins Spiel. Eine Flamencotänzerin legt einen feurigen Tanz aufs Parkett, ein silberfarbener Don Quichote schwingt seine Lanze, zauberhafte Elfen schweben davon, und Kolumbus entdeckt Amerika.

Und wehe, jemand **fotografiert,** ohne zu bezahlen! Oha! Als ich einmal Don Quichote ins Visier nahm, sah er mich streng an, senkte unmerklich für den Rest des Publikums seinen schräg gestellten Kopf und wies fordernd seine Gage ein. Widerrede zwecklos, also: auf den Geldbeutel, ein paar Münzen herausgeklaubt, schamvoll nach vorne gedrängelt und hineingeworfen, auf Abbitte hoffend. Don Quichote würdigte mich keines Blickes. Also blieb ich noch stehen, sah zu, wie er seine Lanze schwang und – tatsächlich – dankend in meine Richtung lächelte. Absolution erteilt, na Gott sei Dank!

Auf der Rambla ist immer was los! Leute hetzen zur Arbeit, Touristen staunen und bummeln, die, die Zeit haben, genießen ihren (teuren) Kaffee, andere speisen (noch teurer) zu Mittag, alte Männer bemeckern gerade das letzte Fußballergebnis, und jeder guckt sich jeden an. Auf der Rambla findet jeden Tag 24 Stunden lang eine **Art Volksfest** statt. Am Morgen öffnen die Vogel- und Blumenhändler ihre Stände, am Nachmittag kommen die Touristen, am Abend die Nachtschwärmer, tief in der Nacht die letzten Unverwüstlichen und gegen Morgen das Reinigungspersonal.

Ausgehend von der Plaça Catalunya, verläuft die Rambla in Richtung Meer. Sie ist eine **breite Fußgängerzone,** die von hohen Bäumen begrenzt wird. Der Autoverkehr wird links und rechts vorbeigeführt, die Fußgänger haben deutlich mehr Platz.

Wer auf einen Stadtplan schaut, wird feststellen, dass die Rambla eigentlich **fünf verschiedene Namen** trägt.

Der obere Teil bei der Plaça Catalunya heißt Rambla de Caneletes, so benannt nach dem gusseisernen **Trinkwasserbrunnen,** der am Anfang der Promenade steht. Nicht wundern über die **aufgestellten Stühle,** denn das ist kein netter Zug der Stadtverwaltung, sondern ein handfestes Geschäft, die Stühle werden vermietet! Wenn sich jemand darauf niederlässt, kommt sogleich ein älterer Herr zum Kassieren!

Dann folgt die Rambla dels Estudis, nach der alten Universität benannt, die hier vom 15. bis Anfang des 18. Jh. stand. Heute wird dieser Abschnitt auch Rambla dels Ocells genannt, „Rambla der Vögel", da hier die **Vogelhändler** ihre Kioske haben. Vor der Carrer Carme liegt rechts die **Kirche Mare Deu Betlem** aus dem 17. Jh. Gegenüber auf der linken Seite vor der Carrer Pontaferrisa befindet sich ein alter Bürgerpalast, **Palau Moja,** in dem heute eine Buchhandlung untergebracht ist. In der **Carrer Portaferrisa** sind viele Modeboutiquen zu finden.

Zurück zur Rambla, die nun Rambla de Sant Josep heißt. Hier stehen die **Blumenhändler** mit ihren kleinen Kiosken, in denen abends die ganze Pracht wieder verschwindet.

Gleich zu Beginn findet man auf der rechten Seite den **Palau de la Virreina,** den Palast der Vizekönigin aus dem 18. Jh. Das Gebäude trägt diesen Namen, da sich 1771 der damalige Vizekönig von Peru einen Alterssitz in Barcelona bauen ließ. Kurz vor der Vollendung des Bauwerks starb er jedoch, seine Frau kehrte allein nach Europa zurück und lebte fortan in diesem Palast, der deswegen selbigen Namen bekam.

Nur einige Schritte weiter folgt der **Mercat de Sant Josep,** auch La Boqueria genannt („der Schlund"). Bereits um 1840 begann man mit dem Bau einer ersten Markthalle, bis 1914

027·d Foto: sm

Barcelona

wurde diese mehrfach umgebaut. Typisch ist die Eisenkonstruktion der Halle, die bereits am Eingang mit der schönen Glasmalerei im Zentrum sichtbar wird. Ein Bummel durch die Stände ist ein Fest für Augen und Nase, man findet nahezu alles, was Meer und Acker hergeben: Fische, Krebse, Muscheln, Gambas, Gemüse, Nüsse, Trockenfrüchte, Fleisch in allen Variationen, optisch hervorragend drapiert und mit wahrlich marktschreierischem Schauspieltalent angepriesen. Und eine kleine Bar, El Pinocho, ist auch zu finden, gleich beim Eingang.

Folgt man weiter der Rambla, stößt man alsbald auf die links abzweigende Carrer Casañas. An dieser Stelle liegt über die gesamte Breite der Rambla ein **Pflastermosaik von Joan Miró.** Die Carrer Cardenal Casañas führt zur **Plaça del Pi,** dort befinden sich eine gotische Kirche und ringsherum viele Bars und Cafés. Der zweite beschriebene Spaziergang, der Spaziergang durch das Barri Gòtic, hat hier seinen Ausgangspunkt.

Zurück zur Rambla, die ab sofort Rambla dels Caputxins heißt (der Name leitet sich ab von einem ehemaligen Kapuziner-Kloster). Rechter Hand

„Unbewegliche" Figur auf der Rambla
vor staunendem Publikum

liegt das berühmte **Opernhaus Gran Teatre del Liceu,** das 1845 erbaut wurde und Platz für 5000 Leute bot. Leider fiel das Theater 1994 einem Feuer zum Opfer, wurde aber nach jahrelanger Renovierung wieder eröffnet (Führungen tgl. 9.30-10.30 Uhr, Eintritt: 4,80 €). Ein beliebter Zwischenstopp ist das **Cafè de l'Òpera,** zu finden in der Hausnummer 74.

Rechts zweigt die Carrer Nou de la Rambla ab, wo unter Hausnummer 3-5 der Palast **Palau Güell** zu finden ist, ein frühes Werk von *Gaudí* aus dem Jahr 1888.

Zurück zur Rambla, von wo aus auf der gegenüberliegenden Seite die Carrer Colom nach wenigen Schritten zum großen Platz **Plaça Reial** führt. Zwischen 1848 und 1859 entstand dieser Innenhof-Palast mit einem Springbrunnen in der Mitte. Unter den Arkadengängen ist eine Reihe von Bars zu finden – kein schlechter Platz zum Verschnaufen. Abends war dieser Platz in den letzten Jahren allerdings Treff der Drogendealer. In der hinteren Ecke (rechts von der Rambla kommend) liegt eine der preiswertesten Unterkünfte der Stadt, die **Jugendherberge Kabul** (s. „Praktische Tipps").

Das letzte Teilstück der Rambla heißt nun Rambla Santa Mónica, hier bauen sich abends vor allem die **Porträtzeichner** auf.

Kurz vor dem Erreichen der Kolumbussäule liegt linker Hand das **Wachsfigurenmuseum** an der Ptge de la Banca 7. Es werden 300 Wachsfiguren aus allen thematischen Bereichen ausgestellt.

●**Geöffnet:** im Sommer tägl. 10-22 Uhr, sonst 10-13.30 und 16-19.30 Uhr, Eintritt: 6,60 €.

Am Ende der Rambla befindet sich rechts das **Museu Marítim** an der Av. de les Drassanes. Das Museum zeigt einen Querschnitt durch die katalanische maritime Vergangenheit, vom Mittelalter bis zum Ende des 19. Jahrhunderts.

●**Geöffnet:** Mo-So 10-19 Uhr, Eintritt: 5,40 €, B.T. 4,20 €, Kinder bis 16 J. und Erwachsene über 65 J. 2,70 €.

Zum Schluss erreicht man nun endlich die **Kolumbussäule.** Energisch blickt der Admiral nach vorne und weist den Weg, unten tobt der Autoverkehr vorbei. Nachdem *Kolumbus* von seiner ersten Fahrt erfolgreich zurückgekehrt war, noch in dem Glauben, Asien entdeckt zu haben, wurde er triumphal von den spanischen Königen in Barcelona empfangen. Später wendete sich das Blatt, und er kehrte sogar einmal in Ketten zurück. In Santo Domingo, der Hauptstadt der zuerst entdeckten Dominikanischen Republik, erhebt sich ein ganz ähnliches Kolumbus-Denkmal, allerdings in wesentlich bescheideneren Ausmaßen. Ein Fahrstuhl bringt Besucher zu einer Aussichtsplattform in 60 m Höhe.

●**Geöffnet:** Mo-Fr 10-13.30 und 15.30-18.30 Uhr, Sa und So 10-18.30 Uhr; Eintritt: 1,80 €, B.T. 1,45 €, Kinder 1,20 €, B.T. 95 Cent.

Wer bis hier gelaufen ist, hat sich wahrlich eine erneute **Verschnaufpause** verdient. Eine Möglichkeit wäre, über die nett gestaltete Holzbrücke zur Landzunge zu gehen, wo auch das

L'Aquarium und ein Einkaufskomplex mit Cafés liegen. Eine andere gute Variante wäre, eines der Terrassenlokale entlang der hoch gelegenen Promenade über der Moll Bosch i Alsina zu nutzen. Und wer noch ein wenig besser zu Fuß ist, der sollte gleich weiter laufen, bis zum Stadtstrand bei dem alten Fischerviertel Barceloneta, wo es unzählige gemütliche Restaurants gibt.

Durch das Barri Gòtic

Das „gotische Viertel" umreißt das **Urgebiet Barcelonas,** bereits zur Zeit der Römer existierte hier ein erstes Heerlager. Etwa dort, wo sich heute die Plaça Sant Jaume befindet, kreuzten sich die beiden wichtigsten Wege der römischen Siedlung. Später breite-

te sich die Stadt aus, wurde moderner, avantgardistischer, mutiger. Alle Moden überdauert hat jedoch das gotische Viertel, und genau deshalb dürfte es bei allen, Barceloninern wie Touristen, so beliebt sein.

Barcelona

Hier gibt es nichts, was es nicht gibt: in der Markthalle Boqueria

Enge und verwinkelte Gassen verlaufen hier im Wortsinn kreuz und quer, enden abrupt oder knicken urplötzlich ab, noch enger werdend. Die Häuser ragen vier, fünf Stockwerke hoch, selten schafft es ein Sonnenstrahl bis zum Fußboden.

Es war und ist das **Viertel der einfachen Leute.** Urig geht es hier noch immer zu, wilde Spelunken findet man genauso wie nette Weinlokale. Viele kleine Geschäfte haben noch bis weit in die Nacht hinein geöffnet, aber unverkennbar **wandelt sich auch hier das Bild.** In einigen Straßenzügen haben moderne Boutiquen die kleinen Tante-Emma-Läden abgelöst, wurde das Barri Gòtic „chic". Feine Grenzen verlaufen hier, nicht immer klar erkennbar für den Außenstehenden. Auch das darf nicht verschwiegen werden: In einem Teil des Viertels (rund um die Plaça Reial) traf sich jahrelang die Drogenszene, mit all ihren kriminellen Auswirkungen. Da kamen ahnungslose Touristen auf ihrem Spaziergang gerade recht als Opfer. Nach meiner Einschätzung hat sich dieses Bild grundlegend gewandelt, auf der Plaça Reial trifft man eher Rentner als Dealer, aber ein wenig wachsam zu sein, kann ja nicht schaden.

Das Barri Gòtic ist ein bewohntes Viertel, ein lebendiger Mikrokosmos mit einer unglaublichen **Dichte an kulturellen Sehenswürdigkeiten.** So liegt hier die Kathedrale der Stadt genauso wie das Picasso-Museum, man

findet römische Mauerreste und eine Menge Antiquitätenhändler. Und zwischendurch immer mal wieder kleine, teils urige, teils schmuddelige Bars, in denen sich die Menschen dieses Viertels treffen. Sie bleiben gelassen angesichts des Besucheransturms, sie haben akzeptiert, dass ihre Heimat einer der größten Publikumsmagnete ist. So, nun sind Sie hoffentlich neugierig geworden; auf geht's.

Gestartet wird an der Rambla bei dem Pflastermosaik von *Miró* vor dem Gran Teatre del Liceu. Dort verlassen wir die Rambla und folgen der **Carrer Casañas.** Hier reihen sich schon etliche Galerien und Antiquitätengeschäfte aneinander. Meist winzige, kleine Läden, deren uralte Türen man zögerlich öffnet, immer in Sorge, dass die Intarsienscheibe nicht erzittert. Drinnen herrscht meist das organisierte Chaos des Genies, eine Fundgrube für Kenner und Stöberer. Jeweils am Donnerstag gibt es hier einen Antiquitätenmarkt von 9 bis 20 Uhr, der im August jedoch nicht stattfindet.

Nach nur wenigen Schritten erreicht man die **Plaça del Pi,** dort steht die **Església del Pi.** Am Wochenende findet hier ein Kunstmarkt statt, am Samstag von 11 bis 20.30 Uhr, am Sonntag von 11 bis 14.30 Uhr, leider nicht im August. Gegenüber der Kirche wartet ein sehr schön verziertes Haus auf Bewunderer. Wenn man einmal um die Kirche herumgeht, kommt man auf die **Plaça de Sant Josep Oriol,** ein winziger, aber gemütlicher Platz, an dem in sagenhafter Ruhe das Hotel Jardí liegt.

Von dort über die Carrer Palla zur Plaça Nova gehen, wo die römischen Türme des Portal de Bisbe zu finden sind. Nur noch wenige Schritte sind es von hier bis zur gewaltigen **Kathedrale** von Barcelona. Ein mächtiges, beeindruckendes Gotteshaus, das einem Millionenpublikum im Herbst 1997 bekannt wurde, als die Tochter des spanischen Königs hier heiratete. Das Ereignis wurde natürlich live in alle Welt im Fernsehen übertragen. An der Kathedrale wurde von 1298 bis 1448 gebaut; die Fassade und die Kuppel stammen dagegen erst aus dem 19. Jh. Beeindruckend ist der Anblick vom Vorplatz mit dem gewaltigen Eingangstor und den weit ausladenden Treppen. Hier auf dem Vorplatz der Kathedrale versammeln sich übrigens jeden Sonntag um 12 Uhr Bürger der Stadt, um Sardana zu tanzen!

Im Inneren der Kathedrale findet der Interessierte insgesamt 29 Kapellen, aber auch ein rußgeschwärztes Kruzifix, das angeblich aus der Seeschlacht von Lepanto (1571 gegen die Türken) stammen soll. Unter dem Hauptaltar in der Krypta ruhen in einem weißen Marmorsarg die Gebeine der heiligen *Eulalia,* der Patronin der Kathedrale. Beeindruckend sind auch die schönen Glasmalereien hoch oben an den Fenstern. Scheint die Sonne

Barcelona

Plaça Reial

hindurch, zeichnet sich das Muster unten auf dem Boden nach.

Weiter geht es rechts an der Kathedrale vorbei durch die Carrer del Bisbe Irurita bis zur **Plaça Sant Jaume.** Hier lag, wie eingangs erzählt wurde, die Schnittstelle der zwei wichtigsten Wege der römischen Siedlung, man steht also auf wahrlich historischem Grund. Aber auch heute noch verkörpert der Platz Würde und Stolz der Katalanen, liegt hier doch der **Palau de la Generalitat de Catalunya,** der Regierungssitz der katalanischen Regierung. Von hier aus also ärgert Ministerpräsident *Jordi Pujol* den spanischen Staatschef im fernen Madrid. Jeden Mittag ertönt ein Glockenspiel von der Generalität. Beachtenswert ist auch das Bildnis des Drachentöters Sant Jaume.

Gegenüber liegt das Ajuntament, das **Rathaus** der Stadt. Schon im 13. Jh. wurde den Bürgern von Barcelona das Recht gewährt, sich selbst zu verwalten. Daraus entstand später der *consell de cents,* der „Rat der Einhundert", der Stadtrat von Barcelona.

Man verlässt die Plaça Sant Jaume nun über die Carrer Llibreteria und biegt dann links in die Carrer Verguer ein, die zur Plaça del Rei führt. Unterwegs kommt man am **Museu d'Història de la Ciutat** vorbei. Hier wird besonders die römische Vergangenheit lebendig, denn im Untergeschoss befinden sich Ausgrabungen, die noch an ihrem ursprünglichen Ort liegen. Diese sowie Tonwaren, Mosaike, Fundamente von Gebäuden und ganze Straßenzüge erklären den römischen Alltag. In den oberen Stockwerken wird die Stadtentwicklung aus späteren Jahrhunderten gezeigt.

●**Geöffnet:** Di-Sa 10-20 Uhr, So 10-14 Uhr; erster Samstag im Monat 16-20 Uhr. Eintritt: 4,20 €, B.T. 20 % Rabatt.

Dann erreicht man den relativ kleinen Platz **Plaça del Rei,** wo sich der **Palau Reial Major** befindet, der ehemalige Sitz des Königs. Hier finden übrigens in den Sommermonaten vereinzelt Konzerte statt. Früher befand sich hier der Thronsaal, Saló del Tinell, ein riesiger Raum, in dem die spanischen Könige *Kolumbus* nach seiner ersten Fahrt empfangen haben.

●**Geöffnet:** Di-Sa 9-20, So 9-13.30 Uhr.

Von hier geht es durch eine kleine Querstraße (Santa Clara) zur Carrer dels Comtes, dort rechts einbiegen und Richtung Kathedrale gehen. Passiert wird dabei das **Museu Frederic Marès** mit einer Sammlung religiöser und profaner Skulpturen, nebst einer volkskundlichen Abteilung.

●**Geöffnet:** Di und Do 10-17 Uhr, Mi, Fr und Sa 10-19 Uhr, So 10-15 Uhr; Eintritt: 3 €, B.T. 50 % Rabatt.

Nun verlässt man das enge Viertel kurzfristig, deshalb zurück zum Vorplatz der Kathedrale über die Carrer dels Comtes gehen und nach rechts zur breiten und stark befahrenen Vía Laietana. Dieser nach rechts folgen Richtung Meer, dann nach links in die Carrer Princesa abbiegen. Diese entlanggehen, bis rechts die Carrer Montcada erreicht wird, dort liegt das **Picasso-Museum.** Insgesamt an die 3500 Werke des großen Künstlers wurden in würdevollem Rahmen in zwei gotischen Adelspalästen ausgestellt. Ein Überblick über die einzelnen Schaffensperioden wird gegeben, sowohl erste Jugendwerke als auch spätere Meisterwerke sind zu finden.

●**Geöffnet:** Di-Sa 10-20 Uhr, So 10-15 Uhr; Eintritt: 4,80 €, erster Sonntag im Monat gratis.

Zum Abschluss des Spaziergangs durch das gotische Viertel, das Sie jetzt, da Sie vor dem Picasso-Museum stehen, streng genommen bereits verlassen haben, empfehle ich, der Carrer Montcada in Richtung Meer zu folgen. Dann erreichen Sie die **Kirche Santa Maria del Mar,** ein Gotteshaus, mit dessen Bau 1329 begonnen wurde. Finanziert vom Barceloniner Geldadel, von den Schiffsbesitzern und Händlern, die ein elegantes Bauwerk in der Nähe ihrer Stadthäuser platziert haben wollten. Besonders eindrucksvoll sind hier die Glasmalereien über dem Haupteingang.

Abschlussspaziergang

Nun haben Sie das gotische Viertel kennen gelernt. Es gibt jetzt mehrere Möglichkeiten, je nach Zeit und Lust, den Spaziergang abzuschließen. Entweder gehen Sie zurück zur Rambla oder doch noch zum Hafen oder gar an den Stadtstrand von Barcelona. Hier in aller Kürze die drei Wegbeschreibungen:

Um **zurück zur Rambla** zu kommen, muss man einmal um die Kirche herumgehen, bis die Carrer Argenteria erreicht wird. Diese führt zur breiten Vía Laietana. Dort die mehrspurige Straße überqueren und der Carrer Jaume I. folgen, die über die Plaça Sant Jaume und dann über die Carrer de Ferrán direkt zur Rambla führt.

Zum Hafen gelangt man, indem man von der Kirche Santa Maria del Mar aus der Carrer Vidríería Richtung Meer folgt (die Straße wechselt noch einmal den Namen in Carrer Rera Palau) bis zur breiten Avinguda Marquès de l'Argentera. Diese breite Straße geht man ein Stück in Richtung Innenstadt entlang (Kolumbusstatue müsste erkennbar sein), und der Hafen Port Vell wird alsbald erreicht.

Den **Stadtstrand** von Barcelona erreicht man auf ähnlichem Weg wie auf dem beschriebenen Weg zum Hafen. Sie müssen nun noch entlang der Hafenmole am Rande des alten Fischerviertels Barceloneta in Richtung Meer gehen, dann kommt man zwangsläufig zum Strand.

Strandprofil

Stadtstrand Barcelona

Früher bestand dieser Strand nur aus einem kleinen Fleckchen Sand vor dem Viertel Barceloneta, doch anlässlich der Olympischen Spiele holten die Stadtplaner zum ganz großen Wurf aus. Nicht nur eine nagelneue Promenade wurde geschaffen, sondern die Küste wurde gleich komplett neu gestaltet und Sand aufgefahren. Heute können sich die Barceloniner in der Mittagspause an einem fast zwei Kilometer langen feinen Sandstrand sonnen. Parkplätze sind etwas rar, aber immerhin halten hier direkt vor dem Strand mehrere Buslinien, und die Seil-

Barcelona

bahn Transbordador aeri bringt Besucher direkt vom Berg Montjuïc hierher. Fazit: eine tolle Möglichkeit, einen Stadtbummel zu beenden. Vom Strand zur Plaça Catalunya gelangen Sie am einfachsten mit dem Stadtbus Nr. 41, 45 oder 59, alle drei fahren dorthin, die Nr. 59 sogar noch über die Rambla. Die Bushaltestelle ist am Ende der Straße Pg. Joan de Borbó. Ein Ticket kostet knapp 1 €.

Sonntägliche Sardana-Tänzer
vor der Kathedrale

Praktische Tipps

Unterkunft

Vielleicht erscheint Ihnen die Stadt so groß, so vielfältig, dass Sie doch lieber zwei Tage bleiben wollen. Gute Idee; hier einige Tipps:
●**Barceló Sants** €€€€, direkt am Bahnhof Sants, Tel. 934 909 595, Fax 934 906 045, E-Mail: hotelbesants@barcelo.com. Ein großes, modernes, funktionales Haus, das direkt am Hauptbahnhof von Barcelona liegt. Superbes Frühstück und direkter Anschluss an Metro, Stadtbus, Bus Turístic und Fernbahn sind weitere Merkmale.
●**Hotel Balmes** €€€€, c/ Mallorca 216, Tel. 934 511 914, E-Mail: balmes@derbyhotels.es. Ebenfalls ein modernes Haus mit kleinem Innenhof, fünf Blocks vom Passeig de Gràcia entfernt; zur Plaça de Catalunya sind es zwei Metrostationen Fahrt. Gutes Frühstück und zweckmäßige, kleine Räume.

●**Hotel Rivoli Ramblas** €€€€, La Rambla 128, Tel. 934 817 676, Fax 933 175 053, E-Mail: reservas@rivolihotels.com, Internet: www.rivolihotels.com. Beste Lage, mitten an der Rambla gelegenes historisches Haus, im Art-Decó-Stil umgebaut. 90 tolle Zimmer, teuer, aber wie der Empfangschef versicherte, lohne es sich immer, nach Spezialrabatten zu fragen.

●**Hotel Sant Augustí** €€€€, Plaça Sant Augustí 3, Tel. 933 181 658, E-Mail: hotelsa@hotelsa.com, Internet: www.hotelsa.com. Zentral gelegen, 50 Meter von der Rambla entfernt hinter der Markthalle Boqueria vor einem relativ ruhigen Platz. Modern, funktional, 77 Zimmer.

●**Hotel Rialto** €€€€, c/ Ferrán 42, Tel. 933 185 212, E-Mail: reserve@gargallo-hotels.com, Internet: www.gargallo-hotels.com. Sehr zentral gelegenes Haus im Barri Gótic, moderne und funktionale Zimmer, im Empfangsbereich und an der Bar erkennt man noch die alten Strukturen des Gebäudes.

●**Hotel Barcelona** €€€-€€€€, Carrer Casp 1-13, Tel. 933 025 858, Fax 933 018 674. Dieses Haus liegt recht zentral , ist modern und wurde in einer Nebenstraße der mehrspurigen Gran Vía errichtet.

●**Hotel de L'Arc** €€€, La Rambla 19, Tel. 933 019 798, Fax 933 186 263. Unweit der Kolumbussäule, direkt an der Rambla gelegenes mittelgroßes, funktionales Haus.

●**Hostal Marítima** €€, La Rambla 4, Tel. 933 023 152. Zentrale Lage an der Rambla.

●**Hostal Roma Reial** €€, Plaça Reial 11, Tel. 933 020 366, Fax 933 011 839. Zentraler geht's nimmer, mitten an der Plaça Reial liegt dieses Ein-Stern-Haus.

●**Kabul Hostel** €, Plaça Reial 17, Tel. 933 185 190, Fax 933 014 034, E-Mail: info@kabulhostel.com. Ein richtiges klassisches Backpacker's Hostel, wo sich die Globetrotter aus aller Welt treffen. Angeboten werden sowohl Doppel- als auch Mehrbettzimmer zu einem für Barcelona unschlagbaren Preis von ca. 10-15 € pro Kopf. Natürlich darf man nicht viel mehr als ein Bett erwarten, dafür wohnt man äußerst zentral an der Plaça Reial.

Essen & Trinken

Keine Frage, in Barcelona gibt es Tausende von Lokalen, allein hierzu ließe sich ein ganzer Gastroführer schreiben. Deshalb an dieser Stelle nur ein paar Tipps entlang der Strecke der beiden vorgeschlagenen Spaziergänge:

An der Rambla

●Nr. 24: **Restaurant Amaya,** ein kleines Lokal, unweit des Hafens, beinahe ein Klassiker.

●Nr. 41: **Restaurant Ideal,** Pizza, Paella, Pasta.

●Nr. 74: **Café de l'Òpera,** ein altehrwürdiges Kaffeehaus.

●Nr. 87: **Sukaldari,** direkt an der Rambla gelegene baskische Tapabar mit einem unschlagbar vielfältigen Aangebot.

●Nr. 117: **Restaurant La Poma,** hier gibt es internationale Küche (Pizza, Pasta) in klimatisiertem Raum.

●Nr. 127: **Cerveceria Naviera,** rustikal einfach, aber mit köstlichen Tapas.

Am Passeig de Gràcia

Wer bereit ist, noch ein paar hundert Meter zu laufen, der findet am Passeig de Gràcia drei exzellente Tapa-Bars. Diese Lokale werden mittags und abends von den Angestellten der umliegenden Büros aufgesucht. Sie sind alle drei keine Preisbrecher, bieten aber eine schier erschlagende Auswahl, äußerst empfehlenswert!

●Nr. 28: **Ba-Ba-Reeba**

●Nr. 24: **Quasi Queviures**

●Nr. 44: **Tapa Tapa**

●Nr. 71: **Fábrica de Cerveza,** etwas ruhigere Bar an der Gràcia, außerdem gibt's auch einige ausgefallene Biere.

Im Barri Gòtic

Hier ist es teilweise schwierig, ein bestimtes Lokal zu finden. Die Straßen sind ziemlich eng, teilweise recht kurz, und bevor man das gesuchte Restaurant gefunden hat, hat man bereits fünf andere passiert, die ebenfalls gut aussahen.

●**Restaurant El Pi Antíc,** Plaça de Sant Oriol 4, hübsches Lokal mit mediterraner Küche.

Barcelona

● **Restaurant Los Caracoles,** Carrer Escudellers, unverwüstlich seit vielen Jahren. Erkennbar an dem Hähnchenspieß, der sich außen über offener Flamme dreht.

● **El Gran Café,** c/ Avinyò 13, Ecke c/ Sant Miquel, mitten im Barri Gòtic gelegenes stilvolles Lokal mit schöner Einrichtung.

● **Vilsin – La antigua taberna,** c/ Ferrán 40, ein altes Lokal auf modern getrimmt mit einem Braukessel als Blickfang.

● **Schilling,** c/ Rauric, Ecke c/ Ferrán 23. Café-Bar-Mischung mit Stil. An der Wand Hunderte von Weinflaschen.

Am Hafen und am Strand

Direkt **am Strand** liegen zwei, drei kleine Lokale, zu finden am oberen Strandende, unterhalb der Promenade. Man isst direkt mit Blick aufs Meer, das Ambiente ist vielleicht

nicht ganz so perfekt, die Küche aber dafür einwandfrei.

Entlang des **Passeig Joan de Borbó,** also direkt vor dem alten Fischerviertel Barceloneta, liegen eine Reihe von Lokalen. Alle sind auf Fisch spezialisiert. Man kann hier draußen sitzen, selbst der vorbeifließende Verkehr stört nicht allzu sehr.

● Nr. 1: **Cap de Creus**
● Nr. 6: **Can Tipa**
● Nr. 7: **Siempre Viva**
● Nr. 46: **Rey de la Gamba**
● Nr. 65: **El Suquet de l'Almirall**
● Nr. 70: **Can Costa**
● **Can Majo,** Almirall Aixada 23, sehr populäres Restaurant mit einer Terrasse direkt am Strand.
● **Paco Alcalde,** Almirall Aiyada 12; das Lokal ist schick aufgemacht, aber trotzdem klein und gemütlich.

In diesem Viertel liegen noch etliche weitere Lokale, die auch alle auf Fisch spezialisiert sind.

Sonnenbaden in der Millionenstadt am schönen Strand

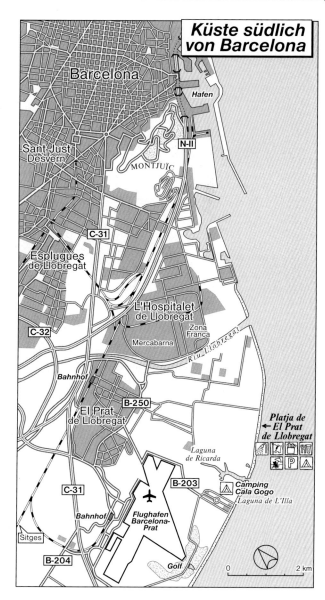

Küste südlich von Barcelona

Barcelona

Hafen

N-II

Sant Just Desvern

MONTJUÏC

C-31

Esplugues de Llobregat

C-32

L'Hospitalet de Llobregat

Zona Franca

Mercabarna

Riu Llobregat

Bahnhof

B-250

El Prat de Llobregat

Laguna de Ricarda

Platja de El Prat de Llobregat

C-31

B-203

Camping Cala Gogo

Laguna de L'Illa

Bahnhof

Flughafen Barcelona-Prat

Sitges

B-204

Golf

0   2 km

Barcelona

033cd Foto: sm

Costa Daurada

075cd Foto: sm

020cd Foto: sm

Calafell: Wenig los am Strand
in der Nachsaison

Ganz im Süden der Costa Daurada:
Les Cases d'Alcanar

Salou: die Strandpromenade

Die nördliche Costa Daurada

Überblick

In diesem Kapitel wird das Gebiet zwischen Barcelona und Tarragona beschrieben. Dabei zählen die nördlichsten Orte, Sitges und Vilanova i la Geltrú, streng genommen nicht zur Costa Daurada. Beide Städte liegen außerhalb der Provinz Tarragona und gehören eigentlich zur Costa de Garraf. Sie wurden hier aber mit aufgenommen, weil sie an die Costa Daurada angrenzen und das Bild vervollständigen und weil der Begriff Costa de Garraf nicht so bekannt ist.

Der nördliche Bereich der Costa Daurada ist relativ **dicht besiedelt,** die Nähe zur Millionenstadt Barcelona macht sich bemerkbar in der erstklassigen Anbindung durch Schiene und Straße. Die **Küstenorte** leben sowohl vom nationalen als auch vom internationalen Tourismus, aber auch in nicht geringem Maße von Wochenausflüglern. Kein Wunder, locken doch zumeist sehr schöne **Strände** und in vielen Orten eine angenehme Promenade. Die parallel zur Küste verlaufende Nationalstraße N-340 und die Bahnlinie zerschneiden die meisten Orte. „Oben" liegt dann das geschäftige Zentrum, „unten" die touristische Meile.

Unbedingt sehenswert ist das Städtchen **Sitges** mit einem äußerst attraktiven Ortskern, außerdem die „Hauptstadt des katalanischen Schaumweins Cava", **Sant Sadurní,** sowie die benachbarte „Hauptstadt des Weines", **Vilafranca del Penedès.** Ganz in der Nachbarschaft von Sitges liegt die geschäftige Kleinstadt **Vilanova i la Gel-trú,** die zwar wenig architektonische Reize zu bieten hat, aber ein paar interessante Museen. Ein Muss, nicht nur für Liebhaber des Genres, ist der Besuch des Eisenbahnmuseums, in dem ein paar Dutzend altehrwürdige Dampflokomotiven ausgestellt sind.

Auch historisch Interessierte kommen auf ihre Kosten. In **Tarragona** stolpert man förmlich auf den Spuren der Römer von einer archäologischen Fundstätte zur nächsten. In **Calafell** rekonstruierte man ein etwa 2500 Jahre altes Dorf der Iberer, und in **Altafulla** wartet ein Museum mit dem ehemaligen Anwesen eines römischen Herrschers auf Besucher. Daneben lohnt in Altafulla auch ein Bummel durch den äußerst reizvollen Altstadtkern. Auch in **El Vendrell** ist die Altstadt sehenswert, genauso wie das hochinteressante Museum zu Ehren des weltbekannten Cellisten *Pau Casals.*

Dieser nördliche Bereich der Costa Daurada eignet sich ideal für geruhsame Strandtage in Verbindung mit etwas Sightseeing in kleinen netten Orten sowie Tagesausflügen nach Tarragona, Barcelona und ins Weinanbaugebiet.

Castelldefels

● **Einwohner:** 33.000
● **PLZ:** 08860
● **Entfernung nach Barcelona:** 20 km
● **Touristeninformation:**
c/ Pintor Serrasanta 4,
Tel. 936 352 727, Fax 936 365 737,
E-Mail: infoturismo@castelldefels.org
● **Internet:** www.turismocastelldefels.com

Die Stadt liegt sehr dicht an Barcelona, aber noch näher zum **Flughafen,** was nicht immer Freude bringt. Der Ort selbst profitiert von seiner Nähe zur Weltstadt; viele Pendler wohnen hier. Umgekehrt flüchten die Großstädter gern an den hiesigen **Strand.** Denn der hat es in sich! Über viele Kilometer erstreckt er sich breit und feinsandig entlang der Küste. Er hat sogar eine eigene **Bahnstation** namens Castelldefels Platja. Von hier erreicht man den Strand in fünf Minuten zu Fuß.

Castelldefels und **Barcelona** sind bestens verbunden durch Nationalstraßen, Autobahn und eine Eisenbahnlinie. Es verkehren sogar Nachtbusse direkt bis ins Herz der Weltstadt zur Plaça Catalunya.

Platja de Castelldefels

Dieser Strand ist exakt 4810 Meter lang, so hat es mal jemand nachgemessen. Donnerwetter, möchte man da sagen, zumal der Strand auch noch äußerst breit (100 Meter) und klassisch feinsandig, leicht bräunlich ist.

Costa Daurada

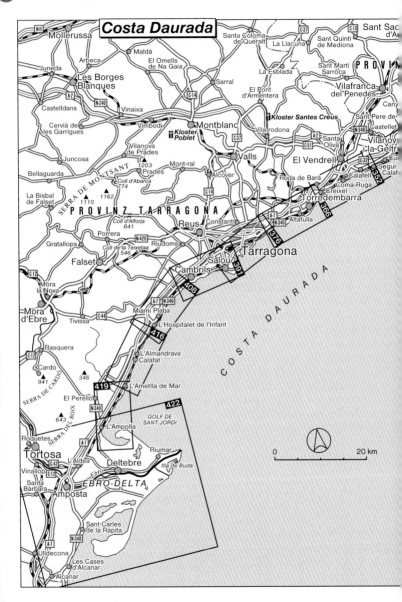

STA DE GARRAF

MITTELMEER

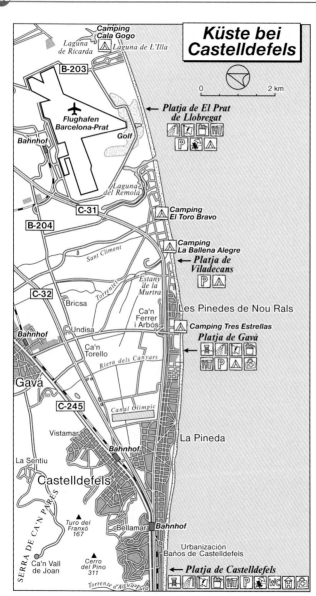

Küste bei Castelldefels

Camping Cala Gogo
Laguna de Ricarda
Laguna de L'Illa

B-203

0   2 km

Flughafen Barcelona-Prat

Bahnhof

Golf

← *Platja de El Prat de Llobregat*

Laguna del Remolà

C-31

B-204

Camping El Toro Bravo

Sant Climent

Camping La Ballena Alegre

← *Platja de Viladecans*

C-32

Torrent

Estany de la Murtra

Bricsa

Ca'n Ferrer i Arbós

Camping Tres Estrellas

Les Pinedes de Nou Rals

Platja de Gavà

Bahnhof

Undisa

Ca'n Torello

Riera dels Canyars

Gavà

C-245

Canal Olímpic

Vistamar

Bahnhof

La Pineda

La Sentiu

Castelldefels

Turó del Franxó 167

Bellamar

Bahnhof

SERRA DE CA'N PARES

Ca'n Vall de Joan

Cerro del Pino 311

Urbanización Baños de Castelldefels

Torrente d'Aiguaspara

← *Platja de Castelldefels*

Außerdem ist er gut erreichbar durch Bahn- und Straßenanschluss, damit also ideal, um mal schnell der Millionenstadt zu entfliehen. Aber die Maße sollte man gleich wieder vergessen, denn tatsächlich zieht sich der Strand unter anderen Namen (Platja de Gavà, Platja de Viladecans, Platja de El Prat de Llobregat) noch viel weiter: Über gut 14 Kilometer bis nach Prat de Llobregat, wo auch der Flughafen liegt, bzw. in die andere Richtung nicht gar so weit, über 1600 Meter bis zum Hafen Port Ginesta. Insgesamt also eine beeindruckende Strandlänge von gut und gern 20 Kilometern.

Sehenswertes

So recht was Sensationelles kann man sich in Castelldefels nicht anschauen. Allerdings wurde anlässlich der Olympischen Spiele 1992 in Barcelona ein **künstlicher Wasserkanal** für die Ruderwettbewerbe geschaffen. Auf immerhin 1000 Meter Länge und 130 Meter Breite können Sportfans heute verschiedene Angebote nutzen. So gibt es Kurse für Einsteiger und Fortgeschrittene im Windsurfen oder im Segeln (jeweils vier Tage für etwa 80 €) und im Rudern (4 Tage für etwa 55 €).
●**Infos** erhält man jeweils über: Canal Olímpic de Catalunya, Tel. 936 362 896, Fax 936 362 880, E-Mail: canalolimpic@stl.logicontrol.es.

Praktische Tipps

Unterkunft
●**Gran Hotel Rey Don Jaime** €€€€, Av. Hotel 22, Tel. 936 652 100, Fax 936 652 250. Das erste Haus am Platze mit 240 Zimmern, die zum größten Teil Meerblick haben.
●**Hotel Solifemar** €€€, Passeig Marítim 38, Tel. 936 360 848, Fax 936 657 200. Kleines Haus mit 44 Zimmern in der sprichwörtlichen ersten Reihe.

Camping
●**Cala Gogo,** 1. Kategorie, in El Prat de Llobregat, Tel. 933 794 600, Fax 933 794 711, E-Mail: info@campingcalagogoprat.com, geöffnet: 15.3.-15.10. Großer, gut gestalteter und eingerichteter Platz für 3750 Urlauber, in unmittelbarer Nähe zu Barcelona und dem Flugplatz. Zu erreichen über die Carretera C-31 Richtung Castelldefels; dann abbiegen Richtung Aeroport bzw. El Prat de Llobregat.
●**La Ballena Alegre 1,** 1. Kategorie, in Viladecans, Tel. 902 500 526, Fax 902 500 527, E-Mail: ballena1@ballena-alegre.es, Internet: www.ballena-alegre.es, geöffnet: 1.4.-30.9. Großer Platz für 4600 Personen, direkt am Strand. Sehr gute Ausstattung, Stellplätze liegen überwiegend unter Pinien, nur im vorderen Strandbereich nicht. Zu erreichen: Über die C-31, die frühere C-246, Richtung Castelldefels fahren, der Platz liegt am km 186,5.
●**Tres Estrellas,** 1. Kategorie, in Gavà, Tel. 936 330 637, Fax 936 331 525, geöffnet: 1.4.-30.9. Naturbelassener Platz für ca. 1000 Gäste, unter Pinien am Strand gelegen. Zu erreichen über die C-31, Richtung Castelldefels.
●**El Toro Bravo,** 1. Kategorie, in Viladecans an der Autovía de Castelldefels, km 11, Tel. 936 373 462, Fax 936 372 115, E-Mail: info@torobravo.com, Internet: www.eltorobravo. com, ganzjährig geöffnet. Großer Platz für 3600 Personen, in einem Pinienhain am Strand gelegen. Großer Pool und diverse Sportanlagen vorhanden.

Essen & Trinken
●**Restaurant La Canasta,** Passeig Marítim 197, Tel. 936 656 857. Beliebter Klassiker mit Fisch- und Reisgerichten.

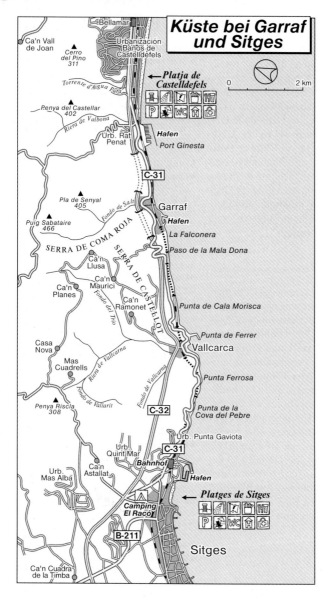

Küste bei Garraf und Sitges

●**Restaurant La Gioconda,** Passeig Marítim 177, Tel. 936 645 107, Mo. geschlossen. Gute Pizza!

Feste

●**16. August:** Festa Major, Patronatsfest, bei dem u. a. Gegants zum Auftritt kommen.

Sitges

- ●**Einwohner:** 13.000
- ●**PLZ:** 08870
- ●**Entfernung nach Barcelona:** 40 km
- ●**Touristeninformation:** Patronat Municipal de Turisme, c/ Sínia Morera 1, Tel. 938 945 004, Fax 938 944 305, E-Mail: info@sitgestur.com
- ●**Internet:** www.sitges.org

Sitges bietet eine ganze Menge. Der Ort ist nett und hat zugleich eine schöne **Mischung aus ruhigen und** **quirligen Zonen.** Außerdem glänzt er mit einigen stilvollen, teils sehr individuelle Hotels, ergänzt um mehrere gute Restaurants. Weiterhin schmückt den Ort eine vier Kilometer lange **Strandpromenade.** Diese ist richtig breit, etwa zehn Meter, und lädt förmlich zum Bummeln, Joggen und Skaten ein – und das wird hier auch fleißig betrieben. Das ganze Ambiente in Sitges ist einfach ansprechend, weshalb hierher sehr viele Individualisten kommen. Sitges hat sich außerdem zu einem der Treffpunkte der **Gay-Szene** entwickelt.

Costa Daurada

Sitges: die vier Kilometer lange Strandpromenade

**Strand-
profil**

Sitges weist insgesamt **12 Strandzonen** auf, die sich alle mehr oder weniger ähneln. Drei liegen links der Altstadt (Blickrichtung Meer), neun rechts. Es handelt sich zumeist um relativ kleine Abschnitte von etwa 200 bis 400 Metern Länge und maximal 30 Metern Breite. Die meisten Zonen verlaufen leicht halbkreisförmig und werden von kleinen ins Meer ragenden Dämmen getrennt. Die oben aufgeführten Serviceeinrichtungen sind nicht an jeder Strandzone zu finden. Der Strand besteht durchweg aus feinem, hellem **Sand.** Parallel zu den Strandzonen verläuft eine breite Promenade und dahinter wiederum eine Straße. Dort stehen im oberen Bereich einige wunderschöne alte **Villen,** während der „linke" Flügel von einem **Sportboothafen** begrenzt wird.

Sehenswertes

Strandpromenade

Richtig angenehm läuft es sich auf dem Passeig Marítim bzw. Passeig de la Ribera. Deshalb joggen oder skaten oder flanieren hier ständig viele Leute entlang. Die ganz Ausdauernden starten unterhalb der Kirche in der Altstadt und drehen erst beim **Hotel Terramar** um, am oberen Ende der Promenade. Das ist dann allerdings ein Weg von gut und gerne 4 Kilometern – einfache Strecke! Jogger und Skater nehmen diese Distanz als Herausforderung an, Spaziergänger begnügen sich zumeist mit einem Teilstück oder nutzen für den Rückweg den Bus. Der Passeig, so die katalanische Bezeichnung für Promenade, verläuft parallel zum Meer und bietet neben Ruhebänken, Palmen und Laternen „nur" schöne Ausblicke.

Villen

Von der Promenade sieht man vor allem auf die **wunderschönen alten Villen** aus den Anfängen des 20. Jahr-

---

Die Kirche Sant Bartomeu i Santa Tecla

In der Altstadt von Sitges

hunderts. Die meisten Häuser wurden von Kuba-Auswanderern nach deren Rückkehr gebaut; sie zeigten wirtschaftlichen Erfolg und (zumeist) Stilsicherheit der Zurückgekehrten.

Insgesamt 88 historische Villen lassen sich im Stadtgebiet von Sitges finden, immerhin 20 davon liegen **an der Promenade.** Ein Prospekt mit dem Titel *„La ruta de los americanos"* („Die Route der Amerikaner") beschreibt auf vier Spaziergängen alle Häuser, nennt die jeweilige Stilrichtung und das Baujahr. Zu beziehen ist der Prospekt über die Touristeninformation.

In der Innenstadt sind ebenfalls etliche dieser schicken Villen zu finden. Recht konzentriert liegen sie bei der Plaça de l'Ajuntament, unweit der nicht übersehbaren Kirche, und in der Carrer Illa de Cuba, die in der Nähe vom Bahnhof abzweigt. Apropos Bahnhof: Auch dieses Gebäude ist historisch, stammt aus dem Jahr 1881.

© picfair Fotos: sm

Altstadt

Oberhalb des Strandes steht die barocke **Kirche Esglèsia de Sant Bartomeu i Santa Tecla** aus dem 17. Jahrhundert. Im Inneren können barocke und gotische Altargemälde bewundert werden, ansonsten dient das weithin sichtbare Gotteshaus – ganz profan – als Landmarke für all die Jogger und Flaneure auf der Strandpromenade.

Weiterhin erstreckt sich bei der Kirche das Gassengewirr der Altstadt mit einer konzentrierten Vielfalt an **Kneipen, Musikpubs und Restaurants.** Tagsüber wird man an diesen oftmals vorbeilaufen. Vielfach weist nur ein relativ kleines Schildchen mit kuriosem Namen auf eine Lokalität hin, aber erkennen kann man erst mal nichts. Am Tag sind die breiten Rolltore nämlich heruntergezogen und verbergen, was sie am Abend lauthals anpreisen: **geballtes Nachtleben!** Spaziert man dann abends durch die gleichen Straßen, mag man es kaum glauben. Dort, wo am Morgen noch die grauen Rolltore abweisend wirkten, locken nun Diskomusik, schrill-bunte Deko, auf den Bürgersteig platziertes Gestühl und eine richtig animierende Szene zum nächtlichen Vergnügen. Wo genau? Das steht weiter unten (siehe „Praktische Tipps"). Aber bevor die Nacht beginnt, kann man noch ein bisschen Kulturprogramm absolvieren.

Costa Daurada

⌂ 1 Camping El Garrofer,
Camping Sitges
🏨 2 Hotel Antemare
🏨 3 Hotel Subur Maritim
🏨 4 Hotel Terramar
🏨 5 Hotel Capri
🍴 6 Bar Las 1001 Tapas
🏨 7 Hotel Santa María,
Rest. La Pinta,
Rest. El Greco,
Rest. Mare Nostrum
✉ 8 Post
§ 9 El Celler de Sitges
● 10 diverse Musikpubs
🍴 11 Restaurant El Velero
Ⓜ 12 Museu Romàntic
🏨 13 Hotel Celimar

🍴 14 Rest. La Nansa
🍴 15 Rest. La Fragata,
Rest. Cal Pinxo,
Rest. Maricel
⛪ 16 Església de
Sant Bartomeu
i Santa Tecla
🅸 17 Touristeninformati
● 18 Polizei
Ⓜ 19 Museu Maricel
Ⓜ 20 Museu Cau Ferra
🍴 21 Rest. Avisillo
🏨 22 Hotel Romàntic
§ 23 Markt
🏨 24 Hotel Xalet
⌂ 25 Camping El Racó

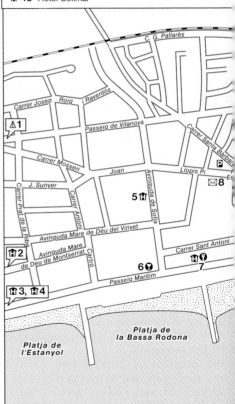

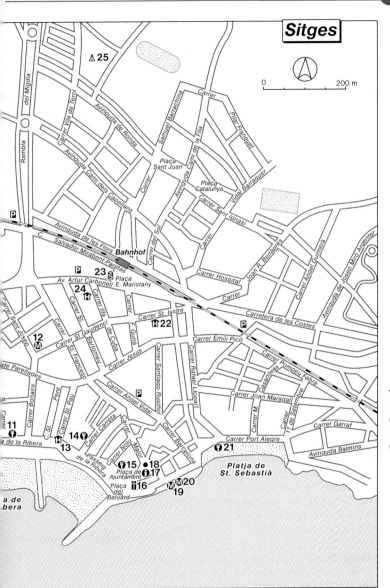

Sitges

0   200 m

△ 25

Rambla

del Migdia

Carrer Vila de Teror

Avinguda de Ronda

Avinguda Camí dels Capellans

Samuel Barrachina

Pilar Franquet

Carrer

Carrer Camí de la Fila

Plaça
Sant Juan

Plaça
Catalunya

Avinguda Camí del Sol

Carrer Sant Ignasi

Vidal Barraquer

Carrer

Avinguda de les Flors

C. Salvador Mirabent Paretas

Bahnhof

23 Plaça
E. Maristany

Carrer del Sol

Carrer

Carrer Joan B. Benaprès

Carrer Àngel Guimerà

Avinguda de Josep Miró Argenter

Av. Artur Carbonell

24

Carrer Illa de Cuba

Carrer St. Gaudenci

Carrer St. Josep

Carrer St.

F. Guñá

Carrer St. Isidre

22

Carrer Hospital

Carrer

Carretera de les Costes

Carrer Emili Picó

Carrer Pompeu Fabra

de Parellades

12

Carrer Bartolomeu

Carrer St. Francesc

Carrer Jesús

Carrer Santiago Rusiñol

Carrer Rafael Llopart

Carrer M. Casanovas

Carrer 11 de Setembre

Carrer Joan Maragall

11

Carrer Bonaire

C. St. Pere

Carrer St. Pau

Carrer Àngel Vidal

Carrer Carreta

Carrer Nou

Carrer Major

Carrer Barcelona

Carrer Port Alegre

21

Carrer Garraf

Avinguda Balmins

de la Ribera

14

13

Passeig
de la Ribera

15   18

Plaça de
Ajuntament   17

16

Plaça
del
Baluard

M   20
19

Platja de
St. Sebastià

a de
bera

Museu Cau Ferrat

1891 kam der Maler und Schriftsteller **Santiago Rusiñol** nach Sitges und kaufte zwei alte Fischerhäuser. Diese ließ er renovieren und zu einem Gebäude vereinen. Hier stellte *Rusiñol* dann seine Sammlung an Schmiedekunst unter und taufte das Haus auf den katalanischen Namen *Cau Ferrat,* deutsch etwa: „Eisenhöhle"– ein Hinweis auf seine Exponate. Das Haus entwickelte sich alsbald zu einem der bekanntesten **Künstlertreffpunkte** der Region. Maler, Musiker, Schriftsteller, sie alle versammelten sich in *Rusiñols* Haus und begründeten so den Ruf von Sitges als Ort der Bohème und der Künstler. Seit 1933 steht Cau Ferrat als Museum der Öffentlichkeit zur Verfügung.

Ausgestellt sind hauptsächlich Gemälde des ehemaligen Besitzers, seine gesammelte Schmiedekunst sowie Werke befreundeter Künstler, nebst einigen Bildern von *El Greco, Picasso, Zuloaga;* und auch eine Sammlung katalanischer Manufaktur findet sich. Eine interessante und vielschichtige Ausstellung in einem bemerkenswerten Haus.

● **Adresse:** c/ Fonollar s/n.

● **Geöffnet:** Di-Fr 10-13.30 und 15-18.30 Uhr, Sa 10-19, So 10-15 Uhr, Mo geschlossen. Im Sommer: Di-So 10-14 und 17-21 Uhr, Mo geschlossen; Eintritt: 3 € oder 5,42 € für ein Kombiticket für alle drei Museen.

Museu Maricel

Hier findet der Besucher Exponate verschiedener Stilrichtungen, so beispielsweise die **maritime und nautische Sammlung** von *Emerencià Roig,* eines in Sitges geborenen Liebhabers der Seefahrt. Weiterhin ist die **Kunstsammlung** von *Jesús Pérez Rosales* zu sehen, der seine Werke der Stadt vermacht hat. Außerdem finden sich hier einige Bilder von Künstlern, die in Sitges wirkten, aber nicht zu überregionalem Ruhm gelangten.

● **Adresse:** c/ Tonollar s/n.

● **Geöffnet:** Öffnungszeiten und Eintrittspreise wie Museu Cau Ferrat.

Kleiner Hinweis: Genau gegenüber vom Museum steht ein älteres Haus mit kleinen kunstvollen in Stein gemeißelten **Figurengruppen,** die jeweils eine kleine Geschichte erzählen. Tipp: Mal aufs Detail achten!

Museu Romàntic

Das Museu Romàntic befindet sich in einem ehemaligen großbürgerlichen **Haus einer wohlhabenden Familie.** Das Gebäude trägt den Namen jener Familie, *Llopis,* und gezeigt werden Einrichtungsgegenstände, Möbel und allgemein die Lebensweise einer reichen katalanischen Familie. Außerdem beherbergt das Museum eine private **Puppensammlung,** die immerhin 400 Einzelstücke umfasst.

● **Adresse:** c/ Sant Gaudenci 1.

● **Geöffnet:** ganzjährig Di-Sa 9.30-14 und 16-18 Uhr, So nur vormittags.

Praktische Tipps

Unterkunft

● **Hotel Terramar** €€€€, Passeig Marítim 80, Tel. 938 940 050, Fax 938 945 604, E-Mail:

Hotelterramar@hotelterramar.com, geschlossen von November bis März. Großes Haus mit 209 Zimmern, das ganz am Ende der Promenade liegt, damit gut vier Kilometer von Sitges-City entfernt. Das Hotel wurde halbrund gebaut, so dass die meisten Gäste Meerblick genießen.

●**Hotel Subur Marítim** €€€€, Passeig Marítim s/n, Tel. 938 941 550, Fax 938 940 427, E-Mail: info@hotelsuburmaritim.com. Klein, aber fein. Das Haus gehört zur Best-Western-Kette und am Eingang weist ein Schild darauf hin, dass es sich auch um ein Gourmet-Hotel handelt. 46 Zimmer verteilen sich auf drei Etagen in einem älteren und in einem neueren Gebäude, einem großen Teil mit Meerblick. Weiterhin: kleiner Pool, Liegewiese, eine ruhige Lage und rauschende Palmen.

●**Hotel Antemare** €€€€, Av. Mare de Déu de Montserrat 48-50, Tel. 938 947 000, Fax 938 946 301, E-Mail: antemare@antemare.com. Liegt mitten in einer Villensiedlung in der ersten Parallelstraße zum Meer. Dadurch gibt's zwar keinen Meerblick, aber viel Ruhe. Insgesamt 117 Zimmer, verteilt auf sechs durchgängig blau-weiß gehaltene Gebäude in einem netten Garten.

●**Hotel Capri** €€€€-€€€€€, Av. de Sofia 13-15, Tel. 938 110 267, Fax 938 945 188. Kleines Haus mit 26 Räumen in zwei stilvollen Gebäuden. Ein Pool nebst Liegewiese ist auch vorhanden, zum Strand sind es keine 100 Meter.

●**Hotel Santa María** €€€, Passeig de la Ribera 52, Tel. 938 940 999, Fax 938 947 871, E-Mail: info@lasantamaria.com. Kleines, schmuckes Haus, direkt an der Promenade und recht nah zum Zentrum. Insgesamt 36 nette Zimmer, unten befindet sich ein gut besuchtes Restaurant mit kleiner Terrasse.

●**Hotel Celimar** €€€, Passeig de la Ribera 20, Tel. 938 110 170, Fax 938 110 403, E-Mail: hotelcelimar@turinet.net. Kleines 24-Zimmer-Haus, schick renoviert in zentraler Lage. Unten gibt es ein Café-Restaurant.

●**Hotel Romàntic** €€€, c/ Sant Isidre 33, Tel. 938 948 375, Fax 938 948 167, E-Mail: romantic@hotelromantic.com. Mitten im Zentrum der Stadt gelegenes kunstvoll gestaltetes Haus, das toll renoviert wurde. Allein das Eingangsschild hat schon mehr Stil als manch

anderes Hotel in Gänze. Die Innendeko macht dem Hotelnamen alle Ehre und der Garten ist eine traumhafte Ruhezone. Einziger Schönheitsfehler: eingeschränkte Öffnungszeiten von Mitte Mai bis Ende Oktober.

●**Hotel Xalet** €€€, c/ Illa de Cuba 35, Tel. 938 110 070, Fax 938 945 579. Noch so eine verwunschene Villa mit Erker, Gauben, einem Türmchen, 11 Zimmern, Garten, Pool und Restaurant. Mitten in der City gelegen, nicht weit vom Bahnhof entfernt.

Camping

●**El Garrofer,** 2. Kategorie, Carretera 246-A, km 39, Tel. 938 941 780, Fax 938 110 623, E-Mail: garrofer@interplanet.es. Großer Platz für knapp 1600 Personen, am Ortsrand von Sitges gelegen.

●**Sitges,** 2. Kategorie, Carretera 246-A, km 38, Tel. 938 941 080, Fax 938 949 852, E-Mail: info@campingsitges.com, geöffnet: 1.3.-20.10. Ein Platz für 550 Urlauber, der teilweise unter Bäumen und gut zwei Kilometer außerhalb liegt.

●**El Racó,** 2. Kategorie, Av. De Ronda s/n, Tel. 938 940 043, Fax 938 940 150, Internet: www.campinglaroca, geöffnet: Ende März bis Ende Oktober. Liegt näher als der Platz „Sitges" zum Zentrum und hat Raum für 540 Personen.

Essen & Trinken

●**Las 1001 Tapas,** Passeig Marítim, Ecke Av. de Sofia 1, Tel. 938 114 611; verlockender Name, nicht wahr?

●**Restaurant El Greco,** Passeig de la Ribera 70, Tel. 938 942 906. Gerichte, deren Beilagen täglich frisch vom Markt kommen, obendrein wird viel Fisch angeboten.

●**Restaurant Mare Nostrum,** Passeig de la Ribera 60, Tel. 938 943 393. Fisch dominiert auch hier, es gibt aber auch gute Hausmannskost zu vernünftigen Preisen.

●**Restaurant El Velero,** Passeig de la Ribera 38, Tel. 938 942 051. Die Reis- und Nudelgerichte werden allgemein geschätzt.

●Genau gegenüber liegt am Strand ein **Chiringuito.** Dieser Begriff für eine Strandbar ist in Andalusien sehr verbreitet, in Katalonien jedoch eher ungewöhnlich. Draußen erfährt

Costa Daurada

man aus einer gekachelten Hinweistafel, dass dieses Haus seit 1913 besteht und der Begriff *chiringuito* hier geprägt wurde. Erfunden von einem Autor *(Cesar Gonzáles Ruano)*, der in diesem Lokal fünf Jahre lang Artikel für die Zeitung „La Vanguardia" schrieb. Er selbst nannte die Bar schließlich *chiringuito* und bezog sich damit auf ein Wort, das auf Kuba in jenen Tagen gebräuchlich war, um einen Kaffee zu bestellen. Eine nette Geschichte über die Entstehung des Begriffes. Vielleicht stimmt sie sogar, wahrscheinlich würden Andalusier aber eine ganz andere erzählen.

● **Restaurant La Nansa,** c/ Carreta 24, Tel. 938 941 927. Fisch dominiert die Karte dieses Hauses, das in der Altstadt liegt, außerdem sind die Nachspeisen hochgelobt. Die Küche heimste schon etliche Auszeichnungen ein, die draußen dokumentiert sind.

● **Restaurant Cal Pinxo,** Passeig de la Ribera 5, Tel. 938 948 637. Liegt am Platz unterhalb der Kirche und bietet Reis- sowie Fischgerichte in beachtlichen Portionen.

● **Restaurant Maricel,** Passeig de la Ribera 6, Tel. 938 942 054, Di geschlossen. Ein spanischer Kritiker bezeichnete dieses Lokal einmal als das interessanteste Restaurant von Sitges. Gute Küche, bester Service, aber etwas angezogenere Preise.

● **Restaurant La Fragata,** Passeig de la Ribera 1, Tel. 938 941 086. Fisch und Tapas.

● **Restaurant La Pinta,** Passeig de la Ribera 58, Tel. 938 947 871, Mo geschlossen. Gehört zum angeschlossenen Hotel Santa María; gute Tapas und Meeresfrüchte.

● **Restaurant Avisillo,** c/ Port Alegre 15, Tel. 938 111 771, Mo geschlossen, keine Kreditkarten. Kleines Lokal mit vorzüglichen Tapas.

Nachtleben

Vor allem in der **Straße c/ 1 de mayo de 1838,** sie wird auch *calle del pecado* genannt („Straße der Sünde"). Hier reiht sich ein Tresen an den nächsten und hier flutet auch alles durch, was nachts auf der Piste ist.

Adressen

● **Einkaufen:** El Celler de Sitges, c/ España 8. Breiteste und fundierteste Auswahl an Wein, Cava und Hochprozentigem.

● **Fahrradverleih:** Rent A Bike, c/ de Can Falç s/n, Tel. 677 085 132.

● **Internetcafés:** El Patí, c/ Illa de Cuba 10, Tel. 938 947 676; Cyber Sis, c/ España 7, Tel. 938 114 003.

● **Mietwagen:** Europcar, im Parkhaus gegenüber vom Bahnhof, Tel. 938 111 996.

● **Segeln:** Escola de Vela, am Hafen von Garraf gelegen, bietet Segelkurse und vermietet auch Boote. Tel. 639 382 300; Club de Mar, Passeig Marítim s/n, Tel. 938 943 844, bietet Ähnliches.

Feste

● **Karneval:** Nicht nur Rheinländer können Karneval feiern, auch Katalanen. Und wie!

● **Erster Sonntag im März:** Oldtimerrallye Barcelona – Sitges, alle Autos müssen vor 1926 gebaut sein, Fahrer und Beifahrer tragen Kleidung jener Epoche.

● **Fronleichnam:** *Alfombras florales,* einige Straßen der Innenstadt werden wunderschön mit so genannten Blumenteppichen geschmückt.

● **24. August:** Festa Major, ein Stadtfest zu Ehren des Ortspatrons Sant Bartomeu.

● **23. September:** Ein Fest zu Ehren der Ortspatronin Santa Tecla.

● **Oktober:** Internationales Filmfestival von Katalonien und Oldtimerrallye Barcelona – Sitges, diesmal mit Motorrädern.

Markt

● **Samstag:** An der Plaça Ajuntament.

● **Wochentags:** In dem Gebäude gegenüber vom Bahnhof.

Vilanova i la Geltrú

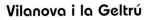

- **Einwohner:** 50.000
- **PLZ:** 08800
- **Entfernung nach Barcelona:** 34 km
- **Touristeninformation:**
  Oficina Municipal de Turisme,
  Parc de Ribes Roges, Tel. 938 154 517,
  Fax 938 152 693, E-Mail: turisme@vng.es
- **Internet:** www.vilanova.org

Vilanova i la Geltrú ist eine mittelgro-ße, **geschäftige Stadt** mit einer Vielzahl von Kleingewerbe und Industrie in den Außenbezirken. Die Bahnlinie durchschneidet den Ort und teilt ihn gewissermaßen in zwei Teile. Während sich der innerstädtische Bereich mit einigen wenigen Ausnahmen eher urban zeigt, also mit vielen Geschäften, Wohnblocks und wenig Müßiggang, lockt der **Strandbereich** mit einer recht angenehmen Promenade. Ein Muss für alle Liebhaber von alten Dampfloks ist der Besuch im **Eisenbahnmuseum,** das direkt am Bahnhof zu finden ist.

Strandprofil

Vier Strandzonen liegen im Stadtbereich, getrennt durch einen außergewöhnlich großen Hafen.

Platja El Far de Sant Cristofol

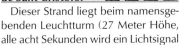

Dieser Strand liegt beim namensgebenden Leuchtturm (27 Meter Höhe, alle acht Sekunden wird ein Lichtsignal aussendet, das man noch in 19 Seemeilen Entfernung erkennen kann, verrät eine Statistik). Auf der anderen Seite grenzt der helle Sandstrand an den Hafen und liegt somit sehr zentral. Kein Wunder, dass er stark besucht wird. Die Länge beträgt 640 Meter, die durchschnittliche Breite wird mit 65 Metern angegeben, was aber bedeutet, dass er sich vor allem im oberen Bereich deutlich breiter zeigt.

Platja Ribes Roges

Hat man den Hafenbereich passiert, schließt sich halbkreisförmig dieser stadtnahe Strand an. Er misst 1250 Meter und ist sehr breit, gute 60 Meter im Mittel. Eine kleine Grünzone begrenzt ihn, weiterhin verläuft eine nett gestaltete Promenade parallel. Der Passeig Ribes Roges wird von Palmen gesäumt, einige schicke ältere Häuser zeigen sich auf der anderen Straßenseite, ein Grünstreifen mit Fahrradspur trennt die Fahrbahnen. Die Stadtväter dachten eben an alle, an Flaneure, Radler und sogar an Kinder. Ein kleiner Spielplatz ist vorhanden, außerdem tuckert eine Mini-Eisenbahn durch den Park. Auch sehr angenehm: Entlang der Promenade liegen keinerlei Läden, die touristische Waren bieten, sondern nur einige wenige Lokale mit Terrasse.

Platja Sant Gervasi

Die Platja Sant Gervasi ist eine knapp 200 Meter lange, ganz leicht gerundete Strandbucht. Sie liegt schon

Costa Daurada

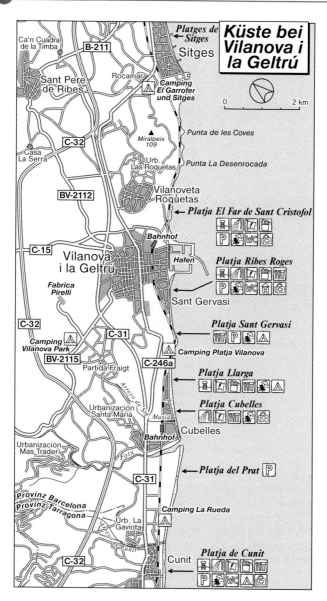

Küste bei Vilanova i la Geltrú

Platges de Sitges →

Ca'n Cuadra de la Timba

B-211

Sant Pere de Ribes

Rocamar

Sitges

Camping El Garrofer und Sitges

0 ⎯ 2 km

C-32

Casa La Serra

Miralpeix 109

Punta de les Coves

Urb. Las Roquetas

Punta La Desenrocada

BV-2112

Vilanoveta Roquetas

← Platja El Far de Sant Cristofol

Bahnhof

C-15

Vilanova i la Geltrú

Hafen

← Platja Ribes Roges

Fabrica Pirelli

Sant Gervasi

Platja Sant Gervasi

C-32

Camping Vilanova Park

C-31

BV-2115

Partida Fraigt

Camping Platja Vilanova

C-246a

Platja Llarga

Arroyo de Sta. Maria

Urbanización Santa Maria

Platja Cubelles

Cubelles

Urbanización Mas Trader

Bahnhof

Foix

← Platja del Prat P

C-31

Provinz Barcelona

Provinz Tarragona

Urb. La Gaviota

Camping La Rueda

C-32

Cunit

Platja de Cunit

etwas vom Stadtzentrum entfernt bereits im Grünen, wird aber trotzdem gerne besucht.

Platja Llarga

Die Platja Llarga liegt schon so weit von Vilanova entfernt, dass der Strand eigentlich zum Nachbarort Cubelles gezählt werden könnte. Er misst 1500 Meter, zeigt sich aber relativ schmal (unter 30 Metern im Durchschnitt) und wird unmittelbar von einer Bahnlinie begleitet. Die Nähe zu zwei Orten führt dazu, dass der feinsandige Strand gerne besucht wird.

Sehenswertes

Hafen

Der großräumige **Sportboothafen** und die davor verlaufende Promenade laden zum Staunen und Bummeln ein. Staunen muss man über die teilweise riesigen Boote, deren Wert wohl jenseits der Neidgrenze liegt. Aber gemach, dort dümpeln auch genügend Normalos, die denn auch recht hübsch anzusehen sind.

Strandzone

Die Promenade führt am Hafengelände vorbei und erreicht schließlich eine breite Strandzone. Aufgelockert wird diese durch einen **kleinen Park** mit einem Türmchen, das den hart arbeitenden Fischer gewidmet ist. Eine kleine **Schmalspureisenbahn** tuckert durch den Park (wird nur am Wochenende betrieben) und insgesamt lässt es sich hier nett spazieren gehen. Keine schreiend bunten Kioske

bieten unnützes Strandzubehör, keine Lokale mit Foto-Speisekarte beleidigen den Gast. Hier flaniert man, unterhält sich im Schatten von Palmen, hockt sich ermattet auf eine Bank oder stärkt sich in einem der Lokale auf der anderen Straßenseite. Sogar an die Radfahrer hat man hier gedacht, in der Mitte der Promenade verläuft ein extra ausgewiesener **Radweg.**

Innenstadt

Die Innenstadt breitet sich oberhalb der Bahnlinie aus. Hier herrscht ganz **alltägliches städtisches Leben.** Menschen kaufen ein, gehen zur Arbeit, hetzen kurz in eine Bar, laufen von hier nach da. Nichts Besonderes eben. Müßiggang gibt es hier nicht. Der wird am Strand gepflegt, aber hier im Zentrum geht es geschäftig zu. Dazu passen auch die meisten Häuser. Nur ganz vereinzelt stößt man mal auf ein hübsches Einzelgebäude, wie die **Kirche Sant Antoni Amat** aus dem 18. Jahrhundert mit einer neoklassizistischen Fassade oder das herrschaftliche Anwesen Can Papiol aus dem 19. Jahrhundert. Dieses lockt heute als **Museu Romàntic** Besucher an und entführt sie in die über 100 Jahre alte Wohnwelt einer wohlhabenden katalanischen Familie. Zu finden ist es in der Carrer Major 32. Das bleiben aber Ausnahmen, ansonsten dominieren zweckmäßige Bauten.

Museu del Ferrocarril

Das Eisenbahnmuseum ist ein Muss für alle Bahnfans. Etwa zwei Dutzend oder mehr historische **Dampfloks** ste-

Costa Daurada

hen im Halbkreis, alle auf Hochglanz poliert und (scheinbar) bereit zur Abfahrt. Die ältesten Loks stammen aus dem 19. Jahrhundert. Vor jedem Modell erklären Schautafeln technische Details, Einsatzort und Baujahr. Die meisten Loks und Waggons kann man nur von außen betrachten, aber vereinzelt führen Treppen zu Besichtigungsrampen, so dass man wenigstens hineinschauen kann. Und da wird man dann staunend entdecken, dass Bahnfahren im 19. Jahrhundert entweder höllisch unbequem gewesen sein muss („Holzklasse"), oder, ganz im Gegenteil, mit beachtlichem Komfort möglich war.

Im Hauptgebäude sind noch diverse Exponate rund ums Thema Eisenbahn ausgestellt, und im ersten Stock wird eine 25-minütige, gut gemachte **audiovisuelle Show** gezeigt über die Entwicklung der spanischen Bahn von den Anfängen bis zum Hochgeschwindigkeitszug.

●**Adresse:** Plaça Eduard Maistany s/n, direkt am Bahnhof gelegen.

●**Geöffnet:** 14.7.-9.9. Di-Fr 11-13.30 und 16.30-20 Uhr, Sa/So 10-13 und 16.30-20.30 Uhr; Rest des Jahres: Di-So 10.30-14.30, Sa auch 16-18.30 Uhr. Eintritt: 4 €.

Museu de Curiositats Mariners

Das Museu de Curiositats Mariners ist eines dieser kleinen privaten Sammlungen, die sich exzentrische Menschen mitunter leisten. **Francesc Roig Toqué** ist so einer. Seit frühester Jugend mit dem Meer verbunden, arbeitete er viele Jahre als Schiffszimmermann. Bei seinen unzähligen Reisen begann er zu sammeln und hat bis heute ein wahres **Kuriositätenkabinett an maritimen Exponaten** zusammengetragen. Das Museum liegt im Hinterhof einer Siedlung von Wohnblocks. Einige maritime Gegenstände stehen neben einem alten Segelmast im Garten und zeigen die Richtung an: Alles Mögliche und Unmögliche rund um die Themen Meer und Schifffahrt kann hier bewundert werden. Eine detaillierte Beschreibung fällt schwer, hier gibt es alles: Buddelschiffe, Muscheln, nautisches Gerät, Schiffsmodelle und und und. Der **Star der Ausstellung** aber ist Juanita, ein echter Fisch, der von einer Gabel essen und aus einem *porrón* (Flasche mit spitz zulaufender Öffnung) trinken kann.

●**Adresse:** carrer d'Alexandre de Cabanyes 2.

●**Geöffnet:** werktags 17-20 Uhr, So 12-14 u. 17-20 Uhr, Sept.-April nur von 16 Uhr bis Sonnenuntergang; Eintritt frei.

Museu Biblioteca Víctor Balaguer

Das hübsche Gebäude aus dem 19. Jahrhundert liegt unweit vom Bahnhof. Gegründet wurde die Bibliothek 1884 durch den späteren Namensgeber, einen Schriftsteller und Politiker. Die **Bibliothek** ist eine der umfangsreichsten von ganz Katalonien, sie umfasst 40.000 Bände und 2000 Zeitschriftentitel aus dem 19. sowie 20. Jahrhundert. Das Museum bietet u. a. eine **archäologische Sammlung** von Fundstücken aus Ägypten, China, Lateinamerika, weiterhin eine **Gemäldesammlung** katalanischer Künstler sowie einige bedeutende Werke aus dem Prado in Madrid.

- **Adresse:** Museu Biblioteca Víctor Balaguer, Av. Víctor Balaguer s/n.
- Geöffnet: Okt.-Mai Di-Sa 10-13.30, 16.30-19 Uhr, Do 18-20 Uhr, So 10-13.30 Uhr; Juni-Sept. Di-Sa 10-14, 16.30-19.30, Do 18-21, So 10-14 Uhr; Eintritt: 1,80 €.

Praktische Tipps

Unterkunft

- **Hotel César** €€€€, c/ d'Isaac Peral 8, Tel. 938 151 125, E-Mail: hcesar@virtual.es. Das erste Haus am Platze. 30 Zimmer in einem historischen Gebäude der vorletzten Jahrhundertwende. Es liegt ca. 100 Meter entfernt vom Meer in einer Villengegend.
- **Hotel Ricard** €€€, Passeig Marítim 88, Tel. 938 157 100, Fax 938 159 957. Ein schmales, vierstöckiges Haus mit 12 Zimmern, die zumeist Meerblick haben.
- **Hotel Solvi 70** €€€, Passeig de Ribes Roges 1, Tel. 938 151 245, Fax 938 157 002. Ein 30-Zimmer-Haus an der Strandstraße.
- **Hotel Ceferino** €€€, Passeig de Ribes Roges 2-3, Tel. 938 151 719, Fax 938 158 931. Liegt gleich nebenan, hat 28 Zimmer, ist gelb gestrichen und von Palmen umgeben. Ein Restaurant ist angeschlossen.

Camping

- **Vilanova Park,** 1. Kategorie, Carretera de l'Arboç, km 2,5. Tel. 938 933 402, Fax 938 935 528, E-Mail: info@vilanovapark.es, Internet: www.vilanovapark.es. Großer Platz für 3200 Camper, sehr schön angelegte Parkanlage mit einem großen Pool. Etwa 2 km außerhalb des Ortes und vier Kilometer vom Meer entfernt.
- **Platja Vilanova,** 2. Kategorie, C-31 (frühere C-246), km 48,3. Tel. 938 950 767. Der Platz liegt etwas außerhalb und kann 1275 Urlauber beherbergen, teilweise unter schattenspendenden Bäumen.

Essen & Trinken

- **Restaurant Peixerot,** Passeig Marítim 56, Tel. 938 150 625. Haus mit langjähriger Tradition; ausgezeichnete Fischgerichte.
- **Restaurant Chez Bernard,** c/ Ramón Llull 4, Tel. 938 155 604. Das Restaurant bietet eine Mischung aus französischer und katalanischer Küche bei moderaten Preisen.
- **Restaurant La Botiga,** Passeig Marítim 75, Tel. 938 156 078. Kleines Lokal mit Terrasse zur Strandpromenade. Fischgerichte und Meeresfrüchte dominieren die Speisekarte.

Adressen

- **Einkaufen:** La Cava, c/ Doctor Fleming 38. Eine Weinhandlung mit 3000 verschiedenen Weinen im Angebot.
- **Fahrradverleih:** Adventure Group, c/ Bailén 12, Tel. 938 101 125 (liegt etwas ungünstig) und Filiale am Passeig Marítim, beim kleinen Kinderpark.

Feste

- **Karneval:** Wird in Vilanova kräftig gefeiert. Als unter *Franco* der Karneval verboten war, widersetzte sich die Stadt, was man wohl als sehr mutig ansehen darf.
- **Letzte Juniwoche:** Setmana de Mar, Festes de Sant Pere. In der „Woche des Meeres" feiern alle Fischer und Seeleute mit einer Meeresprozession sowie u.a. mit einem Wettbewerb zum Kochen von Meeresfrüchten.
- **5. August:** Festa Major oder auch Patronatsfest zu Ehren der Mare de Déu de les neus. Sehr traditionelles Fest, dessen Wurzeln sich bis 1710 zurückverfolgen lassen, u.a. mit *gegants* und „mystischen Bestien", wie das Touristenbüro augenzwinkernd versichert.

Markt

- **Samstag:** In der Innenstadt.

Sant Sadurní d'Anoia

- **Einwohner:** 9400
- **PLZ:** 08770
- **Entfernung nach Barcelona:** 40 km
- **Touristeninformation:**
  Plaça Ajuntament 1,
  Tel. 938 910 325, Fax 938 183 470
  E-Mail: pturisme@mail.santsadurni.com
- **Internet:** www.santsadurni.com

Sant Sadurní ist das Zentrum des katalanischen Schaumweins, *cava* genannt. Ende des 19. Jahrhunderts verschlug es *Josep Raventós* nach Barcelona, wo er erste Erfahrungen in der Cava-Produktion sammelte. Viele Jahre später reiste sein Sohn *Manuel Raventós i Domènech* sogar nach Frankreich, um zu lernen, wie Champagner produziert wird. Zurückgekehrt nach Sant Sadurní, setzte er dieses Wissen so erfolgreich um, dass mehrere Weinbauern seinem Beispiel folgten und Schaumwein produzierten. Auch die bei uns mittlerweile bekannten Marken *Freixenet, Domènech* und *Codorníu* stammen aus der Gegend um Sant Sadurní.

Sehenswertes

Kellereien

In erster Linie steht natürlich der Besuch in einer der Kellereien. Wer sich heute dem Ort nähert, nimmt schon ein paar Kilometer außerhalb die Hinweisschilder zu den großen Bodegas wahr. Insgesamt 80 Hersteller gibt es mittlerweile in Sant Sadurní. Praktisch alle können besichtigt werden und bieten Direktverkauf an. In dem kleinen Ort selbst findet der Besucher entlang der Hauptzufahrtsstraße genügend Hinweise zu den einzelnen Marken und Bodegas. Die beiden größten und bekanntesten Kellereien **Freixenet** und **Codorníu** bieten dabei den besten Service, führen mehrmals täglich Besuchergruppen mehrsprachig durch ihre wirklich sehenswerten Gewölbe. Die kleineren Bodegas sind da etwas familiärer, haben aber auch mitunter eingeschränkte Öffnungszeiten. Hier hat man eher am Wochenende Erfolg als unter der Woche. Wer sich vorab ausführlich informieren möchte, kann über die Touristeninformation einen Prospekt bestellen (*„caves visitables"*), in dem immerhin 39 Anbieter kurz und knapp beschrieben werden mit Angaben, wann grundsätzlich Besuche möglich sind (wochentags und/oder feiertags), ob Direktverkauf angeboten wird, ob es mehrsprachige Führungen gibt. Ein Lageplan hilft obendrein bei der Orientierung, aber, wie gesagt, im Ort sind sie alle ausgeschildert.

- **Adressen der größten Firmen:**
  Freixenet, c/ Joan Sala 2, Tel. 938 917 000, Fax 938 183 095, E-Mail: freixenet@freixenet.es, Internet: www. freixenet.es. Geführte Besichtigungen: Mo-Do um 10, 11.30, 15.30 und 17 Uhr, Fr 10 und 11.30 Uhr; am Wochenende keine Besuche möglich.
  Codorníu, Av. Codorníu s/n (außerhalb), Tel. 938 183 232, Internet: www.codorniu.es. Besichtigungen: Mo-Fr 9-17 Uhr, Sa und So 9-13 Uhr.

Praktische Tipps

Unterkunft

●**Hotel Sol i Vi** €€€, Carretera San Sadurní – Vilafranca, km 4 im Ort Lavern-Subirats, Tel. 938 993 204, Fax 938 993 435. Ein ehemaliges katalanisches Landhaus mit 25 Zimmern, von einigen hat der Gast einen schönen Blick über die Weinberge.

Essen & Trinken

●**Fonda Neus**, c/ Marc Mir 14-16, Tel. 938 910 365, geschlossen: Sa. und im August. Klassische Küche zu erschwinglichen Preisen. Das Lokal liegt im Ortskern, vielleicht 5 Gehminuten vom Rathaus entfernt.
●**Tasca del Jamón**, Plaça del Font Romà. Kleine Eckbar, wo der leckere Schinken von der Decke hängt.

El Cava

Irgendwo in Barcelona. Besuch in einer Bar. Mal etwas Typisches trinken? Klar! Ein Glas Cava, bitte. Trocken oder lieblich? Trocken. Sehr trocken, bitte. Der Kellner verschwindet kurz, zaubert ein mit Eis beschlagenes Glas hervor. Entkorkt die gut gekühlte Flasche, schenkt ein. Buchstäblich wie Perlen wandern die Bläschen der Kohlensäure hoch, zerplatzen an der Oberfläche. Das Glas „schmilzt", Zeit zum Probieren.

Cava ist Schaumwein und ein typisch katalanisches Produkt. Dabei stammt die Anbaumethode aus Frankreich. Ein fixer Katalane studierte die Champagner-Herstellung und versuchte es dann selbst. Mit Erfolg! Seit 1872 wird katalanischer Cava in Sant Sadurní produziert. Aber „Champagner" durften die Katalanen ihr Getränk nicht nennen, der Begriff ist nämlich geschützt. Also wählten sie das katalanische Wort cava. Heute ist Cava selbst ein geschütztes Produkt. Cava darf sich nur so nennen, wenn er aus dem so genannten Cava-Gebiet stammt. Dazu zählen noch ein paar nordspanische Landstriche, aber hauptsächlich dreht es sich um das Gebiet Penedès mit der selbsternannten Hauptstadt Sant Sadurní. 90 % der Produktion stammt aus dem Gebiet um Sant Sadurní.

Ein paar Zahlen: 270 Bodegas produzieren mittlerweile 200 Millionen Flaschen jährlich, wovon gut die Hälfte in 120 Länder exportiert wird . Die Hälfte des Exports geht nach Deutschland. Freixenet (sprich: Freschenet) kennt hier zu Lande mittlerweile jeder, aber nicht minder groß im Geschäft ist Codorníu.

Cava gibt es in sieben Geschmacksstufen, von sehr trocken (brut nature) bis süß (dulce). Den Unterschied macht der Zuckergehalt. Brut Nature hat drei Gramm Zucker pro Liter, Dulce dagegen mehr als 50 Gramm. Weitere Zwischenabstufungen sind extra brut, brut, extra seco, seco und semiseco.

Die Trauben werden im September und Oktober geerntet und dann gepresst. Nach der ersten Gärung folgt eine zweite Gärung in der Flasche von wenigstens neun Monaten. Dabei ruhen die Flaschen in kühlen Kellergewölben im Halbdunkel und werden regelmäßig gedreht. Nach weiteren Bearbeitungsschritten, bei denen letzte Unreinheiten entfernt werden, erfolgt der endgültige Verschluss durch einen Korken. Bei einem authentischen Cava muss übrigens auf der Unterseite des Korkens ein Stern mit vier Spitzen abgebildet sein.

Die Bodegas der meisten Produzenten können besichtigt werden. Besonders interessant sind die teilweise gewaltigen unterirdischen Gewölbe, in denen Tausende von Flaschen lagern. Manche Lagerstatt fällt so gewaltig und modernistisch aus, dass sie schon als eigene Sehenswürdigkeit gelten kann. Dazu gehören die Bodegas von Codorníu beispielsweise, die vom Architekten Puig i Cadafalch konstruiert wurden, einem Gaudí-Schüler.

Costa Daurada

Feste

● **Erste Oktoberhälfte:** Setmana del Cava, das Fest rund um den Cava. Am 12. 10. sind alle Bodegas für das Publikum geöffnet.
● **29. und 30. November:** Patronatsfest Sant Sadurní.

Markt

● **Donnerstag und Samstag:** Im Ortskern.

Vilafranca del Penedès

● **Einwohner:** 28.000
● **PLZ:** 08720
● **Entfernung nach Barcelona:** 48 km
● **Touristeninformation:** c/ Cort 14, Tel. 938 920 358, Fax 938 921 166, E-Mail: alcadia@ajvilafranca.es
● **Internet:** www.ajvilafranca.es

Der Ort wird auch **„Hauptstadt des Weines"** genannt. Seit dem 19. Jahrhundert konzentriert sich der Weinanbau der Region Penedès in und um Vilafranca. Einige kleinere Bodegas liegen mitten im Ort, größere zumeist etwas außerhalb. Das Auffinden sollte aber dank der guten Ausschilderung wenig Probleme bereiten.

Das **Stadtbild** zeigt außerdem einige schöne, ältere Häuser, die teilweise aus dem 16. Jahrhundert stammen.

Sehenswertes

Museu de Vi

Das Weinmuseum zeigt die ganze Bandbreite der **Weinproduktion.** Es werden u. a. historische Weinpressen ausgestellt, außerdem wird der Weg von der gepflückten Traube bis zum flüssigen Endprodukt erklärt, inklusive Weinprobe.
● **Adresse:** Plaça Jaume I. 1.
● **Geöffnet:** 1.9.-31.5. Di-Fr 10-14 und 16-19 Uhr, Sa 10-14 und 16-20 Uhr, So 10-14 Uhr; 1.6.-31.8. Di-Sa 10-21 Uhr, So 10-14 Uhr, Eintritt: Erw. 3 €, Kinder 90 Cent, Rentner 1,80 €.

Praktische Tipps

Unterkunft

● **Hotel Domo** €€€, c/ Francesc Macià 2-4, Tel. 938 172 426, Fax 938 170 853. Mitten in der Altstadt gelegenes Haus, modern und funktional mit 44 Räumen.

Essen & Trinken

● **Restaurant Cal Ton,** c/ Casal 8, Tel. 938 903 741, Mo. geschlossen. Patron *Ton Mata* serviert schnörkellose katalanische Küche.
● **Restaurant Casa Joan,** Plaça Estaciò 8, Tel. 938 903 171. Man serviert preiswerte Hausmannskost, aber auch aufwändige Gerichte.

Adressen

● **Weinkellerbesichtigung:** Bodega Miguel Torres, c/ Comeraciò 22, der bekannteste und größte Anbieter unter den Weinbauern. Das Besucherzentrum liegt knapp drei Kilometer außerhalb in Pacs, der Straße BP-2121, Richtung St. Martí Sarroca folgen (dann ausgeschildert). Geöffnet: Mo-Sa 9-17 Uhr, So und feiertags 9-13 Uhr, Dauer der Besichtigung ca. 1 Stunde.
● **Einkaufen:** Penedès, Rambla Nuestra Señora 3, hier werden Weine verkauft, aber auch Keramiken und Weinflaschen in unge-

wöhnlichem Design; Inzolia, c/ Sant Bernat 3, eine Weinhandlung mit breiter Auswahl und mit Probierstübchen.

Feste

●**29. August. bis 2. September:** Festa de Sant Fèlix, das Patronatsfest, mit großem Umzug, Tanz von verschiedenen Figurengruppen, *castellers* und mitternächtlichem Feuerwerk.

●**Oktober:** Weinlesefest.

●**Erster Sonntag im November:** Feria de Viña. Alles dreht sich um den Wein.

Markt

●**Sonntag:** Im Zentrum, Plaça de Sant Joan, Plaça Jaume I und in der Carrer de l'Oli.

Calafell

●**Einwohner:** 11.000
●**PLZ:** 43820
●**Entfernung nach Tarragona:** 35 km
●**Touristeninformation:** Patronat Municipal de Turisme, c/ Sant Pere 29-31, Tel. 977 699 141, Fax 977 692 981, E-Mail: tur.calafell@altanet.org
●**Internet:** www.calafell.org

Calafell ist eine Ortschaft, die sich dreigeteilt zeigt. „Schuld" daran ist der schöne Strand. Er lockte auch hier derart viele Zweitwohnungssuchende, dass ein ganz eigenes Viertel entstand, **Segur de Calafell** genannt. Es müssen Tausende von Wohnungen sein, die hier gebaut wurden. In Strandnähe dominieren Apartmenthäuser von 5-8 Etagen, weiter im Hinterland liegen Einfamilien- und Reihenhäuser. Mitten hindurch verlaufen die Straße C-31

(ehemalige C-246) Tarragona – Barcelona und die Eisenbahnlinie.

Calafell selbst liegt einen guten Kilometer entfernt und weist eine recht attraktive Altstadt auf. Die Strandzone wäre der dritte Ortsteil und trägt den Namen Calafell Platja. Hier entstanden neben Apartments, Geschäften und Lokalen auch etliche andere touristische Dienstleistungsbetriebe, die in den wenigen Parallelstraßen vom Strand liegen.

Historisch Interessierte sollten das etwas außerhalb gelegene ehemalige iberische Dorf, die **Ciutadella Ibèrica,** besuchen.

Strandprofil

Platja Segur de Calafell

Ein Strand, zwei Namen. Die Platja Segur de Calafell zieht sich über 1700 Meter Länge und mit einer durchschnittlichen Breite von 120 Metern(!) vom Sportboothafen Port Segur bis zur Mündung eines Kanals. Der Strand ist so richtig schön „gülden", wie es sich für eine Platja an der „goldenen Küste" auch gehört. Genau deshalb wird er auch gerne besucht. Über die gesamte Strecke verläuft eine Promenade, die aber erst nach dem Passieren des Hafens ausschließlich für Fußgänger angelegt ist. In Richtung Calafell Platja besteht der Passeig nur aus einer relativ breiten Autostraße und einem schmalen Bürgersteig. Der Strand verändert sich übrigens, je näher man dem Hafen kommt; dort wird er dunkler und härter.

Costa Daurada

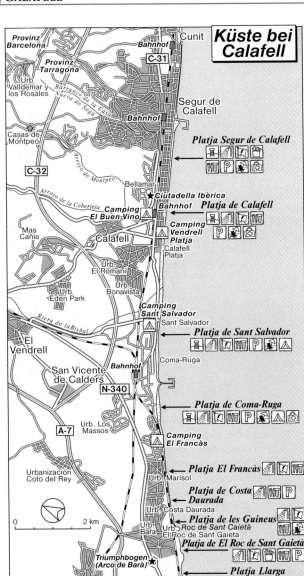

Küste bei Calafell

Provinz Barcelona

Provinz Tarragona

Cunit

Bahnhof

C-31

Urb. Valldemar y los Rosales

Barranco de la Casa Nueva de Segu

Segur de Calafell

Bahnhof

Casas de Montpeo

Arroyo de Montpeo

Platja Segur de Calafell

C-32

Arroyo de la Coberteja

Bellamar

★ Ciutadella Ibèrica

Bahnhof

Platja de Calafell

Camping El Buen Vino

Mas Cañis

Calafell

Camping Vendrell Platja

Calafell Platja

Urb. El Romani

Urb. Bonavista

Urb. Eden Park

Riera de la Bisbal

Camping Sant Salvador

Sant Salvador

Platja de Sant Salvador

El Vendrell

San Vicente de Calders

Bahnhof

N-340

Coma-Ruga

Platja de Coma-Ruga

A-7

Urb. Los Massos

Camping El Francàs

Urbanización Coto del Rey

Platja El Francàs

Urb. Marisol

Platja de Costa Daurada

0   2 km

Urb. Costa Daurada

Platja de les Guineus

Urb. Bara

Urb. Roc de Sant Caietà

Urb. El Roc de Sant Gaietà

Platja de El Roc de Sant Gaietà

Triumphbogen (Arco de Barà) ★

Roda de Barà

Urb. la Barquera

Platja Llarga

039cf Foto: sm

Platja de Calafell

Die **Platja de Calafell** schließt sich nahtlos über 2500 Meter an. Der Strand ist genauso feinsandig, farblich vielleicht mit einem Stich mehr ins Bräunliche und er misst etwas weniger als 90 Meter in der Breite. Eine nett gestaltete Fußgängerzone, die Av. De Sant Joan de Déu, verläuft als Flanierpromenade parallel zum Strand. Sie wird begleitet von 4- bis 6-stöckigen Häusern, zumeist Apartmenthäuser, in denen unten Läden, Kneipen, Immobilienhändler usw. ihre Dienste anbieten. Hier lässt es sich nett flanieren, man bekommt alles, was man so für einen Strandtag benötigt, ohne gleich vom Angebot erschlagen zu werden.

Überreste von Wohnhäusern der Iberer bei Calafell

Sehenswertes

Ciutadella Ibèrica

Das ist die **Rekonstruktion eines iberischen Dorfes,** das sich vor ca. 2500 Jahren an dieser Stelle befand. Die Iberer errichteten damals eine festungsartige Wohnstatt, zwar noch in Sichtweise zum Meer, aber doch in respektabler Entfernung. Mit der Ankunft der Römer verschwanden die Iberer, das Dorf von Calafell geriet in Vergessenheit. Seit einigen Jahren wird der Ort nun von Archäologen wieder aufgebaut. Heute spaziert der Besucher durch die holperigen und schmalen Straßen eines Dorfes, schaut in Wohnhäuser, bestaunt Arbeits- und Kriegsgeräte, lernt etwas über Trachten, Ernährung und Religion. In den Räumen wurden einige Puppen in historischen Kleidern platziert, die bestimmte Aktivitäten verdeutlichen. Al-

Costa Daurada

les ist recht **anschaulich dargestellt**. Auf einem Rundgang steuert man verschiedene Informationspunkte an, wo der Besucher mittels eines Kassettenrekorders, den er am Eingang erhält, vertiefende Erklärungen bekommt.

●**Adresse:** Ciutadella Ibèrica, an der Straße C-31 (alte C-246), kurz vor El Vendrell, auf der linken Seite aus Richtung Barcelona kommend. Das Dorf ist schlecht ausgeschildert. Um es zu finden, auf eine Disko mit einem großen Parkplatz achten. Die Disko trägt auf dem Dach ein Flugzeug, genau dahinter liegt das iberische Dorf.

●**Geöffnet:** 15.6.-15.9. 10-14 Uhr und 17 Uhr bis Sonnenuntergang; 16.9.-14.6. 10-14 Uhr und 16 Uhr bis Sonnenuntergang. Eintritt Erwachsene 3 €, Kinder 1,80 €.

Castell de Calafell

Das Castell de Calafell ist eine **Burg aus dem 11. Jahrhundert,** die im historischen Ortsteil von Calafell gelegen ist. Erbaut wurde das Castell als Abwehrbollwerk im Kampf gegen die Mauren. Um die Burg herum siedelten sich nach und nach Menschen an, ein Dorf entstand. Etwa im 17. Jahrhundert war das Dorf zu einer nennenswerten Größe angewachsen, aber im gleichen Jahrhundert kam es zum Erbfolgekrieg, in dem die Burg von Soldaten des Königs *Felipe IV.* zerstört wurde. Die Folge: Die Menschen verließen das Dorf. Später wurde die Burg dann trotzdem zumindest teilweise wieder aufgebaut.

Heute kann sie **besichtigt** werden, genau wie die zum Burggelände gehörende Kirche Santa Créu de Calafell, die ebenfalls aus dem 11. Jahrhundert stammt. Vor allem genießt man von der Burganlage einen schönen Blick bis zum Meer.

Praktische Tipps

Unterkunft

●**Kursaal** €€€, Av. Sant Joan de Déu 119, Tel. 977 692 300, Fax 977 692 755, geschlossen von Mitte Oktober bis Ostern. Kurioser Name, nicht wahr? Eine Erklärung habe ich leider nicht. 39 Zimmer hat dieses zweckmäßige Haus, das am oberen Ende des Passeig liegt. Unten befindet sich ein Restaurant.

●**Hotel Miramar** €€€, Rambla Costa Daurada 1 (Ecke Strandpromenade), Tel. 977 690 700, Fax 977 690 300, geöffnet April bis September. Immerhin 212 Zimmer verteilen sich auf fünf Etagen, ein Großteil genießt tatsächlich Meerblick, so wie es der Name verspricht. Unten befindet sich ein Restaurant.

●**Hotel Roserar** €€, c/ Rafael Casanovas 17-23, Tel. 977 690 355, Fax 977 690 178, von Ende Oktober bis Mitte Februar geschlossen. Eine Querstraße vom Strand entfernt, steht dieses Hotel mit 47 Zimmern, das hauptsächlich von Gästen besucht wird, die die hauseigenen therapeutischen Einrichtungen nutzen wollen.

Camping

●**El Buen Vino**, 2. Kategorie, Plaza Estación, Tel. 977 691 959, geöffnet 1.7.-15.9. Kleiner Platz (400 Personen) mitten im Ortsteil Calafell Platja, unmittelbar neben dem Bahnhof gelegen.

Essen & Trinken

●**Restaurant Masía de la Platja**, c/ Vilamar 67, Tel. 977 691 341, Di und Mi geschlossen. Liegt im Zentrum von Calafell Platja und bietet in familiärer Atmosphäre katalanische Küche sowie Fischgerichte.

●**Restaurant Giorgio**, c/ Àngel Guimerà 4 (in Calafell Platja), Tel. 977 691 159, Mo bis

Do geschlossen, außer Juli, August. Nicht wenige Gäste zählen dieses Lokal zu einem der besten mit italienischer Küche in ganz Spanien. Möglich wäre es schon, selbst Star-Tenor *Pavarotti* hat sich's hier schon schmecken lassen.

- **Restaurant La Mar de Papiol,** Av. Sant Joan de Déu 56 (Strandpromenade), Tel. 977 691 341. Beliebtes Lokal mit katalanischer Küche.
- **Calafell 66,** Av. Sant Joan de Déu 83, Tel. 977 622 918. Seit 1967 beliebtes Lokal mit gutem Frühstück und noch besseren Tapas.

Adressen

- **Einkaufen:** Bodega Cella d'Or, c/ Mallorca 27, große Auswahl an Wein und Cava mit Probiertresen, sowie – kurios, kurios – Lotto-scheinannahme; Fotocopias, c/ Mallorca 19, hat deutschsprachige Bücher im Angebot.
- Eine **Fahrradvermietung** findet sich in der Av. Sant Joan de Déu 89.

Feste

- **29. Juni:** Patronatsfest Sant Pere i Sant Pau.
- **Juli:** Carneval de verano, Sommerkarneval.
- **16. Juli:** Verge del Carme, mit Meeresprozession.
- **August:** Musikfestival der Comarca Baix Penedès.
- **29. September:** Sant Miquel, Patronatsfest in Segur de Calafell.

Markt

- **Dienstag:** Am Passeig de la Unió, Plaça del Mercat (Calafell Platja).
- **Freitag:** In der Carrer Apeadero in Segur de Calafell.

Costa Daurada

In der Nachsaison ist wenig los am Strand von Calafell

El Vendrell

- **Einwohner:** 22.000
- **PLZ:** 43800
- **Entfernung nach Tarragona:** 29 km
- **Touristeninformation:**
Patronat Municipal de Turisme,
Av. Brisamar 1 in Coma-Ruga (El Vendrell),
Tel. 977 680 010, Fax 977 683 654,
E-Mail: turisme@elvendrell.net,
- **Internet:** www.elvendrell.net

El Vendrell ist ein **geschäftiges Städt-chen,** gute vier Kilometer von der Küs-te entfernt im Binnenland gelegen. Ne-ben den unübersehbaren Wahrzei-chen der Moderne birgt das Zentrum rund um die Kirche **schöne alte Ge-bäude** und nette Plätze.

Die Stadt ist der Geburtsort des weltberühmten **Cellisten Pau Casals** (1876-1973), der u.a. die Hymne der Vereinten Nationen komponierte. Sein Andenken wird durch Denkmäler und ein interessant gemachtes Museum hochgehalten. Das Museu Pau Casals befindet sich im ehemaligen Strand-haus der Familie, und das liegt nicht im Ort El Vendrell.

Strandprofil

Insgesamt drei **Strandzonen** zählen zur Ortschaft, sie tragen Namen wie Sant Salvador, Coma-Ruga und El Fran-càs, unterscheiden sich aber nur mar-ginal. Im Sommer werden sie sehr gut besucht, hauptsächlich von spani-schen Touristen.

Platja de Sant Salvador

Die Platja de Sant Salvador verläuft über knapp 1400 Meter vor dem ehe-maligen Fischerdörflein gleichen Na-mens. Begrenzt wird dieser feinsandi-ge helle Strand zur Linken (Blickrich-tung Meer) von einem – zumeist tro-ckenen – Flussbett, La Riera de la Bis-bal, und zur Rechten vom Club Náuti-co. Dazwischen liegt ein Strand, der dem Küstennamen (Goldene Küste) wieder einmal alle Ehre macht. Die Breite wird mit 74 Metern im Durch-schnitt angegeben, was bedeutet, dass er sich an manchen Stellen deutlich breiter zeigt. Eine unprätentiöse, rela-tiv schmale Promenade begleitet die Platja, verschont den Flaneur zum Glück mit marktschreierischem touris-tischem Kitsch. Hier lässt es sich nett spazieren. Man betrachtet die (teilwei-se) historischen Häuser, guckt über den Strand, findet nur nach längerem Suchen ein Lokal und entdeckt irgend-wann das Museum zu Ehren von Pau Casals. Der Besuch dort ist ein Muss!

Platja de Coma-Ruga

Die Platja de Coma-Ruga ist eine Fortsetzung der eben beschriebenen Strandzone, die „hinter" dem Club Náutico beginnt und nach 2300 Me-tern an einer Stelle endet, die kaum wahrnehmbar ist. Danach verläuft der Strand in bekannter Qualität weiter. Coma-Ruga jedenfalls ist noch breiter als sein Vorgänger, im Durchschnitt 111 Meter und hat feinen, hellen Sand

zu bieten. Ein schmaler, aber gleichwohl netter Passeig verläuft parallel und einige nicht zu große Apartmenthäuser liegen gleich dahinter in der ersten Reihe. Es gibt zwar Lokale an der Promenade, aber in relativ bescheidener Anzahl.

Platja El Francàs

Die Platja El Francàs ist der dritte und letzte Strandabschnitt von El Vendrell. Die Daten: 1000 Meter Länge, 72 Meter durchschnittliche Breite und feiner, heller Sand. Die Strandzone endet an einer schwer auszumachenden „Grenze" zur Nachbargemeinde Roda de Barà, vor der Urbanización Marisol. Das aber ist nur eine bürokratische Grenze, der Strand läuft ungebremst

weiter. Bei El Francàs fehlt eine Flanierpromenade, dafür stehen einige Apartmenthäuser in der sprichwörtlichen ersten Strand-Reihe. Direkt dahinter verläuft die Bahnlinie Barcelona – Tarragona.

Sehenswertes

Altstadt

Die Altstadt lohnt einen ziellosen Bummel. Zu finden ist dieses Gebiet recht einfach, denn schon von weit außerhalb kann man die das Dächermeer überragende Kirche Sant Salva-

Historische Häuser an der
Platja de Sant Salvador

Costa Daurada

dor erspähen. Wer mit dem eigenen Fahrzeug kommt, sollte dieses aber außerhalb der engen Gassen stehen lassen, beispielsweise am großen **Parkplatz** beim ausgeschilderten Bahnhof.

Die **Kirche,** die katalanisch Esglèsia de Sant Salvador heißt, ist barocken Stils und stammt aus dem 17. Jahrhundert. Ihr Glockenturm wird gekrönt von einer Engelsfigur, die im Volksmund *l'àngel de El Vendrell* („Engel von El Vendrell") heißt und zum Symbol der Gemeinde wurde.

Unweit von der Kirche kann der Besucher dann nette Straßen wie Carrer Major, La Rambla und Carrer de Santa Ana durchstreifen und erreicht schließlich die **Plaça Nova.** An diesem zentralen Platz befindet sich eine Skulptur zu Ehren von *Pau Casals,* die zeigt, wie er tief versunken sein geliebtes Cello spielt. Direkt hinter der Skulptur rauscht ein ziemlich modern gestalteter Springbrunnen. In diesem Zusammenspiel sind Alt und Neu nett vereint, zumal die umliegenden Häuser auch eine Prise historischen Charme ausstrahlen.

Museu Déu

Nur wenige Schritte entfernt liegt das Museu Déu an der Plaça Nova 6. Ausgestellt sind in 4 Räumen **Kunstwerke zu religiösen Themen** aus einer Zeitspanne, die vom 12. Jahrhundert bis zur Moderne reicht.

●**Geöffnet:** Sommer Di-Fr 10-13 und 18-21, Sa 11-14 und 18-21 Uhr; Winter Di-Fr 10-13 und 17-20, Sa 11-14 und 17-20 Uhr, So 11-14 Uhr; Eintritt: 2 €,

Kinder bis 12 Jahre in Begleitung Erwachsener frei, Studenten und Rentner zahlen 1 €.

Casa-Museu Àngel Guimerà

Das Casa-Museu Àngel Guimerà liegt nur ein paar Schritte entfernt unter der Hausnummer 8 in der Carrer Santa Ana. Der **Dramatiker Àngel Guimerà** (1845-1929) verbrachte beinahe sein ganzes Leben in El Vendrell, obwohl er auf Teneriffa (Kanarische Inseln) geboren wurde.

Sein **bekanntestes Theaterstück** heißt auf Katalanisch „Mar i Cel" („Meer und Himmel"). Es geht dabei um eine Geschichte, bei der sich ein „guter" Pirat in eine geraubte christliche Jungfrau verliebt, die nach zähem Widerstand schließlich seine lodernden Gefühle erwidert und deren Vater, zum dramatischen Schlusspunkt ansetzend, versehentlich die eigene Tochter erschießt.

In Kindlers Literaturlexikon wird dieses Stück so interpretiert, dass sich der Autor mit einem „Stoff, bei dem es einzig um Fragen des Gemüts und der Seele geht", gegen „materialistischen Ungeist" gewandt habe. Das Stück erschien etwa zur Zeit der ersten Weltausstellung in Barcelona 1888, bei der die Technikbegeisterung keine Grenzen kannte. Das Werk soll also ein „Protest gegen den Geist des Handels und der Technik, des Reichtums und des Luxus sein, der sich in dieser Ausstellung manifestiert."

●**Geöffnet:** Winter Mo-Fr 10-14 und 17-19 Uhr; Sommer Mo-Fr 10-14 und 18-20, Sa 11-14 und 17-20, So 11-14

Uhr. Eintritt: noch umsonst, es soll aber demnächst 1 € kosten, wobei noch unklar ist, ab wann.

Geburtshaus von Pau Casals

Drei Häuser weiter steht das Geburtshaus von *Pau Casals,* zu finden unter der Hausnummer 2. Man geht an dem Haus schnell vorbei, ein Hinweisschild ist nämlich nur über Kopfhöhe zu finden. Ausgestellt sind **Bilder** seiner persönlichen Entwicklung sowie **Einrichtungsgegenstände** aus seiner Kindheit.

●**Geöffnet:** Siehe Casa-Museu Àngel Guimerà.

Pau Casals

„Meister des Cellospiels", wurde er genannt, weltweit schätzte man ihn und seine Musik, nur in Spanien galt er lange Zeit als eine unbekannte Größe.

Geboren wurde *Casals* am 29. Dezember 1876 in El Vendrell. Schon frühzeitig kam er zur Musik, da sein Vater als Dorforganist fungierte. Mit 12 Jahren zog die Familie nach Barcelona um, wo der junge *Casals* mit dem Cellospiel begann. Kaum zehn Jahre später war sein Spiel derart gut, dass er internationale Konzerte geben konnte. Er bekam ein Stipendium der *Königin María Cristina,* so dass er am Konservatorium in Madrid studieren konnte. 1897 wurde er schließlich Professor für Cello am Konservatorium in Barcelona. Nebenbei gab er etwa 150 bis 200 Konzerte pro Jahr und wurde so weltweit immer bekannter.

Während des Spanischen Bürgerkrieges (1936-1939) und der Diktatur *Francos* litten die Katalanen unter den Repressionen. *Casals* nutzte seine Stellung, um gegen die Unterdrückung zu opponieren, er weigerte sich beispielsweise, in Konzerten des faschistischen Italiens und Deutschlands zu spielen. Während des Spanischen Bürgerkrieges sammelte er sogar Spenden für die Republikaner, aber es half alles nichts. 1939, als *Franco* und seine Truppen nach monatelanger Belagerung als triumphierende Sieger in Barcelona einmarschierten, war allen Katalanen klar, dass finstere Zeiten anbrechen würden.

Casals emigrierte. Zunächst ging er nach Südfrankreich, wechselte also quasi nur über die Grenze, aber entfernte sich aus dem Machtbereich des Diktators. Damals schwor er, nicht mehr öffentlich auftreten zu wollen, solange *Franco* an der Macht bliebe. Und tatsächlich spielte er in den folgenden 30 Jahren nur gelegentlich, beispielsweise 1961 im Weißen Haus in Washington auf ausdrückliche Einladung vom damaligen US-Präsidenten *J. F. Kennedy.*

1956 wechselte er abermals seinen Wohnsitz. Lange Jahre hoffte *Casals* auf eine politische Änderung in Spanien, aber die Situation verfestigte sich eher. Daraufhin entschloss er sich zu einem gewaltigen Schritt. Nachdem er zunächst nur wenige Kilometer entfernt von Katalonien gelebt hatte, ging er nun wirklich in die Ferne, in die Karibik, nach Puerto Rico. Im stolzen Alter von 80 Jahren errichtete er sich dort seinen neuen Lebensmittelpunkt.

Im biblischen Alter von 95 Jahren kam er noch einmal zu ganz besonderen Ehren. Im Auftrag des Generalsekretärs der Vereinten Nationen komponierte er eine neue Hymne für die UNO. 1971 war es soweit, „*el himno de las Naciones Unidos*" wurde vorgestellt, und *Casals* erhielt die Friedensmedaille.

Am 22. Oktober 1973 starb *Pau Casals* kurz vor seinem 97. Geburtstag. Leider konnte er das von ihm sehnlich herbeigewünschte Ende der Franco-Diktatur (1975) nicht mehr erleben.

Costa Daurada

041cf Foto: sm

cher wird über insgesamt 18 Stationen audiovisuell durch **Pau Casals Leben** geführt. An jeder Station wird ein kurzer Film gezeigt zu *Casals* entscheidenden Lebensdaten, jeweils untermalt von seiner eigenen **Musik.** Nicht zu viele Infos, keine Überfrachtung durch Fakten, sondern eher ein An-die-Hand-genommen-Werden durch einen Zeitrafferfilm über ein 90-jähriges Künstlerleben. Dazu richtig nett und an Station 6 sogar noch spannend gemacht. Ein Countdown zeigt an, wie lange man noch warten muss, bis sich schließlich ein Vorhang öffnet und man eintreten kann. Was sich dahinter verbirgt, wird aber nicht verraten.

Das Museum hat mein Prädikat „**absolut sehenswert**", auch für Nichtfans von Cellomusik.

●**Geöffnet:** 1.7.-30.9. Di-Sa 11-14 und 16-21 Uhr; 1.10.-30.6. Di-Fr 10-14 und 16-18 Uhr, Sa 10-14 und 16-19 Uhr, So generell 10-14 Uhr; Eintritt: 4,80 €.

Museu Pau Casals

Das Museu Pau Casals liegt direkt am Strand Platja Sant Salvador. Es ist ein sehr beeindruckendes Museum, das im ehemaligen Ferienhaus der Familie *Casals,* direkt an der Strandpromenade, zu finden ist. Das Haus ist ein sehr schönes, größeres Gebäude, ein Garten ist angeschlossen. Der Besu-

---

Denkmal zu Ehren von Paul Casals

Praktische Tipps

Unterkunft

●**Hotel Europe San Salvador** €€€-€€€€, c/ Llobregat 11, am Strand von Sant Salvador, Tel. 977 684 041, Fax 977 682 770, geöffnet von Ende April bis Ende Oktober. Großes funktionales Haus mit 145 Zimmern, nur 300 Meter vom Strand entfernt.

●**Hotel Brisamar** €€€, Passeig Marítim s/n, Tel. 977 680 011, Fax 977 372 137. Größeres Haus mit 102 Zimmern, von denen etliche Meerblick haben. Das Haus liegt an der Strandpromenade von Coma-Ruga.

●**Hotel Gallo Negro** €€, c/ Santiago Rusiñol 10, Tel. 977 680 305, geöffnet 1.4.-30.10. Kleineres Haus mit 44 Zimmern im Strandbereich von Coma-Ruga an der Straße, die vom Bahnhof zum Strand führt.

Camping

●**Sant Salvador,** 3. Kategorie, Av. Palfuriana 68 im Centro Barrio Marítimo Sant Salvador, Tel./Fax 977 680 804, E-Mail: campingsantsalvador@troc.es, geöffnet: Anfang April bis Ende September. Laut offizieller Liste trägt dieser Campingplatz das wenig schmeichelhafte Gütesiegel „3. Kategorie", aber das muss ein Fehler sein. Der kleine Platz liegt direkt am Strand unter Bäumen und bietet alles Notwendige, was ein guter Platz vorweisen muss, inkl. Animationsprogramm für die lieben Kleinen und Vermietung von Bungalows. Zu erreichen: Autobahn A-7, Abfahrt 31 und weiter über die N-340 bis zum Kilometer 1187, wo es nach Coma-Ruga abgeht. Ab da beschildert.

●**Camping El Francàs,** 2. Kategorie, C-340, km 273, Tel. 977 680 725, geöffnet: Anfang April bis Ende September. Auch bei diesem Platz wundert man sich über eine offizielle Angabe, nämlich über die Adresse (C-340, km 273?) Zu erreichen jedenfalls ist der Platz tatsächlich über die N-340, aber beim Kilometerstein 1185. Er hat Raum für 740 Personen, liegt unter Pinien ganz in der Nähe des Meeres, aber durch die Bahnlinie getrennt.

●**Vendrell Platja,** 1. Kategorie, Carretera Cunit-Bera (C-31, alte C-246)) zwischen Sant Salvador und Calafell, Tel. 977 694 009, Fax 977 694 106, E-Mail: vendrell@camping-vendrellplatja.com, geöffnet Anfang April bis Ende September. Relativ großer Platz (1500 Urlauber) unter Bäumen in Strandnähe, aber durch eine Bahnlinie vom Meer getrennt.

Essen & Trinken

●**Restaurant Pi,** La Rambla 2, Tel. 977 660 002. Hier wird so genannte Hausmannskost geboten, was ja nicht das Schlechteste sein muss.

●**Al constat del Museo,** Plaça Nova 8, liegt neben dem Museu Déu und ist ein gemütliches Lokal, halb Restaurant, halb Cafetería.

Adressen

●**Einkaufen:** Cellers Jané Ventura, Carretera de Calafell 2, verkauft Wein aus dem D.O.-Anbaugebiet Penedès; Licores Jané, c/ Presidente Companys s/n, hat die breiteste Aus-

wahl an Weinen und zählt zu den führenden Häusern seiner Art in der Provinz Tarragona.

Feste

●**Letzter Samstag im Februar:** El Xató, auf der Straße La Rambla wird ein spezielles Gericht, Xató de El Vendrell, zubereitet, auch und vor allem von Kindern. Im Wesentlichen werden verschiedene Grundlagen (Tunfisch, Stockfisch, Tomaten u. a.) mit einem Stößel klein gestampft und schließlich zu einer aromatischen Speise angerichtet. Zusammen mit Wein und Tortilla isst dann die halbe Stadt gemeinsam.

●**Anfang Juli:** Festa del Pa beneit, Feier zu Ehren des geheiligten Brotes, u. a. mit Sardanas, Umzügen und Feuerwerk.

●**26. Juli:** Patronatsfest Santa Ana, u. a. auch *castellers* mit der bekannten Gruppe Los Neus del Vendrell.

●**15. Oktober:** Feria de Santa Teresa, u. a. mit *castellers* örtlicher sowie befreundeter Gruppen.

Markt

●**Freitagvormittag:** Auf der Straße La Rambla.

●**Freitagnachmittag:** In der c/ Parlament in Coma-Ruga.

Roda de Barà

●**Einwohner:** 4300
●**PLZ:** 43883
●**Entfernung nach Tarragona:** 20 km
●**Touristeninformation:**
c/ Joan Carles I. 15, Tel. 977 801 851
●**Internet:** www.rodadebara.org

Roda de Barà ist ein **kleiner Ort,** der ca. drei Kilometer von der Küste entfernt liegt. Im Ort selbst wird man nichts Spektakuläres entdecken können, die interessantesten Punkte liegen außerhalb. Dazu zählen natürlich die **Strände,** die Auslöser für einen signifikanten Bauboom waren. So entstanden eine Reihe von Urbanizaciónes mit so wohl klingenden Namen wie Costa Daurada oder die Luxus-Residenz El Roc de Sant Gaietà. Hier residieren viele in- und ausländische Winterflüchtlinge und hier liegen auch ein paar von Spaniens besten Campingplätzen.

Aber schon früher kamen Menschen fremder Zunge an diese Küste, beispielsweise die Römer. Sie errichteten im 1. Jh. n. Chr. einen **Triumphbogen,** der wundersamerweise alle zeitgeschichtlichen Stürme überstand und noch heute an der Straße N-340 Reisende nach Tarragona begrüßt. Das tat er schon zur Zeit der Römer, als die Straße noch nicht Carretera Nacional 340 hieß, sondern Vía Augusta. Auf Spanisch heißt der Triumphbogen *arco de Barà.* Er misst 12,28 Meter in der Höhe und 12 Meter in der Breite. Er wurde zu Ehren des römischen Präfekten *Lucio Licinio Sura* errichtet, so erklärt es eine lateinische Inschrift.

Mitten im Ort steht noch die **Església de Sant Bartomeu.** Ihre Ursprünge gehen auf ein erstes Gotteshaus im 11. Jahrhundert zurück, das zerstört wurde. Im 17. Jahrhundert wurde an gleicher Stelle eine neue Kirche gebaut, die Ende des 19. Jahrhunderts erweitert wurde. Direkt an der Küste bei den Campingplätzen befindet sich die **Kapelle La Mare de Déu de Barà** aus dem 18. Jahrhundert. Sie steht an einer imposanten Steilküste direkt am Meer, wo in früheren Zeiten die Fischer ihre Boote an Land steuerten.

Strandprofil

Platja de Costa Daurada

Die *platja* liegt an der gleichnamigen Urbanización, sie erstreckt sich über knappe 1100 Meter und bringt es auf durchschnittliche 54 Meter, glänzt mit feinem, hellem Sand. Kein Wunder, dass sich hier viele Menschen ansiedeln.

Platja de les Guineus

Die Platja de les Guineus ist nur eine kleine, 200 Meter lange Zone mit feinsandigem Strand, die sich der Platja de Costa Daurada anschließt. Begrenzt wird sie durch die vorwitzig ins Meer ragende Urbanización Roc de Sant Gaietà.

Platja de El Roc de Sant Gaietà

Die Platja de El Roc de Sant Gaietà ist kein Privatstrand, wird aber doch hauptsächlich von den Residenten der Edel-Urbanización El Roc de Sant Gaietà genutzt. Ein Hauch von Exklusivität liegt wohl tatsächlich über dieser 170-Meter-Bucht. Die Urbanización ist im Stil eines alten Fischerdorfes errichtet und gezielt um so genannte typische andalusische Elemente bereichert worden. Der Sand ist genauso fein wie überall, warum also sollte man sich hier hinlegen?

Platja Llarga/
Platja Roda de Barà

Platja Llarga oder Platja Roda de Barà heißt der Hauptstrand. Stolze 1070 Meter Länge wurden gemessen und 47 in der mittleren Breite. Fast überflüssig zu erwähnen, dass der Sand hell und fein ist. Im Hinterland verläuft eine Bahnlinie unmittelbar am Strand vorbei, liegen drei gute Campingplätze sowie viel Grün und Natur. An Apartmentanlagen hat sich bisher nur eine hierher verirrt (La Barquera), wahrscheinlich bleibt es auch so. Wer möchte, kann auf einem naturbelassenen Pfad durch einen Pinienwald von diesem Strand zur benachbarten Bucht Sant Gaietà wandern.

Praktische Tipps

Camping

Das hat man auch nicht alle Tage, dass in einem Ort keine Hotels existieren, sondern nur Campingplätze. Aber was für welche!

● **Park Platja Barà,** 1. Kategorie, N-340, km 1183, Tel. 977 802 701, E-Mail: info@bara-park.es, Internet: www.barapark.es, geöffnet: Anfang April bis Anfang September. Ein großer Platz für knapp 3000 Camper, direkt am Meer gelegen. Schön gestaltetes Gelände mit viel Grün und individuellen Stellplätzen. Auf einem Teil des Platzes herrscht absolutes TV- und Radioverbot. Viele Animations- und Sportmöglichkeiten, inklusive eines „richtigen" römischen Amphitheaters, wo regelmäßig kulturelle Veranstaltungen stattfinden.

● **Stel,** 1. Kategorie, N-340, km 1182, Tel. 977 802 002, Internet: www.stel.es, geöffnet: Anfang April bis Anfang Oktober. Ebenfalls ein größeres Gelände (2000 Personen), das gärtnerisch sehr hübsch gestaltet ist. Der Platz ist in vier Sektoren aufgeteilt, in zwei davon herrscht TV- und Radioverbot. Zum nahen Strand geht es durch eine Unterführung, aber man kann sich auch am Pool vergnügen.

● **Arc de Barà,** 2. Kategorie, N-340, km 1182, Tel. 977 800 902, Fax 977 801 552, E-Mail: camping@campingarcdebara.com, Internet: www.campingarcdebara.com, ganzjährig geöffnet. Hier finden 1200 Camper Aufnahme auf einem langgestreckten Platz. Schatten spenden Mattendächer oder Laubbäume, Abkühlung bietet ein Pool. Es können auch 60 Holzbungalows gemietet werden.

Costa Daurada

Der 2000 Jahre alte römische Triumphbogen mitten auf der Nationalstraße

Creixell

- **Einwohner:** 1000
- **PLZ:** 43839
- **Entfernung nach Tarragona:** 16 km
- **Touristeninformation:**
Ajuntament, c/ Esglèsia 3,
Tel. 977 800 202, Fax 977 800 009,
E-Mail: jpique@creixell.altanet.org
- **Internet:** www.creixell.altanet.org

Was soll man über ein Tausend-Seelen-Dörflein erzählen, das nicht ganz einen Kilometer von der Küste entfernt liegt und dessen Hauptattraktion der Strand ist? Nicht viel jedenfalls. Im Ortskern kann der Interessierte Reste einer mittelalterlichen Schutzmauer bewundern und Überbleibsel des viereckigen **Castell de Creixell** aus dem 11. Jahrhundert. Aus jener Epoche stammt nur ein Teil, der Rest wurde im 16. bis 18. Jahrhundert erbaut und im 19. Jahrhundert modifiziert. Außerdem lohnt ein Blick auf die **Kirche Sant Jaume** aus dem späten 16. Jahrhundert im gotischen Stil. Der Glockenturm wurde ein knappes Jahrhundert später errichtet (1771). Das war's im Wesentlichen schon. Ein ruhiger, kleiner Ort also, in dessen Außenbereichen, wie so oft, Ferienwohnungen im größeren Stil errichtet wurden. Im Sommer tobt hier das pralle Leben, wenn aber der Besucher im Spätherbst kommt, wie der Autor es einmal tat, dann glaubt er sich in einer Geisterstadt. Nichts gegen Geister übrigens.

Platja de Creixell

Dieser Strand laut Statistik 1860 Meter lang – was niemand glauben wird. Warum? Eine erkennbare Begrenzung gibt es nur zu einer Seite, dem Club Náutico beim benachbarten Roda de Barà. Zur anderen Seite verläuft der Strand über etliche Kilometer bis nach Torredembarra. Fast möchte man sagen, „natürlich" ist der Strand hell und feinsandig und etwas weniger als 40 Meter im Durchschnitt breit. Interessanter bleibt aber, dass zwischen Creixell und Torredembarra die Platja von einer sehr schönen Dünenlandschaft begleitet wird. Hier wurde glücklicherweise fast nichts gebaut, die Natur konnte sich ungehndert entfalten. Fast jedenfalls, denn durch geschickte Bepflanzung verhinderte man, dass die Dünen allzu sehr wandern. Ein Fußweg führt durch die Dünen entlang der Küste und bringt Neugierige zu zwei *observatorios,* also Aussichtspunkten. Eigentlich überflüssig darauf hinzuweisen, aber dennoch: Es ist strikt verboten, diese Wege zu verlassen. Mitten in diesem Gebiet liegt übrigens die winzige Urbanización Clarà-Mar, zu der zwar eine Straße führt, von der man aber nur zu Fuß durch zwei Unterführungen an den Strand gelangt. Unterführung deshalb, weil mitten durch diese Landschaft auch die Bahnlinie verläuft.

Praktische Tipps

Camping

Fünf Campingplätze liegen in ziemlich enger Nachbarschaft, alle sind über die Nationalstraße N-340 erreichbar.

● **Sierra Dorada,** 1. Kategorie, N-340, km 1181, Tel. 977 801 303, ganzjährig geöffnet. Ein mittelgroßer Platz für 1400 Personen zwischen Bahnlinie und Nationalstraße gelegen. Teilweise Schatten durch Bäume, ein Pool ist auch vorhanden.

● **L'Alba,** 2. Kategorie, N-340, km 1180, Tel. 977 801 803, geöffnet: Anfang April bis Ende September. Knapp 1000 Urlauber können sich auf diesem schmalen, aber langgezogenen Platz erholen. Auch hier gilt, wie für die meisten Campingplätze, dass die Bahnlinie und die Nationalstraße recht nah vorbeiführen, es aber auch nur wenige Schritte zum Strand sind.

● **El Creixell,** 2. Kategorie, N-340, km 1180, Tel. 977 800 620, Fax 977 800 650, ganzjährig geöffnet. Kleiner Platz für 620 Personen, liegt unmittelbar neben L'Alba und ca. 200 Meter vom Strand entfernt.

● **La Gavina,** 2. Kategorie, N-340, km 1181, Tel. 977 801 503, Fax 977 800 527, E-Mail: info@gavina.net, Internet: www.gavina.net, geöffnet: April bis Oktober. Gut 1000 Personen fasst dieser Platz, der teilweise Schatten spendende Bäume hat und auch Lärmschutz gegen die Bahn. Er liegt direkt am Strand, wer einen Platz in der ersten Reihe ergattert, krabbelt aus dem Schlafsack direkt an die Platja.

● **La Playa,** 2. Kategorie, N-340, km 1182, Tel. 977 800 304, geöffnet: 1.5.-30.9. Kleiner Ausweichplatz mit einer Kapazität für 130 Personen.

Feste

● **25. Juli:** Fiesta Mayor Pequeña zu Ehren von Sant Jaume.

● **Dritter Sonntag im September:** Fiesta Mayor Grande zu Ehren von Santísimo Sacramento.

Torredembarra

● **Einwohner:** 7000
● **PLZ:** 43830
● **Entfernung nach Tarragona:** 13 km
● **Touristeninformation:**
Patronat Municipal de Turisme,
Av. Pompeu Fabra 3,
Tel. 977 644 580, E-Mail:
torredembarra-turisme@publiInternet.es

Torredembarra ist ein **zweigeteilter Ort.** Der historische Kern liegt oberhalb der Bahnlinie und der N-340, während die touristische Infrastruktur sich unterhalb am Meer angesiedelt hat. Der reizvolle **Altstadtkern** lädt ein zum zwanglosen Bummeln, der Besucher kann sich an schönen historischen Häusern erfreuen. Unten am schönen, breiten **Strand** entstanden dann die Wahrzeichen der Moderne, also Ferienwohnungen, Hotels und Campingplätze. Im Sommer ist dort richtig was los, außerhalb dieser Zeitspanne hat man die schöne Platja fast für sich alleine. Fast.

Platja de Torredembarra

Die Platja de Torredembarra ist laut Angaben der Vermesser 3790 Meter lang. Okay, am südlichen Ende des Strandes liegt der Hafen, aber wo ist die nördliche Grenze? Ein unbedarfter Strandläufer kann nämlich an die 10 Kilometer wandern, passiert den weiter oben beschriebenen Strand von Creixell und merkt überhaupt nicht,

Costa Daurada

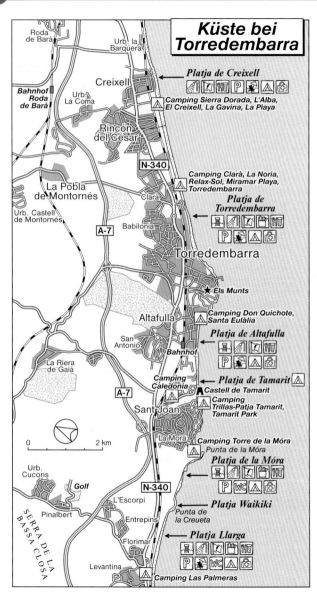

Küste bei Torredembarra

Roda de Barà

Urb. la Barquera

Creixell

Bahnhof Roda de Barà

Urb. La Coma

Rincon del Cesar

La Pobla de Montornés

Urb. Castell de Montornés

N-340

A-7

Clarà

Babilonia

Torredembarra

★ Els Munts

Altafulla

San Antonio

Bahnhof

La Riera de Gaià

A-7

Camping Caledònia

Sant Joan

La Móra

0   2 km

Urb. Cucons

Golf

L'Escorpi

Pinalbert

Entrepins

SERRA DE LA BASSA CLOSA

Florimar

Levantina

Platja de Creixell

Camping Sierra Dorada, L'Alba, El Creixell, La Gavina, La Playa

Camping Clarà, La Noria, Relax-Sol, Miramar Playa, Torredembarra

Platja de Torredembarra

Camping Don Quichote, Santa Eulàlia

Platja de Altafulla

Platja de Tamarit

Castell de Tamarit

Camping Trillas-Patja Tamarit, Tamarit Park

Camping Torre de la Móra

Punta de la Móra

Platja de la Móra

Platja Waikiki

Punta de la Creueta

Platja Llarga

Camping Las Palmeras

Sehenswertes

Altstadtkern

Es gibt im historischen Zentrum von Torredembarra viel zu entdecken, ohne dass auf jedes Gebäude explizit eingegangen werden soll. Zumindest ein Teil des historischen Kerns ist ein **Gesamtkunstwerk,** durch das man einfach ziellos streifen sollte. Häuserfassaden wechseln zwischen schick restauriert und leicht verfallen, ein brauner Grundton herrscht vor. Überall schmiedeeiserne Gitter vor den Fenstern, wuchtige Gemäuer, gewaltige Holztüren. Erker, die über die Straße ragen, Ruhebänke, alte Laternen. Offene Stromleitungen, die von Haus zu Haus schwingen.

An der Plaça del Castell stehen Rathaus und Kirche, beide Gebäude wuchtig und wichtig. Die **Pfarrkirche Sant Pere** mit einer barocken Orgel stammt aus dem Jahr 1705. Eine weitere Attraktion ist das kleine **Castell de Torredembarra,** eine Burg aus dem 16. Jahrhundert; es steht beim Rathaus.

Dann geht man durch die Carrer Major, hier finden sich viele alte Häuser. Schließlich erreicht man die **Plaça del Font.** Ein netter Mittelpunkt im Sinne von Lebensmittelpunkt. Ein paar Gemüsestände preisen Waren an, Cafés mit Draußensitz-Möglichkeiten warten auf Gäste. Dort schwatzt die Oma mit dem Schuleschwänzer, genehmigt sich ein Poet mit Pferdeschwanz und Weihnachtsmannbart einen dreistöckigen Cognac morgens um zehn. Na, wenn's der Inspiration hilft ... Man kennt sich, man plaudert,

dass eine „Grenze" überschritten wurde. Macht auch überhaupt nichts! Fast wird es langweilig zu sagen, aber auch dieser Strand ist schön breit (knapp 60 Meter), zeigt sich hellsandig und fein. Begleitet wird die Platja von einer breiten Promenade ohne touristische Schnickschnackshops. Nette Parkbänke, Lampen und einige Palmen dekorieren den Weg und ein paar Lokale laden zur Verschnaufpause ein. Gesamtfazit: sehr angenehm.

Historische Häuser in der Altstadt
von Torredembarra

Costa Daurada

044-cd Foto: sm

irgendwie eine nette Atmosphäre und – im besten Sinne – alltäglich.

Strandpromenade

Etwas weiter Richtung Meer trennt die Bahnlinie und die Nationalstraße diesen Bereich von der Strandzone ab. Dort verläuft, wie schon beschrieben, eine recht nette Fußgängerzone. Am südlichen Ende liegt ein **Hafen** und dort erhebt sich auch ein winziger **Hügel,** Els Munts. Ohne alpinistische Großleistungen vollbringen zu müssen, kann jeder zum dortigen Aussichtspunkt hinaufklettern. Einen schönen Blick entlang der Küste gibt es als Belohnung.

Am nördlichen Ende der Promenade wird das **Fischerviertel** Barrio de Pescadores, auch Baix de Mar genannt, erreicht. Hier residierten die Fischer in Häusern, die frei nach Gusto errichtet wurden. Soll heißen: Eins ist kleiner, das nächste größer, eins ist hell, das andere hat ein rotes Spitzdach – individuell eben und nicht genormt, wie die meisten Häuser an der Promenade. Das hat seinen Reiz und womöglich wohnen hier auch tatsächlich noch ein paar Fischer. Außerdem gibt es dort einige Lokale, die so aussehen, als ob sich auch mal ein „echter" Seemann hineinverirren könnte.

Am Strand von Torredembarra

Praktische Tipps

Unterkunft

●**Hotel Costa Fina** €€€, Av. De Montserrat 33, Tel. 977 640 075, Fax 977 643 559, geöffnet: 15.4.-31.10. Das Haus, ein brauner Steinbau, liegt nur 50 Meter vom Meer entfernt, hat 48 auf drei Etagen verteilte Zimmer.

●**Hotel Morros** €€€, c/ Pérez Galdós 15, Tel. 977 640 225, Fax 977 641 864, E-Mail: morros@grupocastilla.es Insgesamt 79 Zimmer auf 4 Etagen verteilt, im alten Fischerviertel gelegen und nur 20 Meter vom Strand entfernt mit entsprechend tollem Blick. Modern und funktional eingerichtet, unten gibt es ein vielgelobtes Lokal.

●**Hotel Coca** €€€, c/ Antonio Roig 97, Tel. 977 640 055. Ein Gasthaus im klassischen Sinne. 1820 gegründet als Postkutschenstation, hat es sich heute zu einem kleinen Hotel mit 38 Zimmern entwickelt. Es liegt mitten im historischen Zentrum an der Straße zwischen Plaça del Font und dem Touristenbüro. Ein Restaurant sowie eine Bar sind angeschlossen.

Camping

●**Clarà**, 2. Kategorie, N-340, km 1178, Tel. 977 643 480, geöffnet: 1.4.-30.9. Ein kleiner Platz für 395 Personen mit schönen Schatten spendenden Bäumen unweit des Strandes, von diesem allerdings getrennt durch die Bahnlinie.

●**La Noria**, 2. Kategorie, N-340, km 1178, Tel. 977 640 453, Fax 977 645 272, E-Mail: la.noria@arrakis.es, Internet: www.arrakis.es/la.noria, geöffnet: 1.5.-30.9. Bäume spenden den 1100 Campern Schatten, zum Strand geht's durch eine Unterführung, die Bahn fährt nämlich am Platz vorbei.

●**Relax-Sol**, 2. Kategorie, N-340, km 1177, Tel./Fax 977 640 760, ganzjährig geöffnet. Kleiner Platz (330 Personen), der ebenfalls zwischen der Nationalstraße und Bahnlinie unweit des Strandes liegt. Bäume spenden auch hier Schatten, ein größeres Restaurant ist ebenfalls vorhanden.

●**Miramar Playa**, 2. Kategorie, Av. Miramar 170, Tel./Fax 977 644 705, E-Mail: miramar-playa@publiInternet.es, ganzjährig geöffnet. Der Platz liegt schön zentral zwischen dem Fischerviertel und dem eigentlichen Ort. Am einfachsten über die N-340 erreichbar, beim Kilometer 1177 abbiegen in die c/ Hort de Pan. Der Platz ist nicht groß (für etwa 500 Urlauber), liegt unter Bäumen und nur 50 Meter vom Meer entfernt.

●**Torredembarra**, 2. Kategorie, Passeig Miramar 163, Tel. 977 642 406. Ein winziger Platz für 130 Urlauber, der etwa 300 Meter vom Meer entfernt liegt und auch von der N-340 erreichbar ist.

Essen & Trinken

●**Restaurant Morros**, Carrer del Mar s/n, Tel. 977 640 061, So. und Mo. geschlossen, aber nicht im Sommer. Im alten Fischerviertel gelegenes traditionsreiches Fischlokal mit schick begrünter Terrasse und schönem Meerblick.

●**Restaurant Bon Sol** liegt an der zentralen Plaça del Font. Dort kann man ganz nett draußen sitzen mitten auf dem kleinen Platz. Ebenso wie in der **Cafetería El Sabor** oder im kleinen **Restaurant Cal Tià.**

Adressen

●**Einkaufen:** In der Carrer Antoni Roig bieten etliche Pastelerías ihre leckeren Kuchen und Kekse an. Mal probieren!

Feste

●**24. Juni:** Sant Joan, wird vor allem im Fischerviertel gefeiert.

●**15. Juli:** Fiesta del Milagro del Cuadro in der Av. de San Jorge. Gefeiert wird das „Wunder des Bildnisses" der Santa Rosalia de Palermo, das zufällig auf einem Dachboden entdeckt wurde. Die Bewohner danken mit einer Prozession der Heiligen für das Ende einer Pestepidemie im Jahr 1640.

●**4. September:** Patronatsfest Santa Rosalía mit allem, was dazu gehört: Gesang, Feuerwerk, Tanz. Das Fest wird oft ausgedehnt bis zum 11. September, dem katalanischen Nationalfeiertag.

Costa Daurada

Altafulla

Einwohner: 1700
PLZ: 43893
Entfernung nach Tarragona: 11 km
Touristeninformation:
Patronat Municipal de Turisme
Plaça dels Vents s/n
Tel. 977 650 752, Fax 977 650 008

Ein weiterer Ort, der wie so viele an diesem Küstenabschnitt zweigeteilt ist. „Oben", also oberhalb von Nationalstraße und Bahnlinie, liegt der historische Kern, „unten" am Meer der moderne, touristisch geprägte Ortsteil. Soweit richtig und doch greift diese Beschreibung zu kurz. Zum einen liegt eine historisch wichtige römische Ausgrabungsstätte „unten". Zum anderen würde der Autor bei der Frage nach dem **angenehmsten Ort der Costa Daurada** Altafulla auf einen der ganz vorderen Plätze setzen – vielleicht sogar nach ganz oben.

Platja de Altafulla

Auch die Platja de Altafulla ist (man wiederholt sich unweigerlich) ein schöner, feinsandiger Strand von heller Farbe, der sich gute 1000 Meter lang und in der Spitze bestimmt 100 Meter breit zeigt. Begleitet wird er von einer Promenade für Fußgänger, an der auch noch eine Reihe von kleinen Häusern unterschiedlicher Stilrichtungen stehen. Vermutlich waren das mal Fischerhäuschen, heute sind nicht wenige zu Ferienwohnungen umgewandelt. Man kann weiß Gott schlechter wohnen! Lokale? Gibt's auch, aber sehr wenige. Alles in allem strahlt dieser Bereich eine beschauliche Atmosphäre aus, die auch in der zweiten und dritten Reihe nicht durch Hochhausmonster zerstört wird.

In Richtung Norden geschaut, erhebt sich ein kleiner Hügel, Els Munts genannt. Dort liegen sehr viele Apartments und Villen und dort gibt es auch ein paar **kleine, fast versteckte Buchten:** die Platja Canyadell beispielsweise, zu der man vom Hauptstrand auf einem schmalen Pfad entlang der Küste gelangen kann. Die dann folgenden Buchten erreicht man, wenn man demselben Pfad Richtung Nachbarort Torredembarra weiterhin folgt. Aber hier dürfte dann wohl eher die alte Weisheit gelten: Der Weg ist das Ziel.

Sehenswertes

Altstadt

Die kleine Altstadt wird vom **Castell de Montserrat** und der **Kirche Sant Martí** überragt. Beide Gebäude liegen in unmittelbarer Nachbarschaft und werden abends zauberhaft beleuchtet. In grauer Vorzeit, im 12. Jahrhundert, stand hier strategisch gut positioniert auf erhöhtem Grund nur das Castell der Herzöge von Tamarit. Geschützt wurde die Burg von einer wehrhaften Mauer. Dieser Bereich wurde *vil·la closec* genannt. Die Kirche Sant Martí wurde 1700 gebaut, als sich der Ort schon ein wenig ausgedehnt hatte.

Viel ist noch aus diesen vergangenen Tagen erhalten. Um einmal den örtlichen Prospekt zu zitieren: „...versteckte Winkel und Plätze, die bezaubern und Sehnsucht nach der Vergangenheit erwecken." Das könnte stimmen. Wer durch die Gassen schlendert, fühlt sich **ins Mittelalter zurückversetzt.** Es darf nur nicht gerade ein Moped um die Ecke knattern. Ansonsten staunt man über die alten Häuser, über wuchtige Mauern, grobe Steine und Holztüren mit gewaltigen Klopfern. Die sind meist so hoch angebracht, als ob nur ein Reiter sie bedienen könnte. Kann das stimmen? Vielleicht. Stimmen dürften aber die Jahreszahlen über den Türen, sie drücken ehrwürdiges Alter aus, zeigen uns modernen Menschen, wann dieses oder jenes Gebäude errichtet wurde: 1792 liest man da und auch 1743 oder 1780. So geht es fort. Ein Viertel zum Staunen. Allzu groß ist es nicht und irgendwann erreicht man dann das Castell. Wer nicht aufpasst, hat dann schon die Jugendherberge verpasst,

*Versteckte Winkel und Plätze
in der Altstadt von Altafulla*

Costa Daurada

die netterweise auch hier mitten im historischen Viertel ihren Platz hat.

Auf einem schmalen Weg kann das Castell einmal umrundet werden, dann taucht man wieder ein ins Mittelalter und entdeckt noch mehr Details: maurische Rundbögen, Fresken, filigrane schmiedeeiserne Gitter ... Wer dann hinabsteigt Richtung Strand, sollte dies mit Bedacht machen, die vorbeidonnernden Lastwagen auf der Nationalstraße holen einen doch arg rasch wieder in die raue Wirklichkeit zurück.

Strandviertel

Der Strand wurde schon gewürdigt, aber noch ein paar Worte zu diesem Ortsteil. Er war viele Jahrhunderte lang das Wohnviertel von Fischern und Seeleuten. Der Name „Les Botiques del Mar", der auch noch heute gelegentlich verwendet wird, weist darauf hin. Natürlich konnte und wollte niemand verhindern, dass sich der **Tourismus ausbreitet.** Zum Glück wurden nicht überall Zementklötze aus dem Boden gestampft, die Architektur ist angenehm dezent. Die **Häuser** in der ersten Strand-Reihe sind sogar ausgesprochen ansehnlich. Nur im Außenbereich des Strandes kleben einige Reihenhäuser am Hang und erheben sich ein paar (wohl unvermeidliche) Blocks, die aber weit genug entfernt liegen. Rings um den **Hügel Els Munts** baute man ziemlich viele Ferienhäuser, die teilweise Meerblick haben und hübsch hinter Pinien stehen. Genau dort liegt die römische Ausgrabungsstätte Vil·la Romana dels Munts.

Vil·la Romana dels Munts

Tarraco, das heutige Tarragona, war einer der wichtigsten römischen Stützpunkte in Spanien. In seinem Umfeld entstanden speziell im 2. bis 4. Jh. n. Chr. **römische Landgüter,** *villae* genannt. In diesen wurde Landwirtschaft zur Versorgung der städtischen Bevölkerung betrieben, hier residierten aber auch hochrangige römische Würdenträger. So auch in Els Munts. Dort lebte *Caius Valerius Avitus,* der der Provinzverwaltung vorstand. **Reste seines Anwesens** können heute noch besichtigt werden. Es besteht aus einem L-förmigen Säulengang mit Gartenanlage und etlichen hübsch dekorierten Räumen. Außerdem existierten etwas entfernt Thermalbäder. Die Räume waren mit farbigen Mosaiken geschmückt, die heute zumindest teilweise noch gut erhalten sind. Weiterhin wurden einige gut erhaltene, aber kopflose Statuen gefunden.

Die Anlage scheint nach heutigem Erkenntnisstand von einem Feuer um das Jahr 260 zerstört und im 6. oder 7. Jahrhundert verlassen worden zu sein. Dann rieselte zunächst der Staub des Vergessens einige Jahrhunderte hernieder, bevor Archäologen 1967 mit Ausgrabungen begannen.

●**Adresse:** Vil·la Romana dels Munts, Passeig del Fortí (ist überall im Ort ausgeschildert).

●**Geöffnet:** 1.6.-30.09. Di-Sa 10-13.30 und 16-19.30 Uhr, So 10-14 Uhr, Mo geschlossen; 1.10.-31.5. Di-Sa 10-13.30 und 15-17.30 Uhr, So 10-13.30 Uhr. Eine halbe Stunde vor Schließung kein Einlass mehr! Eintritt: 2 €.

Praktische Tipps

Unterkunft

●**Hotel La Torreta** €€€€, Camí del Prat 40, Tel. 977 650 156, Fax 977 650 951, E-Mail: latorreta@betalink.es. Das Haus hat 26 Zimmer, liegt vielleicht 100 Meter vom Strand entfernt, scheint aber preislich etwas übers Ziel hinauszuschießen.

●**Hotel Sant Martí** €€€, c/ de Mar 7, Tel. 977 650 374, Fax 977 650 425, E-Mail: hsmarti@tinet.fut.es. Kleines familiäres Haus mit 18 Zimmern, das aber schon gute 500 Meter vom Meer entfernt steht.

●**Pensión Els Peixos** €€, Vía Augusta 42, Tel. 977 650 138. Kleine 10-Zimmer-Pension im Strandbereich.

●**Jugendherberge Casa Gran** €, c/ de Dalt - La Placeta, Tel. 977 650 779, Internet: www.gencat.es/catalunyajove. Mitten im historischen Viertel gelegene Herberge.

Camping

●**Don Quichote,** 2. Kategorie, Vía Hercules 30, Tel./Fax 977 650 205, ganzjährig geöffnet. Nicht zu großer Platz (550 Personen) auf einem Gelände mit leichten Terrassen und Schatten spendenden Olivenbäumen. Erreichbar über die N-340.

●**Santa Eulàlia,** 2. Kategorie, Carretera de la Platja, Tel. 977 650 213, ganzjährig geöffnet. Ebenfalls über die N-340 erreichbarer Platz mit einer Kapazität für 730 Urlauber. Schatten durch vereinzelte Bäume, ein größerer Pool ist vorhanden, zum Strand sind es vielleicht 200 Meter.

Essen & Trinken

●**Restaurant Faristol,** c/ Sant Martí 5, Tel. 977 650 077. Liegt eine Straße unterhalb des historischen Viertels in einem Gebäude aus dem Jahr 1783 und hat einen netten Innenhof. Geboten werden katalanische Küche und nicht selten Jazz-Konzerte. Der Innenraum ist durch ein quer über die ganze Wand verlaufendes Naturbild geschmückt.

Mehrere Lokale liegen **in der strandnahen Carrer Mestral.** Zu finden: Vom Strand kommend durch den unübersehbaren Torbogen gehen und in die zweite Straße rechts einbiegen, schon ist man da.

●**Bar Masía del Mar.** Ganz am Ende des Strandes beim Hügel Els Munts gelegene Bar mit Terrasse, von wo aus man sich nett aufs Meer hinausträumen kann.

Feste

●**11. September:** Patronatsfest Día de Sant Antoni Abad.

●**11. November:** Sant Martí, die wichtigste Fiesta des Ortes, u. a. mit einem Heringsschmaus!

Platja de Tamarit

Platja de Tamarit ist eine recht **versteckte Bucht** von 1000 Metern Länge und einer mittleren Breite von 45 Metern. Der Sand ist von gröberen Kieseln durchsetzt. Von der Nationalstraße liegt die Bucht einen guten Kilometer entfernt und neben zwei Campingplätzen sowie einer alten Burg gibt es nichts in der Nachbarschaft. Die mittelalterliche Burg, das **Castell de Tamarit,** wurde Ende des 19. Jahrhunderts aufgegeben und später von einem US-Amerikaner gekauft. 1916 ließ er das Gebäude renovieren. Angeschlossen ist eine kleine Kirche, die Església de Assumpció, beide Gebäude sind von einer hohen Mauer umgeben. Keine Besichtigungsmöglichkeit, da immer noch in Privatbesitz.

Camping

●**Trillas Platja Tamarit,** 2. Kategorie, N-340, km 1172 und über einen schmalen Weg bis fast zum Strand fahren, Tel. 977 650 249, Fax 977 650 926, geöffnet: 1.4.-15.10. Hier können 1200 Personen auf einem Terrassengelände urlauben in ruhiger, etwas abseitiger Lage, aber eben auch in Strandnähe.

Costa Daurada

04fxcf Foto: sm

● **Tamarit Park,** 1. Kategorie, Tel. 977 650 128, liegt schräg gegenüber vom Platz Trillas Platja Tamarit und kann 2000 Personen aufnehmen. Ganzjährig geöffnet. Ruhige, strandnahe Lage, Unterhaltungsprogramm, größerer Pool, diverse Sportangebote.
● **Camping Caledonia,** 1. Kategorie, N-340, km 1172, Tel. 977 650 098, Fax 977 652 86. Dieser Platz liegt unmittelbar an der N-340, also gut einen Kilometer vom Strand entfernt. Er hat eine Kapazität für 350 Personen und ist bis auf Januar ganzjährig geöffnet.

Das Castell de Tamarit

Tarragona

● **Einwohner:** 112.000
● **PLZ:** 43003
● **Entfernung nach Barcelona:** 98 km
● **Touristeninformation:**
Patronat Municipal de Turisme, Carrer Major 39, Tel. 977 245 203 oder 977 245 064, Fax 977 245 507, E-Mail: turisme.tgna@altanet.org oder tcb.tgna@altanet.org

Die Stadt Tarragona wird in diesem Urlaubshandbuch unter dem Gesichtspunkt eines **Tagesausfluges** vorgestellt. Die Darstellung beschränkt sich daher auf die wichtigsten Aspekte und Sehenswürdigkeiten.

Tarragona hat eine angenehme Atmosphäre. Die Stadt liegt **leicht erhöht direkt am Meer.** Als zentrale Achse gilt die Flaniermeile Rambla Nova, an deren Ende man einen wunderschönen Blick über die Küste vom Aussichtspunkt Balcó del Mediterrani („Balkon des Mittelmeers") genießt. In der unmittelbaren Nachbarschaft finden sich auch eindrucksvolle **Überreste der römischen Kultur.** Die Römer gründeten im 3. Jahrhundert v. Chr. die Stadt und machten sie zu einem wichtigen Stützpunkt ihres Imperiums. Der heutige Besucher kann deshalb interessante archäologische Ausgrabungen bewundern, gemütlich über die Rambla flanieren und sich anschließend in den Gassen der pittoresken Altstadt verlieren.

Geschichte

Im Jahre 218 v. Chr. wurde eine **römische Siedlung namens Tarraco gegründet.** *Publio Escipión* und sein Bruder wählten einen strategisch günstigen Platz, der leicht erhöht am Meer lag. So berichtet *Plinius* in seinem Geschichtswerk „Historia Naturalis". Möglicherweise wurde der Ort gewählt, weil es hier bereits ein ummauertes keltiberisches Lager gab, aber diese Theorie steht noch immer auf wackeligen Füßen. Sicher ist jedoch, dass die Römer Tarraco alsbald ausbauten und als Basis für ihre iberischen Eroberungszüge nutzten.

Die Siedlung prosperierte zügig. Anfang des 2. Jh. v. Chr. bauten die Römer eine vier Kilometer lange **Verteidigungsmauer,** die den ganzen Ort schützte. Etwa 800 Meter davon stehen heute noch. Nicht zuletzt dank des bald angelegten Hafens kam Tarraco zu Wohlstand durch den **Seehandel,** u. a. auch mit dem Hauptsitz in Rom. Es dauerte nicht lange, und Tarraco war neben Cartago Nova (heutiges Cartagena, eine spanische Küstenstadt, die etwa 600 Kilometer weiter südlich liegt) die **wichtigste römische Bastion** in Hispania Citerior (so wurde das römische Gebiet genannt, das sich entlang der spanischen Küste bis etwa 100 Kilometer ins Hinterland erstreckte).

Um 45 v. Chr. erklärte *Julius Cäsar* Tarraco zur römischen Kolonie, was den Einwohnern immerhin die Bürgerrechte Roms einbrachte. 27. n. Chr. wurde Hispania dann neu aufgeteilt in drei Provinzen, Tarraco wurde **Hauptstadt** der neuen römischen Provinz Tarraconense. Es folgten **Jahre der Blüte und des Wohlstandes.** Über das Mittelmeer wickelte man den Seehandel ab und durch Überlandstraßen war Tarraco sogar mit Rom verbunden. Die Vía Augusta führte über das damals unbedeutende Barcino (Barcelona) ins Zentrum des römischen Imperiums. In jener Epoche, dem 1. und 2. Jahrhundert, entstanden die Bauten, die heute teilweise noch erhalten sind.

Die Stadt breitete sich weiter aus. „Oben" war das ummauerte Zentrum, „unten" am Hafen und in der Umgebung lebten mittlerweile 30.000 Menschen. Dann begann der schleichende **Niedergang** Roms. Das Imperium zerfiel langsam. Um 259 tauchten die ers-

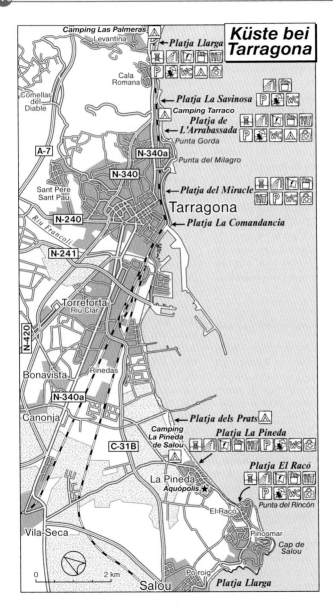

Küste bei Tarragona

Camping Las Palmeras
Levantina
Platja Llarga
Cala Romana
Comellar del Diable
Platja La Savinosa
Camping Tarraco
Platja de L'Arrabassada
Punta Gorda
Punta del Milagro
A-7
N-340a
N-340
Sant Pere Sant Pau
Platja del Miracle
Tarragona
N-240
Platja La Comandancia
Riu Francolí
N-241
Torreforta
Riu Clar
N-420
Bonavista
Rinedas
N-340a
Platja dels Prats
Canonja
Camping La Pineda de Salou
Platja La Pineda
C-31B
La Pineda
Aquópolis ★
Platja El Racó
El Racó
Punta del Rincón
Vila-Seca
Pinosmar
Cap de Salou
0   2 km
Po-roig
Salou   *Platja Llarga*

ten christlichen Prediger auf, und wenig später machten sich gotische Stämme breit. 476 wurde Tarraco von **Westgoten** unter Führung von *Eurico* eingenommen. Die Bevölkerungszahl schrumpfte, u. a. auch, weil die Westgoten ihren Hauptsitz in Barcino aufschlugen. 716 erreichten die **Araber** die Stadt und plünderten sie erst einmal aus. Das hatte zur Folge, dass die letzten Bewohner weggingen und der Ort für fast **400 Jahre unbewohnt** blieb.

Ab 1089 wurden verschiedene Versuche gestartet, **Tarraco gezielt wieder zu besiedeln,** aber es dauerte noch knapp ein Jahrhundert, bis es erste Erfolge gab. Dominikaner und Franziskaner begannen, Klöster und Kirchen zu bauen. Dadurch wuchs die Bevölkerung zumindest etwas. Um dies noch weiter zu beschleunigen, bekam Tarragona, wie es nun hieß, 1231 Rechte und Pflichten einer **freien Stadt.** Das hatte Folgen: Die Bewohner zahlten beispielsweise keine Abgaben an den Feudalherren und konnten ihre Geschäfte frei entfalten.

Leider war diese Phase schon 1348 bedroht, als die **Pest** wütete. Gut ein Viertel der Bevölkerung war davon betroffen. Es kam noch schlimmer. Der wirtschaftliche Erfolg der Stadt machte gekrönte Häupter neidisch. So rückte 1462 der **König von Aragón** mit einer Streitmacht an und verlangte, dass die Stadt sich ergebe, damit sie in sein Königreich integriert würde. Und dass natürlich Steuern zu zahlen seien. Tarragona ergab sich, aber fast die Hälfte der Einwohner verließ die Stadt.

1492 entdeckte *Kolumbus* **Amerika.** Von da an waren Politik und Wirtschaft Spaniens stark auf die neu entdeckten Länder ausgerichtet. Von dem wachsenden Seehandel mit den Kolonien in Amerika profitierten nur die Atlantikhäfen, da eine Monopolbehörde die Mittelmeerhäfen vom Überseehandel ausschloss. Tarragona blieb also „nur" der Mittelmeerhandel. 1592 tauchte abermals der „schwarze Tod" in der Stadt auf und forderte mehr Opfer als jemals zuvor.

1640 stritten sich mal wieder Herrschaftshäuser, dies ging später als **Erbfolgekrieg** in die Geschichtsbücher ein. Katalonien und damit auch Tarragona fochten auf der falschen Seite, das hatte Konsequenzen. Der siegreiche *Felipe V.* rächte sich, indem er sämtliche früheren Privilegien Kataloniens abschaffte. Das waren keine guten Jahre für die Stadt. Sie zählte um 1790, als man den Hafen neu erbaute, gerade mal 9000 Einwohner.

1811 kamen dann die **Franzosen.** Sie belagerten zwei Monate lang die Stadt, beschossen sie fortwährend mit Kanonen und zerstörten so viele Gebäude.

Im Laufe des 19. Jahrhunderts hielt die Moderne auch in Tarragona Einzug. Die Dampfschifffahrt brachte neuen Schwung in den **Seehandel.** Nun konnten auch Mittelmeerhäfen Handel treiben mit den Ländern auf dem amerikanischen Kontinent, und Tarragona wurde zu einer wichtigen Drehscheibe im Weinhandel. Dafür wurden viele Hände gebraucht und gezielt Arbeitsemigranten angewor-

Costa Daurada

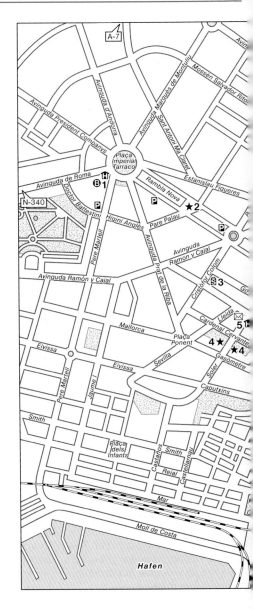

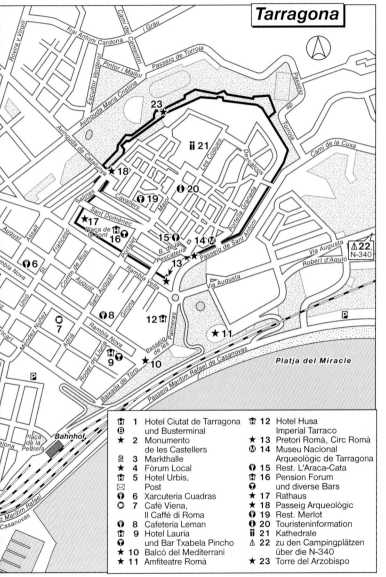

Tarragona

Costa Daurada

🏠 1	Hotel Ciutat de Tarragona und Busterminal
Ⓑ	
★ 2	Monumento de les Castellers
Ⓢ 3	Markthalle
★ 4	Fòrum Local
🏠 5	Hotel Urbis,
✉	Post
❶ 6	Xarcuteria Cuadras
Ⓒ 7	Café Viena, Il Caffé di Roma
❶ 8	Cafetería Leman
🏠 9	Hotel Lauria
❶	und Bar Txabela Pincho
★ 10	Balcó del Mediterrani
★ 11	Amfiteatre Romà

🏠 12	Hotel Husa Imperial Tarraco
★ 13	Pretori Romà, Circ Romà
Ⓜ 14	Museu Nacional Arqueològic de Tarragona
❶ 15	Rest. L'Araca-Cata
🏠 16	Pension Forum
❶	und diverse Bars
★ 17	Rathaus
★ 18	Passeig Arqueològic
❶ 19	Rest. Merlot
❶ 20	Touristeninformation
ⅱ 21	Kathedrale
⚠ 22	zu den Campingplätzen über die N-340
★ 23	Torre del Arzobispo

ben. Die **Stadt wuchs** auf 27.000 Einwohner (1877). Anfang des 20. Jahrhunderts entwickelte sich Tarragona zu einem **Industriezentrum.** Firmen der Zigarettenindustrie und der petrochemischen Industrie bauten gewaltige Produktionsstätten. In deren Gefolge siedelten sich weitere kleinere Firmen, zumeist Zulieferer, an.

Dann folgten die Jahre des **Spanischen Bürgerkrieges,** 1936-1939. Zu Kriegsbeginn zählte die Stadt genau 31.412 Einwohner, also in etwa die gleiche Zahl wie zum Höhepunkt der römischen Phase. Die Stadt selbst fiel bereits am 15. Januar 1938 den Frankisten in die Hände. Nach Kriegsende versuchte *Franco,* sein Spanien autark und fern vom Weltgeschehen zu regieren, was zu den so genannten **Hungerjahren** führte.

In den Jahrzehnten nach dem Zweiten Weltkrieg erlebte Tarragona einen neuen **industriellen Aufschwung.** In der Stadt und im Umland siedelten sich weiter zahlreiche Betriebe an, insbesondere der Schwerindustrie und der petrochemischen Industrie. In der Folge wuchs die Einwohnerzahl der Stadt rapide an, auf heute 112.00 Einwohner.

Ab den 1960er und 70er Jahren kamen die Touristen. Tarragona profitierte ebenso wie unzählige kleinere Orte vom **touristischen Boom.** Der Name „Costa Daurada" („Goldene Küste") wurde geprägt, mit Tarragona als Hauptstadt.

Strandprofil

Einen echten Stadtstrand hat Tarragona sowie eine winzige Bucht, die nur der Vollständigkeit halber erwähnt werden soll.

Platja del Miracle

Die Platja del Miracle liegt ganz in der Nähe des römischen Amphitheaters und misst 600 Meter Länge. Der Strand beginnt relativ schmal, wird aber immer breiter, bis er an einem Felsvorsprung abrupt endet. Begleitet wird der Strand vom Passeig Marítim Rafael Casanovas sowie der in Hörweite vorbeirauschenden Bahn. Der Sand ist hell und fein. Hier kann der Tagesbesucher nach einem anstrengenden Kulturprogramm mitten in der Stadt etwas entspannen.

Die **Platja La Comandancia** ist nichts weiter als ein 40 Meter langes Stranddreieck im wenig ansehnlichen Außenbereich der Stadt, direkt neben dem Hafen.

Anreise

Per Bahn

Es gibt kaum eine Stadt an der spanischen Küste, die ein Urlauber von seinem Strandquartier besser mit der Bahn erreichen kann. Tarragona liegt an der Strecke Valencia – Barcelona und zwischen beiden Städten verkehren **ständig Züge.** Die Bahnlinie führt überwiegend direkt am Meer entlang und passiert die Mehrzahl der hier vorgestellten Orte.

In Tarragona befindet sich der **Bahnhof** ebenfalls direkt am Meer und gleichzeitig nur fünf Gehminuten vom Zentrum entfernt. Einfach aus dem Bahnhofsgebäude heraustreten und nach rechts gehen, bis man die große Treppe erreicht. Diese hochsteigen und schon hat man den „Balkon des Mittelmeeres" an der Rambla in der Oberstadt erreicht. Dort liegt das Zentrum.

Per Bus

Tarragona ist Provinzhauptstadt, was bedeutet, dass es aus nahezu jedem Küstenort eine **Busverbindung** gibt.

Der **Busterminal** liegt auch recht zentral an dem großen Platz Plaça Imperial Tarraco. Von dort beginnt die Rambla Nova, sie führt direkt ins Zentrum der Stadt.

Per Auto

Die **N-340** führt haarscharf an der Stadt vorbei, streift gerade noch die Außenbezirke, die Autobahn **A-7** führt weitläufig herum. Wer die Autobahn-Ausfahrt Nr. 33 (Tarragona, Valls) nutzt, wird, zielgenau immer geradeaus fahrend, zuletzt über die Avinguda D'Andorra zum zentralen Platz Plaça Imperial Tarraco gelotst. Dort sollte der Wagen abgestellt werden, es gibt dort mehrere Parkhäuser.

Sehenswertes

Rambla Nova

Da alle Anfahrtswege beinahe unweigerlich zur Rambla Nova führen, sollte hier auch ein erster Spaziergang erfolgen. Die Rambla Nova ist **die Flaniermeile der Stadt.** Sie misst 700 Meter und verläuft von der gigantischen Plaça Imperial Tarraco bis zum Meer, wo sie an einem tollen Aussichtspunkt endet. Die Rambla hat eine Breite von 45 Metern, wovon bestimmt 30 Meter – oder mehr – ausschließlich für Fußgänger ausgelegt sind. Links und rechts fließt zwar der Autoverkehr vorbei, aber auf der Rambla muss man einfach zu Fuß gehen. Besonders interessant ist es dort sonntags, da kann man zusehen, wie die Bewohner der Stadt flanieren: Eine Zeitung unter den Arm geklemmt, die Gattin eingehakt. Die ihrerseits hält die Hand ihrer kleinen Tochter oder Enkelin und alle tragen buchstäblich Sonntagsstaat. Links und rechts der Rambla warten Cafés und Bars, zumeist mit Terrassen – hier kann man wunderschön das Spielchen „Sehen-und-Gesehen-Werden" spielen. Aber warum auch nicht – es flaniert sich wirklich hübsch hier.

Die Rambla wird außerdem von etlichen **schicken Häusern** gesäumt, die zum überwiegenden Teil im 19. Jahrhundert errichtet wurden, wie die Banc d'Espanya oder das Hotel Lauria.

Zwei **Denkmäler** wollen auch bestaunt werden: das Denkmal zu Ehren der Verteidiger von Tarragona während der französischen Besetzung 1811 sowie eine Statue zu Ehren von *Admiral Roger de Llúria.* Letztere steht unweit vom Aussichtspunkt.

Das beeindruckendste Monument erhebt sich im wahrsten Sinne des Wortes am anderen Ende der Rambla, unweit der Plaça Imperial Tarraco. Das

Costa Daurada

Brunnen an der Rambla

Monumento de les Castellers ist eine sehr detailgenaue Darstellung eines *castellers* – eines Menschenturmes (siehe auch „Reisetipps A–Z", „Feste"). Es lohnt, einmal auf Einzelheiten zu achten. Die Figuren stellen einen klassischen Menschenturm dar. Unten bilden Dutzende von kräftigen Männern eine breite Basis. Darauf bauen dann weitere auf. Mehrere kleine Gruppen stehen auf den Schultern der jeweils Unteren. Ganz oben krabbelt schließlich ein kleiner Junge auf die Spitze. Alles wirkt absolut authentisch, und man spürt regelrecht die Anspannung der Einzelnen.

Am Ende der Rambla erreicht man den **Aussichtspunkt Balcó del Mediterrani,** also den „Balkon des Mittelmeeres". Dieser ist eigentlich nichts Besonderes, sondern nur ein erhöht gelegener Punkt mit einer schönen Balustrade, von wo aus man wunderschön über die Küste und weit aufs Meer gucken kann. An klaren Tagen soll sogar am Horizont die Insel Mallorca erkennbar sein. Die Bewohner der Stadt, die genauso gerne hierher spazieren wie die Touristen, nennen dies auf Katalanisch *anar a tocar ferro* („hingehen, um Eisen zu berühren"). Mit dem Eisen ist die Balustrade gemeint, auf die man sich stützt, um aufs Meer zu blicken.

Fòrum local

Um die Zeitenwende entstand dieses Forum am Rande der damals ummauerten Ober-Stadt, in der alle wichtigen römischen Einrichtungen lagen. Da die Stadt sich ausdehnte, wurde auch in der **Unter-Stadt** ein Forum, ein großer Platz, errichtet. Er liegt heute zwischen den Straßen Lleida und Soler, regelrecht umzingelt von Häuserblocks. Das Fòrum local ist 54 x 14 Meter groß. Es sind heute nur noch **bescheidene Überreste erhalten:** vor allem Fragmente, Mauerreste und kleine Säulen. Die Anlage besteht aus zwei Teilbereichen, die durch die Straße Soler getrennt sind. Vor einigen Jahren wurde eine Brücke über die Straße errichtet, die die beiden Teile verbindet. Zu römischen Zeiten gab es hier zwei unterschiedliche Bereiche, einen religiösen und einen weltlichen. Im heiligen Bereich stand ein Tempel und im weltlichen das Hauptgebäude der Verwaltung sowie der Gerichtsbarkeit. Weiter hinten legte man Fundamente verschiedener Wohnbereiche frei. Wer heute hier durchflaniert, benötigt schon etwas Fantasie, um sich inmitten der heutigen tristen Wohnblocks römische Hochkultur vorzustellen.

● **Geöffnet:** 1.10. bis Ostern Di-Sa 9-19, So 10-15 Uhr; Ostern bis 1.10. Di-Sa 9-21, So 9-15 Uhr; Eintritt 1,80 €.

Amfiteatre Romà

Das **römische Amphitheater** lag etwas außerhalb des ummauerten Stadtkerns, ziemlich nah zum Meer. Es hat eine elliptische Form, misst 130 x 102 Meter und zählt zu den besterhaltenen römischen Bauwerken seiner Art in Spanien. Man erkennt noch ganz gut die öffentliche Zuschauertribüne, die der örtlichen Autoritäten und Reste einer später errichteten Kirche. Es braucht nicht viel Fantasie, sich hier blutige Gladiatorenkämpfe vor begeistertem Publikum vorzustellen.

Hier wurden tragischerweise auch **Christenverfolgungen** öffentlich zelebriert. So erlitten *Bischof Fructuoso* und zwei Mitstreiter im Jahr 259 hier einen grausamen Feuertod. Im 6. Jahrhundert wurde diesen Märtyrern zu Ehren mitten in der Arena eine kleine Kapelle gebaut, die Iglesia de San Fructuoso. Im 12. Jahrhundert errichtete man dann ein größeres Gotteshaus an gleicher Stelle, die **Iglesia de Santa María del Milagro.**

● **Geöffnet:** 1.6.-1.9. Di-Sa 9-21, So 9-15 Uhr; 1.10.-31.5. Di-Sa 10-13.30 und 15.30-18.30 Uhr, So 10-14 Uhr; Eintritt: 1,80 €.

Circ Romà

Circ Romà lautet der etwas bescheidene Name für den **gewaltigen römischen Zirkus.** Hier fanden sie statt, die Wagenrennen à la Ben Hur und andere blutige Spektakel. Genauer gesagt muss man heute von den Resten des römischen Zirkus sprechen. Leider wurde ein Großteil doch zerstört, angeblich vor allem von abziehenden

Costa Daurada

04bcd Foto: sm

französischen Soldaten im Jahr 1813. Erbaut wurde der Circ Romà im 1. Jh. v. Chr. Er maß damals 320 x 175 Meter, der Innenbereich immerhin 265 x 150 Meter. **Heute noch zu erkennen** sind ein größeres Stück der Arena, Treppenaufgänge zu den Galerien, die Stufensitze für die Zuschauer und das so genannte Triumfalistor. Weiterhin sind noch einige unterirdische Gänge erhalten, an deren Ende ein detailgetreues Modell des römischen Zirkus' steht.

●**Geöffnet:** 1.10.-31.5. Di-Sa 10-13.30 und 16-18.30, So 10-14 Uhr; 1.6.-30.9. Di-Sa 9-21, So 9-15 Uhr; Eintritt: 1,80 € (einschließlich Pretori Romà).

Pretori Romà

Man betritt den Pretori Romà von der Plaça del Rei aus; er ist mit dem römischen Zirkus verbunden. Es handelt sich um einen **mehrstöckigen Turm,** in dem verschiedene Modelle der Stadt und Fundstücke der römischen Epoche ausgestellt sind. Erbaut wurde der Turm um das Jahr 73 n. Chr., er diente dem Provinzregenten und seinen Beamten als Verwaltungssitz. Von der Terrasse genießt man einen formidablen Blick über die Stadt.

●**Geöffnet:** Siehe Circ Romà.

Das römische Amphitheater

Museu Nacional
Arqueològic de Tarragona

Das archäologische Museum von Tarragona liegt buchstäblich vis à vis vom Eingang zum Pretori Romà und zum Zirkus. Gegründet wurde es bereits in der ersten Hälfte des 19. Jahrhunderts. Überwiegend sind hier **Fundstücke der römischen Epoche** ausgestellt. Auf vier Etagen und in insgesamt 10 Sälen finden sich, thematisch angeordnet, brillante Exponate: beispielsweise schöne Mosaike, die viele Häuser schmückten oder Skulpturen, die ebenso in vielen römischen Villen standen.

● **Geöffnet:** 1.6.-30.9. Di-Sa 10-20, So 10-14 Uhr; 1.10.-31.5. Di-Sa 10-13.30 und 16-19, So 10-14 Uhr; Eintritt: 2,40 €.

Kathedrale

Vom römischen Tarragona zum christlichen sind es nur wenige Schritte. Die Kathedrale überragt die meisten Häuser und der Besucher sollte einfach durch die Straßen bummeln. Die grobe Richtung wird schon stimmen, ansonsten kann jeder Tarragoniner sicherlich helfen. Die Gassen sind urig. Es ist eng, wenig Licht fällt bis auf den Boden, kleine familiäre Läden bieten dies und das an, in den Bars wird über Gott-und-die-Welt getratscht – alles in allem ein richtig **schönes Altstadtviertel.** Direkt vor der Kathedrale und in den angrenzenden Gassen findet am Sonntag Vormittag ein *rastro* statt, ein klassischer Flohmarkt.

Die Kathedrale hat eine weit zurückreichende **Historie.** Etwa im 1. Jh. v. Chr. stand an ihrer Stelle ein Jupitertempel. Nach Abzug der Römer kamen westgotische Stämme und errichteten an der gleichen Stelle eine kleine Basilika. Im 5. Jahrhundert verschlug es orientalische Christen nach Tarragona, die den Kult um die heilige *Tecla* mitbrachten, einer Schülerin des Apostels *Paulus*. Im Jahr 1171 waren gerade die Mauren vertrieben, als nun endlich mit dem Bau einer gewaltigen Kirche begonnen wurde. Gute 150 Jahre dauerte der Bau, die Weihung zur Kathedrale fand 1331 statt.

Entstanden war **eines der größten Gotteshäuser in ganz Katalonien.** Allein der Innenraum misst knapp über 100 Meter Länge.

Schon der **Haupteingang** zeigt sich kunstvoll mit 22 Skulpturen von Aposteln und Propheten sowie einer großen Fensterrose. Innen steht ein Retabel der *Santa Tecla* in der Capilla Mayor. Der **Hauptaltar** ist ein Meisterwerk, für das *Pere Joan* acht Jahre benötigte. Wichtige Stationen aus dem Leben der heiligen *Tecla* sind hier figürlich dargestellt. Weiterhin befindet sich neben dem Hauptaltar das Grabmal von *Erzbischof Juan de Aragón*.

Zum **Kreuzgang** *(claustro)* gelangt man durch ein fein gestaltetes, teilweise aus Marmor gearbeitetes Portal. Der Kreuzgang hat mehrere hübsche Rundbögen und einen Mirhab, einen Gebetsplatz, der in Moscheen immer Richtung Mekka zeigt. Dieser ist wahrscheinlich ein Überbleibsel der maurischen Epoche.

Das angeschlossene **Diözesanmuseum** stellt hauptsächlich Messgewän-

Costa Daurada

der und Wandteppiche (15.-18. Jh.) aus sowie Skulpturen und Gemälde (14.-15 Jh.).

●**Geöffnet:** 16.3.-31.5. 10-13 und 16-19 Uhr; 1.6.-15.11. 10-19 Uhr; 6.11.-15.3. 10-15 Uhr. Sonn- und feiertags geschlossen; Eintritt: 2,40 €.

Die Kathedrale

Passeig Arqueològic

Einmal die Kathedrale umrundet, erreicht man den Passeig Arqueològic mit den **Überresten der römischen Stadtmauer.** Einst umschloss diese Mauer die ganze Innenstadt und war 4 Kilometer lang. Kurz nach Ankunft der Römer, 218 v. Chr., begann man mit dem Bau. Heute sind noch knapp 800 Meter dieses einstigen Schutzwalls vorhanden. Drei **Türme** sind ebenfalls noch erhalten, von denen der Torre del Arzobispo ("Turm des Erzbischofs") mit 47 Metern der größte ist. Er steht etwa in Höhe der Kathedrale. Der kleinste Turm, Torre de la Minerva, trägt noch das teilweise erkennbare Bildnis dieser Göttin.

Kurz nach dem Passieren des Eingangs an dem Portal del Roser gelangt man zu einer gut erhaltenen **Statue des Cesar Augusto,** übrigens ein Geschenk von *Mussolini.*

●**Geöffnet:** 1.6.-30.9. Di-Sa 9-21, So 10-15 Uhr; 1.10.-31.5. Di-Sa 10-13.30 und 15.30-18.30 Uhr, So 10-15 Uhr; Eintritt: 1,80 €.

Plaça de la Font

Zurück Richtung Rambla Nova geht es noch einmal durch die urige Altstadt, vorbei an dem zentralen Platz Plaça de la Font. Dort steht das **Rathaus** aus dem 19. Jahrhundert, und vor allem laden dort etliche **Bars** zum Verschnaufen ein; so ziemlich jede hat Tische draußen auf dem weitläufigen, autofreien Platz. Nach der anstrengenden Tour haben wir uns diese Pause reichlich verdient!

Praktische Tipps

Unterkunft

●**Hotel Husa Imperial Tarraco** €€€€, Rambla Vela 2, Tel. 977 233 040, Fax 977 216 566, E-Mail: imperial@tinet.fut.es. Großes Haus (170 Zimmer), oberhalb des Amphitheaters gelegen, mit einem gigantischen Blick über die Küste. Leider auch mit entsprechendem Preis (DZ 125 €), der sich aber am Wochenende fast halbiert.

●**Hotel Urbis** €€€, c/ Reding 20, Tel. 977 240 116, E-Mail: urbis@tinet.fut.es. Das 44-Zimmer-Haus liegt recht zentral, zwei Parallelstraßen von der Rambla Nova und einen Block vom Zentralmarkt entfernt. Familiäres Ambiente, funktionale Zimmer, aber die Außenfassade könnte schon ein wenig neuen Putz vertragen.

●**Hotel Ciutat de Tarragona** €€€, Plaça Imperial Tarraco 5, Tel. 977 250 999, Fax 977 250 699, E-Mail: hotelgna@sbgrup.com. Großes Haus mit 168 Zimmern direkt am verkehrsreichen Hauptplatz vor der Rambla Nova. Die Fenster sind gut schallisoliert. Neues Haus, modern und sehr zentral gelegen.

●**Hotel Lauria** €€€, Rambla Nova 20, Tel. 977 236 712, Fax 977 236 700, E-Mail: info@hlauria.es, Internet: www. hlauria.es. Es liegt zentral an der Rambla unweit vom „Balkon", hat 72 Zimmer und bietet spezielle Weekend-Tarife. Mal danach fragen!

●**Pension Fórum** €-€€, Plaça de la Font 37, Tel. 977 231 718. Kleine Pension mit 20 Zimmern am verkehrsberuhigten und zentralen Platz vor dem Rathaus.

Camping

●**Las Palmeras,** 1. Kategorie, N-340, km 1168, Tel. 977 208 081, Fax 977 207 817, E-Mail: camping@laspalmeras.com, Internet: www.laspalmeras.com. Großer Platz für 1750 Camper unter Pinien und Laubbäumen, unmittelbar am Strand gelegen, aber die Bahnlinie führt auch nahe vorbei.

●In der unmittelbaren Nachbarschaft liegen noch zwei kleinere Plätze der 3. Kategorie: **Camping Platja Llarga** (für 105 Urlauber) und **Camping Las Salinas** (für 235 Urlauber)**.**

●**Tarraco,** 2. Kategorie, an der N-340 gelegen, Tel. 977 239 989, Fax 977 219 116. Kleiner Platz, der vom 1.4. bis 30.9. geöffnet hat und der nächstgelegene zur Stadt ist. Keine Strandlage, aber auch nicht weit davon entfernt, jenseits der Bahn und Nationalstraße.

Essen & Trinken

●**Café Viena,** Rambla Nova 50. Kleines, schmuckes Kaffeehaus an der Rambla.

●**Il Caffé di Roma,** Rambla Nova 40. Das Café gehört zu einer gleichnamigen Kette, bietet unterschiedlichste Sorten und Arten von *café.*

●**Txbela Pincho,** Rambla Nova 16. Leckerste baskische Tapas und gehaltvolle Weine. Probieren Sie mal Chapulín, den baskischen „National-Wein".

●**Cafetería Leman,** Rambla Nova 27. Nicht nur ein Café, es gibt auch Mittagstisch.

●**Restaurant Merlot,** c/ Cavallers 6, Tel. 977 220 652, So und Mo geschlossen. Mitten in

Costa Daurada

der Altstadt in einem Haus aus dem 16. Jahrhundert gelegenes Lokal, in dem klassische Gerichte ohne Schnörkel serviert werden.

● **L'Araca-Cata,** c/ La Nau 11, Tel. 977 229 451, So und Mo geschlossen. Taberna, die vor allem Tapas anbietet.

An der Plaça de la Font reihen sich im Wortsinn mehrere Bars und Restaurants auf. Wer möchte, sitzt draußen und bewundert die Rathausfassade – oder auch die Vorbeiflanierenden.

Adressen

● **Einkaufen:** *Xarcutería Cuadras,* Rambla Nova 65, hat nicht nur Wurstwaren wie oberleckeren Schinken, sondern auch *vino* und Cava im Angebot; *Pastelería Leman,* Rambla Nova 27, traditionelle Konditorei mit angeschlossener Cafetería; *Mercat central,* c/

Reding, in einer großen Markthalle werden Gemüse, Früchte und Fleisch gehandelt – eintauchen, staunen, Gerüche aufsaugen und kaufen!

An der Carrer Major, gewissermaßen der „Hauptstraße", die durch die Altstadt zur Kathedrale führt, liegen etliche kleine, urige Geschäfte.

Feste

● **Anfang Juli:** Internationaler Wettkampf der Feuerwerker.

● **19. August:** Patronatsfest Sant Martí, u. a. mit Umzügen, *gegants* und einem feierlichen Akt, bei dem magisches Wasser zu Pferd zur Kapelle des Heiligen gebracht wird.

● **23. September:** Patronatsfest Santa Tecla, mit farbenprächtigen Umzügen, Menschentürmen, *gegants* und Feuerwerk.

Markt

● **Dienstag und Donnerstag:** An der Plaça Corsini.

Überreste der römischen Stadtmauer

Ausflüge

Acueducto
Romano de Les Ferres

Das Acueducto Romano de Les Ferres ist auch bekannt als Puente del Diablo („Teufelsbrücke") und liegt etwa vier Kilometer von Tarragona entfernt. Man kann diese **römische Wasserleitung** von der Autobahn aus gut erkennen. 217 Meter Länge misst der Aquädukt und erhebt sich auf 25 Meter Höhe. Er wurde im 2. Jahrhundert erbaut, um Wasser aus dem Fluss Riu Francolí zur römischen Großstadt Tarraco zu transportieren.

Die „Teufelsbrücke" kann aus der Nähe besichtigt werden, wenn man die Nationalstraße **N-240** nach Valls nutzt. Wer über die **Autobahn A-7** Richtung Süden fährt, kann den Aquädukt auch betrachten. Es gibt einen Parkplatz, von dem aus man einen schönen Blick auf den Aquädukt werfen kann. Zu finden beim Kilometer 246, kurz vor der Abfahrt 33 („Tarragona"). Am Parkplatz halten, etwa 50 Meter zurückgehen und nochmals knapp 100 Meter einem rustikalen Weg zum Aussichtspunkt folgen. Wer die A-7 in Richtung Norden befährt, kann ebenfalls die Brücke bestaunen. Am schmalen Parkstreifen kurz nach der Zahlstelle am km 246 halten und zu Fuß durch einen schmalen Tunnel die Autobahn unterqueren.

Römischer Aquädukt bei Tarragona

Costa Daurada

Die südliche Costa Daurada

Überblick

Dieser Bereich verläuft von Tarragona bis zur Provinzgrenze kurz hinter dem Ebro-Delta. Diese Zone ist weniger dicht besiedelt als die nördliche Costa Daurada, die Orte liegen in einiger Distanz zueinander. Etliche haben sich zu reinen Ferienzentren verwandelt, wie beispielsweise Salou oder **Miami Platja** oder auch **L'Hospitalet.** Natürlich lockt in erster Linie immer der schöne Strand, aber bei **Salou** auch noch eine der angenehmsten Flanierpromenaden überhaupt. Und nicht zu vergessen, Europas zweitgrößter Freizeitpark, Port Aventura, den man von Salou aus fast zu Fuß erreichen kann.

Ganz im Süden gibt es eine äußerst attraktive Zone, der man vor einigen Jahren sicher noch das Etikett „Geheimtipp" verpasst hätte, das **Ebro-Delta.** Hier, im Mündungsgebiet von Spaniens zweitlängstem Fluss, dominiert der Reisanbau. Außerdem stehen weite Teile des Deltas unter Naturschutz, denn das Feuchtgebiet lockt alljährlich Tausende von Vögeln an. Deshalb konnte die Tourismusindustrie sich auch nie richtig breit machen, trotz sehr schöner Strände. Gut so!

Parallel zur Küste verlaufen auch hier Autobahn, Nationalstraße und Eisenbahnlinie, außerdem zieht sich ein Gebirgszug entlang. Zwar in respektabler Distanz zur Küste, aber doch so nah, dass abseits der Küste nur ganz vereinzelt Ortschaften im **Hinterland** entstanden. Hier spielt sich das Leben tatsächlich am Meer ab oder am Fluss. Denn **entlang des Ebro** entstanden im

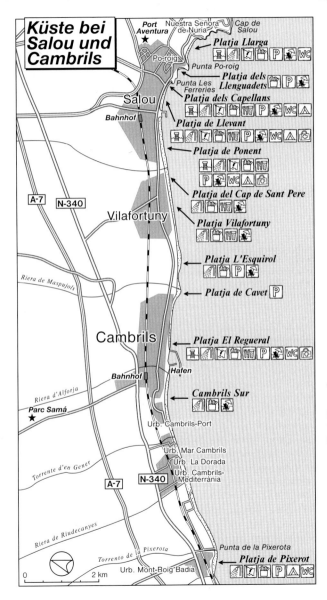

Küste bei
Salou und
Cambrils

Port Aventura
Nuestra Señora de-Nuria
Cap de Salou
Platja Llarga
Po-roig
Punta Po-roig
Platja dels Llenguadets
Punta Les Ferreries
Platja dels Capellans
Salou
Bahnhof
Platja de Llevant
Platja de Ponent
A-7 N-340
Platja del Cap de Sant Pere
Vilafortuny
Platja Vilafortuny
Platja L'Esquirol
Riera de Maspujols
Platja de Cavet
Cambrils
Platja El Regueral
Bahnhof Hafen
Cambrils Sur
Riera d'Alforja
Parc Samá
Urb. Cambrils-Port
Urb. Mar Cambrils
Urb. La Dorada
Urb. Cambrils-Mediterrània
Torrente d'en Gener
A-7 N-340
Riera de Riudecanyes
Punta de la Pixerota
Platja de Pixerot
Torrento de la Pixerota
Urb. Mont-Roig Badia
0   2 km

Laufe der Jahrhunderte etliche Siedlungen, die teilweise heute zu mittelgroßen Städten angewachsen sind, wie beispielsweise Tortosa.

Diese südliche Zone glänzt also weniger mit historischen oder kulturellen Sehenswürdigkeiten, ihre Reize liegen eher in der **Natur** und den **schönen Stränden.** Aber das ist ja auch nicht das Schlechteste.

Salou

- **Einwohner:** 15.000
- **PLZ:** 43840
- **Entfernung nach Tarragona:** 9 km
- **Touristeninformation:**
Patronat de Turisme,
Passeig Jaume I. 4, Xalet Torremar,
Tel. 977 350 102, Fax 977 380 747,
E-Mail: pmtsalou@salou.org
- **Internet:** www.salou.org

Im Jahr 1229 versammelte sich hier eine Streitmacht unter *König Jaume I.* Ihr Ziel war die Eroberung von Mallorca, die auch gelang. Für die Schönheiten von Salou hatten die Krieger keine Blicke. Das änderte sich etwa 600 Jahre später gründlich. Anfang des 20. Jahrhunderts kamen die ersten wohlhabenden Familien aus Barcelona und Tarragona zur Sommerfrische. Der nächste Schritt zu einer **stürmischen touristischen Entwicklung** war dann in den 1970er Jahren das massive Erscheinen von spanischen Urlaubern, vor allem aus Madrid. Ihnen folgten, immer die Nase im Wind der neuen Ziele, nord- und mitteleuropäische Reiseveranstalter. Und dann gab es bald kein Halten mehr. Heute zählt Salou zu den **größten touristischen Zielen,** nicht nur der Costa Daurada, sondern ganz Spaniens. Es gibt jedoch, das soll ausdrücklich betont werden, noch deutlich überlaufenere und vor allem hässlichere Ziele an den spanischen Costas gibt. Tatsache ist, dass sich in den Sommermonaten an die 100.000 Touristen gleichzeitig hier tummeln – auf einen Bewohner kommen dann zehn Besucher! Sie alle werden angelockt vom schönen Strand und der vielleicht **attraktivsten Promenade aller spanischen Küstenorte.** Viel mehr Spektakuläres gab es viele Jahrzehnte nicht, bis Europas zweitgrößter Freizeitpark seine Tore öffnete, **Port Aventura.** Das dürfte noch einmal für einen ordentlichen Besucherschub gesorgt haben. Der Ort weist heute eine **vielfältige touristische Infrastruktur** auf mit Ferienwohnungen, Snackbars, Diskos, Läden und der ganzen Palette von Angeboten rund um einen gelungenen Strandurlaub.

Strandprofil

Stadt Salou

Platja de Ponent

Die Platja de Ponent ist ein weitläufiger Strand im südlichen Außenbereich der Stadt. Er verläuft über 1200 Meter und wird im Ort vom Sportboothafen

begrenzt. Seine durchschnittliche Breite liegt bei knapp über 30 Metern und er hat feinen, hellen Sand. Eine Promenade begleitet die Platja, und auf der anderen Straßenseite stehen etliche Gebäude, aber zum Glück keine Hochhäuser.

Platja de Llevant

Die Platja de Llevant schließt sich an den Sportboothafen an und darf sich wohl zu Recht Salous Hauptstrand nennen. Er misst 1200 Meter Länge und hat eine durchschnittliche Breite von 70 Metern, die an manchen Stellen locker 100 Meter erreicht. Eine sehr schöne und sehr breite (ca. 30 Meter) Promenade begleitet den

Strand. Hier findet sich nicht nur eine Flaniermeile für Fußgänger, sondern es gibt auch hübsche, teilweise illuminierte Springbrunnen sowie Ruhebänke, Palmen und einen breiten Grünstreifen. Erst dahinter verläuft eine Straße und dort stehen noch einige sehr schicke alte Villen.

Platja dels Capellans

Platja dels Capellans heißt der nächste Strand, der nach einem kurzen, felsigen und damit strandlosen Stück folgt. Diese Platja ist kurz (200 Meter),

Costa Daurada

Am breiten Strand von Salou

053cd Foto: sm

aber erstaunlich breit (zwischen 70 und 100 Metern). Das muss auch so sein, um all die Sonnensucher aufnehmen zu können, die in den umliegenden Hochhäusern urlauben. Fast wirkt diese Strandzone ein wenig umzingelt von Beton. Ein kleines Denkmal erinnert übrigens daran, dass von hier *Jaume I.* und sein Heer aufbrachen, um Mallorca zu erobern.

Platja dels Llenguadets

Die Platja dels Llenguadets ist eine weitere winzige Strandzone (100 Meter Länge, kaum 10 Meter Breite), die vor mehrstöckigen Blocks liegt.

Cap de Salou

Die weiteren Strände liegen nicht mehr im Ortsbereich von Salou, sondern fallen unter den Oberbegriff Cap de Salou. Gemeint ist damit ein relativ schwach besiedelter, **felsiger und bewaldeter Küstenstrich.** Einige Straßen führen zu den Häusern, und es gibt rustikale Wege, auf denen Wanderer bis zum 1858 gebauten Leuchtturm am Cap de Salou laufen können.

Die Strände sind bis auf eine Ausnahme **kleine Buchten** und verglichen mit den Hauptstränden von Salou nur mäßig attraktiv. Aber natürlich: Wer hier in der Nähe eine Unterkunft gefunden hat, wird die zumeist recht einsamen Buchten zu schätzen wissen.

Platja Llarga

Dies ist der größte Strand dieser Zone: 700 Meter Länge, 30 Meter Breite.

Er ist feinsandig, teils kieselig, und wird von einem Pinienwald begrenzt. Links und rechts stehen einige Gebäude.

Es folgt die **Cala de Penya Tallada,** eine sehr kleine Bucht von 60 Metern. Im Kernbereich feinsandig, aber in den äußeren Zonen felsig. Der Bereich der Bucht ist nur schwach bebaut. Keine Serviceeinrichtungen.

Cala Font

Die Cala Font ähnelt der eben vorgestellten Bucht, nur die Bebauung liegt hier höher. An dieser Bucht erheben sich nämlich ein paar Apartmenthochhäuser.

Cala Pinetell

Die Cala Pinetell wird auch Cala Vinya genannt und ist breiter (55 Meter) als lang (35 Meter). Wegen des feinen Sandes und einiger Apartmenthäuser ist der Strand nicht wenig frequentiert.

Cala Crancs

Die Cala Crancs schließt sich an und bietet auf 80 mal 40 Metern feinen Sand. Links und rechts stehen Apartments und im Hintergrund Pinien. Wer mal einen weiten Spaziergang von Salou hierher unternehmen will: Von der Straße Pas de la Mala Dona führt eine Treppe hinunter in diese Bucht.

Cala El Reguerot de Claveguer

Die Cala El Reguerot de Claveguer liegt schon jenseits des 1858 errichteten Leuchtturms und soll nur der Vollständigkeit halber erwähnt werden. Die Fakten: 100 Meter Länge, 22 Meter Breite, grober Kiesel, teilweise sogar steinig, eine Dusche, im Hintergrund Blocks. Das war's.

Sehenswertes

Torre Vela

Eine klassische Sehenswürdigkeit steht in Salou, aber etwas abseitig unweit des Bahnhofs in der Straße Aurèlia: ein **alter Wachturm,** Torre Vela. Erbaut wurde er um 1530 zum Schutz der Bewohner vor Piratenattacken. Heute befinden sich hier ein **Kulturzentrum** und ein kleines **Museum,** in dem Emaillearbeiten ausgestellt werden. Im angeschlossenen Garten steht eine Skulptur, die „Tanz der Grazien" genannt wird, sie zeigt drei junge Frauen beim Sardana-Tanz.

Strandpromenade

Die Strandpromenade Passeig de Jaume I. ist eine bemerkenswerte Flaniermeile. Über gut einen Kilometer verläuft sie parallel und sehr breit zum Hauptstrand. Gesäumt wird sie von **Palmen und Ruhebänken** und vor allem von einem nicht zu schmalen Grünstreifen.

Am Anfang dieses Weges stehen etliche sehr **schöne Villen** im Stil des Modernismus. Sie wurden zu Beginn des 20. Jahrhunderts von katalanischen Architekten erbaut, von denen manch einer Schüler des Meisters *Antoni Gaudí* war. Vor allem im Bereich Plaça Bonet und in Höhe des Sportboothafens stehen diese Schönheiten.

Etwa in der Mitte der Promenade erhebt sich ein **Denkmal zu Ehren des Königs Jaume I.** Ihm zu Füßen erkennt der Besucher Mosaike von Wappen all der Fürsten, die *Jaume* auf seinem Eroberungszug gen Mallorca begleiteten.

Am Ende der Promenade erfreut die Font Lluminosa, der **beleuchtete Springbrunnen,** die abendlichen Flaneure. Denn wenn es dunkelt, wird er zauberhaft ausgeleuchtet, fast ein wenig wie sein großes Vorbild in Barcelona an der Plaça Espanya.

Dies wäre von den klassischen Sehenswürdigkeiten zu erzählen. Ansonsten bleibt dem Besucher noch, in das sehr breit gefächerte Nachtleben einzutauchen, natürlich die Strände Probe zu liegen oder Port Aventura zu besuchen.

Port Aventura

Port Aventura heißt ganz korrekt „Universal Studios Port Aventura". Ganz haben die Macher es ja nicht geschafft, was sie sich vorgenommen hatten: Euro Disney in Paris zu toppen. Aber Europas Nummer zwei zu sein, ist doch auch schon was. „Have fun!" heißt das Motto, und dafür wird auch eine Menge geboten.

Die Grundidee des Parks ist es, den Besucher auf dem 115 ha großen Gelände in **fünf thematisch unterschiedliche Zonen** zu führen und zu unterhalten: Mittelmeerraum, Polynesien, Mexiko, China und der Wilde Westen. Die fünf Zonen sind sehr plakativ dargestellt mit landestypischen Elementen, so wie man es kennt und erwartet. Mexiko wird durch eine gewaltige Aztekenpyramide repräsen-

Costa Daurada

tiert, Polynesien durch eine Meeres- und Vulkanlandschaft, das Mittelmeer durch ein weißes Dorf mit diversen Angeboten. Der Wilde Westen hat auch alles, was dazugehört: Dampflok, Goldmine und natürlich einen Saloon mit CanCan tanzenden Damen. China schließlich wird durch einen Teil seiner großen Mauer, typische Häuser und Tempel sowie Auftritte von Magiern und Artisten symbolisiert.

Dazu kommen auf die einzelnen Zonen **thematisch abgestimmte Showelemente** wie Geigen spielende Mariachis in Mexiko oder Baströckchen tragende Tänzerinnen in Polynesien.

Geboten werden abwechselnd **Spiel und Show,** aber auch spektakuläre **Fahrgeschäfte.** So beispielsweise die Dragón Khan in China, eine Achterbahn, die durch acht komplette 360-Grad-Kurven rast. Es geht aber auch eine Spur ruhiger, beispielsweise kann man mit einem Kanu durch Polynesien gleiten.

Ein wirklich buntes Programm, das einen kaum zur Ruhe kommen lässt. Falls doch eine Erschöpfung droht, bieten zahlreiche **Restaurants** Stärkung und Erholung an.

Die Strandpromenade von Salou lädt zum Flanieren ein

●**Info:** Tel. 902 202 220, im Internet: www.portaventura.es.

●**Zu erreichen:** Von Barcelona verkehrt eine Bahnlinie über etliche der hier im Buch vorgestellten Orte direkt bis zur Haltestelle Port Aventura bzw. aus südlicher Richtung von Sant Carles de la Ràpita in Richtung Barcelona.

Per Auto über die A-7 anreisen und die Abfahrt Nr. 35 wählen oder über die N-340 und kurz vor Salou bei Vilaseca der Ausschilderung folgen.

●**Geöffnet:** 15.3.-22.6. 10-19 Uhr; 23.6.-16.9. 10-24 Uhr; 17.9.-6.1. 10-19 Uhr

●**Eintritt:** 1 Tag: Erwachsene (13-59 Jahre) 31 €, Kinder (bis 12 Jahre), Senioren (ab 60 Jahre) 23 €.

Zwei aufeinander folgende Tage: Erwachsene 46,50 €, Kinder und Senioren 35 €.

Abendkarte ab 19 Uhr: Erwachsene 22 €, Kinder und Senioren 16 €.

Seit Juni 2002 wird Port Aventura von der Gesellschaft „Universal Mediterránea" betrieben. Diese ist dabei, den **Park zu erweitern.** Entstanden sind schon ein Wasserpark, zwei Hotels und sieben Restaurants. In den nächsten Jahren sollen weitere Attraktionen und Hotels folgen.

Der **Wasserpark** (Parque Acuático Costa Caribe) hat einige verschlungene Rutschen, einen Abenteuerfluss und einige Attraktionen unter Dach. Der Park kann unabhängig von Port Aventura besucht werden.

●**Info:** im Internet unter www.universalmediterranea.com.

●**Eintritt:** Erw. 14 €, Kinder 10,50 €.

Praktische Tipps

Unterkunft

●**Hotel Regente de Aragón** €€€€, c/ Levante 5, Tel. 977 352 002, Fax 977 352 003, Internet: www.hotelregentearagon.com. In einer ruhigen Seitenstraße gelegenes 59-Zimmer-Haus, etwa 200 Meter vom Strand entfernt. Nebenan liegt das gute Restaurant José Luis und gegenüber ein „Parking" (Parkhaus).

●**Hotel Caspel** €€€-€€€€, c/ Alfons V. el Magnànim 9, Tel. 977 380 207, Fax 977 350 175, Internet: www.caspel.costa-daurada.com. Es liegt nicht so weit von den Strandbuchten entfernt, hat 95 Zimmer und ein vernünftiges Preis-Leistungs-Verhältnis.

●**Hotel Occidental Blaumar** €€€, Passeig Jaume I., Ecke c/ Pere III. el Gran 4, Tel. 977 350 444, Fax 977 381 579, Internet: www.occidental-hoteles.com, geöffnet 31.3.-28.10. Sehr zentral gelegenes Haus mit sieben Etagen und 250 Zimmern, viele mit Balkon zum Meer. Es handelt sich um ein Aparthotel, die Zimmer sind mit Küche ausgestattet. Der übliche Hotelservice wird aber auch geboten.

●**Hotel Casablanca Playa** €€€, Passeig Miramar 12, Tel. 977 380 107, Fax 977 350 117, E-Mail: casablancapla-ya@ctv.es. Das Haus hat 63 Räume und liegt direkt am Meer vor dem Strand Platja de Ponent, unmittelbar am Hafen. Familiär geführtes Haus, das auch auf Wunsch die lieben Kleinen betreut.

●**Pension Montsant** €-€€, c/ Barcelona 33, Tel./Fax 977 380 111, E-Mail: banyeres@segle21.com, geöffnet: 1.4.-30.10. Preiswerte Bleibe, nur 150 Meter vom Bahnhof entfernt, mit 10 Zimmern auf drei Etagen.

Camping

●**Sangulí,** 1. Kategorie, Prolongación C/E s/n, Tel. 977 381 641, Fax 977 384 616, E-Mail: mail@sanguli.es, Internet: www.sanguli.es, geöffnet: 24.3.-29.10. Ein großer Platz für 3200 Personen, der außerhalb des Ortes liegt. Aufgeteilt in Parzellen, die unter Bäumen liegen, bietet der Campingplatz seinen Gästen eine Menge, u. a. einen großen Pool, Liegewiese, abendliches Programm. Zu erreichen: die Küstenstraße von Salou nach Cambrils fahren.

Costa Daurada

●**La Siesta,** 2. Kategorie, Carrer Nord 37, Tel. 977 380 852, Fax 977 383 191, Internet: www.fut.es/~siesta, geöffnet: Mitte März bis Ende Oktober. Der Platz fasst 1500 Urlauber und liegt mitten im Ort, allerdings unweit der Bahnlinie. Bäume spenden Schatten und zum Strand sind es etwa 400 Meter. Zufahrt: Die Autovía de Salou in den Ort hineinfahren bis zum großen Kreisverkehr Plaça de Europa, dort nach rechts den Schildern folgen.

●**La Unión,** 2. Kategorie, Carrer Pompeu Fabra 37, Tel. 977 384 816, Fax 977 351 444, E-Mail: launion@campings.net, geöffnet: 1.4.-30.9. Insgesamt 735 Personen können hier campen, der Platz liegt etwas am Ortsrand in der Urbanización Covamar. Das Gelände ist leicht geneigt, Laubbäume und Mattendächer spenden Schatten, zu den Strandbuchten sind es etwa 500 Meter. Zu erreichen: Hauptzufahrt nach Salou nehmen bis zum großen Kreisverkehr, dort nach links in die Autovía Salou – Tarragona und beim nächsten Kreisverkehr in die c/ Pompeu Fabra abbiegen.

Essen & Trinken

●**Casa Font,** c/ Colón 17, Tel. 977 380 435, Mo Ruhetag. Seit 1971 einer Fußgängerzone vor dem Hauptstrand gelegen. Gute Fischküche, hervorragende Aussicht.

●**Restaurant José Luis,** c/ Levante 7, Tel. 977 350 707, Mo im Winter geschlossen. Es liegt neben dem Hotel Regente und bietet gute internationale Küche.

●**Restaurant La Goleta,** c/ Gavina s/n, Tel. 977 383 566. Internationale Küche mit einem Schwerpunkt auf Fisch. Eleganter Stil, im Sommer speist man auf der Terrasse mit Meerblick.

●**Restaurant Albatros,** c/ Roquer, Tel. 977 385 070, So und Mo geschlossen. Das Lokal liegt fast ein wenig versteckt, aber verstecken muss sich der Patron überhaupt nicht. Fisch- und Fleischgerichte, aber auch Delikatessen für den kleinen Hunger bietet er an.

Wer es etwas rustikaler und schneller wünscht, sollte mal durch die **Carrer Zaragoza** spazieren oder auch an der **Carrer de Colón** suchen. Hier liegen viele Läden, die ordentliches Essen anbieten.

●**Cafetería Ramón,** c/ Barcelona 4, Tel. 977 380 124. Nettes Lokal, etwa 200 Meter vom Strand entfernt und noch (?) ohne Fotokarte.

Adressen

●**Bahnhof:** c/ de Carles Roig
●**Fahrradverleih:** La Noria, c/ Barcelona 51
●**Karting:** Autovía a Reus, km 2, Tel. 977 285 317, Internet: www.kartingsalou.com
●**Markthalle:** Plaça de Sant Jordi
●**Polizei:** c/ de L'Ebre 11
●**Post:** c/ de Tauste, Ecke c/ de València
●**Schiffstouren:** Creuers Costa Daurada schippert nach Tarragona, aber auch nach Süden entlang der Küste bis Cambrils. Viermal täglich geht's nach Cambrils, Di nach Tarragona, Abfahrt am Hafen, Tel. 977 363 090.

Feste

●**10.-15. Juli:** Sommerfest unter dem vielversprechenden Namen *Noches doradas* bzw. kat. *Nits dauradas* („Goldene Nächte").
●**Erstes Wochenende im September:** Fiesta del Rei Jaume I

Markt

●**Montags:** In der Vía Romà (diese zweigt von der c/ Barcelona ab und verläuft als erste Parallelstraße zur Bahnlinie).

Cambrils

- **Einwohner:** 16.500
- **PLZ:** 43850
- **Entfernung nach Tarragona:** 20 km
- **Touristeninformation:**
  Turisme de Cambrils,
  Passeig de les Palmeres 1,
  Tel. 902 154 741, Fax 977 792 625,
  E-Mail: ptur.cambrils@altanet.org
- **Internet:** www.cambrils.org

Cambrils genießt einen hervorragenden Ruf unter Fischhändlern. Selbst in der größten Markthalle in Barcelona, der Boquería an den Rambles, gilt ein Fang aus Cambrils als erste Ware. Und tatsächlich fahren die **Fischer von Cambrils** immer noch raus aufs Meer. Das ist umso erstaunlicher, als sich der Ort zu einem der größten touristischen Zentren der katalanischen Küste entwickelt hat. Egal. Fischer bleibt eben Fischer, und für deren Boote hält der Hafenmeister auch in der Hochsaison immer noch ein paar Plätze im Hafen frei, da können die dicksten Yachten kommen.

Aber so viele dicke Pötte kommen gar nicht. Der Tourismus, der sich hier entwickelt hat, gibt sich eine Spur bescheidener. Die Touristen wohnen in einem der unzähligen Apartments, die es links und rechts vom Ort gibt. Dort entstanden in den letzten Jahrzehnten ganze **Apartmentviertel** mit so netten Namen wie La Dorada, Vila Fortuny (etwa: „Glücksdorf") oder auch Cambrils Port – obwohl der Hafen wenigstens einen Kilometer entfernt liegt.

Wichtig sind das unzweifelhaft angenehme Klima und die **schönen Strände.** Außerdem bietet Cambrils-City eine ganz **reizvolle Hafenszenerie** nebst netten Gassen. Das gilt zumindest für den unteren Ortsteil, oberhalb der quer durchlaufenden Bahnlinie und der N-340 darf man von im besten Sinne alltäglicher Normalität sprechen.

Strandprofil

Platja del Cap de Sant Pere

Dieser Strand liegt schon ziemlich weit außerhalb des Ortskerns im äußersten Bereich der Urbanizaciónes, die gerade noch zum Großgebiet Cambrils zählen. Die Apartmentsiedlung, die hier Virgen del Carmen heißt, steht nicht parallel, sondern mit der jeweiligen Stirnseite zum Meer. Das bedeutet, dass nur einige wenige Gäste klassischen Meerblick haben, aber auf relativ kleiner Fläche viele Wohneinheiten stehen. Und deshalb wird es auf dem 800 Meter langen und recht schmalen Strand ziemlich voll.

Platja Vilafortuny

Die Platja Vilafortuny schließt sich mit 1200 Metern Länge an und fällt mit 70 Metern deutlich breiter aus. Auch an diesem hellen, fein- bis grobsandigen Strand wird es eng ums Handtuch: die Urbanización gleichen Namens zieht sich weit ins Hinterland hinein. Die Apartmentblocks reichen bis an den Strand, eine kleine, unspektakuläre Promenade verläuft parallel.

Costa Daurada

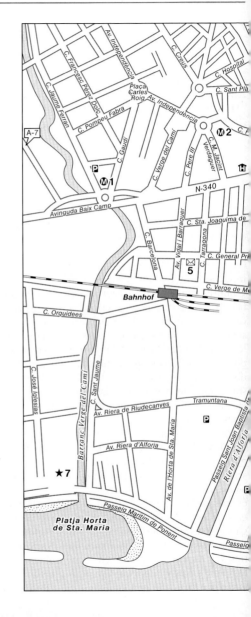

Cambrils

△22

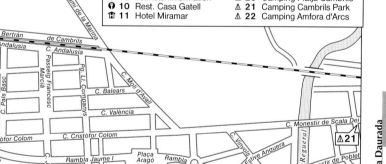

Ⓜ 1	Museu Torre de l'Ermita	
Ⓜ 2	Museu Agrícola	
🏠 3	Pension El Camí	
Ⓜ 4	Museu Molí	
	de les tres Eres	
✉ 5	Post	
Ⓑ 6	Busterminal	
★ 7	Villa romana de la Llosa	
§ 8	Licors Morell	
❶ 9	Touristeninformation	
❶ 10	Rest. Casa Gatell	
🏠 11	Hotel Miramar	

🏠 12	Hotel Príncep
❶ 13	Rest. La Roca d'en Manel
Ⓒ 14	Eiscafé Mozart
❶ 15	Rest. Rincón de Diego,
	Rest. El Caliu de Cambrils
❶ 16	Pastelería Rovira
❶ 17	Rest. Bandert
🏠 18	Hotel Mónica
🏠 19	Hotel Rovira
△ 20	Camping Platja Cambrils
△ 21	Camping Cambrils Park
△ 22	Camping Amfora d'Arcs

Costa Daurada

Platja L'Esquirol

Die Platja L'Esquirol schließt sich an und verläuft über 1000 Meter. Der Strand wird von einem überwiegend trockenen Flusslauf begrenzt, der Riera de Maspujols. Die Bebauung mit Ferienwohnungen endet etwa auf der Hälfte der Strecke, entlang des Restweges bis zum Fluss liegt noch ein Campingplatz und unbebaute Fläche. Das könnte sich ändern, aber der Strand zeigt sich in diesem Bereich steinig. Nur im oberen Teil hat er wieder den typischen hellen Sand.

Platja de Cavet

Die Platja de Cavet ist ein kleiner Strand von 150 Metern in den Außenbereichen. Teils steiniger, teils sandiger Untergrund mit einer direkt vorbeiführenden Straße sowie einiger Bebauung sind die Merkmale.

Platja El Regueral

Dieser Strand verläuft vom Club Nàutic mit dem Hafen bis zu Cambrils Außenbereichen und „schluckt" gleich einen Nachbarstrand, dessen eigentlicher Name Platja del Prat d'en Flores lautet. Aber hier ist nun wirklich keine Trennlinie erkennbar. Der Strand liegt mitten in der Stadt, ist gut 1200 Meter lang und fast 80 Meter breit. Eine Promenade und leider auch eine gut befahrene Straße laufen parallel. Auf der anderen Straßenseite lockt das komplette touristische Angebot mit Shops, Bars, etc. Es ist die touristische Hauptmeile von Cambrils, entsprechend voll ist es an diesem feinsandigen Strand.

Cambrils Sur

Die folgenden Strände werden unter dem Oberbegriff Cambrils Sur zusammengefasst, es sind sechs Buchten, die alle zwischen 500 und 900 Metern messen. Bei der Namensgebung konnte man sich offensichtlich nicht recht einigen, es liegen unterschiedliche Angaben vor. Letztlich nicht so tragisch, denn sie ähneln sich tatsächlich in Größe und Beschaffenheit und haben alle die gleichen Serviceeinrichtungen. Der Sand ist überwiegend hell und fein, vereinzelt auch von fester Struktur. Die Strände liegen vor den sich nach Süden anschließenden Urbanizaciónes, die am weitesten entfernte heißt Cambrils Mediterrania. Von hier sind es schon gut vier Kilometer bis zur City von Cambrils.

Sehenswertes

Cambrils ist wie viele Orte an der Costa Daurada **zweigeteilt** durch die Bahnlinie und die Nationalstraße N-340. Der touristische Teil liegt auch hier unterhalb, also zwischen Bahn und Meer. Aber die Trennung fällt in diesem Fall nicht ganz so krass aus. Eigentlich liegen die touristischen Zonen mehr links und rechts von Cambrils beim Meer. Relativ rasch gewinnt das **nichttouristische Cambrils** Oberhand mit seinen ganz normalen Wohnhäusern, Geschäften und Bars. Die **für Urlauber interessante Zone** liegt in erster Linie beim Hafen und dort findet man auch alles, was man so braucht, inklusive eines flotten Nachtlebens.

An klassischen Sehenswürdigkeiten wären einige Museen zu nennen:

Museu Torre de L'Ermita

Der Torre de L'Ermita steht neben der Kirche Mare de Déu del Camí an der N-340 und wurde wahrscheinlich im Jahre 1375 als **Wachturm** errichtet. Der rechteckige Turm stand damals unweit des so genannten Camí Reial, des königlichen Weges von Tarragona nach Tortosa. Dieser Weg war eine der wichtigsten Überlandstraßen, die durch Cambrils führten. Vom Turm wurde der Zugang zur Stadt kontrolliert und gleichzeitig das Meer beobachtet nach möglichen Anzeichen für Piratenattacken. Viele Jahrhunderte später wurde der Turm dann friedlicher genutzt, nämlich als telegrafischer Signalmast. Heute ist im Inneren eine **Ausstellung über das mittelalterliche Cambrils** untergebracht.

●**Geöffnet:** 1.7.-31.8. Di-Fr 18-21 Uhr, Sa 11-14 und 18-21 Uhr, So 11-14 Uhr; 1.9.-30.6. Sa 11-14 und 17-20, So 11-14 Uhr; Eintritt: 1,20 €, Pensionäre und Studenten 0,60 €, Kinder bis 12 Jahre umsonst.

Museu Agrícola

Das Museu Agrícola liegt einmal um die Ecke vom oben aufgeführten Turm in der c/ Sindicat 2 und wurde am 10. Januar 1998 eingeweiht. Es befindet sich im Gebäude der ehemaligen genossenschaftlichen Weinkellerei. Dieses **Haus** wurde 1921 erbaut und erinnert an den Stil von *Antoni Gaudí*. 1994 gab man die Weinproduktion auf, das Gebäude wurde zum Muse-

um umgebaut. Heute können Besucher die **Herstellung von Wein und Öl** kennen lernen. Schautafeln erklären die einzelnen Schritte, außerdem sind die benötigten Geräte ausgestellt.

●**Geöffnet:** 1.7.-31.8. Di-Sa 10-13.30, und 17-20.30 Uhr, So 11-14 Uhr; 1.9.-30.6. Sa 10-13.30, 17-20.30, So 11-14 Uhr. Eintritt: 1,20 €, Pensionäre und Studenten 0,60 €, Kinder bis 12 Jahre umsonst.

Museu Molí de les tres Eres

Das Museu Molí de les tres Eres ist der Hauptsitz des historischen Museums von Cambrils und in einer **ehemaligen Mühle** nahe der N-340 an der Straße Vía Augusta 1 untergebracht. Diese lag unweit des königlichen Weges und wurde hauptsächlich zur Mehlherstellung genutzt. 1895 endete diese Phase und ein gutes Jahrhundert später wurde das Gebäude zum Museum umgebaut. Zu besichtigen sind zwei Bereiche, einmal das Innenleben der alten Mühle mit Erklärungen zur Funktionsweise, außerdem sind eine Reihe von **archäologischen Fundstücken** aus verschiedenen Epochen zu finden. So sind rituelle und alltägliche Gegenstände der Iberer, Römer und aus dem Mittelalter ausgestellt, wobei Bronzefiguren aus der römischen Zeit um das 1. Jh. n. Chr. zu den wertvollsten Stücken zählen.

●**Geöffnet:** 1.7.-31.8. Di-Sa 11-14 und 18-21 Uhr, So 11-14 Uhr, Mo und Do Vormittag geschlossen; 1.9.-30.6. Sa 11-14 und 17-20 Uhr, So 11-14 Uhr; Eintritt: 1,20 €, Rentner und Studenten 0,60 €, Kinder bis 12 Jahre umsonst.

Costa Daurada

Villa romana de la Llosa

Die **römische Ausgrabungsstätte** La Llosa wurde 1980 zufällig entdeckt. Damals baute man Apartmenthäuser am Rande der Stadt in Strandnähe und stieß auf Grundmauern aus der Römerzeit. Es dauerte einige Zeit, bis dies gebührend gewürdigt wurde, aber seit 1984 arbeiten Archäologen hier systematisch. 1992 fanden sie dann wertvolle Bronzefiguren, die heute im Geschichtsmuseum der Stadt ausgestellt sind. Vor allem aus diesem Fund schließen die Forscher, dass hier eine wohlhabende Familie in einem größeren Anwesen gelebt haben muss. Die Ausgrabungsarbeiten sind noch nicht beendet, die Fundstätte kann deshalb **nur von außen besichtigt** werden, durch den Bauzaun.

Hafen

Neben diesen klassischen Sehenswürdigkeiten lohnt allemal ein Spaziergang zum Hafen. Der hat sich noch seine Geschäftigkeit erhalten, obwohl hier insgesamt 400 Boote festmachen können, hauptsächlich Segelboote von Urlaubern. Aber den Fischern von Cambrils werden Plätze frei gehalten und am Nachmittag läuft die **Fangflotte** auch tatsächlich immer noch ein. Dann wird der Fang versteigert, während Männer mit gegerbten Gesich-

Die römische Ausgrabungsstätte La Llosa

tern Netze flicken und zum Trocknen auslegen. Irgendwie beruhigend, dass nicht alles und jeder dem Diktat des Tourismus-Dollars erliegt.

So eine Art Zentrum an der Hafenpromenade ist der **Wachturm aus dem 17. Jahrhundert.** Er wird momentan restauriert und kann nicht besichtigt werden. Als Orientierungspunkt kann er aber dienen, verlaufen hier doch einige der für Urlauber wichtigsten Flanier- und Shoppingstraßen.

Parc Samá

Eine spezielle Attraktion liegt fünf Kilometer außerhalb, der Parc Samá. 1881 ließ *Salvador Samá y Torres,* der *Marqués de Mariano* (1861-1933), ein Herrenhaus und einen **14 ha großen Garten** errichten mit einem kleinen See als Mittelpunkt. Die Familie des Marqués hatte viele Jahre auf Kuba gelebt, und er versuchte nun nach der Rückkehr in die katalanische Heimat, die tropische Vielfalt der Fauna in seinen Garten zu übertragen. Außerdem wurden ein **koloniales Herrenhaus** errichtet sowie ein kleiner Privatzoo. Dieser verschwand allerdings während des Bürgerkrieges. Zwei Hauptwege mit stolz gewachsenen Platanen, die über 20 Meter hoch sind, führen zum Gebäude. Im ganzen Park wachsen unzählige, zum Teil äußerst selten in Europa anzutreffende Pflanzen, **hundertjährige Bäume** oder **exotische Blumen.** Im hinteren Bereich befindet sich der künstlich geschaffene **See,** in dem drei Inselchen liegen. Sie sind durch Brücken miteinander verbunden, die an Baumstämme erin-

nern, aber tatsächlich aus Zement gegossen wurden. Ein Kanal führt vom See zu einem plätschernden **Wasserfall,** der den See speist. Alles in allem eine stille, verwunschene Welt, die sich ein Träumer realisierte. Heute kann man hier Ruhe finden, meilenweit weg vom schrillen und lauten Getöse der Küstenorte.

Praktische Tipps

Unterkunft

●**Hotel Rovira** €€€, Avinguda de la Diputació 6, Tel. 977 360 900, Fax 977 360 944. Ein Haus in der ersten Strandreihe beim Hafen, also sehr zentral gelegen. Auf vier Etagen verteilen sich die 58 Räume, von vielen hat der Gast Meerblick, wenn auch manchmal nur mit Halsverrenken.

●**Hotel Mònica** €€€, c/ Galceran Marquet 1-3, Tel. 977 791 000, Fax 977 793 678, E-Mail: hotelmonica@readysoft.es, geöffnet: 10.2.-17.12. Nur 50 Meter oder eine Querstraße vom Strand entfernt liegt dieses große Haus mit 100 Zimmern. Die verteilen sich auf fünf Etagen und haben größtenteils einen Balkon. Trotz Strandnähe gibt es auch einen Pool mit Liegewiese.

●**Hotel Princep** €€-€€€, c/ Narcís Monturiol 2, Tel. 977 361 127, Fax 977 363 532. Kleines 27-Zimmer-Haus mit vier Etagen. Funktional eingerichtete Zimmer. Das familiär geführte Haus liegt mitten im Zentrum und keine 100 Meter vom Strand entfernt.

●**Hotel Miramar** €€-€€€, Passeig Miramar 30, Tel. 977 360 063, Fax 977 360 286. Winziges Haus mit 12 Zimmern, aber es macht seinem Namen (Meerblick) alle Ehre. Es liegt beim Hafen, unmittelbar neben dem unübersehbaren historischen Turm.

●**Pension El Camí** €€, c/ Mossen Jacint Verdaguer 17, Tel. 977 360 302, Fax 977 791 125. Kleine, familiäre Pension mit 18 Zimmern und kleinem Gartenlokal. Sie liegt beim Museu Agrícola und damit gut 500 Meter vom Meer entfernt.

Costa Daurada

Camping

Insgesamt neun Campingplätze liegen rings um Cambrils. An dieser Stelle sollen aber nur die drei größeren vorgestellt werden.

● **Cambrils Park,** Luxus-Kategorie, Carretera Salou – Cambrils, km 1 (hinter der Tankstelle abbiegen), Tel. 977 351 031, Fax 977 352 210, E-Mail: mail@cambrilspark.es, Internet: www.cambrilspark.es, geöffnet: 15.4.-30.9. Ein größerer Platz für 1600 Personen unter Bäumen und Palmen. Tägliches Animationsprogramm für Kinder und Erwachsene, breites Sportangebot, großer Pool, Abenteuerspielplatz. Ein mehrfach preisgekrönter Campingplatz!

● **Platja Cambrils – Don Camilo,** 2. Kategorie, Avinguda Diputació 42, Tel. 977 361 490, Fax 977 364 988, E-Mail: camping@playa-cambrils.com, Internet: www.playacambrils. com, geöffnet: 15.3.-12.12. Großer Platz (3200 Personen), der strandnah, aber am Ortsrand liegt. Etliche Sportmöglichkeiten werden auch hier geboten.

● **Àmfora D'Arcs,** 2. Kategorie, N-340, km 1145, Tel. 977 361 211, Fax 977 795 075, E-Mail: amfora@amforadarcs.com, Internet: www.amforadarcs.com, geöffnet: Februar bis Dezember. Nicht zu großer Platz mit 500 Parzellen, der verkehrsgünstig direkt an der Nationalstraße liegt, aber auch je einen Kilometer vom Ort und vom Strand entfernt.

Essen & Trinken

● **Restaurant Casa Gatell,** Passeig Miramar 26, Tel. 977 360 057. Der Patron *Joan Gatell* hat sich weit über Cambrils' Grenzen einen tadellosen Ruf erkocht. Sein Lokal wirkt we-

Cambrils bietet nette Restaurants

gen der durchgängig grünen Deko wie eine sprichwörtliche grüne Oase im lebhaften Hafenbereich.

●**Restaurant La Roca d'en Manel,** Passeig Marítim 38, Tel. 977 363 024, Mo. geschlossen. Gute Fischgerichte, die man auf der netten Terrasse verspeisen kann mit schönem Blick auf den Hafen.

●**Restaurant Rincón de Diego,** c/ Drassanes 7, Tel. 977 361 307. Etwas ausgefallenere Gerichte, etwas gehobenere Preise. *Diego* steht hinten in der Küche, seine Frau bedient vorne. Das Lokal ist klein, die Küche ein Mix aus baskischen und mediterranen Elementen.

●**Restaurant El Caliu de Cambrils,** c/ Drassanes 4, Tel. 977 360 108, Mo geschlossen. Liegt genau gegenüber von *Diegos* und ist das genaue Gegenteil: moderate Preise und vor allem Fleischgerichte vom Grill.

●**Restaurant Bandert,** Rambla Jaume I., Ecke c/ Ancora, Tel. 977 361 063, Di geschlossen. Kleines Lokal mit wenigen Tischen. Mediterrane Küche mit französischem Einschlag. Tipp: *menú de degustación* probieren.

Adressen

●**Autovermieter:** Avis, c/ Diputació 141, Tel. 977 319 156; Olimpia, Av. Diputació 175, Tel. 977 350 274.
●**Busterminal:** Passeig Sant Joan Baptista de la Salle (zu finden: vier Querstraßen unterhalb der N-340 und unmittelbar unterhalb der Bahnlinie).
●**Einkaufen:** Pastelería Rovira, c/ Casals 46, oberleckere Kekse, Kuchen, Törtchen – mit kleinem Café; Eiscafé Mozart, c/ Roger de Llúria 3, hochgelobtes Eis, das man auf netter Terrasse schlecken kann; Licors Morell, c/ Ramón Llull 24, uriges Geschäft mit breiter Auswahl an Wein, Cava und Schnaps; Agrobotica, c/ Sindicat 2, im Gebäude des Museu Agrícola (Rückseite) werden Produkte der Lebensmittel-Genossenschaft verkauft.
●**Medizinisches Zentrum:** Plaça del Ajuntament s/n, Tel. 977 363 074.
●**Post:** Av. Vidal i Barraquer 27.
●**Schiffsausflüge:** Creuers Costa Daurada fährt von Mittwoch bis Sonntag viermal täglich zwischen 10 und 17.30 Uhr nach Salou

für 7 € hin und zurück. Am Dienstag geht's zum Markt nach Tarragona. Abfahrt 9.30 Uhr, Ankunft 11 Uhr, die Rückfahrt startet um 15.45 Uhr, Preis 15 €, Kinder die Hälfte. Infos am Hafen oder Rambla Jaume I. 6, Tel. 977 363 090.

Feste

●**29. Juni:** Sant Pere, Patronatsfest, wird vor allem auf der Plaça del Pòsit gefeiert.
●**8. September:** Mare de Déu del Camí, Patronatsfest mit morgendlichem Umzug, heiliger Messe, *gegants, castellers* und einer Meeresprozession, mit Blumengaben zum Gedenken an die auf dem Meer Gebliebenen.

Markt

●**Wochentags:** in der Markthalle an der c/ Mossén Jacint Verdaguer 1; sie liegt schräg gegenüber vom Museu Agrícola.
●**Werktags am späten Nachmittag:** in der Fischmarkthalle an der Plaça del Pòsit.

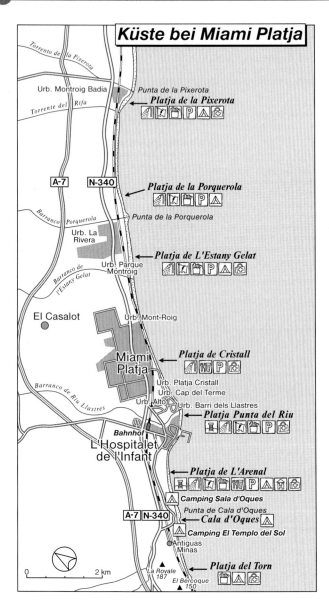

Küste bei Miami Platja

Miami Platja

- **Einwohner:** 1400
- **PLZ:** 43892
- **Entfernung nach Tarragona:** 34 km
- **Touristeninformation:** Patronat de Turisme, Plaça Tarragona s/n bzw. Apartado Postal (Postfach) 10, Tel. 977 810 978, Fax 977 811 637 Zwischen Ostern und Spätsommer auch: N-340, km 1139, Tel. 977 179 468, E-Mail: info@miamiplatja.net,
- **Internet:** www.miamiplatja.net oder www.mont-roig.net

So um die 1960er Jahre begann die Erschließung dieses Küstenabschnittes. Zuerst noch zögerlich, später dann in Riesenschritten. Grund: Ein ausgesprochen **schöner Strand.** Über Jahrhunderte hatte dieser für die Bewohner des im Hinterland gelegenen Ortes Mont-Roig del Camp keine nennenswerte Rolle gespielt. Mit den Touristen änderte sich aber die Situation.

Heute ist Miami Platja zu Dimensionen einer **Kleinstadt** angewachsen, wird dauerhaft aber nur von sehr wenigen Menschen bewohnt. Der Ort erstreckt sich mittlerweile weit ins Hinterland, jenseits von Bahnlinie und Nationalstraße. Überwiegend entstanden hier **Ferienwohnungen,** nur in Ausnahmefällen Hotels. Im Sommer wird es dann entsprechend voll, ansonsten bleibt es einigermaßen ruhig und beschaulich.

Strandprofil

Einige Strände zählen verwaltungstechnisch zur Gemeinde Mont-Roig und unter strengen Gesichtspunkten nicht zu Miami Platja. Da aber Übergänge fließend und exakte Trennlinien schwer auszumachen sind, sollen sie hier mit untergebracht werden.

Platja de la Pixerota

Die Platja de la Pixerota liegt vor der Urbanización Mont-Roig Badía und fast an der Gemeindegrenze zum Nachbarn Cambrils. Ein feiner Strand von 1600 Metern Länge und 25 Metern Breite, der hauptsächlich von den Bewohnern der Urbanización genutzt wird.

Platja de la Porquerola

Dieser Strand wird auch La Rifa genannt. Der Strand verläuft über 3350 Meter, ist hübsch begrünt und sehr schwach bebaut. Vier Campingplätze liegen hier mit direktem Strandzugang. Nicht weit entfernt von der Küste verläuft die Bahnlinie Barcelona – Valencia und noch ein kleines Stückchen weiter im Hinterland die N-340. Der feine Sandstrand misst etwa 30 Meter in der Breite und bleibt zumeist den Campern vorbehalten, da es kaum Zugang von der Nationalstraße gibt, außer an einigen wenigen schmalen Unterführungen.

Platja de L'Estany Gelat

Die Platja de L'Estany Gelat schließt sich an und liegt vor der Urbanización La Rivera sowie vor einem Campingplatz. Der Strand ist etwa 2500 Meter lang und beachtliche 38 Meter breit. Auch an diesem feinen Sandstrand sonnen sich zumeist nur die Camper und Feriengäste der Urbanización.

Jetzt folgt der eigentliche Strand von Miami Platja, der sich offiziell in einen längeren Abschnitt und sieben kleinere Buchten (Cala) unterteilt. Aber das wäre nur eine akademische Betrachtungsweise, die man vor Ort kaum anstellen mag. Diese sieben Buchten sind mal mehr, mal weniger deutlich trennbar. Sie haben Ausmaße von 100 bis knapp 300 Metern, überwiegend hellen Sand, sind mittelgroß in der Breite und weisen generell wenige Serviceeinrichtungen auf. Teilweise trennen Felsen die Buchten und häufig erheben sich gewaltige Apartmentblocks direkt hinter dem Strand.

Platja de Cristall

Dieser Strand wird auch Cala Figuera genannt, obwohl es keine kleine Bucht, sondern ein beinahe 1400 Meter langer Strand ist. Breit fällt er aus, im Durchschnitt immerhin 50 Meter, und er ist von schöner, heller Farbe. Eine Promenade ohne viel touristischen Schnickschnack mit Palmen und vereinzelten Ruhebänken begleitet ihn. Die Bebauung reicht grundsätzlich bis ans Meer, und an manchen Stellen erhebt sich eine kleine Steilküste.

Sehenswertes

Da Miami Platja eine reine Feriensiedlung ist, findet der Besucher auch keine klassischen Sehenswürdigkeiten. Die Nationalstraße 340 durchschneidet den Ort und entlang dieser stark befahrenen Straße liegen auch die meisten **touristischen Einrichtungen** wie Läden, Tankstellen, Maklerbüros und ein paar Gastronomiebetriebe. In den Seitenstraßen nimmt die kommerzielle Tätigkeit spürbar ab, und im Strandabschnitt der Platja de Cristall wechseln sich sogar die Hochhausriesen mit kleinen, reizvollen Villen ab. Dort ist es dann fast hanseatisch ruhig.

Im benachbarten Ort Mont-Roig fühlte sich der Maler *Joan Miró* wie zu Hause. Ihm zu Ehren haben die Stadtväter einen Rundweg unter dem Namen **Ruta Miró** eingerichtet. Ausgehend vom Meer verläuft dieser Weg bis zur außerhalb liegenden Einsiedelei Mare de Déu de la Roca. An insgesamt zehn Stellen, an denen *Miró* einst gemalt hat, sind Kopien seiner Werke ausgestellt. Von diesen Stellen aus hat man einen Blick auf das Motiv, das ihn einst inspiriert hat, und kann es mit dem geschaffenen Bild vergleichen. Über den genauen Verlauf des Weges gibt das Touristenbüro Auskunft.

Praktische Tipps

Unterkunft

Hotels sind rar, die Mehrzahl der Betten steht in Ferienwohnungen.

●**Hotel Pino Alto** €€€€, Urbanización Pino Alto 147, Tel. 977 811 000, Fax 977 810 907. Das beste Haus, es liegt in der gleichnami-

gen Urbanización in einem 2000 m² großen Garten, nicht übermäßig weit vom Strand entfernt. Insgesamt hat es 137 gut ausgestattete Zimmer und ein reichhaltiges sportives Angebot (drei Pools, Tennis, Radverleih, Sporthalle).

●**Hotel Can Salvador** €€€, Avda. Barcelona (am km 1131 der N-340, Ecke c/ de L'Olivera), Tel. 977 810 521, Fax 977 811 070, E-Mail: usuari@hotelsansalvador.com. Ein Haus mit 29 Zimmern auf drei Etagen, direkt an der Nationalstraße gelegen. Unten gibt es ein ganz angenehmes Restaurant.

●**Hostal Internacional** €€, Avda. Barcelona 138, Tel. 977 810 922, Fax 977 823 469. Eine ganz schlichte Pension, direkt an der N-340 gelegen.

Camping

Zwischen Miami Platja und Cambrils liegen etliche, teils sehr gut ausgestattete Plätze, viele davon direkt am Meer. Alle sind gut über die N-340 erreichbar, leider verläuft die

Bahnlinie in unmittelbarer Nähe vorbei. Bei einigen Plätzen muss bei der Zufahrt die Bahnlinie unterquert werden.

●**Playa Mont-Roig,** 1. Kategorie, N-340, km 1137, Tel. 977 810 637, Fax 977 811 411, Internet: www.playamontroig.com, geöffnet: Anf. März bis Ende Oktober. Ein großer Platz für 5200 Personen, der bestens ausgestattet und hübsch bepflanzt ist. Insgesamt drei Platzteile, die durch die Bahnlinie und Straße getrennt sind. Außerdem: Animationsprogramme für Kinder, abendliche Shows, großer Pool. TV ist nicht erwünscht.

●**La Torre del Sol,** 1. Kategorie, N-340, km 1136, Tel. 977 810 486, Fax 977 811 306, www.latorredelsol.com, geöffnet: Mitte März bis Ende Oktober. Ein hübsch begrünter Platz für 288 Personen, der direkt am Meer liegt. Bestens eingerichtet inklusive Pool.

Zum Trocknen ausgelegte Fischernetze

●**Màrius,** 1. Kategorie, N-340, km 1137, Tel. 977 810 684, Fax 977 179 658, www.campingmarius.com, geöffnet: April bis Oktober. Ein Platz für fast 1400 Personen zwischen Straße und Meer mit einer vielfältigen Bepflanzung und einem separaten Teil für Hundehalter.

●**Miramar,** 2. Kategorie, N-340, km 1134, Tel./Fax 977 811 203, geöffnet: ganzjährig. Erster Platz, wenn man von Miami Platja kommt, mit einer Kapazität von etwas mehr als 800 Personen, direkt am Meer gelegen.

●**Els Prats,** 2. Kategorie, N-340, km 1137, Tel. 977 810 027, Fax 977 170 901, www.campingelsprats.com, geöffnet: ganzjährig. Kleiner Campingplatz mit Raum für gut 600 Personen, am Meer gelegen mit allen notwendigen Einrichtungen. Schatten durch Bäume. Bemerkenswert: Im Sommer werden keine Hunde auf dem Platz akzeptiert.

●**Oasis Mar,** 2. Kategorie, N-340, km 1139, Tel. 977 179 595, Fax 977 179 516, geöffnet: Anfang März bis Ende Oktober. Kleiner Platz (für ca. 670 Personen), am Meer gelegen, Schatten durch Bäume, separates Gelände für Hundehalter.

●**Playa y Fiesta,** 2. Kategorie, N-340, km 1138,5, Tel. 977 179 513, Fax 977 179 412, geöffnet: Anfang April bis Ende September. Knapp 800 Camper finden hier Platz und Schatten durch Bäume sowie eine direkte Meereslage.

Essen & Trinken

●**Can Cristall,** liegt direkt am Strand von Platja de Cristall. Schöne, ruhige Atmosphäre, speziell zum „Feierabenddrink".

●**Restaurant Can Salvador,** Avda. Barcelona (im gleichnamigen Hotel), Tel. 977 810 521. Nett eingerichtetes Lokal mit internationaler Küche.

●Entlang der Avenida. Barcelona liegen etliche Musikbars, wie **Caramba** (Nr. 125), **Diabolo** (Nr. 210), **Flash** oder **New Dreams** (beide Nr. 188).

Adressen

●**Einkaufen**: Bodega Prim, Avda. Barcelona 84, mit einem breiten Angebot; Pesca Bambi, Avda. Barcelona 61, bietet Angelzubehör.

●**Mietwagen:** Miami Auto, Avda. Barcelona 104, Tel. 977 170 026; VH 10, Avda. Barcelona 41, Tel. 977 810 363.

●**Reisebüro:** Viatges Tarraco, Avda. Barcelona 64, Tel. 977 172 752.

Feste

●**19. März:** Sant Josep, Stadtfest.

●**Mitte Juni:** Bienvenida al verano, ein Fest zur Begrüßung des Sommers.

●**25. Juli:** Sant Jaume, das Hauptfest des Ortes, u. a. mit der Wahl von Miss und Mister Turismo.

●**Zweite Woche im August:** Festa de les Pobles, die einzelnen Gemeinden feiern zusammen.

Während der **Sommermonate** finden beinahe täglich öffentliche Veranstaltungen unter freiem Himmel statt, wie Habanerasingen, Strandkino, Tanzabende. Einfach mal auf Aushänge achten.

Markt

●**Samstagnachmittag:** In der Avda. Cádiz.

L'Hospitalet de l'Infant

●**Einwohner:** 2700
●**PLZ:** 43890
●**Entfernung nach Tarragona:** 36 km
●**Touristeninformation:**
Patronat Municipal de Turisme,
c/ Alamanda 2, Tel. 977 823 328,
Fax 977 823 941,
E-Mail: turisme@vandellos-hospitalet.org,
Internet:
www.vandellos-hospitalet.org/turisme

L'Hospitalet de l'Infant ist ein kleiner Ort mit schönem Strand, einem relativ großen Hafen und einer durch und durch **normal-alltäglichen City.** Spe-

ziell Letzteres ist bei stark touristisch geprägten Orten alles andere als eine Selbstverständlichkeit. Wie es scheint, hat der nationale Tourismus hier noch ein Übergewicht, viele **Spanier** haben hier Ferienwohnungen und kommen im Sommer oder übers Wochenende

Strandprofil

Platja
Punta del Riu

Die *platja* liegt am Mündungsgebiet des längst ausgetrockneten Flusses Riu Llastres. Immerhin 60 Meter Breite und 240 Meter Länge weist diese grobsandige, leicht kieselige Platja auf, sie liegt direkt neben dem Sportboothafen.

Platja
de L'Arenal

Die Platja de L'Arenal gilt als der **Hauptstrand.** Kein Wunder bei diesen Ausmaßen: 2200 Meter Länge und fast 50 Meter Breite. Der Sand ist hell, aber auch stellenweise ganz leicht kieselig. Im oberen Teil endet der Strand

Costa Daurada

Die Strandpromenade von
L'Hospitalet de l'Infant

vor einem *barranco* (steil abfallendes Tockental), im unteren beim Sportboothafen. In dieser Zone, beginnend beim Fußballplatz, verläuft auch eine nicht zu schmale Promenade ohne besondere touristische Begleiter wie Shops, Bars etc., sondern nur mit ein paar Palmen nebst Ruhebänken. Direkt am Hafen liegt eine kleine „Kneipenmeile", wo fünf Lokale mit kleiner Terrasse beim *vino* Blicke auf die Segelboote ermöglichen.

Cala d'Oques

Diese kleine Bucht schließt sich an. Sie misst 260 Meter und hat eine Breite von 35 Metern, besteht aus nicht ganz hellem, von Steinen durchsetztem Sand. Oberhalb liegt ein Campingplatz und einmal ums Eck ein FKK-Campingplatz.

Sehenswertes

Der **kleine Stadtkern** liegt bei der Straße Vía Augusta, der zentralen Einkaufs- und Durchfahrtsstraße. Dort befindet sich auch die Plaça del Pou mit einem kleinen Springbrunnen und einer Handvoll Bars. Auch wenn die örtliche Historie bis ins Jahr 1191 zurückverfolgt werden kann, sind doch so gut wie keine historischen Gebäude erhalten. Einzig der Turm vom alten, bereits 1346 gegründeten Hospital steht noch. Zu finden: an der Plaça Catalunya. Von diesem Hospital, das einst von *Infanten* (Prinzen) *Pere* gegründet wurde, hat der Ort einstmals seinen Namen L'Hospitalet de l'Infant erhalten.

Praktische Tipps

Unterkunft

●**Hotel Meridiano Mar** €€€-€€€€, Passeig Marítim 31, Tel. 077 823 927, Fax 077 823 974. Großes, zweckmäßiges Haus mit 85, auf drei Etagen verteilten Zimmern. Es liegt direkt an der Strandpromenade.
●**Hotel Tivoli** €€€-€€€€, c/ Les Barques 14, Tel. 977 820 211, Fax 977 820 241. Insgesamt 40 Zimmer hat das sandfarbene, dreistöckige Haus, das ca. 100 Meter vom Strand entfernt steht.
●**Hostal Sancho** €€, Vía Augusta 14, Tel. 977 823 002. Eine kleine Pension an der zentralen Vía Augusta, unweit vom ausgetrockneten Flussbett.

Camping

●**Sala d'Oques,** 3. Kategorie, Antigua Carretera a Valencia, Tel. 977 823 254, geöffnet: Mitte Mai bis Mitte Oktober. Kleiner Platz außerhalb des Ortes, leicht terrassiert, leidlich Schatten.
●**El Templo del Sol,** 1. Kategorie, liegt gleich nebenan, Tel. 977 823 434. Ein FKK-Platz für 750 Personen.

Essen & Trinken

●**Restaurant Les Barques,** c/ Comandant Gimeo 21, Tel. 977 823 961. Nettes Lokal mit einer Terrasse, von wo der Gast hübsch auf den Hafen blickt. Serviert wird mediterrane Küche mit Schwerpunkt auf Reis und Fisch.
●**Restaurant L'Olla,** Vía Augusta 58, Tel. 977 820 438. Im Ortskern gelegen, mit mediterraner Küche und mittags ein *menú del día*.

Adressen ✉

●**Einkaufen:** Bodega Franch, Plaça Catalunya 1, Tel. 977 823 198, breite Weinauswahl.
●**Fahrradverleih:** Serveis Automoció, c/ Terra Alta 2, Tel. 977 820 653.
●**Guardia Civil:** Vía Augusta 11, Tel. 977 823 013.
●**Mietwagen:** VH 10, c/ La Torre 2, Tel. 977 823 808.
●**Polizei:** c/ Alamanda 4, Tel. 609 308 945.

● **Tauchen:** L'Hospi Diving Center, Vía Augusta 21, Tel. 977 823 157.

Feste

● **29. Juni:** Sant Pere, Patronatsfest.
● **16.-21. August:** Festa Major de Sant Roc.

L'Ametlla de Mar

● **Einwohner:** 4300
● **PLZ:** 43860
● **Entfernung nach Tarragona:** 50 km
● **Touristeninformation:**
Patronat Municipal de Turisme,
c/ Sant Joan 55, Tel. 977 456 477,
E-Mail: tur.ametlla@altanet.org
● **Internet:** www.ametllademar.org

La Cala (die Bucht) wird dieser Ort auch von seinen Bewohnern genannt, und das aus gutem Grund. L'Ametlla war und ist in erster Linie ein **großer Naturhafen,** der sich an eine große Bucht schmiegt. Außerhalb des Hafens folgt sogleich die nächste Bucht, hier liegt der örtliche Strand. Fischfang nimmt immer noch einen hohen Stellenwert ein, aber der **Tourismus** hat auch schon ganz ordentlich Fuß gefasst. Vor allem in Form von Zweitwohnungen und einem gar nicht mal so kleinen Campingplatz. Und sonst? Nicht viel, alltägliche Normalität und eine Kirche aus dem 19. Jahrhundert.

Strandprofil

Cala Pixavaques

Cala Pixavaques ist eine Bucht am Ortsrand von etwa 60 Metern Durchmesser. Grober, heller Sand bildet den Untergrund hier, wo sich zumeist die Gäste des unmittelbar angrenzenden Campingplatzes sonnen.

Platja de L'Alguer

Dies ist der Hauptstrand von L'Ametlla. Sicher kann man ein Fleckchen zum Sonnenbaden auf seinen 130 Metern finden, aber so richtig idyllisch scheint es doch nicht zu sein. Rechts liegt der Hafen, links die felsige Küste mit Straße und Apartments und im Hintergrund schließt sich das Stadtzentrum an.

Costa Daurada

Am Hafen von L'Ametlla de Mar

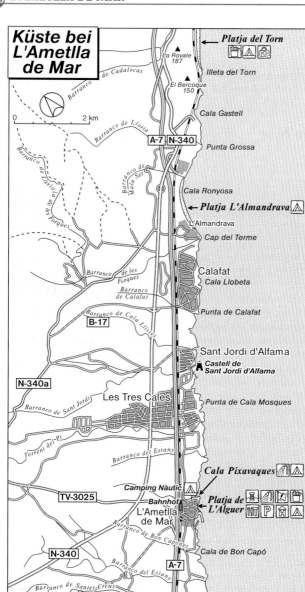

Küste bei L'Ametlla de Mar

0 — 2 km

Barranco de Cadalocas

La Rovale 187

Platja del Torn

Illeta del Torn

El Bercoque 150

Cala Gastell

Barranco de Lloria

A-7 **N-340**

Punta Grossa

Barranco de Mala Set

Cala Ronyosa

Platja L'Almandrava

L'Almandrava

Cap del Terme

Barranco de Lloria o de les Forques

Barranco de les Forques

Calafat
Cala Llobeta

Barranco de Calafat

Punta de Calafat

Barranco de Cala Llises

B-17

Sant Jordi d'Alfama

Castell de Sant Jordi d'Alfama

N-340a

Barranco de Sant Jordi

Les Tres Cales

Punta de Cala Mosques

Torrent del Pi

Barranco del Estany

Cala Pixavaques

Camping Nàutic

TV-3025

Bahnhof

L'Ametlla de Mar

Platja de L'Alguer

P

Barranco de Bon Caponet

Cala de Bon Capó

N-340

Barranco del Estany

A-7

Barranco de Santes Creus

Sehenswertes

Hafen und Promenade

Am Hafen liegt die kleine **Plaça del Canó**. Nicht viel mehr als eine kleine Straße verläuft hier unmittelbar am Hafen entlang vor einer Hand voll **Lokalen**. Man sitzt ganz nett draußen auf der Terrasse, schaut zum Hafen, aber die allerletzte Idylle mag nicht recht aufkommen. Dafür wirkt die Betonmauer der Hafenmole doch zu dominierend.

Nur ein paar Schritte weiter beginnt die bemerkenswerte **Promenade.** Sie verläuft erhöht, sozusagen zehn bis fünfzehn Meter über der steilen Küste um den Ort herum oder wenigstens um einen Teil des Ortes. Unten schlängelt sich eine Straße am Hafen vorbei, oben stehen bis fast an die Felskante Häuser und davor flaniert man über die Promenade. Nichts Spektakuläres, aber immerhin die Möglichkeit zum Aufs-Meer-Hinwegträumen. Und wer macht das nicht mal ganz gerne? Geprägt ist die Promenade durch eine Balustrade aus hellem Beton. Außerdem stehen in regelmäßigem Abstand Kugelkopflampen, wenn diese abends leuchten, sieht's recht hübsch aus.

Museu de Ceràmica Popular

Das Museu de Ceràmica Popular liegt etwas außerhalb des Ortes bei Sant Jordi d'Alfama am km 1117 der N-340. Dort sind über 6000 **Keramikarbeiten** der unterschiedlichsten Art und Form ausgestellt. Keramikwaren bestimmten über viele Jahrhunderte den Alltag der Menschen vieler Kulturen, und diese Historie will das Museum darstellen. Ein privater Sammler hat hier Fundstücke aus ganz Spanien zusammengetragen sowie einige Teile aus Portugal und Marokko.

●**Geöffnet:** Juli und August Di-So 10-14 und 16-20 Uhr; April, Mai, Juni, September Di-So 10-14 Uhr, Sa auch 16-20 Uhr; Oktober bis März Sa und So 10-14 Uhr; Eintritt: 2,50 €.

Praktische Tipps

Unterkunft

●**Hotel Bon Repòs** €€€-€€€€, Plaça Catalunya 49, Tel. 977 456 025, Fax 977 456 582, von April bis Oktober geöffnet. Ein altehrwürdiges Haus, mitten im Ortskern gelegen, aber doch arg abgeschottet durch eine hohe Mauer. Schon die gekieste Auffahrt ist imponierend, führt durch einen großen Garten zum Haus. Dort warten 38 Zimmer auf Gäste, die auf dem Gelände auch Minigolf und Tennis spielen oder eine Runde im Pool drehen können.
●**Hotel L'Alguer** €€€, c/ del Mar 20, Tel. 977 493 372, Fax 977 493 375. 37 Zimmer liegen in diesem schmalen Bau auf 4 Etagen, die eigentlich auch Meerblick haben, der aber durch einen davor stehenden Block etwas getrübt wird.
●**Hotel del Port** €€€, c/ Major 11, Tel. 977 457 043, E-Mail: hotelport@navegalia.com. Nur wenige Schritte von der Plaça Canó entfernt liegt dieses kleine Haus und damit recht nah zu den netten Tresen am Hafen.

Camping

●**Nàutic,** 1. Kategorie, Tel. 977 456 110, geöffnet: Mitte März bis Mitte Oktober. Der Platz liegt sehr zentral, unmittelbar am Ortsrand und an der Badebucht Pixavaques. Er ist terrassenförmig angelegt, er hat einen Pool, und Schatten wird durch zahlreiche Bäume gespendet. Der Hafen liegt kaum 200 Meter entfernt, die Zufahrt erfolgt über die N-340.
●**L'Ametlla Villa Platja,** 1. Kategorie, Paratje de Santes Creus, Tel. 977 267 784, Fax 977

267 868, geöffnet: ganzjährig. Die Adresse wird man nur schwer lokalisieren können, deshalb ab N-340 zum Ort fahren und auf die Beschilderung achten. Der Platz liegt 3 km außerhalb an der Bucht Santes Creus auf einem leicht terrassierten Gelände.

Essen & Trinken

●**Restaurant L'Alguer,** c/ Trafalgar 21, Tel. 977 456 124, Mo. Ruhetag. Das Lokal ist auf Fisch spezialisiert und liegt an der oben beschriebenen Promenade.
●**Restaurant La Masia,** Plaça Catalunya 5, Tel. 977 493 001, Di. geschlossen. Kleines, zentral gelegenes Lokal, das spezialisiert ist auf gegrillte Fleischgerichte.

Feste

●**2.-5. Februar:** La Candelera, Patronatsfest mit Prozessionen, Blumenschmuck und einem Auftritt von *gegants.*

Markt

●**Montag und Donnerstag:** Plaça del Mercado.

Ausflüge

Ein sehr rustikaler Wanderweg führt immer entlang der Küste über 6,5 km durch mehrere Buchten bis zum **Castell de Sant Jordi d'Alfama,** von dem noch ein ehemaliger Wachturm existiert. Den Turm kann man nicht besteigen, aber von der Stelle, wo der Turm steht, genießt man einen tadellosen Rundblick. Nicht weit entfernt liegt die Urbanización gleichen Namens, aber da es meines Wissens keinen regelmäßigen Busverkehr gibt, wird man wohl oder übel wieder zurücklaufen müssen.

L'Ampolla

●**Einwohner:** 1600
●**PLZ:** 43895
●**Entfernung nach Tarragona:** 67 km
●**Touristeninformation:**
Plaça Gonzàlez Isla s/n,
Tel. 977 593 011, Fax 977 593 380

Der Ort wird von einer ziemlich großen **Marina** dominiert. Viele Freizeitkapitäne ankern hier, um einen Angeltörn ins Mündungsgebiet des Ebro zu unternehmen. Aber auch sonst zeigt man sich gerne, was die beachtliche Wagen- und Bootsflotte unterstreicht. Entlang der Küste verläuft über ein paar Kilometer eine breite Straße, passiert etliche Anlagen von Ferienwohnungen und nähert sich rasch dieser Marina und damit dem Ortskern. All- zu viel Historie entdeckt man nicht, die meisten **Bauten** wirken modern und neueren Datums. Kein Wunder, denn die Gemeinde L'Ampolla führt diesen Status erst seit 1989. Vorher war man nur ein Anhängsel vom benachbarten El Perelló. Feinheiten, die heute niemanden sonderlich interessieren. Wer nicht gerade der Segler- oder Motorbootfraktion angehört, wird in L'Ampolla nicht viel Spannendes entdecken. Die Yachties treffen sich in den Lokalen an der Hafenmeile, das Seemannsgarn will schließlich auch gesponnen sein. Die **Strände?** Ja, die gibt's auch, aber sehr viel schönere findet man gar nicht weit entfernt im Ebro-Delta.

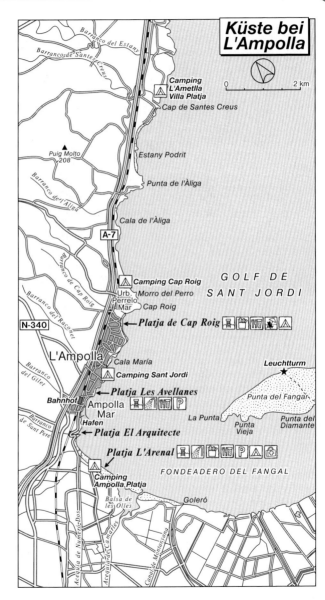

Küste bei L'Ampolla

0   2 km

Barranco del Estany

Barranco de Sante Creus

Camping L'Ametlla Villa Platja

Cap de Santes Creus

Estany Podrit

Puig Molto 208

Barranco de l'Àliga

Punta de l'Àliga

Cala de l'Àliga

A-7

Barranco de Cap Roig

Camping Cap Roig

Urb. Perrelo de Mar

Morro del Perro

Cap Roig

GOLF DE SANT JORDI

N-340

Barranco del Raconet

Platja de Cap Roig

L'Ampolla

Cala María

Barranco del Giler

Camping Sant Jordi

Leuchtturm

Platja Les Avellanes

Bahnhof

Ampolla Mar

Punta del Fangar

Hafen

La Punta

Punta del Diamante

Barranco de Sant Pere

Platja El Arquitecte

Punta Vieja

Platja L'Arenal

FONDEADERO DEL FANGAL

Camping Ampolla Platja

Balsa de les Olles

Goleró

Acequia de Número Dos

Acequia de Canaries

Canal de Maltasvora

Costa Daurada

061 rcd Foto: sm

Strandprofil

Direkt im Ort liegen nur relativ bescheidene Platjas, weitere im Umfeld, die dann allerdings teilweise schon mehrere Kilometer außerhalb. Offiziell nennt man sie auch *Platjas de L'Ampolla Norte* („Nord") und entsprechend *Sur* („Süd").

Platja de Cap Roig

Dieser Strand liegt bereits gute zwei Kilometer vom Ort L'Ampolla entfernt und vor der sehr ruhigen und auch et-

---

Die große Marina von L'Ampolla beherbergt zahlreiche Boote

was einsamen Urbanización gleichen Namens. Die Bucht ist 300 Meter lang und etwa 40 Meter breit, weist feinen Sand auf und wird von den Bewohnern der Ferienhäuser frequentiert. Hoch gewachsene Pinien bieten links und rechts Sichtschutz vor den etwas erhöht gelegenen Villen.

Als nächstes folgen drei kleine Buchten ohne nennenswerte Serviceeinrichtungen und mit sehr steinigem Untergrund: **Cala María, Cala Bacomé, Cala de les Capellans.**

Platja Les Avellanes

Die Platja Les Avellanes liegt am nördlichen Ortsrand und misst gerade mal 150 Meter. Das ist nicht viel, deshalb wird's schnell voll, denn die Häuser erheben sich unmittelbar am Strandrand, an dem auch eine Straße vorbeiführt.

Dann folgt die große Marina, und dahinter liegen die Strände von L'Ampolla Sur.

El Arquitecte

Ein kleiner, kaum 100 Meter langer Streifen, der aus groben Steinen besteht und am Ortsrand liegt. Ähnlich ist die winzige **Platja de la Fábrica,** die nur der Vollständigkeit halber erwähnt werden soll.

L'Arenal

Der einzige „richtige" Strand, er zieht sich über 2000 Meter hin, erreicht stolze 60 Meter Breite und zeigt sich hell- sowie feinsandig. Ein guter Vorgeschmack auf die nahen Strände im Delta. Noch ist die Bebauung hier dünn. Hier liegt auch der Campingplatz L'Ampolla Platja.

Praktische Tipps

Unterkunft

●**Hotel La Roca Plana** €€€, Avda. Marítima Ramón Pous s/n, Tel. 977 460 008. Ein schmales Gebäude von vier Etagen mit 21 Doppelzimmern, ein Teil davon hat Meeresblick. Das Haus liegt gegenüber der Marina.
●**Pension Miramar** €€, c/ Tresmall 6, Tel. 977 460 065. Zentral gelegen bei der Plaça Gonzàlez, aber einfache Ausstattung.

Camping

●**Cap Roig,** 2. Kategorie, Tel. 977 460 102, liegt in der gleichnamigen Urbanización und fasst 670 Personen. Geöffnet: 1.6.-15.9. Zum Strand sind es etwa 200 bis 300 Meter.

●**Sant Jordi,** 3. Kategorie, c/ Mar 5, Tel. 977 460 415, geöffnet: Anfang April bis Mitte Oktober. Der stadtnächste Platz mit einer Kapazität von 238 Personen.
●**Ampolla Platja,** 2. Kategorie, am Strand von L'Arenal, Tel. 977 460 535, geöffnet: Mitte Juni bis Mitte September. Ein kleiner Platz (300 Personen) in Strandnähe.

Essen & Trinken

●**Restaurant Can Piñana,** Av. Marítim Ramón Pous 7, Tel. 977 460 033. In der sprichwörtlichen ersten Reihe mit Terrasse und Meerblick in auffällig blau-weißem Dekor. Spezialisiert auf Fisch, Meeresfrüchte und Reisgerichte.
●Nebenan liegt das **Lokal Llambrich,** das ähnliche Merkmale aufweist, bis auf die Deko, die ist leicht bräunlich gehalten.
●**Restaurant Adriàtic II,** c/ Bany 43, Tel. 977 593 261. Das Lokal liegt nördlich der Marina, von einigen Fensterplätzen schaut man nett aufs Meer. Spezialität des Hauses: neben Fischgerichten und Meeresfrüchten auch leckere Pizza aus dem Ofen.

Adressen

●**Bahnhof:** Plaça Francesc Macià, nicht weit vom Zentrum entfernt (ausgeschildert).
●**Busstation:** Am Kreisverkehr vor der Marina, c/ Ronda de Mar.
●**Post:** Carrer Ventura Gassols s/n.

Feste

●**16. Juli:** Verge del Mar mit einer Meeresprozession und nächtlicher Anlandung. Nach Landgang wird ein Feuerwerk abgebrannt und Fackeln werden entzündet, was eine ganz urige Stimmung produziert. Am folgenden Tag findet ein Stiertreiben statt.

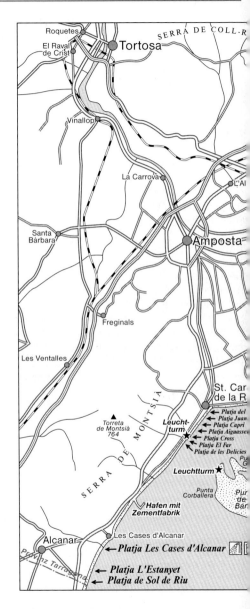

Roquetes
El Raval de Crist
Tortosa
SERRA DE COLL-R
Vinallop
La Carrova
L'Al
Santa Bàrbara
Amposta
Freginals
Les Ventalles
St. Car de la R
▲ Torreta de Montsià 764
Leucht-turm
← Platja del
← Platja Juan
← Platja Capri
← Platja Aiguasse
← Platja Cross
← Platja El Far
← Platja de les Delicies
SERRA DE MONTSIÀ
Leuchtturm ★
Pu
G
Punta Corballera
Pun
de
Bar
Hafen mit Zementfabrik
Les Cases d'Alcanar
Alcanar
← Platja Les Cases d'Alcanar
← Platja L'Estanyet
← Platja de Sol de Riu

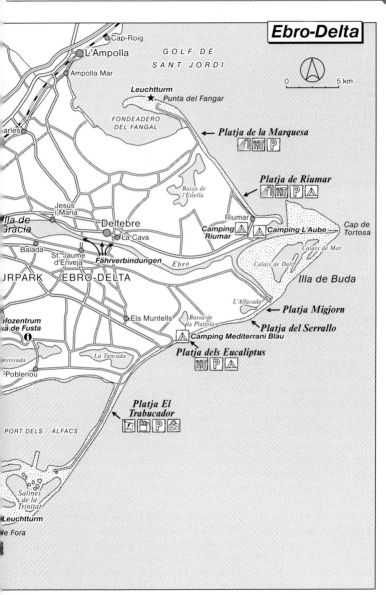

Ebro-Delta

Ebro-Delta

(Hauptort Deltebre)
- **Einwohner:** 10.000
- **PLZ:** 43580
- **Entfernung nach Tarragona:** 83 km
- **Touristeninformation:**
Patronat Municipal de Turisme,
Plaça 20 de Maig 1,
Tel. 977 489 309, Fax 977 489 515,
E-Mail: turisme-deltebre@dsi.es
- **Internet:** www.deltebre.net

Das Ebro-Delta ist die **Reiskammer** Kataloniens, wenn nicht gar ganz Spaniens. Reispflanzen benötigen sehr viel Wasser, und dieses bringt der Ebro, Spaniens zweitlängster Fluss, nach einer Reise von 910 Kilometern mit. Der Ebro ergießt sich hier im Delta ruhig und majestätisch ins Meer.

Das Delta ist entstanden aus den Ablagerungen, die der Ebro seit Jahrhunderten mit sich gebracht hat. Aufzeichnungen aus dem 14. Jahrhundert dokumentieren die langsame Veränderung der Flussmündung. Heute hat das Delta eine etwa dreieckige **Form** mit einer ins Meer ragenden Spitze. Es misst 30 Kilometer an der breitesten Stelle, und 25 Kilometer sind es von der Nationalstraße 340 bis zur besagten Spitze. Von dort wachsen wie überdimensionale Flossen zwei Nehrungshaken, gespeist durch die Ablagerungen der immer gleichen Strömungen. Das Ebro-Delta hat eine **Fläche** von 330 Quadratkilometern und ist damit nach dem andalusischen Parque Coto Doñana das zweitgrößte Feuchtgebiet Spaniens.

Das Delta ist brettflach und liegt nur knapp über dem Meeresspiegel. Das nutzen die Reisbauern aus. Zur Bewässerung der Pflanzen zogen sie erst größere, später feinere **Kanäle,** die jetzt eine Gesamtlänge von 452 Kilometern erreichen und Wasser bis in den letzten Winkel leiten.

Fast genau in der Mitte befindet sich der **Hauptort Deltebre,** durch den auch der Ebro fließt. Eine weitere, viel kleinere Siedlung liegt jenseits des Ebro gegenüber von Deltebre, sie heißt **Sant Jaume d'Enveja.** Neben einigen weiteren kleinen Siedlungen gibt es noch die Urbanización **Riumar** mit einigen Dutzend Ferienwohnungen, ein paar Lokalen, einer Promenade, Campingplätzen und einem tollen Strand. Hier ganz in der Nähe ergießt sich der Ebro ins Meer. Kleine Boote unternehmen Ausflugs- oder Angelfahrten ins Mündungsgebiet.

Ansonsten ist hier nicht viel mehr zu sehen, nur noch Reispflanzen (man muss aber zur richtigen Zeit kommen, nur im Sommer stehen die Pflanzen so richtig schön hoch). 75 % des Bodens werden für den Reisanbau genutzt. Der Rhythmus von **Anpflanzung und Ernte** hat sich seit Jahrhunderten nicht geändert: Anfang Februar legen die Bauern die Felder trocken, und die Erde wird bearbeitet. Mitte April dann werden die Felder geflutet, die Aussaat wird gestreut. Im Sommer steht der Reis hoch und verwandelt die Felder in ein grünes Meer. Ende September erfolgt die Ernte, das Wasser bleibt

bis Februar stehen, zwischenzeitlich werden hier Enten gejagt.

Große Teile des Deltas stehen unter **Naturschutz** und dürfen nicht betreten werden, das gilt vor allem für die Nehrungshaken und zumindest einen Teil der Strandzonen sowie der Lagunen. Das Delta wurde zum **Vogelschutzgebiet** der höchsten Priorität ernannt, denn speziell im Herbst, nach der Reisernte, kommen hierher Tausende von Wasservögeln, um im sumpfigen Boden Nahrung zu suchen. Viele Zugvögel wählen außerdem das Delta gleich als Winterquartier, Ornithologen haben insgesamt 300 Arten gezählt.

Viele Vögel leben im
Feuchtgebiet Ebro-Delta

Jeder Besucher sollte zu Beginn seiner Visite das **Ecomuseu** („Ökomuseum") in Deltebre besichtigen. Dort erfährt man alles Wichtige über den Reisanbau sowie über die Historie des Ebro-Deltas. Und man wird vor allem auch vor den Mücken gewarnt. Nur im Winter sind die Quälgeister verschwunden, ansonsten stechen sie von Frühjahr bis Herbst. Kaum zu glauben, aber wahr: Noch Anfang des 20. Jahrhunderts starben hier Menschen an der Malaria, bis 1918 registrierte man 3000 Tote.

Die breite Platja de Riumar bietet viel Platz ums Handtuch

Strandprofil

Das Ebro-Delta hat die Form eines spitz zulaufenden Dreiecks mit zwei gewaltigen Nehrungshaken. In der Mitte fließt der Ebro hindurch und teilt das Dreieck in zwei Hälften. Mit Blickrichtung zum Meer kann man auch von einer linken Seite und entsprechend rechten Seite sprechen. Die kontinuierlichen Sandanspülungen der Strömung haben etliche sehr schöne und breite Strände entstehen lassen, aber längst nicht alle dürfen betreten werden. Die **gesperrten Strände** sollen hier gar nicht erst vorgestellt werden.

Platja de la Marquesa

Dieser Strand liegt auf der linken Seite, unmittelbar vor dem Nehrungshaken. Der Strand verläuft über knapp 5000 Meter und hat eine beachtliche

Breite von 85 Metern im Mittel. Viel los ist hier nicht. Eine schmale Straße führt bis zu den Dünen am Strand. Dort befinden sich ein Parkplatz und ein kleines Lokal. Ein Weg verläuft hinter dem Haus durch die Dünen bis auf den Nehrungshaken Punta del Fangar. Diese Zone ist für die Öffentlichkeit nicht zugänglich. Daran sollte man sich halten, auch wenn immer wieder Unverbesserliche versuchen, mit dem Pkw dort hinzufahren.

Platja de Riumar

Die Platja de Riumar schließt sich an und verläuft über 4200 Meter bis zur Ebro-Mündung. Der helle, feinsandige Strand zeigt sich sehr breit, im Durchschnitt zwar „nur" 80 Meter, aber an manchen Stellen dehnt er sich auf gut 200 Meter aus. Er liegt vor der gleichnamigen Urbanización. Ein Passeig mit genügend Parkplätzen begleitet den Strand. Durch die Dünen führt ein Holzbohlenweg, den die Badegäste unbedingt nutzen sollten, um die Dünen zu schützen.

Jetzt trennt die Flussmündung das Ebro-Delta und auf der rechten Seite folgt als nächstes die **Insel Illa de Buda,** ein Schutzgebiet, das nicht betreten werden darf. Die folgenden Strände kann man zumeist nur über schmale Straßen erreichen. Der Sand ist hell und fein, Serviceeinrichtungen gibt es so gut wie keine.

Die **Platja Migjorn** beginnt ihre 2700 Meter unterhalb des Schutzgebietes der Illa de Buda. Hier gibt es außer Sand nichts und deshalb auch nur sehr wenige Besucher.

Die **Platja del Serrallo** schließt sich über 3100 Meter an. Auch diese Strandzone von durchschnittlich 45 Meter Breite wird selten besucht.

Platja dels Eucaliptus

Dies dürfte der mächtigste Strand im Delta sein, aber nicht unbedingt der schönste. Gute 5000 Meter Länge und durchschnittliche(!) 150 Meter Breite wirft er in die Waagschale. Das sind vielleicht Zahlen! Der Strand ist zumindest in Teilen so fest, dass Autos bis dicht ans Meer heranfahren. Im Hinterland liegen ein einfacher Campingplatz und eine Hand voll Ferienwohnungen.

Platja El Trabucador

Die Platja El Trabucador schließt sich an und verläuft über 5000 Meter mit einer durchschnittlichen Breite von 130 Metern. Sie endet, immer schmaler werdend, auf dem Nehrungshaken Punta de la Banya (Schutzzone!) beim Leuchtturm Punta de la Banya. An diesem Strand wird gerne Windsurfing betrieben.

Sehenswertes

Reisfelder

Klassische Monumente gibt es nicht im Delta, hier ist Natur Trumpf. Man sollte aber zur richtigen Jahreszeit kommen. Nur im **Sommer** stehen die grünen Reishalme so richtig hoch, bewegen sich malerisch schön synchron im Wind. Immer mal wieder stapft ein Reisbauer im weißen Hemd und mit

Strohhut durch die Reihen, verschwindet bis zu den Hüften im grünen Wasser. Pult hier etwas herum, prüft dort eine Handschleuse und verscheucht einen Reiher. Vergebens. Der flattert träge ein paar Flügelschläge weiter und landet schon wieder im Reisfeld. Ein nettes Bild.

Nach der Ernte im September verwandelt sich das Bild allerdings. Dann sieht man nur überflutete Erde und vereinzelt Entenjäger. Noch trister wird es in den Monaten Februar bis April. Da das Wasser abgelassen wurde, trocknet die Erde aus und überall schimmert's nur grau-braun.

Deltebre

Deltebre heißt der Hauptort des ganzen Deltas. Trotz seiner recht beachtlichen Einwohnerzahl wirkt er ziemlich **ruhig,** ja fast ein wenig verschlafen. Deltebre besteht aus den beiden Ortsteilen La Cava und Jesús i Maria, die sich 1977 unter dem Namen Deltebre zusammenschlossen. Der **Ebro** fließt direkt am Ort vorbei, aber bislang existiert keine Brücke. Um auf die andere Seite zu gelangen, muss man nach wie vor eine von drei **Fähren** (ausgeschildert) nutzen. Viel zu sehen gibt's auf der anderen Ebroseite aber nicht, nur den noch ruhigeren Ort Sant Jaume d'Enveja.

Ecomuseu del Parc Natural

Im Hauptort Deltebre befindet sich ein Museum, das sich der **Natur des Ebro-Deltas und der Historie des Reisanbaus** widmet. Ausführlich werden Natur und Geschichte des Deltas erklärt, Flora und Fauna werden anschaulich dargestellt. Im Haupthaus erfährt der Besucher durch Schautafeln, Fotos und Grafiken einen generellen Überblick. Danach geht's nach draußen, wo die Besucher über einen **Lehrpfad** geführt werden. Dort sind all die Pflanzen, Gemüse- und Obstsorten (Mais, Tomaten, Baumwolle beispielsweise) exemplarisch angepflanzt, die neben dem „allmächtigen" Reis hier außerdem noch wachsen. Dann können mehrere Gebäude besichtigt werden, gedrungene **Häuser im Delta-Stil:** klein, wenige Fenster und mit Reet gedeckt. In dem einen Haus wird landwirtschaftliches Gerät ausgestellt, im nächsten Haus kann der Besucher durch schmale Sehschlitze Wasservögel beobachten, die direkt dahinter in einer Lagune herumpaddeln. Schließlich gilt es noch, am Ausgang ein gewaltiges **Boot** zu bestaunen, ein so genanntes *llaüt*. Diese Boote wurden im Delta zum Reistransport benutzt und fassten bis zu 350 Sack Reis à 75 Kilogramm. Kaum zu glauben, dass auf diesen Booten der Reis von den Feldern zu den Fabriken in Amposta oder Tortosa gelangte. Allerdings ersetzten ab den 1950er Jahren Lastwagen und Schienenfahrzeuge diese mühsame Plackerei.

Ein **interessanter Rundgang,** den sich jeder Delta-Besucher möglichst zu Beginn seines Aufenthaltes gönnen sollte. Aber Achtung: Hier schlagen die Mücken auch tagsüber zu!

●**Adresse:** Ecomuseu del Parc Natural, Carrer Doctor Martí Buera 22 in Deltebre (ist ausgeschildert).

06-4-cd Foto: sm

●**Geöffnet:** Mo-Fr 10-14 und 15-18 Uhr, Sa 10-13 und 15-18 Uhr, So 10-13 Uhr; Eintritt 1,50 €.

Riumar

Riumar ist eine reine **Urbanización,** die unweit der Ebromündung an einem sehr schönen Strand liegt. Im Unterschied zu vielen anderen Urbanizaciónes fällt Riumar optisch recht angenehm aus. Hier entstanden gefällige kleine Villen und eine nicht zu große Häusersiedlung. Eine relativ breite Straße, der **Passeig Marítim,** verläuft parallel zum breiten Strand. Dort gibt es genügend Parkraum, vereinzelte Bars oder Restaurants und überhaupt viel Platz. Am oberen Ende von Riumar (Richtung Ebro) liegt an der **Car-**

rer Flamenc eine kleine Shoppingmeile. Etwa ein halbes Dutzend Geschäftchen und Lokale versorgen die Touristen – das war's dann auch schon.

Von Riumar führt eine Straße am Campingplatz L'Aube vorbei und folgt schließlich dem Flusslauf. Dort können **Angeltouren per Boot** vereinbart werden, die Anbieter warten mit ihren Booten am Ufer.

Wer sich Riumar nähert, stößt kurz vor dem Ort auf eine **Straßengabelung:** Ganz links geht es zum Campingplatz Riumar, geradeaus zum Strand und rechts zur Ladenzeile und zu den Anglern.

Ausflugsfahrt zur Mündung des Ebro

Frischer geht's nicht: Direkt aus dem Ebro kommt der Fisch in die Pfanne

von einer kleinen Anhöhe kurz vor der Brücke, die die schmalste Stelle quert, Vögel beobachten. Auf speziellen **Fahrradwegen** darf die Lagune auch umrundet werden. In der Nähe des Aussichtspunktes steht das zweite **Informationszentrum** des Deltas, die **Casa de Fusta.** In diesem ehemaligen Refugium für Jäger sind heute anschauliche Darstellungen über die Lagune und ihre Tierwelt zu sehen. Außerdem werden Produkte der Region verkauft und es wird eine audiovisuelle Show gezeigt.
●**Geöffnet:** Di-So 10-14 und 15-18 Uhr; Eintritt: 1,50 €.

Praktische Tipps

Unterkunft

Direkt im Delta gibt es nicht allzu viele Unterkünfte. Entweder in einem der wenigen Hotels übernachten, die zumeist in Deltebre liegen, oder in einer Ferienwohnung in Riumar. Weitere Möglichkeiten: Campingplätze nutzen oder eine Unterkunft in einem der Orte am Rand des Deltas wählen.
●**Delta Hotel** €€€, Avda. Del Canal – Camì de L'Illeta s/n (ist ausgeschildert in Deltebre), Tel. 977 480 046, Fax 977 480 663, Internet: www.dsi.es/delta-hotel. Die vielleicht idealste Übernachtungsstätte im Delta. Das Haus liegt sehr zentral mitten zwischen Reisfeldern am Rande des Hauptortes Deltebre. Es handelt sich um ein ehemaliges Gehöft, das geschmackvoll umgebaut wurde und heute 24 Zimmer bietet sowie ein gutes Restaurant.
●**Pensión Paca** €€€, c/ Flamenc in der Urbanización Riumar (Haus in der kleinen Ladenzeile), Tel. 977 267 394. Winzige Bleibe mit 7 Zimmern, aber relativ nah zum schönen Strand von Riumar gelegen.
●**Hotel Can Quimet** €€, Avda. Catalunya 328 in L'Aldea, Tel. 977 450 003. Eigentlich mehr ein Durchgangshotel, da es direkt an der N-340 liegt, mit 25 funktionalen Zim-

Noch etwas früher zeigt ein Schild zu den *embarcadores.* Dort warten **Ausflugsschiffe,** die die Besucher zur Ebromündung schippern. Ein recht großer Parkplatz nebst einigen Lokalen und Souvenirshops zeigt, dass man sich schon auf die Touristenströme eingestellt h at.

Lagune L'Encanyissada

Die Lagune L'Encanyissada liegt im südlichen Bereich beim Dörflein El Poblenou und ist die größte Lagune (1192 ha) im Delta. Sie steht unter Naturschutz. Besucher können von einem **Aussichtspunkt** (Mirador) oder

mern. Vorteile: Hinter dem Haus liegt eine Garage, und im angeschlossenen Restaurant gibt es gute und reichliche Mahlzeiten.

●**Pensión El Buitre** €€, Carretera Riumar, Tel. 977 480 528. Kleines Haus mit 20 Zimmern am Ortsausgang von Deltebre in Richtung Riumar gelegen.

Camping

●**Riumar,** 3. Kategorie, Urbanización Riumar, Tel. 977 267 680. Kleiner Platz mit den notwendigsten Einrichtungen, aber kaum Schatten. Etwa 500 Meter vom Strand entfernt.

●**Mediterrani Blau,** 2. Kategorie, Platja Eucaliptus, Tel. 977 479 046, geöffnet: Ostern bis 20.9. Ein kleiner Platz mit 130 Parzellen, der unmittelbar am sehr breiten Strand Platja Eucaliptus liegt.

●**L'Aube,** 2. Kategorie, Avda. Deportiva 84 in Riumar, Tel./Fax 977 267 066, geöffnet: 1.3.-31.10. Ein recht großer Platz mit 384 Parzellen für knapp 1000 Personen. Er liegt mündungsnah, hat ein großzügiges Freigelände mit Fußballplatz, Spielwiese und Schwimmbad. Außerdem werden Bungalows vermietet und es gibt ein großes Restaurant.

Essen & Trinken

●**Restaurant Can Olmos,** Carrer Unió 164 (Deltebre), Tel. 977 480 209. Ein sehr rustikales Lokal, das genau gegenüber vom Fähranleger Olmos zu finden ist (ausgeschildert). Hier gibt's Reisgerichte zu vernünftigen Preisen.

●**Restaurant Marítim,** Passeig Marítim s/n (Riumar), Tel. 977 267 391. Nur durch eine Straße vom breiten Strand getrenntes Lokal, in dem vor allem Reisgerichte *(paella* oder *arròs negre)* serviert werden.

●**Restaurant Vista-Mar,** Passeig Marítim s/n (Riumar), Tel. 977 267 237. Auch in diesem interessanten Rundbau gibt es Fisch- und Reisgerichte, der Blick aufs Meer ist gratis.

●**Restaurant Galatxo,** Desembocadura (Riumar), Tel. 977 267 503. Dieses urige Lokal liegt etwas versteckt an der Mündung des Ebro. Zu finden: Von Riumar der Straße am Campingplatz L'Aube vorbei folgen, immer entlang dem Fluss. Ganz am Ende wird das

einfache Lokal erreicht. Man sitzt draußen auf wackeligen Stühlen und genießt „Gerichte aus dem Ebro", also Fisch und Reis.

●**Restaurant Gràcia,** Avgda. Graupera 9 (Deltebre), Tel. 977 480 983. Im Ort ausgeschildertes, familiäres Lokal.

●Die Küche in den beiden Hotels **Delta Hotel** (Deltebre) und **Can Quimet** (L'Aldea) ist gut und reichhaltig, Adressen: siehe „Unterkunft".

Adressen

●**Ausflugsschiffe:** Garriga, c/ Verge del Carme 40 (Deltebre), Tel. 977 489 122; Olmos, c/ Unió 165 (Deltebre), Tel. 977 480 548; Creuers Delta de l'Ebre, Abfahrt beim Restaurant Nuri an der Embarcació Illa de Buda, Tel. 977 480 128.

Die Abfahrt der Boote ist ausgeschildert, die Boote fahren mehrmals täglich bis zur Ebro-Mündung und zurück. Das dauert vom Anleger vor der Insel Buda etwa 45 Minuten (Preis: 3,50 €), von Olmos und Garriga etwa 1 ½ Stunden (Preis: 5 €).

●**Fährverbindungen:** La Cava, c/ Trinquet 100 (Deltebre); Olmos und Garriga siehe „Ausflugsschiffe".

Insgesamt drei *transbordadors* gibt es in Deltebre. Alle tragen einen eigenen Namen nach dem jeweiligen Ortsteil und sind entsprechend ausgeschildert: Olmos, La Cava, Garriga. Die Überfahrt kostet 1,60 €.

●**Fahrradverleih:** Hilario Pagà, Av. Goles de L'Ebre 301 (Deltebre), Tel. 646 069 186; Torné, Av. Goles de L'Ebre 184 (Deltebre), Tel. 977 480 017.

Feste

●**Um den 20. Mai:** Deltafira, eine Art Messe, bei der Produkte der Region ausgestellt werden.

●**15. und 16. August:** Patronatsfest, Nostra Senyora de l'Assumció i Sant Roc. Das Fest dauert insgesamt 10 Tage und wird u. a. mit einem Stiertreiben durch die Straßen gekrönt.

Markt

●**Donnerstag:** In Deltebre.
●**Mittwoch:** In L'Aldea.

Costa Daurada

Tortosa

- **Einwohner:** 30.000
- **PLZ:** 43500
- **Entfernung nach Tarragona:** 86 km
- **Touristeninformation:**
Oficina Municipal de Turisme,
Plaça Bimil·lenari s/n, Tel. 977 510 822,
E-Mail: aj.tortosa@altanet.org
- **Internet:** www.tortosa.altanet.org

Tortosa blickt auf eine **lange Geschichte** zurück. Gegründet wurde es von Iberern, später wurde es von den Karthagern erobert und *Dertosa* genannt. Unter römischer Herrschaft erhielt es den Namen *Julia Augusta Colonia*. Schließlich wurde es maurisch regiert, bevor es 1148 vom Grafen *Berenguer* „befreit" und der Grafschaft Barcelona zugeschlagen wurde. 1938 war dann ein weiterer historischer Meilenstein, als hier wochenlang eine fürchterliche Schlacht während des spanischen Bürgerkrieges tobte. Am Ende sollen um die 70.000 Menschen ihr Leben verloren haben.

Heute zeigt sich Tortosa als **geschäftiges Städtchen,** aus der Historie strahlt vor allem das Castell de la Suda, leicht erhöht am Ebro stehend, über die Stadt und ihre Vergangenheit.

Sehenswertes

Castell de la Suda

Das Castell de la Suda (span. *Castillo de la Zuda*) liegt schön erhöht mitten in der Stadt am Ebro. Eine strategisch günstige Lage, konnten die Wachen doch weit ins Land schauen und auch die Schifffahrt auf dem Ebro beobachten. Heute ist hier ein Parador untergebracht, aber der Innenhof kann auch von Nicht-Hotelgästen besichtigt werden. Der **Ausblick** über die Dächer der Stadt, über den Fluss bis hin zu den fernen Bergen lohnt den zugegebenermaßen steilen Anstieg.

Oben an der Burgmauer stehen noch ein paar alte Kanonen, recken ihre Mündung bedrohlich nach außen. Alles nur Kulisse, aber passende.

Die Burg wurde im 10. Jahrhundert erbaut unter der Regentschaft des **Mauren** *Al-Rahmann III.* (Emir von Córdoba 912-929 und Kalif von Córdoba 929-961). Die Lage hätte nicht besser sein können, bereits die **Römer** hatten das erkannt und hier ein erstes Bauwerk errichtet. Aus der römischen Zeit ist nichts übrig geblieben, aus der islamischen nur das Fundament und einige Grabstätten, die beim Haupteingang des heutigen Paradors gefunden wurden. Nach der Vertreibung der Mauren wurde das Castell kurzfristig als Gefängnis genutzt, bevor es zum offiziellen **Königssitz** gemacht wurde für den Fall, dass die spanischen Majestäten gerade auf der Durchreise waren. Seit den 1970er Jahren wird das Castell nun als **Hotel,** als Parador, genutzt.

Jardins del Príncep

An der Hauptzufahrtsstraße hoch zum Parador wird der **„Prinzengarten"** passiert, eine weitläufige Grünanlage. Hier sind insgesamt 23 **Figuren-**

Costa Daurada

gruppen des Künstlers *Santiago de Santiago* unter freiem Himmel ausgestellt. Der Künstler wählte als Thema für diese Arbeit: *„El hombre, su motivación y su destino"* („Der Mensch, seine Motivation und seine Bestimmung"). Ich würde sagen, die Arbeit ist ihm gut gelungen, die Figuren wirken nett integriert in diesen schönen Garten.
●**Geöffnet:** Di-Sa 10-14 und 16-19 Uhr, So 10-14 Uhr; Eintritt: 1,80 €.

Kathedrale

Die gotische Kathedrale steht unweit des Castell in der Altstadt. Im Jahr 1347 begannen die Bauarbeiten, fertig gestellt wurde die Kirche aber erst im 15. Jahrhundert. **Im Inneren** fällt sofort auf, dass die Sitzreihen aus recht schlichten Holzbänken bestehen und auch der Hauptaltar von einer nüchternen Schlichtheit ist. Im Gegensatz dazu strahlen einige Seitenkapellen opulenten Glanz aus, vor allem die erste Kapelle rechts vom Eingang mit ihrem prächtigen Deckengemälde. Durch die hoch oben angebrachten Fenster mit ihren hübschen Glasmalereien fällt genügend Licht, dennoch bleibt es etwas düster. Man kann aber

Blick auf die Altstadt, im Hintergrund das Castell de la Suda

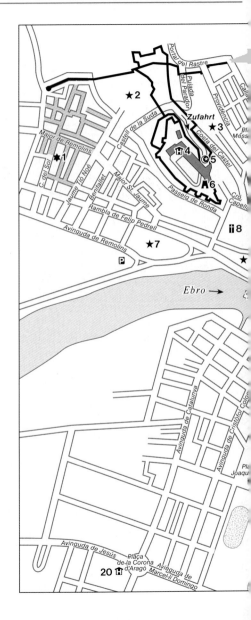

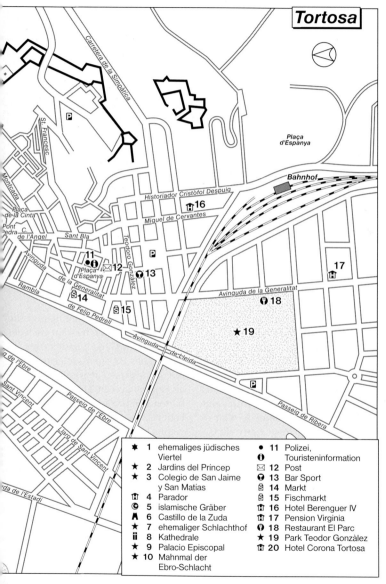

Tortosa

Carretera de la Simpàtica

St. Francesc

Plaça d'Espanya

Bahnhof

Historiador Cristòfol Despuig

16

Miguel de Cervantes

Moncada

Plaça de la Cinta

Pont Pedra C. de l'Angel

Sant Bla

Teodoro González

11

12

13

17

Avinguda de l'Espanya Plaça d'Espanya

Avinguda de la Generalitat

Rambla

14

Avinguda de la Generalitat

18

15

de Felip Pedrell

19

Avinguda de Lleida

da de l'Ebre

Passeig de l'Ebre

Sant Vincent

Llard de Sant Vincent

Passeig de Ribera

da de l'Estadi

Costa Daurada

★	1	ehemaliges jüdisches Viertel	● 11 Polizei,
★	2	Jardins del Princep	✛ Touristeninformation
★	3	Colegio de San Jaime y San Matias	✉ 12 Post
🏛	4	Parador	✛ 13 Bar Sport
©	5	islamische Gräber	§ 14 Markt
♠	6	Castillo de la Zuda	§ 15 Fischmarkt
★	7	ehemaliger Schlachthof	🏛 16 Hotel Berenguer IV
ⅱ	8	Kathedrale	🏛 17 Pension Virginia
★	9	Palacio Episcopal	✛ 18 Restaurant El Parc
★	10	Mahnmal der Ebro-Schlacht	★ 19 Park Teodor Gonzàlez
			🏛 20 Hotel Corona Tortosa

nach Einwurf einer Münze bestimmte Teile hübsch illuminieren lassen.

Im hinteren Bereich steht neben der Figur der ruhenden Jungfrau Maria ein geweihter Flügelaltar, der in geschnitzten und gemalten Bildern Episoden aus dem Leben Jesu zeigt. Auch der daneben stehende Altar de la Transfiguración zeigt wertvolle Ge-

mälde aus dem 15. Jahrhundert. Im hinteren Teil der Kirche steht noch der Taufstein des Gegenpapstes *Papa Luna,* der das Papstamt unter dem Namen *Benedikt XIII.* innehatte und 1417 als Papst abgesetzt wurde. Im benachbarten Peñíscola hat er seine letzten Lebensjahre bis zu seinem Tod 1423 verbracht. Ebenfalls dort wird als Reliquie der Gürtel der heiligen Jungfrau Maria aufbewahrt. Rechts der Kirche liegt wie immer der **Kreuzgang** mit unregelmäßigem Aufbau und Arkadengängen.

Hier geht's zum Castell de la Suda

Das Mahnmal im Ebro erinnert an eine fürchterliche Schlacht im Bürgerkrieg

Palacio Episcopal

Gegenüber der Kathedrale steht der **Bischofspalast** aus dem 14. Jahrhundert, vor allem sein Eingangsbereich

lohnt wegen der gut erhaltenen Treppe und netten Fassade einen Blick. Die Treppe führt zu einem Innenhof mit Galerien.

Colegi de Sant Luis

Wer die steilen Treppen in der Altstadt von der Kathedrale hoch zum Castell steigt, kann einen Blick in den **Arkadenhof** des Colegi de Sant Luis werfen. Dort wurden Morisken (ehemalige Mauren, die zum Christentum konvertiert sind) unterrichtet. Abbildungen der aragonesischen Könige sind im oberen Teil des Arkadenhofes angebracht.

Ehemaliger Schlachthof

Direkt am Ebro steht das **architektonisch auffällige Gebäude** des ehemaligen Schlachthofs an der Plaça del Escorxador. Das Gebäude ist im Stil des Modernismo errichtet worden, was für einen Schlachthof wohl eher ungewöhnlich ist.

Ehemaliges jüdisches Viertel

Die Hauptzufahrtsstraße zum Parador streift das ehemalige jüdische Viertel, die Judería. Heute sind dort **Tafeln** angebracht, die auf historische Ereignisse und sehenswerte Gebäude hinweisen. Diese Vergangenheit ist nicht immer sofort erkennbar, aber man sollte sich ruhig mal treiben lassen durch die **engen Gassen.** Irgendwann landet man entweder beim Ebro oder passiert die Altstadt rund um die Kathedrale. Verlaufen sollte sich eigentlich niemand. Zu finden ist kein durchgängig pittoreskes Bild, manche

Häuser wirken schon etwas baufällig, andere dagegen strahlen würdevolle Patina aus.

Mahnmal der Ebro-Schlacht

Mitten im Ebro steht ein Mahnmal, das an die Bürgerkriegsschlacht vom Ebro erinnert. Am jenseitigen Ufer des Flusses, also nicht auf der Seite von Kathedrale und Castell, wurde ziemlich genau in Höhe des Denkmals (als Orientierungspunkt: die Australian Bar) eine **erklärende Tafel** angebracht. Diese wird aus gutem Grund ständig beschmiert, liest man doch Folgendes: *„El jefe del estado, Caudillo de España, inauguró este monumento en memoria de la batalla del Ebro 25.7.-16.11.1938 ..."* („Der Staatschef und Caudillo von

Costa Daurada

Spanien übergab dieses Denkmal der Öffentlichkeit zur Erinnerung an die Schlacht am Ebro vom 25.7.-16.11. 1938...“). Ein frankistisches Mahnmal also, das 1966 errichtet wurde.

Die spanische Zeitung „El País“ schrieb zum 60. Jahrestag des Kriegsbeginns, dass bei der **Ebro-Schlacht** (die längste und blutigste des ganzen Krieges) 33.000 Tote auf nationalistischer Seite und auf republikanischer Seite 30.000 Tote sowie 20.000 Gefangene gezählt wurden. Die Republikaner verloren fast ihr gesamtes Kriegsgerät, und *Franco* konnte anschließend mit dem Überschreiten des Ebro Katalonien einnehmen und den Krieg gewinnen.

Praktische Tipps

Unterkunft

●**Parador** €€€€, Castell de la Suda, Tel. 977 444 450, Fax 977 444 458. Ist schon was Besonderes! Insgesamt 75 gut eingerichtete Zimmer mit einer Dekoration, die der historischen Umgebung nachempfunden wurde. So sind auch Bar und Restaurant gehalten. Großer Parkplatz in der Burg, oben eine Sonnenterrasse mit kleinem Pool. Formidabler Blick bis zu den fernen Bergen und null Straßenlärm.

●**Hotel Corona Tortosa** €€€, Plaça de la Corona d'Aragó 7, Tel. 977 580 433, Fax 977 580 428, E-Mail: hcorona@bgrup.com. Großes Haus mit 107 Zimmern am Stadteingang. Modernes, funktionales Design, wohl primär für Geschäftsreisende eingerichtet. Für Touristen etwas abseits der City, da es jenseits des Ebro liegt, aber durch das Preis-Leistungs-Verhältnis vielleicht doch interessant.

●**Hotel Berenguer IV** €€€, c/ Miguel de Cervantes 23, Tel. 977 449 580, Fax 977 449 589. Insgesamt 48 Zimmer hat dieses in Laufweite zur Altstadt gelegene Haus.

●**Pension Virginia** €€, Avinguda de la Generalitat 133, Tel. 977 444 186. Kleines Haus mit 18 Zimmern, an der Hauptzufahrtsstraße gelegen, einfach, aber preislich unschlagbar.

Essen & Trinken

Entlang der breiten **Avinguda de la Generalitat** liegen in Höhe des nicht übersehbaren Parks etliche Lokale, in der **Altstadt** dagegen etwas weniger.

●**Bar Sport,** c/ Teodoro Gonzàlez 18. Hat eine breite Auswahl an Tapas und sogar ein *menú de tapas.*

●**Restaurant El Parc,** Avinguda de la Generalitat 72, Tel. 977 444 866. Regionale Küche mit Schwerpunkt auf Reisgerichten, die im Sommer auch draußen auf der Terrasse serviert werden.

Adressen

●**Post:** Plaça d'Espanya s/n (in der Altstadt).

●**Polizei:** ebenfalls an der Plaça d'Espanya.

●**Parkplatz:** Plaça Alfonso XI, von der Av. de la Generalitat kommend ausgeschildert.

Feste

●**Ende Juli:** Fiesta del Renacimiento, unter dem Motto: „Das 16. Jahrhundert auf den Straßen und Plätzen“ wird vier Tage lang in historischen Kostümen und Gewändern gefeiert.

●**Erster Sonntag im September:** Nostra Senyora de la Cinta, Patronatsfest mit Prozession, Blumengabe, Sardanas und Feuerwerk.

Markt

●**Montags** im Barrio del Temple, etwa in Höhe der Ausfallstraße Av. de la Generalitat.

Sant Carles de la Ràpita

- **Einwohner:** 11.000
- **PLZ:** 43540
- **Entfernung nach Tarragona:** 92 km
- **Touristeninformation:**
Oficina Municipal de Turisme,
Plaça Carles III. 13bxs,
Tel. 977 744 624, Fax 977 744 387,
E-Mail: turisme@larapita.com
- **Internet:** www.larapita.com

Der Ort liegt am südlichen Rand des Ebro-Deltas und zugleich unmittelbar vor dem Gebirgszug der Serra de Montsià. **Gegründet** wurde Sant Carles 1780 zur Zeit der Regentschaft von *König Carlos III.,* dessen Name auf Katalanisch *Carles III.* lautet. Nachdem über mehrere Jahrhunderte die Mittelmeerhäfen vom Überseehandel mit den spanischen Kolonien in Amerika ausgeschlossen waren, sollte 1780 alles anders werden. Ein Hafen am Mittelmeer wurde gesucht, der zwei Bedingungen erfüllen sollte: Er sollte nahe der Mündung von Spaniens zweitlängstem Fluss, dem Riu Ebro, liegen und gleichzeitig groß genug sein, um Schiffsladungen für den Überseehandel abwickeln zu können. Einen solchen Hafen gab es damals noch nicht, also wurde ein **neuer Hafen** gebaut – die Geburtsstunde von Sant Carles de la Ràpita. Gleichzeitig baute man einen Verbindungskanal nach Amposta, der ersten größeren Stadt am Ebrolauf, etwa 10 Kilometer im Landesinneren. Dieser Kanal existiert heute nicht

mehr, seine Trasse wird teilweise als Radweg genutzt.

Sant Carles entstand also in einer Zeit hochfliegender Pläne, die nach dem Tod des Königs jedoch zum Erliegen kamen. Der Hafen wurde zwar erbaut, aber zu dem erhofften Überseehandel kam es nie. Gehandelt wurde dann mit anderen Mittelmeerhäfen. So wurde der Hafen trotz allem dann doch zum Lebensnerv des Ortes.

Das gilt heute noch, wenn auch etwas eingeschränkt. Im Sommer platzt Sant Carles aus allen Nähten, da es äußerst beliebt ist bei **spanischen Urlaubern.**

Strandprofil

Die Platges bestehen aus einer Reihe von kleinen Strandbuchten, die sich leicht halbkreisförmig aneinander reihen. Übermäßig groß ist keine, was dazu führt, dass im August alle rappelvoll sind.

Platja del Garbi

Die Platja del Garbi wird auch *de Pipi* genannt, warum, will der Autor gar nicht wissen. Der Strand ist mit 400 Metern der längste, seine Breite zeigt sich mit 15 Metern nicht übermäßig eindrucksvoll. Der feinsandige Strand liegt vor einem kleinen Park mitten im Ort und wird vom Hafenbecken begrenzt.

Platja Juanito

Die Platja Juanito ist vom vorherigen Strand durch eine Mole getrennt. Be-

Costa Daurada

scheidene Maße hat dieser feinsandige Strand: 165 Meter Länge und 15 Meter Breite. Er liegt vor dem Ort, unmittelbar hinter der Strandpromenade stehen die ersten Häuser.

Platja Capri

Dieser Strand schließt sich an; er ist noch kleiner: 65 Meter lang, 25 Meter breit. Da auch hier unmittelbar hinter der Promenade die ersten Ferienwohnungen stehen, wird's schnell eng ums Handtuch.

Im Hochsommer wird es eng am Strand von Sant Carles

Die **Platja Aiguassera** schließt sich mit 60 Metern Länge und 15 Metern Breite an. Im Hintergrund stehen ein paar Bäume beim Passeig und dahinter ziehen sich Reihenhäuser entlang.

Platja Cross

Die Platja Cross bietet auch nicht viel mehr (60 Meter Länge, 16 Meter Breite). Eine kleine Strandecke, die schon in den Außenbezirken des Ortes liegt, weswegen hier noch etwas mehr Platz bleibt.

Platja El Far

Die Platja El Far hat ähnliche Ausmaße, nämlich 70 Meter Länge und 16 Meter Breite. Der feinsandige Strand liegt bei einem Leuchtturm *(far* heißt

Leuchtturm auf Katalanisch). Hier beginnt die Strandpromenade und im Hintergrund stehen etwas schickere Apartments.

Platja de les Delicies

Die Platja de les Delicies beschließt die Strände von Sant Carles. Der Strand liegt schon ziemlich weit außerhalb des Ortes, aber da sich unmittelbar hinter dem Strand ein paar Apartmentblocks erheben, sind die 250 mal 32 Meter doch meist gut besucht.

Sehenswertes

Zentrum

Richtig klassische Highlights sind in dieser Hafenstadt dünn gesät. Natürlich lohnt immer ein Bummel durch das Zentrum der Stadt bei der **Plaça Carles III.** Dort stehen noch die ältesten Häuser und auch die teilweise recht engen Gassen haben ihren ureigenen Charme. An dem Platz liegen einige Cafés und Geschäfte.

Eine Querstraße weiter verläuft die Hauptstraße, die **Carrer Sant Isidre.** Hier liegen etliche Bars, deren Besitzer kurzerhand Tische und Stühle auf den eh schon engen Bürgersteig stellen. Trotz Autoverkehr lassen sich dort die Bewohner auf einen *café sólo* nieder und beratschen die neueste Weltlage. An der Sant Isidre steht auch die **Esglèsia Nova**, die „neue Kirche". Mit dem Bau wurde bereits im 18. Jahrhundert begonnen, aber sie ist bis heute unvollendet. Mit dem Tod des königlichen Förderers platzten auch diese Pläne.

Hafen

Der Hafen und die Strandpromenade sind in jedem Fall einen Spaziergang wert. An der Costa Daurada muss man schon ein wenig suchen, um einen ähnlich großen Hafen zu finden. Im Sommer dümpeln hier viele **Yachten,** aber nicht nur die. Tatsächlich gibt es noch eine klassische **Fischfangflotte** und auf der kleinen **Werft** werden immer noch Schiffe gebaut. Kleine zwar, aber immerhin.

Strandpromenade

Der recht gefällig gestaltete Passeig verläuft teilweise schön erhöht immer am Meer entlang. Man findet keinen Kneipen- und Shop-Tingeltangel, sondern **Palmen, Ferienwohnungen** und nur ganz vereinzelt **Lokale.**

Praktische Tipps

Unterkunft

●**Hotel Juanito Playa** €€€, Passeig Marítim s/n, Tel. 977 740 462, Fax 977 742 757, geöffnet: 25.4.-15.10. Das Haus liegt so dicht am Wasser, dass man fast vom Fenster hineinspringen könnte. Es ist leicht halbkreisförmig gebaut, dadurch genießt der Gast von den meisten der 35 Zimmer Meerblick. Direkt vor dem Hotel lockt eine rustikale Holzbohlenterrasse zum entspannten Abhängen.
●**Hotel La Ràpita** €€-€€€, Plaça Lluís Companys s/n, Tel. 977 741 501, Fax 977 741 954. Ein richtig großes Haus (232 Zimmer) auf 5 Etagen mit dem Flair eines riesigen Wohnblocks. Im Sommer knackvoll und deshalb gibt's auch ein breites Animationsprogramm, außerhalb der Saison bleibt's ruhiger.
●**Hotel Llansola** €€, c/ Sant Isidre 98, Tel./Fax 977 740 403. Kleines Haus (18 Zimmer), das funktional eingerichtet ist und mitten an der Hauptmeile des Ortes liegt.

Costa Daurada

Essen & Trinken

●**Restaurant Can Clarisa,** Passeig Marítim 76, Tel. 977 742 395. Direkt an der Strandpromenade gelegenes Lokal, das u. a. ein viergängiges „touristisches Menü" anbietet.

●**Restaurant Varadero,** Avinguda Constitucìò 1, Tel. 977 741 001. Gegenüber vom Hafen gelegenes Lokal mit – natürlich – maritimem Touch. Genauso natürlich: Fischgerichte dominieren die Speisekarte.

●**Casa Ramón Marinés,** c/ Arenal 16, Tel. 977 740 361. Beliebtes Lokal in Hafennähe mit großem Speiseraum und breitem Angebot an Fisch- und Reisgerichten.

●**Cantina Mejicana Jalisco,** c/ Sant Isidre 130, Tel. 977 744 917. Mal was anderes: farbenfrohe, fröhliche mexikanische Pinte mitten im relativ ernsten Katalonien.

Eine **Nachtlebenszene** namens *Garbeach* liegt direkt neben dem Schwimmbad vor dem Strand Garbí.

Adressen

●**Aktivitäten:** Natura & Aventura (Adresse: siehe Fahrradverleih) bietet diverse Programme an wie Segeln, Bogenschießen, Angeln, Paddeln.

●**Autovermietung:** Tallers Dani, c/ Sant Josep 61, Tel. 977 742 522.

●**Bootsausflüge:** Creuers Delta de L'Ebre, Tel. 977 480 128. Unternimmt Trips ins Delta. Genaue Infos und Abfahrtzeiten am Hafen an der Mole Vaixell Turístic.

●**Fahrradverleih:** Cicles Mora, Avgda. Catalunya 14, Tel. 977 740 215; Natura & Aventura, Plaça del Cóe 18, Tel. 977 742 987.

●**Post:** c/ Gorria, Ecke Avgda. Constitucìò.

Das Hotel Juanito Playa in Sant Carles

●**Tren Turístic:** Ein Bummelbähnchen (nicht auf Schienen) fährt durch den Ort und unternimmt auch Exkursionen bis ins Ebro-Delta zur Casa de Fusta bei Poblenou. Infos: c/ Sant Isidre 74, Abfahrt: Parc Garbí.

Feste

●**16. Juli:** Nostra Senyora del Carme, u. a. mit Meeresprozession.
●**25. Juli:** Patronatsfest Sant Jaume, mit Stiertreiben.
●**August:** (kein fester Termin) Gitarrenfestival.
●**8. September:** Nostra Senyora de la Ràpita, u. a. werden schöne Blumengebinde von jungen Frauen dargebracht.

Markt

●**Samstag:** In der Avgda. Constituciò.

Les Cases d'Alcanar

●**Einwohner:** 730
●**PLZ:** 43569
●**Entfernung nach Tarragona:** 91 km
●**Touristeninformation:**
Oficina Municipal de Turismo,
c/ Lepant s/n, Tel. 977 737 639,
E-Mail: ccano@alcanar.altanet.org
●**Internet:** www.alcanar.altanet.org

Der letzte, südlichste Ort der Costa Daurada ist wahrlich nicht der schlechteste! Es ist ein gemütlicher, ein **uriger Ort** ohne prätentiösen Tourismus. Sicher, ein verschlafenes Fischerdörflein darf man nicht erwarten, aber einen angenehmen kleinen Ortskern am Strand mit einer Hand voll Restaurants dann doch. Ein mit Palmen bestückter Passeig verläuft entlang der Küste, einige Häuser, die so aussehen, als ob noch Einheimische drinnen wohnen, stehen in der ersten Reihe. Und der **Strand** ist auch nicht schlecht. Ursprünglich war Les Cases d'Alcanar (die Häuser von Alcanar) wohl nur eine Ansammlung von wenigen Fischer-Häusern, denn der eigentliche Ort Alcanar liegt drei Kilometer im Hinterland.

Strandprofil

Die **nördlichen Strände** sind nicht gerade von der Güte „Südseetraum". Es handelt sich um vier Buchten, die alle relativ klein sind. Drei Buchten zeigen sich obendrein steinig und nur die Platja El Ciment ist sandig, dafür liegt sie unmittelbar neben einer Zementfabrik. Besser wird es erst südlich von Les Cases.

Platja Les Cases d'Alcanar

Die **Platja Les Cases d'Alcanar** wird auch El Marjal genannt. Über gute 1500 Meter verläuft der Strand mit einer durchschnittlichen Breite von 23 Metern. Überwiegend ist er leider kieselig. Eine unprätentiöse Promenade begleitet ihn und man kann hier ganz entspannt entlangspazieren.

Zwei Strände ohne Serviceeinrichtungen schließen sich an, die **Platja L'Estanyet** verläuft über 6000 Meter, und die **Platja de Sol de Riu** über 1200 Meter. Beide sind kieselig; beim Fluss Riu Sénia wird schließlich die Grenze zur Nachbarprovinz Castellón erreicht, wo die Costa Daurada endet.

Costa Daurada

Sehenswertes

In Les Cases gibt es nichts Klassisches zu entdecken, „nur" ein ganz entspanntes Ambiente. Ein Bummel um den **Hauptplatz** Sant Pere ist schnell gemacht und schon kann man sich auf der Terrasse eines der Restaurants niederlassen.

Les Cases d'Alcanar ist ein beschauliches Dörflein

Ort Alcanar

Drei Kilometer weiter im Hinterland liegt gewissermaßen der ursprüngliche Ort Alcanar. Den gibt es schon **viele Jahrhunderte.** Die Ursprünge liegen in der iberischen Epoche, dann wehten die Stürme der Geschichte über die kleine Gemeinde hinweg und entvölkerten sie. Erst 1252 begann man wieder mit einer gezielten Besiedlung. Eine **Kirche,** die Iglesia de San Miguel aus dem 16. Jahrhundert, an der gleichnamigen Plaza zu finden, kann besichtigt werden sowie der Rest eines **Wachturms** aus dem 16. Jahrhundert. Der steht an der Ecke c/ Arrabal, c/ Nueva.

Einen schönen Blick bis zur Küste genießt man vom etwas erhöht liegenden und ausgeschilderten **Mirador** (Aussichtspunkt), der in einem kleinen Parkt liegt.

La Moleta del Remei

La Moleta del Remei ist eine **iberische Ausgrabungsstätte**, die ca. 2 km außerhalb von Alcanar liegt. Es handelt sich um eine ummauerte Siedlung, in der wahrscheinlich die Herrscher des Ibererstammes der Ilercavones lebten. Aus Fundstücken datierten Forscher die Besiedlung auf den Zeitraum vom 7. bis 2. Jahrhundert v. Chr. Erst als die Römer kamen, wurde die Siedlung aufgegeben. Erkennbar sind heute noch **Grundmauern** von mehreren Wohnräumen sowie von Gemeinschaftsgebäuden, die religiösen Zwecken dienten. Im Zentrum der Anlage befindet sich ein **Informationspunkt** mit allgemeinen Hinweisen über die Zeit der Iberer.

●**Geöffnet:** 1.9.-30.6. Sa/So 10-13 und 15.30-18.30 Uhr; 1.7.-31.8. Mi-Fr 17-20.30, Sa/So 10-13 und 17-20.30 Uhr; Eintritt: 2 €.

Praktische Tipps

Unterkunft

●**Pension Les Barques** €€-€€€, c/ Lepanto 20, Tel. 977 735 056. Kleines, schmales Haus, das direkt an der Strandpromenade liegt, unten befindet sich eine Bar.

Camping

●**Alfacs,** 2. Kategorie, N-340, por la Costa, km 159,6. Tel. 977 740 561, geöffnet: von Mitte April bis Mitte Oktober. Kleiner Platz für 600 Personen im Bereich Alcanar Platja, also nördlich des Ortes gelegen. Olivenbäume spenden Schatten.

●**Estany,** 2. Kategorie, N-340, km 1059, Tel. 977 737 268, ganzjährig geöffnet. Kleiner Platz für 300 Gäste mit netter Begrünung und schattenspendenden Bäumen, liegt noch relativ nah am Ort.

Es existieren noch vier **weitere Plätze** der 2. Kategorie, die allerdings alle ziemlich klein sind.

Essen & Trinken

●**Restaurant Racó del Prat,** c/ Lepanto 41, Tel. 977 737 050. Liegt schön am Meer mit entsprechendem Blick.
●**Restaurant Ramón,** Plaça Sant Pere 21, Tel. 977 737 027. Liegt am Hauptplatz, 50 Meter vom Strand entfernt und ist auf Fisch spezialisiert.
●**Restaurant Pa Torrent,** c/ Sant Pere 6, Tel. 977 735 121 (am Hauptplatz von Les Cases). Bezeichnet sich selbst als den „König der Langusten". Na denn!

Feste

●**15. August:** Nuestra Señora de la Asunción, das sommerliche Hauptfest mit Stiertreiben am Hafen, Weinproben und Miss-Tourismus-Wahlen.
●**29. September:** San Miguel, ein Fest mit einem iberischen Markt.
●**Zweiter Sonntag im Oktober:** Nuestra Señora del Remei, mit einer Wallfahrt zur Kapelle. Alle fünf Jahre (immer die Jahre mit 4 und 9, also 2004, 2009 ...) wird die Statue in einer Prozession durchs Dorf getragen, in dem prächtige Blumenteppiche ausgelegt sind.

Costa del Azahar

033smk Foto: jf

044smk Foto: sm

Das Castillo, Wahrzeichen von Peñiscola

Tretboote

In Peñiscolas engen Altstadtgassen

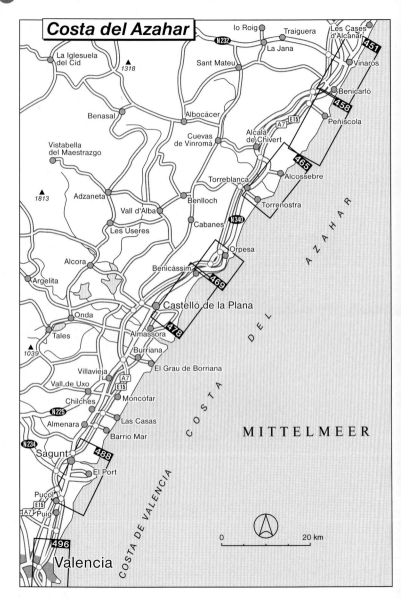

Überblick

Ein schöner Name: Costa del Azahar bedeutet „Küste der Orangenblüte". Der Name bezeichnet den 112 Kilometer langen **Küstenabschnitt der Provinz Castellón.**

Außerordentlich fruchtbar ist das Land hier, aber auch gebirgig; nur wenige Kilometer im Hinterland erheben sich schroffe Felsen mit Höhenzügen von 1000 Metern und mehr. Die Küste zeichnet sich durch eine Vielzahl von **feinsandigen Stränden** aus, die nur vereinzelt von kleinen Felsbuchten abgelöst werden; ideale Voraussetzungen also für die touristische Nutzung. Der Boom setzte auch ein, doch nicht überall in gleichem Maße. Peñíscola beispielsweise bietet neben seiner attraktiven Altstadt einen kilometerlangen Strand, leider komplett bebaut. Ähnlich sieht es in Benicàssim oder Orpesa aus. Alcossebre steht auf dem Sprung zur Touristenhochburg, noch fehlt es aber an einer entsprechenden Bebauung. Aber es geht auch anders. Vinaròs und Benicarló etwa sind Beispiele für kleinere Orte, die sich noch nicht völlig der Urlaubsindustrie ergeben haben.

Das **Klima** an der Costa del Azahar zeigt sich übers Jahr betrachtet angenehm mild, was auch dazu geführt hat, dass viele Nord- und Mitteleuropäer hier ihr permanentes Winterquartier aufgeschlagen haben.

Die **Schreibweise der Städtenamen** orientiert sich an den vor Ort vorgefundenen. Vielfach hat sich die valencianische Variante durchgesetzt, etwa „Orpesa" gegenüber dem spanischen „Oropesa del Mar". Man findet aber auch Gegenbeispiele; Peñíscola wird selten bei seinem valencianischen Namen „Penyiscola" genannt.

Vinaròs

- **Einwohner:** 23.000
- **PLZ:** 12500
- **Entfernung nach Valencia:** 149 km
- **Touristeninformation:**
Passeig de Colom s/n, Tel. 964 453 334, Fax 964 455 625, E-Mail: touristinfo-vinaros@turisme.m400.gva.es

Vinaròs ist die nördlichste Stadt der Autonomen Region Valencia, zugleich die **Hauptstadt der Comarca Baix Maestrat.** Der Ort ist geprägt von seinem großen Hafen, von dem aus eine beachtliche Flotte von Fischkuttern alltäglich auf Fangfahrt geht. Außerdem hat sich in und um Vinaròs Industrie mit etlichen mittelständischen Betrieben angesiedelt.

Der Tourismus spielt hier eher eine untergeordnete Rolle; allenfalls die nett gestaltete Strandpromenade ist speziell auf Urlauber zugeschnitten. Dort lässt es sich schön flanieren, und es locken auch ein paar Lokale, einige davon mit durchaus anspruchsvoller Küche. In Vinaròs hat die Zubereitung von **Langusten** eine lange Tradition, wer das Krustentier mal probieren möchte, sollte es hier versuchen.

Costa del Azahar

Strandprofil

Playa de la Barbiguera

Dieser Strand liegt bei der Urbanización Las Palmeras und damit schon recht weit außerhalb der Stadt. Es handelt sich um eine 175 Meter lange Bucht mit hellem, grobkörnigen Sand.

Der schöne Strand von Vinaròs

Playa Campaner

Kleiner Strand von 270 Metern Länge; eine stark bebaute Hauptstraße führt direkt vorbei. Der Sand ist hell, aber grobkörnig, teilweise ist der Strand sogar steinig.

Playa del Cossis

Auch dies ist eine kleine Strandzone von 190 Metern, die von Wohnhäusern und einer kleinen Grünfläche begrenzt wird. Sie hat einen sehr steinigen Untergrund.

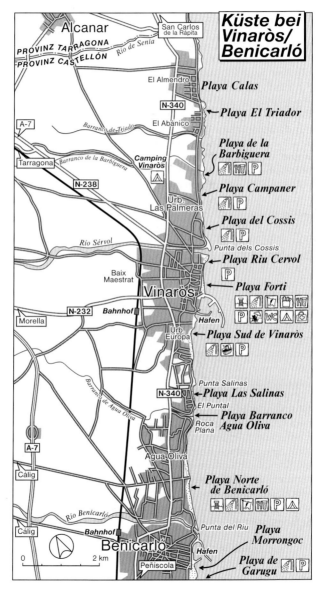

Küste bei
Vinaròs/
Benicarló

Costa del Azahar

Playa Riu Cervol

wird auch Playa del Riu genannt, da einst ein mittlerweile ausgetrockneter Fluss namens Cervol dort ins Meer mündete. Etwa 350 Meter Länge misst der Strand, er erreicht eine beachtliche Breite von gut 30 Metern. Eine künstliche Mole markiert die Grenze zum Nachbarstrand. Playa Riu Cervol und Playa Forti bilden den **Stadtstrand,** entsprechend voll wird's hier. Unmittelbar hinter dem grobkörnigen, hellen Strand verläuft eine nette Promenade mit enigen Lokalen, aber auch mit Autoverkehr.

Playa Forti

Der grobsandige Hauptstrand von Vinaròs verläuft vor der oben erwähnten Promenade über 750 Meter und hat eine durchschnittliche Breite von 40 Metern. Er ist aufgrund der zentralen Lage und der nahen Lokale immer gut besucht.

Playa Sud de Vinaròs

liegt südlich vom Hafen und unmittelbar vor der Stierkampfarena. Dieser etwa 120 Meter lange Strand hat zwar feinen Sand, wird aber nicht stark besucht. Er ist einfach nicht so attraktiv wie der nahe Hauptstrand; außerdem hat man ständig die lange Betonmole vom Hafen vor der Nase.

Sehenswertes

Die **Promenade** entlang des Hauptstrandes ist aus touristischer Sicht wohl am attraktivsten. Sie verläuft über beinahe einen Kilometer unter wechselndem Namen: Zuerst heißt sie Paseo de Blasco Ibáñez, dann Paseo Colón, schließlich Paseo San Pedro. Für Fußgänger wurde Platz geschaffen, aber auch Autos rollen hier entlang. Der Straße wurde noch ein begrünter Mittelstreifen abgerungen, auf dem die Wirte im Sommer ihre Tische platzieren.

Im Innenstadtbereich verdient die **Kirche Iglesia Arciprestal Nuestra Señora de la Asunción** Erwähnung, ein größeres Gotteshaus mit einem wuchtigen barocken Portal aus dem Jahre 1701. Die Kirche selbst ist gotischen Stils, der Baubeginn datiert auf 1586. Erst elf Jahre später wurde sie fertiggestellt, dafür aber passend zum Heiligen Abend. Der 1660 fertig gestellte Glockenturm ist schlicht gehalten, kein Wunder, diente er doch zugleich noch als Wachturm.

Vor dem Kirchplatz, der Plaza Parroquial, zweigt die **Fußgängerzone Calle Mayor** ab. Diese führt wieder Richtung Meer und bildet eine Art zentrale städtische Achse. Eine angenehme Mischung aus kleinen Geschäften, Bars und netten Häusern bietet sich dem Betrachter; dieses Bild setzt sich in den meisten Seitenstraßen fort.

An der Plaza Parroquial steht auch das **Rathaus** aus dem 17. Jahrhundert. Ein relativ kleines Gebäude mit einem übergroßen Tor und zwei wuchtigen Seitentürmen.

Der **Hafen** war schon immer der Lebensnerv von Vinaròs. Sein erster Stein wurde am 9. Februar 1866 gesetzt, neun Jahre später wurde er eröffnet. Auch heute noch geht es hier betriebsam zu. Den Besucher erwarten keine Hochseeyachten, sondern Fischerkutter, ein paar rustikale Tapa-Bars und eine Fischbörse. In der *lonja,* so der spanische Name, wird immer noch der Fang des Tages versteigert.

Poblado Ibérico

Etwa sechs Kilometer außerhalb des Ortes liegt die **Ausgrabungsstelle eines iberischen Dorfes,** das den vorläufigen Namen *El Puig* („der Berg") trägt; etwas übertrieben, denn die Anhöhe misst gerade mal 150 Meter. Seit 1983 arbeiten Archäologen an der Freilegung. Die Anlage kann deswegen auch nicht frei besichtigt werden, sondern nur geführt nach Absprache über die Touristeninformation.

In unmittelbarer Nachbarschaft liegt die **Ermita de Nuestra Señora de la Misericordia.** Erbaut wurde diese Kapelle in mehreren Etappen, beginnend im 16. Jahrhundert. Von dem hübschen Bauwerk aus kann man weit ins Land schauen und die bemerkenswerte Stille genießen.

Praktische Tipps

Unterkunft

●**Hostal Miramar** €€, Paseo Marítimo 12, Tel. 964 451 400. Ein 3-Etagen-Haus mit 17 Zimmern, die meisten mit schönem Seeblick, allerdings ohne Balkon. Nachts hört man das Meer rauschen ...
●**Hotel Roca** €€€, Avda. San Roque km 1049, Tel. 964 401 312, Fax 964 400 816, Internet: www.hotelroca.com. Das Haus liegt an der Zufahrtsstraße zum Hafen, von der N-340 abbiegend. Ein modernes Hotel mit 36 Zimmern auf sieben Etagen, 15 Gehminuten vom Meer entfernt. Besonderheiten: Es wurde viel Glas verbaut, und vor dem Haus parkt für gewöhnlich eine hoteleigene Stretchlimousine.
●**Hostal Teruel** €€€, Avda. Madrid 32, Tel./ Fax 964 400 424. Ein zweckmäßiges Gebäude mit drei Etagen und 20 Räumen nebst Restaurant, nicht eben zentral gelegen.

Camping

●**Vinaròs**, 1. Kat., N-340 km 1054, Tel. 964 402 424, E-Mail: info@campingvinaros.com. Mittelgroßes Gelände an der Nationalstraße 340, etwa zwei Kilometer außerhalb des Ortes gelegen.

Essen & Trinken

●**Restaurant Bergantín,** c/ Varadero s/n, Tel. 964 455 990. Fischlokal direkt am Hafen.
●**Restaurant La Cuina,** Paseo Blasco Ibáñez 12, Tel. 964 454 736. Nettes Lokal an der Strandpromenade mit spanisch-französischen Besitzern. Fisch, Reisgerichte und Meeresfrüchte dominieren, es gibt aber auch ein interessantes Probiermenü, *menú de degustación.*
●**Restaurant Vinya d'Alos,** Paseo Blasco Ibáñez 13, Tel. 964 454 962, mittwochs Ruhetag. Ebenfalls an der Promenade gelegen, Spezialitäten: Fisch und Meeresfrüchte.
●**Restaurant Casa Poncho,** c/ Sant Gregorio 49, Tel. 964 451 095. Liegt etwas versteckt, aber die Suche lohnt sich. In dem nautisch dekorierten Lokal dominiert natürlich Fisch auf der Speisekarte, der auch als Tapa serviert wird. Bemerkenswert sind hier aber vor allem die Desserts!

Adressen ✉

●**Ärztliches Zentrum:** Centro de Salud, c/ Arcipreste Bono, Tel. 964 453 400.
●**Guardia Civil:** Avda. Castellón 15, Tel. 964 407 140.
●**Polizei:** am Plaza Parroquial 12, Tel. 964 407 704.
●**Post:** Plaza Jovellar s/n.
●**Segeln:** Buenaventura del Mar, c/ San Francisco 27, Tel. 964 455 861.
●**Tauchzentrum:** Agua Sub, c/ Dr. Fleming L-6, Tel. 964 455 661.

Costa del Azahar

Feste

- **20. Januar:** Patronatsfest San Sebastián mit einer Wallfahrt zur Ermita.
- **23.-29. Juni:** Fira i Festes de Sant Joan i Sant Pere. Ein Fest, das angeblich schon 1686 gefeiert wurde, u.a. mit Stierkämpfen, Feuerwerk und einer Landwirtschaftsmesse.
- **16. Juli:** Virgen del Carmen, wird von den Fischern u.a. in der Fischbörse gefeiert; den Höhepunkt bildet eine prächtige Prozession übers Meer.
- **Im August:** Fiesta del Langostino, mit jeder Menge Probierständen.

Markt

- Donnerstag vormittags am Paseo Marítimo.

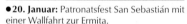
In der Altstadt von Benicarló

Benicarló

- **Einwohner:** 20.000
- **PLZ:** 12580
- **Entfernung nach Valencia:** 145 km
- **Touristeninformation:**
Plaza de la Constitución s/n,
Tel. 964 473 180, , E-mail:
touristinfo.benicarlo@turisme.m400.gva.es,
- **Internet:** www.ajuntamentdebenicarlo.org

Eine Kleinstadt mit großem Hafen und langer Geschichte. Die erste arabische Siedlung namens Benigazló oder Benigazlám wurde von König *Jaime I.* erobert. 1236 übergab eben jener Herrscher dem Ort die *Carta de Población* (eine Art Stadtgründungsurkunde); fortan lautete der Name Benicastló. Von da an bildete der Ort eine Verwaltungseinheit mit Vinaròs. 1370 gewährte *König Pedro II* Benicastló das Recht auf freien Handel über den Hafen, ohne Steuern zu erheben. 1523 dann die nächste „Beförderung": Der spanische König *Carlos I.* verlieh die Stadtrechte. Heute lebt Benicarló von etlichen Kleinbetrieben, dem großen Hafen und auch natürlich ein wenig vom Tourismus.

Strandprofil

Playa Norte de Benicarló

Der 3150 Meter lange Strand wird auch Mar Chica („kleines Meer") genannt. Sein Endpunkt am Hafen ist genau fixiert, der Ausgangspunkt nicht. Wer am Strand entlangläuft, erreicht fast schon das benachbarte Vinaròs. Der Sand ist grobkieselig, streckenweise steinig; eine nennenswerte Bebauung existiert nicht.

Playa Morrongoc

Dieser 300 Meter lange Streifen liegt unmittelbar hinter der Hafenmole und damit zentral im Ort. An der parallel verlaufenden Straße finden sich Bars, Läden, Hochhäuser; entsprechend hoch ist die Besucherzahl im Sommer. Heller, grobkörniger Sand, teilweise steinig.

In der Markthalle

Playa Gurugú

Der Strand misst 500 Meter und liegt am Ortsrand vor einem begrünten Streifen. Fern im Hintergrund erkennt man schon die Silhouette des benachbarten Peñíscola.

Playa Solaes

Wo endet Benicarló, wo beginnt Peñíscola? Nicht leicht zu beantworten; die Grenze liegt wahrscheinlich am Barranco de Pulpis. Bis dorthin erstreckt sich dieser grobkieselige Strand über 700 Meter. Lockere Bebauung (teils Hochhäuser) wechselt sich ab mit Grünflächen. Die Straße nach Peñíscola führt vorbei; man findet trotzdem ein ruhiges Fleckchen.

Costa del Azahar

Sehenswertes

Der zwischen 1932 und 1946 erbaute **Hafen** zählt zu den größten weit und breit. Sowohl Freizeitkapitäne als auch eine gar nicht so kleine Fischereiflotte ankern hier. Hier wird der Fang jeden Tag in der Fischauktionshalle, der *lonja,* versteigert. Kühlwagen aus Madrid warten bei laufendem Motor und brausen sofort mit der frischen Ware los. In der Versteigerungshalle gibt es aufsteigende Sitzreihen wie im Kino, von wo jeder dem Spektakel ab 17 Uhr zuschauen kann.

Eine **Promenade** führt direkt am Hafen vorbei; man spürt die Nähe zum Meer, sogar die hier verlegten Fliesen zeigen ein Fischmuster.

Die im 18. Jahrhundert erbaute **Iglesia de San Bartolomé** liegt am gleichnamigen Platz am Rande der Altstadt. Die einschiffige Kirche, welche zu Ehren des Stadtpatrons errichtet wurde, hat eine prächtige Barockfassade und mehrere Seitenaltäre.

Die **Altstadt** besteht weitestgehend aus Fußgängerzonen. Zentrale Achse ist die Carrer Major mit einigen urigen Bars und Geschäften. In diesem Viertel stehen noch einige historische Gebäude, die zum Teil gerade aufwändig restauriert werden. Es ist keine Vorzeigeecke, aber eine der ursprünglichsten Zonen der Stadt. In der Carrer Major findet man auch ein relativ unscheinbares Haus, in dem einst das Gefängnis untergebracht war. Heute beherbergt es ein kleines **Museum für Archäologie,** in dem Fundstücke der Umgebung ausgestellt sind, u.a. auch aus der Iberischen Ausgrabungsstätte El Puig. Aus der Gefängnis-Phase stammen übrigens noch einige Bauteile, z.B. die schweren Türen.

● **Geöffnet:** Mo-Fr 18-21 Uhr, der Eintritt ist frei.

Die **Markthalle** (*mercado municipal*) liegt nur einen Block von der weitläufigen und modern gestalteten Plaça de la Constitució entfernt. Eine erstaunliche Vielfalt an Fisch und Meeresfrüchten kann hier bestaunt werden. Außerdem werden natürlich Gemüse und Fleisch verkauft, und es gibt selbstverständlich auch eine kleine Bar, gleich neben dem Haupteingang.

Praktische Tipps

Unterkunft

● **Parador** €€€€, Avda. Papa Luna 5, Tel. 964 470 100, Fax 964 470 934. Dieser Parador liegt am Stadtrand in einem netten Garten, der fast bis ans Meer reicht. Das 108-Zimmer-Haus wurde bei meinem letzten Besuch aufwändig renoviert, soll aber bei Erscheinen dieses Buches für das Publikum wieder geöffnet sein.

● **Hotel Rosi** €€€, c/ Dr. Fleming 50, Tel. 964 460 008. Das Haus hat 24 Zimmer, liegt in einer ruhigen Seitenstraße (schräg gegenüber vom ausgeschilderten Parador) und nur 100 Meter vom Meer entfernt.

● **Hotel Maryton** €€-€€€, Paseo Marítimo 5, Tel. 964 473 011, Fax 964 460 720. An einer der Hauptzufahrtsstraße, etwa 200 Meter vom Meer entfernt, liegt dieser Zweckbau mit 26 Zimmern.

● **Hostal Belmonte II.** €-€€, c/ Pius XII. 3, Tel. 964 471 239. Schräg gegenüber der Markthalle und damit zentral gelegene Pension.

Jugendherberge

● **Albergue Juvenil,** Avda. de lecla 29, Tel. 964 470 500. Die Jugendherberge ist sehr zentral gelegen, nur zwei Blocks von der Markthalle entfernt.

Camping

●**La Alegría del Mar,** 2. Kategorie, N-340 km 1046, Tel. 964 470 871. Winziger Platz für 144 Personen, etwa einen Kilometer außerhalb des Ortes gelegen, aber nicht zu weit vom Meer entfernt.

●**El Tordo y el Olivo,** 2. Kategorie, am km 2 der Straße nach Peñíscola, Tel. 964 471 015. Nur vom 1.7.-1.9. geöffneter Platz mit einer Kapazität von etwas mehr als 500 Personen.

Essen & Trinken

●**Restaurant Hogar del Pescador,** Avda. Marqués de Banicarló 29. Kleines weißes Haus am Hafen. Oben dran steht „Escuela de Orientación Marítima", unten hocken ältere Herren und warten aufs Mittagessen. Paella und *mariscos* (Meeresfrüchte) stehen ganz oben auf der Beliebtheitsskala.

●**Bodega Aragonesa,** c/ Hernán Cortés 10, Tel. 964 475 840. Es gibt Fleischgerichte, Tapas und ein *menú del día.* Das Haus liegt auf halbem Weg vom Hafen zur Markthalle.

●**Restaurant El Cortijo,** Avda. Méndez Núñez 85, Tel. 964 475 038, Mo Ruhetag. War einst ein Flamenco-Schuppen, zählt heute zu den führenden Lokalen der Stadt. Elegant eingerichtet, gute Küche mit Schwerpunkt auf Reisgerichten und – natürlich – *langostinos.* Sehr schön sitzt man im Garten.

Adressen

●**Autovermieter:** Europcar, an der N-340 km 1043,4, Tel. 964 460 200.

●**Internetcafé:** Ciber Café, an der c/ Hernán Cortés 29.

●**Krankenhaus:** Avda. Gil de Atrocillo, Tel. 964 477 000.

●**Polizei:** c/ Ferreres Bretó 6, Tel. 964 470 050.

●**Post:** c/ Jacinto Benavente 8.

Feste

●**16.-17. Januar:** San Antonio Abad, Patronatsfest, bei dem u.a. eine Teufelsfigur auf einem Scheiterhaufen verbrannt wird.

●**Dritte Woche im Januar:** Fest zu Ehren der Artischocke. Mal was anderes! In vielen Probierstuben kann man zuschlagen.

●**19. März:** Las Fallas; nicht ganz so gewaltig wie im berühmten Vorbild Valencia, aber auch hier hübsch anzusehen. Sie gelten übrigens als die „nördlichsten" Fallas überhaupt.

●**9. Mai:** Sant Gregori, mit einer Wallfahrt zu der gleichnamigen, außerhalb des Ortes gelegenen Kapelle und einem anschließenden Fest auf dem Lande.

●**23.-24. Juni:** Sant Joan. Die halbe Stadt feiert an der Playa Morango mit vielen Grillständen und schönem Feuerwerk.

●**Zweite Augusthälfte:** Sant Bartolomé. Das wohl größte Fest der Stadt mit riesigem Rummel, ausgelassenem Nachtleben und Stiertreiben, bei dem die Tiere auch schon mal ins Meer stürzen *(Bous en la Mar).*

Markt

●Am Mittwoch neben dem Zentralmarkt.

Peñíscola

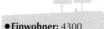

●**Einwohner:** 4300
●**PLZ:** 12598
●**Entfernung nach Valencia:** 141 km
●**Touristeninformation:**
Paseo Marítimo s/n,
Tel./Fax 964 480 208 oder
Tel. 964 489 392, E-Mail:
touristinfo.penyiscola@turisme.m400.gva.es,
●**Internet:** www.peniscola.org

Peñíscola ist heute eines der „Epizentren" des Tourismus an der Costa del Azahar. Ausgehend von einem relativ eng begrenzten Altstadtbereich, hat sich der Ort in jüngster Vergangenheit über viele Kilometer entlang der Küste und auch ins Hinterland ausgedehnt.

Costa del Azahar

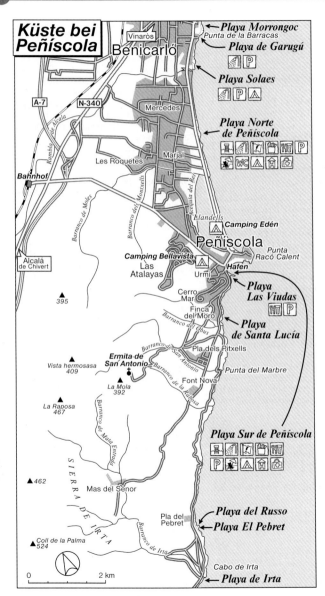

Küste bei Peñíscola

Vinaròs

Benicarló

← Playa Morrongoc
Punta de la Barracas
← Playa de Garugú

← Playa Solaes

A-7 N-340

Mercedes

← Playa Norte de Peñíscola

Les Roquetes

Marjal

Bahnhof

Barranco de Aiguaoliva

Barranco de Moles

Barranco del Montxells

Acequia del Rei

Llandells

△ Camping Edén

Peñíscola

Punta Racó Calent

Alcalá de Chivert

Camping Bellavista △
Las Atalayas

Urmi

Hafen

△ Playa Las Viudas

395

Cerro Mar

Finca del Moro

Barranco del Obus

Playa de Santa Lucía

Barranco de San Antonio

Pla dels Pitxells

Vista hermosasa
409

Ermita de San Antonio

La Mola
392

Barranco de la Rebosa

Font Nova

Punta del Marbre

La Raposa
467

Barranco de Mata Entrada

Playa Sur de Peñíscola

▲ 462

Mas del Senor

S I E R R A   D E   I R T A

Pla del Pebret

Playa del Russo
Playa El Pebret

Coll de la Palma
524

Barranco de Irta

Cabo de Irta

Playa de Irta

0   2 km

Attraktiv ist die Stadt durch ihre schönen Strände und die pittoreske, komplett von Mauern umgebene **Altstadt.** Diese liegt dicht gedrängt und der Küste etwas vorgelagert auf einer kleinen Halbinsel, weswegen Peñíscola auch den Beinamen „Stadt im Meer" trägt. Hier laufen enge Gassen kreuz und quer, es locken Bars und Shops; das historische Zentrum bildet das weithin sichtbare **Castillo.** Auf 64 Meter erhebt es sich am höchsten Punkt; von hier aus hat man einen ausgezeichneten Blick auf die Küste.

Peñíscola ist ein Beispiel dafür, dass die Gratwanderung zwischen touristischer Ausrichtung und Erhaltung des historischen Erbes auch gelingen kann.

Strandprofil

Playa Norte de Peñíscola

Nördlich der Altstadt erstreckt sich dieser schöne helle Sandstrand über 5000 Meter. Ohne Unterbrechungen, ohne wechselnde Namen, einfach immer geradeaus verlaufend. Oben, unterhalb vom Castillo, zeigt er sich richtig schön breit, im Laufe der fünf Kilometer wird er dann ganz langsam immer schmaler, schafft es trotzdem im Mittel auf 44 Meter Breite. Über die gesamte Länge begleitet ihn eine verkehrsreiche Straße und ein mittelprächtiger Fußgängerbereich (es wäre übertrieben, von „Promenade" zu sprechen). Hotels, Apartmentblocks, Restaurants, Geschäfte gibt es hier, eben das ganze Programm. Man kann bis zum Nachbarort Benicarló fahren

oder laufen. Die Besucher verteilen sich meist über die gesamte Strandlänge, nur im Bereich des Castillo ist es oft etwas voller.

Playa Sur de Peñíscola

Eine leicht geschwungene Bucht von knapp 600 Metern Länge, südlich vom Castillo. Der Strand grenzt an den Hafen, was der Idylle denn doch ein wenig schadet. Dennoch ist die Playa Sur meist gut besucht, da es viele Bewohner der Ferienwohnungen im Hinterland hierher zieht. Er hat hellen, zumeist feinkörnigen Sand.

Playa Las Viudas

Soll der Vollständigkeit halber erwähnt werden. Der „Strand der Witwen" ist schmal und erreicht kaum 100 Meter Länge. Er liegt am südlichen Ortsrand, wird von einer felsigen Küste begrenzt, an der oben auch noch eine Straße vorbeiführt; außerdem erhebt sich dort ein markantes Hochhaus.

Sehenswertes

Altstadt und Castillo de Peñíscola

Fast schon ist diese Festung ein **Wahrzeichen der Costa del Azahar** geworden. Sie wurde während der maurischen Herrschaft errichtet und nach deren Vertreibung u.a. von den Rittern des Templerordens ausgebaut. Schließlich wurde das Castillo von 1411 bis 1423 Sitz des auf Spanisch *Papa Luna* („Papst Luna") genannten Gegenpapstes **Benedikt XIII.** Nach des-

Costa del Azahar

sen Tod erlebte das Bauwerk wechselnde Herrscher und einige Belagerungen, bis es im 19. Jahrhundert schließlich seine militärische Bedeutung verlor. Glücklicherweise konnten die Burg sowie ihre unmittelbare Umgebung bis zum heutigen Tag ihren ursprünglichen Charakter erhalten.

Drei **Tore** führen in die Altstadt. Das Haupttor, über dem ein Wappen zu Ehren des Königs *Felipe II.* angebracht ist, wird auch „Dunkles Tor" genannt, auf Valencianisch *portal fosc.* Hier befindet sich ein Aufgang zum Wachturm. Es gibt noch zwei weitere Tore: das Portal de la Santa María sowie das etwas versteckte Portal de Sant Pere.

Hinter dem Haupttor stößt man auf die Pfarrkirche **Virgen del Socorro,** ein schlichtes, einschiffiges Gotteshaus, das kurz nach der Vertreibung der Mauren gebaut wurde. Und prompt hat das Gewirr aus engen Gassen den Besucher verschlungen; jetzt locken Shops und Bars, wollen schicke Häuser und tausend Details bewundert werden. Schließlich landet man dann aber doch beinahe zwangsläufig am Eingang des Castillos.

Grundsätzlich fällt bei einem Gang durch das **Castillo** eine gewisse Nüchternheit auf. Den meisten Räumen fehlt es an besonderem Schmuck, dafür wirkt das ganze Gebäude äußerst trutzig, was ja schließlich auch seinem ursprünglichen Zweck entspricht. Das Castillo besteht aus zwei Ebenen mit mehreren Räumen; diese erreicht man über das Zentrum der Anlage, den großen Innenhof, *patio de armas* genannt. Herausragend ist der *salón góti-co,* dessen Wände Wappen und eine gewaltige Schnitzarbeit schmücken. Davor reihen sich hölzerne Sitzbänke auf; an der Seitenwand steht eine Art Thron, und mit etwas Fantasie könnte man meinen, dass sogleich eine königliche Ratsversammlung beginnt.

Weitere bemerkenswerte Räume sind die Residenz vom Gegenpapst Benedikt XIII., oder auch die *casa de la cisterna*, ein **Brunnenhaus.** Die Kerben, die die Ketten im Laufe der Jahre ins Drehholz eingruben, sind noch gut sichtbar. Schräg gegenüber steht die Kirche **Iglesia de la Virgen María.** Eine schlichte einschiffige Kapelle mit halbspitzem Gewölbe.

Zum *mazmorra,* dem **Kerker,** geht es eine Treppe hinunter, deren Stufen noch aus dem Mittelalter stammen. Unten befindet sich noch eine Gitterklappe im Boden, unter der einst die Gefangenen schmachteten.

Vom *patio de armas* kann man über steile Treppen auf den Schutzwall steigen und von dort den exzellenten Blick über die Küste genießen. Vielleicht das Eindrucksvollste am ganzen Castillo.

● **Geöffnet:** 16.10. bis Palmsonntag: 9.30-13 und 15.15-18 Uhr, Ostern bis 15.6.: 9-20.30 Uhr, 16.6.-15.9. 9.30-14.30 und 16.30-21.30 Uhr, 16.9.-15.10. 9-20.30 Uhr; Eintritt: 2 €, Kinder bis 10 Jahre frei.

Museo del Mar

Das Meeresmuseum liegt an der Calle del Sol in der Altstadt, direkt bei der östlichen Außenmauer. Draußen an der Wand lehnt ein großer Anker.

Zu besichtigen sind Schiffsmodelle und drei Aquarien; vor allem aber wird die Tradition des Fischfangs in und um Peñíscola veranschaulicht.

●**Geöffnet:** 10-14 und 16-20 Uhr; die Zeiten werden allerdings nicht immer genau eingehalten. Der Eintritt ist frei.

Praktische Tipps

Unterkunft

●**Hostería del Mar** €€€€, Avda. Papa Luna 18, Tel. 964 480 600, Fax 964 481 363, E-Mail: hpstemar@dragonet.es. Das schöne vierstöckige Haus mit 86 Zimmern liegt an der Promenade. Es ist im Stil vergangener Jahrhunderte gestaltet. Regelmäßig werden im Restaurant mittelalterliche Menüs angeboten.

●**Hotel Cabo de Mar** €€€, Avda. Primo de Rivera 1, Tel. 964 480 016, Fax 964 480 950. Ein kleines Haus mit 23 Zimmern, das unmittelbar unterhalb vom Castillo am Ende des langen Nord-Strandes liegt.

●**Hostal Estrella de Mar** €€, Avda. Primo de Rivera 31, Tel./Fax 964 480 071, geöffnet von April bis Oktober. Liegt sehr zentral, nur 100 Meter vom Castillo entfernt; in der Nachbarschaft gibt es etliche Lokale und weitere einfache Pensionen.

●**Pension Chiki** €€, c/ Mayor 5, Tel. 964 480 284. Kleine Pension in der Altstadt, die gleich beim Stadttor zum Castillo liegt, unten befindet sich ein Lokal.

●**Hotel La Cabaña** €€€, Avda. Primo de Rivera 29, Tel./Fax 964 480 017. Nett gestaltetes Hotel mit 40 Zimmern, schräg gegenüber vom Castillo.

●**Hotel Benedikt XIII.** €€€, Urbanización Atalayas, Tel. 964 480 801, Fax 964 489 523, E-Mail: benexiii@arraki.es, geöffnet von April bis Mitte Oktober. Das Haus (30 Zi.) liegt nicht eben zentral, aber sehr ruhig. Vom Balkon vieler Zimmer schaut man über die entfernte Bucht; im hübschen Garten entschädigt ein Pool für die Entfernung zum Meer.

Costa del Azahar

Stadt und Strand in voller Länge

Papa Luna – der Gegenpapst

Benedikt XIII. wurde 1342 als *Pedro de Luna* im spanischen Aragón geboren. Als junger Mann studierte er in Frankreich; später unterrichtete er Kanonisches Recht an der Universität Montpellier. *Papst Gregor VI.* ernannte ihn 1375 zum Kardinaldiakon von Santa María in Cosmedin.

Lunas Laufbahn als Geistlicher fiel in eine Zeit schwerster **kirchenpolitischer Turbulenzen.** Harsche Kritik traf damals Kirche und Papst; zu groß war deren Machtstreben, die Gier nach weltlichen Gütern und Besitz geworden. Die Kurie, die damals im französischen Avignon ihren Sitz hatte, häufte durch geschickte Ämterpolitik und Pfründenjagd ungeheure Reichtümer an und schien darüber vom rechten religiösen Weg abgekommen. Wie lästerte doch ein Zeitgenosse: „Gott hat seine Schäflein dem Papst, unserem Heiligen Vater, zum Nähren und nicht zum Scheren befohlen".

In Italien forderte man schon seit langem die Rückkehr des Papstsitzes nach Rom, bedeutete doch dessen Abwesenheit empfindliche Einbußen an Ansehen und Einkünften. **Gregor XI.** gab 1377 schließlich dem Druck nach und kehrte nach Rom zurück, sehr zum Missfallen seiner französischen Kardinäle. Als *Gregor* ein Jahr später starb und dessen launische und grausame *Urban VI.* an seine Stelle trat, entschlossen sich die Kardinäle zu einem radikalen Schritt: Sie erklärten die Wahl *Urbans* für ungültig und setzten kurzerhand einen zweiten Papst, **Clemens VII.**, ins Amt. Was folgte, ging unter dem Begriff **Großes Abendländisches Schisma** in die Annalen ein. Nun gab es plötzlich zwei Heilige Väter, einen in Rom, einen in Avignon; beide versuchten, ihr Amt auszuüben, als gäbe es den Konkurrenten gar nicht, was sie aber doch nicht daran hinderte, sich mit überaus unchristlichen Mitteln zu bekämpfen. Auch mit dem Tod der beiden Widersacher änderte sich die Lage nicht, da Rom und Avignon sofort neue Päpste wählten.

Nun tritt *Pedro de Luna* auf den Plan, der sich als Vermittler zwischen den verhärteten Fronten betätigen will. 1394 wird *Luna* in Avignon als **Papst Benedikt XIII.** zum Nachfolger des verstorbenen *Clemens VII.* ernannt; in Rom herrscht zu der Zeit *Bonifaz IX.* Gewählt wird *Luna* auch deswegen, weil er sich verpflichtet hatte, bei einem Schlichtungsgespräch im Sinne des Kirchenfriedens zurückzutreten, sollte die Mehrheit der Kardinäle dies wünschen. Als sein Rücktritt dann wirklich gefordert wird, denkt *Benedikt* jedoch nicht daran, sein Versprechen zu halten. Auch er hält sich nun für den einzig wahren Heiligen Vater.

In den folgenden Jahren gibt es zahlreiche vergebliche Versuche, die verfahrene Situation zu lösen. Zum **Konzil von Pisa,** das 1409 einberufen wird, erscheinen weder *Luna* noch sein damaliger Gegenspieler *Gregor XII.*; entschlussfreudig exkommuniziert man die beiden Ignoranten in absentia und wählt kurzerhand einen dritten Papst, *Alexander V.* Dieser residiert fortan in Avignon, *Benedikt* siedelt 1411 nach Peñíscola um.

Dann folgt das **Konzil von Konstanz** (1414 bis 1418). Hier schließlich gelingt eine Lösung. Zwei der Päpste (darunter *Luna*) werden abgesetzt, einer tritt freiwillig zurück. *Martin V.* wird neuer (und alleiniger) Heiliger Vater, eine Entscheidung, die von allen Parteien endlich anerkannt wird. Von allen...?

Benedikt verbleibt mit seinen wenigen verbliebenen Getreuen in Peñíscola. Hier lebt er bis zu seinem Tod am 23.5.1423, in der festen Überzeugung, der einzig wahre Stellvertreter Gottes auf Erden zu sein. Und deshalb wird teilweise noch heute von Peñíscola als dritter päpstlicher Stadt nach Rom und Avignon gesprochen.

Camping

Insgesamt 10 Plätze gibt es in und um Peñíscola, je fünf in der ersten und zweiten Kategorie. Das soll aber hier nicht das Kriterium sein, sondern eine gute Lage. Deshalb nur zwei Tipps:

●**Edén,** 1. Kategorie, Avda. Papa Luna s/n, Tel. 964 480 562, Fax 964 489 828, Internet: www.camping-eden.com, ganzjährig geöffnet. Der Platz ist recht groß (800 Personen) und liegt unmittelbar hinter dem Hotel Hostería del Mar. Zum Strand sind es nicht mal hundert Meter, und auch das Castillo ist bequem zu Fuß erreichbar.

●**Bellavista,** 1. Kategorie, Partida La Cova s/n, Tel. 964 480 135, Fax 964 481 649, ganzjährig geöffnet. Liegt etwas vom Castillo entfernt im Hinterland. Zu erreichen über die von der N-340 nach Peñíscola hineinführende Hauptstraße. Gut begrünter Platz mit Pool und Raum für 650 Camper. Altstadt und Strand (Playa Sur) liegen in Laufweite.

Essen & Trinken

●**Restaurant Txalupa,** Avda. Papa Luna 100, Tel. 964 481 190. Ein baskisches Lokal, das nur im Sommer (Juni bis September) öffnet; es liegt ganz am Ende der Promenade, fast im Nachbarort Benicarló.

●**Restaurant Maite,** Avda. Papa Luna 51, Tel. 964 480 287. Ein geschätztes Lokal mit Terrasse am Meer, wo Reis- und Fischgerichte serviert werden.

●**Restaurant Casa Jaime,** Avda. Papa Luna 5, Tel. 964 480 030. Das kleine Haus liegt beim großen Hotel Los Delfines und damit recht zentrumsnah. Serviert werden sehr gute Reisgerichte.

●**Restaurant Sinó,** c/ Portada 5, Tel. 964 480 620. Die Gerichte sind gut, aber noch besser ist der Blick über die Bucht.

●**Restaurant Casa Vincent,** c/ Santos Mártires 13, Tel. 964 480 682. Beste Hausmannskost und schöner Meerblick vom Fensterplatz in der oberen Etage.

●**Restaurant Altamira,** c/ Príncipe 3, Tel. 964 480 038. Das Lokal hat von März bis Ende Oktober geöffnet und liegt beim Museo del Mar. Fisch dominiert, besonders Zarzuela und im Ofen zubereitete Gerichte.

019smk Foto: sm

Adressen

●**Guardia Civil:** c/ Irta 7, Tel. 964 480 046.
●**Hospital:** Avda. Gil de Atrocillo s/n, Tel. 964 477 000.
●**Polizei:** Plaza Constitución s/n, Tel. 964 480 121.
●**Post:** c/ del Río 13.

Feste

●**Sonntag nach Ostern:** Romería zur Ermita de San Antonio.
●**Erste Junihälfte:** Komödienfilm-Festival.
●**7. September:** Virgen de la Ermitana, Patronatsfest, wird seit 1664 gefeiert, u.a. mit einer Schlacht zwischen Moros und Cristianos, Stiertrieben und Prozession.
●**Zweite Septemberhälfte:** Konzerte klassischer Musik im Castillo.

Markt

●Montags an der Plaza Illueca und der Straße L'Ullal de l'Estany am kleinen Binnensee im Zentrum.

Costa del Azahar

Alcossebre

- **Einwohner:** 450
- **PLZ:** 12579
- **Entfernung nach Valencia:** 121 km
- **Touristeninformation:** c/ San José 59, Tel. 964 412 205, Fax 964 414 534, E-Mail: touristinfo.alcala@turisme.m400.gva.es oder alcossebre@alcossebre.org
- **Internet:** www.alcossebre.org

Alcossebre war viele Jahrhunderte lang nichts weiter als ein Flecken am Meer, wo eine Hand voll Fischer in ihren meist armseligen Hütten lebten. Strände? Klar, die gab's auch, aber dafür hatte noch niemand ein Auge.

Das Auge der Öffentlichkeit lag damals eher auf einem Ort etwa zehn Kilometer im Inland hinter der Sierra de Irta, **Alcalà de Xivert.** Besiedelt war diese Gegend schon in der Iberischen Epoche (etwa ab dem 6. Jh v. Chr.), wie archäologische Funde beweisen; einige Funde stammen sogar aus der Bronzezeit (ca. 14. Jh. v. Chr.). Hier erbauten die Araber im 10. Jh. ein Castillo, und hier spielte das politische und wirtschaftliche Leben.

Alcossebre, der Fischerflecken, geriet erst mit der touristischen Entwicklung der Region in den Fokus der Aufmerksamkeit, lief aber dann dank seiner schönen Strände Alcalà de Xivert bald den Rang ab; dieses stellt heute lediglich den verwaltungstechnischen Hauptort dar.

Strandprofil

Playa Ribamar

liegt schon gute fünf Kilometer außerhalb von Alcossebre, aber auch hier wird inzwischen gebaut. Der Strand ist keine 100 Meter lang und steinig.

Cala Mundina

heißt eine winzige Bucht, an der die Torre Moptu steht, ein weißer Leuchtturm im modernen Design.

Cala Blanca

Eine weitere kleine, steinige Bucht, in deren Hinterland schon reichlich Urbanizaciones enstanden, aber keine Hochhausmonster, sondern durchaus gefällige Unterkünfte.

Playa Les Fonts

liegt unmittelbar am Sportboothafen. Eine geschwungene Bucht mit feinem hellen Sand von 360 Metern Länge und einer durchschnittlichen Breite von 30 Metern, gesäumt von einer Promenade und einer Straße. Die Bebauung nimmt spürbar zu.

Playa El Carregador

gilt als der Hauptstrand von Alcossebre. Der helle Sandstrand verläuft über 850 Meter Länge und hat eine durchschnittliche Breite um die 50 Meter. Viel Platz also für die Bewohner der unmittelbar angrenzenden Ferienwohnungen. Eine kleine Promenade mit dem netten Namen Vista Alegre („Hei-

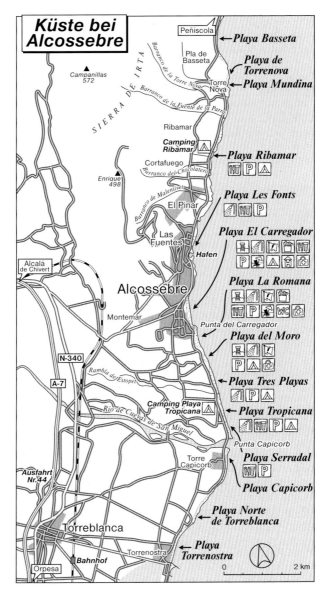

Küste bei Alcossebre

Peñiscola
← *Playa Basseta*
Pla de Basseta
Playa de Torrenova
Torre Nova
← *Playa Mundina*

Campanillas 572

SIERRA DE IRTA

Barranco de la Torre Nova

Barranco de la Fuente de la Parra

Ribamar

Camping Ribamar
← *Playa Ribamar*

Cortafuego

Barranco del Chocolatero

Enrique 498

Barranco de Malentivet

El Pinar

Playa Les Fonts

Las Fuentes

Hafen

Playa El Carregador

Alcalá de Chivert

Alcossebre

Playa La Romana

Montemar

Punta del Carregador

← *Playa del Moro*

N-340

A-7

Rambla de Estopet

Playa Tres Playas

Camping Playa Tropicana

Rio de Cuevas de San Miguel

← *Playa Tropicana*

Punta Capicorb

Torre Capicorb

Playa Serradal

Ausfahrt Nr. 44

Playa Capicorb

Playa Norte de Torreblanca

Torreblanca

Torrenostra

← *Playa Torrenostra*

Bahnhof

Orpesa

0   2 km

Costa del Azahar

terer Ausblick") begleitet den Strand, Autos können glücklicherweise nur in der zweiten Reihe fahren.

Playa La Romana

Nur der Felsvorsprung Punta del Corregador trennt diesen Strand vom zuvor beschriebenen. Nicht ganz 500 Meter misst „die Römerin"; hier gibt es sogar ein paar bescheidene Dünen. Eine nicht allzu stark befahrene Straße verläuft direkt hinter dem Strand.

Playa del Moro

Dieser 170 Meter lange Strand liegt im äußersten besiedelten Randbezirk von Alcossebre. Dies wird sich bald ändern, denn gebaut wird weiterhin. Der Strand ist 170 Meter lang und überwiegend hellsandig, an einigen Stellen etwas steinig. Eine Straße führt unmittelbar vorbei.

Playa Tres Playas

Der Name täuscht ein wenig; „drei Strände" gibt es in dem Sinne gar nicht, lediglich drei gerade noch erkennbare schmale Buchten. Viel mehr als ein Fluchtpunkt für Einsamkeit Suchende dürfte diese 600 Meter lange und recht schmale Zone nicht sein. Der Untergrund ist teils sandig, teils steinig, eine Straße führt direkt vorbei, und auch die Bebauung schreitet stetig voran.

Playa Tropicana

Fraglich, ob diese Zone sowie die zwei folgenden überhaupt noch zu Al-

cossebre zählen; aber schließlich dehnen sich die Stadtgrenzen durch anhaltende Bautätigkeit weiter und weiter aus. Also: 300 Meter Länge, feiner Sand, einige Palmen und eine unmittelbar vorbeiführende Straße kennzeichnen diesen Strand.

Playa Serradal

800 Meter Strand, geringe Bebauung, kaum Besucher. Klingt gut, was? Leider fehlt praktisch jedweder Sand, diese *playa* ist völlig steinig.

Playa Capicorb

liegt ca. fünf Kilometer von Alcossebre entfernt; wer die Einsamkeit sucht, könnte hier auf über 1200 Metern fündig werden. Leider ist der Untergrund steinig. Eine hübsche begrünte Zone zieht sich weit ins Hinterland, die Bebauung ist (noch!) locker.

Sehenswertes

Alcossebre ist ein winziges, recht nettes Örtchen ohne große Sehenswürdigkeiten. Die Musik spielte immer im zehn Kilometer entfernten Alcalà de Xivert. Erst als die Touristen kamen, entwickelte sich das Städtchen. In erster Linie lockt hier der Strand; daneben gibt es noch einen Yachthafen und eine nette Promenade zum Flanieren.

Castillo de Xivert

Diese Burg stammt noch aus der **arabischen Epoche;** erbaut wurde sie im **10. Jahrhundert.** Unterhalb des Castillos siedelte die Bevölkerung. Nach der Reconquista, der „Rückeroberung" des Ortes durch die Christen, wurden lediglich die *moriscos,* also die zum christlichen Glauben konvertierten Araber, hier weiter geduldet. Man lebte jedoch sorgsam getrennt, die Christen in Alcalà, die ehemaligen Moslems in Xivert; 1609 schließlich wurden auch die *moriscos* vertrieben. All dies und mehr können sich interessierte Besucher von einem Führer erklären lassen, den das Touristenbüro vermittelt. Momentan wird an der gesamten Anlage noch kräftig gearbeitet, übermäßig viele Details lassen sich aber noch nicht erkennen. Man kann das Gelände auch auf eigene Faust besuchen, sollte dabei aber immer berücksichtigen, dass man gerade über eine archäologische Ausgrabungsstätte läuft.

Praktische Tipps

Unterkunft

●**Romana Beach Aparthotel** €€€-€€€€, Playa Romana s/n, Tel. 964 157 260, Fax 964 412 444, E-Mail: info@beachromana.com. Größeres Hotel mit gut ausgestatteten Zwei-Zimmer-Apartments inklusive Küche. Wer möchte, bucht trotzdem Hotelverpflegung.
●**Hotel Jeremias** €€€, Playa del Carregador s/n, Tel. 964 414 437, Fax 964 414 512. Relativ kleines, dreistöckiges Haus mit 39 Zimmern, trotz seiner Lage in der zweiten Reihe nur 100 Meter vom Strand entfernt.
●**Hotel Mavi** €€€, Ctra. Las Fuentes s/n, Tel. 964 412 325. Von Juni bis September geöffnetes Sechs-Zimmer-Haus, etwas außerhalb des Ortskerns; von einigen Räumen hat man einen schönen Blick über die Bucht.
●**Hotel Sancho III.** €€€-€€€€, Camino Ribamar s/n, Tel./Fax 964 414 136, E-Mail: hsancho@teleline.es. Liegt an der Straße zur Playa Ribamar. Mittelgroßes, hübsch von Pinien umgebenes Haus mit 53 Zimmern.

Camping

●**Playa Tropicana,** 1. Kategorie, an der Playa Tropicana, Tel. 964 412 463, Fax 964 412 805, E-Mail: informacion@tropicanabaech.es, Internet: www.tropicanabaech.es; geöffnet: 15.3.-31.10. Große Anlage, recht nah an einem steinigen Strand gelegen. Ebenes Gelände mit vielen Bäumen, gärtnerisch nett gestaltet. Die Parzellen sind durch die Bepflanzung unterteilt.
●**Ribamar,** 1. Kategorie, Playa Ribamar, Tel./Fax 964 761 163, geöffnet: 31.3.-30.9. Kleiner Platz für 167 Camper, der schon recht weit vom Ort entfernt liegt.

Essen & Trinken

●**Restaurant Forn Tónico,** Ctra. de las Fuentes s/n, Tel. 964 412 474. Nettes Landhaus nahe der Urbanización Las Fuentes, das auf Gerichte aus dem Ofen spezialisiert ist.
●**Restaurant Sancho Panza,** c/ Jai Alai s/n, Urbanización Las Fuentes, Tel. 964 412 265. In einer Seitenstraße gelegen, vielleicht 100 Meter vom Hafen entfernt. Der Name deutet es schon an: Das elegante Lokal ist mit Dekoration aus der zentralspanischen La Mancha-Region geschmückt. Höhere Preisklasse, internationale Küche mit großer Fischauswahl.
●**Restaurant Subirats,** c/ San Benito 1, Tel. 964 412 523. Strandnah im Ortszentrum an einer größeren Plaza gelegen. Familiäres Ambiente und breite Auswahl an Fisch- und Reisgerichten.
●**Restaurant Montemar,** Paseo Vista Alegre 2, Tel. 964 412 145. Größeres Lokal am Paseo; wer einen Fensterplatz ergattert, hat einen traumhaften Blick aufs Meer. Spezialitäten: Fisch und Meeresfrüchte.

Feste

●29. August: San Juan, Patronatsfest.

Markt

●**Freitag** in der Innenstadt.

Costa del Azahar

Orpesa

- **Einwohner:** 3000
- **PLZ:** 12594
- **Entfernung nach Valencia:** 99 km
- **Touristeninformation:**
Avda. de la Plana 4, Tel. 964 312 241,
Fax 964 310 991, E-Mail:
touristinfo.orpesa@turisme.m400.gva.es

Die im Kasten angegebene Einwohnerzahl stimmt vielleicht im November, oder auch im Februar. Aber auf keinen Fall während der Sommermonate. Dann bevölkern wohl zehn-, wenn nicht zwanzigmal so viele Menschen Orpesa. Schließlich wollen all die Ferienwohnungen, Apartments, Zweitimmobilien und Hotelzimmer in all den Hochhäusern gefüllt werden. In Orpesa wachsen die Häuser in den Himmel, als ob man mit der Skyline von New York konkurrieren wolle. Eine Kulisse von Benidormschen Ausmaßen, bereits aus weiter Ferne von der Autobahn aus zu sehen.

Und wo bleibt das Positive? Die **Strände** sind schön, und auch die Altstadt ist einen Besuch wert.

Strandprofil

Playa La Torre de la Sal

Hier könnte man wieder trefflich streiten, ob der Strand überhaupt noch zu Orpesa gehört. Eigentlich wohl nicht; da sich aber die Neubauten

auch in diese Richtung schieben und dort obendrein eine ganze Reihe von Campingplätzen liegt, die alle zum Ort gezählt werden, soll er hier genannt sein. Immerhin handelt es sich um einen 280 Meter langen Strand, überwiegend hellsandig, an manchen Stellen aber auch steinig. Noch ist die nähere Umgenung nicht verbaut, nur ein knappes Dutzend Campingplätze siedelte sich bislang hier an.

Playa dels Amplàries

liegt am nördlichen Rand der aktuellen Bebauungsgrenze, etwa 1,5 Kilometer vom Zentrum entfernt. Die Eckdaten: 1500 Meter Länge, 30 Meter Breite und feiner, heller Sand, stellenweise auch Stein.

Playa Morro de Gos

Dies ist einer der beiden Hauptstrände. Obwohl er immerhin 1100 Meter Länge und 30 Meter durchschnittliche Breite aufweist, wird's regelmäßig eng ums Handtuch, weil das gesamte Hinterland zum Großteil aus **Urlauber-Unterkünften** besteht. Immerhin finden sich hier nicht ausschließlich Hochhäuser. Oberhalb der *playa* wurde eine nett gestaltete und auffallend breite Promenade geschaffen; die Autofahrer haben hier ausnahmsweise mal weniger Platz als die Fußgänger. Man kann übrigens auf einem schmalen Fußweg am Felsvorsprung mit dem Torre del Rey vorbei hinüber zum Nachbarstrand laufen. Diese Ecke ist eine der ganz wenigen ruhigen Zonen, deshalb lassen sich an

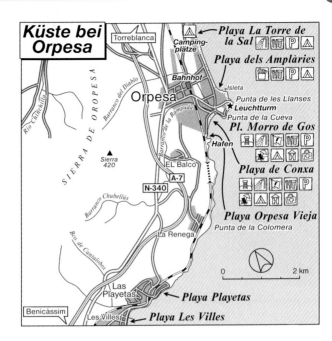

der felsigen Küste auch gerne Freizeit-
angler nieder.

**Playa
La Conxa**

„Die Muschel" macht ihrem Namen
alle Ehre, denn der 840 Meter lange
Strand öffnet sich tatsächlich halbkreisförmig. Davor verläuft ein Fußweg. Direkt dahinter liegt eine dicht
befahrene Straße, und auch wahre
Monster von Hochhäusern stören die
Idylle. Somit bleibt das wellenförmige
Muster der Fußweg-Fliesen das einzige Schöne hier, neben dem feinen
Sandstrand.

Playa Orpesa Vieja

Eine winzige Bucht von 70 Metern
ganz am südlichen Ortsrand, unmittelbar vor dem Sportboothafen.

Sehenswertes

Die Strandzone ist dank der schönen
playas fest in touristischer Hand. Ein
Felsvorsprung trennt die beiden
Hauptstrände; auf ihm thronen ein
Leuchtturm, der 1859 erbaut wurde,
sowie die Überreste des Monuments
Torre del Rey. Bereits im 15. Jahrhun-
dert errichteten die damaligen Herr-

Costa del Azahar

scher an dieser strategisch wichtigen Stelle die kleine Burg zum Schutz vor Piratenattacken. Im 17. Jahrhundert wurde sie weiter ausgebaut.

Die ursprüngliche Ortschaft liegt, vom Meer her kommend, jenseits der Bahnlinie. Hier nun verändert sich das

Ortsbild komplett, von touristischem Trubel ist keine Spur mehr zu entdecken. Dort leben sie wohl, die eingangs erwähnten 3000 Einwohner. Innerhalb dieses Ortsteiles liegt auch die kleine **Altstadt,** eine Mischung aus ansehnlichen alten Häusern und einigen Bauten, an denen der Zahn der Zeit doch arg genagt hat. Steile Wege führen in engen Kurven bergauf, immer mal wieder zwängt sich auch ein Pkw durch. Gemeinsames Ziel von Fußgängern und Autofahrern: die kleine **Kirche** und das **Castillo.** Während in der Kirche noch Gottesdienste gefeiert werden, ist das Castillo, mit Verlaub, nur noch eine Ruine. Allerdings ist auch hier wieder einmal der Weg das Ziel; oben angekommen kann man das Panorama der Hochhäuser vor den Stränden „genießen".

Hier in der Altstadt, genauer gesagt in der c/ Ramón y Cajal 12, liegt auch das **Eisenmuseum,** das Museo del Hierro. Schmiedeeisernes Kunsthandwerk wird gezeigt, Fenstergitter, Waffen, Schlösser, Schlüssel. Soweit ganz nett; in erster Linie sollen die Besucher aber wohl in den angeschlossenen Antiquitätenladen gelotst werden.

●**Geöffnet:** 16.9.-14.6. Di-So 9-15 Uhr, 15.6.-15.9. 10-14 und 19-22 Uhr, Mo geschlossen, Eintritt: 3 €.

Etwas unterhalb vom Castillo, einen Block von der zentralen Plaça Major entfernt, stehen in der Calle Santa Clara **Ruhebänke** mit bunten und hübsch geschwungenen Linien, frappierend ähnlich den Bänken im Park Güell in Barcelona, die der große Architekt *Antonio Gaudí* erschuf.

Ruhige Ecken gibt es auch

Praktische Tipps

Unterkunft

●**Hostal L'Escaleta** €€, c/ Rondamar 22, Tel. 964 312 665. Kleines Haus mit zehn Zimmern; es liegt in der Altstadt an einer Treppe, die zum Castillo führt.

●**Hotel Oropesa Sol** €€, Avda. Madrid 11, Tel. 964 310 150, geöffnet vom 15.3. bis 30.9. Einfaches Haus mit vier Etagen und 50 Zimmern, nicht übermäßig weit vom Strand entfernt, aber von Hochhäusern umzingelt.

●**Hotel Neptuno Playa** €€€, Paseo Marítimo an der Playa Conxa, Tel. 964 310 040, Fax 964 310 075, geöffnet vom 15.3. bis 30.9. Das Drei-Sterne-Haus in Strandnähe hat 88 funktional eingerichtete Zimmer und macht einen tadellosen Eindruck. Nett gestalteter Empfangsbereich.

●**Hotel Playa** €€€, Paseo Marítimo Mediterráneo 1, Tel. 964 310 235, Fax 964 312 615, geöffnet vom 1.6. bis 30.9. Das 44-Zimmer-Haus liegt an der Playa Morro de Gos, fast am Felsvorsprung. Insgesamt drei Etagen, unten gibt es ein Restaurant; von einigen Räumen schaut man nett aufs Meer.

●**Hotel El Cid** €€€, Urbanización Las Playetas s/n, Tel. 964 300 700, Fax 964 304 878, geöffnet vom 1.3. bis 30.9. Das nette Hotel hat 54 Zimmer; es liegt gute acht Kilometer südlich vom Ortskern, dafür in Strandnähe. Weitere Pluspunkte: angenehme Atmosphäre und hübsch begrünte Umgebung, außerdem hat man von etlichen Zimmern aus Meerblick.

Costa del Azahar

Sitzbänke, von Gaudí inspiriert?

Camping

●**Voramar,** 2. Kategorie, c/ Antonio Bosque 6, Tel. 964 310 206, geöffnet: 15.3.-30.9. Kleiner Platz für 360 Personen, nur zwei Straßen vom Strand und vom Zentrum entfernt. Ideal also für Nachtschwärmer und Strandgriller.

●**Cortijomar,** 2. Kategorie, Paseo Marítimo Mediterráneo 2, Tel. 964 313 200, Fax 964 310 950, ganzjährig geöffnet. Auch kein großer Platz (350 Camper), am nördlichen Ende des Strandes Morro de Gos gelegen.

Im nördlichen Randgebiet von Orpesa hat sich eine wahre **Campingkolonie** mit insgesamt zehn Plätzen gebildet. Sie liegt etwas isoliert (nach Orpesa-City sind es drei bis vier Kilometer), dafür fehlt bislang eine betonlastige Bebauung. Die Plätze liegen von Feldern und Bäumen umgeben an einer Straße, die parallel zum Strand verläuft, somit haben einige Plätze direkten Strandzugang.

Bis auf einen größeren Platz konnte ich keine nennenswerten Unterschiede zwischen den einzelnen Campings ausmachen. Vielleicht wird man bei solchen Pauschalierungen ungerecht, trotzdem werden die anderen Plätze hier nur aufgelistet.

●**Blavamar,** 1. Kategorie, Tel. 964 319 692, Fax 964 319 564, geöffnet: 15.3.-30.9., 440 Personen, an der Meerseite gelegen;

●**Diota,** 1. Kategorie, Tel./Fax 964 319 551, geöffnet: 15.3.-30.9., 560 Pers. Meerseite;

●**Oasis,** 1. Kategorie, Tel./Fax 964 319 677, 350 Personen, ganzjährig geöffnet;

●**Alondra,** 2. Kategorie, Tel. 964 319 686, Fax 964 310 950, 300 Personen, ganzjährig geöffnet;

●**Estrella de Mar,** 2. Kategorie, Tel. 964 319 611, 720 Personen, geöffnet: 15.3.-12.10., Meerseite;

●**Fredymar,** 2. Kategorie, Tel. 964 310 696, 510 Pers., ganzjährig geöffnet, Meerseite;

●**Kivu,** 2. Kategorie, Tel. /Fax 964 319 533, 310 Pers., ganzjährig geöffnet, Meerseite;

●**Ribamar,** 2. Kategorie, Tel. 964 319 762, 630 Personen, geöffnet: 15.3.-31.10.;

●**Torre la Sal,** 1. Kategorie, Tel. 964 319 596, Fax 964 319 629, 960 Personen, ganzjährig geöffnet;

●**Torre la Sal II**, 1. Kategorie, Tel./Fax 964 319 744, E-Mail: camping@torresal2.com. 1420 Personen, ganzjährig geöffnet. Hübsch begrüntes Gelände unter Bäumen am Strand gelegen. Weitere Extras: Pool, Bungalows, kleine Stierkampfarena, Disko, durch Büsche getrennte Parzellen, Kinderspielplatz.

Essen & Trinken

●**Restaurant Casa Jordi,** c/ Oviedo, Ecke c/ París, Tel. 964 311 030, Mo Ruhetag. Grill- und Fischgerichte sind die Spezialitäten. Das Lokal liegt zwei Straßen vom Zentrum der Playa Morro de Gos entfernt.

●**Bar del Poble,** Avda. de la Mar 3, Tel. 964 312 368. Liegt recht weit vom Strand entfernt, kurz hinter der Bahnlinie. Bietet gute Hausmannskost auf Basis eines Tagesgerichtes, außerdem hausgemachte Nachspeisen.

●**Freiduría El Boquerón** liegt gleich nebenan, eine Fischbratküche, wobei der Begriff hier keinesfalls abwertend gemeint ist.

●**Bar La Arcada** und **Bar Orochicas** sind zwei Tapa-Bars am Paseo, Ecke c/ de la Mar. Fast überraschend nimmt man zur Kenntnis, dass es auch noch solch urspanische Einrichtungen hier an der Playa Morro de Gos gibt.

Adressen

●**Ärztliches Zentrum:** Avda. de la Plana s/n, Tel. 964 310 353.

●**Guardia Civil:** Avda. de la Plana 1, Tel. 964 310 083.

●**Polizei:** c/ Leoncio Serrano 1, Tel. 964 310 066.

●**Post:** Avenida de la Plana 93.

Feste

●**25. Juli:** San Jaime, Patronatsfest.

●**4. Oktober:** Virgen de la Paciencia, Patronatsfest.

●**am folgenden Montag:** Wettbewerb im Paella-Kochen.

Markt

●Donnerstag.

Benicàssim

- **Einwohner:** 14.000
- **PLZ:** 12560
- **Entfernung nach Valencia:** 86 km
- **Touristeninformation:**
  c/ Médico Segarra 4,
  Tel. 964 300 962, Fax 964 303 432,
  E-Mail: turisme@benicassim.org
- **Internet:** www.benicassim.org

O23smk Foto: sm

Benicàssims Wurzeln reichen bis ins 13. Jahrhundert zurück. Damals regierten die Araber diese Region; die Söhne eines Herrschers namens **Qassim** gaben einer Siedlung den Namen *(Beni-Qassim)*. Nachdem *Jaime I.* im Jahre 1234 die arabische Vorherrschaft hiederschlug, wandelte sich der Name zum heutigen Benicàssim.

Die Anfänge des heute großen Ortes waren recht bescheiden. Ende des 19. Jahrhunderts begannen reiche Familien aus Valencia und Castellón, sich hier am Strand Ferienvillen zu errichten; viele dieser Häuser stehen heute noch. Der eigentliche Ort aber liegt, wie so oft, etwas von der Küste entfernt. Dort befindet sich das geschäftige Zentrum mit Bars, Einkaufsmöglichkeiten und Wohnhäusern. Die **touristische Zone** hat sich mittlerweile über viele Kilometer ausgedehnt; sie reicht von den schönen alten Villen im Norden fast bis zur Strandzone der benachbarten Großstadt Castellón im Süden. Zwar hat es noch keinen direkten baulichen Zusammenschluss gegeben, aber viel fehlt nicht mehr. Eine gut ausgebaute Verbindungsstraße existiert bereits.

Strandprofil

Playa Les Villes

wird auch Playa Voramar genannt. Es handelt sich um einen 500 Meter langen und gut 30 Meter breiten feinsandigen Strand, der, wie sein Name schon andeutet, vor der schönen alten Villenzone liegt. Eine nette Promenade ohne Autoverkehr und Tingeltangel lädt zum Flanieren und Bestaunen der prächtigen Häuser ein.

Costa del Azahar

Die Strandpromenade von Benicàssim

Playa L'Almadrava

schließt sich nahtlos an. Auch dieser 520 Meter lange Strand ist hell und feinsandig, und auch hier stehen einige historische Villen.

Playa de Torre de Sant Vicent

So heißt der dritte Strandabschnitt, auch er 500 Meter lang, 30 Meter breit und hellsandig, und auch hier finden sich schöne alte Villen; erst weit entfernt stehen einige Hochhäuser.

Playa Els Terrers

misst zwar auch 500 Meter, verbreitert sich sogar auf 40 Meter und weist ebenfalls feinen, hellen Sand auf. Nur stehen hier keine Villen, stattdessen Apartmentblocks. Der Strand verläuft in drei weiten Bögen; oben führt eine Straße direkt vorbei.

Playa Sud de Benicàssim

So nennt sich der feinsandige, helle Hauptstrand. Über stolze 3200 Meter zieht er sich hin und erreicht eine durchschnittliche Breite von fast 30 Metern. Er ist stets gut besucht, kein Wunder, denn über die gesamte Länge säumen ihn Dutzende Apartment-häuser und -blocks. Eine Autostraße verläuft hier ebenfalls direkt am Strand entlang und führt bis hinüber zum benachbarten Castellón.

Playa El Serradal

heißt die Verlängerung des oben beschriebenen Strandes; sie verläuft noch zwei Kilometer weiter bis zum ausgetrockneten Flussbett mit dem bezeichnenden Namen Río Seco („trockener Fluss") und unterscheidet sich in nichts vom Nachbarstrand, lediglich die Bebauung nimmt langsam ab.

Sehenswertes

Die hübsche **Villenzone** liegt entlang der Strandpromenaden Passeig Bernat Artola und Passeig Marítim Pilar Coloma. 1878 baute der Ingenieur *Joaquím Coloma* hier ein erstes Sommerhaus, die Villa Pilar; viele weitere folgten. Die Villa Pilar selbst existiert nicht mehr, aber noch immer können 29 hübsche Häuser aus der Jahrhundertwende 19./20. Jh. bewundert werden. Sie tragen Namen wie Villa Elisia, Villa del Mar, Villa María oder Villa Paquita. Staunend schlendert man über die autofreie Promenade, schaut durch schmiedeeiserne Zäune oder hochherrschaftliche Torbögen und beneidet im Stillen die heutigen Besitzer. Vor allen Häusern geben kleine Tafeln Informationen über den jeweiligen historischen Hintergrund des Bauwerks, seine Vorbesitzer etc. In einem Haus wird heute ein Restaurant betrieben (Villa del Mar), in der Villa Voramar ein Hotel.

Torre San Vicente am Ende der Strandpromenade Passeig Bernat Artola ist einer von 18 **Wehrtürmen,** die in den vergangenen Jahrhunderten entlang der ganzen Küste der Provinz Castellón errichtet wurden. Er stammt aus dem 16. Jahrhundert; ein Wachtrupp war damals ziemlich isoliert hier untergebracht.

Die Kirche **Iglesia Sant Tomás de Villanueva** steht im Kern des älteren Stadtteils, wo sich heute eine Menge Bars angesiedelt haben Sie wurde zwischen 1769 und 1776 errichtet und bildete damals als Dorfzentrum den Ausgangspunkt weiterer Besiedlung.

Die Bodega des Karmeliterordens, **Bodegas Carmelitas,** liegt am Ortsrand bei einem Parkplatz. Besucher können den Prozess der Likörherstellung verfolgen und natürlich auch kosten. Der *licor carmelitana* wird in jedem Geschäft der Stadt verkauft.

●**Geöffnet:** im Sommer: 9-13.30 und 15.30-20 Uhr, sonst 9-13.30 und 15-19 Uhr, Führungen alle 20 Minuten, freier Eintritt.

Praktische Tipps

Unterkunft

●**Hotel Voramar** €€€, Paseo Pilar Coloma 1, Tel. 964 300 150, Fax 964 300 526, E-Mail: hvoramar@infocsnet.com, geöffnet: 15.3. bis 15.10. Wenn jemals ein Hotel von sich behaupten durfte, in der ersten Reihe zu liegen, dann dieses. Unmittelbar am Strand und am Anfang der Strandpromenade mit den schicken Villen. Das Haus hat 58 Zimmer, obendrein ein Restaurant mit Terrasse sowie Meerblick aus vielen Räumen.

●**Hotel Canadá** €€, c/ La Pau 1, Tel. 964 304 611, Fax 964 393 717, 22 Zimmer. In einer Seitenstraße im Altort gelegen, genau dort, wo viele Bars zu finden sind. Ideal für Budgetbewusste, die sich gerne ins Nachtleben stürzen.

●**Hotel Intur Bonaire** €€€€, Avda. Gimeno Tomás 3, Tel. 964 392 480, Fax 964 395 601, E-Mail: bonaire@intur.com. Etwa 100 Meter zurückversetzt vom Strand steht dieses schöne Vier-Sterne-Haus in einem weitläufigen Garten. Es bietet 88 ruhige Zimmer, einen Pool, einen Minigolfplatz und den stets guten Service der Intur-Kette.

●**Hotel Tramontana** €€-€€€, Avda. Ferrandis Salvador 6, Tel. 964 300 300, Fax 964 304 621, geöffnet: 15.3.-31.10. Auch dieses Hotel liegt an der Strandpromenade am Ende der Villenzone; es hat 65 Zimmer und einen kleinen Garten.

Camping

Insgesamt sieben Plätze hat Benicàssim, die meisten sind klein und liegen zwischen den Apartmenthäusern.

●**Azahar**, 1. Kategorie, Partida Vilaroig beim Hotel Voramar, Tel. 964 303 196, Fax 964 302 512, ganzjährig geöffnet. Kleiner Platz mit 213 Parzellen, großem Pool, unweit vom Strand Voramar, aber leider auch unweit der Bahnlinie gelegen.

●**Bontera**, 1. Kategorie, Avda. de Barcelona 47, Tel. 964 300 007, Fax 964 300 060, E-Mail: campingbontera@ctv.es; geöffnet von Ostern bis Ende September. Der größte Platz mit 500 Parzellen, gut erreichbar, aber ca. 400 Meter vom Strand entfernt. Viele Schatten spendende Bäume, Pool.

●**Florida**, 2. Kategorie, c/ Sigalero 34, Tel./Fax 964 392 385. Kleiner, ganzjährig geöffneter Platz mit 72 Parzellen, der keine 200 Meter vom Strand entfernt beim Hotel Trinimar liegt.

●**Benicàssim**, 2. Kategorie, Gran Avenida Jaume I. 230, Tel. 964 392 301, Fax 964 300 698, geöffnet: 1.4.-30.9. Kleiner Platz mit 79 Parzellen an der Hauptstraße in der Altstadt. Zum Strand sind es ca. 300 Meter, zur Amüsiermeile vielleicht 600 Meter.

Essen & Trinken

●**Restaurant Plaza,** c/ Colón 3, Tel. 964 300 072, Di Ruhetag. Gute baskische, aber auch internationale Küche, nicht ganz billig. Zu finden im Altort.

●**Le Petit Restaurant,** c/ Leopoldo Querol 52, Tel. 964 303 556. Wahrlich ein kleines Restaurant mit guten Fleischgerichten, aber auch leckerem Fisch im Angebot.

●**Villa María,** Passeig Pilar Coloma 18. Das Lokal ist in einer der hübschen Villen aus der Jahrhundertwende untergebracht, aber die angebotenen Gerichte zielen mehr auf die eilige Kundschaft.

●Im **Altort** findet man eine ganze Reihe von Lokalen in den Straßen Avenida Castellón, Calle Santo Tomás, Calle Pau oder Calle Bayren. Speziell in letzterer Straße liegen etliche Musik-Pubs.

Adressen

●**Segeln/Surfen:** Club de Vela an der Playa Els Terrers bietet auch Kurse für Einsteiger an. Tel. 964 251 007.

●**Wasserpark Aquarama,** N-340 Ausfahrt „Sur Benicàssim", geöffnet: Juni, September 11-19, Juli, August 11-20 Uhr. Eintritt nach Körpergröße gestaffelt: bis 90 cm frei, zwischen 90 und 140 cm: 9 €, darüber: 13 €; nachmittags reduzierte Tarife.

Feste

●**17. Januar:** San Antonio Abad, Patronatsfest, u.a. mit einer Prozession von hübsch geschmückten Wagen.

●**Ende Juli:** Festival der Habaneras an der Playa Torre Sant Vicent, ein Wettstreit der besten Chöre.

●**Erstes Wochenende im August:** Festival de Música Independiente. Sehr beliebt! Seit 1995 werden neben Musik aller Richtungen auch Theateraufführungen, Filme und sogar Modeschauen geboten. Infos gibt es auch auf einer eigenen Website im Internet: www.festival-benicassim.com.

●**Anfang September:** Internationales Gitarrenfestival.

●**22. September:** Sant Tomás de Villanueva, Patronatsfest mit einem tollen Feuerwerk, Stiertreiben durch die Straßen und der Wahl der Festkönige.

Markt

●**Donnerstag** an der Plaza Ausias Marc.

Ausflug in die Desierto de las Palmas

Die „Wüste der Palmen" liegt sechs Kilometer außerhalb von Benicàssim im leicht bergigen Hinterland. **Mönche des Karmeliterordens** suchten 1697 einen abgeschiedenen Platz, an dem sie zurückgezogen leben konnten. Der Begriff „Wüste" versinnbildlicht deshalb auch nur die geistige Zurückgezogenheit, verweist nicht auf einen lebensfeindlichen Ort. Das Kloster liegt auf einer Höhe von 459 Metern, umgeben von Pinien, Kiefern und auch Palmen. Das Gebiet steht seit 1989 unter Naturschutz, Informationen über Flora und Fauna liefert ein Besucherzentrum, das Centro de Visitantes la Bartola.

Bei dem Kloster handelt sich um einen Nachbau, da das ursprüngliche Gebäude zerstört wurde. Heute kann man hier die Ruhe genießen; außerdem hat man einen exzellenten Blick über die Küste. Auch das kleine **Museum,** welches die Historie des Klosters erzählt, lohnt einen Besuch. Die Bodega des Klosters liegt heute in Benicàssim in der Calle Castellón (siehe Ortsbeschreibung Benicàssim).

●**Geöffnet:** 10-13 und 16-19 Uhr, im Juli, August bis 20 Uhr; Eintritt frei.

Castelló de la Plana

- **Einwohner:** 140.000
- **PLZ:** 12003
- **Entfernung nach Valencia:** 74 km
- **Touristeninformation:**
Plaza María Agustina 5,
Tel. 964 358 688, Fax 964 358 689, E-Mail:
touristinfo.castellon@turisme.m400.gva.es

Castelló ist die Hauptstadt der Provinz Castellón, eine moderne, geschäftige **Industriemetropole.** Ihr Hafen, der den Namen El Grao trägt, liegt vier Kilometer außerhalb und zählt zu den größten entlang der gesamten spanischen Mittelmeerküste. Fischfang wird hier noch in beachtlichem Umfang betrieben, aber auch der Güterumschlag erreicht Spitzenwerte. Außerdem steht hier seit 1967 ein riesiges petrochemisches Lager, das regelmäßig von Tankschiffen beliefert wird. Das alles hat dazu geführt, dass El Grao sich zu einem Ort mit beachtlichem Eigenleben entwickelt hat. 12.000 Menschen leben hier, und die gastronomische Szene hat nicht nur ein animierendes Nachtleben hervorgebracht, sondern auch einige ganz vorzügliche Restaurants.

Der innerstädtische Bereich von Castelló bietet unter touristischen Gesichtspunkten nur wenig Spannendes. Ein Spaziergang, ausgehend von der

Costa del Azahar

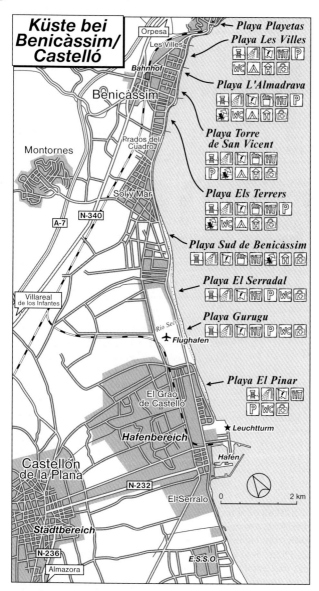

Küste bei Benicàssim/Castelló

Orpesa

Les Villes

Bahnhof

Benicàssim

Montornés

Prados del Cuadro

Sol y Mar

A-7   N-340

Villareal de los Infantes

Río Seco

Flughafen

El Grao de Castelló

Hafenbereich

Castellón de la Plana

N-232

El Serralo

Stadtbereich

N-236

Almazora

E.S.S.O.

← Playa Playetas

Playa Les Villes

Playa L'Almadrava

Playa Torre de San Vicent

Playa Els Terrers

Playa Sud de Benicàssim

Playa El Serradal

Playa Gurugu

← Playa El Pinar

★ Leuchtturm

Hafen

0   2 km

Plaza Mayor, führt durch geschäftige Straßen mit einigen schönen Häusern, aber herausragende Sehenswürdigkeiten gibt es hier nicht.

Strandprofil

Zwei Strandzonen zählen verwaltungstechnisch zu Castelló; sie schließen sich nahtlos an die schönen Strände von Benicàssim an, die bis zum Hafen El Grao verlaufen.

Playa Gurugu

beginnt beim ausgetrockneten Flusslauf Río Seco und erstreckt sich über 1000 Meter. Er hat eine durchschnittliche Breite von 40 Metern und wird stellenweise von Dünenlandschaft begrenzt. Eine Straße verläuft in der Nähe; hier liegt auch ein kleiner Flugplatz, von dem aus aber nur Hobby-Flieger starten.

Playa El Pinar

So heißt der sich anschließende, 2200 Meter lange Strand. Er fällt noch breiter aus als sein Vorgänger (50 Meter) und endet unmittelbar am Hafen. Wegen seines schönen hellen Sandes ist er bei den Einwohnern von Castelló sehr beliebt, zumal nicht weit entfernt auch etliche attraktive Lokale locken. Die Verbindungsstraße El Grao – Benicàssim verläuft etwas weiter im Hinterland. Zwischen Strand und Straße entstanden bereits die ersten Apartments.

Sehenswertes

Zentrum der Stadt ist die **Plaza Mayor** im Ortskern, wo auch einige bedeutende Bauwerke stehen, etwa das hübsche, 1716 eingeweihte **Rathaus.** Hier findet an jedem Sonntagmorgen eine Briefmarkenbörse statt.

Die **Concatedral de Santa María** liegt ebenfalls an der Plaza Mayor. Ihr Grundstein wurde bereits im 13. Jahrhundert gelegt. Leider erlitt die Kathedrale viel später im Spanischen Bürgerkrieg große Schäden und musste abgerissen werden. Seit einigen Jahren baut man sie nun wieder auf. Lediglich die Seitenportale stammen noch aus den Anfängen; das Tor in der schmalen Straße Calle Arzipreste Balaguer wurde im Jahr 1385 erbaut.

El Fadrí („der Junggeselle") heißt der etwas abseits stehende **Glockenturm.** Dieses achteckige Gebäude aus dem frühen 17. Jahrhundert misst 58 Meter und läutet mit stolzen elf Glocken.

Unmittelbar nebenan steht die **Casa Abadía,** ein Haus aus dem 16. Jahrhundert, in dem heute eine Bibliothek untergebracht ist. Schräg gegenüber der Kathedrale wird gehandelt; dort steht die schmucke **Markthalle.**

In der Nähe der Plaza Mayor liegt das **Museo de Bellas Artes** in der c/ Caballeros 25. Auf insgesamt vier Etagen sind nicht nur Gemälde ausgestellt, sondern auch archäologische Fundstücke, hauptsächlich aus der Umgebung von Castelló. Außerdem eine große Sammlung an Keramik-Exponaten aus der Zeit des 16. bis 19. Jahrhundert.

Costa del Azahar

●**Geöffnet:** Di-Sa 10-20, So 10-14 Uhr, Eintritt werktags 2,10 €, So frei.

Die Plaza de la Paz liegt nur wenige Schritte weiter südlich der Plaza Mayor. Dort steht das schöne alte **Teatro Principal,** ein Theater, dessen Bau aus dem Jahr 1894 datiert. Es war lange Zeit wegen Renovierung geschlossen, nun finden aber wieder Aufführungen statt. Mitten auf dem Platz vor dem Theater steht ein hübscher **Jugendstilpavillon,** in dem heute eine Bar untergebracht ist. Hier trifft man sich nicht nur vor oder nach dem Theaterbesuch, sondern eigentlich immer, ein Zentrum des hiesigen Nachtlebens.

Der **Parque Ribalta** lädt zum Verschnaufen ein, er ist die grüne Lunge der Stadt, nur zehn Gehminuten von der Plaza Mayor entfernt. Zu sehen gibt es Statuen bekannter Musiker, künstlerische Skulpturen, einen kleinen Tempel und einen kleinen See.

Vier Kilometer außerhalb des Ortes liegt der **Hafen El Grao,** der aus touristischem Blickwinkel vielleicht nicht so viel Interessantes bietet. Immerhin lockt eine ganz angenehme Kneipenmeile *al aire libre,* also mit einer großen Freiluft-Terrasse, außerdem ein Planetarium. Dort werden Dauer- und Einzelausstellungen gezeigt, und natürlich hat man die Möglichkeit, die Gestirne zu bewundern. Die Vorstellungszeiten variieren stark von Monat zu Monat.

●**Geöffnet:** Di-Sa 16.30-20 Uhr, Sa, So 11-14 Uhr, Mo geschlossen; Eintritt: 2,10 €, Jugendliche: 1,50 €. Der Besuch der Ausstellungen ist frei.

Praktische Tipps

Unterkunft

●**Hotel Mindoro** €€€-€€€€, c/ Moyano 4, Tel. 964 222 300, Fax 964 233 154. Großes, modernes Haus mit 105 Zimmern, sehr zentral gelegen, direkt hinter dem Teatro Principal.

●**Hotel Jaume I.** €€€, Ronda Mijares 67, Tel. 964 250 300, Fax 964 203 779. Ein Zweckbau mit 89 Zimmern, im Stil der umliegenden Wohnblocks gehalten. Mit Restaurant und Parkgarage.

●**Hotel Castelló Center** €€€-€€€€, Ronda Mijares 86, Tel. 964 342 777, Fax 964 204 779. Modernes, komfortables Haus, die günstigsten DZ liegen bei 50, die teuersten bei 105 €.

●**Hotel Turcosa** €€€€, c/ Treballadors de la Mar in El Grao, Tel. 964 283 600, Fax 964 284 737, E-Mail: nhturcosa@nh-hoteles.es. Tolle Lage, tolle Zimmer, toller Preis (116 €). Man schaut vom Balkon aufs Meer, wenn auch über eine Straße hinweg.

●**Hostal La Ola** €€-€€€, Paseo Marítimo s/n in El Grao, Tel. 964 284 889. Kleines Haus, nur durch eine Straße vom Meer getrennt, unweit des Planetariums.

●**Hostal Herreros** €€-€€€, Avda. del Puerto 28, Tel. 964 284 264. Dieses 40-Zimmer-Haus liegt ebenfalls in El Grao an der Straße, die direkt zum Club Náutico führt.

Essen & Trinken

In El Grao:

●Direkt beim Sportboothafen entstand die kleine Kneipenmeile **Plaza de la Mar.** Nett gestaltet mit einer beachtlichen Anzahl von Tresen. Hier kann man schön draußen sitzen und die Meeresbrise genießen.

●**Restaurant Rafael,** c/ Churruca 28, Tel. 964 281 626, So Ruhetag. Bietet vorzügliche Küche zu leicht erhöhten Preisen mit Schwerpunkt auf Meeresgetier. Gute Auswahl an Desserts.

●**Tasca del Puerto,** Avda. del Puerto 13, Tel. 964 284 481, So Ruhetag. Großes Lokal mit ebensolcher Auswahl an Speisen, das zu besten Häusern der Stadt zählt. Spezialisiert auf Fisch- und Reisgerichte, aber auch die Kleinigkeiten „am Wegesrand" (Nachtisch, Zigarre, Verdauungsschluck) sind von ausgesuchter Qualität.

Im Zentrum:

● Unweit der Plaza Mayor verläuft die **Calle Mayor.** Dort liegen schon etliche Lokale, aber in den schmalen abzweigenden Gassen, wie der **Calle Isaac Peral** oder an der **Plaza Santa Clara** reiht sich ein Tresen an den anderen. Eine klassische Versack-Meile.

● In der **Calle Temprado** sowie in der parallelen **Calle Luis Vives,** beide unweit der Plaza de la Paz, befindet sich die Zone des *tapeo.* Soll heißen, hier wartet eine Bar neben der anderen mit Drinks und Tapas auf Kundschaft.

● **Cafetería Rialto,** Plaza de la Paz, Tel. 964 237 404. Modern aufgemachtes Café, das auch Reis- und Fischgerichte serviert.

● **Restaurant Peñalén,** c/ Tola 11, Tel. 964 234 131, Sa und So geschlossen. Das Lokal liegt eine Straße hinter dem Teatro Principal und gilt als eines der elegantesten der Stadt. Es bietet eine gute Auswahl an baskischen Spezialitäten.

Einkaufen/Fahrradverleih

● **La Sacristía,** c/ Ximénez 9. Eine kleine Weinhandlung mit Ausschank hinter dem Teatro Principal; führt auch leckere Käse- und Wurstspezialitäten.

● **Casa Vinaté,** Ronda de Mijares 6, eine ebenfalls gut bestückte Weinhandlung.

● In der **Calle Zaragoza** liegen etliche Modegeschäfte. Die Straße verläuft von der Plaza Mayor Richtung Parque Ribalta.

● **Fahrradverleih:** Decathlon, c/ Grecia s/n, Tel. 964 245 211.

Feste

● **29. Juni:** Sant Pere, Patronatsfest in El Grao. Neben Stiertrieben kann man an unzähligen Probierständen Sardinen kosten.

● **Dritter Sonntag der Fastenzeit:** Fiestas de Magdalena. Das Fest erinnert an den Umzug der ersten Siedler von den Bergen hinunter in die Ebene. Am folgenden Tag findet die Romería de les Canyes statt, die an der Kathedrale beginnt und zur Kapelle der heiligen Magdalena führt. Das ganze Fest dauert neun Tage; während dieser Zeit findet auch die Procesión de las gaiatas statt, ein Umzug von fantasievoll dekorierten und illuminierten Festwagen. Jeder Stadtteil gestaltet seinen eigenen Wagen; dieser Umzug symbolisiert die Ankunft der ersten Siedler.

Markt

● Wochenmarkt am **Montag** an der Avenida del Mar.

Costa de Valencia

042smk Foto: sm

072cl Foto: jf

Auf dem Binnensee L'Albufera

Freizeitvergnügen jüngerer ...

... und älterer Männer

Übersicht

Aus der Satellitenperspektive betrachtet, verläuft die **Küstenlinie** von Valencia leicht halbkreisförmig. Der nördliche Ausgang liegt weit jenseits der Provinzgrenze irgendwo in der benachbarten Provinz Castellón, das südliche Ende ziemlich genau beim Cabo de la Nao (unweit Jávea an der Costa Blanca, knapp außerhalb der Costa de Valencia). Ziemlich genau in der Mitte dieses Halbrunds liegt die Stadt Valencia, mit ihren 750.000 Einwohnern die **drittgrößte Metropole Spaniens.** Mit gutem Auge könnte der Weltraumbetrachter auch den feinen hellen Streifen am Küstensaum erkennen, eine Vielzahl von **kilometerlangen weißen Sandstränden.** Etliche sind nördlich von Valencia zu finden, die längsten aber südlich der Stadt. Speziell im südlichen Bereich, in Cullera und Gandía, hat die Tourismusindustrie dieses Potenzial frühzeitig erkannt und reichlich Apartments und Hotels gebaut.

Valencia, die Hauptstadt der *Comunidad Valenciana,* war schon seit ihrer Gründung stark vom Handel geprägt. Heute haben sich die wirtschaftlichen Gewichte mehr auf Industrieproduktionen in den Vororten verschoben, im Zentrum findet sich dagegen immer noch historische Pracht.

Die Bewohner gelten als Kopfmenschen, aber einmal im Jahr spielen die Valencianer komplett verrückt, nämlich bei dem einwöchigen **Volksfest Las Fallas.** Dann wird die Innenstadt gesperrt, denn an jeder Kreuzung stehen wahre Kunstwerke aus Sperrholz und Pappmaché. Am 19. März wird all diese Herrlichkeit verbrannt. Vorher aber wird gefeiert, und das rund um die Uhr.

Historische Wurzeln hat auch das benachbarte **Sagunt,** wo die Römer einst eine mächtige Burg errichteten, an der sich sogar der große Feldherr *Hannibal* fast, bildlich gesprochen, die Zähne ausgebissen hätte.

Sagunt

- **Einwohner:** 57.000
- **PLZ:** 46500
- **Entfernung nach Valencia:** 28 km
- **Touristeninformation:**
Plaza Cronista Chabret s/n,
Tel. 962 662 213, Fax 962 662 677, E-Mail:
touristinfo.sagunto@turisme.m400.gva.es
- **Internet:** www.sagunt.com

Sagunt ist geprägt von seinem großen Hafen und der **historischen Altstadt** mit dem alles überragenden Castillo. In diesen Gebäuden manifestiert sich eine Stadtgeschichte, die bis zu den Römern zurückreicht. Obwohl die Strandzone mit der netten Promenade durchaus ihren Reiz hat, lässt der nahe **Industriehafen** keine wirkliche Idylle zu. Das drei Kilometer entfernte Altstadtviertel bleibt für die meisten Besucher denn doch der Hauptanziehungspunkt.

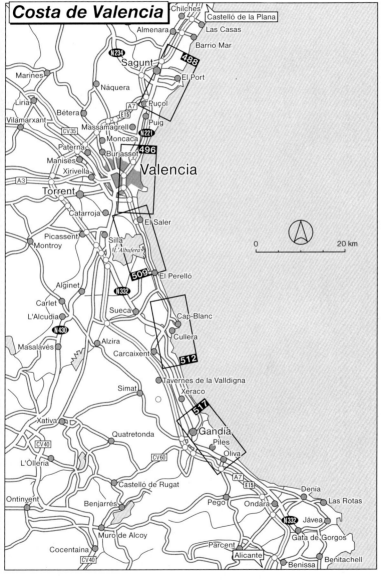

Costa de Valencia

Chilches
Castelló de la Plana
Almenara   Las Casas
                  Barrio Mar
N234   Sagunt
Marines   488
Náquera   El Port
Liria   Bétera   A7
Vilamarxant   E15 Puçol
        Massamagrell   Puig
CV35   N221
Paterna   Moncaca
Manises   Burjassot   496
Xirivella   Valencia
A3
Torrent
        Catarroja
                 El Saler
Picassent
Montroy   Silla
          L'Albufera   0   20 km
Alginet   509   El Perelló
Carlet   N332
L'Alcudia   Sueca   Cap-Blanc
N430
Masalavés   Alzira   Cullera
            Carcaixent   512
                 Tavernes de la Valldigna
Simat   Xeraco
                      517
Xativa   Gandia
        Quatretonda   Piles
CV40   Oliva
L'Ólleria   CV60
                 A7
            Castelló de Rugat   E15
Ontinyent   Denia
        Benjarrés   Pego   Ondara   Las Rotas
                           N332 Jávea
        Muro de Alcoy   Gata de Gorgos
Cocentaina   Parcent
CV40   Alicante   Benissa   Benitachell

Geschichte

Sagunt existiert als besiedelter Ort seit mindestens **2500 Jahren.** Um das fünfte Jahrhundert vor Christus lebten die Iberer in dieser Gegend, Keramikfunde bezeugen diese Phase. Dann kamen die **Römer** und die **Karthager** auf die Iberische Halbinsel. Beide hatten damals nur mäßiges Interesse an Spanien und wollten einen Krieg gegeneinander vermeiden. Also vereinbarte man 226 v. Chr. den Fluss Río Ebro als Grenzlinie, die keine der beiden Volksgruppen überschreiten durfte. Im Süden verblieben die Karthager, nördlich des Flusses, wo auch Sagunt liegt, die Römer. Diese Abmachung wurde ganze sieben Jahre eingehalten. Dann überschritt *Hannibal* den Ebro und griff Sagunt an. Was den Feldherren angetrieben haben mag, vermag man heute nicht mehr zu sagen. Die Eroberung der Stadt gestaltete sich für *Hannibals* Truppen unerwartet schwierig. Acht Monate belagerten sie Sagunt, ohne die Festung einnehmen zu können. Die Römer ihrerseits schickten den Bewohnern keine Hilfe, aber diese waren trotzdem nicht bereit, aufzugeben. Als die Lage schließlich aussichtslos wurde, wählten sie den Freitod, indem sie die eigene Stadt in Brand setzten. *Hannibal* zog in Sagunt ein, womit das Abkommen vom Ebro offiziell gebrochen war. Die Folgen dieses Übergriffs gingen als **Zweiter Punischer Krieg** in die Geschichtsbücher ein (218-201 v. Chr.), mitsamt *Hannibals* waghalsig-wahnsinniger Überquerung der Alpen.

Bereits 214 v. Chr. eroberten die Römer Sagunt zurück und bauten die Stadt wieder auf. Aus dieser Epoche sind noch einige Monumente, wie z.B. das Theater, erhalten.

Dann wechselten sich im Laufe der Zeit die Herrscher ab. Nach den **Goten** (6.-7. Jahrhundert) kamen im 8. Jahrhundert die **Araber.** Sie hinterließen ebenfalls einige Monumente, von denen die markantesten sofort nach der christlichen Eroberung im 13. Jahrhundert zerstört wurden. So entstand beispielsweise auf den Ruinen einer ehemaligen Moschee die Kirche Santa María.

Die folgenden Jahrhunderte brachten noch so manche kriegerische Auseinandersetzung, aber die sollen hier mal mit raschen Federstrich übergangen sein, denn das für Touristen wohl in erster Linie attraktive Castillo vor der Altstadt von Sagunt hat doch hauptsächlich römische Wurzeln.

Strandprofil

Playa El
Port de Sagunt

Ja, einen Strand hat Sagunt auch, drei Kilometer außerhalb der Altstadt gelegen. Er beginnt unmittelbar beim riesigen Hafen und ist mit seinem feinen hellen Sand durchaus attraktiv. Er misst gut 2000 Meter in der Länge und stolze 80 Meter durchschnittlich

Sagunts römisches Erbe

Costa de Valencia

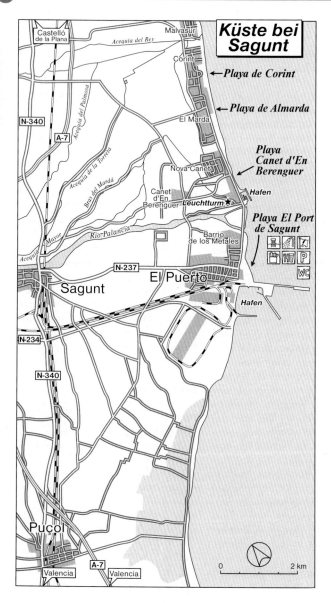

Küste bei Sagunt

Castelló de la Plana
Malvasur
Acequia del Rey
Corint
← Playa de Corint
← Playa de Almarda
El Marda
N-340
A-7
Acequia del Palmosa
Acequia de la Torreta
Bras del Mardà
Nova-Canet
Playa Canet d'En Berenguer
Hafen
Canet d'En Berenguer
Leuchtturm ★
Playa El Port de Sagunt
Acequia Mayor
Rio-Palancia
Barrio de los Metales
N-237
El Puerto
Sagunt
Hafen
N-234
N-340
Puçol
A-7
Valencia
Valencia

0   2 km

in der Breite. Allerdings reichen die Wohnblocks bis an die *playa* heran, und auch der nahe Hafen trübt doch ein wenig das Bild.

Sehenswertes

El Castillo

Die Festung, auf dem felsigen Grund einer Anhöhe errichtet, zieht sich über einen guten Kilometer hin. Die ganze Anlage wird in sieben Bereiche unterteilt, in denen sich Relikte der islamischen, römischen und christlichen Kultur finden. Allerdings sind von den meisten Gebäuden nur noch Fragmente stehen geblieben.

Direkt hinter dem Eingangs betritt man die **Plaza de Armas,** wo sich die wichtigsten archäologischen Funde befinden: der öffentliche Platz mit den Häusern der Herrschenden, ein Brunnen sowie ein Gebäude, das religiösen Zwecken diente. Außerdem zeigt hier das **Antiquarium Epigráfico** eine Ausstellung antiker Inschriften. Diese zählen zum Bestand des Archäologischen Museums, das sich bis 1990 unmittelbar am Teatro Romano befand. In jenem Jahr stürzte das Gebäude bei Renovierungsarbeiten ein; seitdem ist man bemüht, das Museum an anderer Stelle wieder aufzubauen.

Der gesamte Bereich ist von einer gut erhaltenen **Verteidigungsmauer** umgeben, die südliche und östliche Seite stammt noch aus der römischen Epoche, die westliche Mauer sogar noch aus der Zeit der Iberer. Von vielen Stellen des Castillos hat man eine spektakuläre Fernsicht.

●**Geöffnet:** Di-Sa 10-20, So 10-14 Uhr, Mo geschlossen; der Eintritt ist frei.

Teatro Romano

Das römische Theater liegt zwei Serpentinenkurven unterhalb des Castillos. Ursprünglich im 1. Jh. n. Chr. erbaut, erlebte es speziell in der Neuzeit etliche Renovierungen, die dem Bau nicht immer zum Vorteil gereichten. So hatte man die ursprünglich ziemlich rustikalen Sitzreihen mit einem Überzug aus Marmor versehen. Zwar modern und völlig eben, damit natürlich bequemer für die Zuschauer, aber eben nicht mehr authentisch. Schlimmer noch die hohe Wand hinter der Bühne, die sicherlich aus Gründen der Akustik erbaut wurde. Optisch stört sie jedoch gewaltig. Genauso sahen es die Stadtväter und beschlossen im Jahr 2002, dem Theater wieder sein ursprüngliches Aussehen zu verleihen. Nun kann der Besucher wieder über die Bühne hinaus die Silhouette der Stadt betrachten.

●**Geöffnet** zu denselben Zeiten wie das Castillo.

Plaza Mayor

Ein ausgesprochen hübscher Platz, nicht übermäßig groß und mit einer mittelalterlichen Atmosphäre (wenn man sich die Autos wegdenkt ...). Der Platz wird von gut erhaltenen alten Häusern gesäumt, unter anderem liegt dort das historische **Rathaus.** Von hier zweigen Straßen ab, teils noch mit Kopfsteinpflaster, die hoch zum Castillo oder hinein in die kleine Altstadt führen.

Blick über Sagunts Altstadt

An der Plaza Mayor steht auch die dreischiffige Kirche **Iglesia Santa María,** die auf den Überresten einer zerstörten Moschee errichtet wurde. Mit dem Bau begann man 1334, fertiggestellt wurde sie viele Jahre später. Ihr Äußeres wirkt recht wuchtig durch das Mauerwerk aus großen Quadersteinen, die man vom Castillo zweckentfremdete, da dort einige Gebäude zerstört wurden.

Hinter der Kirche, in der Calle Sagrario, befinden sich die Reste des **Templo de Diana.** Dieser Tempel stammt aus dem 4. bis 5. Jh. v. Chr. und über-

lebte als einziges Bauwerk *Hannibals* Belagerung. Heute ist nicht mehr viel zu erkennen, lediglich eine Mauer von 15 Metern Länge und 4 Metern Höhe.

Noch ein Stückchen weiter Richtung Castillo schließt sich die Judería an, das ehemalige **jüdische Viertel.** Es besteht aus einem halben Dutzend Gassen mit etlichen kleinen weißen Häusern. Als Eingangsbereich galt schon immer das Portalet de la Sang, das „Bluttor". Dieses durchquert man beim Anstieg hoch zum Castillo. Unweit dieser Straße steht auch die **Ermita de la Sangre,** die Blutkapelle. Diese größte einschiffige Kapelle der Stadt ist der Sitz der Bruderschaft „La Purísima Sangre de Nuestro Señor Jesucristo" (Das reine Blut unseres Herren Je-

Costa de Valencia

sus Christus). Recht gehäuft taucht hier der Begriff „Blut" auf; er bezieht sich auf die Zugehörigkeit zum „rechten" Glauben und damit eben zum richtigen Blut. Christen zählten zum so genannten „alten Blut", konvertierte Juden oder Araber nur zum „neuen", was damals sorgfältig unterschieden wurde. Wer sich dem einzig wahren Glauben nicht anschloss, wurde gleich gnadenlos vertrieben; die meisten Konvertierten allerdings später auch.

In der Kapelle sind heute Erinnerungsstücke von Osterprozessionen aufbewahrt.

● **Geöffnet:** Sa 11-13.30 und 16.30-19.30 Uhr, So nur vormittags; der Eintritt ist frei.

Praktische Tipps

Unterkunft

● **Hostal Carlos** €€, Avda. País Valencià 43, Tel. 962 660 902. Das Haus mit 18 Zimmern liegt unweit des Bahnhofs und dürfte in dieser Preisgruppe die erste Wahl sein.
● **Hotel Azahar** €€€, Avda. País Valencià 8, Tel. 962 66 368, Fax 962 650 175. Ein Haus mit 25 Räumen, von denen aus man das Castillo sehen kann. Ein klein wenig entfernt vom Zentrum an der Durchgangsstraße nach Valencia gelegen, hat aber ein gutes Preis-Leistungs-Verhältnis.
● **Hostal Albahicín** €€-€€€, c/ Buenavista 4, Tel. 962 672 725. Gute Wahl, wenn man am Strand wohnen will. Familiäres Haus mit Restaurant, nur Schritte von der *playa* entfernt.

Camping

● **Malvarrosa,** 2. Kategorie, Playa Almarda, Tel. 962 608 906, Fax 962 608 943, ganzjährig geöffnet. Platz für 380 Personen mit familiärer Atmosphäre und schönen Bäumen, bei der Urbanización Nova Canet gelegen, ca. vier Kilometer nördlich von Sagunt.

Essen & Trinken

● **Restaurant L'Armeler,** c/ Castillo 44, Tel. 962 664 382. An der Straße zum Castillo gelegen. Sieht von außen recht unscheinbar aus, heimste aber schon einige Auszeichnungen ein. Interessante Gerichte, beispielsweise ein *menú de caza* („Jagdmenü") oder ein siebengängiges Probiermenü.
● **Restaurant Casa Felipe,** c/ Castillo 21, Tel. 962 660 959. Ein paar Schritte hinter der Plaza Mayor an der Straße zum Castillo gelegen. Die Karte bietet keine Überraschungen, sondern eher Bodenständiges, aber es gibt sehr leckere Nachspeisen.

Adressen

● **Ärztezentrum:** Avda. Sants de la Pedra, Tel. 962 661 057.
● **Polizei:** c/ Autonomía 2, Tel. 962 655 858.
● **Post:** Plaza Cronista Chabret s/n.

Feste

● **15.-19. März:** Las Fallas, wird gefeiert wie im benachbarten Valencia, das Spektakel ist lediglich eine Spur kleiner.
● **Letzte Juliwoche:** Santos Mártires Abdón y Senén, Patronatsfest.
● **Im Sommer:** Festival „Sagunt a Escena", ein kulturelles Fest mit Theater-, Musik- und Tanzaufführungen im Römischen Theater.
● **1.-10. September:** Virgen del Buen Suceso, Patronatsfest.
● **im Oktober:** Moros y Cristianos; die Rückeroberung der Stadt durch die christlichen Heere wird nachgespielt.

In Puerto de Sagunto:
● **Mitte Juli:** Virgen del Carmen, Patronatsfest mit Meeresprozession.
● **um den 15. August:** Virgen de Begoña, Patronatsfest.

Markt

● **Mittwoch** in Sagunt.
● **Donnerstag** und **Samstag** am Hafen.

005smk Foto: sm

Las Fallas – das Frühlingsfest

Schlag Mitternacht ist alles vorbei. Ein Streichholz flammt auf und setzt die Zündschnur in Brand. Zischend frisst sich das Feuerchen seinen Weg hin zum Kunstwerk, erreicht schließlich das Monument und setzt es ruck-zuck in Brand. Keine halbe Stunde später ist das 10 Meter hohe Gebilde zu Asche verbrannt. Die Umstehenden applaudieren frenetisch.

Jedes Jahr im März begrüßt Valencia den Frühling mit einem spektakulären Fest: Las Fallas. Vom 15. bis 19. März befindet sich Spaniens drittgrößte Stadt dann im Ausnahmezustand. Die Fiesta kennt kein Pardon. Vier Tage lang geht es rund. Schlafen? Nicht in dieser Woche. Viel zu viel gibt es zu sehen, gilt es zu entdecken.

Valencia hat sich nämlich über Nacht verwandelt. Fantasievolle Kunstwerke stehen in allen Stadtvierteln und auf vielen Straßenkreuzungen. Wo sich gestern noch der Verkehr staute, thront heute eine Gruppe von **Figuren** aus Holz und Pappmaché. Diese Bauwerke gaben dem Fest seinen Namen: Las Fallas. Es sind Monumente von höchster künstlerischer Qualität, wird doch ein ganzes Jahr sorgfältig an ihnen gearbeitet. Wahre Wunderwerke von teils gigantischen Ausmaßen entstehen so; manche *falla* erreicht eine Höhe von 20 Metern.

In der Nacht zum 16. März werden sie aufgebaut. Morgens senkt sich eine selten erlebte Stille über die Stadt. Aber nur für kurze Zeit. Die Künstler brennen darauf, den Bewohnern voller Stolz ihre Werke zu präsentieren. Deshalb veranstalten die Baumeister der Fallas ab 8 Uhr einen Heidenspektakel, um auch ja alle Nachbarn aufzuwecken, mit lauter Musik, Knallfröschen und allem, was sonst noch so lärmt. Niemand soll es wagen, die Fiesta zu verschlafen. Was ja sowieso keiner will. So „aufgeweckt" geht es vier Tage weiter, mit kurzen Phasen der Ruhe.

Jeden Tag um 14 Uhr findet überall ein im wahrsten Sinne ohrenbetäubendes Spektakel statt, **mascletà** genannt. Eine Viertelstunde wird auf Teufel komm raus Krach gemacht. Gigantische Mengen von Feuerwerk und Knallkörpern explodieren um die Wette. Je lauter, je lieber, so zumindest scheint es für fremden Ohren. Valencianer vermögen in der Klang-Kakophonie Rhythmisches, fast Musikalisches wahrzunehmen. Und das, obwohl einem fast die Trommelfelle platzen.

Ruhiger geht es bei der **Ofrenda de flores** zu, der Zeremonie der Blumengabe. Am 17. und 18. ziehen alle Bruderschaften festlich gekleidet durch die Straßen. Vorneweg marschieren Musikkapellen, dahinter Frauen in alt-valencianischer Tracht. Alle überbringen der Schutzpatronin von Valencia Blumen. Der Vorplatz der Kathedrale verwandelt sich deshalb allmählich in ein Meer von Nelken, Rosen und Tulpen.

Fast gemütlich auch das **Paella-Wettkochen.** Mitten auf der Straße drapieren Hobbyköche tags wie nachts riesige Paellapfannen auf Dreibeinen über kleinen Holzscheiten. Hier verderben viele Köche offenbar nicht den Brei, stundenlang diskutiert man über die richtigen Zutaten und kommt doch nie zu einer Einigung. Am Ende speisen dann alle friedlich vereint, bevor es weiter geht, Fallas gucken. Denn das ist ja schließlich die Hauptsache dieser Fiesta.

Neugierig spazieren die Bewohner Tag und Nacht durch die Straßen. Begutachten die fantasievolle Arbeit eines ganzen Jahres. Die besten Figuren werden schließlich **prämiiert.** Eingeteilt in mehrere Klassen und noch einmal jeweils untergliedert in eine Junior- und eine Erwachsenen-Falla. Der jeweils beste und originellste Teil einer jeden Falla, *ninot* genannt, wird gesondert bewertet. Die *ninots* stehen zur allgemeinen Begutachtung im historischen Gebäude der ehemaligen Seidenbörse. Der Besuch ist eine Pflichtstation für alle Valencianos. Dort bewundern sie wahre Filigranarbeiten und geben anschließend ihr Urteil ab. Die auserwählte Figur wird als einzige später nicht verbrannt, sondern kommt in ein spezielles Museum.

Diese außergewöhnliche Art, den Frühling zu begrüßen, hat eine uralte **Tradition.** Im 16. Jahrhundert räumten die Tischler und Zimmerleute ihre Werkstätten zum Frühlingsbeginn auf und fegten alle Holzabfälle zusammen. Der Abfall wurden dann am Tag des Heiligen Josef, des Schutzpatrons der Tischler, gemeinsam verbrannt, als Abschied für den Winter und gleichzeitiger Willkommensgruß an den Frühling. Im 19. Jahrhundert wandelte sich das Fest dann allmählich zur heutigen Form. Aus all den Holzabfällen, Sägespänen und alten Möbeln modellierten einige frühe Spaßvögel erste Figuren. Vereinzelt drapierte man einen Hut dazu oder einen alten Mantel, der Abfall bekam leicht menschliche Konturen. So entstanden die ersten Fallas, die später dann immer mehr verfeinert wurden. Noch vor etwas mehr als einem Jahrhundert bauten die Tischler nur knapp 30 Fallas, heute stehen in Valencia alljährlich weit über 300 jeweils in der Junior- und Seniorenklasse. Mittlerweile haben sich die Valencianer in **Bruderschaften** organisiert, die jedes Jahr immer größere Anstrengungen unternehmen, die besten Fallas zu errichten.

Die meisten Fallas widmen sich einem zentralen Thema der **Zeitgeschichte.** Politiker und deren letzte Skandale sowie die Lokalprominenz werden mit Vorliebe aufs Korn genommen. Thematische Einschränkungen gibt es nicht, alles ist erlaubt, auch und vor allem erotische Anspielungen. Die Art der Darstellung reicht von der derben Karikatur bis zur feinsinnigen Allegorie. Eine Falla kann eine ganze **Geschichte** erzählen, mit zahlreichen Figuren in ganzen Szenenfolgen. Andere Fallas stellen eine einzige Szene dar, beispielsweise zwei kämpfende römische Gladiatoren. Immer sind sie ungemein detailgetreu gefertigt, haben menschliche Gesichter, Körper und Proportionen, die staunen machen.

Die größten Fallas sind derart komplex, dass spezielle Programmhefte verkauft werden, in denen alle Details erklärt werden. Und die Stars kann man sowieso nur nach Zahlung von Eintrittsgeld besichtigen.

Jede Falla ist ein Kunstwerk, aber nur Außenstehende bedauern, dass sie verbrannt werden. Die Valencianer bauen ihre Fallas im vollen Bewusstsein der Tatsache, dass sie vier Tage bewundert werden, bevor es in der Nacht der *cremà*, der **Verbrennung,** vorbei ist. Der Moment der Momente findet am 19. März um Mitternacht statt. Die ganze Stadt ist dann auf den Beinen, vor jeder Falla bilden sich riesige Menschentrauben. Alle Monumente sind weiträumig abgesperrt, die Feuerwehr steht einsatzbereit daneben. Schließlich ist es soweit. Das Streichholz wird angerissen, und das Feuer sucht sich seinen Weg. An zentralen Stellen der Falla sind kleine Feuerwerkskörper platziert, die nun nacheinander explodieren. Rasend schnell frisst sich das Feuer hoch, die Zuschauer weichen vor der Hitze zurück. Feuerwehrleute bespritzen die umliegenden Häuser ständig mit Wasser, um ein Übergreifen der Flammen zu verhindern. Die Falla brennt schließlich lichterloh, die Flammen fressen prasselnd, knackend das Kunstwerk auf. Nach einer halben Stunde ist alles vorbei, nur noch Asche bleibt zurück. Alle applaudieren und eilen zur Plaça del Ajuntament. Dort muss um 1 Uhr morgens schließlich auch die größte Falla vor dem Rathaus dran glauben. Das ist dann der Schlusspunkt der Fiesta. Valencia kann endlich wieder zu Bett gehen.

Valencia

- **Einwohner:** 750.000
- **PLZ:** 46000 bis 46005
- **Touristeninformation:**
Plaza del Ayuntamiento 1,
46002 Valencia, Tel. 963 510 417,
Fax 963 525 812, E-Mail:
touristinfo@turisme.m400.gva.es
   Eine weitere Informationsstelle befindet
sich im Bahnhof beim Gleis 1.
- **Infos über die Region Valencia:**
c/ Paz 46-48, 46003 Valencia,
Tel. 963 986 422, Fax 963 986 421, E-Mail:
touristinfo.valencia@turisme.m400.gva.es,
- **Internet:** www.comunitat-valenciana.com

Die drittgrößte Stadt Spaniens hat sich in den letzten Jahren enorm entwickelt, fast so, als hätten alle Valencianos beschlossen, dass etwas passieren müsse. Eigentlich erstaunlich, denn schlecht ging es der Stadt bislang auch nicht, zumindest im Vergleich mit vielen anderen spanischen Orten. Schon als ich Anfang der 1980er Jahre Valencia zum ersten Mal besuchte, fiel der **Wohlstand** der Stadt ins Auge. Die Valencianos gelten als emsige, kühl kalkulierende Geschäftsleute. Natürlich bewegen sich diese Zuschreibungen immer hart am Rande des Vorurteils. Aber womöglich ist doch etwas dran, denn bereits vor einhundert Jahren notierte ein früher Reisejournalist: „Dank dem unermüdlichen Fleiße und der Intelligenz der ackerbautreibenden Bevölkerung ist die Provinz Valencia zu einem der fruchtbarsten Länder der Halbinsel und Europas geworden".

Doch ein Klischee mag das andere relativieren: Auch für ihre Freude am Folkloristischen sind die Valencianos bekannt. Eines der größten Volksfeste Spaniens, **Las Fallas,** findet in Valencia statt. Eine Woche lang feiert die ganze Stadt ein überschwängliches Fest.

Valencia profitiert nicht unerheblich von seinem milden **Klima.** Die Winter bleiben erträglich, es fällt genug Regen, um den Boden fruchtbar zu halten, und die Hitzeperiode im Sommer dauert nicht übermäßig lange. Mit diesen Gegebenheiten leben die Valencianos recht gut; die Landwirtschaft stellt nach wie vor einen wichtigen Erwerbszweig dar. Aber auch Industrie und Handel florieren. Und vor ein paar Jahren krempelte man gewaltig die Ärmel auf. Zunächst entstand eine **Metro,** die bislang aus drei Linien besteht. Da die Nummerierung der Strecken 1, 2 und 4 lauten, wird wohl noch die Linie 3 dazukommen. Außerdem baute man die futuristisch anmutende **Ciudad de la Ciencias,** die „Stadt der Wissenschaft". Ein Projekt der Superlative vor den Toren der Stadt, das mehrere Museen und Ausstellungssäle in gigantischen Ausmaßen umfasst. Ein Teil ist bereits fertig gestellt und für Besucher geöffnet.

Die Stadt Valencia verbindet heute Tradition mit moderner Geschäftigkeit, das Ganze in einem durchweg angenehmen Klima.

Geschichte

Die **Römer** gründeten eine erste Siedlung namens Valentia im Jahr 138

Costa de Valencia

v. Chr. Anscheinend entwickelte sich der Ort schon damals recht gut, denn 60 v. Chr. erhielt Valentia bereits den Status einer **Kolonie**. Die Römer zogen sich ein paar Jahrhunderte später zurück, und ab dem 7. Jahrhundert residierten hier die Westgoten, ohne aber nennenswerte Spuren zu hinterlassen.

Ganz anders die nachfolgenden **Mauren**. Sie beackerten die fruchtbaren Felder und schufen ein gut funktionierendes Bewässerungssystem; auf sie geht das so genannte *tribunal de aguas* („Wassergericht") zurück, eine noch heute existierende Gerichtsbarkeit, die alle Streitigkeiten rund um die Wasserversorgung klärt. Im Jahre 1094 eroberte der spätere Nationalheld **El Cid** die Stadt, doch 1102 kehrten die Araber noch einmal zurück. Sie blieben exakt bis zum 28. September 1238, als sich mit der **Eroberung durch Jaime I.** das Christentum hier endgültig durchsetzte. Gut fünf Jahrhunderte hatten die Araber gewirkt, aber im Gegensatz zu vielen anderen spanischen Städten finden sich in Valencia heute so gut wie keine ihrer Bauwerke mehr.

Jaime I. gewährte Valencia und seinen Bewohnern großzügige Sonderrechte (eigene Gesetzbarkeit, Münzen, Steuern), die schließlich zu einem ersten **ökonomischen Aufschwung** im 14. Jahrhundert führten. 1609 jedoch wurden auch aus Valencia die konvertierten Araber vertrieben, was sich deutlich negativ auf das Wohlergehen der Stadt auswirkte. Forciert wurde diese Flaute durch den Sieg Kö-

nig *Felipes V.* (1724-1746) im Erbfolgekrieg; dieser entzog Valencia viele seiner Sonderrechte.

Es dauerte eine ganze Zeit, bis die Geschäftstüchtigkeit der Valencianos wieder Früchte trug. Im 19. Jahrhundert jedenfalls machten sie sich frühzeitig die Errungenschaften der **industriellen Revolution** zu Nutze, gründeten viele große und noch mehr kleine Fabriken. Valencia erlebte erneut einen Wirtschaftsaufschwung, der lediglich durch den Bürgerkrieg und die Ära *Franco* zeitweilig gedämpft wurde. In den späten 1960er Jahren wurden in Valencia viele Arbeitsplätze geschaffen, was wiederum viele Spanier aus anderen Regionen anlockte.

Prachtbauten in Valencias Innenstadt

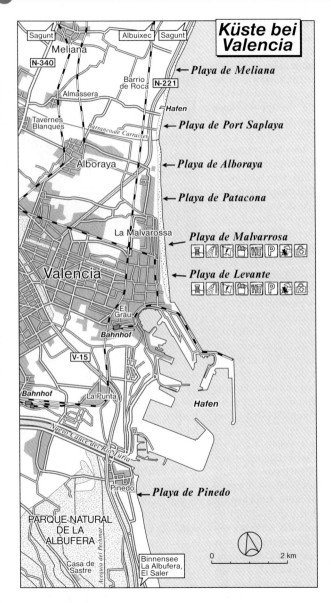

Küste bei Valencia

Sagunt · Albuixec · Sagunt
Meliana
N-340
Barrio de Roca · N-221
← *Playa de Meliana*
Almassera
Tavernes Blanques
Barranco de Carraixet
→ *Hafen*
← *Playa de Port Saplaya*
Alboraya
← *Playa de Alboraya*
← *Playa de Patacona*
La Malvarossa
← *Playa de Malvarrosa*
← *Playa de Levante*
Valencia
El Grau
Bahnhof
V-15
Bahnhof
La Punta
Hafen
Nuevo Cauce del Río Turia
← *Playa de Pinedo*
Pinedo
PARQUE NATURAL DE LA ALBUFERA
Casa de Sastre
Acequia del Pechmar
0   2 km
Binnensee La Albufera, El Saler

Costa de Valencia

Heute gilt Valencia neben Katalonien als **wirtschaftlich stärkste Region Spaniens.** Doch anscheinend genügt dies den Stadtvätern nun nicht mehr. Kurz vor dem Millenniumswechsel propagierten sie neue, vor allem kulturelle Ziele, wobei die Errichtung der Ciudad de la Ciencias (Stadt der Wissenschaften) nur das ehrgeizigste Projekt darstellt.

Strandprofil

Natürlich besucht niemand eine so große Stadt, nur um sich hier an den Strand zu legen. Zudem bevorzugen die Valencianos selbst eher die schönen und nahen Strände von Saler, Cullera oder Gandía. Aber egal, zwei Strandzonen liegen nun mal im Stadtgebiet, und für ein kurzes Päuschen bleiben sie ein lohnenswertes Ziel, wenn auch leider ziemlich weit vom Zentrum gelegen. Zu erreichen sind sie ab Plaça Ajuntament per Linienbus 1, 2, 19 und 30.

Playa de Patacona

verläuft über 1300 Metern ist bis zu 35 Meter breit. Der Sand wechselt von fein- zu grobkörnig; da der Strand am äußersten nördlichen Rand der Stadt liegt, ist er meist nur schwach besucht.

Playa Malvarrosa und Playa Levante

Zwei Namen, ein Strand. Warum? Darum! Die Daten: 2800 Meter Länge, stolze 60 Meter Breite und zumeist feiner heller Sand. Von solchen Merk-

malen kann so mancher andere spanischer Strand nur träumen! Leider liegt der große Hafen gleich nebenan, was das Strandvergnügen denn doch leicht trübt. Egal, schließlich wird hier niemand 14 Tage Urlaub verbringen, sondern höchstens mal die Siesta.

Anreise

●**Per Auto:** Es gibt zwei Möglichkeiten, von denen die erste nur etwas für Leute mit guten Nerven sein dürfte. Wer unbedingt bis ins Zentrum fahren möchte, orientiert sich am besten an so markanten Punkten wie dem **Bahnhof** (ausgeschildert: RENFE oder *estación*), der **Plaça Ajuntament** oder auch der **Plaza de Toros,** die alle sehr zentral liegen.

Wer aus Richtung Süden anreist, kann auch Folgendes versuchen: Aus Saler kommend bis zum riesigen Gelände der **Ciudad de las Ciencias** fahren und dort parken. Von dort fährt der Stadtbus Nr. 35 direkt bis ins *centro* vor das Touristenbüro.

●**Per Bahn:** Der Bahnhof, Estación del Norte, liegt sehr zentral, in wenigen Minuten spaziert man ins *centro.* Aus Richtung Süden fährt eine **Nahverkehrsbahn** der Linie C-1 von Gandía über Cullera etwa halbstündlich, von Norden fährt die „Línea de Cercanias", die Linie C-6 aus Castelló und Sagunt.

●**Per Bus:** Die Buslinie aus Perelló über El Saler endet direkt neben dem Bahnhof an der Stierkampfarena. Die **zentrale Busstation** dagegen liegt etwas ungünstig an der Avda. Menéndez Pidal 13, was mindestens einen 15-minütigen Fußmarsch bis ins Zentrum bedeutet. Oder man nutzt die Buslinie 8, die bis zur Plaça Ajuntament fährt.

Sehenswertes

Obwohl Valencia eine sehr große Stadt ist, liegen doch die meisten Sehenswürdigkeiten (mit Ausnahme der Ciudad de las Ciencias) nah beieinander im innerstädtischen Bereich. Das heißt, sie können bequem zu Fuß angesteuert werden.

An dieser Stelle sollen die interessantesten Sehenswürdigkeiten vorgestellt werden, die man im Rahmen eines Tagesausfluges besuchen kann.

Wenn man per Bahn anreist, hat man die erste Sehenswürdigkeit schon vor der Nase. Der **Bahnhof** gilt als einer der schönsten Spaniens. In dem gut erhaltenen Gebäude hat sich der Charme der guten alten Eisenbahnerzeit noch erhalten, mit hohen Hallenkonstruktion, auch wenn keine Dampfloks mehr fahren. Die Außenfassade zeigt Ornamente mit den Insignien der Region, wie den überall präsenten Orangen.

Direkt neben dem Bahnhof steht die Stierkampfarena aus der Mitte des 19. Jahrhunderts. Nun gilt Valencia nicht gerade als Hochburg des Stierkampfes, aber trotzdem gibt es ein Museum zum Thema, das **Museo Taurino,** angeblich das erste seiner Art in Spanien. Ausgestellt sind Stierkämpfertrachten, jede Menge historischer Fotos und Erinnerungen an legendäre Stiere.
●**Geöffnet:** Mo 10-14, Di-So 10-20 Uhr; Eintritt frei. Adresse: Pasaje Doctor Serra 16.

Um die Plaça Ajuntament

Um ins Zentrum zu gelangen, überquert man die breite Avda. Castro Xàtiva und die ebenso breite c/ Marqués de Sotelo in Richtung Plaça Ajuntament. Hier erheben sich eindrucksvolle Gebäude mit gewaltigen Eingangstüren, hohen Fenstern und reich verzierten, ja schon verschnörkelten Fassaden. Reichtum und Bürgerstolz strahlen diese Bauten aus, genau die richtige Umgebung für das aus dem 18. Jahrhundert stammende **Rathaus,** das *ayuntamiento.* An seiner Fassade fallen fünf Säulen auf; vom Glockenturm des Gebäudes erschallt jede volle Stunde die Hymne von Valencia. Auch die Touristeninformation liegt an diesem Platz, deutlich bescheidener untergebracht.

Die Plaça Ajuntament ist nicht nur einer der größten Plätze der Stadt, sondern auch der lebendigste. Hier drängeln sich die Menschen, wenn es mal wieder was zu feiern gibt, beispielsweise den Gewinn der spanischen Fußballmeisterschaft durch den F.C. Valencia, oder wenn bei den Fallas die allergrößte Figurengruppe aufgebaut wird. Hier befindet sich auch das regionalgeschichtliche **Museum,** das unter anderem das Schwert von *Jaime I.* zeigt, der Valencia von den Mauren „befreite".
●**Museo Histórico Municipal,** Plaça Ajuntament 1, geöffnet: Mo-Fr 8.30-14.30 Uhr, der Eintritt ist frei.

Schräg gegenüber, auf der anderen Seite des weitläufigen Platzes, steht das klassizistische Gebäude der **Post** aus den 1920er Jahren.

Der **Palacio del Marqués de Dos Aguas** in der c/ Poeta Querol 2 wurde im 15. Jahrhundert erbaut, im 18. Jahrhundert jedoch grundlegend renoviert. Speziell die Rokoko-Fassade gilt heute als eine der eindrucksvollsten in ganz Spanien.

In diesem Palast befindet sich heute das **Keramikmuseum,** in dem über

12.000 Einzelteile ausgestellt sind, beispielsweise Azulejos, Fayencen oder feines chinesisches Porzellan. Besonders eindrucksvoll: eine vollständig mit Fliesen dekorierte Küche aus dem 19. Jahrhundert.

●**Museo de Cerámica,** geöffnet: Di-Sa 10-14 und 16-20 Uhr, So nur vormittags; Eintritt 2,40 €.

Nicht allzu weit entfernt befindet sich die **Universität** in der c/ Nave 2. Das im neoklassizistischen Stil errichtete Gebäude stammt aus dem Jahr 1839. Es wurde als Uni-Sitz ausgewählt, nachdem die einstige Fakultät aus dem 15. Jahrhundert im Unabhängigkeitskrieg zerstört worden war.

Im gegenüber liegenden Gebäude aus dem 16. Jahrhundert ist heute das **Museo del Patriarca** zu finden. Hier sind Gemälde ausgestellt, u.a. von *El Greco* und flämischen Meistern. Ursprünglich war hier einst ein Priesterseminar untergebracht, eine Kirche, die Iglesia del Corpus Cristi mit einem eindrucksvollen Hochaltar sowie einem Kreuzgang mit 26 gleichförmigen Arkadenbögen.

●**Museo del Patriarca,** geöffnet täglich von 11-13.30 Uhr, Eintritt 1,20 €.

Einen Block weiter in den Altstadtgassen liegt die pittoreske **Calle de la Paz,** die schon immer geprägt war von kleinen urigen Geschäften und einfachen Bars. Hier kann man noch echtes Lokalkolorit genießen. Die Straße führt schließlich zur **Iglesia de Santa Catalina** mit ihrem siebeneckigen barocken Glockenturm.

La Lonja

Nur ein paar Gässchen weiter stößt man auf zwei Valencianer Institutionen: die ehemalige Seidenbörse La Lonja und die große Markthalle. La Lonja wurde von der UNESCO 1966 zum **Weltkulturerbe** erklärt. Schon im 11. Jahrhundert trafen sich Valencias Kaufleute in einer frühen Warenbörse zum Handeln, und dies mit so großem Erfolg, dass Ende des 15. Jahrhunderts beschlossen wurde, ein neues Gebäude dafür zu bauen. Am 19. März 1498 konnte dann nach 16-jähriger Bauzeit der erste Handelstag eröffnet werden. Entstanden war ein spätgotisches Meisterwerk, das Schlichtheit mit verschnörkelter Eleganz vereint. Von außen wirkt das Gebäude wehrhaft mit seinem markanten Turm und den Pechnasen an den vier Ecken. Der Handelssaal mit seinem Boden und den tragenden Säulen aus Marmor fällt relativ schmucklos aus; hier steht lediglich ein halbes Hundert Schreibtische, vielleicht, um die Händler nicht unnötig abzulenken. Nebenan fällt das so genannte **Consulado del Mar** bedeutend prachtvoller aus, vor allem die Deckengestaltung. Der Raum wurde als eine Art Schiedsgericht genutzt.

●**Geöffnet:** Di-Sa 9.15-14 und 17.30-21 Uhr, So 9-13.30 Uhr, Mo geschlossen; der Eintritt ist frei.

Markthalle

In der Lonja handelte man im großen Stil, genau gegenüber in der Markthalle eher im kleinen. Niemand sollte sich einen Bummel durch den Mercado Central entgehen lassen. Er-

- **① 1** Metrostation der Linie 4
       zum Strand
- **Ⓜ 2** Museo de Bellas Artes
- **🏨 3** Hotel Ad Hoc
- **ⅱ 4** Iglesia de la Virgen
       de los Desamparados
- **ⅱ 5** Kathedrale
- **★ 6** Glockenturm Miguelete
- **★ 7** Palau de la Generalitat
- **Ω 8** Restaurant San Nicolás
- **★ 9** ehemalige Börse La Lonja
- **▲ 10** Markthalle
- **Ω 11** Bar La Lonja
- **ⅱ 12** Iglesia de Santa Catalina
- **Ⓜ 13** Keramikmuseum
- **Ⓜ 14** Museo del Patriaca
- **● 15** Universität
- **🏨 16** Hotel Excelsior,
       Hotel Londres
- **🏨 17** Hotel Venecia,
- **Ω**   Bar Amorós
- **ⓘ 18** Touristeninformation
- **★ 19** Ayuntamiento
- **✉ 20** Post
- **🏨 21** Hotel und Bar Alkázar,
- **Ω**   Bar Palacio de Bellota
- **Ω 22** Marisqueria Sil Civera
- **🏨 23** Hotel Alicante
- **★ 24** Stierkampfarena
- **Ⓜ 25** Museo Taurino
- **Ⓜ 26** Museo Fallero,
       Ciudad de las Ciencas

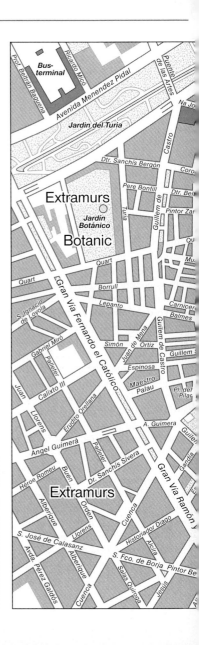

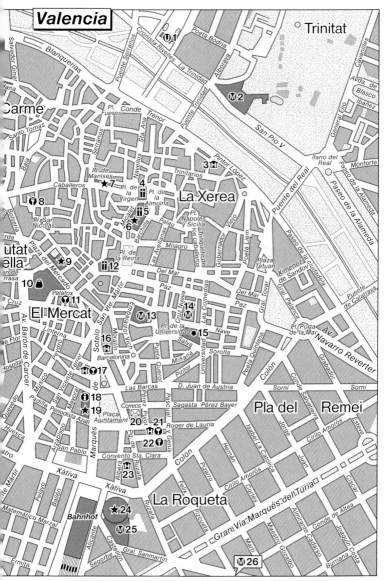

Valencia

Trinitat

Carme

La Xerea

El Mercat

Pla del Remei

La Roqueta

Bahnhof

chen Eroberung etwa um 1262. Die Arbeiten an der dreischiffigen Kirche zogen sich über mehr als zwei Jahrhunderte und somit **mehrere Baustilepochen** hin: Beispielsweise ist die Puerta de los Apóstolos gotisch, die Puerta de la Almoina romanisch, und im Inneren finden sich einige Seitenkapellen im barocken Stil. An der südwestlichen Seite reckt sich der achteckige Glockenturm **Torre del Miguelete** immerhin 68 Meter in die Höhe. Wer den beeindruckenden Blick von oben genießen möchte, muss zuvor eine sehr schmale Treppe erklimmen.

Die Kathedrale hat zwei Haupteingänge, die Puerta de Apóstolos aus dem 14. Jahrhundert dient als Sitz des „Wassergerichts" (dazu unten mehr). Die Puerta de la Almoina wird auch Puerta del Palau („Tor zum Palast") genannt, sie ist das älteste Eingangstor von allen. Der Haupteingang liegt an der Südseite und wird auch Puerta del Hierro („Eisentor") genannt, wegen seines eindrucksvollen Gitters, das den Vorplatz abschließt.

baut wurde er zwischen 1910 und 1926. An über einhundert Verkaufsständen wird schlicht alles angeboten, was den Gaumen erfreut: Geflügel, Fisch, Fleisch, Obst, Gemüse, Gewürze. Besonders am Vormittag lohnt es sich, hier einmal einzutauchen, um staunend die Atmosphäre und die Gerüche aufzunehmen; ist der Appetit dann genügend angeregt, gönnt man sich eine Stärkung in einer der kleinen Bars außerhalb.

La Catedral

Die Kathedrale liegt mitten in der Altstadt, zwischen Plaza de la Reina und Plaza de la Virgen; mit ihrem Bau begann man kurz nach der christli-

Innen fällt besonders der Hochaltar aus dem 15. Jahrhundert auf. Die Seitenkapellen enthalten etliche wertvolle **Gemälde,** so zeigt beispielsweise die Capilla de San Francisco de Borja zwei Werke von *Goya.* Die Capilla del Santo Cáliz stammt aus dem Jahr 1356; dort wird die Reliquie des Santo Cáliz, des „heiligen Abendmahlkelches" aufbewahrt, ein mit Edelsteinen besetzter Achatbecher. Im angeschlossenen **Museum** der Kathedrale werden Gemälde vor allem von Künstlern aus Valencia gezeigt.

Begutachtung der Gaumenfreuden

Costa de Valencia

Hinter der Kathedrale steht an der Plaza de la Virgen die barocke **Basílica de Nuestra Señora de los Desamparados** aus dem 17. Jahrhundert, die der Patronin von Valencia gewidmet ist. Sie gilt gleichzeitig als die Beschützerin aller Benachteiligten der Stadt, also der Obdachlosen und Kranken.

- **Kathedrale:** geöffnet täglich 7.15-13 und 16.30-19.30 Uhr, Eintritt frei.
- **El Miguelete:** täglich 10.30-12.30 und 16.30-18.00 Uhr, Eintritt: 1,20 €.
- **Museo de la Catedral:** täglich 10.30-13 Uhr, Eintritt: 1,20 €.
- **Basilica:** geöffnet: täglich 7-14 und 16-21 Uhr, der Eintritt ist frei.

Das Wassergericht

Das **tribunal de las aguas** ist auch heute noch einzigartig! Es existiert seit über 1000 Jahren und wurde höchstwahrscheinlich um 960 unter der Regentschaft des Kalifen von Córdoba eingerichtet. Sinn und Zweck war und ist es, Streitigkeiten um Wasserrechte unter den Bauern zu schlichten. Und so findet es auch noch im 21. Jahrhundert Schlag 12 Uhr an jeden Donnerstag vor der Puerta de los Apóstoles der Kathedrale statt. Das Gericht setzt sich zusammen aus acht Landwirten der Umgebung, die alle zwei Jahre neu gewählt werden. In der typischen schwarzen Bauerntracht versammeln sie sich vor der Kathedrale zur öffentlichen Verhandlung. Diese erfolgt ausschließlich mündlich, und zwar auf Valencianisch. Ein gefällter Urteilsspruch ist bindend, eine Berufungsmöglichkeit existiert nicht. Bei regnerischem Wetter findet die Verhandlung übrigens manchmal auch im gegenüber liegenden Gebäude statt, im Eingangsbereich der *biblioteca*.

Palacio de la Generalitat

Der **Regierungssitz** der Valencianischen Regionalregierung befindet sich in einem schönen Gebäude aus dem 15. Jahrhundert in der c/ Caballers 2 hinter der Kathedrale.

Botanischer Garten und Museo de Bellas Artes

Nur ein paar Gassen weiter liegt der ehemalige Flusslauf des Río Turia, hinter dem sich eine große botanische Anlage öffnet, der Jardín Botánico. Ein idealer Platz, um nach einem anstrengenden Stadtbesuch ein paar Minütchen auszuruhen. Hier liegt auch das Museo de Bellas Artes. Ausgestellt werden Werke valencianischer Künstlera, aber auch Arbeiten großer Meister wie beispielsweise *Velázquez*, *El Greco* oder *Goya*.

Folgt man dem ehemaligen Flusslauf über die c / Trinidad ein kleines Stück, erreicht man die Metrostation der Linie 4, die zum Stadtstrand Playa Malvarrosa fährt.

- **Museo des Bellas Artes,** geöffnet Di-So 10-20 Uhr, der Eintritt ist frei.

Instituto Valenciano de Arte Moderno (I.V.A.M.)

Dieses Museum besteht aus zwei Gebäuden und zeigt ein breites Spektrum moderner Kunst. Das Centro Julio González beherbergt eine der größten **Bibliotheken** über die moderne Kunst und stellt in neun Räumen

Arbeiten moderner spanischer und internationaler Künstler aus, beispielsweise *Paul Klee, Saura* und *Tàpies;* auch dem Namensparton *Julio González* wird ein breiter Raum gewidmet. Das zweite Gebäude, Centro del Carmen, ist vor allem ein Ausstellungsort für Nachwuchskünstler.

● **I.V.A.M.,** c/ Museo 4, geöffnet Di-So 10-20 Uhr, der Eintritt ist frei.

Ciudad de las Artes y las Ciencias

Hier haben die Valencianer eine kühne Vision verwirklicht, und was dabei herauskam, kann als ganz großer Wurf bezeichnet werden. Valencias Stararchitekt *Santiago Calatrava* entwickelte nichts Geringeres als das zukünftige **Symbol der Stadt.** Was auf Valencianisch „Ciutat de les Artes i les Ciències" heißt, besteht aus einem gigantischen Gebäudekomplex, dessen vier Elemente inmitten einer weit ausgedehnten Wasserlandschaft thronen. Vorbild für die mit viel Glas und in futuristischem Design realisierten Objekte war die menschliche Anatomie. Noch wird an den Bauwerken gearbeitet, doch drei Bereiche sind bereits fertig gestellt.

1998 weihte man als erstes **L'Hemnisfèric** ein. Das Gebäude gleicht einem riesigen menschlichen Auge unter viel Glas. Drinnen befinden sich ein Planetarium und ein IMAX-Kino, wo eine eine eindrucksvolle Lasershow gezeigt wird.

Ebenfalls fertig ist das Museu de les Ciències Príncipe Felipe, das **Wissenschaftsmuseum,** das so gar nichts mit dem althergebrachten Museumsbe-

Ciudad de las Artes y las Ciencias

● **Öffnungszeiten:** Museum: Mo-Do 10-20 Uhr, Fr, Sa, So 10-21 Uhr; L'Hemnisfèric: ständige Vorführungen.

● **Eintritt:**

	Erwachsene	ermäßigt
L'Hemisfèric	6,61 €	4,81 €
Museu	6,01 €	4,21 €
L'Oceanogràfic	19,80 €	12,90 €

Kombitickets:

	Erwachsene	ermäßigt
L'Hemisfèric/ Museu	9,02 €	7,21 €
L'Hemisfèric/ L'Oceanogràfic	21,56 €	14,82 €
Museu/ L'Oceanogràfic	21,13 €	14,34 €
Alle drei Sehenswürdigkeiten	25,85 €	18,18 €

● **Anfahrt:** Linienbus Nr. 35 von der Plaça Ajuntament (gegenüber Burger King.

griff zu tun hat. Hier wird man nämlich aufgefordert, mitzumachen, Gegenstände zu berühren, zu bewegen, zu erforschen. Das Museum hat riesige Ausmaße: 250 Meter Länge, drei Etagen und viel Platz zum Stöbern, Staunen, Gucken.

Die erste Etage ist eine einzige „Mitmach-Zone". Viele **Experimente** aus der Welt der Wissenschaft und des Sports fordern zur aktiven Teilnahme auf. Die zweite Etage ist bislang kleiner gehalten, dort werden berühmte **Wissenschaftler** portraitiert. Auf der dritten Etage findet man eine Ausstellung zum Thema **Weltraum** mit vielen Exponaten aus den USA und der ehemaligen UdSSR. So eine Mondlandefähre, Weltraumanzüge, Raketen-Modelle und vieles mehr. Außerdem befindet sich dort eine Sonderausstellung von

Edelsteinen und Mineralien. Ganz unten beim Ausgang staunen die Besucher noch einmal über ein Exemplar des **Foucaultschen Pendels.**

L'Oceanogràfic, der größte Aquarien-Komplex ganz Europas, wurde im Dezember 2002 für die Öffentlichkeit freigegeben. Eine Anlage der Superlative: 110.000 m² Gesamtgröße, 30 Aquarien mit 42 Mio. Litern Wasser, in denen **45.000 Tiere** leben; insgesamt sind 500 Arten vertreten. Aufgeteilt ist L'Oceanogràfic in elf Zonen, die verschiedene maritime Lebensräume darstellen, u.a. Mittelmeer, Atlantik, aber auch kalte Zonen wie den Nordpol. Allein das Delfinarium fasst 26 Mio. Liter Wasser und hat eine Zuschauertribüne für 2600 Personen. Die einzel-

nen Bereiche sind miteinander verbunden; etwa 100 Meter Tunnel verlaufen unter Wasser. Und ganz stilecht gibt es auch noch ein Unterwasser-Restaurant.

Wie gesagt, am Komplex wird noch gearbeitet, und bis zur endgültigen Fertigstellung dauert es sicher noch ein paar Jahre. Laut dem hauseigenen Prospekt entsteht noch ein futuristischer Palau de les Arts, eine Art Konzertsaal.

Futuristische Architektur: die Ciudad de las Artes y las Ciencias

Museu Fallero

Das Museo Fallero, ein Museum für Freunde der **Fallas,** liegt schräg gegenüber der Ciudad de las Ciencias an der Plaza de Monteolivete 4. Hier sind alle *ninots indultados* seit 1934 gesammelt, also die vom Feuer verschonten besten Details einer Falla; daneben finden sich weitere Erinnerungsstücke der vergangenen Fallas.

●**Geöffnet:** Di-Sa 9.15-14 und 16.30-20 Uhr, So 9.15-14 Uhr; Eintritt: Erwachsene 1,80 €, Kinder 0,60 €.

Praktische Tipps

Unterkunft

●**Hotel Excelsior** €€€€, c/ Barcelonina 5, Tel. 963 514 612, Fax 963 523 478. Insgesamt 81 Zimmer hat dieses sehr zentral und unweit vom Rathaus gelegene Haus. Es vereint den Charme vergangener Jahre mit moderner Funktionalität.

●**Hostal Londres** €€€, c/ Barcelonina 1, Tel. 963 512 244, Fax 963 521 508. Gute zentrale Lage in einer Seitenstraße der Plaça Ajuntament, hat insgesamt 60 Zimmer.

●**Hotel Alkázar,** c/ Mosén Femades 11, Tel. 963 515 551, Fax 963 512 568. Kleines Haus mit 18 Zimmern in einer schmalen Fußgängerzone im Zentrum, umgeben von guten Lokalen.

●**Hotel Ad Hoc** €€€€, c/ Boix 4, Tel. 963 919 140, E-Mail: adhoc@nexo.net; am Rande des historischen Viertels gelegenes Haus aus dem 19. Jahrhundert mit 28 Zimmern, die viel Flair ausstrahlen.

●**Hostal Venecia** €€€, c/ En Llop 5, Tel. 963 524 267, Fax 963 524 421. Gediegenes Haus mit 52 Zimmern in einer Seitenstraße der zentralen Plaça Ajuntament.

●**Hotesl Alicante** €€, c/ Ribera 8, Tel. 963 512 296. Zentrale Lage in einer Verbindungsstraße zwischen Stierkampfarena und Plaça Ajuntament. Eine gute Wahl für diese Preiskategorie.

Camping

●Die nächstgelegenen Plätze befinden sich südlich von Valencia in **El Saler** (siehe Kapitel „L'Albufera"). Von dort pendelt etwa halbstündlich ein Bus an der Ciudad de las Ciencias vorbei bis ins Stadtzentrum.

Essen & Trinken

●**Palacio de Bellota,** c/ Mosén Femades s/n. Der klangvolle Name „Kathedrale des Schinkens" trifft es genau: Von der Decke hängen große Schinkenkeulen, und ehrwürdige Kellner stehen livriert bereit. Ach ja, Fisch gibt es hier auch.

●**Taberna Alkázar,** c/ Mosén Femades 11, Tel. 963 515 551, Mo Ruhetag. Über 50 Jahre altes und qualitativ wie preislich sehr empfehlenswertes Lokal.

●**Marisquería Sil Civera,** c/ Mosén Femades 10. Maritimes dominiert nicht nur auf der Speisekarte, sondern wurde hier zum Einrichtungs-Programm: Bullaugen statt Fenster, ein Steuerrad ersetzt den Türgriff.

●**Bar La Lonja,** c/ Palafox s/n. Unmittelbar neben der Markthalle; angeboten werden Mittagsmenüs sowie Tapas.

●Die **Bar Boatella** ist eine von mehreren kleinen Lokalen, die links und rechts vom Haupteingang der Markthalle zu finden sind.

●**Bar Amorós,** c/ En Llop 3. Ein Klassiker, an dessen 15-Meter-Tresen man die vielleicht leckerstens Tapas bekommt.

●**Restaurant San Nicolás,** Plaza Horno de San Nicolás 8, Tel. 963 915 984, Mo geschlossen. *Felipe Brú* hat sich einen guten Namen erkocht, seine Spezialitäten sind Fischgerichte, die auch mal von der herkömmlichen Rezeptur abweichen.

●In der Calle Cavallers, die von der Plaza del Virgen abzweigt, liegen etliche Bars und Restaurants, beispielsweise unter Hausnummer 27 **La Mamma;** eine Mischung aus Pizzeria und Café mit viel Stuck, Putten und schwülstigen Kronleuchtern. Auch gut und sehr beliebt: **A Fuego Lento** in der Hausnummer 47, wo es gute Fleischgerichte gibt.

●An der Plaza del Tossal, auf die die Calle Cavallers einmündet, liegen weitere Lokale, beispielsweise das große Restaurant **Barascina.** Von dieser Plaza wiederum zweigen Straßen wie die Calle Moro Zeit oder die Calle Bolsería ab, in denen ebenfalls Lokale auf Kundschaft warten, so das **Café Bolsería** oder die **Casa Pilar,** die bekannt ist für exzellente Muschelgerichte.

Einkaufen

●Turrones Galiana, Plaça Ajuntament 3. Seit 1872 werden hier die **Süßwaren** verkauft. Einfach mal probieren!
●Librería París-Valencia, c/ Pelayo 7 (unweit vom Bahnhof), eine der bestsortierten **Buchläden** der Stadt.
● Joaquín Muñoz, c/ Moratín 11, hat eine sehr gute Auswahl an **Zigarren.**

Valencia Card

●Die Anschaffung dieser **24 Stunden gültigen Karte** lohnt sich: Mit ihr haben Touristen freie Fahrt im Nahverkehr, beim Besuch von Sehenswürdigkeiten gibt es Ermäßigungen, und manche Geschäfte und Restaurants gewähren Rabatte.

Adressen

●**Bahnhof:** c/ Játiva 24.
●**Busterminal:** c/ Menéndez Pidal 13. Erreichbar mit Stadtbus Nr. 8 von der Plaça Ajuntament.
●**Konsulate:**
   Deutschland, c/ Primado Reig 70, Tel. 963 614 453, Fax 963 609 259.
   Österreich, c/ Convento Santa Clara 10-12-3, Tel. 963 522 212, Fax 963 511 220.
   Schweiz: c/ Cronista Carreres 9, 7. Stock links, Tel./Fax 963 518 816.
●**Post:** Plaça Ajuntament 24.

Feste

●**22. Januar:** San Vicente Mártir, das Patronatsfest.
●**15.-19. März:** Las Fallas, eines der größten und spektakulärsten Feste Spaniens. Eine gute Woche lang stehen auf allen Kreuzungen und in vielen Straßen der Innenstadt große Figurengruppen aus Holz und Pappmaché. Am 19. März werden in der *nit de foc* um Mitternacht alle Figuren verbrannt (siehe auch Exkurs „Las Fallas – das Frühlingsfest").

●**Zweiter Sonntag im Mai:** Virgen de los Desamparados; vor der nach ihr benannten Kapelle wird der Schutzheiligen aller Benachteiligten gehuldigt.
●**Juli:** Fira de Juliol, große Sommerfestivität mit Stierkämpfen, Feuerwerk, einem Wettbewerb im Blumenschmücken am Paseo de la Alameda und Auftritten internationaler Musikgruppen.
●**9. Oktober:** Sant Donís. Man erinnert an die Eroberung der Stadt durch die Truppen *König Jaimes I.* im Jahr 1238. Traditionell schenken Männer ihrer Angebeteten ein Tuch oder einen Schal und eine Leckerei aus Marzipan, *piuleta* genannt.

L'Albufera

Dieser Binnensee wird auch „Kleines Meer" genannt, und zumindest in der Vergangenheit war dieser Beiname fast gerechtfertigt: 21.000 Hektar maß er zu Zeiten der Mauren; heutzutage ist er durch Landgewinnungsmaßnahmen auf knapp 3000 Hektar geschrumpft. Für ein richtiges Meer fehlt es ihm aber ohnehin an Tiefgang, der Wasserstand beträgt gerade mal 80 Zentimeter bis zwei Meter.

Der See wurde 1986 zum **Naturschutzgebiet** erklärt, da hier viele Zugvögel auf ihrem Weg nach Süden rasten. An seinem Nordufer wird der See auch zur Bewässerung der umliegenden Reis- und Orangenfelder genutzt.

Am Rande liegt das Dörflein **El Palmar** auf einem etwas erhöhtem Landstrich, der dem See abgerungen wurde. Speziell im Winter, wenn sich viel Wasser im See sammelt, wird El Palmar deshalb immer wieder zur Insel.

Dann gibt es nur noch eine einzige Straße, die aufs „Festland" führt.

Als typisches Merkmal der L'Albufera gelten die valencianischen Hütten, die die Bauern bei der Arbeit auf ihren Feldern nutzen. Diese hellen Lehmhäuschen werden **barracas** genannt; sie tragen ein Strohdach und bestehen aus höchstens zwei Räumen. Hier übernachteten einst die Bauern, wenn der Weg von der Feldarbeit nach Hause zu weit war.

Exkursionen per Boot

Am Kilometer 9,5 der Straße von El Saler nach El Perelló liegt ein kleiner Parkplatz. Dort kann man kleine Boote mieten und eine Erkundungstour über den See unternehmen.

An der Straße vom Binnensee hoch nach Valencia liegt die kleine Gemeinde **El Saler;** durchaus ein eigenständiger Ort, aber doch so nah an der Metropole, dass man fast von einem Vorort sprechen könnte. Was sich die Einheimischen natürlich verbitten. Größtes Plus von El Saler sind die schönen, weitläufigen **Sandstrände,** die sich hinter einer Dünenlandschaft erstrecken. Früher gab es hier einen großen Campingplatz, der aber sich selbst überlassen wurde und mittlerweile zugewuchert ist; die große Zahl von Parkplätzen zeigt an, wie beliebt die Zone bei den Valencianos ist.

Strandprofil

Playa El Saler

Der Strand misst stolze 6200 Meter in der Länge; seine Breite schwankt beträchtlich. Direkt im Ort El Saler führen zwei sehr schmale Straßen zu ausgeschilderten Parkplätzen vor dem Strand. Man hat sich in den letzten Jahren bemüht, die ganze Zone zu renaturieren; eine ehemalige Straße ist bereits wieder unter den Dünen verschwunden. Hier lag übrigens der weiter oben erwähnte Campingplatz. Ein paar Parkplätze weniger hätten hier zwar nicht geschadet, aber alles in allem kann man sich doch recht schön zurückziehen. Der Sand ist überwiegend fein; zwei Lokale sorgen für das leibliche Wohl.

Playa La Devesa

Dieser 4860 Meter lange Strand schließt sich an die Playa El Saler an. Hier gibt es so gut wie keine Bebauung; die größte Anlage ist ein Parador mit angeschlossenem Golfplatz. Hinter dem Strand erstreckt sich eine Dünen-Pinien-Landschaft, die Straße nach El Perelló verläuft weit im Hinterland. Dort liegt auch, etwa zwei Kilometer entfernt, der Binnensee.

Praktische Tipps

Unterkunft

●**El Parador de El Saler** €€€€ , am Kilometer 16 der Straße El Saler – El Perelló, Tel. 961 611 186, Fax 961 627 016, E-Mail: saler@parador.es. Tolle Lage, tolle Ausstattung! Sehr ru-

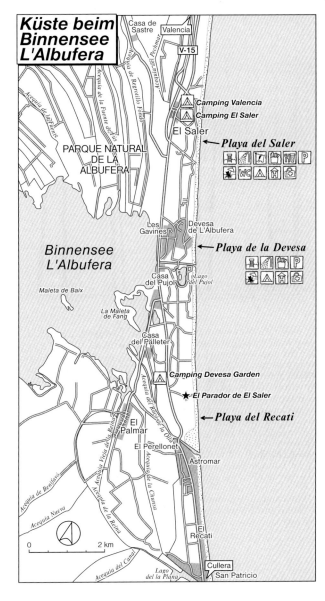

Küste beim Binnensee L'Albufera

Casa de Sastre
Valencia
V-15

Camping Valencia
Camping El Saler
El Saler
← *Playa del Saler*

PARQUE NATURAL DE LA ALBUFERA

Les Gavines
Devesa de L'Albufera
← *Playa de la Devesa*

Binnensee L'Albufera

Maleta de Baix
Casa del Pujol
Lago del Pujol

La Maleta de Fang

Casa del Palleter

Camping Devesa Garden
★ El Parador de El Saler
← *Playa del Recati*

El Palmar
El Perellonet
Astromar

Acequia del Rescate la Olla
Acequia Vieja de la Reina
Acequia del Canal
Acequia de la Chansa
Acequia de la Reina
Acequia Nueva
Acequia de Benifayo

0   2 km

El Recati

Cullera
San Patricio

Lago del la Plana

hig, unweit des hier ziemlich einsamen Strandes gelegen, mit angeschlossenem Golfplatz. Der Bus nach Valencia direkt vor der Zufahrtsstraße zum Hotel.

●**Hotel Sidi Saler** €€€€, Playa El Saler, Tel. 961 610 411, Fax 961 610 838, E-Mail: sidisaer@ctv.es. Ein großes Hotel mit 272 Zimmern in einer Toplage beim Strand, allerdings auch ein wenig isoliert. Für Strandfans ideal, die aber einen DZ-Preis von ca. 185 € akzeptieren müssen.

●**Hostal Patillo** €€-€€€, c/ Pinares 10 in El Saler, Tel. 961 830 382, Fax 961 830 384. Ein Haus mit 28 Zimmern, mitten in El Saler an der Durchgangsstraße.

●**Hostal Andrés** €€, c/ Aguilera 7 in El Saler, Tel. 961 830 111. Das Hostal hat 26 Zimmer und liegt am Ortsrand Richtung El Perelló.

Idylle am See

Camping

●**Devesa Garden,** 2. Kategorie, liegt schräg gegenüber vom Parador, Tel./Fax 961 611 136. Ein kleiner Platz für 380 Personen, der überwiegend von Dauercampern genutzt wird. Wer nicht gerade während Las Fallas anreist, sollte doch noch ein Plätzchen bekommen. Der Platz hat Kiesboden und viele Bäume, die Schatten spenden. Nebenan liegt eine größere Apartmentanlage; zum Strand geht es erst über die Straße und dann durch eine Dünen-Pinien-Zone. Der Bus nach Valencia hält vor dem Eingang.

Verkehrsverbindungen

●Von Valencia fährt halbstündlich der **Linienbus** nach Perelló auch durch El Saler. Abfahrt von einer kleinen Seitenstraße beim Bahnhof, unmittelbar bei der Stierkampfarena; leider gibt es kein Hinweisschild speziell für diesen Bus, also im Zweifelsfall lieber einmal mehr fragen.

Cullera

- **Einwohner:** 20.000
- **PLZ:** 46400
- **Entfernung nach Valencia:** 52 km
- **Touristeninformation:**
Carrer del Riu 38, Tel. 961 720 974,
Fax 961 728 062, E-Mail:
touristinfo.cullerap@turisme.m400.gva.es
- **Internet:** www.cullera-turismo.com

Der Ort schmiegt sich an einen steil
aufragenden Gipfel, den Monte de
Oro. Cullera lag ursprünglich, wie so
viele andere Küstenorte, auf der meer-
abgewandten Seite, aber die touristische Nachfrage änderte schließlich
das Stadtbild. Immerhin erstreckt sich
hier ein sehr schöner **kilometerlanger
Strand.** Das war auch der Grund, warum hier die Hochhausriesen wie Pilze
nach einem warmen Sommerregen
aus der Erde schossen. Nein, da gibt
es wirklich nichts zu beschönigen:
Städtebauliche Glanzleistungen sehen
anders aus. Häuser unter 15 Etagen
gelten hier als klein; bei einem Block
zählte ich mal alle Apartments durch,
es waren über 500! Laut Touristenbüro
steigt die Einwohnerzahl in der Som-
merzeit denn auch auf 100.000 an.
Wer aber außerhalb der Monate Juli
oder August kommt, findet sehr viel
Platz am Strand. Die Apartmentblocks
muss man dann, soweit möglich, einfach übersehen. Einfach auf's Meer
hinausgucken!

Strandprofil

Playa de Dosel

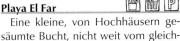

liegt jenseits des Leuchtturms und
des Berges, zählt aber dennoch zum
Gemeindebezirk Cullera. Ein schöner
Strand von knapp 1500 Meter Länge
und stolzen 50 Meter Breite, der aus
feinem hellen Sand besteht und er-
freulicherweise noch nicht in seiner
Gesamtlänge bebaut ist. Sogar eine
kleine Dünenlandschaft erfreut die
Strandläufer.

Playa El Far

Eine kleine, von Hochhäusern gesäumte Bucht, nicht weit vom gleichnamigen Leuchtturm entfernt.

Playa L'Illa

liegt sehr schön halbkreisförmig vor
den Ausläufern der strandnahen Bebauung. Er hat 500 Meter Länge, 60
Meter Breite, feinen, teils auch gröberen Sand und ist stets gut besucht,
dank der umliegenden Apartmentblocks.

Playa Cap Blanc

ist eine weitere Bucht von 630 Metern Länge und etwa 60 Metern Breite. Erstaunlicherweise stehen hier
kaum Häuser, wahrscheinlich, weil direkt hinter einer vorbeiführenden Straße der Berg steil aufragt.

Costa de Valencia

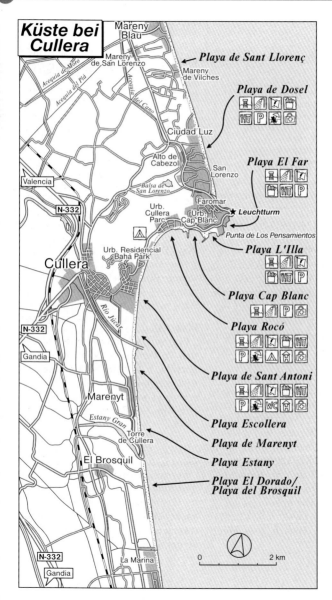

Küste bei Cullera

Mareny Blau
Mareny de San Lorenzo
Mareny de Vilches
Acequia de Moro
Acequia del Plá
Acequia del Cano
Ciudad Luz
Alto de Cabezol
Balsa de San Lorenzo
San Lorenzo
Valencia
N-332
Urb. Cullera Parc
Faromar
Urb Cap Blanc
Cúllera
Urb. Residencial Bahá Park
Río Júcar
N-332
Gandia
Marenyt
Estany Gran
Torre de Cullera
El Brosquil
N-332
Gandia
La Marina

← Playa de Sant Llorenç

Playa de Dosel

Playa El Far

★ *Leuchtturm*

Punta de Los Pensamientos

Playa L'Illa

Playa Cap Blanc

Playa Rocó

Playa de Sant Antoni

Playa Escollera

Playa de Marenyt

Playa Estany

Playa El Dorado/ Playa del Brosquil

0   2 km

Costa de Valencia

Playa Rocó

Einer der beiden Hauptstrände. Über 120 Meter breitet er sich aus; seine durchschnittliche Breite beträgt 30 Meter. Der helle Strand ist feinsandig und wird stark besucht. Immerhin erheben sich hier bis teilweise unmittelbar an die *playa* Apartmentriesen, allein das auffällige Gebäude in leicht dreieckiger Form dürfte schon über tausend Urlauber beherbergen.

Playa de Sant Antoni

heißt der sich anschließende zweite Hauptstrand. Er verläuft über 2300 Meter und hat eine stolze durchschnittliche Breite von 75 Metern; sein Sand zeigt sich einladend fein und hell. Aber auch hier erheben sich in unmittelbarer Nähe Hochhäuser. Die Strandpromenade ist nett gestaltet; dort flanieren zum Glück nur Fußgänger, die sich aus dem vielfältigen Angebot von Lokalen und Shops das Ihrige herauspicken.

Sehenswertes

Castillo

Das Castillo sieht man bereits von weitem, es thront hoch oben auf dem Berg. Im 13. Jahrhundert auf den Überresten einer ehemaligen maurischen Burg erbaut, zeigt es sich seinerseits heute nur noch als Fragment. Mauerreste und ein ehemaliger Wachturm sind noch zu erkennen; nebenan

Betagte Sommerfrischler am Strand von Cullera; im Hintergrund das größte Haus der Stadt

steht die Kapelle **Nuestra Señora de Encarnación.** Die schmucke Kirche aus dem 19. Jahrhundert ist mit vielen Details liebevoll dekoriert. Vor allem aber hat man von ihrem Vorplatz aus einen tollen Blick über die Küste.

Selten trifft es ja wirklich zu, dass der Weg das Ziel ist, aber hier dann doch: Der Aufstieg zur Kapelle lohnt sich wirklich. Ein mittelsteiler Fußweg vom Marktplatz führt in Serpentinen hoch. Unten stehen noch einige hübsche weiße Häuser, aber die Bebauung wird doch bald dünner. Lampen erleuchten den Weg des Abends, was vor allem aus der Ferne ein eindrucksvolles Bild abgibt. Unterwegs kommt man an so genannten **estaciones** vorbei, das sind kleine religiöse Andachtsstellen, in denen christliche Botschaften verkündet werden und wo auf Kacheln Motive aus dem Leben Jesu abgebildet sind. Insgesamt sind es 14 Stationen, die jeweils etwa 500 Meter auseinander liegen; sie wurden zwischen 1806 und 1807 errichtet.

● **Öffnungszeiten Castillo:** Di-So 10.30-13 und 18.30-20.30 Uhr; zur Zeit meines letzten Besuches war der Eintritt frei; da das Castillo aber aufwändig restauriert wird, kann sich dies nach Abschluss der Arbeiten ändern.

Markthalle

Die Markthalle besteht aus zwei Gebäuden: In dem einen findet der Kunde Fleischwaren, im anderen Fisch und Gemüse. Davor liegt ein kleiner netter Platz mit einem Springbrunnen und den allgegenwärtigen *pensionistas,* die sich hier durch den Tag langweilen.

Museo Municipal Arqueológico y Faller

Das Gebäude vereint zwei interessante Museen. Das **Museum der Fallas** zeigt die so genannten *ninots indultats,* also die vom Publikum ausgewählten schönsten und originellsten Teile, die vor den Flammen gerettet werden, eine Ehre, die jedes Jahr nur einem einzigen Element zuteil wird. Man steht staunend vor diesen Kunstwerken, die mit unglaublichem Gespür für kleinste Details errichtet sind. Die Museumsleitung berichtet, dass die größten Fallas in Cullera bis zu vier Etagen hoch sein und bis zu 60.000 Euro kosten können. Und all das geht in Flammen auf!

In der oberen Etage sind **archäologische Fundstücke** aus der Region ausgestellt.

● **Museo Municipal Arqueológico y Faller,** c/ Cervantes s/n, geöffnet: Di-Fr 9-13.30 und 17.30-20.30 Uhr, Sa, So 9.30-13 Uhr; der Eintritt ist frei.

Cueva Museu de Dragut

Ganz am Ende der Strandpromenade von Cullera beim Leuchtturm liegt ein anderes Museum, die Cueva Museu de Dragut. Es handelt sich um eine Ausstellung zur **Piraterie,** untergebracht in einer Höhle. Dort hielt sich ein Pirat namens *Dragut* 1550 auf, nachdem er Cullera überfallen und Geiseln genommen hatte. Gezeigt wird allerlei Schauerliches rund ums Thema, die Höhle liefert die passende Atmosphäre.

● **Geöffnet:** 1.6.-30.9. 9-2 Uhr; Eintritt: Erwachsene 3,60, Kinder 2,10 €.

Costa de Valencia

Praktische Tipps

Unterkunft

●**Hotel Sicania** €€€-€€€€, Playa del Racó s/n, Tel. 961 720 143, Fax 961 730 392, E-Mail: hotelsicania@hotelsicania.com. Großes Haus mit 116 funktionalen Zimmern in der ersten Strandreihe; angeschlossen sind ein Restaurant sowie ein Café mit Meerblick.
●**Hostal La Paz** €-€€, c/ Joan Garcés 39, Tel. 961 720 563. Ein kleines, schmales Haus mit acht Zimmern auf vier Etagen.
●**Hotel Carabela II** €€€, Avda. Diagonal del País Valenciano 41, Tel. 961 724 304, Fax 961 724 070, E-Mail: hotelcarabela2@terra.es Ein Haus mit 15 Zimmern und etlichen Apartments, ca. 100 Meter vom Strand entfernt.

040bmk Foto: sm

Camping

●**Santa Marta,** 1. Kategorie, Carretera al Faro km 2, Tel. 961 721 440, Fax 961 731 245, geöffnet: 1.4.-30.9. Der Campingplatz liegt vielleicht 200 Meter vom Strand Playa Racó entfernt, hinter den Apartmenthäusern, unmittelbar vor dem Berg. Er hat eine Kapazität von 750 Personen; Bäume spenden Schatten, ein Pool Erfrischung.

Essen & Trinken

●**Restaurant Les Monettes,** Carretera al Castillo s/n, Tel. 961 720 010. Am unteren Teil der Straße gelegen, die hoch zum Castillo führt. Die französischen Betreiber bieten gute, nicht überteuerte französische Küche.
●**Amigos de los Pescadores,** Avda. del Puerto, Tel. 961 725 640. Das Lokal liegt in der Lonja, der Fischauktionshalle, und bietet folglich frischesten Fisch.

Adressen

●**Aquopolis,** an der Straße nach El Saler; Badepark mit Rutschen und Spaßbädern.
●**Internetcafé:** Cyber on line, Avda. Blasco Ibáñez 4.
●**Post:** Rambla San Isidro 1.
●**Tauchen:** Club de Actividades Subacuáticas Delfín, c/ Guardia Civil 11, Tel. 961 721 634.

●**Windsurfen:** Seasur Patrol Escuela, Playa Racó, gegenüber El Prado-Gebäude, Tel. 961 725 093; Radical Surf School, Playa Racó, gegenüber Hotel Sicania, Tel. 961 730 898.

Feste

●**12.-19. März:** Las Fallas (siehe auch Exkurs bei der Ortsbeschreibung „Valencia").
●**Woche nach Ostern:** Virgen del Castillo, Patronatsfest mit feierlichem Umzug von der Kapelle zum Meer am zweiten Sonntag nach Ostern. Außerdem: Stiertreiben, Feuerwerk und Musikkonzerte.
●**16. Juli:** Fest zu Ehren Nuestra Señora del Carmen, das ist die Schutzpatronin der Fischer, mit Meeresprozession.
●**zweite Julihälfte:** Bierfest in Kooperation mit der deutschen Partnerstadt Jever.

Markt

●Donnerstag.

Ninot indultat im Museo Fallero

Gandía

- **Einwohner:** 60.000
- **PLZ:** 46700 (Stadt), 46730 (Strandzone)
- **Entfernung nach Valencia:** 67 km
- **Touristeninformation:**
  c/ Marqués del Campo s/n,
  Tel./Fax 962 877 788
  oder c/ Carmelitas 2, Tel. 962 959 495,
  Fax 962 959 487, E-Mail:
  touristinfo.gandia@turisme.m400.gva.es

Kurz und knapp: Der Strand ist einfach klasse! Er zählt zu den schönsten weit und breit. Dass sich deshalb auch jede Menge Apartments angesiedelt haben, ist wohl unvermeidlich. Der eigentliche Ort liegt gut drei Kilometer von der Küste entfernt, eine Kleinstadt mit reizvollem innerstädtischen Kern. Monumentale Bauwerke wird man dort nicht entdecken, aber spanisches Alltagsleben im besten Sinne, vor allem in den Fußgängerzonen.

Strandprofil

Playa de L'Ahuir

liegt am äußersten nördlichen Rand von Gandía. Dieser helle, feinsandige Strand hat eine Länge von fast 1800 Metern und eine mittlere Breite von 65 Metern. Noch ist er schwach bebaut, es finden sich sogar noch ein paar Dünen; auch das Hinterland besteht noch aus Feldern.

Playa de Gandía

Der Hauptstrand besticht durch 3000 Meter Länge, eine durchschnittliche(!) Breite von 85 Metern und seinen feinen, hellen Sand. Eine Promenade ohne viel Tingeltangel begleitet den Strand, genau wie ein Autostraße. Auf der anderen Seite erheben sich allerdings auch die unvermeidlichen Apartmenthäuser sowie das eine oder andere Hotel. Zumeist sind in deren unterer Etage Geschäfte, Lokale oder Büros von Maklern und Reiseveranstaltern untergebracht. Da mag man nun Remmidemmi vermuten; dem ist aber meist nicht so. Glücklicherweise sind Strand und Promenade breit genug, dass sich alles verlaufen kann. Zur Strandzone pendelt etwa alle 20 Minuten ein Bus aus Gandía; Abfahrt bei der Touristeninformation vor dem Bahnhof.

Playa Venecia

verläuft über 500 Meter jenseits des Hafens und liegt damit schon etwas am Rande von Gandía. Viel los ist hier nicht, die meisten Gäste sonnen sich doch lieber am Hauptstrand, dabei ist die Playa Venecia auch nicht schlecht, gute 45 Meter breit und mit feinem hellen Sand.

Sehenswertes

Die kleine **Plaça Constitució** ist ein arkadengesäumter Platz mit ein paar Lokalen, wo man nett draußen sitzen kann. Dort steht auch das historische

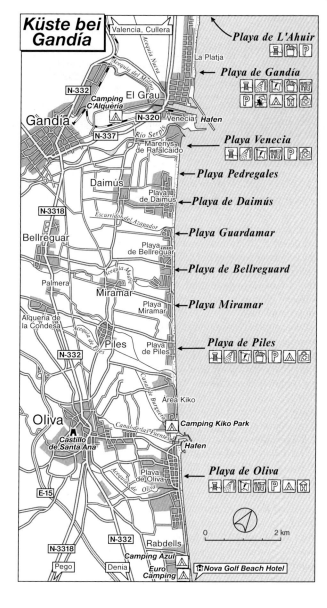

Küste bei Gandía

Valencia, Cullera

Acequia Nueva

Acequia del Molino

N-332

Camping C'Alquería

El Grau

Gandía

N-320 · Venecia · *Hafen*

N-337

Río Serpis

Marenys de Rafálcaido

Daimús

Playa de Daimús

N-3318

Escurridor del Azagador

Bellreguar

Playa de Bellreguar

Acequia Madre

Palmera

Miramar

Playa Miramar

Alquería de la Condesa

Acequia de Piles

Piles

Playa de Piles

N-332

Canal de Burgeria

Área Kiko

Oliva

Canal de las Fuentes

Camping Kiko Park

Castillo de Santa Ana

Hafen

Acequia de Oliva

Playa del Oliva

0   2 km

N-332

Rabdells

N-3318

Camping Azul

Pego

Denia

Euro Camping

Nova Golf Beach Hotel

Playa de L'Ahuir

La Platja

Playa de Gandía

Playa Venecia

Playa Pedregales

Playa Guardamar

Playa de Bellreguard

Playa Miramar

Playa de Piles

Playa de Oliva

Costa de Valencia

ayuntament, das Rathaus. Errichtet wurde es 1778 im neoklassizistischen Stil. Schräg gegenüber befindet sich La Colegiata, eine gotische Kirche aus dem 14. bis 15. Jahrhundert. Die einschiffige Kirche ist relativ klein und schlicht gehalten.

Bereits im 14. Jahrhundert errichtete man ein erstes Krankenhaus in Gandía. Das Gebäude des **Hospital de Sant Marc** hat einen großen Innenhof, von dem die einzelnen Räume abzweigen. Seit einiger Zeit wird es renoviert, da hier einmal das Archäologische Museum eingerichtet werden soll. Zu finden in der c/ Sant Duc 1.

Der **Palau Ducal** ist das ehemalige Anwesen der Fürstenfamilie Borja, die lange Zeit über diese Region herrschte. Vom großen Innenhof aus führt eine breite Treppe zu den oberen Räume. Zu besichtigen sind mehrere Salons, die Glanz und Pracht vergangener Zeiten dokumentieren. Herausragend sind hier der Krönungssaal mit seinen gewaltigen Gemälden oder

auch das eindrucksvolle Fußbodenmosaik „Vier Elemente". Das alles ist umso bemerkenswerter, als das Haus Ende des 19. Jahrhunderts nur noch eine Ruine war. 1887 erwarben es die Jesuiten bei einer öffentlichen Versteigerung und rekonstruierten den Palast detailgetreu. Sie betreuen das Haus noch heute.

●**Geöffnet:** Sommer Di-So 10-13.30 Uhr, Di-Sa 17.30-20.30 Uhr; außerhalb der Saison Di-So 16.30-20 Uhr; Eintritt: 2,50 €; Der Besuch ist nur im Rahmen einer Führung möglich; diese dauert 50 Minuten und wird stündlich angeboten.

Der Passeig de les Germanies ist die **Flanier- und Einkaufsmeile,** sie erinnert ein wenig an die Ramblas in Barcelona. In der Mitte spaziert man zu Fuß entlang, links und rechts braust der Autoverkehr vorbei. Etliche Geschäfte sind hier zu finden, aber auch die eine oder andere Bar; im unteren Bereich zweigen die schon erwähnten Fußgängerzonen ab.

Costa de Valencia

Praktische Tipps

Unterkunft

In der Stadt:

●**Hotel Borgia** €€€, c/ República Argentina 5, Tel. 962 878 109, Fax 962 878 031, E-Mail: hborgia@wanadoo.es Ein schmales, auffällig rot-schwarzes Gebäude mit 72 modernen Zimmern in zentraler Lage.

●**Hostal Los Naranjos** €€, Avda. Pío XI. 57, Tel. 962 873 143, Fax 962 873 144. 35 Zimmer hat das Haus, das etwas außerhalb des Zentrums an der Straße zum Strand liegt.

Am Strand:

●**Hotel Bayren I** €€€€, Paseo Neptuno s/n, Tel. 962 840 300, Fax 962 840 653, E-Mail: recepcion@hotelesbayren.com. Das Bayren gibt's gleich zweimal; dieses liegt in der ersten Strandreihe und bietet von vielen der 172 Zimmer einen erstklassigen Meeresblick. Einmal über die Straße, und man liegt am Strand.

●**Don Ximo Club** €€€€, Partida de la Redonda s/n, Tel. 962 845 393, Fax 962 841 269, E-Mail: hoteldonximo@jet.es Die Lage hat Vor- und Nachteile: Zum einen geht man fast einen Kilometer an einer stark befahrenen Straße bis zum Strand. Zum anderen liegen die geräumigen Zimmer von eben dieser Straße weit genug entfernt, an einem schönen Garten mit Pool und kleiner Cafetería.

●**Hostal Fin de Semana** €€€, c/ Mare Nostrum 45, Tel. 962 840 097. Kleines Haus mit elf Zimmern, das nicht nur am Wochenende geöffnet hat, wie der Name befürchten ließe, sondern vom 1.4.-30.9. Es liegt nah beim Hafen in der zweiten Parallelstraße zum Strand.

●**Hotel Mavi** €€-€€€, c/ Legazpi 18, Tel. 962 840 020, Fax 962 845 224. Anspruchsloses Haus mit immerhin 44 Zimmern in der zweiten Reihe. Viel günstiger wird man in Gandía Playa nicht wohnen können.

Camping

●**L'Alquería**, 2. Kategorie, Carretera Gandía - Playa de Gandía km 2, Tel. 962 840 470, Fax 962 841 063, www.lalqueria.com, geöffnet vom 1.3.-15.10. Ein nicht zu großer Platz (550 Personen), etwa auf halber Strecke zwischen Strand und Stadt an der stark befahrenen Straße gelegen. Der Bus von Gandía zum Strand hält vor der Tür.

●**La Naranja**, 2. Kategorie, Partida la Marjal - Polígono 25, Tel. 962 841 616, geöffnet von Anfang April bis Mitte September. Der kleine Platz ist ab der Strandzone ausgeschildert, er liegt etwa 800 Meter vom Meer entfernt.

Essen & Trinken

●**Restaurant Emilio,** Avda. Vicente Calderón Block F-5, Tel. 962 840 761. Eigenwerbung: „Cocina del mercado y imaginativa", also etwa: frische Produkte vom Markt fantasievoll arrangiert. Das hebt sich doch schon mal sehr positiv vom Strandeinerlei ab.

●**Restaurant Kayuko,** c/ Fuerteventura 16, Tel. 962 840 137, Mo geschlossen; liegt in der zweiten Strand-Reihe und bietet u.a. ein *menú del puerto,* also ein „Hafenmenü".

●**Restaurant As de Oro,** Paseo Neptuno 26, Tel. 962 840 239. Ein Dauerbrenner seit bald 60 Jahren mit guten Fischgerichten.

●**Restaurant Mesón de los Reyes,** c/ Mallorca 39, Tel. 962 840 078. Das Lokal hat nicht nur eine breite Auswahl an Fisch, Fleisch, Reis und Salaten, sondern auch einen Könner hinterm Herd; 1978 errang der Koch den ersten Platz im Premio de Gastronomía.

●**Freiduría Ripoll,** am Hafen. Das Lokal liegt am Ende einer keinen Mole, die einige Meter ins Wasser reicht. Man hat also einen netten Ausblick; serviert wird hauptsächlich gebratener Fisch.

Adressen

●**Bahnhof:** c/ Marqués de Campo s/n.
●**Busterminal:** c/ Marqués de Campo 12.
●**Post:** Carrer de Sant Francesc de Borja s/n.

Feste

●**16.-19. März:** Las Fallas.
●**1.-4. Oktober:** Sant Francesc de Borja, Patronatsfest.

Markt

●**Samstag** am Parque del Este in Gandía, **Donnerstag** am Hafen.

Oliva

- ●**Einwohner:** 21.000
- ●**PLZ:** 46780
- ●**Entfernung nach Valencia:** 74 km
- ●**Touristeninformation:**
Passeig Lluís Vives s/n,
Tel./Fax 962 855 528, E-Mail:
touristinfo.oliva@turisme.m400.gva.es
- ●**Internet:** www.tourist-oliva.com

Oliva ist bekannt für seine ki-lo-me-ter-langen Strände, weniger für städtebaulichen Glanz. Nicht dass die Stadt nun völlig reizlos wäre, aber die Monumente sind doch von recht begrenztem Charme. Außerdem wälzt sich ständig ein nicht enden wollender Autostrom auf der N-332 durch den Ort.

Strandprofil

Playa de Piles

Angeblich 1160 Meter lang, endet der Strand am Hafen von Oliva; wo er beginnt, weiß keiner so genau ... Aber das braucht auch niemanden zu interessieren. Ein ausdauernder Läufer kann von Oliva bis nach Gandía immer am Strand entlang laufen und wird schwerlich feststellen, dass unterwegs der Name sieben Mal gewechselt hat. Der Strand ist schön, ist hell und ist feinsandig. Die Bebauung reicht allerdings bis an die *playa* heran, in der ersten Reihe stehen kleinere Häuser von ein oder zwei Etagen, dahinter die Apartmentblocks.

Playa de Oliva

Festhalten! Dieser Strand misst neun Kilometer! Er beginnt am Hafen von Oliva und läuft und läuft ...bis zur Provinzgrenze von Alicante, eigentlich sogar bis nach Dénia. Falls also jemand sehr ausdauernd sein sollte, bitte sehr, das wäre doch mal eine Herausforderung. Der Oliva-Strand ist im Mittel 55 Meter breit; er wird über weite Strecken von Dünen begrenzt. Die Bebauung ist dünn, es liegen hier aber einige Campingplätze und ein großes Golfhotel.

Sehenswertes

Oliva hat einen durchaus charmanten Ortskern, aber irgendwie stört dann doch der ständig fließende Verkehr. In den Seitenstraßen wird es allerdings spürbar ruhiger.

Hoch oberhalb der Stadt thronte einst das **Castillo de Santa Ana,** heute sind noch Reste dieser Festung und die Ermita Santa Ana zu sehen.

In der Innenstadt steht die **Iglesia Sant Roc** am Platz gleichen Namens. Sie wurde ursprünglich im 15. Jahrhundert auf den Resten einer Moschee erbaut, die heutige Kirche stammt aus dem 19. Jahrhundert. Hier wird das Bildnis des Ortspatrons Santísimo Cristo aufbewahrt. Dieses Viertel zählt zu den ältesten der Stadt, es wird auch Barrio Raval genannt. Wer hier durchschlendert, findet teilweise noch urige, enge Gassen aus der Zeit der arabischen Herrschaft.

Die Kirche Santa María la Mayor stammt aus dem 18. Jahrhundert und steht bei der zentralen **Plaça Espanya.** Von diesem Platz zweigt die Calle Tamarit ab, in der noch einige herrschaftliche Häuser stehen; diese wurden ursprünglich im 15 . Jahrhundert erbaut, im 18. Jahrhundert dann renoviert.

Das kleine **Museum Arqueològic** ist in dem historischen Gebäude der Familie *Pasqual* in der c/ Morers 38 untergebracht. Dessen Grundstein wurde im 16 Jahrhundert gelegt. Gezeigt wird ein geschichtlicher Querschnitt durch alle Siedlungsstufen, von der Epoche der Iberer über die maurische Phase bis zur christlichen Zeit.

●**Geöffnet:** Di-Sa 10.30-13.45 und 17.30-20.30 Uhr, So 11-14 Uhr, Mo geschlossen; der Eintritt ist frei.

Praktische Tipps

Unterkunft

●**Hotel Pau-Pi** €€-€€€, c/ Roger de Lauria 2, Tel. 962 851 202, Fax 962 851 049, geöffnet: 15.3.-1.10. Kleines Hotel mit 38 Zimmern, das nur 100 Meter vom Strand entfernt liegt.
●**Hostal Tropical** €€, Avda. del Mar 9, Tel. 962 850 602, Fax 962 963 217. Insgesamt 26 Zimmer hat dieses Haus an der Straße zum Strand, zwei Kilometer vom Meer entfernt.
●**Oliva Nova Golf Beach Hotel** €€€€, Urbanización Oliva Nova, Tel. 962 857 600, Fax 962 857 601, Internet: www.olivanova.com; Tophotel mit 175 Zimmern und einem großen Golfplatz, direkt am Strand, etwa vier Kilometer südlich von Oliva gelegen.

Camping

Eine wahre Camping-Kolonie liegt am kilometerlangen Strand von Oliva. Wer den Ort auf der N-332 Richtung Alicante passiert hat, kann die Hinweisschilder nicht übersehen.

●**Kiko Park,** 1. Kategorie, Tel. 962 850 905, Fax 962 854 320, ganzjährig geöffnet. „Die Stellplätze hier sind so begehrt, die werden vererbt", so berichtete mir mal scherzend ein Dauercamper in Bezug auf die Wintersaison. Der Platz liegt direkt am Meer und ist überwiegend gekiest, er hat moderne Sanitäranlagen und ein Lokal.
●**Euro Camping,** 1. Kategorie, Tel. 962 854 098, Fax 962 851 753, ganzjährig geöffnet. Ebenfalls direkt am Strand, ein Großteil der Parzellen hat Schatten durch Bäume. Der wiederum fehlt bei den etwas teureren Plätzen. Die liegen nämlich in der allerersten Reihe auf einer leichten Dünenanhöhe, von wo man wirklich herrlich aus seinem Wohnwagenfenster direkt aufs Meer schaut.
●**Azul,** 2. Kategorie, Tel. 962 854 106, Fax 962 854 096. Dieser Platz liegt unmittelbar neben Euro Camping, ist kleiner, aber dank der strandnahen Lage ebenfalls sehr beliebt.
●**Olé,** 1. Kategorie, Tel. 962 857 517, Fax 962 857 516, geöffnet: 1.4.-30.9. Direkt am Strand gelegener Platz für 1180 Personen. Nett begrünt und parzelliert. Einige Stellplätze liegen auch hier in den Dünen.
●Es liegen noch weitere Plätze in dieser Zone, sie sind alle etwas kleiner und zählen zur 2. Kategorie: **Bon Día, El Rancho, Río Mar.**

Essen & Trinken

●**Restaurant Kiko Port,** beim Hafen, Tel. 962 856 152, serviert regionale Gerichte.
●**Restaurant El Clotal,** Partida de Terranova s/n, Tel. 962 852 764. Nah am Strand beim Campingplatz Kiko liegt dieses Lokal, dessen Paella allseits gelobt wird.

Feste

●**15.-19. März:** Las Fallas.
●**1.-3. Mai:** Fiesta del Cristo de San Roque, mit Umzügen, Pelota-Spielen und Jahrmarkt.
●**Am letzten Sonntag im Juni** beginnt ein einwöchiger Jahrmarkt.
●**16. Juli:** Virgen del Carmen mit einer Meeresprozession.
●**18.-21. Juli:** Moros y Cristianos, mit Anlandung der „Mauren" am Strand bei Sonnenaufgang.
●**8. September:** Virgen del Rebollet.

Costa Blanca

027cb Foto: jf

041cb Foto: jf

Über den Dächern von Alicante

Der alte Mann und das Meer

Das Markenzeichen von Villajoyosa:
die bunten Häuser

Überblick

Der Name ist Programm: Costa Blanca, die **„Weiße Küste".** Da denkt man an strahlend weiße Dörfer, feine, helle Sandstrände und – viel Sonne. Tatsächlich scheint sie hier so dauerhaft, wie in kaum einer anderen Region Spaniens. Immerhin stolze 17,6°C misst das Thermometer im jährlichen Durchschnitt. Abgesehen von sommerlichen Hitzeperioden also ein **dankbares Klima,** in dem es sich gut überwintern lässt.

Das dachten sich auch **Zigtausende von Nordeuropäern.** Niemand kennt die genaue Zahl, aber es sind sehr viele, die sich hier an der 212 Kilometer langen Küste der Provinz Alicante ein Domizil erwarben. Ehemals kleinste Fischerdörfer entwickelten sich zu riesigen Gebilden mit Hunderten von Reihenhäusern, kleinen Villen oder riesigen Apartmentblocks. Die so genannten **Urbanizaciones** entstanden, Wohnviertel, in denen man nichts Typisches mehr findet – keine spanische Bar und keine *plaza,* an der die *pensionistas,* die Rentner, das Verrinnen der Zeit beobachten. Hier leben zeitweilig Nordeuropäer, im Sommer aber auch sehr viele Spanier. Eine ganz eigene Infrastruktur hat sich gebildet mit einer Vielzahl von Dienstleistern, die auf die speziellen Wünsche ihrer Landsleute eingehen. Und mancher Küstenstreifen wurde auf diese Art über viele Kilometer schlicht zubetoniert.

Auf die Spitze getrieben hat man es in Benidorm. In ganz Spanien findet sich kein vergleichbarer Ort. Schon von der Autobahn sticht die zugegebenermaßen beeindruckende Silhouette ins Auge: **Hochhäuser** wohin man schaut. Es müssen Dutzende sein, teilweise dreißig und mehr Etagen hoch. Hier versammeln sich nicht nur im Sommer so viele Menschen, dass man einen Kollaps befürchten muss, denkt man nur einmal an den Wasserverbrauch. Und wo bleibt das Positive?

Trotz allem gibt es noch genügend reizvolle Orte und Ecken. Abgesehen vom begünstigten Klima locken vor allem **herrliche Strände,** die überwiegend aus feinem, hellen Sand bestehen. (Ganz im Gegensatz übrigens zur gar nicht so weit entfernten Costa del Sol.) Nicht vergessen werden sollten auch die **Altstadtbereiche** der meisten Orte. Viele haben noch einen urigen, typischen Kern und einen sehenswerten Hafen. Außerdem wird so mancher Urlauber ganz dankbar sein für das **breite Angebot** an Service- und Dienstleistungen.

Die Orte liegen alle an der Küste, vom Hinterland durch einen parallel verlaufenden Gebirgszug abgeschirmt. Eine mautfreie Nationalstraße, die N-332, verbindet alle Städte und Dörfer miteinander. Notgedrungen herrscht hier ein entsprechend starkes Verkehrsaufkommen. Als Ausweichmöglichkeit bietet sich die gebührenpflichtige Autobahn an, die teilweise in Sichtweite der Nationalstraße verläuft. Oder man lässt das Auto stehen und fährt mit der **Schmalspurbahn.** Diese Bahnlinie verbindet Dénia mit Alicante, also einen Großteil der Costa Blanca, und die Züge halten an jedem Ort.

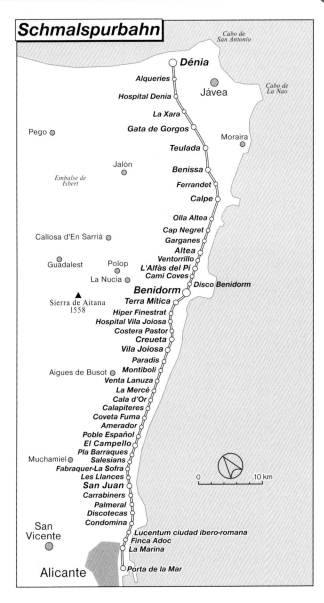

Costa Blanca

Schmalspurbahn

Cabo de San Antonio

Dénia

Alqueries

Hospital Denia

Jávea

Cabo de La Nao

La Xara

Gata de Gorgos

Pego

Moraira

Teulada

Jalón

Benissa

Embalse de Isbert

Ferrandet

Calpe

Olla Altea

Cap Negret

Callosa d'En Sarrià

Garganes

Altea

Guadalest

Ventorrillo

Polop

L'Alfàs del Pí

La Nucia

Cami Coves

Disco Benidorm

Benidorm

Sierra de Aitana
1558

Terra Mítica

Hiper Finestrat

Hospital Vila Joiosa

Costera Pastor

Creueta

Vila Joiosa

Paradis

Aigues de Busot

Montiboli

Venta Lanuza

La Mercé

Cala d'Or

Calapiteres

Coveta Fuma

Amerador

Poble Español

El Campello

Pla Barraques

Muchamiel

Salesians

Fabraquer-La Sofra

Les Llances

San Juan

Carrabiners

Palmeral

Discotecas

San Vicente

Condomina

Lucentum ciudad ibero-romana

Finca Adoc

La Marina

Alicante

Porta de la Mar

0   10 km

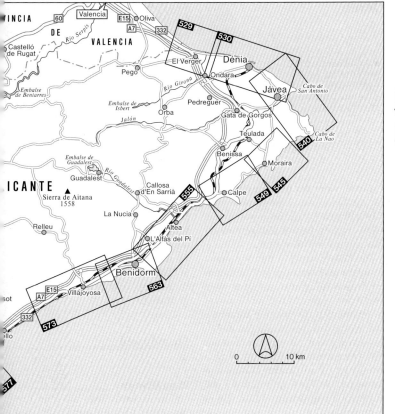

Dénia

- **Einwohner:** 30.000
- **PLZ:** 03700
- **Entfernung nach Alicante:** 100 km
- **Touristeninformation:**
Plaça Oculista Buigues 9,
Tel. 966 422 367, Fax 965 780 957,
E-Mail: tourist.info@denia.net
- **Internet:** www.denia.net

Dénia ist **einer der beliebtesten Orte** für ausländische Touristen an der Costa Blanca. Für die Bewohner ist das nichts Neues, fremde Zungen waren hier schon immer vertreten.

Die Römer nannten den Küstenort *Dianium* und machten ihn zu einem wichtigen Stützpunkt auf dem Weg von Rom nach Nordafrika. Um das 5. Jahrhundert dominierten kurzfristig die Westgoten, bevor um 713 der Islam Einzug hielt. Von nun an hieß der Ort *Deniya*. Ab 1036 wurde er zum Fürstentum, zum *Taifa de Deniya,* aufgewertet, bis 1244 unter *Jaime I.* die Rückeroberung gelang. Dénia, wie es nun genannt wurde, erhielt im 14. Jahrhundert den Status einer Grafschaft und ab 1612 Stadtrechte. Seit etwa Ende des 19. Jahrhunderts entwickelte sich der Ort zum beliebten Urlaubsziel und diese Tatsache hat die Stadt stärker geprägt als alle vorhergehenden Invasionen zusammen.

Das fällt sofort auf, wenn man von der Nationalstraße 332 in Richtung Küste abbiegt und sich Dénia nähert. Auf einer mehrspurigen Zufahrtsstraße rollt der Verkehr vorbei an etlichen Supermärkten, Handwerksbetrieben, Autohändlern, Swimmingpool-Verkäufern und Burger-Shops. Alle buhlen um die ausländische Kundschaft, wie man den **mehrsprachigen Hinweisschildern** entnehmen kann. Auch in zentraler Lage finden sich Dienstleister für ausländische Residenten: Zahnärzte, Anwälte, Notare, Makler und Handwerker. Über hundert Immobilienmakler sollen in Dénia tätig sein und das Touristenbüro listet insgesamt 167 Urbanizaciones auf.

Von all dem ist in der Altstadt wenig zu spüren. Dort ist Dénia eine **spanische Stadt mit reizvollen Ecken,** vor allem direkt unterhalb der Burganlage, die den Ort überragt. Weitere markante Punkte sind der gegenüberliegende Bergrücken Montgó und der weitläufige Hafenbereich.

Strandprofil

Playa Deveses

Playa Deveses liegt fast zehn Kilometer vom Ortskern entfernt. Hier befinden sich die nördlichsten Urbanizaciones, die noch zum Großbereich Dénia zählen. Der Sandstrand misst durchschnittlich 30 Meter in der Breite und verläuft über knapp fünfeinhalb Kilometer. Die Bebauung ist glücklicherweise noch nicht lückenlos. Eine Zufahrtstraße zweigt von der Nationalstraße ab, führt an der Ferienwohnungs-Siedlung vorbei und erreicht schließlich Dénia.

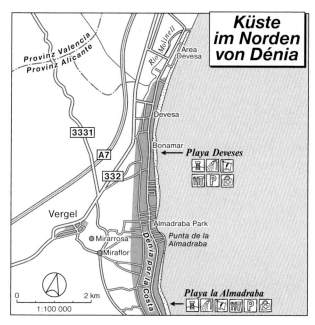

Küste im Norden von Dénia

(Kartenbeschriftung) Provinz Valencia · Provinz Alicante · Rio Molinell · Area Devesa · Devesa · Bonamar · **Playa Deveses** · 3331 · A7 · 332 · Vergel · Mirarrosa · Miraflor · Dénia por la Costa · Almadraba Park · *Punta de la Almadraba* · **Playa la Almadraba** · 0 — 2 km · 1:100 000

Costa Blanca

Playa la Almadraba

Dieser Strand schließt sich nahtlos an, verläuft über 2700 Meter und misst durchschnittlich 20 Meter in der Breite. Die Bebauung ist relativ dicht. Hochhäuser gibt es nicht, es handelt sich durchweg um kleinere Einheiten. Der Strand ist zumeist feinsandig, in einigen Abschnitten jedoch steinig.

Playa les Marines

Playa les Marines zieht sich über 4800 Meter bis zum Hafen von Dénia. Er verbreitert sich an manchen Stellen auf beachtliche 100 Meter und misst im Durchschnitt gute 50 Meter. Der Strand besteht durchweg aus feinem, hellen Sand. Die Küste ist in diesem Abschnitt stark bebaut und die stadtnahen Strandzonen sind sehr beliebt.

Playa Marineta Casiana

Diese *playa* schließt sich am südlichen Hafenrand an, zeigt sich mit zehn Metern ziemlich schmal und verliert sich nach knapp 1200 Metern an der felsigen Küste. Das Hinterland ist teils bebaut, teils begrünt. Obwohl der Sand hell und fein ist, ziehen viele die nördlicheren Strände vor.

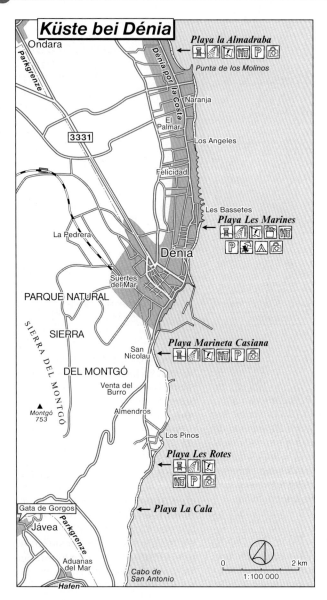

Küste bei Dénia

Ondara

Parkgrenze

Dénia por la Costa

Playa la Almadraba

Punta de los Molinos

Naranja

El Palmar

3331

Los Angeles

Felicidad

Les Bassetes

Playa Les Marines

La Pedrera

Dénia

Suertes del Mar

PARQUE NATURAL

SIERRA

SIERRA DEL MONTGÓ

DEL MONTGÓ

Venta del Burro

▲ Montgó 753

Almendros

Playa Marineta Casiana

San Nicolau

Los Pinos

Playa Les Rotes

Gata de Gorgos

Jávea

Parkgrenze

← *Playa La Cala*

Aduanas del Mar

Cabo de San Antonio

Hafen

0   2 km

1:100 000

Playa
Les Rotes

Die Playa Les Rotes ist nur etwa 400 Meter lang. Der raue und steinige Strand liegt vor einem steil abfallenden Hang. Ein paar Häuser kleben hier in den Ausläufern der südlichen Urbanizaciones.

Playa La Cala ist eine kleine 80 Meter messende Bucht, die man nur auf verschlungenen Pfaden (auch per Auto) erreicht; hier wird FKK geduldet.

Sehenswertes

Castillo

Die **Burg** *(el castillo)* hat den Ort jahrhundertelang dominiert und überragt ihn noch heute. Schon während der römischen Epoche entstand ein erster Schutzbereich. Mauerreste aus dieser Zeit sind noch im östlichen Teil bei der Torre de Gallines erhalten. Während der arabischen Herrschaft entstand dann der doppelte Bereich, der noch gut zu erkennen ist. Der untere Teil (Al-bacar) bildete bei Gefahr ein Refugium für die Bewohner. Der obere Abschnitt (Al-cazaba) war den Herrschern vorbehalten. Außerhalb der Burg erstreckte sich die Altstadt, die Medina. Der Zugang zur Burg führte damals wie heute durch das Stadttor Portal de la Vila aus dem 12. Jahrhundert. Wer die Anlage besichtigt, spaziert eigentlich durch eine terrassenförmig angelegte Parkanlage. Die Burg hat im Laufe der Jahrhunderte ihre ursprüngliche Schutzbedeutung verloren und teils auch Schaden

genommen. Wer ganz hochsteigt, genießt aber einen superben Weitblick über die Dächer von Dénia und auf den Berg Montgó.

Archäologisches Museum

Oben befindet sich auch das Archäologische Museum, das im ehemaligen **Gouverneurs-Palast** untergebracht ist. Die Entwicklung der Stadt ist hier durch Fundstücke aus allen Epochen dokumentiert.

●**Geöffnet:** Die Zeiten ändern sich fast monatlich, generell gilt 10-13 und 16-19 Uhr (im Sommer länger, im Winter kürzer); Eintritt: Erw. 2,15 €, Kinder 75 Cent.

Altstadt

Unterhalb der Burg liegt die Altstadt mit einer Reihe von reizvollen alten Gebäuden. Auffällig ist das **Rathaus** *(ayuntamiento)* aus dem 18. Jahrhundert an der Plaza de la Constitución. Ganz oben thronen eine große Uhr sowie eine Glocke. Der Eingang wird von etlichen Fahnen flankiert. Sechs Rundbögen prägen den unteren Bereich.

Hier steht auch die helle Kirche **Iglesia de la Asunción,** die im 18. Jahrhundert zu Ehren Mariä Himmelfahrt erbaut wurde.

Museu Etnológic de la Ciutat

Das **Ethnologische Museum** liegt nur einmal ums Eck in der Carrer Cavallers 1. Auf insgesamt drei Etagen wird exemplarisch die Lebens- und Arbeitswelt eines durch den Rosinenhandel zu Wohlstand gekommenen Bür-

Costa Blanca

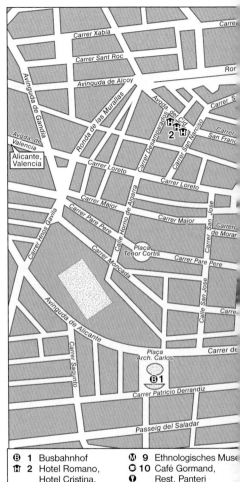

ⓑ	1	Busbahnhof	
🏨	2	Hotel Romano, Hotel Cristina, Hotel Castillo	
♜	3	Castillo	
Ⓜ	4	Archäologisches Museum	
♥	5	Rest. Bitibau	
Ⓢ	6	Fischmarkt	
★	7	Rathaus	
ⅱ	8	Iglesia de la Asunción	

Ⓜ	9	Ethnologisches Muse
Ⓒ	10	Café Gormand,
♥		Rest. Panteri
Ⓢ	11	Markt
♥	12	Rest. El Comedor
♥	13	Rest. Gavila
🏨	14	Hotel Costa Blanca
●	15	Bahnhof der Schmalspurbahn
❶	16	Touristeninformation
●	17	Fähranleger

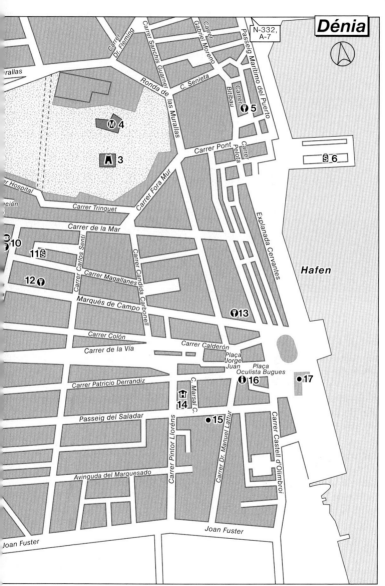

Costa Blanca

gers gezeigt. Besichtigt werden können die Wohnräume, Arbeitsgeräte sowie alte Fotos, die den Prozess der Rosinenverarbeitung dokumentieren.

•**Geöffnet:** Di-So 10.30-13 und 16-19 Uhr, So 10.30-13 Uhr, Mo geschlossen; der Eintritt ist frei.

Carrer Marqués de Campo

Zwei Blocks weiter verläuft die Straße Carrer Marqués de Campo, die als **Hauptflaniermeile** der Stadt gilt. Nicht, dass es nun besonders idyllisch hier wäre, immerhin fließt der Autoverkehr ungehindert vorbei, aber man findet doch eine ganze Reihe von netten Lokalen und interessanten Geschäften in zumeist recht ansehnlichen Häusern.

Hafen

Der gewaltige Hafen war über viele Jahrhunderte der Lebensnerv der Stadt. Schon die Römer sandten von hier ihre Flotten, sowohl in kriegerischer als auch in friedvoller, nämlich merkantiler Absicht, bis nach Karthago (Tunesien). Heute liegen hier neben der Fischfangflotte vor allem Sportboote. Eine Fähre pendelt zu den Balearischen Inseln nach Ibiza. Auf

In der Altstadt

einem Spaziergang entlang dem Paseo Marítimo passiert man die **Lonja,** die Fischauktionshalle. Dort wird seit jeher der Tagesfang versteigert. Ab etwa 17 Uhr kann man zuschauen.

Praktische Tipps

Unterkunft

Die Hotelliste von Dénia verzeichnet nur knapp ein Dutzend Häuser. Die vielen Ausländer sind entweder Residenten oder sie wohnen in Apartments. Davon gibt es tatsächlich viele Hunderte.

Im Zentrum:
●**Hotel Costa Blanca** €€€, Plaça Llovens 3, Tel. 965 780 336, Fax 965 783 027. Ein auffällig blau gestrichenes Haus mit 53 Zimmern im Zentrum, unweit der Touristeninformation gelegen.
●**Hotel Cristina** €€, Avda. El Cid 5, Tel. 965 786 100. Kleines, helles Haus mit neun Zimmern und Restaurant, unweit vom Castillo.
●**Hotel Romano** €€€€, Avda. El Cid s/n, Tel. 966 421 789, Fax 966 422 958. Kleines Haus mit sieben stilvoll eingerichteten Zimmern.
●**Hotel Castillo** €€-€€€, Avda. El Cid 7, Tel. 966 421 320, Fax 965 787 188. Auch dieses kleine Hotel hat sieben Zimmer. Unten befindet sich ein Restaurant.

Playa Les Marines:
●**Los Ángeles** €€€-€€€€, Boretes Novela 118, Tel. 965 780 458, Fax 966 420 906. Insgesamt 61 Zimmer hat dieses Haus, das direkt am Meer liegt und einen eigenen Zugang zum Strand hat.
●**Rosa** €€€, Congre 3, Tel. 965 781 573, Fax 966 424 774. Ein Haus mit 40 Zimmern, knapp einen Kilometer vom Zentrum entfernt in Strandnähe.

Camping

●**Los Llanos,** 1. Kategorie, N-332 am Km 203/204, Tel. 965 755 188, geöffnet: April-Sept. Nicht allzu großer Platz unter Bäumen.
●**Los Patos,** 2. Kategorie, Carretera Dénia por la Costa, Tel. 965 755 293. Mittelgroßer,

Die spanische Kunst des Flanierens

Wie flaniert man richtig spanisch? Schlendern zwei Spanier tief versunken im Gespräch durch die Straßen, gehen sie nahe beieinander, fast auf Tuchfühlung, berichten dem anderen ausführlich, beleuchten eine Sache von mehreren Seiten. Unterstrichen wird die jeweilige Aussage durch heftige Bewegungen der Arme und der Hände, jeder Satz wird so gewichtet. Bei ganz besonders wichtigen Argumenten „bremst" der Sprecher sein Gegenüber, fasst ihn am Arm, stoppt ihn, dreht ihn förmlich zu sich, hält den Arm fest und sagt mit der ganzen Kraft seiner Persönlichkeit, was er zu sagen hat. Der andere soll bitte seiner Argumentation folgen, das Ganze wird mit deutlichen Armbewegungen untermalt, die Hand wandert auf und ab, markiert jedes Wort. Etwa nach jedem dritten Satz wird ein „Entiendes?" („Verstehst du?") rhetorisch angehängt. Schließlich gibt er sein Gegenüber frei, aber nicht bevor er nach mehreren endlosen Pausen immer noch ein gewichtiges Argument nachgeliefert hat. So spazieren sie, stoppen alle paar Minuten und reden aufeinander ein.

cb 368 Foto:jf

Costa Blanca

zweigeteilter Platz in Meeresnähe. Zu erreichen: Kurz vor El Verjer über die Straße Dénia por la Costa fahren, dann noch ca. einen halben Kilometer.

● **Diana,** 2. Kategorie, Carretera Dénia por la Costa, Km 6, Tel. 966 474 185. Kleiner Platz für 150 Personen in Meeresnähe.
● **Tolosa,** 2. Kategorie, Cami d'Urios 32, an der Playa Les Rotes, Tel. 965 787 294. Kleiner Platz südlich von Dénia.

Essen & Trinken

● **Restaurant Gavila,** c/ Marqués de Campo 55, Tel. 965 781 066. Hier gibt es eine reichhaltige Fischkarte.
● **El Comedor,** c/ Marqués de Campo 15. Tapas und Pizza.
● **Restaurante Panterri,** c/ Diana 2. Die Tapas werden hoch gelobt.
● **Café Gormand,** c/ Diana 8. Nette Bar mit großer Tee- und Kaffeeauswahl. Achtung: Nicht erschrecken beim Anblick der unter Glas liegenden Steinbrocken im Fußboden.
● **Restaurante Bitibau,** c/ San Vicente del Mar 5, Tel. 966 422 574. Von einem Holländer geführtes Lokal in Hafennähe mit einem Schwerpunkt auf Fischgerichten.
● **Restaurante El Poblet,** Urb. El Poblet 43, Ctra. Les Marines, Tel. 965 784 179. Das Lokal liegt außerhalb von Dénia in der *urbanización* El Poblet und zählt für viele zum Besten überhaupt. Sowohl klassische Reisgerichte als auch Eigenkreationen.

Adressen

● **Bahnhof:** Passeig del Saladar (unmittelbar hinter der Touristeninformation gelegen). Alle zwei Stunden schaukelt eine Bahn die gesamte Küste entlang bis hinunter nach Alicante. Fahrzeit: zweieinhalb Stunden.
● **Busbahnhof:** Plaça Arch. Carlos.

Feste

● **16.-19. März:** Las Fallas – wie beim großen Vorbild in Valencia werden selbst gefertigte Figurengruppen auf öffentlichen Plätzen aufgebaut und in der letzten Nacht verbrannt.
● **Anfang Juli:** Santísima Sangre de Cristo – Patronatsfest, u.a. mit dem so genannten

Bous en la Mar, Stiertreiben am Hafen, wobei die Läufer auf der Flucht ins Wasser springen.
● **14.-16. August:** Moros y Cristianos.

Markt

● **Montag bis Samstag,** in der c/ Magallanes
● **Fischversteigerung:** Montag bis Freitag am Nachmittag in der Auktionshalle am Hafen.

Ausflüge

Bahnfahrt entlang der Küste

Zwischen Dénia und Alicante verläuft über **fast hundert Kilometer** eine Bahnlinie unmittelbar an der Küste entlang (siehe Karte S. 122). Eine prima Möglichkeit, um einmal einen Blick auf die Küstenlinie zu werfen oder einen Nachbarort zu besuchen. Ein Trip ganz bis nach Alicante dauert allerdings zweieinhalb Stunden, da die Bahn unterwegs 45 mal stoppt!

Schiffstouren

Vom Hafen Dénias kann man per Fähre einen Abstecher zur Baleareninsel **Ibiza** unternehmen. Es werden aber auch Bootstouren entlang der pittoresken Küste nach **Jávea** oder sogar bis nach **Calpe** angeboten. Die Fahrt nach Jávea dauert 30 Minuten, nach Calpe 90 Minuten.
● **Preis:** nach Jávea knapp 10 €, Kinder die Hälfte; nach Calpe (Abfahrt 9.30 und 16.30 Uhr) ca. 18 €, Kinder die Hälfte. Genaue Abfahrtzeiten und Tickets gibt es am Hafen.

Cueva de Benidoleig

Die 300 Meter lange **Tropfsteinhöhle** liegt knapp 15 Kilometer von Dénia entfernt im Hinterland. In dieser Höhle

029cb Foto: jf

wurden bereits im 17. Jahrhundert Reste von prähistorischen Menschen gefunden. Heute staunt der Besucher über die Vielfalt von Stalaktiten und Stalagmiten sowie über die gewaltigen 20 Meter hohen Kuppeln. Die Höhle ist gut ausgeleuchtet.

• **Geöffnet:** täglich 9-19 Uhr; Eintritt: Erw. ca. 2,5 €, Kinder 5-10 Jahre ca. 1,3 €.

Montgó

Der Gebirgszug Sierra del Montgó wurde 1987 **unter Naturschutz** gestellt und zum *Parque Natural* erklärt. Der höchste Punkt misst immerhin 753 Meter. Der Fels steigt steil vom Meer auf. Von Dénia aus lassen sich mehrere Wanderungen in den Park unternehmen. Ausgangspunkt ist immer die Plaça Jaume I., von wo die Avinguda del Montgó direkt in den Park führt. Am Parkeingang beginnen die unterschiedlichen Routen, die zwischen eineinhalb und neuneinhalb Kilometer lang sind. Die längste Tour führt zum Punkt Creueta de Dénia auf eine Höhe von immerhin 694 Metern, sie dauert gute dreieinhalb Stunden. Wer eine derartige Wanderung plant, sollte sich Informationsmaterial mit Wegbeschreibungen aus dem Touristenbüro holen.

Blick über die Stadt zum Hafen

Jávea

- **Valencianisch:** Xàbia
- **Einwohner:** 22.000
- **PLZ:** 03730
- **Entfernung nach Alicante:** 90 km
- **Touristeninformation:** Plaza de la Iglesia 6, Tel. 965 794 356, Fax: 965 796 317, E-Mail: javea@costablanca.org oder touristinfo.xabia@turisme.m400.gva.es
- **Internet:** www.xabia.org

Jávea ist ein dreigeteilter Ort. Der **alte Ortskern** liegt gut zwei Kilometer von der Küste entfernt. Die Verlegung ins Hinterland war seinerzeit eine Schutzmaßnahme vor häufigen Piratenüberfällen. Direkt an der Küste befindet sich noch heute das kleine Hafengebiet **Aduanas del Mar.** Knapp zwei Kilometer entfernt erreicht man, der Promenade folgend, den breiten **Strand El Arenal.** Die drei Bereiche liegen nun aber keineswegs isoliert in der Landschaft, denn es wurde bereits kräftig gebaut. Glücklicherweise entstanden kaum Hochhausriesen, aber in der gesamten Umgebung stehen Hunderte, vielleicht Tausende von Immobilien. Hier leben all die Nordeuropäer, die das angenehme Klima genießen wollen. Jávea liegt nämlich geschützt zwischen zwei **Felsmassiven,** dem Cabo San Antonio und dem Cabo la Nao.

302 cb Foto: jf

Playa El Pope

Nicht sehr viel mehr als eine schmale, felsige Bucht von knapp 100 Metern Länge. Die Einheimischen nennen sie auch **El Tango.** Die wichtigsten Serviceeinrichtungen sind vorhanden.

Playa La Grava

Playa La Grava ist ein 550 Meter langer, aber sehr schmaler Strand, der vor dem Hafen und dem kleinen touristischen Bereich des Viertels Aduana del Mar liegt. Eine nette Promenade läuft vorbei, Lokale locken zur *siesta* im Freien. Dieser Strand bietet eine Möglichkeit zum Abschalten. Er besteht jedoch durchweg aus grobem Kiesel und misst nur 3-5 Meter in der Breite.

Playa Montañar

Der Strand heißt auch *primer* Montañar, aber von erster Güte ist er wahrlich nicht. Aus grobem Kiesel bestehend, verläuft er über knapp einenhalb Kilometer parallel zur Avenida del Mediterráneo, die zum Sandstrand Arenal führt. Jenseits der Straße reihen sich Häuser auf, nicht selten beachtliche Villen wohlhabender Alicantinos.

Playa El Arenal

Ein 80 Meter breiter Sandstrand in einer knapp 500 Meter langen Bucht. Der beste Strand von Jávea ist immer gut besucht. Im Hintergrund erheben sich einige Wohnblocks, die man tapfer übersehen muss. Auch den Wind gilt es zu ignorieren.

In Richtung Cabo La Nao gibt es noch **weitere kleine Strandbuchten,** die einige Kilometer außerhalb von Jávea zum Teil ziemlich einsam liegen. Im Hinterland finden sich zumeist Urbanizaciones, so dass man wohl trotz der etwas längeren Anreise selten völlig allein sein dürfte:

Playa La Caleta ist eine 300 Meter lange, sehr felsige Bucht, die man zu Fuß durch einen Pinienwald erreicht.

Cala Cap Martí wird auch **Cala Sardinera** genannt und ist eine 500 Meter lange, äußerst schmale Bucht mit grobkieseligem Untergrund. Knapp eineinhalb Kilometer von Cala La Caleta entfernt.

Playa El Portichol

Playa El Portichol liegt unterhalb der Urbanización gleichen Namens. Etwa 600 Meter Länge, knapp zehn Meter Breite und ein leicht kieseliger Untergrund kennzeichnen diesen Strand. Oben befinden sich zwei Aussichtspunkte, von denen man die Küste bis zur vorgelagerten Insel Isla del Portichol überblicken kann.

Playa Ambolo liegt schon jenseits der Landspitze Cabo La Nao und wird als FKK-Zone genutzt. Eine sehr schmale, steinige Strandzone.

Playa La Granadella

Playa La Granadella liegt bereits 15 Kilometer von Jávea entfernt, kann aber bequem über eine gute Zufahrtstraße erreicht werden. Auch hier dominieren im Hintergrund noch Apart-

Costa Blanca

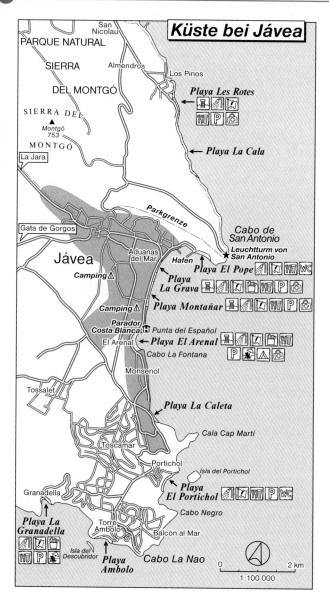

Küste bei Jávea

PARQUE NATURAL

SIERRA

DEL MONTGÓ

San Nicolau

Almendros

Los Pinos

Playa Les Rotes

Playa La Cala

SIERRA DEL

▲ Montgó 753

MONTGÓ

La Jara

Gata de Gorgos

Parkgrenze

Cabo de San Antonio

★ *Leuchtturm von San Antonio*

Jávea

Aduanas del Mar

Camping △

Hafen

Playa El Pope

Playa La Grava

Playa Montañar

Camping △

Parador Costa Blanca 🏨 Punta del Español

El Arenal ← *Playa El Arenal*

Cabo La Fontana

Monsenol

Tossalet

Playa La Caleta

Cala Cap Martí

Toscamar

Portichol

Isla del Portichol

Playa El Portichol

Granadella

Cabo Negro

Playa La Granadella

Torre Ambolo

Balcón al Mar

Isla del Descubridor

Playa Ambolo

Cabo La Nao

N

0   2 km

1:100 000

mentanlagen, die zum Großbereich Jávea zählen. Der leicht kieselige Strand misst 220 Meter Länge und 25 Meter Breite. Er wird von aufsteigenden Felsen flankiert.

Sehenswertes

Altstadt

Das *centre històric,* das historische Zentrum, liegt knapp zwei Kilometer von der Küste entfernt im Hinterland. Zwei mehrspurige Straßen verbinden dieses Viertel mit dem Hafengebiet. Entlang der **Zufahrtsstraßen** befriedigen Supermärkte, Handwerksbetriebe und sonstige Dienstleister die Kaufwünsche ausländischer Residenten, die zu Tausenden in und um Jávea leben.

Taucht man aber in die Altstadt ein, ist diese moderne Welt sofort vergessen. Hier, im historischen Zentrum, stehen hübsche Häuser aus vergangenen Zeiten. Rundgemauerte Torbögen und kunstvoll gestaltete Türen und Fenster mit schmiedeeisernen Gittern vollenden den **malerischen Gesamteindruck.** Man schlendert durch die schmalen Gassen, schaut in den einen oder anderen Tante-Emma-Laden und genehmigt sich einen Kaffee in einer urspanischen Bar. Natürlich knattert immer im unpassendsten Moment ein Moped vorbei, aber auch das gehört wohl dazu.

Die **Iglesia-Fortaleza Sant Bartomeu,** deren Bau im Jahr 1513 begann, trägt wie wohl kaum ein anderes Gotteshaus die Bezeichnung „Kirchen-Burg" zu Recht. Mit Schießscharten, Zinnen und einem Wachtturm versehen, der gleichzeitig als Glockenturm diente, bot das mit Ausnahme des Portals von außen schmucklose Bauwerk sowohl religiösen als auch weltlichen Beistand.

Unweit der Kirche liegt auch die **Markthalle,** in der täglich von 8 bis 13.30 und von 17 bis 20.30 Uhr gehandelt wird, samstags aber nur am Vormittag.

Das **Museo Arqueológico Soler Blasco** gibt einen Überblick von der prähistorischen Zeit und den iberischen Funden über das römische Zeitalter bis zur Moderne des 19. Jahrhunderts. Das Museum liegt in der Carrer de les Primícies 1.

●**Geöffnet:** Mo-Fr 10-13 und 18-20 Uhr, Sa/So 10-13 Uhr; Eintritt frei.

Am Rande der Altstadt liegt die kleine **Plaza Marina Alta.** Dort befindet sich die Post und eine Hand voll Bars lädt zum Verschnaufen ein.

Hafen

Der Hafenbereich **Aduanas del Mar** zeigt sich deutlich touristischer als die Altstadt. Eine hübsch gestaltete Promenade verläuft unmittelbar am Meer entlang. Dort kann man angenehm auf der Terrasse eines der vielen Lokale verweilen und auf das offene Meer gucken. Der Strand trägt allerdings nicht gerade das Gütesiegel „Südseetraum".

Erwähnenswert ist auch die **Kirche Santa María de Loreto,** die zum Gedenken an die Schiffbrüchigen gebaut wurde. Ihr Dach erinnert an ein kieloben treibendes Boot.

031/cb Foto: jf

An der Strandpromenade

El Arenal

Vom Hafenbereich verläuft die Avenida del Mediterráneo über zwei Kilometer bis hinüber zur **Strandzone** El Arenal. Ein Fußweg säumt die dem Meer zugewandte Seite, Villen und Einzelhäuser die gegenüberliegende. Glücklicherweise wurden hier keine Hochhausriesen hochgezogen, so dass sich alles in allem ein recht homogenes Bild ergibt.

In der Strandbucht versammeln sich immer viele Sonnenanbeter. Kein Wunder, ist dies doch der einzige „echte" Strand von Jávea. Am Rande der Bucht steht auch der Parador Nacional in bevorzugter Lage.

Praktische Tipps

Unterkunft

- **Parador** €€€€, Avda. Mediterráneo 7, Tel. 965 790 200, Fax 965 790 308, E-Mail: javea@parador.es. Das moderne Haus liegt sehr schön direkt am Strand von El Arenal und hat einen hübschen Garten. Von den meisten der 65 Zimmer hat man Meerblick.
- **Hotel Miramar** €€€, Plaza Almirante Bastarreche 12, Tel./Fax 965 790 100. Kleineres Haus im Hafenbereich mit 26 Zimmern, von denen aber nicht alle den versprochenen Meerblick (*miramar*) gewähren.
- **Hotel Jávea** €€€, c/ Piox. 5, Tel. 965 795 461, Fax 965 795 463. Das kleine Haus mit 24 Zimmern liegt im Hafenbereich etwa 50 Meter vom Meer entfernt und macht einen netten Eindruck.
- **Hotel Solymar** €€€-€€€€, Avda. Mediterráneo 83, Tel. 966 461 919, Fax 966 461 907. Ein Haus mit 38 Zimmern, das in bevorzugter Lage mit Meerblick und nur 400 Meter vom Strand El Arenal entfernt zu finden ist.

Camping

- **Jávea**, 2. Kategorie, Camí de la Fontana 2, Tel. 965 791 070, Fax 966 460 507. Ein mittelgroßer Platz, der etwa 500 Meter sowohl vom Hafen als auch von der Altstadt entfernt liegt. Das Gelände ist durch Hecken unterteilt und von Obstplantagen umgeben. Mattendächer spenden Schatten. Außerdem gibt es zwei Pools.
- **El Naranjal**, 2. Kategorie, Camí dels Morers 15, Tel. 965 792 989, Fax 966 460 256, geöffnet 1.3.–30.9. Der Platz liegt etwa 500 Meter vom Strand El Arenal entfernt.

Essen & Trinken

- **Mesón Puerto Casa Ángel,** Esplanada del Puerto s/n, Tel. 965 793 654. Liegt direkt am Hafen und bietet eine fundierte Küche, die auch noch so manchen Fischer lockt.
- **Restaurante Oli Garum,** c/ Les Barques 9, Tel. 966 461 714. Kleines Lokal am Hafen, das aber nicht nur Fischspezialitäten bietet.
- **Restaurante Turpins,** Avda. del Mediterráneo 240, Tel. 965 790 713. Ruhiges Ambiente mit internationaler Küche.

Adressen

- **Post:** Plaza Marina Alta (Altstadt).
- **Mietwagen:** Eurorent, Ctra. Cabo La Nao, Aptos. L'Ancora Bl. 14, Tel. 966 461 845; Solmar, Ctra. Cabo La Nao, KM 1, Tel. 966 461 000.
- **Tauchen:** Buceo Cabo La Nao, Comercial Jávea Park 71, Tel. 965 794 653; Buceo Pelicar, c/ Sertorio 2 (am Hafen), Tel. 966 462 183.
- **Fahrradverleih:** Eurorent (siehe Mietwagen); Xàbia's Bike Centre, Avda. Lepanto 21, Tel. 966 461 150.
- **Segeln und Kajak:** Chambergas Actividades Nauticas, Veradero del Puerto, Tel. 656 810 002.
- **Einkaufen:** Estanco Carmen Hernández, Avda. Libertad 13 (Playa Arenal), ein familiäres, kleines Geschäft mit breiter Auswahl.

Feste

- **27. April-3. Mai:** Patronatsfest zu Ehren von Jesús Nazareno.
- **1.-8. September:** Nuestra Señora de Loreto – wird am Hafen mit Umzügen und Blumenschmuck gefeiert.

Markt

- **Donnerstag,** Plaza Constitución.

Ausflüge

- **Montgó:** Den Berg kann man auch von Jávea aus besteigen. Ausgangspunkt ist die Straße nach Dénia, von wo ein Weg in den Naturpark abzweigt. (Siehe auch „Dénia/Ausflüge".)
- **Cabo La Nao und Cabo San Antonio:** Beide Punkte sind relativ leicht zu erreichen. Man kann sogar per Auto relativ nah herankommen, um dann ausgesprochen herrliche Blicke auf die gesamte Bucht zu genießen!

Costa Blanca

Teulada-Moraira

- **Einwohner:** 8500
- **PLZ:** 03724
- **Entfernung nach Alicante:** 75 km
- **Touristeninformation:**
Carretera Moraira-Teulada 51,
Tel. 965 745 168, Fax 966 491 504, E-Mail:
touristinfo.teulada@turisme.m400.gva.es
- **Internet:** www.dip-alicante.es/teulada
oder www.teulada.com

Ein Dorf, das aus zwei Ortsteilen besteht, die unterschiedlicher nicht sein könnten: hier das sechs Kilometer von der Küste entfernte ruhige Teulada, dort das touristische, am Meer gelegene Moraira.

Strandprofil

Playa
Portet de Moraira

Die *playa* liegt in einer kleinen Bucht von 280 Metern Länge, aber nur fünf Metern Breite hinter dem Sportboothafen. Der Strand ist feinsandig und von Apartmenthäusern begrenzt, weshalb er auch stets gut besucht ist.

Playa L'Ampolla

Playa L'Ampolla schließt sich am Ortsrand an und besteht aus einer 250 Meter langen und 20 Meter breiten Bucht mit feinem Sand. Ganz in der Nähe liegt ein Campingplatz.

Playa
Platgetes

Eine weitere kleine Strandbucht (300 Meter) mit feinem, hellen Sand. Ganz in der Nähe beginnen die weitläufigen Urbanizaciones.

Playa L'Andragó

Dies ist eine winzige Bucht von 150 Metern mit grobem Kiesel vor einer Felswand. Oben thronen einige Villen.

Playa Baladrar

Playa Baladrar liegt am Rande der Apartment-Zone, die noch zu Teulada-Moraira zählt. Kleine Bucht von 300 Metern Länge mit grobkieseligem Strand.

Moraira

Ursprünglich dachten die Bewohner gar nicht daran, an der Küste zu siedeln. Man betrieb Landwirtschaft im Hinterland und verschiffte gelegentlich die Ernte in die Nachbarorte. Das war einfacher, als den mühseligen Weg durch die Gebirgszüge zu wählen. Erst im 19. Jahrhundert wurde der Hafen auch zum Fischfang genutzt. Die ersten Häuser und ein Ortsteil namens Moraira entstanden.

Heute befindet sich hier ein großer Sportboothafen. Das Hinterland besteht aus einer sehr weitläufigen Zone von Ferienwohnungen, Apartments und Villen. Allzu viel Spannendes wird man im Hafenbereich nicht entdecken, dafür herrscht hier aber eine angenehme **maritime Atmosphäre.** Ein

Costa Blanca

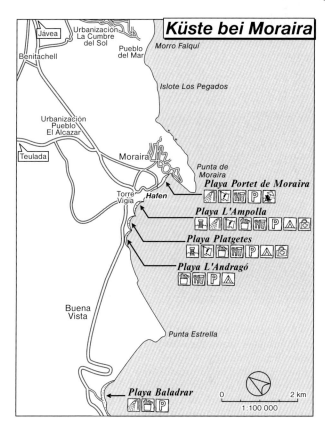

Küste bei Moraira

paar Lokalitäten locken mit großer Terrasse, von der man den Blick über das Meer schweifen lassen kann. Im Süden steht noch ein Rest der ehemaligen **Festung** und gegenüber die **Kapelle** zu Ehren Nuestra Señora del Carmen.

Teulada

Wer als Urlauber nur Urbanizaciones oder Apartmentanlagen kennt, sollte einmal einen Spaziergang durch diesen kleinen Ortsteil machen. Es soll hier kein Preis à la „unser schönstes

Dorf" vergeben werden, aber Teulada ist ein **intaktes spanisches Dörflein.** Keine herausgeputzte Siedlung für Touristen, sondern ein Ort zum Leben. Das heißt, dass die nachmittägliche Siesta eingehalten wird, sich dann sogar die Hunde im Schatten verkrümeln und bestenfalls eine Bar mit einem schläfrigen Wirt geöffnet hat.

Ein Spaziergang führt durch schmale Gassen unweigerlich zur **Kirche Santa Catalina** aus dem 16. Jahrhundert. Das kompakte Gotteshaus fungierte früher auch als Trutzburg, wenn wieder einmal Piraten vorbeischauten. Reste der **alten Stadtmauer** sind hier noch erhalten. Unweit der Kirche erhebt sich das Gebäude **Sala de Jurats i Justicies,** wo sich die lokalen Vertreter der Behörden versammelten. Weiter unten im Ort liegt die **Kapelle** zu Ehren von *San Vicente Ferrer.* Auffällig heben sich die blau lackierten Ziegel des Daches gegen die helleren Wände ab.

Diese historischen Gebäude wird man unschwer finden, aber ein zielloser Bummel durch den kleinen Ort mit einem neugierigen Blick auf Details sollte im Vordergrund stehen. Teulada ist klein genug und ein Verlaufen wohl kaum möglich.

Yachthafen von Moraira

Costa Blanca

Praktische Tipps

Unterkunft

●**Hostal Mediterráneo** €€, Avda. del Mediterráneo 36, Tel. 965 740 607, Fax 965 740 804. Das gelbe Haus mit drei Etagen liegt in Teulada an der breiten Durchgangsstraße nach Moraira.

●**Hostal Buigues** €€€, c/ Dr. Calatayud 16, Tel. 965 744 037, Fax 965 745 614. Kleines Haus, das in Moraira nur einen Steinwurf vom Hafen entfernt liegt.

●**Gema Hotel** €€€, c/ Cabo Estaca de Bares 11, Tel./Fax 965 747 188. 39 Zimmer hat das Haus, das gut eineinhalb Kilometer vom Hafen entfernt unweit der Bucht Cala Andragó liegt.

●**Swiss Moraira** €€€€, c/ Haya 173, Tel. 965 747 106, Fax 965 747 074. Das erste Haus am Platze hat nur 25 Zimmer. Es liegt näher zum Golfplatz im Hinterland als zum Hafen und hat deshalb auch einen netten Pool.

Camping

●**Moraira,** 1. Kategorie, Camí del Paellero, Tel. 965 745 249, Fax 965 745 315. Der kleine Platz liegt einen guten Kilometer vom Hafen entfernt etwas im Hinterland. Zu erreichen: Der Küstenstraße nach Calpe folgen und beim Km 1,3 abbiegen.

●**La Cometa,** 2. Kategorie, Camino del Campamento 5, Tel. 965 745 208. Kleiner Platz, 300 Meter von der Playa L'Ampolla entfernt.

Jugendherberge

●**La Marina,** Camino del Campamento 31, Tel. 966 492 030, Fax 966 491 051. Die Herberge ist 500 Meter vom Hafen und nur 250 Meter vom Strand L'Ampolla entfernt. Sie bietet Platz für insgesamt 130 Personen, überwiegend in 2- und 4-Bett-Räumen.

Essen & Trinken

Alle Lokale liegen in Moraira in Hafennähe.

●**Restaurante La Sort,** Avda. Madrid 1, Tel. 965 745 135. Angebot und Aufmachung unterscheiden sich beträchtlich von den meisten anderen Lokalen, allerdings zahlt der Kunde hier auch deutlich mehr.

●**Mesón El Refugio,** Almacenes 7, Tel. 965 744 774. Authentisches Restaurant.

●**Restaurante La Seu,** c/ Dr. Calatayud 24, Tel. 965 745 752, Di geschlossen. Kleines Lokal an der Zufahrtsstraße zum Hafen.

●**Restaurante Le Dauphin,** c/ Puerto Lápice 18, Tel. 966 490 432, Mo. geschlossen. Beim Strand Portet gelegenes Lokal mit Terrasse, das klassische französische Küche bietet.

●**Restaurant Girasol,** Ctra. Moraira-Calpe, km 1,5, Tel. 965 744 373, So abends und Mo geschlossen. Eines der besten Restaurants Spaniens! Patron *Joachim Körper* bietet ein perfektes Probiermenü, das jeden Cent der rund 70 Euro wert ist; ansonsten erstklassige Gerichte, aus Produkten der Region bereitet.

Adressen

●**Medizinisches Zentrum:** Centro Salud, c/ Dr. Pitarch (in Teulada), Tel. 965 740 176.

●**Post:** c/ Alacant (in Teulada), Av. del Portel (in Moraira).

●**Einkaufen:** Enoteca A Cantarlo Todo, Avda. Mediterráneo 106 (in Teulada). Breit gefächerte Auswahl an Weinen.

●**Tauchen:** Deportes Moll, c/ Castillo 18 b (in Moraira), Tel. 965 744 257; Scubamar, Ctra. Moraira-Calpe, Ortsteil La Milla de Oro, Tel. 966 492 006.

Feste

●**April:** Fest zu Ehren von San Vicente Ferrer, dem Schutzheiligen.

●**Juni:** (zweites Wochenende): Moros y Cristianos in Moraira.

●**Juli:** (erstes Wochenende): Font Santa („Heilige Quelle") in der Wallfahrtskapelle.

●**15./16. Juli:** Virgen del Carmen – mit Meeresprozession.

●**September,** (erster Samstag): Moscatell – mit Weinprobe.

Markt

●**Mittwoch,** in der c/ Alicante in Teulada.

●**Freitag,** auf dem Parkplatz an der Straße Moraira-Calpe.

●**Flohmarkt:** Sonntag, Ortseingang Teulada, hinter Eurogarden.

●**Fischversteigerung:** täglich außer Sonntag in der Auktionshalle, ab 9.30 Uhr.

Calpe

- **Valencianisch:** Calp
- **Einwohner:** 16.500
- **PLZ:** 03710
- **Entfernung nach Alicante:** 62 km
- **Touristeninformation:**
Plaza del Mosquit s/n, Tel. 965 838 532-3,
Fax 965 838 531, E-Mail:
touristinfo.calpe@turisme.m400.gva.es

Calpe kann bald sein **3000-jähriges Bestehen** feiern. Auf ein genaues Datum können sich Historiker nicht einigen, aber dass die Phönizier hier als Erste unterhalb des markanten Felsens einen Handelsplatz errichteten, ist zumindest unbestritten. Die Phönizier kannten schon den Felsen von Gibraltar, der eine entfernte Ähnlichkeit mit dem von Calpe aufweist. Zur Unterscheidung, so zumindest die Legende, sollen sie ihn *Calpe* und *Hifach* genannt haben. *Calpe* wäre die Bezeichnung für eine Erhebung, während *Hifach* „Norden" hieße. Daraus wurde dann später der Name *Peñón de Ifach* oder auf Valencianisch *Penyal d'Ifach*.

Fremde kamen und gingen und hinterließen mehr oder weniger markante Spuren: Iberer, Griechen, Römer und Araber. Die prägendsten Veränderungen wurden jedoch ohne Frage erst in der jüngeren Geschichte gepflanzt, und zwar durch den Tourismus. Wie auch in anderen Orten der Costa Blanca entstanden in und um Calpe **Feriensiedlungen** im großen Stil. Vereinzelt baute man ungemein in die Höhe, vorzugsweise in Meeresnähe. Das höchste Gebäude, bei dem ich nachgezählt habe, misst 23 Etagen. Weiter im Hinterland bevorzugte man kleinere Einheiten, wie etwa Reihenhäuser. Dadurch erstreckt sich das Siedlungsgebiet von Peñón de Ifach heute über viele Kilometer und wächst allmählich mit dem Nachbarort Teulada-Moraira zusammen.

Ein kleiner ursprünglicher Kern hat sich im Bereich des Ortseinganges noch erhalten können. Allerdings wird er von den benachbarten Hochhausriesen schier erdrückt. Auch beim Hafen, direkt unter dem Peñón, finden sich noch **ein paar urige Ecken.** Dennoch: Die Tourismusindustrie hat den Ort gut im Griff.

Strandprofil

Cala Lo Bella

Eine kleine, 250 Meter lange Bucht mit grobem Kiesel. Sie liegt am Rande der äußersten Urbanización, schon gut sechseinhalb Kilometer außerhalb von Calpe und ist damit relativ einsam.

Cala Pinet

Eine nur 100 Meter lange Bucht mit feinem Sandstrand, die vor etlichen Ferienhäusern liegt.

Playa La Fustera

Playa La Fustera, eine weitere kleine Bucht von 100 Metern Länge. Der Sandstrand lockt vor allem die Bewohner der nahen Ferienhäuser an. Die Küstenstraße führt ganz in der Nähe vorbei.

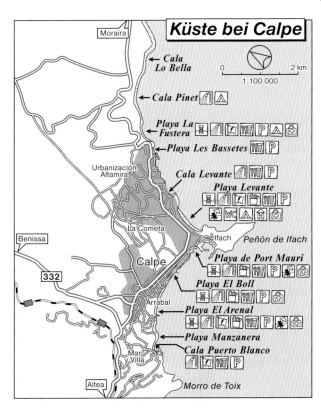

Küste bei Calpe

Moraira

← Cala Lo Bella

← Cala Pinet

← Playa La Fustera

← Playa Les Bassetes

Urbanización Altamira

Cala Levante

Playa Levante

La Cometa

Benissa

Calpe

332

Ifach — Peñón de Ifach

Playa de Port Mauri

Playa El Boll

Arrabal

← Playa El Arenal

← Playa Manzanera

Cala Puerto Blanco

Mar y Villa

Altea

Morro de Toix

0   2 km
1:100 000

Costa Blanca

Playa Les Bassetes

Playa Les Bassetes ist der erste Strand hinter dem Sportboothafen gleichen Namens. Er ist sehr schmal, gut 300 Meter lang und hat einen etwas gröberen Untergrund.

Cala Mallorquín ist noch eine kleine, 100 Meter lange Bucht, hinter der sich einige Apartmentanlagen erstrecken. Auch hier ist der Sand etwas gröber.

Cala Levante

Dieser Strand liegt schon relativ nah am Peñón. Auch der Sand dieser 170 Meter langen, felsigen Bucht ist von gröberer Struktur. Unmittelbar angrenzend stehen die ersten Häuser.

Playa Levante

Playa Levante, auch **La Fossa** genannt: der Hauptstrand von Calpe. Er erstreckt sich über gut einen Kilometer und misst im Durchschnitt 30 Meter Breite. Der feine, helle Sand lockt natürlich viele Sonnenanbeter, sowohl aus den nahen Hochhäusern als auch vom Campingplatz.

Playa de Port Mauri

Dies ist der erste Strand auf der anderen Meeresseite, nach dem Peñón und dem Hafens. Er wird von Hochhäusern und einer Promenade begleitet, misst 400 Meter in der Länge und etwa 25 Meter in der Breite. Der Sand ist fein und hell.

Playa El Boll

Playa El Boll schließt sich hinter der Ausgrabungsstätte Baños de la Reina an, misst 700 Meter in der Länge, 60 in der Breite und ist feinsandig. Direkt vor dem Strand kann man über eine breite Promenade flanieren und sollte die Hochhausriesen tapfer ignorieren.

Playa El Arenal

Playa El Arenal folgt nahtlos. Dieser Strand ist kaum von der Playa El Boll zu unterscheiden. Er zeichnet sich durch die gleichen Merkmale aus. Allerdings kann man hier Liegen und Schirme leihen.

An der **Playa Manzanera** endet langsam die Strandherrlichkeit. Diese kleine, felsige Bucht kann man wohl nur Einsamkeitsfanatikern empfehlen, die, auf Steinen hockend, ungestört über den Sinn des Urlaubslebens grübeln wollen.

Cala Puerto Blanco

Eine unmittelbar vor dem kleinen Hafen gelegene Bucht (250 Meter) am Ortsende von Calpe. Recht feiner Sand mit nur vereinzelten Steinen zeichnen den Strand aus.

Sehenswertes

Peñón de Ifach

Als „Symbol der Costa Blanca" wird dieser 332 Meter hohe und **steil aufragende Felsblock** auch tituliert. In der Tat hat der Peñón etwas Markantes, erstreckt er sich doch einen guten Kilometer ins Meer, nur durch eine Landzunge mit dem Festland verbunden. Direkt unterhalb des Felsens hatte sich schon in grauer Vorzeit ein Fischereihafen etabliert. Oben hielt man nach Feinden Ausschau. Bei klarem Wetter soll man immerhin bis zur Baleareninsel Ibiza (ca. 80 Kilometer) sehen können. Bis 1987 war der Felsen in Privatbesitz, bevor er in staatliche Hände überging und zum schützenswerten **parque natural** erklärt wurde.

Es besteht die Möglichkeit, auf den Gipfel zu klettern, wobei es aber zu Wartezeiten kommen kann, da die Besucherzahl zu bestimmten Zeiten beschränkt ist. In Calpe ist der Zugang ausgeschildert. Die Route beginnt beim Schauraum Aula de la Naturaleza. Von dort führt der Weg forsch nach oben. Man sollte den Wind nicht unterschätzen, der hier zumeist recht heftig bläst. Nach ungefähr einer halben Stunde erreicht man einen 30 Meter langen Tunnel, der schon Anfang des 20. Jahrhunderts durch den Fels getrieben wurde. Hat man diesen passiert, dauert es noch etwa 30 bis 40 Minuten bis zum Gipfel. Von dort genießt man eine gigantische Aussicht und kann mit einigem Respekt erkennen, wie steil der Fels wirklich ist.

Archäologischer Spaziergang Princep d'Astúries

Diesen Eindruck kann man auch von unten gewinnen, und zwar bei einem Spaziergang am Hafen vorbei zum Felsen. Dort verläuft der so genannte Archäologische Spaziergang Princep d'Astúries. Hier wurde eine nette kleine **Promenade** mit liebevoll gepflegten Pflanzen angelegt. Man schaut fast ein wenig ehrfürchtig nach oben und versteht die Warnhinweise für Bergsteiger nun besser.

Lonja

Unterhalb des Felsens liegt auch der Hafen von Calpe mit der Lonja, wo heute noch täglich von Montag bis Freitag gegen 17 Uhr der **fangfrische Fisch versteigert** wird. Besucher können von einer Galerie aus dem Treiben zuschauen. Allerdings wird man wohl wenig verstehen, denn die Versteigerung erfolgt auf Valencianisch.

Saladar de Calpe

Ein weiteres Naturphänomen ist der **Salzsee** Saladar de Calpe, der ebenfalls zum *parque natural* deklariert wurde. Schon zu Zeiten der Römer gewann man hier Salz, und zwar in so großen Mengen, dass die jeweiligen Besitzer damit Handel treiben

konnten. Das rief wiederum die Herrschenden auf den Plan, die flugs eine Salzsteuer erfanden. Heute ist der Salzsee ein Refugium für Vögel. Zur richtigen Jahreszeit kann man hier Flamingos und Fischreiher stolzieren sehen, sowie diverse kleinere gefiederte Freunde.

035cb Foto: jf

 Costa Blanca

Das Wahrzeichen der Costa Blanca: Peñón de Ifach

Strandpromenade

Bei einem Spaziergang entlang der Promenade passiert man Zeugen der Vergangenheit, obwohl nicht mehr allzu viel von ihnen zu erkennen ist. Der Turm **Torre del Molí** wurde einst unter *König Felipe II.* als Wehrturm zum Schutz der Küste vor Piratenüberfällen erbaut. Ganz in der Nähe liegen auch die Fundstätten der **Termas Romanas** („Römische Thermen") und die **Baños de la Reina** („Bäder der Königin"). Beide sind Bestandteile der römischen Besiedlung.

Altstadt

Der Altstadtbereich von Calpe liegt gute zwei Kilometer vom Felsen entfernt. Aber der ehemals idyllische Kern hat sich in eine touristische Zone verwandelt. Regelrecht eingerahmt von zwanzigstöckigen Blocks hat sich nur ein kleines historisches Viertel mit **Häusern aus der Jahrhundertwende** erhalten können. Und auch hier gibt es jede Menge Lokale aller europäischer Nationalitäten. Richtig urig ist hier nichts mehr.

Archäologisches Museum

Unter den lokalen Sehenswürdigkeiten darf auch das Museo Arqueológico, c/ Francisco Zaragoza 2, an der Plaza de la Villa, nicht unerwähnt bleiben. Auf zwei Etagen werden Fundstücke aus Calpe und Umgebung gezeigt, die den geschichtlichen Bogen vom 3. Jahrhundert bis in die heutige

034crb Foto: jf

Zeit spannen. Hauptsächlich handelt es sich dabei um Keramiken verschiedener Epochen.

●**Geöffnet:** tägl. 10-14 und 18-22 Uhr. Der Eintritt ist frei.

Kirchen

An der Plaza de la Villa steht eine Kirche aus dem 15. Jahrhundert, die einfach **Iglesia Antigua** („Alte Kirche") genannt wird. Ihre Stilrichtung ist gotisch-mudejar, weshalb sie als einzigartig in der Comunitat Valenciana gilt. Die ehemalige Stadtmauer stützt die alte Kirche.

Schräg gegenüber wurde in den 1970er Jahren ein neues Gotteshaus errichtet, die **Iglesia Parroquial de Nuestra Señora de las Nieves.** Und schneeweiß (*nieve* = Schnee) zeigt sie sich auch, in einem für Kirchenarchitektur untypischen modernen und massiven Baustil. Auffällig auch die hübschen Mosaikarbeiten an der Außenwand, die Szenen aus dem Neuen und Alten Testament darstellen.

Museo Festero

Das Museo Festero („Museum der Feste"), c/ José Antonio 6, zeigt vor allem **Kostüme und Trachten,** die beim großen Volksfest Moros y Cristianos getragen werden.

●**Geöffnet:** 10-14 und 18-22 Uhr. Der Eintritt ist frei.

Wolkenkratzer in Calpe

Praktische Tipps

Unterkunft

●**Hotel Porto Calpe** €€€-€€€€, Explanada del Puerto 7, Tel. 965 837 322, Fax 965 837 311. Am Hafen gelegenes Haus aus den 1930er Jahren mit 60 Zimmern.

●**Hotel Roca Esmeralda** €€€€, c/ Ponent 1, Tel. 965 836 101, Fax 965 835 004. Ein modernes Haus mit 212 Zimmern, unweit vom Strand Playa Levante gelegen. Neben einer schallisolierten Disko gibt in diesem neunstöckigen Hotel auch zwei Pools.

●**Hostal El Parque** €€, c/ Portalet 4, Tel. 965 830 770. Das kleine Haus mit nur elf Zimmern befindet sich im älteren Viertel von Calpe, ganz in der Nähe des zentralen Platzes Plaza de la Villa.

Camping

●**Ifach,** 2. Kategorie, Avda. de la Marina s/n, Tel. 965 830 477, geöffnet 1.4.-31.10. Der kleine Platz liegt unweit vom Strand Playa Levante an der Straße, die nach Moraira führt.

●**Levante,** 2. Kategorie, Avda. de la Marina s/n, Tel. 965 832 272. Dieser ebenfalls relativ kleine Platz liegt in der Nachbarschaft vom Camping Ifach.

●**La Merced,** 2. Kategorie, Avda. de la Merced, Tel. 965 830 097. Dieser Platz hat immerhin Kapazitäten für 200 Personen. Er liegt gut 700 Meter vom Strand entfernt in einer Urbanización gleichen Namens.

Essen & Trinken

●**Restaurante El Pierrot,** Edificio (Gebäude) Gran Sol 42, an der Playa Levante, Tel. 965 832 624. Kuriose Deko mit Clownsmasken und ein ambitionierter flämischer Koch zeichnen dieses Lokal aus.

●**Restaurante La Cambra,** c/ Delfín 2, Tel. 965 830 605. In einer kleinen Straße kurz vor der Strandpromenade am Altstadtbereich gelegenes Lokal, dessen Wirt leckere Reisgerichte zaubert, vereinzelt aber auch baskische Rezepte ausprobiert. Seine Dekoration nannte ein spanischer Kritiker „wie in einem Museum".

Costa Blanca

●**Restaurante Los Zapatos,** c/ Santa María 7, Tel. 965 831 507, Mi. geschlossen. Ein deutscher Inhaber, der kulinarisch weit über den germanischen Tellerrand hinausguckt.
●**Restaurante Los Pescaderos,** Esplanada del Puerto s/n, Tel. 965 836 804. Fisch und Reisgerichte.

Adressen

●**Bahnhof:** Pda. Estación 1.
●**Busbahnhof:** c/ Capitán Pérez Jordá (am Ortseingang).
●**Medizinisches Zentrum:** c/ San Fermín s/n.
●**Polizei:** Avda. de Europa, Ecke c/ Holanda.
●**Post:** c/ 18 de Julio, Edificio Bergantín.
●**Kino:** c/ Conde de Altea 7.

Feste

●**16. Juli:** Virgen del Carmen, mit Meeresprozession.
●**5. August:** Virgen de las Nieves, ein Patronatsfest.
●**22. Oktober:** Stmo. Cristo del Sudor, Patronatsfest.
●**Um den 22. Oktober:** Moros y Cristianos.

Markt

●**Samstag,** entlang der Avda. Puerto de Santa María.
●**Flohmarkt:** jeden Mittwoch, Avda. País Valencià.
●**Fischauktion:** Montag bis Freitag ab 17 Uhr in der Fischauktionshalle, der *lonja*.

Ausflug

●**Küstenkreuzfahrt:** ab Hafen bis Benidorm oder nach Dénia und Jávea. Die Ticketbüros befinden sich am Hafen. Fahrpläne hängen dort ebenfalls aus. Preise: ca. 14 € bis Benidorm, ca. 18 € bis Dénia.

Altea

●**Einwohner:** 13.500
●**PLZ:** 03590
●**Entfernung nach Alicante:** 51 km
●**Touristeninformation:** c/ Sant Pere 9, Tel. 965 844 114, E-Mail: touristinfo.altea@turisme.m400.gva.es

Altea zählt fraglos zu den schönsten Orten an der Costa Blanca. Fast wie in einem andalusischen **„Weißen Dorf"** klebt die Altstadt an einem Hang, gekrönt durch das gleißende Blau der alles überragenden Kirche. Steile, verwinkelte Gassen verlaufen kreuz und quer durch das historische Viertel, schlagen Haken, enden abrupt. Man kann sich zwar leicht verirren, aber die grobe Richtung führt letztlich immer zum Ziel: Aufwärts geht es Richtung Kirche, abwärts zum Meer. Oben genießt man dann einen herrlichen Blick bis nach Benidorm und eine Erfrischung in einem netten Café.

Unten am Meer fließt der Verkehr auf der Nationalstraße 332 durch den Ort, was nicht gerade idyllisch wirkt. Aber sobald diese Verkehrsader überquert ist, erreicht man die hübsche Strandpromenade, und Entspannung macht sich breit.

Strandprofil

Playa de Mascarat

Der Strand liegt knapp drei Kilometer außerhalb des Ortes, aber dafür

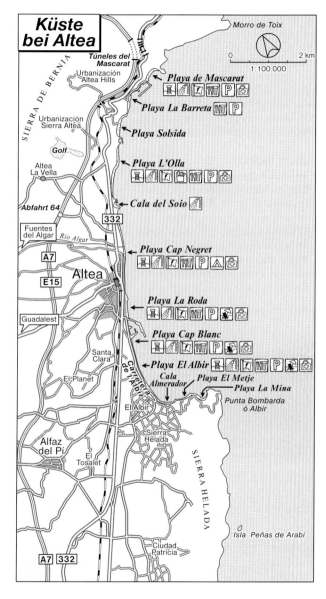

Küste bei Altea

unweit der beliebten Urbanización Altea Hills. Autofahrer können sich an dem langen Tunnel orientieren. Sowohl Nationalstraße als auch Autobahn durchqueren unterirdisch die steil aufragende Sierra de Toix. Der Strand selbst ist grobkieselig und misst knapp 300 Meter. Einige Ferienwohnungen erheben sich in unmittelbarer Nähe.

Playa La Barreta

Playa La Barreta schließt sich unmittelbar an den Sportboothafen Luis Campomanes an. Es handelt sich um eine winzige, grobkieselige Bucht von 150 Metern Länge, die von einigen Apartments begrenzt wird.

Playa Solsida liegt relativ einsam und ist ein wenig umständlich zu erreichen. Wohl auch deshalb treffen sich

in dieser 450 Meter langen, sehr schmalen Bucht FKK-Anhänger. Der Untergrund besteht aus Kieseln und Steinen.

Playa L'Olla

Der sehr schmale und steinige Strand zieht sich über 1400 Meter die Küste entlang. Hier liegen einige Apartmenthäuser.

Cala del Soio

Eine Minibucht von 100 Metern, sehr steinig und von Ferienwohnungen begrenzt.

Playa
Cap Negret

Die *playa* verläuft über 1500 Meter und besteht aus gröberem Sand. Der Strand ist ziemlich schmal, vereinzelt

stehen hier Apartmenthäuser, aber auch der eine oder andere Grünstreifen schimmert noch durch.

Playa La Roda

Playa La Roda ist der Hauptstrand von Altea. Er verläuft über 1400 Meter, misst durchschnittlich 20 Meter Breite und besteht aus gröberem Sand, der auch mit Steinen durchsetzt ist. Eine nette Promenade lädt zum Bummeln ein. Leider können hier auch Autos vorbeibrummen. Etliche Lokale, teilweise mit Terrasse, warten auf Gäste, ebenso wie viele Apartmenthäuser.

Sehenswertes

Altea zeigt sich schmuck, strahlend weiß und schweißtreibend. Die engen Gassen verlaufen irgendwie quer durchs Viertel, führen nach oben oder, je nach Perspektive, nach unten. Auf einem Spaziergang passiert man kleine, hübsch dekorierte Häuser mit weiß getünchten Wänden, schmiedeeisernen Gittern vor den Fenstern und viel Blumenschmuck. An dem einen oder anderen Laden kommt man vorbei, vereinzelt findet sich eine Bar, und man wundert sich, dass das Jungvolk mit den Mofas immer noch durch diese Gassen mit den vielen Absätzen knattern kann. Aber das muss wohl so sein.

Der Aufstieg zur Kirche kann buchstäblich überall gestartet werden, aber ein guter Beginn wäre die Plaça del Convent, etwa in der Ortsmitte. Von dort läuft man ein Stück die Straße Pont de Moncan hoch. So richtig ins **Gassengewirr** eintauchen kann man dann bei der c/ Ángel Mestre Música und weiter über die c/ Salamanca. Schließlich erreicht man die c/ Major, wo schon genügend Bars und Shops auf die erschöpften Besucher warten. Am Ende betritt man den Kirchplatz, wo endgültig einige Cafés zur Pause einladen. Einmal um die Ecke kann man von einem Aussichtspunkt einen superben Blick über die Küste bis zu den Wolkenkratzern des benachbarten Benidorm werfen.

Die **Kirche Nuestra Señora del Consuelo** fällt schon von weitem durch die strahlend blauen Dachziegel ihrer Kuppel auf. Sie sticht etwas aus dem Häusermeer hervor, ohne jedoch erdrückend zu wirken. Ein Glockenturm reicht bis zur Dachhöhe der Kirche. Von der oberen, quadratischen Plattform konnte man früher weit aufs Meer schauen, um mögliche Feinde rechtzeitig zu erspähen.

Die **Strandpromenade** fällt recht breit und adrett aus. Palmen wachsen hier, reichlich Ruhebänke locken zum „Aufs-Meer-hinaus-Träumen" und für das leibliche Wohl sorgen einige Lokale mit Außenterrasse. Man kann angenehm flanieren und im oberen Teil seinen Wagen am Strand parken.

Costa Blanca

Blick über die Bucht von Altea

schon andeutet, was einen tollen Blick auf die Berge und das Meer ermöglicht. Weitläufiger Garten mit Pool, Liegewiese, dazu diverse Sportmöglichkeiten.

Camping

● **Cap Blanc,** 1. Kategorie, Playa Cap Blanc 25, Tel. 965 845 946. Dieser mittelgroße Platz (Kapazität: ca. 600 Personen) liegt knapp zwei Kilometer südlich von Altea in Meernähe. Flaches Gelände mit Bäumen und Schatten durch Mattendächer.

● **Miami,** 2. Kategorie, Partida Cap Blanc, Tel. 965 840 386, geöffnet 1.4.-30.9. Dieser kleine Platz mit einer Kapazität für 300 Camper liegt etwa einen Kilometer südlich von Altea unweit vom Hafen und der N-332.

Essen & Trinken

● **Restaurante Oustan de Altea,** c/ Major 5, Tel. 965 842 078. Hübsches Lokal unterhalb der Kirche mit einer angenehmen Terrasse. Draußen hängen etliche Auszeichnungen – das spricht für sich.

● **Restaurante Racó de Toni,** c/ La Mar 127, Tel. 965 841 763, Mi geschlossen. Der Küchenchef pflegt die ländliche Küche, wie beispielsweise Reisgerichte oder gefüllte Anchovis.

● **Restaurante La Galana,** c/ Sant Pere 18, Tel. 965 844 557. Lokal mit Terrasse an der Promenade, spezialisiert auf Fisch und Reisgerichte.

● **Restaurante Montemolar,** Partida L'Olla, c/ Montemolar 38, Tel. 965 841 581, Mi. geschlossen. Weithin gelobtes Restaurant mit mediterraner und französischer Küche.

● **Restaurante Sant Pere 24,** c/ Sant Pere 24, Tel. 965 844 972. Tapas und Reisgerichte.

Praktische Tipps

Unterkunft

● **Hotel San Miguel** €€, c/ La Mar 65, Tel. 965 840 400. Ein fünfstöckiges Haus an der Promenade mit 24 Zimmern, die meisten haben Meerblick.

● **Hotel Atalaya** €€, c/ La Mar 115, Tel. 965 840 800. Ebenfalls in erster Reihe stehendes Haus mit 24 Zimmern, aber nicht alle haben Meerblick.

● **Hotel Melia Altea Hills** €€€€, (190–240 €), Urbanización Altea Hills, Ctra. Nacional 332, Km 163,5, Tel. 966 881 006, Fax 966 881 024, E-Mail: melia.altea.hills@solmelia.com. Das nicht zu große Haus (49 Zimmer) liegt vier Kilometer außerhalb in der Urbanización Altea Hills. Leicht erhöhte Lage, wie der Name

Adressen

● **Bahnhof:** c/ La Mar s/n.
● **Post:** c/ Zubeldia s/n.
● **Fischauktionshalle:** am Hafen.
● **Segelbootverleih:** Interbarco, c/ Sant Pere 17, Tel. 966 881 349; Multimar, Puerto deportivo, Tel. 966 880 007; Fuerza 6, Puerto deportivo, Tel. 913 192 828, Letztere bieten auch Segelkurse an.

Die weißen Gassen von Altea erinnern an ein andalusisches Dorf

Costa Blanca

Feste

● **16. Juli:** San Pedro und Virgen del Carmen mit Meeresprozession.

● **15. August:** Romería zu Ehren von San Lorenzo im Ortsteil L'Olla. Am Strand wird eine Bühne aufgebaut, von der ein halbstündiges, beeindruckendes Feuerwerk gezündet wird.

● **Letzte Woche im September:** Moros y Cristianos.

Markt

● **Dienstag,** an der c/ Sant Pere, die direkt am Strand verläuft.

Ausflüge

Cactus Landía

Ein Botanischer Garten mit tausend verschiedenen Arten von Kakteen sowie über hundert Papageien und anderen tropischen Vögeln. Adresse: La Galera del mar 26, Carretera Altea – Calpe am Km 162,5.

● **Geöffnet:** täglich 9-18 Uhr; Eintritt: Erw. 3 €, Kinder 5-13 Jahre 2 €.

Fuentes del Algar

Bei Callosa d'En Sarriá kann man einen **Wasserfall** erleben, in einem **Naturpool** planschen und das angeschlossene **Museum** besuchen, das Umweltfragen behandelt und Erklärungen zum Wasserfall gibt. Der Ort liegt knapp zehn Kilometer von Altea entfernt im Hinterland. Er wird von zwei Flüssen begrenzt, die den Grundstock all dieser Vergnügungen liefern: das Wasser.

● **Geöffnet:** täglich 9.30-20 Uhr; Eintritt: Erw. 2,10 €, Kinder bis 10 Jahre 1,10 €.

Guadalest

Guadalest liegt etwa 20 Kilometer von der Küste entfernt in den Bergen. Und genau diese **exponierte Lage** macht das Dörflein zum Publikumsmagneten. In jedem Ort an der Küste werden Ausflugsfahrten nach Guadalest angeboten. Deswegen trampeln sich die Touristen an manchen Tagen im wahrsten Sinne des Wortes gegenseitig auf die Füße. Trotzdem: Einen Besuch in Guadalest sollte sich niemand entgehen lassen.

Der **Ortskern** kann nur zu Fuß besucht werden. Hinein gelangt man durch einen schmalen, tunnelartigen Gang, der durch einen Felsen getrieben wurde. Bei dem anschließenden Spaziergang durch das kleine Dorf fallen die vielen schön gestalteten Häuser auf. Eng schmiegen sie sich aneinander, weiß getünchte Wände tragen grobe rote Ziegeldächer. Viel Platz hat man hier nicht, da muss eben zusammengerückt werden.

Das Dorf zählt 165 Einwohner, hat aber ein gutes Dutzend **Lokale,** da angeblich alljährlich ca. zwei Millionen Besucher kommen. Damit kann der Ort sich mit der höchsten Pro-Kopf-Zahl an Gastronomiebetrieben in ganz Spanien schmücken.

In so einem ungewöhnlichen Ort gibt es auch ein kurioses Museum, das **Museo de Miniaturas** (Miniaturen-Museum, ausgeschildert).

Im Keller des **Rathauses** (ayuntament) befindet sich ein Kerker, der besichtigt werden kann.

Hoch oben steht das **Castillo de Guadalest** mit dem markanten weißen Glockenturm. Nach dem Bürgerkrieg wurde hier der örtliche Friedhof angelegt. Etwas unterhalb liegt ein **Aussichtspunkt** *(mirador),* von dem man einen wahrlich beeindruckenden Blick genießt.

Tief unten schimmert das Grünblau eines **Stausees,** kontrastierend mit dem Graubraun der Berghänge und dem spärlichen Grün der vereinzelten Bäume.

Diesen Blick wollen viele Urlauber genießen. Deswegen der gut gemeinte Rat: per Mietwagen oder Taxi am frühen Morgen oder späten Nachmittag hinfahren. Zur Mittagszeit ist es nicht nur zu heiß im Dorf, sondern auch schlicht überfüllt.

Benidorm

- **Einwohner:** 42.000
- **PLZ:** 03500
- **Entfernung nach Alicante:** 42 km
- **Touristeninformation:** Plaça de Canalejas 1, Tel. 966 815 463, Fax 965 863 625, E-Mail: turisme@benidorm.org
- **Internet:** www.benidorm.org

Benidorm ist einzigartig! Die Stadt ist *die* **touristische Metropole** am Mittelmeer mit dem größten Angebot an Betten – jedenfalls in Spanien. Aber eine städtebauliche Schönheit kann Benidorm nicht genannt werden. Wer auf der Autobahn vorbeifährt, nimmt nur eine Vielzahl von Wolkenkratzern wahr. Wer sich dann über die Abfahrt dem Ort nähert, wird möglicherweise nach wenigen hundert Metern erschrocken auf die Bremse treten: Man trifft auf einen wahren Wald von Hochhäusern. Es ist keine Übertreibung, Dutzende von Betonkästen erreichen Höhen von zwanzig bis dreißig Etagen. Trotzdem leben hier nur etwas mehr als 40.000 Menschen. Die meisten Gebäude enthalten Ferienwohnungen, die hauptsächlich an spanische Touristen vermietet werden. Im Winter wird es ganz schön einsam in den Häuserschluchten.

Benidorm hat zwei sehr schöne Strände, in deren Mitte die kleine Altstadt liegt. Übermäßig groß ist der Ort nicht, das bergige Hinterland ließ keine weitläufigen Urbanizaciones zu. Vor 40 Jahren war Benidorm noch ein Fischerdorf von 2500 Seelen. In den 1940ern kamen nur ein paar spanische Urlauber. So blieb es bis in die 1950er Jahre. Dann begann man, die **ökonomische Seite der Tourismusindustrie** zu entdecken und baute. Billige Arbeitskräfte aus Andalusien mauerten, Investoren aus Madrid und sonst woher knüpften Kontakte zu nordeuropäischen Reiseveranstaltern, die Sache bekam eine Eigendynamik. Aber die Anreise war zu beschwerlich, Benidorm hatte keinen Flugplatz. (Den will man wegen der Lärmbelästigung auch heute noch nicht.) In den 1960ern flogen die Urlauber noch bis Valencia und wurden per Bus zum 140 Kilometer entfernten Benidorm gebracht. Das war zu weit und so entstand 1966 in Alicante ein neuer *aeropuerto.* Dann wurde in den Jahren

Costa Blanca

1980–1985 so richtig rangeklotzt. Eine Statistik aus jener Zeit schlüsselt auf: 32.000 Hotelbetten, 210.000 weitere in Apartments sowie Campingplätze für 5000 Personen.

Aber all diese Betten wollen von Leuten belegt werden, die **Spaß im Urlaub** wünschen. Etwa vier Millionen Touristen kommen alljährlich. Über 4500 Geschäfte bieten ihnen, was das Herz begehrt, 53 Banken stellen das nötige Geld zur Verfügung, und wenn es irgendwo ein gesundheitliches Problem gibt, helfen über 20 Apotheken, sechs Kliniken und 60 Ärzte. Tagsüber trifft sich natürlich alle Welt am Strand. Dann wird es eng rund ums Handtuch. Und nachts geht es in die Lokale: 60 Diskotheken und 800 Bars warten auf durstige Kehlen. Benidorm galt jahrelang als das Mekka für den Billigtourismus. Der hat sich zwar mittlerweile etwas verteilt, aber ein hochpreisiges Ziel ist Benidorm nicht.

Noch eine letzte Zahl mit Schmunzeleffekt: Was diese gewaltige Tourismusmaschinerie am Laufen hält, ist

Unverwechselbares Benidorm: schöner Strand und hässliche Hochhäuser

der feine Sandstrand. Aber der verschwindet so langsam. Der Grund: Jeder Tourist verlässt die *playas* mit durchschnittlich 20 Gramm Sand an den Füßen. Zu viel zum Ignorieren. Prompt folgten erste Versuche, die Touristen zum Säubern ihrer Füße an den Ausgängen zu verführen. Offensichtlich mit Erfolg, denn die Strände von Benidorm strahlen wie eh und je.

Strandprofil

Cala Ti Ximo

Cala Ti Ximo dürfte für diejenigen interessant sein, die einmal ihre Ruhe haben wollen – aber wer will das schon in Benidorm? Die 70 Meter lange (oder kurze) Bucht liegt am äußersten Ortsrand und weist hellen Sand auf, der aber mit Steinen durchsetzt ist.

Playa Levante

Ein 2000 Meter langer und sehr breiter (ca. 65 Meter), feinsandiger Strand, der vor einer Wand von Hochhäusern liegt. Eine Promenade mit einer endlosen Zahl von Lokalen verläuft parallel und leider auch eine Straße, die zum Teil für Autos freigegeben ist. Wenn man sich einmal vorstellt, wie es hier in den 1940er Jahren wohl ausgesehen haben mag ...

Cala El Mas Pas

Cala El Mas Pas ist eine kleine Bucht von 120 Metern, die beim Club Nautico und vor der vom Nachbarstrand trennenden Altstadt liegt.

Playa Poniente

Der zweite Hauptstrand Benidorms. Er misst 3200 Meter und hat eine durchschnittliche Breite von 80 Metern. Eine Promenade verläuft ebenfalls entlang, aber es erheben sich deutlich weniger (wenn auch genügend) Wolkenkratzer als am Nachbarstrand.

Playa Finestrat

Playa Finestrat ist so etwas wie die versteckte Nachbar-Strandbucht der beliebten Playa Poniente. Sie liegt ganz am äußersten Rand von Benidorm hinter einem bebauten Felsvorsprung namens Cabezo del Tosal. Der feinsandige Strand liegt in einer locker bebauten Bucht von 300 Metern Länge und ca. 50 Metern Breite.

Sehenswertes

Die einmalige Ansammlung von Hochhäusern ist für sich genommen wohl schon etwas Beeindruckendes. Ansonsten gibt es kaum Sehenswürdigkeiten.

Jeder Besucher wird wohl einmal die kleine Altstadt durchstreifen und dabei den Aussichtspunkt hinter dem ehemaligen **Castillo** ansteuern. Hier steht auch die **Kirche San Jaime,** die im 18. Jahrhundert erbaut wurde.

Auf einem Felsen, der etwas vorwitzig in einiger Höhe aufs Meer hinausragt, errichtete man einen hübschen Aussichtspunkt, **Plaça del Castell** genannt. Von dort aus hat man einen

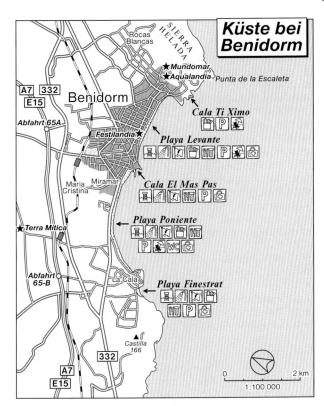

Küste bei Benidorm

SIERRA HELADA

Rocas Blancas

★Mundomar
★Aqualandia · Punta de la Escaleta

A7 332
E15

Benidorm

Abfahrt 65A

Festilandia★

★Cala Ti Ximo

Playa Levante

Maria Cristina · Miramar

Cala El Mas Pas

★Terra Mitica

Playa Poniente

Abfahrt 65-B

La Cala

Playa Finestrat

▲ Castilla 166

332

A7
E15

0   2 km
1:100 000

Costa Blanca

phänomenalen Blick auf die gigantische Skyline von Benidorm und auf beide Hauptstrände.

In der **Altstadt** findet man einige nette Gassen mit etlichen Treppen, wie beispielsweise die Carrer dels Gatas. Überall locken Geschäfte, kleine Läden, Bars, Cafeterías. In diesem Viertel lebt noch ein Resthauch des einstigen Benidorm.

Unten an den **Strandpromenaden** haben Burger-Shops, Karaoke-Clubs, britische, deutsche, belgische, schwedische und niederländische Tresen Einzug gehalten.

Der **Parque de L'Auigüera** in der Ortsmitte ist eine größere Grünfläche, die sich angenehm vom Betonbrei abhebt. Hier finden auf zwei Freilichtbühnen vereinzelt **Konzerte** statt.

🏨 1 Gran Hotel Delfín
🏨 2 Hotel Florida
🏨 3 Hotel Palmeral
🏨 4 Hotel Mar Blau
§ 5 Markt
♀ 6 Viele Bars in der Straße Santo Domingo
★ 7 Plaça del Castell
ℹ 8 Touristeninformation
🏨 9 Hotel Poseidon
♀ 10 Freiduría Les Gaviotes
♀ 11 Rest. Mesón del Jamón
♀ 12 Rest. I Fratelli
● 13 Festilandia
🏨 14 Hotel Cimbel
🏨 15 Hotel Belroy Palace
✉ 16 Post
♀ 17 Rest. Tiffany's
♀ 18 Rest. Casa Toni
● 19 Bahnhof
⚠ 20 Viele Campingplätze
● 21 Terra Mítica
● 22 Mundomar, Aqualandia

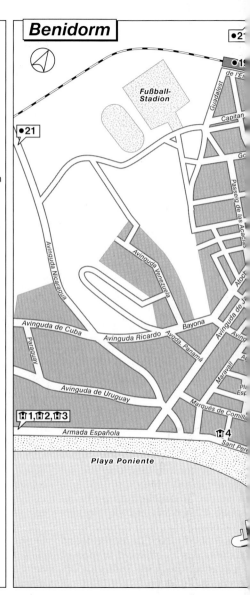

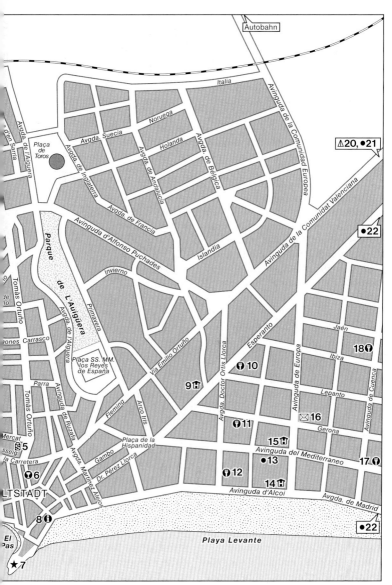

Terra Mítica

Neben dem im Norden bei Tarragona gelegenen Port Aventura ist dies der größte Themenpark Spaniens. Im Juli 2000 öffnete er seine Pforten. Auf einer Fläche von einer Million Quadratmetern (fast 200 Fußballfelder) investierte man knapp 270 Millionen Euro. Im Park werden die vergessenen Welten und **Kulturen des Mittelmeerraumes** zum Leben erweckt: Griechenland, Ägypten, Rom, Iberien und *Las Islas* („Die Inseln").

Zentrum ist ein riesiger künstlicher See, der das Mittelmeer darstellt. Hier liegen die verschiedenen „Kulturkreise", in die der Besucher eintauchen kann. Beim Besuch Ägyptens erlebt man den geschäftigen Hafen von Alexandria, durchstreift Basare und betritt Pyramiden. Ähnliches findet bei den Römern und Griechen statt, wo man u.a. den Tempel des Zeus erkunden kann und die Olympische Arena oder, etwas barbarischer, einen römischen Sklavenmarkt.

Neben diesen Bauten werden dem Besucher auch Attraktionen geboten, wie eine **Achterbahn** namens *El Toro Bravo* („Der wilde Stier") in Iberien oder die römische Variante *Magnus Colossus* (die größte Holz-Achterbahn des gesamten Mittelmeerraumes). Solch Quietschvergnügen bieten auch Touren über das „Mittelmeer", zum Beispiel in Iberien über die Stromschnellen von Argos oder bei der mythischen Reise von Odysseus, die im Bereich Las Islas nachgestellt wird.

Allerdings muss man für diese Fülle attraktiver Angebote auch eine Menge Geduld mitbringen. Die Betreiber erwarten pro Jahr drei Millionen Besucher, das wären statistisch 8300 pro Tag, wobei es im Sommer wohl ein paar mehr sein dürften. Zu erreichen: Terra Mítica kann praktisch nicht verfehlt werden. Sowohl die Autobahn als auch die Nationalstraße haben eigene Abfahrten zum Park. Sogar an eine eigene Bahnstation hat man gedacht. Wer mit der Küstenlinie Alicante–Dénia anreist, steigt an der Station „Terra Mítica" aus.

Terra Mítica

●**Öffnungszeiten:**
14.3.-30.6. von 10-20 Uhr
1.7.-2.8. von 10-21 Uhr
3.8.-15.9. von 10-24 Uhr
16.9.-3.11. von 10-20 Uhr

●**Preise:**
1 Tag: Erw. 30 €, Junior/Senior: 22 €
2 Tage: Erw. 42,50 €, Junior/Senior: 31 €
3 Tage: Erw. 56 €, Junior/Senior: 42,50 €
Kinder bis vier Jahre haben freien Eintritt;
Junior: 5-15 Jahre, Senior: älter als 55 Jahre.

●**Infos:** im Internet unter: www.terramiticapark.com, sonst Tel. 902 020 220.

Mundomar

Mundomar ist ein Showpark, in dem hauptsächlich **dressierte Wassertiere** ihre Kunststücke vorführen. Es gibt ein Delfinarium, Wasserschildkröten, Papageien, Pinguine, Seelöwen, aber auch eine finstere Grotte mit Fledermäusen sowie eine altspanische Galeone. Zu erreichen: Der Park liegt am Ortsrand von Benidorm. Von der Autobahn nimmt man die Abfahrt 65 und achtet auf die Beschilderung. Von der Plaza Triangular pendelt regelmäßig ein Zubringerbus.

●**Geöffnet:** im Sommer 10-20 Uhr, in der übrigen Zeit werden die Pforten zwischen 18 und 19 Uhr geschlossen. Eintritt: Erw. 13,30 €, Kinder 3-12 Jahre 8,30 €.

Aqualandia

Aqualandia liegt in unmittelbarer Nachbarschaft von Mundomar und ist ein **Badepark** mit diversen Rutschen, Wasserfällen und Spaßbädern. Je nach Gusto geht es im zickzack durch unzählige Kurven („Zig-Zag") oder rasanter über eine wellige Piste („Kamikaze") oder – uahh, grauslich! – durchs verschlungene, dunkle Loch. Wer es ruhiger mag, findet auch sein Planschbecken und einen schattigen Platz auf der Liegewiese. Zu erreichen: siehe Mundomar.

●**Geöffnet:** Mai bis Oktober 10-18.30 Uhr, Eintritt: Erw. 15 €, Kinder 4-12 Jahre 9 €, Kinder bis 3 Jahre frei.

Praktische Tipps

Unterkunft 🛏️

Irgendjemand hat einmal ausgerechnet, dass Benidorm mehr Betten im Angebot hat als jeder andere spanische Mittelmeerort. Das mag so sein, aber die überwiegende Anzahl der Unterkünfte besteht aus Apartments, die auf dem spanischen Markt angeboten werden. Natürlich gibt es auch genügend Hotels, aber im Verhältnis dominieren doch die Ferienwohnungen.

●**Hotel Poseidon** €€€, c/ Esperanto 9, Tel. 965 850 200, Fax 965 852 355. Das Haus mit 246 Zimmern liegt in einem Komplex mit dem benachbarten Hotel Poseidon Palace (220 Zimmer). Beide sind für ihre Qualitätsstandards ausgezeichnet. Zu Fuß sind es nur wenige Minuten zur Playa Levante und in die Altstadt.

●**Gran Hotel Delfin** €€€€, Avda. Mont Benidorm 13, Tel. 965 853 400, Fax 965 857 154. Insgesamt 92 Zimmer hat dieses altkastilische Haus mit drei Etagen und einem netten großen Garten (7000 m²). Es liegt in Strandnähe (Playa Poniente), aber ca. zwei bis drei Kilometer von der Altstadt entfernt.

●**Hotel Belroy Palace** €€€, Avda. del Mediterráneo 13, Tel. 965 850 203, Fax 965 863 732. Ein funktionales Haus mit 125 Zimmern, nur einen Block vom Strand Playa Levante entfernt.

●**Hotel Cimbel** €€€€, Avda. Europa 1, Tel. 965 852 100, Fax 965 860 661. Mit 140 Zimmern steht dieses traditionsreiche Haus ganz in der Nähe der Playa Levante.

●**Hotel Florida** €€-€€€, c/ Santander 14, Tel. 965 851 663, Fax 965 855 188. Ein familiäres, zweistöckiges Haus mit 28 Zimmern, nur eine Querstraße von der Playa Poniente und etwa zwei bis drei Kilometer vom Zentrum entfernt.

●**Hotel Palmeral** €€-€€€, c/ Santander 12, Tel. 965 850 176, Fax 965 859 772. Mit 63 Zimmern ein mittelgroßes, aber doch familiäres Hotel unweit von der Playa Poniente.

●**Hotel Mar Blanc** €€€-€€€€, c/ San Pedro 20, Tel./Fax 965 851 646. Ideal für Nachtschwärmer. Das 53-Zimmer-Haus liegt bei der Playa Poniente und nur wenige Schritte von der Altstadt entfernt. Zweckmäßige Einrichtung, einige Zimmer mit Meerblick.

Camping ⚠️

Es gibt insgesamt neun Campingplätze in Benidorm. Sie konzentrieren sich alle im östlichen Bereich des Ortes. Die meisten liegen an der Avda. de la Comunitat Valenciana, der alten N-332, die restlichen sind nur eine Parallelstraße entfernt zu finden. Zum Strand (Playa Levante) sind es von allen Plätzen ein bis drei Kilometer, zum Ortskern ebenso.

Zu finden: Über die Autobahn die Abfahrt 65 nutzen, Richtung Benidorm fahren und nach dem Überqueren der Schienen nach links Richtung Valencia in die Avda. de la Comunitat Valenciana abbiegen.

●**Don Quichote,** 2. Kategorie, Partida de Derramador, Tel./Fax 965 855 065. Hat zwar nur Platz für 200 Personen, liegt aber am dichtesten zur Stadt und zum Strand.

Costa Blanca

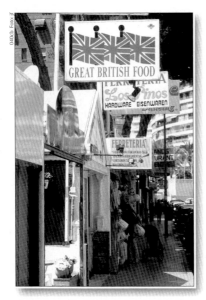

●**Armanello,** 2. Kategorie, alte N-332 nach Valencia am Km 123, Tel. 965 853 190, Fax 965 853 100. Die Platzkapazität beträgt 360 Personen, die auf einem abgestuften Gelände Schatten unter Bäumen und Palmen finden. Strand und Zentrum sind eineinhalb Kilometer entfernt.

●**Titus,** 2. Kategorie, alte N-332 am Km 123, schräg gegenüber von Camping Armanello, Tel. 966 806 750, Fax 966 806 750. Kleiner Platz für knapp 100 Personen, gut drei Kilometer von Zentrum und Strand entfernt.

Das Angebot an Geschäften und Lokalen ist kaum zu überbieten

●**Benisol,** 2. Kategorie, alte N-332 am Km 124, schräg gegenüber von Camping Armanello, Tel. 965 851 673, Fax 965 860 895. Immerhin 900 Personen finden Platz und Schatten unter Mattendächern oder Bäumen. Durch Hecken parzelliert. Ebenfalls drei Kilometer vom Zentrum und vom Strand entfernt.

●**Villasol,** 1. Kategorie, Avda. de Bernat de Sarrià s/n, Tel. 965 850 422, Fax 966 806 420. Großer Platz für 1500 Personen auf terrassiertem Gelände mit Kiesuntergrund. Schatten durch Mattendächer. Anfahrt zu diesem und den folgenden vier Plätzen: Abfahrt 65 von der Autobahn nutzen und nach Benidorm über die Avda. Europa fahren. Kurz nach Überqueren der Gleise nach links in die Avda. Comunitat Valenciana einbiegen. Vor dem Camping Don Quichote nach rechts in die Avda. del Derramador abzweigen und dann abermals nach links in die Avda. Bernat de Sarrià. Die weiteren Plätze liegen an Straßen, die von dieser letzten abzweigen.

●**La Torreta,** 2. Kategorie, Avda. Dr. Severo Ochoa s/n, Tel. 965 854 668, Fax 966 802 653. Nicht allzu großer Platz (400 Personen), der durch einen öffentlichen Weg zweigeteilt ist. Bäume spenden Schatten. Anfahrt: siehe Camping Villasol.

●**Benidorm,** 2. Kategorie, Avda. Dr. Severo Ochoa s/n, Tel./Fax 965 860 011. Knapp 400 Personen passen auf diesen teils steinigen Platz. Anfahrt: siehe Camping Villasol.

●**Arena Blanca,** 2. Kategorie, Avda. Dr. Severo Ochoa s/n, Tel. 965 861 889, Fax 965 861 107. Dieser Platz hat eine Kapazität für etwas mehr als 500 Personen. Die gekiesten Parzellen liegen auf leicht ansteigendem Gelände. Anfahrt: siehe Camping Villasol.

●**El Racó,** 2. Kategorie, Avda. Dr. Severo Ochoa s/n, Tel. 965 868 552, Fax 965 868 544. Ein relativ großer Platz für 1200 Personen, der nur einen knappen Kilometer vom Strand entfernt liegt. Anfahrt: siehe Camping Villasol.

Essen & Trinken

●**Restaurante I Fratelli,** c/ Dr. Ortis Llorca 21, Tel. 965 853 979. Italienische Küche jenseits von Pizza und Pasta.

Cerrado por vacaciones – wegen Ferien geschlossen

Und Gott sprach: „Am siebenten Tag sollst du ruhen." Das gilt in Spanien nur bedingt. Für die Iberische Halbinsel hätte er auch fordern können: „Im achten Monat sollst du Urlaub machen." **Spanien im August:** Ein ganzes Land schaltet zwei Gänge herunter. Wer nur irgendwie kann, macht Ferien. Büros, Fabriken, Behörden, Geschäfte, eigentlich jeder versucht vier Wochen frei zu nehmen. *Cerrado por vacaciones* („wegen Ferien geschlossen") steht dann auf den Schildchen, die überall am Eingang kleben. Und wenn doch mal ein Geschäft geöffnet hat, dann nur am Vormittag – jedenfalls in „spanischen" Orten, natürlich nicht dort, wo der Tourismus dominiert.

Alle Jahre wieder senkt sich im Sommer eine Hitzeglocke über das Land und pünktlich zum 1. August setzt sich die Karawane in Bewegung. **Millionen Spanier reisen** an die Strände. Zwei Drittel reisen an die andalusische Costa del Sol oder eben an die Costa Blanca. Die Übrigen zieht es in die Berge oder ins Dorf der Eltern. Ins Ausland fahren die wenigsten. Alle starten aber am gleichen Termin, treffen sich auf der Autobahn wieder und stehen gemeinsam im Stau. „Bis September dann", so verabschieden sich Arbeitskollegen Ende Juli voneinander.

Und was ist mit denen, die nicht die Stadt verlassen können, die Temperaturen von 40°C ertragen und einer Beschäftigung nachgehen müssen? Die Familie aalt sich derweil schon längst am Strand, während die Zurückgebliebenen leiden. *Rodríguez* werden diese Strohwitwer genannt. Sie schleppen sich irgendwie durch die lästigen Pflichten des Alltags, sehnen den Sonnenuntergang herbei und verlagern das **Leben in die Nacht.** Da „kühlt" es zwar auch nur auf 28-30°C ab, aber welche Labsal! Klar, dass alle dann rausgehen, sich auf Terrassen niederlassen und sich ein Schlückchen hier, ein Gläschen dort gönnen. Es gibt kaum einen Spanier, der in dieser Zeit vor 1 Uhr ins Bett geht.

Wer hingegen sein Urlaubsziel erreicht hat, richtet sich für ein paar Wochen auf einen **festen Rhythmus** ein: Spätes Aufstehen, kurzes Frühstück, erster Besuch der Bar und dann geht es ab zum Strand. *„Vamos a la playa!",* egal, wie heiß es ist. Bis 14 Uhr brät man gemeinsam, findet sich in kleinen Gruppen zusammen, plaudert, döst, ruft hinter den Kindern her. Dann kommt langsam Unruhe auf und spätestens um 15 Uhr ist der Strand leer. Alle hocken nun eine ganze Weile lang am Mittagstisch. Erst gegen 16/17 Uhr zieht man sich in den Schatten zurück. Die heilige *siesta* will gepflegt sein. Bis 19 Uhr verkriecht sich jeder vor der größten Tageshitze. Dann tauchen alle wieder langsam auf. Entweder geht man noch einmal an den Stand oder aber in eine Bar oder schon zum *paseo,* dem abendlichen Spaziergang. Und wenn sich die Sonne so gegen 22 Uhr verabschiedet, ist der Zeitpunkt des Abendessens gekommen. Die ganze Familie hockt bis kurz vor Mitternacht zusammen und genießt die angenehmen Temperaturen. Hier sind sich die Zurückgebliebenen in der Stadt und die Urlauber an den Stränden einig: Die lästige Tageshitze muss man irgendwie überstehen, aber Leben findet im achten Monat in Spanien nur in der Nacht statt.

Costa Blanca

●**Restaurante Mesón del Jamón,** c/ Gerona s/n. Liegt als eines der wenigen authentischen spanischen Lokale in einer Kneipenmeile.

●**Restaurante Tiffany's,** Avda. Mediterráneo 51, Tel. 965 854 468. Klassische Küche in klassischer Einrichtung, keine Selbstverständlichkeit in Benidorm.

●**Restaurante Casa Toni,** c/ Cuenca 27, Tel. 966 801 232. Leckere Fischgerichte!

●**Restaurante La Palmera,** Avda. Dr. Severo Ochoa 48, Tel. 965 853 282. Das Lokal liegt etwas außerhalb im Bereich der Campingplätze und genießt einen tadellosen Ruf. Spezialität: bis zu 15 verschiedene Reisgerichte.

●**Freiduría Les Gaviotes,** c/ Esperanto, Ecke Avda. Ortis Llorca. Der Begriff „Fischbratküche" wäre vielleicht eine Beleidigung, kommt dem einfachen Lokal aber doch recht nahe. Sehr beliebt, speziell am Sonntag bilden sich lange Schlangen, was für die Qualität spricht.

Nachtleben

●In der **Altstadt** findet der Durstige in der Calle Santo Domingo diverse **Bars,** sowohl unterschiedlichster Nationalitäten als auch diverser spanischer Provinzen. So kann man vom baskischen Tresen hinüber in die asturische *Cidrería* wechseln und den köstlichen Apfelwein probieren, bevor es in eine andalusische Bar mit frittierten Spezereien geht. Schließlich folgt ein Gläschen Sekt in der Cava Aragonesa.

●Die großen **Diskotheken** liegen zumeist entlang der alten Nationalstraße N-332, die heute Avda. Comunitat Valenciana heißt. Dort tummelt sich die nächtliche Szene im KM, Pachá oder Penélope.

Adressen

●**Ärztlicher Notdienst:** c/ Jupiter 1, Tel. 585 7413.

●**Busbahnhof:** c/ Lepanto 10.

●**Post:** Plaza Dr. Fleming 1.

●**Wachsfigurenkabinett:** Avda. Mediterráneo 8.

●**Bibliothek:** Rincón de L'Oix, c/ Juan Fuster Zaragoza 1, hat auch fremdsprachige Bücher im Angebot.

●**Aquarium:** c/ Homo 5 (Altstadt), 50 verschiedene Meerestiere in 200.000-Liter-Becken.

●**Festilandia:** Avda. Mediterráneo 20, ein Vergnügungspark für Kinder.

●**Tauchen:** Costa Blanca Sub, c/ Santander 20, Tel. 966 801 784; Poseidon Nemrod, c/ Santander 9, Tel. 965 853 227.

Feste

●**19. März:** Las Fallas – kunstvoll gebaute Figurengruppen werden um Mitternacht verbrannt.

●**6./7. Juli:** San Fermín.

●**16. Juli:** Virgen del Carmen.

●**25. Juli:** San Jaime – Schutzheiliger von Benidorm.

●**Letzte Septemberwoche:** Moros y Cristianos.

Markt

●**Mittwoch** und **Sonntag,** unweit vom Hotel Barceló Pueblo Benidorm, c/ Ibiza, an der Avda. de L'Almiral Bernat de Sarrià, das ist die Straße zu den Campingplätzen.

Ausflüge

●Am einfachsten können die benachbarten Orte an der Küste mit der **Schmalspurbahn** Dénia-Alicante besucht werden.

●**Limón Express:** Ein Touristenzug schaukelt täglich außer montags um 9.45 Uhr nach Gata de Gorgos, das etwa 40 Kilometer nördlich von Benidorm im Hinterland liegt. Dort wird der Ort und eine Gitarrenfabrik besichtigt. Unterwegs gibt es Getränke und Einkaufsmöglichkeiten.

●**Schiffstouren:** In den Sommermonaten fahren kleinere Schiffe vom Hafen von Benidorm nach Calpe.

Villajoyosa

- **Valencianisch:** La Vila Joiosa
- **Einwohner:** 23.000
- **PLZ:** 03750
- **Entfernung nach Alicante:** 32 km
- **Touristeninformation:**
Costera La Mar s/n,
Tel. 966 851 371, E-Mail:
touristinfo.vilajoiosa@turisme.m400.gva.es

„La Vila", wie der Ort liebevoll von seinen Bewohnern genannt wird, zeigt sich zweigeteilt. Unterhalb der Nationalstraße N-332, die mitten durchs Stadtzentrum verläuft, bietet Villajoyosa tatsächlich ein „fröhliches" Bild, wie der Ortsname besagt. Oben sieht es weniger liebreizend aus. Dort wachsen Wohnblocks in den Himmel, und es herrscht erstaunlich viel Verkehr in den engen Gassen. Irgendwie wirkt dieser Ortsteil überdimensioniert für die kleine Stadt. Aber unten am Meer ist **La Vila** wirklich hübsch. Dort flaniert man auf einer netten Promenade, durchstreift die engen Gassen der Altstadt, bewundert das Aushängeschild des Ortes, die bunten Häuser, oder sonnt sich am schönen Sandstrand.

Playa El Torres

Playa El Torres ist eine ruhige, aber teilweise steinige Bucht von knapp 500 Metern Länge unweit dreier Campingplätze. Das Hinterland ist leicht bewaldet, die Nationalstraße verläuft in sicherer Entfernung vorbei.

Playa El Tío Roig

Eine 150 Meter messende, steinige und sehr schmale Bucht, an der die ersten Apartmenthäuser stehen.

Playa Estudiantes

Dieser Strand weist ganz ähnliche Merkmale auf wie die benachbarte Playa El Tío Roig.

Playa Almadraba

Eine kleine, steinige und schmale Bucht von 100 Metern. Im Hintergrund blicken einige Villenbesitzer schick aufs Meer.

Playa Centro

Playa Centro ist der erste „echte" Strand von Villajoyosa – und was für einer! Über gute 1400 Meter lockt feiner, heller Sand. Der Strand misst in der Breite durchschnittlich 25 Meter, ist aber an der Grenze zum Hafen deutlich breiter. Parallel verläuft eine nette Promenade ohne Schnickschnack, dahinter eine mäßig befahrene Straße, und dann erst folgen Apartments mit einigen Lokalen.

Playa Cala Malladeta ist wieder eine 200-Meter-Bucht aus steinigem Untergrund ohne Serviceeinrichtungen.

Playa Paraís

Playa Paraís, ein weitläufiger Strand von knapp 1000 Metern, der leicht steinig ist und vor einem schwach besiedelten Hinterland liegt, etwa einen Kilometer außerhalb.

Costa Blanca

Playa
Bol-Nou

Eine 220-Meter-Bucht, die von einer steil aufsteigenden Wand begrenzt wird. Leicht steiniger Untergrund, dünne Besiedlung in der Nähe.

Playa La Caleta

Der Strand liegt vor riesigen Apartmenthäusern, misst knapp 150 Meter und hat einen steinigem Untergrund.

Playa del Xarco ist eine weit geschwungene, steinige Bucht von 500 Metern, die schon recht einsam dreieinhalb Kilometer vom Zentrum entfernt liegt.

Sehenswertes

Die farbigen Häuser

Bekannt geworden ist der Ort durch seine farbenfrohen, schmalen Häuser am Meer. Diese haben zumeist drei Etagen und sind überwiegend **leuchtend gelb, blau, grün** oder **ocker.** Angeblich wurden die Häuser in diesen auffälligen Farben gestrichen, damit die Fischer auf dem Meer schon aus der Ferne erkennen konnten, wo „ihr" Dorf lag.

Promenade

Direkt vor dem Strand verläuft eine schöne Promenade. Jeglicher touristischer Tingeltangel fehlt hier. Palmen, hübsche Fliesen und historische Laternen bestimmen das Bild. Ruhebänke laden den Gast zum Verweilen ein. Auf ihnen lassen sich schnaufend die *pensionistas* nieder, während es die Urlauber eher an den Strand zieht oder in eines der Lokale, die auf der anderen Straßenseite ein paar Tischchen am Fahrbahnrand platziert haben. Alles wirkt recht gemütlich, und nicht einmal die wenigen vorbeirollenden Autos stören die **Idylle.** Vielleicht kann es im Juli und August anders aussehen, aber ansonsten wirkt La Vila eher ruhig.

Parque Censal

Nett gestaltet wurde auch eine kleine **Grünanlage,** der Parque Censal. Ein paar verschlungene Wege führen hinunter aus der verkehrsreicheren oberen Stadt, mitten durch hübsch dekorierte Rabatten.

Altstadt

Die kleine Altstadt schließt sich mit **engen Gassen** und teils renovierten, teils doch arg maroden Häusern an. Früher schützten eine Burg und eine hohe Mauer den Ort zum Meer hin vor den häufigen Piratenüberfällen. Aber von beiden ist nicht viel erhalten geblieben.

Besichtigt werden kann aber die **Kirche Nuestra Señora de la Asunción** aus dem 16. Jahrhundert. Das relativ schlichte Gotteshaus am Rande der Altstadt beherbergt das Bildnis der Schutzpatronin der Stadt, der *Santa Marta*. Die Legende berichtet, dass die heilige Marta bei einem Piratenüberfall 1538 erschien und den bedrängten Einwohnern beistand. Offenbar erfolgreich, denn sie wird noch heute sehr verehrt.

Costa Blanca

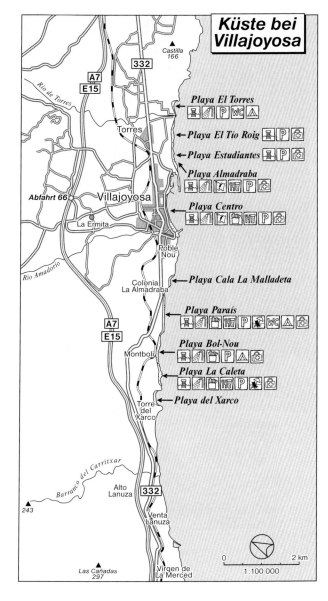

Küste bei Villajoyosa

A7 E15

332

Castilla 166

Río de Torres

Torres

Abfahrt 66

Villajoyosa

La Ermita

Poble Nou

Río Amadorio

Colonia La Almadraba

A7 E15

Montboli

Torre del Xarco

Barranco del Carritxar

Alto Lanuza

332

Venta Lanuza

243

Las Cañadas 297

Virgen de La Merced

Playa El Torres

Playa El Tío Roig

Playa Estudiantes

Playa Almadraba

Playa Centro

Playa Cala La Malladeta

Playa Paraís

Playa Bol-Nou

Playa La Caleta

Playa del Xarco

0   2 km
1 : 100 000

Fisch und Schokolade

Ab etwa 17 Uhr kann der Interessierte bei der täglichen Fischversteigerung in der **Lonja,** der Auktionshalle, am Fischereihafen zuschauen oder eine Tasse Schokolade trinken. Auf die Kunst der Schokoladenherstellung ist man hier so stolz, dass sogar ein eigenes **Museum** für die süße braune Verführung eingerichtet wurde. Um einmal den örtlichen Prospekt zu zitieren: „Sie können in den Schokoladencafés der Stadt die Süße des Lebens kosten". Das Museum liegt bei der Schokoladenfabrik Valor. Zu finden: c/ Batalla de Lepanto s/n.

●**Geöffnet:** Mo-Fr 9.30-12.30 und 16-18 Uhr (August geschlossen); der Eintritt ist frei.

Archäologisches Museum

Im Haus der Ortspolizei, c/ Barranquet s/n, sind Fundstücke aus der Zeit **bis zu den Römern** ausgestellt. Erklärende Tafeln liefern vertiefende Hinweise, aber leider weder auf Deutsch noch auf Englisch.

●**Geöffnet:** täglich außer Mo 9.30-13.30 und 17-20.30 Uhr, Eintritt 2 €.

Praktische Tipps

Unterkunft

●**Hotel El Montéboli** €€€€, Partida de El Montéboli s/n, Tel. 965 890 250, Fax 965 893 857. Bestes Haus am Ort, das ca. drei Kilometer außerhalb bei der Playa Caleta liegt. Insgesamt hat es 50 Zimmer, die teuersten liegen im Bereich von 160 €.

●**Hotel Euro Tennis** €€€-€€€€, Partida El Montéboli 33, Tel. 965 891 250, Fax 965 891 194. Befindet sich fast in Sichtweite des El Montéboli und hat 126 Zimmer. Beide Häuser sind tadellos, liegen nur ein wenig abseits.

●**Hostal El Mercat** €€, c/ Jaime Soler Urrios, Tel. 965 895 933. Kleines Haus im oberen Ortsbereich.

●**Pension Cervantes** €€, c/ Cervantes 21, Tel. 965 890 833. Ebenfalls ein einfaches Haus, das zentral, aber an der Nationalstraße liegt, unweit der Bahnstation. Nur von Juli bis September geöffnet.

Camping

●**Sertorium,** 2. Kategorie, Playa Torres 30, Tel. 965 891 599, Fax 966 851 114. Zu erreichen über die N-332, am Km 141. Der große Platz (1300 Pers.) liegt an der Bucht Playa Torres und ist teilweise terrassenförmig angelegt, die Stellplätze liegen zum Teil unter Bäumen.

●**Hércules,** 2. Kategorie, Playa Torres, Tel. 965 891 343, Fax 965 891 500. Dieser Platz grenzt an Camping Sertorium und ist ebenfalls über die N-332 am Km 141 zu erreichen. Knapp 1300 Personen finden Platz auf dem abgestuften Gelände.

●**El Paraíso,** 2. Kategorie, Partida El Paraíso 66, Tel. 966 851 838. Ein kleiner Platz für 300 Personen, über die N-332 beim Km 136 zu erreichen.

Costa Blanca

Die hübsche Strandpromenade lädt zum Verweilen ein

Essen & Trinken

- **Restaurante La Marina,** Avda. Dr. Esquerdo 25, Tel. 965 894 195. Das Lokal liegt an der Straße vor der Strandpromenade und bietet Reis-, Fisch- sowie Fleischgerichte.
- **Hogar del Pescador,** Av. País Valencià 33, Tel. 965 890 021. Fischgerichte dominieren in diesem von der Bruderschaft der Fischer betriebenen Haus. Sehr gutes Preis-Leistungsverhältnis.
- **Restaurante Miramar,** Avda. del Puerto im Club Naútico, Tel. 965 830 108, Mo. geschlossen. Dort wurden früher die Fischer mit preiswerten Speisen verköstigt, heute liegen hier Sportboote und das Lokal hat sich angepasst. Die Küche blieb bodenständig mit dem Schwerpunkt Fisch.
- **Chocolatería Clavileño,** c/ Colón 187. Gute Möglichkeit, die örtliche Leckerei zu probieren.
- **El Guitarra,** Avda. Pianista Gonzalo Soriano 9; die Tapas werden weithin geschätzt.

Adressen ✉

- **Medizinisches Zentrum:** c/ Juan Tonda Aragonés.
- **Polizei:** c/ Polop, s/n.
- **Post:** c/ Constitución s/n.
- **Einkaufen:** Especialitats Lloret, c/ Juan Carlos 3 (*vinos,* Wurstwaren); Chocolatería Valor, Avda. del País Valencià 14 (u.a. *chocolate* und *churros,* das leckere Fettgebäck, das gern zum Frühstück in eine heiße Schokolade getunkt und dann gegessen wird).

Feste

- **16. Juli:** Virgen del Carmen – mit einer Meeresprozession.
- **24.-31. Juli:** Moros y Cristianos – im Morgengrauen des 28. wird die Anlandung der Mauren in Booten nachgespielt, ebenso die heldenhafte Verteidigung durch die Christen und das Erscheinen des heiligen Marta.
- **29. September:** San Miguel – Patronatsfest.

Markt

- **Donnerstag,** einer der größten Märkte der Region.

Alicante

- **Valencianisch:** Alacant
- **Einwohner:** 275.000
- **PLZ:** 03002
- **Touristeninformation:** Rambla Méndez Núñez 23, Tel. 965 200 000, E-Mail: touristinfo.alicante@turisme.m400.gva.es
- **Internet:** www.alicanteturismo.com

Alicante ist die größte Stadt im Bereich der Costa Blanca und die zweitgrößte (nach Valencia) der Comunitat Valenciana. Die historischen Ursprünge lassen sich bis in die Zeit der Griechen, Römer und Araber zurückverfolgen. Allzu viel konnte aus jenen fernen Tagen jedoch nicht in die heutige Zeit hinübergerettet werden. Alicante ist eine **moderne Stadt** mit einem großen Hafen, von dem Fährschiffe bis nach Algerien fahren. Speziell zur sommerlichen Urlaubszeit nutzen viele algerische Emigranten, die heute in nordeuropäischen Ländern leben, diese Möglichkeit zur Überfahrt. Deshalb findet der Autofahrer, der sich auf der Autobahn der Stadt nähert, auch arabischsprachige Hinweisschilder zum *puerto.*

Alicante hat nur eine begrenzte Anzahl von „Sehenswürdigkeiten" zu bieten, diese liegen nahe beieinander. Einen Tagesbesuch kann man also gut zu Fuß unternehmen. Ein Bummel über die palmengesäumte Explanada, Eintauchen ins Barrio Santa Cruz, Aufstieg zum Castillo Santa Bárbara und Sonnetanken am Stadtstrand: So könnte man einen Tagesausflug gestalten.

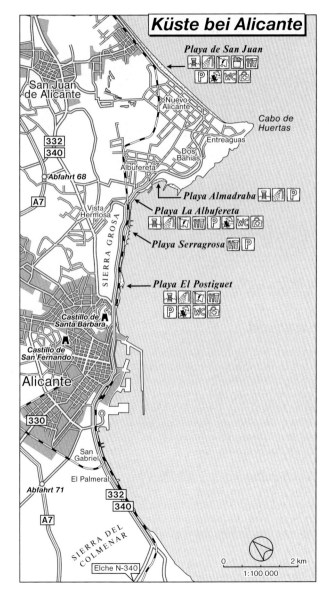

Küste bei Alicante

Costa Blanca

Strandprofil

Sicherlich fährt niemand zum Baden in eine Großstadt, aber der Stadtstrand von Alicante ist schon bemerkenswert. Und kann man sich eine angenehmere Art vorstellen, eine Stunde Wartezeit auf den Bus oder die Bahn zu überbrücken? Zumal etliche Lokale an der breiten Promenade locken.

Playa Almadraba

Eine 750 Meter lange, aber sehr schmale Sandbucht an den Vororten der Stadt, etwa drei Kilometer außerhalb vom Zentrum. Im Hintergrund er-

Auf der Explanada de España

heben sich schon etliche Hochhäuser. Zu erreichen mit den Buslinien 9, 22 und 38.

Playa La Albufereta

Playa La Albufereta misst 500 Meter Länge, gut 30 Meter Breite und besteht aus feinem Sand. Sowohl die Bahnlinie als auch eine Schnellstraße laufen unmittelbar vorbei und von den nahen Hochhäusern kommen viele Bewohner gern zu einem Sonnenbad. Leer ist der Strand selten. Erreichbar mit Buslinien 9, 21, 22 und 38.

Playa Serragrosa

Playa Serragrosa besteht aus einer Reihe von kleinen Sandbuchten, die

Costa Blanca

sich auf 400 Meter Länge aneinander reihen und von dem Höhenzug der Sierra Grosa begrenzt werden. Einige Hochhäuser erheben sich in Strandnähe, oberhalb verlaufen Straße und Bahnlinie, keine wahre Idylle also.

Playa El Postiguet

Dies ist der Hauptstrand von Alicante, auf dessen Ausmaße so mancher Ferienort neidisch werden könnte: Länge 900 Meter, durchschnittliche Breite 50 Meter, streckenweise deutlich mehr, außerdem feiner, heller Sandstrand. Eine breite Promenade verläuft parallel, eine Hand voll Lokale mit Terrasse locken zur Einkehr und zum Zentrum ist es nicht weit. Der Verkehrslärm hält sich in Grenzen und wo sonst kann man schon nach einem Stadtbummel mal eben eine Stunde sonnenbaden? Der Bahnhof der Schmalspurbahn nach Dénia liegt keine fünf Minuten Fußweg entfernt.

Anreise

Anreise per Bahn

Es gibt kaum eine spanische Großstadt, die man als Reisender so einfach besuchen kann wie Alicante. Entlang der gesamten Küste fährt eine **Schmalspureisenbahn.** Sie hält beinahe an jeder Milchkanne, auf jeden Fall in jedem Küstenort. Ausgangspunkt ist Dénia, Endstation direkt am Strand von Alicante. Von dort führt ein lockerer 15-minütiger Spaziergang am Meer entlang zum Hafen und zur Hauptpromenade, der Explanada.

Die Bahn startet in Dénia um 6.25, 8.25 und 10.25 Uhr, dann erst wieder ab 13.25 Uhr im Zwei-Stunden-Takt bis 19.25 Uhr. Einziger Haken: Die Tour dauert zweieinhalb Stunden. Etwa im stündlichen Rhythmus fährt die Bahn ab Altea, sie benötigt dann nur noch eineinhalb Stunden. Zurück geht es von Alicante immer zur vollen Stunde zwischen 6 und 20 Uhr. Jede zweite Bahn fährt nur bis Altea. Abfahrt: 7, 9 Uhr etc., am Nachmittag dann 14, 16 Uhr etc.

Anreise per Bus

Der **Busbahnhof** liegt sehr zentral unweit vom Hafen am Ende der c/ Italia, die wiederum fast eine Verlängerung der Explanada ist.

Anreise per Auto

Autofahrer sollten den Hinweisen zum Hafen folgen, der mit „Puerto" oder „Ferry Argel" („Fähre nach Algier") ausgeschildert ist. Im innerstädtischen Bereich sind **Parkplätze** mit farbigem Leitsystem und Angabe der freien Plätze gut markiert. Direkt am Hafen befindet sich ein Parkplatz namens „Plaza Puerto". Dieser eignet sich ideal zum Besuch der Stadt, falls freie Kapazitäten vorhanden sind.

Stadtrundgang

Die hier beschriebene Besichtigungstour versteht sich als Vorschlag für einen Tagesbesuch. Selbstredend kann man dabei nicht alles sehen, für ein eingehenderes Kennenlernen der Stadt benötigt man einfach mehr Zeit.

Explanada de España

Die Explanada de España ist die schönste und **populärste Flaniermeile** der Stadt. Eine erste Promenade wurde schon im Jahr 1867 entlang der Küste angelegt, aber erst 1958 begann man mit der Gestaltung der heutigen Form. Die Explanada verläuft über beinahe einen Kilometer und wird auf beiden Seiten von Palmen flankiert. Besonders auffällig ist der Boden, der aus 6,6 Millionen roten, schwarzen und cremefarbenen **Mosaiksteinchen** besteht, die, in Wellen-Form gestaltet, den Spaziergänger an die Nähe zum Meer erinnern. Gesäumt wird die Promenade von einigen Terrassenlokalen, einem hübschen Springbrunnen und einem Denkmal zu Ehren von *José Canalejas,* einem liberalen Politiker, der etliche hohe Staatsämter innehatte und 1912 ermordet wurde. Neben einigen Statuen und Figurengruppen findet man auch eine aus Stein gefertigte Landkarte von Spanien. Bunte Klappstühle, die von älteren Herrschaften genutzt werden, vervollständigen die insgesamt lebhafte Szenerie. Verschnaufend und palavernd beobachtet man das Treiben der Touristen, während die Urlauber sich ihrerseits vielleicht fragen, warum die Senioren nicht brav zu Hause hocken. Aber das ist doch klar – auf der Explanada ist es schließlich viel interessanter. Deshalb sollten man sich auch als Besucher ein paar Minütchen irgendwo hinsetzen und einfach die Flanierveranstaltung genießen.

Unmittelbar an der Explanada liegt auch der **Yachthafen,** an dessen Flanken in den letzten Jahren zwei neue Vergnügungskomplexe mit zahlreichen Geschäften, Kinos und Restaurants entstanden sind.

Ayuntamiento

Am nördlichen Ende der Explanada liegt der große Platz **Puerta del Mar.** Wenn man hier die breite Straße überquert, erreicht man den schönen Stadtstrand. Wendet man sich hingegen vom Meer ab, so gelangt man stadteinwärts zur Plaza Ayuntamiento mit dem **barocken Rathaus** *(ayuntamiento).* Der hübsch verschnörkelte Bau entstand in den Jahren 1701 bis 1780. Er ist knapp 50 Meter lang und wird von zwei Türmen flankiert. An der Haupttreppe befindet sich der geografische Nullpunkt, an dem sich alle Höhenangaben Spaniens orientieren. In der Mitte über dem Haupteingang wurde eine Büste von *Miguel Cervantes,* dem Autor des „Don Quichote", angebracht. Eine Reminiszenz an den großen Poeten, der auch einmal in algerische Piratengefangenschaft geriet. Immerhin machten die Berberpiraten jahrhundertelang die alicantinische Küste unsicher.
●**Geöffnet:** 9-14, So geschlossen.

Iglesia Santa María

Vom Rathausplatz gelangt man in nördlicher Richtung zur Kirche Santa María, dem ältesten Gotteshaus der Stadt. Es wurde zwischen dem 14. und 16. Jahrhundert auf den Grundmauern der ehemaligen Hauptmoschee erbaut. Das **barocke Eingangstor** wird von zwei Türmen flankiert, die sich

Costa Blanca

ähnlich sehen, aber doch unterschiedliche Stile aufweisen. Der linke ist rechteckig und wurde 1713 errichtet, während der rechte bereits im 14. Jahrhundert erbaut wurde und in Details, wie einer Uhr und einem Fenster, abweicht. Im Inneren sind der Rokoko-Altar aus dem 18. Jahrhundert und das Taufbecken aus reinstem Carrara-Marmor hervorzuheben.

Museo de la Asegurada

Gegenüber liegt an der Plaza Santa María das Museo de la Asegurada. In einem typischen historischen Haus befindet sich heute eine der beeindruckendsten Sammlungen **moderner Kunst.** Ursprünglich eine Privatsammlung des alicantinischen Künstlers *Eusebio Sempere,* vermachte dieser 1977 die Werke der Stadt. Ausgestellt sind Arbeiten von lokalen Künstlern, aber auch von *Dalí, Tàpies, Max Ernst, Picasso, Miró* und anderen.

●**Geöffnet:** Di-Sa 10-14 und 17-21 Uhr, So 10.30-14.30 Uhr. Der Eintritt ist frei.

Barrio Santa Cruz

Und schon ist man mitten drin im Gassengewirr des *barrio,* wie die Einheimischen ihr Altstadtviertel nennen. Die Gebäude schwanken zwischen leicht **renovierungsbedürftig** und **würdevoller Patina.** Die Gassen sind eng und schattig. Kleine schmiedeeiserne Balkone schmücken die Häuser. Eine urige Bar reiht sich hier an die andere. Weiter aufwärts steigend erreicht man schließlich Santa Cruz, ein lebendiges, quirliges Viertel. Nachbarn

halten ein Schwätzchen, Kinder rennen um die Ecke und die Alten hoffen, dass es bald Mittagessen gibt. Fast erstaunt es ein wenig, ein so authentisch frisches Viertel derart dicht an der Hauptflaniermeile zu finden.

Concatedral San Nicolás de Barí

In der Altstadt wird man irgendwann auch auf die Concatedral San Nicolás

Das barocke Eingangstor
der Kirche Santa María

de Barí treffen. Erbaut wurde sie zwischen 1616 und 1662 auf den Resten einer ehemaligen Moschee. Die „Nebenkathedrale", so die Übersetzung des Begriffs *concatedral*, ist dem **Schutzpatron der Stadt,** San Nicolás, gewidmet. Ein Bildnis des Heiligen befindet sich im Inneren. Dort fällt vor allem die gewaltige, 45 Meter hohe Kuppel auf. Auch der kunstvolle Altar lohnt einen Blick.

Castillo de Santa Bárbara

Vom Barrio Santa Cruz kann man zum Castillo de Santa Bárbara aufsteigen, der Weg ist allerdings nicht ganz leicht zu finden. Die alte Festung liegt auf dem 166 Meter hohen Berg Monte Benacantil, der sich unmittelbar am Ufer des Meeres erhebt. Von diesem **strategisch äußerst günstigen Punkt** überblickten die jeweiligen Herrscher die gesamte Bucht und das weite Hinterland. Drohte Gefahr, konnten die Wachleute rechtzeitig Alarm schlagen.

Dieser Lage bedienten sich alle Herrscher, aber erst die **Mauren** errichteten im 9. Jahrhundert auf dem Berg eine Festung. Später, während der Regentschaft des spanischen Königs *Felipe II.* im späten 16. Jahrhundert, wurde die Burg gründlich ausgebaut. Sie besteht aus drei Teilen. Der höchstgelegene stammt teilweise noch aus dem 11. Jahrhundert. Der mittlere Teil wurde im 16. Jahrhundert erbaut und beherbergt neben einer Waffenkammer auch einen Salon für König *Felipe II.* Der dritte Teil ist neueren Datums und stammt aus dem 18. Jahrhundert.

Der Besucher wird wohl in erster Linie den fantastischen Ausblick genießen wollen. Im Sommer finden außerdem **kulturelle Veranstaltungen** auf der Burg statt, über die das Fremdenverkehrsamt informiert. Seit 1998 kann hier auch die **Colección Capa** bestaunt werden. Es handelt sich dabei um Skulpturen verschiedener spanischer Künstler des 19. und 20. Jahrhunderts, die der spanische Professor *Eduardo Capa* zusammenstellte.

●**Geöffnet:** 10-14 und 16-20 Uhr, Mo und So nachmittags geschlossen, Eintritt frei.

●**Zu erreichen** ist das Castillo auch über eine Zufahrtsstraße von Norden her oder per Fahrstuhl von der Avda. Jovellanos, gegenüber der Playa Postiguet. Vorher muss man aber durch einen 200 Meter langen Tunnel laufen. Dieser ist geöffnet von 9 bis 20 Uhr; Preis für den Lift: 2,40 €.

Museo Arqueológico Provincialy

Auf der anderen Seite des Monte Benacantil befindet sich das Museo Arqueológico Provincial. Bereits 1932 gründeten Archäologen dieses Museum, in dem Fundstücke aus Alicante und Umgebung aus den Zeiten der **Iberer, Römer** und **Mauren** ausgestellt sind. Bedeutendstes Exponat ist die Figur der Dama de Cabezo Lucero aus der iberischen Epoche.

●**Geöffnet:** Di-Sa 10-14 und 16-20 Uhr, im Sommer durchgehend, So 10-14 Uhr; Eintritt: Erw. 6 €, Kinder 3 €. Zu finden: im ehemaligen Hospital San Juan de Dios, Plaza del Doctor Gómez Ulla s/n.

Costa Blanca

Castillo de San Fernando

Das Castillo de San Fernando liegt auf dem Berg Monte Tossal. Um vom Archäologischen Museum aus hinzugelangen, überquert man die Plaza de España mit der Stierkampfarena. Mit dem Bau der Burg wurde Anfang des 19. Jh. begonnen, als die Franzosen vor den Toren der Stadt standen. Das Castillo wurde aber nie richtig fertig gestellt. Heute sieht man bis auf ein paar **Mauerreste** nicht mehr allzu viel.

Auch von diesem Platz genießt der Besucher einen schönen Blick über Alicante und seine Vororte bis zum Meer. Ein **Park** schließt sich an. Im Sommer finden auch hier kulturelle Veranstaltungen statt.

Das Castillo Santa Bárbara oberhalb der Altstadt

- 1 Hauptbahnhof
- 2 Rest. Lo de Reme
- 3 Busbahnhof
- 4 Rest. Govana
- 5 Hotel Covadonga
- 6 Hotel Leuka,
-   Rest. Comino
- 7 Shop Casa Picó
- 8 Deutsches Konsulat
- 9 Post
- 10 Markthalle
- 11 Theater
- 12 Touristeninformation
- 13 Hotel Tryp Gran Sol
- ★ 14 Explanada
- 15 Rest. Delfin
- ★ 16 Rathaus
- ii 17 Concatedral San Nicolás de Bari
- 18 Hotel Les Monges
- 19 Museo de la Asegurada
- ii 20 Kirche Santa Maria
- 21 Hotel Meliá Alicante
- 22 Castillo de Santa Bárbara
- 23 Bahnhof der Schmalspurbahn nach Dénia
- 24 Archäologisches Museum
- ★ 25 Stierkampfarena
- 26 Mercadillo de Campoamor (Markt)
- 27 Castillo de San Fernando

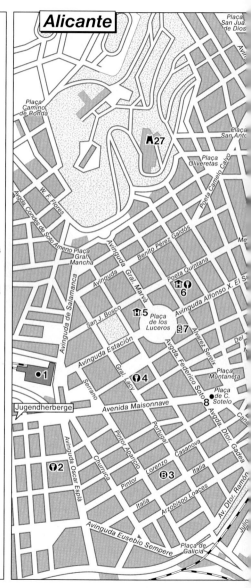

Alicante

Gral. Elizacín
Doctor Sapena
Hnos. López de Osaba
Alcalde Suárez Llanos
Torres Quevedo
San Carlos
Plaça de la Pipa
Plaça Gómez Ulla
M 24
Avinguda Vázquez de Mella
Plaça del Doctor Magro
Cta. de la Fábrica
★25
aça de spaña
Plaça de Sta. Teresa
Avinguda San Vicente
● 23
Plaça Topete
Rambla de
▲22
Avinguda J. B. Lafora
Plaça del Carmen
SANTA CRUZ
Plaça Chapi
Plaça S. Cristóbal
Plaça Quijano
19 M
ℹ20
Playa El Postiguet
●11
Méndez
ℹ17
Ⓗ18
Plaça Penalva
16 ★ ℹ12
Castanos
12 ℹ
Núñez
Plaça del Ayuntamiento
15 ℹ
Plaça Puerta del Mar
ancisco
Ⓗ13
de España
Ⓗ 21
Plaça Gabriel Miró
14 ★
Paseo Conde-Vallellano
✉
9
Explanada

Hafen

Leben auf der Plaza

An dieser Stelle soll ausnahmsweise mal ein Klischee bedient werden: Skandinavische Häuser sind eher liebevoll und gemütlich eingerichtet, während spanische dagegen tendenziell eher nüchtern ausfallen. Ein Vorurteil? Natürlich! Aber mit einem klitzekleinen Körnchen Wahrheit. Und warum ist das so? Wegen des Klimas. Also noch ein Klischee? Vielleicht, aber es ist unübersehbar, dass Spanier sich gerne draußen aufhalten, den Kontakt zum Nachbarn, zum Freund, zum Bekannten suchen. Spanier sind nicht gerne allein und wo findet man am einfachsten Kontakte? Auf der Plaza.

Die *plaza*, mit „Platz" nur unzureichend übersetzt, ist nämlich nicht nur irgendein Platz. Sie ist Schaubühne, Treffpunkt, Wartesaal, Wohnzimmer und befriedigt die Neugier. Die wichtigste Plaza liegt immer im Zentrum eines Ortes, dort wo die örtlichen Autoritäten, also Rathaus, Kirche und Bar, angesiedelt sind. Aber jede Stadt hat mehrere Plazas und überall spielt sich das gleiche Schauspiel ab.

Pensionistas haben ihren Stammplatz, sitzen auf Bänken oder mitgebrachten Klappstühlen, kennen sich seit Urzeiten, erzählen sich den neuesten Klatsch oder schweigen sich durch den Tag, beobachten dabei ganz genau, was passiert. Sie bleiben bis zum Mittagessen. Dann wird es zu heiß und alle verkrümeln sich, die Plaza leert sich.

Erst nach Abklingen der Hitze gegen sechs oder sieben Uhr kommen sie alle wieder heraus. Nicht nur die Rentner, auch die Jugendlichen, die Hausfrauen, einfach alle. Immer in Gruppen, niemals allein. *Paseo* nennt man das, was mit „Spaziergang" nicht adäquat übersetzt werden kann. Es geht nämlich nicht ums Bewegen, sondern mehr darum, sich zu zeigen. Die Mütter ziehen gemessenen Schrittes vorbei auf dem Weg zum Kaufmann. Meist haben sie eine halbwüchsige Tochter untergehakt im Schlepp. Gemeinsam kauft man für das Abendessen ein. Die Pensionistas haben wieder ihren Stammplatz eingenommen. Eine Mädchengruppe schiebt sich plappernd und kichernd in Richtung einer Horde Jungs. Die kommen lässig, locker daher:

„Eh, tío macho, oígame!" („He, Alter, Macker, hör mal!") Keine der Gruppen achtet auf die andere, aber alle haben alles im Blick. Irgendwann treffen sich beide. Die Jungs rempeln sich gegenseitig an, schubsen sich zu den Mädels. Die kreischen ein bisschen, beschweren sich, und alles plappert noch aufgeregter durcheinander. Schwierige öffentliche Kontaktaufnahme! Die Pensionistas beobachten das Spektakel von ihrem Schattenplatz aus und schwadronieren von damals: „Weißt du noch? Anno neuzehnhundert ... " Und auch die lieben Kleinen lässt man toben. Eine Tante, Oma oder Nachbarin hat immer Zeit, stellt einen Stuhl vor die Tür in den Schatten und hockt sich hin. Bald kommt die nächste und wieder ist sie nicht allein. Auf der anderen Seite der Plaza steht der Zeitungsverkäufer seit dem frühen Morgen. Immer noch kommt irgendjemand und kauft ein Rätselheft, einen Kaugummi oder plaudert eine Runde.

Plaudern ist überhaupt das wichtigste Ritual – und grüßen! Jeder Bekannte wird gegrüßt: *„Adiós"* oder *„'ta luego"*. Etwas besser Bekannte erfahren noch eine Steigerung: *„¿Qué tal?"* („Wie geht's?") „Danke gut, bis morgen dann." Bleibt jemand stehen, wird die Unterhaltung fortgesetzt. „Was für eine Hitze!" geht immer oder auch „Wie geht's der Tochter, dem Sohn, der Oma?" Was man aber niemals will, ist eine ernste Antwort, einen Austausch von Argumenten, von Wissen, gar von Fakten. Nein, es geht nur um Zeitvertreib und darum, Freunde zu treffen. Denn auf einer Plaza braucht man sich nicht zu verabreden. Es kommen sowieso alle. Und falls man sich doch einmal verabredet, dann heißt es: „Um sieben am Brunnen!" oder so ähnlich. Eine Einladung nach Hause ist ganz und gar unüblich.

Unter den Palmen der Explanada lässt man es sich gut gehen

Rückweg

Nach diesem Rundgang hat man sich wahrlich eine Verschnaufpause verdient. Über die schöne Plaza de los Luceros oder die Plaza Nueva und durch die Fußgängerzone oder an der Markthalle vorbei und dann über die Rambla de Méndez Núñez kommt man zurück zur Explanada und kann im Schatten der Palmen in einem Café verweilen. Sollte noch etwas Zeit bleiben, lockt außerdem der nahe Stadtstrand.

Praktische Tipps

Unterkunft

Wer als Tagesbesucher kommt, denkt nicht unbedingt an eine Übernachtung. Für diejenigen, die länger bleiben wollen, folgen hier ein paar Tipps:

● **Hotel Tryp Gran Sol** €€€€, Avda. Méndez Núñez 3, Tel. 965 203 000, Fax 965 211 439. Sehr zentral gelegenes Haus mit 121 Zimmern.

● **Hotel Meliá Alicante** €€€€, Playa Postiguet s/n, Tel. 965 205 000, Fax 965 204 756. Das Haus in bester Lage, direkt am Stadtstrand und nur einen Steinwurf von der Explanada entfernt zu finden. Immerhin 545 (!) Zimmer.

● **Hotel Leuka** €€€, c/ Segura 23, Tel. 965 202 744, Fax 965 141 222. Knapp 100 Zimmer hat dieses Haus, das am Rande der Altstadt und auch nicht weit von der geschäftigen Zone entfernt liegt. Zur Explanada sind es zehn Minuten Fußweg.

● **Hotel Covadonga** €€€, Plaza de los Luceros 17, Tel. 965 202 844, Fax 965 214 397. Mit 83 Zimmern ein mittelgroßes Haus, das in der geschäftigen Zone liegt, aber nur zehn Minuten Fußweg von der Explanada entfernt liegt.

● **Les Monges** €€, c/ Las Monjas 2, Tel. 965 215 046. Kleine Pension mit 15 Zimmern im Barrio Santa Cruz. Alle Räume sind unterschiedlich eingerichtet und dekoriert. Allzu viel darf man nicht erwarten, dafür ist es preiswert.

Jugendherberge

● Avenida Orihuela 59, Tel. 965 113 044, Fax 965 282 754, hat insgesamt 188 Betten.

Camping

● Die nächstgelegenen Campingplätze befinden sich in El Campello und San Juan, Beschreibung siehe dort.

Essen & Trinken

● Entlang der **Explanada** kann man nett draußen sitzen. Im **Barrio Santa Cruz**, also in der Altstadt, liegen die meisten Bars mit viel Jungvolk. Etwas gesetzteres Publikum verkehrt in den Lokalen entlang dem **Paseo Gadea.**

● **Restaurante Dársena,** Muelle de Levante 6, am Sportboothafen, Tel. 965 207 589. Mo geschlossen. Ein Klassiker seit weit über 30 Jahren, spezialisiert auf Reisgerichte.

● **Restaurante Comino,** c/ Segura 14, Tel. 965 213 214. Sa mittags und So geschlossen. Wirkt von außen recht unscheinbar, bietet aber eine variantenreiche Küche.

● **Restaurante Delfín,** Explanada 12, Tel. 965 214 911. Alicantinischer Klassiker mit allgemein geschätzten Reisgerichten.

● **Restaurante Lo de Reme,** c/ Isabel La Católica 6, Tel. 965 123 902. So geschlossen. Dieses kleine Lokal liegt zwischen Bahnhof und Busbahnhof. *Reme* (Abkürzung für den Vornamen des Inhabers *Remedios Sabater)* bietet klassische Hausmannskost aus marktfrischen Zutaten.

● **Restaurante Govana,** c/ General Lacy 17, Tel. 965 925 658. Mehr als 25 Reisgerichte im Angebot, darunter auch diverse „Paellas". Für Eilige bietet sich die Möglichkeit, am Tresen zu speisen.

Adressen

● **Bahnhof:** Avda. La Estación s/n.
● **Bahnhof der Schmalspurlinie nach Dénia:** Avda. Villajoyosa.
● **Busbahnhof:** c/ Portugal 17, Tel. 965 130 700.
● **Flughafen:** Tel. 966 919 000.
● **Deutsches Konsulat:** Plaza Calvo Sotelo 1-2, 5. Stock, Tel. 965 217 060.

● **Polizei:** Tel. 965 107 200.
● **Krankenhaus:** Tel. 965 908 300.
● **Ärztlicher Notruf:** Tel. 965 144 000.
● **Post:** Tel. 965 219 984.

Einkaufen

● **Bodega Esteban de la Rosa,** c/ Italia 4, bietet eine breite Auswahl an *vino*.
● **Casa Picó,** Plaza Luceros 4, gut sortierter Lebensmittelladen, u.a. mit Käse und Wein.
● **La Granadina,** c/ Gerona 7, ein Käsespezialist mit über 70 Sorten im Angebot.
● **Pascual,** Avda. Alfonso X. el Sabio 15. Wer Keramikware sucht, sollte hier mal stöbern.
● **Salzones Quintana,** c/ Quintana 40, ist berühmt für seinen guten Schinken.

Feste

● **Erste Juniwoche:** Moros y Cristianos im Stadtviertel San Blas.
● **24. Juni:** San Juan – Patronatsfest, bei dem Figurengruppen aus Pappmaché verbrannt werden.
● **2. Sonntag nach Gründonnerstag:** Romería de la Santa Faz, u.a. Umzüge mit Feuerwerk.
● **9. Oktober:** Tag der Comunidad Autónoma.

Markt

● **Donnerstag** und **Samstag** vormittags, auf dem Campoamor nahe der Stierkampfarena.
● **Briefmarken und Münzen:** Sonntagvormittag, Plaza del Ayuntamiento.
● **26.-27. Juni:** Mittelalterliches Markttreiben, Plaza de Quijano.

Elche

- **Valencianisch:** Elx
- **Einwohner:** 192.000
- **PLZ:** 03202
- **Entfernung nach Alicante:** 23 km
- **Touristeninformation:** Parc Municipal, Portell de Granyana, Tel. 965 452 747, Fax 965 457 894, E-Mail: touristinfo.elx@turisme.m400.gva.es

Elche ist eine mittelgroße Industriestadt, die aber durch den größten **Palmenhain** Europas, das tief religiöse Mysterienspiel und den Fund der Büste „Dama de Elche", einer iberischen Gottheit, historische Bedeutung erlangt hat. Die genaue Zahl der Palmen kennt niemand. Selbst die Stadtväter geben nur eine grobe Schätzung ab: Zwischen 200.000 und 300.000 Palmen wachsen in und um Elche. Immerhin besteht Einigkeit darüber, dass die Phönizier um 300 v. Chr. mit den Anpflanzungen begannen. Nun ist es nicht so, dass buchstäblich an jeder Ecke eine Palme steht. Sie konzentrieren sich hauptsächlich in größeren Gartenanlagen, wie dem in Privatbesitz befindlichen Huerto del Cura oder dem öffentlichen Parque Municipal. In beiden kann man durch wahre Palmenwälder spazieren. Weitere historische Bauten gehen bis auf die arabische Präsenz zurück. Sie liegen dicht beisammen im Bereich der Altstadt.

Anfahrt

Anreise per Bus oder Bahn

Wer die Möglichkeit hat, per Bus oder Bahn anzureisen, sollte diesen Weg wählen. Sowohl der Busbahnhof als auch die Bahnstation „Elche-Parque" liegen am Rande der Altstadt, **nur ca. zehn Minuten Fußweg** entfernt. Über die c/ Nuestra Señora de la Cabeza gelangt man ins Zentrum. Ausgeschildert ist Huerto del Cura. Auf dem Weg dorthin passiert man aber schon die Altstadt. Der Hauptbahnhof befindet sich zwar etwas außerhalb der Altstadt, aber allzu weit ist es auch nicht.

Costa Blanca

04Rch Foto: jf

Elche, der größte Palmenhain Europas

Anreise per Auto

Wer über die Autobahn kommt, sollte bis zur Abfahrt Nr. 73 fahren und dann der Beschilderung „centro urbá" folgen. An der auffällig breiten, durch einen Grünstreifen getrennten Avda. del Ferrocarril heißt es dann nach einem **Parkplatz** Ausschau halten. Spätestens nach dem Passieren der markanten Lok sollte man parken, sonst entfernt man sich wieder vom Zentrum. Ein Tagesbesuch kann problemlos zu Fuß absolviert werden. Über die Avda. Nuestra Señora de la Cabeza gelangt man in die Altstadt, während die hinter dem Bahnhof verlaufende Avda. de la Estación den Palmengarten Parque Municipal passiert. Wer hingegen der mäßigen Ausschilderung zum Huerto del Cura folgt, hat gute Chancen, sich im Gassengewirr zu verfahren. Immerhin bietet sich dort aber eine weitere Parkmöglichkeit.

Sehenswertes

El Huerto del Cura

In dem sehr liebevoll gepflegten Park wachsen neben diversen Palmenarten auch viele Kakteen sowie weitere tropische Pflanzen und Hölzer wie z.B. Bambus. Aber natürlich kann man auf einer Fläche von immerhin 13.000 Quadratmetern überwiegend Palmen bestaunen. Ein ausgeschilderter **Rundweg** führt den Besucher an gut und gerne tausend Palmen vorbei, hauptsächlich Dattelpalmen, die hübsch in die Landschaft eingebettet sind und um Ruhezonen und Teiche ergänzt wurden.

In regelmäßigen Abständen wird man an den Palmen **Namensschildchen** finden. Es handelt sich um die Namen von Persönlichkeiten unterschiedlichster Professionen, denen die jeweiligen Palmen gewidmet wurden. Der Star der Sammlung ist zweifellos die „Palmera imperial", die Kaiserliche Palme. Aus einem einzigen Stamm erwachsen ihr acht Arme, die mittlerweile eine derartige Größe erreicht haben, dass sie abgestützt werden müssen. Der Name wurde zu Ehren der Kaiserin Elisabeth von Österreich („Sissi") gewählt, die den Garten 1894 besuchte. Damals war die Palme bereits über 50 Jahre alt.

● **Geöffnet:** täglich ab 9 Uhr bis Sonnenuntergang. Eintritt: Erw. 4 €, Senioren 2,80 €, Kinder 1,50 €.

Parque Municipal

Der Parque Municipal ist ein weiterer nett angelegter Palmengarten. Dieser Park fällt etwas großzügiger aus, die Wege sind breiter, zwischen den Palmen findet man einige freie Flächen sowie kleine Lokale. Aber auch an Spielgeräte für Kinder hat man gedacht, eine kleine Bimmelbahn tuckert durchs Gelände. So bietet der Park eine ideale Möglichkeit, nach einem Bummel im Häusermeer ein wenig **Grün zu tanken,** bevor es wieder heim geht. Der Parque Municipal liegt an der Avda. de la Estación, ganz in der Nähe vom Bahnhof Elche-Parque.

Altstadt

Die Altstadt ist in weiten Teilen für den **Autoverkehr gesperrt.** Dadurch

haben Fußgänger reichlich Muße, durch die teils schmalen Straßen zu flanieren und die Auslagen der Geschäfte zu begutachten. Etliche Bars und Cafés laden zum Verweilen ein. Meistens stehen auch draußen ein paar Tische. Am Abend herrscht hier eine lebhaft angenehme Atmosphäre.

Palacio de Altamira

Der Palacio de Altamira befindet sich beim Parque Municipal am Rande der Altstadt. Vor dem Haupteingang steht ein Wasserspiel aus knapp einem Dutzend Springbrunnen, die ihre Fontänen synchron in die Luft schießen. Der Palast stammt aus dem 15. Jahrhundert und weist die typischen Merkmale einer **wehrhaften Burg** auf: dicke Mauern, vergitterte Fenster und hohe Türme. Auch die Lage ist gut gewählt: direkt hinter einem Flusslauf, der zusätzlichen Schutz bot. Der Río Vinalopó ist heute allerdings ausgetrocknet. Der Palast war früher Bestandteil der Stadtmauer. Einst residierten hier die jeweiligen Herrscher, wenn sie gerade in der Stadt waren. Sogar die Reyes Católicos, die Katholischen Könige, nahmen dankbar Quartier.

Die Dama de Elche

In dem Gebäude sind heute das **Museo Arqueológico Municipal** und das **Museo Monográfico de la Alcudia** untergebracht. Ausgestellt sind Fundstücke, die bei Ausgrabungen in der Umgebung von Elche entdeckt wurden, darunter Gegenstände aus römischer, iberischer und arabischer Zeit. Wichtigstes Exponat ist die **Dama de Elche,** die Reproduktion der Büste einer Priesterin aus der iberischen Epoche des 3. Jh. v. Chr., die im zwei Kilometer entfernten Alcudia gefunden wurde. Das Original befindet sich in einem Museum in Madrid.

●**Geöffnet:** Di-Sa 10-13.30 und 16.30-20 Uhr, So 10.30–13.30 Uhr; Eintritt: 0,60 € für Ausländer, Spanier haben freien Eintritt. Das Museum mit den Fundstücken aus der iberischen Phase kostet 2,40 € Eintritt.

Basílica Menor de Santa María

Die Basílica Menor de Santa María ist schon von weitem an ihrer hübschen blauen Rundkuppel zu erkennen. Auffällig ist auch das kunstvoll verschnörkelte Portal. Die Kirche stammt aus dem 17. Jahrhundert, erlitt jedoch im Bürgerkrieg starke Zerstörungen und wurde wieder aufgebaut. Sie wirkt von außen recht wuchtig. Im Inneren steht unterhalb der Rundkuppel ein prächtiger Hochaltar. Hier wird jedes Jahr am 14./15. August das Heiligenspiel „Mysterium zu Elche" aufgeführt.

Das **Misterio de Elche** (valencianisch: *Misteri d'Elx)* ist ein Theaterstück aus dem Mittelalter, das ausschließlich in valencianischer Sprache gesungen

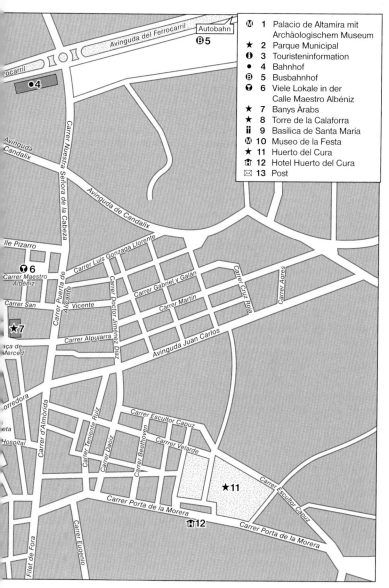

Ⓜ 1 Palacio de Altamira mit Archäologischem Museum
★ 2 Parque Municipal
➊ 3 Touristeninformation
● 4 Bahnhof
Ⓑ 5 Busbahnhof
♫ 6 Viele Lokale in der Calle Maestro Albéniz
★ 7 Banys Àrabs
★ 8 Torre de la Calaforra
ⅱ 9 Basilica de Santa Maria
Ⓜ 10 Museo de la Festa
★ 11 Huerto del Cura
🏨 12 Hotel Huerto del Cura
✉ 13 Post

wird. Das Wunder von Elche wird in zwei Akten aufgeführt und handelt vom Tod und von der Wiederauferstehung der Jungfrau María sowie von der wundersamen Bekehrung zum Christentum einer jüdischen Gruppe und der finalen Wiederauferstehung. Technisch anspruchsvoll schweben Engel und später auch der Heilige Vater von der Kirchenkuppel auf die Erde. Dieses gewaltige Spektakel wollen alljährlich mehr Menschen sehen, als Plätze vorhanden sind. Deshalb gibt es in den Tagen vorher mehrere Generalproben, bei denen man vielleicht die Chance auf einen Platz hat.

Museo de la Festa

Das Museo de la Festa liegt gegenüber der Basilika und ist in einem historischen Gebäude aus dem 15. Jahrhundert untergebracht. In der alten Einsiedelei werden **Trachten** und Utensilien ausgestellt, die bei den Aufführungen des Mysterium-Spiels getragen werden.
● **Geöffnet:** Di-Sa 10-13 und 16.30-20.30 Uhr, So 10-13 Uhr; Eintritt: 3 €, So und feiertags freier Eintritt.

Banys Àrabs

Die arabischen Bäder liegen in einem gut renovierten Haus bei der Plaza de la Merced. Wäre nicht ein entsprechendes Hinweisschild angebracht, würde man vielleicht sogar daran vorbeigehen. Das sollte man aber nicht, denn zu sehen gibt es ein gut erhaltenes **öffentliches Bad der Araber** aus dem 12. Jahrhundert. Die Banys Arabs funktionierten durch geschickt angelegte Lüftungsschächte ähnlich wie eine Sauna. Es gab Räume mit heißem Wasser, Ruheräume und Räume mit kaltem Wasser.
● **Geöffnet:** Di-Sa 10-13.30 und 16.30-20 Uhr, So 10.30-13.30 Uhr; der Eintritt ist frei.

Torre de la Calaforra

Einmal um die Ecke steht der gut erhaltene **Festungsturm** Torre de la Calaforra, der noch aus arabischer Epoche stammt. Eine Besichtigung ist leider nicht möglich.

Praktische Tipps

Unterkunft

● **Hotel Huerto del Cura** €€€€, Porta de la Morera 14, Tel. 966 610 011, Fax 965 421 910. Gegenüber des Palmenwaldes Huerto del Cura angesiedeltes Top-Hotel, das selbst in einem sehr schönen und ruhigen Garten liegt. Die 79 Zimmer verteilen sich auf mehrere kleinere Gebäude. Ein netter Pool lockt ebenso wie die eigenen Sportanlagen.
● **Hostal Candilejas** €€, c/ Dr. Ferrún 19, Tel. 965 466 512, Fax 965 466 652. Seit Jahrzehnten bewährtes Haus mit 24 Zimmern.

Essen & Trinken

● **Restaurant Parque Municipal,** Paseo Estación s/n, Tel. 965 453 415. Ein Lokal gegenüber dem städtischen Park mit gutem Preis-Leistungsverhältnis und guten Reisgerichten.
● In der **Calle Maestro Albéniz** liegen einige bemerkenswerte Lokale, wie z.B. ein argentinisches Steakhouse oder das „Leberry", ein *beerhouse,* oder das „Bambú", wo es leckere Cocktails und Snacks gibt.
● **Café París,** liegt unmittelbar bei der Basilika, recht schickes Café mit Terrasse.
● Die **Calle Sant Pere,** die direkt hinter der Kirche verläuft, zählt eine hohe Kneipendichte. Etliche Bars und Musikpubs warten auf geneigte Kundschaft.

Adressen

- **Bahnhof:** Passeig de la Estació.
- **Busbahnhof:** Avinguda de la Llibertat s/n.
- **Polizei:** Partida de Altabix s/n.
- **Post:** Parque en Proyecto s/n, Avda. Libertad 110 und c/ Sucre 2.

Feste

- **Erstes Juniwochenende:** Die andalusische Bevölkerung der Stadt feiert die Romería del Rocío vor ihrer Kirche Sagrado Corazón.
- **7.-10. August:** Moros y Cristianos.
- **10.-15. August:** Virgen de la Asunción mit der Nit de l'Alba (u.a. Feuerwerk) am 13.8.
- **14./15. August:** Misteri d'Elx – Mysterienspiel mit Chorälen und Lichteffekten in der Basílica Santa María.
- **14. August:** Nit de la Roà, u.a. mit Prozession.

Markt

- **Montag** und **Samstag,** an der Plaza de Barcelona.

Santa Pola

- **Einwohner:** 17.000
- **PLZ:** 03130
- **Entfernung nach Alicante:** 18 km
- **Touristeninformation:**
Plaza Diputación 6, Tel. 966 692 276, Fax 965 417 127, E-Mail:
touristinfo.santapola@turisme.m400.gva.es

Der **Hafen** war schon immer der Lebensnerv dieses Ortes. Bereits unter den Römern existierte hier ein wichtiger Hafen unter dem Namen Portus Illicitanus, was nichts anderes bedeutet als der römische Hafen von Elche, das nur elf Kilometer entfernt im sicheren Hinterland liegt. Dorthin drangen

die Piraten selten vor. Die Küste überfielen sie hingegen so massiv, dass die Gegend für einige Zeit regelrecht entvölkert war. 1557 wurde dann eine Schutzburg mit mehreren Wehrtürmen gebaut. Das Piratenunwesen legte sich und die Menschen kamen zurück. Der Ort wuchs speziell ab dem 18. Jahrhundert. Der Hafen gilt heute als einer der größten und wichtigsten Fischereihäfen der Küste. Touristische Glanzpunkte kann Santa Pola nicht bieten. Die schönen Strände locken hauptsächlich spanische Touristen an.

Playa Veradero

Der schmale, 1200 Meter lange Strand, auch **Santa Pola del Este** genannt, unterteilt sich in etliche kleine Buchten. Unmittelbar hinter dem Strand verläuft eine Promenade. Hier erheben sich die Häuser des lang gezogenen Ortsteils Santa Pola del Este.

Playa Levante

Playa Levante oder **Santiago Bernabeu** ist einer der beiden Hauptstrände von Santa Pola. Er misst 1500 mal 35 Meter. Der feine, helle Sand lockt viele Bewohner, der Strand wird auch gern zur Mittagspausenrast genutzt und ist entsprechend voll und laut. Hochhäuser und Lokale schließen sich unmittelbar an.

Gran Playa

Gran Playa („großer Strand") trägt seinen Namen zu Recht. Immerhin misst er durchschnittlich stolze 50 Meter in der Breite und verläuft über 1100

Costa Blanca

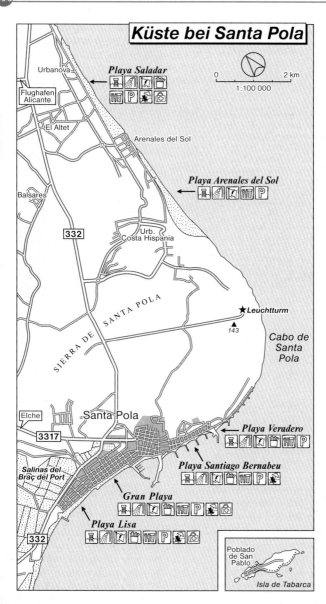

Küste bei Santa Pola

0 — 2 km
1:100 000

Urbanova

Playa Saladar

Flughafen Alicante

El Altet

Arenales del Sol

Balsares

Playa Arenales del Sol

332

Urb. Costa Hispania

SIERRA DE SANTA POLA

★ Leuchtturm
▲ 143

Cabo de Santa Pola

Elche

Santa Pola

3317

Playa Veradero

Playa Santiago Bernabeu

Salinas del Braç del Port

Gran Playa

Playa Lisa

332

Poblado de San Pablo

Isla de Tabarca

Meter. Er besteht aus feinem, hellen Sand und beginnt unmittelbar hinter dem großen Hafen. Etliche Lokale und chiringuitos (Strandlokale) locken die Hungrigen und Durstigen. Eine Straße nebst Promenade begleitet den Strand und im Hintergrund reckt sich ein Bataillon Hochhäuser gen Himmel. Ein schöner Strand, aber keine Idylle.

Playa Lisa

Die unmittelbare Fortsetzung des „großen Strandes". Die Ausmaße sind ähnlich, die begleitenden Umstände (Hochhäuser, Lokale) ebenfalls. Nur der Zustrom bleibt spürbar verhaltener. Der Strand liegt wohl doch schon etwas zu weit vom Zentrum entfernt.

Sehenswertes

Fortaleza de Santa Pola

Die Fortaleza de Santa Pola wurde 1557 zum Schutz der Bevölkerung und des Fischerhafens vor plündernden Piraten erbaut. Verantwortlich für diese wichtige Maßnahme war der *Marquesado de Elche*. Offensichtlich war die Aktion von Erfolg gekrönt, denn die Attacken gingen zurück. 1784 wurde *König Carlos III.* nominell Hausherr. Aber was soll ein gekröntes Haupt schon mit einer Festung? Das dachte sich wohl auch eine seiner Nachfolgerinnen auf dem Königs-

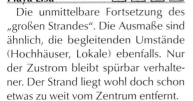
So lässt's sich aushalten

Costa Blanca

thron. *Isabel II.* übergab die Festung hochoffiziell der Stadt Santa Pola. Aber so recht wussten die Stadtväter auch nichts damit anzufangen. Zeitweise wurden hier sogar Stierkämpfe abgehalten. Dann aber restaurierte man die Außenmauern gründlich, entfernte alles Überflüssige im inneren Bereich und richtete ein Museum ein, das **Museo del Mar.** Hier wird die Geschichte der Stadt dargestellt. Maritime Arbeitsgeräte und Fundstücke aus römischer und iberischer Zeit können besichtigt werden.

●**Geöffnet:** Di-Sa 11-13 und 18-21.30, So 11.30-13.30 Uhr; Eintritt: 0,60 €.

Acuario Municipal

Das Acuario Municipal liegt an der Plaza Francisco Fernández Ordoñez s/n und zeigt in neun großen Aquarien die Flora und Fauna des heimischen Mittelmeeres.

●**Geöffnet:** täglich 11-13 und 18-22 Uhr; Eintritt: 2,40 €.

El Palmeral

Wie im benachbarten Elche wachsen auch in Santa Pola Palmen. Als Besucher kann man mitten in der Innenstadt ganz nett verschnaufen. Zu finden ist der Park bei dem zentralen Platz mit Namen Plaza Deputación.

Hafen

Santa Pola hat einen größeren Hafen als die meisten Orten mit vergleichbarer Einwohnerzahl. Das Touristenbüro lobpreist sogar, dass hier eine der größten Fischfangflotten des Mittelmeeres beheimatet sei. Unüber-

sehbar ist das Gebäude der *Cofradía de Pescadores,* der Bruderschaft der Fischer, mit der Fischauktionshalle, der **Lonja.** Gegen 17 Uhr beginnt das Ritual der Versteigerung. Für Außenstehende ist es schwierig, etwas zu verstehen (man spricht Valencianisch), aber die Vielfalt der Fische und Meerestiere lässt einen doch staunen.

Praktische Tipps

Unterkunft

●**Hotel Patilla** €€€, c/ Elche 29, Tel. 965 411 015. Ein zentrales Hotel mit 72 Zimmern auf vier Etagen und einem Restaurant im Erdgeschoss. Das Haus ist im Ort ausgeschildert.
●**Hotel Polamar** €€€€, Playa de Levante s/n, Tel. 965 413 200. Dieses 70-Zimmer-Haus liegt zwischen Hafen und Strand. Von etlichen Zimmern genießt der Gast Meerblick.

Camping

●**Bahía de Santa Pola,** 2. Kategorie, Ctra. Santa Pola-Elche, Km 1, Tel. 965 411 012. Ein mittelgroßer Platz für 1400 Personen, der sich etwa einen Kilometer außerhalb des Ortes befindet. Die Parzellen liegen unter Olivenbäumen oder unter Schattendächern. Der Platz ist nicht weit von der Nationalstraße 332 (Alicante – Cartagena) entfernt; bei der unübersehbaren Tankstelle abbiegen.

Essen & Trinken

●**Restaurante Batiste,** c/ Pérez Ojeda 6, Tel. 965 411 485. Größeres Lokal, das direkt am Hafen liegt und gute Fischgerichte serviert.
●**Restaurante Miramar,** c/ Pérez Ojeda 8, Tel. 965 411 000. Ein weiteres Fischlokal mit größerer Terrasse am Hafen. Ein spanischer Kritiker belegte die Dekoration mit dem deutschen Wort „Kitsch".

Hafen von Santa Pola

● **Restaurante Casa del Mar,** c/ Pérez Ojeda 27, Tel. 965 416 703. Reis- und Fischgerichte zu erschwinglichen Preisen.

● **Cafetería Jaande,** Plaza del Castillo s/n. Ungewöhnlicher Name, aber ein etwas schickeres Lokal.

● In den Straßen der so genannten zweiten Reihe hinter dem Strand liegen **etliche einfachere Bars und Restaurants,** die aber zur Mittagszeit alle gut besucht sind, was für ihre Qualität spricht.

Adressen

● **Ärztlicher Notdienst:** Centro de Salud, Avda. de Albacete, s/n, Tel. 965 412 940; Clínica Desplazados, c/ Poeta Miguel Hernández, Tel. 965 413 175.

● **Polizei:** Plaza de la Constitución.

● **Busbahnhof:** Parque El Palmeral.

● **Einkaufen:** La casa del vino, c/ Poeta Miguel Hernández 9. Hier kann man seine Weinvorräte mit einem qualitativ guten Tröpfchen auffüllen.

● **Post:** c/ Fernando Pérez Ojeda 7.

● **Fahrradvermietung:** Sólo Motos, c/ Castaños 17, Tel. 965 414 281, wermietet trotz seines Namens Räder.

Feste

● **16. Juli:** Virgen del Carmen, ein Fest der Fischer mit Meeresprozession.

● **1.-8. September:** Virgen de Loreto – Patronatsfest, u.a. mit Umzügen durch festlich geschmückte Straßen.

● **Anfang September:** Moros y Cristianos.

Markt

● **Montag** und **Samstag,** im Mercado Central, Pza. Maestro Quislant s/n.

Ausflüge

Cabo de Santa Pola

Cabo de Santa Pola ist ein ganz im Osten gelegener **Aussichtspunkt** am Ende eines viereinhalb Kilometer lan-

Costa Blanca

gen, schnurgeraden Weges. Dort steht der weiße Leuchtturm *(faro),* der leider nicht besichtigt werden kann. Man blickt von einem über hundert Meter hohen Felsen auf das Meer und hat eine herrliche Aussicht bis nach Alicante und Torrevieja.

Salinas de Santa Pola

Wer von Santa Pola Richtung Cartagena auf der N-332 fährt, passiert die weitläufigen Salinas del Braç del Port. Hier gingen Naturschutz und ökonomische Interessen eine Symbiose ein, die offensichtlich gut funktioniert. Die Salinen beginnen unmittelbar hinter dem Ortsende von Santa Pola und bedecken eine Fläche von 2500 Hektar. Obwohl immer noch Salz gewonnen wird und eine stark befahrene Straße hindurchführt, haben sich die Salinen auch zu einem **Refugium für Vögel** entwickelt. Mit etwas Glück sieht man Flamingos, verschiedene Entenarten, Schnäbler oder auch Fischreiher. Nicht allzu weit von einem ehemaligen Wachtturm, dem Torre de Tamarit, der in der Nähe der Straße mitten in den Salinen steht, befindet sich ein Parkplatz.

Wer sich speziell über die Salzgewinnung informieren möchte, kann das **Museo de la Sal** aufsuchen. Dort erhält man auch grundsätzliche Hinweise über den Park und die Tierwelt. Zu finden: Avda. Zaragoza 45, an der N-332, nur wenige hundert Meter nach Passieren der großen Kreuzung mit der C-3317 nach Elche.

●**Geöffnet:** tägl. 9-15 Uhr, Di und Do 16-18 Uhr, Eintritt gratis.

Isla de Tabarca

Tabarca ist die **einzige bewohnte Insel** der Region Valencia und liegt ca. 25 Minuten Bootsfahrt von Santa Pola entfernt. Sie ist nur zwei Kilometer lang und bis zu 400 Meter breit. Im 16./17. Jahrhundert versteckten sich hier Piraten, die immer wieder die Küste unsicher machten. Nachdem man diese vertrieben hatte, ließ *König Carlos III.* 300 italienische Flüchtlinge, die einen Ort gleichen Namens in Tunesien verlassen mussten, auf der Insel siedeln. Heute leben nur noch wenige Menschen hier, die aber im Sommer regelmäßig Besuch von Touristen bekommen. Viel zu sehen gibt es nicht außer einem kleinen Dorf mit ungeteerten Straßen und wehrhaften Mauern, der örtliche Kirche und einem kleinen Wachtturm, der etwas außerhalb der Ortschaft liegt (Torreón de San José).

●Wer möchte, kann sogar übernachten. Immerhin existieren zwei Hotels:

Casa del Gobernador €€€, c/ Arzola s/n, Tel./Fax 965 114 260. Ein kleines Hotel mit 14 Zimmern im ehemaligen Gouverneurssitz. Wer außerhalb der Saison kommt, dürfte Einsamkeit pur erleben.

Eine weitere Möglichkeit zum Übernachten bietet das **Hostal Masíni** €€€, c/ Déu Mig 22, Tel./Fax 965 960 509. Hier gibt es insgesamt sieben Zimmer.

●**Fährverbindungen:** Vom Hafen von Santa Pola pendeln mehrere Schiffe. Die reguläre Fähre hat folgenden Fahrplan: Abfahrt Santa Pola: 10.30, 12, 13.30, 16 und 17.30 Uhr. Abfahrt Isla Tabarca: 11, 12.45, 14.15, 16.45 und 18.15 Uhr. Preis: Erw. 10 €, Kinder 4–8 Jahre 6 €, jeweils Hin- und Rückfahrt. Neben der Fähre werden auch noch spezielle touristische Fahrten angeboten, u.a. mit einem Glasbodenboot.

Guardamar del Segura

- **Einwohner:** 8600
- **PLZ:** 03140
- **Entfernung nach Alicante:** 35 km
- **Touristeninformation:**
  c/ Ingeniero Mira 7,
  Tel. 965 724 488, E-Mail: touristinfo.guardamar@turisme.m400.gva.es
- **Internet:** www.guardamar.net

Guardamar ist ein für die Costa Blanca ungewöhnlicher Ort, der trotz des nicht geringen inländischen Tourismus noch **relativ ruhig** geblieben ist. Hauptattraktion sind die ins gesamt elf Kilometer langen Strände und die in diesem Küstenabschnitt **einmalige Dünenlandschaft.** Die Dorfbewohner vergangener Jahrhunderte sahen diese Wanderdünen keinesfalls als Segen an, trieb doch der ständige Wind die Dünen regelrecht voran, wodurch so manches Haus unter dem nicht aufzuhaltenden Sand begraben wurde. Das änderte sich erst, als man Ende des 19. Jahrhunderts damit begann, Pinien zu pflanzen. Diese Bäume setzten der Wanderbewegung der Dünen schließlich ein Ende. (Nichts anderes tut man übrigens an der Nordseeküste, nur wird dort Strandhafer angepflanzt.) Heute ziehen diese Dünen und die langen Sandstrände viele spanische Touristen an, wenngleich sich alles noch einigermaßen im überschaubaren Rahmen bewegt.

Strandprofil

Es ist nicht ganz einfach, die Anfangs- und Endpunkte der Strände von Guardamar festzulegen. Sagen wir so: Dort, wo die gewaltigen Dünen langsam vor den Salinen von Santa Pola auslaufen, beginnen die Strände von Guardamar.

Playa El Pinet

Dies ist somit der erste Strand. Er liegt schon recht weit außerhalb, und wer hierher kommt, darf sich über Einsamkeit freuen. Der Pinet-Strand verläuft über 2800 Meter und breitet sich auf durchschnittlich 35 Metern aus. Er besteht aus feinem Sand. Einige Häuser wurden in Strandnähe gebaut.

Playa La Marina

Die *playa* schließt sich direkt an, verbreitert sich auf durchschnittliche 50 Meter und wird erst nach zwei Kilometern vom Nachbarstrand abgelöst. Im Hintergrund ziehen sich die bewaldeten Dünen entlang. Außer einigen *chiringuitos* gibt es hier am feinen Sandstrand keine Bebauung.

Playa El Rebollo

Nahtlos folgt **Playa El Rebollo.** Die Dünenlandschaft im Hintergrund wird hier noch breiter. Die Außensiedlungen von Guardamar sind beinahe einen Kilometer entfernt. Der relativ einsame Strand misst knapp 1000 Meter Länge und etwa 40 Meter Breite. Er besteht immer noch aus feinem Sand.

Costa Blanca

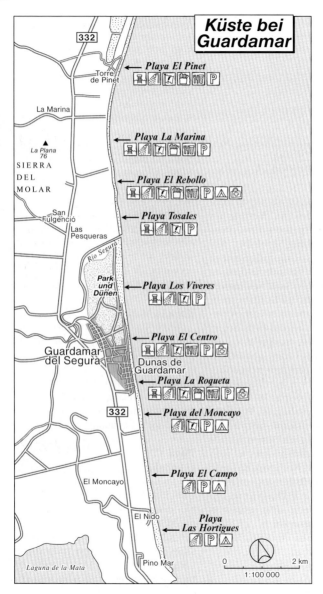

Küste bei Guardamar

Costa Blanca

Playa Tosales

Playa Tosales folgt als nächster Strand. Er verläuft über 1600 Meter, bläst sich auf gewaltige 60 Meter Breite auf und endet an der Mündung des Río Segura. In seinem Hinterland erstrecken sich die Dünen mittlerweile über stolze 1200 Meter, bevor die ersten Siedlungen beginnen. Man sonnt sich also in relativer Einsamkeit, weshalb hier auch FKK praktiziert wird.

Playa Los Viveres

Dies ist der Strand jenseits der Flussmündung. Gute 2200 Meter in der Länge und durchschnittliche 60 Meter Breite wurden gemessen. Auch dieser Strand besteht aus feinem, hellen Sand. Der Ort selbst ist immer noch nicht erreicht. Auch hier erstrecken sich die bewaldeten Dünen. Um einen leichteren Zugang zu schaffen, baute man in einiger Entfernung zum Strand eine Straße vor den Dünen bis zur Flussmündung.

Playa El Centro

Dies ist der Strand, der direkt vor dem Ort Guardamar liegt. Nur knapp 350 Meter misst er. Dafür beträgt seine Breite gute 50 Meter. Unmittelbar am Strand stehen Häuser, die wohl

Dünen und Pinien bei Guardamar

ehemals Fischerhütten waren. Ein schmaler Weg verläuft dort entlang und auch ein paar Lokale sind zu finden. Da es sich um einen von zwei Stränden im Stadtbereich handelt, ist er immer gut besucht.

Playa La Roqueta

Der zweite innerstädtische Strand. Er schließt sich unmittelbar an, endet nach 1150 Metern und hat eine durchschnittliche Breite von 50 Metern. Parallel verläuft eine nett gestaltete Promenade, an der einige Lokale und Ge-

schäfte liegen, ohne dass es gleich rummelig wirkt. Dahinter erheben sich die ersten Häuser.

Playa del Moncayo

Die *playa* zeigt noch einmal die ganze Qualität all dieser Strände. Er hat feinen, hellen Sand, misst gute 1600 Meter Länge und beachtliche 60 Meter Breite. Die Bebauung endet bereits im ersten Drittel, ein Campingplatz und Dünen schließen sich an.

Playa El Campo

Playa El Campo breitet sich über 1500 Meter direkt vor der urwüchsigen Dünenlandschaft aus – keine Besiedelung, keine Straßen stören.

Strand mit ehemaligen Fischerhäuschen

Playa Las Hortigues

Playa Las Hortigues beschließt die Liste der schönen Strände von Guardamar, wie sie begonnen hat: Vor einer breiten Dünenlandschaft verläuft der feine, helle Sandstrand über knapp zwei Kilometer, bei einer Breite von bis zu 60 Metern. Am äußeren Ende liegen die ersten Häuser der benachbarten Großgemeinde Torrevieja.

Sehenswertes

Paseo Ingeniero Mira

Das Spektakulärste an Guardamar ist zweifellos die Dünenlandschaft. In früheren Zeiten kämpften die Fischer hier einen verzweifelten Kampf gegen die Wanderdünen, aber kein Mittel half dauerhaft. Erst die massive Anpflanzung von Pinien, Eukalyptus-Bäumen und Palmen hinderte den Sand endlich am Weiterziehen. Die verzweifelten Bemühungen der Dorfbewohner und ihre diversen Versuche, Herr über die Wanderdünen zu werden, sind wunderbar auf kleinen **Kachelmalereien** festgehalten. Diese sind entlang des Paseo Ingeniero Mira zu finden. Der Weg führt aus dem Stadtzentrum hinaus und an den Dünen vorbei zum Strand.

Parque de Alfonso XIII.

Der Namensgeber des Paseo, der Ingenieur *Mira*, fand schließlich gegen Ende des 19. Jahrhunderts die Lösung des Problems. Damals pflanzte man Schößlinge, die zu einem dichten Pinienwald herangewachsen sind. Diese Zone wird heute als **Naherholungsge**biet genutzt und trägt den Namen des ehemaligen Königs *Alfonso XIII*. Aber auch außerhalb des heutigen Parks gelegene Gebiete wurden bepflanzt und sind mittlerweile von dichtem Wald bewachsen.

Ingenieur *Mira* charakterisierte 1910 die Situation übrigens so:

„El pueblo de Guardamar viene luchando por su existencia desde su fundación: en un principio contra los ataques de los conquistadores, más tarde contra los terremotos, y actualmente contra la invasión de las arenas."

„Guardamar hat schon seit seiner Gründung um seine Existenz kämpfen müssen: zu Anfang gegen die Attacken der Eroberer, später gegen Erdbeben, und jetzt gegen die Invasion des Sandes."

Mitten im Parque Alfonso XIII. liegen zwei historische Fundstätten: die **maurische Festungsanlage Rábita Califal** aus dem 10. Jahrhundert und die erst vor einigen Jahren entdeckten **Reste eines phönizischen Hafens,** die möglicherweise aus dem 8. Jh. v. Chr. datieren.

Archäologisches Museum

Fundstücke aus beiden Epochen sowie aus der Zeit der Römer, der Iberer und der späteren Phase des Mittelalters können im Museo Arqueológico bewundert werden. Zu finden in der c/ Colón 60, im Ortszentrum, vor den Dünen gelegen. Das Museum ist ausgeschildert.

●**Geöffnet:** Mo-Fr 9-14 und 17-20.30 Uhr, Sa 10.30-14 Uhr; der Eintritt ist frei.

Costa Blanca

Castillo

Das Castillo liegt am Ortsrand etwas erhöht. Es wurde gegen Ende des 13. Jahrhunderts erbaut, als die Gegend noch zum Königreich Aragón gehörte. Damals war die Burg eine wichtige **Festung gegen Eindringlinge,** die vom Meer und von Süden her kamen. 1829 fiel das Gebäude einem Erdbeben zum Opfer und erst 1985 begann man mit einem zaghaften Wiederaufbau. Übermäßig viel ist seitdem allerdings nicht geschehen. Man benötigt schon etwas Fantasie, um sich aus dem einzigen Türmchen, dem einzigen Kanönchen und der verbliebenen dicken Mauer eine wehrhafte Festung vorzustellen. Immerhin ist der Blick von oben recht nett. Man erkennt den Ort in seiner vollen Breite, die Dünen und die schönen Sandstrände.

Praktische Tipps

Unterkunft

●**Hotel Las Dunas** €€, Avda. Europa 2, Tel. 965 728 110. Liegt recht ruhig am Ende des Paseo Ingeniero Mira am Wasser. Einziger Schönheitsfehler: Es ist nur von Juni bis Oktober geöffnet.

●**Hotel Europa** €€, c/ Jacinto Benavente 1, Tel. 965 729 055. Relativ kleines Haus mit 14 Zimmern, das aber in erster Strandreihe liegt. Geöffnet: Ostern bis Oktober.

●**Hotel Mediterráneo** €€-€€€, c/ Cartagena 14, Tel. 965 729 407. Ein familiäres Haus mit 30 modern eingerichteten Zimmern, unweit der zentralen Plaza Porticada. Zum Strand sind es zehn Minuten Fußweg.

Blick vom Castillo über die Stadt

●**Hotel Parque Mar** €€€€, c/ Gabriel Celaya s/n, Tel. 966 725 172, Fax 965 729 376. Das beste Haus am Platze. Es zählt 57 Zimmer und liegt, wie der Name schon andeutet, am Dünenpark, aber auch nur einige Schritte vom Meer entfernt.

●**Hotel Meridional,** knapp €€€€, Avda. Libertad 46, Tel. 965 728 340, Fax 965 728 306. Ein Haus mit 52 Zimmern in der ersten Strandreihe. Gemütlich und erst vor ein paar Jahren renoviert.

Costa Blanca

Camping

●**La Marina,** 1. Kategorie, N-332 beim Km 29 oder N-332-A beim Km 76, Tel. 965 419 051, Fax 965 419 110. Ein größerer Platz mit Terrassen unter Bäumen, nur wenige hundert Meter vom Meer entfernt; er verfügt über etliche Serviceeinrichtungen inklusive eines großen Schwimmbeckens; auch ein Kinderplanschbecken gehört dazu.

●**Mar-Jal,** 1. Kategorie, Partida Lo Chando, N-332-A beim Km 73,4, Tel. 966 725 022.

Unweit der Mündung des Río Segura bietet der Platz Kapazitäten für 600 Personen. Das weitläufige Gelände grenzt an die Dünenlandschaft. Dem Gast wird eine Menge geboten, inklusive eines Schwimmbades.

●**Palm mar,** 2. Kategorie, N-332 am Km 36,5, Tel. 965 728 856. Geöffnet: 1.6.–30.9. Insgesamt 580 Personen teilen sich die Parzellen, die auf einem leicht abfallenden Gelände unter Schatten liegen. Zum Strand sind es nur wenige Schritte.

- **Mare Nostrum,** 2. Kategorie, Tel. 965 728 073. Geöffnet: von Ostern bis Oktober. Der kleine Platz für 450 Camper liegt nur ein Stückchen weiter als Palm mar in den Dünen vor dem Strand Playa El Campo.

Essen & Trinken

- Entlang der **Promenade** liegen viele Lokale.
- Etwas ungewöhnlich ist das **Restaurante La Venti,** Avda. Europa 6. Dieses Lokal hat eine winzige Terrasse zum Strand. Man sitzt etwas beengt, aber nett.
- **Café Jijonenca,** Paseo Ingeniero Mira 21, kleines Café mit netter Gelegenheit zum draußen Sitzen.

Adressen

- **Busbahnhof:** c/ Molinent, Ecke c/ San Francisco.
- **Polizei:** Plaza de la Constitución 5.
- **Post:** c/ Jorge Juan 11.
- **Fahrradverleih:** Bici-Bugui, c/ Ingeniero Mira, Ecke Avda. Cervantes, Tel. 965 729 516; Hotel Meridional, Av. de la Libertad, Tel. 965 728 340.

Feste

- **Anfang Februar:** Mig Any – manchmal sucht man sich mit aller Kraft einen Anlass zum Feiern; dieses Fest ist solch ein Fall. Offizieller Hintergrund: Es fehlen nur noch fünf Monate bis zum Fest Moros y Cristianos, na denn ...
- **Zweite Julihälfte:** Moros y Cristianos.
- **7. Oktober:** Virgen del Rosario – Patronatsfest, u.a. mit Blumenschmuck und Feuerwerk.

Markt

- **Mittwoch,** nördlich der c/ Mayor, Höhe Plaza Pescadores, hauptsächlich in den Straßen c/ San Pedro, c/ Vicente Ramos und c/ San Emigdio.
- **Flohmärkte:** Sonntags finden drei Flohmärkte statt – der Rastro Santa Ana, ein anderer in Las Dunas (Parque Sur) und der größte im Campo de Guardamar.

Torrevieja

- **Einwohner:** 40.000
- **PLZ:** 03180
- **Entfernung nach Alicante:** 47 km
- **Touristeninformation:** Plaza de Capdepont s/n, Tel. 901 343 343 oder 965 703 433, Fax 965 715 936, E-Mail: touristinfo.torrevieja@turisme.m400.gva.es

Ursprünglich war Torrevieja nichts weiter als eines dieser kleinen Fischerdörfer, wie es sie in vergangenen Jahrhunderten entlang der ganzen Küste gab. Nachdem 1829 ein Erdbeben den Ort zerstörte, baute man ihn wieder auf, denn neben dem Fischfang beuteten die Einwohner die nahe gelegenen **Salinen** aus. Das Salz brachte den Menschen sowohl einen bescheidenen materiellen Gewinn als auch einen kulturellen. Sie handelten damit in Übersee. Sogar auf Kuba konnte man Salz verkaufen. Und von dort kam, gewissermaßen im Austausch, die Tradition der **Habaneras** nach Torrevieja. Heute feiert man alljährlich im August ein einwöchiges Fest, bei dem sich etliche Chöre zum friedlichen Habaneras-Wettsingen treffen.

In den 1980er Jahren veränderte sich das Ortsbild radikal: Torrevieja wurde ein **Zentrum nordeuropäischer Zweitwohnungen.** Die Entwicklung verlief buchstäblich Schwindel erregend. Zunächst baute man Wohnblocks im Bereich des Strandes und des Hafens. Später verfeinerte man

Costa Blanca

das Angebot. Es entstanden Reihenhäuser, Kettenhäuser, Doppelhäuser und vereinzelt auch frei stehende Villen. Tausende von Immobilien wurden so gebaut. Nordeuropäische Rentner und gut Betuchte erwarben ihr Haus unter der Sonne. Über viele Kilometer ziehen sich heute die zumeist weißen Häuser bis ins Hinterland.

Bleibt die Frage, was all die Leute anlockt. In erster Linie wird es natürlich das Klima sein und vielleicht auch die Strände. Aber so idyllisch sind die gar nicht. Auch strahlt der alte Ortskern keine heimelige Atmosphäre aus. Da gibt es schon nettere Ecken in Spanien. Und so mancher Hausbesitzer scheint hier auch nicht glücklich zu werden. Das bezeugen die vielen *se vende*-Schilder („zu verkaufen"). Und auch das gewaltige Schnapsangebot der örtlichen Supermärkte mag darauf hindeuten. Ist ja auch kein Wunder. Was sich im Prospekt als tolles Angebot liest, entpuppt sich manchmal als kleines Reihenhaus, das viele Kilometer vom Strand und dem Zentrum entfernt in einer Siedlung von gleichförmigen anderen Reihenhäusern liegt. Torrevieja ist ein riesiges Sammelsurium von Ferienhäusern, dessen Bautätigkeit noch längst nicht zum Stillstand gekommen ist.

Strandprofil

Playa Torrelamata

Playa Torrelamata zählt noch zu Torrevieja, obwohl dieser Strand gute vier Kilometer außerhalb des Ortszentrums liegt. Die unzähligen *urbanizaciones* ziehen sich bis hierher. Die Wohnblocks erheben sich unmittelbar am Strand. Teilweise verläuft eine Promenade an der Playa entlang. Ansonsten versammeln sich an dem 2200 Meter langen, feinen Sandstrand nicht übermäßig viele Sonnenanbeter.

Cabo Cervera

Eine kleine, feinsandige 75-Meter-Bucht vor der gleichnamigen Urbanización. Im Hinterland liegen viele Ferienwohnungen, deren Bewohner aber wohl andere Strände aufsuchen.

Im weiteren Küstenverlauf folgen sieben kleine, zumeist **felsige Buchten.** Natürlich findet man hier immer ein Plätzchen zum Sonnenbaden. Aber der Untergrund ist steinig, ebenso wie der Zugang zum Wasser. Vielleicht eine dieser kleinen Fluchten für Leute, die es einsamer mögen.

Playa de los Locos

Playa de los Locos liegt dann als erster Strand mitten vor dem Stadtzentrum. Deshalb tummelt sich immer viel Volk an dem 700 Meter langen, feinen Sandstrand. Im Hochsommer ist er so voller Sonnenschirme und Handtücher, dass fast kein Durchkommen besteht. Eine Promenade und eine Autostraße verlaufen parallel. Direkt dahinter erheben sich Wohnblocks, allerdings noch von verhaltener Höhe.

Cala Palangre

Eine kleine Bucht mit feinem Sand, mitten im Ortskern gelegen. Eine breite

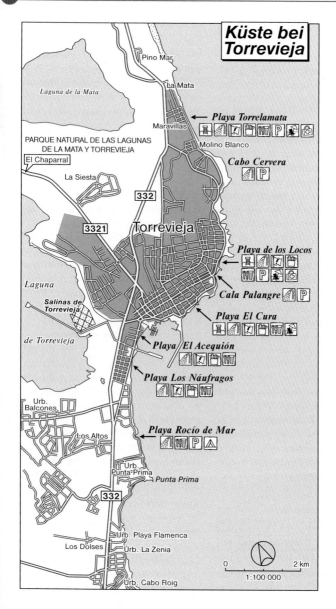

Küste bei Torrevieja

Pino Mar

Laguna de la Mata

La Mata

← *Playa Torrelamata*

Maravillas

PARQUE NATURAL DE LAS LAGUNAS
DE LA MATA Y TORREVIEJA

Molino Blanco

El Chaparral

Cabo Cervera

La Siesta

332

3321

Torrevieja

Playa de los Locos ←

Laguna

Cala Palangre

Salinas de
Torrevieja

Playa El Cura

de Torrevieja

Playa El Acequión

Playa Los Náufragos

Urb.
Balcones

Los Altos

Playa Rocío de Mar ←

Urb.
Punta Prima — Punta Prima

332

Urb. Playa Flamenca

Los Dolses — Urb. La Zenia

Urb. Cabo Roig

0   2 km
1:100 000

Zufahrtsstraße läuft direkt darauf zu. Wer nicht rechtzeitig abbiegt, plumpst in die Bucht hinein.

Playa El Cura

Ein weiterer Hauptstrand mitten im Ort. Er misst knapp 400 Meter und ist durch die zentrale Lage immer sehr gut besucht. Unmittelbar an der anderen Straßenseite erheben sich keine allzu schönen Wohnblocks. Aber dafür locken hier etliche Lokale. Keine Idylle, aber doch ein Stadtstrand mit feinem, hellen Sand.

Playa El Acequión

Playa El Acequión liegt mitten im Hafengebiet von Torrevieja. Sowohl die wenigen verbliebenen Fischerboote dümpeln hier, als auch die vielfach größere Flotte der Sportboote. Zwei gewaltige Hafenmolen ragen weit ins Meer hinein und beruhigen ein wenig die Strömung. Auch hier erheben sich Wohnblocks von bis zu zehn Etagen direkt am feinen Sandstrand.

Playa Los Náufragos

Playa Los Náufragos schließt sich unmittelbar an den Hafen an. Der feine Sandstrand verläuft über knapp 300 Meter und wird, von der Hafenmole ausgehend, immer schmaler.

Playa Rocío del Mar

Playa Rocío del Mar liegt bereits zwei Kilometer außerhalb vor einer gleich lautenden Urbanización, die gerade noch zum Gemeindebezirk Torrevieja zählt. Es handelt sich um eine kleine, 150 Meter messende Bucht mit feinem Sand. Die Ferienhäuser wurden teilweise bis an die Küste gebaut. Ein anderer Streifen ist aber bis jetzt noch gänzlich frei geblieben.

Sehenswertes

Gibt es tatsächlich etwas Spannendes zu besichtigen in dieser Großgemeinde? Abgesehen von der beinahe unendlichen Reihe von Ferienwohnungen und dem Zusammentreffen Tausender Urlaubsuchender an den Stränden und in den Lokalen sollen doch zwei Dinge erwähnt werden:

Die Kirche **Iglesia de la Inmaculada Concepción** stammt aus dem Jahr 1844. Sie wurde auf den Resten einer schlichten Kirche des 18. Jahrhunderts errichtet, die beim Erdbeben 1829 komplett zerstört wurde. Beachtenswert ist der barocke Altar. Zu finden: Plaza Constitución s/n, nur drei Blocks vom Hafen entfernt.

Das **Museo del Mar y de la Sal** ist mitten im Zentrum, nicht weit vom Hafen entfernt, in der c/ Patricio Pérez 10 zu finden. Es informiert über die Salzgewinnung und stellt Funde aus dem Meer aus, dazu Schiffsmodelle. ●**Geöffnet:** Di-Sa 10-13.30 und 17-21 Uhr, So nur vormittags; der Eintritt ist frei.

Costa Blanca

Praktische Tipps

Unterkunft

Mehrere Tausend Betten dürfte es in Torrevieja geben, aber das Unterkunftsverzeichnis listet nur zehn Hotels mit etwas über 700 Zimmern auf.

● **Hotel Fontana** €€€-€€€€, Rambla de Juan Mateo 19, Tel. 966 701 125, Fax 965 714 450. Mit 156 Zimmern das zweitgrößte Haus. Es liegt sehr zentral und nur wenige Schritte vom Hafen und den städtischen Stränden entfernt.

● **Hotel Masa** €€€-€€€€, c/ Alfredo Nobel 150, Tel. 966 921 537, Fax 966 922 172. Genau 50 Zimmer hat dieses Haus, das in der ersten Reihe, direkt an einer Küstenstraße liegt. Man schaut also schön aufs Meer, muss aber einen längeren Fußmarsch zum Stadtzentrum in Kauf nehmen.

● **Hotel Madrid** €€€€, c/ Villa Madrid 15, Tel. 965 711 350, Fax 966 701 212. Insgesamt 25 Zimmer bietet dieses Haus. Es liegt an der Straße, die zum Hafen führt und somit relativ zentral.

Camping

● **La Campana,** 2. Kategorie, Ctra. 332 Torrevieja-Cartagena, Km 4,5, Tel. 965 712 152. Geöffnet: 1.4.-30.9. Ein Platz für knapp 500 Personen. Zahlreiche Bäume spenden Schatten. Die Nähe zur stark befahrenen Nationalstraße macht sich bemerkbar.

Essen & Trinken

● Die nächtliche Haupt-Ausgehmeile konzentriert sich auf die Gegend **zwischen Hafen und Playa del Cura,** speziell in den Straßen c/ del Mar, c/ Patricio Zamat und c/ Gumersindo. Zwei empfehlenswerte Restaurants liegen jeweils an einer der beiden Straßen, die direkt am Hafen vorbeiführen.

● **Restaurante Miramar,** Paseo Vista Alegre s/n, Tel. 965 713 415. Ein Lokal, das so exponiert am Hafen liegt, kann nur Fischgerichte bieten, könnte man meinen. Die gibt es tatsächlich. Aber auch die Reis- oder Nudelgerichte lohnen einen Versuch.

● **Cafetería Mediterránea,** Paseo Vista Alegre s/n, liegt nicht an der Meerseite, hat aber eine Terrasse (zur Straße) und ist nett aufgemacht.

● **Restaurante Bahía,** Avda. Libertad 3, Tel. 965 713 994. Ein Klassiker, der seit Jahren einen vernünftigen Standard hält, ohne in Versuchung zu geraten, touristische Menüs anzubieten.

Adressen

● **Medizinische Zentren:** Centro de Salud La Loma, c/ Virgen del Mar, s/n, Tel. 966 700 877; Centro de Salud Acequión, Urbanización Arregui 6, Tel. 965 712 723; Centro de Salud, c/ Patricio Pérez 37, Tel. 965 711 541

● **Polizei:** Straße nach Crevillente, Km 30,8.

● **Post:** Caballero de Rodas 59.

● **Busbahnhof:** c/ del Mar s/n.

● **Einkaufen:** Especialidades Maciá, c/ Azoría 12. Ein kleines Delikatessengeschäft mit guter Auswahl, u.a. an Käse und *vino*.

Feste

● **16. Juli:** Virgen del Carmen, mit Meeresprozession.

● **Ende Juli/Anfang August:** Festival der Habaneras-Chöre.

● **1.-17. Dezember:** Inmaculada Concepción, Patronatsfest mit einer nächtlichen Prozession am 8.12.

Markt

● **Freitag,** im Altstadtbereich zwischen Guardia Civil und Playa El Cura, hauptsächlich in den Straßen c/ Morriones, c/ Patricio Zammit, c/ Fuensanta und c/ Almudena.

Parque Natural de las Lagunas de la Mata y Torrevieja

Im Nordwesten von Torrevieja liegen zwei riesige Lagunen, die über die Straße nach Rojales zu erreichen sind. Die **Laguna Salada de Torrevieja** misst 1400 Hektar und ist mit dem

Costa Blanca

Meer durch einen Kanal verbunden, der den Namen *Acequión* trägt. Ursprünglich wurde diese Verbindung schon 1492 gebaut, um Fische in die Lagune zu locken. Das funktionierte jedoch nicht, und so wird hier seit dem 18. Jahrhundert Salz gewonnen.

Die benachbarte **Laguna Salada de la Mata** hat eine Fläche von 700 Hektar und ist mit der anderen Lagune im nördlichen Bereich durch einen Kanal verbunden. Beide wurden 1988 unter Naturschutz gestellt.

Besucher können auf **Wanderungen** entlang der Lagunen Vögel beobachten. Selbst per Fahrrad kann man sie umrunden, wobei man aber eine Distanz von immerhin 34 Kilometern zurücklegen muss. Die Vegetation zeigt sich unterschiedlich, je nach Salzgehalt der Salinen. Und entsprechend nisten auch die Vögel an verschiedenen Stellen.

● **Info:** Gute Hinweise erhält man im Centro de Información bei der Laguna de la Mata. Zu finden: An der Ctra. 332 in Richtung Alicante fahren. Kurz vor dem Kanal (Canal de las Salinas) im Ortsteil La Mata auf der linken Seite.

Der tägliche Strandspaziergang

Costa Cálida

069cb Foto: jf

062cb Foto: jf

Das staubtrockene
Hinterland der Costa Cálida

Am Paseo Alfonso XII. in Cartagena

Man trifft sich am Strand

Südliche Costa Blanca
Costa Cálida

MITTELMEER

Überblick

Im Reigen der großen und bekannten spanischen Küsten spielt die Costa Cálida eher eine Nebenrolle. Obwohl sie sich immerhin über stolze 250 Kilometer am Mittelmeer entlangzieht, hat die **„Heiße Küste",** wie ihr Name übersetzt heißt, keinen vergleichbaren Ruf erworben wie beispielsweise die benachbarte Costa Blanca. Zu schroff, zu abweisend, zu wüstenartig zeigt sie sich über weite Strecken.

Eine Besonderheit an diesem Küstenabschnitt stellt das **Mar Menor** dar, das angeblich größte natürliche Schwimmbecken der Welt. Dieser Binnensee ist durch einen 22 Kilometer langen und sehr schmalen Küstenstreifen vom Mittelmeer getrennt. Somit kann der Badegast zwischen dem ruhigen Binnensee Mar Menor und dem offenen Mittelmeer wählen. Dies und das beständig warme, in den Sommermonaten heiße, Klima bescherten der Küste einen ausgesprochenen Touristenboom. Rund um das Mar Menor baute man Tausende von Wohnungen für Sonnenhungrige.

Somit zeigt sich die Costa Cálida von **zwei Seiten:** Im nördlichen Teil, von der Provinzgrenze bei San Pedro del Pinatar bis nach Cartagena, finden sich überwiegend schöne Strände und eine breite touristische Infrastruktur. Im südlichen Bereich, von Cartagena bis Águilas, dominieren schroffe, steile und vor allem felsige Küsten. Hier hat der Tourismus nur in wenigen Orten Fuß gefasst, und das auch nur verhalten.

Foto: jf

Wer diese Strecke befährt, erlebt fast schon eine wüstenähnliche, sehr einsame und sehr karge Landschaft. Ausgerechnet hier kann man erstmals beobachten, was noch weiter südwestlich die Landschaft regelrecht verschandelt hat: riesige **Gewächshäuser,** die man hier *invernaderos* nennt. Es sind nichts weiter als riesi-

Costa Cálida

ge Plastikplanen, unter denen das Gemüse reift, das wir Mittel- und Nordeuropäer außerhalb der Saison essen.

Der Tourismus prägt zwar weite Teile dieser Küste, aber die Gegend ist auch historisch interessant. Die Stadt Cartagena blickt auf eine **3000-jährige Geschichte** zurück und zeigt, dass schon in grauer Vorzeit Römer und

Byzantiner diesen Küstenabschnitt entdeckt hatten – lange, bevor ein Begriff wie „Costa Cálida" überhaupt geprägt wurde.

Riesige Gewächshäuser an der südlichen Costa Cálida

Mar Menor

Das Mar Menor ist **einer der größten Binnenseen** auf der Iberischen Halbinsel. Die gesamte Küstenlinie beträgt 73 Kilometer, wobei der See nur eine Tiefe von maximal sieben Metern erreicht. Durch einen schmalen Zufluss ist das Mar Menor mit dem Mittelmeer verbunden. Eine schmale, 22 Kilometer lange Landzunge, genannt *La Manga* („der Ärmel"), schirmt den See vom Mittelmeer ab. Sie wird von schönen Stränden geprägt und ist heute beinahe durchgehend mit Ferienwohnungen bebaut.

In den Sommermonaten zieht es vor allem **spanische Touristen** an diesen Küstenabschnitt. Aber auch Nordeuropäer kommen in immer stärkerem Maße. Die Küste bietet nämlich selbst im Winter eine der wärmsten Klimazonen ganz Spaniens. Und so ist es kein Wunder, dass die umliegenden Orte sich in Pensionärs- und Zweitwohnungsgettos verwandelt haben.

Mitten im Mar Menor liegen einige Inselchen, von denen die **Isla Mayor** die größte ist. Sie wird auch La Isla del Barrón genannt, da sie in Privatbesitz ist und nicht betreten werden darf. Nun spekuliert man natürlich kräftig, wem diese Insel denn nun gehöre. Einem schwerreichen Russen, flüstern die einen – einer einsamen Prinzessin, die anderen.

Wie auch immer, man sollte möglichst nicht dort anlanden, auch nicht als **Surfer.** Die tummeln sich nämlich gern am Mar Menor. Flaches Wasser und fehlende Wellen stören nicht weiter. Wichtig ist der stetige Wind, der ganz schön kräftig pusten kann. Da sollte man sich nicht täuschen.

Die kleineren Orte auf dem Festland entlang der Küste des Mar Menor bieten unter touristischen Gesichtspunkten nur begrenzt Spannendes, die Urbanizaciones auf der Landzunge La Manga überhaupt nichts. Natürlich erfreuen sich die Urlauber an den Stränden, am Nachtleben und am warmen (heißen) Klima. Man muss aber auch hinnehmen, dass die Ufer des Mar Menor über weite Strecken regelrecht zubetoniert sind. Auf La Manga gibt es kilometerlang fast keine Baulücken mehr.

San Pedro del Pinatar

- **Einwohner:** 13.600
- **PLZ:** 30740
- **Entfernung nach Alicante:** 70 km
- **Touristeninformation:**
  Parque de los Reyes de España s/n,
  Tel. 968 182 301, Fax 968 183 706,
  E-Mail: sppinatar@marmenor.net
- **Internet:** www.sanpedrodelpinatar.net

Dort, wo die Landzunge im Norden beginnt und das Mar Menor vom Mittelmeer trennt, liegt San Pedro del Pinatar. Gänzlich undurchlässig ist die Landzunge nicht. Eine schmale Furt sorgt für Wasseraustausch. Oberhalb dieses Durchlasses hat sich ein Gebiet von Salinen gebildet, das schon die

Costa Cálida

Römer kannten. Heute stehen diese 700 bis 800 Hektar bedeckenden **Salinas de San Pedro del Pinatar** unter Naturschutz. Sie wurden aber nicht nur zur Salzgewinnung genutzt. Bereits die Römer schworen auf die Heilkraft der Erde. Und so kann man auch heute noch am Ufer der Salinen Menschen beobachten, die sich von oben bis unten mit Schlamm einschmieren und auf die heilende Wirkung in Verbindung mit dem salzhaltigen Wasser hoffen. Diese Heilkraft zog im 19. Jahrhundert zunächst nur die Bewohner der Provinz Murcia an. Später kamen Spanier sogar aus dem fernen Madrid. Bis dahin war die Zone ein verträumtes Fischerdorf. Mit der Entdeckung des Heilschlamms setzte

dann zunächst ein nationaler, später sogar internationaler Tourismus ein – eine Entwicklung, die so auch andere Dörfer durchlebten, nur dass hier neben den Stränden der Heilschlamm zum Anziehungspunkt wurde.

Sowohl am Mittelmeer als auch am Mar Menor findet der Urlauber sein Plätzchen

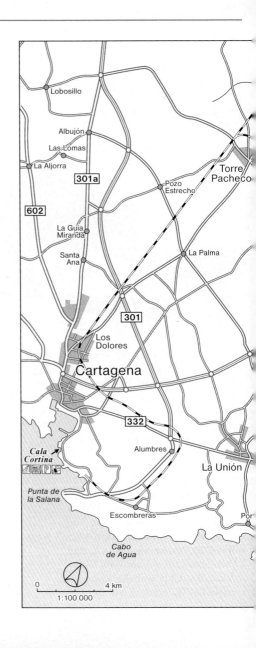

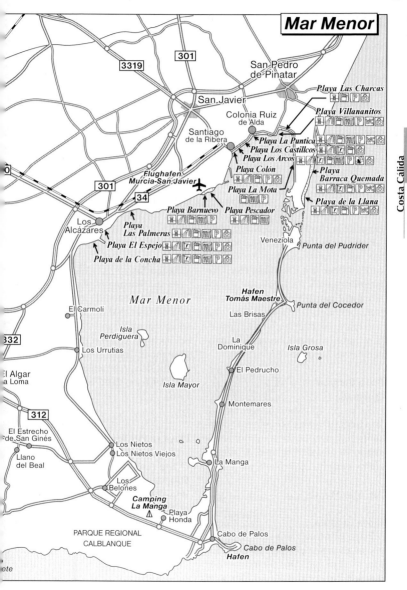

Mar Menor

Costa Cálida

Strandprofil

Hier muss zwischen den Stränden am Mittelmeer und denen am Mar Menor unterschieden werden. Die Mittelmeerstrände verlaufen parallel zu den Salinen entlang der trennenden Landzunge und sind touristisch kaum genutzt, während die Mar-Menor-Strände die komplette Urlauber-Infrastruktur aufweisen.

Am Mittelmeer

Playa de la Llana

Playa de la Llana beginnt unmittelbar beim Hafen von San Pedro und verläuft über fast drei Kilometer. Der Strand ist ziemlich schmal und besteht aus leicht gräulichem Sand. Ein Parkplatz befindet sich beim Hafen. Von dort aus muss man laufen und deswegen sind die hafennäheren Strandzonen besser besucht.

Playa Barraca Quemada

Ein knapp 100 Meter langer Strandabschnitt, begleitet von einer Dünenlandschaft. Der leicht gräuliche Sandstrand ist ziemlich schmal. Trotzdem zieht es etliche Leute hierher.

Am Mar Menor

Playa La Mota

Playa La Mota zieht sich über 400 Meter zwischen den Salinen und dem Mar Menor hin. Der Strand besteht aus feinem, dunklen Kiesel, der wohl kein großartiges Touristen-Lockmittel wäre. Hier aber kann man die so genannten Bäder im Heilschlamm nehmen, und viele Besucher nutzen die Gelegenheit dazu.

Playa Las Charcas

Playa Las Charcas ist nur eine kleine Bucht von 60 Metern Länge. Die städtische Bebauung beginnt unmittelbar an den Strand angrenzend, und nebenan öffnet sich ein großer Parkplatz. Der Strand besteht aus feinem, grauen Sand.

Playa Villananitos

Playa Villananitos dürfte auch den Zusatz „Stadtstrand" tragen, denn er verläuft über 900 Meter vor der Häuserkulisse von San Pedro. Eine überreichlich mit Lokalen und Geschäften gesegnete, befahrbare Promenade schiebt sich zwischen Strand und Häuser. Der feine Sand ist von gräulicher Farbe.

Playa La Puntica

Die *playa* liegt unmittelbar vor dem Ortsteil Lo Pagán, hat eine Länge von 500 Metern und ist stark frequentiert. Von der angrenzenden Bebauung ist er nur durch eine befahrbare Straße getrennt. Feiner, grauer Sand bestimmt das Bild.

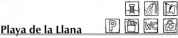

Costa Cálida

Sehenswertes

Salinen

Die größte Attraktion des Ortes sind die Salinen im **Parque Regional Salinas y Artenales de San Pedro del Pinatar.** 1985 wurden die Salinen und die angrenzenden Strandzonen unter Naturschutz gestellt. Das Salz wurde früher in abgeteilten Becken gewonnen, indem man einfach die Verdunstung des Wassers abwartete. Danach wurde es zu regelrechten Salzbergen aufgetürmt. Heute wird die Salzgewinnung nur in bestimmten Sektoren praktiziert, während weite Flächen von Zugvögeln, speziell Flamingos, als Rastplatz genutzt werden.

Ein Teil der Salinen kann zu Fuß oder per Rad erkundet werden. Ausgangspunkt ist der Ortsteil Lo Pagán. Am Ende des Strandes Playa Las Charcas befindet sich neben dem Parkplatz die Windmühle „Molino de Quintín". Dort beginnt die **Exkursion,** die an der Playa del Molino entlangführt. Wer ausdauernd genug ist, erreicht nach ein paar Kilometern schließlich eine zweite Windmühle, die „Molino de Calcetera". Beide Mühlen wurden zur Salzgewinnung genutzt. Heute dienen sie eigentlich nur noch als fotogene Landmarken. Von der Molino de la Calcetera ist es nicht mehr allzu weit bis zur **Punta Algas,** der Südspitze dieser Landzunge. Hier befindet sich eine schmale Verbindung zwischen Mittelmeer und Mar Menor. Gegenüber endet die 22 Kilometer lange Landzunge, die das Mar Menor vom Mittelmeer abgrenzt.

Ein zweiter Zugang zu den Salinen besteht **vom Hafen aus.** Um den Puerto de San Pedro del Pinatar zu erreichen, fährt man durch den Stadtteil Barrio del Carmen und durch eine Salinenzone namens „La Marina". Das Auto kann man hinter dem Hafen parken. Ein Fußmarsch entlang der Strände und der Dünenlandschaft endet dann schließlich bei der Punta Algas.

Museo del Mar

Das „Museum des Meeres" in der c/ Lorenzo Morales (eine kleine Nebenstraße an der ehemaligen N-332) bietet eine maritime Kollektion von Muscheln, Miniaturen der Fanggeräte aus dem Mar Menor, Seekarten und einer Übersicht zu Seemannsknoten.
●**Geöffnet:** Di-Sa 11-13 und 18-20 Uhr. Der Eintritt ist frei.

Praktische Tipps

Unterkunft

●**Hotel Traiña** €€€-€€€€, Avda. Generalísimo 84, Tel./Fax 968 335 022. Fast sträubt man sich, den Straßennamen zu schreiben. Aber es stimmt: Hier, im Ortsteil Lo Pagán, wird dem 1975 verstorbenen Diktator *Franco* tatsächlich noch gehuldigt. Dafür kann das Hotel nichts. Es steht etwa 400 Meter vom Strand entfernt und hat 15 Zimmer, die funktional eingerichtet sind.
●**Hotel Neptuno** €€€, Avda. Generalísimo 19, Tel. 968 181 911, Fax 968 183 301; 40 Zimmer hat dieses familiär geführte Haus am Strand. Schlichte, funktionale Einrichtung.

●**Pension Alas Playa** €-€€, c/ Bartolomé Gil Ortiz 3, Tel. 968 181 017. Nur 50 Meter von der Playa Villananitos entfernt liegt diese 40-Zimmer-Pension. Einfach, aber ausreichend eingerichtet. Achtung: nur vom 1.5.-30.9. geöffnet.

Essen & Trinken

●**Restaurante Juan Mari,** c/ Alcalde Julio Albaladejo 12, Tel. 968 183 869. Das Lokal liegt etwas versteckt mitten in San Pedro und ist auf Fischgerichte spezialisiert.
●**Restaurante El Parras,** c/ Gabriel Cañadas 17, Tel. 968 182 350. Größeres Lokal, das ebenfalls mitten im Ort liegt und gute Fischgerichte bietet.

Adressen

●**Post:** c/ Generalísimo, Ecke c/ Castillo.
●**Einkaufen:** Lo Pagán, Avda. Generalísimo 93. Bestens sortierter Zigarrenladen, der als einer der führenden in ganz Spanien gilt.

Feste

●**Juni:** La Feria Sevillana del Mar Menor; ein Versuch, die weltberühmte Festwoche aus Sevilla aus Mar Menor zu übertragen.
●**29. Juni:** San Pedro Apóstol, Patronatsfest.
●**Anfang Juli:** Flamenco-Festival.
●**16. Juli:** Virgen del Carmen, u.a. mit Meeresprozession.

Markt

●**Montag,** hinter dem Rathaus, c/ Calatrava, unweit Playa Villananitos.

Cabo de Palos – ein nettes Dörflein am Mar Menor

La Manga del Mar Menor

- **Einwohner:** 1000
- **PLZ:** 30380
- **Entfernung nach Alicante:** 115 km
- **Touristeninformation:** Oficina Municipal de Turismo, Km 0, Tel. 968 146 136, Fax 968 564 958, E-Mail: lamanga@mar-menor.net

La manga, **„der Ärmel",** ist eine durchaus zutreffende Beschreibung dieser Landzunge. Über insgesamt 22 Kilometer erstreckt sie sich, ausgehend von dem kleinen Ort Cabo de Palos, im Süden, bis zur Spitze, die Las Encañizadas genannt wird. Nur dort fließt Wasser aus dem Mittelmeer ins Mar Menor. Bei Cabo de Palos misst La Manga noch gute eineinhalb Kilometer Breite, verjüngt sich aber nordwärts auf gerade mal 200 Meter.

Die Landzunge ist beinahe durchgehend bebaut. Über 18 Kilometer verläuft eine zumeist zweispurige Hauptstraße, die Gran Vía. Diese endet erst unweit der Spitze an einem gewaltigen Kreisverkehr in der Urbanización Veneziola. Bis auf wenige freie Flächen stehen links und rechts der Gran Vía Wohnungskomplexe. Unten befinden sich meist **Lokale** oder **Geschäfte,** oben dann **Ferienwohnungen.** Von der Gran Vía zweigen, zumindest im unteren, breiteren Teil von La Manga, noch Seitenstraßen ab. Auch dort erheben sich Wohnblocks. Beim Km 13 passiert man eine schmale Brücke und

Costa Cálida

065cb Foto: jf

stößt erstmals auf ein Stückchen unbebauten Geländes. Aber wer weiß, wie lange diese Aussage noch gilt. Was hier im Sommer los ist, kann man sich gut vorstellen. Immerhin muss alle Welt die einzige Straße, die Gran Vía, befahren, es sei denn, jemand wollte zum Festland schwimmen.

Strandprofil

Eine Beschreibung sämtlicher Strände links und rechts des „Ärmels" würde viele Seiten füllen. An dieser Stelle soll darauf verzichtet werden, da sich die Playas doch ziemlich ähneln. Auf jeden Fall hat niemand einen weiten Weg von der Unterkunft zum Strand. Hier eine generelle Beschreibung:

Am Mar Menor

Die Strände am Mar Menor sind in der Regel ziemlich schmal und von etwas hellerer Farbe. Serviceeinrichtungen der unterschiedlichsten Art gibt es überall, Bademöglichkeiten sowieso. An manchen nicht ganz so bebauten Stellen treffen sich die Surfer, um auf dem Binnensee herumzusausen.

An der **Mittelmeerseite** zeigen die Strände sich generell einen Ton grauer, dafür sind sie zumeist breiter. Eine Strandpromenade ist eher selten zu finden, und dass sich unmittelbar im Rücken der Sonnenanbeter die Wohnblocks in den Himmel recken, ist hier einfach eine Platzfrage. Dies gilt im Übrigen für beide Strandseiten.

Einen echten Vorteil haben diese zwei Meere mit ihren Stränden. Je nachdem, aus welcher Richtung der Wind weht, können sich die Urlauber im **Windschatten** der groß en Häuserblocks sonnen. Sollte der Wind drehen, marschiert man einfach die paar hundert Meter quer über die Landzunge und legt sich an den gegenüberliegenden Strand.

Sehenswertes

Ein Gebilde wie diese **künstlich geschaffene Feriensiedlung** stellt an sich ja schon etwas Einmaliges dar. Warum also nicht einmal per Rad oder Bus die gesamte Landzunge bis zum Ende fahren und das Ganze auf sich wirken lassen? Man muss es ja nicht mögen, aber einen Eindruck hinterlässt es schon. Irgendetwas Ursprüngliches, typisch Spanisches wird man hier allerdings nicht finden.

Das gibt es, zumindest in Ansätzen, nur noch im kleinen Ort **Cabo de Palos.** Dieses Dorf liegt unmittelbar an der Zufahrt zur Landzunge und man findet dort noch ein wenig ursprünglichen Charme. Der Ort liegt auf einer etwa 400 Meter langen und recht schmalen Halbinsel, die sich ins Mittelmeer schiebt. Ganz an der Spitze steht ein Leuchtturm von 81 Metern Höhe. Besucher können nett am Hafen in einem der Lokale sitzen oder entlang der kleinen Promenade spazieren. Besondere Attraktionen wird man nicht entdecken, eher so etwas wie normales dörfliches Leben. Aber das ist ja schon mal eine ganze Menge, verglichen mit den Auswüchsen gegenüber auf La Manga.

Costa Cálida

● **Hotel Dos Mares** €€€, Plaza Bohemia (Salida 30), Tel. 968 14 00 93, Fax 968 140 322. Das Hotel hat 28 Zimmer und liegt an der Playa Marchamalo mit Blick aufs Mittelmeer.
● **Hotel Cavanna** €€€-€€€€, Gran Vía-Plaza Cavanna (Salida 21), Tel. 968 563 600, Fax 968 564 431. Das riesige Gebäude mit seinen 407 Zimmern kann man fast von überall sehen. Es steht unmittelbar am Strand zum Mar Menor und bietet eine ganze Reihe Serviceleistungen, wie z.B. Animation und Sportprogramme.

Praktische Tipps

Unterkunft

● **Hotel Cortijo** €€-€€€, Subida al Faro s/n, Tel. 968 563 015, Fax 968 145 171. Dieses kleine, rötliche 16-Zimmer-Haus liegt an der Straße, die zum Leuchtturm führt. Optisch könnte es ansprechender sein, aber die Zimmer sind in Ordnung.

Ferienwohnungen
auf der schmalen Landzunge

Der Leuchtturm am Cabo de Palos

●**Apart Hotel Los Delfines** €€€€, Gran Vía La Manga (Salida 11), Tel. 968 145 300, Fax 968 145 415. Insgesamt 150 Wohneinheiten zählt das Haus, das nicht nur einfache Hotelzimmer, sondern auch Apartments für bis zu fünf Personen anbietet. Es liegt bei Km 1, etwa 100 Meter vom Mittelmeerstrand entfernt.

●**Hotel Entremares** €€-€€€€, Gran Vía-Plaza Entremares (Salida 6), Tel. 968 563 100, Fax 968 563 211. Das Hotel hat 373 Zimmer und liegt direkt am Mittelmeerstrand, dort, wo die Landzunge La Manga beginnt. Es wird dem Gast eine ganze Menge an Unterhaltung geboten, ein Pool und mehrere Bars. Auch die zentrale Lage ist vorteilhaft. Geöffnet: 15.3.-31.10.

Camping

●**La Manga**, 1. Kategorie, Autovía de La Manga, Salida 15, Tel. 968 563 019, Fax 968 563 426. Es dürfte schwer fallen, in ganz Spanien einen größeren Campingplatz zu benennen. Die offizielle Kapazität dieses Platzes wird mit 6432 Personen angegeben. Tatsächlich erstreckt er sich wohl über einen ganzen Kilometer von der Rezeption bis zum Strand. Die Parzellen sind links und rechts einer Hauptstraße zu finden. Fast alle sind durch Büsche und Bäume abgeteilt, die gleichzeitig für Schatten sorgen. Der Boden ist kieselig. Wer möchte, kann sogar kleine Hütten mieten. Einige Dauercamper in Strandnähe haben sich regelrechte, aus Stein gemauerte, Häuser geschaffen, die nun wirklich nicht mehr an Camping erinnern.

Essen & Trinken

In Cabo de Palos:

●**Freiduría El Puerto,** liegt direkt am Hafen und ist zur Mittagszeit sehr gut besucht, was für seine Qualität spricht.

●**Restaurante Miramar,** Paseo del Puerto 14, Tel. 968 563 033. Di. Ruhetag. Einfaches, aber geräumiges Lokal, das direkt am Hafen liegt und auf Fischgerichte spezialisiert ist.

●**El Mosquí,** Subida al Faro 50, sieht aus wie ein gestrandetes Boot, einfache Küche, hoch gelobt werden die Reisgerichte.

Auf La Manga:

●Während in Cabo de Palos eher einfache Restaurants oder Tapabars zu finden sind, locken auf La Manga mehr die Häuser mit einer so genannten **internationalen Küche.** Mit Pizza und Pasta kann man wenig falsch machen.

●Das **Nachtleben** konzentriert sich im südlichen Bereich, wo Diskos oder Musikpubs wie T.B.O., Koine Bacus, Ra und El Palmero bis zum Morgengrauen auch den Unverwüstlichen noch einen Tresen bieten.

Adressen

●**Autovermieter:** Europcar, Urbanización Caracola, Tel. 968 146 177; La Manga Rent a Car, Urbanización Copacavanna, Tel. 968 146 000; Car menor, Urbanización Alísios, Tel. 968 140 900.

●**Tauchen:** Atura, Cabo de Palos, Paseo del Puerto, Tel. 968 564 823; Puerto Almirante, Cabo de Palos, Urbanización Puerto Almirante, Tel. 607 996 696; Amarras Sub, Urbanización Puerto Tomás Maestre, Tel. 609 008 262.

●**Segeln & Surfen:** Surf Playa, Urbanización Pueblo Cálida, Tel. 968 141 940; Martinique, Urbanización Martinique, Tel. 968 140 345; El Pedruchillo, Urbanización El Pedruchillo, Tel. 968 140 002; Cavanna Wind, Hotel Cavanna, Tel. 968 563 600.

Feste

●**27. September:** Irgendwie typisch – in dieser vom Tourismus geprägten Zone wird ein „Día Mundial del Turismo" gefeiert.

Markt

●**Sonntag**, in Cabo de Palos.

Cartagena

- **Einwohner:** 176.000
- **PLZ:** 30202
- **Entfernung nach Alicante:** 108 km
- **Touristeninformation:**
Plaza Almirante Bastarreche s/n,
Tel. 968 506 483, Fax 968 526 912,
E-Mail: turismo@ayto-cartagena.es
- **Internet:** www.ayto-cartagena.es

Im Jahr 227 v. Chr. gründeten die **Karthager** unter Führung von *Asdrubal* an einem großen Naturhafen eine Siedlung. Sie tauften den Ort *Quart-Hadast,* was nichts anderes als „Neue Stadt" heißt. Dann folgten die Punischen Kriege und die Römer übernahmen 209 v. Chr. das Kommando. Eine der ersten Amtshandlungen war die Umbenennung in *Cartago Nova.* In späteren Jahrhunderten folgten Byzantiner und Araber. Alle hinterließen ihre historischen Spuren. Der **Hafen** wurde von sämtlichen Herrschern genutzt. Aber erst im 18. Jahrhundert baute man Cartagena unter der Regentschaft von *Carlos III.* zu einem großen Flottenstützpunkt aus. Hoch über dem Hafen errichtete man schier uneinnehmbare Festungen. Vom Castillo de la Concepción hat man noch immer den besten Überblick über die gesamte Stadt. Heute ist Cartagena vor allem ein wichtiger Marinestützpunkt, der Handelshafen hat weniger Bedeutung. Ein interessantes Stadtbild bietet sich speziell im Bereich zwischen Rathaus, Calle Mayor und Bahnhof.

Strandprofil

Cartagena hat keinen Stadtstrand, die weit geschwungene Bucht wird komplett als Marinehafen genutzt. Etwa vier Kilometer südlich befindet sich der einzige nutzbare Strand, **Cala Cortina.** Es handelt sich um eine 250 Meter lange Bucht von grauem, etwas gröberem Sand. Direkt dahinter erhebt sich eine karstige, kaum bewachsene Felswand.

Anfahrt

Anreise per Bahn

Die Anreise mit der Bahn ist etwas umständlich, da man immer **über Murcia** fahren und dort zumeist auch umsteigen muss. Aber natürlich ist das möglich und obendrein genießt man interessante Ausblicke in das Hinterland. Die Bahn fährt um 7.45, 9.30, 11.32, 14.25 und 19.15 Uhr von Murcia nach Cartagena. Zurück geht es um 7.45, 9.55, 11, 14.20, 16.15 und 21.20 Uhr. Die Fahrt dauert eine Stunde.

Vom Bahnhof gelangt man zu Fuß in etwa 15 Minuten in das Viertel der Sehenswürdigkeiten. Zunächst geht man über die Avda. América und dann weiter geradeaus über die Calle San Diego. Ab dort kann man bereits den Ausschilderungen folgen.

Anreise per Bus

Der große **Busbahnhof** liegt nahe der Plaza Almirante Bustamante, wo sich auch die Touristinformation befindet. Hier starten und enden viele regionale Verbindungen. Zur Innenstadt geht man über die Calle San Diego.

Costa Cálida

Ⓜ	1	Marinemuseum
⛪	2	Kirche Santa María de Gracia
🏨	3	Hotel Peninsular
🍴	4	Rest. Tino's
★	5	Byzantinische Mauer
★	6	Teatro romano
⛪	7	Alte Kathedrale
★	8	Rathaus
★	9	Denkmal Héroes de Cavite
★	10	U-Boot von Peral
🍴	11	Rest. Mare Nostrum
🏨	12	Hotel Alfonso XII.
⚓	13	Castillo de la Concepción
🏨	14	Hotel Los Habaneros
⊖	15	Busbahnhof
•	16	Bahnhof
ⓘ	17	Touristeninformation

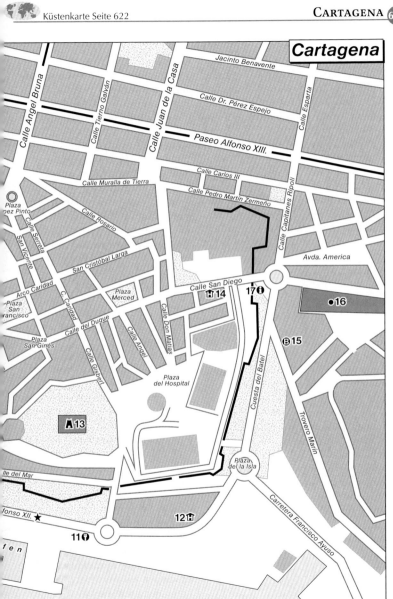

Cartagena

Costa Cálida

Anreise per Auto

Die innerstädtische **Ausschilderung** ist nicht schlecht. Wer sich über die N-301 der City nähert, sollte zunächst den Hinweisen „Centro Ciudad" folgen, später dann den Schildern mit der Aufschrift „Puerto".

Parken kann man entlang der Hafenpromenade Paseo Alfonso XII. oder auf einem leidlich beschilderten Parkplatz an der Plaza del Rey. Dazu am Ende des Paseo Alfonso XII. nach rechts abbiegen. Die Sehenswürdigkeiten sind alle im Innenstadtbereich ausgeschildert und durchnummeriert.

Stadtrundgang

Cartagena eignet sich hervorragend für einen Tagesausflug. Die Sehenswürdigkeiten liegen alle dicht beieinander und können – nein, sollten! **zu Fuß** angesteuert werden. Durch die engen Gassen der Altstadt per Auto zu kurven, verbietet sich von selbst und ist vollkommen unnötig.

Die Stadt bietet eine seltene Mischung: Zum einen die **pittoreske Altstadt** mit ihren engen Gassen und netten, individuell gestalteten Häusern, zum anderen etliche **Fundstätten** aus römischer und byzantinischer Zeit und schließlich kann man auch einen Eindruck vom alltäglichen Leben in Cartagena erhaschen. Da hier Spaniens **größter Marinehafen** liegt, findet man etliche urige Musikbars und den einen oder anderen Militariahändler.

Castillo de la Concepción

Das Castillo sollte man als Erstes aufsuchen, denn von oben genießt man einen **schönen Blick** über die Stadt. Bereits die frühen Herrscher bauten hier auf einem Hügel eine Burg, die später häufig erweitert und renoviert wurde, von der aber heute nicht mehr viel zu sehen ist. Der etwas steile Aufstieg erfolgt durch einen hübsch angelegten Park. Neben den wuchtigen Mauern und einem zentralen Wachturm deutet wenig auf eine Festung hin. Dafür wird der Besucher mit einem grandiosen Rundblick belohnt.

Ausgrabungen

Beim Abstieg durch enge, teilweise recht steile Gassen nähert man sich einer größeren Ausgrabungsstätte, die oben vom Castillo gut eingesehen werden kann. Hier liegen in unmittelbarer Nachbarschaft ein römisches Theater, die Reste einer byzantinischen Mauer und die alte Kathedrale.

Das **Teatro Romano** wurde zufällig 1987 entdeckt. Es liegt unmittelbar beim Hügel, auf dem das Castillo de la Concepción thront. Wahrscheinlich wurde es im 1. Jh. v. Chr. von den Römern erbaut. Das Theater ist noch nicht vollständig freigelegt.

Die Reste der **byzantinischen Mauer** werden auf das 6. Jahrhundert datiert. Die Fundstelle ist in der Altstadt ausgeschildert.

Die pittoreske Altstadt Cartagenas

Costa Cálida

Alte Kathedrale

Die **Catedral Vieja Santa María** stammt aus dem 13. Jh. Sie wurde mehrfach umgebaut. Teilweise nutzte man sogar Steine aus dem Römischen Theater. Im spanischen Bürgerkrieg wurde die Kirche stark beschädigt.

Rathaus

Nur einige Schritte weiter erreicht man einen weitläufigen Platz, an dem das pittoreske Rathaus *(ayuntamiento)* steht. Das Gebäude wurde 1907 im **Jugendstil** erbaut. Alle drei Fassaden sind unterschiedlich gestaltet.

Denkmal zu
Ehren der Helden von Cavite

Ganz in der Nähe steht ein Denkmal zu Ehren der *Héroes de Cavite,* der „Helden von Cavite", die im Krieg gegen die USA um Kuba 1892 in Cavite und Santiago de Cuba starben.

Peral U-Boot

Noch etwas weiter Richtung Meer kann der Besucher das erste U-Boot eines Spaniers bestaunen. *Isaac Peral* entwarf es im Jahre 1884. Vier Jahre später wurde es im Hafen von Cádiz getauft.

Paseo Alfonso XII.

Nun erreicht man eine breite Promenade, den Paseo Alfonso XII. Auch wenn hier der Verkehr vorbeibraust, lohnt ein kleiner Spaziergang. Die Promenade ist recht breit angelegt und von Palmen gesäumt. Schließlich passiert man die **ehemalige Stadtmauer.** Der Bau wurde von König *Carlos III.* veranlasst und dauerte länger als zwei Jahre: vom 3. Juni 1776 bis zur feierlichen Einweihung am 3. Oktober 1786.

Calle Mayor

Dann geht es zurück zum Rathaus und in die Calle Mayor. Dies ist die **eindrucksvollste Straße** der Stadt. Der Autoverkehr wurde verbannt, die Häuser sind durchweg nett gestaltet und etliche Lokale locken zu einer kleinen Pause. Aber auch ein Eintauchen in die Seitengassen ist lohnenswert, denn dort finden sich urige Bars, verschnörkelte Häuser, schicke Straßenlaternen und vor allem nichts Grelles und Gekünsteltes.

Costa Cálida

Im Vordergrund das Römische Theater

Kirche Santa María de Gracia

In der Calle del Aire, einer Parallelstraße der Calle Mayor, steht diese Kirche. Sie wurde im 18. Jahrhundert errichtet und war als Nachfolgerin der alten Kathedrale gedacht. Dazu kam es aber nicht. Noch heute befinden sich **Kunstwerke** von außergewöhnlichem Rang in der Kirche, so die Arbeit „Die vier Heiligen" des Bildhauers *Francisco Salzillo*.

Marinemuseum

Die Museen liegen etwas abseits des zentralen Bereiches. So auch das **Museo Naval,** das Marinemuseum, das unweit der Plaza España in der Calle Menéndez Pelayo 8 zu finden ist. In einer Stadt mit so großer maritimer Vergangenheit widmet sich die Ausstellung allen Fragen der Seefahrt und zeigt u.a. nautische Geräte und Schiffsmodelle. Eine eigene Abteilung ist *Isaac Peral,* dem Erfinder des ersten spanischen U-Bootes, gewidmet.

●**Geöffnet:** Di-So 10-13 Uhr. Der Eintritt ist frei.

Das U-Boot von Isaac Peral

Praktische Tipps

Unterkunft

●**Hotel Los Habaneros** €€-€€€, c/ San Diego 60, Tel. 968 505 250, Fax 968 509 104. Ein Haus mit 63 Zimmern auf drei Etagen, das unweit vom Bahnhof liegt. Unten befindet sich ein Restaurant.

●**Hotel Península** €€, c/ Cuatro Santos 3, Tel./Fax 968 500 003. Ein kleines Haus, mitten in der Altstadt gelegen, mit einfacher, aber ausreichender Einrichtung.

●**Hotel Alfonso XII.** €€€€, Paseo Alfonso XII., Tel. 968 520 000, Fax 968 500 502. Großes Haus mit 217 Zimmern, an einer der Hauptverkehrsstraßen der Stadt gelegen. Zum Zentrum ist es nicht weit. Die Einrichtung ist funktional.

Essen & Trinken

●**Cafetería El Parque,** an der Straße gelegen, die hoch zum Castillo führt. Schöne Ausblicke!

●**Restaurante Tino's,** c/ Escorial 13, Tel. 968 121 065. Kleines Lokal, das in einer Parallelstraße neben der c/ Mayor etwas versteckt in der Altstadt liegt. Regionale Küche sowie italienische Spezialitäten.

●**Bar Valencia,** c/ Mayor, liegt strategisch günstig, genau zwischen Rathaus und U-Boot.

●**Restaurante Mare Nostrum,** Paseo Alfonso XII., Tel. 968 522 131. In erster Reihe zum Meer beim Sportboothafen gelegenes Lokal. Der Schwerpunkt der Küche liegt auf Fisch, wie könnte es anders sein?

Feste

●**Juni:** Gesangswettbewerb der Bürger von Cartagena.

●**Juli:** La Mar de Música, ein Musikfestival zum Thema „Meer".

●**16. Juli:** Virgen del Carmen, mit sehenswerter Meeresprozession.

●**25. August:** Romería zum Kloster San Ginés de la Jara, Wallfahrt.

●**Ende September:** Fiesta de Cartaginenses y Romanos; zehn Tage lang wird die Epoche der Karthager und Römer auf einem 50.000

Quadratmeter großen Festgelände nachgelebt, stilecht mit Kämpfen, dem Aufmarsch von römischen Legionen, mit *Hannibals* Aufbruch gen Rom, seiner Hochzeit und vielen Festzelten, in denen Schmaus und Trank jener Tage angeboten wird.

Markt

●**Mittwoch,** in der Straße Ribera de San Javier, die etwas außerhalb des Zentrums liegt.

Puerto de Mazarrón

●**Einwohner:** 2500
●**PLZ:** 30860
●**Entfernung nach Alicante:** 140 km
●**Touristeninformation:** Avda. Doctor Meca 47, Tel./Fax 968 594 426, E-Mail: mazarron.turismo@serconet.com

Puerto de Mazarrón ist ein kleiner Ort an einer weit geschwungenen Bucht. Früher war er wohl nichts weiter als eine Anlegestelle für die Fischer, die selbst im fünf Kilometer entfernten Hauptort Mazarrón wohnten. Dann kamen die Touristen und bevorzugten natürlich Quartiere in Strandnähe. Also entstanden vor allem Ferienwohnungen und das eine oder andere Hotel. Aber alles ist noch Lichtjahre entfernt von den Auswüchsen und Bausünden der Costa Blanca oder der Costa del Sol. Im Juli und insbesondere im August wird es sicher voll. Dann machen die Spanier Urlaub. Außerhalb dieser Zeit bleibt aber alles noch relativ ruhig. Wer also auf gro-

Costa Cálida

ßen Trubel verzichten kann und nicht an jeder Ecke ein Geschäft mit heimischer Ware erwartet, wird ruhige Urlaubstage hier verbringen können. Der Strand ist recht ansehnlich, die Promenade ausgesprochen nett gestaltet und man schaltet hier gleich einen Gang zurück.

Strandprofil

Direkt am Ort liegen einige schöne Strände. Ansonsten findet sich eine Vielzahl von kleinen Buchten in der Nachbarschaft. Diese können hier jedoch nicht alle vorgestellt werden, es wären zu viele. Es folgt daher eine Beschreibung einiger herausragender Strände.

Playa del Puerto de Mazarrón

Wie der Name schon andeutet, handelt es sich hierbei um den Hauptstrand. Er beginnt direkt am Hafen, verläuft über 500 Meter und erweitert sich auf beachtliche 25 Meter im Durchschnitt, an einigen Stellen ist er sogar deutlich breiter. Der Strand besteht aus feinem, hellen Sand und wird von einer ausgesprochen nett gestalteten Promenade mit Palmen begleitet. Touristischer Tingeltangel fehlt, nur das eine oder andere Lokal ist zu finden.

Playa El Rihuete

Playa El Rihuete schließt sich nahtlos an und ist nichts weiter als eine Fortsetzung des eben beschriebenen Strandes. Hier erheben sich hinter der Promenade etliche Ferienwohnungen, jedoch nicht von solchen Ausmaßen, wie sie in Benidorm zu finden sind.

Playa El Gachero liegt ein wenig am Ortsrand, dort, wo ein paar Neubauten entstanden sind. Zum Ortskern ist es aber nicht weit. Der Strand besteht aus gröberem Untergrund und weist keine Serviceeinrichtungen auf.

Playa del Alamillo

Playa del Alamillo schließt sich an, wird aber nur von wenigen Sonnenanbetern aufgesucht. Der Grund: ein grobkieseliger Strand und außer einer Dusche keinerlei Serviceeinrichtungen.

Playa Bahía

Eine kleine Bucht, die in westlicher Richtung direkt hinter dem Hafen liegt. Der Strand ist von feinem, hellen Sand und liegt unmittelbar am Ort.

Playa de la Rella

Playa de la Rella ist eine 150-Meter-Bucht, deren westliche Grenze eine schmale Landverbindung zu einem vorgelagerten Inselchen darstellt. Durch die Nähe zur Stadt und den feinen, hellen Sand ist der Strand immer sehr gut frequentiert.

Playa La Pava

Eine weitere kleine (100 Meter) stadtnahe Bucht mit hellem Sand.

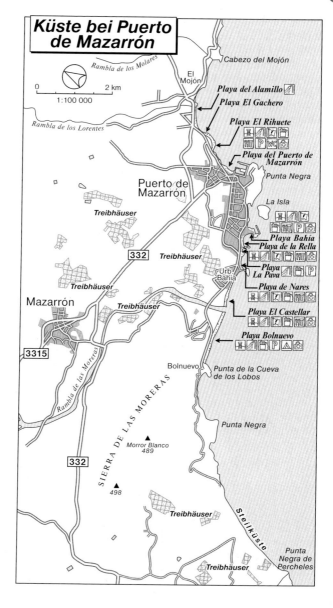

Küste bei Puerto de Mazarrón

Rambla de los Molares

0   2 km

1:100 000

Rambla de los Lorentes

Cabezo del Mojón

El Mojón

Playa del Alamillo

Playa El Gachero

Playa El Rihuete

Playa del Puerto de Mazarrón

Punta Negra

Puerto de Mazarrón

La Isla

Treibhäuser

Playa Bahía

Playa de la Rella

Playa La Pava

Playa de Nares

Playa El Castellar

Playa Bolnuevo

Urb. Bahía

Treibhäuser

Treibhäuser

Mazarrón

Treibhäuser

Bolnuevo   Punta de la Cueva de los Lobos

Rambla de las Moreras

SIERRA DE LAS MORERAS

Morror Blanco 489

498

Punta Negra

Steilküste

Treibhäuser

Punta Negra de Percheles

Treibhäuser

Costa Cálida

Playa de Nares

Playa de Nares liegt ziemlich genau zwischen dem Ort und der benachbarten Urbanización Bahía in einer Bucht. Auch hier markiert eine Landverbindung zu einem ehemaligen Inselchen namens Cabezo del Castellar die westliche Grenze. Die Bucht ist 250 Meter lang und ziemlich breit, im Durchschnitt stolze 45 Meter. Sowohl die Bewohner der *urbanización* als auch die des Ortes schätzen den feinen Sandstrand.

Playa El Castellar

Ein lang gezogener, etwas gröberer Strand von 1200 Metern Länge und knapp 30 Metern Breite. Zur Hälfte liegt er vor unbebautem Gelände, zur anderen Hälfte vor der Urbanización Bahía. Ein Parkplatz existiert, liegt aber etwas entfernt.

Playa Bolnuevo

Mit 1600 Metern Länge der größte aller Strände. Das Hinterland ist leicht bebaut. Ansonsten grenzt die *playa* an eine urwüchsige, karstige Landschaft. Von Puerto Mazarrón liegt er schon einige Kilometer entfernt. Der Sand ist hell und grobkörnig. Am östlichen Ende des Strandes liegt ein Campingplatz.

Strand von Puerto de Mazarrón

Praktische Tipps

Unterkunft

●**Pensión Fuensanta** €€, c/ San Francisco s/n, Tel./Fax 968 154 343. Kleine Pension mit elf Zimmern in einer der hinteren, kleinen Straßen auf der Höhe des Hauptstrandes (Playa del Puerto de Mazarrón).

●**Hotel Playa Grande** €€€-€€€€, Avda. del Castellar 19, Tel. 968 594 684, Fax 968 153 430. Ein nicht zu großes Haus von 35 Zimmern an der Strandbucht Playa de Nares.

●**Hotel La Cumbre** €€€-€€€€, Urbanización La Cumbre, Tel. 968 594 861, Fax 968 594 450. Ein größeres Haus mit 119 Zimmern, das etwas erhöht im Hintergrund des Hauptstrandes steht. Man hat einen schönen Rundblick. Die Einrichtung sei, so bemerkte ein spanischer Kritiker, ein wenig im Chic der 1970er Jahre gehalten.

●**Hotel Bahía** €€€, Playa de la Reya s/n, Tel. 968 594 000, Fax 968 154 023. Direkt am Meer steht dieses 53-Zimmer-Haus, das funktional eingerichtet ist.

●**Golf-Hotel L'Azohía** €€€-€€€€, C.i.t. San Ginés, Tel. 968 150 228, Fax 968 150 266. Insgesamt 68 Zimmer hat dieses gelblich gehaltene Hotel, das etwa zehn Kilometer südöstlich von Puerto de Mazarrón, unweit vom Meer liegt. Den Gästen wird ein vielfältiges Programm geboten, u.a. gibt es drei Swimming-Pools.

Camping

●**Los Madriles,** 2. Kategorie, etwa fünf Kilometer von Puerto Mazarrón entfernt an der Straße nach La Azohía, Tel. 968 152 151, Fax 968 152 092. Der Platz ist durch Grünpflanzen unterteilt und liegt etwas weniger als einen Kilometer vom Strand entfernt, allerdings auch ziemlich einsam.

●**Las Torres,** 2. Kategorie, N-332 Cartagena–Mazarrón, Km 29, Tel. 968 595 225. Der Campingplatz hat eine Kapazität für 680 Personen und ist nett mit Orangenbäumen begrünt, zum Strand ist es nicht weit.

●**Playa de Mazarrón,** 2. Kategorie, Carretera Puerto de Mazarrón-Bolnuevo, Tel. 968 150 660, Fax 968 150 837. Recht großer Platz für knapp 1500 Personen am Strand von Bolnue-

vo. Schatten durch Palmen, Eukalyptusbäume und Mattendächer.

Essen & Trinken

●**Restaurante Virgen del Mar,** Paseo Marítimo s/n, Tel. 968 585 057. Seit Jahren ein Lokal mit beachtlicher Qualität. Die Einrichtung mag etwas nüchtern wirken, aber die Fisch- und Reisgerichte sind hervorragend. Auch die Tapas werden geschätzt.

Adressen

●**Medizinisches Zentrum:** Avda. Costa Cálida, Edificio (Gebäude) Municipal, Tel. 968 154 202.

●**Polizei:** Plaza del Mar.

●**Post:** c/ Maestro Andrés Picón s/n.

Feste

●**17. November:** Romería del Milagro – Wallfahrt in Bolnuevo. Das Fest wird am folgenden Sonntag gefeiert.

Markt

●**Sonntag,** an der c/ Parque Doñana.

Águilas

●**Einwohner:** 26.000
●**PLZ:** 30880
●**Entfernung nach Alicante:** 192 km
●**Touristeninformation:**
Plaza de Antonio Cortijos s/n,
Tel. 968 493 285, Fax 968 446 082,
E-Mail: turismo@aguilas.org
●**Internet:** www.aguilas.org

Mittlerweile ist Águilas zu einer beachtlichen Kleinstadt angewachsen. Im 18. Jahrhundert war das gewiss nicht vorgesehen, als *König Carlos III.* in dieser unwirtlichen Gegend einen

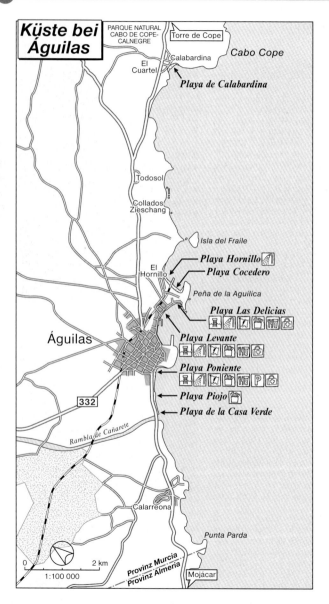

Küste bei Águilas

PARQUE NATURAL CABO DE COPE-CALNEGRE

Torre de Cope

Cabo Cope

Calabardina

El Cuartel

Playa de Calabardina

Todosol

Collados Zieschang

Isla del Fraile

Playa Hornillo

El Hornillo

Playa Cocedero

Peña de la Aguilica

Playa Las Delicias

Águilas

Playa Levante

Playa Poniente

332

Playa Piojo

Playa de la Casa Verde

Rambla de Cañarete

Calarreona

Punta Parda

0   2 km

1:100 000

Provinz Murcia
Provinz Almería

Mojácar

Costa Cálida

Hafen bauen ließ. Der Ort war schon seit den Tagen der Römer bewohnt, aber erst mit der Errichtung des Hafens wurde Águilas planmäßig besiedelt. Einen gewaltigen Schub bekam es durch die Touristen. Speziell in Richtung Westen wurden immer neue Apartmenthäuser entlang des Strandes gebaut, so dass sich die Stadt doch ziemlich ausdehnte. Heute hat sie einen hübschen älteren Kernbereich, der zwischen dem Hafen und der Plaza España liegt, sowie in Strandnähe eine Zone touristisch relevanter Häuser. Die Umgebung zeigt sich gebirgig und karstig, die schroffe Küste fällt zum Teil steil ab.

Playa Hornillo

Playa Hornillo liegt östlich von Águilas bereits etwa zwei Kilometer außerhalb. Die Bucht misst 500 Meter, zeigt sich recht schmal und weist feinen, hellen Sand auf. Im Hinterland wurden bereits die ersten Häuser gebaut, aber noch ist es hier ziemlich urwüchsig.

Playa Cocedero ist eine kleine, 200 Meter lange Bucht, am östlichen Ortsrand von Águilas gelegen. Sie wird von einer kleinen Erhöhung begrenzt, dem Pico de la Aguilita.

Am Strand von Águilas

Playa Las Delicias

Playa Las Delicias ist, aus östlicher Richtung kommend, der erste Stadtstrand. Er verläuft über 500 Meter, hat eine mittlere Breite von 25 Metern und besteht aus leicht gräulichem Sand. Im Hintergrund verläuft eine Promenade, an der sich Apartmentblocks erheben.

Playa Levante

Playa Levante ist die Verlängerung des vorherigen Strandes, ohne dass eine klare Trennlinie erkennbar wäre. Diese *playa* verläuft über 450 Meter bis zum Sportboothafen, ist aber mit weniger als zehn Metern recht schmal. Die Bebauung im Hintergrund wird noch prägnanter in dieser Zone. Etliche Häuserblocks der weniger schönen Sorte bieten ihren Bewohnern *vista al mar* – Meerblick.

Playa Poniente

Playa Poniente beginnt dann erst wieder hinter dem Hafen und dem Berg mit dem Castillo. Dieser Strand verläuft über gut 700 Meter. Dabei verändert sich die Breite, sie liegt im Mittel aber bei rund 10 Metern. Der Sand ist hell mit einem Stich ins Gräuliche und überwiegend fein, vereinzelt aber auch etwas gröber. Hinter dem Strand liegt eine Fußgängerpromenade. Autos sind hier verbannt. Parallel zum *paseo* stehen Apartmenthäuser neueren Datums.

Playa Piojo

Playa Piojo schließt den Ortsrand nach Westen ab und endet an einer Mole. Der Sand fällt etwas gröber und leicht grau aus. Entlang des Strandes verläuft weiterhin die hübsche Promenade. Auch hier stehen noch Apartmentblocks.

Playa de la Casa Verde

Die *playa* gilt als westlichster Punkt der Gemeinde Águilas, sie hat eine Länge von 200 Metern und ist kaum 15 Meter breit. Es gibt keine Serviceeinrichtungen bis auf einen Parkplatz. Aber die ersten Apartmenthäuser stehen unmittelbar am Wasser.

Sehenswertes

Plaza España

Reizvoll ist das Gesamtensemble des älteren Stadtkerns. Nicht, dass hier nun reihenweise spektakuläre Häuser stünden, aber im Vergleich zu den meisten Küstenorten der Umgebung findet man hier doch eine Reihe malerischer Häuser. Zentraler Platz ist die hübsch begrünte Plaza España mit ihren schmiedeeisernen Ruhebänken. Ringsum bestechen auffällig verschnörkelte Häuser, wie das **Rathaus** aus dem 19. Jahrhundert. Die Rundbögen über den Fenstern erinnern ein wenig an maurische Architektur. Arabische Schriftzeichen unterstreichen noch diesen Eindruck. Der Platz wurde 1874 angelegt. Im Zentrum steht ein kleiner Brunnen. Insgesamt acht Straßen münden hier ein.

Costa Cálida

Fischereihafen

Nur ein paar Schritte weiter erreicht man den Fischereihafen. Dort wird noch immer schwer gearbeitet. Jeder Besucher sollte deshalb seine Neugierde etwas zügeln. In der **Lonja** werden täglich Fische versteigert.

Castillo de
San Juan de las Águilas

Unmittelbar am Hafen erhebt sich ein steiler, 85 Meter hoher Berg, auf dem das Castillo de San Juan de las Águilas thront. Es wurde im 18. Jahrhundert auf den Überresten einer früheren Burg aus dem Jahr 1579 erbaut. Nach vielen Schlachten besteht es heute nur noch als **Ruine,** die aber restauriert wird. I Schatten der Burg siedelten sich früher die Fischer an, die gegen häufige Piratenattacken geschützt werden mussten. Allzu viel kann man oben nicht mehr besichtigen. Aber die Mühe des Aufstiegs lohnt sich wegen des unvergleichli-

Im Hafen von Águilas malochen noch die Fischer

chen Panoramablickes. Um hinaufzugelangen geht man von der Plaza España über die c/ Balart, dann kurz nach links in die c/ La Paz und wieder rechts in die c/ Murillo. Dann geht' s hoch zum „Gipfel".

Praktische Tipps

Unterkunft

●**Hotel Carlos III.** €€€, c/ Rey Carlos III. 22, Tel. 968 411 650, Fax 968 411 658. Mitten im Ortszentrum und nur zwei Querstraßen vom Strand entfernt liegt dieses 32-Zimmer-Hotel, das familiär geführt wird.

●**Hotel El Paxo** €€€, c/ Cartagena 13, Tel. 968 447 125, Fax 968 447 127. Kleines Haus mit 20 Zimmern, das etwas am Rande des Zentrums, eine Parallelstraße vom Bahnhof entfernt, liegt.

●**Pensión La Huerta** €€, c/ Barcelona 2, Tel. 968 411 400. Kleine Pension von 18 Zimmern am Ortsrand, unweit der Ausfallstraße nach Cartagena/Lorca.

Jugendherberge

●Carretera de la Calarreona s/n, Tel./Fax 968 413 029, bietet 82 Betten.

Camping

●**Bellavista,** 2. Kategorie, Ctra. Vera–Almería, Km 3, Tel. 968 449 151. Ein kleiner Platz, der etwa zwei Kilometer außerhalb in Richtung Mojácar liegt und nur durch die Hauptstraße vom Strand getrennt ist.

●**Águilas,** 2. Kategorie, Urbanización Los Geráneos, Tel. 968 419 205. Ebenfalls kein übermäßig großer Platz (249 Personen), der etwa zwei Kilometer östlich des Ortes in Richtung Calabardina, Cabo de Cope liegt, allerdings zwei Kilometer vom Strand entfernt.

Essen & Trinken

●**Bar Sol y Mar,** c/ Coronel Pareja, Ecke Hafenvorplatz. Wenn die alte Weisheit noch gilt, dass dort, wo Arbeiter im Blaumann essen, die Portionen gut und reichlich sind, dann sollte man diese Bar einmal testen.

●**Restaurante Casa del Mar,** Explanada del Muelle s/n, Tel. 968 412 923, Mo. geschlossen. Das Lokal liegt genau gegenüber der Fischauktionshalle am Hafen und bietet Fisch- sowie Reisgerichte.

●**Restaurante Las Brisas,** Explanada del Puerto s/n, Tel. 968 410 018, Mi. geschlossen. Das kleine Lokal liegt zwischen Plaza España und Strand. Es bietet vor allem Fisch bzw. Fleisch vom Grill.

Adressen

●**Medizinisches Zentrum:** c/ Dr. Fleming, s/n.

●**Polizei:** c/ Juan Pablo I., einen Block von der Plaza España entfernt.

●**Post:** c/ La Paz, unweit des Hafens.

●**Busbahnhof:** Avda. Juan Carlos I., Ecke c/ Carlos Marín Menú (drei Querstraßen vom Strand entfernt).

Feste

●**16. Juli:** Virgen del Carmen – mit Meeresprozession.

●**15. August:** Sommerfest.

Markt

●**Montag bis Freitag,** jeweils vormittags an der Plaza de los Abastos, nur einen Block von der Plaza España entfernt.

●**Samstag,** an der Plaza de los Dolores, beim Bahnhof.

Ausflüge

Castillo de Cope

Castillo de Cope liegt etwa zehn Kilometer nordöstlich an einer Landspitze. Eine Burg hat hier aber wohl niemals gestanden. König *Carlos V.* ließ aber bereits im Jahre 1539 einen **Wachtturm** errichten. Zu oft wurde die Küste von Piraten heimgesucht, die sich mitunter nicht einmal von der kleinen Garnison abschrecken ließen. 1582 überrannten türkische Seeräuber den Wachtturm und nahmen gleich die Kanonen mit. So ging es eine Zeit lang, bis 1702 endlich 50 Mann Bewachung abgestellt wurden. Erst als die Piraten verschwanden, wurden die Soldaten wieder abgezogen und der Turm verfiel. Seitdem er nun restauriert wird, gilt er als Ausflugsziel.

Die Torre de Cope zählt heute zu den ältesten Wehrtürmen der gesamten Provinz Murcia. In unmittelbarer Nachbarschaft des Turmes stehen ein paar Häuser. Auch einige **Strände** befinden sich hier. Diese weisen keinerlei Serviceeinrichtungen auf und man erreicht sie nur über eine Piste. Etwas lebhafter geht es an der Playa de Calabardina zu – einem leicht gräulichen, feinen Sandstrand, der vor der gleichnamigen Ortschaft liegt. Auf dem Weg zur Torre de Cope fährt man gut einen Kilometer vor Erreichen des Turmes hindurch.

Costa de Almería

053cl Foto: jf

043smk Foto: jf

Kurviges Hinterland bei Mojácar

Mit 1 PS unterwegs

Seelen baumeln, Blicke schweifen ...

Übersicht

Die Küste der Provinz Almería tut sich mit dem Tourismus ein bisschen schwer, so recht mithalten kann sie mit ihren Küsten-Schwestern nicht. Diese tragen klangvollere Namen wie „Sonnenküste" (Costa del Sol) oder „Weiße Küste" (Costa Blanca). Dabei sind die Strände der Costa del Almería gar nicht mal schlecht; die Umgebung aber zeigt sich als staubtrockene **Halbwüste.** Nein, üppige Reize hat die sonnenversengte Costa de Almería nicht zu bieten. Das sahen auch schon frühere Bewohner so; sie tauften ihre armseligen Dörfer „Bitteres Wasser"(Agua Amarga), „Wind-Hügel" (Loma del Viento) oder auch „Die Schwarzen" (Las Negras).

Da auch echte Traumstrände eher die Ausnahme sind, passierte auf dem touristischen Sektor lange Zeit nichts. Dann aber kamen vor ein paar Jahrzehnten mehrere Faktoren zusammen. Das Gebiet östlich von Almería, das Cabo de Gata wurde unter **Naturschutz** gestellt. Dadurch erstickten die Behörden mögliche touristische Bebauungspläne im Keim, was noch heute der gesamten Zone zugute kommt. Filmproduzenten entdeckten beinahe zeitgleich die almeriensische Halbwüste als ideale Location für Westernfilme. Dutzende von Spagetti-Western und auch der eine oder andere Klassiker wurden hier gedreht. Mit der Folge, dass ein regelrechtes **Westerndorf** entstand, das sich als touristisches Zugpferd entpuppte. Denn trotz der widrigen äußeren Bedingungen kamen dann doch die ersten Besucher, und speziell der westliche Bereich der Costa de Almería wurde touristisch erschlossen. Aber mit Bedacht, schließlich sollten die Fehler anderer Küstenregionen, wie etwa ein hemmungsloser Bau-Boom, hier nicht wiederholt werden.

Was die Landschaft leider dennoch verschandelt, sind die *invernaderos,* die **Treibhäuser.** Zwischen Almería, El Ejido und Adra bedecken sie über Kilometer hinweg den staubigen Boden, nicht viel mehr als ein großes Gestell mit vielen Quadratmetern Plastikplane darüber. Darunter wird all das Gemüse gezogen, das wir Mittel- und Nordeuropäer außerhalb der Saison verzehren wollen. Ein einziges weißes Plastikmeer, besonders gut zu beobachten aus dem Flugzeug beim Landeanflug zum Aeropuerto Almería.

Die gesamte Küste wird geschützt durch den steil aufragenden **Gebirgszug** der Sierra de Alhamilla und der Sierra de Gádor. Und direkt dahinter erhebt sich die noch höhere **Sierra Nevada.** An diesen beiden Gebirgszügen regnen sich die Atlantikwolken ab, so dass nur sehr wenig Niederschlag die Costa de Almería erreicht. Weit im Hinterland und beinahe am Fuße dieser Sierras verläuft die autobahnähnliche N-340. Wer die Küste erkunden möchte, kann viele zumeist gut ausgebaute Straßen benutzen, die von der N-340 Richtung Meer verlaufen. Der Verkehr ist relativ schwach entwickelt, ideal also, um sich mal in Ruhe umzusehen. Denn dann kann man den Reiz dieser kargen Landschaft entdecken.

Marktschreierisch bietet sie sich nicht an, aber reizvolle Ecken hat sie sehr wohl. Und einige sehr schöne Strände obendrein, wenn auch zumeist etwas versteckt.

Mojácar

- **Einwohner:** 5000
- **PLZ:** 04638
- **Entfernung nach Almería:** 90 km
- **Touristeninformation:**
  Plaza del Ayuntamiento 1,
  Tel. 950 475 162, Fax 950 615 025,
  E-Mail: aytomojacar@telebase.es
- **Internet:** www.mojacarviva.com

Der Ort Mojácar ist zweigeteilt. Direkt an der Küste liegt eine **kilometerlange Urbanización,** die ihrerseits in mehrere Bezirke unterteilt ist. Den Besucher erwartet eine nicht enden wollende Reihe von Apartmenthäusern, unterbrochen von Hotels und zahlreichen Lokalen, Shops, Bars etc. Eine breite Straße verläuft parallel zum Meer durch den ganzen Ort, und angesichts des dichten Verkehrs fragt man sich unwillkürlich, wo all die Autofahrer wohl hinwollen. Vielleicht nach **Mojácar Pueblo,** dem alten Ort? Dieser liegt zwei bis drei Kilometer im Hinterland und darf ohne Frage als echte Schönheit bezeichnet werden. Ein klassisches Weißes Dorf mit einer Grundarchitektur aus fernen arabischen Tagen, das sich steil an einem Hang hochzieht. 1488 eroberten die christlichen Heere Mojácar, aber er-

staunlicherweise blieben viele islamische Familien hier. Natürlich mussten sie konvertieren, aber immerhin wurde verhindert, dass im christlichen Siegestaumel gleich der halbe Ort zerstört wurde. Das besorgte dann 1518 ein Erdbeben, aber unverzagt bauten die Einwohner ihren Ort wieder auf. In den 1970er Jahren war es dann soweit: Mojácar wurde von den Touristen „entdeckt", und ruckzuck entstanden an der Küste die ersten Hotels.

Strandprofil

Mojácar dehnt sich aus, ein Ende der Baumaßnahmen ist noch nicht abzusehen. Momentan markieren zwei Punkte die Außengrenzen des Ortes: im südlichen Bereich das Hotel Indalo und etwa sechs Kilometer weiter nördlich der ausgetrocknete Río de Aguas. Die Strände in diesem Bereich von Nord nach Süd:

Playa de la Rumina

verläuft über 1300 Meter und hat eine durchschnittliche Breite von 20 Metern. Der Strand besteht aus feinem hellen Sand und ist stark frequentiert. Kein Wunder: Wie bei allen *playas* in Mojácar muss man nur die stark befahrene Straße überqueren, um die touristische Zone mit Apartments und Lokalen zu erreichen.

Playa El Cargador

misst 900 Meter in der Länge und 20 Meter in der Breite. Auch diese

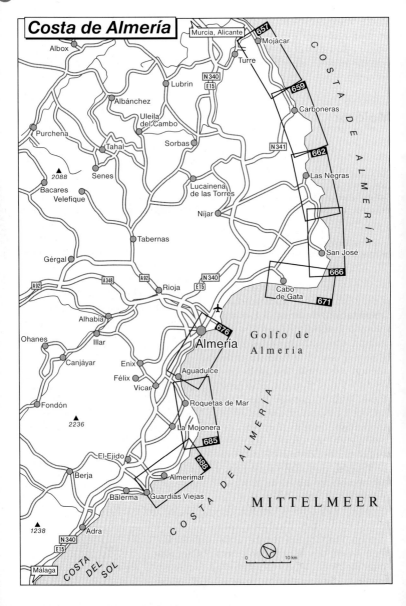

Costa de Almería

Murcia, Alicante

Albox
Lubrin
Albánchez
Uleila del Cambo
Purchena
Tahal
Sorbas
Senes
▲ 2088
Bacares
Velefique
Lucainena de las Torres
Nijar
Tabernas
Gérgal
Rioja
Alhabia
Ohanes
Illar
Canjáyar
Enix
Félix
Vícar
Fondón
▲ 2236
Roquetas de Mar
La Mojonera
El-Ejido
Berja
Almerimar
Bālerma
Guardías Viejas
▲ 1238
Adra

Mojácar 657
Turre
Carboneras 659
Las Negras 662
San José
Cabo de Gata 666
671
Almería 676
Aguadulce
685
688

N 340
E 15
N 341
A 92
A 348
A 92
N 340
E 15

COSTA DE ALMERÍA

Golfo de Almería

COSTA DE ALMERÍA

MITTELMEER

COSTA DEL SOL

Málaga

N 340
E 15

0   10 km

Strandzone zeigt sich hellsandig und ist stets gut besucht, unter anderem von den Gästen des Paradors auf der gegenüberliegenden Straßenseite.

Playa del Cantal

verläuft über 2800 Meter in durchschnittlich 30 Metern Breite. Der helle Sand hat einen Stich ins Graue. Da der Strand mittig im langgestreckten Ort liegt, bräunen sich hier immer viele Menschen.

Playa Cueva del Lobo

„Höhle des Wolfes" klingt zwar etwas wild, aber hier geht's friedlich zu. Gute 1700 Meter ist der Strand lang, im Durchschnitt 35 Meter breit; im oberen Bereich ist er deutlich breiter. Er zeigt sich grau und leicht kieselig, in einem Teilstück besteht er aus schlichter Felsküste. Parallel zu diesem Strand verläuft eine ruhige Strandpromenade und sogar ein eigenständiger Radweg.

Sehenswertes

Mojácar Pueblo sieht heute immer noch aus wie ein hingestreutes Häufchen Würfelzucker: kleine, kubische weiße Häuser mit winziger Dachterrasse und viel Blumenschmuck in engen Gassen. Am Hauptplatz gibt es schon einige auf Touristen eingestellte Bars und Geschäfte; das ist wohl unvermeidlich, kommen doch jährlich Tausende von Besuchern, um sich von der pittoresken Atmosphäre hier gefangen nehmen zu lassen.

Ein Rat: **zu Fuß** hochsteigen und das Auto unten stehen lassen. Die Gassen sind schmal und steil, man kommt schon ein wenig ins Schnaufen, aber oben belohnt ein herrlicher Weitblick bis zu den fernen Bergen für die Mühsal. Außerdem kann der Besucher zu Fuß die Feinheiten einfach besser aufnehmen. Am besten lässt man sich einfach im Gassengewirr treiben, die zentralen Punkte wird sicherlich jeder finden, so groß ist der Ort nicht.

Von der **Plaza Nueva,** dem zentralen Platz, schaut man weit hinab ins Land. Dort warten auch einige Bars auf Gäste. Nicht weit entfernt führt ein geschwungener Weg hoch zum Aussichtspunkt Mirador del Castillo. Einen grandiosen Weitblick bis zur Küste und auf der anderen Seite bis zu Bergen gibt's als Belohnung. Wieder auf der Plaza, geht es durch die Calle Alcalde Jacinto zur **Iglesia Santa María** aus dem Jahr 1560. Dort steht auch die Marmorfigur La Mojaquera, die eine Frau in typischer Tracht mit arabischem Schleier darstellt. Schließlich erreicht der Spaziergänger die hübsche **Plaza del Ayuntamiento.** Einige Lokale locken auch hier, und nur wenige Schritte entfernt überspannt der Torbogen Puerta de la Ciudad die Gasse. Wer genau hinschaut, erkennt noch das Stadtwappen.

Das sind die markantesten Punkte Alt-Mojácars, aber man sollte nicht die vielen kleinen Details an den Häusern übersehen. Denn, das steht für den Autor außer Frage: Mojácar Pueblo ist zwar keine Idylle mehr, aber weit und breit immer noch der schönste Ort.

Costa de Almería

050mrk Foto: sm

Praktische Tipps

Unterkunft

●**Parador de Mojácar** €€€€, Playa s/n, Tel. 950 478 250, Fax 950 478 183, Internet: www.parador.es Sehr schön gestaltete Anlage mit 98 Zimmern, im Ort ausgeschildert und nur durch eine Straße vom Strand getrennt. Das ganze Gebäude ist weiß gehalten und wirkt trotz der großen Zimmeranzahl nicht pompös. Es passt sich farblich und vom Baustil den Häusern von Mojácar Pueblo an. Ein weitläufiger Garten mit großer Terrasse und Pool laden zum Entspannen ein.

●**Hotel Indalo** €€€-€€€€, Paseo del Mediterráneo 1, Tel. 950 478 001, Fax 950 478 176. Fünfstöckiger Bau mit 308 Zimmern, am äu-

ßersten südlichen Ortsrand gelegen. Funktional und zweckmäßig, aber gut sieben Kilometer von Mojácar Pueblo entfernt.

●**Hotel Córdoba** €€€, c/ Piedra Villazar 1, Tel. 950 615 019. Nur fünf Zimmer hat dieses familiäre Haus, das etwa 50 m von der Durchgangsstraße entfernt unmittelbar beim Parador liegt.

●**Pension Mamabel's** €€€, c/ Embajadores s/n, Tel./Fax 950 472 448. Nur sechs Zimmer hat die kleine Pension mitten im Gassengewirr von Mojácar Pueblo. Sie ist im näheren Umfeld leidlich ausgeschildert, aber schwer mit dem Wagen anzufahren. Eine schmale, steile Straße führt von der c/ Embajadores hinunter zum Eingang.

●**Hotel Arco Plaza** €€€, Plaza Nueva in Mojácar Pueblo, Tel. 950 472 777, Fax 950 472 717. Wer es bis zu dieser zentralen Plaza geschafft hat, kann das Haus nicht übersehen. 16 Zimmer mit Balkon und Ausblick, außerdem liegen dem Besucher einige Lokale buchstäblich zu Füßen.

Mojácar Pueblo, ein schönes Weißes Dorf

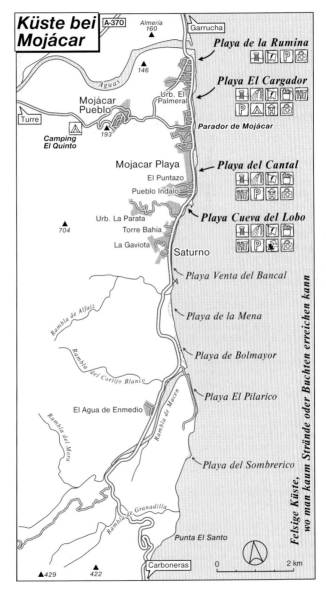

Küste bei Mojácar · A-370

Almería 160 ▲

Garrucha

Playa de la Rumina

▲ 146

Aguas

Mojácar Pueblo

Urb. El Palmeral

Playa El Cargador

Turre

Camping El Quinto

▲ 193

Parador de Mojácar

Mojacar Playa

El Puntazo

Pueblo Indalo

Playa del Cantal

▲ 704

Urb. La Parata

Torre Bahia

La Gaviota

Playa Cueva del Lobo

Saturno

Playa Venta del Bancal

Rambla de Alfaiz

Playa de la Mena

Rambla del Cortijo Blanco

Playa de Bolmayor

El Agua de Enmedio

Rambla de Macen

Playa El Pilarico

Rambla del Mora

Playa del Sombrerico

Rambla de Granadilla

Punta El Santo

▲429   ▲ 422

Carboneras

0   2 km

Felsige Küste, wo man kaum Strände oder Buchten erreichen kann

Costa de Almería

●**Pension El Torreón** €€, c/ Jazmín s/n, Tel. 950 475 259. Kleine Pension mit fünf Zimmern mitten in Pueblo, sehr angenehme Atmosphäre; gemütliche Terrasse mit superbem Ausblick. Einziger Haken: Es gibt nur Gemeinschaftsbäder.

Camping

●**El Cantal de Mojácar**, 2. Kategorie, Carretera a Garrucha, Tel. 950 478 204. Mittelgroßer Platz (800 Personen) unter Bäumen mit einer Unterführung zum Strand.
●**El Quinto**, 2. Kategorie, Carretera Mojácar-Turre, Tel. 950 478 704, Fax 950 472 148. Winziger, aber hübsch gelegener Platz unterhalb von Mojácar Pueblo an der Straße nach Turre.

Essen & Trinken

●Entlang der Durchgangsstraße am Strand reiht sich ein Lokal ans andere. Dort locken auch etliche Musikpubs die unternehmungslustigen Nachtschwärmer.
●In Mojácar Pueblo konzentrieren sich die Tresen bei der Plaza Nueva und in den abzweigenden Gassen, hier liegen beispielsweise das **Time & Place** an der c/ Arabal 13 oder die Bar **La Muralla** an der c/ Arco de Luciana.
●**Restaurant Casa Juana**, c/ Enmedio 10, Tel. 950 478 009. Mitten im Gassengewirr vom Pueblo gelegenes Lokal mit ausgesuchten Speisen.

Adressen

●**Post:** in Mojácar Pueblo im Edificio Multiples Servicios, in der Strandzone am Parque Comercial beim großen Kreisverkehr.
●**Surfen:** Samoa Surf, am Strand, Tel. 950 478 490.
●**Tauchen:** Centro-Escuela Buceo, am Stand, Tel. 950 472 760.

Feste

●**15. Mai:** Romería de San Isidro.
●**Wochenende nach 10. Juni:** Moros y Cristianos; die „Befreiung" von den Mauren wird nachgespielt.

●**28. August:** San Agustín, Patronatsfest.
●**7. Oktober:** Virgen del Rosario, Patronatsfest.

Markt

●**Sonntag** vormittags Flohmarkt unterhalb von Mojácar Pueblo an der Kreuzung zur Straße nach Turre.
●**Mittwoch:** Wochenmarkt beim Fußballfeld.

Carboneras

Man kommt an Carboneras nicht vorbei, jedenfalls wenn man die Küstenstraße befährt. Der Ort ist stark geprägt von seinem großen **Industriehafen** und einem gewaltigen Zementwerk, in dem die 5700 Einwohner wohl Lohn und Brot finden; nicht unbedingt die günstigsten Voraussetzungen für eine Urlaubsidylle. Der internationale Tourismus hat sich hier jedenfalls noch nicht ausgebreitet. Dabei gibt es zwei **Strände** mit überwiegend feinem, leicht graustichigen Sand, unterbrochen von Kieseln. Eine nette Promenade verläuft im Ortszentrum entlang der *playas;* hier liegen auch einige Lokale. Als Gesamtfazit bleibt aber festzuhalten, dass von allen Orten an der Costa de Almería dieser doch der am wenigsten attraktive ist.

Agua Amarga

„Bitteres Wasser", so die deutsche Übersetzung des Ortsnamens, mag es vielleicht einmal in früheren Zeiten für die Bewohner gegeben haben. Zu abseitig, zu einsam, zu isoliert lag dieses

Costa de Almería

Fischerdörflein, als dass sich hierher ein Besucher verirrte. Das zumindest hat sich geändert. Gerade aus dem immerhin 700 Kilometer entfernten Madrid kommt ein wahrer Strom an Wochenendgästen, ein Phänomen, das einen denn doch etwas ratlos lässt. Was mag die Madrileños über diese weite Strecke locken? Nun ja, vielleicht die in die Moderne hinübergerettete reizvolle Mischung aus Fischer-Ambiente und verträumtem Mancha-Dorf. An der nostalgischen Atmosphäre haben auch die zahlreichen neuen Apartments nichts ändern können. Noch immer spaziert man hier durch ruhige Gassen, landet zwangsläufig am kleinen zentralen Platz, genehmigt sich ein Gläschen in der nächsten Bar und biegt dann ab zum Strand. Der verläuft über einen halben Kilometer ohne Promenade und touristischen Schnickschnack. Einige Wohnhäuser und Lokale stehen unmittelbar an der *playa*, ein Ruderboot verbreitet maritime Stimmung.

Strandprofil

Playa
Agua Amargua

ist 500 Meter lang und gut 30 Meter breit, links und rechts begrenzen leicht ansteigende Felsen den Strand. Im oberen Bereich wurden ein paar Kinderspielgeräte aufgestellt, im zentralen Bereich locken zwei, drei Bars die größeren Besucher. Alles in allem herrscht hier eine wunderbare Laid-back-Stimmung.

Praktische Tipps

Unterkunft

●**Hotel Family** €€€, (ausgeschildert) Tel. 950 138 014. *Michèlle* und *René* führen dieses ausgesprochen nett gestaltete und leicht verwinkelt gebaute Haus mit einem hübschen Garten, in dem auch ein Pool zum morgendlichen Planschen lockt. Aber auch zum Meer sind es höchstens 100 Meter. Das Hotel liegt im oberen Ortsrand hinter dem staubigen Fußballfeld.

●**Hotel Las Calas** €€€-€€€€, c/ Desagüe s/n (ausgeschildert), Tel. 950 138 016, Fax 950 138 132. Sehr ruhig in der hinteren Ecke einer Apartment-Reihe gelegen, unmittelbar beim Strand. Ein kleines Haus mit zehn Zimmern; schräg gegenüber wartet ein *chiringuito* am Strand auf Gäste.

●**Hotel La Palmera** €€-€€€, liegt mitten im Ort, ausgeschildert, Tel. 950 138 208. Kleine, nette Pension in zentraler Lage.

●**Mikasa** €€€, Ctra. Carboneras, Tel./Fax 950 138 073, E-Mail: siute000@aranzadi.es Eine Engländerin führt dieses Haus, das eigentlich aus drei Gebäuden in Strandnähe besteht. Die 15 Zimmer sind sehr persönlich eingerichtet, tragen keine Zimmernummern, sondern Namen von weltberühmten Stränden.

●**Hotel El Tío Kiko** €€€, c/ Embarque, Tel. 950 138 080, Fax 50 950 138 067, Internet: www.eltiokiko.com. Etwas erhöht gelegenes Haus mit schönen, rustikal eingerichteten 25 Zimmern und zwei Suiten. Toller Blick von der Terrasse mit Pool über die Bucht.

Essen & Trinken

●**Restaurant La Chumbera**, c/ Ventorillos, Tel. 950 168 321. Gilt weit und breit als eines der besten Lokale. Deutsche Betreiber, die gastronomisch weit über den heimischen Tellerrand schauen.

Feste

●**24.-26. Juli:** Fiesta zu Ehren des Apostels Jakobus.

Las Negras

Ein kleines Dörflein, das keineswegs schwarze *(negra)*, sondern blitzblanke Häuser hat. Der Name stammt sicherlich von dem tief schwarzen Felsen, der linker Hand vom Dorf am Ende des Strandes aufragt. Erst spät wurde Las Negras von den Touristen entdeckt. Ein paar Apartments entstanden, auch ein Campingplatz und eine Mini-Promenade, das war's im Wesentlichen. Die Hauptstraße führt ins Dorf hinein und endet direkt am **Strand.** Dort findet sich in der ersten Strand-Reihe ein Lokal mit Terrasse, das La Palmera. Etwas weiter rechts liegt eine kleine Zeile mit Apartments und die schon erwähnte kurze Promenade, an deren oberen Ende die Bar Manteca liegt. Hier kann man dann bei einem Gläschen Vino nett aufs Meer gucken; viel mehr lässt sich in Las Negras nicht unternehmen.

Strandprofil

Playa
Las Negras

   misst etwa 650 Meter in der Länge und knapp über 20 Meter in der Breite. Der Strand besteht überwiegend aus gröberen Kiesel und zeigt sich nur an wenigen Stellen grausandig.

Praktische Tipps

Unterkunft   

●**Hostal Arrecife** €€, an der Zufahrtstraße, Tel. 950 388 140. Das zweistöckige Haus liegt zentral; die Zimmer sind einfach, aber ausreichend eingerichtet.

Camping

●**Náutico La Caleta,** 2. Kategorie, vor dem Ort ausgeschildert, Tel./Fax 950 525 237 Internet: www.serinves.es/campinglacaleta. Etwa 500 Meter vom Ort entfernt an der grausandigen kleinen Bucht Cala del Cuervo liegt dieser mittelgroße Platz für 600 Urlauber. Nett begrüntes, in Parzellen aufgeteiltes Gelände mit einem Pool und Restaurant.

La Isleta

Der Autor kann sich kaum an einen kleineren Ort in Spanien erinnern. Mehr oder weniger besteht La Isleta del Moro, so der vollständige (und viel zu lang anmutende) Name, aus einer Hauptstraße mit einer Hand voll Häusern. Die untere Hälfte wird noch von Fischern bewohnt, die obere von Feriengästen. Der Ort läuft auf eine kleine Erhebung zu, die man spielend erklimmen kann. Von dort schaut man dann nett aufs Meer und auf die vorgelagerte Insel **Isleta del Moro Arraez,** deren Name sich auf einen ehemaligen Berberfürsten bezieht. Was der nun ausgerechnet hier gemacht haben mag, bleibt wohl in den wolkigen Annalen der Regionalgeschichte verborgen. Heutige Besucher wollen nur eines: Ruhe und Beschaulichkeit, und die gibt es hier wirklich im Übermaß.

Strand El Peñón Blanco

   misst knapp 250 mal 20 Meter und besteht aus feinem braunen Sand.

Costa de Almería

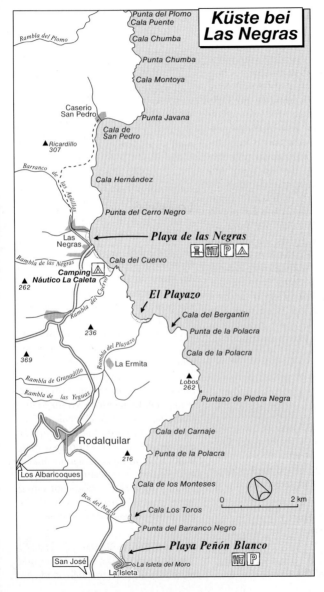

Küste bei
Las Negras

Unterkunft

●**Hostal La Isleta** €€-€€€, c/ del Paraíso, Tel. 950 389 713. Nette Lage am Meer, die Zimmer haben Balkon und unten befindet sich ein Lokal.

Feste

●**14.-16. Juli:** Virgen del Carmen, mit Messe am Strand und einer Romería übers Wasser.

Los Escullos

Ein kleiner Ort, geprägt durch viele Sandsteinklippen. Auch hier haben schon die ersten Apartments neue Besitzer gefunden; diese lassen sich aber nur am Wochenende sehen. Ein Hostal und ein im Hinterland gelegener Campingplatz existieren ebenfalls, das war's aber auch schon. Am Ortsrand steht das recht gut erhaltene **Castillo de San Felipe,** das in der zweiten Hälfte des 18. Jahrhunderts erbaut wurde. Das Gebäude soll als Zentrum für Unterwasserstudien genutzt werden.

Strandprofil

Playa del Arco

liegt links vom Ort, Blickrichtung zum Meer und hat folgende Ausmaße: 350 Meter Länge und 40 Meter Breite. Der helle, überwiegend feinsandige Strand verfügt über keinerlei Serviceeinrichtungen.

El Embarcadero

ist eine ca. 300 Meter lange Bucht rechts vom Ort, die aus sehr grobem Kiesel und Steinen besteht.

Praktische Tipps

Unterkunft

●**Hostal Los Escullos** €€, Tel. 950 389 733. Kleines Haus in Strandnähe.
●**Pensión Casa Emilio** €€, Tel. 950 389 732. Ebenfalls in Standnähe gelegenes Haus mit wenigen Zimmern und einem Restaurant.

Camping

●**Los Escullos,** 2. Kategorie, ca. einen Kilometer im Hinterland gelegen, Tel./Fax 950 389 811, E-Mail: campestur@carural.es. Mittelgroßer Platz für 800 Camper mit guten Einrichtungen, Animation für Groß und Klein, Pool, Tauchbasis und etlichen Freizeitangeboten.

San José

●**Einwohner:** 700
●**PLZ:** 04118
●**Entfernung nach Almería:** 57 km
●**Touristeninformation:**
c/ Correos s/n, Tel. 950 380 299

Der Ort dürfte im Reigen der schillernden spanischen Küstenorte kaum auffallen. Gut so! Denn hier hat sich ein Dörflein erhalten, in dem es wirklich noch so ist „wie früher". Als der spanische Schriftsteller *Juan Goytisolo* Mitte des 20. Jahrhunderts den Ort besuchte, war er wenig beeindruckt. Er schrieb damals, San José sei „ein tristes Dörfchen, vom Wind gegeißelt, die Hälfte der Häuser ohne Dach, die andere Hälfte kaputt". Das hat sich grundlegend geändert. Ein Kellner unkte sogar, dass San José in 50 Jah-

Costa de Almería

ren wie Benidorm aussehen könnte; das wollen wir nun aber wirklich nicht hoffen.

Das Tolle an San José ist, dass es dort eigentlich gar nichts Tolles gibt. Dieser kleine Weiler war über Jahrzehnte ein sehr abseitig gelegenes Fischerdörflein, mit hübschen weißen Häusern und einer rustikal-attraktiven Landschaft nicht zu hoher Bergketten in der Umgebung. Der Reiz dieser Gegend liegt in der perfekten Harmonie zwischen sehr trockener Landschaft, den sanften Erhebungen und den gedrungenen weißen Häusern. Außerdem gibt es ein paar sehr schöne Strände in der näheren Umgebung. Kein Wunder, dass sich irgendwann einmal die ersten Touristen hierher verirrten. Das war wohl nicht zu vermeiden, aber alles blieb noch in überschaubarem Rahmen. Sicher, es gibt jetzt ein paar Hotels, einen Campingplatz und auch etliche Ferienwohnungen. Trotzdem ist die Atmosphäre nach wie vor angenehm entspannt.

Strandprofil

Es gibt ein paar schöne Strände in und um San José sowie eine Reihe versteckter Buchten. Hier die Beschreibung der größeren Strände. Man erreicht sie auch per Fahrzeug; dazu kurz nach dem Ort links in Richtung Playa Genoveses abbiegen.

Am Playa de los Genoveses

Costa de Almería

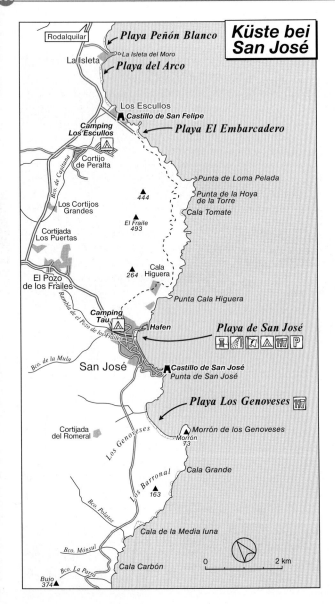

Küste bei San José

Rodalquilar
La Isleta
Playa Peñón Blanco
○ La Isleta del Moro
Playa del Arco

Los Escullos
Castillo de San Felipe
Camping Los Escullos
Playa El Embarcadero

Cortijo de Peralta

Bco. de Cariana

▲ 444

Punta de Loma Pelada
Punta de la Hoya de la Torre
Cala Tomate

Los Cortijos Grandes

El Fraile 493

Cortijada Los Puertas

El Pozo de los Frailes

Rambla de el Pozo de los Frailes

▲ 264

Cala Higuera

Punta Cala Higuera

Camping Tau
Hafen
Playa de San José

Bco. de la Mula

San José

Castillo de San José
Punta de San José

Playa Los Genoveses

Cortijada del Romeral

Los Genoveses

▲ Morrón de los Genoveses
Morrón 73

Los Barronal

Cala Grande

▲ 163

Bco. Polatos

Cala de la Media luna

Bco. Mónsul
Bco. La Parra

Cala Carbón

Bujo 374 ▲

0   2 km

Playa de San José

Der Stadtstrand mit seinen beachtlichen 850 Metern Länge und knapp 40 Metern Breite. Links (Blickrichtung Meer) begrenzt ein Hafen, rechts eine Felswand mit einigen Häusern die Strandbucht. Der Sand ist hell und fein. Über eine kleine Promenade kann man einen kurzen Spaziergang unternehmen. Hier gibt es keinerlei touristische Angebote, denn direkt hinter dem Strand stehen einige Privathäuser mit Garten. Allerdings laden beim Hafen ein halbes Dutzend Lokale zur Einkehr ein.

Playa Los Genoveses

ist zweifellos der attraktivste Strand weit und breit. Er liegt etwa zwei Kilometer außerhalb von San José und kann sowohl motorisiert als auch zu Fuß erreicht werden. Die Straße schlägt einen weiten Bogen durchs Hinterland. Sie führt von San José leicht geschwungen an einigen Apartmentanlagen vorbei, und dann ist urplötzlich Schluss mit lustig: Die asphaltierte Straße geht in eine üble Schlaglochpiste über. Wer sich das sparen möchte, parkt nach spätestens 200 Metern. Links liegt eine kleine Windmühle. Von hier aus geht es durch die Felder; nach etwa 15 Minuten erreicht man den Strand.

Der schöne helle Sandstrand von 1200 Metern Länge und 40 Metern Breite liegt ziemlich einsam und zeigt sich als weit geschwungene Bucht. Begrenzt wird er von leicht ansteigenden Dünen, bedeckt mit einer zarten Vegetation. Beinahe so etwas wie ein Geheimtipp.

Playa de Mónsul

liegt etwa sechs Kilometer von San José entfernt; man erreicht ihn über die gleiche Straße wie die Playa Genovese. Die Daten: 300 Meter Länge, knappe 50 Meter Breite, feiner Sand, bis auf eine Parkmöglichkeit keine Serviceeinrichtungen. Im Westteil erhebt sich eine beachtliche Düne, während am östlichen Ende eher Felsen und Steine vulkanischen Ursprungs zu finden sind. Bedingt durch die Einsamkeit, treffen sich hier FKK-Anhänger.

Cala de Media Luna

Dieser von Felsen gesäumte Strand liegt noch ein Stückchen weiter entfernt, hat aber bescheidenere Ausmaße: 185 Meter Länge, 37 Meter Breite. Der Sand ist fein und graubraun. Das Hinterland ist unbebaut, und so frönt man auch hier der Freikörperkultur.

Praktische Tipps

Unterkunft

● **Hotel El Sotillo** €€€, am Ortseingang, Tel. 950 611 100, Fax 950 611 105, E-Mail: sotillo@a2000.es. 17 Zimmer, hübsch dekoriert und ruhig, in ländlicher Umgebung. Zum Ortskern läuft man bestenfalls 5 Minuten.
● **Hotel Las Gaviotas** €€-€€€, c/ Córdoba s/n, Tel. 950 380 010, Fax 950 380 013. Am Ortseingang gelegenes Haus mit 38 Zimmern.
● **Hotel Atalaya** €€€, c/ Correo s/n (gegenüber Touristeninformation). Tel. 950 380 085. Kleines Haus, auffällig weiß-blau gestrichen in zentraler Lage unweit des Strandes.

Costa de Almería

●**Hotel Aloha Vela Blanca** €€€, Tel. 950 380 461. Kleines Haus mit kleinem Garten und Pool. Liegt sehr ruhig, ca. 200 Meter vom Strand entfernt, in der Straße, die unmittelbar hinter dem großen öffentlichen Parkplatz am Ortseingang links abzweigt.

●**Gran Hotel Don Ignacio** €€€, Paseo Marítimo s/n, Tel. 950 611 080, Fax 950 611 084, E-Mail: donignacio@.net, Internet: www.servimat.net. Das Haus liegt am Strand und hat 44 Zimmer, zum überwiegenden Teil mit Meerblick, dazu ein gutes Restaurant.

●**Hostal Bahía** €€€, Tel. 950 380 306. Mitten im Ortskern gelegenes Haus mit wenigen, angenehmen Zimmern.

Jugendherberge

●**Albergue Juvenil,** Tel. 950 380 353. Fast das ganze Jahr über geöffnete Jugendherberge, keine 200 Meter vom Meer entfernt (ausgeschildert). Es gibt Zimmer für zwei, vier, sechs und acht Personen.

Campingplatz

●**Tau,** 2. Kategorie, am Ortseingang, Tel. 950 380 166, geöffnet: 1.4.-1.10. Ein kleiner Platz (185 Personen) an der Hauptzufahrtsstraße, fast beim Ortseingangsschild gelegen, mit den nötigsten Einrichtungen. Zentrum und Strand liegen in Fußgänger-Distanz.

Essen & Trinken

●Am Hafen liegen ein knappes halbes Dutzend Lokale, u.a. das **Mesón El Tempranillo,** das Fisch- und Reisgerichte serviert. Eine kleine Terrasse mit Meerblick haben sie alle.

●Kurz vor der kleinen Plaza am Ende der Zufahrtsstraße **Calle Correos** liegen ebenfalls noch ein paar Lokale in der Häuserzeile bei der Touristeninformation.

Adressen

●**Mietwagen:** Alemricar, c/ Correo s/n, Tel. 950 380 019.

●**Schiffsausflüge:** Ocioymar unternimmt Touren entlang der pittoresken Küste, zu finden am Sportboothafen. Tel. 950 497 649.

●**Tauchen:** Centro de buceo Alpha, am Sportboothafen, Tel. 950 380 231; Club Indalosub, c/ Barbor 3, Tel. 950 380 004; Kurse, Verkauf und Vermietung von Ausrüstung.

Feste

●**Erstes Wochenende im August:** Fiesta del Turista.

Costa de Almería

Region Cabo de Gata

Ein Naturpark von herber Schönheit ist diese 38.000 Hektar große Zone, die als **trockenstes Gebiet Spaniens,** ja ganz Europas gilt. Die im Hinterland verlaufenden Gebirgszüge fangen fast alle Regenwolken ab. Gerade mal 180 mm Niederschlag fallen hier in einem Jahr, und das auch noch konzentriert an wenigen Tagen. Das ganze Gebiet um das Cabo de Gata ist vulkanischen Ursprungs; es entstand vor 6-17 Millionen Jahren. Die Wasserarmut und die vulkanische Beschaffenheit haben eine herb-reizvolle Landschaft mit steil ins Meer stürzenden Felsklippen, tiefen Trockentälern *(ramblas)* und einer äußerst spärlichen Vegetation modelliert. Vereinzelt wachsen Agaven oder Zwergpalmen.

Diese Halbwüste wurde bereits in den 1960er Jahren von **Filmschaffenden** entdeckt: diverse Klassiker wurden in Almerías Staub gedreht, so etwa „Lawrence von Arabien" mit *Alec Guinness* und *Peter O'Toole,* „Der letzte Mohikaner" mit *Joachim Fuchsberger* oder auch der Monumentalschinken „El Cid" mit *Charlton Heston.* Aus der jüngeren Zeit seien noch Spagetti-Western wie „Für eine Handvoll Dollars" genannt, oder ein Spielberg-Klassiker aus der Indiana Jones-Reihe, von dem einige Szenen an der Playa Mónsul bei San José gedreht wurden.

An den Küsten finden sich vereinzelt wahre **Traumstrände** neben winzigen Fischerdörfchen. 1987 wurde das Gebiet unter Naturschutz gestellt. Die üblichen Bausünden vieler Mittelmeer-küsten fehlen hier; nur in den engen Gemeindegrenzen einiger Orte entstanden vereinzelt Apartmentanlagen.

Besucherzentrum

Einen guten Überblick über den Naturpark bietet das **Centro de Visitantes Las Amoladeras** mit einer liebevoll gestalteten Ausstellung, die sehr anschaulich Flora, Fauna und geologische Ursprünge des Naturparks zeigt, wenn auch leider nur in spanischer Sprache. Es liegt an der Straße nach Cabo de Gata, unweit des Dörfleins Ruescas, ca. einen Kilometer vor der Kreuzung San José-Cabo de Gata.
●**Geöffnet:** 10-15 Uhr, Mo geschlossen; der Eintritt ist frei. Im Vorraum können Bücher und Landkarten erworben werden.

El Cabo de Gata

der Ort heißt offiziell San Miguel de Cabo de Gata, aber so steht es in den wenigsten Landkarten. Bleiben wir also beim umgangssprachlichen Namen. Was kann man über dieses Dörflein erzählen? Es sollen hier noch immer etliche Fischer leben, die auch regelmäßig aufs Meer hinausfahren. Bei einem Spaziergang durch die Straßen beschleichen einen diesbezüglich aber doch Zweifel. Viele Häuser im andalusischen oder auch kanarischen Stil, also klein und flach, sind in der jüngeren Vergangenheit entstanden und dienen erkennbar als Ferienwohnung. Sogar eine völlig unspektakulä-

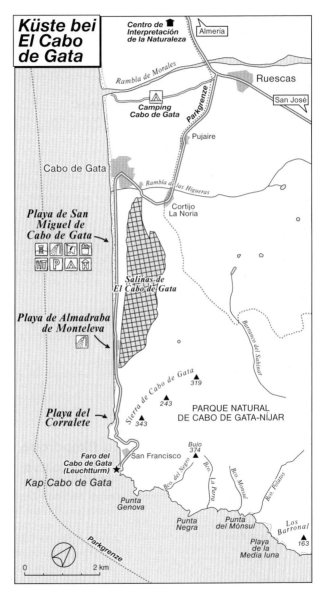

Küste bei El Cabo de Gata

Centro de Interpretación de la Naturaleza

Almería

Rambla de Morales

Ruescas

San José

Camping Cabo de Gata

Parkgrenze

Pujaire

Cabo de Gata

Rambla de las Higueras

Cortijo La Noria

Playa de San Miguel de Cabo de Gata

Salinas de El Cabo de Gata

Playa de Almadraba de Monteleva

Sierra de Cabo de Gata

▲ 319

▲ 243

PARQUE NATURAL DE CABO DE GATA-NÍJAR

Barranco del Sabinar

Playa del Corralete

▲ 343

Bujo ▲ 374

Faro del Cabo de Gata (Leuchtturm) ★

San Francisco

Bco. del Negro

Bco. la Parra

Bco. Mónsul

Bco. Polanco

Kap Cabo de Gata

Punta Genova

Punta Negra

Punta del Mónsul

Los Barronal

▲ 163

Playa de la Media luna

Parkgrenze

0   2 km

Costa de Almería

re Promenade verläuft am Strand entlang. Dennoch bleibt Cabo de Gata ein ruhiges Dorf und ist Lichtjahre von anderen Nachbarorten entfernt, die sich komplett dem Tourismus verschrieben haben.

Strandprofil

Playa de San Miguel de Cabo de Gata

Dies ist der Ortsstrand; die Statistik verrät: 2500 Meter Länge bei rund 60 Meter Breite. Der Sand ist hell mit einem Schuss Grau. Im Ortskern begleitet den Strand eine kurze Promenade mit zwei Lokalen, das war's dann auch schon. Der Strand verlässt den Ort und verläuft Richtung Leuchtturm am Cabo de Gata und geht nahtlos in den Nachbarstrand gleichen Namens über. Dessen Länge wird mit 4840 Metern angegeben, aber wo genau die Trennmarken liegen sollen, ist nicht ersichtlich. Ein Strand zieht sich also von San Miguel de Cabo de Gata bis zum Minidorf Almadraba de Monteleva; parallel verläuft eine Straße. Wer die Abgeschiedenheit sucht, fährt irgendwo rechts ran, und ab geht's zur *playa*.

Praktische Tipps

Unterkunft

●**Hotel Blanca Brisa** €€-€€€, Tel. 950 370 001. Das kleine, ockerfarbene Haus liegt unübersehbar am Ortseingang, etwa 500 Meter vom Strand entfernt. Unten befindet sich ein Restaurant.

●**Hostal Las Dunas** €€-€€€, c/ Cherna s/n (ausgeschildert), Tel. 950 370 072. Das Hostal liegt mitten im Ort, ca. 200 Meter vom Strand entfernt. Es handelt sich um ein zweistöckiges, ockerfarbenes Haus mit kleinen Balkonen, das nett begrünt wurde.

Camping

●**Cabo de Gata,** 2. Kategorie, Tel./Fax 950 160 443. Kleiner Platz für 470 Urlauber, der ca. drei Kilometer vom Ort entfernt recht isoliert inmitten einer landwirtschaftlich genutzten Zone liegt. Ca. ein Kilometer ist es bis zum Meer. Schatten spenden Bäume, ein kleiner Pool ist vorhanden. Zu erreichen: Ungefähr einen Kilometer vor dem Ort Pujaire zweigt nach rechts ein beschilderter Weg ab; diesem folgt man etwa einen Kilometer.

Essen & Trinken

●**Restaurant La Goleta,** an der Promenade, Tel. 950 370 111. Bietet die gesamte Palette vom Frühstück bis zum Abendessen.

Feste

●**14.-16. August:** Virgen del Mar mit spektakulärer Meeresprozession.

Markt

●Am **Samstagvormittag** findet eine Mischung aus Flohmarkt und Gemüsemarkt am Ortsrand an der Straße zum Leuchtturm statt.

La Almadraba de Monteleva

Dieses Minidorf liegt am Weg zum Leuchtturm. Ein Hauch von maritimem Flair ist noch zu erahnen, ansonsten dominiert hier die **Salzgewinnung** das Bild. Am Ortsrand von La Almadraba türmen sich Salzberge, und im Hintergrund erstrecken sich die Salinen. Die

Salzgewinnung wird noch nach traditioneller Methode betrieben. Die Salinen liegen etwas unter dem Meeresspiegel und werden regelmäßig im Frühjahr mit Meerwasser gefüllt. Durch Verdunstung kristallisiert schließlich das kostbare Salz.

Ein Teil der Salinen steht mittlerweile unter **Naturschutz**, da hier regelmäßig Zugvögel Station machen. Direkt bei der Kirche zweigt eine Piste ab, die zu einer Beobachtungshütte führt. Mit ein bisschen Glück kann man hier farbenprächtige Flamingos herumstaken sehen.

Markantester Punkt im Ort ist die weithin sichtbare Kirche **Iglesia de las Salinas** mit ihrem schlanken Turm. Sie wirkt ein wenig angegriffen, wird aber sehr wohl noch zu religiösen Zwecken genutzt.

Playa de Almadraba de Monteleva

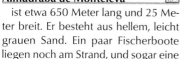

ist etwa 650 Meter lang und 25 Meter breit. Er besteht aus hellem, leicht grauen Sand. Ein paar Fischerboote liegen noch am Strand, und sogar eine Dusche hat mal irgendjemand installiert. Das war's aber auch.

Unterkunft

●**Las Salinas de Cabo de Gata** €€€-€€€€, Tel. 950 370 103, Internet: www.serinves.es/hotellassalinas. Kleines Hotel mit 14 komfortablen Zimmern, teils mit Balkon (Meerblick) oder großer Terrasse; vom Strand nur durch eine Straße getrennt. Innen ist das Haus mit viel Liebe zum Detail dekoriert. Unten liegt seit 30 Jahren das Restaurant Morales mit einer gemütlichen Terrasse.

Das Kap Cabo de Gata

Das eigentliche Kap liegt nur vier Kilometer von Almadraba entfernt, aber die haben es in sich. Die Straße steigt steil und kurvenreich an, schlängelt sich durch die Ausläufer der Sierra de Cabo de Gata und verengt sich an einer Stelle derart, dass jeweils nur ein Fahrzeug fahren kann. Da diese Stelle völlig uneinsichtig ist, muss man hier gewaltig aufpassen.

Beim **Leuchtturm** befindet sich ein kleiner Info-Kiosk und ein recht großer Parkplatz. Der Leuchtturm selbst arbeitet seit 1863; er steht auf dem Fundament des ehemaligen Castillo de San Francisco de Paula, von dem nichts mehr übrig ist. Direkt zum Leuchtturm kann man nicht gehen, dafür bietet aber ein Aussichtspunkt einen sehr schönen Ausblick über die zerklüftete Küste, die so genannten Arecifes de las Sirenas.

Ausflug nach Mini Hollywood

In der Halbwüste von Almería fanden Regisseure die perfekte Location, um Westernfilme zu drehen. Was lag da näher, als gleich eine ganze Westernstadt aufzubauen? Gesagt, getan! Die **Westerntown El Fraile,** besser bekannt als Mini Hollywood, hat alles, was eine anständige Stadt im Wilden Westen so braucht: Einen Saloon namens „Yellow Rose" mit röckeschwingenden Can-Can-Girls und Countrymusik, ein Kutschenmuseum, eine Whiskeybrennerei und jede Menge authentischer Holzhäuser. Zu regel-

Costa de Almería

mäßigen Zeiten gibt es Shows im Saloon oder auf dem Dorfplatz, da knallt es dann, es fliegen die Fäuste zwischen Gut und Böse, bis der Sheriff eingreift und alle Probleme regelt.

Vor einigen Jahren wurde hier auch ein **Tierpark** eröffnet, in dem 150 verschiedene Arten besichtigt werden können.

●**Geöffnet:** Mai-Oktober täglich 10-21 Uhr, November-April täglich außer Montag 10-19 Uhr; Eintritt: Erwachsene 16 €, Kinder 9 €.

●**Anfahrt:** Von Almería fährt man auf der A 92 in Richtung Guadix, etwa acht Kilometer vor Tabernas liegt Mini Hollywood, es ist ausgeschildert.

Almería

●**Einwohner:** 170.000
●**PLZ:** 04001 bis 04005
●**Touristeninformation:**
Parque Nicolás Salmerón s/n,
Ecke c/ Martínez Campos,
Tel. 950 274 355, Fax 950 274 360
●**Internet:** www.almeria-turismo.com

Almería liegt im Zentrum der weitgeschwungenen Bucht Golfo de Almería, eingerahmt von den Gebirgszügen der Sierra de Gádor und Sierra de Alhamilla. Das Meer und der große **Hafen** bilden den Lebensnerv dieser Stadt. Hier landen große Frachtschiffe an, und von hier pendelt die Fähre nach Melilla, einer spanischen Stadt auf marokkanischem Territorium.

An **Sehenswürdigkeiten** hat Almería nicht übermäßig viel zu bieten. Ein Grund hierfür ist das fürchterliche Erdbeben, das im Jahr 1522 die halbe Stadt zerstörte. Eine Besichtigung wert bleiben die maurische Festungsanlage Alcazaba, die Kathedrale und allgemein der innerstädtische Kern.

Ein **Tagesbesuch** kann problemlos auf eigene Faust organisiert werden. Alles Sehenswerte liegt nah beieinander und kann bequem zu Fuß angesteuert werden. Sowohl der Busterminal als auch der benachbarte Bahnhof befinden sich obendrein in Laufweite zum Zentrum.

Geschichte

Besiedelt war der Ort schon seit Urzeiten, doch erst die **Araber** erschlossen den Hafen und errichteten eine Festung, die Alcazaba. Eine Zeit lang war Almería während der maurischen Herrschaft ein selbstständiges Königreich, ein so genanntes **Taifa.** 1147 versuchte *Alfonso VII.* mit einem zusammengewürfelten Heer aus u.a. Aragonien, Pisa und Genua, die Stadt einzunehmen. Dies gelang ihm zwar, aber recht bald eroberten die Araber Almería zurück. Erst 1489 schaffte es das Heer der Katholischen Könige, die Stadt endgültig zu „befreien". Das folgende Jahrhundert brachte dann viel Leid durch drei schwere **Erdbeben** (1512, 1522, 1550) und diverse Attacken durch **Berberpiraten.** Dann bleib es eine ganze Weile still um die Hafenstadt, bis 1855 abermals ein Erdbeben die Stadt zerstörte. Da zu allem Überfluss auch noch die Cholera wütete, sank die Bevölkerungszahl dramatisch.

Bereits 1833 waren die Provinzgrenzen in Spanien neu gezogen worden; Almería hatte den **Hauptstadt-Status** in einer gleichnamigen Provinz erhalten. Das sorgte für einen wirtschaftlichen Aufschwung, der aber durch die oben angeführten Katastrophen immer wieder gebremst wurde. Dennoch, der Hafen und auch die Ausbeutung der umliegenden Minen verhalfen zu einer gewissen wirtschaftlichen Prosperität.

Heute lebt die Stadt und die ganze Provinz zum Teil vom Tourismus, aber in noch stärkerem Maße vom **Gemüseanbau.** Die Provinz Almería hat sich in den Wintergarten Europas verwandelt; in Tausenden riesiger Treibhäuser wächst zur Winterzeit das Gemüse, das außerhalb der Saison nach Mittel- und Nordeuropa exportiert wird.

Anreise

Per Bahn

Da die umliegenden Küstenregionen **keine Bahnverbindung** nach Almería anbieten, wird wohl kaum jemand diese Möglichkeit wählen. Die meisten Linien führen ins Hinterland und sind damit für Küstenurlauber nicht interessant. Wie dem auch sei, der hübsche Bahnhof liegt an der Plaza Estación, direkt davor verläuft die Straße Carretera de Ronda, über die man in zehn Minuten den Hafen erreicht.

Per Bus

Das moderne **Busterminal** liegt unmittelbar neben dem Bahnhof, ins Zentrum läuft man deshalb auch über die Carretera de Ronda.

Per Auto

Wer mit seinem Fahrzeug ins Zentrum von Almería fährt, orientiert sich am besten an den Schildern „Puerto" (Hafen). Entlang der Hafenstraße Parque de Nicolás Salmerón gibt es nicht allzu viele Parkmöglichkeiten; besser sieht es am Bahnhof aus.

Per Flugzeug

Vom Flugplatz aus fährt ein Bus der Linie 20 halbstündlich, am Wochenende alle 40 Minuten ab 7.15 Uhr bis 22.45 Uhr zum zentralen Busterminal.

Sehenswertes

Alcazaba

Das bedeutendste Bauwerk der Stadt stammt noch aus der **arabischen Epoche.** Unter der Regentschaft von *Abderramán III,* dem ersten Kalifen von Al-Andalus, wurde 955 mit dem Bau begonnen. Es handelt sich um ein ummauertes Gelände von 43.000 m², das strategisch günstig auf einem Hügel liegt. Die Mauer ist 430 Meter lang und im Durchschnitt 83 Zentimeter dick. Bis zu 20.000 Menschen sollen hier Platz und Schutz gefunden haben.

Die Anlage gliedert sich in drei Bereiche; die ersten beiden stammen noch aus der arabischen Zeit, der dritte wurde erst nach der christlichen Eroberung errichtet.

Costa de Almería

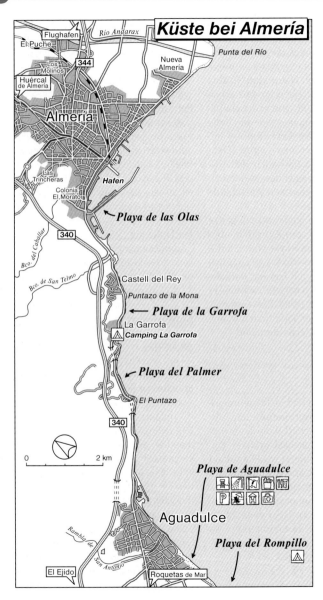

Küste bei Almería

Hat man das Eingangstor durchschritten, geht es über einen gewundenen Weg nach oben zur **Torre de los Espejos,** dem Spiegelturm. Dieser diente vermutlich zur Übermittlung von Nachrichten mittels geschickt angeordneter Spiegel. Der erste Bereich, *primer recinto,* war einst ein bewohntes Gelände mit Häusern und eigener Wasserversorgung. Er diente auch als Zufluchtsort für die außerhalb der Alcazaba lebende Bevölkerung. Heute befindet sich hier ein schöner **Garten.**

Der zweite Bereich war die ehemalige **Residenz des Herrschers,** also die eigentliche Alcazaba. Dort befanden sich prächtige Wohnhäuser, mehrere Bäder (so etwa die Baños de la Reina, „Bäder der Königin", oder die Baños de la Tropa, „Bäder der Truppen"), ein eigener Brunnen und eine Moschee. Ein Teil dieser Gebäude ist zumindest in den Grundmauern noch erhalten. Noch in gutem Zustand sind die *aljibes califales,* die Zisternen des Kalifen. Daneben steht die Ermita de San Juan, eine Kapelle im Mudejar-Stil, deren Bau die Katholischen Könige veranlassten. Nicht mehr viel erhalten ist von dem einstigen Palast, dem Palacio de Almotacín, eigentlich nur der ehemalige Patio, dessen Ausmaße auf die Größe des ehemaligen Palastes schließen lassen.

Mit dem Bau des dritten Bereiches *(tercer recinto)* begann man 1489, nachdem die Katholischen Könige das christliche Banner über Almería aufgepflanzt hatten. Geplant war eine wehrhafte Ergänzung zur arabischen Festung, und so entstanden dann weitere dicke Mauern und kastilische Rundtürme. Zentraler Mittelpunkt war der **Patio de las Armas,** der Waffenhof. Überragt wurde der Bereich von einem Turm, der Torre del Homenaje, in dem noch heute das Wappen der Katholischen Könige zu erkennen ist. Etwas weiter steht der Turm Torre de la Noria, wo einst mit Hilfe eines Schöpfrades Wasser aus einem tiefen Brunnen nach oben befördert wurde.

●**Geöffnet:** Vom 1.4. bis 10.10. von 9 bis 20.30 Uhr; vom1.11. bis 31.3. von 9 bis 18.30 Uhr; montags geschlossen; der Eintritt ist für EU-Bürger frei.

Kathedrale

Wer auf dem Vorplatz dieses Gotteshauses steht und die Kathedrale betrachtet, begreift sofort, warum sie *templo-fortaleza,* „Tempel-Festung", genannt wird: Sie sieht sehr wuchtig und wehrhaft aus. Das täuscht nicht, diente sie doch einst neben religiösen Zwecken auch als als **Zufluchtsort für die Bevölkerung.** Es handelt sich um einen dreischiffigen gotischen Bau, der 1524 begonnen und auf den Grundmauern einer abgerissenen Moschee errichtet wurde. Am Haupttor ist noch das Wappen von *König Carlos I.* zu erkennen. Das Innere der Kirche ist schlicht gehalten, einige der Seitenkapellen dagegen sind prachtvoll gestaltet und geschmückt. Im hinteren Chorumgang befindet sich links die Capilla de la Piedad mit drei Bildern von *Alonso Cano* sowie einem Werk von *Murillo.* Rechts daneben folgt die Capilla de Santo Cristo de la Escucha mit dem Grabmal des Abtes *Villalán,*

Costa de Almería

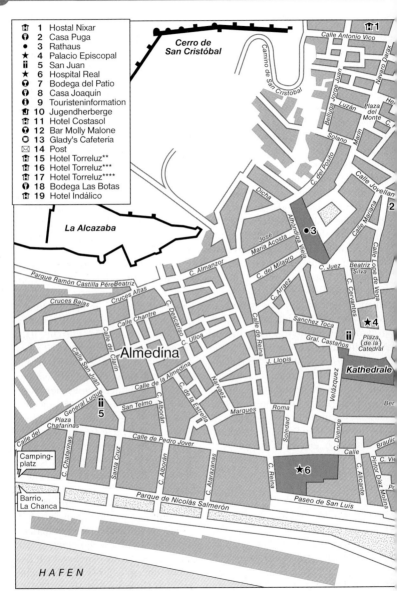

🏨	1	Hostal Nixar
🍴	2	Casa Puga
•	3	Rathaus
★	4	Palacio Episcopal
⛪	5	San Juan
★	6	Hospital Real
🍴	7	Bodega del Patio
🍴	8	Casa Joaquín
🍴	9	Touristeninformation
🛏	10	Jugendherberge
🏨	11	Hotel Costasol
🍴	12	Bar Molly Malone
☕	13	Glady's Cafetería
✉	14	Post
🏨	15	Hotel Torreluz**
🏨	16	Hotel Torreluz***
🏨	17	Hotel Torreluz****
🍴	18	Bodega Las Botas
🏨	19	Hotel Indálico

Cerro de San Cristóbal

Calle Antonio Vico

Navarro Darax

Beluga Jorge Juan

Luzán

Plaza del Monte

Solano

Marín

Camino de San Cristóbal

C. del Pósito

Calle Jovellan

La Alcazaba

Dicha

Almódiga Vieja

José María Acosta

C. del Milagro

C. Arráez

C. Juez

C. Cervantes

Calle Manzana

Beatriz Silva

Calle Lope de Vega

Parque Ramón Castilla Pérez Beatriz

Cruces Bajas

Cruces Altas

Calle Chantre

C. Descanso

C. Ulloa

C. Almanzor

Sánchez Toca

Gral. Castaños

★ 4

ii

Plaza de la Catedral

Almedina

Calle de Reina

J. Llopis

Kathedrale

Calle San Juan

Calle del Clarín

Calle de la Almedina

Narváez

C. de la Estrella

Velázquez

C. Duende

Ber

General Luque

ii 5

San Telmo

C. Alborán

Marqués

Roma

Soledad

C. Calle

Braulic

Plaza Chafarinas

Calle del

C. Chafarinas

Santa Cruz

Calle de Pedro Jover

C. Alborán

C. Atarazanas

C. Reina

C. Alicante

C. Vie

Pintor Díaz Molina

Po

Campingplatz

Barrio, La Chanca

Parque de Nicolás Salmerón

Paseo de San Luis

★ 6

HAFEN

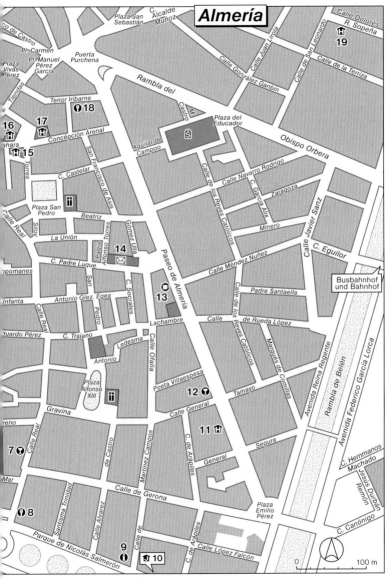

Almería

Costa de Almería

der die Kathedrale gründete. Rechts liegt auch, wie allgemein üblich, der Kreuzgang, mit dessen Bau erst 1779 begonnen wurde. Er ist hübsch begrünt, und in seiner Mitte steht ein alter Brunnen. Die Capilla Mayor zeigt mehrere Bilder aus dem Leben der Jungfrau Maria; der Chor ist eine meisterhafte Schnitzarbeit aus Walnussholz.

●**Geöffnet:** Mo-Fr 10-17 Uhr, Sa 10-13 Uhr, letzter Einlass eine halbe Stunde vor Schließung; Eintritt: 2 €.

Paseo de Almería

So heißt der **Flanierboulevard.** Hier hetzen Geschäftsleute zum nächsten Termin, bummeln Hausfrauen, Studenten und Touristen ganz entspannt entlang. Es gibt viel zu sehen, vor allem der Mitmensch wird gerne beobachtet. Einige Lokale, eine Reihe von Zeitungskiosken und Geschäften liegen hier, und ehe man sich versieht, steht man auf der **Plaza de Purchena.** Von dort kann man eintauchen in schmale Gassen, die zumeist den Fußgängern vorbehalten bleiben. Dort befinden sich noch etliche herrlich altmodische Läden, vor allem in der Calle de las Tiendas, die ja schließlich auch „Straße der Geschäfte" heißt. Wer möchte, kann auch einen Schwenk nach Westen machen und über die c/ Antonio Vico zum **Cerro de San Cristóbal** hochsteigen; das ist ein kleiner Hügel mit einer Christusstatue, von wo man einen superben Blick über die Stadt genießt.

Die Straße der Geschäfte mündet auf die kleine **Plaza Vieja,** auch Plaza de la Constitución genannt. Dort liegt das malerische **Rathaus,** außerdem das **Denkmal** „Pingurucho de los Coloraos" zur Erinnerung an die füsilierten Aufständischen während der französischen Besatzung in der Epoche von *Fernando VII.*

Die **Iglesia de San Juan** liegt bei der Plaza de Chafarinas, auf halbem Weg zwischen Hafen und Alcazaba. Errichtet auf den Resten einer Moschee aus dem 10. Jahrhundert, konnte immerhin die Gebetsnische *(mihrab)* noch erhalten werden.

Von dieser Kirche führt die Calle Pedro Jover zurück ins Zentrum, am gewaltigen Gebäude des **Königlichen Hospitals** *(Hospital Real)* vorbei. Es stammt ursprünglich aus dem 16. Jahrhundert, die neoklassizistische Fassade wurde im 18. Jahrhundert gestaltet.

In die andere Richtung, also westlich der Iglesia de San Juan, sollte man nicht unbedingt spazieren, denn dort beginnt bald das **Barrio de la Chanca.** Dort wohnen die ärmeren Bevölkerungsgruppen und auch viele Gitanos. Die Häuser sind zwar bunt bemalt, das bleibt aber auch das einzig positiv Auffällige. Viele Gebäude wirken arg marode, und neugierige Touristen haben hier einfach nichts verloren.

Praktische Tipps

Unterkunft

Alle Unterkünfte in der Innenstadt sind gut ausgeschildert.

Das **Hotel Torreluz** gibt's gleich dreimal. Alle drei Häuser liegen an der Plaza Flores und decken die unterschiedlichen Bedürfnisse ab. Torreluz IV ist für die Luxusklientel gedacht, Torreluz III für Otto Normaltourist und Nummer II für die Preisbewussten. Infos im Internet unter www.torreluz.com.

●**Hotel Torreluz IV** €€€€, Tel. 950 234 999, Fax 950 234 709 (102 Zimmer) Das Haus gehört mittlerweile einer anderen Gesellschaft, aber die Qualitätsstandards sind geblieben.

●**Hotel Torreluz III** €€€, Tel. 950 234 399, Fax 950 281 428 (92 Zimmer).

●**Hotel Torreluz II** €€€, Tel. 950 234 399, Fax 950 281 428 (24 Zimmer).

●**Pensión Nixar** €€, c/ Antonio Vico 24, Tel. und Fax 950 237 255. Eine Pension mit 37 gut ausgestatteten Zimmern am nördlichen Zentrumsbereich; mit Garagenvermittlung.

●**Hotel Costasol** €€€, Paseo de Almería 58, Tel. 950 234 011, Internet: www.hotel.costasol.com. Das 55-Zimmer-Haus liegt zentral am Paseo, daher mitten im Geschehen, aber eben auch nicht ruhig und idyllisch. Das Hotel bietet günstige Wochenendtarife.

●**Hotel Indálico** €€€, c/ Dolores R. Sopeña 4, Tel. 950 231 111, Fax 950 231 028. Ein siebenstöckiges, schmales Haus mit 52 Zimmern, 100 Meter von der Rambla de Belén entfernt und damit relativ ruhig. Ins Centro dürften es kaum zehn Gehminuten sein.

Jugendherberge

●**Albergue Juvenil de Almería,** c/ Isla de Fuerteventura s/n, Tel. 950 269 788, Fax 950 271 744. Günstigste Bleibe in ungünstiger Lage, im östlichen Stadtbereich hinter dem Stadion Estadio de la Juventud, grob geschätzt 30 Gehminuten vom Bahnhof entfernt.

Camping

●**La Garrofa,** 2. Kategorie, Tel. 950 235 770. Kleiner Platz, etwa drei bis vier Kilometer außerhalb des Zentrums am Ortsrand, an der alten Nationalstraße nach Aguadulce (die aktuelle N-340 verläuft hoch oberhalb), direkt an einem Kiesstrand gelegen; leicht begrünt. Zu erreichen mit dem halbstündlich verkehrenden Bus nach Roquetas.

Essen & Trinken

●**Molly Malone,** Paseo de Almería 56. Mal ganz etwas Anderes: ein Irish Pub im Gebäu-

de des Casinos. Neben diversen Drinks wird Pizza serviert.

●**Glady's Cafetería,** Paseo de Almería 42. Drinnen hat's einen langen Tresen, draußen ein paar Tische, beides ist stark frequentiert.

●**Bodega del Patio,** c/ Real s/n, eine urige Weinpinte, wo der Vino aus riesigen Fässern strömt.

●**Casa Joaquín,** c/ Real 111. Tapa-Bar, deren Meeresfrüchte in bestem Ruf stehen.

●**Casa Puga,** c/ Jovellanos 7. Eine Institution! Bietet Tapas, Wein und ein schlichtes, aber typisches andalusisches Ambiente.

●**Restaurant Torreluz Mediterráneo,** Plaza Flores 1, Tel. 950 281 425, So Ruhetag. Beliebtes Lokal auf zwei Etagen; mittendrin rauscht ein Wasserfall. Internationale Küche.

Adressen

●**Mietwagen:** Avis, c/ Canónigo Molína Alonso s/n, Tel. 950 251 178; Europcar, c/ Rueda López 17, Tel. 950 234 966; Hertz: Avda. Cabo de Gata 1, Tel. 950 243 229.

●**Post:** Plaza Juan Casinello 1.

●**Ärztliches Zentrum:** Plaza de la Concordia s/n, 1. Stock, Tel. 950 267 341.

●**Polizei:** Avda. Mediterráneo 201.

●**Guardia Civil:** Plaza de la Estación s/n.

Feste

●**21.-31. August:** Virgen del Mar, Schutzpatronin der Stadt. Auf einem sehr großen Festgelände *(recinto ferial),* wo mindestens 50 *casetas,* also Festzelte, stehen, wird ausgiebigst gefeiert; u.a. mit Stierkämpfen.

●**Erster Sonntag im Januar:** Romería de la Virgen del Mar. Zum Gedenken an die Patronin der Stadt, wird seit 1502 gefeiert.

●**August:** Festival de Flamenco.

●**Zweite Augusthälfte:** Festival de Folklore de los Pueblos Ibéricos y del Mediterráneo, ein buntes Folklorefest, das die unterschiedlichen Kulturen des Mittelmeerraumes vereint.

Markt

●**Dienstag** Avda. del Mediterráneo, **Freitag** Plaza del Toro, **Samstag** Plaza del Zapillo; die **Markthalle** liegt in der c/ Aguilar del Campo, die vom Paseo de Almería abzweigt.

Costa de Almería

Aguadulce

- **Einwohner:** 1900
- **PLZ:** 04720
- **Entfernung nach Almería:** 12 km
- Es gibt keine **Touristeninformation**

Eine Gemeinde, etwa auf halbem Weg zwischen Almería und Roquetas de Mar gelegen; zu letzterem Ort gehört sie auch verwaltungstechnisch. Der **Sportboothafen** stellt den gesellschaftlichen Mittelpunkt dar; neben den mehr oder weniger großen Booten locken hier diverse Lokale. Die meisten haben eine kleine Terrasse mit Meerblick, und neben den Urlaubern vergnügt sich hier auch gerne die Jugend der nahen Großstadt Almería. Man schätzt, dass im Sommer die **Bevölkerungszahl** auf etwa 25.000 ansteigt, denn viele Spanier wählen Aguadulce als Ferienziel. Direkt hinter dem Ort steigt am Hafen eine Felswand steil auf; ein dramatisches Bild und eigentlich das einzig Auffällige hier. Entlang des Strandes verläuft eine Promenade ohne besonderen Chic. Hier stehen sehr viele Apartmenthäuser und auch ein riesiges Hotel (Portomagno).

Standprofil

Playa de Aguadulce

verläuft über knapp 3000 Meter, ausgehend vom Sportboothafen. Übermäßig breit ist er nicht, im Mittel vielleicht 25 Meter. Da kann es dann im Sommer und am Wochenende schon mal eng werden. Heller, leicht grauer Sand wechselt mit grobem Kiesel ab. Eine schmale Promenade mit etwas touristischem Tingeltangel begleitet den Strand, direkt dahinter verläuft eine Straße, wo sich auch schon die erste Häuserfront erhebt.

Playa del Rompillo

Dieser Strand wird auch Los Bajos genannt. Ob dieser Strandabschnitt noch zu Aguadulce zählt, darüber mögen andere streiten. Da er am Rande des Ortes liegt, damit gut zu Fuß erreichbar, bleibt er immerhin eine Alternative, falls der Hauptstrand mal wieder überfüllt sein sollte. Knappe 1000 Meter misst er, ausgehend vom Trockental Rambla de las Hortichuelas. Ziemlich schmal (15 Meter) zeigt er sich und überwiegend kieselig, teils sogar steinig. Serviceeinrichtungen gibt es nicht, aber überraschenderweise einen Streifen mit Palmen, unter denen man immer ein schattiges Plätzchen findet. Etwas im Hintergrund liegt ein Campingplatz.

Praktische Tipps

Unterkunft

- **Hotel Portomagno** €€€€, Paseo Marítimo s/n, Tel. 950 342 216, Fax 950 342 965. Großer moderner Bau mit großen Glasflächen und 380 Zimmern auf 14 Etagen in der ersten Strandreihe. Mehrere Pools, modernes, elegantes Interieur, Wellnessbereich, gute und funktionale Zimmer. Bis zur Kneipenmeile am Hafen sind es nur wenige Gehminuten.

●**Hostal Juan de Austria** €€, Avda. Carlos III. 150, Tel. 950 340 163. Kleines Haus an lauter Straße, obendrein recht weit vom Strand entfernt, aber preislich unschlagbar.

Essen & Trinken

●Zwei Zonen bieten Speis und Trank. Zum einen der **Sportboothafen** mit einer Vielzahl von unterschiedlichen, meist kleinen Lokalen. Ein Tipp auf dieser Meile: **El Pez de Plata,** mit einer abwechslungsreichen Fischkarte, oder auch **La Cueva,** dessen Patron die angebotenen Fische selbst züchtet.

●Die zweite Tresenzone nennt sich **„501",** ein Rundbau, etwa einen Kilometer vom Hafen entfernt, in dem eine ganze Reihe von Lokalitäten um Kundschaft buhlt.

●**Kiosko Juan Matías,** Paseo Marítimo, Ecke Rambla de la Gitana. Klein, unscheinbar und doch äußerst beliebt. So etwas Ähnliches wie ein kurioser Kultladen.

Feste

●**16.-18. Juli:** Virgen del Carmen, Patronatsfest mit Meeresprozession.

Roquetas de Mar

●**Einwohner:** 50.000
●**PLZ:** 04740
●**Entfernung nach Almería:** 22 km
●**Touristeninformation:**
Avda. de Mediterráneo 2,
Tel. 950 333 203, Fax 950 321 514
●**Internet:** ww.info-roquetas.de

Ursprünglich mal ein mittelgroßer Ort, der vom Fischfang lebte, hat sich Roquetas gewaltig verändert und vergrößert. Verantwortlich hierfür waren die **Treibhauskulturen,** die buchstäblich bis an die Stadtgrenze reichen.

Wer nur mal wenige Kilometer hinaus fährt, wird nirgends in der Umgebung auch nur ein freies Fleckchen Erde entdecken; überall stehen die Gestelle mit den Plastikplanen. Natürlich schuf diese boomartige Ausdehnung Arbeitsplätze, aber anscheinend nur in begrenztem Maße für Spanier. In den Treibhäusern schuften mehrheitlich Schwarz- und Nordafrikaner.

Der internationale Tourismus hat sich in Roquetas ebenfalls etabliert, und zwar so massiv wie sonst nirgends an der Costa de Almería. Mehrere **Ferienzentren** entstanden entlang der Küste und damit außerhalb des eigentlichen Ortes. Diese Zonen unterscheiden sich lediglich dem Namen nach; sie wurden alle nach dem immer gleichen Muster aufgebaut: Da gibt es eine gefällige Strandpromenade mit einer Reihe von *chiringuitos,* Bars, Shops, Fahrradverleihern, dazwischen in regelmäßigen Abständen große Hotelanlagen mit gewaltiger Liegewiese und Pool. In der zweiten und dritten Reihe dann folgen Apartments, Mietwagenanbieter, Makler, Kneipen und was-weiß-ich-sonst-noch. Vorne lockt vor allem der breite Strand.

Ungefähr auf halbem Weg zwischen Roquetas-Ort und Beginn der Urbanizaciones liegt der gar nicht mal so keine **Hafen.** Dort wird immer noch Fischfang betrieben, und es gibt sogar eine kleine Lonja, wo noch regelmäßig der Fang versteigert wird. Auch ein kleiner **Leuchtturm** steht nebenan, der so etwas wie die örtliche Sehenswürdigkeit darstellt. Ansonsten gibt es nichts zu besichtigen.

Costa de Almería

Strandprofil

Playa de los Baños

ist ein 400 Meter langer, 35 Meter breiter Streifen, der am nördlichen Ortsrand vor den Salinen liegt. Sicherlich nur ein Ziel für unermüdliche Strandläufer, denn bis zur Hotelzone sind es schon ein paar Kilometer. Das kann sich ändern, erste Indizien einer zukünftigen Bautätigkeit sind unübersehbar. Heller, leicht kieseliger Sand.

Die Strandpromenade
von Roquetas de Mar

Playa de las Romanillas

schließt sich an; er führt über 500 Meter bis zum Hafen. Der 35 Meter breite Strand ist hellsandig bis feinkieselig. Im oberen Abschnitt begleitet ihn eine schmale Promenade mit einem guten Dutzend Lokale, im unteren Abschnitt reichen Apartmentbauten bis zum Strand.

Playa de la Bajadilla

beginnt hinter dem Hafen und hat eine Länge von 400 Metern, aber nur eine Breite von etwas weniger als 20 Meter. Der Strand ist mal feinsandig, mal kieselig. Die „richtige" touristische Meile verläuft hier noch nicht, aber

Küste bei Roquetas de Mar

Costa de Almería

erste Apartments an einer Durchgangsstraße und eine Promenade gibt es durchaus.

Playa Urbanización Roquetas de Mar

Dies ist der Hauptstrand, und er hat es in sich! Gute 3000 Meter Länge, im Durchschnitt 50 Meter Breite, mit hellem Sand, der nur teilweise von feinem Kiesel durchsetzt ist. Über die volle Länge begleitet ihn eine nette Promenade, an der nicht übermäßig viel Trubel herrscht. Die großen Hotels mit ihren weitläufigen Liegewiesen grenzen hier natürlich an, auch etliche Apartmentanlagen, aber alles in allem kann man recht nett hier flanieren. So etwa alle 100 bis 200 Meter wartet ein *chiringuito* am Strand auf erschöpfte Spaziergänger.

Parque Natural Entinas Sabinar

Noch endet die bebaute Zone vor der Playa Serena; genau dort schließt sich ein **Naturpark** an, der Parque Natural Entinas Sabinar. So ganz ernst nimmt es aber wohl doch nicht mit dem Naturschutz, denn neue Straßen sind hier schon klar erkennbar abgesteckt. Trotzdem, zwischen der Urbanización Almerimar und der Playa Serena liegt ein Gelände von 16 Kilometern Länge und etwa einem Kilometer Breite, das unter Naturschutz steht. Bislang haben sich sowohl die Tourismusindustrie als auch die *plasticuluras*, also die Ge-

wächshausbetreiber, daran gehalten. Gut so, immerhin zählten Ornithologen 200 verschiedene **Vogelarten.** Zweibeiner gelangen nur zu Fuß in den Naturpark, am Strand entlang. Wandert man hier, stößt man auf zwei markante Punkte, zunächst auf die Überreste des Turmes **Torre de Cerrillas** und später auf den hellfarbenen **Leuchtturm** Faro Sabinar.

Praktische Tipps

Unterkunft

● Entweder logiert man in einem der großen Hotels am Strand oder in einer eher einfachen Pension im alten Ort. Die Strandhotels auf eigene Faust anzusteuern, lohnt meist nicht, denn über einen Reiseveranstalter in der Heimat gebucht, kann der Gast deutlich günstigere Preise erzielen, wahrscheinlich sogar in der Hauptsaison.

● **Hostal El Faro** €€-€€€, Carretera Faro Sabinal 190, Tel. 950 321 015. Schräg gegenüber vom Leuchtturm am Hafen gelegen. Einfaches, zweistöckiges Haus an einer stark befahrenen Straße.

● **Hostal Juan Pedro** €€-€€€, Plaza Constitución s/n, Tel. 950 320 482. Schmales Haus, zwei Parallelstraßen hinter der Hauptstraße im alten Ort; etwas versteckt, aber dank des auffälligen Schriftzuges von weitem zu sehen. Unten gibt es eine Bar und gegenüber die Kirche Nuestra Señora del Rosario.

Camping

● **Roquetas,** 2. Kategorie, Tel. 950 343 809, Fax 950 342 525. Größerer, begrünter Platz für 2000 Camper, der gut vier Kilometer außerhalb von Roquetas mitten zwischen den *plasticuluras* liegt. Zum Strand sind es nur ein paar hundert Meter. Anfahrt: Die N-340 Richtung Roquetas verlassen; etwa nach zwei Kilometern weist ein Schild nach links, dann fährt man noch einen guten Kilometer an Gewächshäusern entlang.

Essen & Trinken

Wo viele Touristen aus mehreren Ländern zusammentreffen, besteht immer die Gefahr, dass die Lokale ihr Angebot dem Massengeschmack unterwerfen. Diese hier nicht:

● **Restaurant Al-Baida,** Avda. de las Gaviotas 94, Tel. 950 333 810, Mo Ruhetag. Ein Klassiker seit bald 20 Jahren. Geschmackvoll dekoriert, mit anspruchsvoller Küche, die auf Fisch und Meeresfrüchten basiert. Liegt in der ersten Parallelstraße zum Strand, etwa in der Mitte der Urbanización.

● **Restaurant Galatea,** c/ Antonio Machado 58, Tel. 950 320 427; liegt direkt beim Hafen und bietet Fisch in allen Varianten.

Adressen

● **Bus nach Almería:** ca. halbstündlich ab Hotelzone über die Avda. de Sudamérica.
● **Post:** Plaza Labradores.

Feste

● **26. Juli:** Santa Ana, wird am Hafen mit einer Meeresprozession gefeiert.
● **7. Oktober:** Virgen del Rosario, Patronatsfest.

Markt

● **Dienstag bis Samstag** ab etwa 9 Uhr Fischversteigerung in der Lonja am Hafen.
● An den **ersten drei Donnerstagen im Monat** findet eine *rastro,* ein Flohmarkt, im Zentrum in der Avda. del Rey Juan Carlos I. statt.

Almerimar

Almerimar ist eine reine Urbanización von gehobenem Standard. Angeblich investierten hier einige der zu Geld gekommenen Gemüsebauern aus dem benachbarten El Ejido, und kurioserweise auch **Japaner.** Eine offizielle Bestätigung dafür gibt es nirgends, aber mitunter sieht man in Almerimar kleine Wasserläufe mit schmalen roten Holzbrücklein, die durchaus japanisch

anmuten. Wie auch immer: Hier stehen ein paar erstklassige Hotels und gut geführte, aber auch abgeschottete Apartmentanlagen. Zentraler Mittelpunkt ist der große, leicht verwinkelte **Sportboothafen,** der sich rühmt, die Nummer Zwei in Andalusien zu sein. Das könnte stimmen, wahrscheinlich liegen nur im Nobelhafen von Marbella dickere Pötte. Außerdem wurde hier ein riesiger Golfplatz eingerichtet. Überhaupt scheint man bemüht, hier sattgrüne Rasenflächen wachsen zu lassen, wofür natürlich ständig gewässert werden muss; das ist angesichts der staubtrockenen Umgebung doch etwas fragwürdig.

Almerimar ist alles in allem eine gehobene Urbanización-Enklave inmitten all der hässlichen *plasticulturas* und der trockenen Landschaft. Übermäßig groß ist der Ort noch nicht, aber die schon fertig gestellten Straßen und großen Parkplätze am Ortsrand lassen auf Expansion schließen.

Strandprofil

Playa de San Miguel de Levante

verläuft zwischen Hafen und dem weiter nördlich liegenden Schutzgebiet über genau 2150 Meter Länge; die durchschnittliche Breite beträgt 30 Meter. Der Sand, der sich mit Kieseln abwechselt, ist hellgrau.

Playa de San Miguel de Poniente

ist die Fortsetzung des Strandes jenseits des Hafens nach Süden. Es fehlt

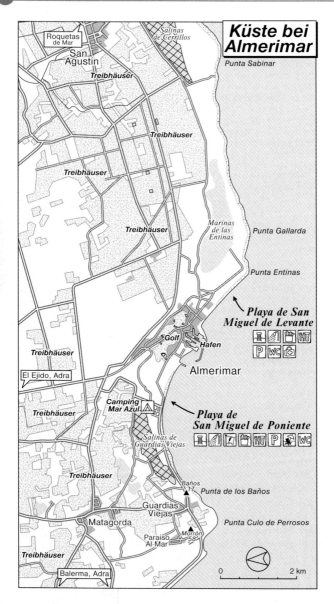

Küste bei Almerimar

05S6mk Foto: sm

Costa de Almería

nicht viel an 5000 Metern, und in der Breite kommt er auch auf stramme 30 Meter. Über weite Stecken verläuft eine unspektakuläre Promenade; ein paar Apartmentanlagen reichen bis an der Strand heran, aber der südliche Bereich ist noch nicht bebaut. Dort warten ein paar große Parkflächen auf Gäste, mal sehen, wie sich hier alles entwickelt. Der Strand ist kieselig und von grauer Grundfarbe.

Praktische Tipps

Unterkunft

● Ein preiswertes Hostal oder Ähnliches gibt es nicht in Almerimar, eher schon in El Ejido; der Ort ist aber nicht übermäßig idyllisch.
● **Hotel Meliá Golf Almerimar** €€€€, Tel. 950 497 050, Fax 950 497 145. Großes 149-Zimmer-Haus unweit des Hafens, umgeben von einem netten Garten. Es sind nur wenige Schritte bis zur Kneipenmeile. Hier steigen gern Golfspieler ab, um auf dem angeschlossenen Green den Schläger zu schwingen.
● Die Meliá-Gruppe führt noch ein ähnliches Haus mit 278 Zimmern, das **Meliá Almerimar**; es liegt im Grundpreis noch ein wenig über dem Golf-Hotel.

Camping

● **Mar Azul**, 2. Kat., Playa de San Miguel, Tel. 950 497 505, Internet: www.a2000.es/mar-azul. Platz für 2500 Gäste, weit außerhalb des Ortes, dafür aber direkt am Wasser. Viele Bäume spenden Schatten, es gibt ein breites sportliches Angebot inklusive Pool; die Zufahrt ist ausgeschildert.

Essen & Trinken

● Der Hafen ist groß und etwas verwinkelt, dort bieten diverse Lokale Speis und Trank. Wer möchte, stärkt sich rustikal in der **Berliner Bratwurstbude.**
● Etwas stilvoller geht es im Restaurant **El Segoviano** zu, Tel. 950 497 544, Mo geschlossen. Segovia, eine Stadt in Zentralspanien, ist für ihre Spanferkel berühmt, und genau die gibt es auch hier.
● **Restaurant Náutico,** Tel. 950 497 162, bietet exzellente Fischküche und ebensolchen Ausblick.

Adressen

● Almerimar zählt verwaltungstechnisch zu El Ejido; dort sitzt auch das zuständige **Touristenbüro:** Carretera de Almerimar s/n, 04700 El Ejido, Tel. 950 475 162, E-Mail: fomento@elejido.org, Internet: www.elejido.org.

Am Yachthafen von Almerimar

Costa Tropical

073c Foto: jf

048c Foto: jf

Am Strand von Almuñecar

Dem Stier ein rotes Tuch ...

Baskenmütze in Andalusien
– ein seltener Anblick

Überblick

Früher war alles besser, behaupten alte Leute immer. Früher war alles einfacher, das gilt jedenfalls für die Namensgebung der südspanischen Küste. Irgendwann in den vergangenen Jahrzehnten, als die erste Touristenwelle nach Spanien zu schwappen begann, dachten sich flinke PR-Strategen griffige Namen für ihre Küsten aus. Einer davon war sehr treffend gewählt: **„Costa del Sol"** (Sonnenküste) – satte 320 Tage lacht die Sonne hier vom Firmament.

Viele Jahre später aber genügte dieser Slogan einigen Touristikmanagern nicht mehr, sei es, dass ein eigenes touristisches Profil gesucht wurde oder dass man sich bewusst von dem Costa del Sol-Image befreien wollte. Denn im Laufe der Jahre hatte der strahlende Name einiges von seinem Glanz eingebüßt. Hochhausriesen waren aus dem Boden gestampft worden, ehemals urige Fischerdörfer hatten sich in gigantische Ferienmaschinen verwandelt. Der Ruf litt, der Lack blätterte ein wenig ab.

So entschieden die Touristiker der Provinz Almería, am nordöstlichen Ende der Costa del Sol gelegen, ihre Küste offiziell in **„Costa de Almería"** umzubenennen. Seufzend nahm es die geschrumpfte Costa del Sol zur Kenntnis und mit ihr Reiseveranstalter, Kar-

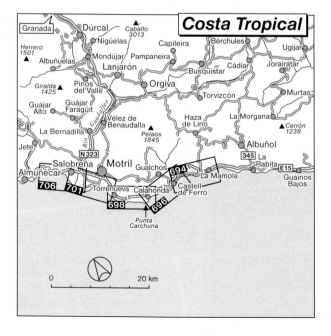

ten- und Reisebuchverlage. Die Leute aus Almería hatten erfolgreich ihren Kopf durchgesetzt.

Das können wir auch, meinten wiederum ein paar Jährchen später die Verantwortlichen des sich westlich anschließenden Küstenstreifens, zur Provinz Granada gehörig. **„Costa Tropical"** wollen wir unsere Ecke nennen, wäre doch gelacht, wenn uns das nicht auch gelänge. Aber diesmal verkalkulierte man sich ein wenig. So recht überzeugen konnten die Visionäre den Rest der Welt von ihrer Idee nämlich nicht. Und so herrscht heute Durcheinander: Mal taucht der Küstenabschnitt namens „Costa Tropical" als eigenständige touristische Region auf, aber genauso häufig auch nicht.

Der Begriff „Costa Tropical" wird hier benutzt, wenngleich die Region meist nur als eine Art Unterabteilung der Costa del Sol betrachtet wird. Gemeint ist ein knapp 80 Kilometer langes Stück Küste, dessen Grenzen die **Provinz Granada** definiert. Als grobe Fixpunkte gelten die Orte Adra im Osten und Almuñécar im Westen.

Der Name „Tropische Küste" lässt einiges erwarten, doch leider werden die Hoffnungen etwas enttäuscht. Weder Palmen noch Puderzuckerstrände gibt es zu entdecken; lediglich das Klima wird dem Namen gerecht, wenngleich es sich auch nicht tropischfeucht, sondern heiß und trocken zeigt. Die Landschaft wird durch einen parallel zur Küste verlaufenden Gebirgszug geprägt, davor schlängelt sich die Nationalstraße N-340. Die Strände bestehen zum großen Teil aus grauem Kiesel. Nur im westlichen Teil finden sich vereinzelt (grau-)sandige *playas*.

Castillo de Baños

Die Nationalstraße N-340 verläuft oberhalb des kleinen Ortes (knapp 200 Einwohner) vorbei, dessen Häuser sich in einer Handvoll Gassen drängen. Neben dem Castillo, das dem Ort den Namen gab, gibt es nichts weiter zu entdecken. Die Burg selbst erweist sich aber nur als Ruine, aus der noch halbwegs intakt der Wehrturm herausragt.

Strandprofil

Ortsstrand

Er erstreckt sich immerhin über 900 Meter, aber selbst mit größtem Wohlwollen kommt nicht allzuviel Freude auf. Abgesehen davon, dass er sehr schmal ist – durchschnittlich misst er kaum zehn Meter – besteht diese *playa* aus grobem Kiesel und faustgroßen Steinen. Etwas besser wird es im Bereich des Zeltplatzes.

El Lance

Etwas außerhalb Richtung Westen liegt dieser Strand, der gut 500 Meter lang und knapp zehn Meter breit ist. Grauer Kiesel vermischt sich mit Sand. Die etwas abseitige Lage beschert den Besuchern Ruhe.

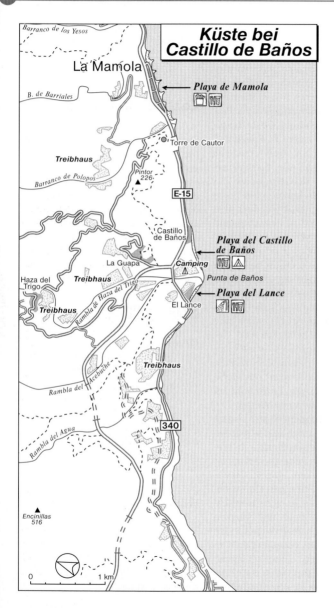

Küste bei Castillo de Baños

Praktische Tipps

Camping

●**Castillo de Baños,** 2. Kategorie, Tel. 958 829 528, Fax 958 829 768, ganzjährig geöffnet. Der Platz erstreckt sich weitläufig an der Küste, 690 Personen finden hier Parzellen. Nicht überall gibt es Schatten. Rezeption, Bar, Supermarkt sind vorn in einem Gebäude untergebracht, dann folgt eine Terrasse mit Pool, und dahinter beginnen die Parzellen.

Essen & Trinken

●**Restaurant El Paraíso,** Tel. 958 600 562, liegt unübersehbar mitten im Ort und hat eine kleine Terrasse zum Meer.

Castell de Ferro

●**Einwohner:** 2000
●**PLZ:** 18740
●**Entfernung nach Málaga:** 130 km
●**Touristeninformation:** Ayuntamiento (Rathaus), c/ Escuelas 8, Tel. 958 656 237

Einer der etwas größeren Orte der Costa Tropical, an der sich auch der Tourismus breitgemacht hat. Es bleibt aber noch alles im Rahmen, denn zumeist verweilen hier spanische Gäste, die hauptsächlich Ferienwohnungen mieten. Der Ort zeigt sich etwas geschäftiger als die benachbarten Dörfer, Touristen und Einheimische bevölkern die nicht allzu großen Straßen. Die Häuser sind weiß getüncht und verleihen dem Ort beinahe das Bild eines typischen andalusischen Dorfes.

Herausragend ist die namensgebende **Burg**, die, auf einem Hügel thronend, den Ort in früheren Jahrhunderten bewachte. Heute kann leider nur noch von einer Ruine gesprochen werden. Der Ausblick von dort oben ist allerdings superb. Mit dem Auto ist das *castillo* nicht zu erreichen. Der Fußweg beginnt bei der Playa Sotillo. Verfehlen kann man den Weg eigentlich nicht, im oberen Bereich ist er obendrein ausgeschildert.

Castell de Ferro/Cambriles

Gute 2200 Meter misst der Strand, der zwei Namen trägt: **Castell de Ferro** im Westen und **Cambriles** im östlichen Abschnitt. Der graue Sandstrand ist durchschnittlich 30 Meter breit, an manchen Stellen deutlich breiter, und vereinzelt mit Steinchen durchsetzt. Eine lange Promenade führt zur etwas weiter westlich gelegenen **Playa Sotillo,** dort liegen einige Campingplätze.

Unterkunft

●**Hotel Paredes** €€€, Crta. Málaga 1, Tel. 958 656 159. Ein ockerfarbenes, nicht zu großes Haus mit Pool. Der Zufahrtsstraße in den Ort folgen; wenn man beinahe schon wieder draußen ist, liegt es linker Hand (Richtung Málaga).
●**Hostal Costa Sol** €€, Plaza España 2, Tel. 958 656 064. Ein schmales, dreistöckiges Haus, Zimmer teilweise mit Meerblick.
●**Hostal Bahía** €€, Paseo Marítimo s/n, Tel. 958 656 060. Ein kleines, dreistöckiges Haus mit Blick aufs Meer, direkt neben einem modernen Kirchengebäude.

Camping

●**El Cortijo,** 2. Kat., Paseo Marítimo 26, Tel. 958 656 083, geöffnet: 1.4.-30.9. Ein kleiner Platz für 174 Personen, der direkt an der Strandpromenade liegt.

Costa Tropical

Küste bei Castell de Ferro

Playa de Cambriles

Urb. Gran Duque de Alba

Torre de Cambriles

Playa de Castell de Ferro

Castell de Ferro

Playa Sotillo

Playa del Rincón de la Benacha

Campings

Punta del Tajo Justos

El Romeral

Gualchos

Rambla de Gualchos

Treibhäuser

Barranco del Romeral

Torre de la Instancia ▲227

E-15

Punta del Melonar

La Trinchera

Cueva del Agua

Aguila 558

Torre del Condenado

Barranco de la Ritjana

Playa de la Ritjana

Punta de la Arraijana

Barranco del Torlejo

Punta del Cerrón

Ensenada de Zacatin

0   1 km

Calahonda

Barranco de Vizcarro

Playa de Calahonda

● **Huerta Romero,** 2. Kategorie, Paseo Marítimo 18, Tel. 958 656 061, ganzjährig geöffnet. Liegt ebenfalls unmittelbar an der Promenade und damit am Strand und bietet Platz für 365 Gäste.
● **El Sotillo,** 2. Kat., Paseo Marítimo s/n, Tel. 958 656 078. Ein kleinerer Platz für 183 Gäste, nicht weit vom Meer.

Essen & Trinken

● **Restaurant Rompe Olas,** Paseo Marítimo s/n, Tel. 958 830 330. Bietet die übliche Speisekarte, die Gerichte können am Strand auf einer Terrasse genossen werden.
● **Restaurant Casa Suiza,** Paseo Marítimo 10, Tel. 958 656 064. Der „Schweizer" serviert Pizza, aber nicht ausschließlich.
● **Restaurant L'Andaluz,** Plaza España 6, Tel. 958 656 482. Am zentralen Platz gelegenes Lokal mit kleiner Terrasse.

Feste

● **2. Februar:** La Candelaría
● **3. Mai:** Las Cruces
● **16. Juli:** Virgen del Carmen

Ausflüge von Castell de Ferro

Gualchos

Das winzige Nachbardorf, nur vier Kilometer entfernt in den Bergen gelegen, ist ein fast schon untypisches **weißes Dorf,** da es nicht täglich von Touristenhorden überfallen wird, was mit ähnlichen Dörfern weiter westlich ständig passiert. Hier spaziert der Besucher tatsächlich durch urtümliche Gassen. Nichts Spektakuläres darf erwartet werden, aber genau das macht den Reiz aus.

Strecke bis Calahonda

Die folgende, nicht ganz zehn Kilometer lange Strecke bis Calahonda führt zwischen dem Meer und steil aufragenden Felsen entlang: Die **Sierra de Jolúcar** und die **Sierra de Gualchos** erheben sich hier. Die Nationalstraße schlängelt sich in etlichen Kurven am Fuße dieser Gebirgsketten und bietet herrliche Ausblicke aufs Meer.

Playa de la Ritjana

Dieser urige Strand liegt etwa auf halbem Weg. Die vielleicht 250 Meter lange und 25 Meter breite Bucht mit recht groben Kieseln öffnet sich in einsamer Lage zum Meer. Bei Kilometer 348 muss man die N-340 verlassen und auf einer Seitenstraße etwa 400 Meter hinunter zur Bucht fahren. In der Saison öffnet am Strand ein kleiner *chiringuito*.

Calahonda

● **Einwohner:** 2150
● **PLZ:** 18730
● **Entfernung nach Málaga:** 120 km
● **Touristeninformation:** –

Calahonda wird im Sommer von spanischen Urlaubern und Wochenendausflüglern regelrecht überflutet. Angeblich kommen dann an die 20.000 Gäste. Wo sollen die bloß alle unterkommen? Zweifellos zählt der Ort für Spanier zu den beliebtesten Zielen an der Costa Tropical. Übermäßig viel zu bieten hat er allerdings nicht, abgesehen von einem kilometerlangen Strand. Die nächste Umgebung glänzt auch nicht gerade vor landschaftlicher

Costa Tropical

Schönheit, sondern bestenfalls im Sonnenreflex: Auf etlichen Quadratkilometern wurden dicht an dicht Gewächshäuser errichtet, deren Plastikplanen das Sonnenlicht reflektieren.

Die Nationalstraße beschreibt einen leichten Bogen um den Ort. Wer hineinfährt, gerät schnell in ein Gewirr von schmalen Gassen und sollte sich gleich bis zum Strand durchtasten. Dort wurde genügend Parkfläche zur Verfügung gestellt, bei einem kleinen Spaziergang erschließt sich Calahonda sowieso viel besser. Das maritime Flair des ehemaligen Fischerdorfes bleibt teilweise noch spürbar; man kann auch die eine oder andere urige Bar finden.

Um all die Sommergäste unterbringen zu können, wurden in den Außenbezirken einige Wohnblocks hochgezogen, die muss man tapfer übersehen. Als eine Art lokale Sehenswürdigkeit wird das **Castillo de Carchuna** verkauft, unmittelbar am gleichnamigen Strand gelegen. Erbaut im 18. Jh. unter der Regentschaft von *Carlos III.,* zeigt es sich heute doch arg vernachlässigt. Eine Bürgerinitiative versucht momentan zu retten, was noch zu retten ist. Irgendwann soll es einmal ein Kulturzentrum werden, was keine schlechte Idee wäre. Weit im westlichen Hintergrund sendet übrigens der Leuchtturm **Faro de Sacratif** seinen Strahl übers Meer.

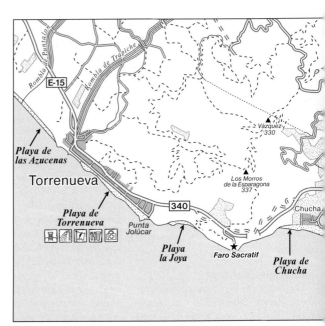

Playa de Calahonda

Nach Osten begrenzt eine Felsenklippe abrupt die Playa de Calahonda, nach Westen verläuft sie über gut 5,5 Kilometer, den Nachbarstrand Carchuna mit eingerechnet. Calahondas Stadtstrand misst 1300 Meter in der Länge und 40 Meter in der Breite, teilweise sogar mehr. Er besteht großteils aus grauem Kiesel. Die unmittelbare Nähe zum Ort eröffnet gute Versorgungsmöglichkeiten, eine Bar und ein Supermarkt sind nicht weit.

Playa de Carchuna

Diese playa schließt sich nahtlos an und verläuft über 4000 Meter, bis sie an einem kleinen Felsvorsprung endet. Stolze 100 Meter misst der Strand in der Breite, und der graue Kiesel schreckt die Besucher keineswegs ab. Speziell am Wochenende kommen die Stadtbewohner aus Granada und lassen es sich am Strand gut gehen. Platz ist genug da, man verteilt sich. Ein optischer Wermutstropfen: Beinahe entlang der gesamten vier Kilometer wird der Strand von Treibhäusern begrenzt. Es gibt schönere Anblicke.

Costa Tropical

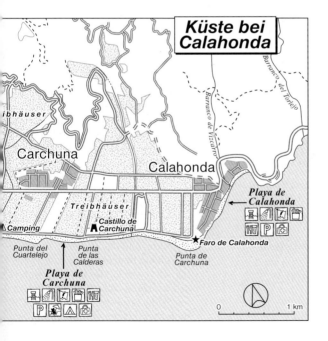

Küste bei Calahonda

Unterkunft

●**Hotel Perla de Andalucía** €€€, Carchuna s/n, Tel. 958 624 242. Das Haus mit 57 netten Zimmern liegt nahe dem Strand und bietet einen Pool und eine Liegewiese.
●**Hotel las Palmeras** €€€, Acera del Mar s/n, Tel. 958 623 011. Auf drei Etagen haben einige der 30 Zimmer Meerblick.
●**Hostal Calasol** €€, Camino del Puntal s/n, Tel. 958 623 034. Das 18-Zimmer-Haus liegt an der Hauptstraße.
●**Hotel El Ancla** €€€, Avda. Geráneos 1, Tel. 958 623 042, Fax 958 622 437. Ein sandfarbenes, dreistöckiges Haus mit 30 Zimmern in einer Parallelstraße zur Durchgangsstraße.

Camping

●**Don Cactus,** 1. Kat., Tel. 958 623 109, Fax 958 624 294, E-Mail: camping@doncactus.com, Internet: www.doncactus.com; an der N-340 bei km 34. Im Ortsteil Carchuna abbiegen und durch die Treibhausreihen Richtung Meer fahren. Der mittelgroße, langgezogene Platz mit vielen Schattendächern bietet Raum für knapp 1000 Gäste. Teilweise Stellplätze mit Baumbestand oder Hecken. Zum Meer muss man nur eine schwach befahrene Straße überqueren. Ganzjährig geöffnet.

Essen & Trinken

●**Bar Media** liegt gegenüber vom Hotel Ancla und ist ständig gut besucht.
●**La Bohemia** und **Los Geráneos,** zwei Lokale, die an der Plaza Aguas Blancas liegen, einem halbgeöffneten Hof mit Palmen und Springbrunnen.
●**Restaurant Calasol,** Camino del Puntal s/n, Tel. 958 623 034, mit gutem, aber nicht übermäßig breitem Angebot.

Feste

●**2.-5. Juli:** Virgen de los Llanos

Motril

●**Einwohner:** 46.500
●**PLZ:** 18600
●**Entfernung nach Málaga:** 110 km
●**Touristeninformation:**
Patronato Municipal de Turismo, c/ San Rafael, Tel./Fax 958 823 591
●**Internet:** www.motril-ayto.org

Dieser Ort besteht eigentlich aus zweien: zum einen aus Motril selbst, gut zwei Kilometer von der Küste entfernt und entsprechend wenig touristisch gefärbt, und zum anderen aus dem Hafen mit angrenzenden Strandgebieten. Motril ist eine geschäftige Kleinstadt mit einer Reihe von Fabriken, Autowerkstätten und einer kleinen **Zuckerrohrindustrie.** Letztere wurde im 18. Jh. eingeführt und breitete sich aufgrund des guten Klimas so stark aus, dass dieser Landstrich mit einer gehörigen Portion Neid auch als „Klein-Kuba" bezeichnet wurde. Diese Zeiten sind jedoch längst vorbei, auch wenn *caña* (Zuckerrohr) immer noch geerntet wird.

Motril zählt zu den ältesten Siedlungen Spaniens. Ursprünglich von den Phöniziern gegründet, herrschten hier später viele Jahrhunderte lang die Araber. Seinerzeit waren die benachbarten Orte Almuñécar und Salobreña von großer Bedeutung, so dass Motril, hübsch versteckt, von großen Ereignissen verschont blieb. Als eine der letzten Städte Spaniens eroberten die Katholischen Könige gewissermaßen im

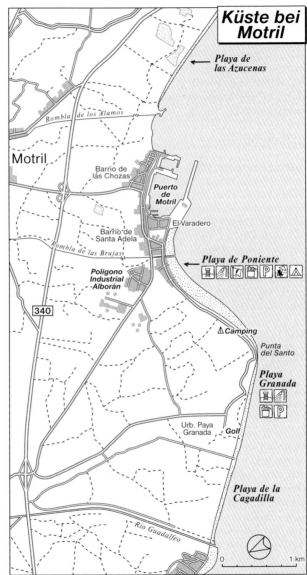

Küste bei Motril

Playa de las Azucenas

Rombla de los Álamos

Motril

Barrio de lás Chozas

Puerto de Motril

El Varadero

Barrio de Santa Adela

Rombla de las Brujas

Playa de Poniente

Poligono Industrial Alborán

340

Camping

Punta del Santo

Playa Granada

Urb. Paya Granada

Golf

Playa de la Cagadilla

Río Guadalfeo

0 — 1 km

Costa Tropical

Vorbeigehen schließlich auch Motril und vertrieben die arabischen Herrscher.

Drei kilometerlange Strände locken heute in hohem Maße Touristen an. Der **Hafen von Motril** gilt als der wichtigste und größte der gesamten Provinz Granada.

Strandprofil

Playa de Azucenas

Die dunkel-kieselige Playa de Azucenas liegt ziemlich abseits, deshalb finden sich hier auch keine Serviceeinrichtungen. Ein gut 500 Meter breites Zuckerrohrfeld bzw. Treibhausgelände muss auf einem Feldweg, von der N-340 kommend, durchquert werden, dann hat man diesen zwei Kilometer langen Strand erreicht. Wohl nur für Leute, die das Spezielle suchen.

Playa de Poniente

Die Playa de Poniente, der Hauptstrand von Motril, beginnt unmittelbar am Hafen. Er hat eine Länge von 2200 Metern und eine durchschnittliche Breite von 100 Metern, allerdings dürfte er im Bereich des Hafens auf gut die doppelte Breite kommen. Er ist grausandig, leicht von Steinchen durchsetzt und liegt an einer weit geschwungenen Bucht. Eine Reihe von mittelgroßen Häusern, deren Stil maurische Einflüsse verrät, begrenzt die *playa*. Es sind praktisch alles Ferienwohnungen. Eine nett gestaltete Promenade hat sich zum beliebten Treff entwickelt.

Playa Granada

Die Playa Granada ist ein dritter, sehr langer Strand (2,5 km), der abgelegen auf halbem Weg nach Salobreña liegt. Zu erreichen: einfach der Straße entlang der Playa de Poniente folgen. Aber ob sich die Mühe lohnt? Relativ einsam ist es ja dort, aber der Strand besteht aus dunklem, grobem Kiesel.

Sehenswertes

In dieser industriell geprägten Kleinstadt lassen sich einige wenige klassische Sehenswürdigkeiten finden, beispielsweise der **Parque de los Pueblos de América.** Hier kann man verschiedene Pflanzen (z.B. Palmen, exotische Bäume und Blumen) aus Lateinamerika bewundern. Ein kleiner Wasserlauf und eine überlebensgroße Skulptur zweier nackter Jünglinge zählen weiterhin zum Inventar. Zu Letzteren gibt's immer wieder heftiges Gekicher bei obligatorischen Gruppenfotos, da das Gemächt etwa in Kopfhöhe der Fotografierten hängt.

Gleich nebenan erhebt sich das Gotteshaus **Santuario de Nuestra Señora de la Cabeza.** Die heute gelbfarbene Kapelle wurde auf den Grundmauern des Sommerpalastes der Mutter von *Boabdil* errichtet, des letzten maurischen Herrschers in Granada.

Weitere Stationen sind die zentrale Plaza España mit dem **barocken Rathaus** aus dem Jahr 1631 und die nahegelegene Kirche **Iglesia Mayor de la Encarnación** aus dem 16. Jh. – einst eine wehrhafte Burg, später zum Gotteshaus konvertiert.

033c Foto: hjf

Costa Tropical

Praktische Tipps

Unterkunft

● **Hotel Tropical** €€-€€€, Avda. Rodríguez Acosta 23, Tel./Fax 958 600 450. Das Haus hat 21 Zimmer und liegt am Ortsrand.

● **Gran Hotel de Motril** €€€€, Playa de Poniente s/n, Tel./Fax 958 607 744, E-Mail: hmotril@anjoca.com. Dieses Viersternehotel hat 93 Zimmer, die sich auf vier Etagen verteilen. Das Haus liegt nur einen Block vom Meer entfernt.

● **Hotel Estrella del Mar** €€-€€€, Playa de Poniente s/n, Tel. 958 602 570, Fax 958 822 827. Insgesamt 51 Zimmer bietet dieses Zweisternehotel, das ebenfalls nur einen Block vom Strand entfernt liegt.

Camping

● **Playa de Poniente,** 2. Kat., Motril-Puerto, Tel. 958 820 303, Fax 958 604 191. Immerhin 609 Personen können sich auf diesem Platz ausbreiten. Zum Strand sind es knapp 100 Meter. Ganzjährig geöffnet.

● **Playa Granada,** 2. Kat., Playa Poniente, Tel. 958 822 716. Gerade mal für 144 Gäste ist dieser Platz angelegt. Zum Strand sind es keine 100 Meter. Der Platz liegt am westlichen Ende der Playa Poniente.

Essen &Trinken

● Vier Straßen mit einer Vielzahl von **Bars** laden in Motril zum *tapeo* ein, zur zwanglosen Kneipen-Tour, bei der in jedem Lokal ein Happen gegessen wird. „Ruta de las tapas" wird das auch treffend genannt. Die Straßen heißen: Calle de las Cañas (zwei Parallelstraßen hinter der Kirche Encarnación), Calle Nueva, Calle Santísimo (beide im östlichen Bereich) und Paseo de las Explanadas (Parallelstraße zum Park).

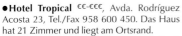

Die Kapelle Nuestra Señora de la Cabeza und der exotische Garten

●**Restaurant Marquesina,** Playa Poniente, Tel. 958 608 088. Auf der Speisekarte dominieren Fischgerichte.

Adressen

●**Post:** Avda. de Salobreña

Feste

●**5. August:** Virgen de la Cabeza
●**8.-15. August:** Feria de Agosto

Markt

●**Dienstag** und **Freitag**

Salobreña

●**Einwohner:** 10.000
●**PLZ:** 18680
●**Entfernung nach Málaga:** 102 km
●**Touristeninformation:**
Plaza de Goya s/n, Tel./Fax 958 610 314,
E-Mail: salobre@redestb.es,
●**Internet:** www.andalucia.com/salobrena

Schon von weitem ist Salobreña zu sehen, die weißen Häuser blitzen auffällig in der Sonne. Auf einem Felshang bauten einst maurische Herrscher eine **Festung,** und genau darunter siedelte sich im Laufe der Jahrhunderte ein Dorf an. Im Jahre 713 kamen erste arabische Eroberer an die Küste und besetzten den kleinen Flecken, der Salobreña damals war. In späteren Tagen residierten die arabischen Herrscher im nahegelegenen Granada, und Salobreña wurde eine strategisch wichtige Stadt an der Küste. Hier kontrollierte man den Küstenstreifen und erntete Reis, Zuckerrohr und Gemüse aus dem fruchtbaren Boden. Gern zogen sich die granadinischen Herrscher in der Sommerhitze hierher zurück. Kurzfristig war die Burg aber auch eine Art Gefängnis für in Ungnade gefallene Sultane. So ist überliefert, dass der Vater von *Boabdil,* des letzten maurischen Herrschers in Granada, dort eingesperrt war.

Wer sich heute der Stadt nähert, sieht zunächst nur eins: strahlendes, fast stechendes Weiß ohne Ausnahme. Sämtliche Häuser wurden perfekt getüncht. Selbst die modernen Gebäude, die dieser Tage vor dem alten Dorf errichtet wurden, sind zumeist hell gehalten. Oberhalb dieser weißen Stadt thront ein grauer Klecks: die Festung. Ein Besuch sollte zu Fuß erfolgen, denn die Straßen und Gassen im Kern des alten Dorfes sind relativ steil und verlaufen in engen Kurven. Autofahrer müssen gewaltig achtgeben und verpassen dabei die schönsten Details.

Strandprofil

Zwei Strände hat Salobreña zu bieten, gut 1,5 Kilometer vom Ortskern mit der Burg entfernt. Für die Bewohner eine kurze Distanz, flüchten sie sich doch sogar in der Mittagspause à *la playa.*

**Playa de
la Charca**

Die Playa de Salobreña wird auch Playa de la Charca genannt. Etwa 1800 Meter Länge und 40 Meter Breite sind

Costa Tropical

die Ausmaße, grauer Sand vermischt mit Kiesel die Beschaffenheit. Zwei Urbanizaciones namens Las Flores und Salomar 2000 locken vor allem im Sommer Tausende von zumeist spanischen Urlaubern an.

Playa de la Guardia

Nur durch einen Felsvorsprung getrennt schließt sich die Playa de la Guardia an. Etwa 1000 Meter lang und knapp 20 Meter breit zeigt sich dieser grausandige Strand, der ebenfalls leicht kieselig durchsetzt ist. Begrenzt wird er von Zuckerrohrfeldern. Parkmöglichkeiten gibt es nur in geringem Maße.

Sehenswertes

Salobreña ist ein Gesamtkunstwerk, das zum planlosen Herumstreifen und Staunen über die schönen Details einlädt. Die engen Gassen und Treppen leiten den Besucher „irgendwie" nach oben, dorthin, wo die Burg thront. Auf dem Weg passiert man hübsch dekorierte Häuser, liebevoll mit Blumen und Kacheln geschmückt. Die Bewohner geben sich auffällig Mühe. Mit ein wenig Fantasie fühlt man sich zurückversetzt in die Zeit der Mauren.

Wie ein Häufchen Würfelzucker:
Salobreña aus der Ferne

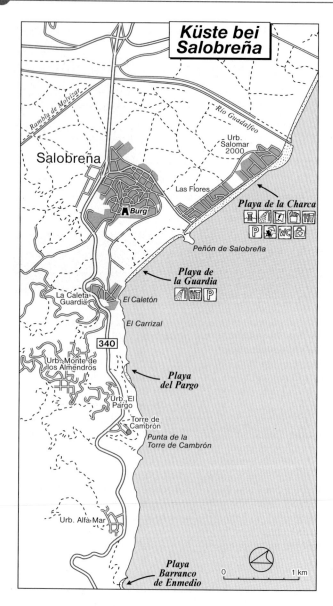

Küste bei Salobreña

Rambla de Molvizar

Río Guadalfeo

Salobreña

Urb. Salomar 2000

Las Flores

Burg

Playa de la Charca

Peñón de Salobreña

Playa de la Guardia

La Caleta-Guardia

El Caletón

El Carrizal

340

Urb. Monte de los Almendros

Playa del Pargo

Urb. El Pargo

Torre de Cambrón

Punta de la Torre de Cambrón

Urb. Alfa-Mar

Playa Barranco de Enmedio

0   1 km

Kurz vor Erreichen der Burg gelangt man zur Kirche **Nuestra Señora del Rosario.** Diese wurde im 16. Jh. im Mudéjar-Stil erbaut, sehr wahrscheinlich auf den Überresten einer Moschee aus dem 13. Jh. 1821 brannte das Innere der Kirche völlig aus. Knapp ein Dutzend Jahre später war die Renovierung abgeschlossen.

Nur wenige Schritte weiter erreicht man das **Castillo.** Nach dem Bezahlen des Eintritts spaziert der Besucher die dicken Wehrmauern entlang, schaut durch Schießscharten, verschnauft in einem hübschen Garten und genießt vor allem immer wieder die Aussicht. Über die Dächer von Salobreña streift der Blick und verliert sich irgendwo in weiter Ferne in der Sierra Nevada oder, zur anderen Seite, über dem Meer. Die Burg wird übrigens in den Sommermonaten zuweilen angestrahlt.

● **Geöffnet:** im Winter 10.30-13.30 und 16-19 Uhr, Mo geschlossen; im Sommer täglich 10.30-14 und 16-21.30 Uhr; Eintritt 2,55 € (ohne Museum 1,91 €). Das Ticket gilt auch im **Museo Histórico,** das außerhalb des alten Dorfes an der Calle Angel Ganivet liegt, nahe der Straße, die zum Strand führt.

Unterkunft

● **Hotel Salobreña** €€€-€€€€, Ctra. N-340, km 323, Tel. 958 610 261, Fax 958 610 101. Das beste Haus, außerhalb des Ortes an der Nationalstraße in unmittelbarer Nähe zum Meer gelegen. Insgesamt 130 Zimmer.
● **Hostal Mari Tereres** €€, c/ Fábrica Nueva 7, Tel. 958 610 126 und **Hostal Miramar** €€, c/ Arrabal Villa 113, Tel. 958 828 534. Zwei Häuser in unmittelbarer Nachbarschaft, am Fuße des Gassengewirrs der Altstadt gelegen.

Camping

● **El Peñón,** 2. Kat., N-340, km 345,5, Tel. 958 610 207. Kleiner Platz in Strandnähe bei den Urbanizaciones, geöffnet von April bis Oktober.

Essen & Trinken

● **Mesón del Yusuf,** c/ Agrela 11, Tel. 958 828 237. Das Restaurant liegt ausgeschildert unterhalb des Castillo. Gute Verschnaufstation.
● **Restaurant El Patio de Rosa,** c/ Antequera 4, Tel. 958 612 672, unweit des Castillo. Die Karte offeriert andalusische und baskische Küche. Herrlicher Blick von der Terrasse.

Feste

● **24.-29. Juli:** San Juan und San Pedro.
● **4.-17. Oktober:** Nuestra Señora del Rosario.

Markt

● **Freitag.**

Ausflüge von Salobreña

Für etwas abenteuerliche Naturen hier zwei Hinweise zu einsam gelegenen Strandbuchten:

Playa Barranco de Enmedio

Die nicht einmal 200 Meter lange Bucht Playa Barranco de Enmedio liegt ziemlich isoliert, wenn auch im Sommer der eine oder andere Badegast die ruhige Lage zu schätzen weiß. Der Strand besteht aus grobem Kiesel. Zu erreichen: Bei Kilometer 321,5 der N-340, etwa auf der Höhe der *urbanización* Alta Mar, zweigt ein Weg Richtung Meer ab. Die ersten 200 Meter sind noch befahrbar, dann sollte der Wagen abgestellt werden. Bis zum Strand bleibt noch ein guter Kilometer.

Costa Tropical

Kilometer 320. Das Auto muss oben geparkt werden, den Rest des Weges (einen guten Kilometer) legt man zu Fuß zurück.

Almuñécar

- **Einwohner:** 20.000
- **PLZ:** 18690
- **Entfernung nach Málaga:** 89 km
- **Touristeninformation:**
  Palacete de Najarra, Avda. de Europa s/n,
  Tel. 958 631 125, Fax 958 635 007,
  E-Mail: ofitur@almunecar-ctropical.org
- **Internet:** www.almunecar-ctropical.org

Dort unten bietet ein *chiringuito* kleine Mahlzeiten an. Vom Strand aus ist es möglich, eine Wanderung zum **Wehrturm Torre de Cabría,** auch Torre del Diablo genannt, zu unternehmen.

Playa Cabría

Die sich anschließende Bucht misst knapp 330 Meter Länge und hat einen schwarzen, von Steinen durchsetzten Sandstrand. Dort stehen einige Häuser in bevorzugter Lage, sogar vier Restaurants sind zu finden. Die Playa Cabría ist also alles andere als ein Geheimtipp ist. Von hier aus kann man die Torre de Cabría leicht erreichen. Die Aussicht auf die benachbarten Orte Velilla und Almuñécar gibt es als Belohnung für die Mühe.

Zu erreichen: Die Playa Cabría liegt ausgeschildert an der N-340, etwa bei

Größter touristischer Ort der Costa Tropical – das sagt schon in etwa aus, was einen erwartet. Die N-340 passiert die Stadt am oberen Rand, damit fließt der Durchgangsverkehr glücklicherweise nicht durchs Zentrum. Eine lange Promenade verläuft an einer gut befahrenen Straße fast entlang des ganzen Strandbereichs. Ausgangspunkt ist der benachbarte Strand von Velilla, der Endpunkt liegt kurz vor dem arabischen Castillo. Entlang des ganzen Weges erheben sich Hochhäuser, größtenteils sind es Ferienapartments oder Zweitwohnungen. In den Sommermonaten, speziell im August, wird jeder Raum belegt, die Parkplatzsuche gestaltet sich dann als Glücksspiel.

Im Ortszentrum finden sich noch Zeugnisse aus vergangenen Epochen, so eine Burg aus arabischer Zeit oder ein Denkmal zu Ehren der Phönizier,

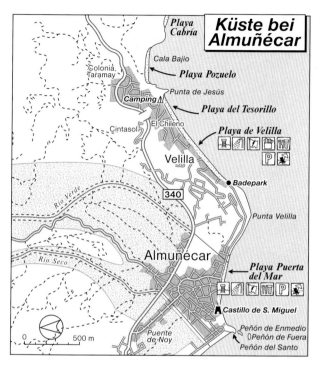

Küste bei Almuñécar

die vor gut 3000 Jahren als Erste hierher kamen. Heute sind es vor allem spanische Touristen, die den Ort schätzen. Allerdings bleibt auch eine wachsende Zahl von Nordeuropäern aufgrund des Klimas und der Infrastruktur dauerhaft hier.

Gasse in Salobreña

Strandprofil

La Velilla

Drei Strände sind im Ortsbereich von Almuñécar zu finden. La Velilla war wohl einst ein eigenständiger Ort, heute hat Almuñécar ihn lässig geschluckt. Eine Trennung wäre auch kaum wahrzunehmen, die Häuserreihen gehen ineinander über. Der Strand misst fast 1500 Meter bei einer durchschnittlichen Breite von 45 Metern. Er besteht durchweg aus grauem

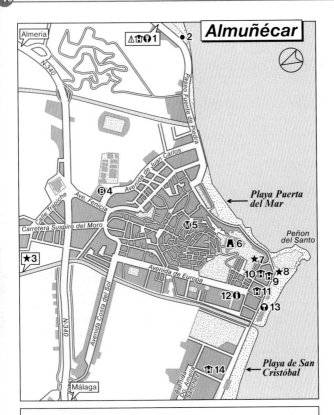

Almuñécar

⚠🏠❶	**1**	Campingplatz, Hostal Velilla und
❶		Restaurant Antiguo Mesón
●	**2**	Badepark Aqua-Tropic
★	**3**	Aquädukt
Ⓑ	**4**	Busterminal
Ⓜ	**5**	Museum Cueva de los 7 Palacios
▲	**6**	Castillo de San Miguel
★	**7**	Vogelpark Loro-Sexi
★	**8**	Denkmal Abderramán I.
★	**9**	Hotel San Cristóbal
🏠	**10**	Hotel Casa Blanca
🏠	**11**	Hostal Tropical
❶	**12**	Touristeninformation
❶	**13**	Dígame Pepe
🏠	**14**	Hotel Helios

Kiesel. Eine Promenade verläuft neben der stark befahrenen Straße. Dort liegen eine Vielzahl von Lokalen und ein „Wald" von Hochhäusern der Güteklasse zehn bis zwölf Etagen. Am Ende des Strandes lockt ein Badepark.

Playa Puerta del Mar

Die Playa Puerta del Mar schließt sich an. Dieser Strand gilt als der erste „richtige" Strand von Almuñécar. Seine Länge beträgt 825, die Breite 35 Meter, ein dunkler, leicht steiniger Sandstrand. Die Promenade zieht sich genauso wie bei Velilla an der Straße parallel zum Strand entlang, allerdings auch die Hochhausriesen in der ersten Reihe.

Playa San Cristóbal

Die Playa San Cristóbal liegt hinter dem Felsvorsprung Peñón del Santo, und zumindest in Teilen zeigt sich Almuñécar hier noch ursprünglich. Nicht, dass die Blocks nun verschwunden wären, aber es finden sich auch kleinere, individuellere Häuser und *chiringuitos* nebst Tapa-Bars. Der Strand besteht aus dunklem Sand mit Kieselsteinen.

Sehenswertes

Rund um den Bereich des Felsens **Peñón del Santo** liegt der Ortsteil, der einen neugierigen Spaziergang verdient: Hier finden sich etliche Tapa-Bars am Strand San Cristóbal, der kleine, aber hübsche Platz Najarra, die

Reste des arabischen Castillo de San Miguel und das Denkmal für die Phönizier. Die Historie wird hochgehalten, blickt Almuñécar doch auf eine gut 3000-jährige Geschichte zurück. Angeblich kamen zu jener Zeit Phönizier an diese Küste, die bessere Lebensbedingungen versprach. Grabstätten aus jener Zeit liegen etwas außerhalb am Puente de Noy. Eine erste Kolonie namens Sexi wurde gegründet und später von den Römern zu einem strategischen Ort ausgebaut. Ein **Aquädukt** aus dieser Epoche kann noch besichtigt werden (zu finden an der Ctra. de Jete, unweit der Hauptzufahrtsstraße, von der N-340 kommend auf der linken Seite). 775 schließlich kam *Abderramán I.* auf seiner Flucht aus Damaskus hierher, er wurde später Emir von Córdoba. Eine Bronzestatue beim Peñón del Santo erinnert daran.

Übrig geblieben aus jener Zeit sind auch Reste der maurischen Festung, zu finden am Ende der Playa Puerto del Mar. Das **Castillo de San Miguel** liegt strategisch günstig auf dem höchsten Punkt der Stadt. Die Anlage besteht aus drei Verteidigungsmauern, die erste wurde bereits im 10. Jh. erbaut. Später kamen zur Verstärkung die beiden anderen Schutzmauern hinzu. Im Inneren sieht es etwas wüst aus, kein Glanz, nur ruinöse Überreste sind zu entdecken. 800 Jahre später verließen die letzten Araber nach der Kapitulation vor den *Reyes Católicos* genau hier wieder spanischen Boden. ●**Geöffnet:** Di-Sa 10.30-13.30 und 18.30-21 Uhr, So 10.30-13.30 Uhr; eintritt: Erw. 2,02 €, Kinder 1,40 €.

Costa Tropical

Der **Vogelpark Loro Sexi** liegt vor dem Peñón del Santo (das „sexi" erinnert an den ersten phönizischen Namen für Almuñécar). Insgesamt 1000 verschiedene Vogelarten werden hier gehalten, vor allem Papageien. Außerdem findet man eine Sammlung von Kakteen.

●**Geöffnet:** 11-14 und 18-21 Uhr, Eintritt 2,70 €, Kinder 1,70 €.

Der Badepark **Agua Tropic** am Strand Velilla bietet viele Rutschen mit Kreischgarantie und allerlei Vergnügungsmöglichkeiten.

●**Geöffnet:** 11-19.30 Uhr, Eintritt: Erwachsene 9,60 €, nach 15 Uhr 5,70 €, Kinder bis 1,20 m 6 €, nach 15 Uhr 3,60 €, Kinder unter drei Jahren gratis.

Im **Museo Arqueológico** bzw. der **Cueva de los 7 Palacios** werden Fundstücke aus römischer, phönizischer und arabischer Zeit ausgestellt.

●**Geöffnet:** täglich außer So Nachmittag und Mo 10.30-13.30 und 18.30-21 Uhr; Eintritt Erw. 2,02 €, Kinder 1,40 €. Das Museum liegt mitten im Zentrum

der Altstadt, etwa dort, wo sich die Kneipenzeile „Bajos del Paseo" befindet. Man muss von der Strandpromenade in die Altstadt abbiegen.

Unterkunft

●**Hostal Velilla** €€, Paseo Velilla s/n, Tel. 958 630 758, Internet: www.jbonillotrenexo.es. Nicht gerade eine optische Glanzleistung, aber dafür preislich erträglich.

●**Hotel San Cristóbal** €€€, Plaza San Cristóbal 5, Tel./Fax 958 633 612. 22 Zimmer hat dieses nett gestaltete Haus, das vor dem Vogelpark liegt.

●**Hotel Casablanca** €€€, Plaza San Cristóbal 4, Tel. 958 635 575. Das Hotel liegt gleich nebenan und hat 30 Zimmer. Unten gibt's in beiden Häusern jeweils ein Restaurant.

●**Hostal Tropical** €€, Avda. de Europa s/n, Tel. 958 633 458. Nur 11 Zimmer hat dieses Haus, das in einer Seitenstraße etwa 50 Meter vom Strand entfernt liegt.

●**Hotel Helios Costa Tropical** €€€€, Paseo de las Flores s/n, Tel. 958 634 459, Fax 958 634 469. Modernes Hotel mit 232 Zimmern, nicht allzu weit vom Strand entfernt.

Essen & Trinken

●Viele *chiringuitos* liegen an der Playa San Cristóbal. Sie sind stets gut besucht, was auf Qualität schließen lässt. Eines der besten Lokale dort ist das **Antonio,** Paseo Marítimo 12, ebenso das **Dígame Pepe.**

●**Restaurant Antiguo Mesón,** Paseo de Velilla, fast beim Aqua-Park. Eines der gediegeneren Lokale in Velilla.

●Eine regelrechte Kneipenmeile ist vor der Playa Puerta del Mar zu finden sowie am Paseo Prieto Moreno, der Straße, die zur Burg hochführt.

Feste

●**15. August:** Virgen de la Antigua.
●**12. Oktober:** Fiesta de Chirimoya.

Markt

●**Freitag.**

Granada

- **Einwohner:** 260.000
- **PLZ:** 18009
- **Entfernung nach Málaga:** 126 km
- **Touristeninformation:**
Plaza de Mariana Pineda 10,
Tel. 958 223 527 oder 958 226 688, Fax
958 228 916, E-Mail: infotur@dipgra.es,
geöffnet: Mo-Sa 9-19, So 10-14 Uhr
- **Internet:** www.dipgra.es

„Dale limosna mujer, que no hay en la vida como la pena de ser ciego en Granada." *(F.H. Decasa)* „Gib ihm ein Almosen, gute Frau, denn nichts ist schlimmer im Leben, als blind zu sein in Granada."

Noch immer gilt dieser Ausspruch als treffend, vor allem auf die Alhambra bezogen. Beinahe jeder Costa Tropical- und Costa del Sol-Urlauber möchte die Alhambra sehen. Alljährlich besuchen rund zwei Millionen diese Sehenswürdigkeit, davon allein im Juli 200.000; sie ist also während der Urlaubsmonate schlicht überlaufen. Die Alhambra bleibt Pflichtprogramm, aber ein Spaziergang durch das Zentrum Granadas mit einem Besuch der Kathedrale sollte auch bei einem kurzen Trip nicht fehlen. Die Stadt ist im Kern nämlich recht kompakt, die Wege sind nicht allzu lang, und eine Buslinie bringt den Besucher von der Alhambra zur City und zurück.

Granada hat eine ganze Menge zu bieten, mehr als man an einem Tag konsumieren kann. An dieser Stelle soll aber die Stadt nur unter dem Gesichtspunkt eines Tagesausflugs vorgestellt werden, denn darauf dürften sich die meisten Costa Tropical-Urlauber beschränken. Wer länger bleiben möchte, dem sei das Reisehandbuch „Andalusien" aus diesem Verlag mit vertiefenden Tipps wärmstens empfohlen. Hier sollen alle praktischen Fragen eines **eintägigen Granada-Besuchs** angesprochen werden: Anreise, Besuch der Alhambra, Besuch weiterer, ausgewählter Sehenswürdigkeiten und ein paar Gastronomietipps.

Anfahrt

Anreise per Auto

Nichts ist leichter als die Anfahrt mit dem Auto, denn es ist wirklich ein Kinderspiel, mit dem eigenen Wagen nach Granada zu fahren. Straßen und Ausschilderung sind exzellent. Wer ganz im Westen der Costa del Sol (Málaga bis Estepona) sein Quartier

Wo der Maurenherrscher weinte

Bei der Anfahrt nach Granada durch die Berge kommt man an dem Ort **Suspiro del Moro** („Seufzer des Mauren") vorbei. Hier soll *Boabdil*, der letzte maurische Herrscher, nach seiner Vertreibung aus der Alhambra durch die Katholischen Könige einen allerletzten Blick zurückgeworfen und bitterlich geweint haben. Seine weniger sensible Mutter beschimpfte ihn daraufhin heftigst: „Wenn du wie ein Mann gekämpft hättest, bräuchtest du jetzt nicht wie ein Weib zu flennen!" Der Maurenherrscher hatte nämlich die Alhambra kampflos übergeben – zum Leidwesen seiner Mutter, doch zur Freude der Millionen Besucher, die die Palaststadt heute bewundern dürfen.

Costa Tropical

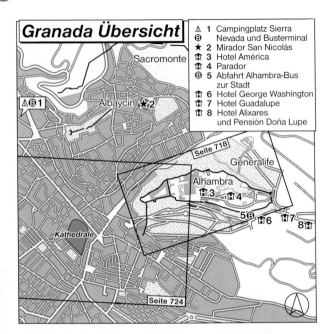

Granada Übersicht

Sacromonte

Albaycin ★2

▲⊕1

	1	Campingplatz Sierra Nevada und Busterminal
⊕		
★	2	Mirador San Nicolás
🏨	3	Hotel América
🏨	4	Parador
⊕	5	Abfahrt Alhambra-Bus zur Stadt
🏨	6	Hotel George Washington
🏨	7	Hotel Guadalupe
🏨	8	Hotel Alixares und Pensión Doña Lupe

Seite 718

Generalife

Alhambra

🏨3   🏨4

5⊕ 🏨6   🏨7 8🏨

Kathedrale

Seite 724

hat, sollte über die N-331, dann über die N-359 und schließlich die A-92 nach Granada fahren. Wer zwischen Vélez-Málaga und Mortil wohnt, fährt bis kurz vor vor Motril, was kein Problem darstellt, verläuft doch von Estepona beinahe durchgehend bis Nerja eine gebührenpflichtige Autobahn (mit kleinen Unterbrechungen) entlang der Costa del Sol. Von Nerja aus geht es dann noch über knapp 40 Kilometer auf der Nationalstraße N-340 bis zur Kreuzung vor Motril, wo die Straße nach Granada abzweigt. Kommt man aus östlicher Richtung, fährt man ebenfalls auf der N-340 an der Küste entlang bis hinter Motril.

Von dort sind es 66 Kilometer auf einer hervorragenden Straße, die durch eine schöne Berglandschaft führt. Die Straße verläuft über weite Strecken dreispurig und längst nicht so kurvenreich, wie man nach einem Blick auf die Landkarte meinen möchte. Schon weit vor Granada ist die **Alhambra ausgeschildert,** man folgt einfach diesen Zeichen.

Schließlich landet der Autofahrer auf einem riesigen **Parkplatz** unmittelbar **vor dem Haupteingang** der Alhambra. Man zieht ein Ticket und bezahlt an einem Automaten, bevor man wieder rausfährt.

Anreise per Bus

Es ist auch möglich, per Linienbus nach Granada zu reisen. Die Busse bedienen aber nur einige wenige Strecken und fahren im Allgemeinen relativ selten, von Málaga und Almuñécar allerdings mehrmals täglich. Am Busbahnhof in Granada angekommen, nimmt man den Stadtbus Nr. 3 Richtung Zentrum bis zur Plaza Nueva. Dort heißt es umsteigen in den Alhambra-Bus, der alle 12 Minuten hochfährt bis direkt vor den Eingang. Ein Fußmarsch von der Plaza Nueva wäre zwar machbar, ist aber nicht anzuraten, da die Straße recht steil ansteigt.

Besuch der Alhambra

Eintrittskarten

Angesichts des immensen Andrangs wurden Besuchsbeschränkungen eingeführt, die wohl auch notwendig waren. Wenn sich jeden Tag Tausende durch die Alhambra schieben, staut sich der Besucherverkehr sonst fast zwangsläufig an den schönsten Punkten. Dann sieht der einzelne außer fähnchenschwingenden Touristengruppen nichts mehr, und auf dem obligatorischen Foto der Löwenköpfe tummeln sich Dutzende anderer Neugieriger. Nur wenn man im Dezember kommt, hat man die Alhambra tatsächlich beinahe für sich allein.

Zeitfenster

Um dem Andrang Herr zu werden, wurden folgende Regelungen eingeführt: Täglich werden 7.700 Tickets verkauft. Eine Eintrittskarte erwirbt der Besucher am Haupteingang oder in einer Zweigstelle der Banco Bilbao Vizcaya (BBV, s.u.). Mit der Eintrittskarte kann die gesamte Anlage besichtigt werden, aber der schönste Teil der Alhambra, die arabischen **Paläste,** nur zu einer genau **festgelegten Zeit.** Auf jedem Ticket steht in einer Art Zeitfenster *(time slot)* die Uhrzeit, zu der der Besucher die Paläste betreten darf. Dieser Zeitpunkt wird in 30-Minuten-Schritten festgelegt und gilt jeweils für 350 Tickets. Mit anderen Worten, sobald 350 Tickets verkauft sind, springt das Zeitfenster eine halbe Stunde weiter. Darauf weist das digitale Laufband hin, das über der Kasse am Haupteingang ständig durchläuft: „Momentan werden Tickets für 16.30 Uhr verkauft". Das heißt, dass man jetzt zwar seine Eintrittskarte erwerben und die Alhambra betreten kann, aber die Paläste erst ab 16.30 Uhr. Wenn sich aber ab 11 Uhr eine 50 Meter lange Schlange bildet, kann es sehr schnell passieren, dass man „sein" Zeitfenster erst für 17 Uhr erhält. Es soll schon Fälle gegeben haben, in denen Leute zehn Stunden warten mussten. Und wenn die Zeitfenster erschöpft sind, werden keine Karten mehr verkauft, was im Hochsommer nicht selten vorkommt.

Vorverkauf

Es gibt die Möglichkeit, Tickets vorab zu erwerben. Die Bank **BBV** verkauft in allen Zweigstellen Spaniens Eintrittskarten. Obendrein hat sie einen Schalter in der sehr zentral gelegenen Filiale an der Plaza de Isabel la

Católica eingerichtet. Dort können sogar Terminwünsche bis zu einem Jahr im voraus angegeben werden. Die BBV kann bis zu 70 % der Tickets im Vorverkauf absetzen, ein Rest bleibt also immer an der Tageskasse. Dort können übrigens auch vorbestellte Tickets an einem Sonderschalter abgeholt werden.

●**Banco Bilbao Vizcaya,** Plaza de Isabel la Católica, Mo-Fr 8.30-14 Uhr. Auch die telefonische Kartenreservierung ist möglich. Internationale Verbindung: Tel. 0034 913 465 936, nationale Auskunftsnummer: 902 224 460; über das Internet: www.alhambratickets com.

Öffnungszeiten

●**November bis Februar:**
täglich 8.30-18 Uhr.
●**März bis Oktober:**
täglich 8.30-20 Uhr.
  Visita nocturna, nächtliche Besuche, die ausschließlich für die Palacios Nacaríes (nasridischen Paläste) gelten:
●**November bis Februar:** Fr, Sa 20-21.30 Uhr.
●**März bis Oktober:** täglich außer So und Mo 22-23.30 Uhr.

Eintritt

●Erwachsene 7 €, Rentner 5 €, Kinder unter acht Jahren frei. Für über die BBV erworbene Tickets wird eine Gebühr von 0,88 € erhoben.

Die Alhambra

Die Alhambra ist die meistbesuchte Sehenswürdigkeit Spaniens und gilt als bedeutendstes Bauwerk aus der Zeit der arabischen Herrschaft auf der iberischen Halbinsel. Der Name leitet sich ab aus dem arabischen *Qal'at al-Hamra,* was soviel wie „rote Festung" bedeutet, eine Anspielung auf die ursprüngliche Farbe.

Geschichte

  Die Alhambra war zu Beginn, im 11. Jh., nichts weiter als eine **militärische Festung** (die **Alcazaba,** die es heute noch gibt). Im 13. Jh. wurde in einem zweiten Schritt eine große Mauer um die ganze Anlage gebaut. 1238 begann die Herrschaft der Nasriden-Dynastie mit *Muhammad I.* an der Spitze. Dieser war der erste, der seinen Sitz in die Alhambra verlegte. Von hier aus beherrschte er ganz Andalusien, und im Laufe der folgenden Jahrzehnte wurde die Alhambra immer weiter ausgebaut. Zunächst errichtete man weitere Häuser, schließlich, im 14. Jh., die weltberühmten **Palacios Nacaríes** (Nasridischen Paläste). Jeder Herrscher brachte seine eigene Note ins Spiel, wollte eigene Ideen verwirklicht sehen. Paläste wurden erbaut, großzügige Innenhöfe geschaffen mit verschlungenen Säulengängen und arabischen Ornamenten. Andere Räume erhielten geschickt platzierte Fenster, durch deren Gitter Licht „tröpfchenweise" in einen Raum fällt. Und überall plätscherte Wasser, blühten Blumen.

  Bis zur Eroberung durch die Katholischen Könige im Jahr 1492 residierten insgesamt 32 Herrscher in der Alhambra. Alle fügten etwas hinzu, und der letzte, *Boabdil,* wollte all diese Pracht nicht durch einen Krieg beschädigt sehen. Er übergab die Alhambra kampflos am 2. Januar 1492. Danach kam die christliche Phase, während der die Befestigungsanlagen verändert wurden und der spanische Herrscher *Carlos V.* sich 1526 einen eigenen Palast bauen ließ.

Die Mauer, die die Alhambra umgibt, schloss einst die gesamte Stadt Granada ein. Insgesamt 22 Wachtürme, die ziemlich unregelmäßig errichtet wurden, stehen noch heute. Der vermutlich älteste Turm, die **Torre Bermejas,** steht ein wenig abseits, ist aber durch eine Mauer mit der Alhambra verbunden.

Rundgang

Wer aus der Stadt kommt, passiert das Tor **Puerta de las Granadas** und erreicht einen schattigen Wald, den Außenbereich der Alhambra. An der Puerta de las Granadas sind Granatäpfel zu erkennen, das Symbol der Stadt. Die Puerta ist übrigens durch eine kleine Mauer mit der Torre Bermejas verbunden.

Folgt man dem Weg nach oben, passiert man die **Puerta de la Justicia,** hier war früher der Haupteingang. Direkt davor steht die **Pilar de Carlos V.,** ein Brunnen, der von *König Carlos V.* in Auftrag gegeben wurde.

Seit der Verlegung des Haupteingangs in die Nähe des Generalife muss der Besucher zuerst einmal die gesamte Anlage durchlaufen. Manche machen dies gemütlich, bewundern die Gärten, Springbrunnen und die zwei Hotels (Parador de San Francisco und Hotel América). Andere beeilen sich, um das Zeitfenster des Tickets zu erfüllen.

Costa Tropical

Bevor man die Nasridischen Paläste erreicht, kommt man durch das Tor **Puerta del Vino.** Hier soll früher, so die Legende, der Wein kostenlos an die Bevölkerung abgegeben worden sein. Der Besucher schwenkt nach rechts, passiert den wuchtigen Palast von *Carlos V.* und erreicht die dahinter liegenden Palacios Nacaríes. Hier wird man nur zur auf dem Ticket angegebenen Zeit eingelassen.

Der Löwenhof in der Alhambra

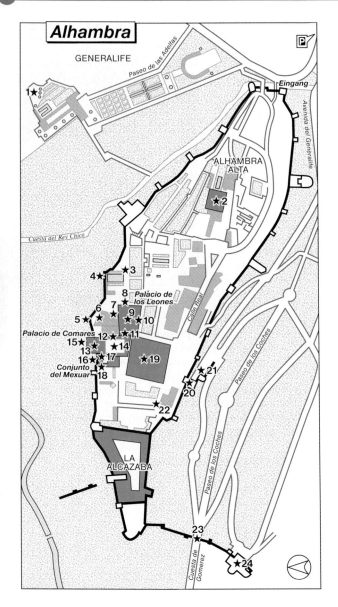

★	1	Escalera del Agua (Wassertreppe)	★ 13	Sala de Barca
★	2	Parador de San Francisco	★ 14	Patio de los Arrayanes
★	3	Jardines del Partal	★ 15	Torre de Comares (Sala de Embajadores)
★	4	Torre de las Damas	★ 16	Cuarto Dorado
★	5	Peinador de la Reina	★ 17	Patio del Cuarto Dorado
★	6	Jardín de la Daraxa	★ 18	Sala del Mexuar
★	7	Sala de las Dos Hermanas	★ 19	Palacio de Carlos V
★	8	Sala de los Reyes	★ 20	Puerta de la Justicia
★	9	Patio de los Leones	★ 21	Pilar de Carlos V
★	10	Sala de de los Abencerrajes	★ 22	Puerta del Vino
★	11	Sala de Mocárabes	★ 23	Puerta de las Granadas
★	12	Baños Reales	★ 24	Torres Bermejas

Palacios Nacaríes

Die Nasridischen Paläste können in drei Großbereiche unterteilt werden: Palacio de Mexuar, Palacio de Comares, Palacio de los Leones. Sie sind alle miteinander verbunden. Auch wenn es manchmal angesichts der Besuchermassen schwer fällt, für ein zielloses Bummeln und staunendes Genießen sollte man sich genügend Zeit nehmen.

Der **Palacio de Mexuar** ist so etwas wie der Eingangsbereich, der auf die folgenden Schönheiten einstimmt. Zuerst betritt man die **Sala del Mexuar.** Dieser Saal wurde ursprünglich als Audienzraum genutzt und war mit Stuckarbeiten reich verziert. Durch einen Umbau zu einer Kirche, noch unter der Regie des spanischen Königs *Carlos V.,* gingen diese aber verloren. Von dort gelangt man zum **Patio del Mexuar,** einem Innenhof, der vollkommen mit Marmor ausgelegt ist. An seiner Stirnseite liegt der **Cuarto Dorado** (Goldener Saal), von wo aus man einen herrlichen Blick ins Tal hat. Der Name rührt von der gülden geschmückten Decke her.

Der Patio del Mexuar ist mit dem **Patio de los Arrayanes** (Myrtenhof) verbunden, einem rechteckigen, offenen Hof mit einem länglichen Wasserbecken in der Mitte. An der Nordseite erhebt sich der höchste Außenturm, die **Torre de Comares,** mit immerhin 45 Metern. Dort befinden sich die **Sala de Embajadores** (Saal der Gesandten) und das Vorzimmer **Sala de Barca.** Beide Räume sind reich verziert, hier sollten Gäste früher mächtig beeindruckt werden. Die Sala de Barca hat eine eindrucksvolle Holzdecke, die 1890 nach einem Brand vollkommen restauriert wurde. In der dahinterliegenden Sala de Embajadores hat wahrscheinlich der Thron des maurischen Herrschers gestanden. Die Schönheit des Raumes beruht auf dem perfekten Zusammenspiel von Fliesen, Stuck und Inschriften aus dem Koran, die kunstvoll in die Wände eingearbeitet wurden. Vor allem aber beeindruckt die Holzdecke! Sie besteht

Costa Tropical

aus 8017 einzelnen Holztäfelchen, die zu einem kunstvollen Mosaik zusammengefügt wurden. Man muss sich die damalige Szenerie vorzustellen versuchen: Seidenvorhänge, Brokatkissen, Fächer schwingende Sklaven, gelangweilte Hofschranzen ...

Rund um den Löwenhof

Der dritte Komplex liegt um den **Patio de los Leones,** den Löwenhof, herum. Hier ist es endlich zu finden, das weltberühmte Fotomotiv der zwölf Wasser speienden Löwen. 124 Säulen aus Marmor umgeben den Hof, kunstvoll mit Ornamenten verziert. An den Löwenhof grenzen mehrere Räume, wie die **Sala de Mocárabes** mit Resten einer ungewöhnlichen Deckenarbeit, die leider vor Jahren bei einer Explosion teilweise zerstört wurde.

An der Südseite liegt die **Sala de Abencerrajes.** Der Name des Saales wurde zum Gedenken an eine Familie aus dem Umfeld der Herrscher gewählt, die hier brutal ermordet worden war. Die dunklen Flecken am Brunnen sollen angeblich noch vom Blut der Unglücklichen stammen. Der achteckige Raum ist überwölbt von einer sternförmigen Kuppel mit unzähligen Stalaktiten.

Geht man weiter um den Hof herum, erreicht man die **Sala de los Reyes,** den Königssaal, der aus mehreren Einheiten besteht. An den Decken hängen auf Leder gemalte Bilder, die das maurische Leben darstellen.

Der nächste Raum heißt **Sala de las dos Hermanas,** „Saal der zwei Schwestern". Das Besondere daran sind zwei identisch aussehende Marmorplatten, mit denen der Boden ausgelegt wurde. Dieser Raum besticht aber auch durch besonders schöne Ornamente. Von hier gelangt man zum **Mirador de Daraxa,** der einen schönen Ausblick auf die darunter liegenden Gärten gestattet.

Ein Zugang zum **Peinador de la Reina** besteht vom Saal der zwei Schwestern, in dem die Gemahlin von *Carlos V.* ihren privaten Bereich hatte. Danach betritt man Räume, in denen sich *Carlos V.* zeitweise aufhielt und in denen der Schriftsteller *Washington Irving* seine „Erzählungen aus der Alhambra" schrieb.

Über Treppen erreicht man den Garten **Jardín de la Daraxa,** von wo aus man schließlich zu den **Baños Reales** gelangt; die königlichen Bäder sind schön geschmückte und kunstvoll mit *azulejos* (Kacheln) verzierte Räume mit Ruheecken und Wasserbecken.

An der äußeren Mauer erhebt sich vor der schönen Gartenanlage mit Wasserbecken (Jardines del Partal) die Torre de las Damas. Fünf kunstvoll gearbeitete Arkadenbögen sind das herausragende Element dieses „Turms der Damen".

Palacio de Carlos V.

Wer zuerst die arabischen Kunstwerke bewundert hat, dürfte sich ein wenig schwer tun bei der Besichtigung des christlichen Palastes von *Carlos V.*

Im kunstvoll gestalteten Garten Generalife

Costa Tropical

Etwas schmucklos sieht er nämlich aus, bombastisch geradezu in den Ausmaßen, verglichen mit den feinen, verspielten Linien der Palacios Nacaríes. Der Palast wurde exakt viereckig gebaut mit einem sehr großen, runden Innenhof. Ein wenig erinnert dieser an eine Stierkampfarena, was wohl nicht beabsichtigt war. Man wollte ein Gegengewicht zum arabischen Stil schaffen und baute deshalb in rein italienischem Hochrenaissance-Stil. Fertiggestellt wurde der Palast allerdings nicht, erst vor einigen Jahrzehnten schloss man das Werk ab. Heute befinden sich hier das Archiv der Alhambra sowie drei Museen, u.a. das **Museo Hispano-Musulmán,** welches jene Epoche aufgreift.

● **Geöffnet:** Di-Sa 9-14.30 Uhr.

Alcazaba

In dieser typisch mittelalterlichen Burg fing einst alles an. Wuchtige Mauern, Wehrtürme, Schießscharten dominieren noch heute. Die Burg liegt an einem strategisch günstigen Punkt hoch über der Stadt, steil fällt ein Felsmassiv ab. Es kann nicht leicht gewesen sein, diese Feste einzunehmen. Heutige Besucher genießen einen tollen Ausblick über Granada; viel mehr kann leider nicht empfohlen werden. Das Gebäude befindet sich bedauerlicherweise nicht in einem so sehenswerten Zustand wie die Palacios Nacaríes.

Generalife

Eine wunderschöne **Gartenanlage,** gewissermaßen ein eigener Bereich, ist der Palacio de Generalife. Das trifft auch räumlich zu, liegt der Generalife doch nicht mehr im eigentlichen Alhambra-Komplex. Ursprünglich war dies eine Zone der Erholung, ein Garten mit diversen Wasserspielen, erschaffen wahrscheinlich von *Muhammad II.* (1273-1302). In späteren Jahren wurde er um weitere Anlagen erweitert, immer der Idee folgend, einen perfekten Garten anzulegen. Viel dürfte wahrlich nicht daran fehlen. Wasserfontänen sprühen in gleichmäßigen Bögen an einem länglichen Becken, links und rechts wachsen derweil die schönsten Blumen. Pflanzen wurden zu kunstvollen Ornamenten arrangiert, deren System von den beiden kleinen Gebäuden an der Nord- und Südseite aus gut erkennbar ist. Ein besonderer Blickfang ist auch die **Wassertreppe:** In einer kleinen Rinne plätschert Wasser über mehrere Stufen eine Treppe hinunter. Das Ganze hat etwas Beruhigendes, wenn nicht gerade Hunderte von Besuchern neben einem staunen.

Nach dem Besuch

Natürlich ist der Besuch einer derart großen Anlage wie der Alhambra anstrengend. Also erstmal ausruhen, etwas essen und neue Kräfte sammeln. Möchte man nicht irgendwo im Schatten der Bäume ein Picknick abhalten, bieten sich im Umfeld des Haupteingangs mehrere Lokale an. Den Blick auf die Alhambra vom Aussichtspunkt Mirador San Nicolás sollte man sich vor der Rückfahrt unbedingt noch gönnen. Und wenn man schon mal da

Costa Tropical

ist, kann auch noch ein Spaziergang durch die engen Gassen des **Albaicín** hinunter ins Stadtzentrum folgen, weit ist es nicht. Dort wird die Ausdauer dann mit ein paar Tapas in einer urigen Bar belohnt.

Stadtrundgang

Mirador San Nicolás

Der Aussichtspunkt Mirador San Nicolás ist kinderleicht zu finden. Nur wenige Schritte vom Haupteingang der Alhambra entfernt startet der Alhambra-Bus. Er fährt im Wechsel nur bis zur Plaza Nueva im Zentrum oder in einer größeren Runde durch das Viertel Albaicín. Dort hält er unmittelbar unterhalb vom Mirador San Ni-

colás, wo sich ein spektakulärer Blick auf den gesamten Alhambra-Komplex eröffnet, mit den Bergen der Sierra Nevada im Hintergrund. Dies ist das zweite weltberühmte **Alhambra-Fotomotiv,** und zwar vorzugsweise mit schneebedeckten Gipfeln.

Gitanos – spanische Zigeuner

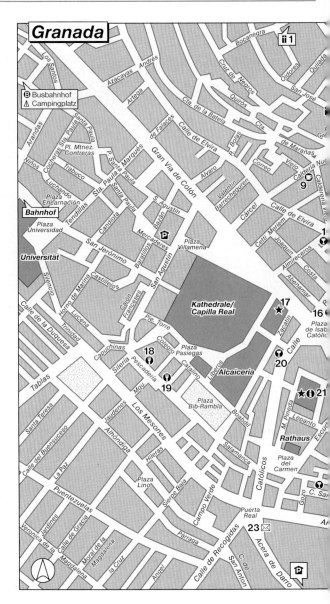

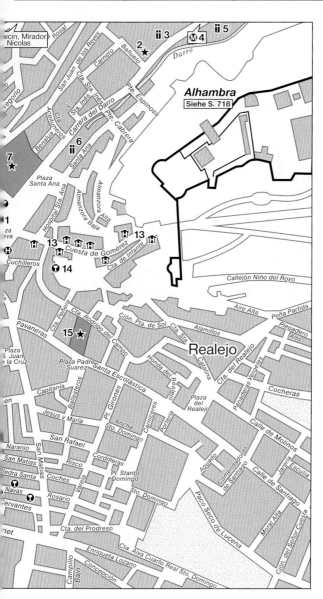

Costa Tropical

Albaicín

Jetzt könnte sich ein Fußmarsch ins Zentrum anschließen – wer möchte, kann auch mit dem nächsten Bus weiterfahren. Der Weg jedenfalls ist einfach und kompliziert zugleich: Zur Alhambra schauend, geht man nach rechts und folgt der breitesten Straße nach unten. Dann heißt es, immer die Straße wählen, die nach unten führt, ganz einfach. Das Albaicín-Viertel besteht nämlich aus einer Vielzahl kleiner und kleinster Gassen, die teilweise recht steil verlaufen. Wer immer abwärts geht, sollte nach nicht einmal ei-

Blick auf das alte maurische
Stadtviertel Albaicín

ner halben Stunde unten sein, an der breiten **Avenida Gran Vía de Colón** unweit der Kathedrale. Dieses graue Gebäude ragt nämlich schon von weitem gut sichtbar aus dem Häusermeer heraus, ein prima Orientierungspunkt.

Das Viertel Albaicín stammt noch aus maurischen Zeiten. Weißgetünchte Häuser, **blumengeschmückte Innenhöfe** (*carmen* genannt), ein chaotisches Gassensystem, alles erscheint irgendwie erfrischend lebendig.

Kathedrale

Glücklich unten angekommen, darf ein Besuch der Kathedrale eigentlich nicht fehlen, und sei es nur, um den Kontrast zu den filigranen arabischen Schönheiten nochmals auszukosten.

⛪ 1	Monasterio de Santa Isabel la Real	🏛 13	Cuesta de Gomérez mit etlichen Billig-Pensionen
★ 2	Arabische Bäder	❷ 14	Bar La Trastienda
⛪ 3	Santa Catalina de Zafra	★ 15	Casa de los Tiros
Ⓜ 4	Museo Arqueológico	❸ 16	BBV-Bank (Vorverkauf von Alhambra-Eintrittskarten)
⛪ 5	San Pedro y San Pablo		
⛪ 6	Santa Ana	★ 17	Madraza
★ 7	Chancillería	🍴 18	Restaurant Marisqueria
⛪ 8	San José	🍴 19	Restaurant Cuini
◯ 9	Internet-Café	❷ 20	Bar Sevilla
❷ 10	Bodega Castañeda	★ 21	Corral del Carbón
❷ 11	viele Bars	❶	und Touristeninformation
❶ 12	Abfahrtstelle Alhambra-Bus und Bus Nr.3	❷ 22	viele Bars
		✉ 23	Hauptpost

Die Kathedrale ist ein wuchtiger Bau mit dicken, fast monströsen Pfeilern, zwei riesigen Orgeln, etlichen Seitenkapellen und einem gewaltigen Hauptaltar. Einige Pfeiler sind fast wie Triumphbögen angeordnet. Allein die Türen messen fünf bis acht Meter Höhe. Hier wollte man wohl mächtig imponieren. Selbst die Bücher fielen riesig aus, fast einen Meter große Bibeln können hinter Glas bestaunt werden. 1518 wurde mit dem Bau begonnen, erst 181 Jahre später war er beendet.
●**Geöffnet:** 10.45-13.30 und 16-19 Uhr; Eintritt 2 €.

Capilla Real

Die Eroberer der Alhambra, die so genannten *Reyes Católicos,* wurden nach einigem Hin und Her in der Capilla Real beigesetzt, der **Königlichen Kapelle,** welche sich unmittelbar an die Kathedrale anschließt. 1521 wurde sie fertiggestellt, da waren die Herrschaften aber schon verschieden. Neben den Katholischen Königen, die

aus ihrem Interims-Grab hierher gebracht wurden, fanden weitere Mitglieder des Königshauses hier ihre vorletzte Ruhestätte. Als *König Felipe II.* etwa 50 Jahre später beschloss, eine wahrlich königliche Grabstätte in der Nähe von Madrid zu bauen, das Panteón Real in El Escorial, wurden die meisten noch einmal umgebettet. Die *Reyes Católicos* blieben.
●**Geöffnet:** 10.30-13 und 16-19 Uhr, Eintritt 1,60 €. Das Ticket für die Kathedrale gilt hier nicht.

Ende des Rundgangs

Wer diesem Vorschlag gefolgt ist, hat die bedeutendsten Sehenswürdigkeiten Granadas gesehen. Zurück zum Parkplatz geht es ganz einfach mit dem Alhambra-Bus von der Plaza Nueva, keine zehn Minuten Fußweg von der Kathedrale entfernt. Rund um die Kathedrale und die Plaza Nueva liegen in engen, kleinen Gassen einige urige **Bars** – ein wohlverdienter Abschluss des ausgefüllten Tagesprogramms.

Costa Tropical

Praktische Tipps

Adressen

- **Busbahnhof:** Avda. de Madrid, etwas außerhalb gelegen, unweit des Campingplatzes Sierra Nevada.
- **Internet-Café:** Mandar Internet, c/ Caldería Nueva 9.
- **Post:** Puerta Real, Ecke c/ Angel Ganivet.

Essen & Trinken

Im Zentrum:

- **Restaurant Cunini,** Plaza de la Pescadería 14, Tel. 958 267 587. Ein gutes Fischrestaurant, das als Klassiker gilt und kein Billigladen ist. So kostet beispielsweise ein Tagesmenü 15 €, was aber auch eine außergewöhnliche Speisenfolge garantiert.
- **Bar Sevilla,** neben der Capilla Real. Ein kleines Lokal, bei dem abends der Vorplatz als Terrasse genutzt wird.
- **Bodega Castañeda,** c/ Almireceros 13. Ein Klassiker mit langem Tresen und breiter Auswahl an Tapas. Wein wird aus Holzfässern ausgeschenkt.
- **La Trastienda,** Plaza de Cuchilleros 11. Reichlich Tapas, aber auch „normaler" Ladenverkauf.
- **Marisquería,** c/ Pescadería. Im Schatten der Kathedrale gelegen. Breite und gute Auswahl an Fischgerichten und Tapas.
- Die **Plaza Nueva** ist übersät mit Bars und Restaurants. Das Angebot scheint generell etwas auf den touristischen Geschmack ausgerichtet zu sein, man kann auch sehr schön draußen sitzen.

Weitere Lokale:

- Ähnlich sieht es rund um die **Plaza del Carmen** aus, die nur einen Steinwurf von der Kathedrale entfernt liegt. Speziell in der Calle Navas liegen etliche Lokale.
- Die Straße **Caldería Nueva** und die umliegenden Gassen lassen noch etwas von Granadas Vergangenheit erahnen, hier haben nämlich viele marokkanische Läden aufgemacht. Breites Angebot an Couscous & Co.

Unterkunft

- Die beste Lage hat wohl der **Parador,** der mitten in der Alhambra liegt. Schöner kann man fast nicht wohnen, und mehr bezahlen auch nicht: 200 € die Nacht. Tel. 958 221 440, Fax 958 222 264, E-Mail: granada@parador.es, im Internet: www.parador.es.
- **Hotel América** €€€-€€€€, Real de la Alhambra 53, Tel. 958 227 471, Fax 958 227 470. Dieses kleine Haus mit nur 13 Zimmern liegt ebenfalls im Alhambra-Komplex, kostet aber nur ein Drittel des Parador. Dezember bis Februar geschlossen.
- **Hotel Alixares** €€€-€€€€, Avda. Alixares del Generalife s/n, Tel. 958 225 575, Fax 958 224 102, E-Mail: alixares@jet.es. Funktionelles Haus mit 162 Zimmern und Pool. Es liegt keine fünf Min. Fußweg vom Haupteingang der Alhambra entfernt und hat eine Tiefgarage.
- **Hotel Washington Irving** €€€€, Paseo del Generalife 2, Tel. 958 227 550, Fax 958 228 840. Dieses 68-Zimmer-Haus ist ein Klassiker. Es wurde schon von *Federico García Lorca* vor über 60 Jahren besucht. Am unteren Ende der Preiskategorie angesiedelt.
- **Hotel Guadalupe** €€€, Avda. Alixares del Generalife s/n, Tel. 958 223 423, E-Mail: guadalupe@infonegocio.com. Ebenfalls in der Nähe des Alhambra-Haupteingangs gelegenes Hotel mit 58 Zimmern. Wirkt ein wenig verplüscht, aber sonst tadellos.
- **Pensión Doña Lupe** €, neben Hotel Alixares gelegenes Haus, das in dieser Ecke preislich nicht zu schlagen ist.
- Wer richtig preiswert wohnen möchte, sollte die **Straße Cuesta de Gomérez** hochsteigen. Diese führt von der Plaza Nueva zur Alhambra; dort liegen etliche günstige Pensionen.

Camping

- **Camping Sierra Nevada,** 1. Kat., Avda. de Madrid 107, Tel. 958 150 062, geöffnet von März bis Oktober. Ein großes Gelände mit Platz für 600 Personen, allerdings etwas außerhalb gelegen. Stadtbus Nr. 3 fährt in die City. Wer von der Küste kommt, nimmt die Abfahrt Nr. 126, „Granada Almanjayar".
- Es existieren weitere Campingplätze, die aber für einen Stadtbesuch nicht geeignet sind, da sie zu weit außerhalb liegen.

Abstecher in die Sierra Nevada

Ein Tipp für Autofahrer: Von Granada aus lässt sich relativ schnell ein Abstecher auf über 3000 Meter Höhe in die Sierra Nevada machen. Dazu folgt man zunächst der Beschilderung raus aus Granada zur Küste (Motril) und dann den Schildern „Sierra Nevada". Auf guter, aber auch ziemlich kurviger Straße gelangt man dann in das südöstlich von Granada gelegene Gebirge, das im Winter eine der meistbesuchten **Ski-Regionen** Spaniens ist. Die hingeklotzten Betonscheußlichkeiten kann man getrost ignorieren, die Aussicht auf die Bergwelt entschädigt für alles.

Nach knapp 50 Kilometern ist Schluss, am **Pico Veleta** endet die Asphaltstraße auf ca. 3400 Metern Höhe. Ein herrlicher Rundblick belohnt für die Kurverei. Früher konnten Autofahrer den Weg auf die Südseite der Sierra Nevada fortsetzen: auf einer üblen Piste etwa 35 Kilometer quer durch die Berge nach Capileira. Dabei wurde auch der höchste Berg des spanischen Festlands passiert, der Pico Mulhacén auf 3478 Metern Höhe. Deshalb lockten die damaligen Tourismuspromoter mit dem Slogan: „Befahren Sie die höchstgelegene Straße Europas". Mit einem alten Käfer schaukelten wir damals rüber und starben tausend Tode! Das ist heute nicht mehr möglich, motorisierte Fahrzeuge dürfen hier nicht mehr fahren.

Costa Tropical

Die Sierra Nevada: Schnee von Oktober bis Mai auf den höchsten Bergen des spanischen Festlands

Costa del Sol

049c Foto: jf

050c Foto: jf

Altstadtgassen in der Mittagshitze

Baywatch à la Costa del Sol

Der Feinschmecker kauft ihn
frisch vom Markt

Die östliche Costa del Sol

Überblick

Der eigentliche Bereich der Costa del Sol entspricht genau der Provinz **Málaga.** Ziemlich in der Mitte liegt die gleichnamige Provinzhauptstadt, eine Metropole hart an der Millionengrenze, mit einem netten, lebhaften Kern. Die östlich von Málaga liegende Küs-

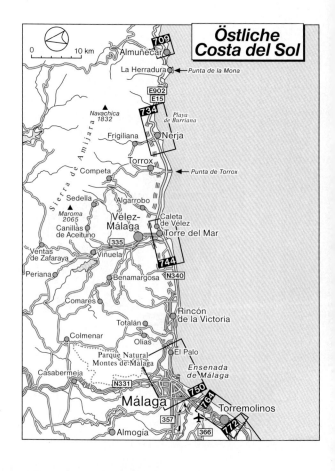

tenzone kann wie folgt charakterisiert werden: je dichter an Málaga, desto bebauter; weiter entfernt bleiben noch einige freie Flächen.

Ausgehend von Málaga ist die Küste auf einer Länge von gut und gern zehn Kilometern bis Rincón de la Victoria durchgehend bebaut, Lücken gibt es keine mehr. Dann folgen erste freie Flächen, unterbrochen von den auch nicht gerade kleinen Ortschaften Torre del Mar und Torrox. Die einzige Stadt mit eigenständigem Charakter und Charme ist **Nerja,** fast schon an der Grenze zur Provinz Granada gelegen. Bis auf Nerja dominieren in allen Orten Ferienwohnungen und Apartmentanlagen, die gern von spanischen Familien gemietet werden. Viele Hotels findet man in den meisten Orten nicht; Nerja bildet da eine Ausnahme.

Das Landschaftsbild ist durchgängig von einem Gebirgszug geprägt, der den Küstenverlauf begleitet. Selten nur drängt er sich nah an die Küste heran, zumeist verbleibt noch ein wenige Kilometer breiter Streifen. Dieser ist zum größten Teil mit Treibhäusern bebaut – die Plastiklandschaften sind nicht gerade der schönste Anblick.

Die topografischen Gegebenheiten machen Ausflüge ins Hinterland etwas beschwerlich. Die Straßen sind eng, nicht im besten Zustand und zwangsläufig immer sehr kurvig. Eine unbedingt lohnende Sehenswürdigkeit ist das **Bergdorf Frigiliana.** Obwohl auch nur über eine kurvenreiche Strecke erreichbar und von vielen Urlaubern besucht, ist es doch das schönste Dorf der östlichen Costa del Sol.

Und die Strände? Tja, Traumstrände sind hier nicht zu finden. Alle haben eine graue Farbe, was ja nicht schlimm wäre, sie sind aber auch oft kieselig oder gar mit groben Steinen durchsetzt. Trotzdem sind in den Sommermonaten alle Orte reichlich besucht, und es wird an den *playas* recht eng.

Die Küstenstraße N-340 verläuft zumeist in Küstennähe und häufig auch mitten durch die Orte hindurch. Da sind im Sommer Staus vorprogrammiert, vor allem zum Wochenende, wenn halb Andalusien sich ans Meer flüchtet. Die mittlerweile fertiggestellte Autobahn verläuft ab Nerja ein paar Kilometer im Hinterland und fädelt sich in Málaga in ein Netz von Umgehungsstraßen ein. Für die Benutzung muss allerdings bezahlt werden.

Nerja

- **Einwohner:** 13.600
- **PLZ:** 29780
- **Entfernung nach Málaga:** 52 km
- **Touristeninformation:** Delegación de Turismo, c/ Puerta del Mar 2, Tel. 952 521 531, Fax 952 526 287, E-Mail: turismo@nerja.org
- **Internet:** www.nerja.net, www.bd-andalucia.es/nerja.html

Wer sich Nerja über die N-340 nähert, wird vielleicht sofort die Schublade öffnen und die üblichen Vorurteile herausholen: noch ein weiterer vom Tourismus geschluckter Ort. Die Hochhäuser in den Außenbezirken

Costa del Sol

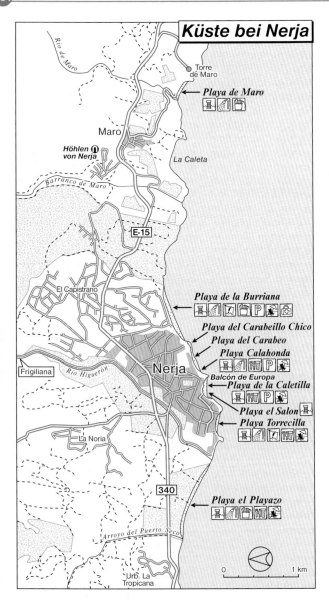

Küste bei Nerja

- Torre dé Maro
- Playa de Maro
- Maro
- Höhlen von Nerja
- La Caleta
- Barranco de Maro
- E-15
- El Capistrano
- Playa de la Burriana
- Playa del Carabeillo Chico
- Playa del Carabeo
- Playa Calahonda
- Frigiliana
- Río Higuerón
- Nerja
- Balcón de Europa
- Playa de la Caletilla
- Playa el Salon
- Playa Torrecilla
- La Noria
- 340
- Playa el Playazo
- Arroyo del Puerto Seco
- Urb. La Tropicana

0   1 km

lassen auch nichts Gutes ahnen. Mein Rat: Auto parken oder aus dem Bus steigen und zu Fuß weitergehen! Die schönsten Ecken liegen im Zentrum, und ein Teil davon wurde sogar für Fahrzeuge gesperrt. Mittelpunkt ist ein Felsvorsprung, der hoch über dem Meer auf selbiges hinausragt, genannt **Balcón de Europa.** Davor liegt ein Ortskern mit noch fast dörflichem Charme, wenn man sich einmal die Heerscharen der Touristen wegdenkt. Nerja ist der angenehmste Ort der östlichen Costa del Sol!

Geschichte

Bereits zur Zeit der Römer gab es hier eine Siedlung namens Detunda, etwas außerhalb allerdings vom heutigen Nerja gelegen. Zur Zeit der Araber änderte sich der Name zu Narixa. Die *Reyes Católicos* eroberten 1487 den Ort, und wenig später verließen die verbliebenen Morisken Narixa. Neue Bewohner des „alten christlichen Glaubens", wie es so nett heißt, bezogen die freigewordenen Häuser. Zwei schwere Erdbeben in den Jahren 1884 und 1885 zerstörten einen Teil der Stadt, wovon heute nichts mehr zu erkennen ist.

Stille Buchten bei Nerja

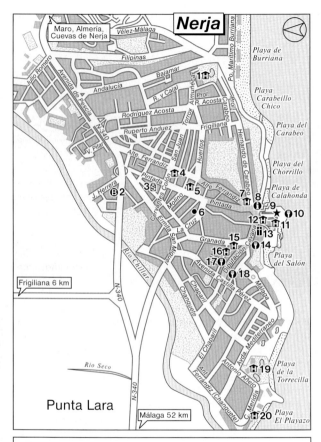

🏨	**1**	Parador	🏨 **11**	Hotel Balcón de Europa
Ⓑ	**2**	Busterminal	🏨 **12**	Hostal Marissal
§	**3**	Markt und Autovermieter	ⅱ **13**	Kirche El Salvador
		Autos Andalucía	❶ **14**	Restaurant Casa Luque
🏨	**4**	Hotel Abril	🏨 **15**	Hotel Plaza Cavana
🏨	**5**	Hostal Nerja Sol	🏨 **16**	Restaurant Chino
●	**6**	Autovermietung	❶ **17**	Restaurant Mesón
		Autos Nerja		de Antonio
🏨	**7**	Hotel Portofino	❶ **18**	Restaurant Cielito Lindo
❶	**8**	Information	🏨 **19**	Hotel Riu Mónica
★	**9**	Balcón de Europa	🏨 **20**	Hotel Perla Marine
❶	**10**	Restaurant Rey Alfonso		

Strandprofil

Insgesamt acht mehr oder weniger kleine Buchten sind im Ortsbereich zu finden und ein knapp zwei Kilometer langer Strand etwas außerhalb.

Playa de la Burriana

Diese *playa* liegt am östlichen Ortsrand und ist problemlos über die Calle Bajamar zu erreichen. Es ist ein 700 Meter langer, 35 Meter breiter Sandstrand von dunkler Farbe, leicht kieselig durchsetzt. In der unmittelbaren Nachbarschaft stehen einige Villen.

Es folgt eine Reihe von teilweise sehr **kleinen Buchten,** in die zumeist recht steile Treppen hinunterführen. Alle liegen östlich vom Balcón de Europa mitten im Ort, die Beschaffenheit schwankt von dunklem Kiesel bis grobem Stein. Zwischen den Buchten ragen Felsen ins Meer; ein Pfad verbindet sie miteinander.

Playa del Carabeillo Chico: 70 Meter lang, 10 Meter breit, keine Serviceeinrichtungen.

Playa Carabeo: 120 Meter lang, 15 Meter breit, keine Serviceeinrichtungen.

Playa del Chorrillo: 60 Meter lang, 20 Meter breit, keine Serviceeinrichtungen.

Playa Calahonda

Playa Calahonda: 115 Meter lang, 20 Meter breit.

Playa de la Caletilla

Westlich vom Balcón de Europa, direkt vor einem großen Hotel liegt die Playa de la Caletilla. Die Ausmaße sind bescheiden: 50 Meter Länge, 20 Meter Breite, Beschaffenheit: dunkler, grober Sand. Wer sich hier unten sonnt, dem schauen all die Besucher vom Balcón auf den Bauch.

Playa El Salón

Die Playa El Salón liegt eingezwängt zwischen zwei Felsbrocken und ein paar Hotels. Die geringen Ausmaße von 200 Metern Länge und 10 Metern Breite führen schnell dazu, daß der Strand übervoll ist, trotz des dunklen, groben Sandes mit kleinen Kieseln.

Playa Torrecilla

Dies ist der letzte innerstädtische Strand, der über die Avenida Castilla zu erreichen ist. Umgeben von etlichen Ferienanlagen, bräunen sich hier zumeist die Gäste dieser Häuser. Da der dunkle Kiesel-Sand-Strand mit 225 Metern Länge und nicht mal zehn Metern Breite nicht sonderlich groß ausfällt, wird es schnell eng.

Playa El Playazo

Der größte Strand von Nerja beginnt am westlichen Stadtrand und zieht sich schnurgerade über 1800 Meter entlang bis zur Urbanización La Tropicana. Die N-340 verläuft weit im Hinterland, dazwischen liegen Felder und einige Treibhäuser. Zugangsmöglichkeiten bestehen über die Straße Rambla de Chillar von Nerja aus und über die wenigen, etwa 400 Meter langen Feldwege von der N-340. Der Sand ist dunkel und grob, teils kieselig.

Sehenswertes

Der zentrale Punkt von Nerja ist eine Aussichtsplattform, die in etwa 50 Metern Höhe über dem Meer gute 20 bis 30 Meter über die Küstenlinie hinausragt. Der **Balcón de Europa** erlaubt einen fantastischen Rundblick. Der Name wurde ihm vom spanischen König *Alfonso XII.* gegeben, als dieser Nerja nach dem schlimmen Erdbeben Ende des 19. Jh. besuchte. Zur Zeit der Araber stand hier ein Wachturm aus dem 11. Jh., später eine Burg, die im 19. Jh. zerstört wurde.

Nur wenige Schritte entfernt findet sich die kleine Kirche **Iglesia de El Salvador** aus dem 17. Jh., die sowohl vom Barock (außen) als auch vom Mudejar-Stil, der typisch andalusischen maurisch-christlichen Stilmischung, geprägt ist (innen).

Neben diesen Sehenswürdigkeiten zeigt Nerja ein nettes Gesamtbild im Ortskern – beinahe andalusisch-dörflich, zumindest während der Siesta-Zeit. Ein Bummel durch die Straßen zwischen dem Balcón de Europa und der breiten Durchgangsstraße Avenida de Pescia lohnt sich immer. Im unteren Bereich, beim Balcón, wurden Fußgängerzonen geschaffen.

Mit der Pferdekutsche durch Nerja

Ein **Tren turístico,** eine Art Touristenbus in Form eines Kinder-Zuges, pendelt zwischen Parador, Balcón de Europa und Hotel Mónica.

Tropfsteinhöhlen

Die Hauptsehenswürdigkeit von Nerja sind die Tropfsteinhöhlen. Die **cuevas,** wie sie kurz und bündig auf Spanisch heißen, liegen etwa drei Kilometer außerhalb. Man fährt die N-340 in östlicher Richtung und biegt bei einer ausgeschilderten Kreuzung links ab. Es gibt auch eine Busverbindung bis direkt vor den Eingang.

Entdeckt wurden die Höhlen 1959 zufällig durch neugierige Jungen; ein Jahr später gab man sie für Besucher frei. Es handelt sich genau genommen um eine riesige Höhle mit mehreren Grotten. Ihr Alter wird auf fünf Millionen Jahre geschätzt. Fundstücke deuten darauf hin, dass Menschen schon vor 25.000 Jahren in der Höhle gehaust haben. Heute beeindrucken den Besucher neben der schieren Größe die gewaltigen Stalagtiten und Stalagmiten, die sich im Laufe der Jahrtausende bilden konnten.

Die gesamte Höhle hat zwei getrennte Bereiche, nur ein Teil ist für Besucher zugänglich. Die Gesamtlänge beträgt 4823 Meter. Beim Durchgehen legt man einen Höhenunterschied von 70 Metern zurück (es wird kühl dort unten!). Staunend steht man vor den Gebilden, die die Natur hat entstehen lassen; nur sollte man so früh wie möglich kommen, sonst teilt man sich die Bewunderung mit Hunderten anderer touristischer Höhlenforscher.

Alljährlich kommen nämlich etwa 500.000, und im Hochsommer wird es schon etwas eng.

Zu bestimmten Terminen im Sommer finden Konzerte in der Höhle statt. Zu diesem Zweck wurden eine Bühne errichtet und einige rustikale Stuhlreihen davor platziert. Im Gesamtbild stört das ein wenig, aber ein Höhlenkonzert muss zugegebenermaßen ein einmaliges Spektakel sein.

● **Geöffnet:** täglich 10-14 und 16-18.30 Uhr (jeweils letzter Einlass; eine halbe Stunde später wird geschlossen); im Juli und August abends bis 20 Uhr.

● **Eintritt:** 5 €, Kinder von sechs bis zwölf Jahren und Senioren 2,50 €.

● **Busse** fahren von Nerja aus ab 9.40 Uhr etwa im stündlichen Rhythmus zu den Höhlen, ein Fahrplan für die Rückfahrt findet sich am Tickethäuschen.

Praktische Tipps

Unterkunft

● **Hotel Abril** €€, c/ San Juan 1, Fax 952 526 167. Ein kleines, schlankes Haus mit sechs Zimmern auf zwei Etagen.

● **Hostal Nerja Sol** €€, c/ Pintada 54, Tel. 952 522 221. Insgesamt 16 Zimmer, die auf zwei Stockwerken verteilt liegen. Das Haus macht einen angenehmen Eindruck.

● **Hotel El Balcón de Europa** €€€€, Paseo Balcón de Europa 1, Tel. 952 520 800, Fax 952 524 490, E-Mail: balconeuropa@spa.es. Liegt direkt am gleichnamigen Aussichtspunkt und bietet von den meisten der 111 Zimmer einen sagenhaften Blick; obendrein in zentraler und ruhiger Lage.

● **Hotel Plaza Cavana** €€€€, Plaza Cavana 10, Tel. 952 524 000, E-Mail: hotelplazacavana@infonegocio.com. Liegt ebenfalls recht zentral und fällt schon durch den lilafarbenen Anstrich auf; 35 Zimmer.

Costa del Sol

●**Hotel Ríu Mónica** €€€€, Playa Torrecilla, Tel. 952 521 100, Fax 952 521 162. Ein großes Haus der bekannten, qualitativ guten Ríu-Kette mit 234 Zimmern in unmittelbarer Strandnähe.

●**Hotel Perla Marina** €€€€, c/ Mérida 7, Tel. 952 523 350, Fax 952 524 083, E-Mail: perlahotel@spa.es. Auch dieses Haus mit 106 Zimmern liegt in ruhiger Straße am Meer und hat drei Stockwerke.

●**Hostal Marissal** €€, Paseo Balcón de Europa 3, Tel. 952 520 199. Liegt zwischen Kirche und Balcón, also recht ruhig, aber ohne den tollen Blick aufs Meer. Unten wird ein Restaurant betrieben.

●**Hotel Portofino** €€€, c/ Puerta del Mar 2, Tel./Fax 952 520 150. In toller Lage beim Balcón mit unschlagbarem Ausblick von den kleinen Balkonen. Nur 12 Zimmer.

●**Parador** €€€€, c/ Almuñécar 8, Tel. 952 520 050, Fax 952 521 997, E-Mail: nerja@parador.es. Bei allem Respekt, aber einen Schönheitspreis erhält dieser Kasten nicht. Service und Zimmer dürften wie immer gut sein, aber von außen betrachtet ...

Camping

●**Campingplatz Nerja,** 2. Kat., an der N-340, km 296, Tel. 952 529 714. Ein kleiner Platz oberhalb der Nationalstraße unweit der Höhlen von Nerja. Die Lage ist eigentlich recht hübsch, aber auch ziemlich isoliert, deshalb ist er wohl eher nur als Durchgangsplatz zu empfehlen.

Essen & Trinken

●**Restaurant Cielito Lindo,** c/ Barrio, bietet mexikanische Küche.

●**Mesón de Antonio,** c/ Diputación 18. Ein Tipp für Tapas.

●**Restaurant Chino,** c/ Diputación 4. Mal eine Abwechslung.

●**Restaurant Casa Luque,** Plaza Cavana. Ein Lokal mit Terrasse und Blick aufs Meer. An der Plaza Cavana liegen weitere Lokale mit Terrasse.

●**Restaurant Rey Alfonso,** direkt unterhalb vom Balcón de Europa. Die Aussicht ist wohl schwerlich zu toppen, deshalb ist das Lokal immer gut besucht.

Adressen

●**Autovermieter:** Autos Andalucía, c/ Pintada 93, Tel. 952 521 534; hat auch Mopeds im Angebot. Autos Nerja, c/ La Cruz 22, Tel. 952 522 346.

●**Bushaltestelle:** oben an der Durchgangsstraße.

●**Reisebüro:** Jaime Tours, c/ Pintada 79, Tel./Fax 952 522 790. Bietet Exkursionen zu allen andalusischen Zielen an und vermittelt auch Mietwagen.

●**Club Nautique Nerja Outdoor Activities,** c/ Castilla Pérez 2, Tel. 952 524 654.

●**Reiten:** Über den Club Nautique werden auch Ausritte organisiert.

●**Tauchen:** Medas Mani, c/ La Cruz 29, Tel. 952 525 039

Feste

●**15. Mai:** Romería de San Isidro.
●**24. Juni:** San Juan.
●**16. Juli:** Virgen del Carmen.
●**im August:** Musikfestival in den Höhlen von Nerja.
●**9.-12. Oktober:** Feria de Nerja.

Markt

●**Dienstag** am Parque Verano Azul.
●Kleiner Gemüsemarkt in einer **Markthalle,** c/ Pintada 12.

Das maurisch anmutende Weiße Dörfchen
Frigiliana in den Ausläufern
der Sierra Almijara

Frigiliana

- **Einwohner:** 2200
- **PLZ:** 29788
- **Entfernung nach Málaga:** 57 km
- **Touristeninformation:** –

Frigiliana ist ein Kleinod. Ohne Übertreibung darf man sagen, dass es eines der schönsten Weißen Dörfer weit und breit ist, das noch stark sein **arabisches Bild** erhalten konnte. Hübsch dekorierte weiße Häuser ziehen sich an den steilen Gassen hoch. Autos können im Ortskern nicht fahren, auch die Bewohner müssen ihre Wagen unten an der Hauptstraße stehenlassen.

Nur sechs Kilometer vom Trubel der Küste entfernt, in den Ausläufern der **Sierra Almijara,** betritt man eine andere Welt. Das fiel allerdings schon anderen auf: Immer mehr Tagesbesucher schauen mal eben in Frigiliana vorbei, und nicht wenige Ausländer kauften sich vor Ort gleich eine eigene Immobilie – nicht immer zum Wohlgefallen aller Einwohner. Da wird schon mal von „zufällig" umgeworfenen Wassereimern in Richtung von Touristen berichtet, aber das sind Ausnahmen.

Der Ortsname ist auf die Zeit der Römer zurückzuführen. Ein Feldherr namens *Frexinius* residierte hier, und flugs wurde die Siedlung nach ihm benannt, ergänzt um die Silbe „ana", was „Dorf von ..." bedeutet.

045c, Foto: jf

Costa del Sol

Sehenswertes

Der ganze Ort ist sehenswert! Die Häuser blitzen weiß, die Blumenkästen an den Hauswänden werden liebevoll gepflegt, Fenster und Türen regelmäßig gestrichen. Da die Gassen so eng sind, spaziert der Besucher endlich mal unbelästigt vom motorisierten Verkehr durch die Straßen und kann auf Details achten. So wird man sicherlich auch die Kacheln entdecken, die viele Hausecken schmücken und die zuweilen kriegerische Geschichte von Frigiliana erzählen. Der Fußgänger kommt kräftig ins Schnaufen angesichts der steilen Wege, wird aber auch mit tollen Ausblicken belohnt. Eine Reihe von kleinen Läden bietet allerhand Schnickschnack und Kunsthandwerk an.

Praktische Tipps

Unterkunft

●**Hotel Las Chinas** €€, Plaza Capitán Cortés 14, Tel. 952 533 073. Ein kleines Haus mit neun Zimmern.

Essen & Trinken

●**Restaurant La Bodeguilla,** etwas unterhalb der Kirche. Von der Terrasse hat man einen sagenhaften Blick ins Tal. Dieses Lokal hat am Abend schon zu nordeuropäischen Essenszeiten geöffnet.

Torre del Mar

- ●**Einwohner:** 6600
- ●**PLZ:** 29740
- ●**Entfernung nach Málaga:** 32 km
- ●**Touristeninformationen:**
Concejalía de Turismo, Ayuntamento de Vélez-Málaga, Casa Larios, Tenencia de Alcadía de Torre del Mar,
Tel. 952 540 471, Fax 952 543 331

Torre del Mar ist ein **reiner Ferienort,** der praktisch nur aus Apartmentblocks besteht. Er hat einen langgezogenen Strand, eine drei Kilometer lange Strandpromenade, eine ebenso lange Straße mit Parkmöglichkeiten und eine noch längere Ansammlung von Wohnblocks, die das Ortsbild dominieren. Etwa 200 bis 300 Meter von der Küste entfernt durchschneidet die stark befahrene N-340 den Ort, und zwischen Küste und dieser Straße erheben sich die Apartmentblocks. Diese bilden, um eine spanische Quelle zu zitieren, „... eine Mauer aus Zement vor dem Meer".

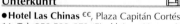

Strandprofil

3700 Meter Länge und zwischen 30 und 50 Meter Breite misst der Ortsstrand. Er besteht aus einem Gemisch von grauem Sand und leichtem Kiesel. Etliche *chiringuitos* bieten Erfrischungen. Es wurden reichlich Parkmöglichkeiten geschaffen, denn nicht nur Touristen bevölkern den Strand. Am Wo-

chenende verdoppelt sich die Zahl der Sonnenanbeter: Sogar aus Granada und Córdoba zieht es ganze Großfamilien an diese *playa*.

Geschichte

Die Phönizier und Karthager waren die ersten Siedler, die sich an bestimmten Punkten der Küste kleine Häfen schufen, so auch hier. Später kamen die Araber, und der Hafen von Torre del Mar gewann an kommerzieller Bedeutung. Aus jener Zeit stammt auch der Ortsname (Turm am Meer), womit wohl eine Mischung aus Wehr- und Leuchtturm gemeint war. Nach der Vertreibung der Araber blieb die Gegend über Jahrhunderte entvölkert.

Mitte des 19. Jh. begann die Familie *Larios,* Zuckerrohr im großen Stil zu verarbeiten. Von da an entwickelte sich wieder urbanes Leben an der Küste – und mündete in eine Art Immobilienrausch.

Sehenswertes

Wer sich neben der klassischen Urlaubsstimmung nach dem Motto „sol, playa, mar" mal einen Happen Kultur gönnen möchte, dem sei empfohlen, ins benachbarte Vélez-Málaga zu fahren. Es sind nur vier Kilometer, und dort können eine alte Burg und ein kleines Weißes Dorf erforscht werden. Auf der Rückfahrt kann man in einem Badepark verschnaufen. In Torre del

Costa del Sol

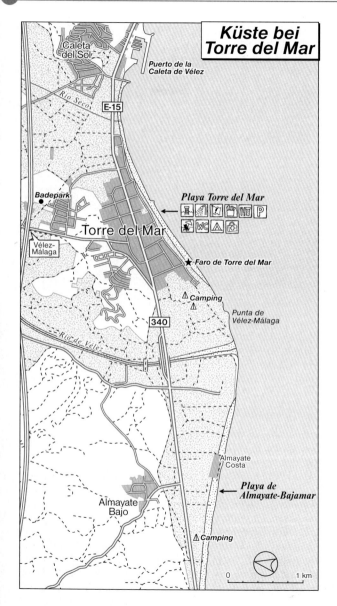

Küste bei Torre del Mar

Caleta del Sol

Puerto de la Caleta de Vélez

Río Seco

E-15

Badepark

Playa Torre del Mar

Torre del Mar

Vélez-Málaga

★ Faro de Torre del Mar

△ Camping
△

Punta de Vélez-Málaga

340

Río de Vélez

Almayate Costa

→ Playa de Almayate-Bajamar

Almayate Bajo

△ Camping

0   1 km

Mar selbst bleibt kaum mehr als ein Spaziergang zum etwas außerhalb gelegenen **Leuchtturm,** der abends sein weißes Licht aussendet.

Praktische Tipps

Unterkunft

●**Hotel Las Yucas** €€€, Avda. Andalucía s/n, Tel. 952 540 991, Fax 952 542 272. Ein ockerfarbenes Haus mit 38 Zimmern auf drei Etagen, etwa in Höhe der Kirche, leider direkt an der N-340 gelegen.
●**Hostal Generalife** €€, c/ Patrón Veneno 22, Tel. 952 543 309. Kleines Haus mit sechs Zimmern, eine Parallelstraße hinter dem Paseo Marítimo, nah beim Leuchtturm gelegen.
●**Hotel Mediterráneo** €€, A. Andalucía 65, Tel. 952 540 848. Ein Haus mit 16 Zimmern, an der Ecke zur Durchgangsstraße N-340.
●**Hostal Loimar** €€, c/ Santa Margarita 5, Tel. 952 540 174. Oberhalb der N-340, zwei Straßen von der Kirche entfernt. Ein Haus mit 21 Zimmern.

Camping

●**Laguna Playa,** 1. Kat., Verlängerung des Paseo Marítimo, Tel. 952 540 631, Fax 952 540 484, ganzjährig geöffnet. Vom Ende des Paseo aus erreicht man den Platz nach gut 300 Metern auf staubiger Straße. Der Camper kann eine ganze oder eine halbe Parzelle wählen, dann allerdings wird es schon etwas eng. Mittelgroßer Platz mit Sonnendächern, Pool und nur wenigen Schritten zum Strand. Der besteht in diesem Abschnitt leider aus grobem Kiesel.
●**Torre del Mar,** 2. Kat., am Ende des Paseo Marítimo, Tel. 952 540 224, Fax 952 540 431. Zelte und Caravans stehen auf diesem Platz enger zusammen als auf dem anderen. Zum Strand sind es 100 Meter und zum Ortsrand nur 50 Meter, ein Pool und ein Restaurant sind vorhanden.

Essen & Trinken

Eine Menge Restaurants bieten gezielt die internationale Küche, die ein internationales Publikum im Urlaub wünscht. Aber es gibt Ausnahmen:
●**Harmonia Snacks,** Avda. Toré Toré 2, ein Frühstückstreff.
●**Bar Chino Toni,** c/ Princessa, Ecke c/ El Copo. Woher der Name stammt, ist unklar, jetzt treffen sich hier die Spanier.
●**Restaurant Las Tinajas,** Paseo Marítimo. Hier gibt es Tapas und *raciones.*
●Viel weiter oben am Paseo öffnet ein gutes Dutzend Bars erst am Abend die Pforten.
●**Bar Freduría Villamar,** am Ende des Paseo, Höhe Leuchtturm. Kleine Bar, in der man sehr großzügig Tapas zu Bier oder Wein serviert.
●**Restaurant Hongkong,** Paseo de Larios 5. Breite Auswahl, insgesamt 130 Gerichte.

Adressen

●**Busstation:** c/ Antonio Machado, Ecke Variante C-335 a Vélez-Málaga.
●**Internet-Café:** Avda. Toré Toré 9.
●**Karting del Sol:** einige Kilometer außerhalb in Richtung Almayate gelegene Rennpiste.
●**Post:** Paseo de Larios 12.

Feste

●**15. Mai:** Romería a la Ermita del Cerro.
●**24. Juni:** Fiesta de Santiago.

Markt

●**Donnerstag.**
●**Fischmarkt:** Congelados Guerrero, c/ del Mar 62.

Costa del Sol

Vélez-Málaga

- **Einwohner:** 55.000
- **PLZ:** 29735
- **Entfernung nach Málaga:** 34 km
- **Touristeninformation:** Ayuntamiento (Rathaus), Tel. 952 541 104 oder in der Av. Andalucía 110, Tel. 952 542 808

Die Kleinstadt Vélez-Málaga, vier Kilometer von der Küste entfernt, lebt heute vom Handel, von ein bisschen Industrie und in geringem Maße vom Tourismus. Zahlreiche Neubauten entstanden entlang der Zufahrtsstraße von Torre del Mar, dort befindet sich auch ein Badepark. Der historische Kern aus der Epoche der Araber liegt im Zentrum des Ortes, dort, wo die Straßen allmählich enger werden.

Arabisches Viertel

Das alte arabische Viertel wurde so angelegt wie in vielen anderen Dörfern auch: Enge, steile Gassen ziehen sich einen Berghang empor, streben auf eine oben thronende Burg zu. Die Häuser sind weiß gehalten, aber nicht von dieser stechenden Farbe, die so manches touristisch herausgeputzte Weiße Dorf aufweist. Nicht, dass die Bewohner ihre Häuser vernachlässigten, aber sie wirken doch etwas „alltäglicher". Man schreitet hier nicht durch ein bewohntes Museum. **Barrio de la Villa** wird das Viertel genannt und ist auch so ausgeschildert.

Auf halbem Weg zur Burg passiert man die kleine Kirche **Santa María la Menor,** errichtet im 16. Jh. auf den Resten einer Moschee. Gegenüber erklärt eine Kachelinschrift, dass Vélez-Málaga am 27.4.1487 den *Reyes Católicos* übergeben wurde, was die arabische Herrschaft in dieser Stadt beendete.

Castillo

Vom Castillo ist nicht mehr viel übrig. Erbaut wurde es im 13. Jh. in der damals wohl strategisch besten Lage. Immerhin kann man von dort oben über die weite Ebene bis an die Küste schauen. Früher waren Piraten schon weit draußen auf dem Meer auszumachen. Übrig geblieben aus jenen Tagen sind ein paar Mauerreste und der Turm Torre del Homenaje. Und natürlich der tolle Ausblick.

Plaza de la Constitución

Zurück geht's immer der Nase nach, und zwar bergab. Fast zwangsläufig landet man an der Plaza de la Constitución und verlässt durch einen schönen, gewaltigen **Torbogen** (wohl zwei Meter dick) das alte arabische Viertel. Hier liegt auch die aus dem 16. Jh. stammende Kirche **Iglesia de San Juan Bautista,** errichtet in einem Stilgemisch aus *mudéjar* und barock. Die von der Plaza abzweigende Straße Calle Tiendas verläuft noch ein paar Meter parallel zur alten Stadtmauer.

Weitere Bauten

An der zentralen Plaza de las Carmelitas hält nicht nur der Bus aus Torre del Mar, dort liegt auch das **Convento de las Carmelitas,** ein altes Karmeliterkloster aus dem Jahre 1669.

Costa del Sol

Vélez-Málaga hält noch weitere Sakralbauten bereit. Wer gern Kirchen besichtigt, sollte sich vom Touristenbüro eine entsprechende Broschüre besorgen. Ansonsten ist die Stadt ein historischer Kontrast zum modernen Hochhauslook von Torre del Mar.

Badepark

Der Badepark **Aqua Velis,** der ziemlich genau auf halber Strecke zwischen Vélez-Málaga und Torre del Mar liegt, bietet zwei große Schwimmbecken, zwei große Liegewiesen, 21 Rutschbahnen und drei *espirales,* spiralförmig gewundene Rutschen.
●**Geöffnet:** täglich 11-19 Uhr; Eintritt: Erwachsene 11 €, Kinder von drei bis zwölf Jahren 8 €.

Praktische Tipps

Unterkunft
●**Hostal Dila** €€€, Avda. Vivar Téllez 3, Tel. 952 503 900. Das kleine Haus mit 18 Zimmern liegt an der Zufahrtsstraße von Torre del Mar.

Essen & Trinken
●**Mesón los Migueles,** Avda. Vivar Téllez 83, Tel. 952 503 697. Am Ortsrand gelegenes Lokal, bekannt für seine guten Fleischgerichte.

Feste
●**14.-18. Juli:** Virgen del Carmen.
●**29. September:** Feria de San Miguel.

Markt
●**Donnerstag.**

Vélez-Málaga: Blick vom Castillo

Málaga

- **Einwohner:** 550.000
- **PLZ:** mehrere
- **Touristeninformationen:**
Avda. de Cervantes 1, Tel. 952 604 410,
Fax 952 214 120; Pasaje de Chinitas 4,
Tel. 952 213 445, Fax 952 229 421; Plaza
de la Merced, gegenüber dem Picasso-
Haus, und am Bahnhof Centro-Alameda,
E-Mail:otmalaga@andalucia.org
- **Internet:** www.andalucia.org

Wer an die Costa del Sol fliegt, dessen Zielflughafen heißt Málaga. Aber allzuviel dürfte man beim Anflug von der Halbmillionenstadt nicht sehen, der *aeropuerto* liegt gute fünf Kilometer außerhalb am Ortsrand von Torremolinos. Vielleicht kann man den Hafen beim Landeanflug erkennen, eventuell sogar die Stierkampfarena, sicherlich auch die Grünanlage mit den Resten der arabischen Burg. Ansonsten dominiert das Häusermeer.

Tagesbesuch

Málaga an einem Tag, was soll man sich da ansehen? Die Stadt hat keine spektakulären Sehenswürdigkeiten im Angebot, nichts Unvergleichliches wie Granadas Alhambra oder die berühmte Schlucht in Ronda. Und doch lohnt ein Ausflug. Einen Bummel durch die Altstadt mit einem Stopp in einer urigen Tapa-Bar, das sollte sich niemand entgehen lassen. Ein Spaziergang über

den hübschen **Paseo del Parque** sollte ebenfalls sein, und möglichst auch die Besichtigung des ehemaligen arabischen Schlosses **Gibralfaro.** Dieses liegt schön erhöht, von oben hat man einen wunderbaren Ausblick auf die Stadt. Übrigens werden dort auch die tollen Fotos geschossen, die die Stierkampfarena aus der Vogelperspektive zeigen.

Strandprofil

Sicherlich fährt kein Tourist in die Metropole, um sich ausgerechnet dort an den Strand zu legen. Dennoch soll hier eine Übersicht gegeben werden. Ziemlich genau im Zentrum liegt der große Hafen. Östlich und westlich davon erstrecken sich dann die ersten *playas,* die sich bis in die Vorstädte ausdehnen.

Playa de la Malagueta

Die Playa de la Malagueta beginnt direkt östlich des Hafens. Der dunkle Strand misst 1200 Meter in der Länge und etwa 50 Meter in der Breite. Er liegt mitten in der Stadt, einige der höchsten Gebäude erheben sich unmittelbar dahinter. Die zentrale Lage macht ihn zu einem der beliebtesten Strände Málagas.

Playa de la Caleta

Die Playa de la Caleta schließt sich unmittelbar an. Sie ist ebenfalls gut besucht und wird von einer stark befahrenen Straße mit durchgehender Häu-

serzeile begrenzt. Länge: 1400 Meter, Breite: 25 Meter; dunkler, grober Sand.

Eine wenig attraktive, schmale Badebucht von knapp 300 Metern Länge und ohne Serviceeinrichtungen ist die **Playa Baños del Carmen.** Sie wird von einem Park und einer breiten Avenida begrenzt.

Playa de las Acacias

Die 1200 Meter lange Playa de las Acacias liegt bereits in den Ausläufern von Málaga, im Hintergrund dominieren jedoch noch immer Hochhäuser. Vier künstlich geschaffene kleine Buchten geben ihr eine unverwechselbare Note.

Playa del Palo

Die 1800 Meter lange *playa* liegt beim alten Fischerdörflein El Palo, das schon längst vom sich ausdehnenden Málaga geschluckt wurde. Da die städtischen Busse (Nr. 11 vom Paseo del Parque) bis hierher fahren, ist der Strand genau wie die anderen immer gut besucht.

Den Stränden westlich von Málaga fehlt es an Attraktivität. Industrieanlagen und die Einflugschneise des Flughafens stören doch erheblich.

Costa del Sol

Ein Schwätzchen auf dem Paseo del Parque, Málagas Flaniermeile

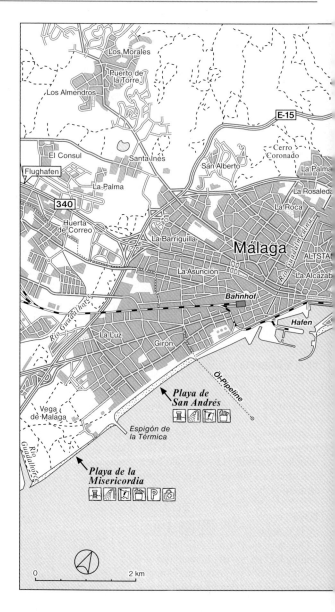

Küste bei Málaga

Playa San Andrés

Immerhin knapp drei Kilometer lang ist dieser dunkle Sandstrand, aber die Industrieanlagen in seinem Rücken dominieren zu stark.

Playa de la Misericordia

Es wird nicht besser. „Barmherzigkeit", so der Name diese *playa,* ist nicht angebracht. Der 1200 Meter lange und 30 Meter breite Strand besteht aus grobem, dunklen Sand, teils mit Kieseln.

Playa San Julián

Die Playa San Julián liegt im Niemandsland zwischen Málaga und Torremolinos, direkt unterhalb der Einflugschneise. Genau auf diese *playa* starren die angehenden Urlauber, wenn der Flieger vom Meer kommend zum Landeanflug ansetzt.

Anfahrt

Anreise per Bus

Nach Málaga kann man von jedem Ort der Costa del Sol per Bus reisen. Von 7 Uhr morgens bis etwa 20 Uhr abends dürfte es immer eine Verbindung geben. Grundsätzlicher Fahrplan: morgens rein in die Stadt, abends wieder zurück. Die Gesellschaft Portillo bedient die allermeisten Strecken. Endstation in Málaga ist der Busbahnhof, die **Estación de Autobuses.** In die Innenstadt gelangt man mit Stadtbus Nr. 4 oder 24, beide fahren von der Haltestelle an der Calle Roger de Flor ab. Diese liegt direkt am Nebenausgang des Busbahnhofs. Der Stadtbus fährt fast bis zum Paseo del Parque. Ausgestiegen wird am Ende der Alameda Principal, die Verlängerung ist der Paseo del Parque.

Per Bahn

Zwischen Fuengirola und Málaga pendelt eine Vorortbahn namens **Cercanías Málaga.** Die Bahnstation ist an dem großen, etwas verdrehten „C" zu erkennen. Züge verkehren ungefähr alle 30 Minuten zwischen ca. 6 und 23 Uhr. Als Tagesbesucher steigt man am besten nicht am Hauptbahnhof (Málaga-RENFE) aus, sondern erst an der nächsten Station, der Endstation **Centro-Alameda.** Von dort geht es dann zu Fuß weiter, nämlich über die breite Alameda Principal in Richtung Paseo del Parque.

Per Auto

Es ist keine sonderlich gute Idee, einen Tagesausflug nach Málaga mit dem Auto zu machen. Parkplätze sind rar, außerdem ist die Gefahr des Autoaufbrechens ziemlich groß, und verfahren kann man sich auch leicht.

Ein bewachter und damit natürlich **kostenpflichtiger Parkplatz** befindet sich genau zwischen Hauptbahnhof und Busbahnhof. Beide sind ausgeschildert (RENFE bzw. Estación de Autobuses). In der Innenstadt selbst gibt es nur wenige empfehlenswerte Parkflächen, eine davon liegt beim Paseo del Parque. Man muss aber schon einiges Glück haben, um hier einen freien Platz zu ergattern.

Wer partout mit dem Wagen fahren will, sollte folgende Variante in Erwägung ziehen: bis zum Flugplatz fahren und dort das Auto abstellen. Der *aeropuerto* ist überall ausgeschildert, er liegt zehn Kilometer außerhalb, und man erspart sich das (Ver-)Fahren im Straßengewirr von Málaga. Vom Flugplatz aus gelangt man in zehn Minuten mit der Nahverkehrsbahn ins Zentrum, der *aeropuerto* hat eine eigene Station.

Wie herumkommen?

Hier gibt's keine Kompromisse: zu Fuß! Die Innenstadt ist kompakt, die Wege sind kurz, die Altstadtstraßen eng. Nur der Aufstieg zum Gibralfaro kann so nicht bewältigt werden – das

heißt, kann schon, das sollten aber nur Ausdauersportler versuchen, die derartiges als Trainingsprogramm verstehen. Vom Paseo del Parque fährt Bus Nr. 35 etwa alle 45 Minuten bis vor den Eingang.

Blick auf Stadt und Kathedrale von der maurischen Burg Gibralfaro

Stadtrundgang

Hier ein Vorschlag für eine Stadtbesichtigung an einem Tag, die sich an ganz pragmatischen Gesichtspunkten orientiert. Zunächst macht man einen kurzen Spaziergang zur Einstimmung und ersten Orientierung, dann folgt die Besichtigung der Hauptsehenswürdigkeit, des Gibralfaro. Danach geht es zu Fuß in die Altstadt, wo weitere Highlights zu entdecken sind. Wenn sich der Hunger meldet und die Beine müde werden, lässt sich dort ein Zwischenstopp in einer Bar einlegen. Zum Abschluss noch ein wenig laufen, und dann die Rückfahrt – ein umfassendes, aber nicht zu anstrengendes Tagesprogramm.

Paseo del Parque

Zunächst bietet sich ein Spaziergang über den Paseo del Parque an, eine ausgesprochen angenehme **Flaniermeile,** hübsch dekoriert mit Palmen und anderen Bäumen, gekachelten Ruhebänken und schmiedeeisernen Laternen. Dort warten auch Pferdekutschen auf Kundschaft, gehfaule Touristen werden im langsamen Trab und unter Glockengebimmel durch Málaga kutschiert. Im Hintergrund blitzen die riesigen Fährschiffe der Linie Trasmediterránea, die von Málaga aus zur spanischen Enklave Melilla in Marokko hinüberschippern. Dass nebenan auf einer mehrspurigen *avenida* ein infernalischer Verkehr vorbeibraust, überhöre man einfach ...

Der Paseo del Parque endet vor dem Kreisverkehr der **Plaza del General Torrijos,** benannt nach einem lokalen Helden, der 1830 in Málaga füsiliert wurde. Diesen Platz überquert man und biegt in den Paseo de Reding ein. Schon nach wenigen Schritten ist die **Stierkampfarena** erreicht. Direkt davor hält der Stadtbus Nr. 35, der im 45-Minuten-Takt zum Gibralfaro hochfährt.

Castillo de Gibralfaro

Der Bus schraubt sich die steile Straße in weiten Schwüngen empor und hält kurz vor dem Erreichen der Endstation am Castillo. Wie üblich, wurde diese Burg an der strategisch günstigsten Stelle errichtet, nämlich auf dem höchsten Punkt weit und breit. Über die Ursprünge der Anlage herrscht nicht gerade Einigkeit unter den Historikern. Erste Bauten, die kaum mehr als ein Leuchtturm waren, datieren die Experten auf das 8. Jh. In den folgenden Jahrhunderten baute man immer mal wieder etwas dazu, aber es dauerte noch bis ins 14. Jh., bis eine Festung errichtet wurde. Diese war durch hohe Mauern mit der weiter unten liegenden Alcazaba verbunden, ein geschlossenes **Verteidigungsbollwerk** war so geschaffen.

Heute bleibt das Staunen über die Bauleistung. Der Besucher kann auf meterdicken Verteidigungsmauern um die Anlage herumlaufen und einen phänomenalen Blick über Málaga genießen. Ansonsten gibt es nicht viel zu besichtigen. Im kleinen Museum **Centro de Interpretación** sind hauptsächlich Waffen, Uniformen und andere Kriegsdinge ausgestellt, außerdem wird anhand von Schaubildern das Entstehen des Gibralfaro erklärt.

●**Geöffnet:** 9.30-20.45 Uhr, der Eintritt ist frei.

Aussichtspunkt

Zu einem exzellenten Aussichtspunkt gelangt man, wenn man die Straße vom Gibralfaro etwa 100 Meter bis zur Einfahrt zum Parador hinuntergeht. Hier werden die schönen Fotos gemacht, die man auf so mancher Postkarte findet. Zurücklaufen muss niemand, der Bus hält auch hier. Wieder unten angekommen, steigt man an der Endstation aus. Diese liegt am Paseo del Parque, nicht weit von der Alcazaba.

Alcazaba

„Maurische Festung oder festes Schloss" steht im Wörterbuch als Übersetzung des Begriffs „Alcazaba". Was darf man sich also darunter vorstellen? Eine etwas abgespeckte Alhambra? Nicht ganz, der Begriff „Schloss" trifft auch nicht richtig zu. Es handelt sich vielmehr um eine **befestigte Residenz,** die auch als Garnisonsstandort diente. Man steigt zunächst einen Weg hoch, vorbei an wehrhaften Mauern und gewaltigen Toren. Besonders Eindrucksvolles gibt es noch nicht zu sehen: eine Ansammlung von Wehrtürmen, hohen Mauern, maurischen Bögen und dicken Wänden.

Früher muss die im 11. Jh. erbaute Alcazaba durchaus eindrucksvoll gewesen sein. Geschützt durch den höhergelegenen Gibralfaro und das Meer, strahlte der Glanz dieser maurischen Residenz nach innen. Von doppelten Schutzmauern umgeben, befand sich im Inneren ein Palast, von wo aus das administrative Leben der Siedlung geleitet wurde.

Weiter oben auf dem Gelände liegen kleine, nette Gärten und ein paar restaurierte Räume. Dort soll eine **Ausstellung** untergebracht werden, die die **Geschichte der Burg** dokumentiert. Vier Patios (Innenhöfe) lassen sich heute noch erkennen, ein klein wenig erinnert der Grundriss an die Nasriden-Paläste der Alhambra.

Leider kann die **Coracha** nicht besichtigt werden, das ist jene Festungsmauer, die die Alcazaba mit dem Gibralfaro verbindet. Sie zieht sich den Hügel hinauf und war eine Verteidigungslinie. Einst gab es noch eine zweite Mauer, die bis zum Meer verlief, aber sie wurde in den Wirren des Jahres 1839 zerstört.

●**Geöffnet:** 9.30-20 Uhr, Mo geschlossen; Eintritt frei.

Altstadt

Buchstäblich „um die Ecke" liegt das **römische Theater,** welches zufällig bei Bauarbeiten 1951 entdeckt wurde, aber leider nicht besichtigt werden kann. Der weitere Weg führt in die engen Gassen von Málagas Altstadt. Verlaufen kann man sich problemlos, aber nicht hoffnungslos, denn nach kurzer Zeit taucht man doch wieder an einer der breiten Straßen auf und kann sich neu orientieren. Allzu groß ist dieses Viertel nicht.

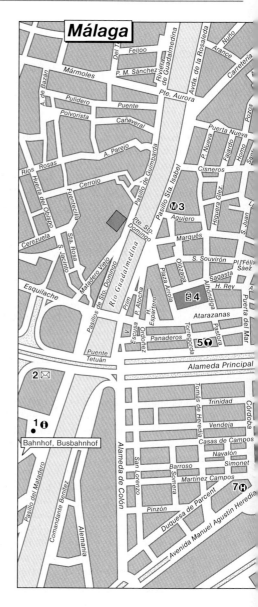

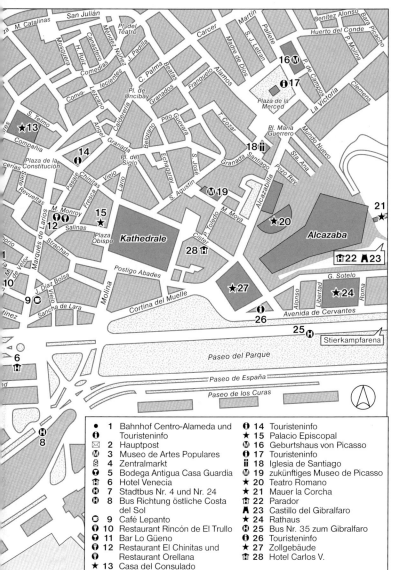

●	**1**	Bahnhof Centro-Alameda und Touristeninfo	
ℹ		Touristeninfo	
✉	**2**	Hauptpost	
Ⓜ	**3**	Museo de Artes Populares	
Ⓢ	**4**	Zentralmarkt	
⊙	**5**	Bodega Antigua Casa Guardia	
🏠	**6**	Hotel Venecia	
⊙	**7**	Stadtbus Nr. 4 und Nr. 24	
⊙	**8**	Bus Richtung östliche Costa del Sol	
☉	**9**	Café Lepanto	
⊙	**10**	Restaurant Rincón de El Trullo	
⊙	**11**	Bar Lo Güeno	
⊙	**12**	Restaurant El Chinitas und Restaurant Orellana	
★	**13**	Casa del Consulado	
ℹ	**14**	Touristeninfo	
★	**15**	Palacio Episcopal	
Ⓜ	**16**	Geburtshaus von Picasso	
ℹ	**17**	Touristeninfo	
ⅱ	**18**	Iglesia de Santiago	
Ⓜ	**19**	zukünftiges Museo de Picasso	
★	**20**	Teatro Romano	
★	**21**	Mauer la Corcha	
🏠	**22**	Parador	
⛰	**23**	Castillo del Gibralfaro	
★	**24**	Rathaus	
⊙	**25**	Bus Nr. 35 zum Gibralfaro	
ℹ	**26**	Touristeninfo	
★	**27**	Zollgebäude	
🏠	**28**	Hotel Carlos V.	

Costa del Sol

Junge Málageña in Flamenco-
Kleidung bei der Feria

Kathedrale

Die **Catedral de la Encarnación** liegt kaum fünf Minuten Fußweg von der Alcazaba entfernt. Wer davor steht, erkennt, dass sie doch eine ziemliche Höhe erreicht, obwohl sie nicht so erdrückend wuchtig ausfällt wie andere Kathedralen. Errichtet wurde sie an der Stelle, an der einst eine Moschee stand. Die *Reyes Católicos* wollten hier ein Zeichen setzen, nachdem sie 1487 die Stadt erobert hatten. Es dauerte aber noch gute 40 Jahre, bis die Bauarbeiten zu einem eigenständigen Gotteshaus begannen. *Manquita* („die Einarmige") wird sie auch genannt, da dem rechten Turm der Aufsatz fehlt.

Beim Betreten der Kathedrale fällt der recht gewaltige und schmuckvolle Altarbereich auf. Hier wurde an nichts gespart. Aber auch die Deckengewölbe sind prachtvoll gearbeitet, genau wie die Glasmalereien und die teilweise recht kunstvollen Seitenkapellen, so die **Capilla de la Virgen de los Reyes,** die Königin *Isabel la Católica* der Stadt vermachte. Ebenfalls beachtenswert ist das Chorgestühl mit 42 handgeschnitzten Abbildungen von Heiligen.

Im oberen Stockwerk beim Kassenhäuschen kann ein kleines Museum besichtigt werden. Ausgestellt sind sakrale Skulpturen und Gemälde.
●**Geöffnet:** 10-18.45 Uhr, Eintrittspreis 1,80 €.

Geburtshaus von Picasso

Für Freunde des großen Malers ist das Geburtshaus von *Pablo Picasso* natürlich ein Muss, obwohl es gar nicht so viel zu sehen gibt. *Picasso* verließ Málaga schon recht früh. Bis heute blieb der Versuch, einem der bedeutendsten Maler der Welt hier ein adäquates Museum zu schaffen, in den Fallstricken der Bürokratie hängen. Man arbeitet aber daran und will bald ein eigenes Picasso-Museum eröffnen. Bis dahin bleibt nur ein Blick in die Casa Natal de Picasso, zu finden an der Plaza de la Merced 15. Nur einige **Tuschezeichnungen, Keramiken und Skizzen** sind ausgestellt, des Weiteren Fotos und auch Werke anderer Künstler. Hoffen wir auf die baldige Eröffnung des eigentlichen Museums.
●**Geöffnet:** Mo-Sa 11-14 und 17-20 Uhr, So nur vormittags; Eintritt frei.

Mercado Central

Am anderen Ende der Altstadt, unweit des trockenen Flussbetts des Río Guadalmedina, liegt das Gebäude des Zentralmarktes. Fleisch, Fisch, Gemüse, eben alles, was man auf einem Markt erwartet, kann hier erworben werden. Wie es sich für einen andalusischen *mercado* gehört, geht es hier ein wenig rau zu. Doch in keinem Geschäft bekommt man frischere Ware und vor allem solch ein überwältigendes Angebot an **Meeresfrüchten und Fisch.**

Ende des Rundgangs

Nach diesem Rundgang hat man sich wahrlich eine Pause verdient. Ein paar gastronomische Empfehlungen finden sich unter „Essen & Trinken". Wer noch in der größten Kaufhauskette Spaniens einkaufen möchte, im **Corte Inglés,** findet eine Filiale auf der anderen Seite des Río Guadalmedina. Man geht die Alameda Principal vom Zentralmarkt aus etwa zehn Minuten hinunter und überquert den Fluss. Dann ist der Corte Inglés überhaupt nicht zu übersehen. Schräg gegenüber liegt übrigens der unterirdische **Bahnhof** der Vorortbahn nach Fuengirola.

Rückreise per Bus

Zum **Terminal de Autobuses** gelangt man mit einem Stadtbus der Linie 4 oder 24. Eine Haltestelle liegt beim Hafen an der Avenida Manuel Agustín Heredia. Wer an die östliche

Costa del Sol muss, braucht nicht zum Busterminal zurückzukehren; eine Haltestelle für Busse in diese Richtung liegt an derselben Straße etwas weiter in Richtung Zentrum.

Praktische Tipps

Unterkunft

●**Parador Málaga-Gibralfaro** €€€€, Tel. 952 221 902, Fax 952 221 904, Internet: www.parador.es. Der Name sagt es schon, dieser Parador liegt beim Gibralfaro, hoch über der Stadt. Es stehen nur 38 Zimmer zur Verfü-

gung, aber die Lage ist unschlagbar. Die wird der Gast besonders abends zu schätzen wissen, wenn er von der Terrasse mit einem Drink in der Hand das Lichtermeer von Málaga betrachtet. Das könnte einem dann schon mal 114 € wert sein.

●**Hotel Carlos V** €€€, c/ Císter 10, Tel. 952 215 165, Fax 952 215 129. Sehr zentral gelegenes Haus mit 51 Zimmern, etwa zwischen Alcazaba und Kathedrale gelegen.

●**Hotel Venecia** €€€, Alameda Principal 9, Tel. 952 213 636, Fax 952 213 637. Eine sehr zentrale Lage zeichnet dieses einfache Haus mit 40 Zimmern aus.

Essen & Trinken

●**Antigua Casa Guardia,** Alameda Principal 18. Eine urige Weinkneipe, gegründet 1840. Und seitdem scheint die Zeit stehen geblieben. Keine Musik dröhnt, kein Fernseher läuft. Der Gast platziert sich am Holztresen, würdevolle ältere Kellner lassen *vino* aus riesigen Holzfässern in ein Glas tröpfeln, das

Málagas Feria ist das Fest des Jahres; es wird bis in den Morgen gefeiert

052c Foto: jf

knapp über Schnapsglasvolumen liegt, und schreiben schwungvoll den Preis mit Kreide auf den Tresen, dort, wo der Gast steht. Meeresfrüchte-*raciones* werden auch angeboten.

●**Café Lepanto,** c/ Marqués Larios, Ecke J. Díaz Bolsa. Ein schickes Kaffeehaus mit kleiner Terrasse.

●**Cheers,** am Vorplatz der Kathedrale, mit mittelgroßer Terrasse.

●**Restaurante El Chinitas,** c/ Moreno Monroy 4, Tel. 952 210 972. Ein typisches Restaurant, mitten in der Altstadt und seit Jahren ein Tipp. Hoch gelobte Tapas und frittierte Fischlein sind die Spezialität. Die *azulejos* (Wandfliesen) erinnern an den Dichter *García Lorca*.

●**Bar Orellana,** c/ Moreno Monroy 5, liegt gleich nebenan und gilt als einer der besten Tips für Tapas. Das Lokal ist recht groß, der Tresen davor ebenso, trotzdem drängeln sich zu Spitzenzeiten so viele Leute davor, dass man warten muss.

●**Bar Lo Güeno,** c/ Marín García 11, liegt schräg gegenüber. Eine kleine, stets volle Taberna, in der u.a. leckerer Schinken und *queso manchego* angeboten werden.

●**Restaurant Rincón de Mata,** c/ Esparteros 8. Eines der ältesten Lokale der Stadt. Es ist ausschließlich mit Weinflaschen dekoriert.

Adressen

●**Post:** Avda. Andalucía 1, beim Bahnhof Alameda-Centro.

●**Telefonamt:** c/ Molina Larios 11.

●**Deutsches Konsulat:** c/ Mauricio Moro Pareto 2-5, Edificio Eurocom, Bloque Sur, Tel. 952 363 591.

●**Schweizer Konsulat:** c/ San Lorenzo 4, Tel. 952 217 266.

●**Österreichisches Konsulat:** Alameda de Colón 26, Tel. 952 600 267, Fax 952 229 089.

Feste

Unzweifelhaft das größte Fest ist die **Feria de Málaga**, die vom zweiten Samstag bis zum dritten Sonntag im August stattfindet. Schon Wochen vorher berichten die Zeitungen von den Vorbereitungen (Schlagzeile: „Ya huele a Feria" – es riecht schon nach Party), und dann geht's eine Woche lang rund! In der Altstadt, rund um die Calle Larios, zie-

Who is who der Schalentiere

Bei einem Bummel durch andalusische Markthallen fallen immer wieder die vielen unterschiedlichen Schalentiere auf. Was ist eigentlich was?

●Der **Hummer** ist immer gut zu erkennen an seinen kräftigen Scheren, wird aber gar nicht so häufig angeboten. Auf Spanisch heißt er *bogavante*.

●Häufiger zu finden ist der **Kaisergranat,** der wie ein kleiner Hummer aussieht, auf Spanisch: *cigala*.

●Die **Languste,** sozusagen der Hummer ohne Scheren, heißt auf Spanisch *langosta*.

●**Garnelen** tragen je nach Größe verschiedene Namen: die größeren nennt man *gambas*, die kleinen heißen *camarones*.

hen Tag und Nacht Tausende durch die Straßen, singend, tanzend, trinkend. Man wirft sich schick in Schale, zieht Flamenco-Kleider an, und viele Herren verwandeln sich in *señoritos*, andalusische (Guts-)Herren. Eine Stadt dreht ab; die Bars sind durchgehend geöffnet. Erinnert wird mit diesem Fest an die Rückeroberung der Stadt durch die *Reyes Católicos*, aber das zählt nur am Rande.

●**Ostern** wird ebenfalls groß gefeiert mit kunstvoll geschmückten Umzügen der Bruderschaften (*cofradías*).

●**8. September:** Virgen de la Victoria.

Markt

●**Sonntag** am Paseo Marítimos von 10 bis 15 Uhr und **täglich** in der Markthalle.

Stadtrundfahrt

●**Málaga Tour** bietet mit roten Doppeldeckerbussen eine Stadtrundfahrt zu allen wichtigen Sehenswürdigkeiten an. Man kann an jeder Station aussteigen und später mit dem nächsten Bus weiterfahren.

Einsteigen ist u.a. möglich an der Kathedrale, an der Plaza de Toros oder am Paseo del Parque. Preis: Erwachsene 11 €, Kinder 5 €.

Costa del Sol

Die westliche Costa del Sol

Überblick

Wer, von Málaga kommend, die Küste bis nach Estepona entlangfährt, durchquert eine Apartmentsiedlung nach der anderen. An diesem 86 Kilometer langen, von reichlich Beton geprägten westlichen Abschnitt der Costa del Sol liegen illustre Ferienzentren, deren Namen teilweise weltbekannten Klang haben – **Marbella,** der Treffpunkt des Jet Set an allererster Stelle, dann **Torremolinos,** früher mal eine Art Aussteigerziel für US-Amerikaner, heute jedoch Urlaubshochburg vor allem für junge Leute. Weitere größere Orte sind **Benalmádena,** das sich mit einem schicken Yachthafen zu profilieren sucht, **Fuengirola** und schließlich ganz im Westen **Estepona,** wo die Ferienmaschinerie sachte ausläuft. Hier endet die Provinz Málaga und damit die Costa del Sol.

Gibraltar, ein lohnendes Ausflugsziel und daher in diesem Buch beschrieben, liegt bereits in der Provinz Cádiz und gehört offiziell nicht mehr zur „Sonnenküste". Ein weiterer empfehlenswerter Abstecher führt in das Bergstädtchen **Ronda,** das mit einer imposanten Schlucht und der ältesten Stierkampfarena Spaniens den strandmüden Besucher zu begeistern weiß.

Auch wenn die Strände an diesem westlichen Küstenabschnitt nicht gerade von der Kategorie Südseetraum sind und oft kieselig-grau daherkommen – breit und kilometerlang sind sie doch, und sie werden an satten 320 Tagen im Jahr von der Sonne beschienen. Dass die Kneipen, Bars und Bo-

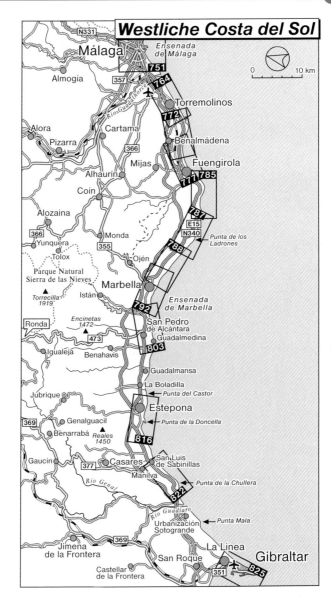

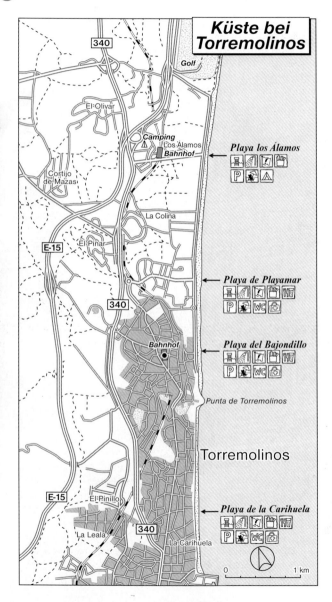

Küste bei Torremolinos

Golf

El Olivar

340

Camping
Los Álamos
Bahnhof

Playa los Álamos

Cortijo de Mazas

La Colina

E-15

El Pinar

340

Playa de Playamar

Bahnhof

Playa del Bajondillo

Punta de Torremolinos

Torremolinos

E-15

El Pinillo

La Leala

340

La Carihuela

Playa de la Carihuela

0   1 km

degas der Region nicht zu verachten sind, braucht wohl nicht extra erwähnt zu werden. Also genug der negativen Worte. Es gibt hier sogar einige – wenn auch nicht viele – Fluchtpunkte, schöne Ecken und ruhige Zonen.

Torremolinos

- **Einwohner:** 27.500
- **PLZ:** 29620
- **Entfernung nach Málaga:** 12 km
- **Touristeninformation:**
  Plaza de Blas Infante 1,
  Tel. 952 379 511, Fax 952 379 551
  E-Mail: turismo@ayto-torremolinos.org
- **Internet:** www.ayto-torremolinos.org

In den Tiefen des Internets findet sich der Hinweis, dass hier in den 1960er Jahren der **Grundstein für den Touristenboom** an der Costa del Sol gelegt wurde. Einer, der schon in den Anfängen dabei war, ist der Autor *James A. Michener*. In seinem Roman „Die Kinder von Torremolinos" lässt er einen der Protagonisten schwärmen: „Endloser Strand, Berge, die die kalten Winde abhalten. Es ist keine Stadt. Es ist kein Dorf. Auf der ganzen Welt findest du nichts, was du mit Torremolinos vergleichen könntest. Das Asyl für jene, die dem Wahnsinn der Welt entfliehen wollen, nur dass es selbst total verrückt ist."

Damals drückten sich Amerikaner vor Vietnam, galten Schwedinnen als das Nonplusultra an sexueller Freizügigkeit und mischten ausstiegswillige Deutsche, Franzosen und Engländer auch noch irgendwie mit. Ein Jahrzehnt später traf man sich dann in Goa oder auf Ko Samui und noch eine Dekade danach auf Gomera. Nun ja, tempi passati ...

Wie auch immer, jedenfalls erlebt Torremolinos seit den 1960er Jahren ein stetiges Wachstum. Immer mehr Hotels wurden gebaut, immer neue Flächen erschlossen. Da es nach „hinten" natürliche topografische Grenzen in Form eines Gebirgszugs gibt, ging der Ort in die Breite. Und er wächst in den Randgebieten noch immer. Es kann nicht mehr lange dauern, dann kann der erste Gast sein Hotel zu Fuß vom Flughafen aus erreichen.

Die Küstenlinie von Torremolinos misst mittlerweile sieben Kilometer. Hier verteilen sich tagsüber all die Tausende von Urlaubern, die sich nachts in den Straßen des Zentrums drängeln. Torremolinos kann quasi als Gegenstück zum benachbarten Marbella gesehen werden: Dort tummeln sich die Schönen und Reichen, die Fernsehstars, Steuerflüchtlinge und Yachtbesitzer, hier die „Normalos". Und genau das gibt dem Ort beinahe eine soziale Komponente: Jeder ist willkommen, und so sieht es dann abends in den Kneipen auch aus.

Im zentralen Ortsbereich befindet sich eine bemerkenswerte Besonderheit: Torremolinos ist zweigeteilt. Es gibt, wie auf Helgoland, eine Art Ober- und Unterland. Direkt vor dem Hauptstrand erhebt sich nämlich ein **Felsmassiv.** Oben war ursprünglich

Costa del Sol

mal der Ort angesiedelt, gut geschützt gegen Eindringlinge vom Meer. Heute jedoch bedeutet es, dass Urlauber, die oben wohnen, bis hinunter zum Strand einen relativ weiten Weg zurücklegen müssen, über steile Treppen etwa 50 Meter. Was ja nicht wirklich weit ist, aber man muss ja auch wieder hoch ... Mittlerweile gibt es als Erleichterung auch schon einen Lift. Links und rechts des zentralen Bereichs senkt sich die Felsgruppe ab, und die dortigen Hotels haben problemlosen Strandzugang.

Strandprofil

Von Ost nach West verläuft ein sieben Kilometer langer, durchgehender Strand, der fünf Namen trägt. Der erste Abschnitt, die **Playa San Julián,** liegt recht weit außerhalb (Details finden sich unter „Málaga").

Playa los Álamos

Auf einem guten Kilometer trägt der Strand diesen Namen. Er liegt am äußersten Rand von Torremolinos, was sich jedoch ändern kann, denn die Bebauung schreitet fort. Noch findet sich auf einigen hundert Metern aber nicht mal ein *chiringuito.* Dann erreicht man den Golfplatz, die Strandstraße knickt ab ins Hinterland. Hier nun liegt der einsamste Strandabschnitt von Torremolinos. An der Playa los Álamos kann unproblematisch am Strand geparkt werden, das klappt woanders nicht.

Playa de Playamar

Knappe 1000 Meter Länge, etwa 40 bis 50 Meter Breite und grausandig: die Merkmale dieser *playa.* Eine zweispurige Straße verläuft parallel zur Küste, direkt dahinter erheben sich etliche Hotels, die trotz der Nähe zum Meer alle einen Pool haben. Diese Strandzone ist nicht gerade einsam, aber noch lange nicht so voll wie die folgenden *playas.*

Playa del Bajondillo

Die Playa del Bajondillo ist der zentrale Strand von Torremolinos, immer gut besucht und mit genügend Lokalitäten in der Nähe, allein etwa 25 *chiringuitos!* Hier ist immer kräftig was los. Er endet nach knapp 1100 Metern an einem kleinen, felsigen Vorsprung, der den Strandverlauf aber nur kurzfristig unterbricht. Mit durchschnittlich 30 Metern Breite zählt dieser Abschnitt zu den schmaleren. Wie alle Strände hier ist er grausandig.

Playa de la Carihuela

Ganz schmal beginnt diese *playa* direkt hinter dem kleinen felsigen Vorsprung namens Punta de Torremolinos. Aber dann bläst sie sich auf stolze 60 Meter Breite auf und endet erst am Hafen des benachbarten Ortes Benalmádena. So kommt der Strand auf eine Länge von 2100 Metern. Dieser Abschnitt ist noch der schönste, verläuft doch über weite Strecken eine Promenade nur für Fußgänger am

Strand entlang. Autos haben hier nichts zu suchen. Außerdem liegen an dieser Promenade etliche gute Restaurants, und die Zahl der Hochhäuser hält sich zumindest im zentralen Abschnitt in Grenzen. Genau dort kann man sehr angenehm auf der Terrasse eines Restaurants sitzen, recht gut essen und dem Treiben auf der Promenade zuschauen. Es gibt schlimmere Ecken in Torremolinos!

Sehenswertes

Im Bereich des Strandes Carihuela liegt eine kleine Kirche aus dem 18. Jh. mit Namen **Iglesia de Nuestra Señora del Carmen** an der gleichnamigen Straße. Vor vielen Jahrhunderten standen in und um Torremolinos etliche

Windmühlen, daher stammt übrigens auch der Ortsname (*molino* = Mühle, *torre* = Turm). Von diesen blieb nur der Rumpf einer einzigen übrig, er steht in der Fußgängerzone San Miguel. Das war's schon an klassischen Sehenswürdigkeiten.

Ein abendlicher Spaziergang entlang der Strandpromenade oder, noch eindrucksvoller, entlang der Calle San Miguel bietet prägende Eindrücke ganz anderer Art. Tausende schieben sich dann durch die schmalen Gassen, suchen Lokale, bestaunen Tinnef und Tand in den Shops – ein abendliches Ritual, das offensichtlich für alle dazugehört: sehen und gesehen werden. Die **Calle San Miguel** und die Seitengassen bilden das geschäftige Zentrum. Dort liegt Shop neben Bar, Restaurant neben Eisdiele. Am Ende der Calle San Miguel geht es die schon erwähnten Treppen hinunter zum Strand; dieser Bereich wird **Bajondillo** genannt. Dort ist's eh schon eng, aber am Abend schieben die Händler ihre Waren auch noch mitten in den Weg. So kommt der ganze Zug ins Stocken und so mancher zu einem Kauf, den er gar nicht tätigen wollte.

Costa del Sol

Abendliches Treiben in
der Calle San Miguel

Praktische Tipps

Unterkunft

Angeblich 40 % der gesamten Hotelkapazitäten der Costa del Sol sollen in Torremolinos versammelt sein. Hier ein winziger Ausschnitt, querbeet durch alle Preisklassen.

●**Hotel Fenix** €€€, c/ las Mercedes 22, Tel. 952 375 268, Fax 952 387 183, E-Mail: summahoteles@futurnet.es. Das Haus mit seinen 86 Zimmern liegt genau am Felsabhang. Vom Eingang geht es deshalb zu den Zimmern nach unten, nicht nach oben .

●**Pension Sola** €€, c/ Cuesta del Tajo, Tel. 952 380 917. Diese kleine 14-Zimmer-Pension liegt sehr zentral am Ende der Fußgängerzone, die ersten Treppen muss man schon hinuntergehen.

●**Hostal Guadalupe** €€, c/ Peligros 15, Tel. 952 381 937. Ein kleines, nettes Haus mit acht Zimmern, unweit vom Strand in einer engen Straße gelegen, „unten" am Ende der Bajondillo.

●**Hotel El Pozo** €€-€€€, c/ Casablanca 2, Tel. 952 380 622. Kleines Haus mit 28 Zimmern, das sehr zentral liegt, einmal „um die Ecke" von der Fußgängerzone.

●**Hostal Micaela** €€, c/ Bajondillo 4, Tel. 952 383 310. Kleines, familiäres Haus im andalusischen Stil am unteren Ende der Treppen.

●**Hotel Melia Costa del Sol** €€€€, Paseo Marítimo 11, Playa de Bajondillo, Tel. 952 386 677, Fax 952 386 417. Selbst nach Torre-Maßstäben ein gewaltiges Haus, mit 540 Zimmern das zweitgrößte am Ort. Das Hotel liegt, nur durch eine Straße vom Strand getrennt, direkt vor dem Felshang, so dass wohl die allermeisten Gäste Meerblick genießen können.

Im Ortsteil Carihuela:

●**Hotel Amaragua** €€€€, c/ Los Nidos 23, Tel. 952 384 700, Fax 952 384 945. Ein recht großes Haus mit knapp 200 Zimmern, von denen etliche Meerblick haben. In der Nähe liegen einige Musikbars.

●**Hotel Miami** €€€, c/ Aladino 14, Tel. 952 385 255. Das kleine Haus mit 26 Zimmern ist eine wirkliche grüne Oase im Betonbrei von Torremolinos, etwas im kastilischen Stil

gehalten, mit begrüntem, palmenbestandenem Garten. Es liegt in einer Seitenstraße, aber nicht zu weit vom Meer entfernt und ist eine Art Liebhabertipp, da es sehr persönlich geführt wird. Die Einrichtung plante übrigens ein Vetter von *Picasso!*

●**Hotel Sidi Lago Rojo** €€€€, c/ Miami 5, Tel. 952 387 666, Fax 952 380 891, E-Mail: sidilagorojo@ctv.es. Die 144 Zimmer dieses grauweiß gehaltenen Hauses verteilen sich auf vier Etagen. Das Hotel liegt in der zweiten Reihe, und der Ausblick aus manchem Zimmer ist doch etwas betonlastig.

●**Hotel Las Palomas d'Or** €€€, c/ Carmen Montes 1, Tel. 952 385 000, Fax 952 386 466. Stolze 303 Zimmer verteilen sich auf fünf Etagen. Das Haus liegt zwei Parallelstraßen vom Strand entfernt.

Camping

●**Camping Torremolinos,** 2. Kategorie, an der N-340 bei km 228, Tel. 952 382 602. Die Betreiber des kleinen Campingplatzes vermieten keine Parzellen, sondern nehmen jeden auf, der noch irgendwie sein Zelt platzie-

🏨	1	Hotel Amaragua	❶	11	Bar La Bodega und Café Goyesca
❶	2	Touristeninformation	❶	12	Bodega Guerola
🏨	3	Hotel Miami	🏨	13	Hotel El Pozo
🏨	4	Hotel Sidi Lago Rojo	❶	14	Restaurant Miramar
❶	5	Restaurants Casa Guaquín, Antonio, und andere	❶		und Bodega Quitapena
🏨	6	Hotel Las Palomas	🏨	15	Pensión Sola und
🏨	7	Hotel Melia Costa del Sol	❶		Restaurant La Bóveda
✉	8	Post	🏨	16	Hostal Guadalupe
❶	9	Touristeninformation	🏨	17	Pensión Micaela
Ⓑ	10	Busterminal	🏨	18	Hotel Fenix
			⚠	19	Campingplatz

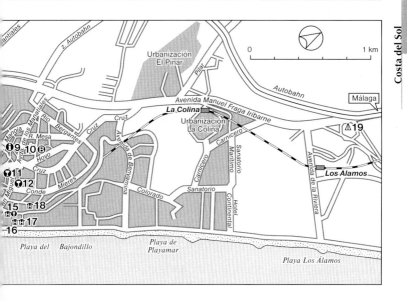

ren kann. Dadurch wird es so eng, dass man kaum mehr als einen halben Quadratmeter Platz hat, vom Parkplatz ganz zu schweigen. Die Sanitäranlagen sind mangelhaft, für den Ansturm gibt es viel zu wenige. Der Platz ist für das Gebotene obendrein absolut überteuert. Vom Campingplatz sind es etwa 500 Meter bis zur Playa los Álamos und ca. 200 Meter bis zur gleichnamigen Bahnstation.

Essen & Trinken

Ein paar Tipps, um sich im Gewusel zurechtzufinden und für die auch ein paar Schritte mehr lohnen.

●**La Bodega,** c/ San Miguel 40. Eine urige spanische Pinte mit langem Tresen. Spezialität des Hauses sind *pescaitos fritos,* frittierte Sardinen. An den Wänden hängen großformatige Fotos vom Torremolinos der 1950er Jahre – daneben zum Vergleich ein paar aus heutiger Zeit ...

●**Café Goyesca,** gleich nebenan, mit breiter Kuchenauswahl.

●**Bodega Guerola,** c/ San Miguel, Ecke c/ Ávila 2. Eine der ältesten Bodegas der Stadt mit leckerem *vino* und ebensolchen Tapas, was keine Selbstverständlichkeit darstellt in einem Ort wie diesem.

●**Restaurante Chino Mar,** Plaza San Miguel 13. Liegt auffällig am Ende der Fußgängerzone in der ersten Etage und bietet eine breite Menüauswahl und einen superben Blick von den kleinen Balkonen auf das Treiben unten auf der Plaza.

●**Restaurant La Bóveda,** an den Treppen unterhalb der Pension Sola. Kleines, ruhiges Lokal mit gemütlichem Garten.

●**Bodega Quitapena,** liegt unterhalb des chinesischen Restaurants Miramar. Jeder, der die Treppen zum Strand hinuntergeht, passiert das Lokal. Eine ganz nette Bar, in der auch Málaga-Wein ausgeschenkt wird.

Im Ortsteil Carihuela:

Im Bereich Carihuela liegt in der c/ del Mar ein Restaurant neben dem anderen. Die meisten haben auch eine Terrasse zur Strandpromenade.

●**Casa Guaquín,** c/ Carmen 37, Tel. 952 384 530. Seit 20 Jahren mit breiter Tapa-Auswahl.

●**Restaurante Roqueo,** c/ Carmen 35, Tel. 952 384 946. Ein Lokal mit guter Fischauswahl.

●**Antonio,** Plaza del Rerno s/n, Tel. 952 050 737. Dieser Klassiker an der Restaurantmeile von Carihuela bietet tadellose Fisch- und Fleischgerichte.

Adressen

●**Aquapark Torremolinos,** Zona de los Pinares, etwas außerhalb, mit kostenlosem Buszubringer.

●**Busstation:** c/ Hoyos s/n.

●**Post:** Avenida Palma de Mallorca 25.

●**Telefonamt:** Plaza Mogalera s/n.

Feste

●**16. Juli:** Virgen del Carmen, im Ortsteil Carihuela, mit Meeresprozession.

●**29. September:** San Miguel, einwöchige Feier zu Ehren des Schutzpatrons.

Markt

●**Donnerstag.**

Benalmádena

●**Einwohner:** 22.000

●**PLZ:** 29630

●**Entfernung nach Málaga:** 20 km

●**Touristeninformation:**
Avda. Antonio Machado 10,
Tel. 952 441 295, Fax 952 440 678,
E-Mail: turismo@benalmadena.com

●**Internet:** www.benalmadena.com

In den 60er und 70er Jahren des 20. Jahrhunderts spielte sich in etlichen Dörfern Andalusiens das gleiche Drama ab, wenn folgende Voraussetzungen gegeben waren: a) eine möglichst küstennahe Lage, b) eine möglichst unberührte, „typische" Atmosphäre und c) die Ankunft der ersten Touristen, die Punkt a) und b) dem Rest der Welt erzählen konnten. Dann entwickelten sich die Dinge wie folgt: Immer mehr Touristen kommen und suchen das Ursprüngliche. Pfiffige Investoren erkennen die Chance und bauen Hotels, woraufhin weitere Urlauber kommen. Dann fangen die ersten Baulöwen an, nicht mehr nur im Dorf zu bauen, sondern direkt an der Küste. Das gefällt den Touristen noch viel besser, weitere strömen heran. Irgendwann stehen so viele Gebäude an der Küste, dass ein neuer Name fällig wird, der Einfachheit halber meist der des alten Dorfes, ergänzt um den Zusatz „Costa". Das alte, ehemalige Dorf interessiert alsbald niemanden mehr, „Costa" ist das Ziel aller Sehnsüchte.

Genauso passierte es in Benalmádena. Der neue Komplex am Meer schließt sich direkt an Torremolinos an und heißt, na wie wohl? Benalmádena Costa. Das alte Dorf nennt sich konsequenterweise „Dorf", also Benalmádena Pueblo. Da nun aber vier Kilometer zwischen Costa und Pueblo liegen, dachten sich flinke Bauherren, dass man hier ja auch noch was hinsetzen könnte, etwa Wohnungen für Langzeiturlauber. Gesagt, getan, eine dritte Siedlung entstand. Nur der Name fällt etwas aus dem Rahmen: **Arroyo de la Miel** (Honigbach).

Strandprofil

Torremolinos und Benalmádena Costa sind direkt miteinander verwoben. Ein Erkennungsmerkmal dafür, dass der neue Ort beginnt, ist der Hafen. Der gehört zu Benalmádena, und genau dort liegt auch der erste Strand.

Playa Malapesquera

Die 600 Meter lange Playa Malapesquera (was soviel heißt wie „Strand des schlechten Fischfangs") liegt zwischen Hafen und Castillo Bil-Bil und wird von einer sehr stark befahrenen Straße begrenzt. Die ersten Hochhäuser erheben sich bald dahinter, also keine Idylle. Der grobe Sand ist auch hier dunkel.

Playa Arroyo de la Miel-Bil-Bil

Ein ehemaliges maurisches Gebäude, das direkt am Wasser liegt, markiert die Trennlinie zu dieser *playa*, die als der Stadtstrand gilt. Hier ist es etwas angenehmer und ruhiger, besonders im oberen Abschnitt 1400 Meter langen *playa*. Aber eine Idylle darf auch hier nicht erwartet werden, das Häusermeer nimmt nur langsam nach oben hin ab.

Playa Torrevigía

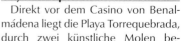

Diese 240 Meter lange Bucht liegt schon etwas außerhalb, sie besteht aus dunklem, grobem Kiesel. Hotelriesen und die Küstenstraße klammern sie ein.

Playa Torrequebrada

Direkt vor dem Casino von Benalmádena liegt die Playa Torrequebrada, durch zwei künstliche Molen be-

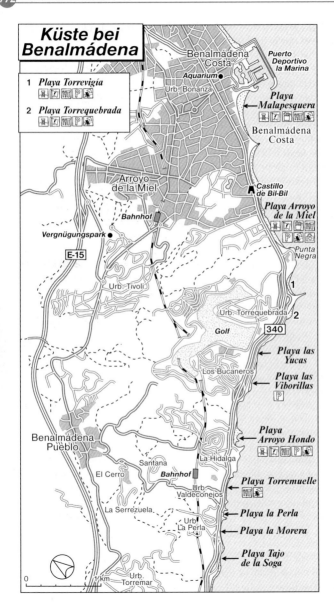

Küste bei Benalmádena

1 *Playa Torrevigía*

2 *Playa Torrequebrada*

Benalmádena Costa

Puerto Deportivo la Marina

Aquarium ●

Urb. Bonanza

Playa Malapesquera

Benalmádena Costa

Arroyo de la Miel

Castillo de Bil-Bil

Playa Arroyo de la Miel

Bahnhof

Vergnügungspark ●

Punta Negra

E-15

1

Urb. Tivoli

Urb. Torrequebrada

2

340

Golf

Playa las Yucas

Los Bucaneros

Playa las Viborillas

Benalmádena Pueblo

Playa Arroyo Hondo

Santana

La Hidalga

El Cerro

Bahnhof

Urb. Valdeconejos

Playa Torremuelle

La Serrezuela

Playa la Perla

Urb. La Perla

Playa la Morera

La Serrezuela

Playa Tajo de la Soga

0   1 km

Urb. Torremar

grenzt. Ihre Länge beträgt 200 Meter, der Sand ist grob und grau.

Die **Playa Las Yucas** ist eine nur 120 Meter lange Bucht, in der sich FKK-Anhänger treffen.

Playa Las Viborillas

Nur schwer mit unserer Idealvorstellung von einem Strand in Einklang zu bringen ist diese *playa*. Oben verläuft die N-340, über zwei rustikale Wege geht's runter zum grauen, grobkörnigen Sandstrand.

Playa Arroyo Hondo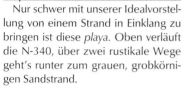

Die teils kieselige Playa Arroyo Hondo liegt bei der Urbanización La Hidalga und misst 650 Meter Länge und 30 Meter Breite. Die N-340 verläuft nahe vorbei, einige Häuserblocks stehen direkt am Meer. Zwei leicht gekrümmte Molen schützen die Bucht wie Krebsscheren.

Playa Torremuelle

Nur der Vollständigkeit halber sei die etwa 400 Meter lange **Playa Torremuelle** erwähnt. Einige Wohnblocks befinden sich am unteren Ende des Strandes, am oberen liegt eine Felsgruppe. Oberhalb verläuft die N-340.

Drei Buchten folgen noch, bevor der Großraum Fuengirola erreicht wird. Alle drei sind unter strand-kritischen Gesichtspunkten dritte Wahl: recht klein, direkt an der N-340 gelegen, von grauem Kiesel durchsetzt und vor teilweise steil abfallenden Felswänden gelegen. Die Namen: **La Perla, La Morera** und **Tajo de la Soga.**

Benalmádena Costa

Die Küstenlinie dieser Feriensiedlung ist kein besonderer Augenschmaus, allerdings gibt es derartiges auch noch einige Spuren hässlicher. Hochhäuser recken sich in der ersten und zweiten Strandreihe in den Himmel. Darunter sind kaum Hotels zu finden, es handelt sich zumeist um Apartmentanlagen. Hinter dem nicht übermäßig breiten Strand folgt ein Fußweg – die Bezeichnung Promenade würde falsche Assoziationen auslösen –, und daneben verläuft die N-340 zweispurig in jeder Richtung mitten durch den Ort.

Ein Ruhepunkt kann hier immerhin gefunden werden: das **Castillo de Bil-Bil,** ein kleines Gebäude im maurischen Stil. Drinnen werden ein paar Bilder ausgestellt. Man kann von hier ganz prima über die Küste schauen und die Ruhe genießen.

Genau zur anderen Seite liegt die **Marina.** Offensichtlich möchte man hier den Luxushafen Puerto Banús in Marbella kopieren. Nicht nur, dass hier wirklich einige schicke Yachten festmachen; im Umfeld der Marina wurden stilvolle, leicht in maurischem Stil gehaltene Apartments gebaut. In dieser verwinkelten Anlage liegen Dutzende von Shops, Lokalen und auch ein paar Diskos. Das Ganze hat schon ein gewisses Flair und hebt sich wohltuend vom restlichen Betonbrei ab.

Sea Life Center

An der Zufahrt zum Hafen wurde ein **Meeresaquarium** angelegt, das in verschiedenen Becken Meerestiere, vor allem aus dem Mittelmeerraum, zeigt. Neben dem ersten Becken hat man die Silhouette von Benalmádena nachgebildet. Das Becken selbst ist so gestaltet, als sei es eine Fortsetzung des Wandgemäldes, beispielsweise wurden Felsen angedeutet, die im Becken tatsächlich liegen. In anderen Aquarien folgen weitere thematische Darstellungen, wie ein untergegangenes Schiff und die sich neu bildende Meeresfauna. Der Clou ist die Legende von Atlantis: Der Besucher wandert durch einen Glastunnel und betrachtet versunkene Skulpturen, das Ganze von sphärischer Musik begleitet. In weiteren Becken werden tropische Fische gezeigt.

●**Geöffnet:** 10-24 Uhr; Eintritt: Erwachsene 7 €, Kinder 5 €.

Tivoli World

Eine Art **Vergnügungspark** mit kleinen Karussells, Showeinlagen, Wasserrutschen und viel Spektakel speziell für kleinere Gäste findet sich in Arroyo de la Miel. Vom Hafen aus fährt eine kleine Bimmelbahn bis vor den Eingang.

●**Geöffnet:** März bis Oktober täglich, restliche Zeit nur Sa und So. Die Zeiten schwanken, unter der Woche ist Einlass um 16 Uhr, am Wochenende bereits um 13 Uhr. Geschlossen wird um 1 Uhr, im Sommer erst um 3 Uhr; Eintritt: 3,60 €. Wer dazu noch das „supertivolino" für 14 € erwirbt, kann fast alle Attraktionen nutzen.

Telecabina

Direkt beim Tivoli World liegt die Station einer **Seilbahn.** In 12 Minuten

fährt die Telecabina auf eine Höhe von 769 Metern zum Gipfel Calamorro. Klaren Himmel vorausgesetzt, genießt man dann einen phänomenalen Weitblick. Preise: Erw. 7,20 €, Kinder (5-14 Jahre) 5,40 € für das Rückfahrticket.

Praktische Tipps

Unterkunft

* **Hotel Balmoral** €€-€€€, Ctra. de Cádiz, km 221, Tel. 952 443 640, Fax 952 443 642. Ein Haus mit 210 Zimmern, das in der zweiten Reihe, aber dennoch nicht zu weit vom Strand entfernt liegt.
* **Hotel La Roca** €€€, Ctra. de Cádiz, km 221,5, Tel. 952 441 740, Fax 952 443 255. Auf fünf Etagen verteilen sich 155 Zimmer. Das Haus steht nur 50 Meter vom Strand entfernt, aber leider an der N-340.
* **Hotel Tritón** €€€€, Avda. Antonio Machado 29, Tel. 952 443 240, Fax 952 442 649, E-Mail: triton@besthotels.es. Das 183-Zimmer-Haus liegt in allererster Reihe zum Strand. Von hier hat man es nicht weit zu den Bars am Paseo und beim Hafen. Kleiner Gag: an der Hausfront zur Straßenseite gibt es zwei Außenlifts.

Essen & Trinken

* Speziell beim Hafen liegen ein paar empfehlenswerte Lokale, z.B. **Cafetería La Marina,** ein Stück hinter dem Sea Life Center, mit ruhiger Terrasse.

* **Restaurante Chef Alonso,** Dársena del Puerto, Local 11, Tel. 952 561 303. Bei der Hafenzufahrt nach links abbiegen. Überwiegend Fischgerichte, schöne Terrasse mit Blick über die Boote.
* Hier liegen noch weitere Lokale, z.B. **Steakhouse El Angel Gaucho, Pizzería Arolaccia, Restaurante El Mero,** ebenfalls mit netter Terrasse zum Hafen.
* **Restaurante Mar de Alborán,** Tel. 952 446 427, an der Hafenzufahrt. Bietet ein Überraschungsmenü für knapp 25 €.

Adressen

* **Autovermietung:** Alba, am Hotel Tritón.
* **Bahnhof:** Die Station Arroyo de la Miel liegt an der Avda. de la Estación.
* **Bootscharter:** I.O.E. Marina, am Hafen, Tel. 952 447 567 oder Centro Nautico Enasol, am Hafen, Tel. 952 204 599.
* **Busse zum Pueblo:** Abfahrt vom Hafen bzw. von der Avda. Antonio Machado, schräg gegenüber vom Hotel Tritón.
* **Diskos:** Getsby und daneben Distrito 10, beide liegen an der N-340, etwa an der Ortsgrenze zu Torremolinos.
* **Golf:** Club de Golf Torrequebrada, Ctra. N-340, km 220, Tel. 952 442 742.
* **Post:** Avda. Antonio Machado 20, liegt genau vor dem Abzweig zum Hafen.
* **Telefónica:** Avda. de Alay, beim Kreisverkehr zur Einfahrt am Hafen gelegen.

Bootsausflug

* Das Boot **Jovén María II** fährt sowohl nach Torremolinos (4x täglich, außer Di und So) als auch nach Fuengirola (Di und So 10.30, 12.30, 14.30 Uhr); Preis: Torremolinos und zurück: Erw. 6 €, Kinder 3,60 €; Fuengirola und zurück: Erw. 9 €, Kinder 5,40 €.

Feste

* **23. Juni:** Feria de San Juan.
* **16. Juli:** Virgen del Carmen.
* **14.-18. August:** Fiestas Patronales Virgen de la Cruz.

Markt

* **Freitag** in Arroyo de la Miel (Tivoli).

Die Marina von Benalmádena Costa: Ähnlichkeiten zum Nobelyachthafen von Marbella sind nicht zu leugnen

Costa del Sol

Benalmádena Pueblo

Benalmádena Pueblo ist eine Labsal gegenüber dem Ferienort! Hier spaziert man durch ein kleines andalusisches Dorf mit kalkweißen Häusern und vergitterten Fenstern. Die Häuser sind niedrig, die Straßen eng, die Siesta wird pünktlich eingehalten. Wunderbar kann übrigens der Kontrast von Alt und Neu vom Vorplatz der Dorfkirche **Parroquía Santo Domingo** aus betrachtet werden. Das komplette Panorama von Benalmádena eröffnet sich, sowohl die kleinen, weißen Häuser im Pueblo als auch die Hochhausriesen der Costa.

Archäologisches Museum

Die örtliche Sehenswürdigkeit ist das **Museo Arqueológico Municipal** an der Hauptstraße Av. Juan Luis Peralta 43. Ausgestellt ist eine Sammlung des mexikanischen Malers *Felipe Orlando* von diversen Fundstücken aus Mexiko, Costa Rica und Nicaragua, datierend aus vorkolumbischer Zeit. Weiterhin sind Fundstücke aus der Umgebung des Ortes zu sehen.
●**Geöffnet:** Mo-Fr 10-14 Uhr, Eintritt frei.

Plaza España

Diese Plaza ist genau der richtige Ort, um den Dorfbummel mit einer Erfrischung zu beenden. Dort bieten drei **Cafeterías** Speis' und Trank in gemütlicher Atmosphäre. In der Mitte steht ein kleiner **Brunnen** mit der Skulptur der Symbolfigur des Ortes, der „Niña de Benalmádena".

Praktische Tipps

Unterkunft

●**Fonda de Benalmádena** €€€, c/ Santo Domingo 7, Tel./Fax 952 568 273. Ein hübsches, mit viel Liebe zum Detail eingerichtetes kleines Haus, mitten im Dorf gelegen (ausgeschildert). Das hauseigene Restaurant serviert spezielle Gerichte, da hier eine Hotelfachschule angeschlossen ist.

Essen & Trinken

●**Casa Fidel,** c/ M.J. Ayala Berrucal 3, Tel. 952 449 165. Ein gemütliches Lokal mitten im Dorf, jeder kennt es. Der Besitzer, mit Vornamen *Fidel*, bemüht sich sehr um seine Gäste, seine Frau serviert traditionelle Gerichte. Man mag sich gar nicht vorstellen, dass der Kamin hier jemals benutzt werden muss.
●**Restaurante El Muro de Benalmádena.** Das Lokal mit einer netten Terrasse liegt an dem kleinen Platz vor der Kirche. Hier werden manchmal Flamenco-Shows aufgeführt.

Markt

●**Freitag**

Fuengirola

●**Einwohner:** 43.000
●**PLZ:** 29640
●**Entfernung nach Málaga:** 29 km
●**Touristeninformationen:** Avda. Jesús Santos Rein 6, Tel. 952 467 457, Fax 952 465 100, E-Mail: turfuengirola@sopde.es
●**Internet:** www.fuengirola.org

Zur Zeit von *Abderramán III., der* von 929 bis 961 als Kalif in Al-Andalus herrschte, existierte Fuengirola bestenfalls als Garnisonsflecken. Aber ausgerechnet hier ließ er eine Burg bauen,

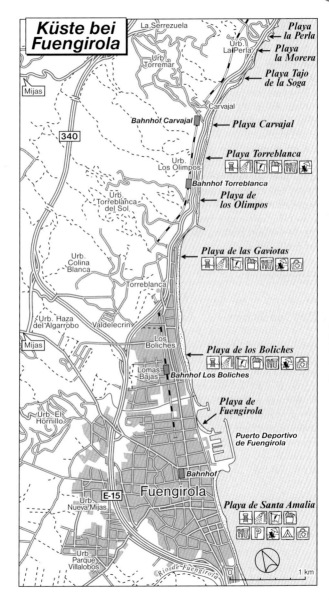

Küste bei Fuengirola

La Serrezuela

Playa la Perla

Urb. La Perla

Playa la Morera

Urb. Torremar

Playa Tajo de la Soga

Mijas

Carvajal

Bahnhof Carvajal

Playa Carvajal

Playa Torreblanca

Urb. Los Olimpos

340

Bahnhof Torreblanca

Playa de los Olimpos

Urb. Torreblanca del Sol

Playa de las Gaviotas

Urb. Colina Blanca

Torreblanca

Urb. Haza del Algarrobo

Valdelecrin

Mijas

Los Boliches

Playa de los Boliches

Urb. El Hornillo

Lomas Bajas

Bahnhof Los Boliches

Playa de Fuengirola

Puerto Deportivo de Fuengirola

Bahnhof

Urb. Nueva Mijas

E-15

Fuengirola

Playa de Santa Amalia

Urb. Parque Villalobos

Rio de Fuengirola

1 km

Costa del Sol

das **Castillo de Sohail.** Das ist für den Ort denn auch so ziemlich das einzige historisch Erwähnenswerte, abgesehen davon, dass sowohl die Phönizier als auch die Römer sich hier schon früher versucht hatten.

Nein, mehr als ein Fischerdörfchen war Fuengirola nie. Dann brach wie ein Wirbelsturm der Tourismus herein, Betten wurden benötigt, genau wie Tresen und Zapfhähne. Der Ort wurde groß und größer. Der Stadtkern ist heute ein einziges Häusermeer. Die N-340 führt im großzügigen Bogen außen herum, eine zweite wichtige Straße verläuft entlang der kilometerlangen Promenade.

Strandprofil

Playa Torreblanca

Die 1600 Meter lange *playa* am östlichen Ortsrand vor der Urbanización gleichen Namens kann mit recht hellem Sand aufwarten, was nicht so häufig vorkommt an dieser Küste. Eine Straße und auch die Eisenbahn verlaufen recht nah vorbei, so dass durch die gute Anbindung immer reger Besucherverkehr herrscht. Eine Reihe von Hochhäusern schließt sich allerdings auch direkt an.

Playa de las Gaviotas/ Los Boliches

Eine *playa*, zwei Namen: dies ist einer der beiden Hauptstrände des Ortes. Er beginnt beim Hafen und endet bei einem kleinen Damm im benachbarten Torreblanca. Ein heller, teilweise 60 Meter breiter Sandstrand erstreckt sich über 2500 Meter, begleitet von einer Promenade, leider auch von einer stark befahrenen Straße und „noch leiderer" von einer ununterbrochenen Mauer von Hochhäusern.

Playa del Castillo/ Santa Amalia

Noch ein Strand mit Doppelnamen, diesmal aber leichter erklärbar. Die Mündung des Río de Fuengirola teilt diese *playa:* rechts (Blickrichtung Meer) liegt die Playa del Castillo vor selbigem, links die Playa de Santa Amalia. Letztere ist ein typischer Stadtstrand, immer gut besucht, mit diversen Shops und *chiringuitos.* Die Hochhausriesen bleiben ihm treu bis zur Flussmündung. Die Gesamtlänge beträgt 2300 Meter, die Breite etwa 30 Meter, der Sand ist relativ hell.

Sehenswertes

Das **Castillo de Sohail,** im 10. Jh. errichtet, liegt am Ende der Strandpromenade. Diese findet ihren Abschluss an der Mündung des Río Fuengirola, die Burg steht auf der anderen Flussseite. Sie ist sechseckig und hatte ursprünglich hohe Wehrtürme und -mauern. Während der Rückeroberung ließen die Christen jedoch auch hier kaum einen Stein auf dem anderen. Nach einigen Restaurierungsarbeiten kann man heute von der leicht erhöht liegenden Festung ganz gut die benachbarten und viel jüngeren „Türme" betrachten.

●**Geöffnet:** Di-So 10-14.30 und 16-18 Uhr, Eintritt Erw. 1,30 €, Kinder 0,65 €. Von Juli bis September bleibt das Castillo geschlossen, da es als Festivalbühne genutzt wird.

Die schiere Masse der Hochhäuser hat beinahe auch schon wieder etwas von einer Sehenswürdigkeit, es können sogar einige Baustile unterschieden werden. Im Bereich des **Hafens** wurde wohl mal gestartet nach dem Motto: nicht kleckern – sondern klotzen! Hier finden sich ein paar Kneipen, die unweit der Hafeneinfahrt etwas versteckt auf Kundschaft lauern. Im Hafen dümpeln nicht nur Hochseeyachten, sondern vereinzelt auch Fischerboote.

Praktische Tipps

Unterkunft

●**Hostal Las Rampas** €€€, Complejo las Rampas, Tel. 952 470 900, Fax 952 470 912. Größeres Haus in einer Seitenstraße der Hauptzufahrt zum Hafen. Ca. 150 Meter zum Strand.
●**Pension Cuevas** €-€€, c/ Capitán 7, Tel. 952 460 606. Eine der preisgünstigsten Bleiben des Ortes mit 13 Zimmern.
●**Hotel Las Pirámides** €€€€, c/ Miguel Márquez 43, Tel. 952 470 600, Fax 952 583 297. Das einzige Pyramidenartige ist ein spitz zulaufendes Dreieck auf dem Dach; ansonsten besteht das Hotel aus zwei Türmen mit quadratischem Grundriss und je zehn Etagen, in denen 320 Zimmer liegen. Es liegt recht nah zum Strand.

Die Reste des Castillo de Sohail

●**Hotel Florida** €€€, Paseo Marítimo s/n, Tel. 952 476 100, Fax 952 581 529. Ein funktionales Haus mit 116 Zimmern, das sich mit seinem subtropischen Garten tapfer gegen all den Beton wehrt. Strand und Hafen sind etwa 400 Meter entfernt.

Camping

●**Camping Fuengirola,** 2. Kat., Ctra. N-340, km 207, Tel. 952 474 108. Dieser Platz liegt etwas außerhalb des Ortes, nur ein paar hundert Meter hinter dem Castillo de Sohail. Er hat Kapazitäten für fast 900 Gäste und eine ganze Reihe Serviceleistungen im Angebot. Zum Strand sind es knapp 100 Meter, allerdings muss die N-340 überquert werden.

Essen & Trinken

●Es dürfte locker über 100 Lokale geben in dieser Stadt. Eine zentrale Meile hat sich in der Calle Moncayo, die direkt vom Hafenvorplatz ins Häusermeer abzweigt, und ihren Seitenstraßen gebildet. In den Pubs stoßen vorzugsweise Briten an. Es gibt dort auch nette Speiselokale wie das **Restaurante El Chanquete del Plata** oder das **Restaurante Moreno.** Auf etliche Bars und Restaurants mit, wie man so sagt, maritimem Flair stößt man, wenn man in die Hafenzufahrt hineingeht und dann gleich links abbiegt.

●**Restaurante La Puerta,** ganz am Ende des Paseo. Nette Einrichtung, ordentliche Küche.

●**Restaurante La Langosta,** c/ Francisco Cano, Ortsteil Los Boliches, Tel. 952 475 049. Ein Klassiker seit 1960, mit konstanter Qualität. Tipp des Hauses: *Festival de langosta.*

●**Café La Cahona de Carmen,** Avda. Juan Gómez, Ecke c/ Ripollet (unweit des Bahnhofs). Breite Kuchenauswahl.

●**Wang Wang,** ein chinesisches Restaurant am Paseo, bietet ein Buffet zum Festpreis.

●**Restaurante La Casa Vieja,** Avda. Los Boliches 27, Tel. 952 583 830. Eines der letzten spanischen Lokale; angenehme Atmosphäre.

Adressen

●**Bahnhof:** Avda. J. Gómez Juanito.
●**Busterminal:** c/ Alfonso XIII., zentral, nahe dem Bahnhof.

●**Diskos:** am Paseo Marítimo in Richtung Castillo liegen recht geballt folgende Tanztempel: Piano Bar, Vanity, Jaguar, 5ª Marcha und Trax.
●**Post:** c/ Daoiz y Velarde 20.
●**Telefonamt:** Plaza Constitución s/n.

Feste

●**23.-24. Juni:** Verbena de San Juan, populäres Fest des Stadtviertels San Juan.
●**16. Juli:** Virgen del Carmen, im Viertel Los Boliches, u.a. mit einer Meeresprozession.
●**August:** Verbena del Veraneante (Fest des Urlaubers), ohne festes Datum und Programm, aber mit Spektakel, u.a. der Wahl einer „Miss Turismo".
●**Anfang Oktober:** Nuestra Señora del Rosario, gilt als das wichtigste Fest mit Prozession, Flamenco, Umzug durch die Stadt, *encierro* (eine Art Stiertreiben).

Markt

●**Dienstag** an der Av. de los Boliches, im gleichnamigen Stadtteil und unweit vom Bahnhof.
●Täglich findet eine **Fischauktion** im Hafen statt.

Mijas

●**Einwohner:** 35.000
●**PLZ:** 29650
●**Entfernung nach Málaga:** 30 km
●**Touristeninformation:**
Plaza Virgen de la Peña,
Tel. 952 485 900, Fax 952 485 199,
E-Mail: aytomi3@estnet.es
●**Internet:** www.mijas-costadelsol.com

Ein wenig erinnert Mijas an Heidelberg oder Rüdesheim, wo auch alljährlich Heerscharen von Besuchern einfallen. Verständlich, dass der kleine

Ort im Hinterland von Fuengirola versucht, Profit daraus zu ziehen.

Mijas ist ein sehr schönes Weißes Dorf, fotogen an einem Hang gelegen. Dennoch, ein Spaziergang durch die engen Gassen gleicht ein wenig einem Besuch von Disneyland. Es scheint, als ob gezielt ein typisches andalusisches Dorf präsentiert werden soll. Jedes zweite Haus wurde in eine Boutique verwandelt, die „typische" Souvenirs verkauft – teilweise haarsträubenden Kitsch. Dazwischen bieten etliche Lokale „internationale Gerichte" an – auf Fotospeisekarten, damit es auch keine Missverständnisse gibt. Der Clou sind die **Burro-Taxis,** bunt geschmückte Esel, auf denen die Touristen reitend eine Runde durchs Dorf drehen können. Und wo bleibt das Positive? Ganz einfach: Man gehe nur mal eine Straße weiter, verlasse die touristische Hauptmeile, und schon taucht man ein in ein wirklich typisches Dorf. Der Rummel beschränkt sich nämlich auf einen kleinen Bereich.

Der Eingang zur „niedlichen" Stierkampfarena

Sehenswertes

Stierkampfarena

Die **Plaza de Toros** wurde 1900 erbaut und fällt angenehm auf. Errichtet komplett aus Stein, inklusive der Sitzreihen und Schutzmauern für die Toreros, passt sie sich mit ihrem strahlenden Weiß perfekt dem Dorfbild an. Die ovale Arena ist so klein, dass bei Stierkämpfen auf den Part mit dem „Picador", dem reitenden Lanzenstecher, verzichtet werden muss. Im Vorraum steht ein hübsches Keramikmodell der Arena mit kleinen Figuren der Beteiligten: Stier, Torero, Zuschauer, Arzt und Musikkapelle. Der Besucher kann die gesamte Anlage besichtigen, darf sogar die eigentliche Arena betreten und hinter die Kulissen schauen.

● **Geöffnet** täglich 10-18 Uhr, nur an Tagen einer *corrida* (Stierkampf) geschlossen; Eintritt 3 €.

Stierkampfmuseum

Das Ticket der Arena gilt auch für den Besuch des **Museo Taurino** an der Plaza Virgen de la Peña. Dort sind Exponate aus der Welt des Stierkampfes zu besichtigen (wohl eher nur für ausgewiesene Fans ein Muss).

● **Geöffnet:** Mo-Sa 10-15 und 16-22 Uhr (Sommer), 10-15 und 16-19 Uhr (Winter), So geschlossen.

Carromato de Max

Ein Professor *Max* sammelte auf vielen Reisen **Miniaturen;** ein Teil dieser Sammlung kann seit 1972 in Mijas in einer Art Wohnwagen *(carromato)* besichtigt werden. Um einen Eindruck

der insgesamt 360 Miniaturen zu vermitteln: die Sieben Weltwunder auf einem Zahnstocher, das „Abendmahl" von *Leonardo DaVinci* auf einem Reiskorn, eine Seeschlacht auf einem Stecknadelkopf, das Vaterunser auf den Rand einer Visitenkarte geschrieben. Den makaberen Höhepunkt bildet ein Schrumpfkopf.

Costa del Sol

●**Geöffnet:** täglich 10-19 Uhr (im Sommer bis 22 Uhr); Eintritt 3 €, Kinder 90 Cent.

Kirche von Mijas

Die **Iglesia de la Inmaculada Concepción** ist die älteste dreischiffige Kirche von Mijas, errichtet kurz nach der Rückeroberung auf den Ruinen einer Moschee. 1505 wurde der Bau begonnen, 1630 erst beendet. Direkt hinter der Kirche hat man einen fantastischen Blick auf die Küste.

In Mijas hat sich die traditionelle Gestalt eines andalusischen Dorfes bis heute erhalten

Bildnis der Schutzpatronin

In einer Grotte, dem **Santuario de la Virgen de la Peña,** steht ein Bildnis der gleichnamigen Schutzpatronin von Mijas. Die Legende erzählt, dass diese Skulptur acht Jahrhunderte lang versteckt gehalten worden war, bis man sie zufällig entdeckte, just an der Stelle, wo sie heute noch steht. Ein paar Tauben haben den Entdeckern den Weg gewiesen. Zu finden beim Aussichtspunkt El Compás; von dort hat man ebenfalls einen tollen Ausblick über die Küste.

Eseltaxis

Die **Burro-Taxis** sind der Hit von Mijas. Für 6 € darf man auf einem Esel reitend eine Runde drehen, für 12 € sogar in einer Art Burro-Rikscha Platz nehmen. Natürlich wird ein Foto gemacht, das man nach der Rückkehr käuflich erwerben kann.

Praktische Tipps

Unterkunft

●**Hotel Mijas** €€€€, Urb. Tamisa s/n, Tel. 952 485 800, Fax 952 485 825, E-Mail: admhotelmijas@spa.es. 101 Zimmer hat das Haus am Ortsanfang; von einigen Balkonen genießt man einen traumhaften Blick ins Tal.

●**Hostal Mijas** €€, Plaza Virgen de la Peña, Tel. 952 486 591. Eine kleine, angenehme Bleibe mitten in der Stadt.

●**Pension Mijas** €€ c/ Coin 47, Ecke c/ Carril, Tel. 952 485 310. Die dritte und preiswerteste Unterkunft in Mijas, sehr zentrumsnah. Es gibt kein Schild, nur die Plakette eines französischen Reiseführers weist auf das Haus hin.

Essen & Trinken

Satt wird man überall, aber so manches Lokal hat sich doch arg dem touristischen Ge-

schmack gebeugt, bietet teilweise sogar „jeden Dienstag eine Flamenco-Show" beim Essen (im **El Castillo**).

●**Restaurante El Padrastro,** Avda. del Compás 22 (direkt neben Carromato Max), Tel. 952 485 000. Internationale Küche, garniert mit einem superben Blick von der Terrasse ins Tal.

●**Restaurante El Mirlo Blanco,** Plaza de la Constitución, Tel. 952 485 700. Baskische Küche wird serviert, den Blick auf das Geschehen rund um die Plaza gibt's gratis dazu.

Adressen

●**Post:** c/ del Pilar, bei der Plaza de la Constitución.

●**Golf:** Golf El Chaparral, Ctra. N-340, km 203, Tel. 952 493 008; Golf Miraflores, Ctra. N-340, km 199, Tel. 952 837 353.

Feste

●**7.-11. September:** Virgen de la Peña, das wichtigste Fest; u.a. Prozession und *encierro*, dem Jungstiertreiben durch die Straßen.

Markt

●**Dienstag.**

Zwischen Fuengirola und Marbella

Die Küste zwischen Fuengirola und Marbella, eine Strecke von 20 Kilometern, wurde im Laufe der Jahrzehnte mit künstlich geschaffenen Siedlungen zugepflastert. So entstand eine *urbanización* nach der anderen, eine sieht aus wie die andere, und jede wurde nach dem gleichen Prinzip errichtet, nämlich möglichst nahe am Wasser. Unter dem Oberbegriff **Mijas Costa** werden im Allgemeinen einige Küstenabschnitte zusammengefasst wie La Cala, Calaburras und Torrenueva.

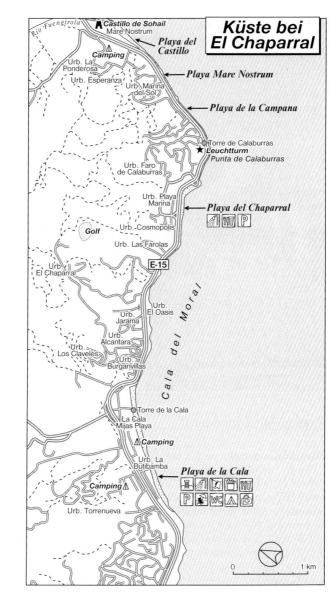

Küste bei El Chaparral

Rio Fuengirola

Castillo de Sohail
Mare Nostrum

Camping

Playa del Castillo

Urb. La Ponderosa

Urb. Esperanza

Urb. Marina del Sol

Playa Mare Nostrum

Playa de la Campana

Torre de Calaburras
Leuchtturm
Punta de Calaburras

Urb. Faro de Calaburras

Urb. Playa Marina

Playa del Chaparral

Urb. Cosmopolis

Golf

Urb. Las Farolas

E-15

Urb. El Chaparral

Urb. El Oasis

Urb. Jarama

Cala del Moral

Urb. Alcantara

Urb. Los Claveles

Urb. Burganvillas

Torre de la Cala
La Cala
Mijas Playa

Camping

Urb. La Bútibamba

Playa de la Cala

Camping

Urb. Torrenueva

0　　　　　1 km

Costa del Sol

Strandprofil/Unterkunft

Playa del Chaparral

Dieser Strand liegt bei Kilometer 204 der N-340 und verläuft über 2000 Meter Länge, hat aber nur eine durchschnittliche Breite von sieben Metern aufzuweisen. Dies und die direkt vorbeiführende Straße lassen nicht gerade auf eine Idylle schließen. Der Sandstrand ist zumeist dunkel, vereinzelt auch kieselig.

Playa de la Cala

Die Playa de la Cala wird auch nach der nahe gelegenen Urbanización **La Butibamba** benannt. Der helle Strand zieht sich über 1800 Meter und verbreitert sich auf 35 Meter. Die N-340 verläuft ein wenig von der Küste entfernt, so dass etliche Häuser direkt am Strand stehen und noch bescheiden ausfallen.

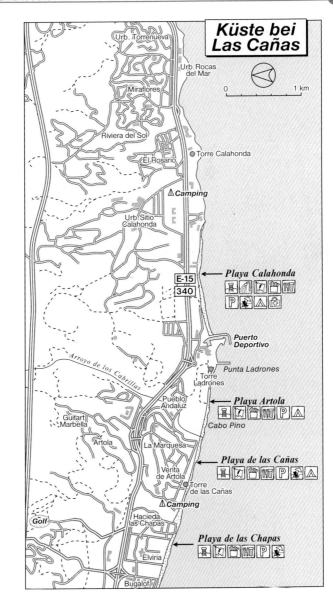

Küste bei Las Cañas

0   1 km

Urb. Torrenueva

Urb. Rocas del Mar

Miraflores

Riviera del Sol

El Rosario

Torre Calahonda

△ Camping

Urb. Sitio Calahonda

E-15
340

Playa Calahonda

Puerto Deportivo

Arroyo de los Cabrillas

Punta Ladrones

Torre Ladrones

Pueblo Andaluz

Playa Artola

Guitart Marbella

Cabo Pino

Artola

La Marquesa

Playa de las Cañas

Venta de Artola

Torre de las Cañas

△ Camping

Golf

Hacieda las Chapas

Playa de las Chapas

Elviria

Bugalof

Costa del Sol

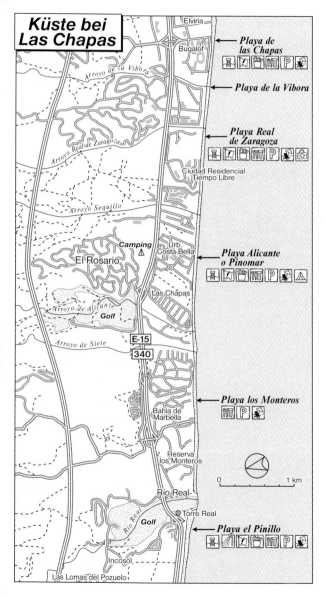

Küste bei Las Chapas

Elviria

Bugalof

← Playa de las Chapas

← Playa de la Vibora

Arroyo de la Vibora

← Playa Real de Zaragoza

Arroyo Real de Zaragoza

Ciudad Residencial Tiempo Libre

Arroyo Sequillo

Camping

El Rosario

Urb. Costa Bella

← Playa Alicante o Pinomar

Las Chapas

Arroyo de Alicante

Golf

Arroyo de Siete

E-15

340

← Playa los Monteros

Bahía de Marbella

Reserva los Monteros

0   1 km

Río Real

Río Real

Golf

Torre Real

← Playa el Pinillo

Incosol.

Las Lomas del Pozuelo

●**Camping Calazul,** 2. Kategorie, Ctra. N-340, km 200, Tel. 952 493 219. Ein großer Platz für 1000 Personen auf leicht ansteigendem Gelände, aufgelockert durch Bepflanzung. Der Platz liegt nicht am Wasser, sondern oberhalb der Nationalstraße.

●**Camping La Debla,** 2. Kat., Ctra. N-340, km 201. Kleiner Platz für 180 Personen, der nur vom 1.7. bis 15.9. geöffnet und nicht telefonisch erreichbar ist. Liegt nahe am Meer.

Calahonda

Diese Urbanización zählt zu den größeren. Viele kleine Chalets oder Reihenhausanlagen wurden geschaffen, auch wenn die Architekten immer wieder den einfacheren Weg gingen und in den Himmel bauten. Viele Häuser liegen recht weit von der N-340 und dem Meer entfernt in einstmals ziemlich ruhiger Lage. Dann aber wurde die Autobahn nach Málaga gebaut, und vorbei war's mit der Ruhe.

Playa Calahonda

Immerhin 4300 Meter zieht sich die Playa Calahonda etwas schlängelig entlang und endet abrupt an einem **Sporthafen.** Der helle Sand lockt viele „Bräter" an, die sich auf der ganzen Breite von 25 Metern verteilen.

●**Camping Los Jarales,** 2. Kat., Ctra. N-340, km 197, Tel. 952 830 003. Der Platz für 765 Personen liegt oberhalb der Nationalstraße unter Pinien und Schattendächern, 300 Meter vom Strand entfernt. Um ihn zu erreichen, muss man die N-340 überqueren.

Playa Artola

Dieser wenig frequentierte Strand beginnt beim Sporthafen, läuft über knapp 1200 Meter und zeigt sich von

einer recht hellen Seite. Hier stehen kaum Häuser, und es haben sich sogar ein paar bescheidene Dünen bilden können. Diese Abgeschiedenheit nutzen FKK-Freunde.

●**Camping Cabo Pino,** 2. Kat., Ctra. N-340, km 194,7, Tel./Fax 952 834 373. Oberhalb der Nationalstraße gelegener Platz in einem Pinienwäldchen mit einer Kapazität von 1440 Personen.

Playa de las Cañas

Dieser Strandabschnitt liegt nur noch zehn Kilometer von Marbella entfernt – kein Wunder, dass mancher Reiseveranstalter ein Hotel, das beispielsweise in der Urbanización Pueblo Andaluz steht, gleich großzügig der Stadt der Schicken und Reichen zuordnet. Der Strand muss all die Gäste verkraften, die in den Feriensiedlungen Pueblo Andaluz, La Marquesa und Artola wohnen. Dafür scheint er mit 1000 Metern Länge und 15 Metern Breite manchmal ein wenig klein.

●**Camping Marbella Playa,** 1. Kat., Ctra. N-340, km 192,8, Tel. 952 833 998, Fax 952 833 999. Obwohl der Platz den Namen der Stadt trägt, liegt er doch fast neun Kilometer außerhalb. Es sind nur 150 Meter bis zum Strand, die N-340 muss nicht überquert werden. Breites Service-Angebot, Platz für 1600 Personen.

Playa de las Chapas

Etwa 750 Meter Länge und 15 Meter Breite misst dieser relativ helle Strand. Die Häuserschluchten lassen hier noch die eine oder andere Lücke, so dass man wohl noch ein ruhiges Plätzchen finden kann.

Costa del Sol

Playa Real de Zaragoza

Dieser Strand, der übrigens genauso heißt wie ein spanischer Fußballclub, verläuft entlang freier Flächen und Pinienhaine. Er ist schmal, knapp zehn bis zwölf Meter, dafür aber 2500 Meter lang; es bleiben also genügend Fluchtpunkte.

Playa Alicate

Die *playa* wird auch **Pinomar** genannt, aber dass Pinien noch bis ans Meer reichen, bleibt die Ausnahme. Nach knapp zwei Kilometern endet der Strand an einem kleinen Bachzulauf, der aus gutem Grund den Namen Sequillo (Trockenheit) trägt. Die Farbe tendiert hier übrigens mehr ins Graue.

Etwa sechs bis acht Kilometer sind es noch bis Marbella, und so langsam mischen sich vermehrt Hotels unter die Apartmentanlagen. So liegt hier mit dem Dreisternehotel Pinomar (bei km 189) das größte Haus weit und breit, es hat stolze 574 Zimmer. In der benachbarten Urbanización Las Chapas wurden zumeist Einzelhäuser gebaut, wenn auch mit reduzierter Gartenfläche. Hier haben sich einige Bewohner fast schon verbarrikadiert – dabei existiert die Vorschrift, dass der Zugang zum Strand immer frei sein muss. Vor dem Gesetz sind alle gleich, aber manche sind eben gleicher ...

● **Campingplatz Buganvilla,** 2. Kat., Ctra. N-340, km 188,8, Tel. 952 831 973, Internet: www.costadelsol.spa.es/camping/buganvilla. Der Platz kann 1000 Gäste aufnehmen und liegt im Grünen, aber nicht weit von der Nationalstraße entfernt. Wenn möglich, sollte man im oberen Abschnitt eine Parzelle wählen. Zum Strand muss die N-340 überquert werden, dann bleiben noch etwa 500 Meter.

Playa Los Monteros

Einer der wenigen Strände im Marbella-Umfeld, die noch recht stark naturgeprägt sind. Häuser sind selten, einige Dünen und auch eine leichte Begrünung des Küstenstreifens bleibt festzuhalten. Der 2000 Meter lange Strand ist von hellgrauer Farbe.

Río Real

In Riesenschritten geht es jetzt Richtung Marbella, nur noch zwei Strandzonen und ein paar relativ human ausfallende Urbanizaciones liegen am Weg. Ein großer **Golfplatz** wurde hier eingerichtet (Marbella Golf); hier üben die *rich and famous* das richtige Putten. Früher ging es profaner zu, damals wurden hier Schiffe entladen, die u.a. Eisen lieferten. Die Ladung wurde mit einer Seilbahn weiterbefördert, von der noch einige Masten stehen.

Playa El Pinillo

Der letzte Strand vor Marbella endet nach fast 2500 Metern direkt am Fischerhafen. Die N-340 reicht hier noch einmal fast bis ans Meer, biegt aber vor der Stadtgrenze ab und läuft weiträumig an Marbella vorbei. Am Strand stehen kaum Häuser, zwischen Straße und Meer wurden sogar weite Flächen grün gelassen. Genau dort lag auch der Campingplatz Marbella 191-Playa, der geschlossen wurde. An eine Neueröffnung sei vorerst nicht gedacht, so das Touristenbüro.

Marbella

- **Einwohner:** 80.000
- **PLZ:** 29600
- **Entfernung nach Málaga:** 56 km
- **Touristeninformationen:**
  Plaza de los Naranjos,
  Tel. 952 823 550, Fax 952 776 321;
  Glorieta de la Fontanilla s/n,
  Tel. 952 771 442, Fax 952 779 457,
  E-Mail: turismomarbella@ctv.es
- **Internet:** www.marbella2000.com

Wird ein Synonym für **Luxus** gesucht, steht Marbella immer weit oben. Tatsächlich urlaubte schon immer die spanische Hautevolee in Marbella, seien es Filmstars, Banker oder Politiker, immer schön von der Yellow-Press begleitet. Aber auch der **internationale Jet Set** versammelt sich hier seit Jahrzehnten, der Geld- und Blutadel, Stars der allerersten Liga.

Seit einigen Jahren kommen immer häufiger auch russische Gäste, die Taschen buchstäblich voller Dollarbündel. Die spanischen Geschäfte reagieren äußerst flexibel. Arabische Preisauszeichnungen gehören längst zum Alltag, nun ergänzen denn auch kyrillische Schilder das Sortiment.

In ganz Spanien gibt es keinen Ort, an dem sich im Sommer soviel Prominenz versammelt. Wer jedoch glaubt, hier mal eben morgens beim Brötchenholen *Sean Connery* zu treffen oder abends beim Aperitif die Gräfin von und zu ..., liegt mächtig schief.

Costa del Sol

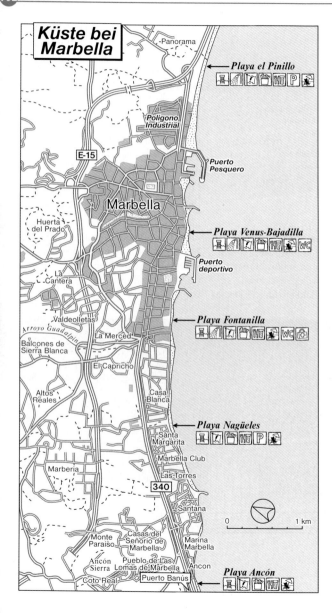

Küste bei Marbella

-Panorama

Playa el Pinillo

Poligono Industrial

E-15

Puerto Pesquero

Marbella

Huerta del Prado

Playa Venus-Bajadilla

Puerto deportivo

La Cantera

Valdeolletas

Arroyo Guadalpin

La Merced

Playa Fontanilla

Balcones de Sierra Blanca

El Capricho

Altos Reales

Casa Blanca

Playa Nagüeles

Santa Margarita

Marbella Club

Marberia

Las Torres

340

Santana

0   1 km

Monte Paraiso

Casas del Señorio de Marbella

Marina Marbella

Ancón Sierra

Pueblo de Las Lomas de Marbella

Ancon

Coto Real

Puerto Banús

Playa Ancón

Marbella selbst ist zwar ein kleiner Ort mit einer hübschen Altstadt geblieben, hat sich aber mächtig ausgedehnt. Über 26 Kilometer verläuft eine Zone, die heute zum Großraum Marbella gezählt wird. Westlich und östlich des eigentlichen Ortes liegen nicht mehr zu zählende Urbanizaciones und Hotelanlagen. Und irgendwo dazwischen existieren Luxushotels, Privatvillen und streng abgeschottete Clubs, in denen die Prominenz weilt.

Strandprofil

Marbella verfügt über 26 Kilometer Strand, heißt es. Das stimmt natürlich nur für den Großraum, der Ortskern ist wesentlich kleiner.

Playa Venus-Bajadilla

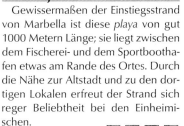

Gewissermaßen der Einstiegsstrand von Marbella ist diese *playa* von gut 1000 Metern Länge; sie liegt zwischen dem Fischerei- und dem Sportboothafen etwas am Rande des Ortes. Durch die Nähe zur Altstadt und zu den dortigen Lokalen erfreut der Strand sich reger Beliebtheit bei den Einheimischen.

Playa Fontanilla

Westlich des Sportboothafens beginnt die Playa Fontanilla, die sich über 900 Meter erstreckt und vergleichbare Merkmale wie die Playa Venus-Bajadilla aufweist. Der Strand besteht aus hellerem Sand; eine nett gestaltete Promenade verläuft parallel, über etli-

che Hundert Meter sogar autofrei. Im zentralen Bereich erheben sich aber auch einige Hochhausmonster, hier wird man wohl keinen einzigen Prominenten antreffen.

Playa Nagüeles

Mit der Playa Nagüeles wird der eigentliche Stadtkern bereits verlassen, die Chancen, einen Promi zu treffen, werden größer. Das ist an diesem 2500 Meter langen Strand durchaus möglich, liegt hier doch der legendäre Marbella Club. Die Farbe des Strandes wechselt wieder ins leicht Gräuliche, die Serviceeinrichtungen wurden mit einem besonderen Blick für Details geschaffen. So kann man die Strandbars eigentlich kaum noch so nennen, es sind eher bestens ausgestattete Restaurants.

Playa Ancón

Die Playa Ancón ist ein schmaler Strand (15 Meter) von knapp 700 Metern Länge. Er wird von einer recht nah vorbeiführenden Ausfallstraße und einigen Urbanizaciones gesäumt. Der Zugang zum Meer wird dadurch nicht gerade erleichtert, was auch schon beim zuvor genannten Strand beobachtet werden konnte.

Playa Río Verde

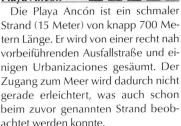

Die Playa Río Verde grenzt an einen der berühmtesten Häfen der Welt, Puerto Banús. Nicht ganz auszuschließen also, dass sich hierher mal ein Promi verirrt. Knapp 1600 Meter in der Län-

Costa del Sol

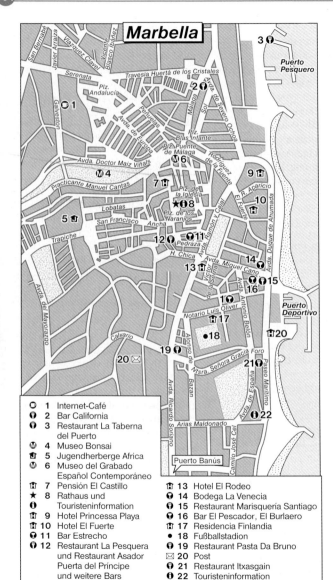

Marbella

○	1	Internet-Café
⊕	2	Bar California
⊕	3	Restaurant La Taberna del Puerto
Ⓜ	4	Museo Bonsai
🏠	5	Jugendherberge Africa
Ⓜ	6	Museo del Grabado Español Contemporáneo
🏠	7	Pensión El Castillo
★	8	Rathaus und
⊕		Touristeninformation
🏠	9	Hotel Princessa Playa
🏠	10	Hotel El Fuerte
⊕	11	Bar Estrecho
⊕	12	Restaurant La Pesquera und Restaurant Asador Puerta del Principe und weitere Bars
🏠	13	Hotel El Rodeo
⊕	14	Bodega La Venecia
⊕	15	Restaurant Marisquería Santiago
⊕	16	Bar El Pescador, El Burlaero
🏠	17	Residencia Finlandia
●	18	Fußballstadion
⊕	19	Restaurant Pasta Da Bruno
⊠	20	Post
⊕	21	Restaurant Itxasgain
⊕	22	Touristeninformation

ge und 40 Meter in der Breite misst der Río Verde. Er wird von einigen Urbanizaciones gesäumt, bietet aber auch eine Promenade zum Flanieren und Ausschau halten.

Playa Nueva Andalucía

Bei der großzügigen Hafeneinfahrt von Puerto Banús beginnt diese *playa;* sie verläuft über 1300 Meter. Charakteristisch sind ein halbes Dutzend Molen, die ins Meer ragen und kleinere Strandbuchten bilden. Im Hintergrund wachsen Pinien, und dort verstecken sich einige Villen mit Neid-Faktor.

Casco Viejo

Im alten Stadtviertel Casco Viejo hat sich Marbellas Schönheit erhalten. Die schmalen Gassen und hübschen, weißen Häuser werden liebevoll gepflegt. Im Gewirr der Gassen kann man herrlich ziellos herumspazieren. Zu finden sind sowohl ganz normale Wohnhäuser als auch Edelshops, urige Bodegas und „Touristenfallen".

Plaza de los Naranjos

Ein zentraler Punkt innerhalb der Altstadt ist die Plaza de los Naranjos. Eigentlich ist es ein wirklich schöner Platz, in dessen Mitte, wie der Name verspricht, Orangenbäume stehen nebst einer Statue vom König. Leider haben die dort ansässigen Lokale so viele Tische herausgestellt, dass man kaum noch vorbeigehen kann.

Hier liegt auch das **Rathaus** *(ayuntamiento),* ein Gebäude, das aus dem

Jahr 1572 stammt und schöne architektonische Details aufweist wie z.B. den Balkon; bewundernswert sind auch die Freskenmalereien. In dem Haus ist eine Touristeninformation untergebracht. Auf der anderen Seite des Platzes steht die **Ermita de Nuestro Señor Santiago,** eine kleine Kapelle aus dem 15. Jh. und das erste Gotteshaus, das nach der Rückeroberung der Stadt errichtet wurde. Das Gebäude **Casa del Corregidor** mit einer auffälligen Fassade wurde im 16. Jh. erbaut.

Fast schon ein Labyrinth stellen die schmalen Gassen der Altstadt dar

Costa del Sol

Plaza de la Iglesia

Nur ein paar Gässchen von der Plaza de los Naranjos entfernt, stößt man auf die nette Plaza de la Iglesia mit der Kirche **Nuestra Señora de la Encarnación.** Diese wurde im 18. Jh. auf den Mauern eines Gotteshauses gebaut, das zwei Jahrhunderte vorher entstanden war. Die in Weiß gehaltene dreischiffige Kirche passt sich farblich an die umliegenden Häuser an, nur der gewaltige Eingangsbereich hebt sich ockerfarben ab.

Dort sind auch Reste der alten **arabischen Stadtmauer** aus dem 9. Jh. zu erkennen. Ein wenig muss die Fantasie dabei helfen, sich die einstige Pracht vorzustellen. Den besten Blick auf die verbliebenen Reste genießt man von der Calle Salinas, Ecke Calle Trinidad oder von der Calle Portada.

Museo del Grabado

Abermals nur wenige Schritte entfernt liegt das Museo del Grabado Español Contemporáneo in der Calle Hospital Bazán. In dem Museum für Drucktechniken sind u.a. Werke von **Tàpies, Miró, Picasso** und **Antonio Saura,** aber auch von lokalen Künstlern ausgestellt.

●**Geöffnet:** Mo-Fr 10-14 und 18-21 Uhr, Sa und So geschlossen; Eintritt 1,80 €; Tel. 952 825 035.

Museo Bonsai

Schließlich sei noch das Bonsai-Museum im Parque Arroyo de la Represa (Tel. 952 862 926) erwähnt, wo eine außergewöhnliche Sammlung dieser **Miniaturbäume** gezeigt wird.

06&k. Foto: jf

Puerto Banús

Marbellas **weltberühmter Yachthafen** Puerto Banús dürfte wohl die größte Sehenswürdigkeit des Ortes sein. Um den ein paar Kilometer westlich gelegenen Hafen herum sucht man Hotelriesen vergeblich, die Häuser wurden zumindest ansatzweise im maurischen

Costa del Sol

Stil gebaut. Die umliegenden Strände sind gut besucht, aber nicht rappelvoll. Eine nette Promenade mit zahlreichen Lokalen lädt zum Flanieren ein.

Der eigentliche Schocker aber sind die Yachten selbst. Wo sieht man schon mal Motorboote, die 25 bis 40 Meter lang und drei bis vier Etagen hoch sind und die von mindestens ei-

nem Dutzend (sichtbarer!) guter Geister bedient werden? Einige der Boote werden wohl die 100-Millionen-Dollar-Grenze überschritten haben. Unten

Puerto Banús: nicht gerade
für Äppelkähne ...

auf der Mole steht das geneigte Publikum und staunt. Die dicksten Pötte liegen in der ersten Reihe, dann wird's schnell kleiner, und ganz hinten dümpeln auch noch kleine „Durchschnitts-Boote" (fast wie im richtigen Leben also). Komischerweise wehen von den größten Booten die Flaggen der Cayman Islands, Gibraltars oder auch Guernseys ...

Fast überflüssig zu erwähnen, dass entsprechende Autos vor den Schiffen parken, rote Ferraris (Marke: „Sie können einen Ferrari in jeder Farbe bekommen, Hauptsache, sie ist rot") oder die „kleineren Brüder" Porsche Cabrio. Man kann nur staunend davorstehen und sich wundern, wieviel Reichtum hier versammelt ist. Die Kapitäne nehmen's übrigens gelassen,

Jobben beim saudischen König

Nähert man sich auf der Nationalstraße 340 Marbella, wird man kurz vor Erreichen des überdimensionalen Torbogens vielleicht etwas Seltsames wahrnehmen: ein arabisch beschriftetes Straßenschild. Es weist den Weg zur Privatmoschee des saudischen Königs. 700 Jahre nach ihrer Vertreibung kommen „die Araber" nun zurück. Und sie sind hochwillkommen in Andalusien, geben sie doch Unmengen von Geld aus. Dafür wird dann auch schon mal eine eigene Abfahrt zur Residenz gebaut.

König Fahd von Saudi-Arabien verbringt seit Jahren seinen Sommerurlaub an der Costa del Sol. Und da es ja immer ungemein lästig ist, in Hotelbetten zu schlafen, hat er sich einen eigenen Palast bauen lassen, „a home away from home" gewissermaßen. Der saudische Herrscher ist sicherlich der bekannteste arabische Besucher, aber auch weniger illustre Gäste kommen immer häufiger nach Marbella. Geld spielt keine Rolle: Luxusvillen werden ruck-zuck gekauft, Hotelsuiten gleich en bloc und Restaurants für kleine Feiern komplett gemietet, Boutiquen von kichernden Prinzessinnen leergekauft. Angeblich geben die Saudis etwa 1 Million Dollar aus – pro Tag!

Wenn *König Fahd* kommt, bringt er einige Mitarbeiter mit, so etwa 3000. Und sie alle brauchen bei der Bewältigung ihrer täglichen Arbeit Unterstützung, wodurch jede Menge Saisonjobs als Gärtner, Küchenhilfe oder Chauffeur vergeben werden. So bilden sich jeden Morgen lange Schlangen vor dem Haupteingang der königlichen Residenz. Hauptsächlich fragen Nordafrikaner nach, aber auch Spanier stellen sich an. Beliebt sind Fahrer-Jobs, immerhin mietet der Palast in der ersten Urlaubswoche täglich 25 (!) Luxuswagen. Aber auch in der Küche wird Personal benötigt, werden doch jeden Tag Lebensmittel für knapp 20.000 € angeliefert.

Die Glücklichen, die eine Stelle ergattert haben, erhalten eine grüne Akkreditierungskarte. Darauf stehen die persönlichen Daten auf Arabisch, und die Karte ist im wahrsten Sinne des Wortes eine Eintrittskarte. Sie wird stolz wie eine Medaille getragen und von denen, die nicht ausgewählt wurden, mit stillem Neid beäugt, denn der Verdienst liegt bei 100 € am Tag. Und bei der Arbeit „macht man sich nicht gerade krumm", wie ein junger Marokkaner schmunzelnd verriet. Kein Wunder, dass es sogar Marbellas Lokalzeitung eine Meldung wert war, als *König Fahd* erwog, seinen Sommeraufenthalt bis in den September hinein zu verlängern.

und so mancher Besitzer lässt sich offensichtlich auch ganz gern anstarren – na denn ...

Hafenmole

Direkt an der Mole reiht sich ein Lokal ans andere, und nicht gerade wenige fordern gesalzene Preise. Herausragend aus der Puerto-Banús-Meile ist La Caracola, das sehr gut aussieht, aber locker 4 Euro für Pommes nimmt. Auch nicht schlecht ist das Antonio, für einen Hamburger ist man mit ca. 7 Euro dabei. Dass es auch günstiger geht, beweist das chinesische Lokal León de Oro, es liegt aber auch ganz am Ende der Sehen-und-Gesehen-werden-Zone.

Übrigens, das **Kaufhaus El Corte Inglés** liegt nur fünf Gehminuten vom letztgenannten Lokal entfernt und hat die bestbestückte Lebensmittelabteilung aller Filialen dieser Kette.

Praktische Tipps

Unterkunft

Das Hotelverzeichnis von Marbella listet **mehrere tausend Betten** in allen Preisklassen auf. Das beginnt mit dem Marbella Club, wo ein Doppelzimmer bis zu 333 € kostet, und endet bei der Pensión Castillo, wo man 26 € hinblättern muss. Alle haben ein gemeinsames Merkmal: Kaum ein Haus liegt nämlich direkt in Marbella. So lautet beispielsweise die Adresse des Hotels Coral Beach: Carretera Nacional 340, km 176. Das ist ganz in der Nähe von Puerto Banús, etwa fünf Kilometer von Marbellas Zentrum entfernt. Einige Häuser liegen sogar gute zehn Kilometer außerhalb. Der Ortskern von Marbella kann etwa bei Kilometerstein 181-182 angesiedelt werden. Davon ausgehend kann also jeder selbst ausrechnen, wo „sein Haus" in

etwa zu finden ist, da die meisten Hotels die Kilometerangabe in ihrer Adresse haben.

Die Lage an der Nationalstraße wirkt sich unterschiedlich aus. Die meisten Hotels liegen meerseitig. Häuser auf der anderen Seite haben den Nachteil, dass die Gäste auf dem Weg zum Strand immer die stark befahrene Straße überqueren müssen. Der Verkehrslärm ist generell wohl kein großes Problem, sonst hätten die Reiseveranstalter bestimmte Häuser sicher aus dem Prospekt geworfen (aber das natürlich ohne Gewähr). Hier eine kleine innerstädtische Auswahl:

● **Hotel El Fuerte** €€€, Avda. El Fuerte s/n, Tel. 952 861 500, Fax 952 824 411. Mit 263 Zimmern ein Haus der mittleren Größe. Es liegt in einer Seitenstraße, weit genug vom Durchgangsverkehr und nur wenige Schritte vom Strand entfernt.

● **Pension El Castillo** €€, Plaza de San Bernabé 2, Tel. 952 771 739. Mitten im Geschehen bei der Plaza de los Naranjos gelegen, 26 Zimmer.

● **Hotel El Rodeo** €€€-€€€€, c/ Victor de la Serna 2, Tel. 952 775 100, Fax 952 823 320, E-Mail: v.garciaga@nexo.es. Genau 100 Zimmer hat dieses Haus, das ziemlich mittig zwischen Altstadt und Strand liegt.

● **Hotel Princessa Playa** €€€€, Avda. Duque de Ahumada s/n, Tel. 952 820 944, Fax 952 821 190. Das Haus mit 100 Zimmern liegt in der ersten Reihe zum Strand.

● **Residencia Finlandia** €-€€€, c/ Notario Luis Oliver 12-A, Tel. 952 770 700. Typisch finnisch, nämlich blau-weiß gestrichen, ist dieses kleine Haus in einer ruhigen Straße.

● **Marbella Club Hotel** €€€€, Ctra. N-340, km 178, Tel. 952 822 211, Fax 952 829 884, E-Mail: hotel@marbellaclub.com. Das Haus muss erwähnt werden, gilt es doch als Geburtsstätte des Promi-Treffs an der Costa del Sol. Das Hotel wurde 1954 von *Prinz Alfonso von Hohenlohe* gegründet und wird seit 1956 von *Graf Rudolph von Schönburg* geführt. 129 stilvolle Zimmer zwischen 192 und 330 € bietet das Haus, das von internationaler Prominenz geschätzt wird. Mittlerweile wurde die zum Hotel führende Straße nach dem Gründer benannt.

● **Jugendherberge Africa,** c/ Trapiche 2, Tel. 952 771 491, Fax 952 863 227. Man glaubt es ja kaum, aber es gibt in Marbella eine klassische Jugendherberge. Sie liegt gar nicht mal so weit von der Altstadt entfernt in einem kleinen Park.

Camping

●Insgesamt drei Plätze sind im Großraum Marbella zu finden. Der nächstgelegene heißt **Buganvilla** und ist, genau wie die anderen beiden, im vorigen Kapitel „Zwischen Fuengirola und Marbella" beschrieben.

Essen & Trinken

●**Bar California,** Avda. de Severo Ochoa 21, Tel. 952 863 466. Sieht von außen relativ unscheinbar aus, bietet aber beste Meeresfrüchte und Fischgerichte.

●**La Taberna del Puerto,** Puerto Pesquero, Local 6 bajo, Tel. 952 828 325. Liegt direkt am Fischereihafen (ausgeschildert), die Umgebung wirkt nicht sonderlich idyllisch. Die Gerichte basieren natürlich auf Fisch.

●**Restaurante Puerto Playa,** Tel. 952 860 011, liegt gleich um die Ecke und bietet Ähnliches.

●**La Pesquera,** Plaza de la Victoria s/n, Tel. 952 778 054. Obwohl ein angesagtes Lokal mit schöner, in Holz gehaltener Terrasse, sind die Preise moderat.

●**Asador Puerta del Príncipe,** Plaza de la Victoria s/n, Tel. 952 764 174. Eine Menge Spanien-Klischees werden geboten (Stierkampfplakate, Kleidung der Kellner etc.), aber man erhält leckere Tapas am Tresen.

●**Bar Estrecho,** c/ San Lázaro. Die Bar heißt so, wie die Gasse beschaffen ist, nämlich „eng" (nicht mal 2 Meter breit).

●**Bodega La Venecia,** Avda. Miguel Cano. Vino und Tapas in uriger Atmosphäre. Typische kleine Weinbar mit Holztresen und Fässern als Tischen, kam mir ein bisschen „düsseldorferisch" vor, falls jemand versteht, was ich meine.

●**Marisquería Santiago,** Paseo Marítimo 5, Tel. 952 770 078. Eines der besten Fischloka-

le der Stadt mit breiter Auswahl. Ebenso schmackhaft sind die Tapas und hoch gelobt auch die *asados* (Grillgerichte).

●**La Tascita,** längst keine Strandbar mehr, sondern ein Restaurant in einem großen Steinhaus am Strand.

●**Restaurante Itxasgain,** Paseo Marítimo s/n, Tel. 952 829 531. Mal was anderes: ein baskisches Lokal. Das verspricht deftige Küche und große Portionen.

●**Restaurante Pasta Da Bruno,** c/ Soriano 27, Tel. 952 860 348. Ein angesagter Italiener, gut und teuer.

●**Bar El Pescador,** Acera de la Marina 42. Geheimtipp gefällig? In dieser winzigen Kneipe gibt es den besten *pescaito* (frittierten Fisch) der ganzen Stadt. Auch wenn Ähnliches von anderen behauptet wird: probieren!

Nightlife

Ein paar Ausgeh-Tipps, wenn auch nicht jeder „Normalo" überall hineinkommt.

●**Club Olivia Valère,** Straße nach Istár, bei km 0,8. Noch recht jung, der Laden, aber schon schwer beliebt.

●**La Comedia** und **Joe's,** an der Hafenmole von Puerto Banús. Treffpunkt von „Yachties" und anderen gar wichtigen Personen.

●**Havana,** c/ Pablo Casals 17. Eine Bar, die so heißt, muss „in" sein ... In der gleichen Straße, Nr. 64, liegt auch das **Gorki.**

●Im Hotel Puente Romano, N-340, km 177, wird eine Disco betrieben, die den Namen zwar mal wechselt, aber immer schwer angesagt ist. Aktueller Name: **The Club.**

●**Flamenco,** calle 2 B, Centro Comercial Odeón in Nueva Andalucía. Ein Speiselokal mit regelmäßiger Flamenco-Show, sicher keine authentische, aber immerhin.

Adressen

●**Post:** Avda. Jacinto Benavente 14.

●**Internet-Cafés:** c/ Galveston 7 und c/ Notario Luis Oliver, im Papierwarenladen.

●**Motorradvermietung:** Moto Mercado, Avda. Ricardo Soriano.

●**Golf:** Golf Artola, Ctra. N-340, km 194, Tel. 952 831 390; La Quinta Golf, Ctra. Ronda, km 3, Tel. 952 783 462; Marbella Golf, Ctra. N-340, km 188, Tel. 952 830 500.

●**Wasserski:** Club Cable-Ski in der Urbanización Guadalmina, Tel. 952 785 579. Auf einem Rundkurs wird man am Seil gezogen, nicht von einem Boot. Ein Heidenspaß! Ski, Schwimmweste und Anleitung sind im Preis von 7 € für vier Runden inbegriffen.

Feste

●**Juni** (erste Monatshälfte): Feria und Fiesta de San Bernabé, mit Prozession.

Markt

●**Montag:** c/ Alonso de Bazán, beim Fußballstadion.

●**Samstag:** Antiquitätenmarkt in der Stierkampfarena Puerto Banús.

Bootsfahrt

Stündliche Schiffsverbindungen gibt es zum Yachthafen **Puerto Banús** von mehreren Anbietern. Alle legen im Bereich des Puerto Deportivo ab.

San Pedro de Alcántara

●**Einwohner:** 15.000
●**PLZ:** 29670
●**Entfernung nach Málaga:** 66 km
●**Touristeninformationen:**
c/ Marqués del Duero 69,
Tel. 952 785 252, Fax 952 789 090;
Arco de Entrada N-340, km 171,5 (im Torbogen, der die ganze Straße überspannt),
Tel. 952 781 360, Fax 952 781 359

Man glaubt es kaum, aber dieser Ort wurde erst im 19. Jh. gegründet. 1860 kam der damalige Marqués del Duero auf die Idee, eine Siedlung zu errichten, in der die Arbeiter wohnen sollten, die auf seinen Zuckerrohrfeldern schufteten. Aus diesen bescheidenen

Anfängen entwickelte sich eine ganz ansehnliche Kleinstadt mit einem netten Zentrum. San Pedro de Alcántara liegt einen guten Kilometer von der Küste entfernt. Direkt am Meer werden einige neue Urbanizaciones gebaut, eine wirklich hübsch gestaltete Promenade existiert schon. Wenn die restlichen Bauten ähnlich nett ausfallen, bleibt Hoffnung auf ein positives Gesamtbild.

Strandprofil

**Playa
Cortijo Blanco**

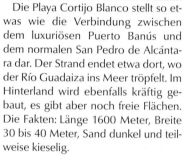

Die Playa Cortijo Blanco stellt so etwas wie die Verbindung zwischen dem luxuriösen Puerto Banús und dem normalen San Pedro de Alcántara dar. Der Strand endet etwa dort, wo der Río Guadaiza ins Meer tröpfelt. Im Hinterland wird ebenfalls kräftig gebaut, es gibt aber noch freie Flächen. Die Fakten: Länge 1600 Meter, Breite 30 bis 40 Meter, Sand dunkel und teilweise kieselig.

**Playa de San
Pedro de Alcántar**

Die Strandpromenade (Paseo Marítimo) der Playa de San Pedro de Alcántara ist gelungen. Der Strand fällt relativ breit aus und wird von einem gepflegten Grünstreifen begleitet. Genügend Palmen und Laubbäume werfen Schatten. 400 Meter lang, erreicht er eine Breite von 20 bis 30 Metern, der Sand ist hell. Der Strand liegt etwa einen Kilometer vom Ort entfernt, im Hintergrund wird kräftig gebaut. Eine breite Verbindungsstraße besteht schon; die ersten Sonnenanbeter nutzen den relativ leeren Strand.

Die Playa de Lindavista

Die Playa de Lindavista (auch „Guadalmina" genannt) ist eine Verlängerung des eben genannten Strandes nach Westen. Seine meist dunkler, recht grober Kiesel lädt nicht gerade zum Baden ein. Tatsächlich verirren sich hierher auch bestenfalls die Bewohner der angrenzenden Urbanizaciones. Außer einer Parkmöglichkeit existieren keine Serviceeinrichtungen. Historisch Interessierte können hier allerdings zwei der ältesten Bauwerke der Costa del Sol entdecken (s.u.).

Sehenswertes

Der Ortskern besteht aus der Avenida Marqués del Duero, einer nur wenige hundert Meter langen Fußgängerstraße, und den angrenzenden Gassen. Dort liegen etliche Bars, Geschäfte und Cafés. Die Straße endet an einem kleinen Platz, der Plaza de María Román, an dem sich die Ortskirche **Iglesia Parroquial** befindet. Es gibt so gut wie nichts Spezielles für Touristen, eher normales Kleinstadtleben, das von einigen wenigen Urlaubern begutachtet wird.

Vor der Urbanización Lindavista liegen die Überreste der **Basílica de Vega del Mar.** Die dreischiffige Kapelle wurde im 6. Jh., zur Zeit der Westgoten, erbaut. Im Inneren blieben Reste eines Taufbeckens erhalten.

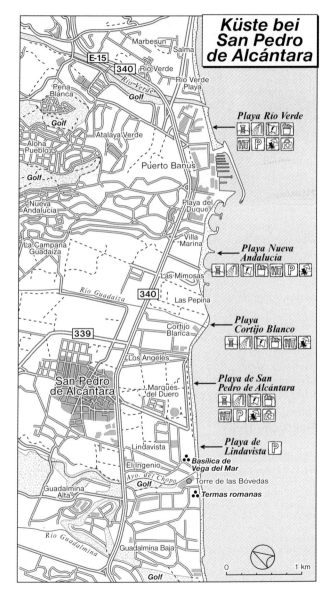

Küste bei San Pedro de Alcántara

Playa Río Verde

Playa Nueva Andalucía

Playa Cortijo Blanco

Playa de San Pedro de Alcántara

Playa de Lindavista

Basílica de Vega del Mar
Torre de las Bóvedas
Termas romanas

Costa del Sol

07c Fotos: jf

Etwas weiter am Strand entlang erhebt sich die **Torre de las Bóvedas,** ein Wachturm aus dem 3. Jh., oder was noch davon übrig ist. Nebenan liegen die so genannten **Termas romanas,** römische Bäder, die auch im 3. Jh. erbaut wurden. Das achteckige Gebäude hat einen zentralen Raum, sieben weitere liegen um ihn gruppiert. Das Becken ist ebenfalls noch zu erkennen. Beide Ruinen sind verschlossen, im Touristenbüro kann der Schlüssel entliehen werden.

Praktische Tipps

Unterkunft

● **Hostal Galeo Centro** €€€, c/ Dependiente s/n, direkt an der Plaza de María Román, Tel. 636 237 005, Fax 952 784 546. Ein Haus mit vier Etagen in zentraler Lage.
● In den Gassen rund um die Avda. Marqués del Duero liegen noch vier einfache kleine Pensionen.
● Weitere Hotels der besseren Kategorie wurden außerhalb des Ortes entlang der N-340 gebaut, so **Hotel Cortijo Blanco** (km 172), **Hotel Pueblo Andaluz** (km 172) und

Rincón Andaluz (km 173). Diese Häuser liegen etwa 1000 Meter vom Strand entfernt. San Pedro de Alcántara liegt bei km 171, so dass die Entfernung gut abschätzbar ist.

Essen & Trinken

● **Restaurante Andalucía,** Avda. Constitución s/n. Ein Haus mit kleiner Terrasse.
● **Bar Jardín del vino,** c/ Palmeras (die Verlängerung der Marqués del Duero Richtung Meer). Eine gemütliche Bar mit hübscher Terrasse, nett unter Palmen gelegen.
● **Cafetería La Palmera** grenzt direkt an.
● **Bar Merchán,** c/ San Gabriel 10 (Nebengasse der Marqués del Duero). Urige Pinte seit über 40 Jahren.

Adressen

● **Busterminal:** Avda. de Luis Braille (Durchgangsstraße am oberen Ortsende Richtung Málaga).
● **Post:** c/ Nueva, Ecke c/ Hernán Cortés.
● **Telefonamt:** c/ Lagasca.

Feste

● **8.-22. Oktober:** Patronatsfest.

Markt

● **Donnerstag** c/ Jorge Gillén.

Ronda

● **Einwohner:** 36.000
● **PLZ:** 29400
● **Entfernung nach Málaga:** 122 km
● **Touristeninformation:** Plaza de España 1, Tel. 952 871 272, Fax 952 871 272, E-Mail: otronda@andalucia.org
● **Internet:** www.andalucia.org

Ronda ist eine äußerst pittoreske Stadt mitten in den Bergen auf 750 Metern Höhe. Bereits die Anfahrt von der Küs-

te gestaltet sich zu einem Augenschmaus, allerdings wohl weniger für den Fahrer. Der muss nämlich eine kurvenreiche Strecke meistern. Die gut ausgebaute Straße schlängelt sich durch die **Sierra de Ronda** und gestattet herrliche Ausblicke von einigen Aussichtspunkten.

Ronda selbst liegt auf einem Hochplateau und wird durch eine fast 100 Meter tiefe **Schlucht** zweigeteilt. Unten fließt der Río Guadalevín, oben verbindet die dreibögige Brücke Puente Nuevo in architektonischer Meisterleistung die beiden Ortsteile. Der ältere Stadtteil stammt aus maurischer Zeit und birgt noch Überreste jener Epoche. Er wird kurz und bündig **La Ciudad** genannt. Auf der anderen Seite liegt das neuere Viertel **El Mercadillo** mit der ältesten Stierkampfarena Spaniens. Beide Stadtteile blieben weitestgehend von modernen Einflüssen verschont, bieten also Einblick sowohl in die maurische Phase als auch in die Zeit, als die christlichen Eroberer herrschten. Während des Rundgangs hat man immer wieder einen sagenhaften Blick in die Schlucht.

Geschichte

Die ersten Bewohner sollen um das 5. Jahrtausend vor unserer Zeitrechnung in den Bergen bei Ronda gelebt haben. Später fand man Spuren der Phönizier und Iberer. Die **Römer** errichteten hier eine wichtige Bastion, die sie **Acinipo** nannten (liegt heute 18 km entfernt). Das eigentliche Ronda war damals nicht stark besiedelt.

Dies änderte sich mit der Ankunft der **Araber** im Jahr 713. Ronda entwickelte sich daraufhin sowohl in strategischer Hinsicht als auch unter kulturellen Aspekten zu einer wichtigen Stadt. Trotzdem kam es zu internen Streitereien, bis der König von Granada Ronda als Geschenk *Abdalah al Malik* vermachte. Dieser war dem bedrängten König 1332 im Kampf gegen die **Christen** zu Hilfe gekommen. Unter der Herrschaft von *al Malik* blühte Ronda erneut auf, bis es 1485 schließlich von den Christen erobert wurde. Die Vertreibung der Araber hatte zur Folge, dass ein beträchtliches Wissen um die Kultivierung des trockenen Bodens verloren ging.

Zur Zeit der **französischen Besatzung** 1810 zogen sich Teile der Bevölkerung in die Berge zurück, um in klassischer Guerillataktik zu kämpfen. Später nutzten sie ihre Ortskenntnisse für andere Zwecke: Ronda erlebte im 19. Jh. eine fast schon legendäre Phase des **Schmuggler-Unwesens.** Die Stadt machte sich noch einmal einen historischen Namen, als der Politiker *Blas Infante* 1918 hier eine Union der andalusischen Provinzen forderte.

Anfahrt

Per Auto

Von der Costa del Sol kommend – sowohl aus östlicher als auch aus westlicher Richtung –, fährt man zunächst bis **San Pedro de Alcántara** bei Marbella, und zwar möglichst auf der neuen Autobahn. Dadurch erspart man sich das Stop-and-go-Geschiebe auf

Costa del Sol

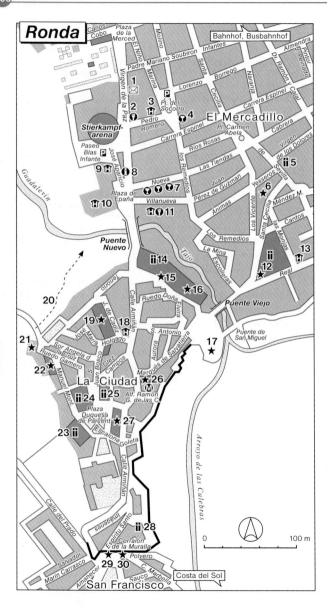

Ronda

Carlos Cobo · Plaza de la Merced · El Niño · Molino · Mariano Soubiron · Infantes · Padre Mariano Soubiron · Marina · Lorenzo · Borrego · Santa Cecilia · Naranja · Dr. Ramón y Cajal · Almendra · Pintor Permado

Bahnhof, Busbahnhof

Virgen de la Paz

1 ✉
2 ⓘ
3 ⛪ · Pl. del Socorro 🅿
4 ⛪
Pedro Romero
Carrera Espinel · Ríos Rosas · Las Tiendas · Pl. Carmen Abela · Cabrera · Carrera Espinel

El Mercadillo

Stierkampfarena

Paseo Blas Infante 🅿 · José Aparicio
9 ⛪ · 8 ⓘ
10 ⛪ · Plaza de España · Nueva
7 ⓘⓘⓘ
Villanueva
11 ⛪ⓘ
Juan · Pérez de Guzmán · Ánimas · Los Remedios · La Mina · Las Escolleras

Virgen de los Dolores · Yesseros de Sevilla
5 ⓘⓘ
Los Vicente · Santa Cecilia · las Monjas · Méndez M. · Cantos
6 ★
13 ⛪
12 ★
Real

Guadalevín

Puente Nuevo

Tajo

Puente Viejo

14 ⓘⓘ
15 ★
16 ★
Ruedo Doña Elvira
Calle Armiñán
S. Antonio

20

Puente de San Miguel
17 ★

21 ★
Sor Ángela d (Cruz)
Ruedo Gamero
22 ★
Manuel Mont.
19 ★ · 18 ⛪
José María Gosgo S.
Glez. Campos
Aurora
Marqués de Salvatierra

La Ciudad
24 ⓘⓘ · 25 ⓘⓘ
★26 M
Alf. Ramón G. de las C.

Plaza Duquesa de Parcent
★ 27
23 ⓘ
Escalona
Goleta
Calle Armiñán

Arroyo de las Culebras

Calle del Prado

Sausbeul
28 ⓘⓘ

Salvador · Marín Carrasco
Espíritu Santo · Corralón de la Muralla
29 ★ · 30 ★ · Polvero
Amanecer · Sauco · C. Marbella

Costa del Sol

San Francisco

0 ——— 100 m

⊠	1	Post	★	15	Casa Santa Pola
❶	2	Restaurant Pedro Romero	★	16	Casa del Rey Moro
🏠	3	Hotel Hermanos Macías	★	17	Baños árabes
❶	4	Bar Doña Pepa	🏠	18	Hotel San Gabriel
� ⅰ	5	Templete	★	19	Casa de Don Bosco
★	6	Posada de las Ánimas		20	Fußweg in die Schlucht
🏠	6	Hostal Ronda Sol	★	21	Palacio de Campillo
❶	7	mehrere Bars, u.a. El Torero	★	22	Palacio de Mondragón
		und La Giralda	ⅰⅰ	23	Santa Isabel
❶	8	Tourist-Information	ⅰⅰ	24	La Caridad
🏠	9	Pensión La Española	ⅰⅰ	25	Kirche Santa María la Mayor
🏠	10	Parador Nacional	★	26	Minarete,
🏠	11	Hotel und Restaurant	Ⓜ		Museo del Bandolero
		Don Miguel	★	27	Rathaus
ⅰⅰ	12	Iglesia de Padre Jesús und	ⅰⅰ	28	Kirche Espíritu Santo
★		Fuente de los Ocho Caños	★	29	Puerta de Carlos V.
🏠	13	Hotel En Frente Arte	★	30	Puerta del Almocábar
ⅰⅰ	14	Convento Santo Domingo			

der Nationalstraße, die mitten durch den Ort verläuft. Obendrein führt die abzweigende Straße nach Ronda mitten durch den Altstadtbereich, wo es natürlich auch schleppend vorangeht. Von der Autobahn kommend, nimmt man die gut ausgebaute Verbindungsstraße A-376 nach Ronda, es sind gerade mal 44 Kilometer.

Wer sich Ronda nähert, wird schon am Stadtrand die ersten Schilder zu **Parkplätzen** nicht übersehen. Diesen zu folgen bedeutet, dass man zunächst durch die Altstadt gelotst wird, die Schlucht überquert und schließlich nach einigem Gekurve durch enge Straßen in einer **Tiefgarage** unter der Plaza del Socorro landet. Dies ist kein schlechter Platz, steht der Wagen doch im Schatten, und die interessanten Stadtteile liegen nur wenige Minuten entfernt.

Weitere Parkmöglichkeiten wurden bei der Plaza de la Merced und bei der Stierkampfarena geschaffen. Man sollte allerdings so früh wie möglich kommen. Ronda wird von vielen Urlaubern besucht, gegen Mittag sind die Parkplätze dann vergeben. Wem es nichts ausmacht, etwas zu laufen, der kann seinen Wagen auch außerhalb der Stadtmauern abstellen oder am anderen Ende beim Bahnhof (ausgeschildert).

Per Bus

Keine schlechte Idee ist es, mit einem Linienbus nach Ronda zu fahren. So können alle Beteiligten einschließlich Fahrer die Anfahrt genießen, und vom Busbahnhof an der **Plaza Concepción García Redondo** sind es keine 15 Minuten Fußweg bis zur Plaza de Toros. Es gibt täglich mehrere Ver-

Costa del Sol

bindungen von und nach Marbella, Torremolinos und Málaga mit der Gesellschaft Portillo.

Per Bahn

Von Málaga existiert eine Verbindung, die teilweise auf atemberaubender Strecke durch die Bergwelt verläuft. Die Fahrt ist jedoch recht umständlich, da man, ebenso wie bei der Anfahrt von Granada, in Bobadilla umsteigen muss. Eine Direktverbindung existiert von Algeciras. Der Bahnhof von Ronda liegt etwa zehn Minuten Fußweg hinter dem Busterminal an der Avda. de Andalucía.

Wie herumkommen?

Zu Fuß! Die Sehenswürdigkeiten sowohl im Stadtteil La Ciudad als auch im Mercadillo liegen nah beieinander.

Sehenswertes

Plaza del Socorro

Ein nicht allzu großer, netter Platz im Viertel El Mercadillo ist die Plaza del Socorro. Im Sommer wird er vollgestellt mit Tischen der umliegenden Bars. Einige schmale Straßen mit pittoresken Häusern zweigen von hier ab, fast zwangsläufig gelangt man zur Stierkampfarena.

Warum man Stiere nicht mehr am Schwanz zieht – die Stierkampfschule von Ronda

Der Stierkampf entwickelte sich ursprünglich aus der alten Tradition, einen Stier vom Pferd aus mit Lanzen zu bekämpfen. Im 16. Jh. wurde daraus eine Art Sport für Adelige. Nachdem diesen jedoch verboten wurde, so ihr Leben aufs Spiel zu setzen, wurde die *corrida* zu einer Mutprobe für das „niedere Volk".

Bevor *Francisco Romero* und später sein Enkel *Pedro* – beide aus Ronda – verbindliche Regeln einführten, bestand eine *corrida* noch nicht aus würdigen Ritualen, die vom Torero in ebenso würdiger Haltung durchgeführt wurden. Sie war vielmehr eine Art Gaudi für jedermann. Die (männlichen) Zuschauer nahmen nicht selten aktiv am Geschehen teil, stürmten die Arena, um den Stier zu ärgern und dem Torero zu helfen. Man zog ihn am Schwanz und zeigte wenig bis gar keinen Respekt. All das änderten die *Romeros* mit der Begründung einer eigenen Stierkampfschule. Seitdem tritt der Torero dem Stier „zu Fuß" gegenüber, was vorher keineswegs selbstverständlich war. *Pedro Romero* soll in seiner Laufbahn 5600 Stiere getötet haben – alle nach den neuen Regeln.

Plaza de Toros

Auch wer Stierkämpfe verabscheut, sollte mal einen Blick in die Arena werfen, die 1785 erbaut wurde und damit als die älteste im Lande gilt. Sie ist auch eine der größten (66 Meter Durchmesser) und besitzt eine rundumlaufende, doppelstöckige Tribüne. Der Bau mit diversen Halbbögen, die von unzähligen Steinsäulen getragen werden, lockte schon mehrfach Filmteams an. Die Arena von Ronda ist untrennbar mit den Namen *Francisco* und *Pedro Romero* verbunden. Beide lebten im 18. Jh. und gelten als Begründer der noch immer gültigen Regeln des Stierkampfs.

Museo Taurino

Innerhalb der Arena befindet sich auch das **Stierkampfmuseum.** Hauptsächlich werden hier Fotos berühmter Kämpfer, Plakate, *trajes,* also Anzüge von Toreros, und Modelle von Arenen gezeigt, des Weiteren Zeichnungen mit Darstellungen, wie sich eine *corrida* früher abspielte – eben nicht nach strengen Regeln.

●**Geöffnet:** täglich 10-20 Uhr, Eintritt 4 €; die Tickets werden im Souvenirshop nebenan verkauft.

Puente Nuevo

Puente Nuevo heißt die spektakuläre **Brücke,** die überall auf Postkarten zu sehen ist. Wer oben steht, hat bestenfalls eine Ahnung von den Schwierigkeiten, ein derartiges Bauwerk zu errichten. Etwas besser kann die im 18. Jh. erbaute Brücke von der Seite be-

Schon die Anfahrt durch die Sierra de Ronda beeindruckt

Costa del Sol

ne Parallelstraße hinter der Hauptstraße Calle Armiñán wird es ruhiger. Dort liegt auch die Kirche **Santa María la Mayor.** Zu Zeiten der Araber stand hier eine Moschee, die im 13. Jh. erbaut wurde und nach der Rückeroberung einem christlichen Gotteshaus weichen musste. Von der Moschee blieben nur noch Reste des Gebetsraumes (mihrab) im Eingangsbereich erkennbar. 1580 wurde die Kirche durch ein Erdbeben zerstört, aber man baute sie erneut auf, was sich bis ins 18. Jh. hinzog. Durch diese lang anhaltende Bautätigkeit weist die Kirche verschiedene Stilelemente auf (Barock und Renaissance). Von den äußeren Balkonen aus haben übrigens die Adeligen der Stadt den örtlichen Festivitäten zugeschaut.

● **Geöffnet:** 10-19 Uhr, Eintritt 2 €.

Der vor der Kirche liegende **Parque Duquesa de Parcent** ist eine hübsche kleine grüne Oase. Ein paar Bänke locken zum Verschnaufen, und dann geht's weiter in die Altstadt.

trachtet werden, ein schmaler Weg mit hohem Geländer führt am Parador seitlich vorbei. Von dort kann man recht gut die gewaltigen Pfeiler erkennen, auf denen die drei Bögen ruhen.

Arabisches Viertel

Auf der anderen Seite der Schlucht liegt **La Ciudad,** das ehemalige arabische Viertel. Heute fallen zunächst etliche Souvenirshops auf, aber schon ei-

Palacio de Mondragón

Der Palacio de Mondragón ist ein schönes Haus, dessen Bau auf das Jahr 1314 zurückdatiert soll, als *Abomelic* der Herrscher von Ronda war. Ganz geklärt ist dies aber nicht. In späteren Jahrhunderten wurde das Gebäude mehrfach erweitert und umgebaut, bis es seine aktuelle Gestalt annahm. Es besteht aus drei Innenhöfen, um die mehrere, miteinander verbundene Räume auf zwei Etagen liegen. Im hinteren Bereich wurde ein schmaler Wasserlauf installiert. Vom kleinen,

Die Plaza de Toros diente bereits in zahlreichen Filmen als Kulisse

Fast hundert Meter tief ist die Schlucht mitten in der Stadt

075c Foto jf

nett gestalteten **Garten** hat man einen phänomenalen Blick in die Schlucht. Ein kleines **Museum** mit Reminiszenzen an vergangene Epochen (Begräbnisriten der Araber und eine einfache Strohhütte der ersten Bewohner) wurde ebenfalls eingerichtet.

●**Geöffnet:** Mo-Fr 10-19, Sa und So 10-15 Uhr, Eintritt 2 €.

Abstieg in die Schlucht

Falls sich jemand schon gefragt hat, von wo diese tollen Fotos geschossen wurden, die Rondas Brücke in voller Pracht zeigen – hier ist die Antwort: den Palacio de Mondragón verlassen und etwa 20 Meter nach links gehen. Dort erreicht man einen kleinen Platz mit einem Schutzgitter vor dem Ab-

hang. Direkt hier führt ein Pfad hinunter in die Schlucht. Zunächst geht man noch über Treppen hinunter, später nur noch über einen steilen Weg. Nach etwa 500 Metern stößt man auf ein kleines Ruinchen, weiter geht es nicht. Genau dort liegt die Brücke perfekt im Blick! Es geht 500 Meter steil nach unten und leider auch genauso steil wieder hoch.

Iglesia del Espíritu Santo

Noch ein kleines Stückchen der Hauptstraße stadtauswärts folgend, erreicht man die **Kirche des heiligen Geistes.** Auch dieser Bau ging auf die *Reyes Católicos* zurück, 1505 war er bereits fertig. Die Kirche wurde auf den Resten eines arabischen Turms er-

richtet; einige Forscher meinen allerdings, sie stünde auf einer moslemischen Begräbnisstätte.

●**Geöffnet:** tägl. 10-18 Uhr, Eintritt 1 €.

Die Kirche liegt unmittelbar vor der Stadtmauer mit den beiden wuchtigen Torbögen, der **Puerta del Almocábar** (hier war mal der Haupteingang zur südlichen Stadt), erbaut im 14. Jh., und der **Puerta de Carlos V.** aus dem 16. Jh. Reste der alten Stadtmauer verlaufen etwa parallel zur Calle Escalera.

Museo del Bandolero

Das ist doch mal was anderes: ein Museum, das sich **Banditen und Schmugglern** widmet! In mehreren Sälen werden Fotos, Dokumente und sogar lebensgroße Puppen von berühmten Banditen gezeigt. Diese „Dunkelmänner" fanden in der Bergwelt von Ronda ideale Verstecke. Da sie im Ruf standen, nur die Reichen zu bestehlen, war ihnen die Bevölkerung durchaus zugeneigt. Zu finden in der c/ Armiñán 65, unweit der Kathedrale.

●**Geöffnet:** tägl. 10-20 Uhr, Eintritt: 2,70 €.

Casa del Rey Moro

Das „Haus des maurischen Königs" stammt aus dem 18. Jh. Interessanter noch als das Gebäude sind die dahinter liegenden **Gärten,** die 1923 geplant und bepflanzt wurden. Hier führt auch ein Weg über 365 Stufen zum Fluss hinunter. Von dort mussten christliche Sklaven Wasser hochschleppen, was *Königin Isabella* nach der Rückeroberung besonders erbost

haben soll. Sie ließ als Mahnmal die Ketten der befreiten Sklaven nach Toledo schaffen und dort öffentlich zur Schau stellen. Das Haus ist meistens geschlossen, der Garten kann besichtigt werden.

●**Geöffnet:** 10-19 Uhr, Eintritt 4 €, Kinder 2 €.

Baños Árabes

Die Baños Árabes von Ronda gelten als die am besten erhaltenen **arabischen Bäder** des Landes. Zu Beginn des 14. Jh. wurden sie im ehemaligen jüdischen Viertel in Flussnähe erbaut. Drei Säle sind noch erkennbar: eine Art Heizraum, der eigentliche Baderaum und ein Ruheraum.

●**Geöffnet:** Di 9-13.30 und 16-18 Uhr; Mi-Sa 9.30-15.30 Uhr; So und Mo geschlossen; Eintritt frei. Zu erreichen: hinter der Brücke Puente Viejo die Stufen hinabsteigen.

Praktische Tipps

Unterkunft

●**Parador Nacional** €€€€, Plaza España s/n, Tel. 952 877 500, Fax 952 878 188. Das Haus mit seinen 78 Zimmern liegt atemberaubend direkt über der Brücke Puente Nuevo mit Blick in die Schlucht.
●**Hotel Don Miguel** €€€, c/ Villanueva 8, Tel. 952 877 722, Fax 952 878 377. Ebenfalls eine Top-Lage vor der Schlucht, aber nicht alle der 33 Zimmer haben diesen Traumblick.
●**Hotel San Gabriel** €€€, c/ José M. Holgado 19, Tel. 952 190 392, Fax 952 190 117. Historisches Haus in toller Umgebung in der Altstadt.

Wie vom Riesen mit der Axt bearbeitet: die Felshänge in Ronda

Costa del Sol

●**Hotel Hermanos Macías** €€, c/ Pedro Romero 3, Tel. 952 874 238. Sehr zentral gelegenes, kleineres Haus zwischen Plaza del Socorro und Stierkampfarena. Unten befindet sich die Tapa-Bar La Verdad.

●**Pensión La Española** €€€, c/ José Aparicio 3, in einer Seitenstraße unweit vom Parador. Tel. 952 871 051, E-Mail: laespanola@ronda.net. Funktionale, aber durchaus akzeptable Bleibe.

●**Hotel Reina Victoria** €€€€, c/ Jerez 25, Tel. 952 871 240, Fax 952 871 075, E-Mail: reinavictoria@husa.es. Ein alter Klassiker, etwas am Ortsrand gelegen, aber mit tollem Ausblick. Bereits 1906 wurde das Haus eingeweiht, der Zahn der Zeit ging nicht spurlos an den 88 Zimmern vorüber. Gern wird hervorgehoben, dass *König Alfonso XIII.* hier nächtigte, genau wie *Rainer Maria Rilke.*

●**En Frente Arte** €€€€, c/ Real 40, Tel. 952 879 088. Nur 10 Zimmer hat dieses Kleinod. Das Haus stammt aus dem 15. Jh. und wurde liebevoll umgebaut. Ein kleiner Pool, ein Restaurant und ein unschlagbarer Ausblick zählen neben der sehr ruhigen Lage zu den Pluspunkten.

Camping

●**Camping El Sur,** 1. Kat., Straße nach Algeciras, km 1,5, Tel. 952 875 939. Ein kleiner Platz für 240 Personen mit allen erforderlichen Einrichtungen, nur knapp zwei Kilometer vom Zentrum entfernt.

Essen & Trinken

Eine Menge Lokale liegen an der Plaza del Socorro und in den angrenzenden Straßen. Darüber hinaus:

●**Restaurante Pedro Romero,** c/ Virgen de la Paz 18, Tel. 952 871 110; gegenüber der Stierkampfarena. Ein Klassiker! Wie der Name schon vermuten lässt, mit allerlei Erinnerungsstücken an die Toreros.

●**Bar Doña Pepa,** Plaza del Socorro 10, hat den feinsten Schinken.

●**Restaurante Don Miguel,** c/ Villanueva 18, Tel. 952 877 722. Seit Jahren bewährte, gute Küche. Der Nachtisch wird vom nahen Konvent geliefert. Von der Terrasse genießt

man einen hervorragenden Ausblick in die Schlucht!

●In der Calle Nueva liegen etliche Bars, wie **La Giralda** oder **El Torero.** Überall werden ordentliche Tapas und Tagesmenüs serviert.

Adressen

●**Post:** c/ Virgen de la Paz 18-20.
●**Telefonamt:** c/ Mariano Souverón 3.

Feste

●**24. Januar:** Nuestra Señora de la Paz, das Patronatsfest.
●**20.-22. Mai:** Romería Nuestra Señora de la Cabeza.
●**Juni** (die ersten 14 Tage): Feria mit Markt und viel Spektakel auf den Straßen.
●**Anfang September:** Fiesta zu Ehren von *Pedro Romero* mit *corridas goyescas,* das sind Stierkämpfe in historischen Kostümen, so wie *Goya* sie zeichnete.

Markt

●**Sonntag,** vor dem Stadttor Puerta de Carlos V.

Estepona

●**Einwohner:** 35.000
●**PLZ:** 29680
●**Entfernung nach Málaga:** 86 km
●**Touristeninformation:**
Avda. San Lorenzo 1,
Tel. 952 802 002, Fax 952 792 181,
E-Mail: turismo@infoestepona.com
●**Internet:** www.infoestepona.com

Estepona ist der letzte größere Ort der Costa del Sol. Der Stadt fehlt der bautechnische Wahnsinn vieler anderer Orte; sie hat ein angenehmes Altstadtzentrum bewahren können, das frei ist von jeglicher touristischer Ausrichtung. Estepona liegt direkt am Meer und damit am Strand, was eine entspannte Atmosphäre schafft. Auf der breiten Promenade treffen sich neben den Urlaubern *pensionistas* zum Morgenspaziergang, hetzen Angestellte mit sorgenvollem Blick auf die Uhr ins Büro. Es fehlen jegliche Schnickschnack-Läden, Bars und sonstige „Touristenattraktionen". Der Paseo ist in den Ort integriert, und genau das macht das Gesamtbild so sympathisch – ein angenehmer Abschied von der Costa del Sol.

Strandprofil

Playa Punta de la Plata

Die 10 bis 15 Meter breite *playa* beginnt außerhalb des Ortes und zieht sich über 2500 Meter in Richtung Osten. Allzu attraktiv ist er mit dem dunklen, recht groben Sand, der teilweise sogar auf Kiesel wechselt, nicht.

Playa de la Rada

Das genaue Gegenbild liefert der Stadtstrand von Estepona: hellgrauer Sand auf 20 bis 40 Metern Breite und 2400 Metern Länge sowie jede Menge Serviceeinrichtungen. Auch die Promenade lädt zum Bummeln ein. Etliche Palmen und kleine Grünanlagen lockern auf, hübsche Kugellampen passen ideal ins Bild.

Playa del Cristo

Die Playa del Cristo liegt am westlichen Ortsrand vor der Urbanización Beverly Hill. Allzu attraktiv ist die Lage nicht, die N-340 führt direkt an der 600 Meter langen Bucht vorbei.

Sehenswertes

Altstadt

Die Strandpromenade wurde ja schon gebührend gepriesen, ein Bummel durch die Altstadt sollte auch nicht versäumt werden. Eine Art Zentrum bildet die **Plaza de las Flores.** Die Häuser sind auch hier weiß gestrichen, strahlen aber nicht in diesem schon fast stechenden Glanz anderer Weißer Dörfer. Man hat sich wohl auch beim Weißen der Häuser für das Pragmatische entschieden und nicht nach den Touristen geschielt. Das Gesamtbild ist angenehm.

Etwas weiter steht die dreischiffige Kirche **Nuestra Señora de los Remedios** aus dem 18. Jh. Auffällig konstruiert wurde das Portal mit einer kuriosen Darstellung von Sonne, Mond und Sternen. Etwas nördlich des Platzes befindet sich der **Torre del Reloj** (Uhrturm), ein letztes Überbleibsel einer einfachen Kapelle aus dem 15. Jh. Im Zentrum, an der Calle Castillo unweit der Plaza, können noch die Reste einer **Burg** begutachtet werden, aber viel darf man nicht erwarten.

Der **Hafen** hat schon beachtliche Dimensionen. Hier laufen noch Fischerboote aus, und in einer kleinen Markthalle wird direkt verkauft. Auch einige Sportboote liegen hier.

Costa del Sol

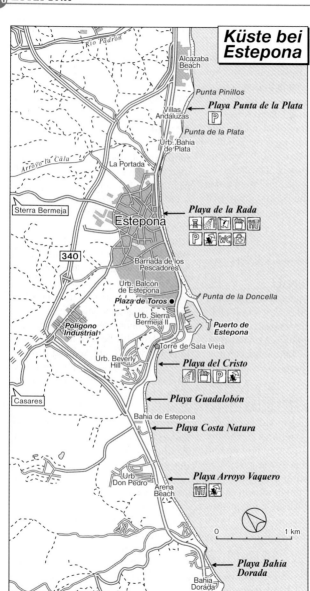

Küste bei Estepona

Plaza de Toros mit Museen

Im an die Stierkampfarena angrenzenden Gebäude liegen zwei Museen. Das **Museo de Aperos** zeigt alle nur erdenklichen Exponate zum Thema Landwirtschaft und Fischerei, als da wären Arbeitsgeräte, Trecker, Karren, Netze und Boote nebst Erklärungen zu Fangtechniken.

Das **Museo Taurino** zeigt hauptsächlich Plakate und Fotos von berühmten Kämpfern, legendären Stieren und in die Geschichte eingegangenen Szenen – zumeist Todesfällen. Des Weiteren bekommt man Anzüge der Kämpfer, einige Schädel berühmter Stiere und natürlich die Büsten der bekanntesten Matadore wie *Belmonte, Manolete, El Cordobés* und anderen zu sehen. Auf meine Frage, warum denn kein einziger Hinweis auf *Cristina Sánchez* gegeben wird, kam nur Schulterzucken als Antwort. Die bekannteste weibliche Torera ist eben kein Thema in dieser Männerwelt.

●**Öffnungszeiten** beider Museen: Mo-Fr 9-15, Sa 10-14 Uhr; Eintritt frei.

Praktische Tipps

Unterkunft

●**Hotel Aquamarina,** €€-€€€, Avda. San Lorenzo 32, Tel. 952 806 155, Fax 952 804 598. Nur 200 Meter vom Strand entfernt in zentraler Lage, 48 Zimmer.
●**Hotel Buenavista,** €€, Avda. España 180, Tel. 952 800 137, Fax 952 805 593. Der Name stimmt, einen guten Blick aufs Meer hat der Gast, wenn er auch über die Hauptstraße hinwegschauen muss. Insgesamt 38 Zimmer, zentrale Lage.
●**Hotel Dobar,** €€, Avda. España 177, Tel. 952 800 600, direkt nebenan. 33 Zimmer, allerdings ohne Balkon, verteilen sich, genau wie beim Nachbarn, auf fünf Etagen.
●**Pensión La Malagueña,** €€, c/ Castillo 1, Tel. 952 800 011. Kleines Haus in zentraler Lage, 14 Zimmer zum reellen Preis.

Camping

●**Parque Tropical,** 2. Kat., Ctra. N-340, km 162, Tel./Fax 952 793 618. Ein kleiner Platz unweit der Nationalstraße inmitten schöner, teilweise tatsächlich tropischer Bepflanzung. Ein Pool ist vorhanden, ein Restaurant auch, und die nötigsten Dinge können hier erworben werden. Sehr persönliche Leitung. Zur Playa El Velerín sind es gut 600 bis 800 Meter, aber es gibt eine Abkürzung durch einen Abwasserkanal (zu Fuß).

Essen & Trinken

●**Chiringuito Paco,** originell aufgemacht mit bodenständiger Küche.
●**Bar El Yunque,** c/ Mondejar 19, typisch spanische Eckbar.
●**Bar Los Rosales,** c/ Damas 12, einfache Einrichtung, aber große und schmackhafte Meeresfrüchte-Portionen.
●**Mesón El Cordobés,** Plaza de las Flores, rustikal eingerichtete Tapa-Bar.
●**Restaurante La Casa de mi Abuela,** c/ Caridad 54. Die *abuela* (Oma) steht als Puppe im Eingang und empfängt die Gäste. Geboten wird argentinische Küche.
●**Bodega Sabor Andaluz,** c/ Caridad 44. Sehr gute Tapas (Schinken!).
●**La Escollera,** im Hafen neben der Auktionshalle. Frischeste Fischtapas!
●In der c/ Caridad liegen etliche Kneipen, speziell Musikbars, die erst am Abend zu Hochform auflaufen, beispielsweise **La Posá II** oder **Disko Teatro.**

Adressen

●**Bootscharter:** I.O.E. Marina, Tel. 952 806 980, am Hafen (wenn man die erforderliche Lizenz vorweisen kann).
●**Golf:** Club de Golf El Coto, Ctra. N-340, km 163,5. Tel. 952 804 700; Estepona Golf, Ctra. N-340, km 150, Tel. 952 810 982.

Costa del Sol

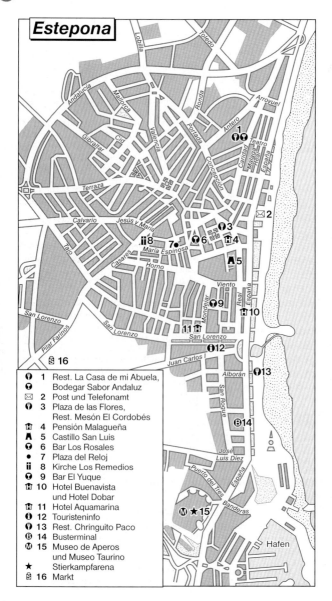

Estepona

⚕	1	Rest. La Casa de mi Abuela,
⚕		Bodegar Sabor Andaluz
⊠	2	Post und Telefonamt
⚕	3	Plaza de las Flores,
		Rest. Mesón El Cordobés
🏛	4	Pensión Malagueña
▲	5	Castillo San Luis
⚕	6	Bar Los Rosales
•	7	Plaza del Reloj
ⅱ	8	Kirche Los Remedios
⚕	9	Bar El Yuque
🏛	10	Hotel Buenavista
		und Hotel Dobar
🏛	11	Hotel Aquamarina
❶	12	Touristeninfo
⚕	13	Rest. Chringuito Paco
Ⓑ	14	Busterminal
Ⓜ	15	Museo de Aperos
		und Museo Taurino
★		Stierkampfarena
§	16	Markt

- **Badepark:** Prado World, eine Wasserlandschaft mit dem üblichen Angebot an Rutschen und Spaßbecken, am Ortsrand bei km 156 gelegen.
- **Post:** Plaza Martínez Castro 4.
- **Telefonamt:** Paseo Marítimo s/n.
- **Tauchschule:** Happy Divers Club im Hotel Atalaya Park, Tel. 952 884 801.

Feste

- **Mitte Mai:** San Isidro, mit großem Festumzug.
- **Anfang Juli:** Feria von Estepona, u.a. mit Pferdeumzügen.
- **Mitte Juli:** Marinera del Carmen, mit Meeresprozession.

Markt

- **Täglicher Fischverkauf** am Hafen in der Lonja (Auktionshalle).
- **Gemüsemarkt** am Mittwoch in der Av. Juan Carlos I.

Ausflüge von Estepona

Sierra Bermeja

Von Estepona aus lassen sich gut Ausflüge per Auto in die nahe Bergwelt der Sierra Bermeja unternehmen. Die Landschaft ist beeindruckend – allerdings auch die kurvige Straße. Wer keine Serpentinen mag, sollte die Fahrt lieber sein lassen.

Direkt im Ort Estepona beginnt eine Straße in Richtung Jubrique, die mitten durch die Sierra Bermeja führt. Nach 14 Kilometern erreicht man **Puerto de Peñas Blancas,** das bereits auf 980 Metern Höhe liegt. Hier, an der ersten Kreuzung, zweigt ein sehr „rustikaler" Weg nach links ab. Von hier aus kann man vier Kilometer laufen bis zu einem Punkt namens **Alto Los Reales** auf 1452 Metern Höhe. Eine sagenhafte Aussicht auf die Küste bis nach Marbella belohnt die Mühe.

Wenn man an der Kreuzung den rechten Weg wählt, erreicht man nach 18 Kilometern das Dörflein **Jubrique.** Dieses 1000-Seelen-Dorf wurde erst Anfang der 1980er Jahre durch eine Straße mit Estepona verbunden. Man mag es kaum glauben, dass sich noch derart ursprüngliches Leben so dicht am Rummelplatz Costa del Sol erhalten konnte.

Hat man an der Kreuzung die linke Abzweigung gewählt, erreicht man nach zehn Kilometern **Genalguacil,** ein weiteres ursprüngliches Bergdorf. Man sagt, dass sich hier die Mauren bis weit ins 16. Jh. hinein versteckt hätten; möglich wäre das schon in dieser Abgeschiedenheit. Parken muss man übrigens außerhalb, die sehr schmalen Straßen lassen kein unbeschwertes Fahren zu. Sowohl der Weg über Genalguacil als auch der über Jubrique endet in **Algatocín,** beide Straßen vereinen sich ein paar Kilometer vorher.

Anstatt auf dem gleichen Weg zurückzukehren, was vielleicht etwas langweilig wäre, bietet sich eine alternative Strecke für die Rückfahrt an. Sie führt von Algatocín auf guter Straße zunächst nach **Gaucín** und von dort auf guter und relativ gerader Strecke über **Casares** zurück an die Küste.

Casares

Das klassische **Weiße Dorf** Casares liegt nur 23 Kilometer von Estepona entfernt in den Bergen. Fast schon malerisch schön „hängen" die weißen Häuser mit den zumeist roten Dach-

D76c Foto: jf

den Fenstern. Das gesamte Ortsbild wurde zum *Conjunto Histórico Artístico* ernannt, zur „historisch-künstlerischen Einheit".

Zentraler Punkt ist die Plaza España mit einer Reihe von Bars. Die **Fortaleza Árabe,** die arabische Burg aus dem 13. Jh., ist über die Calle de la Villa zu erreichen. Innerhalb der Anlage wurden später zwei Kirchen gebaut, zum einen die alte **Iglesia de la Encarnación** aus dem Jahre 1505, die im Bürgerkrieg zerstört wurde, zum anderen die **Ermita de la Vera Cruz** aus dem 17. Jh., von der noch Reste erkennbar sind. Hier wurde auch einem der größten Söhne der Stadt, *Blas Infante Pérez,* ein Denkmal gesetzt. Diesem Politiker, der für die Eigenständigkeit Andalusiens kämpfte, wurde eine Inschrift gewidmet: „Andalucía por sí, por España y la humanidad" (Andalusien für sich selbst, für Spanien und die Menschheit).

ziegeln am Berg, ziehen sich in mehreren Stufen den Hang empor. Besonders eindrucksvoll wirkt das Gesamtbild aus der Ferne.

Das alte Viertel mit seinen engen, teilweise sehr steilen Gassen muss zu Fuß erkundet werden. Dabei fallen auch all die schönen Details auf, wie der liebevolle Blumenschmuck an den Häusern oder die filigranen Gitter vor

Der Paseo Marítimo von Estepona ist weniger touristisch geprägt als die Strandpromenaden anderer Costa del Sol-Orte

Sabinillas

Ein kleiner Ort, der für eine positive Überraschung gut ist. Nicht, dass einen hier etwas Aufregendes erwartet, es ist die schlichte Normalität eines kleinen Dorfes am Meer, die den Reiz ausmacht: eine winzige Promenade mit auffälligen Laternen in Doppelbögen, zwei, drei Lokale, die natürlich Fischgerichte anbieten, und das eine oder andere Fischerboot. Wenn überhaupt, findet hier spanischer Tourismus statt, ein ruhiger Rhythmus beherrscht das Geschehen – nach all dem Costa-del-Sol-Wahnsinn mal etwas Ursprüngliches.

Playa Sabinillas

Die *playa* erstreckt sich über 1500 Meter Länge und 50 Meter Breite. Teilweise wird der graue Sand von kieseligen Stellen unterbrochen. Als einer der wenigen Strände der Costa del Sol erhielt er die blaue Flagge der EU, was die ökologische Unbedenklichkeit des Wassers garantiert.

Unterkunft

●**Hostal Doña Luisa,** €€€, Duquesa de Arcos 53, Tel. 952 892 250, Fax 952 892 301. Das Haus liegt direkt am Wasser, und etliche der 26 Zimmer haben Meerblick.

Essen & Trinken

●**Restaurante Marymar** am Paseo gefällt nicht nur wegen des ulkigen Namens.

Costa del Sol

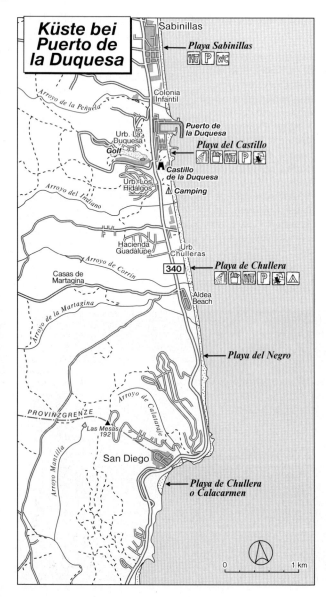

Küste bei Puerto de la Duquesa

Puerto de la Duquesa

Puerto de la Duquesa ist eine größere Marina, bei der etliche Segelschiffe festmachen. Um den Hafen herum wurden in U-Form Apartmenthäuser gebaut, und in der ersten Reihe, direkt am Hafen, liegt eine Reihe von Lokalen. Sie alle haben eine offene Terrasse, auf der der Gast schön ruhig sitzt und aufs Meer bzw. die teuren Boote schaut. Eine entspannte Atmosphäre,

Über die Meerenge ins „gelobte Land": espaldas mojadas

Sie kommen von überall her, sind seit Monaten, teilweise Jahren unterwegs, schlagen sich durch, ertragen unvorstellbare Strapazen: Afrikaner auf dem Weg ins gelobte Land Europa. Sie landen irgendwann mal in Tanger, diesem mythischen Ort im Norden von Marokko. Von dort ist Spanien fast schon greifbar, zumindest sichtbar als nächtlicher Lichterglanz. Jetzt trennt sie nur noch die 14 Kilometer breite Meerenge und die Tatsache, dass Europa sie gar nicht haben will, vom Ziel. Also kommen sie nachts, illegal in kleinen Booten, die die spanischen Grenzbeamten nicht so gut auf dem Radar sehen können. Marokkanische Schlepper organisieren die Transporte, verkleben mit Dollarscheinen die Augen der Polizisten, loten den Wetterbericht aus. Zwischen 500 und 1000 Euro müssen die Flüchtigen zahlen, die Tarife schwanken.

Tief in der Nacht werden sie in Nussschalen zusammengepfercht, manchmal 35 bis 40 Menschen. Aber nicht alle Boote erreichen die spanische Küste. Manche kippen um, wenn der Wellengang zu hoch ist, andere werden von der Guardia Civil aufgebracht. Zwischen 1997 und 2002 wurden 3286 Leichen gefunden, Hilfsorganisationen schätzen die Zahl der Ertrunkenen auf runde 10.000. Wer geschnappt wird, reist am nächsten Morgen zurück, per regulärer Fähre. Die, die es geschafft haben, schlagen sich durch nach Madrid, Marseille oder auf die andalusischen Gemüsefelder. Man nennt sie *espaldas mojadas*, „nasse Rücken". Der Begriff wurde von den Mexikanern übernommen, die ebenfalls eine „Wohlstandsgrenze" zu überqueren versuchen, den Fluss Río Grande.

Wem die Bootspassage zu gefährlich und zu teuer ist, der wählt einen anderen Weg, nämlich über Ceuta oder Melilla. Die beiden Städte gehören zu Spanien, liegen aber auf marokkanischem Boden. Ihre Grenze zu Marokko war jahrelang nur mäßig bewacht, Illegale kamen, nisteten sich irgendwo ein und hofften das Beste. Manchmal legalisierte Spanien ihren Status, meist aber nicht. Die Einreise nach Ceuta und Melilla wurde schwieriger, als Spanien das Schengen-Abkommen unterschrieb, das Reisefreiheit innerhalb der EU garantiert. Seitdem müssen die Außengrenzen verstärkt kontrolliert werden. Die Spanier machten ernst, hoben tiefe Gräben aus, errichten einen acht Meter breiten Stacheldrahtzaun und installierten Videokameras zur Überwachung. Das hielt aber nicht lange, nach kurzer Zeit wurden die ersten Kameras geklaut und tauchten auf dem Schwarzmarkt auf. Wer trotz allem Ceuta oder Melilla erreicht, hat es noch lange nicht geschafft, vegetiert in armseligen Flüchtlingscamps. Spanien denkt nicht daran, diesen Menschen die Einreise zu gestatten.

Costa del Sol

genau richtig, um vielleicht ein Mittagessen nach einem Ausflug ins quirlige Gibraltar einzunehmen. Gleich um die Ecke liegt das **Castillo de la Duquesa,** erbaut im 17. Jh. Es wird gerade renoviert und soll einmal zu einem Kulturzentrum umfunktioniert werden.

Strandprofil/Unterkunft

Playa del Castillo

Ein grausandiger Strand, der sich vom Hafen aus über 1500 Meter hinzieht.

Playa de Chullera/ Playa del Negro

Als letzter Strand der Costa del Sol verlaufen die Playa de Chullera und die angrenzende Playa del Negro über 3500 Meter bis zur Provinzgrenze. Nicht nur die Länge fällt aus dem Rahmen, auch die durchschnittliche Breite von 60 Metern überrascht. Der Strand ist grau und teilweise feinsandig. Vereinzelt haben sich bereits Urbanizaciones bis zum Meer ausgedehnt, aber noch bleibt relativ viel Platz. Zwei große Campingplätze liegen hier.

Camping

- **Camping Chullera II,** 2. Kat., Ctra. N-340, km 142, Tel./Fax 952 890 196. Ein großer Platz für 1000 Personen mit direktem Strandzugang. Man sollte möglichst einen Platz im hinteren Bereich suchen, da die Nationalstraße direkt vorbeiführt.
- **Camping Chullera III,** 2. Kat., Ctra. N-340, km 142,8, Tel. 952 890 320, Fax 952 890 196. Der Namensvetter liegt gleich nebenan und fällt sogar noch ein wenig größer aus: 1100 Gäste finden dort Platz. Identische Preise und vergleichbares Serviceangebot.

Gibraltar

- **Einwohner:** 30.000
- **Entfernung nach Málaga:** 126 km
- **Touristeninformation:** Tourist Board, Duke of Kent House, Cathedral Square, Tel. 74 950, Fax 74 943 (aus Deutschland gibt es zwei Möglichkeiten: 0034 95 67 + Nr. des Teilnehmers, also die spanische Auslandsvorwahl nutzend, oder 00350 + Nr. des Teilnehmers; aus Spanien: 95 67 + Nr. des Teilnehmers), E-Mail: tourism@gibraltar.gi
- **Internet:** www.gibraltar.gi

Auf einer schmalen Landzunge tief im spanischen Süden liegt ein Kuriosum aus längst vergangenen kolonialen Tagen: der Felsen Gibraltar, der an der höchsten Stelle 426 Meter aufragt. **Britisches Hoheitsgebiet** auf spanischem Territorium, das sorgt für Unruhe. Die Spanier möchten den nicht einmal fünf Quadratkilometer großen Felsen unbedingt zurückhaben, argumentieren, dass ein EU-Mitgliedsland doch wohl kaum einen kolonialen Posten in einem anderen EU-Staat haben könne. Die Briten kontern, dass sie „Gib" aus strategischen Gründen behalten müssten. Das wiederum lässt Madrid nicht gelten und erinnert daran, dass beide Länder schließlich NATO-Mitglieder seien und die Spanier hier sehr wohl selbst aufpassen könnten. Spätestens da kontert London dann mit dem Hinweis, dass die Spanier ja auch noch koloniale Restposten in Form von zwei kleinen Städten auf marokkanischem Boden besitzen (Melilla und Ceuta). Womit die Diskussion dann mal wieder die unsachliche Ebene erreicht hätte ...

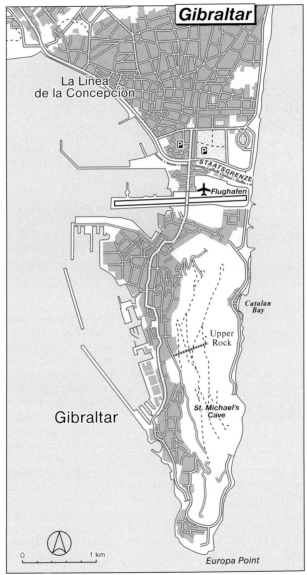

Gibraltar

La Línea
de la Concepción

STAATSGRENZE

Flughafen

Catalan
Bay

Upper
Rock

Gibraltar

St. Michael's
Cave

Costa del Sol

0   1 km

Europa Point

Foto: jf 0796

Aus touristischer Sicht bietet Gibraltar nur begrenzt Spannendes. Der Reiz liegt im Nebeneinander von britischem und spanischem Flair, garniert mit einer Handvoll Sehenswürdigkeiten aus der Historie des Felsens.

Geschichte

Die ersten Interessenten waren die **Araber.** 711 betrat *Tarik*, der Eroberer, den Felsen zum ersten Mal, als er seinen Siegeszug nach Norden startete. 400 Jahre später wurde die erste Siedlung gegründet. Zwar eroberten die Spanier den Felsen schon 1300, wurden aber zwischenzeitlich noch einmal vertrieben, bis sie ihn 1463 endgültig einnahmen. 1704 schlugen die **Engländer** während des Spanischen Erbfolgekrieges im Handstreich zu und besetzten Gibraltar – bis heute. Im Friedensvertrag von Utrecht wurde ihnen der Felsen neun Jahre später auch offiziell zugesprochen. Lange Zeit störte sich niemand sonderlich an dieser Situation, aber in den 1960er Jahren wollte *Franco* die Briten loswerden. Die gingen nicht, akzeptierten aber im Jahre 1967, einen Volksentscheid durchzuführen. Die überwältigende Mehrheit der Gibralteños entschied sich damals für britische Ober-

Gibraltar: eigentlich nur ein Felsklotz auf einer schmalen Landzunge

hoheit, gerade mal 0,4 % votierten für Spanien – keine Überraschung, war doch damals der wirtschaftliche Unterschied zwischen beiden Staaten einfach zu krass. Das franquistische Spanien war arm und isoliert in Europa, Großbritannien dagegen eine der führenden Nationen der Welt.

Franco jedenfalls schloss daraufhin die Grenze, niemand konnte mehr auf dem Landweg von Spanien nach Gibraltar reisen. Dieses Kuriosum wurde bis 1982 eisern durchgehalten, erst dann lockerte man die Bestimmungen. Spanier, die in Gibraltar arbeiteten, durften beispielsweise die Grenze passieren. Der Autor versuchte es selbst einmal im Sommer 1983, wurde aber eiskalt abgewiesen. Für Ausländer blieb die Grenze zu. Das änderte sich erst 1985: Spanien wollte in die EG aufgenommen werden und musste etwas tun. Seit jener Zeit ist die Grenze wieder passierbar.

Im November 2002 erfolgte ein erneutes Referendum, aber das Meinungsbild war auch diesmal eindeutig: rund 99 % der „Llanitos" – so nennen sich die Bewohner Gibraltars selbst, was wohl ironisch gemeint ist, denn *llano* heißt eigentlich Ebene – votierten für den Verbleib unter der britischen Krone. So schnell wird England also seinen Restposten nicht los.

Anfahrt

Per Bus

Wer mit einem Linienbus anreist, steigt im Grenzort **La Línea de la Concepción** aus. Von dort sind es fünf bis zehn Minuten Fußmarsch zur Grenze. Es gibt einen Bus (Nr. 3), der von der Grenze bis in die Stadt hineinfährt.

Sobald man die Passkontrolle hinter sich hat, wird schon gleich eine einmalige Sache geboten: das **Überqueren der Landebahn** des Flugplatzes. Aus Platzmangel führt der Weg in die City quer über die Rollbahn. Wenn ein Flugzeug gerade landen will, wird die Straße durch eine Schranke gesperrt.

Per Auto

Man kann mit seinem Pkw auf den Felsen fahren, aber davon ist eher abzuraten. Ausländer müssen die grüne Versicherungskarte vorzeigen, wer die vergisst, hat Pech. Sowohl Briten als auch Spanier kontrollieren streng. Das führt dazu, dass sich speziell bei der Ausreise immer lange Schlangen bilden; Wartezeiten von einer Stunde sind durchaus üblich. In Gibraltar herrscht übrigens Rechtsverkehr.

Es gibt nur sehr **wenige Parkmöglichkeiten.** Obendrein sind viele Parkplätze gebührenpflichtig, und die Automaten nehmen nur britisches Geld! Die Straßen hoch zu den Sehenswürdigkeiten sind steil und schmal. Ich selbst fuhr einmal mit einem VW-Bus hoch und war schwer beeindruckt von den Steigungen und Haarnadelkurven. Außerdem steht man sowieso ständig im Stau, wenn an den Sehenswürdigkeiten all die Ausflugsbusse und Taxen ihre Gäste entlassen. Daher der Tipp: **das Auto in La Línea stehen lassen** und zu Fuß rübergehen. Etwa fünf Minuten Fußmarsch von der Grenze entfernt kann der Wagen in einer großen

Costa del Sol

Tiefgarage abgestellt werden. Diese Parkmöglichkeit wird schon lange vorher angezeigt.

Sollte die Tiefgarage belegt sein, kann auch noch vor der Grenze gegen Gebühr auf Parkplätzen an der schattigen Straße oder ohne Gebühr auf einem schattenlosen Feld geparkt werden. Dort wird aber sofort ein Mann mit weißer Mütze angetrabt kommen und irgendetwas von einer Gebühr murmeln. Auf Nachfrage gibt er dann zu, dass er ein Freiwilliger sei und man ihm etwas geben könne, dies aber nicht müsse.

Blick vom Felsen auf die Landebahn und La Línea de la Concepción, dazwischen verläuft die Grenze

Es gibt übrigens in ganz Spanien kein einziges Hinweisschild auf Gibraltar, wenn überhaupt, dann nur nach La Línea.

Dokumente und Währung

Man muss beim Grenzübertritt **Personalausweis oder Reisepass** vorzeigen. Jeder wird kontrolliert, ein Durchwinken gibt es nicht.

Die offizielle Währung ist das **Gibraltar Pound,** das dem britischen Pound gleichgestellt ist. Mit Euro kann zwar auch bezahlt werden, aber als Wechselgeld erhält man auf jeden Fall britisches Geld bzw. Gibraltar Pounds. Obendrein seien die Euro-Preise deutlich höher, versicherte das Touristenbüro.

Rundfahrt

Direkt hinter der Grenze wird man charmant-eindringlich auf eine organisierte, 90-minütige Rundfahrt angesprochen, **Rock-Tour** genannt. Das muss nicht sein, bietet aber doch ein paar Vorteile. Wer die Sehenswürdigkeiten oben auf dem Felsen besuchen will, kann dies auch per Seilbahn tun, muss dann aber von der Endstation ziemlich weit laufen. Und nicht vergessen, die Straßen sind sehr steil! Am Ende der Tour wird man in der City abgesetzt. Die Rock Tour kostet 10-12 Pounds je nach Anbieter. Calypso Tour bietet eine kombinierte Tour für 10 Pounds an, bei der die Rückfahrt mit der Seilbahn inklusive ist.

Sehenswertes

Main Street

Fußgänger erreichen etwa zehn Minuten nach Überschreiten der Grenze die Main Street. Die ist, wie der Name schon sagt, die Hauptstraße, an der Shops, Bars und einige Ämter liegen. Ein Großteil der Main Street wurde zur **Fußgängerzone** erklärt; so können die Touristen noch entspannter bummeln und shoppen. Britische Einflüsse wird ein aufmerksamer Beobachter überall bemerken, das Gesamtbild ist aber dennoch kosmopolitisch: Engländer, Spanier, Araber, Juden, verschleierte Frauen neben Minirock-Schönheiten, Tattoo-tragende, lässig dahinschreitende Soldaten im Knapp-über-dem-Knaben-Alter und distinguierte Gentlemen mit akkurat gestutztem Schnauzer. Und hier und da sieht man seriös blickende Herren im Zweireiher, ein Attaché-Köfferchen krampfhaft festhaltend. Was da wohl drin ist? Gibraltar gilt ja als eines der Finanzparadiese dieser Welt ...

Gibraltar Museum

Das Gibraltar Museum in der Bomb House Lane, schräg gegenüber der katholischen Kirche, gibt einen Einblick in die Historie und würdigt die militärische Leistung der Briten. Darüber hinaus ist ein gewaltiges und detailgetreues Modell des Felsens ausgestellt. Mehrmals täglich wird ein 15-minütiger Film gezeigt. Im gleichen Gebäude können auch noch Überbleibsel arabischer Bäder besichtigt werden.
● **Geöffnet:** Mo-Fr 10-18, Sa 10-14 Uhr, Eintritt: Erw. 2 Pounds, Kinder unter 12 Jahren 1 Pound.

Governor's House

Die Residenz des Gouverneurs liegt weiter oben an der Main Street. Mehrmals täglich findet vor dem Gebäude nach guter britischer Militärtradition die Zeremonie einer **Wachablösung** (changing of the guard) statt. Gibraltar hat ein eigenes Regiment, dessen Soldaten genauso zackig die Hacken knallen lassen können wie ihre Kollegen vor dem Buckingham Palace in London.

Trafalgar Cemetery

Am Ende der Main Street liegt der kleine Friedhof Trafalgar Cemetery, wo die Toten der **Schlacht von Trafalgar** liegen. Am Kap von Trafalgar, etwa 50 Kilometer von Gibraltar entfernt, be-

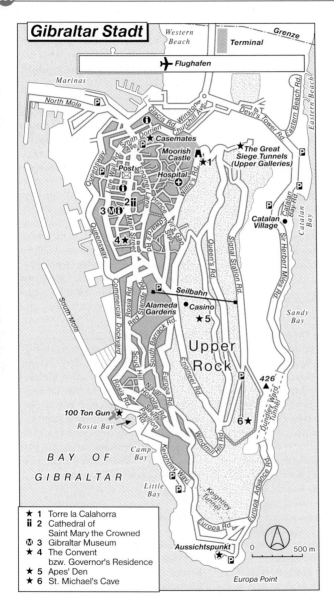

Gibraltar Stadt

Western Beach
Terminal
Grenze
✈ Flughafen
Marinas
North Mole
Glacis Rd
Winston Churchill Ave
Devil's Tower Rd
Eastern Beach
Eastern Beach Rd
Smith Dorrien Ave
ℹ
★ Casemates
Moorish Castle
🏰 ★ 1
★ The Great Siege Tunnels (Upper Galleries)
Queensway
Line Wall Rd
Engineer Lane
Prince Edward's Rd
Willis's Rd
Post ✉
Hospital ✚
ℹ
2 ii
3 Ⓜ ℹ
Prince Edward's Rd
Witham's Rd
Catalan Bay Rd
Catalan Village
Catalan Bay
4 ★
Main Street
Queensway
Queen's Rd
Signal Station Rd
Sir Herbert Miles Rd
Seilbahn
Commercial
South Mole
Commercial
Dockyard
Rosia Rd
Red Sands Rd
South Barrack Rd
Alameda Gardens
● Casino
★ 5
Upper Rock
Sandy Bay
Europa Rd
South Hill
Rosia Rd
Naval Hospital Rd
South Pavilion Rd
426 ▲
Dudley Ward Tunnel
6 ★
100 Ton Gun ★
Rosia Bay
Camp Bay
Keightley Way
Windmill Hill Rd
Europa Advance Rd
BAY OF GIBRALTAR
Little Bay
Keightley Tunnel
Europa Rd
Aussichtspunkt ★
0   500 m
Europa Point

★ 1 Torre la Calahorra
ii 2 Cathedral of Saint Mary the Crowned
Ⓜ 3 Gibraltar Museum
★ 4 The Convent bzw. Governor's Residence
★ 5 Apes' Den
★ 6 St. Michael's Cave

siegte die britische Flotte unter Admiral *Nelson* am 21.10.1805 die spanisch-französische Armada. Nelson starb in jener Schlacht.

Seilbahn

Noch ein kleines Stückchen weiter befindet sich die Seilbahnstation. Sie verbindet die Stadt mit dem Gipfel, auf halbem Weg wird am Affenfelsen gestoppt. Von der Cable Car Station oben bis zur St. Michael's Cave müssen 900 Meter zurückgelegt werden, und von dort zu den Affen sind es nochmals 800 Meter.

Die Seilbahn verkehrt Mo-Sa ab 9.30 Uhr, die letzte Bahn zum Gipfel startet um 17.15 Uhr; zurück zur Bodenstation geht's letztmalig um 17.45 Uhr. Preis: 5 Pounds für das Rückfahrticket bzw. 7 Pounds inkl. Eintritt für die Sehenswürdigkeiten.

Europa Point

Der südlichste Punkt Gibraltars nennt sich Europa Point. Von hier schaut man bei klarer Sicht bis nach Ceuta (24 km) oder gar bis nach Tanger (54 km) auf dem afrikanischen Kontinent.

St. Michael's Cave

In der großen, natürlichen **Tropfsteinhöhle** finden gelegentlich Konzerte statt. In einer Ecke wurde mit lebensgroßen Puppen das Leben früher Steinzeitmenschen nachgestellt.

Apes' Den

Der **Affenfelsen** kündigt sich schon von weitem durch eine wartende Autoschlange an. Die Tiere sind friedlich, doch sollte man sie lieber nicht ärgern. Sie springen geschickt zwischen den Besuchern herum, setzen sich auf die Schultern, lassen sich füttern und zögern auch nicht, durch ein heruntergekurbeltes Fenster ins Auto zu springen. Die Berbermakaken werden von der britischen Armee betreut – aus gutem Grund, denn eine Legende besagt, dass die Briten Gibraltar verlassen müssen, wenn die Affen einmal verschwinden.

Great Siege Tunnels

Die **Tunnel der Großen Belagerung** dürften das beeindruckendste Bauwerk Gibraltars sein. Ein von Menschenhand geschaffenes Tunnelsystem durchzieht hoch oben den ganzen Felsen auf mehreren hundert Metern. Durch Fenster, die früher zumeist als Schießscharten genutzt wurden, genießt man heute eine grandiose Aussicht auf die Landepiste und die dahinter liegende spanische Küste.

Früher wurden hier Kanonen auf die Angreifer abgefeuert, und die Briten hielten im 18. Jh. sogar einer jahrelangen Belagerung stand. Heute sind in mehreren Räumen historisch-militärische Szenen nachgestellt. So brüllt in einem Raum, sobald der Besucher ihn betritt, ein Sergeant „Halt! Who goes there?" so täuschend echt, dass man unwillkürlich zusammenzuckt.

● **Geöffnet:** tägl. 9.30-19 Uhr; Eintritt mit Apes' Den, St. Michael's Cave und Moorish Castle Erwachsene 5 Pounds, Kinder 2,50 Pounds; Fahrzeug 1,50 Pounds.

Costa del Sol

Upper Rock mit dem eigenen Fahrzeug

Etwas mühselig, aber zu bewältigen. Steile Straßen und Staus müssen einkalkuliert werden. Preis: Erwachsene 7 Pounds, Kinder von 5-12 Jahren zahlen 4 Pounds, für das Auto werden noch einmal 1,50 Pounds kassiert. Der Preis schließt die Eintrittsgebühren für die Sehenwürdigkeiten (Ape's Den, St. Michael's Cave, Great Siege Tunnel, Moorish Castle) mit ein.

Praktische Tipps

Essen &Trinken

Entlang der Main Street reiht sich ein Lokal ans nächste, z.B. **The Angry Friar** (Hausnummer 287, gegenüber Governor's Residence) oder **The Horse Shoe Bar** (Main Street 193), schräg gegenüber dem Gibraltar Museum. Die Bar wurde bereits 1895 eröffnet. Viele Läden bieten *fish 'n' chips* an – sicherlich kein kulinarischer Hochgenuss, aber „when in Gib", muss es doch einmal probiert werden, beispielsweise im **Roy's** am Anfang der Main Street (Nr. 45). **La Bayuca,** 21 Turnbull's Lane, gilt als das älteste Lokal des Felsens.

Post

●Main Street, im oberen Drittel Richtung Grenze. Eine Karte mit Gibraltarbriefmarke kann man in jedem Souvenirshop erwerben. Britisch-rote Briefkästen stehen in der Main Street.

Die Wahrzeichen der Kronkolonie sind recht dreist – wenn man nicht aufpasst, wird schnell etwas stibitzt

Öffnungszeiten

Es gelten zumeist britische Öffnungszeiten, d.h., dass Geschäfte gegen 19.30 Uhr schließen und auch am Samstagnachmittag geöffnet sind.

Feste

●**Mitte März:** Commonwealth Day.
●**Ende Mai:** Spring Bank Holiday.
●**Mitte Juni:** Queen's Birthday.
●**Ende August:** Late Summer Bank Holiday.
●**10. September:** Referendum Day, Gibraltars Nationalfeiertag.

Anhang

Literaturhinweise

● *Ali, Tariq:* **Im Schatten des Granatapfel-baums.** Vor dem Hintergrund der Vertreibung der Mauren wird ein einzelnes Familienschicksal erzählt. Der Roman gibt fundierte Einblicke in den Lebensalltag im südlichen Spanien vor 500 Jahren, während die Intoleranz immer stärker zunimmt. Heyne 1994

● *Allebrand, Raimund:* **Alles unter der Sonne.** Halbwahrheiten, Irrtümer, Gemeinplätze zu Spanien werden beleuchtet und der spanischen Realität entgegengesetzt. Gut zum tieferen Verständnis. Horlemann Verlag 2000

● *Aub, Max:* **Nichts geht mehr.** Teil 1 einer sechsbändigen Roman-Reihe über den spanischen Bürgerkrieg, die den Obertitel **Das Magische Labyrinth** trägt. Inhalt dieses Bandes: Den Bauernsohn Rafael verschlägt es nach Barcelona. Dort erlebt er die unruhige politische Phase, kurz vor Ausbruch des Bürgerkrieges. Ungewollt wird er in die Ereignisse hineingezogen, wechselt mehrfach Standpunkt und Seite und begeht schließlich sogar einen Mord. Eichborn Verlag 1999

● *Aub, Max:* **Theater der Hoffnung.** Band 2 der Roma-Reihe „Das magische Labyrinth". Das Kriegsjahr 1936 in Valencia, Burgos und Madrid. In Spanien wird fürchterlich gekämpft, während ein Student und eine Krankenschwester, die hinter der Front politisches Theater spielen, sich trotz aller Umstände ineinander verlieben. Eichborn Verlag 1999

● *Aub, Max:* **Bittere Mandeln.** Band 6 der sechsteiligen Roman-Reihe zum spanischen Bürgerkrieg. Im März 1939 ist der Krieg entschieden, die Republikaner versuchen, ihr nacktes Leben zu retten. Ein Gerücht macht die Runde: In Alicante warten Schiffe auf die Flüchtlinge. 30.000 völlig verzweifelte Menschen strömen in Panik dorthin. Eichborn Verlag 2002

● *Borngässer, Barbara:* **Katalonien, Kunst, Landschaft, Architektur.** Ein voluminöser Prachtband, der mit vielen schönen Fotos und kenntnisreichen Texten Katalonien vorstellt. Könemann Verlagsgesellschaft 2000

● *Drouve, Andreas:* **KulturSchock Spanien.** Die Reihe KulturSchock vermittelt dem Besucher eines fremden Landes wichtiges Hintergrundwissen. Themen wie Alltagsleben, Tradition, richtiges Verhalten, Religion, Tabus oder das Verhältnis der Geschlechter werden nicht in Form eines völkerkundlichen Vortrags, sondern praxisnah auf die Situation des Reisenden ausgerichtet behandelt. REISE KNOW-HOW Verlag Peter Rump 2002

● *Gautier, Theophile:* **Reise in Andalusien.** Der berühmte Autor reiste 1840 mit einem Freund durchs Land und schildert begeistert seine Eindrücke. Manches kommt heutigen Lesern seltsam vertraut vor. dtv 1994

● *Gordon, Noah:* **Der Medicus von Saragossa.** Die Reyes Católicos vertreiben 1492 die Juden, ein Einzelschicksal wird erzählt. Den dreizehnjährigen Jona Toledano, Sohn eines Silberschmieds, treibt die Angst vor der Inquisition quer durch Spanien. Er landet nach vielen Irrungen als Medicus in Saragossa. Blessing Verlag, 1999

● *Ingendaay, Paul:* **Gebrauchsanweisung für Spanien.** Piper, 2003. Der Autor lebt seit 1998 in Madrid und erzählt Geschichten über Spanien und die Spanier. Auf diese Weise nähert er sich humorvoll-neugierig der fremden Mentalität. Erklärt, wo es möglich ist, betrachtet ansonsten staunend – nur vereinzelt kritisch – seine Mitmenschen und schlägt so Brücken zu einer trotz allem immer noch fremden Kultur.

● *Kinkel, Tanja:* **Mondlaub.** Fiktiver Roman vor dem historischen Hintergrund der letzten maurischen Tage in Spanien. Die Protagonistin gerät in die Wirren der Reconquista, wechselt unfreiwillig von moslemischer Seite zur christlichen und kurzfristig zur jüdischen. So erfährt der Leser eine Menge vom Alltag der drei Religionen, aber auch vom langsamen Untergang der maurischen Vorherrschaft. Goldmann, 1997

● *Mendoza, Eduardo:* **Die Stadt der Wunder.** Der Roman beschreibt den unaufhaltsamen Aufstieg des Onofre Bouvila buchstäblich aus dem Nichts zu einem Industriemagnaten in Barcelona Ende des 19. Jahrhunderts. Suhrkamp Verlag 1992

● *Orwell, George:* **Mein Katalonien.** Orwell als Bürgerkriegsteilnehmer. Diogenes Verlag 13. Aufl. 2000

● *Pielow, Winfried:* **Das Alphabet.** Briefe aus Spanien an eine Daheimgebliebene, die den Alltag der gelangweilten Nordeuropäer unter

Kauderwelsch-Sprechführer

Die Sprechführer der Kauderwelsch-Reihe orientieren sich am typischen Reisealltag und vermitteln auf anregende Weise das nötige Rüstzeug, um ohne lästige Büffelei schnell mit dem Sprechen beginnen zu können, wenn auch vielleicht nicht immer druckreif. Besonders hilfreich ist hierbei die Wort-für-Wort-Übersetzung, die es ermöglicht, mit einem Blick die Struktur und „Denkweise" der jeweiligen Sprache zu durchschauen. Derzeit 160 Bände lieferbar, z.B.Band 72: Spanisch – Wort für Wort ISBN 3-89416-480-8

Zu jedem Band ist auch eine Begleitkassette erhältlich.

REISE KNOW-HOW Verlag, Bielefeld

---

spanischer Sonne in einer Feriensiedlung schildern. Verlag W. Jenior 1993
● *Schmid, Johannes:* **Spanische Fischküche.** Äußerst faktenreiches Buch, das sachkundig zahlreiche Fische, Muscheln, Krebse etc. mehrsprachig vorstellt. Außerdem gibt der Autor handfeste Tipps rund ums Thema, beispielsweise zum Einkauf, zur Lagerung oder Zubereitung und verrät obendrein die besten Rezepte. Verlag W. Jenior 2002
● *Vázquez Montalbán, Manuel:* Er schreibt Krimis, in denen Privatdetektiv Pepe Carvalho die tollsten Abenteuer in Barcelona erlebt, oft in den besten Restaurants der Stadt. Ganz nebenbei lernt der Leser hier Rezepte der katalanischen Küche kennen. Piper Verlag
● Zwei Titel, die unter dem Thema: *Kochen mit Pepe Carvalho* laufen und Rezeptsammlungen mit Textpassagen aus den Krimis sind: **Die Küche der lässlichen Sünden, Unmoralische Rezepte,** alle Piper Verlag
● **Spanien Almanach.** Weit mehr als nur ein Kalender. Das alljährlich erscheinende Buch

bietet vertiefende Texte zu Land und Leuten, spanischer Kultur und Alltagsleben, die oft mehr erzählen, als in so manchem Reiseführer steht. Verlag W. Jenior
● **Spanisch Kulinarisch,** Kauderwelsch Band 151. Landestypisch essen und einkaufen in Spanien. REISE KNOW-HOW Verlag, Bielefeld
● **Spanisch – Wort für Wort,** Kauderwelsch Band 16. Spanisch zum Einsteigen und Auffrischen, ermöglicht die schnelle Verständigung. REISE KNOW-HOW Verlag, Bielefeld
● **Spanisch Slang,** Kauderwelsch Band 57. Alltagsspanisch für Fortgeschrittene, vom Autor dieses Buches. REISE KNOW-HOW Verlag, Bielefeld
● **Katalanisch – Wort für Wort,** Kauderwelsch Band 72. Leicht und locker in die Sprache einsteigen, das entlang der Hälfte der spanischen Mittelmeerküste gesprochen wird. REISE KNOW-HOW Verlag, Bielefeld
● **Reisewortschatz Spanisch.** Das Wörterbuch zum Kauderwelsch. REISE KNOW-HOW Verlag, Bielefeld

Register

Abendessen 27
Adressen 77
Aduanas del Mar 541
Affenfelsen 831
Afrika 109
Agua Amarga 658
Aguadulce 682
Águilas 643
Aiguafreda 194
Albaicín 726
Alcanar 444
Alcazaba, Almería 675
Alcossebre 464
Algatocín 819
Alhambra 100, 715
Alicante 576
Almadraba de
    Monteleva 672
Almería 674
Almerimar 687
Almohaden 100
Almoraviden 100
Almuñécar 708
Altea 554
Alt-Empordà 120
Altafulla 370
Alto Los Reales 819
Amerika 100, 106, 108
Anreise 46
Andalusien, Geschichte 101
Andalusier 90
Andalusisch 69
Aquabrava 151
Aquadiver 232
Aqualandia 567
Araber 99
Arabische Bäder 594
Armada 106
Auslandskranken-
    versicherung 46
Auto 16, 46
Autobahn 16
Autobahnpiraten 24
Autonomiestatus 113
Autounfall 22
Aznar, José María 111

Bahn 50, 58
Balcón de Europa 735

Banys Arabs 594
Bar 29
Barcelona 294
Barrio Santa Cruz 581
Benalmádena 770
Benalmádena Costa 773
Benalmádena
    Pueblo 776
Benicarló 454
Benicàssim 473
Benidorm 560
Berber 99-100
Besiedelung, Spanien 98
Bier 33
Blanes 268
Blumenverschenkerinnen 62
Boabdil 713
Bocadillos 30
Bodega 35
Bolívar, Simón 108
Boote 797
Bootstouren 508, 536,
    554, 570
Botschaften 25
Burro-Taxis 784
Bus 50, 58

Cabo de Gata 670
Cabo de Palos 629
Cabo de Santa Pola 599
Cabo La Nao 543
Cabo San Antonio 543
Cadaqués 137
Cafetería 28
Cala Bona 244
Cala de Sa Futadera 243
Calafell 351
Cala Giverola 243
Calahonda 697
Cala Montgó 168
Cala Pola 244
Cala Salions 243
Calatrava, Santiago 504
Calella 286
Calella de Palafrugell 202
Calpe 548
Cambrils 399
Camping 74
Canal Olímpic 333
Canet de Mar 289
Canyelles 254

Cap de Salou 394
Capilla Real 727
Carboneras 658
Carlos I. 101
Carlos III. 597
Carlos V. 101, 106, 108
Cartagena 631
Casals, Pau 359
Casares 819
Casco Viejo 795
Castellano 64
Castell d'Aro 232
Castelldefels 329
Castell de Ferro 695
Castellers 38
Castelló de la Plana 477
Castellón 449
Castillo
    Cullera 513
    Baños 693
    Cartagena 634
    Peñíscola 459
    Sagunt 489
    San Fernando 583
    Santa Bárbara 582
    Xivert 466
Català 68
Cava 34, 349
Cercanías Málaga 752
Ceuta 109
Ciutadella Ibèrica 354
Colera 125
Coma-Ruga 356
Cortés, Hernán 101
Costa Blanca 85
Costa Brava 82
Costa Cálida 85
Costa de Almería 85,
    651, 692
Costa del Azahar 83, 447
Costa del Maresme 279
Costa del Sol 86
Costa del Valencia 84, 483
Costa Dorada 9, 82
Costa Tropical 86, 692
Creixell 364
Cuba 108
Cueva de Benidoleig 536
Cueva Museu de Dragut 514
Cuevas 739
Cullera 511

Dalí, Salvador 172
Dama de Elche 592
Deltebre 428
Dénia 528
Desierto de las
    Palmas 476
Diplomatische
    Vertretungen 25

Ebro-Delta 424
Ebro-Schlacht 437
El Arenal 542
Elche 589
El Cid 495
El Francàs 357
El Port de la Selva 131
El Portitxol 161
El Prat de Llobregat 333
El Roc de Sant Gaietà 362
Els Munts 372
El Vendrell 356
Emirat v. Córdoba 99
Empúriabrava 151
Engländer 826
Erbfolgekriege 112
Ermita de Sant Grau 252
Eseltaxis 784
Espaldas mojadas 823
Essen 27
Estepona 814
ETA 110
Euro 44
Europäische Union 110
Europa Point 831
Explanada de España 580

Fahd, König 798
Fallas 492
F.C. Barcelona 309
Feiertage 38
Felipe II. 102, 106
Feria de Málaga 761
Ferienwohnung 74
Fernando de Aragón 100, 106
Feste 38
Figueres 168
Fischer 399
Flugzeug 51
Formalitäten 44
Franco 110, 113
Franzosen 112

Fremdenverkehrsämter 52
Frigiliana 741
Frühstück 27
Führerschein 44
Fuengirola 776
Fuentes del Algar 559

Gambas 760
Gandía 516
Gaucín 819
Gaudí, Antoni 306
Gavà 333
Gazpacho 33
Gegants 40
Geld 44
Genalguacil 819
Generalife 722
Generalitat de Catalunya 113
Geografie 82
Geschichte 97
Geschichte, Barcelona 294
Gesundheit 45
Getränke 33
Gibralfaro 755
Gibraltar 824
Girona 206
Golf 63
Granada 713
Guadalest 559
Gualchos 697
Guardamardel Segura 601

Habaneras 205
Habsburger 101
Handy 73
Hannibal 98, 103, 487
Höchstgeschwindigkeiten 20
Höhlen, Nerja 739
Hostal 77
Hotels 76
Huerto del Cura 590

Illa de Buda 427
Illes Medes 179
Isabel von Kastilien 100, 106
Isla del Barrón 620
Isla de Tabarca 600
Isla Mayor 620

Jaime I. 495, 528
Jamaica 108

Jávea 538
Juan Carlos 113
Jubrique 819

Kalifat v. Córdoba 100
Kap Cabo de Gata 673
Karthager 98
Katalanen 88
Katalanisch 68
Katalonien 96, 112
Katholische Könige 100, 106
Kinder 53
Klima 86
Kolonialmacht 108
Kolumbus, Christoph 101, 108
Konsulate 25
Krankenversicherung 45
Kreditkarte 45

La Cova d'en Daina 233
Laguna Salada de la Mata 613
Laguna Salada de
    Torrevieja 612
La Isleta 661
La Jonquera 121
L'Albufera 507
La Línea de la
    Concepción 827
La Manga del
    Mar Menor 627
L'Ametlla de Mar 415
L'Ampolla 418
Landkarten 19
La Rivera 410
Las Negras 661
Leihwagen 24
L'Escala 164
Les Cases d'Alcanar 443
Les Muscleres 162
L'Estartit 175
L'Hospitalet de
    l'Infant 412
Limón Express 570
Llançà 128
Lloret de Mar 254
Lotterie 88
Löwenhof 720
Los Escullos 663

Málaga 748
Málaga, Alcazaba 755

Malgrat de Mar 280
Mancomunitat Catalana 113
Marbella 791
Marinehafen 634
Marineland 277
Mar Menor 620
Marquesado de Elche 597
Matador 67
Mautgebühren 17
Meeresaquarium 773
Meeresfrüchte 759
Melilla 109
Menschentürme 38
Miami Platja 409
Mietwagen 24
Mijas 780
Mini Hollywood 673
Mira 605
Miró, Joan 311, 411
Mittagessen 27
Mojácar 653
Moleta del Remei 445
Montgó 537
Mont-Roig Badía 410
Mont-Roig del Camp 409
Moraira 544
Motril 700
Mundomar 566
Murcia 96
Museu Fallero 506

Napoleon 112
Nasriden 100
Nationalstraße 17
NATO 110
Naturpark Entinas
    Sabinar 686
Naturpark Ebro-Delta 428
Nerja 733
Notruf 73

Öffentliche
    Verkehrsmittel 58
Öffnungszeiten 58
Oliva 520
Olympische Spiele,
    Barcelona 110, 113
Orpesa 468

Paella 32
Palacio de Altamira 591

Palacio de la Generalitat 503
Palacios Nacaríes 716
Palafrugell 196
Palamós 217
Palmen 590
Pals 187
Panne 24
Papa Luna 462
Papst Benedikt XIII. 462
Paradores 76
Parc Animal de
    Sobrestany 168
Parc Natural Aiguamolls
    de l'Empordà 156
Parken 22
Parlament 96
Parque de
    Alfonso XIII. 605
Parque Natural de las
    Lagunas de la Mata y
    Torrevieja 612
Parque Natural Entinas
    Sabinar 686
Peñíscola 457
Peñón de Ifach 550
Pension 77
Peral U-Boot 637
Peratallada 186
Personalausweis 44
Picasso, Pablo 758
Pico Veleta 729
Pineda de Mar 285
Piporo 91
Pizarro 101, 106
Platja Aiguablava 195
Platja de Fornells 195
Politik 96
Portbou 121
Portlligat 142
Post 59
Púbol 215
Puente Nuevo 809
Puerto Banús 796
Puerto de la
    Duquesa 823
Puerto de Mazarrón 639
Puerto de Peñas Blancas 819
Punta Algas 625
Pyrenäen 120

Quittungen 46

Radfahren 59
Reino de Taifas 100
Region Cabo de Gata 659
Reisanbau 424
Reisekosten 45
Reisepass 44
Reisezeit 61
Restaurant-Knigge 37
Reyes Católicos 100, 106
Riesen 40
Riumar 429
Roda de Barà 361
Römer 98, 103, 372, 404
Romero, Pedro 809
Ronda 804
Roquetas de Mar 683
Roses 143
Ruïnes d'Empúries 160
Ruta Miró 411

Sabinillas 821
Sa Conca 228
S'Agaró 233
Sagunt 484
Saladar de Calpe 551
Salinas del Braç del Port 600
Salinas de San Pedro del
    Pinatar 621
Salinen 608, 620
Salobreña 704
Salou 392
San José 663
San Pedro de Alcántara 801
San Pedro del Pinatar 620
Santa Cristina 266
Santa Maria de Llorell 252
Sant Antoníde Calonge 223
Santa Pola 595
Santa Susanna 283
Sant Carles de la Ràpita 439
Sant Feliu de Guíxols 234
Sant Francesç 270
Sant Jordi d'Alfama 418
Sant Martí d'Empúries 162
Sant Pere de Rodes 134
Sant Pere Pescador 157
Sant Sadurní d'Anoia 348
Sant Salvador 356
Sant Sebastià 199
Sardana 40
Sa Riera 191

Sa Tuna 194
Schiffstouren 536, 554, 570
Schmalspurbahn 536, 579
Schokoladenmuseum 575
Segur de Calafell 353
Seilbahn, Gibraltar 831
Sekt 34
Sherry 35
Sicherheit 62
Sierra Almijara 741
Sierra Bermeja 819
Sierra de Gualchos 697
Sierra de Jolúcar 697
Sierra del Montgó 537
Sierra de Ronda 805
Sierra Nevada 729
Siesta 58
Sitges 335
Skaten 63
Skilaufen 729
Spanisch 64
Spanischer Bürgerkrieg 113
Spezialitäten 31
Sport 63
Sprache 64
Sprachführer 71
Staat 96
Stierkampf 65, 809
Straßenkarten 19
Surfen 63
Suspiro del Moro 713

Tabarca 600
Tamarit 373
Tamariu 197
Tapas 30
Tarragona 374
Tauchen 64
Teatro Museu Dalí 169
Telefonieren 72
Temperaturen 86
Terra Mítica 566
Teulada 545
Tivoli World 774
Torre de Cope 649
Torre de la Calaforra 594
Torre del Mar 742
Torredembarra 365
Torremolinos 765
Torrevieja 608
Tortosa 432

Tossa de Mar 245
Tourismus 114
Touristenbüros 52
Trafalgar 831
Tribunal de las Aguas 503
Trinken 27
Trinkgeld 37
Tropfsteinhöhlen 739, 832

Überseehandel 112
Ullastret 184
Unabhängigkeit 113
Unfall 22
Unterkunft 74

Valencia 494
Valencia, Ciudad de las Artes
    y las Ciencias 504
Valencianisch 68
Vélez-Málaga 746
Verkehrsregeln 20
Versicherungen 45, 78
Viladecans 333
Vilafortuny 399
Vilafranca del
    Penedès 350
Vilajuïga 151
Vilanova i la Geltrú 343
Villajoyosa 571
Vinaròs 449
Vogelpark Loro Sexi 712

Wandern 64
Wassergericht 503
Waterworld 266
Wein 34
Wetter 86
Wüste der Palmen 476

Zoll 79
Zweiter Punischer Krieg 98,
    103, 487

Anhang

Der Autor

Hans-Jürgen Fründt spricht fließend Spanisch. 1984 ging er als Sprachstudent nach Madrid und beschäftigt sich seitdem auch journalistisch mit *españa*. Mittlerweile sind insgesamt 12 Bücher über dieses Land entstanden, erschienen in drei Verlagen. Ein Titel wurde sogar in mehrere Sprachen übersetzt. Der vorliegende Band, Fründts 28. Buch, fasst insgesamt vier Bände zu einzelnen spanischen *costas* zusammen, die alle bei REISE KNOW-HOW erschienen sind.

Neben Spanien, das fast so etwas wie seine zweite Heimat geworden ist, schreibt er auch verstärkt über seine erste Heimat, Schleswig-Holstein. In diesem Verlag sind insgesamt vier Titel zum Land zwischen den Meeren erschienen („Sylt", „Fehmarn", „Ostseeküste", „Nordseeküste") sowie ein Stadtführer zu Hamburg. Und als kleines Schmankerl publiziert er seit 1990 zur Dominikanischen Republik, u.a. auch bei REISE KNOW-HOW. Dieser geballte Erfahrungsschatz schlug sich mittlerweile in zahlreichen Artikeln für alle großen deutschen Reisemagazine nieder.